5th

행정법 강론
사례연습

김남철 저

Administrative Law

박영사

제5판 머리말

　많은 독자분들의 성원 덕분에 제5판을 출간하게 되어 진심으로 기쁘게 생각한다. 독자분들께 진심으로 감사드린다.

　이번 제5판에는 제12회 변호사시험, 2023년 5급공채시험, 2022년 및 2023년 1ㆍ2ㆍ3차 법전원 협의회 모의고사 문제와 풀이를 추가하였다. 이와 더불어 기존의 오래된 기출문제는 교과서에서는 빼지만 QR코드로 대체하여 독자들이 필요하면 찾아볼 수 있도록 하였다.

　이번 개정판의 편집ㆍ교정ㆍ색인 등의 과정에서도 많은 도움을 받았다. 노기현 박사, 법령정보관리원의 정주영 전문연구원, 한국교통연구원의 전은수 연구원, 대한민국시도지사협의회 김희진 연구원, 한국해양과학기술원의 김은환 선임연구원, 산업안전보건연구원의 송안미 연구원, 조영진 박사과정의 도움에 감사드린다. 제자들의 학운을 빈다.

　이 책을 출간해 주신 박영사 안종만, 안상준 대표님, 조성호 이사님, 그리고 늘 변함없이 출간의 전 과정에 걸쳐 가장 많은 수고를 해 주신 한두희 선생님께 진심으로 감사드린다.

　이 책을 사랑하는 가족에게 바친다.

2024년 1월
신촌 안산자락 연구실에서
김 남 철 씀

머리말

2014년 행정법강론이라는 통권화된 교과서를 발간하면서, 이 책이 주로 강의교재 및 각종 시험의 수험서로 활용될 것이라는 점에서 무엇보다도 독자들의 가독성을 최우선의 목표로 교과서로서 필요한 내용과 관련 판례만을 담았고, 주요 시험의 기출문제의 경우는 수험정보만 표시하고 그 문제와 풀이는 싣지 않았다. 교과서에 기출문제를 담을 경우 충분한 풀이나 설명을 하기 어렵고 또한 책을 읽어 내려가는 데 방해가 될 수도 있다고 판단하였기 때문이다. 그래서 행정법 사례연습의 경우는 별도의 책으로 제대로 공부하는 것이 좋겠다고 생각하여 집필하게 된 것이 행정법강론 사례연습이다.

이 책은 행정법강론의 연습문제집을 목적으로 출판된 책이지만, 독자들이 행정법강론을 포함한 행정법 교과서들을 통하여 배운 행정법지식들을 각종 사례 및 기출문제에 대한 풀이를 통하여 재학습하고 시험에 대비할 수 있도록 하기 위하여 만든 책이기도 하다. 행정법을 보다 잘 이해하기 위해서는 우선 교과서를 정독하고, 그 다음 관련 사례문제를 풀어보면서 논점을 파악하고 목차를 구성하는 연습을 많이 하여야 하는데, 이 책은 바로 이러한 연습과정을 도와주기 위해서 집필된 것이다.

이 책은 기본문제와 기출문제로 구성되어 있다. 기본문제는 행정법의 기본적인 논점 15개를 정리해 논점별로 사례로 풀어보는 연습을 하기 위한 것이다. 기본문제 다음으로는 행정법의 다양한 논점들이 종합되어 있는 문제를 풀어 보는 것이 중요한데, 이를 위해서는 종합문제를 따로 만들지 않고 주요 시험의 기출문제를 활용하였다. 왜냐하면 기출문제들은 수많은 출제위원들의 노력과 검증을 통하여 만들어진 것이라는 점, 그리고 결국 행정법 시험문제는 기출문제를 크게 벗어나지 않는다는 점에서 기출문제를 많이 풀어보는 것이 중요하다고 판단했다. 기출문제는 4년간의 변호사시험, 10년간의 사법시험과 행정고시(5급 공채), 그리고 -여러 학생들의 요구에 따라- 법전원협의회의 모의고사로 구성되어 있다.

이 책에서는 주요 논점들에 대하여 각주로 행정법강론의 해당 면수를 표시하였는데, 이는 관련된 부분을 쉽게 찾아볼 수 있도록 해 달라는 학생들의 요구를 반영한 것이다. 행정법강론 이외에 다른 교과서들까지 각주에 표시하지 못한 것은 워낙 문제 수가 많고 분량이 방대하여 시간적인 한계가 있었기 때문이라는 점을 이해해 주기 바란다. 아무튼 이 책에는 행정법강론의 해당 면수를 표시해 두고, 행정법강론에는 각주로 수험정보를 표시하여(예: 제55회 사법시험(2013년)) 관련된 내용과 시험문제를 서로 쉽게 찾아볼 수 있게 하였다.

  이 책은 많은 문제를 다루고 있어 각 논점들을 설명함에 있어 교과서와 같은 서술방식을 지양하고, '~함', '~임' 등과 같은 개조식으로 가급적이면 답안작성에 꼭 필요한 내용만 기술하였다. 이와 같은 방식이 다소 어색할지는 몰라도, 무엇보다도 수험생들이 보다 간단하게 목차와 내용들을 정리할 수 있도록 하기 위한 것이라는 점을 이해해 주기 바란다. 또한 문제에 대한 논점들과 목차들을 한 눈으로 파악할 수 있도록 하기 위하여 문제 다음에는 표로 논점과 목차만 별도로 정리하였다.

  한 가지 더 언급할 점은 이 책에서 기출문제에 대한 답안정리는 가급적 출제된 의도와 점수를 고려해서 그에 가깝게 하려고 노력하였다는 점이다. 이를 위해서는 가급적이면 행정법 교과서들에 공통적으로 기술된 목차와 내용을 '기본적으로' 고려하였다. 기출문제의 경우 이미 시중에 여러 형태로 그 문제풀이 또는 모범답안이 제공되고 있는데, 이 가운데는 교과서에 기술된 내용을 중심으로 목차를 구성하면 충분히 모범적인 답안이 될 수 있는데도 불필요하거나 지나치게 많은 목차를 달아서 사실상 출제에서 제시된 점수를 훨씬 상회하게 되는 경우도 꽤 있다. 연습문제는 실전에 대비하기 위한 것이라는 점에서 이 책에서는 가급적이면 출제점수에 적합한 답안구성을 제시하려고 노력하였다.

  이 책에서는 법령들이 축약되어 표시되고 있는데 별도로 법령약어를 표시하지는 않았다. 이와 관련해서는 행정법강론의 법령약어표를 참고해 주기 바란다.

  이상과 같이 이 책의 구성이나 내용이 기존의 사례연습과는 다소 색다른 점이 있더라도, 이는 행정법에 대한 이해와 각종 문제에 대한 답안작성요령을 보다 용이하게 할 수 있도록 하기 위한 것이었다는 점을 이해해 주기 바라고, 실제로 독자들께 큰 도움이 되기를 진심으로 바란다. 이 책은 주로 기출문제를 중심으로 한 연습문제들을 내용으로 하고 있다는 점에서 해마다 개정하기는 어려울 것으로 보인다. 그러나 새로운 문제들이 계속 출제되기 때문에 2~3년 주기로 꾸준히 개정판을 낼 생각이다. 아무쪼록 독자들께서 주신 고견과 질책을 바탕으로 앞으로 이 책을 계속해서 발전시키기 위해 최선의 노력을 다할 것을 약속드린다.

  이 책의 출간과정에도 제자들의 도움이 매우 컸다. 부산대 법학연구소의 전은수연구원은 이 책의 출판 전 과정을 총괄하여 도와주었고, 김희진석사·이창엽석사, 조영진군, 그리고 박사과정에 재학 중인 송안미양은 수험정보 및 기출문제 정리·교정·색인작업 등을 도와주었다. 제자들의 도움이 없었더라면 이 책의 출간이 더 늦어졌을 것이다. 이들의 학운을 빌며 이 자리를 빌어 진심으로 고마움을 표한다.

  이 책을 출간해주신 박영사 안종만 회장님, 출간·편집·교정을 위해 애써주신 조성호 이사님, 최준규 차장님 그리고 한두희 선생님께도 진심으로 감사드린다.

  끝으로 또 다시 많은 시간을 도와주고 인내해준, 그리고 끝없이 나에게 힘이 되어 주는 사랑하는 아내 오문경과 두 아들 석민, 석환에게 각별한 감사의 마음을 전한다. 그리고 늘 저자의 마음속에 계시는 하늘나라의 어머니, 조금만 더 계셨더라면 이 책의 탄생을 누구보다도 가장 많이 기뻐하셨을 어머니께 진심으로 감사드리고 그 곳에서 늘 평안히 계시기를 기도드린다. 이 책을 그리운 어머니와 사랑하는 나의 아내, 두 아들에게 바친다.

2015년 9월
금정산자락의 연구실에서
김 남 철 씀

차 례

제1장 행정법 주요논점 요약

제2장 기본문제

제3장 기출문제

위 QR코드를 스캔하시면, 변호사시험(2012~2016), 사법시험(2006~2016),
행정고시(2005~2016), 법전원협의회 변호사시험 모의고사(2010~2016)
사례연습을 열람하실 수 있습니다.

제1장

행정법 주요논점 요약

제1장

행정법 주요논점 요약

[통치행위][1]

1. 통치행위의 개념

○ 고도의 정치적 의미를 지닌 국가기관의 행위에 대하여 사법심사가 가능함에도 재판통제에서 제외되는 행위
○ 법치주의가 적용되지 않는 예외적인 경우로서, 예컨대, 대통령의 외교행위, 선전포고, 전쟁수행행위, 사면, 영전수여, 국무총리임명, 국민투표부의, 긴급명령발포 등이 있음

2. 통치행위에 관한 학설

(1) 긍정설

1) 내재적 제약설(권력분립설)

○ 삼권분립의 원칙에서 보더라도 정치적 의미를 갖는 국가행위를 정치적 책임이 없는 사법이 판단하는 것보다는 정부나 국회가 국민의 감시와 비판하에 처리하는 것이 바람직하다는 견해

2) 사법자제설

○ 고도의 정치적 성격을 띤 국가행위에 대하여 사법부가 재판권의 행사를 자제하는 것이라는 견해

3) 재량행위설

○ 통치행위를 국가기관의 정치적 재량행위로 이해하여 사법심사가 불가능한 것으로 보는 견해

(2) 부정설

○ 실질적 법치주의 확립, 국민의 재판청구권 보장, 행정소송의 개괄주의 등을 내용으로 하는 현대적 법치국가에서는 모든 국가작용은 법률적 판단이 가능한 한 사법심사의 대상이 되어야 한다는 견해

---

1) 강론, 8면 이하.

3. 결어

○ 우리나라 학설은 대체로 현실적으로 통치행위의 인정이 불가피하더라도 그 범위는 매우 제한적이어야 하고, 법적 판단이 가능한 한, 법원이나 헌법재판소의 재판대상이 되어야 한다는 입장임

○ 대법원은 과거 1970년대에 비상계엄선포나 긴급조치의 통치행위성을 인정하였는데(대결 1979. 12.7, 79초70 재정; 대판 1978.5.23, 78도813), 2000년대 와서 남북교류협력에 관한 법률 위반 사건에서 통치행위의 존재를 인정하면서도 그 인정을 매우 신중하게 하여야 한다는 입장임(대판 2004. 3.26, 2003도7878)

○ 헌법재판소도 대통령의 긴급재정경제명령, 사면, 이라크파병결정 등 통치행위를 인정하면서도(헌재결 1996.2.29, 93헌마186; 헌재결 2000.6.1, 97헌바74; 헌재결 2004.4.29, 2003헌마814), 고도의 정치적 성격을 띠는 통치행위라 할지라도 국민의 기본권을 직접 침해하는 경우에는 사법심사의 대상이 된다고 하였음(헌재결 1996.2.29, 93헌마186)

○ 결국 정치현실에서 고도의 정치적 성격을 띤 통치행위 개념을 완전히 부인하기는 어려운데, 그렇지만 법치주의가 더욱 발전할수록 통치행위의 인정범위도 점차 축소되는 것이 바람직함. 나아가 법적 해결가능성이 있는 한, 사법통제로부터 완전히 자유로울 수는 없다고 보아야 할 것임

[행정법의 일반원칙]

□ 법치행정의 원칙

○ 행정기본법 제8조(법치행정의 원칙) 행정작용은 법률에 위반되어서는 아니 되며, 국민의 권리를 제한하거나 의무를 부과하는 경우와 그 밖에 국민생활에 중요한 영향을 미치는 경우에는 법률에 근거하여야 한다.

□ 평등원칙[2]

1. 의의

○ 행정청이 행정작용을 행하면서 달리 보아야 할 정당한 사유가 없는 한 모두를 동등하게 처우하여야 한다는 원칙

---

2) 강론, 43면 이하.

2. 근거

○ 헌법 제11조 제1항: "모든 국민은 법 앞에 평등하다. 누구든지 성별·종교 또는 사회적 신분에 의하여 정치적·경제적·사회적·문화적 생활의 모든 영역에 있어서 차별을 받지 아니한다."
○ 행정기본법 제9조: "행정청은 합리적 이유 없이 국민을 차별하여서는 아니 된다."

□ 행정의 자기구속의 원칙[3]

1. 의의

○ 행정규칙의 오랜 반복적용에 따라 형성된 관행이 있으면, 행정청은 정당한 사유가 없다면 기존의 행정실무관행에 실질적으로 구속된다는 원칙
○ 주로 '재량준칙'과 관련하여 문제됨

2. 기능

○ 이 원칙은 재량행위와 관련하여 의미가 있는 것으로, 재량행위에 대한 자기구속으로 말미암아 행정청의 재량의 여지를 축소시킨다는 의미도 있음. 아울러 평등원칙을 근거로 한 행정의 자기구속의 법리는 행정규칙을 대외적 구속력이 있는 법규범으로 전환시키는 전환규범의 기능을 수행하기도 함

3. 판례

○ 헌법재판소와 대법원 모두 평등원칙과 신뢰보호원칙을 근거로 행정의 자기구속의 원칙을 인정하고 있음(헌재결 1990.9.3, 90헌마13; 대판 2009.12.24, 2009두7967 참조)

□ 비례원칙[4]

1. 의의

○ 특정 행정목적의 달성을 위하여 일정한 수단을 동원함에 있어서 목적과 수단 간에 합리적인 비례관계가 있어야 한다는 원칙

2. 근거

○ 헌법 제37조 제2항

---

3) 강론, 45면 이하.
4) 강론, 47면 이하.

○ 행정기본법 제10조[5]
○ 그밖에도 경찰관직무집행법 제1조 제2항, 행정소송법 제27조

3. 내용

(1) 적합성의 원칙

○ 행정작용으로 사용된 수단이 행정이 의도하는 목적달성에 적합한 것이어야 한다는 원칙
○ 행정기본법 10 1호
○ 적합성의 원칙은 목적달성과 관련 없는 수단을 부당하게 결부해서는 안 된다는 의미이므로, 행정작용을 할 때 이와 실체적으로 관련이 없는 반대급부를 결부시켜서는 안 된다는 부당결부금지의 원칙(행정기본법 13)과 같은 의미임

(2) 필요성의 원칙

○ 행정조치는 설정된 목적달성을 위해 필요 최소한의 한도 내에서 이루어져야 한다는 원칙
○ 행정기본법 10 2호

(3) 상당성의 원칙

○ 위 두 원칙이 충족되더라도 당해 조치에 의한 침해의 정도와 그 추구하는 목적 사이에 적정한 비례관계가 있어야 한다는 원칙(좁은 의미의 비례원칙)
○ 행정기본법 10 3호

□ 성실의무 및 권한남용금지의 원칙[6]

1. 성실의무

○ 행정기본법 11 ①(행정청은 법령등에 따른 의무를 성실히 수행하여야 한다)
○ 행정절차법 제4조 제1항, 국세기본법 제15조에 규정되어 있는 신의성실의 원칙과 동일한 의미임

2. 권한남용금지의 원칙

○ 행정기본법 11 ②(행정청은 행정권한을 남용하거나 그 권한의 범위를 넘어서는 아니 된다)

---

5) 제10조(비례의 원칙) 행정작용은 다음 각 호의 원칙에 따라야 한다.
  1. 행정목적을 달성하는 데 유효하고 적절할 것
  2. 행정목적을 달성하는 데 필요한 최소한도에 그칠 것
  3. 행정작용으로 인한 국민의 이익 침해가 그 행정작용이 의도하는 공익보다 크지 아니할 것
6) 강론, 57면.

○ 법령에 규정된 공익목적에 반하여 행정권한을 행사하는 것을 금지한다는 원칙임
○ 판례도 법치국가원리에서 파생된 일반원칙으로 이해하고 있음(대판 2016.12.15, 2016두47659)

□ 신뢰보호원칙[7]

1. 의의

○ 행정청의 일정한 명시적이거나 묵시적인 언동의 정당성 또는 존속성에 대한 개인의 보호가치 있는 신뢰는 보호해 주어야 한다는 원칙

2. 근거

(1) **이론적 근거**: 신의칙설, 사회국가원리설, 기본권설, 독자적 원칙설, 법적 안정성설(다수설 및 판례)
(2) **실정법적 근거**: 행정기본법 제12조[8]
　　　　　　　　　 국세기본법 제18조 제3항, 행정절차법 제4조 제2항

3. 적용요건

① 행정청의 선행조치가 있어야 함
② 보호가치 있는 신뢰: 선행조치가 정당하다고 신뢰한 데 대하여 개인에게 귀책사유가 없어야 함
③ 관계인의 조치: 행정청의 선행조치를 신뢰한 이해관계인이 일정한 조치를 하여야 함
④ 인과관계: 행정청의 선행조치와 이를 신뢰한 이해관계인의 조치 간에 인과관계가 있어야 함
⑤ 선행조치에 반하는 행정처분의 존재: 신뢰보호원칙이 적용되기 위해서는 행정청이 선행조치에 반하는 처분을 함으로써 이를 신뢰한 개인의 이익이 침해되는 결과가 초래되어야 함
⑥ '공익 또는 제3자의 정당한 이익을 현저히 해칠 우려가 없을 것': 대법원이 제시해 온 신뢰보호원칙의 소극적 적용요건인데, 행정기본법 제12조에 이를 명문으로 규정함. 그러나 이는 이익형량시 당연히 요구되는 것이므로 이를 신뢰보호원칙의 '적용요건'으로 볼 필요는 없고, 신뢰보호원칙의 한계 문제로 검토하면 됨

---

7) 강론, 50면 이하.
8) 제12조(신뢰보호의 원칙) ① 행정청은 공익 또는 제3자의 이익을 현저히 해칠 우려가 있는 경우를 제외하고는 행정에 대한 국민의 정당하고 합리적인 신뢰를 보호하여야 한다.
　② 행정청은 권한 행사의 기회가 있음에도 불구하고 장기간 권한을 행사하지 아니하여 국민이 그 권한이 행사되지 아니할 것으로 믿을 만한 정당한 사유가 있는 경우에는 그 권한을 행사해서는 아니 된다. 다만, 공익 또는 제3자의 이익을 현저히 해칠 우려가 있는 경우는 예외로 한다.

4. 신뢰보호의 한계

○ 행정의 법률적합성과 신뢰보호의 충돌 문제
○ ① 법률적합성우위설, ② 동위·동가치라는 동위설이 있는데, 신뢰보호원칙은 법적 안정성을 근거로 하므로 동위설 타당(지배적 견해)
○ ③ 결국 동위설의 입장에서 '적법상태의 실현에 의하여 달성되는 공익'과 '행정작용에 대한 개인의 신뢰이익' 간의 이익형량을 통하여 문제를 해결하여야 함

5. 존속보호와 보상보호

○ 개인이 신뢰한 바를 존속시킴으로써 개인의 신뢰를 보호하는 것이 원칙(존속보호)
○ 개인의 신뢰를 보호하기 어려울 때에는 이로 인한 손해나 손실을 전보함으로써 개인의 침해된 권익이 보상되어야 함(보상보호)

※ 신뢰보호원칙

① 의의
○ 행정청의 일정한 명시적이거나 묵시적인 언동의 정당성 또는 존속성에 대한 개인의 보호가치 있는 신뢰는 보호해 주어야 한다는 원칙을 말함
② 요건
○ 적용요건: ① 행정청의 선행조치, ② 보호가치 있는 신뢰, ③ 관계인의 조치, ④ 인과관계, ⑤ 선행조치에 반하는 행정처분의 존재
③ 한계
○ 요건을 갖추었다 하더라도, '적법상태의 실현에 의하여 달성되는 공익'과 '행정작용에 대한 개인의 신뢰이익'과의 이익형량 필요

□ 실권[9]

○ 직권취소권의 경우에도 일정 기간 동안 취소권을 행사하지 않으면 취소권이 상실되는데 이를 실권의 법리라고 함
○ 독일 연방행정절차법은 행정청이 위법한 행정행위의 취소사유를 알게 된 때부터 1년 이내에 직권취소권을 행사하도록 규정하고 있음(48 ④)
○ 우리 판례도 이 법리를 인정해 왔음

---

9) 강론, 56면 이하.

- "실권 또는 실효의 법리는 법의 일반원리인 신의성실의 원칙에 바탕을 둔 파생원칙인 것이므로 공법관계 가운데 관리관계는 물론이고 권력관계에도 적용되어야 함을 배제할 수 없다 하겠으나, 그것은 본래 권리행사의 기회가 있음에도 불구하고 권리자가 장기간에 걸쳐 그의 권리를 행사하지 아니하였기 때문에 의무자인 상대방은 이미 그의 권리를 행사하지 아니할 것으로 믿을 만한 정당한 사유가 있게 되거나 행사하지 아니할 것으로 추인케 할 경우에 새삼스럽게 그 권리를 행사하는 것이 신의성실의 원칙에 반하는 결과가 될 때 그 권리행사를 허용하지 않는 것을 의미하는 것이다(대판 1988.4.27, 87누915)."

○ 행정기본법 제12조 제2항은 위 판례를 참조하여, "행정청은 권한 행사의 기회가 있음에도 불구하고 장기간 권한을 행사하지 아니하여 국민이 그 권한이 행사되지 아니할 것으로 믿을 만한 정당한 사유가 있는 경우에는 그 권한을 행사해서는 아니 된다. 다만, 공익 또는 제3자의 이익을 현저히 해칠 우려가 있는 경우는 예외로 한다."고 규정하고 있음

○ 나아가 행정기본법 제23조[10]는 제재처분의 경우에는 위반행위가 종료된 날로부터 5년이 지나면 할 수 없다고 하여 '제재처분의 제척기간'을 규정하고 있는데, 이도 실권의 법리를 적용한 것임

□ 부당결부금지의 원칙[11]

○ 행정기본법 13(행정청은 행정작용을 할 때 상대방에게 해당 행정작용과 실질적인 관련이 없는 의무를 부과해서는 아니 된다)

○ 행정작용과 실체적으로 관련이 없는 반대급부를 결부시켜서는 안 된다는 원칙으로 비례원칙 중 적합성의 원칙과 같은 의미임

---

10) 제23조(제재처분의 제척기간) ① 행정청은 법령등의 위반행위가 종료된 날부터 5년이 지나면 해당 위반행위에 대하여 제재처분(인허가의 정지·취소·철회, 등록 말소, 영업소 폐쇄와 정지를 갈음하는 과징금 부과를 말한다. 이하 이 조에서 같다)을 할 수 없다.
② 다음 각 호의 어느 하나에 해당하는 경우에는 제1항을 적용하지 아니한다.
1. 거짓이나 그 밖의 부정한 방법으로 인허가를 받거나 신고를 한 경우
2. 당사자가 인허가나 신고의 위법성을 알고 있었거나 중대한 과실로 알지 못한 경우
3. 정당한 사유 없이 행정청의 조사·출입·검사를 기피·방해·거부하여 제척기간이 지난 경우
4. 제재처분을 하지 아니하면 국민의 안전·생명 또는 환경을 심각하게 해치거나 해칠 우려가 있는 경우
③ 행정청은 제1항에도 불구하고 행정심판의 재결이나 법원의 판결에 따라 제재처분이 취소·철회된 경우에는 재결이나 판결이 확정된 날부터 1년(합의제행정기관은 2년)이 지나기 전까지는 그 취지에 따른 새로운 제재처분을 할 수 있다.
④ 다른 법률에서 제1항 및 제3항의 기간보다 짧거나 긴 기간을 규정하고 있으면 그 법률에서 정하는 바에 따른다.
11) 강론, 58면.

[소급효]

□ 법령의 소급적용(소급적용금지의 원칙과 예외)[12]

1. 소급적용의 의의

○ 새로운 법령이 과거에 종결된 법률관계나 사실관계에 적용되는 것을 소급적용이라 함. 법령의 소급에는 법령의 시행 이전에 이미 종결된 사실이나 법관계에 적용되는 진정소급과 법령의 시행 이전에 시작되었으나 현재에도 진행 중인 사실이나 법관계에 적용되는 부진정소급이 있음

2. 소급적용금지의 원칙

○ 법령은 소급적용을 하지 않는 것이 원칙인데, 이를 불소급의 원칙 또는 소급적용금지의 원칙이라고 함. 그 근거로는 법적 안정성과 개인의 신뢰보호를 내용으로 하는 법치국가원리를 들 수 있음

○ 헌법도 소급입법에 의하여 참정권의 제한을 받거나 재산권을 박탈당하지 아니한다고 규정하고 있음(헌법 13 ②)

3. 진정소급의 경우

○ 여기에서 불소급의 원칙은 본래 진정소급의 금지를 의미하는 것임. 따라서 진정소급적용은 원칙적으로 금지됨

○ 행정기본법도 "새로운 법령등은 법령등에 특별한 규정이 있는 경우를 제외하고는 그 법령등의 효력 발생 전에 완성되거나 종결된 사실관계 또는 법률관계에 대해서는 적용되지 아니한다(행정기본법 14 ①)." 고 하여 진정소급적용은 금지가 원칙임을 규정하고 있음

○ 다만 소급적용을 예상할 수 있는 경우, 소급적용에 의한 당사자의 손실이 매우 경미한 경우, 소급적용을 정당화하는 중대한 공익상의 사유가 존재하는 경우 등에는 예외적으로 진정소급이 허용될 수 있음

4. 부진정소급의 경우

○ 부진정소급은 현재에도 진행 중인 사건에 새 법령을 적용하는 것이므로 원칙적으로 허용됨. 이 경우 부진정소급에 대한 공익이 개인의 신뢰보호이익 보다 우선한다고 볼 수 있겠으나, 경우에 따라서는 신뢰보호의 이익 때문에 부진정소급이 제한되는 경우도 있을 것임. 이와 같

---

12) 강론, 60면 이하.

은 문제로 인하여 부진정소급의 경우에는 신구관계의 조정을 위하여 새로운 법령에 경과규정을 두는 것이 일반적임

□ 처분시 적용법령(행위시법 또는 처분시법)[13]

1. 문제의 소재

○ 제재처분과 관련하여, 법령위반행위가 있은 후 경과규정 등 특별규정 없이 법령이 개정된 경우, 행정청은 행위시법 또는 처분시법 중 어느 법에 따라 제재처분을 하여야 하는가 하는 것이 문제임

○ 2021년 행정기본법이 제정되면서 이에 대한 규정을 두어 현재 이 문제는 입법적으로 해결되었으나, 그 이전에는 이에 대한 논란이 있었음

2. 행정기본법 이전의 논의

(1) 판례의 입장

① 과세처분이나 제재처분(면허취소, 과징금부과 등)의 경우 원칙적으로 행위시법이 적용된다고 함

② 그러나 수익적 처분의 신청에 대한 거부처분을 포함한 일반적인 행정처분의 경우에는 처분 당시에 시행되는 법령이 적용된다고 함. 다만 이 경우 예외적으로 신청인의 신뢰보호를 이유로 처분시법 적용이 제한될 수 있다고 함. 이 경우는 수익적 처분의 신청 등이 법령이 개정된 시점까지 계속되고 있는 경우로 보아야 하므로, 위의 경우와는 달리 부진정소급 여부가 문제되는 경우임

③ 한편 면허취소나 과징금부과처분과 같은 제재처분의 경우에도 부진정소급에 해당하는 경우에는 처분시법이 적용된다고 함. 이 경우는 위반사실이 현재까지 진행 중인 부진정소급의 경우임

(2) 학설

① 대체로 행정처분의 경우에는 법령개정시 신법이 적용되는 것이 원칙이지만, 과세처분, 제재처분, 그 외에 장해등급결정처분 등은 예외적으로 행위시법이 적용되어야 한다는 입장임

② 관련문제로, 제재처분시 그 제재가 완화되는 내용의 개정법령을 적용할 수 있는가에 대해서는 '제재의 응보(應報)적 성격', '제재의 형평성' 등의 문제로 형법 제1조 제2항과 같은 명문의 규정이 없는 한 불가능하다는 견해가 다수였음

---

13) 강론, 65면 이하.

3. 행정기본법의 규정

(1) 신청에 따른 처분(수익적 처분)의 경우

○ 행정기본법은 "당사자의 신청에 따른 처분은 법령등에 특별한 규정이 있거나 처분 당시의 법령등을 적용하기 곤란한 특별한 사정이 있는 경우를 제외하고는 처분 당시의 법령등에 따른다(행정기본법 14 ②)."고 하여 수익적 행정행위의 경우에는 처분시법이 적용됨을 원칙으로 규정하고 있음

(2) 법령위반행위의 성립과 제재처분의 경우

○ 반면에 "법령등을 위반한 행위의 성립과 이에 대한 제재처분은 법령등에 특별한 규정이 있는 경우를 제외하고는 법령등을 위반한 행위 당시의 법령등에 따른다. 다만, 법령등을 위반한 행위 후 법령등의 변경에 의하여 그 행위가 법령등을 위반한 행위에 해당하지 아니하거나 제재처분 기준이 가벼워진 경우로서 해당 법령등에 특별한 규정이 없는 경우에는 변경된 법령등을 적용한다(행정기본법 14 ③)."고 하여, '법령위반행위의 성립'과 '제재처분'의 경우는 행위시법을 적용하는 것을 원칙으로 하되, 다만 처분시법에서 더 이상 위반행위가 되지 않거나 제재가 완화된 경우에는 처분시법을 따르도록 하고 있음

4. 평가

① 행정기본법 제정 이전의 판례들은 '법령개정시 적용법령의 문제'를 '법령의 소급적용에 관한 일반적인 논리'에 따라, 일반적인 처분이든 제재처분이든, 해당 처분이 과거의 종결된 사안을 대상으로 하는 경우에는 행위시법을 적용하고, 현재까지 진행되는 사안을 대상으로 하는 경우에는 처분시법을 적용하여야 한다는 입장으로 이해됨

② 대부분의 학설은 개정법령의 적용 문제를 처분의 성질에 따라, 즉 '제재적 성질의 처분'은 행위시법, '그 밖의 처분'은 처분시법이 적용된다는 입장인데, '법령의 적용' 문제는 처분의 성질에 따라 그 적용이 달라지는 것이 아니고, 또한 행정상 '법령위반행위'나 '이에 대한 제재'는 '형벌'과는 본질적으로 다르기 때문에, 형벌의 응보적 특성이 제재처분에도 반드시 적용되어야 하는 것은 아님. 따라서 단순하게 법령의 소급적용의 법리에 따라 판단하는 것이 합리적이고, 이러한 점에서 '제재처분의 경우 유리하게 개정된 법령의 소급적용 여부'도 '제재'라는 성질에 초점을 두기 것보다는 '부진정소급에서의 이익형량의 문제'로 판단하는 것이 법치행정의 이념에 보다 부합하는 것임

③ 이에 따라 행정기본법의 규정도 -처분의 성질에 따라 구분할 것이 아니라- '법령의 소급적용에 관한 원칙'을 세우고 이 원칙이 적용되는 것으로 하는 것이 보다 타당하겠음

[행정상 법률관계][14]

- 권력관계: 행정주체가 공권력의 주체로서 우월적 지위에서 국민에 대하여 일방적으로 공권력을 행사하는 관계로서, 공법관계
- 비권력관계: 행정주체가 공물(公物)을 유지·관리하거나 공공재화나 서비스를 제공·공급하거나 사인들을 일정한 방향으로 유도하는 법률관계로서, 공법관계
- 국고관계: 행정주체가 국고, 즉 사법상의 재산권주체로서 행위(행정의 보조활동(조달행정), 재산관리 그리고 행정의 영리활동 등)하는 법률관계로서, 사법관계

[개인적 공권]

□ 무하자재량행사청구권[15]

1. 의의

- 행정청에 대하여 하자 없는 재량행사를 청구할 수 있는 공법상의 권리(협의의 형식적인 무하자재량행사청구권)
- 중대한 상황이 발생하면 재량권이 0으로 수축되고, 이에 따라 재량행위는 기속행위로 전환되는데, 이 경우 형식적 무하자재량행사청구권은 재량권이 0으로 수축된 그 기속행위를 요구하는 '실체적 청구권으로 전환'됨(광의의 실체적인 무하자재량행사청구권)

2. 인정여부에 관한 학설

① 부정설: 실체적 권리와 구별되는 형식적 권리를 따로 인정할 실익 없음
② 긍정설: 위 의의에서처럼 인정 실익 있음. 대다수의 견해
③ 독자성 부인설: 취소소송의 원고적격을 가져다 줄 수 있는 권리가 아닌, 독립성이 없는 형식적 공권에 불과
④ 결어
- 재량에도 공권을 인정하였다는 점에서 긍정설 타당
- 검사임용거부처분취소소송의 판례(대판 1991.2.12, 90누5825)도 이 법리에 근거한 것으로 볼 수 있음

---

14) 강론, 72면 이하.
15) 강론, 100면 이하.

○ 취소소송에서 원고가 위법사유로 재량권 일탈·남용을 주장하였다면, 무하자재량행사청구권의 침해로도 원고적격이 인정될 수 있음

3. 성립요건

① 행정청의 의무 존재: 여기에서의 행정청의 의무는 '재량권의 한계를 준수하여야 할 법적 의무'
② 사익보호성: 관계법규범의 목적·취지가 적어도 개인의 이익도 보호하고자 하는 경우에만 인정

4. 쟁송수단

① 취소심판·의무이행심판, ② 취소소송, ③ 부작위위법확인소송

□ 행정개입청구권[16]

1. 의의

○ 사인이 행정청에게 자기의 이익을 위하여 법률상 부여된 일정한 행정권의 발동(예: 경찰의 개입, 제3자의 소음·오염행위 등에 대한 규제권 발동 등)을 요구하는 권리

2. 성립요건

① 강행법규에 의한 행정권발동의무의 존재
② 당해 강행법규가 공익뿐만 아니라 사익도 아울러 보호하고 있을 것(사익보호성)

□ 기간의 계산

> **※ 행정기본법**
> **제6조(행정에 관한 기간의 계산)** ① 행정에 관한 기간의 계산에 관하여는 이 법 또는 다른 법령등에 특별한 규정이 있는 경우를 제외하고는 「민법」을 준용한다.
> ② 법령등 또는 처분에서 국민의 권익을 제한하거나 의무를 부과하는 경우 권익이 제한되거나 의무가 지속되는 기간의 계산은 다음 각 호의 기준에 따른다. 다만, 다음 각 호의 기준에 따르는 것이 국민에게 불리한 경우에는 그러하지 아니하다.
> 1. 기간을 일, 주, 월 또는 연으로 정한 경우에는 기간의 첫날을 산입한다.
> 2. 기간의 말일이 토요일 또는 공휴일인 경우에도 기간은 그 날로 만료한다.

---

16) 강론, 104면 이하.

> **제7조(법령등 시행일의 기간 계산)** 법령등(훈령 · 예규 · 고시 · 지침 등을 포함한다. 이하 이 조에서 같다)의 시행일을 정하거나 계산할 때에는 다음 각 호의 기준에 따른다.
> 1. 법령등을 공포한 날부터 시행하는 경우에는 공포한 날을 시행일로 한다.
> 2. 법령등을 공포한 날부터 일정 기간이 경과한 날부터 시행하는 경우 법령등을 공포한 날을 첫날에 산입하지 아니한다.
> 3. 법령등을 공포한 날부터 일정 기간이 경과한 날부터 시행하는 경우 그 기간의 말일이 토요일 또는 공휴일인 때에는 그 말일로 기간이 만료한다.

[사인의 공법행위로서의 신고][17]

1. 신고의 개념

○ 사인이 행정청에 대하여 일정한 사실을 알림으로써 공법적 효과가 발생하는 행위

2. 신고의 종류

(1) 자기완결적 공법행위로서의 신고(수리를 요하지 않는 신고)

1) 의의

○ 행정청에 대한 사인의 일방적인 통고행위로서 신고가 행정청에 제출되어 접수된 때에 관계법에서 정하는 법적 효과가 발생하고 행정청의 별도의 수리행위가 필요하지 않은 신고

2) 입법례

○ '일정한 신고가 신고서의 기재사항 및 첨부서류에 흠이 없고 법령 등에 규정된 형식상의 요건을 충족하는 경우에는 신고서가 접수기관에 도달된 때에 신고 의무가 이행된 것으로 본다'는 규정[18]을 두고 있는 경우

---

17) 강론, 117면 이하.
18) 공간정보의 구축 및 관리 등에 관한 법률
　　제40조(측량기술자의 신고 등)
　　① 측량업무에 종사하는 측량기술자(「건설기술 진흥법」 제2조제8호에 따른 건설기술인인 측량기술자와 「기술사법」 제2조에 따른 기술사는 제외한다. 이하 이 조에서 같다)는 국토교통부령으로 정하는 바에 따라 근무처 · 경력 · 학력 및 자격 등(이하 "근무처 및 경력등"이라 한다)을 관리하는 데에 필요한 사항을 국토교통부장관에게 신고할 수 있다. 신고사항의 변경이 있는 경우에도 같다.
　　⑥ 제1항에 따른 신고가 신고서의 기재사항 및 구비서류에 흠이 없고, 관계 법령 등에 규정된 형식상의 요건을 충족하는 경우에는 신고서가 접수기관에 도달된 때에 신고된 것으로 본다.

3) 법적 성질과 처분성

○ 행정청에 대하여 일정 사항을 통지함으로써 의무가 끝나는 신고로서 신고 그 자체로 효과를 발생시킴

○ 따라서 행정청의 수리처분이 개입할 여지가 없고, 이에 따라 수리가 존재할 이유가 없으므로 행정청이 사인의 신고를 받아주더라도 이 행위는 단지 사실행위에 불과함

○ 행정청의 수리거부행위가 있다 하더라도 이 또한 마찬가지로 사실상의 행위에 불과함

4) 판례(특히 건축신고에 관한 판례의 변경)

① 대법원은 종래 건축신고를 수리를 요하지 않는 신고로 보았음(대판 1995.3.14, 94누9962)

② 대법원은 건축신고의 반려행위는 항고소송의 대상이 된다고 하여 종전의 입장을 변경하였음 (대판 2010.11.18, 2008두167 전원합의체)

대법원은 건축착공신고의 반려행위도 항고소송의 대상이 되는 처분으로 보고 있음(대판 2011. 6.10, 2010두7321)

③ 나아가 대법원은 건축법 제14조 제2항에 의한 인허가의제 효과를 수반하는 건축신고는 '수리를 요하는 신고'라고 하였음(대판 2011.1.20, 2010두14954 전원합의체)

(2) 행위요건적 공법행위로서의 신고(수리를 요하는 신고)

1) 의의

○ 행정청이 수리함으로써 신고의 법적 효과가 발생하는 신고. 따라서 이 경우 수리 또는 수리거부는 법적인 행위가 됨

○ 행정기본법은 "법령등으로 정하는 바에 따라 행정청에 일정한 사항을 통지하여야 하는 신고로서 법률에 신고의 수리가 필요하다고 명시되어 있는 경우(행정기관의 내부 업무 처리 절차로서 수리를 규정한 경우는 제외한다)에는 행정청이 수리하여야 효력이 발생한다(행정기본법 34)."고 하여, '수리를 요하는 신고'를 규정하면서, 이 경우 수리를 하여야 신고의 효력이 발생함을 명확히 규정하고 있음

2) 입법례

○ '일정 기간 내에 신고의 수리 여부를 당사자에게 통지하도록 하고, 이를 통지하지 않으면 신고를 수리한 것으로 간주'하는 규정[19]을 두고 있는 경우

---

19) 여객자동차운수사업법

제10조(사업계획의 변경) ① 제4조제1항에 따라 여객자동차운송사업의 면허를 받은 자가 사업계획을 변경하려는 때에는 국토교통부장관 또는 시·도지사의 인가를 받아야 한다. 다만, 국토교통부령으로 정하는 경미한 사항을 변경하려는 때에는 국토교통부장관 또는 시·도지사에게 신고하여야 한다.

② 제4조제1항 단서에 따라 여객자동차운송사업을 등록한 자가 사업계획을 변경하려는 때에는 시·도지사에게 등록하여야 한다. 다만, 국토교통부령으로 정하는 경미한 사항을 변경하려는 때에는 시·도지사에게 신고하여야 한다.

③ 국토교통부장관 또는 시·도지사는 제1항 단서 또는 제2항 단서에 따른 변경신고를 받은 날부터 국토교통부령으로

3) 법적 성질과 처분성

○ 일반적으로 수리를 요하는 신고에서 수리는 준법률행위적 행정행위의 하나로서 행정쟁송법
상의 처분에 해당한다고 설명됨

4) 판례

○ 대법원은 법률의 규정취지가 행정청으로 하여금 수리를 하도록 요구하고 있는 경우를 '수리
를 요하는 신고'로 구분하고 있음(예: 수산업법상 어업신고, 납골당설치 신고)

○ 나아가 대법원은 신고에 관한 규정이 구체적인 권리의무에 직접적인 영향을 미치는 경우에는
신고에 대한 행정청의 별도의 수리행위가 있어야 한다고 판시하고 있음(예: 건축주명의변경신고,
영업자지위승계신고)

5) 허가와의 구별

○ 구별을 긍정하는 견해: 수리의 경우에는 요건에 대한 형식적 심사만 거치지만, 허가의 경우에
는 형식적 심사 외에 실질적 심사도 거쳐야 하기 때문 수리를 요하는 신고는 허가와 구별된다
는 견해

○ 구별을 부인하는 견해: 수리를 요하는 신고는 실질적으로 허가와 같은 성질을 가지고 있으므
로 허가와 구별할 실익이 없다는 견해

○ 판례는 신고제와 허가제를 관념적으로 구분하고 있다고 판단되지만, 신고요건의 심사와 관련
하여 경우에 따라서는 실질적 심사도 가능하다고 하고 있어, 구별에 관한 입장이 명확하지
않음

(3) 통설에 대한 비판적 견해

○ '수리를 요하지 않는 신고와 수리를 요하는 신고의 경우' ① 구별기준의 부재 또는 모호성,
② 수리 개념의 불인정, ③ 수리거부의 처분성 부인 문제를 비판하는 견해

○ 나아가 수리를 요하는 신고에서의 수리는 사실상 완화된 허가라는 견해

3. 신고에 관한 최근의 입법적 변화에 따른 구별

○ 최근 법률에서는 신고와 관련하여 ① '신고에 대한 수리'를 규정하거나(수리를 요하는 신고) ②
'신고시 신고의 형식상의 요건을 충족하면 신고의무가 이행된 것으로 본다'는 규정(수리를 요하
지 않는 신고)을 두는 입법적 개선이 이루어지고 있음

○ 우선은 이와 같은 입법례에 따라 수리를 요하는 신고와 수리를 요하지 않는 신고를 구분할

정하는 기간 내에 신고수리 여부를 신고인에게 통지하여야 한다.
④ 국토교통부장관 또는 시·도지사가 제3항에서 정한 기간 내에 신고수리 여부 또는 민원 처리 관련 법령에 따른 처리
기간의 연장 여부를 신고인에게 통지하지 아니하면 그 기간이 끝난 날의 다음 날에 신고를 수리한 것으로 본다.

수 있겠음

○ 더욱이 행정기본법 제34조가 '법률에서 신고의 수리가 필요하다고 명시되어 있는 경우 행정청이 수리를 하여야 신고의 효력이 발생함'을 규정하고 있으므로, '법률에서 신고의 수리가 필요하다고 규정하는 경우'를 '수리를 요하는 신고'로 볼 수 있겠음

○ 하지만 '법률에서 신고의 수리가 필요하다고 규정하면' 이를 '수리를 요하는 신고'로 보아야 하는 것인지에 대해서는 여전히 논란이 될 수 있음

□ 수리를 요하는 신고에서의 수리의 법적 성질[20]

1. 기속행위

○ 수리를 요하는 신고도 그 성질상 허가와 다르지 않으므로, 그 법적 성질은 기속행위임
○ 판례도 마찬가지임(대판 1997.8.29, 96누6646)

2. 예외

○ 허가에서와 마찬가지로, 판례는 중대한 공익상의 필요가 있는 경우에는 수리를 거부할 수 있다고 하고 있음

○ 관련 판례
"주유소등록신청을 받은 행정청은 주유소설치등록신청이 석유사업법, 같은법시행령, 혹은 위 시행령의 위임을 받은 시·지사의 고시 등 관계 법규에 정하는 제한에 배치되지 않고, 그 신청이 법정등록 요건에 합치되는 경우에는 특별한 사정이 없는 한 이를 수리하여야 하고, 관계 법령에서 정하는 제한사유 이외의 사유를 들어 등록을 거부할 수는 없는 것이나, 심사결과 관계 법령상의 제한 이외의 중대한 공익상 필요가 있는 경우에는 그 수리를 거부할 수 있다(대판 1998.9.25, 98두7503)."

[공법상 부당이득반환청구권][21]

□ 부당이득반환청구권의 성질

○ ① 공법상 부당이득반환청구권은 공법상의 원인에 의하여 발생한 결과를 조정하기 위한 것이기 때문에 공권이라는 공권설과 ② 부당이득제도는 순수하게 경제적 견지에서 인정되는 이해

---

20) 강론, 122면 이하.
21) 강론, 132면 이하.

조절적 제도이므로 공법상의 원인에 의한 부당이득반환청구권은 사권이라는 사권설이 있음.
③ 판례는 사권설의 입장에서 이에 관한 소송도 민사소송에 의하는 것으로 보고 있음

[행정행위]

□ 대물적 행정행위(제재처분의 승계 문제)[22]

1. 대인적 · 대물적 · 혼합적 행정행위

○ 대인적 행정행위: 사람의 주관적 사정을 대상으로 하는 행정행위(예: 자동차운전면허 · 의사면허 등)
○ 대물적 행정행위: 물건의 사물적인 특성이나 상태를 대상으로 하는 행정행위(예: 건축허가)
○ 혼합적 행정행위: 인적 요소와 물적 요소를 동시에 대상으로 하는 혼합적 행정행위(예: 도시가스
사업허가 · 카지노업허가 등)

2. 행위의 특성

○ 대인적 행정행위는 개인적인 능력이나 특성에 기인하는 것으로 이전이 불가능함
○ 그러나 대물적 행정행위는 물건의 특성이나 상황에 대한 것이므로 이전이 가능함(예: 식품위생법
은 제39조: 이와 같은 영업승계에 따라 종전 영업자의 지위가 그대로 승계됨, 식품위생법 제78조: 제재처분의 효과가 양도
인에게 승계됨[23])

3. 관련 판례

○ 종전의 석유판매업자가 유사석유제품을 판매하는 위법행위를 하였다는 이유로 받게 된 사업
정지 등의 제재처분은 대물적 처분의 성격을 갖고 있으므로 지위승계에 제재처분의 승계가
포함되어 그 지위를 승계한 자에 대하여 사업정지 등의 제재처분을 취할 수 있다고 보아야
함(대판 2003.10.23, 2003두8005)

---

22) 강론, 144면 이하.
23) 식품위생법 제78조(행정 제재처분 효과의 승계) 영업자가 영업을 양도하거나 법인이 합병되는 경우에는 제75조제1항
각 호, 같은 조 제2항 또는 제76조제1항 각 호를 위반한 사유로 종전의 영업자에게 행한 행정 제재처분의 효과는 그
처분기간이 끝난 날부터 1년간 양수인이나 합병 후 존속하는 법인에 승계되며, 행정 제재처분 절차가 진행 중인 경우에
는 양수인이나 합병 후 존속하는 법인에 대하여 행정 제재처분 절차를 계속할 수 있다. 다만, 양수인이나 합병 후 존속
하는 법인이 양수하거나 합병할 때에 그 처분 또는 위반사실을 알지 못하였음을 증명하는 때에는 그러하지 아니하다.

□ 잠정적 행정행위(가(假)행정행위)[24]

1. 의의

○ 잠정적 행정행위는 가행정행위(假行政行爲)라고도 하는데, 종국적인 행정행위를 하기에 앞서 잠정적으로 결정하여야 할 필요성 때문에 이에 대한 사후심사의 유보 하에 잠정적으로 행정법관계를 규율하는 행위를 말함

2. 효력

○ 잠정적 행정행위는 최종적인 확정결정까지만 효력이 있음. 따라서 최종적인 결정이 있게 되면 이에 대체되어 효력을 상실하게 됨

3. 법적 성질(행정행위인지 여부)

○ 행정행위는 '종국적 규율'이라는 점에서, 독일에서는 잠정적 행정행위의 행정행위로서의 성질에 대하여 여전히 논란이 있음

○ 우리나라에서는 행정행위로 보는 견해가 다수인데, '종국적 규율'로서의 성질을 결하고 있어 행정행위로 보기 어려움

○ 판례는 공정거래법상 부당공동행위에 대한 과징금처분에 대한 감면처분이 존재하는 경우 감면처분은 최종적 처분으로서 과징금처분을 이에 대한 '잠정적 처분'이므로 과징금처분에 대한 취소소송은 대상을 결하여 부적법하다고 보았음(대판 2015.2.12, 2013두987)

※ 관련문제(대판 2018.11.15, 2016두48737[과징금부과처분취소])

○ 공정거래위원회의 처분에 대한 불복의 소에서 청구취지를 추가하는 경우, 추가된 청구취지의 제소기간 준수 여부 판단 기준시점(=청구취지의 추가·변경 신청이 있는 때)

○ 선행처분 취소소송에서 후행처분의 취소를 구하는 청구취지를 추가하였으나 선행 처분이 잠정적 처분으로서 후행 처분에 흡수되어 소멸되는 경우 후행처분의 취소를 구하는 소의 제소기간 준수 여부 판단 기준시점(=선행 처분의 취소를 구하는 최초의 소가 제기된 때)

---

24) 강론, 147면 이하.

□ 판단여지[25]

1. 요건판단에서의 행정청의 판단여지

o 법률요건에 규정된 개념의 의미와 내용이 일의적인 것이 아니라 다의적이어서 구체적인 상황에 따라 그 의미와 내용이 달리 판단될 수 있는 개념을 불확정개념 또는 불확정법개념이라 함

o 불확정개념을 포함한 요건판단의 문제는 법적 판단의 문제로서 사법심사의 대상이 됨

o 다만 요건판단에 고도의 전문적 지식이 요구되는 경우에는 예외적으로 행정청에게 요건판단에 있어서의 판단여지 또는 평가특권이 인정되고, 이 경우 법원의 사법심사가 제한됨

o 독일의 판례에서 인정된 판단여지의 예로는, ① 국가시험과 같은 시험평가결정, ② 학교교육 영역에서의 시험평가와 유사한 평가결정, ③ 공무원법상의 평가, ④ 전문적인 독립위원회의 가치평가결정, ⑤ 환경법, 경제법 등의 영역에서의 예측결정이나 위험평가, ⑥ 행정정책적 성격을 띤 요소들에 관한 결정 등이 있음

2. 학설

o 제한적인 범위 내에서 행정청의 판단여지를 인정하는 것이 대다수의 입장임. 대체로 요건판단에서의 법인식의 문제인 판단여지와 법률효과의 결정이나 선택의 문제인 재량은 그 인정근거나 내용을 달리하는 것이므로 양자는 서로 구별되어야 한다는 입장임

o 그러나 판단여지를 인정하면서도 판단여지에 재판통제가 미치지 않는다는 점에서는 재량행위와 같은 의미를 가진다고 하여, 판단여지와 재량을 구별할 실익이 없다는 견해도 있음

3. 판례

o 판례는 요건판단의 문제와 효과의 부여 문제를 구별하지 아니하고 이를 모두 재량의 개념으로 파악하고 있음. 따라서 요건판단에 있어서 판단여지가 인정되는가 하는 문제도 재량의 문제로 이해하고 있음(대판 1996.9.20, 96누6882; 대판 1992.4.24, 91누6634; 대판 2013.12.26, 2012두19571 등 참조)

4. 판단여지의 한계와 통제

o 판단여지가 인정되더라도 사법심사가 무조건 배제되는 것은 아님. 판단여지가 인정되더라도 행정청의 판단 내용에 대해서만 사법심사가 미치지 아니한다는 것이므로, 행정청이 그와 같

---

25) 강론, 152면 이하.

은 판단에 이르는 과정에서, ① 판단기관이 적법하게 구성되었는지, ② 절차를 준수하였는지, ③ 정당한 사실관계에 기초하고 있는지, ④ 일반적으로 승인된 평가척도들(행정법의 일반원칙 포함)이 준수되었는지, ⑤ 사안과 무관한 사항을 고려하여 판단한 것은 아닌지 등의 여부는 판단여지의 한계로서 사법심사의 대상이 됨

□ 기속행위와 재량행위의 개념[26]

1. 기속행위

○ 법률이 효과규정에서 행정청에게 어떠한 행위를 할 것인가에 대하여 일의적으로 규정하고 있어서 행정청은 이를 단지 기계적으로 적용하는 데 그치는 행위

2. 재량행위

○ 법률이 효과규정에서 행정청에게 행위여부나 행위내용에 관하여 선택의 여지를 인정하고 있는 행위. 재량행위는 다시 ① 일정한 행위를 할 것인지 안 할 것인지에 대한 결정재량과 ② 복수의 행위 중 어느 하나를 선택할 수 있는 선택재량으로 나눌 수 있음

□ 재량행위와 기속행위의 구별[27]

1. 구별기준에 관한 학설

① 요건재량설: 재량은 어떠한 사실이 법이 정한 요건에 해당하는가에 대한 판단에 존재한다는 견해

② 효과재량설: 재량을 어떠한 법률효과를 발생시킬 것인가에 대한 선택으로 보는 견해

③ 판단여지설: 판단여지는 요건규정상의 불확정개념에 대한 판단에 있어 고도의 전문성·기술성·정책성 등의 이유로 행정청에게 인정되는 독자적인 판단권을 의미하는데, 혹자는 이를 기속·재량행위의 구별기준으로 제시하기도 함

④ 결어: 요건재량설은 재량을 요건판단에서의 문제로 이해하는 오류가 있고, 효과재량설도 행위의 성질을 기준으로 하고 있다는 점에서 문제가 있어, 이 학설들이 재량행위와 기속행위에 대한 구별기준이 될 수 없음. 결국 당해 행위의 근거가 된 규정의 형식이나 체재 또는 문언 등에 따라 개별적으로 판단할 수밖에 없음

---

2. 구체적 구별기준

○ 구체적인 구분기준으로 근거법규범의 규정방식, 입법취지 · 목적, 행위의 특성 · 성질, 공익이나 기본권과의 관련성 등을 종합적으로 고려하여 구체적인 사안마다 개별적으로 판단하여야 함

3. 판례

○ 법규의 체재 · 형식과 그 문언, 당해 행위가 속하는 행정 분야의 주된 목적과 특성, 당해 행위 자체의 개별적 성질과 유형 등 고려

※ 관련문제: 요건규정에서의 판단여지와 효과규정에서의 재량의 구별

1. 판단여지와 재량

○ 행정작용의 근거가 되는 법령의 요건규정에 불확정개념이 사용되었다 하더라도, 요건판단은 법적 판단의 문제로 이에 대해서는 전면적 사법심사가 가능함

○ 다만 예외적으로 요건판단에서의 행정의 고도의 전문성 등의 이유로 예외적으로 판단여지가 인정될 수 있으나 이 경우에도 행정청이 그와 같은 판단에 이르는 과정에서 일정한 한계를 준수하였는지의 여부는 법원의 심사의 대상이 됨(판단여지의 한계)

○ 한편 재량은 법령의 요건규정이 아니라 효과규정에서 행정청이 법효과를 부여하는 데 대한 결정 또는 선택의 여지를 말하는 것으로, 판단여지와는 개념적으로 완전히 구별됨

2. 판례의 태도

○ 관련 판례

"국토의 계획 및 이용에 관한 법률(이하 '국토계획법'이라 한다)에 따른 토지의 형질변경허가는 그 금지요건이 불확정개념으로 규정되어 있어 그 금지요건에 해당하는지 여부를 판단함에 있어서 행정청에 재량권이 부여되어 있다고 할 것이므로, 국토계획법에 따른 토지의 형질변경행위를 수반하는 건축허가는 재량행위에 속한다(대판 2013.10.31, 2013두9625)."

○ 판례는 요건판단의 문제와 효과의 부여 문제를 구별하지 아니하고 이를 모두 재량의 개념으로 파악하고 있음. 따라서 요건판단에 있어서 판단여지가 인정되는가 하는 문제도 재량의 문제로 이해하고 있음

□ 재량권의 한계와 재량권행사의 하자[28)

1. 재량권의 한계와 의무에 합당한 재량

○ 재량권행사에는 법치행정의 원리에 내재하는 한계를 준수하여야 할 의무가 있는데, 이러한

---

28) 강론, 168면 이하.

의미에서 행정청의 모든 재량은 '법적으로 기속되는 재량(rechtlich gebundenes Ermessen)' 또는 '의무에 합당한 재량(pflichtgemäßes Ermessen)'을 의미함

2. 재량행위의 하자

○ 행정기본법은 재량행사의 기준으로 "행정청은 재량이 있는 처분을 할 때에는 관련 이익을 정당하게 형량하여야 하며, 그 재량권의 범위를 넘어서는 아니 된다(행정기본법 21)."고 규정하고 있어, 재량행위는 이 기준을 준수하지 않으면 하자 있는 재량권 행사가 됨
○ 구체적인 재량권 행사의 하자는 다음과 같음
① 일탈: 유월: 재량권의 한도를 넘은 것
② 남용: 재량권행사가 법규정상의 목적을 위배하거나, 평등원칙·비례원칙·신뢰보호원칙과 같은 행정법의 일반원칙에 위배되는 경우
③ 불행사: 행정청이 법령상 재량권이 있음에도 과실로 또는 법령의 규정을 잘못 해석하여 부작위의무가 있다고 판단함에 따라 재량권을 행사하지 않는 경우

□ 재량권 남용의 기준으로서의 행정법의 일반원칙

1. 비례원칙

(1) 의의: 특정 행정목적의 달성을 위하여 일정한 수단을 동원함에 있어서 목적과 수단 간에 합리적인 비례관계가 있어야 한다는 원칙
(2) 근거: 헌법 37 ②, 행정기본법 10, 경찰관직무집행법 1 ②, 행정소송법 27
(3) 내용: 적합성의 원칙(부당결부금지의 원칙), 필요성의 원칙, 상당성의 원칙

2. 평등원칙

(1) 의의: 행정청이 행정작용을 행하면서 달리 보아야 할 정당한 사유가 없는 한 모두를 동등하게 처우하여야 한다는 원칙
(2) 근거: 헌법 11 ①, 행정기본법 9

3. 행정의 자기구속의 원칙

(1) 의의

○ 행정규칙의 오랜 반복적용에 따라 형성된 관행이 있으면, 행정청은 정당한 사유가 없다면 기존의 행정실무관행에 실질적으로 구속된다는 원칙
○ 주로 '재량준칙'과 관련하여 문제됨

(2) 기능

○ 이 원칙은 재량행위와 관련하여 의미가 있는 것으로, 재량행위에 대한 자기구속으로 말미암아 행정청의 재량의 여지를 축소시킨다는 의미도 있음. 아울러 평등원칙을 근거로 한 행정의 자기구속의 법리는 행정규칙을 대외적 구속력이 있는 법규범으로 전환시키는 전환규범의 기능을 수행하기도 함

(3) 판례

○ 헌법재판소와 대법원 모두 평등원칙과 신뢰보호원칙을 근거로 행정의 자기구속의 원칙을 인정하고 있음(헌재결 1990.9.3, 90헌마13; 대판 2009.12.24, 2009두7967 참조)

4. 신뢰보호원칙

(1) 의의

○ 행정청의 일정한 명시적이거나 묵시적인 언동의 정당성 또는 존속성에 대한 개인의 보호가치 있는 신뢰는 보호해 주어야 한다는 원칙을 말함

(2) 근거

① 이론적 근거: 법적 안정성설
② 법적 근거: 행정기본법 12, 국세기본법 18 ③, 행정절차법 4 ②

(3) 요건

○ 적용요건: ① 행정청의 선행조치, ② 보호가치 있는 신뢰, ③ 관계인의 조치, ④ 인과관계, ⑤ 선행조치에 반하는 행정처분의 존재

(4) 한계

○ 요건을 갖추었다 하더라도, '적법상태의 실현에 의하여 달성되는 공익'과 '행정작용에 대한 개인의 신뢰이익'과의 이익형량 필요

□ 허가[29]

1. 허가의 개념 및 성질

(1) 허가의 개념

상대적 금지의 해제를 통한 자연적 자유의 회복

---

[29] 강론, 176면 이하.

(2) 허가의 성질

1) 명령적 행위인가 형성적 행위인가

① 명령적 행위로 이해하는 견해: 전통적으로 허가는 상대적 금지의 해제를 통하여 자연적 자유를 회복시켜주는 것이라는 점에서 명령적 행위로 이해

② 형성적 행위로서의 성질을 인정하는 견해: 일정한 법적 지위의 설정행위라는 점에서 형성적 행위로서의 성질을 가진다는 견해

③ 결론: 명령적 행위와 형성적 행위의 구분체계를 유지하고, 형성적 행위를 구체적인 권리나 능력을 설정하는 행위로 이해하는 한, 허가는 '금지의 해제'라는 점에서 명령적 행위임

2) 기속행위인가 재량행위인가

o 허가는 상대적 금지를 해제하여 공익목적에서 제한되었던 자유를 회복시켜 주는 행위

o 이와 같이 허가의 대상이 되는 행위는 원래 헌법상의 자연적 자유이므로 헌법상 기본권으로서 보호를 받음

o 따라서 허가는 법정요건을 구비하는 경우에 허가를 해야 하는 기속행위임

o 따라서 법정요건 외에 기존업자의 이익이나 시설에 대한 사용권 등과 같은 사법상의 권리의 유무는 허가요건으로 고려할 필요 없음

2. 허가의 효과

o 허가를 통하여 새로운 권리나 능력이 설정되는 것 아님

o 허가를 통하여 얻게 되는 이익은 반사적 이익에 불과

o 따라서 반사적 이익이 침해되어도 취소소송에서의 원고적격이 인정되지 않음

o 다만 거리제한규정이 있는 경우 허가를 통하여 제한된 거리 내에서는 독점적으로 영업할 수 있는 지위가 부여되는 것이므로 이 경우 허가는 강학상 특허에 해당한다고 보아야 할 것(허가와 특허의 성질을 공유하는 합체행위로서의 성질을 가진다는 견해'도 있음)

□ 특허[30]

1. 특허의 개념

o 광의의 특허는 ① 특정 상대방에게 권리를 설정하는 행위, ② 능력을 설정하는 행위, ③ 포괄적인 법률관계를 설정하는 행위를 포함하며, 이 가운데 특정 상대방에게 권리를 설정하는 행위만을 가리켜 협의의 특허라 함

---

30) 강론, 185면 이하.

○ 좁은 의미의 특허에는 특허된 권리내용이 공권의 성질을 가지는 것(예: 특허기업의 특허, 공물사용권의 특허)과 사권의 성질을 가지는 것(예: 광업권, 어업권)이 있음
○ 특허의 대상이 되는 행위는 대체로 공익성이 강한 것으로 특허 여부는 행정청의 재량적 판단에 의하여 이루어짐

2. 특허와 출원

○ 특허는 상대방의 출원(신청)을 필요로 함
○ 특허는 언제나 특정인을 상대방으로 함

3. 특허의 효과

○ 특허는 특정인에게 특정한 권리를 설정하는 행정행위임. 그 결과 특허의 상대방은 제3자에게 대항할 수 있는 새로운 법률상의 힘을 가지게 됨

4. 특허와 허가의 비교

(ⅰ) 허가는 상대적 금지의 해제라는 점에서 명령적 행위이고(이 점에 대해서는 논란이 있음), 특허는 권리·능력 등의 설정행위라는 점에서 형성적 행위임
(ⅱ) 허가는 기속행위이지만, 특허는 권리·능력 등을 설정한다는 점에서 재량행위임이 원칙임
(ⅲ) 허가의 상대방은 허가를 통하여 반사적 이익을 누리게 될 뿐이지만, 특허는 형성적 행위로서 권리·능력 등이 설정됨

□ 인가[31]

1. 인가의 개념

○ 타인의 법률행위를 보충하여 그 법률적 효력을 완성시켜 주는 행정행위

2. 인가의 대상

○ 인가의 대상은 타인의 행위로서, 허가와는 달리 반드시 법률행위이어야 함

3. 인가의 효과

○ 인가는 타인의 법률행위의 효력을 완성시켜주는 행위임. 즉 인가는 타인의 법률행위의 효력 발생요건임

---

31) 강론, 186면 이하.

4. 기본행위와 인가에 대한 쟁송방법

○ 인가에 하자가 있다면 이에 대한 행정쟁송이 가능함. 그러나 기본행위에 하자가 있고 인가는
   적법한 경우, 기본행위의 하자를 이유로 인가를 다툴 수 있는지 문제임

○ 이에 관하여는 ① 기본행위에만 하자가 있는 경우에는 기본행위의 하자가 민사판결로 확정
   되기 이전에는 기본행위의 하자를 이유로 인가행위의 취소 또는 무효확인을 구할 법률상 이
   익이 없다는 견해(다수설·판례)와 ② 하자 있는 기본행위에 대하여 인가를 한 경우 행정청이
   인가시 요구되는 필요한 검토를 하였는지 여부를 확인해 볼 협의의 소익이 있다는 견해(소수
   설)가 있는데, ③ 행정사건 담당법원이 민사사항에까지 심리하는 것이 어렵고 이를 허용하는
   경우 민사법원과 행정법원간의 판결의 저촉이나 모순이 발생할 가능성도 있으므로 다수설이
   타당함

○ 따라서 기본행위에 하자가 있고 인가는 적법한 경우에는 기본행위의 효력을 다툴 수 있는데,
   이 경우 기본행위를 다투어야 하는 것이지, 기본행위에 하자가 있음을 이유로 인가를 다툴
   수는 없음. 기본행위에 하자가 있음을 이유로 인가를 다투게 되면, (소송의 실익이 없으므로) 인가의
   취소 또는 무효확인을 구할 협의의 소익이 부인됨

□ **도시정비법상 조합설립인가의 경우**

○ 판례는 특허로 봄

○ 이 경우는 행정청을 상대로 기본행위(조합설립결의)의 하자를 이유로 조합설립인가(특허)에 대한
   항고소송을 제기하여야 함. 이 경우 조합을 상대로 조합설립결의의 효력을 다투는 확인의 소(민
   사소송)는 - 즉 이행소송이나 형성소송을 통한 권리구제가 가능하므로- (민사소송에서 요구되는)
   확인의 이익(의 보충성)이 인정되지 않아 허용되지 않음(대판 2009.10.15, 2009다30427)

□ **부관**[32]

1. 부관의 의의와 종류

○ 행정행위의 효과를 제한하거나 일정한 의무를 부과하기 위하여 주된 행정행위에 부가된 종된
   규율(부대적 규율)

○ 부관에는 기한, 조건, 부담, 철회권유보, 사후부담의 유보, 법률효과의 일부배제 등이 있음
   (사례에서 문제가 된 부관이 위 부관의 종류 중 어떤 부관인지를 기술함. 주로 문제가 되는 경우는 조건 또는 부담의 경우인
   데, 부관을 통하여 별도의 의무가 부과되는 경우라면 부담으로 보면 됨)

---

32) 강론, 194면 이하.

2. 부관의 가능성(허용성)

(1) 종래의 견해 및 판례

- ① 법률행위적 행정행위, ② 재량행위에만 부관 가능
- 준법률행위적 행정행위는 의사표시를 요소로 하지 않고 있고, 기속행위에 대한 부관은 기속행위에 대한 공권을 침해하는 것이기 때문에 부관을 붙일 수 없다는 것임
- 판례도 같은 입장

(2) 비판적 견해

- ① 준법률행위적 행정행위나 ② 기속행위에도 부관 가능할 수 있음
- 준법률행위적 행정행위의 경우에도 확인·공증의 경우에는 기한이라는 부관이 가능하고, 또한 법적 근거가 있다면 법률행위적 행정행위와 준법률행위적 행정행위를 가리지 않고 부관을 붙일 수 있음
- 포괄적 신분설정행위로서의 특허에 해당하는 귀화허가와 같은 법률행위적 행정행위의 경우는 법적 안정성의 견지에서 부관을 붙일 수 없음
- 기속행위의 경우에도 법적 근거가 있으면 부관을 붙일 수 있음(침해유보의 관점)
- 기속행위의 경우 별도의 법적 근거가 없더라도 법정요건을 충족할 것으로 조건으로 하는 '법률요건충족적 부관'은 가능함(예: 독일연방행정절차법 36 ①)

(3) 행정기본법

- 행정기본법
  "행정청은 처분에 재량이 있는 경우에는 부관(조건, 기한, 부담, 철회권의 유보 등을 말한다. 이하 이 조에서 같다)을 붙일 수 있다(행정기본법 17 ①)."
  "행정청은 처분에 재량이 없는 경우에는 법률에 근거가 있는 경우에 부관을 붙일 수 있다(행정기본법 17 ②)."

(4) 결론

- ① 법적 근거 있으면 행정행위의 종류에 관계없이 부관 가능(행정기본법 17 ②)
- ② 법적 근거 없으면 원칙적으로 재량행위에만 가능(행정기본법 17 ①)
- ③ 법적 근거 없더라도 기속행위에 법률요건충족적 부관은 가능(다수설)

3. 부관의 자유성(내용상의 한계)

- ① 행정의 법률적합성의 원칙을 준수하여야 함
  특히 부관은 법령에 위반되어서는 안 됨(법률우위의 원칙)

② 부관은 비례원칙·평등원칙·이익형량의 원칙 등 행정법의 일반원칙을 준수하여야 함
특히 주된 행정행위의 목적에 위배되지 말아야 함(부당결부금지의 원칙)
행정기본법 17 ④는 부관의 적법요건(한계)를 규정하고 있음

행정기본법 제17조(부관)

④ 부관은 다음 각 호의 요건에 적합하여야 한다.

 1. 해당 처분의 목적에 위배되지 아니할 것
 2. 해당 처분과 실질적인 관련이 있을 것
 3. 해당 처분의 목적을 달성하기 위하여 필요한 최소한의 범위일 것

☞ 위 제1호와 제2호는 부당결부금지의 원칙을, 제3호는 비례원칙(특히 필요성의 원칙)을 구체적
으로 표현한 것임

---

③ 그 밖에도 부관의 내용이 명확하고 실현가능한 것이어야 함

4. 사후부관의 허용성

(1) 종전의 학설과 판례

1) 학설

① 부관의 부종성으로 인하여 부관의 독자성을 인정할 수 없으므로 사후부관은 불가능하다고
하는 부정설
② 부담만은 독립한 행정행위이므로 사후부관이 가능하다는 견해
③ 법적 근거가 있거나, 상대방의 동의가 있거나, 사후부관의 가능성이 유보되어 있는 경우에는
사후부관이 가능하다는 제한적 긍정설(다수설)

2) 판례

ㅇ 제한적 긍정설과 같은 입장
ㅇ 나아가 사정변경으로 인하여 당초에 부담을 부가한 목적을 달성할 수 없게 된 경우에도 그
목적달성에 필요한 범위 내에서 예외적으로 허용된다는 입장

(2) 행정기본법 규정

ㅇ 행정기본법은 '행정청은 ① 법률에 근거가 있거나, ② 당사자의 동의가 있거나, ③ 사정이
변경되어 부관을 새로 붙이거나 종전의 부관을 변경하지 아니하면 해당 처분의 목적을 달성
할 수 없다고 인정되는 경우에는 사후부관 또는 기존 부관의 변경이 가능하다(행정기본법 17 ③)'
고 하여, 기존 학설과 판례의 입장을 반영한 규정을 두고 있음

(3) 결론

○ 행정행위를 취소하는 것보다 부관이 붙은 새로운 행정행위로 전환하는 것이 당사자에게 유리한 경우에는 예외적으로 사후부관이 허용될 수 있을 것임. 따라서 제한적 긍정설 및 행정기본법 규정이 타당함

5. 부관의 독립쟁송가능성

(1) 학설대립 및 소송유형

1) 부담만 독립하여 쟁송의 대상으로 할 수 있다는 견해

○ 부담은 그 자체 독립한 행정행위이므로 부담은 독립하여 쟁송의 대상으로 할 수 있고, 부담 이외의 부관은 부관만 독립쟁송의 대상이 될 수 없으므로, 부관부 행정행위 전체를 쟁송의 대상으로 하여 부관의 효력을 다툴 수 있을 뿐이라는 견해(다수설 및 판례)

○ 소송형태는, 부담의 경우 부담만 독립하여 소송의 대상으로 하면서 부담만 취소해 줄 것을 요구하는 경우 이는 '진정일부취소소송'이 되고, 부담 이외의 부관의 경우 형식적으로는 부관부 행정행위 전체를 쟁송의 대상으로 하면서 내용적으로는 일부취소의 형태로 부관만의 취소를 구하는 경우는 '부진정일부취소소송'이 될 것임

○ 판례는 부담은 독립쟁송이 가능하고 다른 부관은 불가능한 이유는 부담은 처분이고 다른 부관은 주된 의사표시에 부과된 종된 의사표시로서 단지 행정행위의 일부일 뿐 그 자체로서 직접 법적 효과를 발생하는 독립된 처분이 아니기 때문이라고 함. 따라서 부담 이외의 부관에 대해서는 진정일부취소청구든 부진정일부취소청구든 일부취소청구를 할 수 없고, 만약 일부취소청구를 하면 그 소는 부적법하여 각하됨

2) 모든 부관을 독립하여 쟁송의 대상으로 할 수 있다는 견해

○ 부관이 위법하면 그 종류를 불문하고 모두 독립쟁송가능성을 인정하거나, 소의 이익이 있는 한 모든 부관에 대하여 독립하여 쟁송의 대상이 될 수 있다는 견해

○ 이 견해는 부관에 관한 쟁송은 성질상 모두가 부진정일부취소청구의 형태를 취할 수밖에 없다고 함

3) 분리가능성을 기준으로 하는 견해

○ 논리적인 관점에서 모든 부관은 분리가능한 것으로 봄으로써, 모든 부관에 대한 독립쟁송가능성을 인정하자는 견해

(2) 결론

○ 2번 견해는 '위법성' 판단은 본안판단의 문제라는 점, 그리고 소의 이익과 부관의 독립쟁송가능성은 관련이 없다는 점을 간과하고 있고, 3번 견해는 결론에 있어 부진정일부취소를 인정하

는 견해와 다르지 않음
- ○ 부관의 의의와 기능을 고려하면 부담의 경우는 독립쟁송이 가능하고 그 외의 부관의 경우에는 독립쟁송이 가능하지 않다고 보는 다수설 및 판례의 입장이 타당함. 그러나 이는 부관의 부종성과 관련된 것이지, 부담 이외의 부관에는 처분성이 인정되지 않기 때문에 그런 것은 아님

6. 부관의 독립취소가능성

(1) 학설

1) 재량행위와 기속행위를 구분하는 견해
- ○ 기속행위의 경우 부관을 붙일 수 없는 것이 원칙이라는 점에서 법률의 명시적 근거가 없는 기속행위에 대한 부관은 위법하므로 독립하여 취소될 수 있음(법률요건충족적 부관의 경우는 예외적인 경우를 제외하고는 독립취소가 인정되지 않음)
- ○ 재량행위의 경우에는 행정청이 부관을 붙일 수 있다는 점에서 부관만의 취소를 인정하기 어려움

2) 중요성을 기준으로 하는 견해
- ○ 위법한 부관이 주된 행정행위의 중요한 요소가 아닌 경우에는 부관만을 취소할 수 있지만, 부관 없이는 주된 행정행위를 하지 않았을 것으로 인정되는 것과 같이 위법한 부관이 주된 행정행위의 중요한 요소인 경우에는 부관부 행정행위 전체를 취소하여야 한다는 견해

3) 분리가능성을 기준으로 하는 견해
- ○ 실질적 분리가능성이 인정되면 부관의 독립취소가 인정된다는 견해

4) 위법성을 기준으로 하는 견해
- ○ 부관이 위법하면 부관에 대한 독립취소가능성을 인정하는 견해

(2) 판례
- ○ 부진정일부취소를 인정하지 않음. 따라서 부담을 제외하고는 부관부 행정행위 전체를 취소하여야 한다는 입장(대판 1985.7.9, 84누604)

(3) 결어
- ○ 부관의 독립취소 문제는 부관의 주된 행정행위와의 '법상·사실상의 분리가능성'의 문제
- ○ 따라서 부관이 없었더라면 주된 행정행위가 법적으로나 사실상으로나 가능했을 것인지의 여부를 기준으로 하여 주된 행정행위와 부관과의 분리가능성이 인정되면 독립취소를 인정하는 것이 합리적일 것임
- ○ 이 점에서 중요성이나 분리가능성을 기준으로 하는 견해가 타당

□ 행정행위의 성립요건[33]

○ 행정행위의 성립요건은 행정행위의 부존재를 가리기 위한 기준이 됨

○ 행정행위가 성립하려면,
   첫째, 행정에 관한 의사결정능력을 가진 행정기관의 행위이어야 함
   둘째, 행정권의 발동으로 볼 수 있는 행위가 있어야 함
   셋째, 이러한 행정청의 내부적 의사결정은 외부에 표시되어야 함

□ 행정행위의 적법요건[34]

○ 행정행위가 적법하려면 적법요건을 갖추어야 하는데, 적법요건은 구체적으로 주체·내용·형식·절차요건으로 구분할 수 있음

○ 주체요건: 정당한 권한을 가진 행정기관의 행위이어야 함

○ 내용요건: 법치행정의 원리, 즉 법률우위의 원칙과 법률유보의 원칙을 준수하여야 하고, 행정법의 일반원칙을 준수하여야 하며, 내용이 명확하고 실현가능하여야 함

○ 절차·형식요건: 행정기본법·행정절차법 및 개별법령상 절차와 형식을 준수하여야 함

□ 선결문제판단권

1. 공정력 또는 구성요건적 효력의 의의[35]

○ 공정력: 행정행위가 취소되기 전까지 유효하게 통용되는 효력

○ 행정기본법 15(처분의 효력)[36]

○ 구성요건적 효력: 유효한 행정행위가 모든 행정기관이나 법원 등 국가기관을 구속하는 힘

2. 선결문제[37]

○ 선결문제란 민사소송·형사소송 등에서 본안판결의 전제로서 제기되는 행정행위의 위법성 또는 유효 여부에 관한 문제로서, 선결문제 판단권의 문제는 이처럼 민사소송이나 형사소송의 본안판단의 전제가 된 행정행위의 위법성이나 유효 여부를 민사법원이나 형사법원이 판단할

---

33) 강론, 215면 이하.
34) 강론, 216면 이하.
35) 강론, 225면 이하.
36) 제15조(처분의 효력) 처분은 권한이 있는 기관이 취소 또는 철회하거나 기간의 경과 등으로 소멸되기 전까지는 유효한 것으로 통용된다. 다만, 무효인 처분은 처음부터 그 효력이 발생하지 아니한다.
37) 강론, 230면 이하.

수 있는가 하는 문제임

3. 학설

(1) 부정설

○ 부정설은 ① 행정행위의 공정력 때문에 권한 있는 기관만이 행정행위를 취소할 수 있고, ② 취소소송의 배타적 관할권 때문에 민사법원은 행정행위를 취소할 수 없다는 점 등에서 행정행위가 당연무효가 아닌 한 형사법원은 행정행위의 위법성을 판단할 수 없다고 봄

(2) 긍정설(다수설)

○ 긍정설은 공정력을 단순한 절차적 효력으로 이해할 뿐, 적법성까지 추정되는 것은 아니라고 보고, 따라서 공정력, 즉 단순위법의 하자가 있지만 권한 있는 기관에 의하여 취소되기 전까지는 유효한 행정행위의 효력을 부인(취소)하지 않는 한, 그 위법성을 심리·판단할 수 있다고 봄

4. 판례: 긍정설의 입장과 같음

○ 선결문제로 처분이 효력이 있는지 여부가 문제되는 경우에는, 처분이 취소되지 않는 한 그 효력을 부인할 수 없음
  - 민사소송의 예: 부당이득반환청구권의 경우(대판 1994.11.11, 94다28000)
  - 형사소송의 예; 무면허운전의 경우(대판 1982.6.8, 80도2646)
○ 선결문제로 처분이 위법한지 여부가 문제되는 경우에는, 민사법원이나 형사법원은 처분의 위법 여부를 스스로 판단할 수 있음
  - 민사소송의 예: 국가배상청구소송의 경우(대판 1972.4.28, 72다337)
  - 형사소송의 예; 시설개선명령의 경우(대판 1986.1.28, 85도2489)

□ 행정행위의 무효와 취소[38]

1. 의의

○ 무효인 행정행위는 행정행위로서의 외형을 갖추고 있으나 행정행위로서의 효력이 전혀 없는 행정행위를 말함(행정기본법 15 단서). 행정행위로서의 외형이 없는 부존재와 구별됨
○ 취소할 수 있는 행정행위는 행정행위에 흠이 있음에도 불구하고 권한 있는 기관이 이를 취소함으로써 비로소 행정행위로서의 효력을 상실하게 되는 행위를 말함

---

38) 강론, 240면 이하.

2. 구별기준

○ 통설인 중대명백설에 따르면, 행정행위의 하자가 중대한 법 위반이고 그것이 외관상 명백한 경우에는 무효이고, 이에 이르지 않는 경우에는 취소할 수 있는 데 그침(대판 2007.5.10, 2005다31828)

 - 하자의 중대성이란 행정행위의 근거가 되는 법령의 중대성을 의미하는 것이 아니라, 해당 행정행위가 지닌 흠의 중대성을 의미하는 것으로서, 법침해의 심각성을 말함
 - 하자의 명백성은 당사자의 주관적 판단 또는 법률전문가의 판단이 아니라, 일반인의 정상적인 인식능력을 기준으로 하여 객관적으로 판단되어야 함

○ 그 밖에도 중대설, 조사의무설, 명백성보충설, 구체적 가치형량설 등이 있음

○ 대법원: 원칙적으로 중대명백설 원칙, 소수견해는 명백설보충설을 취한 바도 있음(대판 1995.7.11, 94누4615 전원합의체)

□ 위헌법령(위헌조례도 포함)에 근거한 행정처분의 효력[39]

1. 문제의 소재

○ 행정처분 이후에 그 처분의 근거가 된 법령이 위헌 또는 위법으로 결정되는 경우 이 무효인 법령에 근거한 처분은 무효인지 취소할 수 있는 경우인지 문제임

2. 대법원의 견해

○ 대법원은 이 경우 그 하자는 중대한 것이지만, 위헌 또는 위법하다는 결정이 있기 전에는 객관적으로 명백하다고 보기 어려우므로 취소사유에 그치는 것으로 보고 있음(대판 2007.6.14, 2004두619)

3. 헌법재판소의 견해

○ 헌법재판소도 기본적으로는 처분의 근거가 된 법률이 처분 이후에 위헌으로 선고되었다 하더라도 이는 이미 집행된 처분의 취소사유일 뿐 당연무효는 아니라고 보고 있음(헌재결 2010.12.28, 2009헌바429). 다만 행정처분이 근거 법률의 위헌의 정도가 심각하여 그 하자가 중대하다고 인정되는 경우, 그리고 그 때문에 국민의 기본권 구제의 필요성이 큰 반면에 법적 안정성의 요구는 비교적 적은 경우에는 예외적으로 당연무효사유가 될 수 있다고 보고 있음(헌재결 1994.6.30, 92헌바23)

---

39) 강론, 250면 이하.

4. 불가쟁력이 발생한 행정처분에 위헌결정의 소급효가 미치는지 여부

○ 대법원은 위헌인 법률에 근거한 행정처분에 불가쟁력이 발생한 경우에는 위헌결정의 소급효를 인정하지 않음. 따라서, 예컨대 과세처분에 따라 납부하였고 과세처분에 대해서는 이미 쟁송기간이 도과하여 불가쟁력이 발생한 경우, 과세처분의 근거가 된 법률이 위헌으로 결정되었다 하더라도 이미 납부한 세금의 반환청구가 인정되지 않음(대판 1994.10.28, 92누9463)

□ 위헌결정의 소급효[40]

1. 헌법재판소법 47 ②: "위헌으로 결정된 법률 또는 법률의 조항은 그 결정이 있는 날부터 효력을 상실한다."
2. 원칙적으로 장래효만 인정되나, 예외적으로 구체적 규범통제의 실효성 보장을 위하여 소급효 인정
3. 예외적 소급효 인정범위

○ "헌법재판소의 위헌결정의 효력은 위헌제청을 한 당해 사건, 위헌결정이 있기 전에 이와 동종의 위헌 여부에 관하여 헌법재판소에 위헌여부심판제청을 하였거나 법원에 위헌여부심판제청신청을 한 경우의 당해 사건과 따로 위헌제청신청은 아니하였지만 당해 법률 또는 법률의 조항이 재판의 전제가 되어 법원에 계속중인 사건뿐만 아니라 위헌결정 이후에 위와 같은 이유로 제소된 일반사건에도 미친다(대판 1993.1.15, 91누5747)."

○ "구체적 규범통제의 실효성의 보장의 견지에서 법원이 제청·헌법소원 청구 등을 통하여 헌법재판소에 법률의 위헌결정을 위한 계기를 부여한 당해 사건, 위헌결정이 있기 전에 이와 동종의 위헌 여부에 관하여 헌법재판소에 위헌제청을 하였거나 법원에 위헌제청신청을 한 경우의 당해 사건, 그리고 따로 위헌제청신청을 아니하였지만 당해 법률 또는 법률의 조항이 재판의 전제가 되어 법원에 계속 중인 사건에 대하여는 소급효를 인정하여야 할 것이다(헌재결 1993. 5.13, 92헌가10, 91헌바7, 92헌바24, 92헌바50)."

4. 불가쟁력이 발생한 행정처분에 위헌결정의 소급효가 미치는지 여부

○ 대법원은 위헌인 법률에 근거한 행정처분에 불가쟁력이 발생한 경우에는 위헌결정의 소급효를 인정하지 않음. 예컨대 과세처분에 따라 납부하였고 과세처분에 대해서는 이미 쟁송기간이 도과하여 불가쟁력이 발생한 경우, 과세처분의 근거가 된 법률이 위헌으로 결정되었다 하더라도 이미 납부한 세금의 반환청구가 인정되지 않음(대판 1994.10.28, 92누9463)

---

40) 강론, 252면 이하.

□ 위헌법률에 근거한 처분의 집행력[41]

1. 문제의 소재

ㅇ 과세처분 이후 과세의 근거가 되었던 법률규정에 대하여 위헌결정이 있은 경우 그 조세채권의 집행을 위한 체납처분이 허용되는지가 문제임

2. 학설

(1) 집행력부정설

ㅇ 대법원의 다수의견은 국가기관 및 지방자치단체는 위헌으로 선언된 법률규정에 근거하여 새로운 행정처분을 할 수 없음은 물론이고, 위헌결정 전에 이미 형성된 법률관계에 기한 후속처분이라도 그것이 새로운 위헌적 법률관계를 생성·확대하는 경우라면 이를 허용할 수 없다는 입장임(대판 2012.2.16, 2010두10907 전원합의체)

(2) 집행력긍정설

ㅇ 위헌·위법결정의 효력은 불가쟁력이 발생한 처분에 대해서는 소급효가 인정되지 않고, 불가쟁력이 발생한 유효한 처분에 따라 존재하는 적법한 의무에 대한 강제집행이므로, 처분의 후속적 집행이 가능하다고 보아야 한다는 견해임

ㅇ 대법원의 소수의견도 선행처분에 해당하는 과세처분에 당연무효 사유가 없고, 과세처분에 따른 체납처분의 근거규정이 유효하게 존속하며, 외국의 일부 입법례와 같이 위헌법률의 집행력을 배제하는 명문의 규정이 없는 이상, 과세처분의 근거규정에 대한 헌법재판소의 위헌결정이 있었다는 이유만으로 체납처분이 위법하다고 볼 수 없다는 입장으로 집행력을 긍정하는 입장임(대판 2012.2.16, 2010두10907 전원합의체 참조)

□ 하자의 승계[42]

1. 하자의 승계의 의의와 논의의 전제조건

ㅇ 두 개 이상의 행정행위가 연속적으로 행하여지는 경우 선행행정행위의 흠을 이유로 후행행정행위를 다툴 수 있는가 하는 문제

ㅇ 선행행정행위에 단순위법의 하자가 있고 쟁송기간이 도과한 경우에만 하자의 승계가 문제됨

---

41) 강론, 254면 이하.
42) 강론, 258면 이하.

2. 학설

(1) 종래의 견해

① 선행행정행위와 후행행정행위가 상호 독립하여 별개의 효과를 발생하는 경우에는, 선행행위가 당연무효가 아닌 한 그 흠이 후행행위에 승계되지 않음

② 선행행정행위와 후행행정행위가 서로 결합하여 하나의 법적 효과를 완성하는 경우에는 선행행위의 흠이 후행행위에 승계됨

(2) 규준력이론

o 하자의 승계 문제를 불가쟁력이 발생한 선행행정행위의 후행행정행위에 대한 구속력의 문제로 이해하려는 견해

o 규준력이 인정되려면, ① 양 행위가 동일한 사안과 목적을 추구하여야 하고(대물적 한계), ② 양 행위에서의 상대방, 이해관계인, 유관기관 등이 일치하여야 하며(대인적 한계), ③ 선행행정행위의 사실 및 법상태가 후행행정행위에 유지되고 있는 경우이어야 함(시간적 한계). ④ 다만 규준력을 인정하는 것이 상대방에게 가혹하거나 예측가능성이 없었던 경우에는 예외적으로 규준력이 부인됨(규준력의 추가적 요건)

3. 판례

(1) 기본입장

o 판례는 원칙적으로 양 행위가 서로 독립한 처분인 경우에는 하자의 승계를 인정하지 않음(대판 1992.3.13, 91누4324 등)

(2) 예외적으로 하자의 승계를 인정

o 판례는 이와 같은 종래의 입장을 유지하면서도, 예컨대 "위법한 개별공시지가를 기초로 한 과세처분 등 후행 행정처분에서 개별공시지가결정의 위법을 주장할 수 없도록 하는 것은 수인한도를 넘는 불이익을 강요하는 경우"와 같은 경우에는 예외적으로 흠의 승계를 인정하기도 함(대판 1994.1.25, 93누8542; 대판 1997.9.26, 96누7649; 대판 2008.8.21, 2007두13845)

o 결국 판례의 입장은 양 행위가 서로 독립한 처분인 경우에는 하자의 승계를 부인하는 것이 원칙이지만, 불가쟁력이 발생한 선행처분의 하자를 후행 처분에서 다툴 수 있도록 할 것인가의 여부는 개인의 권리보호의 관점에서 수인가능성이 있는지의 여부를 개별적으로 검토하여 결정하고 있다고 할 수 있음

□ 하자의 치유[58]

1. 의의

○ 적법요건에 흠이 있는 행정행위라 하더라도 그 흠의 원인이 되었던 법적 요건을 사후에 보완하거나 그 흠이 취소원인이 될 만한 가치를 상실함으로써 행위의 효력을 유지하도록 하는 것

2. 허용성

○ 취소할 수 있는 행정행위의 경우에만 인정되고(통설·판례), 무효인 행정행위는 처음부터 효력이 없기 때문에 인정되지 않음(대판 1989.12.12, 88누8869)

3. 치유의 사유

○ 흠결된 요건의 사후보완(허가·요건의 사후충족, 요식행위의 형식추완 등)
○ 실체법상의 하자(내용상의 하자)도 사후보완의 대상이 되는가에 대하여 견해의 대립이 있으나, 판례는 인정하지 않음(대판 1991.5.28, 90누1359)

4. 치유의 효과

○ 하자의 치유가 인정되면, 당해 행정행위는 소급적으로 행위의 효력을 유지하게 됨

5. 치유의 시한

○ ① 행정쟁송 제기 이전까지만 하자의 치유가 가능하다는 견해(다수설)와 ② 행정소송절차의 종결시까지 하자의 치유가 가능하다고 하여야 한다는 견해가 대립되나, ③ 판례는 절차상 하자는 행정쟁송제기 전까지 치유되어야 한다는 입장임
○ 관련 판례: "흠 있는 부분을 일부취소하는 처분은 당초 처분의 일부를 변경하는 처분에 해당하고, 그 실질은 종래의 위법한 부분을 제거하는 것으로서 흠의 치유와는 차이가 있다. 그러므로 이러한 변경처분은 흠의 치유와는 성격을 달리하는 것으로서, 변경처분 자체가 신뢰보호 원칙에 반한다는 등의 특별한 사정이 없는 한 처분의 취소소송이 제기된 이후에도 허용될 수 있다(대판 2019.1.17, 2016두56721, 56738)."

---

58) 강론, 265면 이하.

□ 직권취소[59)]

1. 직권취소의 의의

o 유효한 행정행위에 위법 또는 부당한 흠이 있음을 이유로 권한 있는 행정기관이 직권으로 효력을 소멸시키는 것

o 행정기본법 18 ①

"① 행정청은 위법 또는 부당한 처분의 전부나 일부를 소급하여 취소할 수 있다. 다만, 당사자의 신뢰를 보호할 가치가 있는 등 정당한 사유가 있는 경우에는 장래를 향하여 취소할 수 있다."

2. 취소권자와 법적 근거

(1) 처분청의 경우

o 처분청이 행정행위를 할 수 있는 권한 중에는 취소권도 포함된다고 보는 것이 통설과 판례

o 따라서 처분청의 직권취소에는 별도의 법적 근거가 필요 없음

o 행정기본법 제18조 제1항은 취소할 수 있음을 규정하고 있으므로, 논란의 여지 없음

(2) 감독청의 경우

o 법령상 명문의 규정이 있는 경우(정부조직법 11 ②, 18 ②, 지자법 169 ①)에는 문제가 없으나, 명문의 규정이 없는 경우 감독청이 직접 취소할 수 있는가에 관하여는 견해 대립

1) 소극설

o 감독청 스스로 처분을 직접 취소할 수 없다는 견해

2) 적극설

o 감독청은 감독목적을 달성하기 위하여 당연히 취소권을 가진다는 견해

3) 결론

o 원칙적으로 명문의 규정이 없는 한 감독청의 감독권에는 처분청의 처분을 취소할 권한까지 포함되지 않음

o 다만 정부조직법 제11조 제2항, 제18조 제2항, 지방자치법 제188조 제1항 등의 일반적 감독규정으로 인하여 논의의 실익 없음

---

59) 강론, 270면 이하.

3. 취소의 사유

- ○ ① 흠이 중대·명백하지 않은 '단순위법'의 경우와 ② 공익위반·합목적성 결여 등의 '부당'한 경우(행정기본법 18 ①)
- ○ 구체적으로는, ① 권한초과, ② 행위능력 결여, ③ 사기·강박·증수뢰 등에 의한 경우, ④ 착오의 결과 위법·부당하게 된 경우, ⑤ 공서양속 등에 위배되는 경우, ⑥ 단순한 법령 위반, 절차·형식 위반, 행정법의 일반원칙 위반 등

4. 취소권의 제한

(1) '취소의 자유'에서 '취소의 제한'으로

- ○ 과거에는 행정의 법률적합성 때문에 행정행위에 흠이 있으면 '직권취소의 자유'가 원칙이었음
- ○ 그러나 오늘날에는 수익적 행정행위의 직권취소는 신뢰보호원칙에 의하여 강력한 제한을 받게 됨
- ○ 행정기본법 제18조 제2항은 "행정청은 제1항에 따라 당사자에게 권리나 이익을 부여하는 처분을 취소하려는 경우에는 취소로 인하여 당사자가 입게 될 불이익을 취소로 달성되는 공익과 비교·형량(衡量)하여야 한다."고 규정하고 있음
- ○ 따라서 과거의 '취소의 자유'는 오늘날 신뢰보호원칙에 의한 '취소의 제한'으로 변화함

(2) 침익적 행정행위의 경우

- ○ 위법한 침익적 행정행위는 행정청이 자유로이 취소할 수 있음(재량취소의 원칙)

(3) 수익적 행정행위의 경우

1) 취소권제한의 원칙

- ○ 위법한 수익적 행정행위의 취소는 행정법관계에서의 법적 안정성 보장이라는 법치국가적 요청에 의하여 취소권행사가 제한되게 되었음

2) 취소권제한의 근거

- ○ 취소권제한의 근거는 신뢰보호원칙임(행정기본법 18 ②)
- ○ 즉 취소권제한의 문제는 ① 행정의 법률적합성에 따른 이익과 ② 법적 안정성 및 신뢰보호의 이익을 비교·형량하여 결정되어야 함

3) 취소가 제한되는 경우

- ○ 신뢰보호원칙에 의하여 취소가 제한되려면 일반적으로 ① 관계자가 행정행위의 존속을 신뢰했을 것, ② 그의 신뢰가 보호가치가 있을 것, ③ 그의 신뢰를 보호하여야 할 이익이 행정의 법률적합성을 준수하여야 할 이익보다 크다고 판단될 것 등의 요건이 필요함

◦ 취소권이 제한되는 경우: (i) 금전급부 · 가분적 현물급부를 내용으로 하는 경우, (ii) 포괄적 신분설정행위(귀화허가 · 공무원임명 등), (iii) 인가 등의 사인의 법률행위의 효력을 완성시켜주는 행위, (iv) 불가변력이 있는 준사법적 행위 또는 합의제 행정기관의 행위 · 확인적 행위(당선인의 결정 · 국가시험합격자 결정 등) · 하자의 치유나 다른 행정행위로의 전환이 인정되는 행위, (v) 행정기본법 제12조 제2항에 따라 취소권이 실권(失權)되는 경우, (vi) 행정기본법 제23조에 따라 제재처분인 수익적 행정행위의 취소에 대한 제척기간(위반행위가 종료된 날로부터 5년)이 경과한 경우 등

4) 취소가 제한되지 않는 경우

◦ ① 관계자가 부정한 수단(사기 · 강박 · 증수뢰 등)으로 행정행위를 발급받았거나, ② 행정행위의 위법성을 알았거나 또는 알 수 있었음에도 불구하고 중대한 과실로 알지 못하였거나, ③ 행정행위의 위법성에 관계인에게 귀책사유가 있는 경우

 - 이와 관련하여 행정기본법은 '① 거짓이나 그 밖의 부정한 방법으로 처분을 받거나 ② 당사자가 처분의 위법성을 알고 있었거나 중대한 과실로 알지 못한 경우'에는 취소가 제한되지 않는다고 규정하고 있음(행정기본법 18 ② 단서)

5. 취소의 효과

◦ 직권취소는 그 성립상의 하자를 이유로 그 효력을 소멸시키는 행위이므로, 직권취소의 효과는 소급하는 것이 원칙임. 그러나 법적 안정성을 기하거나 상대방의 신뢰를 보호하여야 하는 경우에는 취소의 효과가 소급되지 않고 장래에 향해서만 발생한다고 보아야 할 것임

◦ 행정기본법도 "행정청은 위법 또는 부당한 처분의 전부나 일부를 소급하여 취소할 수 있다. 다만, 당사자의 신뢰를 보호할 가치가 있는 등 정당한 사유가 있는 경우에는 장래를 향하여 취소할 수 있다(행정기본법 18 ①)."고 규정하여 소급효와 장래효를 모두 인정하고 있음

6. 하자있는 취소의 취소

◦ 직권취소에 하자가 있음을 이유로 이를 다시 직권취소(재취소)하면 행정행위가 소생되는가의 문제

(1) 무효사유인 경우

◦ 직권취소는 무효이므로 원 행정행위도 그대로 존속함

(2) 취소사유인 경우

◦ 직권취소에 단순위법의 하자가 있는 경우 이를 재취소할 수 있는가에 대하여,

 ① 소극설은, 명문의 규정이 없는 한, 취소에 의하여 이미 소멸한 행정행위의 효력을 다시 소생

시킬 수 없다고 함

② 적극설은 직권취소를 취소의 일반원칙에 따라 재취소하여 원 행정행위를 소생시킬 수 있다고 함(통설)

③ 판례의 경우는 원 처분이 수익처분인 경우에는 적극설의 입장을 취하고(대판 1997.1.21, 96누 3401), 원 처분이 침익적 처분인 경우에는 소극설의 입장을 취하고 있는 것으로 보임(대판 1995.3.10, 94누7027)

□ 철회[60]

1. 의의

o 적법·유효하게 성립한 행정행위에 대하여 사후에 그 효력을 존속시킬 수 없는 새로운 사정이 발생하였음을 이유로 장래에 향하여 그 효력을 소멸시키는 행위

o 행정기본법은 '행정청은 적법한 처분이 ① 법률에서 정한 철회 사유에 해당하게 된 경우, ② 법령등의 변경이나 사정변경으로 처분을 더 이상 존속시킬 필요가 없게 된 경우, 또는 ③ 중대한 공익을 위하여 필요한 경우에는 그 처분의 전부 또는 일부를 장래를 향하여 철회할 수 있다(행정기본법 19 ①)'고 규정하고 있음

2. 철회권자

o 철회는 적법한 행정행위를 후발적 원인에 의하여 그 효력을 부인하는 것이므로 처분청만할 수 있음. 법령에 규정이 없는 한, 감독청은 철회권이 없음

3. 철회권의 근거

o 철회에 별도의 법적 근거가 필요한가 하는 문제임

(1) 근거불요설(철회자유설 · 소극설)

o 명문의 규정이 없더라도 처분청이 행정행위를 할 수 있는 권한에는 철회권도 포함된다는 견해. 따라서 별도로 철회에 대한 법적 근거를 요하지 않는다는 견해

(2) 근거필요설(철회제한설 · 적극설)

o 법률유보의 최소한인 침해유보설의 입장에서 법적 근거가 요구된다는 견해

(3) 행정기본법 제19조 제1항

---

60) 강론, 281면 이하.

(4) 결론

○ 행정기본법 제19조 제1항은 철회의 일반법적인 근거임. 따라서 이 문제는 입법적으로 해결되었음

4. 철회사유

○ 행정기본법 제19조 제1항은 철회사유로 "① 법률에서 정한 철회 사유에 해당하게 된 경우, ② 법령등의 변경이나 사정변경으로 처분을 더 이상 존속시킬 필요가 없게 된 경우, ③ 중대한 공익을 위하여 필요한 경우"를 규정하고 있음
○ 일반적으로 이를 ① 법령에 철회사유가 규정되어 있는 경우, ② 의무위반 등의 사정변경이 있는 경우, ③ 철회권의 유보 및 부담의 불이행의 경우, ④ 근거법령이 개정된 경우, ⑤ 중대한 공익상의 필요가 발생한 경우 등으로 구체화해 볼 수 있음
○ 다만 철회사유가 존재하여도 수익적 행정행위의 경우에는 신뢰보호원칙에 의하여 철회권이 제한될 수 있음(행정기본법 19 ②)

5. 철회권의 제한

(1) 침익적 행정행위의 철회

○ 침익적 행정행위의 철회는 원칙적으로 처분청의 재량임

(2) 수익적 행정행위의 철회

1) 철회제한의 원칙

○ 상대방의 신뢰보호와 법적 안정을 위하여 철회권행사가 제한됨(철회제한의 원칙)
○ 행정기본법 19 ②
"행정청은 제1항에 따라 처분을 철회하려는 경우에는 철회로 인하여 당사자가 입게 될 불이익을 철회로 달성되는 공익과 비교·형량하여야 한다."

2) 수익적 행정행위의 철회

○ 수익적 행정행위의 철회는 비례원칙을 엄격하게 준수하여야 함. 즉 철회보다 완화된 수단을 우선하여야 하고(철회의 보충적 적용), 일부철회가 가능하면 일부철회를 하여야 함

3) 실권의 법리

○ 판례는 실권의 법리를 신의성실의 원칙의 파생원칙으로 인정하고 있고(대판 1988.4.27, 87누915), 행정기본법 제12조 제2항도 실권의 법리를 명문으로 인정하고 있으므로, 상당한 기간이 지나도록 행정청이 철회권을 행사하지 않았고, 상대방에게 행정청이 철회권을 행사하지 않으리라고 신뢰할만한 여지가 있었다면, 행정청은 당해 행위를 철회할 수 없다고 보아야 할 것임

4) 제재처분의 제척기간

○ 행정기본법 제23조는 제재처분의 제척기간(위반행위가 종료된 날로부터 5년)을 규정하고 있으므로, 위반행위로 인한 수익적 행정행위의 철회는 제23조 제2항의 사유가 존재하지 않는 한, 제척기간이 경과하면 철회할 수 없게 됨

5) 불가변력이 발생한 행위

○ 불가변력이 발생한 행정행위는 성질상 철회하지 못한다는 것이 다수의 견해임. 행정행위에 불가변력이 발생하면 행정청 스스로도 이를 변경할 수 없는 것이므로, 중대한 공익상의 필요가 있는 등의 예외적인 상황을 제외하고는, 철회가 제한된다고 보아야 할 것임

6. 철회의 효과

○ 철회의 효과는 장래에 향하여 발생하는 것이 원칙임
○ 예외적으로 소급효가 인정되려면, 특별한 사정이 없는 한, 별도의 법적 근거가 필요함(대판 2018.6.28, 2015두58195)

[법규명령][73]

□ 위임입법의 한계

1. 법률유보의 원칙

위임명령은 반드시 법률에 의한 입법권의 수권(授權), 즉 법적 근거가 필요함

2. 특별수권의 원칙(포괄적 위임 금지의 원칙)

○ 위임명령을 위해서는 단순히 수권의 근거가 있다는 것만으로는 부족하고, 법률이 구체적으로 그 위임명령의 제정에 관하여 내용·목적·적용기준·범위 등을 명확히 정하여 수권하여야 함. 따라서 구체적인 내용을 정하지 않고 포괄적으로 입법권을 수권하는 것은 금지됨
○ 다만 오늘날 사회가 급변함에 따라 일일이 법개정을 하기 어려운 분야에서는 예외적으로 위임입법의 한계가 다소 완화되어 광범한 형태로 수권이 이루어지기도 함. 그렇더라도 구체적으로 범위를 정하여 위임하여야 한다는 일정한 한계는 반드시 준수되어야 함

---

[73] 강론, 292면 이하.

3. 본질성이론(중요사항유보설)

○ 특히 의회유보의 관점에서, 개인의 기본권실현에 중요하고 본질적인 사항은 반드시 법률로 직접 규정하여야 하며, 나머지 기술적인 사항만이 위임입법의 대상이 되어야 함

4. 법령의 용어가 명확할 것(명확성의 원칙)

(1) 의의와 목적

○ 명확성의 원칙은 법령은 국민의 신뢰를 보호하고 법적 안정성을 확보하기 위하여 되도록 명확한 용어로 규정되어야 한다는 것을 말함(헌재결 1992.4.28, 90헌바27)

(2) 근거

○ 명확성원칙은 법치국가원리로부터 파생될 뿐만 아니라, 국민의 기본권보장으로부터도 도출됨. 따라서 헌법 제37조 제2항에 따라 국민의 기본권을 제한하는 법령은 명확하게 규정되어야 함(헌재결 2001.6.28, 99헌바34)

(3) 판단기준

○ 당해 규정이 명확한지 여부는 그 규정의 문언만으로 판단할 것이 아니라 관련 조항을 유기적·체계적으로 종합하여 판단하여야 함(헌재결 1999.9.16, 97헌바73)

(4) 내용

○ 기본적으로 모든 기본권 제한 입법에 요구됨. 수범자가 규범이 금지하는 행위와 허용하는 행위를 알 수 없다면 법적 안정성과 예측가능성이 보장되지 않은 것이고, 또한 행정의 자의적인 법집행이 가능하게 될 것이기 때문임(헌재결 1999.9.16, 97헌바73)

○ 명확성의 정도: 일반적으로 침익적 성질을 가지는 규정이 수익적 성질을 가지는 경우에 비하여 명확성의 원칙이 더욱 엄격하게 요구됨(헌재결 2002.7.18, 2000헌바57)

5. 법률우위의 원칙

○ 위임명령은 상위법령과 저촉되는 내용을 규정하거나 위임의 범위를 벗어나는 등으로 상위법령에 반할 수 없음

○ 위임명령은 ① 수권 이외의 사항을 규정하거나, ② 수권에 위반되거나 벗어나는 사항을 규정하거나, ③ 추가적 제한을 규정하는 등의 입법권 행사를 할 수 없음

6. 기타

○ 그 밖에도 행정법의 일반원칙을 준수하여야 하고, 기본권을 존중하여야 하며, 기타 국민주권

원리 · 권력분립원리 등의 한계, 국제법상의 한계 등 입법권의 한계를 준수하여야 함

7. 행정기본법 제38조[74]

○ 제1항(법률우위의 원칙)에 따라 위임명령은 헌법과 상위법령을 위반할 수 없음
○ 다만 제2항은 일종의 입법지침으로서 행정입법의 기준을 정한 것으로 보아야 할 것임

□ 법규명령에 대한 사법적 통제

1. 법원에 의한 통제

○ 규범통제의 의의: 규범통제방식에는 규범의 위헌 · 위법성 그 자체를 소송을 통하여 다툴 수 있는 추상적 규범통제와 선결문제 심리방법에 의한 간접적 통제만을 인정하는 구체적 규범통제가 있음
○ 헌법 107 ②(구체적 규범통제): 헌법 제107조는 법령의 심사는 '재판의 전제가 되는 경우'에 할 수 있도록 규정하여 구체적 규범통제를 택하고 있음
 - 이에 따라 법규명령은 그 위헌 · 위법성이 재판의 전제가 된 경우에 한하여 부수적으로 통제될 뿐, 독립하여 법규명령의 효력을 소송을 통하여 다툴 수 없음
○ 예외(처분법규): 다만 이른바 처분법규의 경우에는 예외적으로 항고소송의 대상이 될 수 있음
○ 구체적 규범통제의 한계: 법규명령에 대한 구체적 규범통제의 결과 위법한 법규명령으로서 무효로 확정되더라도, 당해 법규명령은 당해 사건에서만 적용이 배제될 뿐 공식절차에 의하여 폐지되지 않는 한 형식적으로는 유효한 것으로 남게 됨(구체적 규범통제의 한계)
 - 다만 대법원이 법규명령의 위헌 · 위법을 최종적으로 판단하면 다른 사건에서도 이를 적용하지 않는 것이 보통임. 이러한 취지에서 행정소송법 제6조는 이를 관보에 게재하도록 하고 있음

---

74) 제38조(행정의 입법활동) ① 국가나 지방자치단체가 법령등을 제정 · 개정 · 폐지하고자 하거나 그와 관련된 활동(법률안의 국회 제출과 조례안의 지방의회 제출을 포함하며, 이하 이 장에서 "행정의 입법활동"이라 한다)을 할 때에는 헌법과 상위 법령을 위반해서는 아니 되며, 헌법과 법령등에서 정한 절차를 준수하여야 한다.
  ② 행정의 입법활동은 다음 각 호의 기준에 따라야 한다.
  1. 일반 국민 및 이해관계자로부터 의견을 수렴하고 관계 기관과 충분한 협의를 거쳐 책임 있게 추진되어야 한다.
  2. 법령등의 내용과 규정은 다른 법령등과 조화를 이루어야 하고, 법령등 상호 간에 중복되거나 상충되지 아니하여야 한다.
  3. 법령등은 일반 국민이 그 내용을 쉽고 명확하게 이해할 수 있도록 알기 쉽게 만들어져야 한다.
  ③ 정부는 매년 해당 연도에 추진할 법령안 입법계획(이하 "정부입법계획"이라 한다)을 수립하여야 한다.
  ④ 행정의 입법활동의 절차 및 정부입법계획의 수립에 관하여 필요한 사항은 정부의 법제업무에 관한 사항을 규율하는 대통령령으로 정한다.

2. 헌법재판소에 의한 통제

○ 위헌·위법한 법규명령을 통하여 기본권이 침해된 자에 대하여 헌법소원이 가능한가, 다시 말해서 헌법재판소가 헌법소원을 통하여 법규명령에 대한 심사권을 가질 수 있는가 하는 것이 문제임

○ 이에 관하여는 법무사법시행규칙(대법원규칙)에 대한 헌법소원사건이 있었음. 이 사건에서 헌재는 명령·규칙 그 자체에 의하여 직접 기본권이 침해되었음을 이유로 하여 헌법소원심판을 청구할 수 있다고 판단하였음(헌재결 1990.10.15, 89헌마178)

○ 이와 관련하여 학설은 ① 헌법 제107조 제2항은 재판의 전제가 된 경우에 한한 것이므로, 재판의 전제가 될 수 없는 상황에서 명령·규칙이 직접 국민의 기본권을 침해한 경우에 그에 대한 헌법소원을 인정하는 것은 헌법 제107조 제2항에 반하지 않는다는 적극설(긍정설)과 ② 헌법은 명문으로 명령의 최종심사권을 대법원에 부여하고 있으므로 인정되지 않는다는 소극설(부정설)로 대립되었는데, ③ 기본권에 대한 직접적 침해 및 헌법소원의 보충성을 인정하지 않으면 달리 권리구제의 길이 없게 된다는 점에서 적극설(다수설)이 타당함

3. 처분적 법규명령의 문제

○ 법규명령이 처분적 성격을 가지는 경우에는 항고소송의 대상이 될 수 있음

○ 과거 대법원은 처분법규성의 인정에 있어서 매우 소극적이었는데, 최근에는 그 형식이 비록 고시이기는 하지만 법규명령적 성격을 가지고 처분성이 인정되는 경우에는 항고소송의 대상이 된다는 점을 강조하고 있음(대법원 2003.10.9.자 2003무23 결정 참조)

○ 그러면서 보건복지부 고시인 약제급여·비급여목록 및 급여상한금액표(보건복지부 고시 제2002-46호로 개정된 것)는 다른 집행행위의 매개 없이 그 자체로서 국민건강보험가입자, 국민건강보험공단, 요양기관 등의 법률관계를 직접 규율하는 성격을 가지므로 항고소송의 대상이 되는 행정처분에 해당한다고 하였음(대판 2006.9.22, 2005두2506)

○ 요컨대 법규명령이 처분성이 인정되는 처분법규인 경우에는 항고소송의 대상이 될 수 있지만, 이와 같은 처분법규성이 인정되지 않으면 헌법소원의 보충성을 충족하여 헌법소원의 대상이 된다고 보면 되겠음

4. 법규명령의 입법부작위의 문제

○ 법규명령에 대한 입법부작위가 처분의 부작위를 다투는 부작위위법확인소송의 대상이 될 수 있는가 하는 것이 문제임

○ 대법원은 일반추상적인 법규명령은 그 자체로서 국민의 구체적인 권리의무에 직접적 변동을

초래하는 것이 아니어서 그 소송의 대상이 될 수 없다는 입장임(대판 1992.5.8, 91누11261)
○ 그러나 헌재는 행정입법의 부작위에 대해서도 다른 구제절차가 없는 경우 헌법소원을 인정하고 있음(헌재결 1998.7.16, 96헌마246 전원재판부)

[행정규칙]⁷⁵⁾

□ 법규명령형식의 행정규칙

1. 문제상황

○ 형식은 대통령령·총리령·부령과 같은 법규명령의 형식이지만 내용은 행정내부적인 업무처리에 관한 사항을 규정하고 있는 경우(형식의 과잉), 이를 법규명령으로 볼 것인가 행정규칙으로 볼 것인가 문제
○ 주로 대통령령이나 부령에서 그 구체적인 '제재적 처분기준이나 과징금부과기준'을 정하고 있는 경우에 발생

2. 학설 및 판례

(1) 적극설(법규명령설)

○ 공권력을 근거로 제정된 법규명령은 법의 형식으로 제정된 것이고 또한 국무회의 심의·법제처 심사·공포와 같은 일정한 제정절차를 거친 것이므로 그 내용에 관계없이 일반국민을 구속하는 것이기 때문에 이를 법규명령으로 보아야 한다는 견해. 다수설

(2) 소극설(행정규칙설)

○ 법규명령 형식으로 제정된 행정규칙은, 그 내용이 행정규칙에 해당함이 명백하다면 그 형식에도 불구하고 행정규칙으로서의 성질이 변하는 것이 아니라는 견해

(3) 수권여부기준설

○ 법령에 수권근거가 있는 경우에는 법규명령이고, 수권근거가 없는 경우는 행정규칙이라는 견해

(4) 판례

○ 법규명령형식의 행정규칙과 관련된 대부분의 판례는 '제재적 행정처분의 기준을 정한 대통령령·부령'에 관한 것인데, 이 경우 판례는 부령으로 처분기준을 정하고 있는 경우와 대통령령

---

75) 강론, 321면 이하.

으로 처분기준을 정하고 있는 경우로 구분하고 있음

① **부령으로 제재적 행정처분의 기준을 정하고 있는 경우**

○ 제재적 행정처분의 기준을 정하고 있는 부령의 법적 성질에 대하여 과거부터 판례는 그 성질에 따라 이를 행정청 내의 사무처리준칙을 규정한 것에 불과한 행정규칙으로 보는 입장임

○ 다만 이러한 '처분기준이 현저히 부당하다고 인정할 만한 합리적인 이유가 없는 한 섣불리 이러한 처분기준에 따른 처분이 재량권을 일탈·남용하였다고 판단해서는 안 된다'고 하여 당해 처분기준을 존중하여야 한다고 하고 있음(대판 2007.9.20, 2007두6946)

② **대통령령으로 제재적 행정처분의 기준을 정하고 있는 경우**

(ⅰ) 대법원은, 부령의 경우와는 달리, 제재적 행정처분의 기준을 정하고 있는 (구)주택건설촉진법시행령의 법적 성질을 법규명령으로 보고 있음

(ⅱ) 한편 대법원은 이와 같이 대통령령으로 정한 제재적 행정처분기준에 관하여는 그 법적 성질을 법규명령으로 보면서도, 일부 판례에서는 재량권행사의 여지를 인정하기 위하여 대통령령으로 정한 과징금처분기준을 처분의 최고한도액이라고 보고 있음(대판 2001.3.9, 99두5207)

3. 결론

○ 법규명령형식의 행정규칙의 법적 성질은 법규명령으로 보는 적극설의 입장이 타당

○ 아울러 내용이 행정규칙적인 사항을 규정한 것이라고는 하지만, 제재적 행정처분기준을 단지 행정의 내부적인 업무처리기준에 불과한 것으로만 보기도 어려움

○ 결국 법의 형식과 내용의 불일치 문제는 내용에 맞는 법형식을 되찾는 입법적 노력으로 해결되는 것이 바람직함

□ 행정규칙형식의 법규명령

1. 행정규칙형식의 법규명령(법령보충규칙)의 의의

○ 행정기관이 상위법령의 위임에 따라 고시·훈령 등의 행정규칙의 형식으로 상위법령의 내용을 보충하는 경우(형식의 부족) 이를 행정규칙형식의 법규명령(법령보충규칙)이라 함

2. 학설

(1) **법규명령설**: 상위법령의 구체적 위임에 근거하여 발하여지는 것이므로 그 실질적 내용에 따라 법규명령으로 보는 견해

(2) **행정규칙설**: 헌법이 규정하는 법규명령의 형식은 대통령령·총리령·부령으로 한정되어 있으므로, 이러한 형식이 아닌 법령보충규칙은 행정규칙으로 보아야 한다는 견해

(3) **규범구체화행정규칙설**: 이러한 행정규칙이 법률을 구체화 또는 보충하는 기능을 지니는 경우

에는 이를 규범구체화행정규칙 또는 법률대체적 행정규칙으로 부르자는 견해

3. 판례

○ 행정규칙의 형식으로 제정된 것이라도 ① 상위법령의 위임이 있고 ② 상위법령의 내용을 보충하는 기능을 가지는 경우에는 법규명령으로서의 효력을 인정

○ 대판 1994.4.26, 93누21668(주류도매면허제도개선업무처리지침), 대판 1994.3.8, 92누1728(식품제조업허가기준), 대판 1994.3.8, 92누1728(생수판매제한고시), 대판 1996.4.12, 95누7727(노인복지지침), 대판 1998. 9.25, 98두7503(주유소등록요건에관한고시), 대판 2008.3.27, 2006두3742, 3759(택지개발업무처리지침), 대판 2011. 9.8, 2009두23822(산업입지의 개발에 관한 통합지침) 등

4. 실정법규정

① 행정규제기본법

○ 행정규제기본법 4조 ②
  - 규제법정주의 원칙
  - 예외: 고시 등에 위임 가능

② 행정기본법

○ 행정기본법 제1조 제1호 가목
  - '법령'에 법률, 법규명령 이외에 '감사원규칙'과 '법령의 위임을 받아 중앙행정기관의 장이 정한 훈령·예규 및 고시 등 행정규칙'을 포함

5. 결론

○ 법규명령 사항을 행정규칙으로 정하는 것은 헌법 및 법률의 입법취지에 반하는 것이므로 바람직하지 않음

○ 그러나 상위법령의 위임에 따라 법령에서 정하기 곤란한 사항들을 정하고 있는 행정규칙에 대외적 구속력을 인정하여야 할 현실적인 필요성도 있음

○ 다만 법령보충규칙은 예외적으로만 인정되는 법규명령이라는 점에서 위임입법의 한계를 엄격히 준수하여야 함

□ 행정규칙의 효력

1. 내부적 효력

○ 행정규칙은 행정조직내부에서 행정권의 고유권한 또는 상급기관이 하급기관에 대하여 가지

는 지휘 · 감독권에 근거하여 제정하는 명령이므로 행정내부를 구속하는 효력을 가짐(내부법)

○ 행정규칙은 그 상대방만을 구속하는 일방적 · 편면적(片面的) 구속력을 가지므로, 발령기관은 이에 구속되지 않음

○ 행정규칙에는 작용법적인 근거는 요구되지 않지만, 조직법적인 근거는 필요함

2. 외부적 효력

(1) 원칙

○ 행정규칙은 대외적 구속력이 인정되지 않는 것이 원칙임. 판례의 기본적인 입장도 같음. 다만 이른바 법령보충규칙의 경우 판례는 법규명령으로서의 성질을 인정하고 있음

(2) 예외: 간접적인 대외적 구속력의 인정

○ 이는 주로 재량준칙과 관련하여 논의되는 문제인데, 행정규칙은 원칙적으로 대외적 구속력이 없지만, 예외적으로 평등원칙, 신뢰보호원칙 등을 매개로 하여 간접적으로 대외적 구속력이 인정되기도 한다는 것이 지배적인 견해임

① 평등원칙·신뢰보호원칙 등

○ 행정규칙이 오랜 시간에 걸쳐 적용되면서 일정한 관행이 형성되면 행정청은 정당한 사유가 없는 한 평등원칙이나 신뢰보호의 관점에서 이후의 유사한 사례에서 이러한 관행에 따라야 할 구속을 받게 되는데, 이를 행정의 자기구속의 원칙이라 함. 행정규칙은 이와 같은 평등원칙 · 신뢰보호원칙 · 행정의 자기구속의 원칙 등에 의하여 간접적으로 대외적 구속력이 인정된다는 것임. 이는 헌법재판소(헌재결 2001.5.31, 99헌마413; 대판 2013.11.14, 2011두28783)와 대법원의 입장이기도 함

○ 다만 여기에서 주의할 점은 행정규칙이 평등원칙 등을 매개로 법규명령으로 전환되기 때문에 행정규칙위반이 위법하게 되는 것이 아니라, 행정규칙위반이 평등원칙 등을 위반한 것이 되어 위법하게 된다는 점임

② 규범구체화행정규칙의 경우

○ 규범구체화행정규칙의 법리는 법률유보가 불가능한 영역에서 규범을 구체화하기 위하여 제정된 행정규칙의 대외적 구속력을 인정하자는 것인데, 그 개념이 정립되어 있지 못하고 있고, 그 수권의 근거를 설득력 있게 설명하기 어렵다는 점에서 부정적으로 보아야 할 것임

▢ 행정규칙에 대한 사법적 통제

○ 행정규칙은 행정내부에서만 효력을 가지는 것일 뿐 대외적 구속력, 재판규범성, 처분성이 모두 부인되므로, 행정규칙에 대한 사법적 통제는 원칙적으로 불가능함

○ 그러나 행정규칙에 예외적으로 대외적 구속력이 인정되는 경우에는 법원은 이를 재판기준으로 삼을 수 있고, 따라서, 법규명령의 경우와 마찬가지로, 이에 대한 사법적 통제가 가능함
○ 한편 행정규칙이 기본권을 침해하는 경우 헌법소원의 대상이 될 수 있는가 하는 것이 문제가 될 수 있는데, 이에 대하여 헌법재판소는 원칙적으로 행정규칙은 행정내부적인 지침에 불과한 것으로서 헌법소원의 대상이 되지 않으나, 법령보충규칙의 경우이거나 또는 평등원칙이나 신뢰보호원칙을 매개로 한 재량준칙의 경우는 대외적 구속력을 인정하면서 이러한 행정규칙은 헌법소원의 대상이 된다고 함(헌재결 2001.5.31, 99헌마413)

[행정계획]⁷⁶⁾

1. 행정계획의 의의

○ 장래 일정 시점에 있어서의 일정한 질서를 실현하기 위하여 목표를 설정하고 이를 위하여 서로 관련되는 행정수단을 종합·조정하는 작용(Planung), 또는 그 결과로 설정된 활동기준(Plan)

2. 행정계획의 법적 성질

(1) 학설

1) 입법행위설

○ 행정계획은 일종의 일반·추상적 성격을 갖는 규범의 정립작용이라는 견해

2) 행정행위설

○ 행정계획 중에서도 직접적으로 국민의 권리의무관계에 변동을 가져오는 행정행위로서의 성질을 가지는 경우도 있다는 견해

3) 복수성질설

○ 행정계획에는 법규명령의 성질을 가지는 것도 있고, 행정행위의 성질을 가지는 것도 있을 수 있다는 견해

4) 독자성설

○ 행정계획은 법규범도 아니고 행정행위도 아닌 특수한 성질의 이물(異物, Aliud)로서 여기에 구속력이 인정되는 것이라는 견해

---

76) 강론, 350면 이하.

(2) 결어

○ 법령에서 행정계획의 법형식을 지정하고 있는 경우라면 이에 따르면 되고, 이러한 규정이 없
  으면 계획주체·계획의 내용·구속력의 유무와 정도 등에 따라 개별적으로 판단하여야 함

3. 도시·군관리계획의 처분성

(1) **소극설**: 행정입법의 성격을 가지는 것으로서 처분성 부인(서울고판 1980.1.29, 79구416)

(2) **적극설**: 고시된 도시계획결정은 특정 개인의 권리 내지 법률상의 이익을 개별적이고 구체적
  으로 규제하는 효과를 가져오게 하는 행정청의 처분임(대판 1982.3.9, 80누105)

(3) **결어**: 도시·군관리계획은 구체적인 구속력 있는 계획으로서 '구체적 법집행행위'라 할 수
  있으므로 처분성을 인정하는 대법원의 입장이 타당

4. 계획재량과 사법적 통제

(1) 계획재량의 의의

○ 행정주체가 계획을 통하여 가지게 되는 광범위한 계획상의 형성의 자유

(2) 계획재량에 대한 사법적 통제

① 계획상의 목표는 근거법에 합치되어야 하고,

② 비례원칙을 비롯한 행정법의 일반원칙을 준수하여야 하며,

③ 근거법이 정한 형식과 절차를 준수하여야 하고,

④ 관계되는 모든 이익을 정당하게 형량하여야 함(형량명령)

(3) 형량명령

1) 의의

○ 계획을 수립함에 있어 관계되는 모든 이익을 정당하게 형량하여야 한다는 행정법의 일반원칙

○ 행정절차법은 2021년 법개정을 통하여 "행정청은 행정청이 수립하는 계획 중 국민의 권리의
  무에 직접 영향을 미치는 계획을 수립하거나 변경·폐지할 때에는 관련된 여러 이익을 정당
  하게 형량하여야 한다(행정절차법 40의4)."는 규정을 신설하여 형량명령을 명문화함

2) 형량의 단계

① 관계되는 이익의 조사, ② 이익에 대한 평가, ③ (좁은 의미의) 이익형량

3) 형량명령에 위반하는 하자

① 이익형량을 전혀 행하지 않은 경우(형량의 결여, Abwägungsausfall)

② 이익형량에서 고려하여야 할 이익을 빠뜨린 경우(형량의 결함, Abwägungsdefizit)

③ 이익의 중요성을 잘못 판단한 경우(형량의 과오, Abwägungsfehleinschätzung)

④ 특정 이익을 과도하게 평가하는 경우(형량의 불평등, Abwägungsdisproportionalität)

5. 계획보장청구권

(1) 의의

○ 행정계획의 폐지·변경 등의 요구와 신뢰보호의 문제가 충돌하는 문제를 해결하기 위하여 논
  의되는 문제로서, 행정계획의 존속, 준수, 폐지·변경 등을 요구하는 권리를 말함

(2) 계획보장청구권의 내용

○ 일반적으로 계획보장청구권의 내용으로는 계획존속청구권, 계획준수청구권, 계획변경청구권,
  경과조치청구권, 손해전보청구권을 들 수 있음

○ '일반적 계획보장청구권'은 인정될 수 없는데, 계획변경에 대한 공익을 무시하고 개인의 신뢰
  보호만을 일방적으로 우월시할 수는 없기 때문임

○ 다만 관련 법령에서 특정 개인의 계획보장에 대한 이익을 보호하기 위한 규정을 두고 있는
  경우라면 이 개인에게 예외적으로 계획보장청구권이 인정될 수 있음

(3) 계획수립·변경청구권

○ 계획의 수립·변경청구권은 계획의 수립 또는 변경을 요구하는 권리로, 이 경우에도 '일반적
  계획수립·변경청구권'은 인정되지 않음

○ 계획변경과 관련하여, 판례도 사인에게 계획변경청구권이 인정되지 않는다는 것이 기본 입장
  임(대판 1984.10.23, 84누227). 다만 '계획변경신청을 거부하는 것이 실질적으로 처분을 거부하는
  결과가 되는 예외적인 경우(대판 2003.9.23, 2001두10936)', '도시계획구역 내 토지 등을 소유하고
  있는 사람과 같이 당해 도시계획시설결정에 이해관계가 있는 주민의 경우(대판 2015.3.26, 2014두
  42742)'에는 계획변경신청권을 인정한 바 있음

○ 한편 국토계획법은 주민은 도시·군관리계획 입권자에게 기반시설의 설치·정비 또는 개량에
  관한 사항 등에 관하여 도시·군관리계획의 입안을 제안(신청)할 수 있다고 규정하고 있는데(국
  토계획법 26 ①), 이에 따라 주민에게는 도시·군관리계획의 입안청구권이 인정됨. 판례도 주민
  들의 도시·군관리계획 입안제안과 관련하여, 주민의 도시계획입안을 요구할 수 있는 법규상
  또는 조리상의 신청권(입안제안신청권)을 인정하면서, 이러한 신청에 대한 거부행위는 항고소송
  의 대상이 되는 처분이라고 하였음

[인허가의제][77]

□ 인허가의제

1. 의의

○ 인허가의제란 근거법상의 인허가 등을 받으면 그 근거법에서 정하고 있는 다른 법률에 의한 인허가 등도 받은 것으로 의제하는 것을 말함

○ 행정기본법은 "하나의 인허가(주된 인허가)를 받으면 법률로 정하는 바에 따라 그와 관련된 여러 인허가(관련 인허가)를 받은 것으로 보는 것을 말한다."고 정의하고 있음(행정기본법 24 ①)

2. 인허가의제의 정도

○ 주된 인허가기관은 의제되는 인허가의 요건에 어느 정도까지 구속되는가 하는 것과 관련하여, ① 주된 인허가기관으로 관할만 집중될 뿐 의제되는 인허가에 요구되는 절차적·실체적 요건을 모두 준수하여야 한다는 관할집중설, ② 주된 인허가기관은 의제되는 인허가기관이 준수하여야 하는 절차를 준수하지 않아도 되지만 의제되는 인허가의 실체적 요건에는 기속된다는 절차집중설, ③ 주된 인허가기관은 의제되는 인허가에 대한 절차적·실체적 요건을 고려하지 않고 독자적으로 의제 여부를 판단할 수 있다는 실체집중설 등이 있음

○ 판례는 절차집중설의 입장임

○ 관련판례
"건축물의 건축이 국토계획법상 개발행위에 해당할 경우 그에 대한 건축허가를 하는 허가권자는 건축허가에 배치·저촉되는 관계 법령상 제한 사유의 하나로 국토계획법령의 개발행위허가기준을 확인하여야 하므로, 국토계획법상 건축물의 건축에 관한 개발행위허가가 의제되는 건축허가신청이 국토계획법령이 정한 개발행위허가기준에 부합하지 아니하면 허가권자로서는 이를 거부할 수 있고, 이는 건축법 제16조 제3항에 의하여 개발행위허가의 변경이 의제되는 건축허가사항의 변경허가에서도 마찬가지이다(대판 2016.8.24, 2016두35762)."

○ 인허가의제는 행정절차의 간소화를 통하여 국민의 권익을 증진시키기 위한 목적으로 도입된 제도이므로 절차의 간소화를 통하여 절차만이 집중되는 것으로 보는 것이 타당함

3. 인허가의제의 절차와 기준

○ 인허가의제를 받으려면 주된 인허가를 신청할 때 관련 인허가에 필요한 서류를 함께 제출하여야 함(행정기본법 24 ②)

---

77) 강론, 358면 이하.

○ 주된 인허가 행정청은 주된 인허가를 하기 전에 관련 인허가에 관하여 미리 관련 인허가 행정청과 협의하여야 함(행정기본법 24 ③)

○ 관련 인허가 행정청은 제3항에 따른 협의를 요청받으면 그 요청을 받은 날부터 20일 이내(제5항 단서에 따른 절차에 걸리는 기간은 제외한다)에 의견을 제출하여야 함. 이 경우 전단에서 정한 기간(민원 처리 관련 법령에 따라 의견을 제출하여야 하는 기간을 연장한 경우에는 그 연장한 기간을 말한다) 내에 협의 여부에 관하여 의견을 제출하지 아니하면 협의가 된 것으로 봄(행정기본법 24 ④)

○ 제3항에 따라 협의를 요청받은 관련 인허가 행정청은 해당 법령을 위반하여 협의에 응해서는 안 됨. 다만, 관련 인허가에 필요한 심의, 의견 청취 등 절차에 관하여는 법률에 인허가의제 시에도 해당 절차를 거친다는 명시적인 규정이 있는 경우에만 이를 거침(행정기본법 24 ⑤)

○ 한편 행정절차법은 행정기본법 제24조에 따른 인허가의제의 경우 관련 인허가 행정청은 관련 인허가의 처분기준을 주된 인허가 행정청에 제출하여야 하고, 주된 인허가 행정청은 제출받은 관련 인허가의 처분기준을 통합하여 공표하도록 하고 있음(행정절차법 20 ②).

4. 인허가의제의 효과

○ 행정기본법 제24조 제3항·제4항에 따라 협의가 된 사항에 대해서는 주된 인허가를 받았을 때 관련 인허가를 받은 것으로 봄(행정기본법 25 ①)

○ 인허가의제의 효과는 주된 인허가의 해당 법률에 규정된 관련 인허가에 한정됨(행정기본법 25 ②)

5. 인허가의제의 사후관리

○ 인허가의제의 경우 관련 인허가 행정청은 관련 인허가를 직접 한 것으로 보아 관계 법령에 따른 관리·감독 등 필요한 조치를 하여야 함(행정기본법 26 ①)

○ 주된 인허가가 있은 후 이를 변경하는 경우에는 제24조·제25조 및 제25조 제1항을 준용함(행정기본법 26 ②)

6. 관련 문제

(i) 인허가의제는 다른 법률에 의한 인허가를 받은 것으로 보는 데 그치는 것이므로, 그 다른 법률의 모든 규정들까지 적용되는 것으로 의제되는 것은 아님(대판 2016.11.24, 2014두47686)

(ii) 인허가가 의제되는 처분에 하자가 있다고 하더라도, 이로써 해당 인허가의 의제 효과가 발생하지 않을 수 있을지언정, 이를 주된 인허가의 위법사유로 주장할 수는 없음(대판 2017.9.12, 2017두45131)

(iii) 인허가가 의제된 경우 '주된 인허가'와 '의제된 인허가'가 각각 존재하는 것이 된다. 따라서 ① 주된 행정행위가 발급과 더불어 의제된 인허가가 사후에 취소되면서 이와 더불어 주된

행정행위도 취소된 경우 주된 행정행위의 취소와 별도로 의제된 인허가의 취소를 다룰 협의의 소익이 인정됨(대판 2018.7.12, 2017두48734). 그리고 ② 의제되는 인허가에 관한 사전 협의가 이루어지지 않은 채 주된 인허가를 한 경우 신청인은 주된 인허가를 받은 지위를 가지게 될 뿐이고 관련 인허가까지 받은 지위를 가지는 것은 아니므로, 주된 인허가 이외에 필요한 관련 인허가를 관계 행정청에 별도로 신청하는 절차를 거쳐야 함(대판 2021.3.11, 2020두42569).

(ⅳ) 그러나 의제되는 인허가의 요건을 갖추지 못하여 주된 인허가가 거부된 경우에는, '주된 인허가 거부처분 1개'만 존재하는 경우이므로, 의제되는 인허가의 요건을 구비하지 못하였다는 처분사유를 다투고자 하는 경우에는 '주된 인허가 거부처분 취소소송'을 제기하여야 함(대판 2004.10.15, 2003두6573).

(ⅴ) 인허가의제에 대한 명문의 규정이 없는 이상, 관련 인허가가 의제되지 않음(대판 2021.6.24, 2021두33883). 행정기본법 제25조 제2항도 "인허가의제의 효과는 주된 인허가의 해당 법률에 규정된 관련 인허가에 한정된다."고 규정하고 있음

[공법상 계약][78]

1. 의의

○ 공법적 효과의 발생을 목적으로 하는 복수당사자 간의 반대방향의 의사표시의 합치에 의하여 성립하는 공법행위

○ 혹자는 행정계약이라는 개념을 사용하지만, 여기에는 행정주체가 계약의 일방당사자라는 점에서 행정주체가 맺는 공법상 계약과 사법상 계약이 모두 포함되어 있다는 문제가 있음

○ 행정기본법은 공법상 계약이라는 명칭으로, 이를 '행정목적을 달성하기 위하여 체결하는 공법상 법률관계에 관한 계약'으로 정의하고 있음[79]

---

78) 강론, 376면 이하.

79) 제27조(공법상 계약의 체결) ① 행정청은 법령등을 위반하지 아니하는 범위에서 행정목적을 달성하기 위하여 필요한 경우에는 공법상 법률관계에 관한 계약(이하 "공법상 계약"이라 한다)을 체결할 수 있다. 이 경우 계약의 목적 및 내용을 명확하게 적은 계약서를 작성하여야 한다.
② 행정청은 공법상 계약의 상대방을 선정하고 계약 내용을 정할 때 공법상 계약의 공공성과 제3자의 이해관계를 고려하여야 한다.

2. 행정행위와의 구별

○ 공법적 효과를 발생시킨다는 점에서 공법상 계약은 행정행위와 공통됨

○ 그러나 공법상 계약은 쌍방행위인데 반해서, 행정행위는 단독행위라는 점에서 차이가 있음

○ 관련판례: 행정청이 자신과 상대방 사이의 법률관계를 일방적인 의사표시로 종료시킨 경우 그 의사표시가 처분인지 여부

"행정청이 자신과 상대방 사이의 법률관계를 일방적인 의사표시로 종료시켰다고 하더라도 곧바로 그 의사표시가 행정청으로서 공권력을 행사하여 행하는 행정처분이라고 단정할 수는 없고, 관계 법령이 상대방의 법률관계에 관하여 구체적으로 어떻게 규정하고 있는지에 따라 그 의사표시가 항고소송의 대상이 되는 행정처분에 해당하는 것인지 아니면 공법상 계약관계의 일방 당사자로서 대등한 지위에서 행하는 의사표시인지 여부를 개별적으로 판단하여야 함(대판 1996.5.31, 95누10617, 대판 2014.4.24, 2013두6244 등)

○ 관련판례: 공법상 계약의 해지 및 환수에 대한 법령상 규정이 있는 경우와 없는 경우의 차이

 - '규정이 없는 경우' 협약의 해지 및 그에 따른 이 사건 환수통보는 공법상 계약에 따라 행정청이 대등한 당사자의 지위에서 하는 의사표시로 봄이 타당하고, 이를 행정청이 우월한 지위에서 행하는 공권력의 행사로서 행정처분에 해당한다고 볼 수 없음(대판 2015.8.27, 2015두41449)

 - '규정이 있는 경우' 협약의 해지 통보는 단순히 대등 당사자의 지위에서 형성된 공법상계약을 계약당사자의 지위에서 종료시키는 의사표시에 불과한 것이 아니라 행정청이 우월적 지위에서 연구개발비의 회수 및 관련자에 대한 국가연구개발사업 참여제한 등의 법률상 효과를 발생시키는 행정처분에 해당함(대판 2014.12.11, 2012두28704)

3. 공법상 계약의 종류(특히 행정주체와 사인간의 공법상 계약)

(1) 정부계약, 재산관리계약, 영조물의 이용관계에 관한 계약의 경우

○ 공법상의 계약은 공법적 효과의 발생을 목적으로 하는 계약을 의미하므로, 따라서 국가나 지방자치단체가 주체가 되는 물품조달계약이나 건설도급계약 등은 국가재정법, 지방재정법, 공유재산법, 국가당사자계약법 등에 의하여 공법적인 규제와 통제의 대상이 된다 하더라도 그 성질은 사법상 계약으로 보아야 함

○ 판례: 지방재정법에 의하여 준용되는 국가계약법에 따라 지방자치단체가 당사자가 되는 이른바 공공계약은 사경제의 주체로서 상대방과 대등한 위치에서 체결하는 사법상의 계약으로서 그 본질적인 내용은 사인 간의 계약과 다를 바가 없으므로, 그에 관한 법령에 특별한 정함이 있는 경우를 제외하고는 사적자치와 계약자유의 원칙 등 사법의 원리가 그대로 적용된다 할 것임(대결 2006.6.19, 2006마117)

○ 또한 국공유재산의 임대차, 매매계약, 영조물의 이용관계도 대부분 사법상 계약임
○ 다만 영조물의 이용관계 중에서도 이용관계가 강제되고 이용의 대가를 사용료의 형태로서 부과하여 체납시에는 국세징수법의 예에 따라 강제징수하는 경우에는 공법상 계약으로 보아야 함

(2) 현행법상 행정주체와 사인간의 공법상 계약

○ 국세기본법 제2조 제12호에 의한 납세보증계약, 국유재산법·지방재정법에 의한 공법상의 증여계약으로서의 기부채납, 사회기반시설에 대한 민간투자법·지역균형개발 및 지방중소기업 육성에 관한 법률에 의한 사회간접자본시설의 건설과 운영을 대상으로 하는 실시협약,[80] 지방자치단체와 사인간의 환경관리협약 등

4. 공법상 계약의 가능성과 자유성

(1) 공법상 계약의 가능성

○ 전통적으로 권력관계가 행정법관계의 중심이었던 시대에는 행정주체의 우위성과 종속적 법률관계를 바탕으로 하는 행정법관계에서 계약의 성립가능성은 인정될 수 없다고 보았으나, 급부행정과 같은 비권력행정이 매우 중요한 의미를 가지게 된 오늘날에는 더 이상 이를 부인하는 견해는 찾아보기 어려움
○ 행정기본법 제27조 제1항도 '공법상 법률관계에 관한 계약을 체결할 수 있다'고 하여 행정법관계에도 공법상 계약이 가능함을 명문으로 규정하고 있음

(2) 공법상 계약의 자유성

○ 공법상 계약에 법률의 근거가 필요한가 하는 것이 공법상 계약의 자유성 문제임
○ 이에 관하여는 ① 전부유보설의 관점에서 공법상 계약은 법적 근거가 있는 경우에만 가능하다는 부정설, ② 공법상 계약은 당사자의 자유로운 의사표시의 합치에 의하여 성립하는 것이므로 사법상의 계약과 마찬가지로 명시적 법적 근거가 없다 하더라도 성립할 수 있다는 긍정설(다수설), ③ 계약의 종류별로 그 현실적 기능을 고려하여 구체적으로 결정되어야 한다는 절충설 등이 있는데, ④ 계약이라는 특성을 고려하면 법적 근거가 없더라도 성립할 수 있다는 긍정설의 입장이 타당함
○ 행정기본법 제27조 제1항은 '법령등을 위반하지 아니하는 범위에서 행정목적을 달성하기 위

---

80) 사회기반시설에 대한 민간투자법은 공법상 계약의 하나인 실시협약을 규정하고 있는데(제2조 제6호), 실시협약이란 주무관청과 민간투자사업을 시행하고자 하는 자 간에 사업시행의 조건 등에 관하여 체결하는 계약을 말함.
실시협약의 법적 성질에 대해서는 ① 사법상 계약설과 ② 공법상 계약설이 대립되는데, 공법상 계약설이 다수설임. ③ 판례도 실시협약의 체결을 단순한 사법적, 일반적 계약관계라고 할 수 없다고 하여 공법상 계약설의 입장임(서고판 2004.6.24, 2003누6483)

하여 필요한 경우에는 공법상 법률관계에 관한 계약을 체결할 수 있다'고 하여 공법상 계약에 관한 법적 근거를 두고 있음

○ 그러나 행정기본법 규정은 공법관계에서도 계약이 가능함을 규정한 것이라는 점에서, 이와 같은 규정이 없더라도 공법상 계약이 가능하다고 보아야 할 것임(긍정설)

○ 다만 공법상의 계약이 법적 근거로부터 자유롭다고 하더라도 ① 행정행위에 갈음하는 공법상의 계약의 경우 행정행위의 발령에 대한 근거규범이 있어야 하고, ② 또한 침익적 행정작용의 경우에는 공법상 계약이 인정되기 어려움

5. 한계

(i) 공법상의 계약은 법령에 위반되어서는 안 됨(법률우위의 원칙).

(ii) 공법상 계약의 대상이 기속행위인 경우에는 계약당사자는 다만 법에서 규정하고 있는 바를 합의할 수밖에 없다는 제약이 있게 됨. 만약 계약의 대상이 재량행위인 경우에는 재량권행사의 한계를 준수하여야 함

(iii) 그 밖에도 행정법의 일반원칙을 준수하여야 하고, 특히 제3자의 권리를 침해하지 말아야 함. 이와 관련하여 행정기본법은 '행정청은 공법상 계약의 상대방을 선정하고 계약 내용을 정할 때 공법상 계약의 공공성과 제3자의 이해관계를 고려하여야 한다(행정기본법 27 ②)'고 규정하고 있음

(iv) 공법상 계약을 체결할 때 계약의 목적 및 내용을 명확하게 적은 계약서를 작성하여야 함(행정기본법 27 ① 후단)

[사실행위 · 행정지도]

□ 경고 등의 처분성 문제[81]

1. 문제의 소재

○ 비권력적 사실행위와 관련하여 행정청의 경고 · 권고 · 추천 · 설명 등의 처분성 여부가 문제임

2. 학설

○ 경고 등의 행위를 '그 밖에 이에 준하는 행정작용'에 포함시켜 처분성을 인정하자는 견해도 있음

---

81) 강론, 395면.

○ 경고 등에 대해서는 확립된 개념도 없고, 그 법적 성질이 사실행위인지, 처분성이 있는지에
　대해서 일률적으로 말하기 어려움
　- 일반적으로 대부분의 경고 등의 행위는 별도의 법적 효과가 결부되어 있지 않고 상대방에
　　대한 법적 구속력도 없다는 점에서 이를 비권력적 사실행위로 볼 수 있을 것임
　- 그러나 경우에 따라서는 특정 상품에 대한 경고가 대외적으로 공표되면 사실상 영업에 치명
　　적인 영향을 미칠 수도 있고 또한 상대방의 권익을 침해하는 요소가 강한 경우도 있을 수
　　있기 때문에 그 법적 성질을 비권력적 사실행위라고 단정하기 어려움

3. 결론

○ 결국 경고 등의 행위의 처분성 문제는 개별적으로 검토해 보아야 함. 예컨대 이러한 행위가
　단순한 정보의 제공이나 안내 · 권유의 수준을 넘어 상대방에게 불이익을 줄 목적으로 행사되
　는 등의 '공권력의 행사'로서의 성질이 인정된다면 권력적 사실행위로 보아 처분성을 인정할
　수도 있을 것임
○ 이와 관련하여 대법원은 행정규칙에 의한 '불문경고조치'가 비록 법률상의 징계처분은 아니지
　만 이로 인한 일정한 불이익이 있다는 이유로 항고소송의 대상이 되는 행정처분에 해당한다
　고 보았음(대판 2002.7.26, 2001두3532)

□ 행정지도의 처분성 인정여부[82]

1. 문제의 소재

○ 행정지도가 항고쟁송의 대상이 될 수 있는가 하는 것이 문제임

2. 학설 및 판례

○ 일부 견해는 사실상의 강제력을 가지는 행정지도는 행정쟁송법상의 처분개념과 관련하여 '그
　밖에 이에 준하는 행정작용'으로 보아 행정지도의 처분성을 인정할 수 있다고 함
○ 그러나 통설과 판례(대판 1980.10.27, 80누395)는 행정지도는 비권력적 사실행위로서 행정쟁송법
　상의 처분성이 인정되지 않는다는 입장임
○ 한편 헌법재판소는 교육부장관의 학칙시정요구를 행정지도로 보면서 이에 따르지 않을 경우
　불이익조치를 예정하고 있어 규제적 성격을 가지는 공권력의 행사로 볼 수 있다고 한 바 있는
　데(헌재결 2003.6.26, 2002헌마337, 2003헌마7 · 8(병합)), 관련 규정을 보면 학칙시정요구는 단순한 '비
　권력적인' 권고나 지도가 아니라, 학칙을 시정하라는 '공권력행사로서의 명령'으로 이해됨

---

82) 강론, 401면 이하.

□ 행정지도에 대한 손해전보

1. 행정상 손해배상

○ 위법한 행정지도로 손해가 발생한 경우 국가 등을 상대로 손해배상을 청구할 수 있으나, 이 경우 행정지도와 발생한 손해 사이의 인과관계를 입증하기 어렵다는 점이 문제임

○ 그러나 상대방이 행정지도에 따를 수밖에 없었다고 판단되는 경우에는 인과관계를 인정하여 국가 등의 배상책임이 성립한다고 보아야 할 것임

2. 행정상 손실보상

○ 적법한 행정지도로 인하여 개인에게 재산상의 특별한 희생이 발생한 경우에 이에 대한 손실 보상청구가 가능한지 문제임

○ 행정상 손실보상은 법령에 보상규정이 없는 경우 인정되기가 어렵고, 손실보상제도는 적법한 공권력 행사로 입은 손실을 보상해 주는 것인데 행정지도는 비권력작용이므로 보상요건을 결여하고 있는 등으로 인하여 손실보상청구권이 인정되기 어려움

○ 이에 대하여는 행정지도가 사실상의 강제력을 가지는 경우에는 예외적으로 수용적 침해이론을 활용하여 보상이 가능하다는 견해, 행정지도가 상대방의 신뢰에 위배하여 예측할 수 없는 손해를 야기한 경우에는 신뢰보호원칙에 따른 손실보상을 요구할 수 있다는 견해도 있으나, 행정지도에 대한 손실보상문제는 궁극적으로는 입법적으로 해결되는 것이 가장 바람직함

□ 확약[83]

1. 개념

○ 확약(Zusicherung)이란 일정한 행정행위를 하거나 하지 않을 것을 내용으로 하는 행정청의 구속력 있는 약속을 말함

○ 행정절차법은 "법령등에서 당사자가 신청할 수 있는 처분을 규정하고 있는 경우 행정청은 당사자의 신청에 따라 장래에 어떤 처분을 하거나 하지 아니할 것을 내용으로 하는 의사표시(이하 "확약"이라 한다)를 할 수 있다(행정절차법 40의2 ①)."고 하여, 확약을 '처분의 발급 또는 미발급에 대한 행정청의 약속'으로 규정하고 있음

2. 확약의 법적 성질

○ 확약을 행정행위로 볼 수 있는가 하는 것이 확약의 법적 성질의 문제임

---

83) 강론, 404면 이하.

○ 독일의 경우는 확약이 단지 스스로를 구속하는 효력만을 가지고 있을 뿐 행정행위로서의 특성을 결여하고 있다는 점에서 행정행위로서의 성질을 부인하는 견해가 많음
○ 우리나라의 경우 ① 다수의 견해는 확약은 법적 규율(Regelung)이라는 행정행위로서의 개념적 요소를 구비하고 있다고 보아 이를 행정행위의 일종으로 보고 있으나, ② 확약은 종국적 규율(endgültige Regelung)로서의 성질을 결여하고 있으므로 행정행위가 아니라는 소수의 견해도 있음. ③ 판례는 확약의 행정행위로서의 성질을 부인하는 입장임. ④ 생각건대 최종적인 행정행위에 의하여 확약은 소멸되는 등 확약 그 자체가 행정행위의 개념적 요소를 구비하고 있다고 보기 어려움. 또한 종국적 결정을 다툴 수 있다는 점에서도 권리구제 차원에서의 확약의 행정행위성을 인정할 실익도 적음

3. 확약의 근거와 한계

(1) 확약의 허용성과 근거

○ 확약이라는 행위형식이 허용될 수 있는가 하는 것이 문제인데, 이를 부정하는 견해는 없음. 행정절차법도 이를 명문으로 규정하고 있음(행정절차법 40의2 ①)
○ 다만 확약의 근거에 대해서는 ① 신의성실의 원칙 또는 신뢰보호원칙에서 구하는 견해(독일 판례), ② 본 처분권한 속에 확약에 대한 권한도 포함되어 있다고 보는 견해(독일 다수설)로 나뉘나, ③ 신뢰보호원칙은 확약의 허용성의 근거가 아니라 확약이 구속력을 가지는 근거이므로, 다수설의 입장이 타당함

(2) 확약의 한계

○ 확약도 행정작용이라는 점에서 행정작용으로서의 적법요건을 갖추어야 함
1) 주체요건: 확약은 확약의 대상이 되는 행정행위에 대한 정당한 권한이 있는 행정기관이 그 권한범위 내에서 행하여야 한다.
2) 내용요건: 확약은 법령에 반하지 말아야 하고, 행정법의 일반원칙을 준수하여야 하며, 확약의 대상이 실현가능하고 명확하여야 한다.
3) 형식·절차요건: 행정절차법은 "확약은 문서로 하여야 한다(행정절차법 40의2 ②). 행정청은 다른 행정청과의 협의 등의 절차를 거쳐야 하는 처분에 대하여 확약을 하려는 경우에는 확약을 하기 전에 그 절차를 거쳐야 한다(행정절차법 40의2 ③)."고 규정하고 있으므로, 이를 준수하여야 함
4) 기속행위에 대해서도 확약이 가능한가에 대하여 논란이 있는데, 기속행위의 경우에도 법적 불안정을 제거할 필요성(예지이익·대처이익)은 있는 것이므로 확약이 가능하다는 것이 다수견해임
5) 행정행위로서의 요건을 모두 갖춘 경우에도 확약이 가능한가에 대하여, 확약을 통하여 재량권행사를 구속한다는 점에서 확약의 실익이 있고, 또한 기속행위의 경우에도 처분에 대한

법적 불안정을 제거할 필요성이 있을 수 있다는 점에서 확약이 가능하다고 보는 것이 다수의 입장임

4. 확약의 효과

(1) 구속력

○ 확약에 따라 행정청은 상대방에 대하여 확약된 대로의 행정행위를 하거나 하지 않아야 할 의무를 부담함. 이러한 구속력은 신뢰보호원칙에 의하여 인정되는 것임

○ 확약의 대상이 된 행정행위에 대한 현행법상의 쟁송수단으로는 취소심판·의무이행심판, 취소소송·부작위위법확인소송을 생각해 볼 수 있음. 현행법상 행정에 대한 적극적 이행을 구하는 소송(예: 의무이행소송)은 인정되지 않고 있음

(2) 사정변경에 의한 구속력의 상실

○ 확약은 확약의 기초가 되었던 사실적·법적 상황이 변경되면, 사정변경에 따라 확약의 구속력이 상실됨

○ 이와 관련하여 이와 관련하여 행정절차법은 "행정청은 ① 확약을 한 후에 확약의 내용을 이행할 수 없을 정도로 법령등이나 사정이 변경되거나 ② 확약이 위법한 경우에는 확약에 기속되지 아니한다(행정절차법 40의2 ④)."고 규정하고 있음

○ 사정변경에 의한 구속력의 상실이라는 점에서 확약의 구속력은 행정행위의 경우보다 약하고 불안정적이라 할 수 있음

[행정절차]

□ 행정절차법의 적용범위[84]

○ 행정절차법은 제3조 제1항에서 다른 법률에 특별한 규정이 있는 경우를 제외하고는 이 법에서 정한 바에 따른다고 하여 이 법이 행정절차에 관한 일반법임을 규정하고 있음

○ 행정절차법은 제3조 제2항 제9호에서는 "병역법에 따른 징집·소집, 외국인의 출입국·난민 인정·귀화, 공무원 인사 관계 법령에 따른 징계와 그 밖의 처분, 이해 조정을 목적으로 하는 법령에 따른 알선·조정·중재(仲裁)·재정(裁定) 또는 그 밖의 처분 등 해당 행정작용의 성질상 행정절차를 거치기 곤란하거나 거칠 필요가 없다고 인정되는 사항과 행정절차에 준하는 절차를 거친 사항으로서 대통령령으로 정하는 사항"을 적용제외사항으로 규정하고 있음

---

84) 강론, 415면 이하.

○ 이와 관련하여 판례는 "공무원 인사관계 법령에 의한 처분에 관한 사항이라 하더라도 전부에 대하여 행정절차법의 적용이 배제되는 것이 아니라, 성질상 행정절차를 거치기 곤란하거나 불필요하다고 인정되는 처분이나 행정절차에 준하는 절차를 거치도록 하고 있는 처분의 경우에만 행정절차법의 적용이 배제되는 것으로 보아야 하고, 이러한 법리는 '공무원 인사관계 법령에 의한 처분'에 해당하는 별정직 공무원에 대한 직권면직 처분의 경우에도 마찬가지로 적용된다(대판 2013.1.16, 2011두30687)."고 하고 있음

○ 따라서 제1차 거부처분이 '성질상 행정절차를 거치기 곤란하거나 거칠 필요가 없다고 인정되는 경우인지'를 검토해 보아야 함

□ 처분기준의 설정 · 공표[85]

1. 행정절차법 규정

○ 행정청은 필요한 처분기준을 해당 처분의 성질에 비추어 되도록 구체적으로 정하여 공표하여야 함(행정절차법 20 ①~④)

○ 다만, 해당 처분의 성질상 현저히 곤란하거나 공공의 안전 또는 복리를 현저히 해치는 것으로 인정될 만한 상당한 이유가 있는 경우에는 처분기준을 공표하지 아니할 수 있음(행정절차법 20 ③) (대판 2019.12.13, 2018두41907)

2. 처분기준의 법형식 및 재판규범성 문제

○ 처분기준의 법형식은 법령이 될 수도 있고 행정규칙이 될 수도 있음. 예컨대, 제재처분기준을 대통령령이나 부령의 형식으로 규정하고 있는 입법례는 무수히 많음(예: 청소년보호법 시행령 39 ② 별표 9, 식품위생법 시행규칙 89 별표 23).

3. 처분기준을 설정하지 않은 것이 독립적인 위법사유가 되는지의 문제

○ 부정설로는, 기준을 설정하여야 할 경우와 그렇지 않은 경우의 구분이 불분명하고, 처분기준이 설정되지 않았다고 하여 처분을 할 수 없는 것도 아니므로 처분의 효력에 영향이 없다는 견해와 이는 성실의무를 규정한 것으로 그 자체로 독립적 위법사유가 되지 않는다는 견해가 있음

○ 긍정설은 기준의 설정 · 공표가 의무규정으로 되어 있으므로 이를 행하지 않은 경우 독자적인 위법사유가 된다는 견해임

○ 처분기준을 설정하지 않은 것은 행정절차법이 규정하고 있는 처분기준의 설정 · 공표 규정을 위반한 것이므로 위법하다고 보아야한다는 점에서 긍정설이 타당함

---

85) 강론, 421면 이하.

∘ 판례: "행정청이 처분기준 사전공표 의무를 위반하여 미리 공표하지 아니한 기준을 적용하여 처분을 하였다고 하더라도, 그러한 사정만으로 곧바로 해당 처분에 취소사유에 이를 정도의 흠이 존재한다고 볼 수는 없다(대판 2020.12.24, 2018두45633)."

4. 설정된 처분기준과 다른 기준으로 처분한 것이 독립한 위법사유인지의 문제

∘ 대체로 학설들은, 처분기준의 행정규칙성을 전제로 하여, 처분기준과 다른 기준으로 처분하는 경우 위법하다고 볼 수 없으나, 예외적으로 평등원칙 · 신뢰보호원칙을 매개로 위법이 될 수 있다는 입장임

∘ 그러나 처분기준이 대통령령이나 부령에 규정된 경우로서 법규명령인 경우에는 이와 다른 기준으로 처분하는 것은, 정당한 사유가 없는 한, 법령위반으로 위법하다고 보아야 할 것임

▢ 이유제시[86]

1. 의의

∘ 행정청은 처분을 할 때에는 ① 신청 내용을 그대로 인정하는 처분인 경우, ② 단순 · 반복적인 처분 또는 경미한 처분으로서 당사자가 그 이유를 명백하게 알 수 있는 경우, ③ 긴급히 처분을 할 필요가 있는 경우를 제외하고는 당사자에게 그 근거와 이유를 제시하여야 함(행정절차법 23 ①). 그러나 ②와 ③의 경우에도 당사자의 요청이 있는 경우에는 그 근거와 이유를 제시하여야 함(행정절차법 23 ②)

2. 이유제시의 하자와 그 효과

∘ 이유제시의 하자는 독자적인 위법사유가 됨. 따라서 이유제시에 하자가 있는 처분은 위법함. 판례의 입장도 동일함(대판 1985.5.28, 84누289)

3. 이유제시의 방법과 정도

∘ 처분을 받은 자가 어떠한 근거와 이유에서 당해 처분이 있었는지를 알 수 있을 정도로 그 근거와 이유를 구체적으로 제시하여야 함. 따라서 위반사실이 특정되지 않으면 그 처분은 위법함(대판 1990.9.11, 90누1786)

∘ 그러나 처분의 상대방이 그 근거를 알 수 있을 정도로 상당한 이유를 제시한 경우에는 당해 처분의 근거 및 이유를 구체적 조항 및 내용까지 명시하지 않았더라도 그 처분이 위법한 것이 된다고 할 수 없음(대판 2002.5.17, 2000두8912)

---

86) 강론, 424면 이하.

4. 이유제시 하자의 치유

○ 이유제시의 하자에 대한 사후추완과 관련하여 ① 이유제시의 제도적 취지를 고려하여 이유제시 하자의 치유는 원칙적으로 허용될 수 없다는 견해(부정설)가 있으나, ② 다수설 및 판례는 예외적으로 행정행위의 무용한 반복을 피하고 당사자의 법적 안정성을 위해 이를 허용하는 때에도 국민의 권리나 이익을 침해하지 않는 범위에서 구체적 사정에 따라 합목적적으로 인정하여야 한다(대판 2002.7.9, 2001두10684)는 견해임(제한적 긍정설)

5. 하자치유의 시간적 한계

○ 하자의 치유시기와 관련하여서는 행정쟁송 제기 이전까지만 가능하다는 견해와 쟁송제기 이후에도 가능하다는 견해가 있는데, 전자의 입장이 다수설이자 판례의 입장임

□ 불이익처분절차[87)]

1. 불이익처분의 개념

(1) 행정절차법

○ 당사자에게 의무를 부과하거나 권익을 제한하는 처분(행정절차법 21)
○ 당사자란 행정청의 처분에 대하여 직접 그 상대가 되는 자를 의미함(행정기본법 2 3호)

(2) 수익적 행정행위의 거부처분도 불이익처분에 해당하는지 여부

① 거부처분도 당사자의 권익을 제한하는 처분이라는 점에서 행정절차법상의 불이익처분에 해당한다는 긍정설
② 수익적 행정행위의 거부의 경우 신청에 따라 아직 권익이 부여된 것이 아니므로 신청에 대한 거부처분을 직접 '당사자의 권익을 제한하는 처분'에 해당한다고 할 수 없다는 부정설(다수설)
③ 판례: 부정설(대판 2003.11.28, 2003두674)
④ 결어: 다수설 및 판례가 타당

2. 사전통지

○ 행정청이 불이익처분을 하는 경우에는 ① 처분의 제목, ② 당사자의 성명 또는 명칭과 주소, ③ 처분하려는 원인이 되는 사실과 처분의 내용 및 법적 근거, ④ 이에 대하여 의견을 제출할 수 있다는 뜻과 의견을 제출하지 아니하는 경우의 처리방법, ⑤ 의견제출기관의 명칭과 주소,

---

87) 강론, 431면 이하.

⑥ 의견제출기한, ⑦ 기타 필요한 사항을 미리 당사자 등에게 통지하여야 함(행정절차법 21 ①)

○ 한편 사전통지는 ① 공공의 안전 또는 복리를 위하여 긴급히 처분을 할 필요가 있는 경우, ② 법령등에서 요구된 자격이 없거나 없어지게 되면 반드시 일정한 처분을 하여야 하는 경우에 그 자격이 없거나 없어지게 된 사실이 법원의 재판 등에 의하여 객관적으로 증명된 경우, ③ 해당 처분의 성질상 의견청취가 현저히 곤란하거나 명백히 불필요하다고 인정될 만한 상당한 이유가 있는 경우에는 하지 않을 수 있음(행정절차법 21 ④)

3. 의견제출

(1) 의의

○ 행정청이 어떠한 행정작용을 하기 전에 당사자등이 의견을 제시하는 절차로서 청문이나 공청회에 해당하지 아니하는 절차(행정절차법 2 7호)

○ 따라서 불이익처분시 관련 법령상 청문이나 공청회에 관한 규정이 없더라도, 행정절차법상의 의견제출절차는 반드시 거쳐야 함

(2) 사전통지 또는 의견제출절차 위반의 효과

○ 행정청이 불이익처분을 하면서 사전통지를 하지 않거나 의견제출의 기회를 부여하지 않으면, 이는 절차상 하자 있는 위법한 처분이 됨

4. 청문

(1) 의의

○ 행정청이 어떠한 처분을 하기 전에 당사자등의 의견을 직접 듣고 증거를 조사하는 절차(행정절차법 2 5호)

(2) 청문의 실시요건

○ 청문은 ① 다른 법령 등에서 청문을 하도록 규정하고 있는 경우, ② 행정청이 필요하다고 인정하는 경우, 또는 ③ 인허가 등의 취소, 신분·자격의 박탈, 법인이나 조합 등의 설립허가의 취소에 대한 불이익 처분 시 제21조 제1항 제6호에 따른 의견제출기한 내에 당사자등의 신청이 있는 경우에 실시함(행정절차법 22 ①)

○ 따라서 청문은 불이익처분의 경우에 반드시 실시되는 필요적 행정절차는 아니며 위의 사유에 해당하지 않는 한 단순한 의견제출로 의견청취가 이루어짐

(3) 청문의 생략사유

○ 행정절차법 제21조 제4항 각 호(사전통지를 하지 않아도 되는 예외적 사항)의 어느 하나에 해당하는 경우와 당사자가 의견진술의 기회를 포기한다는 뜻을 명백히 표시한 경우에는 의견청취를 하지

아니할 수 있음(행정절차법 22 ④)

○ 이 경우 '의견청취가 현저히 곤란하거나 명백히 불필요하다고 인정될 만한 상당한 이유가 있는지 여부'는 당해 행정처분의 성질에 비추어 판단하여야 하는 것이지, 청문통지서의 반송 여부, 청문통지의 방법 등에 의하여 판단할 것은 아니라는 것이 판례의 입장임(대판 2001.4.13, 2000두3337)

(4) 청문절차 결여의 하자와 그 효과

○ 청문절차를 결여한 처분은 절차상 하자 있는 위법한 처분이 됨

○ 위법의 효과는 중대명백설에 따라 개별적으로 판단해 보아야 할 것인데, 판례는 청문절차의 결여를 취소사유로 보고 있음(대판 2007.11.16, 2005두15700)

□ 절차상 하자[88]

1. 절차상 하자

○ 행정행위는 주체·내용·형식·절차에 관한 적법요건을 갖추지 못하면 '하자 있는 위법한 행위'가 됨

○ 법령에서 행정처분을 위한 절차를 규정하는 경우에 이러한 규정을 준수하지 않으면 절차상 하자 있는 위법한 처분이 됨

2. 절차상 하자의 독자적 위법성

(1) 문제의 소재

○ 절차상의 하자가 있다는 이유만으로 행정행위가 위법한 행정행위가 되어 무효 또는 취소가 되는가 하는 문제로, 특히 기속행위와 관련하여 논란이 있음

(2) 학설

1) 소극설

○ ① 행정절차는 적정한 행정결정을 확보하기 위한 것이고, ② 행정청이 적법한 절차를 거쳐 다시 처분하더라도 결국 동일한 처분을 하게 되는 경우 절차상 하자만으로 당해 처분을 취소하는 것은 행정경제·소송경제에 반한다는 점 등에서 독자적 위법성을 부인

2) 적극설

○ ① 법정 절차를 준수하지 않아도 행정처분이 적법한 것으로 인정된다면 이는 법치행정의 원리에 정면으로 위배되고, ② 소극설에 따를 경우 기속행위의 경우에는 절차적 규제를 담보할

---

88) 강론, 447면 이하.

수단이 없어지게 된다는 점 등에서 독자적 위법성 긍정

(3) 판례

○ 사전통지 또는 의견제출절차의 결여(대판 2004.5.28, 2004두1254), 청문절차의 결여(대판 1992.2.11, 91누11575), 이유제시의 결여(대판 1985.5.28, 84누289), 심의절차의 누락(대판 2007.3.15, 2006두15806) 을 절차위반의 위법사유로 인정하고 있어 적극설의 입장이라고 할 수 있음

3. 절차적 하자의 위법성 정도

○ 명문의 규정이 없는 경우에 절차상 하자가 무효사유인지 취소사유인지 문제임. 이 문제는 결국 중대명백설에 따라 판단하여야 할 것임

○ 대법원의 경우 대부분 절차적 하자가 있는 행정처분에 대하여 취소사유로 인정하나, 절차위반으로 인하여 그 절차가 지향하는 목적을 형해화할 정도의 하자가 있는 경우 중대하고 명백한 하자로서 무효로 보고 있음

4. 절차상 하자의 치유

(1) 학설

○ 이에 관하여는 행정결정의 신중성의 확보와 자의배제를 이유로 절차상 하자의 치유를 인정하지 않는 견해(부정설)도 있지만, 국민의 권익을 침해하지 않는 범위 내에서 합목적적·제한적으로 하자의 치유를 인정하는 견해(제한적 긍정설)가 통설임

(2) 판례

○ 판례는 하자 있는 행정행위의 치유는 원칙적으로 허용되지 않으나, 예외적으로 국민의 권리나 이익을 침해하지 않는 범위에서만 인정하고 있어(대판 2002.7.9, 2001두10684) 제한적 긍정설의 입장임

○ 판례는 하자의 치유를 인정한 경우도 있지만, 납세의무자가 전심절차에서 이유제시의 하자를 주장하지 아니하였거나, 그 후 부과된 세금을 자진납부하였다거나, 또는 조세채권의 소멸시효 기간이 만료되었다는 사정, 그리고 납세의무자가 그 나름대로 산출근거를 알고 있다거나 사실상 이를 알고서 쟁송에 이르렀다는 사정만으로는 이유제시의 하자가 치유되는 경우는 아니라고 보고 있음

(3) 하자치유의 시간적 한계

○ 행정쟁송 제기 이전까지만 가능하다는 견해와 쟁송제기 이후에도 가능하다는 견해가 있는데, 전자의 입장이 다수설이자 판례의 입장임

[행정정보공개][89]

1. 정보공개제도의 의의

○ 정보공개제도는 행정청을 비롯한 공공기관이 보유·관리하는 각종의 정보를 일정한 요건하에 공개하는 것을 말하며, 이를 실현하기 위한 법제를 정보공개법이라 함

2. 정보공개의 법적 근거: 공공기관의 정보공개에 관한 법률

3. 정보공개의 주체와 정보공개의 원칙

○ 정보공개의 주체는 공공기관임. 이와 관련하여 정보공개법은 '공공기관'을 국가기관, 지방자치단체, 공공기관운영법 제2조에 따른 공공기관 그 밖에 대통령령이 정하는 기관으로 규정하고 있음(정보공개법 2 3호)

○ 공공기관이 보유·관리하는 정보는 이 법이 정하는 바에 따라 적극적으로 공개함을 원칙으로 함(정보공개법 3)

4. 정보공개청구권자

○ 모든 국민은 정보의 공개를 청구할 권리를 가진다(정보공개법 5 ①). 여기에서의 국민에는 자연인은 물론 법인, 권리능력 없는 사단·재단도 포함됨

5. 비공개대상정보[90]

○ 정보공개법은 공공기관이 보유하고 있는 정보에 대하여 공개를 원칙으로 하면서도, 이에 대한 예외로서 8가지의 비공개대상정보는 이를 공개하지 않을 수 있다고 규정하고 있음(정보공개법 9)

○ 이러한 비공개대상정보는 ① 다른 법률 또는 법률이 위임한 명령(국회규칙·대법원규칙·헌법재판소규칙·중앙선거관리위원회규칙·대통령령 및 조례)에 따라 비밀 또는 비공개 사항으로 규정된 정보, ② 국가안전보장·국방·통일·외교관계 등에 관한 사항으로서 공개될 경우 국가의 중대한 이익을 현저히 해할 우려가 있다고 인정되는 정보, ③ 공개될 경우 국민의 생명·신체 및 재산의 보호에 현저한 지장을 초래할 우려가 있다고 인정되는 정보, ④ 진행 중인 재판에 관련된 정보와 범죄의 예방, 수사, 공소의 제기 및 유지, 형의 집행, 교정, 보안처분에 관한 사항으로서 공개될 경우 그 직무수행을 현저히 곤란하게 하거나 형사피고인의 공정한 재판을 받을 권리

---

89) 강론, 459면 이하.
90) 강론, 467면 이하.

를 침해한다고 인정할 만한 상당한 이유가 있는 정보, ⑤ 감사·감독·검사·시험·규제·입찰계약·기술개발·인사관리·의사결정 과정 또는 내부검토 과정에 있는 사항 등으로서 공개될 경우 업무의 공정한 수행이나 연구·개발에 현저한 지장을 초래한다고 인정할 만한 상당한 이유가 있는 정보, ⑥ 해당 정보에 포함되어 있는 이름·주민등록번호 등 개인에 관한 사항으로서 공개될 경우 개인의 사생활의 비밀 또는 자유를 침해할 우려가 있다고 인정되는 정보(다만, (i) 법령이 정하는 바에 따라 열람할 수 있는 정보, (ii) 공공기관이 공표를 목적으로 작성하거나 취득한 정보로서 개인의 사생활의 비밀과 자유를 부당하게 침해하지 않는 정보, (iii) 공공기관이 작성하거나 취득한 정보로서 공개하는 것이 공익 또는 개인의 권리 구제를 위하여 필요하다고 인정되는 정보, (iv) 직무를 수행한 공무원의 성명·직위, (v) 공개하는 것이 공익을 위하여 필요한 경우로써 법령에 따라 국가 또는 지방자치단체가 업무의 일부를 위탁 또는 위촉한 개인의 성명·직업에 관한 정보는 제외), ⑦ 법인·단체 또는 개인의 경영·영업상 비밀에 관한 사항으로서 공개될 경우 이들의 정당한 이익을 현저히 해할 우려가 있다고 인정되는 정보(다만 (i) 사업활동에 의하여 발생하는 위해로부터 사람의 생명·신체 또는 건강을 보호하기 위하여 공개할 필요가 있는 정보, (ii) 위법·부당한 사업활동으로부터 국민의 재산 또는 생활을 보호하기 위하여 공개할 필요가 있는 정보는 제외), ⑧ 공개될 경우 부동산 투기·매점매석 등으로 특정인에게 이익 또는 불이익을 줄 우려가 있다고 인정되는 정보임

○ 공공기관은 위의 사유에 해당하는 정보가 기간의 경과 등으로 인하여 비공개의 필요성이 없어진 경우에는 당해 정보를 공개 대상으로 하여야 함(정보공개법 9 ②)

6. 정보공개절차 및 방법(특히 제3자의 보호의 관점 포함)

○ 정보공개법 11(정보공개 여부의 결정)
① 공공기관은 제10조에 따라 정보공개의 청구를 받으면 그 청구를 받은 날부터 10일 이내에 공개 여부를 결정하여야 한다.
③ 공공기관은 공개 청구된 공개 대상 정보의 전부 또는 일부가 제3자와 관련이 있다고 인정할 때에는 그 사실을 제3자에게 지체 없이 통지하여야 하며, 필요한 경우에는 그의 의견을 들을 수 있다.
○ 정보공개법 13(정보공개 여부 결정의 통지)
① 공공기관은 제11조에 따라 정보의 공개를 결정한 경우에는 공개의 일시 및 장소 등을 분명히 밝혀 청구인에게 통지하여야 한다.
④ 공공기관은 제11조에 따라 정보의 비공개 결정을 한 경우에는 그 사실을 청구인에게 지체 없이 문서로 통지하여야 한다. 이 경우 비공개 이유와 불복(不服)의 방법 및 절차를 구체적으로 밝혀야 한다.
○ 정보공개법 21(제3자의 비공개요청 등)

① 제11조 제3항에 따라 공개 청구된 사실을 통지받은 제3자는 그 통지를 받은 날부터 3일 이
   내에 해당 공공기관에 대하여 자신과 관련된 정보를 공개하지 아니할 것을 요청할 수 있다.
② 제1항에 따른 비공개 요청에도 불구하고 공공기관이 공개 결정을 할 때에는 공개 결정 이유
   와 공개 실시일을 분명히 밝혀 지체 없이 문서로 통지하여야 하며, 제3자는 해당 공공기관에
   문서로 이의신청을 하거나 행정심판 또는 행정소송을 제기할 수 있다. 이 경우 이의신청은
   통지를 받은 날부터 7일 이내에 하여야 한다.

7. 부분공개

○ 공개 청구한 정보가 이 법이 정하는 비공개 대상 정보에 해당하는 부분과 공개 가능한 부분이
   혼합되어 있는 경우로서 공개 청구의 취지에 어긋나지 아니하는 범위에서 두 부분을 분리할
   수 있는 경우에는 비공개 대상 정보에 해당하는 부분을 제외하고 공개하여야 함(정보공개법 14)

[행정상 강제집행]

□ 행정대집행[91]

1. 대집행의 의의와 법적 근거

○ 의무자가 행정상 의무(법령등에서 직접 부과하거나 행정청이 법령등에 따라 부과한 의무)로서 타인이 대신하
   여 행할 수 있는 의무를 이행하지 아니하는 경우 … 행정청이 의무자가 하여야 할 행위를
   스스로 하거나 제3자에게 하게 하고 그 비용을 의무자로부터 징수하는 것(행정기본법 30 ① 1호)
○ 행정기본법은 "행정상 강제 조치에 관하여 이 법에서 정한 사항 외에 필요한 사항은 따로
   법률로 정한다(행정기본법 30 ②)."고 규정하고 있고, 이러한 법률로 행정대집행법이 있음
○ 행정대집행법은 "법률에 의하여 직접 명령되었거나 또는 법률에 의거한 행정청의 명령에 의
   한 행위로서 타인이 대신하여 행할 수 있는 행위를 의무자가 이행하지 아니하는 경우 … 행
   정청은 스스로 의무자가 하여야 할 행위를 하거나 또는 제3자로 하여금 이를 하게 하여 그
   비용을 의무자로부터 징수할 수 있다(행정대집행법 2)."고 규정하고 있음
○ 대집행은 대체적 작위의무의 불이행에 대한 행정상 강제수단
○ 법적 근거
  - 대집행의 정의: 행정기본법 30 ① 1호
  - 대집행을 위한 일반법: 행정대집행법

---

91) 강론, 499면 이하.

2. 행정대집행법상 대집행의 요건

○ 행정대집행법 제2조에 따르면, 대집행을 하기 위해서는 ① 타인이 대신하여 행할 수 있는 행위를 의무자가 이행하지 아니할 것(대체적 작위의무의 불이행), ② 다른 수단으로써 그 이행을 확보하기 곤란할 것, ③ 그 불이행을 방치함이 심히 공익을 해할 것이 요구됨

○ 행정기본법도 "타인이 대신하여 행할 수 있는 의무를 이행하지 아니하는 경우 법률로 정하는 다른 수단으로는 그 이행을 확보하기 곤란하고 그 불이행을 방치하면 공익을 크게 해칠 것으로 인정될 때(행정기본법 30 ① 1호)"라고 하여 행정대집행법과 마찬가지임

(1) 대체적 작위의무의 불이행이 있을 것

1) 공법상 의무의 불이행이 있을 것

2) 대체적(代替的) 작위의무의 불이행

① 대집행의 대상이 되는 의무는 대체적 작위의무임. 따라서 타인이 대신하여 행할 수 없는 비대체적인 의무나 부작위의무는 대집행의 대상이 될 수 없음

② 따라서 토지·건물의 인도의무는 비대체적 작위의무이므로 대집행의 대상이 아님

(ⅰ) 존치된 물건의 반출은 대체적 작위의무로 보아 대집행의 대상이 될 수 있으나,

(ⅱ) 토지·건물 등의 점유자로부터 점유를 배제하고 그 점유를 이전받는 것은 점유자의 퇴거라는 일신전속적 행위에 의하여야 한다는 점에서 대체적 작위의무에 해당한다고 볼 수 없음 (대판 1998.10.23, 97누157)

(ⅲ) 그러나 행정청이 건물철거의무의 불이행과 같은 대체적 작위의무의 불이행이 이미 존재하여 행정대집행이 가능한 경우에는 더 이상 토지·건물의 인도의무가 문제되지 않음. 따라서 대집행 과정에서 부수적으로 그 토지·건물의 점유자들에 대한 퇴거 조치를 할 수 있음(대판 2017.4.28, 2016다213916)

(ⅳ) 토지보상법 제89조의 '토지 또는 물건의 이전의무 불이행에 대한 대집행 규정'과 관련하여, 특히 토지의 이전의무 불이행에 대하여 대집행이 가능한지 논란 있음

가. 학설

① 대집행은 대체적 작위의무에만 가능하므로 위 조항들을 근거로 대집행을 할 수 없다는 견해

② 위 조항들을 행정대집행법 제2조의 예외로 보는 견해

③ 토지의 인도의무 불이행을 토지보상법 제89조에 따라 대집행을 할 수 없다고 본다면 이 규정을 전혀 무의미하게 만드는 것이므로, 이 규정의 합리적·목적론적 해석이 필요하다는 견해

나. 판례: 판례는 부정적인 입장임(대판 2005.8.19, 2004다2809; 대판 2011.4.28, 2007도7514)

3) 부작위의무는 대집행 대상이 될 수 없음(부작위의무를 부과한 근거법령에서 부작위의무 위반에 대하여 일정한 조치를 명하는 등의 작위의무를 부과하는 규정(전환규범)에 따라 작위의무가 부과되고, 그 후 이러한 작위의무의 불이행이 있어야 함)

(2) 다른 수단으로써 그 이행을 확보하기 곤란할 것

○ 비례원칙상 대집행보다 의무자에 대한 권익침해의 정도가 적은 수단으로는 의무이행확보가 곤란한 경우를 말함

(3) 그 불이행을 방치함이 심히 공익을 해할 것으로 인정될 것

○ 대집행은 대체적 작위의무의 불이행만으로 가능한 것이 아니라, 이를 방치하는 것이 심히 공익을 해하는 것인 경우에 비로소 가능해 짐. 여기에서 '심히 공익을 침해하는 것'은 구체적인 정황들을 고려하여 개별적으로 판단하여야 할 것임

□ 계고의 법적 성질[92]

○ 대집행 계고의 법적 성질은 준법률행위적 행정행위로서의 통지에 해당함(통설·판례)
○ 따라서 취소소송의 대상이 되는 처분임(대판 1962.10.18, 62누117)

□ 강제금(Zwangsgeld)[93]

1. 강제금의 의의

○ 행정법상 의무를 이행하지 않는 경우에 그 이행을 강제하기 위하여 부과하는 금전부담, 집행벌(Zwangsstrafe)이라고도 함
○ 실정법상 이행강제금이라고도 하는데, 특히 행정기본법은 이행강제금의 부과를 "의무자가 행정상 의무를 이행하지 아니하는 경우 행정청이 적절한 이행기간을 부여하고, 그 기한까지 행정상 의무를 이행하지 아니하면 금전급부의무를 부과하는 것"으로 정의하고 있음(행정기본법 30 ① 2호)

2. 강제금의 성질 및 행정벌과의 동시부과 가능성

○ 강제금은 금전급부의무의 부과를 통하여 심리적 압박을 가함으로써 의무를 이행하도록 하는 간접적 강제수단임(대판 2016.7.14, 2015두46598)
○ 강제금은 장래에 대한 의무이행을 확보하는 수단이라는 점에서, 과거의 의무불이행에 대한

---

92) 강론, 507면 이하.
93) 강론, 510면 이하.

제재인 행정벌과 구분됨. 따라서 같은 의무위반행위에 대하여 양자가 모두 부과될 수 있음. 헌법재판소도 이를 이중처벌금지의 원칙에 위반되지 않는다고 하였음(헌재결 2011.10.25, 2009헌바140)

3. 강제금의 부과대상인 의무

○ 강제금은 장래에 향하여 의무이행을 강제하기 위한 것이므로, 부과대상인 의무가 작위의무이든 부작위의무이든 불문한다고 보아야 할 것임

○ 이와 관련하여 대체적 작위의무를 이행하지 않는 경우 대집행이라는 효과적인 강제수단이 있으므로, 이에 대하여 강제금을 부과할 수 있는지가 문제임

○ 이에 대하여는 ① 대체적 작위의무의 경우 대집행이 가능하므로 강제금을 인정할 필요가 없다는 견해도 있을 수 있으나, ② 강제금이 대집행보다 의무이행확보에 보다 실효적인 수단이 될 수 있으므로 강제금을 인정하는 것이 타당함(다수설). ③ 헌법재판소는 다수설과 같은 입장임(헌재결 2004.2.26, 2001헌바80 · 84 · 102 · 103, 2002헌바26(병합) 전원재판부). 이에 관한 대법원 판례는 없으나, 최근 대법원은 건축법상 이행강제금을 시정명령 불이행에 대한 강제수단으로 정의하고 있어 다수설과 같은 입장이라고 볼 수 있음(대판 2016.7.14, 2015두46598). ④ 건축법 제80조도 대체적 작위의무인 시정명령의 불이행에 대하여 이행강제금을 부과하도록 규정하고 있고, 행정기본법 제30조 제1항 제2호도 '행정상 의무를 이행하지 않는 경우 이행강제금을 부과'하는 것으로 규정하고 있음. ⑤ 대체적 작위의무의 불이행에 대하여 언제나 대집행이 가능한 것만은 아니고, 또한 대집행이 현실적으로 어려운 경우도 있으므로, 건축정책적 관점에서도 강제금을 통하여 대체적 작위의무를 이행하도록 하는 것이 바람직함

4. 강제금의 법적 근거

○ 강제금은 침익적인 수단이므로 침해유보의 관점에서 보더라도 법적 근거가 필요함. 이와 관련하여 강제금에 관한 일반법은 없고, 일부 개별법(예: 건축법 80, 농지법 62 등)에서 규정하고 있음

5. 강제금의 부과

○ 행정기본법은 제31조 제1항에서 이행강제금에 관한 입법사항, 제2항에서 이행강제금의 가중 또는 감경시 고려사항을 규정하고 있음

○ 부과절차
 - 행정청은 이행강제금을 부과하기 전에 미리 의무자에게 이행강제금을 부과한다는 뜻을 문서로 계고(戒告)하여야 함(행정기본법 31 ③)
 - 행정청은 의무자가 계고에서 정한 기한까지 행정상 의무를 이행하지 아니한 경우 이행강제금

의 부과 금액·사유·시기를 문서로 명확하게 적어 의무자에게 통지하여야 함(행정기본법 31 ④)
- 행정청은 의무자가 행정상 의무를 이행할 때까지 이행강제금을 반복하여 부과할 수 있음. 다만, 의무자가 의무를 이행하면 새로운 이행강제금의 부과를 즉시 중지하되, 이미 부과한 이행강제금은 징수하여야 함(행정기본법 31 ⑤)

※ 참고: 공정거래법상 이행강제금

판례는 공정거래법상 이행강제금은 종래의 과징금 제도를 폐지하고 과거의 의무위반행위에 대한 제재와 장래 의무 이행의 간접강제를 통합하여 시정조치 불이행기간에 비례하여 제재금을 부과하도록 하는 제도라고 보고 있음. 따라서 공정거래법상 이행강제금이 부과되기 전에 시정조치를 이행하거나 부작위 의무를 명하는 시정조치 불이행을 중단한 경우 과거의 시정조치 불이행기간에 대하여 이행강제금을 부과할 수 있다고 하고 있음(대판 2019.12.12, 2018두63563)

- 행정청은 이행강제금을 부과받은 자가 납부기한까지 이행강제금을 내지 아니하면 국세강제 징수의 예 또는 지방행정제재·부과금의 징수 등에 관한 법률에 따라 징수함(행정기본법 31 ⑥)
○ 판례는 강제금제도(=행정상 간접강제)의 취지상 시정명령을 받은 의무자가 그 의무이행을 위하여 적법한 신청 또는 신고를 하였으나 행정청이 이를 위법하게 거부한 경우에는, 별도의 특별한 사정이 없는 한, 그 시정명령의 불이행을 이유로 강제금을 부과할 수 없다고 하였음(대판 2018.1.25, 2015두35116)
○ 이행하여야 할 의무의 내용을 초과하는 것을 '불이행의 내용'으로 하여 강제금을 부과할 수 없음(대판 2015.6.24, 2011두2170)
○ 강제금은 행정상 강제수단이라는 점에서 시정명령의 이행 기회가 제공되지 아니하였다가 뒤늦게 시정명령의 이행 기회가 제공된 경우라면 시정명령의 이행 기회가 제공되지 아니한 과거의 기간에 대한 강제금까지 한꺼번에 부과할 수는 없음(대판 2016.7.14, 2015두46598)

6. 강제금에 대한 구제

○ 강제금에 대해서는 두 가지의 불복유형이 있음
① 개별법에서 강제금에 대한 불복방법을 과태료의 경우에 준하는 것으로 규정하고 있는 경우임(예: 농지법 62 ⑦). 따라서 농지법상 이행강제금 부과'처분'이라는 용어를 사용한다 하더라도 과태료재판의 대상으로 규정되어 있는 이상 이를 행정쟁송법상의 처분이라 할 수 없음
② 현행 건축법 제80조는 강제금에 대한 불복수단에 관하여 아무런 규정을 두고 있지 않은데, 이와 같은 경우는 행정쟁송법에 따라 행정쟁송을 제기할 수 있음. 건축법상 이행강제금의 부과는 금전급부명령(하명)으로서 처분에 해당하므로, 이에 대하여 불복이 있는 경우 항고쟁송을 제기하면 됨

□ **직접강제**[94]

1. 행정상 직접강제의 의의

○ 행정상 직접강제는 "의무자가 행정상 의무를 이행하지 아니하는 경우 행정청이 의무자의 신체나 재산에 실력을 행사하여 그 행정상 의무의 이행이 있었던 것과 같은 상태를 실현하는 것(행정기본법 30 ① 3호)"을 말함
○ 행정상 직접강제는 행정법상의 의무불이행에 대하여 행정청이 직접 의무자의 재산이나 신체에 실력을 가하여 행정법상의 의무를 실현시키는 강제수단임(예: 폐쇄명령의 불이행에 대한 영업소폐쇄조치 · 전염병방지를 위한 강제예방접종 등)

2. 직접강제의 요건과 절차

○ 직접강제는 행정대집행이나 이행강제금 부과의 방법으로는 행정상 의무이행을 확보할 수 없거나 그 실현이 불가능한 경우에 실시하여야 함(행정기본법 32 ①)
○ 직접강제를 실시하기 위하여 현장에 파견되는 집행책임자는 그가 집행책임자임을 표시하는 증표를 보여 주어야 함(행정기본법 32 ②)
○ 직접강제의 계고 및 통지에 관하여는 행정기본법 제31조 제3항 및 제4항을 준용함(행정기본법 32 ③)

3. 직접강제에 대한 취소소송을 통한 권리구제

(1) 처분의 개념

○ 행정청이 행하는 구체적 사실에 대한 법집행으로서의 공권력의 행사 또는 그 거부와 이에 준하는 행정작용(행정소송법 2 ① 1호)

(2) 직접강제의 처분성

1) 직접강제의 성질: 권력적 사실행위

2) 권력적 사실행위의 처분성

○ 권력적 사실행위가 '구체적 사실에 관한 법집행'으로서 '공권력을 행사'하는 경우에는 위 처분개념에 포함된다고 보는 것이 학설의 입장임. 판례도 권력적 사실행위의 처분성을 인정한 바 있음(헌재결 1998.8.27, 96헌마398)
○ 이에 대해서는 권력적 사실행위는 사실행위로서의 측면과 수인하명의 요소가 결합된 합성적

---

94) 강론, 520면 이하.

행위로서 수인하명의 요소에 의하여 처분성이 인정되는 것이라는 견해도 있음

□ 과징금[95]

1. 의의

○ 행정법상의 의무불이행에 대하여 이로 인하여 발생한 경제적 이익을 박탈하기 위하여 부과하거나 또는 의무불이행에 대하여 행정처분(예: 영업의 취소·정지)에 갈음하여 부과하는 금전적 제재
○ 행정기본법은 "행정청은 법령등에 따른 의무를 위반한 자에 대하여 법률로 정하는 바에 따라 그 위반행위에 대한 제재로서 과징금을 부과할 수 있다(행정기본법 28 ①)."고 하여 의무위반에 대한 제재로서 과징금을 부과할 수 있다는 법적 근거를 규정하고 있음

2. 유형

○ 본래적 의미의 과징금: 주로 경제법상의 의무위반행위로 얻은 불법적인 이익 자체를 박탈하기 위하여 부과되는 유형의 과징금으로, 부당 또는 불법의 이득을 환수 내지 박탈한다는 측면과 위반행위자에 대한 제재로서의 측면을 함께 가지고 있음(예: 공정거래법)
○ 변형된 과징금: 다수 국민이 이용하는 사업이나 공공에 중대한 영향을 미치는 사업을 시행하는 자가 행정법상의 의무를 위반하여 이에 대하여 사업정지 등을 하여야 하나 공익적 관점에서 사업을 계속하게 하고 사업정지 등에 갈음하여 계속 사업함으로 인하여 얻게 되는 이익을 박탈하는 내용의 과징금(예: 식품위생법, 여객자동차 운수사업법)
○ 입법례에 따라서는 '의무불이행에 따른 금전적 제재로서 과징금'을 규정하기도 하는데, 행정기본법에서 따로 과징금의 유형을 규정하고 있지 않아 이러한 유형의 과징금이 가능한지에 대해서는 논란이 있음. 위 두 가지 유형 이외의 과징금은 입법적으로 허용하지 않음으로써 과징금 유형이 남발되지 않도록 하여야 할 것임

3. 과징금에 대한 입법기준 등

(1) 과징금에 대한 입법기준

○ 과징금의 근거가 되는 법률은 ① 과징금의 부과·징수 주체, ② 부과 사유, ③ 상한액, ④ 가산금을 징수하려는 경우 그 사항, ⑤ 과징금 또는 가산금 체납 시 강제징수를 하려는 경우 그 사항을 명확하게 규정하여야 함(행정기본법 28 ②)

---

95) 강론, 527면 이하.

(2) 과징금의 납부기한 연기 및 분할 납부

○ 과징금은 한꺼번에 납부하는 것을 원칙으로 함. 다만 ① 재해 등으로 재산에 현저한 손실을 입은 경우, ② 사업 여건의 악화로 사업이 중대한 위기에 처한 경우, ③ 과징금을 한꺼번에 내면 자금 사정에 현저한 어려움이 예상되는 경우, ④ 그 밖에 이에 준하는 경우로서 대통령령으로 정하는 사유가 있는 경우에는 납부기한을 연기하거나 분할 납부하게 할 수 있으며, 이 경우 필요하다고 인정하면 담보를 제공하게 할 수 있음(행정기본법 29)

4. 과징금에 대한 구제: 행정행위로서, 항고쟁송의 대상이 될 수 있음

□ 공표[96]

1. 의의

○ 행정법상 의무불이행 또는 의무위반 사실을 널리 일반에게 공개하여 의무자에게 간접적·심리적 압박을 가함으로써 필요한 의무이행을 확보하는 수단
○ 행정절차법은 "법령에 따른 의무를 위반한 자의 성명·법인명, 위반사실, 의무 위반을 이유로 한 처분사실 등(이하 "위반사실등"이라 한다)을 법률로 정하는 바에 따라 일반에게 공표"하는 것으로 규정하고 있고, 이를 '위반사실등의 공표'로 명명하고 있음(행정절차법 40의3 ①)

2. 공표의 법적 성질

○ 공표 그 자체의 법적 성질은 비권력적 사실행위라고 보아야 할 것임
○ 일설은 공표하기로 한 결정을 사전에 통보하지 않는 경우는 행정청의 일방적 공표로 인하여 개인의 사생활이 침해되므로 권력적 사실행위라고 함
○ 그러나 사실행위의 '권력성' 유무는 '행정결정의 사전통보' 여부와 관련이 있다고 보기는 어려움. 위반사실 등의 '공표'는 그 자체로서 일방적인 강제행위라고 보기 어렵기 때문에 그 법적 성질을 비권력적 사실행위로 이해하는 것이 타당함

3. 법적 근거

○ 공표에 법적 근거가 필요한가 하는 문제는 공표의 내용, 개인의 권익침해의 내용과 정도, 국민의 알권리와의 관계 등을 고려하여 개별적으로 결정하여야 할 문제임
○ 2021년 법개정으로 행정절차법 제40조의3이 신설되면서 위반사실등의 공표에 관한 법률유보

---

96) 강론, 532면 이하.

의 문제는 입법적으로 해결되었다고 할 수 있겠음

4. 공표의 절차

○ 행정절차법은 위반사실등의 공표를 할 때에는 미리 당사자에게 그 사실을 통지하고 의견제출의 기회를 주어야 하고, 위반사실등의 공표는 관보, 공보 또는 인터넷 홈페이지 등을 통하여 하도록 하는 등 공표에 관한 절차를 규정하고 있음(행정절차법 40의3 ③~⑧)

5. 공표에 대한 구제

(1) 항고쟁송

○ ① 공표는 비권력적 사실행위로서 행정쟁송법상의 처분에 해당하지 않음. ② 이에 대하여 (i) 공표를 '공권력 행사에 준하는 행정작용' 또는 '형식적 행정행위'로 보아 처분성을 인정하자는 견해와 (ii) 공표를 권력적 사실행위로 보아 처분성이 인정된다는 견해 등이 있으나, ③ 의무위반이나 공표에 별도의 강제나 제재를 동반하는 규정이 없는 한 이를 권력적 행위 또는 이에 준하는 행위로 보기는 어려움. 처분의 개념적 요소를 구비한 공표결정이나 공표명령 등이 따로 있는 경우 이를 처분으로 볼 수는 있겠음

(2) 행정상 손해배상(국가배상)

○ 사실 공표 자체의 취소는 큰 의미가 없을 수 있음. 권리구제 측면에서는 오히려 위법한 공표로 인하여 침해된 권익의 회복이나 손해배상청구가 보다 실질적일 것임

(3) 당사자소송을 통한 공법상 결과제거청구

○ 공표로 인하여 훼손된 명예나 신용의 회복을 위하여 공법상의 결과제거청구권의 법리에 따라 당사자소송의 형태로 위법한 공표의 철회 또는 명예회복을 위한 적절한 조치 등(예: 정정공고)을 요구할 수 있을 것이나, 현실적으로는 실현되지 않고 있음

(4) 민사소송을 통한 명예회복에 적당한 처분 청구

○ 당사자소송에 현실적으로 받아들여지지 않고 있으므로, -행정법적 구제방법은 아니지만- 현실적으로는 이 경우에 민사소송으로 민법 제764조에 규정된 '명예회복에 적당한 처분'을 청구하여야 할 것임

○ 이와 관련하여 민법상의 '명예회복에 적당한 처분'에는 사죄광고가 포함되지 않는다는 것이 헌법재판소의 입장임

□ 제재처분(인·허가의 취소·정지 등)[97]

1. 의의

○ 제재처분이란 법령등에 따른 의무를 위반하거나 이행하지 아니하였음을 이유로 당사자에게 의무를 부과하거나 권익을 제한하는 처분을 말함. 다만, 행정기본법 제30조 제1항 각 호에 따른 행정상 강제는 제외함(행정기본법 2 5호)

○ 제재처분은 행정법상 의무불이행에 대한 제재로서 인·허가의 취소·정지, 과징금 등의 불이익을 부과하는 처분임

○ '의무불이행에 대한 제재'로서 부과되는 '간접적인 의무이행 확보수단'임

2. 법적 근거

○ 제재처분은 침익적 처분이므로 반드시 법적 근거가 있어야 함

○ 대부분의 법률들은 인·허가나 등록 등의 취소·정지나 영업소폐쇄명령과 같은 제재처분을 규정하고 있음(예: 식품위생법 75, 공중위생관리법 11, 도로교통법 93 등)

○ 행정기본법은 제재처분에 대한 입법지침을 규정하고 있음(행정기본법 22 ①)

3. 제재처분시 고려사항: 행정기본법 22 ②

4. 제재처분의 제척기간: 행정기본법 23

□ 행정상 즉시강제[98]

1. 의의

○ 행정법상의 의무의 존재를 전제함이 없이 목전의 급박한 위험을 제거하기 위하여 또는 그 성질상 의무를 명해서는 그 목적을 달성하기 어려운 경우에 직접 상대방의 신체나 재산에 실력을 가하여 행정상 필요한 상태를 실현하는 작용

○ 행정기본법은 '현재의 급박한 행정상의 장해를 제거하기 위한 경우로서 ① 행정청이 미리 행정상 의무 이행을 명할 시간적 여유가 없는 경우 또는 ② 그 성질상 행정상 의무의 이행을 명하는 것만으로는 행정목적 달성이 곤란한 경우에 행정청이 곧바로 국민의 신체 또는 재산에 실력을 행사하여 행정목적을 달성하는 것'이라고 정의하고 있음(행정기본법 30 ① 5호)

---

97) 강론, 536면 이하.
98) 강론, 541면 이하.

2. 행정상 즉시강제의 법적 성질

○ 권력적 사실행위로서 행정쟁송법상의 처분임
○ 그러나 항고쟁송의 대상이 된다고 하더라도 대부분의 즉시강제는 단기간에 종료되기 때문에 협의의 소익(권리보호의 필요성)이 부인되는 경우가 많을 것임

3. 법적 근거

○ 행정기본법 제30조 제1항 제5호, 제33조
○ 경찰관직무집행법상의 위험방지를 위한 출입(경직법 7)

4. 행정상 즉시강제의 한계(적법성)

○ 공권력을 행사하는 침익적 작용이라는 점에서 법치행정의 원리(법률우위·법률유보)와 행정법의 일반원칙이 엄격히 요구됨
○ ① 목전에 급박한 위험을 제거하기 위한 것이어야 하고(급박성), ② 이와 같은 위험을 제거하기 위한 소극적인 목적을 위한 것이어야 하며(소극성), ③ 다른 수단으로는 그 목적달성이 곤란하고 즉시강제를 하더라도 그 필요 최소한도에 그쳐야 함(비례원칙)
 - 이와 관련하여 행정기본법은 "즉시강제는 다른 수단으로는 행정목적을 달성할 수 없는 경우에만 허용되며, 이 경우에도 최소한으로만 실시하여야 한다(행정기본법 33 ①)."고 규정하고 있음

5. 즉시강제의 절차

○ 즉시강제를 실시하기 위하여 현장에 파견되는 집행책임자는 그가 집행책임자임을 표시하는 증표를 보여 주어야 하며, 즉시강제의 이유와 내용을 고지하여야 함(행정기본법 33 ②)

6. 즉시강제와 영장주의

○ 즉시강제의 절차요건과 관련하여, 행정상 즉시강제에 헌법 제12조 제3항 및 제16조의 영장주의가 적용되는가가 문제임
○ 이에 관하여는, ① 행정상 즉시강제는 의무를 명할 시간적인 여유가 없는 급박한 경우를 전제로 하는 것이어서 법관의 영장을 기다려서는 그 목적을 달성하기 어려우므로 원칙적으로 영장주의가 적용되지 않는다는 견해(영장불요설), ② 헌법상 영장주의를 형사작용에 한정한다는 명문의 규정이 없는 이상 헌법상의 영장주의는 형사사법권의 발동에 국한되지 않고 행정상 즉시강제에도 적용된다는 견해(영장필요설), ③ 헌법상 영장주의는 행정상 즉시강제에도 적용되는 것이 원칙이지만, 행정목적을 달성하기 위하여 불가피하다고 인정되는 경우에는 예외적으

로 영장주의의 적용이 배제된다는 견해(절충설, 통설·판례)가 있음

○ 행정상 즉시강제가 개인의 신체나 재산에 대한 침해작용이라는 점에서 원칙적으로는 절충설
   의 입장이 타당함. 다만 '영장주의의 적용이 배제되는 예외적인 경우'인가 하는 것은 구체적인
   경우에 따라 개별적으로 판단해 보아야 함

  - 긴급을 요하는 위험의 제거 또는 방지조치와 같은 대부분의 즉시강제수단들은 성질상 영장
    주의가 적용되기 어려움
  - 가택이나 영업소 등에 출입·검사하는 경우에도 영장주의를 요구하는 경우 출입이나 검사의
    목적을 달성할 수 없는 경우가 대부분임
  - 행정상 즉시강제가 장기간에 걸쳐 계속되거나 개인의 신체나 재산에 대한 침해가 중대한 경
    우 등에는 반드시 영장주의가 적용되어야 할 것임

7. 행정상 즉시강제에 대한 구제

(1) 행정쟁송

○ 행정상 즉시강제는 권력적 사실행위로서 행정쟁송법상 처분에 해당함. 따라서 항고쟁송의 대
   상이 됨
○ 행정상 즉시강제가 처분성이 인정되어 항고쟁송의 대상이 된다고 하더라도 대부분의 즉시강
   제는 단기간에 종료되기 때문에 협의의 소익(권리보호의 필요성)이 부인되는 경우가 많을 것임

(2) 행정상 손해배상

○ 위법한 행정상 즉시강제로 인하여 손해가 발생한 경우에는 국가배상법에 따라 국가 등을 상
   대로 손해배상을 청구할 수 있음

(3) 행정상 손실보상

○ 적법하게 행하여진 행정상 즉시강제로 인하여 특별한 희생이 발생한 경우에는 정당한 보상을
   하여야 함(소방기본법 49의2 ① 3호, 재난 및 안전관리 기본법 64, 자연재해대책법 68 등)

(4) 인신보호법상의 구제

○ 행정상 즉시강제로 인하여 인신의 자유가 부당하게 제한되는 경우에는 인신보호법에 따라 법
   원에 구제를 청구할 수 있음

□ 위법한 행정조사에 따른 행정결정의 효과[99]

1. 행정조사의 의의와 한계

(1) 행정조사의 의의

○ 행정조사란 행정기관이 정책을 결정하거나 직무를 수행하는 데 필요한 정보나 자료를 수집하기 위하여 현장조사·문서열람·시료채취 등을 하거나 조사대상자에게 보고요구·자료제출요구 및 출석·진술요구를 행하는 활동을 말함(행정조사기본법 2 1호)

(2) 행정조사의 한계

○ 행정조사도 행정작용이므로 적법요건인 주체·내용·형식·절차요건을 준수하여야 함

2. 위법한 행정조사에 따른 행정결정의 효과

○ 행정조사는 어떠한 행정정책이나 결정을 위한 준비작용으로 행하여지는 것이 일반적임. 따라서 행정조사는 행정결정에 선행하여 이루어지지만, 행정절차와는 달리, 법령의 특별한 규정이 없는 한, 행정조사와 행정결정은 상호 별개의 독자적 제도이지, 양자가 하나의 절차를 구성하고 있다고 할 수는 없음
○ 그런데 문제는 행정조사과정에의 실체법적·절차법적 위법사유가 있는 경우, 즉 행정조사가 적법요건을 결하여 위법한 경우에, 이 조사에 근거한 행정결정도 위법하게 되는가 하는 것임. 이에 관하여는 학설이 대립됨
○ 적극설은 행정조사와 행정결정은 하나의 과정을 구성하는 것이므로 적정절차의 관점에서 행정조사에 중대한 위법사유가 있는 때에는 이를 기초로 한 행정결정도 위법하게 된다는 견해임
○ 소극설은 행정조사가 법령에서 특히 행정행위의 전제요건으로 규정되어 있는 경우를 제외하고는 양자는 서로 별개의 제도로 볼 수 있는 것이고, 따라서 이 경우 조사의 위법이 행정행위를 위법하게 만들지 않는다는 견해임
○ 판례는 적극설과 같은 입장이다.
○ 행정조사의 위법성은 행정조사가 행정결정과 하나의 절차를 구성하고 있는가 아닌가와는 관계없이 이를 근거로 한 행정결정의 위법사유가 된다고 보는 것이 법치행정의 원리에 부합한다는 점에서 적극설과 판례의 입장이 타당함

---

99) 강론, 554면 이하.

□ 행정형벌과 행정질서벌의 병과가능성[100]

1. 학설

① 부정설은 행정형벌과 행정질서벌은 과벌절차는 다르지만 모두 행정벌이라는 점에서 동일한 의무위반행위에 대하여 일사부재리의 원칙 또는 이중처벌금지의 원칙에 따라 양자를 병과할 수 없다는 입장임(다수설)

② 긍정설은 부정설의 입장에 원칙적으로 동의하면서도, 동일인이라도 그 대상행위가 다른 경우 양자를 각각 부과하는 것은 그 보호법익과 목적에서 차이를 갖게 되므로 이중처벌에 해당하지 않는다고 함

2. 판례

○ 행정질서벌과 행정형벌은 그 성질이나 목적을 달리하는 별개의 것이고, 또한 동일한 위반행위라 할지라도 처벌 내지 제재대상이 되는 기본적 사실관계로서의 행위를 달리할 수도 있다는 점에서 행정형벌과 행정질서벌의 병과는 일사부재리의 원칙에 반하는 것이라고 할 수 없다는 입장임

3. 결어

○ 행정형벌은 형벌이 부과되는 것이지만 과태료는 형벌이 아니라는 점에서 양자간의 성질상의 차이가 있고, 동일한 위반행위라 할지라도 법이 추구하는 목적이나 보호법익의 관점에서 제재의 필요성·강도 등에서 차이가 있을 수도 있으므로 판례의 입장이 타당함

○ 다만 일반적으로 대다수의 법률은 벌칙규정에서 행정형벌의 대상과 행정질서벌의 대상을 서로 중복되지 않게 구분하고 있음

□ 행정질서벌과 제재처분의 병과가능성[101]

○ 행정질서벌은 행정벌로서 과거의 비행에 대한 처벌을 의미하지만, 제재처분은 처벌은 아니므로 병과가 가능하다고 할 것임. 예컨대 식품위생법 제75조(허가취소 등)와 제101조(과태료)에는 동일한 위반행위에 대하여 제재처분과 과태료를 모두 부과하는 것으로 규정하고 있음

---

100) 강론, 562면 이하.
101) 강론, 573면.

[행정상 손해배상]

1. 행정상 손해배상의 의의

○ 행정상 손해배상제도는 국가 또는 공공단체의 위법한 행정작용으로 인하여 개인에게 가하여진 손해를 배상하여 주는 제도임

○ 국가배상법은 배상책임의 유형으로 ① 동법 제2조의 공무원의 위법행위로 인한 손해배상책임과 ② 제5조의 공공시설의 설치·관리상의 하자로 인한 손해배상책임을 규정하고 있음

2. 국배법 제2조의 배상책임의 요건[102]

○ 국가배상법 제2조에 따라 국가나 지방자치단체의 배상책임이 성립하기 위해서는 ① 공무원의 행위일 것, ② 직무행위일 것, ③ 직무를 집행하면서 행한 행위일 것, ④ 고의·과실이 있을 것, ⑤ 위법할 것, ⑥ 타인에게 손해가 발생할 것이라는 요건이 충족되어야 함

(1) 공무원

○ 넓은 의미로 국가공무원법·지방공무원법상의 공무원뿐 아니라 널리 공무를 위탁받아 이에 종사하는 자를 포함함(통설·판례)

○ 국가배상법은 법개정을 통하여 '공무원 또는 공무를 위탁받은 사인'을 위법행위의 주체로 명시적으로 규정하고 있으므로, 공무수탁사인도 제2조의 공무원에 포함됨

(2) 직무

1) 범위

○ '직무'의 범위는 권력작용과 국가배상법 제5조에 규정된 것을 제외한 비권력작용임(광의설)

○ '직무'와 관련하여, 특히 부작위, 입법작용, 사법작용으로 인한 손해에 대한 국가의 배상책임이 문제임

2) 부작위(권한의 불행사·권한해태·직무소홀)[103]

○ 부작위로 인하여 손해가 발생한 경우 국가 등의 배상책임이 인정되는가 하는 것이 문제인데, 이와 관련하여서는 법적 보호이익과 반사적 이익의 구별을 적용할 것인가 하는 것이 문제임

① 학설

○ (ⅰ) 공무원은 피해자에 대하여 피해발생을 방지할 직무상 의무를 부담하지 않으므로 직무의 사익보호성을 적용할 필요가 없다는 견해도 있으나, (ⅱ) 공무원에게 부과된 직무상 의무의

---

102) 강론, 597면 이하.

103) 강론, 600면 이하.

내용이 공공의 이익뿐 아니라 개인의 이익도 보호하기 위한 것인 경우에는 국가 등의 배상책임을 인정하여야 한다는 것이 다수의 견해임

② 판례

○ 국가배상에 있어 법적 보호이익과 반사적 이익의 구별을 적용하고 있음. 따라서 공무원의 직무의무가 공익뿐 아니라 사익도 보호하는 경우에는 그 의무를 위반하여 개인에게 손해가 발생하면 국가 등이 손해배상책임을 지게 됨(대판 1993.2.12, 91다43466)

3) 입법작용

① 법률에 근거한 처분에 의한 손해의 경우

○ 법률을 집행하는 공무원에게는 법률의 위헌 여부를 심사할 권한이 없기 때문에, 이 경우 공무원에게 법률집행상의 과실을 물을 수 없음

② 법률에 의하여 직접 손해가 발생한 경우

○ 법률의 입법과정상의 과실을 입증하는 것은 사실상 불가능하다 할 것임

4) 사법(司法)작용

① 학설

○ (ⅰ) 확정판결에 대한 국가배상책임을 인정하는 것은 판결의 기판력을 침해하는 것이 된다는 견해, (ⅱ) 재판작용에 국가배상책임을 인정하여도 확정판결의 기판력을 침해하는 것은 아니라는 견해, (ⅲ) 법적 안정성의 요구와 권리구제의 요구를 적절히 조화시키는 의미에서 재판작용에 대한 국가배상책임을 제한적으로 인정하자는 견해 등이 있음. (ⅳ) (ⅲ)설이 타당함

② 판례

○ 재판작용에 대한 국가배상책임은 법관이 재판에 관한 권한을 명백하게 어긋나게 행사하였다고 할 만한 특별한 사정이 있는 경우로만 제한하여 인정(대판 2001.10.12, 2001다47290)

○ 다만 재판에 대한 불복절차나 시정절차가 없는 경우에는 부당한 재판에 대한 국가배상책임 인정(대판 2003.7.11, 99다24218)

(3) 직무를 집행하면서

○ ① 직무행위 자체는 물론이고, ② 객관적으로 직무행위의 외형을 갖추고 있는 행위를 포함한다고 보는 것이 통설과 판례의 입장임(외형설)

(4) 고의·과실[104]

1) 고의

○ 고의란 일정한 결과가 발생할 것을 알고 있는 경우를 말함

---

104) 강론, 606면 이하.

2) 과실

○ 과실이란 공무원으로서 일반적으로 요구되는 주의의무를 게을리 한 경우를 의미함

○ 판례도 공무원의 직무집행상의 과실을 그 직무를 수행함에 있어 평균적 공무원에게 기대할 수 있을 정도의 주의의무를 게을리 하는 것으로 보고 있음. 판례는 다음과 같은 기준들을 활용하고 있음

- 성실한 평균적 공무원에게 기대하기 어려운 경우인지(대판 2007.5.10, 2005다31828)

- 보통 일반의 공무원을 표준으로 하여 볼 때 객관적 주의의무를 결하였는지(대판 2012.5.24, 2012다11297)

- 일반적으로 공무원이 관계법규를 알지 못하거나 필요한 지식을 갖추지 못하고 법규의 해석을 그르쳤는지(대판 1981.8.25, 80다1598) 등

3) 과실의 객관화

○ 과실의 인정 여부를 공무원 개인의 주관적인 요소에만 의존하도록 하는 것은 피해자구제의 측면에서 바람직하지 못하다는 점에서 최근에는 과실을 객관화하려는 다양한 시도들이 이루어지고 있음

○ 예컨대 ① 평균적 공무원의 주의력, ② 국가작용의 흠, ③ 위법성과 과실의 통합, ④ 조직과실 등

(5) 법령위반[105]

1) 법령위반의 관념에 관한 학설 및 판례

○ 학설로는 ① 가해행위의 결과인 손해의 불법성을 의미한다고 보는 결과불법설, ② 취소소송에서의 위법 개념과는 달리 위법성을 인정하는 상대적 위법성설, ③ 공무원의 직무행위의 행위규범에의 적합 여부를 기준으로 위법성 여부를 판단하여야 한다는 행위위법설(광의·협의로 다시 나뉨), ④ 법령위반을 공무원의 직무의무의 위반으로 보는 직무의무위반설 등이 있음

○ 판례는 국가배상책임에 있어 법령위반의 의미를 엄격한 의미의 법령위반뿐 아니라 널리 신의성실·공서양속·권력남용금지 등의 위반도 포함되는 것으로 보고 있어 광의의 행위위법설의 입장으로 판단됨

○ 판례는 법령위반의 의미를 원칙적으로 현행 법령에 위반되는 것으로 이해하면서도, 여기에 공무원의 직무집행이 현저히 합리성을 결여하고 있다고 판단되는 특별한 사정이 있는지의 여부를 추가적인 위법판단의 기준으로 삼고 있음

2) 법령위반의 의미

○ 법령: 공무원의 직무상 불법행위는 법령에 위반한 것이어야 함. 여기에서의 법령이란 현행

---

105) 강론, 609면 이하.

법령 이외에도 행정법의 일반원칙도 포함됨
o 위반: 위반이란 현행 법령이나 행정법의 일반원칙에 위배됨을 말함

3) 특히 부작위에 의한 위반[106]

① 문제의 소재

o 공무원의 작위의무에 관한 명문의 규정 없이도 작위의무의 존재를 인정할 수 있는지 여부

② 학설

o 명문의 규정이 필요하다는 견해

o 국민의 생명·신체·재산 등은 기본권에 포함되는 것으로서 국가 등의 행정주체는 이를 당연히 보호할 의무가 있는 것이므로, 공무원의 보호의무는 명문의 규정에 의해서만이 아니라 헌법 및 행정법의 일반원칙으로부터도 당연히 도출될 수 있다는 견해

③ 판례

o "국민의 생명, 신체, 재산 등에 대하여 절박하고 중대한 위험상태가 발생하였거나 발생할 우려가 있어서 국민의 생명, 신체, 재산 등을 보호하는 것을 본래적 사명으로 하는 국가가 초법규적, 일차적으로 그 위험 배제에 나서지 아니하면 국민의 생명, 신체, 재산 등을 보호할 수 없는 경우에는 형식적 의미의 법령에 근거가 없더라도 국가나 관련 공무원에 대하여 그러한 위험을 배제할 작위의무를 인정할 수 있을 것(대판 2012.7.26, 2010다95666)"

4) '작위의무의 불이행(권한의 불행사)'이 위법하게 되는 경우

o 한편 공무원이 작위의무를 이행하지 않는 경우, 이러한 공무원의 '권한의 불행사(부작위)'가 '현저하게 불합리하다고 인정되는 경우'이거나 '현저하게 합리성을 잃어 사회적 타당성이 없는 경우'에는 직무상 의무를 위반한 것으로서 위법하게 됨(대판 2017.11.9, 2017다228083; 대판 2016.8. 25, 2014다225083)

(6) 타인에게 손해가 발생할 것

o 타인이란 가해행위를 한 공무원과 이에 가담한 자 이외의 모든 자를 말한다.

o 손해란 법익침해의 결과로 발생한 불이익을 말하는데, 국가배상청구권이 성립하려면 가해행위와 손해의 발생 사이에 상당인과관계가 있어야 함

3. 군인·군무원 등에 대한 특례[107]

(1) 의의

o 국가배상법 제2조 제1항 단서의 특례규정의 취지는 위험성이 높은 직무에 종사하는 공무원에

---

106) 강론, 617면 이하.
107) 강론, 624면 이하.

대하여는 사회보장차원에서 별도의 보상 또는 지원제도가 마련되어 있으므로, 이와 중복되는 국가배상을 이중으로 청구하지 못하도록 하는 데 있음

(2) 특례규정의 적용요건

1) 군인·군무원·경찰공무원·향토예비군대원일 것

○ 이와 관련하여 판례는 공익근무요원(대판 1997.3.28, 97다4036), 현역병으로 입대하였으나 교도소 경비교도로 전임 임용된 자(대판 1998.2.10, 97다45914)는 국가배상법 제2조 제1항 단서의 군인 등에 해당하지 않는다고 하였으나, 전투경찰순경은 여기의 경찰공무원에 해당된다고 보았음 (헌재결 1996.6.13, 94헌마118)

2) 전투·훈련 등 직무 집행과 관련하여 전사·순직하거나 공상을 입은 경우일 것

○ 판례는 '전투·훈련 등 직무집행과 관련하여' 순직 등을 한 경우 국가배상법 및 민법에 의한 손해배상책임을 청구할 수 없다고 정한 국가배상법 제2조 제1항 단서의 면책조항은 전투·훈련 또는 이에 준하는 직무집행뿐만 아니라 '일반 직무집행'에 관하여도 국가나 지방자치단체의 배상책임을 제한하는 것이라고 판시하고 있음(대판 2011.3.10, 2010다85942)

3) 본인이나 그 유족이 다른 법령에 따라 재해보상금·유족연금·상이연금 등의 보상을 지급받을 수 있을 것

○ 따라서 이러한 별도의 국가보상을 받을 수 없는 경우에는 국가배상법에 따라 국가배상을 청구할 수 있음(대판 1996.2.14, 96다28066)

4. 배상책임의 성질과 구상권[108]

(1) 배상책임의 성질

1) 대위책임설

○ 국가가 공무원을 대신하여 손해를 배상하는 것이므로, 피해자는 국가에 대해서만 국가배상을 청구할 수 있을 뿐, 공무원 개인에 대하여 민사상의 손해배상을 청구할 수 없음(선택적 청구권의 부인)

2) 자기책임설

○ 국가는 스스로 자신의 책임을 부담하는 것이므로, 공무원 개인의 민사책임은 이와는 무관하게 양립할 수 있음. 따라서 피해자는 국가를 상대로 국가배상을 청구하거나 공무원 개인을 상대로 민사상의 손해배상을 청구할 수 있음(선택적 청구권의 인정)

3) 중간설

○ 중간설에 따르면 피해자의 선택적 청구권은 인정되지 않음

---

108) 강론, 635면 이하.

4) 절충설

○ 공무원의 위법행위가 경과실에 의한 경우는 피해자의 선택적 청구권(대위책임설의 입장)은 인정되지 않고, 고의·중과실에 의한 경우는 인정함

5) 판례

○ 판례(제한적 긍정설)는 위 절충설과 같은 견해라고 이해하는 것이 대다수의 견해임

(2) 공무원의 구상책임

1) 의의

○ 국가배상법은 "공무원에게 고의 또는 중대한 과실이 있으면 국가나 지방자치단체는 그 공무원에게 구상할 수 있다(국배법 2 ②)."고 하여 국가 등의 공무원에 대한 구상권을 규정하고 있음

2) 기능

○ 이는 '손해부담의 공평'을 기하기 위하여 구상을 유보한 것으로서, 공무원의 불법행위를 억제하고 국가재정의 부담을 완화하는 기능을 함

3) 법적 성질

○ 구상권은 재량행위로 규정되어 있어, 공무원의 위법행위로 인하여 국가가 배상한 경우 국가는 구상권을 행사할 수 있는 것이지, 반드시 행사하여야 하는 것은 아님

4) 범위

○ 구상책임의 범위는 공무원에게 '고의·중과실'이 있는 경우임. 따라서 경과실이 있는 경우 공무원은 구상책임을 부담하지 않는데, 이는 소신 있는 직무행위를 담보하기 위한 것임

○ 한편 경과실이 있는 가해공무원이 배상을 한 경우 국가에 대한 구상권을 취득함(대판 2014.8.20, 2012다54478)

○ 판례는 국가 등은 손해의 공평분담이라는 견지에서 신의칙상 상당하다고 인정되는 한도 내에서만 구상권을 행사할 수 있다는 입장임

☐ 국가배상법 제5조(공공시설 등의 하자로 인한 손해배상)[109]

1. 국가배상법 제5조의 제도적 의의

○ 국가배상법 제5조 규정

○ 공공시설 등의 하자로 인한 국가의 손해배상책임은, 국가배상법 제2조가 공무원의 주관적 책임을 요구하는 과실책임주의에 입각하고 있는 것과는 달리, 국가의 무과실책임을 규정하고 있는 것임(통설)

---

109) 강론, 643면 이하.

2. 배상책임의 요건

(1) 도로·하천 그 밖의 공공의 영조물

1) 의의

○ 국가배상법 제5조는 도로나 하천을 공공의 영조물의 예로 규정하고 있는 것으로 보아, 동조상의 영조물은 도로나 하천과 같은 공공의 목적에 제공된 유체물을 의미하는 것으로서, 강학상으로는 공물(公物)에 해당함

2) 하천과 같은 자연공물의 포함 여부

○ 본조는 하천과 같은 자연공물을 영조물의 예로 규정하고 있고, 또한 본조는 영조물의 설치뿐만 아니라 '관리'도 규정하고 있는데 자연공물인 경우에도 준설공사 등과 같은 최소한의 관리는 이루어져야 한다는 점에서 자연공물도 공공의 영조물에 포함됨

(2) 설치 또는 관리의 하자

1) 의의

○ '영조물의 설치 또는 관리상의 하자'란 영조물을 설치하거나 관리하는 데 있어서 영조물이 일반적으로 갖추어야 할 안전성을 결여한 것을 의미함

2) 학설

① 객관설

○ 영조물의 하자를 객관적으로 판단하는 견해

② 주관설(의무위반설)

○ 영조물의 설치 또는 관리상의 하자를 관리자의 주의의무(안전확보의무 내지 사고방지의무) 위반에 기인한 물적 위험상태로 보는 견해

③ 절충설(병합설)

○ 국가배상법 제5조상의 하자를 영조물 자체의 물적 결함상태뿐 아니라, 관리자의 안전관리의무위반도 포함시켜 이해하는 견해

④ 위법·무과실책임설

○ 국가배상법 제5조의 책임을 행위책임으로 보고 이를 위법·무과실의 책임으로 이해하는 견해

3) 판례

① 기본적 입장

○ 판례는 '영조물의 설치 또는 관리의 하자'를 '영조물이 그 용도에 따라 통상 갖추어야 할 안전성을 갖추지 못한 상태에 있음을 말하는 것'으로 보면서 국가배상법 제5조의 배상책임을 무과실책임으로 보아, 기본적으로는 객관설의 입장을 취하고 있음

② 관리자의 방호조치의무와 손해발생의 예견가능성 · 회피가능성

○ 대법원은 일부 판례에서 영조물의 설치 · 관리상의 하자의 인정과 관련하여 '설치 · 관리자가 사회통념상 일반적으로 요구되는 정도의 방호조치의무를 다하였는지 여부'와 '영조물의 기능상 결함으로 인한 손해발생의 예견가능성과 회피가능성이 있었는지의 여부'를 판단의 기준으로 삼고 있음

4) 검토

○ 방호조치의무나 손해발생의 예견가능성은 '하자의 판단기준'이라기보다는 '하자와 발생된 손해 사이의 인과관계'의 문제로 파악함이 타당

○ 결론적으로 공공의 영조물의 설치 · 관리상의 하자는 관리자의 주의의무와 관계없이 그 발생여부를 객관적으로 판단하여 무과실배상책임을 인정하는 객관설이 타당함

○ 더 나아가 여기에는 '안전하게 작동되고 있는가'와 같은 '기능상 · 작동상의 안전성 결여'도 포함된다고 보아야 할 것임

(3) 손해의 발생과 인과관계

○ 영조물의 설치 · 관리상의 하자와 발생된 손해 사이에 상당인과관계가 있어야 함. 따라서 국가 등은 이와 같은 상당인과관계가 있는 범위 내에서만 배상책임을 지게 됨

(4) 면책사유

1) 불가항력

○ 영조물이 통상 갖추어야 할 안전성을 갖춘 이상 천재지변과 같은 불가항력적 사유로 인하여 발생된 손해에 대해서는 국가의 배상책임이 면책됨

2) 예산부족

○ 영조물의 설치 · 관리상의 하자와 관련하여 예산부족은 배상액 산정의 참작사유는 될 수 있으나 국가배상책임의 면책사유가 될 수 없는 것이 원칙임

□ 영조물의 설치 · 관리상 하자로서 '이용상 하자'의 문제[110]

1. 문제의 배경

○ 공공시설물(예: 공항, 비행장, 사격장 등)에서 발생하는 소음으로 인하여 인근주민에게 피해가 발생하는 경우 '영조물의 관리상의 하자'로 보아 '국가배상법에 따른 손해배상'이 가능한가 하는 문제임

○ 판례는 이러한 경우를 '영조물이 공공의 목적에 이용되는 경우'로 표현하고 있어, 이를 편의상

---

110) 강론, 651면 이하.

'이용상 하자'로 부르기도 함

2. 종래의 판단기준

ㅇ 영조물의 '이용상 하자'는 영조물이 공공의 목적에 이용됨에 있어 그 이용상태 및 정도가 일
  정한 한도를 초과하여 제3자에게 사회통념상 참을 수 없는 피해를 입히는 것을 말함

ㅇ 판례는 사회통념상 참을 수 있는 피해인지의 여부는 그 영조물의 공공성, 피해의 내용과 정
  도, 이를 방지하기 위하여 노력한 정도 등을 종합적으로 고려하여 판단하여야 한다고 한다.

3. 위험지역으로 이주한 경우 가해자의 면책 등

ㅇ 판례는 피해자가 소음 등 공해의 위험지역으로 이주한 경우 그 위험의 존재를 인식하고 그로
  인한 피해를 용인하면서 접근한 것으로 볼 수 있다면 가해자의 면책을 인정할 수도 있지만(대
  판 2004.3.12, 2002다14242), 여러 사정에 비추어 위험의 존재를 인식하고 그로 인한 피해를 용인
  하면서 접근한 것으로 볼 수 없는 경우에는 가해자의 면책을 인정할 수 없고 손해배상액의
  산정에 있어 형평의 원칙상 이와 같은 사정을 과실상계에 준하여 감액사유로 고려할 수 있을
  뿐이라는 입장임(대판 2005.1.27, 2003다49566)

4. 공항소음방지법, 군소음보상법의 제정

ㅇ 공항소음 방지 및 소음대책지역 지원에 관한 법률, 군용비행장·군사격장 소음 방지 및 피해
  보상에 관한 법률이 제정되어 손실보상을 규정

ㅇ 위와 같이 소음이 충분히 예상되는 공공시설물의 경우는 해당 법률에서 소음피해에 대한 손
  실보상이나 주민지원 등을 규정함으로써, 종래 '이용상 하자'로 다루어지던 문제들의 상당 부
  분은 '행정상 손실보상'의 문제로 전환됨

ㅇ 다만, 위 시설물에서 야기된 소음피해가 설치·관리상 하자로 발생한 경우에는 여전히 국가배
  상의 문제로 다투어질 수 있을 것임

□ 배상책임자[111]

1. 국가와 지방자치단체

ㅇ 국가배상법 제5조에 의한 배상책임의 주체는 공공의 영조물의 관리주체인 국가와 지방자치단
  체임

---

111) 강론, 655면 이하.

2. 비용부담자로서의 배상책임자

(1) 국가배상법의 규정

○ 국가배상법 제6조는 "제2조·제3조 및 제5조에 따라 국가나 지방자치단체가 손해를 배상할 책임이 있는 경우에 공무원의 선임·감독 또는 영조물의 설치·관리를 맡은 자와 공무원의 봉급·급여, 그 밖의 비용 또는 영조물의 설치·관리 비용을 부담하는 자가 동일하지 아니하면 그 비용을 부담하는 자도 손해를 배상하여야 한다(국배법 6 ①)."고 규정

(2) 공무원의 선임·감독자 등의 의미

○ 학설과 판례는 '영조물의 설치·관리를 맡은 자'를 '영조물의 관리주체'로 이해하고, '영조물의 설치·관리 비용을 부담하는 자'를 '영조물의 비용부담자'로 이해

○ 이는 '국영공비(國營公費)사업'이나 '기관위임사무'의 경우임

(3) 공무원의 봉급·급여 등의 비용부담자 등

1) 학설

○ 국가배상법 제6조 제1항의 비용부담자의 의미를, ① 대외적으로 비용을 부담하는 자를 의미한다는 형식적 비용부담자설, ② 실질적·궁극적 비용부담자를 의미한다는 실질적 비용부담자설, ③ 형식적 비용부담자와 실질적 비용부담자를 모두 포함한다고 보는 병합설이 있는데, 병합설이 다수설임

2) 판례

○ 판례는 형식적 비용부담자의 배상책임을 인정하기도 하고, 실질적 비용부담자의 배상책임을 인정하기도 하여, 병합설을 취하고 있는 것으로 보임

3) 결어

○ 피해자구제에 충실하기 위한 제도적 취지를 고려하면 병합설이 타당함

(4) 최종적 배상책임자

○ 국가배상법 제6조 제2항은 "제1항의 경우에 손해를 배상한 자는 내부관계에서 그 손해를 배상할 책임이 있는 자에게 구상할 수 있다."고 규정하고 있는데, 이는 내부적인 구상권에 관한 규정임

○ 누가 최종적인 배상책임자인지에 대해서는 학설이 나뉨

① 사무귀속자설(관리자설, 관리자책임설)

○ 사무를 관리하는 자가 속하는 행정주체가 발생한 손해의 최종적인 배상책임자가 된다는 견해. 즉 손해배상에 대한 최종적인 책임은 사무의 귀속주체가 부담하여야 한다는 것임. 우리나라의 다수설

② 비용부담자설

o 비용부담자가 부담하는 비용에는 손해배상금도 포함되어 있다는 것을 논거로 당해 사무의 실질적인 비용부담자가 최종적인 배상책임자가 된다는 견해. 일본의 다수설

③ 기여도설

o 손해발생의 기여정도에 따라 최종적인 배상책임자가 정하여져야 한다는 견해. 따라서 최종적인 배상책임은 손해발생에 대한 각자의 기여정도에 따라 분담하게 된다는 입장임

④ 판례

o ① 사무귀속자설을 취한 것이라 판단되는 판례도 있지만, ② 사무귀속자와 비용부담자의 지위가 중복되는 '예외적인 경우'에는 모두가 최종적 책임자가 된다고 보고 이 경우 최종적인 책임은 손해발생의 기여도에 따라 결정한다고 하여 기여도설을 취한 것으로 보이는 판례도 있음

⑤ 결어

o 결론적으로 사무의 귀속주체와 비용의 부담주체는 결부되어야 한다는 원칙(견연성(牽連性)의 원칙)에서 사무귀속자가 최종적인 배상책임자가 되는 것이 타당함. 다만 사무귀속자와 비용부담자의 지위가 중복되는 경우는 기여도설이 타당함

[행정상 손실보상][112]

1. 행정상 손실보상의 의의

o 행정상 손실보상이란 공공필요에 의하여 적법한 공권력행사에 의하여 개인의 재산권에 특별한 희생이 발생하였을 때 재산권보장과 전체적인 공평부담의 견지에서 행하여지는 조절적 보상을 말함

2. 이론적 근거

o 이론적 근거로는 기득권설, 은혜설, 특별희생설이 있으나, 손실보상을 개인에게 주어진 특별한 희생에 대한 보상으로 보는 특별희생설이 오늘날의 통설임

3. 행정상 손실보상의 법적 근거

(1) 문제상황

o 법률이 공용침해에 관하여 규정하면서 이에 따른 손실보상에 관한 규정을 두고 있지 않은

---

112) 강론, 663면 이하.

경우에, 공용침해에 따른 손실보상을 규정하고 있는 헌법 제23조 제3항과 관련하여, 공용침해를 받은 개인이 이에 대한 손실보상을 청구할 수 있는지 문제임

(2) 학설

1) 방침규정설
○ 공용침해행위에 대하여 보상규정을 둘 것인가 하는 문제는 입법자의 재량이라고 보는 견해

2) 직접효력설
○ 공용침해를 규정하는 법률이 이에 따른 손실보상규정을 결여하는 경우에는 헌법 제23조 제3항이 직접 국민에 대하여 효력을 가진다고 보아, 헌법 제23조 제3항을 근거로 손실보상을 청구할 수 있다고 보는 견해

3) 위헌무효설
○ 공용침해를 규정하는 법률에 보상규정이 없다면 이는 헌법에 위반되는 위헌법률이고, 이 경우 공용침해행위는 위헌법률에 근거한 위법한 것이므로 이로 인하여 피해가 발생한 경우에는 국가 등을 상대로 손해배상을 청구할 수 있다는 견해

4) 유추적용설
○ 공용침해를 규정하는 법률이 손실보상에 관한 규정을 두지 않고 있는 경우에는 헌법 제23조 제1항의 재산권보장, 헌법 제11조의 평등권, 헌법 제23조 제3항 및 관계 법률의 손실보상규정 등을 유추적용하여 손실보상을 청구할 수 있다고 보는 견해
○ 수용유사침해의 법리와 유사하게 손실보상청구권이 인정되는 것이 바람직하다고 보는 견해도 여기에 포함

5) 결론
○ 헌법 제23조 제3항을 불가분조항으로 보기에는 공용침해의 범위가 매우 넓고, 또한 대법원은 수용유사침해이론을 채택하고 있지 않고 있으므로, 결국 보상규정이 없는 공용침해행위에 대해서는 직접효력설에 따라 헌법 제23조 제3항의 '정당한 보상'을 근거로 손실보상청구권을 인정하는 것이 타당

(3) 판례

1) 대법원
○ 대법원은 대체로 경계이론에 입각하고 있다고 할 수 있음(대판 1996.6.28, 94다54511). 헌법 제23조 제3항이 직접효력을 가지는가에 관하여 아직 대법원의 판례가 없지만, 대법원은 공용침해로 인한 재산권침해의 경우에 '관련보상규정을 유추'하여 손실보상을 인정하려는 경향이 있는 것으로 판단됨(대판 1999.11.23, 98다11529). 그러나 이와 같은 관련보상규정이 없는 경우에도 손실보상을 인정한 경우도 있다(대판 1972.11.28, 72다1597). 한편 문화방송주식 강제증여사건에서

수용유사침해법리가 언급된 바도 있으나, 이 이론의 채택 여부에 대한 판단은 유보하였음(대판 1993.10.26, 93다6409)

2) 헌법재판소

○ 헌법재판소는 독일 연방헌법재판소와 마찬가지로 분리이론과 불가분조항이론에 입각하고 있는 것으로 판단됨. 헌법재판소는 우리 헌법은 재산의 수용·사용 또는 제한에 대한 보상금을 지급하도록 규정하면서 이를 법률이 정하도록 위임함으로써 국가에게 명시적으로 수용 등의 경우 그 보상에 관한 입법의무를 부과하고 있다는 입장임. 따라서 이러한 입법의무를 불이행한 것에 대하여 위헌결정을 하거나(헌재결 1994.12.29, 89헌마2) 또는 헌법불합치결정을 통하여 보상입법을 촉구하고 있음(헌재결 1998.12.24, 89헌마214, 90헌바16, 97헌바78(병합))

4. 공용침해의 요건(특히 특별한 희생의 존재 여부)

○ 행정상 손실보상청구권이 인정되기 위해서는 ① 공공의 필요에 의한 ② 재산권에 대한 적법하고 직접적인 의도적 침해행위(수용·사용·제한)가 있어야 하고, 이로 인하여 ③ 개인에게 수인한도를 벗어나는 특별한 희생이 있어야 함

○ 내재적 제약을 넘어서는 특별한 희생의 존재 여부에 관한 기준으로는 형식설과 실질설이 있는데, ① 형식설은 평등원칙을 형식적으로 해석하여, '특정된 자'에게 재산권 침해가 가해졌는가 하는 것을 기준으로 하는 견해로 개별행위설, 특별희생설이 있고, ② 실질설은 재산권 침해의 중대성, 재산권의 보호가치성·효용성 등의 실질적인 기준으로 특별한 희생 여부를 판단하는 견해로 여기에는 중대성설을 비롯하여 보호가치성설·수인가능성설·목적위배설·사적효용설·상황구속성설·사회적 구속성설 등 다양한 견해들이 있음

○ 결론적으로 특별희생과 재산권의 내용과 한계, 내재적 제약의 구별은 구체적인 사안별로 형식설(특별희생설)·실질설(중대성설)·상황구속성설 등 형식적 기준과 실질적 기준을 보완적으로 적용하여 구별하여야 할 것임

※ 공용침해의 요건으로서 공공의 필요

1. 공공필요의 의미

○ '공공의 필요'는 전형적인 불확정개념으로서 명확한 개념정의는 사실상 불가능하지만, 일반적으로 공공복리를 실현하기 위하여 필요한 경우를 말함

○ 공공의 필요는 단순한 공익이나 국가의 이익을 의미하는 것이 아니라, 개인의 재산권침해를 정당화할 수 있을 정도로 '고양(高揚)된 의미의 중대한 공익'으로 이해되어야 함

○ 따라서 국가의 재정적 수요나 단순한 미래의 개발욕구를 충족시키기 위한 재산권 침해행위는 공공의 필요가 존재한다고 볼 수 없음

○ 공공의 필요가 존재하는가 하는 것은 공용침해를 통하여 추구하는 공익과 사인의 재산권 사이의

이익형량을 통하여 판단되어야 함

2. 사인을 위한 수용

○ 기업도시개발과 같이 사인이 수행하는 공익사업의 경우에도 공공필요성이 인정되어 개인에 대한 재산권침해가 허용될 수 있는가 하는 것이 문제인데, 이를 사인을 위한 수용이라 함

○ 개인이나 사기업이라 하더라도 이윤의 추구와 함께 공익사업을 수행한다는 사실이 객관적으로 담보될 수 있는 한 사인을 위한 수용은 가능함(헌재결 2007.11.29, 2006헌바79; 헌재결 2009.11. 26, 2008헌바133 참조)

○ 그러나 수용권한을 허용하여야 하는 경우라 하더라도, 당해 사기업이 의무적으로 공익사업을 계속적으로 실현하도록 하는 특별한 법적·제도적 보장책을 마련하는 등의 엄격한 요건 하에서만 가능하다고 하여야 할 것임

□ 생활보상[113]

1. 생활보상의 개념

○ 종래의 전형적인 재산권 침해에 대한 보상을 넘어서, 생활기반의 상실 등과 같은 생활에 대한 침해에 대하여 침해 이전의 생활상태와 동등하거나 유사한 생활상태를 실현해 주는 것

○ 생활보상을 ① 좁은 의미로, 재산권보상으로 메워지지 않는 생활이익의 상실에 대한 보상으로 이해하기도 하고, ② 넓은 의미로, 수용 전의 생활상태의 회복을 구하는 보상으로 대물적 보상과 생활배려차원의 보상이 모두 포함되는 것으로 이해하기도 함

2. 법적 근거

(1) 헌법적 근거

○ ① 헌법 제34조·제23조 결합설(다수설), ② 헌법 제34조설이 대립됨. ③ 헌법재판소는 토지보상법상의 이주대책은 헌법 제23조 제3항에 의한 보상에 포함되는 것이 아니라고 보아 헌법 제34조설을 취하고 있는 것으로 보임(헌재결 2006.2.23, 2004헌마19). 대법원도 수용·사용에 따른 보상규정이 재산권 보호를 목적으로 하는 것이라면 이주대책은 종전 생활상태의 회복을 통한 인간다운 생활을 보장하는 제도라고 하여 헌법 제34조설을 취하고 있다고 판단됨(대판 2011.6. 23, 2007다63089,63096 전원합의체)

(2) 법적 근거

○ 생활보상과 관련된 일반법적인 규정은 없음. 다만 토지보상법·산업입지 및 개발에 관한 법률

---

113) 강론, 698면 이하.

· 댐건설 및 주변지역지원 등에 관한 법률 등에 이주대책 등 생활보상에 관한 일부 규정들이 있음

3. 생활보상의 내용

○ 생활보상의 내용은 협의의 개념에 따라 -일실손실보상이나 실비변제적 보상과 같이 재산권보상의 범주에 속하는 내용들을 제외한- 이주정착금·이농비 등과 같은 생활비보상·소수잔존자보상·이주대책을 포함하는 생활재건조치, 주민지원사업 등임

□ 간접손실보상[114]

1. 의의

○ 공익사업의 시행 또는 완성 후의 시설이 간접적으로 사업지 밖의 재산권 등에 미치는 손실을 말함
○ 예: 군용비행장·군사격장 소음 방지 및 피해 보상에 관한 법률(군소음보상법)에 따른 보상

2. 토지보상법 규정

○ 간접손실보상과 관련하여서는 토지보상법에서 잔여지에 대한 보상·잔여지에 대한 매수청구·기타 토지에 관한 비용보상 등을 규정하고 있음

3. 명문의 규정이 없는 경우

(1) 문제상황

○ 공익사업의 시행 또는 완료 후에 사업지 밖에서 발생한 간접손실에 대하여 토지보상법이나 기타 개별법상 보상규정이 없는 경우에도 손실보상이 가능한가 하는 것이 문제임

(2) 수용적 침해의 인정 여부

○ 이 문제는 독일 연방일반대법원의 수용적 침해의 법리와 관련된 문제이다. 우리 대법원은 수용적 침해의 법리를 채택하고 있지 않음

(3) 판례

○ 간접손실에 대하여는 이에 대한 보상규정이 있는 경우에만 보상이 가능함
○ 예외적으로 보상에 관한 명문의 규정이 없다 하더라도, ① 공공사업의 시행으로 인하여 그러한 손실이 발생하리라는 것을 쉽게 예견할 수 있고, ② 그 손실의 범위도 구체적으로 특정할

---

114) 강론, 707면 이하.

수 있는 경우에는, ③ 관련 규정 등을 유추적용하여 보상할 수 있음(대판 2004.9.23, 2004다25581)

□ 수용재결에 대한 불복절차[115]

1. 이의신청

(1) 이의의 신청(토지보상법 83)

○ 중토위의 제34조에 따른 재결에 이의가 있는 자는 중토위에 이의를 신청할 수 있다. 지토위의 제34조에 따른 재결에 이의가 있는 자는 해당 지토위를 거쳐 중토위에 이의를 신청할 수 있음

○ 과거에는 이의신청을 행정소송을 제기하기 위한 필요적 전심절차로 규정하고 있었으나(이의신청전치주의), 토지보상법은 이를 임의절차화하였음

○ 이의신청은 행정심판의 일종(특별행정심판)으로 이미 행하여진 행정결정을 다툰다는 의미에서 복심적(覆審的) 쟁송의 성질을 가짐

(2) 이의신청에 대한 재결(토지보상법 84)

(3) 이의신청에 대한 재결의 효력(토지보상법 86)

(4) 집행부정지(토지보상법 88)

○ 제83조에 따른 이의의 신청은 사업의 진행 및 토지의 수용 또는 사용을 정지시키지 아니함(토지보상법 88)

2. 행정소송

(1) 행정소송의 제기(토지보상법 85 ①)

○ 사업시행자, 토지소유자 또는 관계인은 제34조에 따른 재결에 불복할 때에는 재결서를 받은 날부터 60일 이내에, 이의신청을 거쳤을 때에는 이의신청에 대한 재결서를 받은 날부터 30일 이내에 각각 행정소송을 제기할 수 있음

(2) 소송의 대상(원처분주의와 재결주의)

○ 여기에서 '이의신청을 거쳐 제기하는 행정소송'의 경우에 소송의 대상이 원처분인가 재결인가 하는 것이 문제가 될 수 있음

○ 이 경우에도 원처분주의의 예외를 인정하여 재결주의가 적용되어야 할 특수한 사정이 있다고 보기 어려우므로 원처분을 대상으로 하여야 하고, 이의신청에 대한 재결은 재결 그 자체에 고유의 위법사유가 있는 경우로 한정된다고 보아야 할 것임. 판례도 같은 입장임

---

115) 강론, 713면 이하.

(3) 집행부정지

○ 제85조에 따른 행정소송의 제기는 사업의 진행 및 토지의 수용 또는 사용을 정지시키지 아니함

3. 보상금증감소송

(1) 보상금증감소송의 의의

○ 토지보상법 제85조 제1항에 따른 소송은 수용재결 자체를 다투는 것이 아니라, 수용재결 중 보상금에 관한 결정과 관련하여 보상액의 증액 또는 감액을 다투는 것으로서 이를 보상금증 감소송이라고 부르기도 함

(2) 보상금증감소송의 성질

① 형식적 당사자소송

(ⅰ) (구)토지수용법 제75조의2 제2항에 따른 소송은 재결청이 항상 공동피고가 되는 필요적 공 동소송이었음. 그러나 토지보상법은 보상금증감소송은 1인의 원고와 1인의 피고를 당사자 로 하는 단일소송으로 규정하고 있음

(ⅱ) 보상금증감소송은 형식적으로는 당사자소송이지만, 실질적으로는 처분청(토지수용위원회)의 처 분(수용재결)을 다툰다는 점에서 항고소송의 성질도 가짐. 이러한 소송을 형식적 당사자소송 이라고 함

② 소송의 성질

○ 보상금증감소송의 성질과 관련하여서는, ① 구체적인 손실보상청구권이 형성되는 것으로 보 아야 한다는 점에서 형성소송으로 보는 견해(형성소송설)와 ② 보상금 지급의무의 이행 또는 확 인을 구하는 소송이라고 보는 견해(확인 및 이행소송설)가 대립되고 있음. ③ 이 소송에서는 청구 권의 인정 여부가 아니라 단지 보상금의 증감만을 다투는 것이라는 점 등에서 확인 및 이행소 송설이 타당함

(3) 보상금증감소송의 범위

○ 보상금증감소송의 대상: 예컨대 손실보상의 방법(금전보상·현물보상 등), 보상항목의 인정(잔여지에 대한 보상 여부), 이전이 곤란한 물건의 수용, 보상면적을 다투는 경우 등

○ 판례는 잔여지 수용청구를 받아들이지 않은 토지수용위원회의 재결에 불복하여 제기하는 소 송도 보상금증감소송에 해당한다고 봄(대판 2010.8.19, 2008두822)

(4) 보상금증감소송의 당사자적격 및 소송대상

(ⅰ) 보상금증감소송의 당사자적격은 '토지소유자 또는 관계인' 또는 '사업시행자'임. 즉 소송을 제기하는 자가 '토지소유자 또는 관계인'일 때에는 '사업시행자'를, '사업시행자'일 때에는

‘토지소유자 또는 관계인’을 각각 피고로 함. 보상금증감소송은 항고소송이 아니라 형식적 당사자소송이므로 재결청인 토지수용위원회는 피고가 될 수 없음. 그리고 사업시행자가 국가 또는 지방자치단체인 경우에는 ‘국가 또는 지방자치단체’가 피고가 되는 것이지 행정청이 피고가 되는 것은 아님

(ⅱ) 보상금증감소송에서는 보상금에 관한 재결을 전제로 하면서 보상금의 증감만을 다투는 것으로 이 소송의 대상은 보상금에 관한 법률관계라고 보아야 할 것임

※ 토지보상법상 수용재결에 대한 불복절차(이의신청과 행정소송)

1. 이의신청

○ 중토위의 제34조에 따른 재결에 이의가 있는 자는 중토위에 이의를 신청할 수 있음. 지토위의 제34조에 따른 재결에 이의가 있는 자는 해당 지토위를 거쳐 중토위에 이의를 신청할 수 있음

2. 행정소송

(1) 행정소송의 제기(토지보상법 85 ①)

○ 사업시행자, 토지소유자 또는 관계인은 제34조에 따른 재결에 불복할 때에는 재결서를 받은 날부터 60일 이내에, 이의신청을 거쳤을 때에는 이의신청에 대한 재결서를 받은 날부터 30일 이내에 각각 행정소송을 제기할 수 있음

(2) 소송의 대상(원처분주의와 재결주의)

○ 여기에서 ‘이의신청을 거쳐 제기하는 행정소송’의 경우에 소송의 대상이 원처분인가 재결인가 하는 것이 문제가 될 수 있음

○ 이 경우에도 원처분주의의 예외를 인정하여 재결주의가 적용되어야 할 특수한 사정이 있다고 보기 어려우므로 원처분을 대상으로 하여야 하고, 이의신청에 대한 재결은 재결 그 자체에 고유의 위법사유가 있는 경우로 한정된다고 보아야 할 것임. 판례도 같은 입장임

□ 희생보상청구권[116]

1. 의의

○ 공익실현을 위하여 공권력을 행사하는 과정에서 발생한 개인의 비재산적 가치에 대한 특별한 희생을 보상하는 것(예: 예방접종으로 인한 감염·장애·사망에 대한 보상)

2. 법적 근거

○ 희생보상청구권의 법리는 판례에 의하여 발전된 것으로, 오늘날 헌법적 관습법으로서의 효력을 지닌 프로이센일반국가법 총칙편 제74조, 제75조에 표현된 희생보상원리를 근거로 인정되

---

116) 강론, 729면 이하.

고 있음

3. 성립요건

① 행정주체의 공공의 필요에 의한 공권력행사가 있어야 함
② 생명·신체 등의 비재산적 가치에 대한 침해가 있어야 함
③ 침해행위가 적법하여야 함
④ 특별한 희생이 있어야 함

4. 희생유사침해

○ 독일의 학설과 판례는 비재산적 가치의 희생에 대한 보상에 있어서도 적법한 침해로 인한
희생보상을 확장하여 위법한 침해에 대한 희생유사침해에 대하여 보상을 인정하고 있음

5. 희생보상청구권의 인정 여부

○ 우리나라에서의 희생보상청구권의 인정 여부와 관련하여서는 ① 비재산적 가치의 침해에 대
한 명문의 보상규정이 없는 한 보상청구가 허용될 수 없다는 견해(입법보상설)와 ② 헌법의 여러
규정들에 의하여 희생보상청구권을 인정하자는 견해(간접적용설)이 있음. ③ 기본권규정·평등
원칙·법치국가원리·손실보상 등에 관한 헌법규정들을 근거로 하여 희생보상청구권을 도출
할 수 있으므로 간접적용설이 타당함
○ 현행법상 ① 예방접종 등에 따른 피해의 국가보상(감염병예방법 71), ② 명령에 따른 소방활동으
로 인한 사망·부상에 대한 보상(소방기본법 49의2 ① 2호), ③ 산불방지작업 또는 인명구조작업으
로 인한 사망·부상에 대한 보상(산림보호법 44) 등은 희생보상청구권의 법리와 관련이 있다고
할 수 있음

[행정구제]

□ 처분에 대한 이의신청[117]

1. 행정기본법 이전의 논의

(1) 의의 및 문제점

○ 이의신청은 위법·부당한 행정작용으로 인하여 권리가 침해된 자가 처분청에 대하여 그러한

---

117) 강론, 741면 이하.

행위의 취소를 구하는 절차를 말함. 행정심판이 행정심판위원회에 불복을 청구하는 것인데 반하여, 이의신청은 처분청에 신청한다는 점에서 차이가 있음

○ 행정기본법 이전에는 이의신청에 관한 일반법이 없어, 개별법에서 이의신청을 규정하지 않는 한 이의신청은 인정될 수 없었음. 이에 따라 각 개별법에서 이의신청을 규정하고 있는 경우가 있었는데, 각 개별법상 규정이 다양하였음

(2) 이의신청과 행정심판과의 관계

○ 과거 이의신청과 행정심판의 관계에 대하여는 정하여진 바가 없었음. 특히 이의신청 이후의 불복절차에 대해서 다양하게 규정하고 있어, 경우에 따라서는 이의신청 이후에 행정심판을 청구할 수 있는지가 논란이 되는 경우도 있었음. 실제로 개별법상의 이의신청이 행정심판에 갈음하는 특별행정심판인지, 아니면 행정심판과는 별도의 이의신청인지 명확하지 않았음

○ 따라서 이의신청 이후에 행정심판이 허용되는가 하는 문제는, 명문으로 이를 허용하는 규정이 없는 한, 결국, 이의신청을 규정하고 있는 취지(행정의 전문성·특수성 등의 이유로 행정심판의 특례로서 이의신청이 필요한 경우인지 여부 등), 이의신청절차가 행정구제절차로서의 객관성·공정성·전문성 등을 갖추고 있는지 여부, 행정심판을 허용하는 것이 행정에 대한 적법성통제 및 개인의 권익구제의 측면에서 의미가 있는지의 여부(이의신청과의 중복 여부, 신속한 권리구제의 필요 여부 등) 등을 종합적으로 검토하여 개별적으로 판단할 수밖에 없었음

2. 행정기본법의 이의신청 규정

(1) 이의신청에 관한 일반적 규정

○ 행정기본법은 이의신청에 관한 일반적인 규정을 마련하였음.[118] 따라서 개별법령에 규정이 없더라도 행정기본법에 따라 이의신청을 할 수 있음

(2) 이의신청 절차 및 행정쟁송과의 관계

○ 행정청의 처분(행정심판법 제3조에 따라 같은 법에 따른 행정심판의 대상이 되는 처분을 말함)에 이의가 있는 당사자는 처분을 받은 날부터 30일 이내에 해당 행정청에 이의신청을 할 수 있음(행정기본법 36 ①)

○ 행정청은 제1항에 따른 이의신청을 받으면 그 신청을 받은 날부터 14일 이내에 그 이의신청에 대한 결과를 신청인에게 통지하여야 함. 다만, 부득이한 사유로 14일 이내에 통지할 수 없는 경우에는 그 기간을 만료일 다음 날부터 기산하여 10일의 범위에서 한 차례 연장할 수 있으며, 연장 사유를 신청인에게 통지하여야 함(행정기본법 36 ②)

○ 제1항에 따라 이의신청을 한 경우에도 그 이의신청과 관계없이 행정심판법에 따른 행정심판

---

118) 시행일: 2023.3.24.

또는 행정소송법에 따른 행정소송을 제기할 수 있음(행정기본법 36 ③)

o 이의신청에 대한 결과를 통지받은 후 행정심판 또는 행정소송을 제기하려는 자는 그 결과를 통지받은 날(제2항에 따른 통지기간 내에 결과를 통지받지 못한 경우에는 같은 항에 따른 통지기간이 만료되는 날의 다음 날을 말한다)부터 90일 이내에 행정심판 또는 행정소송을 제기할 수 있음(행정기본법 36 ④)

o 다만 다음의 어느 하나에 해당하는 사항에 관하여는 행정기본법 제36조를 적용하지 아니함(행정기본법 36 ⑦)

1. 공무원 인사 관계 법령에 따른 징계 등 처분에 관한 사항
2. 국가인권위원회법 제30조에 따른 진정에 대한 국가인권위원회의 결정
3. 노동위원회법 제2조의2에 따라 노동위원회의 의결을 거쳐 행하는 사항
4. 형사, 행형 및 보안처분 관계 법령에 따라 행하는 사항
5. 외국인의 출입국 · 난민인정 · 귀화 · 국적회복에 관한 사항
6. 과태료 부과 및 징수에 관한 사항

3. 결론

o 행정기본법 제36조 제3항에 따라, 개별법령에서 이의신청 이후에 행정심판을 청구할 수 있는지에 대한 별도의 규정이 없더라도, 행정심판을 청구할 수 있게 됨

4. 지방자치법 제157조의 경우

o 지방자치법 제157조 제4항은 "사용료 · 수수료 또는 분담금의 부과나 징수에 대하여 행정소송을 제기하려면 제4항에 따른 결정을 통지받은 날부터 90일 이내에 처분청을 당사자로 하여 소를 제기하여야 한다."고 규정하면서, 제6항에서 "이의신청의 방법과 절차 등에 관하여는 지방세기본법 제90조와 제94조부터 제100조까지의 규정을 준용한다."고 하고 있음. 이에 따라 준용되는 지방세기본법 제98조 제1항은 "이 법 또는 지방세관계법에 따른 이의신청의 대상이 되는 처분에 관한 사항에 대하여는 행정심판법을 적용하지 아니한다."고 규정하고 있음

o 위 지방자치법상의 이의절차는 고도의 전문적 지식이 요구되는 절차로 보기 어렵기 때문에 특별행정심판이라고 볼 수 없음. 따라서 행정심판청구에 관한 규정이 없더라도 행정심판이 가능하다고 보아야 함. 그렇다면 위 지방자치법 제157조에서 이의신청에 관한 준용규정을 삭제함으로써, 사용료 · 수수료 등의 부과 · 징수에 대해서는 행정기본법에 따라 이의신청을 할 수 있도록 하는 것이 바람직해 보임

[행정심판]

□ 행정심판의 종류[119]

1. 취소심판

○ 행정청의 위법 또는 부당한 처분을 취소하거나 변경하는 행정심판(행심법 5 1호)

2. 무효등확인심판

○ 행정청의 처분의 효력 유무 또는 존재 여부를 확인하는 행정심판(행심법 5 2호).

3. 의무이행심판

○ 당사자의 신청에 대한 행정청의 위법 또는 부당한 거부처분이나 부작위에 대하여 일정한 처분을 하도록 하는 행정심판(행심법 5 3호)

□ 거부처분에 대한 대하여 취소심판 청구가 가능한지 여부[120]

1. 학설

○ 거부처분에 대해서는 의무이행심판만이 허용되는 것으로 보는 견해도 있음
○ 그러나 대다수 학설은 취소심판도 가능하다는 견해임

2. 거부처분에 대한 취소심판 가능성

○ 행정심판법상의 처분개념(행심법 2 제1호)에는 거부처분도 포함된다고 볼 것이므로, 거부처분의 경우 당사자는 본인의 선택에 따라 취소심판이나 의무이행심판 중 어느 하나, 또는 양자를 동시에 청구할 수 있다고 보아야 함

3. 행정심판법 49 ② 신설

○ 2017.4.18. 행심법 개정으로 거부처분에 대한 취소재결이나 무효등확인재결로 처분이 취소되는 경우에도 행정청은 재처분의무를 부담한다는 규정 신설
○ 이에 따라 거부처분에 대한 취소심판이 가능하다는 점이 입법적으로 해결됨

---

119) 강론, 748면 이하.
120) 강론, 750면.

□ 거부처분취소심판의 인용재결에 따른 재처분의무 인정 여부[121)

1. 과거의 논의

○ (구)행정심판법 제49조 제2항은 거부처분이나 부작위에 대한 처분명령재결(이행재결)의 경우만을 규정하고 있어서, 동 조항이 거부처분에 대한 취소재결(무효등확인재결 포함)의 경우에도 적용되는 것인지(즉 거부처분취소재결에도 재처분의무가 발생하는지)에 대해서는 학설의 대립이 있었음

2. 학설

○ 이와 관련하여서는 ① 행정심판법상 거부처분은 의무이행심판의 대상이므로 거부처분에 대한 취소심판은 허용될 수 없고 따라서 거부처분취소재결에 대해서는 재처분의무가 발생할 수 없다는 견해, ② 거부처분에 대한 취소심판은 허용되지만, 행정심판법 제49조 제2항이 처분명령재결(이행재결)에 대한 재처분의무만을 규정하고 있고 거부처분취소재결에 대해서는 명문의 근거규정이 없으므로 재처분의무가 발생하지 않는다는 견해, ③ 거부처분에 대한 취소심판이 허용되고, 거부처분취소재결이 있으면 처분청은 행정심판법 제49조 제2항에 의하여 재처분의무를 부담한다는 견해가 있었음

3. 판례

○ 판례는 "당사자의 신청을 거부하는 처분을 취소하는 재결이 있는 경우에는 행정청은 그 재결의 취지에 따라 이전의 신청에 대한 처분을 하여야 하는 것이므로 행정청이 그 재결의 취지에 따른 처분을 하지 아니하고 그 처분과는 양립할 수 없는 다른 처분을 하는 것은 위법한 것이라 할 것이고 이 경우 그 재결의 신청인은 위법한 다른 처분의 취소를 소구할 이익이 있다(대판 1988.12. 13, 88누7880)."고 하여 ③의 견해와 같이 거부처분취소재결에 대한 재처분의무의 적용을 긍정하는 입장이었다고 평가되었음

4. 결어 및 입법적 해결

○ 행정심판법상 처분개념(행심법 2 1호)에는 거부처분도 포함되므로, 거부처분의 경우 당사자는 본인의 선택에 따라 취소심판이나 의무이행심판 중 어느 하나, 또는 양자를 동시에 청구할 수 있다고 보는 것이 타당하고, 당사자의 권리구제의 관점에서 보더라도 거부처분의 경우 의무이행심판만 허용되는 것으로 제한할 이유가 없다고 판단되므로, (구)행정심판법 제49조 제2항은 거부처분취소재결에도 당연히 적용된다고 보아야 할 것이서 ③의 견해와 판례의 입장이 타당함

---

121) 강론, 787면 이하.

○ 다만 (구)행정심판법 제49조 제2항이 명문으로 '처분의 이행을 명하는 재결이 있으면'이라고 규정하고 있어 거부처분의 취소재결이나 무효등확인재결에 대한 재처분의무부과의 법적 근거가 없다는 점이 문제였음. 한편 행정소송법도 형성판결인 취소판결에 재처분의무를 인정하고 있어서(행소법 30 ②) 이에 대한 입법적 보완이 요구되던 중, 2017.4.18. 행정심판법 개정을 통하여 거부처분에 대한 취소재결이나 무효등확인재결에 따른 재처분의무 규정이 신설됨으로써 이 문제는 입법적인 해결을 보게 됨

□ **행정심판법상 가구제**[122]

○ ① 침익적 처분(예: 영업정지·취소)에 대한 집행정지제도와 ② 수익처분의 신청을 거부하는 처분이나 부작위에 대한 임시처분제도

1. 집행정지

(1) 집행부정지의 원칙

○ 심판청구가 있더라도 처분의 효력이나 그 집행 또는 절차의 속행에 영향을 주지 아니함(집행부정지 원칙) (행심법 30 ①)

(2) 집행정지

1) 의의

○ 심판청구와 관련하여 처분의 집행이 정지되지 않는 것을 원칙으로 하면서도, 처분의 집행으로 인한 중대한 손해의 발생을 예방하기 위하여 예외적으로 집행정지를 인정

2) 요건

○ 집행정지의 적극적 요건으로 ① 처분의 존재, ② 심판청구의 계속, ③ 중대한 손해의 예방, ④ 긴급한 필요성의 존재가 요구되고, 소극적 요건으로 ⑤ 집행정지가 공공복리에 중대한 영향을 미칠 우려가 없어야 함(행심법 30 ②, ③)

2. 임시처분(행정심판법상 가처분제도)[123]

(1) 의의와 요건

○ 처분 또는 부작위가 위법·부당하다고 상당히 의심되는 경우로서 처분 또는 부작위 때문에 당사자가 받을 우려가 있는 중대한 불이익이나 당사자에게 생길 급박한 위험을 막기 위하여 임시지위를 정해주는 가구제 수단(행심법 31 ①)

---

122) 강론, 774면 이하.
123) 강론, 777면 이하.

○ 임시처분에 관하여는 집행정지에 관한 제30조 제3항부터 제7항까지의 규정이 준용되므로(행심법 31 ②), 임시처분이 공공복리에 중대한 영향을 미칠 우려가 있을 때에는 허용되지 아니함

(2) 임시처분의 보충성

○ 임시처분은 제30조 제2항에 따른 집행정지로 목적을 달성할 수 있는 경우에는 허용되지 아니함(행심법 31 ③)

□ 재결의 실효성 확보수단으로서의 직접처분과 간접강제[124]

1. 직접처분

(1) 집행력과 직접처분

○ 이행재결을 이행하지 않았을 때 이를 강제집행할 수 있는 재결의 효력을 집행력이라 할 수 있음

○ 그런데 행정심판의 특성상 행정심판기관이 행정청을 상대로 강제집행하기는 어려우므로, 행정심판법은 애초에는 재결의 기속력을 확보하기 위한 수단으로 직접처분만을 규정하고 있었음

(2) 직접처분의 의의

○ 행정심판법 제50조 제1항은 "위원회는 피청구인이 제49조 제3항에도 불구하고 처분을 하지 아니하는 경우에는 당사자가 신청하면 기간을 정하여 서면으로 시정을 명하고 그 기간에 이행하지 아니하면 직접 처분을 할 수 있다."고 규정하고 있음

(3) 직접처분의 한계: 직접처분을 할 수 없는 경우

○ 행정심판법 제50조 제1항 단서는 "다만, 그 처분의 성질이나 그 밖의 불가피한 사유로 위원회가 직접 처분을 할 수 없는 경우에는 그러하지 아니하다."라고 규정하고 있음

○ 단서규정에서 말하는 '처분의 성질상 직접처분이 불가능한 경우'로는 '재량권 행사', '자치사무', '정보공개', '예산이 수반되는 경우' 등을 들 수 있음

○ '그 밖의 불가피한 사유로 직접 처분이 불가능한 경우'로는 '처분당시의 특수한 상황인 민원의 발생', '사업기간의 재설정 필요', '의무이행재결 이후에 사정변경 -법적 또는 사실적 상황의 변경- 이 생긴 경우' 등을 들 수 있음

---

124) 강론, 792면 이하.

2. 간접강제

(1) 의의

○ 간접강제란 행정청이 거부처분에 대한 취소재결이나 무효등확인재결 또는 거부처분이나 부
작위에 대한 의무이행재결에 따른 처분을 하지 아니하는 경우에 위원회가 행정청에게 일정한
배상을 명하는 제도를 말함(행심법 50의2).

○ 행정심판법은 본래 재결의 실효성을 확보하기 위한 제도로서 직접처분제도만을 규정하고 있
었는데, 직접처분은 이행명령재결에 국한된 것이고 또한 직접처분에 일정한 한계가 존재하여,
2017.4.18. 행정심판법을 개정하여 간접강제제도를 도입하였음

(2) 요건

○ 간접강제를 하기 위해서는 ① 재결에 의하여 취소되거나 무효 또는 부존재로 확인되는 처분
이 당사자의 신청을 거부하는 것을 내용으로 하는 경우이거나(행심법 49 ②) (이 경우 신청에
따른 처분이 절차의 위법 또는 부당을 이유로 취소되는 경우를 포함함(행심법 49 ④)) 또는 당사
자의 신청을 거부하거나 부작위로 방치한 처분의 이행을 명하는 재결이 있어야 함(행심법 49
③). ② 그리고 그럼에도 행정청이 재처분을 하지 않아야 함

(3) 배상금의 법적 성격

○ 간접강제결정에 근거한 배상금은 재결의 취지에 따른 재처분의 지연에 대한 제재나 손해배상
이 아니라 재처분의 이행에 관한 심리적 강제수단임. 따라서, 행정소송에서와 마찬가지로, 행
정청이 간접강제결정에서 정한 기간이 경과한 후에라도 재처분을 하면 이로써 간접강제의 목
적은 달성되는 것이므로 처분상대방이 더 이상 배상금을 추심하는 것은 허용되지 않는다고
보아야 할 것임

[행정소송]

□ 행정상 이행소송의 인정 여부[125]

1. 행정상 이행소송의 허용 여부

○ 현행 행정소송법상 ① 법원이 행정청의 처분을 일부취소함에 그치지 않고 적극적으로 변경하
는 적극적 형성판결을 할 수 있는지,

---

125) 강론, 804면 이하.

- ② 행정청이 처분의무가 있음에도 이를 이행하지 않는 경우 법원이 행정청에 대하여 처분의무를 이행하도록 명령하는 의무이행소송이 인정되는지,
- ③ 처분 이외의 행정작용에 대하여 법원이 행정청에게 그 이행을 명령하는 일반이행소송이 인정되는가의 문제임

(1) 학설

① 소극설(부정설)
- 취소소송에서의 처분 등의 취소·변경에서 '변경'의 의미는 소극적 변경, 즉 일부취소만을 의미
- 현행법 행정소송법은 행정심판법과는 달리 부작위위법확인소송만을 규정하고 있으므로, 그 외에 의무이행소송은 허용되지 않는다는 견해

② 적극설(긍정설)
- 취소소송에서의 '변경'의 의미는 일부취소에 그치는 것이 아니라 적극적 변경을 의미
- 행정소송에서 의무이행소송을 인정하는 것은 권력분립의 원칙에 반하는 것이 아니라 오히려 이에 부합하는 것이며, 법치국가원리·헌법상 기본권보장·행정소송의 목적·재판청구권 등에 비추어 행정소송법 제3조 및 제4조의 행정소송 및 항고소송의 종류에 관한 규정을 예시적인 것으로 볼 수 있으므로, 무명항고소송(법정외항고소송)으로서 의무이행소송이 허용된다는 견해

③ 제한적 허용설(절충설)
- 의무이행소송을 원칙적으로 부인하고 취소소송에서의 '변경'의 의미를 일부취소로 보면서도 예외적으로 부작위위법확인소송만으로는 부작위에 대한 실효성 있는 권리구제를 기대하기 어려운 경우에 한하여 제한적으로 의무이행소송을 허용하자는 입장

(2) 판례
- 판례는 소극설의 입장임. 이에 따라 적극적 형성판결, 의무이행소송, 작위의무확인소송을 모두 부인

(3) 결어
- 취소소송에서의 '변경'의 의미를 적극적 변경을 보게 되면 행정의 1차적 판단권을 침해하는 것이 되어 권력분립의 원칙에 반하게 됨. 따라서 '변경'은 소극적 변경만을 의미함
- 위법한 행정청의 부작위에 대하여 법원이 일정한 처분을 하도록 명령함으로써 '행정의 위법'이 시정될 수 있다는 점에서, 적극설이 주장하는 바와 같이, 행정소송법 제3조 및 제4조를 예시규정으로 보아 무명항고소송으로 의무이행소송이 허용된다고 보아야 함
- 나아가 행정상 이행소송은 ① 처분의 이행을 구하는 (무명항고소송으로서) 의무이행소송과 ② 처분 이외의 행정작용의 이행을 구하는 (무명행정소송으로서) 일반이행소송을 포함하는 것이므로, 처분의 발급을 구하는 의무의행소송 이외에도 비처분적 행정작용의 이행을 구하는 일반이행소

송도 허용하는 것이 바람직함

2. 결론: 판례에 따르면, 현행 행정소송법상 허용되기 어려움

3. 최근의 입법동향

○ 2013.3.20. 입법예고된 행정소송법 전부개정법률안은 항고소송의 종류를 규정한 제4조에서 종래의 취소소송·무효등확인소송·부작위위법확인소송 이외에 제4호로 의무이행소송을 규정하면서 이를 '행정청의 위법한 거부처분이나 부작위에 대하여 처분을 하도록 하는 소송'이라고 정의하고 있었음

□ 의무이행소송

1. 학설

(1) 소극설(부정설)

○ 권력분립의 원칙상 행정에 대한 1차적인 판단권은 행정권에 있어야 한다는 견해
○ 변경의 의미는 소극적 변경, 즉 일부취소만을 의미

(2) 적극설(긍정설)

○ 의무이행소송을 인정하는 것이 오히려 권력분립원칙에 부합한다는 견해
○ 변경의 의미를 적극적인 변경도 가능한 것으로 봄
○ 행소법 제4조 규정을 예시규정으로 보아 무명항고소송으로서 의무이행소송 인정

(3) 제한적 허용설(절충설)

○ 기본적으로 소극설의 입장이나, 예외적으로 부작위위법확인소송만으로는 부작위에 대한 실효성 있는 권리구제를 기대하기 어려운 경우에 한하여 제한적으로 의무이행소송 허용

2. 판례: 소극설의 입장

3. 결론: 판례의 입장에 따르면, 의무이행소송은 허용되지 않음

□ 행정상 부작위청구소송의 허용 여부[126)]

1. 행정상 부작위청구소송의 의의

○ 행정상 부작위청구소송(부작위소송, 중지소송)이란 어떠한 행정행위나 그 밖의 행정작용을 하지 말

---

126) 강론, 807면 이하.

아줄 것을 요구하는 행정소송을 말함

○ 여기에는 ① 정보제공·경고·공공시설물로부터의 소음·진동·오염물질배출 등의 공해행위 등과 같은 행정청의 사실행위 등을 중지하여 줄 것을 요구하는 중지소송과 ② 회복하기 어려운 권익침해를 사전에 예방할 목적으로 특정한 행정행위나 법규범의 제정을 하지 말아 줄 것을 요구하는 예방적 부작위청구소송이 있음

○ 우리나라에서는 중지소송에 대한 논의는 제외하고 주로 예방적 부작위청구소송에 국한하여 논의하는 것이 일반적임

2. 학설 및 판례

① 먼저 소극설(부정설)은 행정소송법은 부작위위법확인소송만 규정하고 있고, 행정소송법 제4조는 열거규정으로 보아야 하며, 행정의 1차적 판단권을 행정권에 귀속시켜야 한다는 점에서 예방적 부작위청구소송은 허용되지 않는다는 입장으로 오늘날은 지지자가 없음

② 적극설(긍정설)은 '공백 없는 권리구제의 요구'에 따라 행정소송법 제4조를 예시규정으로 보아 예방적 부작위청구소송을 인정하는 것이 권력분립의 원칙에도 부합한다는 견해로 오늘날의 다수설임

③ 제한적 허용설은 예외적으로 법정항고소송만으로는 효과적인 권리구제를 기대하기 어려운 경우에 한하여 제한적으로 예방적 부작위청구소송을 인정하자는 입장임

④ 판례는 예방적 부작위청구소송을 부인하는 입장임

3. 결어

○ 부작위청구소송은 회복하기 어려운 장래에 대한 권익침해를 사전에 차단할 수 있는 기회를 제공한다는 점에서 매우 유용한 사전적 권리구제수단임

○ 우리나라의 경우에도 행정소송법 제4조의 규정을 예시규정으로 볼 수 있는 근거가 충분하므로, 이를 바탕으로 일반이행소송의 한 유형으로 부작위청구소송을 인정할 수 있다고 봄

○ 그러나 판례에 따르면, 현행 행정소송법상 허용되기 어려움

4. 최근의 입법동향

○ 과거 2007년 행정소송법개정안에는 예방적 부작위소송에 관한 규정이 있었는데, 2013년 입법예고된 행정소송법 전부개정법률안에는 부작위청구소송에 관한 규정이 포함되어 있지 않았음

□ 일부취소 가능성[127)]

○ 취소소송의 인용판결은 처분 등을 취소 또는 변경하는 판결인데, 이를 통하여 위법한 처분

등의 취소 또는 변경이라는 형성적 효과가 발생함

○ 여기에서 변경의 의미에 관하여는 적극적 변경이 가능하다는 견해도 있으나, 권력분립적 고려에 의하여 소극적 변경(일부취소)만을 의미한다고 이해됨

○ 판례는 일부취소는 외형상 하나의 처분이라고 하더라도 가분성이 있거나 그 처분대상의 일부가 특정될 수 있어야 가능하다는 입장임(대판 2000.2.11, 99두7210)

○ 영업정지처분 등이 재량권남용에 해당되어 위법하면 그 처분의 취소를 명할 수 있을 뿐 어느 정도가 적정한 영업정지기간인가를 정하는 것은 행정청의 권한이므로 적정 영업정지기간을 초과하는 부분을 가려서 일부취소 하지 않고 전부를 취소하여야 함(대판 1982.6.22, 81누375)

○ 과징금부과처분의 경우에도 법원이 적정하다고 인정되는 부분을 초과한 부분만 취소할 수는 없음(대판 2010.7.15, 2010두7031)

○ 행정청이 여러 개의 위반행위에 대하여 하나의 제재처분을 하였으나, 위반행위별로 제재처분의 내용을 구분하는 것이 가능하고 여러 개의 위반행위 중 일부의 위반행위에 대한 제재처분 부분만이 위법하다면, 법원은 제재처분 중 위법성이 인정되는 부분만 취소하여야 하고 제재처분 전부를 취소하여서는 안 됨(대판 2020.5.14, 2019두63515)

□ 취소쟁송에서의 변경의 의미

1. 취소심판의 경우

○ 취소심판에서의 변경에는 적극적 변경도 포함됨

2. 취소소송의 경우

○ 취소소송에서의 변경의 의미에 대해서는 ① 소극적 변경, 즉 일부취소만을 의미한다는 소극설과 ② 권력분립의 원칙을 적극적으로 이해하여 적극적 변경을 의미한다는 적극설이 있으나, ③ 행정소송의 경우 -이행소송이 가능한가 하는 논의와는 구별하여- 법원이 행정청의 처분을 적극적으로 변경하는 것은 행정청의 1차적 판단권을 침해하는 것이므로 소극설이 타당함

□ 취소소송의 일반적 제기요건[128]

○ 취소소송은 ① 재판관할, ② 원고적격(협의의 소익 포함), ③ 피고적격, ④ 행정소송의 대상, ⑤ 제소기간, ⑥ 행정심판과의 관계, ⑦ 소제기의 형식 등의 제기요건을 갖추어야 함

---

127) 강론, 814면 이하, 934면.
128) 강론, 819면.

□ 취소소송의 원고적격[129]

1. 원고적격의 의의

○ 취소소송에서의 원고가 될 수 있는 자격(법률상 이익이 있는 자)

2. 법률상 이익에 관한 학설

(1) **권리구제설(권리회복설):** 권리를 침해당한 자만이 취소소송을 제기할 수 있다는 견해

(2) **법률상 보호이익설:** 관련법을 목적론적으로 해석하여 '법에 의하여 보호되는 이익'이 침해되면 취소소송의 원고적격이 인정된다는 견해

(3) **보호가치 있는 이익설:** 법에 의하여 보호되는 이익이 아니라 하더라도, 그 이익이 소송을 통하여 보호할 가치가 있다고 판단되는 경우에는 이러한 이익이 침해된 경우에도 취소소송의 원고적격을 인정하자는 견해

(4) **적법성보장설:** 법률상 이익을 행정의 적법성에 대한 이해관계로 파악하는 견해이다. 즉 행정의 적법성 보장에 이해관계가 있는 자는 취소소송의 원고적격이 인정된다는 견해

(5) **결어:** '법률상 이익'은 법적으로 보호되는 이익이라는 점에서 '법률상 보호이익'과 같은 개념이고, 또한 공권도 그 성립요건으로 사익보호성(법에 의하여 개인의 이익이 보호되어야 함)을 요구한다는 점에서 같은 개념으로 이해하는 것이 일반적임(즉, '법률상 이익'='법률상 보호이익'='공권')
오늘날 '법률상 이익'은, 권리구제설이나 법률상 보호이익설의 입장과 같이, 적어도 법에 의하여 보호되는 이익을 의미함

3. 법률상 이익의 내용

○ '법에 의하여 보호되는 개별적·직접적·구체적 이익'(대판 2008. 3.27, 2007두23811)

○ 국민 일반이 공통적으로 가지는 일반적·간접적·추상적 이익이나, 제3자의 사실상의 간접적인 경제적 이해관계의 경우에는 법률상 보호되는 이익이 있다고 할 수 없음(대판 2007.12.27, 2005두9651; 대판 2002.8.23, 2002추61)

4. 법률상 이익의 판단

(1) **판단시점:** 사실심의 변론종결시(대판 1992.10.27, 91누9329)

(2) **판단기준:** ① 당해 법규범의 규정 및 취지만 고려하여야 한다는 견해, ② 관련 법규범의 규정 및 취지도 고려하여야 한다는 견해, ③ 더 나아가 기본권 규정도 고려하여야 한다는 견

---

129) 강론, 830면 이하.

해 등. ③견해가 타당. ④ 판례는 법률상 이익의 존부를 판단함에 있어 당해 처분의 근거법 규범뿐 아니라 관련 법규범도 검토하여야 한다는 입장

5. 공권의 확대화 경향

○ 오늘날, 특히 관련 규정의 사익보호성과 관련하여, 명시적인 법규범의 내용과 더불어 법규범 의 취지나 목적을 고려한 목적론적 해석방법을 통하여 원고적격은 점차 확대되고 있음
○ 중요한 점은 과거에는 반사적 이익으로 보았던 것도 근거법령이나 관련법령의 목적론적 해석 을 통하여 법률상 이익으로 보려는 경향으로 나아가고 있다는 점임
○ 제3자보호의 유형으로는 이웃소송, 경쟁자소송, 경원자소송의 유형을 들 수 있음

□ 이웃소송[130]

1. 의의

○ 이웃하는 자들 사이에서 특정인에게 발급된 수익적 처분이 제3자에게 침익적인 효과를 가져 오는 경우에 이 제3자는 본인의 권리 또는 이익이 침해되었음을 이유로 특정인에게 발급된 처분을 행정소송으로 다투는 유형
○ 과거에는 이웃하는 제3자의 이해관계를 반사적 이익으로 보는 경향이 많았으나, 법규범의 목 적론적 해석을 통하여 원고적격이 점차 확대되는 경향에 있음

2. 판례

○ 특히 영향권 범위 내 주민은 원고적격 인정, 영향권 밖의 주민의 경우 침해를 입증하여야 원 고적격 인정(대판 2006.3.16, 2006두330)

□ 경쟁자소송[131]

1. 의의

○ 경쟁관계에 있는 기존업자와 신규업자간의 경쟁자관계에서 기존업자가 신규업자에게 부여된 사업자면허나 각종의 허가 등을 행정소송으로 다투는 유형

2. 원고적격 인정 기준

○ 면허나 인·허가 등의 수익적 행정처분의 근거가 되는 법률이 해당 업자들 사이의 과당경쟁으로

---

130) 강론, 835면 이하.
131) 강론, 838면 이하.

인한 경영의 불합리를 방지하는 것도 그 목적으로 하고 있는 경우인가(대판 1999.10.12, 99두6026)

□ 경원자소송[132)

1. 의의

○ 수익적 처분을 신청한 수인이 서로 경쟁관계에 있는 경우에 일방에 대한 수익적 처분의 발급을 수익적 처분을 얻지 못한 타방이 행정소송으로 다투는 유형

2. 원고적격 인정 기준

○ 대법원은 경원관계가 존재하는 경우 일방에 대한 허가처분이 타방에 대한 불허가처분이 될 수밖에 없는 경우에 불허가처분을 받은 경원자에게 법률상의 이익이 있다고 보고 있음(대판 1992.5.8, 91누13274)

□ 단체소송[133)

○ 단체가 원고로서 다투는 소송으로, ① 단체가 구성원의 권리침해를 다투는 이기적 단체소송과 ② 단체가 일반적 공익(예: 환경보호)의 침해를 다투는 이타적 단체소송이 있음

○ 단체소송도 일종의 객관소송이므로 원칙적으로 허용되지 않지만, 법률이 정한 경우에는 허용될 수 있음(행소법 45, 개인정보보호법 제7장)

□ 협의의 소익(특히 가중적 제재처분의 경우)[134)

1. 의의

○ 행정소송법 제12조 제2문은 "처분 등의 효과가 기간의 경과, 처분 등의 집행 그 밖의 사유로 인하여 소멸된 뒤에도 그 처분 등의 취소로 인하여 회복되는 법률상 이익이 있는 자의 경우에는 또한 같다."고 하여 이 경우에도 취소소송을 제기할 수 있음을 규정하고 있음

○ 동조 제1문에서의 '법률상 이익'이 취소소송에서의 보호대상인 권리라면, 제2문에서의 '법률상 이익'은 취소소송을 통한 '권리보호의 필요성 또는 분쟁의 현실성'을 의미하는 것으로서 이를 '협의의 소익'이라 함

---

132) 강론, 841면 이하.
133) 강론, 826면 이하.
134) 강론, 846면 이하.

2. 협의의 소익으로서 법률상 이익의 의미

○ 행정소송법 제12조 제2문의 '법률상 이익'의 의미와 관련하여 여러 견해가 있으나, 이는 권리보호의 필요성을 의미하는 것이므로, 이를 '원고적격'에서와 같이 '법적으로 보호되는 이익'에 한정할 이유는 없음. 따라서 '법적 보호이익' 이외에도, 적어도 각종 제도상의 불이익을 제거하여야 할 이익은 협의의 소익에 포함된다고 보아야 할 것임

3. 협의의 소익이 인정되지 않는 경우

○ 협의의 소익이 없는 경우로 행정소송법은 ① 처분 등의 효과가 소멸된 경우(행소법 12 2문)를 규정하고 있지만, 그 외에도 ② 보다 간단한 방법으로 권리보호가 가능한 경우, ③ 소송으로 다툴 실제적 효용이나 이익이 없는 경우, ④ 소권이 남용 또는 실효된 경우 등을 들 수 있음

4. 처분 등의 효과가 소멸된 경우

(1) 협의의 소익이 없는 것이 원칙

○ 처분에 효력기간이 정하여져 있는 경우 그 기간 경과 후에는 그 처분이 외형상 잔존함으로 인하여 어떠한 법률상 이익이 침해되었다고 볼 만한 별다른 사정이 없는 한 그 처분의 취소를 구할 법률상 이익이 없는 것이 원칙임(대판 2004.7.8, 2002두1946)

(2) 협의의 소익이 인정되는 경우

○ 처분의 효력이 상실된 경우에도 처분의 취소로 인하여 회복되는 이익이 있는 경우에는 예외적으로 권리보호의 필요성이 인정됨(행소법 12 2문)

○ 이와 같은 경우로는 ① 동일한 사유로 위법한 처분이 반복될 구체적인 위험성이 있는 경우, ② 처분의 취소로 당해 법률이나 다른 법률에 의하여 보호되는 직접적·구체적 이익이 있는 경우를 들 수 있음

5. 가중적 제재처분의 경우 협의의 소익

(1) 문제의 소재

○ 가중적 제재처분이란 법령위반횟수에 따라 행정적 제재의 정도가 점차 가중되는 처분을 말함. 여기에서는 정지기간이 이미 도과하였다 하더라도 정지처분의 취소를 통하여 '제재의 가중을 피할 이익'이 협의의 소익으로서 인정되겠는가 하는 것이 문제임

(2) 법률 또는 대통령령에 규정된 경우

○ 판례는 가중적 제재처분에 관한 행정처분기준이 법률이나 대통령령에 규정된 경우에는 법률

상 이익(협의의 소익, 권리보호의 필요성)을 인정하고 있음

○ 이 경우에도 실제로 가중적 제재처분을 받을 가능성이 없다면 당연히 법률상 이익이 인정되지 않는다고 보아야 할 것임

(3) 시행규칙에 규정된 경우

1) 종래의 판례

○ 판례는 과거에 가중적 제재처분기준이 시행규칙에 규정되어 있는 경우 협의의 소익을 인정하지 않는 것이 기본적인 입장이었음. 그러나 협의의 소익을 인정한 경우도 있었음

○ 그러나 1995년 전원합의체 판결(대판 1995.10.17, 94누14148 전원합의체)을 통하여 시행규칙에 규정된 가중적 제재처분의 경우 협의의 소익을 인정하지 않는 것이 대법원의 입장임을 재차 확인하면서, 과거 협의의 소익을 인정하였던 판례를 폐기하였음. 이는 가중적 제재처분기준을 정하고 있는 시행규칙이 행정청 내부적인 사무처리준칙에 불과하다고 보는 대법원의 입장과 관련된 것임(이른바 법규명령형식의 행정규칙의 문제)

2) 판례변경

○ 그러다 대법원은 2006년 전원합의체 판결(대판 2006.6.22, 2003두1684 전원합의체)을 통하여 이러한 경우에도 불이익을 제거할 법률상 이익(권리보호의 필요성)이 인정된다고 입장을 변경하면서 이와 배치되는 기존의 판례들을 모두 변경하였음. 이에 따라 오늘날 시행규칙에 규정된 가중적 제재처분의 경우에도 협의의 소익이 인정되게 되었음

3) 판례에 대한 비판

○ 대법원이 위 전원합의체 판결에서 가중적 제재처분의 권리보호 필요성을 인정하면서도 그 기준을 정하고 있는 시행규칙의 법적 성질이 법규명령인지의 여부에 대해서는 언급하지 않고 있는 것은 문제임

○ 이 판례의 별개의견은 "시행규칙에서 선행처분을 받은 것을 가중사유나 전제요건으로 하여 장래 후행처분을 하도록 규정하고 있는 경우, 부령인 제재적 처분기준의 법규성을 인정하는 이론적 기초 위에서 그 법률상 이익을 긍정하는 것이 법리적으로는 더욱 합당하다."고 하고 있는데, 논리적으로는 이 별개의견이 타당하다고 판단됨

□ 피고적격(처분청)[135]

○ 취소소송은 다른 법률에 특별한 규정이 없는 한 그 처분 등을 행한 행정청을 피고로 함(행소법 13 ①)

○ 여기서 '처분 등을 행한 행정청'이란 소송의 대상인 처분을 외부적으로 본인의 명의로 행한

---

135) 강론, 864면 이하.

행정청을 말함(대판 1995.3.14, 94누9962)

□ 처분의 개념[136]

1. 행정쟁송법상의 처분

○ 행정청이 행하는 구체적 사실에 관한 법집행으로서의 공권력의 행사 또는 그 거부와 그 밖에 이에 준하는 행정작용(행소법 2 ① 1호)
○ 행정기본법 제2조 제4호[137]도 같음

2. 처분개념에 관한 학설

① 일원설(실체법상의 처분개념설)
○ 실체법상의 처분개념(행정행위개념)과 쟁송법상의 처분개념은 동일한 개념이어야 한다는 견해
② 이원설(쟁송법상의 처분개념설)
○ 항고소송을 통한 권리구제의 확대에 중점을 두고 이러한 점에서 항고소송의 대상이 되는 처분개념은 행정행위개념과 관계없이 확대되어야 한다는 입장
③ 형식적 행정행위론
○ 공권력행사로서의 실체를 가지고 있지 않지만 국민생활을 일방적으로 규율하거나 개인의 법익에 대하여 계속적으로 사실상의 지배력을 미치는 행위에 대해서는 쟁송법상으로 항고소송의 대상이 되는 처분으로 인정하자는 견해
④ 결어
○ 이론적으로는 일원설이 타당하나, 실정법상 처분개념이 행정행위 개념보다 넓은 것이 사실임
○ 판례는 행정행위 이외에도 도시·군관리계획, 단수조치, 처분법규의 처분성을 인정하고 있음

3. 처분의 개념적 요소

○ 행정청의 처분은, ① 행정청[138]이 행하는, ② 구체적 사실에 관한 법집행으로서, ③ 공권력을 행사하거나 거부하는, ④ 국민의 권리의무에 직접 영향을 미치는 공법행위(대판 2012.9.27, 2010

---

136) 강론, 869면 이하.
137) "처분"이란 행정청이 구체적 사실에 관하여 행하는 법 집행으로서 공권력의 행사 또는 그 거부와 그 밖에 이에 준하는 행정작용을 말한다(행정기본법 2 4호).
138) 행정기본법 제2조 제2호
"행정청"이란 다음 각 목의 자를 말한다.
가. 행정에 관한 의사를 결정하여 표시하는 국가 또는 지방자치단체의 기관
나. 그 밖에 법령등에 따라 행정에 관한 의사를 결정하여 표시하는 권한을 가지고 있거나 그 권한을 위임 또는 위탁받은 공공단체 또는 그 기관이나 사인(私人)

두3541 참조)이어야 함

4. 판례

○ 판례(대판 2012.9.27, 2010두3541)는 기본적으로 "행정처분이란 원칙적으로 행정청의 공법상 행위로서 … 일반 국민의 권리의무에 직접 영향을 미치는 행위"라고 하여 처분을 행정행위의 개념과 거의 동일하게 보고 있음

○ 다만 처분의 판단기준과 관련하여 "구체적인 경우 행정처분은 행정청이 공권력 주체로서 행하는 구체적 사실에 관한 법집행으로서 국민의 권리의무에 직접적으로 영향을 미치는 행위라는 점을 염두에 두고, 관련 법령의 내용과 취지, 행위의 주체·내용·형식·절차, 그 행위와 상대방 등 이해관계인이 입는 불이익과의 실질적 견련성, 그리고 법치행정 원리와 당해 행위에 관련한 행정청 및 이해관계인의 태도 등을 참작하여 개별적으로 결정해야 한다."라고 하여 처분의 개념을 확대할 수 있는 여지를 인정하고 있음

○ 한편 판례는 처분인지가 불분명한 경우에는 그에 대한 불복방법 선택에 중대한 이해관계를 가지는 상대방의 인식가능성과 예측가능성을 중요하게 고려하여야 한다고 하고 있음

※ 처분의 개념

○ '처분'이라 함은 행정청이 행하는 구체적 사실에 대한 법집행으로서의 공권력의 행사 또는 그 거부와 이에 준하는 행정작용(행정소송법 2 ① 1호)

○ 처분의 개념적 요소: 행정청의 처분은, ① 행정청이 행하는, ② 구체적 사실에 관한 법집행으로서, ③ 공권력을 행사하거나 거부하는, ④ 국민의 권리의무에 직접 영향을 미치는 공법행위(대판 2012.9.27, 2010두3541 참조)이어야 함

□ 거부의 처분성[139]

1. 거부처분의 의의

○ 처분을 구하는 당사자의 신청에 대하여 처분의 발급을 거부하는 행정청의 행정작용

2. 거부처분의 성립요건

(1) 판례

○ 거부처분의 성립요건과 관련하여 판례는 ① 신청한 행위가 처분이어야 하고, ② 그 거부행위가 신청인의 법률관계에 변동을 일으키는 것이어야 하며, ③ 당사자에게 처분의 발급을 요구

---

139) 강론, 875면 이하.

할 법규상 또는 조리상의 신청권이 있어야 한다는 입장임

(2) 학설

○ 이에 대하여 학설은 ① 신청권을 거부처분의 요건으로 보아야 한다는 견해(대상적격설), ② 신청권의 존재 여부는 본안에서 가려야 할 문제라고 보는 견해(본안문제설), ③ 신청권의 존재는 거부처분의 성립요건이 아니라 원고적격의 문제라고 보는 견해(원고적격설)가 대립되고 있음. ④ '신청권'의 존부는 '원고에게 그러한 추상적 신청권이 인정되는가' 하는 문제라는 점에서 원고적격설이 타당함

3. 관련 문제: 반복된 거부처분

○ 판례는 새로운 신청에 따른 반복된 거부처분은 새로운 거부처분이 있는 것으로 보아야 한다는 입장임(대판 1992.10.27, 92누1643)

※ 거부에 대한 이행쟁송

1. 행정심판

(1) 의무이행심판

○ 의의: 당사자의 신청에 대한 행정청의 위법 또는 부당한 거부처분이나 부작위에 대하여 일정한 처분을 하도록 하는 행정심판(행심법 5 3호)

(2) 재결의 기속력

○ 심판청구를 인용하는 재결이 피청구인과 그 밖의 관계 행정청을 기속하는 효력(행심법 49 ①)

○ 기속력의 내용으로서의 재처분의무: 당사자의 신청을 거부하거나 부작위로 방치한 처분의 이행을 명하는 재결이 있으면 행정청은 지체 없이 이전의 신청에 대하여 재결의 취지에 따라 처분을 하여야 하는데(행심법 49 ③), 이를 재처분의무라 함

(3) 직접처분

○ 행정심판법은 재결의 실효성을 담보하기 위하여 직접처분제도를 규정하고 있음

○ 이에 따르면 "위원회는 피청구인이 제49조 제2항에도 불구하고 처분을 하지 아니하는 경우에는 당사자가 신청하면 기간을 정하여 서면으로 시정을 명하고 그 기간에 이행하지 아니하면 직접처분을 할 수 있음(행정심판법 제50조 제1항)

(4) 간접강제

○ 간접강제란 행정청이 거부처분에 대한 취소재결이나 무효등확인재결 또는 거부처분이나 부작위에 대한 의무이행재결에 따른 처분을 하지 아니하는 경우에 위원회가 행정청에게 일정한 배상을 명하는 제도를 말함(행심법 50의2).

○ 행정심판법은 본래 재결의 실효성을 확보하기 위한 제도로서 직접처분제도만을 규정하고 있었는데, 직접처분은 이행명령재결에 국한된 것이고 또한 직접처분에 일정한 한계가 존재하여, 2017.

4.18. 행정심판법을 개정하여 간접강제제도를 도입하였음

2. 의무이행소송의 가능성

○ 현행 행정소송법상 의무이행소송이 가능한가 하는 것이 문제임

○ 학설은 ① 권력분립의 원칙상 행정에 대한 1차적인 판단권은 행정권에 있어야 한다는 점에서 이를 부인하는 소극설(부정설)과 ② 행소법 제4조 규정을 예시규정으로 보아 무명항고소송으로서 의무이행소송 인정하는 적극설(긍정설) 등이 있음

○ 판례는 소극설의 입장임

○ 따라서 판례에 따르면, 의무이행소송은 허용되지 않음

3. 거부처분에 대한 취소소송

(1) 거부처분의 성립요건

1) 판례

○ 거부처분의 성립요건과 관련하여 판례는 ① 신청한 행위가 처분이어야 하고, ② 그 거부행위가 신청인의 법률관계에 변동을 일으키는 것이어야 하며, ③ 당사자에게 처분의 발급을 요구할 법규상 또는 조리상의 신청권이 있어야 한다는 입장임

2) 학설

○ 이에 대하여 학설은 ① 신청권을 거부처분의 요건으로 보아야 한다는 견해(대상적격설), ② 신청권의 존재 여부는 본안에서 가려야 할 문제라고 보는 견해(본안문제설), ③ 신청권의 존재는 거부처분의 성립요건이 아니라 원고적격의 문제라고 보는 견해(원고적격설)가 대립되고 있음. ④ '신청권'의 존부는 '원고에게 그러한 추상적 신청권이 인정되는가' 하는 문제라는 점에서 원고적격설이 타당함

(2) 취소판결의 기속력

○ 취소판결의 취지에 따르도록 당사자인 행정청과 그 밖의 관계행정청을 구속하는 효력

○ 기속력은 행정청에 대하여 판결의 취지에 따를 의무를 부과하는 것임. 따라서 기속력은 취소판결의 실효성을 확보하기 위한 것임

○ 행정청이 취소판결의 취지에 따라 일정한 처분을 하여야 할 재처분의무를 부담함

○ 행정소송법 제30조 제2항은 거부처분의 취소판결에 따른 재처분의무를 규정하고 있음

(3) 간접강제

○ 행정청이 거부처분취소판결이나 부작위위법확인판결이 확정되었음에도 행정소송법 제30조 제2항의 규정에 의한 처분을 하지 아니하는 경우에 법원이 행정청에게 일정한 배상을 할 것을 명하는 제도(행소법 34 ①, 38 ②)

○ 간접강제는 민사집행법의 간접강제(민사집행법 261)와 유사한 제도로서, 이는 비대체적 작위의무의 이행을 간접적으로 강제하기 위한 것임. 거부처분취소판결이나 부작위위법확인판결의 경우에도 행정청이 부담하는 재처분의무는 비대체적 작위의무이므로, 이를 강제하기 위해서 행정소송법에도 간접강제제도를 도입하게 된 것임

□ 경정처분의 경우[140]

1. 문제의 소재

○ 예컨대 행정청이 과세처분을 한 후 이를 감액하거나 증액하는 처분을 하는 경우가 있음. 이 경우 당초처분에 대하여 감액 또는 증액된 처분을 경정처분(更正處分)이라 하는데, 이 경우 당초처분과 경정처분 가운데 어느 것이 항고소송의 대상이 되는가 하는 것이 문제임

2. 학설

○ 이에 대하여는 ① 당초처분과 경정처분은 독립된 처분으로 별개의 소송대상이라는 견해, ② 경정처분만이 소송의 대상이 된다는 견해, ③ 수정된 당초의 처분이 소송의 대상이라는 견해 등이 제시되고 있음

3. 판례

① 감액경정처분은 당초처분의 일부 효력을 취소하는 처분으로서, 소송의 대상은 경정처분으로 인하여 감액되고 남아 있는 당초처분이라고 보고 있음. 이 경우 제소기간의 준수 여부도 당초처분을 기준으로 판단하여야 함. 이 법리는 행정심판의 이행재결에 따른 감액경정처분의 경우에도 마찬가지임(대판 2009.5.28, 2006두16403; 대판 2012.9.27, 2011두27247)

② 증액경정처분의 경우, 당초처분은 증액경정처분에 흡수되어 독립한 존재가치를 상실하여 당연히 소멸하고, 증액경정처분만이 소송의 대상이 됨(대판 2000.9.8, 98두16149). 그러나 증액경정처분이 제척기간 경과 후에 이루어진 경우에는 증액부분만이 무효로 되고 제척기간 경과 전에 있었던 당초 처분은 유효한 것이므로, 납세의무자로서는 그와 같은 증액경정처분이 있었다는 이유만으로 당초 처분에 의하여 이미 확정되었던 부분에 대하여 다시 위법 여부를 다툴 수는 없음(대판 2004.2.13, 2002두9971)

□ 종전처분을 변경하는 내용의 후속처분의 처분성 인정 여부[141]

1. 문제의 소재

○ 행정청이 영업제한시간 및 의무휴업일 지정처분을 한 후 종전처분에서의 영업제한시간을 일부 연장하는 것을 내용으로 하는 후속처분을 하는 경우에 종전처분과 후속처분 중 어느 것이 항고소송의 대상이 되는가 하는 것이 문제임

---

140) 강론, 886면 이하.
141) 강론, 887면 이하.

2. 판례

○ 대법원은 후속처분이 종전처분을 완전히 대체하는 것이거나 주요 부분을 실질적으로 변경하는 내용인 경우가 아닌 한, 후속처분에도 불구하고 종전처분이 여전히 항고소송의 대상이 된다고 하고 있음

○ 관련 판례

"기존의 행정처분을 변경하는 내용의 행정처분이 뒤따르는 경우, 후속처분이 종전처분을 완전히 대체하는 것이거나 그 주요 부분을 실질적으로 변경하는 내용인 경우에는 특별한 사정이 없는 한 종전처분은 그 효력을 상실하고 후속처분만이 항고소송의 대상이 되지만(대법원 2012.10.11. 선고 2010두12224 판결 등 참조), 후속처분의 내용이 종전처분의 유효를 전제로 그 내용 중 일부만을 추가·철회·변경하는 것이고 그 추가·철회·변경된 부분이 그 내용과 성질상 나머지 부분과 불가분적인 것이 아닌 경우에는, 후속처분에도 불구하고 종전처분이 여전히 항고소송의 대상이 된다고 보아야 한다.

… 2014.8.25.자 처분은 종전처분 전체를 대체하거나 그 주요 부분을 실질적으로 변경하는 내용이 아니라, 의무휴업일 지정 부분을 그대로 유지한 채 영업시간 제한 부분만을 일부 변경하는 것으로서, 2014.8.25.자 처분에 따라 추가된 영업시간 제한 부분은 그 성질상 종전처분과 가분적인 것으로 여겨진다. 따라서 2014.8.25.자 처분으로 종전처분이 소멸하였다고 볼 수는 없고, 종전처분과 그 유효를 전제로 한 2014.8.25.자 처분이 병존하면서 위 원고들에 대한 규제 내용을 형성한다고 할 것이다. 그러므로 이와 다른 전제에서 2014.8.25.자 처분에 따라 종전처분이 소멸하여 그 효력을 다툴 법률상 이익이 없게 되었다는 취지의 피고 동대문구청장의 이 부분 상고이유 주장은 이유 없다(대판 2015.11.19, 2015두295 전원합의체)."

□ 원처분주의[142]

1. 의의

○ 원처분주의: 원처분과 재결 모두 취소소송의 대상이 될 수 있으나, 원처분의 위법은 원처분취소소송에서만 주장할 수 있고, 재결취소소송에서는 재결 자체의 고유한 위법만을 주장할 수 있는 제도

○ 재결주의: 재결에 대해서만 취소소송을 제기할 수 있도록 하되 재결취소소송에서는 재결의 위법뿐 아니라 원처분의 위법도 주장할 수 있는 제도

---

142) 강론, 888면 이하.

2. 행정소송법(원처분주의)

- ○ 행정소송법은 "재결취소소송의 경우에는 재결 자체에 고유한 위법이 있음을 이유로 하는 경우에 한한다(행소법 19 단서)."고 규정하여 원처분주의를 채택

□ 재결취소소송의 사유[143]

- ○ 재결취소소송은 재결 자체에 고유한 위법이 있음을 이유로 하는 경우에만 가능함. 따라서 원처분의 위법을 이유로 하는 재결취소소송은 불가능함. 여기에서 '재결 자체의 고유한 위법'이란 재결 자체에 주체·형식·절차·내용요건상의 하자가 있는 경우를 의미함

□ 인용재결 취소소송이 재결취소소송인지 여부

1. 문제의 제기

- ○ 인용재결의 내용의 위법을 다투는 것은 심판청구의 제3자의 경우에 문제가 됨. 이 경우 제3자가 제기하는 취소소송이 행정소송법 제19조 단서의 재결취소소송인가가 문제임

2. 학설 및 판례

- ○ 이에 대하여 ① 일설은 당해 인용재결은 형식적으로는 재결이나 실질적으로는 제3자에게 최초의 처분의 성질을 가지는 것이므로 처분취소소송으로 보아야 한다고 주장하지만,
- ○ ② 행정심판의 인용재결로 인하여 비로소 불이익을 입게 되는 자에게는 인용재결을 다툴 수 있게 해 주어야 하고, 이 경우 인용재결은 원처분과는 내용이 다른 것이므로 인용재결의 취소소송은 재결 자체의 고유의 위법을 주장하는 재결취소소송이 된다는 견해가 대다수의 견해이자 판례의 입장임(대판 2001.5.29, 99두10292)

□ 인용재결의 경우 취소소송의 대상[144]

1. 형성재결

- ○ 형성재결이 있으면 그 자체로 법률관계가 형성되고 처분청의 별도의 행위를 요하는 것이 아니므로, 형성재결의 경우 형성재결 그 자체가 취소소송의 대상이 됨(대판 1997.12.23, 96누10911)

---

143) 강론, 890면 이하.
144) 강론, 892면 이하.

2. 이행재결

○ 처분의 이행을 명하는 이행재결에 의하여 행정청이 처분을 하고 이행재결 자체에 고유한 위법이 있는 경우에, 취소소송의 대상이 이행재결인지 이행재결에 따른 처분인지 논란이 있음

○ 이에 대해서는 ① 이행재결과 처분이 각각 취소소송의 대상이 되어야 한다는 견해(병존설), ② 처분은 이행재결의 기속력에 따른 것이므로 이행재결에 대한 취소가 선행되어야 한다는 견해(재결설), ③ 이행재결이 있더라도 행정청의 처분이 있기 까지는 당사자의 권익이 침해되었다고 볼 수 없으므로 이행재결에 따른 처분만이 취소소송의 대상이 되어야 한다는 견해(처분설)가 대립하고 있음

○ 판례는 이행재결취소소송과 처분취소소송이 모두 가능하다는 입장임(대판 1993.9.28, 92누15093)

○ 이행재결 자체가 위법하고 이에 따른 처분도 위법하다고 판단된다면, 이행재결에 대한 재결취소소송이외에도 처분에 대한 처분취소소송도 허용된다고 보아야 하므로 병존설 및 판례의 입장이 타당함

□ 일부인용재결(일부취소재결)과 변경재결 중 취소소송의 대상[145)

1. 문제의 소재

○ 일부인용재결(예: 영업정지 2개월을 1개월로 감경)과 변경재결(영업정지처분을 과징금부과처분으로 변경)이 있은 후에도 당사자가 여전히 불복하고자 하는 경우 재결과 원처분 중 어느 것을 취소소송의 대상으로 하여야 하는지 문제임

2. 학설

○ 이에 대해서는 ① 일부취소재결이나 변경재결을 구별하지 않고, 재결 자체에 고유한 위법사유가 없는 한 재결은 소의 대상이 되지 않고, 재결로 인하여 '일부취소되고 남은 원처분' 또는 '변경된 원처분'이 소송의 대상이 된다는 견해, ② 일부취소재결이나 변경재결을 구별하여, 일부취소재결의 경우에는 남은 원처분이 소송의 대상이 되나, 변경재결의 경우에는 변경재결로 원처분은 취소되므로 변경재결을 소송의 대상으로 하여야 한다는 견해가 대립되고 있음

3. 판례

○ 판례는 변경재결과 관련하여 원처분주의 원칙상 재결 자체에 고유한 위법이 없는 한 원처분이 취소소송의 대상이 된다는 입장임(대판 1993.8.24, 93누5673). 일부취소재결에 대한 판례는 없

---

145) 강론, 893면 이하.

으나, 원처분주의에 대한 판례의 입장에서 볼 때 변경재결의 경우와 같은 입장이라고 볼 수 있음

4. 결어

○ 생각건대 원처분주의는 일부취소재결이나 변경재결의 경우에도 그대로 타당하여야 하고, 변경재결로 원처분이 취소되는 것은 아니므로 논리적으로는 ①의 견해가 타당함

□ 인용재결에 따른 변경처분과 원처분 중 취소소송의 대상[146]

1. 문제의 제기

○ 행정청이 원처분 이후에 원처분을 변경하는 변경처분을 한 경우에, 변경처분과 변경된 원처분 중 어느 처분이 취소소송의 대상이 되는지가 문제임

2. 학설

① 변경된 원처분과 변경처분은 독립된 처분으로 모두 취소소송의 대상이 된다는 견해
② 원처분은 변경처분에 흡수되므로 변경처분만이 소송의 대상이 된다는 견해
③ 변경처분은 원처분에 흡수되므로 원처분만이 소송의 대상이 된다는 견해

3. 판례

○ 판례는 변경된 내용의 원처분이 취소소송의 대상이 된다는 입장임(대판 2007.4.27, 2004두9302). 판례는 일부취소처분의 경우에도 일부취소 후 남은 원처분이 취소소송의 대상이 된다고 봄(대판 2012.9.27, 2011두27247)

4. 결어

○ 생각건대 일부취소나 변경처분은 원처분을 변경하는 행위로, 이로써 원처분이 소멸하는 것은 아니라는 점에서 원처분이 소송의 대상이라는 견해가 타당함

□ 취소소송의 제소기간[147]

1. 의의

○ 제소기간은 소송제기가 허용되는 기간을 말함

---

146) 강론, 894면 이하.
147) 강론, 896면 이하.

○ 취소소송은 처분 등이 있음을 안 날부터 90일 이내 또는 처분 등이 있은 날부터 1년 이내에 제기하여야 함(행소법 20)

2. 처분이 있음을 안 날부터 90일

(1) 행정심판을 거치지 않은 경우

○ 취소소송은 처분 등이 있음을 안 날부터 90일 이내에 제기하여야 함(행소법 20 ① 문).
○ '처분이 있음을 안 날'이라 함은 당사자가 통지, 공고 기타의 방법에 의하여 당해 처분이 있었다는 사실을 현실적으로 안 날을 의미하고 구체적으로 그 행정처분의 위법 여부를 판단한 날을 가리키는 것은 아님
○ 고시 또는 공고에 의하여 행정처분을 하는 경우, 그에 대한 취소소송의 제소기간의 기산일은 '고시 또는 공고의 효력발생일'임

  "통상 고시 또는 공고에 의하여 행정처분을 하는 경우에는 그 처분의 상대방이 불특정 다수인이고, 그 처분의 효력이 불특정 다수인에게 일률적으로 적용되는 것이므로, 그 행정처분에 이해관계를 갖는 자는 고시 또는 공고가 있었다는 사실을 현실적으로 알았는지 여부에 관계없이 고시가 효력을 발생하는 날에 행정처분이 있음을 알았다고 보아야 하고, 따라서 그에 대한 취소소송은 그 날로부터 90일 이내에 제기하여야 한다(대판 2007.6.14, 2004두619)."

(2) 행정심판을 거친 경우

○ 다른 법률에서 당해 처분에 대한 행정심판의 재결을 거치지 아니하면 취소소송을 제기할 수 없다고 규정한 경우(행소법 18 단서)와 그 밖에 행정심판청구를 할 수 있는 경우 또는 행정청이 행정심판청구를 할 수 있다고 잘못 알린 경우에 행정심판청구가 있은 때의 제소기간 또한 90일이며, 그 기간은 재결서의 정본을 송달받은 날부터 기산함(행소법 20 ① 단서)

(3) 불변기간

○ 이상의 90일의 제소기간은 법정기간으로 법원 등이 이를 변경할 수 없는 불변기간임(행소법 20 ③)

3. 처분이 있은 날부터 1년

(1) 행정심판을 거치지 않은 경우

○ 취소소송은 처분 등이 있은 날부터 1년을 경과하면 이를 제기하지 못함(행소법 20 ②)
○ '처분이 있은 날'이라 함은 상대방이 있는 행정처분의 경우는 특별한 규정이 없는 한 의사표시의 일반적 법리에 따라 그 행정처분이 상대방에게 고지되어 효력이 발생한 날을 의미함(대판 1990.7.13, 90누2284)
○ '처분이 있음을 안 날'과 '처분이 있은 날' 중 어느 하나의 기간이 만료되면 제소기간이 종료됨

(2) 행정심판을 거친 경우

○ 다른 법률에서 당해 처분에 대한 행정심판의 재결을 거치지 아니하면 취소소송을 제기할 수 없다고 규정한 경우와 그 밖에 행정심판청구를 할 수 있는 경우 또는 행정청이 행정심판청구를 할 수 있다고 잘못 알린 경우에 행정심판청구가 있은 때(행소법 20 ① 단서)의 제소기간은 재결이 있은 날부터 1년임(행소법 20 ②)

□ 소의 변경[148]

1. 의의

○ 소의 변경이란 소송 중에 원고가 소송의 대상인 청구를 변경하는 것을 말하며, 청구의 변경이라고도 함

2. 행정소송과 민사소송 간의 소의 변경

○ 행정소송법은 행정소송과 민사소송 사이의 소의 변경에 관하여는 아무런 규정을 두고 있지 않아, 이와 같은 소의 변경이 허용되는지에 관하여 견해의 대립이 있음

(1) 부정설

○ ① 민사소송과 행정소송은 동종의 소송절차가 아니고, ② 행정소송의 소의 변경의 경우 피고의 변경을 수반할 수 있다는 점에서, 소의 변경은 허용되지 않는다는 견해

(2) 긍정설

○ ① 양 당사자는 실제로는 동일성이 유지되고 있고, ② 행정법원이 당해 민사사건을 심판하는 것도 가능하다는 점에서 소의 변경을 허용할 수 있다는 견해

(3) 판례

○ 판례는 민사소송의 수소법원이 행정소송에 대한 관할도 동시에 가지고 있는 경우에만 항고소송으로의 변경을 허용하는 입장임(제한적 긍정설). 다만 항고소송을 민사소송으로 변경하는 것에 대한 판례는 아직 없음

○ "행정소송법상 항고소송으로 제기하여야 할 사건을 민사소송으로 잘못 제기한 경우에 수소법원이 그 항고소송에 대한 관할도 동시에 가지고 있다면, 전심절차를 거치지 않았거나 제소기간을 도과하는 등 항고소송으로서의 소송요건을 갖추지 못했음이 명백하여 항고소송으로 제기되었더라도 어차피 부적법하게 되는 경우가 아닌 이상, 원고로 하여금 항고소송으로 소 변

---

148) 강론, 905면 이하.

경을 하도록 석명권을 행사하여 행정소송법이 정하는 절차에 따라 심리·판단하여야 한다(대판 2020.1.16, 2019다264700)."

□ 가구제[149]

1. 가구제의 의의

○ 판결이 확정되기 전에 잠정적으로 원고의 권리를 보전하여 승소판결이 원고의 실질적인 권리구제가 될 수 있도록 하는 것

2. 종류

○ 행정소송에서의 가구제제도로는 ① 침익적 처분(예: 영업정지, 인·허가취소, 철거명령 등)에 대한 집행정지제도와 ② 수익적 처분(예: 인허가의 발급, 급부결정 등)의 신청을 거부하는 처분이나 부작위에 대한 가처분제도를 생각해 볼 수 있음

□ 집행정지제도[150]

1. 집행부정지의 원칙

○ "취소소송의 제기는 처분 등의 효력이나 그 집행 또는 절차의 속행에 영향을 주지 아니한다(행소법 23 ①)."고 하여 집행부정지를 원칙으로 규정

2. 집행정지의 의의

○ 행정소송법은 "취소소송이 제기된 경우에 처분 등이나 그 집행 또는 절차의 속행으로 인하여 생길 회복하기 어려운 손해를 예방하기 위하여 긴급한 필요가 있다고 인정할 때에는 본안이 계속되고 있는 법원은 당사자의 신청 또는 직권에 의하여 처분 등의 효력이나 그 집행 또는 절차의 속행의 전부 또는 일부의 정지를 결정할 수 있다(행소법 23 ②)."고 규정하여 예외적으로 집행정지 인정

3. 집행정지의 요건

○ 집행정지가 결정되기 위해서는 '적극적 요건'으로서 ① 본안소송이 계속되고, ② 처분 등이 존재하며, ③ 회복하기 어려운 손해를 예방하기 위한 것이어야 하고, ④ 긴급한 필요가 있어야 하며, '소극적 요건'으로서 ⑤ 공공복리에 중대한 영향을 미칠 우려가 없어야 함

---

149) 강론, 912면 이하.
150) 강론, 913면 이하.

(1) 본안소송의 계속

- 집행정지를 위해서는 본안소송이 계속 중이어야 함(대결 1988.6.14, 88두6)
- 따라서 집행정지신청은 취소소송의 제기 후 또는 적어도 소제기와 동시에 하여야 하고, 제소 이전에 집행정지신청을 할 수 없음

(2) 처분 등의 존재

1) '처분 등'이 존재할 것

- 집행정지는 본안소송의 대상이 되는 처분 등의 효력에 대한 정지를 구하는 것이므로 처분 등이 존재하여야 함. 그러므로 부작위, 처분 등의 효력이 발생하기 전, 처분 등이 소멸된 경우에는 집행정지의 대상인 처분이 존재하지 않은 경우임

2) 거부처분[151]

- 집행정지는 소극적으로 처분이 없던 종전의 상태를 유지시키는 것이지 적극적으로 종전의 상태를 변경시키는 것이 아니라는 점에서 신청에 대한 거부처분의 경우 집행정지가 허용되는가 하는 것이 문제임

① 학설

(a) 긍정설

- 집행정지결정에 기속력이 있으므로 거부처분에 대한 집행정지결정에 따라 행정청의 재처분의무가 발생한다고 볼 수 있으므로 거부처분에 대한 집행정지의 이익이 있다는 견해

(b) 부정설

- 거부처분의 집행을 정지하더라도 거부처분이 없었던 것과 같은 상태로 되돌아가는 데에 불과하고, 행정소송법은 집행정지결정과 관련 기속력에 관한 제30조 제1항만 준용할 뿐 재처분의무에 관한 제30조 제2항은 준용하지 않고 있기 때문에 행정청에게 재처분의무가 생기는 것이 아니므로 거부처분에 대한 집행정지의 이익이 없다는 견해

(c) 제한적 긍정설

- 원칙적으로 부정설의 입장이 타당하지만, 거부처분의 집행정지로 거부처분이 없었던 것과 같은 상태로 되돌아감에 따라 신청인에게 어떠한 법적 이익이 있는 예외적인 경우에는 거부처분에 대한 집행정지신청이 허용된다는 견해

② 판례

- 대법원은 부정설의 입장

---

151) 강론, 914면 이하.

③ 결어

○ 제한적 긍정설의 입장이 타당함

○ 예컨대 ① 인·허가에 붙은 기간을 인·허가 자체의 존속기간이 아니라 조건의 존속기간으로 볼 수 있는 경우 기간연장신청거부처분의 집행정지결정으로 인·허가의 효력이 지속되는 이익, ② 외국인체류기간연장신청 거부처분의 집행정지결정으로 강제출국을 당하지 않을 이익 등 거부처분의 집행정지로 신청인에게 법적 이익이 있을 수 있는 경우에는 집행정지신청이 허용된다고 보는 것이 제도의 취지에 부합하는 해석임

(3) 회복하기 어려운 손해예방의 필요

○ 판례는 '회복할 수 없는 손해'란 "특별한 사정이 없는 한 금전으로 보상할 수 없는 손해라 할 것이며 이는 금전보상이 불능한 경우뿐만 아니라 금전보상으로는 사회관념상 행정처분을 받은 당사자가 참고 견딜 수 없거나 참고 견디기가 현저히 곤란한 경우의 유형·무형의 손해"라고 판시(대결 2011.4.21, 2010무111 전원합의체)

○ 판례는 '기업의 이미지나 신용의 훼손'이 '회복하기 어려운 손해'에 해당한다고 하기 위해서는 "그 경제적 손실이나 기업 이미지 및 신용의 훼손으로 인하여 사업자의 자금사정이나 경영 전반에 미치는 파급효과가 매우 중대하여 사업 자체를 계속할 수 없거나 중대한 경영상의 위기를 맞게 될 것으로 보이는 등의 사정이 존재하여야 한다(대결 2003.4.25, 2003무2)."고 보고 있음

(4) 긴급한 필요

○ '긴급한 필요'는 회복하기 어려운 손해가 발생할 가능성이 시간적으로 절박하여 이를 예방하기 위하여 본안판결까지 기다릴 시간적인 여유가 없는 경우를 말함

(5) 공공복리에 중대한 영향을 미칠 우려가 없을 것(소극적 요건)

○ 집행정지의 적극적 요건이 충족되더라도 집행을 정지하는 것이 공공복리에 중대한 영향을 미칠 우려가 없어야 함(행소법 23 ③)

(6) 본안청구가 이유 없음이 명백하지 아니할 것

○ 본안청구가 이유 없음이 명백하지 아니할 것을 집행정지의 소극적 요건으로 볼 것인가에 관하여 학설상 논란이 있음

○ 집행정지는 본안에서의 원고의 승소 가능성을 전제로 하는 권리보호수단이라는 점에서 소극적 요건으로 하는 것이 타당하다는 것이 일반적 견해이고, 판례도 같은 입장임

4. 집행정지요건의 주장책임

○ 판례는 집행정지의 적극적 요건에 관한 주장·소명책임은 원칙적으로 신청인측에게 있고(대결 2011.4.21, 2010무111), 집행정지의 소극적 요건에 대한 주장·소명책임은 행정청에게 있다고 함 (대결 1999.12.20, 99무42)

□ 가처분제도[152]

1. 의의

○ 금전 이외의 특정한 급부를 목적으로 하는 청구권의 집행을 보전하거나 다툼이 있는 권리관계에 관하여 임시의 지위를 보전하는 것을 목적으로 하는 가구제제도
○ 행정소송법에는 가처분에 관한 규정은 없고 집행정지만을 규정하고 있을 뿐임
○ 이와 관련하여 민사집행법에는 가처분에 관하여 규정하고 있는데, 행정소송법상 민사집행법의 가처분을 준용한다는 명문의 규정은 없지만, 이를 행정소송에도 준용할 수 있는지의 여부에 대하여 논란이 있음

2. 가처분의 항고소송에의 준용 여부

(1) 적극설(긍정설)

○ 행정소송법에는 특별히 민사집행법상의 가처분을 배제하는 규정이 없고, 행정소송법 제8조 제2항에 따라 민사집행법상의 가처분규정이 행정소송에 준용될 수 있다는 견해

(2) 소극설(부정설)

○ 행정처분에 대한 가처분을 하는 것은 사법권의 범위를 벗어나는 것이고, 또한 행정소송법이 집행정지를 규정하고 있는 것은 행정소송에서 가구제에 관한 민사집행법상의 가처분을 배제하는 특례규정이라고 보아야 하며, 우리 행정소송법은 의무이행소송이나 예방적 부작위청구소송을 인정하고 있지 않으므로, 민사집행법상의 가처분에 관한 규정은 행정소송에 준용될 수 없다는 견해

(3) 제한적 긍정설

○ 행정소송법이 규정하고 있는 집행정지제도를 통하여 가구제의 목적을 달성할 수 있는 한 민사집행법상의 가처분규정이 적용될 여지가 없지만, 집행정지만으로는 가구제의 목적을 달성할 수 없는 경우에는 가처분이 인정될 수 있다는 견해

---

152) 강론, 922면 이하.

(4) 판례

○ 판례는 소극설과 같은 입장임(대결 1992.7.6, 92마54)

(5) 결어

○ 행정소송법이 명문으로 이행소송이나 예방적 금지소송을 규정하고 있지 않을 뿐 이와 같은 소송유형을 인정하는 것이 전혀 불가능한 것만은 아니라는 점에서 제한적 긍정설 타당
○ 한편 2013년 입법예고된 행정소송법 개정안에는 가처분에 관한 규정이 포함되어 있음

□ 위법성 판단의 기준시[153]

1. 문제의 소재

○ 처분 이후에 당해 처분의 근거가 된 법령이 개폐되거나 사실상태가 변경된 경우 법원은 어느 시점의 사실상태 및 법상태를 기준으로 처분의 위법성을 판단하여야 하는지가 문제임

2. 학설 및 판례

(1) 처분시설(處分時說)

○ 처분의 위법성판단은 처분시의 법령 및 사실상태를 기준으로 하여야 한다는 견해(통설)
○ 판결시를 기준으로 하면 행정의 일차적 판단권을 침해하는 것이 되어 권력분립의 원칙에 위배된다는 점을 논거로 함

(2) 판결시설(判決時說)

○ 취소소송의 본질을 위법상태의 배제로 보아 처분의 위법성판단은 판결시의 법령 및 사실상태를 기준으로 하여야 한다는 견해

(3) 절충설

○ 원칙적으로 처분시설을 취하면서, 예외적으로 계속적 효력을 가지는 처분(예: 건축물의 사용금지처분)이나 미집행처분(예: 집행되지 않고 있는 철거명령)의 경우 판결시를 기준으로 하자는 견해 또는 거부처분의 위법성판단은 판결시의 법상태 및 사실상태를 기준으로 하자는 견해

(4) 판례

○ 판례는 처분시설의 입장임

---

153) 강론, 935면 이하.

(5) 결론

○ 처분의 위법성은 처분시를 기준으로 하여 판단하는 것이 국민의 권리구제와 행정에 대한 통제를 목적으로 하는 취소소송의 본질에 부합한다는 점에서 처분시설이 타당함

□ 처분사유의 추가 · 변경[154]

1. 의의

○ 처분 당시에 존재하였으나 행정청이 처분사유로 제시하지 않았던 사실상 · 법률상의 근거를 사후에 행정소송절차에서 처분의 적법성을 유지하기 위하여 새로이 추가하거나 그 내용을 변경하는 것

2. 허용성

(1) 긍정설

○ 취소소송의 소송물을 처분의 위법성 일반으로 보아 처분사유의 추가 · 변경은 원칙적으로 제한되지 않는다는 견해

(2) 부정설

○ 취소소송의 소송물을 그 처분사유에 특정된 처분의 위법성으로 보아 처분사유의 추가 · 변경은 허용되지 않는다는 견해

(3) 개별적 결정설

○ 처분사유의 추가 · 변경은 행위 및 소송의 유형에 따라 그 허용범위를 달리 정하여야 한다는 견해

(4) 제한적 긍정설

○ 분쟁의 일회적 해결 · 소송경제 및 원고의 보호를 고려할 때 기본적 사실관계의 동일성이 유지되는 범위 내에서 사실심 변론종결시까지 처분사유의 추가 · 변경이 가능하다는 견해로, 다수설 및 판례(대판 2011.11.24, 2009두19021)의 입장임

3. 허용요건 및 한계

(1) 기본적 사실관계의 동일성

○ 판례는 처분사유의 추가 · 변경은 기본적 사실관계의 동일성이 인정되는 한도 내에서만 허용

---

154) 강론, 938면 이하.

되고, 그 동일성 유무는 처분사유를 법률적으로 평가하기 이전의 구체적 사실에 착안하여 그 기초인 사회적 사실관계가 기본적인 점에서 동일한지에 따라 결정되어야 한다고 함(대판 2011. 11.24, 2009두19021)

○ 처분청은 당초 처분의 근거로 삼은 사유와 기본적 사실관계에 있어서 동일성이 있다고 인정되지 않는 별개의 사실을 들어 처분사유로 주장함은 허용되지 아니함(대판 2005.4.15, 2004두10883)

(2) 소송물의 동일성(처분의 동일성)

○ 처분사유의 변경은 취소소송의 소송물의 동일성을 유지하는 범위 내에서만 가능함. 만약 처분사유의 변경으로 소송물이 변경되면, 이는 청구의 변경에 해당되어, 처분사유의 추가 · 변경이 아닌, 소의 변경이 문제되기 때문임

(3) 시간적 한계

1) 추가·변경사유의 기준시

○ 일반적 견해 및 판례의 입장인 처분시설에 따르면 처분 이후에 발생한 새로운 처분사유는 추가 · 변경의 대상이 되지 않음

2) 추가·변경의 허용시점

○ 처분사유의 추가 · 변경은 사실심 변론종결시까지만 허용됨(대판 1999.8.20, 98두17043)

(4) 기타 한계 문제: 재량행위의 경우

○ 재량행위의 경우 처분사유의 추가 · 변경이 허용될 것인가 하는 문제와 관련하여, ① 재량행위의 경우 처분사유(재량고려사항)의 추가 · 변경은 처분의 동일성을 변경시키기 때문에 원칙적으로 허용되지 않는다는 견해, ② 재량고려사항은 처분사유가 아니므로 재량고려사항만 추가 · 변경하는 것은 처분의 변경이 아니라는 견해, ③ 재량고려사항을 처분사유로 보면서 재량고려사항의 추가 · 변경을 인정하는 견해가 있으나, ④ 기본적 사실관계의 동일성이 인정되는 범위 내라면 재량고려사항의 추가·변경은 허용된다고 볼 수 있으므로 ②설이 타당함

□ 취소소송의 기판력이 후소인 국가배상소송에 미치는지 여부[155]

1. 국가배상법상의 법령위반과 취소소송에서의 위법성의 동일성 여부

(1) 법령위반의 관념에 관한 학설 및 판례

1) 결과불법설

○ 국가배상법상의 법령위반을 가해행위의 결과인 손해의 불법성을 의미한다고 보는 견해

○ 결과불법설에 의하면 위법성의 개념이 상당한 정도로 확장될 가능성이 큼

2) 상대적 위법성설

○ 공무원의 직무집행행위가 법령에 위반한 것뿐 아니라, 피침해이익의 성격, 침해의 정도, 가해행위의 태양 등 손해발생과 관련한 여러 가지 정황적 요소를 종합적으로 고려하여 위법성을 판단하는 견해

○ 일본의 다수설 및 판례의 입장(위법성 개념의 상대화)

3) 행위위법설

○ 공무원의 직무행위의 행위규범에의 적합 여부를 기준으로 위법성 여부를 판단하여야 한다는 견해

○ 법령위반의 관념과 관련하여 행위위법설은 다시 협의와 광의의 행위위법설로 나뉘는데, ① 협의의 행위위법설은 국가배상에서의 위법의 개념은 취소소송에서의 위법의 개념과 동일하다고 보는 관점에서 엄격한 의미에서의 법령위반만을 위법으로 보는 견해이고, ② 광의의 행위위법설은 국가의 배상책임을 인정하고 있는 취지를 고려하여, 국가배상에서의 위법은 엄격한 의미에서의 법령위반뿐 아니라 널리 신의성실·공서양속·권력남용금지 등의 위반도 포함되는 것으로 보는 견해임. 광의의 행위위법설이 종래의 통설임

4) 직무의무위반설

○ 국가배상에서의 법령위반을 공무원의 직무의무의 위반으로 보는 견해

5) 판례

○ 판례는 국가배상책임에 있어 법령위반의 의미를 엄격한 의미의 법령위반뿐 아니라 널리 신의성실·공서양속·권력남용금지 등의 위반도 포함되는 것으로 보고 있어 광의의 행위위법설의 입장으로 판단됨

(2) 소결

○ 위법의 개념과 관련하여 취소소송에서의 위법의 개념과 국가배상에서의 위법의 개념을 동일한 것으로 볼 것인지가 문제인데, 이와 관련하여서는 우선 양자를 동일한 것으로 보는 견해(위법성 동일설)와 국가배상에서의 위법의 개념이 취소소송에서의 위법 보다 넓다고 보는 견해(위법성 상대화설)가 있음. 대체로 전자에 해당되는 경우가 행위위법설이고 후자에 해당되는 경우가 상대적 위법성설과 결과불법설임. 행위위법설은 위법의 개념은 동일하게 보지만 법령위반의 범위를 엄격하게 해석하느냐의 여부에 따라 다시 협의설과 광의설로 나뉨

○ 결론적으로 공법관계에서의 위법의 판단은 당해 행위가 근거법령에 위반하였는지의 여부가 기준이 되어야 한다는 점에서 행위위법설이 타당하나, 결과적으로는 각 학설 간의 별 차이는 없음

2. 취소소송의 기판력이 후소인 국가배상소송에 미치는지 여부

○ 위법의 개념이 취소소송과 국가배상에서 동일한가의 문제는 처분에 대한 취소소송이 확정된 후에 국가배상청구소송을 제기한 경우 취소소송의 판결의 기판력이 후소인 국가배상소송에 미치는가 하는 문제와 관련되어 있음

(1) 기판력부정설

○ 위법성 상대화설의 입장으로, 취소소송에서의 위법과 국가배상에서의 위법은 서로 다른 개념 이므로, 취소소송에서의 판결의 기판력은 국가배상소송에 영향을 미치지 않는다는 견해임

(2) 기판력긍정설

○ 위법성 동일설의 입장 가운데 협의의 행위위법설의 입장에서는 취소소송에서의 위법과 국가배 상에서의 위법은 동일하므로, 취소소송의 판결의 기판력은 국가배상소송에 영향을 미친다고 봄

(3) 제한적 긍정설

○ 위법성 동일설의 입장 가운데 광의의 행위위법설의 입장에서는 취소소송에서의 위법과 국가 배상에서의 위법은 차이가 있을 수 있으므로, 취소소송에서 인용판결의 기판력은 국가배상소 송에 영향을 미치지만, 기각판결의 기판력은 미치지 않는다고 봄

(4) 취소소송의 소송물을 근거로 한 제한적 긍정설

○ 취소소송의 소송물을 '당해 처분이 위법하여 본인의 권리를 침해하고 있다는 당사자의 법적 주장'으로 이해하면서, 취소소송과 국가배상에서의 위법개념이 동일한가의 여부와 관계없이, 취소소송의 인용판결은 국가배상소송에 영향을 미치지만 기각판결은 미치지 않는다고 보는 견해. 취소소송은 주관소송이라는 점에서 이 견해가 타당함

(5) 판례

○ 판례는 "행정처분이 나중에 항고소송에서 위법하다고 판단되어 취소되더라도 그것만으로 행 정처분이 공무원의 고의나 과실로 인한 불법행위를 구성한다고 단정할 수 없다(대판 2021.6.30, 2017다249219)."고 하여 기판력부정설의 입장으로 보임

□ 취소판결의 기속력[156)]

1. 기속력의 의의와 성질

○ 취소판결의 취지에 따르도록 당사자인 행정청과 그 밖의 관계행정청을 구속하는 효력

---

156) 강론, 956면 이하.

○ 기속력은 행정청에 대하여 판결의 취지에 따를 의무를 부과하는 것임. 따라서 기속력은 취소판결의 실효성을 확보하기 위한 것임

○ 기속력의 성질에 대하여는 기판력설과 특수효력설이 대립되고 있는데, 후자가 통설이고 타당함. 판례의 입장은 분명치 않음

2. 내용

(1) 반복금지효

○ 취소판결이 확정되면 당사자인 행정청 및 관계행정청은 동일한 사안에서 동일한 당사자에 대하여 동일한 내용의 처분을 반복할 수 없음

○ 반복금지효에 위반하여 다시 확정판결과 저촉되는 처분을 하는 것은 허용되지 않으므로 이러한 처분은 위법한 것으로서 당연무효임(대판 1990.12.11, 90누3560)

(2) 재처분의무

1) 의의

○ 행정청이 취소판결의 취지에 따라 일정한 처분을 하여야 할 의무

○ 이에 따라 행정청은 '판결의 취지에 따라야 할 의무(판결의 취지에 반해서는 안 될 의무)'와 '재처분을 하여야 할 의무'를 부담하게 됨

2) 거부처분의 취소판결에 따른 재처분의무

○ 행정소송법 제30조 제2항은 거부처분의 취소판결에 따른 재처분의무를 규정하고 있음

3) 절차의 하자를 이유로 한 취소판결에 따른 재처분의무

○ 신청에 따른 처분(인용처분)이 절차의 위법을 이유로 취소되는 경우에도 행정청은 재처분의무를 부담함(행소법 30 ③)

(3) 결과제거의무

○ 취소판결이 있게 되면, 행정청은 위법한 처분으로 인하여 야기된 상태를 제거하여야 할 의무를 부담함. 이러한 의무에 대응하여 상대방은 공법상 결과제거청구권을 가짐

3. 효력범위

(1) 주관적 범위

○ 취소판결의 기속력은 당사자인 행정청과 그 밖의 관계행정청을 기속함

(2) 객관적 범위

○ 판결의 실효성 확보를 위하여 인정되는 효력으로서 판결의 주문뿐만 아니라 그 전제가 되는 처분 등의 구체적 위법사유에 관한 이유 중의 판단에 대하여도 인정됨

○ 따라서 취소소송에서 소송의 대상이 된 거부처분을 실체법상의 위법사유에 기하여 취소하는 판결이 확정된 경우에는 당해 거부처분을 한 행정청은 원칙적으로 신청을 인용하는 처분을 하여야 하고, 사실심 변론종결 이전의 사유를 내세워 다시 거부처분을 하는 것은 확정판결의 기속력에 저촉되어 허용되지 아니함(대판 2001.3.23, 99두5238)

1) 절차 또는 형식에 위법이 있는 경우

○ 절차 내지 형식의 위법을 이유로 처분을 취소하는 판결이 확정된 경우에 그 확정판결의 기속력은 확정판결에 적시된 절차 내지 형식의 위법사유에 한하여 미침

○ 따라서 처분권자가 그 확정판결에 적시된 위법사유를 보완하여 행한 새로운 처분은 확정판결에 의하여 취소된 종전의 처분과는 별개의 처분으로서 확정판결의 기속력에 저촉되는 것은 아님(대판 1992.5.26, 91누5242)

2) 내용에 위법이 있는 경우

○ 처분시를 기준으로 그 이전에 존재하였던 다른 사유를 근거로 다시 처분할 수 있는가 하는 것이 문제임

○ 판결의 기속력은 판결주문 및 이유에서 판단된 위법사유와 기본적 사실관계의 동일성이 인정되는 사유에 미친다고 하여야 할 것임

○ 따라서 행정청은 처분 이전에 존재하였던 사유로서 처분사유와 기본적 사실관계의 동일성이 없는 사유를 근거로 재처분하는 것은 기속력에 저촉되지 않으므로 가능함(대판 1991.8.9, 90누7326)

(3) 시간적 범위

○ 처분의 위법성판단과 관련하여 처분시설을 따르면, 기속력은 처분시를 기준으로 그때까지 존재하였던 사유에 한하고, 그 이후에 생긴 사유에는 미치지 않음

□ 간접강제[157]

1. 의의

○ 행정청이 거부처분취소판결이나 부작위위법확인판결이 확정되었음에도 행정소송법 제30조 제2항의 규정에 의한 처분을 하지 아니하는 경우에 법원이 행정청에게 일정한 배상을 할 것을 명하는 제도(행소법 34 ①, 38 ②)

○ 간접강제는 민사집행법의 간접강제(민사집행법 261)와 유사한 제도로서, 이는 비대체적 작위의무의 이행을 간접적으로 강제하기 위한 것임. 거부처분취소판결이나 부작위위법확인판결의 경우에도 행정청이 부담하는 재처분의무는 비대체적 작위의무이므로, 이를 강제하기 위해서 행정소송법에도 간접강제제도를 도입하게 된 것임

---

157) 강론, 962면 이하.

2. 요건

○ 간접강제를 하기 위해서는 ① 거부처분취소판결이나 부작위위법확인판결이 확정되어야 함. 이 경우 신청에 따른 처분이 절차의 위법을 이유로 취소되는 경우를 포함함. ② 그리고 거부처분취소판결 등이 확정되었음에도 행정청이 재처분을 하지 않아야 함. 이와 관련하여 판례는 행정청의 재처분이 무효인 경우에도 재처분이 없는 것과 마찬가지로 보아 '재처분을 하지 않은 경우'에 해당한다고 봄

3. 절차

○ 행정청이 재처분의무를 이행하지 아니한 때에는 ① 당사자는 제1심수소법원에 간접강제를 신청하여야 함. ② 제1심수소법원은 당사자의 신청이 이유가 있을 때에는 상당한 기간을 정하고 행정청이 그 기간내에 이행하지 아니하는 때에는 그 지연기간에 따라 일정한 배상을 명하거나 즉시 손해배상을 명하는 결정을 함. 행정소송법 제33조가 준용됨에 따라 간접강제결정은 피고 또는 참가인이었던 행정청이 소속하는 국가 또는 공공단체에 그 효력을 미침(행소법 33, 34 ②). ③ 간접강제결정이 있음에도 행정청이 재처분을 하지 않으면, 신청인은 그 간접강제결정을 집행권원으로 하여 집행문을 부여받아 배상금을 추심할 수 있음. ④ 간접강제신청에 따른 인용결정 및 기각결정에 대해서는 즉시항고를 할 수 있음(민사집행법 261 ②)

4. 적용범위

○ 간접강제규정은 부작위위법확인소송에도 준용됨(행소법 38 ②). 그러나 무효등확인판결의 경우 판결의 기속력 및 재처분의무에 관한 규정(행소법 30)은 준용되면서도 간접강제를 준용하는 규정이 없어(행소법 38 ①), 무효등확인판결에도 간접강제가 허용되는지에 대하여 논란이 있음

○ 이에 대하여는 ① 무효등확인판결에 따른 재처분의무는 인정되나 간접강제는 준용규정이 없어 허용되지 않는다는 부정설과 ② 무효등확인판결도 재처분의무가 인정되고 그 의무불이행을 강제할 필요성은 취소판결의 경우와 다르지 않다는 점에서 간접강제를 허용하여야 한다는 긍정설이 대립됨. ③ 판례는 부정설의 입장임. ④ 생각건대 거부처분에 무효의 하자가 있는 경우는 단순위법의 하자의 경우보다 행정청의 재처분을 통하여 당사자를 보호하여야 할 필요가 더욱 크다고 판단되므로 긍정설이 타당함

5. 배상금의 법적 성격

○ 간접강제결정에 근거한 배상금은 확정판결의 취지에 따른 재처분의 지연에 대한 제재나 손해배상이 아니라 재처분의 이행에 관한 심리적 강제수단임

○ 따라서 행정청이 간접강제결정에서 정한 기간이 경과한 후에라도 재처분을 하면 이로써 간접강제의 목적은 달성되는 것이므로 처분상대방이 더 이상 배상금을 추심하는 것은 허용되지 않음

[무효확인소송][158]

□ 무효확인소송의 허용성

1. 일반적 제소요건

○ 무효등확인소송을 제기하려면, ① 재판관할, ② 원고적격(협의의 소익 포함), ③ 피고적격, ④ 처분 등, ⑤ 제소기간, ⑥ 행정심판과의 관계, ⑦ 소제기의 형식 등의 제기요건을 갖추어야 함

2. 원고적격

○ 무효등확인소송은 처분 등의 효력 유무 또는 존재 여부의 확인을 구할 법률상 이익이 있는 자가 제기할 수 있음(행소법 35)

3. 협의의 소익[159]

(1) 확인의 이익

○ 행정소송법 제35조는 제12조 제2문과 같이 별도의 협의의 소익에 관한 규정을 두고 있지는 않지만, 여기에서의 '법률상 이익이 있는 자'는 ① '원고적격이 있는 자(무효인 처분 등으로 본인의 공권이 침해된 자)'뿐만 아니라 ② '소송으로 무효등의 확인을 구할 필요성이 있는 자(확인의 이익이 있는 자)'를 포함하는 의미임

○ 여기에서 후자를 협의의 소익(권리보호의 필요성)이라 함

(2) 확인의 이익과 무효등확인소송의 보충성: 학설 및 판례

1) 문제의 소재

○ 행정소송법 제35조의 '확인을 구할 법률상 이익'에는 '원고적격' 이외에도 '확인의 이익'이라는 협의의 소익이 있을 것이 요구되는데, 이 '확인의 이익'의 인정과 관련하여, '별도의 형성소송이나 이행소송 등을 통하여 보다 효과적인 권리구제가 가능한가'하는 것이 요구되는지가 문제임

2) 학설

○ 이에 대하여 학설은 ① 무효확인소송이 실질적으로 확인소송의 성질을 가지고 있으므로 민사

---

158) 강론, 970면 이하.
159) 강론, 973면 이하.

소송에서의 확인의 이익과 같이 무효등확인소송의 경우에도 '즉시확정의 이익'이 필요하다는 긍정설(즉시확정이익설)과 ② 행정소송법 제35조의 '확인을 구할 법률상 이익'은 민사소송에서의 '확인의 이익'과 다르다는 입장으로 무효등확인소송의 보충적 적용을 부인하는 부정설이 대립하고 있음

3) 판례

① 종전의 판례는 무효확인소송에서 확인의 이익은 원고의 권리 또는 법률상의 지위의 불안·위험을 무효확인소송으로 제거하는 것이 필요하고도 적절한 경우에 인정된다고 하여 별도의 다른 유효한 구제수단이 있는 경우에는 확인의 이익을 인정하지 않았음(무효등확인소송의 보충적 적용)

② 그러나 대법원은 최근 입장을 변경하여, 부정설과 같은 논거로 무효확인소송의 보충성이 요구되는 것은 아니라고 하였음. 이에 따라 무효등확인소송에서 '확인을 구할 법률상 이익'을 판단함에 있어 행정처분의 무효를 전제로 한 이행소송 등과 같은 직접적인 구제수단이 있는지 여부를 따질 필요가 없다고 하고 있음(대판 2008.3.20, 2007두6342 전원합의체)

[부작위위법확인소송][160]

□ 부작위위법확인소송

1. 의의

○ 부작위위법확인소송이란 행정청의 부작위가 위법하다는 것을 확인하는 소송(행소법 4 3호).

2. 부작위의 의의[161]

○ 행정청이 당사자의 신청에 대하여 상당한 기간 내에 일정한 처분을 하여야 할 법률상 의무가 있음에도 불구하고 이를 하지 아니하는 것(행소법 2 ① 2호)

3. 부작위의 성립요건

(1) 당사자의 신청이 있을 것

① 당사자의 신청행위가 있을 것

○ 이 경우 당사자의 신청은 단지 당사자의 신청행위가 있는 것으로 족함

---

160) 강론, 980면 이하.
161) 강론, 982면 이하.

② 그 외에 당사자의 법규상·조리상의 신청권이 있어야 하는지의 문제

(ⅰ) 판례는 당사자의 신청만으로 족한 것이 아니라, 여기에 더하여 법규상 또는 조리상의 권리로서 당사자의 신청권이 있어야 한다고 보고 있음. 판례는 당사자의 법규상·조리상의 신청권의 존재를 대상적격의 문제로 보면서 동시에 원고적격의 문제로 보고 있음

(ⅱ) 이에 대하여 학설은 신청권의 존부를 ① 대상적격의 문제로 보는 견해, ② 본안판단의 문제로 보는 견해, ③ 원고적격의 문제로 보는 견해로 나뉨

(ⅲ) 결어: 신청권의 존부 문제는 원고에게 소송을 제기할 자격이 있는가 하는 문제이므로 원고적격과 관련된 문제로 보아야 함

(2) 상당한 기간이 지났을 것

○ 사회통념상 신청에 따르는 처리에 소요되는 기간

(3) 처분을 하여야 할 법률상 의무가 있을 것

○ 행정청에게 '처분'을 하여야 할 법률상 의무가 있어야 함. 따라서 사실행위에 대한 부작위는 여기에서의 부작위에 해당하지 않음

○ 법률상 의무는 기속행위에 대하여 뿐 아니라 재량행위에 대하여도 존재할 수 있음

(4) 아무런 처분도 하지 않았을 것

○ 따라서 거부처분이나 간주거부는 부작위가 아님

4. 원고적격

(1) 부작위위법확인을 구할 법률상 이익

○ 부작위위법확인소송은 처분의 신청을 한 자로서 부작위의 위법의 확인을 구할 법률상 이익이 있는 자(행소법 36)

(2) 법률상 이익: 신청권의 존재

○ 여기에서 '처분을 신청한 자의 법률상 이익'과 관련하여 원고의 신청권이 존재하여야 하는가에 대하여 견해가 대립됨

○ 이 문제는 '부작위의 존재'에서 살펴본 견해대립과 연결된 것으로서, 이에 관하여는 ① 당사자의 신청권의 존재를 대상적격(부작위의 존재)의 문제이자 원고적격의 문제로 보는 견해, ② 원고적격의 문제로 보는 견해, ③ 본안판단의 문제로 보아 단순한 신청만 있으면 족하다는 견해 등이 있음

○ '부작위위법확인을 구할 법률상 이익'은 원고적격에 관한 규정으로, 여기서의 법률상 이익은 법적 보호이익 또는 공권을 의미함

□ 부작위위법확인소송에서의 법원의 심리의 범위[162]

1. 학설

(1) 절차적 심리설

○ 부작위위법확인소송의 수소법원은 부작위의 위법 여부만을 심사하여야 하며, 실체적인 내용을 심사한다면 이는 의무이행소송을 인정하는 것이 되어 허용되지 않는다는 견해(다수설)

(2) 실체적 심리설

○ 법원은 단순히 행정청의 부작위의 적부에 대한 심리에 그치지 않고, 신청의 실체적 내용이 이유 있는지도 심리하여 그에 대한 적정한 처리방향에 관한 법률적 판단을 하여야 한다는 견해

2. 판례

○ 부작위위법확인소송을 '행정청의 부작위의 위법함을 확인함으로써 행정청의 응답을 신속하게 하여 부작위 내지 무응답이라고 하는 소극적인 위법상태를 제거하는 것을 목적으로 하는 소송'으로 보고 있어 절차적 심리설의 입장(대판 1992.7.28, 91누7361)

3. 결어

○ 부작위위법확인소송은 의무이행소송을 포기하고 채택한 제도로서 부작위위법확인소송에서 실체적 내용심리까지 요구하기는 어려움

□ 판결의 기속력으로서의 재처분의무[163]

1. 부작위위법확인소송의 인용판결의 기속력

○ 부작위위법확인판결에 대해서는 취소판결의 기속력에 관한 규정이 준용되므로(행소법 30, 38 ②), 인용판결이 확정된 경우에는 그 판결의 취지에 따라 다시 이전의 신청에 대한 처분을 하여야 함

2. 재처분의무의 의미

(1) 단순한 응답의무로 보는 견해

○ 부작위위법확인판결의 기속력에 따라 행정청은 어떠한 처분을 하기만 하면 되는 것이므로,

---

162) 강론, 988면 이하.
163) 강론, 989면 이하.

기속행위의 경우에도 거부처분을 하여도 판결의 기속력으로서 재처분의무를 이행한 것이 됨
(다수설 및 판례)

(2) 적극적 처분을 하여야 한다는 견해

○ 재처분의무에 따라, 기속행위의 경우에는 상대방의 신청을 인용하는 처분을 하여야 하고, 재량행위의 경우에는 재처분의무는 하자 없는 재량행사의 의무이므로 재량권의 한계 내에서 인용처분을 하거나 거부처분을 할 수도 있음

(3) 결어

○ 다수설 및 판례에 따르면, 거부처분을 해도 재처분의무를 이행한 것이 됨
○ 그러나 원고의 권리구제에 보다 충실하다는 점에서 재처분의무를 적극적 처분의무로 이해하는 견해가 타당함

[당사자소송][164)

1. 의의

○ 당사자소송이란 행정청의 처분 등을 원인으로 하는 법률관계에 관한 소송, 그 밖에 공법상의 법률관계에 관한 소송으로서 법률관계의 한쪽 당사자를 피고로 하는 소송을 말함(행소법 3 2호)

2. 항고소송과 당사자소송의 구별

○ 항고소송은 행정청의 처분 등이나 부작위에 대하여 제기하는 소송임(행소법 3 1호)
○ 항고소송은 '처분·처분에 대한 행정심판 재결·처분의무의 부작위'에 대해 불복하는 행정소송으로, 항고소송은 결국 '행정청의 처분'에 대항하는 행정소송이라는 점이 특징적임
○ 항고소송은 행정주체가 우월한 지위에서 일방적으로 행하는 처분을 다투는 소송으로서 행정소송의 특수성을 보여주는 가장 전형적인 경우이지만, 당사자소송은 피고가 반드시 행정청이 아닐 뿐만 아니라 원고와 피고가 대등한 관계에서 공법상의 법률관계를 다툰다는 점에서 항고소송과 차이가 있음

3. 종류

○ 당사자소송에는 실질적 당사자소송과 형식적 당사자소송이 있는데, 대부분이 실질적 당사자

---

164) 강론, 991면 이하.

소송임

○ 실질적 당사자소송이란 처분 등을 원인으로 하는 법률관계에 대한 소송 또는 그 밖에 공법상의 법률관계에 관한 소송으로서 법률관계의 한쪽 당사자를 피고로 하는 소송으로서, ① 처분 등의 무효를 전제로 하는 공법상의 부당이득반환청구소송, ② 공무원의 직무상 불법행위로 인한 국가배상청구소송, ③ 공법상의 신분·지위 등의 확인소송, ④ 공법상 금전지급청구소송, ⑤ 공법상 계약에 관한 소송, ⑥ 공법상 결과제거청구소송 등이 있음

○ 형식적 당사자소송이란 행정청의 처분 등에 의하여 형성된 법률관계에 관하여 다툼이 있는 경우에, 당해 처분 등의 효력을 다툼이 없이 직접 그 처분 등에 의하여 형성된 법률관계에 대하여 그 한쪽 당사자를 대상으로 하여 제기하는 소송을 말하는데, 대표적인 것이 토지보상법상 보상금증감소송임

4. 원고적격과 피고적격

(1) 원고적격

○ 행정소송법은 달리 당사자소송의 원고적격에 관하여 별도의 규정을 두고 있지 않으므로, 행정소송법 제8조 제2항의 취지에 따라 민사소송의 경우와 같이 권리보호의 이익이 있는 자가 원고가 된다고 보면 될 것임

(2) 피고적격

○ 항고소송은 처분청을 피고로 하는데(행소법 13 ①), 이는 처분에 대항하는 항고소송의 특성상 소송수행의 편의를 위한 것임

○ 그런데 당사자소송은 법률관계의 당사자를 직접 피고로 하는 소송이므로 원칙적으로 권리의무의 주체일 것이 요구됨. 따라서 당사자소송은 항고소송과는 달리 국가·공공단체 그 밖의 권리주체를 피고로 함(행소법 39)

○ 국가가 피고가 되는 경우에는 법무부장관이 피고가 되고(국가소송법 2), 지방자치단체가 피고가 되는 경우에는 지방자치단체의 장이 피고가 됨(지자법 101)

□ 형식적 당사자소송[165]

1. 의의

○ 형식적 당사자소송이란 행정청의 처분 등에 의하여 형성된 법률관계에 관하여 다툼이 있는 경우에, 당해 처분 등의 효력을 다툼이 없이 직접 그 처분 등에 의하여 형성된 법률관계에

---

[165] 강론, 1000면 이하.

대하여 그 한쪽 당사자를 대상으로 하여 제기하는 소송을 말함

○ 형식적 당사자소송은 실질적으로는 처분 등의 효력을 다투는 항고소송의 성질을 가지고 있지만, 형식적으로는 당사자소송의 형식으로 대등당사자 사이에 처분 등에 의하여 형성된 법률관계를 다투는 것임

2. 법적 근거

(1) 토지보상법 제85조 제2항의 보상금증감소송

(2) 특허법 제191조, 디자인보호법(제166조) · 실용신안법(제33조)

3. 일반적 허용성

○ 일반적으로 형식적 당사자소송의 근거로 행정소송법 제3조 제2호(당사자소송의 정의)를 들고 있는데, 이 규정만으로 형식적 당사자소송이 일반적으로 허용되는가 하는 것이 문제임

○ 이에 대하여 ① 일반적 허용을 긍정하는 견해도 있으나, ② 형식적 당사자소송을 인정하는 명문의 규정이 없는 한, 행정소송법 제3조 제2호의 규정만으로는 일반적으로 인정할 수 없다는 부정설이 다수설임. ③ 형식적 당사자소송은 원래 항고소송으로서 처분 등의 효력을 다투는 것임에도 불구하고 소송경제상 예외적으로 당사자소송을 제기할 수 있도록 하는 제도라는 점에서 부정설이 타당함

□ 처분의 재심사[166]

○ 행정기본법은 처분의 재심사에 관한 규정(행정기본법 37)을 마련하였음[167]

○ 당사자는 처분(제재처분 및 행정상 강제는 제외한다. 이하 이 조에서 같다)이 행정심판, 행정소송 및 그 밖의 쟁송을 통하여 다툴 수 없게 된 경우(법원의 확정판결이 있는 경우는 제외한다)라도 다음 각 호의 어느 하나에 해당하는 경우에는 해당 처분을 한 행정청에 처분을 취소 · 철회하거나 변경하여 줄 것을 신청할 수 있음(행정기본법 37 ①)

1. 처분의 근거가 된 사실관계 또는 법률관계가 추후에 당사자에게 유리하게 바뀐 경우

2. 당사자에게 유리한 결정을 가져다주었을 새로운 증거가 있는 경우

3. 민사소송법 제451조에 따른 재심사유에 준하는 사유가 발생한 경우 등 대통령령으로 정하는 경우

○ 제1항에 따른 신청은 해당 처분의 절차, 행정심판, 행정소송 및 그 밖의 쟁송에서 당사자가

---

166) 강론, 1016면 이하.

167) 시행일: 2023.3.24.

중대한 과실 없이 제1항 각 호의 사유를 주장하지 못한 경우에만 할 수 있음(행정기본법 37 ②)

○ 제1항에 따른 신청은 당사자가 제1항 각 호의 사유를 안 날부터 60일 이내에 하여야 함. 다만, 처분이 있은 날부터 5년이 지나면 신청할 수 없음(행정기본법 37 ③)

○ 제1항에 따른 신청을 받은 행정청은 특별한 사정이 없으면 신청을 받은 날부터 90일(합의제행정기관은 180일) 이내에 처분의 재심사 결과(재심사 여부와 처분의 유지·취소·철회·변경 등에 대한 결정을 포함한다)를 신청인에게 통지하여야 함. 다만, 부득이한 사유로 90일(합의제행정기관은 180일) 이내에 통지할 수 없는 경우에는 그 기간을 만료일 다음 날부터 기산하여 90일(합의제행정기관은 180일)의 범위에서 한 차례 연장할 수 있으며, 연장 사유를 신청인에게 통지하여야 함(행정기본법 37 ④)

○ 제4항에 따른 처분의 재심사 결과 중 처분을 유지하는 결과에 대해서는 행정심판, 행정소송 및 그 밖의 쟁송수단을 통하여 불복할 수 없음(행정기본법 37 ⑤)

○ 행정청의 제18조에 따른 취소와 제19조에 따른 철회는 처분의 재심사에 의하여 영향을 받지 아니함(행정기본법 37 ⑥)

○ 제1항부터 제6항까지에서 규정한 사항 외에 처분의 재심사의 방법 및 절차 등에 관한 사항은 대통령령으로 정함(행정기본법 37 ⑦)

○ 다음 각 호의 어느 하나에 해당하는 사항에 관하여는 이 조를 적용하지 아니함(행정기본법 37 ⑧)

1. 공무원 인사 관계 법령에 따른 징계 등 처분에 관한 사항
2. 노동위원회법 제2조의2에 따라 노동위원회의 의결을 거쳐 행하는 사항
3. 형사, 행형 및 보안처분 관계 법령에 따라 행하는 사항
4. 외국인의 출입국·난민인정·귀화·국적회복에 관한 사항
5. 과태료 부과 및 징수에 관한 사항
6. 개별 법률에서 그 적용을 배제하고 있는 경우

[행정조직법]

□ 권한의 대리[168]

1. 대리의 의의

○ 행정청의 권한의 대리란 행정청의 권한의 전부 또는 일부를 다른 행정기관이 대신 행사하게 하는 것을 말함. 이때 대리기관은 피대리청을 위한 것임을 표시하고 대리기관의 이름으로 권한을 행사하되 그 효과는 피대리청의 행위로서 발생함

---

168) 강론, 1028면 이하.

2. 구별

(1) 권한의 위임

○ 권한의 위임은 행정청의 권한이 다른 행정기관으로 이전되어 행사되는 것인데 반하여, 권한
의 대리는 행정청의 권한의 이전이 없음

(2) 권한의 내부위임

○ 권한의 내부위임(위임전결·대결)은 수임자가 내부적으로 사실상 행정권한을 대행하는 데 불과한
것으로 대외적으로는 위임관청의 명의로 행위하는 것인데 반하여, 권한의 대리는 법적인 것
으로서 대리기관은 대외적으로 대리행위임을 표시하고 자기의 명의로 권한을 행사하는 것임

□ 권한의 위임[169]

1. 의의

○ 권한의 위임이란 행정청이 그 권한의 일부를 다른 행정기관에 이전하여 그 수임기관의 권한
으로 행사하게 하는 것을 말함

2. 권한과 책임의 소재

○ 권한위임이 있으면 그 권한은 수임기관의 권한이 되며 수임기관은 자기의 이름과 책임으로
이를 행사하게 됨(행정위임위탁규정 8)

□ 권한의 내부위임[170]

1. 내부위임의 의의와 종류

○ 권한의 내부위임은 행정관청의 내부적인 사무처리의 편의를 도모하기 위하여 그 보조기관 또
는 하급행정관청으로 하여금 그 권한을 사실상 행하게 하는 것을 말함
○ 권한의 내부위임에는 위임전결과 대결이 있음. ① 위임전결이란 행정기관의 장이 업무의 내
용에 따라 비교적 경미한 사항의 결정권을 보조기관 또는 보좌기관이나 해당 업무를 담당하
는 공무원으로 하여금 사실상 행사하게 하는 것을 말하고(행정운영규정 10 ②), ② 대결이란 결재
권자가 휴가, 출장, 그 밖의 사유로 결재할 수 없을 때 그 직무를 대리하는 사람이 대신 결재
하는 것을 말함(행정운영규정 10 ③).

---

169) 강론, 1032면 이하.
170) 강론, 1033면 이하.

2. 내부위임의 특징

○ 권한의 내부위임은 행정청의 내부적인 사무처리의 편의를 도모하기 위하여 그 보조기관 또는 하급행정관청으로 하여금 그 권한을 사실상 행사하게 하는 것에 불과하므로 법률이 위임을 허용하지 않는 경우에도 가능함(대판 1992.4.24, 91누5792)

○ 내부위임의 경우 수임관청은 위임관청의 이름으로만 그 권한을 행사할 수 있을 뿐임

○ 항고소송의 피고적격과 관련하여 내부위임의 경우에는 위임관청이 피고가 됨(대판 1991.10.8, 91누520). 그러나 수임기관이 자기의 이름으로 처분을 한 경우에는 수임기관이 피고가 됨(대판 1994.6.14, 94누1197)

3. 내부위임 위반의 효과

○ 수임기관이 자신의 명의로 처분을 한 경우에는 권한 없는 자에 의하여 행하여진 처분으로 원칙적으로 무효임(대판 1993.5.27, 93누6621)

○ 다만 위임전결의 경우 전결규정에 위반하여 전결권자 아닌 자가 처분권자의 이름으로 처분을 하였다고 하더라도 그 처분이 권한 없는 자에 의하여 행하여진 무효의 처분이라고는 할 수 없음(대판 1998.2.27, 97누1105)

□ 권한위임의 법적 근거[171)]

1. 법적 근거의 필요

○ 권한의 위임은 권한의 법적인 귀속을 변경하는 것이므로 법률의 위임을 허용하고 있는 경우에 한하여 인정됨(대판 1992.4.24, 91누5792). 따라서 권한의 위임이나 재위임에는 반드시 법적 근거가 필요함

2. 일반법적 근거

○ 권한의 위임에 관한 일반법적인 근거로는 정부조직법 제6조(권한의 위임 또는 위탁)와 이에 근거한 권한임탁규정(대통령령), 지방자치법 제115조(국가사무의 위임), 제117조(사무의 위임)가 있음

3. 권한위임규정이 없는 경우

○ 개별법에 권한위임에 관한 규정이 없는 경우에 위 일반법규정을 근거로 하여 권한을 위임할 수 있는가 하는 것이 문제임

---

171) 강론, 1035면 이하.

(1) 학설

○ 이에 관하여는 ① 정부조직법 제6조 등은 권한의 위임가능성에 대한 일반적인 원칙만을 선언한 데 그치는 것으로 권한위임의 근거규정으로 볼 수 없다는 소극설, ② 이와 같은 일반적인 권한위임조항에 따라 중앙행정기관의 권한이 보다 수월하게 지방으로 이전될 수 있다는 장점이 있으므로 정부조직법 제6조 등은 권한위임의 근거규정으로 볼 수 있다는 적극설이 있음

(2) 판례

○ 정부조직법 제6조·권한임탁규정 등을 권한위임 및 재위임의 근거조항으로 보는 입장으로 적극설의 입장임(대판 1995.7.11, 94누4615 전원합의체)

○ 다만 이들 규정은 국가행정기관의 사무나 지방자치단체의 기관위임사무 등에 대한 권한위임의 근거규정이므로, 지방(교육)자치단체의 사무의 권한위임의 근거규정은 될 수 없음(대판 1997.6.19, 95누8669 전원합의체)

○ 이 경우에는 지방자치 관련법률의 규정에 따라 조례에 의해서만 권한위임이 가능하다고 할 것임

4. 권한의 재위임

○ 지방자치법은 "지방자치단체의 장이 위임받거나 위탁받은 사무의 일부를 제1항부터 제3항까지의 규정에 따라 다시 위임하거나 위탁하려면 미리 그 사무를 위임하거나 위탁한 기관의 장의 승인을 받아야 한다(지자법 104 ④)."고 규정하고 있는데, 따라서 기관위임사무의 경우 지방자치단체의 장은 "수임사무의 일부를 그 위임기관의 장의 승인을 받아 규칙으로 정하는 바에 따라 시장·군수·구청장(교육장을 포함한다) 또는 읍·면·동장, 그 밖의 소속기관의 장에게 다시 위임할 수 있음(권한임탁규정 4)."

○ 관련판례: 대판 1990.2.27, 89누5287

[지방자치법]

□ 매립지 등이 속할 지방자치단체의 결정(지자법 5 ④~⑩)[172]

□ 지방자치단체의 관할 구역 경계변경 등(지자법 6 ①~⑨)[173]

---

172) 강론, 1066면 이하.
173) 강론, 1068면.

〈주민의 권리〉[174]

□ 참여권

○ 주민은 법령으로 정하는 바에 따라 주민생활에 영향을 미치는 지방자치단체의 정책의 결정 및 집행 과정에 참여할 권리를 가짐(지자법 17 ①)

□ 주민의 공공재산 · 공공시설이용권

○ 주민은 법령으로 정하는 바에 따라 소속 지방자치단체의 재산과 공공시설을 이용할 권리를 가짐(지자법 17 ②)

○ 여기에서 지방자치단체의 재산이란 현금 외의 모든 재산적 가치가 있는 물건과 권리를 말하고(지자법 159 ①), 공공시설이란 주민의 복지를 증진하기 위하여 설치하는 시설을 말함(지자법 161 ①)

○ 주민의 공공재산 및 공공시설이용권은 주민의 지방자치단체에 대한 개인적 공권으로서의 성질을 가진다. 따라서 지방자치단체는 법령 등에서 규정한 정당한 사유가 없는 한 주민에게 이러한 공공시설을 이용할 수 있도록 제공하여야 할 의무를 부담함

□ 조례의 제정 · 개폐청구권(지자법 19)[175]

1. 의의

○ 주민들은 조례를 제정하거나 개정하거나 폐지할 것을 청구할 수 있음(지자법 19 ①)

○ 조례의 제정 · 개정 또는 폐지 청구의 청구권자 · 청구대상 · 청구요건 및 절차 등에 관한 사항은 따로 법률로 정하는데(지자법 19 ②), 이에 따라 주민조례발안에 관한 법률(주민조례발안법)이 제정되었음

2. 청구의 주체 · 요건 · 상대방(주민조례발안법 2, 5 ①)

3. 청구의 대상(주민조례발안법 4)

4. 청구절차(주민조례발안법 6, 7, 8 ①, 10, 12 ①, 13 ①)

---

174) 강론, 1072면 이하.
175) 강론, 1076면 이하.

□ **규칙의 제정 · 개폐 의견제출권(지자법 20)**

○ 주민은 제29조에 따른 규칙(권리 · 의무와 직접 관련되는 사항으로 한정한다)의 제정, 개정 또는 폐지와 관련된 의견을 해당 지방자치단체의 장에게 제출할 수 있는데(지자법 20 ①), 이를 주민의 규칙 제정 · 개폐 의견제출권이라 함. 2021년 법개정으로 신설되었음

□ **주민감사청구(지자법 21)**[176]

1. 의의

○ 지방자치단체의 18세 이상의 주민은 일정 수 이상의 주민이 연대 서명하여, 시 · 도에서는 주무부장관에게, 시 · 군 및 자치구에서는 시 · 도지사에게 그 지방자치단체와 그 장의 권한에 속하는 사무의 처리가 법령에 위반되거나 공익을 현저히 해친다고 인정되면 감사를 청구할 수 있는데, 이러한 주민의 권리를 주민감사청구권이라 함(지자법 21 ①)

2. 청구주체 · 요건 · 상대방

○ 주민감사청구는 지방자치단체의 18세 이상의 주민이 할 수 있는데, 그 요건은 시 · 도는 300명, 제198조에 따른 인구 50만 이상 대도시는 200명, 그 밖의 시 · 군 및 자치구는 150명 이내에서 그 지방자치단체의 조례로 정하는 수 이상의 18세 이상의 주민이 연대 서명하여 할 수 있음. 주민감사청구의 상대방은 시 · 도에서는 주무부장관, 시 · 군 및 자치구에서는 시 · 도지사임(지자법 21 ①)

3. 청구의 대상

○ 주민감사청구는 지방자치단체와 그 장의 권한에 속하는 사무의 처리가 법령에 위반되거나 공익을 현저히 해친다고 인정되는 사항을 대상으로 함(지자법 21 ②)

4. 청구기한

○ 주민감사청구는 사무처리가 있었던 날이나 끝난 날부터 3년이 지나면 제기할 수 없음(지자법 21 ③)

---

176) 강론, 1078면 이하.

□ 주민소송(지자법 22)[177]

1. 의의

○ 지방자치법 제21조 제1항에 따라 공금의 지출에 관한 사항 등을 감사청구한 주민은 그 감사 청구한 사항과 관련이 있는 위법한 행위나 업무를 게을리 한 사실에 대하여 해당 지방자치단 체의 장을 상대방으로 하여 소송을 제기할 수 있는데, 이와 같은 주민의 권리를 주민소송권이 라 함(지자법 22 ①)

2. 원고

○ '지방자치법 제21조 제1항에 따라 공금의 지출에 관한 사항, 재산의 취득 · 관리 · 처분에 관한 사항, 해당 지방자치단체를 당사자로 하는 매매 · 임차 · 도급 계약이나 그 밖의 계약의 체결 · 이행에 관한 사항 또는 지방세 · 사용료 · 수수료 · 과태료 등 공금의 부과 · 징수를 게을리한 사항을 감사청구한 주민'이 주민소송의 원고가 됨(지자법 22 ①)

3. 소송의 대상 및 제소사유

○ 소송의 대상은 '공금의 지출에 관한 사항, 재산의 취득 · 관리 · 처분에 관한 사항, 해당 지방자 치단체를 당사자로 하는 매매 · 임차 · 도급 계약이나 그 밖의 계약의 체결 · 이행에 관한 사항 또는 지방세 · 사용료 · 수수료 · 과태료 등 공금의 부과 · 징수를 게을리한 사항에 대하여 감사 청구한 사항과 관련이 있는 위법한 행위나 업무를 게을리 한 사실'임

○ 주민소송은 주민소송의 대상이 되는 감사청구한 사항에 대하여 ① 주무부장관이나 시 · 도지 사가 감사청구를 수리한 날부터 60일(제21조 제9항 단서에 따라 감사기간이 연장된 경우에는 연장기간이 끝난 날)이 지나도 감사를 끝내지 아니한 경우, ② 제21조 제9항 및 제10항에 따른 감사결과 또는 제21조 제12항에 따른 조치요구에 불복하는 경우, ③ 제21조 제12항에 따른 주무부장관이나 시 · 도지사의 조치요구를 지방자치단체의 장이 이행하지 아니한 경우 또는 ④ 제21조 제12항 에 따른 지방자치단체의 장의 이행 조치에 불복하는 경우에 제기할 수 있음(지자법 22 ①)

4. 피고

○ 해당 지방자치단체의 장(해당 사항의 사무처리에 관한 권한을 소속 기관의 장에게 위임한 경우에는 그 소속 기관의 장)이 주민소송의 피고가 됨(지자법 22 ①)

---

177) 강론, 1081면 이하.

5. 주민소송의 종류

(1) 제1호 소송: 중지청구소송

○ 해당 행위를 계속하면 회복하기 곤란한 손해를 발생시킬 우려가 있는 경우 그 행위의 전부나 일부를 중지할 것을 요구하는 소송(지자법 22 ② 1호). 중지청구소송(지자법 22 ③)이라 함

(2) 제2호 소송: 취소 또는 무효확인요구소송

○ 행정처분인 해당 행위의 취소 또는 변경을 요구하거나 그 행위의 효력 유무 또는 존재 여부의 확인을 요구하는 소송(지자법 22 ② 2호)

(3) 제3호 소송: 부작위위법확인요구소송

○ 게을리한 사실의 위법 확인을 요구하는 소송(지자법 22 ② 3호). 이 소송에서의 부작위(게을리한 사실)에는 처분에 대한 부작위인가를 불문한다고 보아야 할 것임

(4) 제4호 소송: 손해배상 또는 부당이득반환요구소송

○ 해당 지방자치단체의 장 및 직원, 지방의회의원, 해당 행위와 관련이 있는 상대방에게 손해배상청구 또는 부당이득반환청구를 할 것을 요구하는 소송. 다만 그 지방자치단체의 직원이 지방재정법 제94조나 회계관계직원 등의 책임에 관한 법률 제4조에 따른 변상책임을 져야 하는 경우에는 변상명령을 할 것을 요구하는 소송(지자법 22 ② 4호)

6. 제소기간 및 관할 법원

○ 제소기간: ① 제1호 소송은 해당 60일이 끝난 날, ② 제2호 소송은 해당 감사결과나 조치요구내용에 대한 통지를 받은 날, ③ 제3호 소송은 해당 조치를 요구할 때에 지정한 처리기간이 끝난 날, ④ 제4호 소송은 해당 이행 조치결과에 대한 통지를 받은 날부터 90일 이내(지자법 22 ④)

○ 관할법원: 해당 지방자치단체의 사무소 소재지를 관할하는 행정법원(행정법원이 설치되지 아니한 지역에서는 행정법원의 권한에 속하는 사건을 관할하는 지방법원본원)(지자법 22 ⑨)

☐ 주민소환(지자법 25)[178]

1. 의의

○ 주민소환이란 주민의 의사에 의하여 공직자를 공직에서 해임시키는 것을 말함. 주민소환은 주민투표와 더불어 지방자치행정에 대한 강력한 직접민주적 주민참여제도임

---

178) 강론, 1088면 이하.

○ 지방자치법은 "지방자치단체의 주민은 그 지방자치단체의 장 및 지방의회의원(비례대표 지방의회의원은 제외한다)을 소환할 권리를 가진다."고 규정하고 있는데, 이를 주민소환권이라 함(지자법 25 ①)

○ 주민소환제도를 정치적인 절차로 설계할 것인지 아니면 사법적인 절차로 설계할 것인지는 입법자의 정책재량에 속하는 사항인데, 우리나라 주민소환법은 주민소환의 청구사유에 아무런 제한을 두고 있지 않다는 점에서 주민소환을 정치적인 절차로 설정한 것으로 이해할 수 있음(헌재결 2009.3.26, 2007헌마843)

2. 주민소환 투표권자 · 청구요건 · 대상자 · 청구제한기간

(1) 투표권자

○ 주민소환투표권자는 주민소환투표인명부 작성기준일 현재 ① 19세 이상의 주민으로서 당해 지방자치단체 관할구역에 주민등록이 되어 있는 자(공직선거법 제18조의 규정에 의하여 선거권이 없는 자 제외) 또는 ② 19세 이상의 외국인으로서 출입국관리법 제10조의 규정에 따른 영주의 체류자격 취득일 후 3년이 경과한 자 중 같은 법 제34조의 규정에 따라 당해 지방자치단체 관할구역의 외국인등록대장에 등재된 자임(주민소환법 3 ①)

(2) 청구요건

○ 주민소환투표의 실시를 청구하기 위해서는 ① 특별시장 · 광역시장 · 도지사(시 · 도지사)의 경우 당해 지방자치단체의 주민소환투표청구권자 총수의 100분의 10 이상, ② 시장 · 군수 · 자치구의 구청장의 경우 당해 지방자치단체의 주민소환투표청구권자 총수의 100분의 15 이상, ③ 지역선거구시 · 도의회의원(지역구시 · 도의원) 및 지역선거구자치구 · 시 · 군의회의원(지역구자치구 · 시 · 군의원)의 경우 당해 지방의회의원의 선거구 안의 주민소환투표청구권자 총수의 100분의 20 이상에 해당하는 주민의 서명으로 그 소환사유를 서면에 구체적으로 명시하여 관할선거관리위원회에 청구하여야 함(주민소환법 7 ①)

(3) 대상자

○ 주민소환은 그 지방자치단체의 장 및 지방의회의원(비례대표 지방의회의원 제외)을 대상으로 함(지자법 25 ①)

(4) 청구제한기간

○ 주민소환법 제7조 제1항 내지 제3항의 규정에도 불구하고 ① 선출직 지방공직자의 임기개시일부터 1년이 경과하지 아니한 때, ② 선출직 지방공직자의 임기만료일부터 1년 미만일 때 또는 ③ 해당선출직 지방공직자에 대한 주민소환투표를 실시한 날부터 1년 이내인 때에는 주민소환투표의 실시를 청구할 수 없음(주민소환법 8)

□ 조례의 적법요건[179]

1. 주체요건: 조례의 제정주체는 지방의회임

2. 형식 및 절차요건: 지방자치법 32, 76 등

3. 내용요건

(1) 조례제정권의 보장(일반수권)

○ 헌법 제117조와 지방자치법 제28조 제1항은 일반수권의 형태로 지방자치단체에게 조례제정 권한을 부여하고 있음

○ 따라서 이 규정에 의하여 지방자치단체는 그 지역사무에 대하여 별도의 구체적인 법령의 위 임이 없더라도 조례를 제정할 수 있음

(2) 조례제정권의 사항적 범위

○ 지방자치법 제28조 제1항의 해석상 조례의 제정대상은 자치사무와 단체위임사무임

○ 기관위임사무는 규칙의 제정대상이나 법령에서 조례로 정하도록 한 경우에는 예외적으로 조 례의 제정대상이 될 수 있음

(3) 조례제정권과 법치행정의 원리

1) 법률우위

○ 조례는 상위 법령에 저촉되어서는 안 됨. 법률우위원칙에 반하는 조례는 무효임

○ 법령에서 조례로 정하도록 위임한 사항은 그 법령의 하위 법령에서 그 위임의 내용과 범위를 제한하거나 직접 규정할 수 없음(지자법 28 ②)

○ 특별한 규정이 없는 한, 법령이 정하고 있는 지방자치단체의 집행기관과 지방의회의 고유권 한을 침해하는 조례도 법률우위원칙에 반하는 위법한 조례로서 무효가 됨

2) 법률유보

(가) 일반수권

○ 헌법 제117조, 지방자치법 제28조 제1항은 지방자치단체의 조례제정권에 대한 일반수권임(위 에서 언급함)

(나) 특별수권

① 침해유보와 특별수권

○ 조례가 주민의 자유와 재산을 침해하는 것을 내용으로 하는 경우에는 위와 같은 일반수권조

---

179) 강론, 1107면 이하.

항에 의한 위임만으로는 부족하고, 별도의 구체적인 법률의 위임이 있을 것이 요구됨

○ 이와 관련하여 지방자치법 제28조 단서는 "주민의 권리 제한 또는 의무 부과에 관한 사항이 나 벌칙을 정할 때에는 법률의 위임이 있어야 한다."고 규정하고 있음

② 지방자치법 제28조 제1항 단서의 위헌 여부

(1) 문제의 소재

○ 지방자치법 제28조 제1항 단서조항이 위헌인지의 여부에 관하여도 논란이 있음

(2) 학설

○ 위헌설: 위 단서조항은 최소한 그 고유사무에 대하여는 헌법 제117조에 반하는 것이라고 함

○ 합헌설: 주민의 자유와 권리를 제한하는 조례는, 위 단서조항이 아니더라도, 이미 헌법 제37조 제2항의 기본권제한에 관한 법률유보에 의해 제한을 받는 다는 점에서 위 단서조항은 헌법에 반하는 것은 아니라고 함

(3) 판례

○ 대법원과 헌법재판소는 합헌이라는 입장임

(4) 결어

○ 지방자치단체의 주민은 한편으로는 주민으로서, 다른 한편으로는 국민으로서의 지위를 갖는 다는 점에서 주민으로서의 자유와 권리를 제한하는 조례가 곧 국민으로서의 기본권을 제한하 는 것일 때에는 헌법 제37조 제2항을 근거로 그 조례의 제정에 법률의 위임을 요구할 수 있다 고 보아야 한다는 점에서 합헌설이 타당

③ 추가조례와 초과조례의 경우

○ 법률유보와 관련하여 법률에서 정하지 않은 사항을 추가하는 조례(추가조례) 및 법률에서 정한 기준을 초과하여 설정하는 조례(초과조례)가 가능한지 문제임

○ 먼저 수익적 내용의 조례는 법률의 급부기준을 초과하는 사항도 규율할 수 있을 뿐 아니라 법률에서 규율하지 않은 사항도 추가적으로 규율할 수 있다고 보아야 할 것임(대판 1997.4.25, 96추244; 대판 2007.12.13, 2006추52)

○ 반면 주민의 권리를 제한하거나 의무를 부과하는 조례의 경우, 법령이 정하고 있는 기준을 강화하는 것이 각 지방의 특수한 사정을 고려하여 자율적으로 정하는 것을 허용하는 것으로 해석되는 경우 추가조례 또는 초과조례가 허용된다는 견해도 있으나, 지방자치법 제28조 제1 항 단서에 따라 규제적이거나 침익적인 조례의 경우에는 이에 대하여 법률의 명시적인 위임 을 필요로 한다고 보아야 할 것임(대판 1997.4.25, 96추251)

(대) 포괄수권

○ 조례는 자주법이므로 조례제정에 법령의 위임이 요구되는 경우에도 포괄적인 수권으로 족하 고, 법규명령의 경우와 같이 그 위임의 내용, 목적, 범위 등을 구체적으로 정하여 위임해야

하는 것은 아님

㈔ 벌칙

○ 조례로 벌칙을 정할 때에는 법률의 위임이 있어야 함(지자법 28 단서)

○ 지방자치법은 "지방자치단체는 조례를 위반한 행위에 대하여 조례로써 1천만원 이하의 과태료를 정할 수 있다."고 규정하고 있음(지자법 34 ①)

(4) 행정법의 일반원칙 등

○ 조례도 행정입법으로서 행정법의 일반원칙을 준수하여야 하고, 기본권을 존중하여야 하는 등 입법권의 일반적 한계를 준수하여야 함

○ 당해 법령 규정의 입법목적과 규정 내용, 규정의 체계, 다른 규정과의 관계 등을 종합적으로 살펴야 하고, 수권 규정에서 사용하고 있는 용어의 의미를 넘어 그 범위를 확장하거나 축소하여 위임 내용을 구체화하는 단계를 벗어나 새로운 입법을 하였는지 여부 등도 아울러 고려(대판 2018.8.30, 2017두56193)

(5) 명확성·실현가능성

○ 조례의 내용은 명확하고 실현가능하여야 함

□ 조례에 대한 통제[180]

1. 지방자치단체 장에 의한 통제

(1) 재의요구와 지방자치법 제120조에 의한 제소

1) 재의요구

○ 지방자치단체의 장은 조례안에 대하여 지방의회에 재의를 요구할 수 있음(지자법 26 ③)

2) 제32조와 제120조와의 관계

○ 제32조에 의한 조례안의 재의결에 대하여 지방자치법 제120조 제3항에 의하여 대법원에 소를 제기할 수 있는가 하는 문제가 있음

○ 조례안도 지방의회의 의결사항이라는 점, 제120조 제2항과 제32조 제4항의 재의결요건이 동일한 점을 고려하면 가능하다고 볼 것임(대판 1999.4.27, 99추23)

○ 판례도 같은 입장임(대판 1999.4.27, 99추23)

○ 그리고 제192조 제4항이 준용되므로 필요하다고 인정되면 그 의결의 집행을 정지하게 하는 집행정지결정을 신청할 수 있음

---

180) 강론, 1127면 이하.

3) 제120조 제3항에 의한 소송의 법적 성격

○ 지방자치법 제120조 제3항에 의한 소송은 지방의회와 지방자치단체의 장 상호간의 권한에 관한 다툼이므로 전형적인 기관소송임

(2) 감독청의 재의요구에 따른 지방의회 재의결에 대한 지방자치단체장의 소송(지자법 192 ④)

○ 지방자치단체의 장은 감독청의 재의요구(지자법 192 ①, ②)에 따라 지방의회가 재의결한 사항이 법령에 위반된다고 판단되면 대법원에 소를 제기할 수 있음(지자법 192 ④)

○ 이는, 감독청의 재의요구에 따라 지방의회가 재의결한 것이지만, 그 제소 요건 상 제120조 제3항의 소송과 동일하므로 기관소송으로 보아야 할 것임(다수설)

(3) 감독청의 제소지시에 따른 지방자치단체장의 소송(지자법 192 ⑤, ⑥)

○ 감독청의 재의요구에 따라 지방의회가 재의결한 사항이 법령에 위반된다고 판단됨에도 불구하고 해당 지방자치단체의 장이 소를 제기하지 않으면 시·도에 대해서는 주무부장관이, 시·군 및 자치구에 대해서는 시·도지사(제2항에 따라 주무부장관이 직접 재의 요구 지시를 한 경우에는 주무부장관)가 그 지방자치단체의 장에게 제소를 지시할 수 있음. 이에 따라 지방자치단체의 장은 제소지시를 받은 날부터 7일 이내에 제소하여야 함(지자법 192 ⑤, ⑥)

○ 이 소송은, 감독청의 제소지시가 있다고 하더라도, 지방의회의 재의결에 따른 지방자치단체의 장의 권한이 다투어지고 있으므로 기관소송으로 이해하는 것이 타당함

2. 감독청에 의한 통제

(1) 감독청의 재의요구

○ 지방의회의 의결이 법령에 위반되거나 공익을 현저히 해친다고 판단되면 시·도에 대하여는 주무부장관이, 시·군 및 자치구에 대하여는 시·도지사가 재의를 요구하게 할 수 있고, 재의 요구를 받은 지방자치단체의 장은 의결사항을 이송받은 날부터 20일 이내에 지방의회에 이유를 붙여 재의를 요구하여야 함(지자법 192 ①)

○ 시·군 및 자치구의회의 의결이 법령에 위반된다고 판단됨에도 불구하고 시·도지사가 제1항에 따라 재의를 요구하게 하지 아니한 경우 주무부장관이 직접 시장·군수 및 자치구의 구청장에게 재의를 요구하게 할 수 있고, 재의 요구 지시를 받은 시장·군수 및 자치구의 구청장은 의결사항을 이송받은 날부터 20일 이내에 지방의회에 이유를 붙여 재의를 요구하여야 함(지자법 192 ②)

(2) 재의결에 대하여 감독청이 직접 제기하는 소송(지자법 192 ⑤, ⑦)

○ 감독청의 재의요구에 따라 지방의회가 재의결한 사항이 법령에 위반된다고 판단됨에도 불구하고 해당 지방자치단체의 장이 소를 제기하지 않으면 시·도에 대해서는 주무부장관이, 시

· 군 및 자치구에 대해서는 시·도지사(제2항에 따라 주무부장관이 직접 재의 요구 지시를 한 경우에는 주무부장관)는 직접 제소할 수 있음. 이 경우 감독청은 제6항의 기간(재의결된 날부터 20일에 제소지시기간 7일을 더한 기간)이 지난 날부터 7일 이내에 제소할 수 있음(지자법 192 ⑤, ⑦)

○ 이 소송은 동일 법주체 내부기관간의 소송이 아니므로, 지방자치법상의 특수한 형태의 소송이라고 보아야 할 것임

(3) 재의요구 불응에 대하여 감독청이 직접 제기하는 소송(지자법 192 ⑧)

○ 제192조 제1항 또는 제2항에 따라 지방의회의 의결이 법령에 위반된다고 판단되어 주무부장관이나 시·도지사로부터 재의요구지시를 받은 지방자치단체의 장이 재의를 요구하지 아니하는 경우(법령에 위반되는 지방의회의 의결사항이 조례안인 경우로서 재의요구지시를 받기 전에 그 조례안을 공포한 경우를 포함한다)에는 주무부장관이나 시·도지사는 제1항또는 제2항에 따른 기간이 지난 날부터 7일 이내에 대법원에 직접 제소할 수 있음(지자법 192 ⑧)

○ 이 소송은 감독청이 지방의회를 상대로 제기하는 소송으로서, 동일 법주체 내부기관간의 소송이 아니므로, 지방자치법상의 특수한 형태의 소송이라고 보아야 할 것임. 그리고 공포된 조례안을 다투는 경우에는 피고가 지방자치단체의 장이라는 점에서 조례안에 대한 감독청의 소송은 특수한 형태의 규범통제소송이라고 이해됨

3. 법원에 의한 통제

○ 주민은 조례에 근거한 처분에 대한 항고소송에서 간접적으로 조례의 위법을 다툴 수 있음(헌법 107 ②, 구체적 규범통제)

○ 그러나 조례가 처분법규인 경우에는 직접 항고소송의 대상이 됨(두밀분교폐지조례, 대판 1996.9.20, 95누8003)

4. 헌법재판소에 의한 통제

○ 조례의 제정도 헌법재판소법 제68조 제1항에서 말하는 '공권력'에 포함되므로 조례가 기본권을 직접 침해하는 경우에는 조례에 대한 헌법소원을 제기할 수 있다[헌재결 1994.12.29, 92헌마216; 헌재결 1995.4.20, 92헌마264, 279(병합)].

5. 주민에 의한 통제

○ 주민은 조례를 직접적으로 통제할 수는 없고, 지방자치법 제19조에 따라 조례의 제정개폐청구권을 행사하는 간접적인 방식만으로 통제할 수 있을 뿐임

□ 지방의회 의결에 대한 (지방자치단체의 장 및 감독청의) 통제: 재의요구와 제소

　○ '조례안에 대한 지방자치단체의 장 및 감독청의 통제'와 동일

□ 자치사무의 내용 및 배분기준[181]

1. 자치사무의 내용

　○ 지방자치법 제13조 제2항은 지방자치단체의 사무를 예시적으로 열거하고 있는데, 따라서 여기에서 열거된 사무들은 원칙적으로는 자치사무이지만, 필요에 따라 법률에서 이를 국가가 처리하도록 규정하는 경우에는, 자치권의 핵심적인 내용을 침해하는 것이 아닌 한, 국가사무가 될 수 있음

　○ 지방자치법 제13조 제2항에 열거되지 아니한 사항으로 법률에서도 그 사무에 관한 별도의 규정이 없는 경우에는, 그 지역과의 관련성이 있는 사무인 한, 전권한성의 원칙에 따라 우선적으로 지방자치단체의 사무로 보아야 할 것임

2. 자치사무의 배분기준

(1) 자치사무의 판단기준으로서의 지역성

　○ 어떠한 사무가 자치사무인가 국가사무인가 하는 것은 그 사무의 '지역성(지역과의 밀접한 관련성)'이 중요한 판단기준이 됨

　○ 반면에 지방자치단체를 넘어서는 범국가적인 이해관계 또는 전국적 통일성 등이 요구되는 사무는 국가사무로 볼 수 있을 것임

(2) 지방자치단체 간의 사무배분기준

　○ 지방자치단체의 자치권은 기초지방자치단체에게 우선적으로 인정되는 것이므로, 그 지역에 관한 사무인 한, 전권한성의 원칙에 따라 기초지방자치단체의 사무로 보아야 함

　○ 그러나 기초지방자치단체를 넘어서는 범지역적인 이해관계가 있거나(광역적 사무), 기초지방자치단체의 행정력이나 재정력을 능가하여 광역지방자치단체가 보충적으로 처리하여야 할 필요가 있거나(보충적 사무), 기초지방자치단체 사이를 조정하거나 국가와 기초지방자치단체를 연결해주는 경우(조정적 사무)에는 광역지방자치단체에서 처리하는 것이 합리적일 것임

(3) 지방자치법상의 기준

　○ 지방자치법은 제14조 제1항에서 광역지방자치단체에 대한 사무배분기준을 규정하고 있음

---

181) 강론, 1149면 이하.

※ 자치사무의 내용 및 배분기준 (요약)

o 지방자치법 제13조 제2항은 지방자치단체의 사무를 예시적으로 열거하고 있는데, 따라서 여기에서 열거된 사무들은 원칙적으로는 자치사무이지만, 필요에 따라 법률에서 이를 국가가 처리하도록 규정하는 경우에는, 자치권의 핵심적인 내용을 침해하는 것이 아닌 한, 국가사무가 될 수 있음

o 어떠한 사무가 자치사무인가 국가사무인가 하는 것은 그 사무의 '지역성(지역과의 밀접한 관련성)'이 중요한 판단기준이 됨

o 지방자치단체의 자치권은 기초지방자치단체에게 우선적으로 인정되는 것이므로, 그 지역에 관한 사무인 한, 전권한성의 원칙에 따라 기초지방자치단체의 사무로 보아야 함

o 광역지방자치단체는 기초지방자치단체를 넘어서는 범지역적인 이해관계가 있거나(광역적 사무), 기초지방자치단체의 행정력이나 재정력을 능가하여 광역지방자치단체가 보충적으로 처리하여야 할 필요가 있거나(보충적 사무), 기초지방자치단체 사이를 조정하거나 국가와 기초지방자치단체를 연결해주는 사무(조정적 사무)를 처리하는 것이 합리적일 것임

o 지방자치단체를 넘어서는 범국가적인 이해관계 또는 전국적 통일성 등이 요구되는 사무는 국가사무로 볼 수 있을 것임

□ 자치사무와 기관위임사무의 구별[182]

1. 학설

① 개별법령에서 사무권한의 주체를 국가기관의 장으로 규정하고 있으면 국가사무이고 별도의 권한위임규정에 의하여 이 사무가 지방자치단체의 장에게 위임되었으면 기관위임사무이며, 개별법령에서 사무권한의 주체를 지방자치단체의 장으로 규정하고 있는 경우에는 자치사무로 보아야 한다는 견해

② 개별법령에서 사무수행의 주체를 지방자치단체의 장으로 규정하고 있는 경우에도 개별법령의 취지와 내용을 판단하여 국가주도적으로 처리되어야 할 사무인 경우에는 기관위임사무, 지방자치단체가 자율적으로 처리할 수 있는 사무인 경우에는 자치사무로 보는 견해

2. 판례

o 법령에서 사무권한의 주체를 지방자치단체의 장으로 규정하고 있는 경우에도 "법령상 지방자치단체의 장이 처리하도록 하고 있는 사무가 자치사무인지 아니면 기관위임사무인지를 판단하기 위해서는 그에 관한 법령의 규정 형식과 취지를 우선 고려하여야 하지만, 그 밖에 그

---

182) 강론, 1155면 이하.

사무의 성질이 전국적으로 통일적인 처리가 요구되는 사무인지, 그에 관한 경비부담과 최종적인 책임귀속의 주체가 누구인지 등도 함께 고려하여야 한다."는 입장(대판 2013.5.23, 2011추56)

3. 결어

○ 헌법의 지방자치권보장의 관점에서 지방자치단체가 수행하는 사무는 자치사무인 것이 원칙이고, 따라서 법령에서 그 사무의 권한 주체를 지방자치단체의 장으로 규정하고 있는 경우 그 사무는, 반드시 전국적인 통일적 처리가 요구되는 등의 예외적인 경우를 제외하고는, 자치사무로 보아야 함. 학설 ①이 타당

□ 자치사무와 국가사무의 구별

1. 자치사무의 판단기준으로서 지역성[183]

○ 헌법은 지방자치단체에게 '주민복리에 관한 그 지역의 모든 사무'에 대한 처리권한을 보장하고 있는 것이므로, 어떠한 사무가 자치사무인가 국가사무인가 하는 것은 그 사무의 '지역성 (Örtlichkeit)'이 중요한 판단기준이 됨

○ 따라서 법률에서 그 사무의 주체를 국가로 할 것인지 아니면 지방자치단체의 장으로 할 것인지를 정할 때에는 지역과의 밀접한 관련성이 있는지의 여부를 최우선적으로 고려하여야 함

○ 반면에 지방자치단체를 넘어서는 범국가적인 이해관계 또는 전국적 통일성 등이 요구되는 사무는 국가사무로 볼 수 있음

2. 국가사무의 처리제한[184]

○ 지방자치단체는, 법률에 다른 규정이 있는 경우를 제외하고는, ① 국가존립에 필요한 사무, ② 전국적으로 통일적 처리를 요하는 사무, ③ 전국적 규모의 사무, ④ 전국적으로 기준을 통일하고 조정하여야 할 필요가 있는 사무, ⑤ 지방자치단체의 기술과 재정능력으로 감당하기 어려운 사무를 처리할 수 없음(지자법 15)

□ 지방자치단체에 대한 행정적 통제[185]

1. 자치사무에 대한 통제

(1) 조언·권고

---

183) 강론, 1145면.
184) 강론, 1146면 이하.
185) 강론, 1168면 이하.

(2) 보고 · 감사

(3) 승인유보

(4) 재의요구명령과 제소

(5) 시정명령과 취소 · 정지

2. 기관위임사무에 대한 통제[186]

(1) 조언 · 권고

(2) 보고 · 감사

(3) 이행명령과 제소

□ 지방자치단체의 사무수행 이행방안 및 권리구제수단

1. 시정명령(지자법 188)[187]

(1) 시정명령

○ 지방자치단체의 사무에 관한 그 장의 명령이나 처분이 법령에 위반되거나 현저히 부당하여 공익을 해친다고 인정되면 시 · 도에 대하여는 주무부장관이, 시 · 군 및 자치구에 대하여는 시 · 도지사가 기간을 정하여 서면으로 시정할 것을 명할 수 있음(지자법 188 ① 전단)

○ 주무부장관은 지방자치단체의 사무에 관한 시장 · 군수 및 자치구의 구청장의 명령이나 처분이 법령에 위반되거나 현저히 부당하여 공익을 해침에도 불구하고 시 · 도지사가 제1항에 따른 시정명령을 하지 아니하면 시 · 도지사에게 기간을 정하여 시정명령을 하도록 명할 수 있고(지자법 188 ②), 시 · 도지사가 제2항에 따른 기간에 시정명령을 하지 아니하면 제2항에 따른 기간이 지난 날부터 7일 이내에 직접 시장 · 군수 및 자치구의 구청장에게 기간을 정하여 서면으로 시정할 것을 명할 수 있음(지자법 188 ③)

○ 시정명령은 '지방자치단체의 사무'에 대한 것으로 자치사무와 단체위임사무를 대상으로 함. 기관위임사무는 지방자치단체의 사무가 아니므로 시정명령의 대상이 아님

○ 시정명령은 자치사무에 대한 경우에는 합법성 감독의 관점에서 '위법한 명령이나 처분'만을 대상으로 함(지자법 188 ⑤). 단체위임사무에 대한 경우에는 위법뿐만 아니라 부당통제도 가능함

○ 자치사무에 대한 시정명령은 독립한 공법인인 지방자치단체에 대한 것으로서 행정쟁송법상의 처분에 해당함. 다만 단체위임사무에 대한 시정명령은 행정내부적 행위이므로 처분성이 없다고 보아야 할 것임

---

186) 강론, 1177면 이하.

187) 강론, 1171면 이하.

ㅇ 관련 판례

"교원능력개발평가 사무와 관련된 법령의 규정 내용과 취지, 그 사무의 내용 및 성격 등을 앞서 본 법리에 비추어 보면, 교원능력개발평가는 국가사무로서 각 시·도 교육감에게 위임된 기관위임사무라고 봄이 타당하다. 따라서 이 사건 시정명령은 기관위임사무에 관하여 행하여진 것이라 할 것이어서, 자치사무에 관한 명령이나 처분을 취소 또는 정지하는 것에 해당하지 아니한다. 결국 이 사건 시정명령은 지방자치법 제169조 제2항 소정의 소를 제기할 수 있는 대상에 해당하지 아니하므로, 이 사건 소 중 이 사건 시정명령에 대한 취소청구 부분은 지방자치법 제169조의 규정에 비추어 허용되지 아니한다 할 것이다. 이 부분 소는 부적법하다(대판 2013.5.23, 2011추56)."

"지방교육자치에 관한 법률 제3조에 의하여 준용되는 지방자치법 제169조 제2항은 자치사무에 관한 명령이나 처분의 취소 또는 정지에 대하여서만 소를 제기할 수 있다고 규정하고, 주무부장관이 지방자치법 제169조 제1항에 따라 시·도에 대하여 행한 시정명령에 관하여도 대법원에 소를 제기할 수 있다는 규정을 두고 있지 않으므로, 이러한 시정명령의 취소를 구하는 소송은 허용되지 않는다(대판 2014.2.27, 2012추183)."

(2) 취소·정지

ㅇ 감독청은 지방자치단체가 시정명령을 정해진 기간에 이행하지 아니하면 시정명령의 대상이었던 명령이나 처분을 취소하거나 정지할 수 있음(지자법 188 ① 후단)

ㅇ 주무부장관은 시·도지사가 시장·군수 및 자치구의 구청장에게 제1항에 따라 시정명령을 하였으나 이를 이행하지 아니한 데 따른 취소·정지를 하지 아니하는 경우에는 시·도지사에게 기간을 정하여 시장·군수 및 자치구의 구청장의 명령이나 처분을 취소하거나 정지할 것을 명하고, 그 기간에 이행하지 아니하면 주무부장관이 이를 직접 취소하거나 정지할 수 있음(지자법 188 ④)

ㅇ 자치사무에 관한 명령이나 처분의 시정명령, 취소 또는 정지는 법령을 위반하는 것에 한함(지자법 188 ⑤). 따라서 단체위임사무의 경우에는 법령에 위반하는 경우뿐 아니라 부당한 경우도 취소·정지의 사유가 됨

ㅇ 지방자치법 제188조에 따른 자치사무에 관한 명령이나 처분에 대한 취소 또는 정지는 자치행정이 법령의 범위 내에서 행하여지도록 감독하기 위한 규정이므로 그 대상이 처분으로 제한되지 않음

(3) 지방자치단체의 장의 제소

ㅇ 지방자치단체의 장은 제1항, 제3항 또는 제4항에 따른 자치사무에 관한 명령이나 처분의 취소 또는 정지에 대하여 이의가 있으면 그 취소처분 또는 정지처분을 통보받은 날부터 15일 이내

에 대법원에 소를 제기할 수 있음(지자법 188 ⑥)

○ 이 소송은 감독청의 감독권행사(취소·정지처분)에 대한 지방자치단체장의 불복소송으로 보아야 하므로 항고소송으로 보는 것이 타당함

2. 이행명령(지자법 189)[188]

(1) 이행명령

○ 지방자치단체의 장이 법령의 규정에 따라 그 의무에 속하는 국가위임사무나 시·도위임사무의 관리와 집행을 명백히 게을리하고 있다고 인정되면 시·도에 대하여는 주무부장관이, 시·군 및 자치구에 대하여는 시·도지사가 기간을 정하여 서면으로 이행할 사항을 명령할 수 있음(지자법 189 ①)

○ 주무부장관은 시·도지사가 제1항에 따른 이행명령을 하지 아니하는 경우 시·도지사에게 기간을 정하여 이행명령을 하도록 명할 수 있고(지자법 189 ③), 시·도지사가 제3항에 따른 기간에 이행명령을 하지 아니하면 제3항에 따른 기간이 지난 날부터 7일 이내에 직접 시장·군수 및 자치구의 구청장에게 기간을 정하여 이행명령을 할 수 있음(지자법 189 ④)

○ 이행명령은 기관위임사무를 대상으로 하는 것으로, 자치사무나 단체위임사무에는 적용되지 않음

(2) 대집행 등

○ 주무부장관이나 시·도지사는 해당 지방자치단체의 장이 제1항의 기간에 이행명령을 이행하지 아니하면 그 지방자치단체의 비용부담으로 대집행하거나 행정상·재정상 필요한 조치를 할 수 있음(지자법 189 ②)

○ 주무부장관은 시·도지사가 제1항에 따른 이행명령을 하지 아니하는 경우 시·도지사에게 기간을 정하여 이행명령을 하도록 명할 수 있고(지자법 189 ③), 시·도지사가 제3항에 따른 기간에 이행명령을 하지 아니하면 직접 시장·군수 및 자치구의 구청장에게 기간을 정하여 이행명령을 하고, 그 기간에 이행하지 아니하면 주무부장관이 직접 대집행등을 할 수 있음(지자법 189 ④)

○ 주무부장관은 시·도지사가 시장·군수 및 자치구의 구청장에게 제1항에 따라 이행명령을 하였으나 이를 이행하지 아니한 데 따른 대집행등을 하지 아니하는 경우에는 시·도지사에게 기간을 정하여 대집행등을 하도록 명하고, 그 기간에 대집행등을 하지 아니하면 주무부장관이 직접 대집행등을 할 수 있음(지자법 189 ⑤)

---

188) 강론, 1178면 이하.

(3) 지방자치단체의 장의 제소

○ 지방자치단체의 장은 제1항 또는 제4항의 이행명령에 이의가 있으면 이행명령서를 접수한 날부터 15일 이내에 대법원에 소를 제기할 수 있음. 이 경우 지방자치단체의 장은 이행명령의 집행을 정지하게 하는 집행정지결정을 신청할 수 있음(지자법 189 ⑥)

○ 이 소송에 대하여 ① 기관소송으로 보는 견해, ② 감독청의 명령에 대한 불복소송이라는 점에서 항고소송으로 보는 견해, ③ 특수한 형태의 소송으로 보는 견해 등이 있는데, ④ 이 소송의 대상은, 자치사무에 대한 감독청의 감독'처분'과는 달리, 위임사무에 대한 감독청의 명령인데, 이는 행정내부기관 간의 행위라는 점에서 처분이 아님. 그러나 지방자치법은 독립한 법인인 지방자치단체에 대한 명령이라는 점에서 별도로 이에 대한 소송을 허용하고 있다고 보아야 하므로, 이 소송은 특수한 형태의 소송으로 보는 것이 타당함

[공무원법]

□ 공무원의 임용[189]

1. 의의

○ 특정인에게 공무원의 신분을 설정할 목적으로 이루어지는 임명권자의 형성적 행위

2. 요건

(1) 결격사유

○ 공무원의 결격사유를 규정하고 있는 국가공무원법 제33조(지방공무원법 31)의 각호의 어느 하나에 해당하는 자는 공무원으로 임용될 수 없음. 이러한 결격사유는 공무원의 당연퇴직사유이기도 함(국가공무원법 69, 지방공무원법 61)

(2) 성적요건

○ 공무원의 임용은 시험성적·근무성적, 그 밖의 능력의 실증에 따라 행함(국가공무원법 26, 지방공무원법 25). 공무원은 신규채용의 경우 공개경쟁채용시험으로 채용하고(국가공무원법 28 ①, 지방공무원법 27 ①), 특수한 경우에는 경력경쟁채용시험에 의하여 채용할 수 있음

---

189) 강론, 1190면 이하.

(3) 요건결여의 효과

① 결격사유의 경우

○ 국가공무원법 등이 정한 결격사유는 공무원으로 임용되기 위한 절대적인 소극적 요건이라고 보아야 하므로, 결격사유에 해당하는 경우 그 임명행위는 당연무효임(다수설)

○ 판례도 같은 입장임(대판 1987.4.14, 86누459)

○ 그러나 취소사유로 보는 견해도 있음

② 성적요건의 경우

○ 성적요건이 결여된 경우 임명행위는 취소할 수 있는 행위가 된다고 보면 될 것임

③ 사실상 공무원

○ 임용요건이 결여된 공무원이 행한 직무행위는 상대방에 대한 신뢰보호나 행정법관계의 안정성을 위하여 사실상의 공무원(de facto Beamten)이론에 의하여 유효한 것으로 보아야 할 경우도 있을 것임

□ 직위해제처분과 협의의 소익[190]

○ 직위해제처분은 지위를 그대로 존속시키면서 다만 그 직위만을 부여하지 아니하는 처분이므로 직위해제한 후 그 직위해제 사유와 동일한 사유를 이유로 징계처분을 하였다면 뒤에 이루어진 징계처분에 의하여 그 전에 있었던 직위해제처분은 그 효력을 상실함

○ 그러나 직위해제처분에 기하여 발생한 효과는 당해 직위해제처분이 실효되더라도 소급하여 소멸하는 것이 아니므로, 직위해제처분에 따른 효과로 승진 · 승급에 제한을 가하는 등의 법률상 불이익이 있는 경우에는 이러한 법률상 불이익을 제거하기 위하여 그 실효된 직위해제처분에 대한 구제를 신청할 협의의 소익이 인정됨(대판 2010.7.29, 2007두18406)

○ 새로운 직위해제사유에 기한 직위해제처분을 한 경우, 그 이전에 한 직위해제처분은 이를 묵시적으로 철회하였다고 보아야 하므로, 그 이전 직위해제처분의 취소를 구하는 부분은 존재하지 않는 처분을 대상으로 한 것으로서 소의 이익(협의의 소익)이 없음(대판 2003. 10.10, 2003두5945)

□ 당연퇴직[191]

1. 당연퇴직의 의의

○ 법이 정한 일정한 사유의 발생으로 별도의 처분 없이 당연히 공무원관계가 소멸되는 것

---

190) 강론, 1199면 이하.
191) 강론, 1201면 이하.

2. 당연퇴직 통보의 법적 성질

○ 판례는 당연퇴직의 인사발령을 하더라도 이는 퇴직사실을 알리는 관념의 통지에 불과하여 항고소송의 대상이 되는 처분에 해당하지 않는다고 보고 있음(대판 1995.11.14, 95누2036)

□ 징계의결요구의 법적 성질[192)]

1. 법적 근거: 국가공무원법 78 ①, ④

○ 제78조(징계 사유) ① 공무원이 다음 각 호의 어느 하나에 해당하면 징계 의결을 요구하여야 하고 그 징계 의결의 결과에 따라 징계처분을 하여야 한다.
④ 제1항의 징계 의결 요구는 5급 이상 공무원 및 고위공무원단에 속하는 일반직공무원은 소속 장관이, 6급 이하의 공무원은 소속 기관의 장 또는 소속 상급기관의 장이 한다.

2. 기속행위와 재량행위의 구별

○ 구별기준에 관하여 요건재량설, 효과재량설, 판단여지설 등이 있으나, 구체적으로는 근거법규범의 규정방식, 입법취지·목적, 행위의 특성·성질, 공익이나 기본권과의 관련성 등을 종합적으로 고려하여 구체적인 사안마다 개별적으로 판단하여야 함
○ 판례: 법규의 체재·형식과 그 문언, 당해 행위가 속하는 행정 분야의 주된 목적과 특성, 당해 행위 자체의 개별적 성질과 유형 등 고려

3. 관련판례

○ "지방공무원의 징계와 관련된 규정을 종합해 보면, 징계권자이자 임용권자인 지방자치단체장은 소속 공무원의 구체적인 행위가 과연 지방공무원법 제69조 제1항에 규정된 징계사유에 해당하는지 여부에 관하여 판단할 재량은 있지만, 징계사유에 해당하는 것이 명백한 경우에는 관할 인사위원회에 징계를 요구할 의무가 있다(대판 2007.7.12, 2006도1390)."

4. 결론

○ 징계의결요구는 기속행위이므로, 징계의결을 요구하여야 함

---

192) 강론, 1229면 이하.

□ 징계에 대한 권리구제[193]

1. 행정심판의 전치

○ 행정소송법은 "취소소송은 법령의 규정에 의하여 당해 처분에 대한 행정심판을 제기할 수 있는 경우에도 이를 거치지 아니하고 제기할 수 있다. 다만 다른 법률에 당해 처분에 대한 행정심판의 재결을 거치지 아니하면 취소소송을 제기할 수 없다는 규정이 있는 때에는 그러하지 아니하다(행소법 18 ①)."고 규정하여 행정심판을 원칙적으로 취소소송의 임의적 전심절차로 규정하면서, 행정심판전치주의가 요구되는 경우를 예외로 하고 있음

○ 현행법상 예외적으로 행정심판전치주의를 규정하고 있는 예로는 국가공무원법 제16조, 지방공무원법 제20조의2, 국세기본법 제56조, 관세법 제120조, 도로교통법 제142조 등이 있음

2. 징계에 대한 권리구제로서 소청

(1) 소청의 의의

○ 공무원의 징계처분, 그 밖에 그 의사에 반하는 불리한 처분이나 부작위에 대한 불복신청(국가공무원법 9 ①)

○ 소청은 소청을 전담하는 소청심사위원회에서 심리 · 결정하는 항고쟁송으로서 행정심판의 일종임

○ 소청은 행심법 제3조 제1항의 특별행정심판임

(2) 소청심사위원회

○ 소청심사는 합의제 행정기관인 소청심사위원회가 함

○ 소청심사위원회는 행정기관 소속 공무원의 소청의 경우는 인사혁신처에, 국회 · 법원 · 헌법재판소 및 선거관리위원회 소속 공무원의 소청의 경우는 국회사무처 · 법원행정처 · 헌법재판소사무처 및 중앙선거관리위원회사무처에 각각 둠(국가공무원법 9 ①, ②)

○ 소청심사위원회의 심사는 행정소송의 필요적 전심절차임(국가공무원법 16 ①)

---

193) 강론, 1233면 이하.

[경찰행정법]

□ 경찰권의 한계[194]

1. 법치행정원리상의 한계

○ 법치행정의 원리상 국민의 권리와 이익을 침해하는 경찰권의 발동은 반드시 개별 법률의 근거가 있어야 함(법률유보)

○ 아울러 경찰권의 발동은 법률이 정하는 범위 내에서 이루어져야 함(법률우위)

2. 행정법의 일반원칙상의 한계

(1) 의의

○ 경찰권 발동이 법령에 규정되어 있고 법령이 정한 범위 안에서 행사되는 경우에도, 경찰권 발동은 행정법의 일반원칙을 준수하여야 함

(2) 경찰비례의 원칙

○ 경찰비례의 원칙이란 경찰권의 발동은 달성하려고 하는 공공의 안녕과 질서의 유지라는 목적과 이를 위하여 개인의 권리나 재산에 대한 침해하는 수단 사이에는 합리적인 비례관계가 있어야 한다는 원칙을 말함. 구체적으로는 적합성·필요성·상당성의 원칙이 있음

(3) 경찰공공의 원칙

○ 경찰공공의 원칙이란 경찰권은 공공의 안녕과 질서의 유지를 위해서만 발동될 수 있고, 이와는 직접적인 관계가 없는 개인의 사적 생활에 대해서는 원칙적으로 관여할 수 없다는 원칙을 말함

○ 공공의 안녕 및 질서유지와 관계가 없는 개인의 사적 생활에 대해서는 사생활불가침의 원칙·사주소불가침의 원칙·민사관계불관여의 원칙이 있음

□ 경찰책임의 원칙

1. 의의

○ 경찰권은 원칙적으로 공공의 안녕과 질서의 위해에 대하여 책임이 있는 자(경찰책임자 또는 교란자)에게 발동되어야 한다는 원칙

---

194) 강론, 1259면 이하.

2. 행위책임

(1) 의의

○ 행위책임이란 개인이 자신의 행위를 통하여 공공의 안녕과 질서에 대한 위해를 야기함으로써 발생되는 경찰책임을 말함

○ 행위책임은 민사법상의 책임이나 형사상의 책임과는 달리 행위자의 의사능력, 행위능력 및 과실여부와 관계없는 객관적 책임을 의미한다. 또한 행위책임은 자신의 보호·감독 하에 있는 자의 행위에 의하여 위해가 발생된 경우에도 인정됨

(2) 행위책임의 귀속

○ 행위책임이 인정되려면 행위와 발생된 경찰상의 위해사이에 인과관계가 있어야 하는데, 인과관계의 존부 판단과 관련하여 학설상 조건설, 상당인과관계설, 직접원인제공설 등이 있음

○ 경찰법상 행위책임은 야기된 객관적인 상태가 문제되는 것이므로 공공의 안녕과 질서에 대한 위해를 직접 발생시키는 행위만이 경찰책임의 대상이 된다는 직접원인제공설이 타당하고, 이 견해가 지배적인 견해임

○ 이 견해에 따르면, 원칙적으로 발생된 위험에 대한 직접적인 원인을 야기하는 자만이 경찰책임을 부담하고 결과발생의 간접적인 원인은 경찰책임과 관련 없는 것으로 배제됨

○ 다만 직접적으로 위해의 원인을 야기하지는 않았더라도 객관적으로 볼 때 직접원인자의 행위를 의도적으로 야기한 것으로 판단되는 목적적 원인제공자도 행위책임자로서 경찰책임을 부담함

3. 상태책임

(1) 의의

○ 공공의 안녕과 질서에 대한 위해가 개인의 행위가 아니라 물건의 상태로부터 발생하는 경우, 이러한 물건을 점유 또는 소유하거나 일정한 권한을 행사하는 자가 부담하는 경찰책임을 상태책임이라 함

○ 상태책임이 인정되려면 물건의 상태와 발생된 위험 사이에 인과관계가 있어야 하는데, 이 경우 인과관계 역시 행위책임의 경우와 같이 직접원인제공설에 따라 판단하면 될 것임

(2) 상태책임의 주체

○ 상태책임의 주체는 물건의 소유권자 기타 정당한 권리자임. 소유권가 물건을 양도하거나 권리를 포기하면 상태책임이 종료됨. 다만 포기의 경우 소유권자가 여전히 행위책임을 부담하는 경우에는 상태책임이 사후에 소멸될 수도 있음

○ 한편 정당한 권리자 이외에 물건에 대한 사실상의 지배권을 행사하는 자가 있는 경우 이들도

상태책임을 부담하게 되는데, 이 경우 정당한 권리자도 상태책임을 부담함. 다만 자신의 처분권이 법적·사실적으로 미치지 않는 범위(예: 도난·압류 등)에서는 상태책임이 없음

(3) 상태책임의 범위

○ 상태책임은 원칙적으로 객관적인 경찰책임이므로 그 원인과 방식과는 무관하게 인정됨. 따라서 물건의 소유권자 등은 원인에 관계없이 자신의 물건의 상태로 인한 위험에 대하여 책임을 부담함. 따라서 소유자 등에게 예상할 수 없거나 위해를 방지할 수 없는 예외적인 상황에서 위험이 발생하는 경우에도 원칙적으로 소유자 등은 상태책임을 부담함

4. 다수의 책임자의 경우

(1) 다수의 행위책임자

○ 경찰상 위험이 다수의 행위에 의하여 발생한 경우, 경찰행정청은 재량에 따라 행위책임자 모두에게 또는 그 중 일부에 대해서만 경찰권을 발동할 수 있음
○ 이 경우 원칙적으로 위험이나 장해를 가장 신속하고 효과적으로 제거할 수 있는 자에게 경찰권이 발동되어야 함

(2) 다수의 상태책임자

○ 다수의 상태책임자가 있는 경우에도 경찰행정청은 재량에 따라 경찰권발동의 대상을 선택할 수 있음. 경찰행정청은 물건의 소유권자 기타 정당한 소유자에게 또는 사실상의 지배권자에게 또는 양자 모두에게 경찰권을 발동할 수 있음

(3) 책임자의 경합

○ 행위책임과 상태책임이 경합되는 경우 행위책임자가 우선적으로 경찰권발동의 대상이 된다는 견해가 있으나, 이 경우에도 경찰행정청의 적법·타당한 선택재량권 행사에 따라 결정되어야 할 것임

(4) 상환청구

○ 경찰권발동의 대상이 된 책임자는 그렇지 않은 다른 책임자에게 비용의 일부의 상환을 요구할 수 있을 것인가 하는 것이 문제임
○ 이에 대해서는 ① 민법상 연대책임자 간의 책임분담에 관한 규정과 법리를 유추적용하여 비용상환청구가 가능하다는 견해(긍정설), ② 다수의 책임자는 연대채무자로서 책임을 지는 것이 아니라 각각 책임을 지는 것이므로 민법상 연대채무 간의 구상규정을 유추적용 할 수 없다는 점에서 비용상환청구가 불가능하다는 견해(부정설), ③ 각 행위자에게 부과된 의무내용이 동일하지 않은 경우에는 다른 경찰책임자에게 비용상환청구권이 인정되지 않지만, 각 행위자 등

에게 부과되어 있는 의무내용들이 서로 동일한 경우에는 민법상의 연대채무자간의 내부구상권은 유추적용될 수 있다는 견해(절충설)가 있는데, ④ 다수의 행위자들은 각각의 경찰책임을 부담하는 것이라는 점, 그리고 경찰권의 발동으로 책임자가 정해지는 것으로 보아야 하는 점에서 부정설이 타당함

5. 행정기관의 책임

○ 행정기관의 행위나 그들이 사용하고 있는 물건에 의하여 경찰상 위험이 발생한 경우 경찰행정청은 이 행정기관에 대하여 경찰권을 발동할 수 있는가 하는 것이 문제임

○ 이에 대해서는 부정설이 지배적인 견해임. 경찰행정청이 다른 행정기관에 대하여 경찰권을 발동하는 것은 다른 행정기관의 관할권을 침해하는 것이 되며 이는 결국 다른 행정기관의 상급기관으로서의 지위를 가지게 되기 때문임. 따라서 경찰행정청은 다른 행정기관이 경찰상 위해를 야기하더라도 적극적으로 경찰권을 발동할 수 있는 것이 아니라 단순한 위해야기에 대한 경고나 통보 등으로 경찰권행사가 제한됨

○ 그러나 소수설로서 모든 국가기관의 활동이 동가치적으로 볼 수 없기 때문에 다른 행정기관의 임무수행과 경찰상의 목적을 비교형량하여 후자의 이익이 더 큰 경우에 개입이 제한적으로 허용된다는 긍정설도 있음

6. 경찰책임의 승계

(1) 의의

○ 원래의 행위책임자 또는 상태책임자에게 부과된 경찰책임이 상속인이나 물건의 양수인에게 이전되는 것

○ 원래 경찰책임은 일신전속적인 성격의 국가작용이므로 타인에게 이전되는 것은 원칙적으로 인정되지 않음. 그러나 승계가 부인될 경우 경찰작용의 실효성을 담보하기 어렵다는 문제가 있어 오늘날 경찰책임의 승계가능성이 논의되고 있음

(2) 행위책임의 승계

○ 이에 대하여는 ① 행위책임은 원칙적으로 특정인에 대한 것이므로 승계가 인정되지 않는다는 견해(승계부정설)가 다수설임. 다만 상속은 포괄적인 승계이므로 행위책임도 원칙상 상속인에게는 승계된다고 보아야 할 것임; ② 한편 경찰하명에 의하여 부과된 의무가 비대체적 성격을 가지면 승계가능성이 부인되고, 대체적 성격을 가지면 승계가 인정된다는 견해도 있음. 승계부정설이 타당함

(3) 상태책임의 승계

○ 상태책임의 승계에 대하여는 ① 지배적인 견해로 상태책임은 물건의 상태와 관련된 책임이기 때문에 승계가 원칙적으로 인정된다는 승계긍정설, ② 양수인이 상태책임을 지는 것은 양도인의 상태책임이 승계되어서가 아니라 경찰상 위해가 있는 물건을 소유 또는 지배하고 있기 때문에 새로이 상태책임을 지는 것이라고 보는 신규책임설, ③ 개별적으로 판단하여야 한다는 개별적 판단설 등이 대립되고 있는데, ④ 상태책임은 물건의 상태와 관련된 것이므로 승계긍정설이 타당함

[공물법]

□ 공물의 의의와 종류[195]

1. 공물의 의의

○ 관습법을 포함하여 법령이나 국가, 지방자치단체 등의 행정주체에 의하여 직접 공적 목적에 제공된 물건

2. 공물의 종류

○ (1) 목적에 따라 ① 공물 중 직접 일반 공중의 공동사용에 제공되는 '공공용물', ② 행정주체가 직접 자신의 사용에 제공한 '공용물', ③ 물건 자체의 보존을 목적으로 하는 '공적 보존물(=보존공물)'로 분류하거나, (2) 성립과정에 따라 ① '자연공물'과 ② '인공공물'로 분류하거나, (3) 소유권의 귀속주체에 따라 ① '국유공물', ② '공유공물', ③ '사유공물' 등으로 분류할 수 있음. (4) 한편 장래에 어떠한 물건을 공적 목적에 제공할 것임을 정하는 의사표시를 공물의 예정이라고 하며, 그 물건을 '예정공물'이라 함. 공용지정은 있었으나 형체적 요소를 갖추지 못하여 현실적으로 공용되고 있지 않은 물건도 예정공물에 해당한다고 봄. 예정공물은 공물에 준하는 취급을 함

---

195) 강론, 1272면 이하.

□ 공물의 성립과 소멸[196]

1. 공물의 성립

(1) 의의

○ 특정한 물건이 공물로서의 성질을 취득하는 것을 공물의 성립이라 함

(2) 공공용물의 성립

1) 형체적 요소

○ 공공용물이 성립하기 위해서는 그 물건이 일반공중의 사용에 제공될 수 있는 형체적 요소가 필요함. 형체적 요소를 갖추지 못한 물건은 공물로 지정되어도 예정공물에 지나지 않음

2) 공용지정(의사적 요건)

① 의의

○ 공공용물이 성립하기 위해서는 행정주체의 의사적 행위인 공용지정이 필요함. '공용지정(Widmung)'이란 어떠한 물건을 공적 목적에 제공한다는 것과 이로 인하여 특별한 공법상의 이용질서가 적용된다는 것을 선언하는 법적 행위를 말함. '공용개시'라고도 함

② 공용지정의 형식

㈎ 법령에 의한 공용지정

○ 어떠한 물건이 법령에서 정하고 있는 요건을 충족함에 따라 당연히 공법상의 특별한 지위에 놓이게 되는 경우를 말함

㈏ 행정행위에 의한 공용지정

○ 행정행위에 의한 공용지정이 가장 일반적이고 중요한 형식임. 이는 직접 물건의 성질이나 상태를 규율하고, 간접적으로 물건의 소유자, 사용자 또는 관리인에게 법적 효과를 발생시키는 물적 행정행위의 성질을 가짐

3) 권원의 취득

○ 공용지정을 위하여 행정주체는 그 물건에 대한 정당한 권원(=처분권)을 가지고 있어야 함
○ 아무런 권원 없이 행한 공용지정은 위법한 것으로 소유자는 손해배상·부당이득반환 또는 결과제거로서 원상회복을 청구할 수 있음

4) 공용지정의 하자

○ 공용지정에 하자가 있는 경우 그 법적 효과에 대하여는 공용지정의 형식에 따라 다름
○ 공용지정이 법령의 형식에 의하여 행하여지는 경우에 하자 있는 공용지정은 무효에 해당함

---

196) 강론, 1274면 이하.

○ 반면 공용지정이 행정행위의 형식에 의하여 행하여지는 경우에는 하자의 효과에 관하여 종래의 학설은 하자있는 공용지정은 무효에 해당한다고 하나, 행정행위의 하자의 일반원칙인 중대명백설에 따라 하자가 중대하고 명백한 경우에는 무효이고, 그 외의 경우에는 취소사유가 된다고 할 것임

2. 공물의 소멸

(1) 의의

○ 공물이 공물로서 성질을 상실하는 것

○ 공물은 일반적으로 형체적 요소의 소멸과 공적 목적에 제공을 폐지시키는 법적 행위인 '공용폐지(Entwidmung)'에 의하여 소멸됨

(2) 공공용물 중 인공공물의 소멸

○ 인공공물은 공용폐지에 의하여 공물의 성질을 상실함

○ 그러나 인공공물의 형체가 영구확정적으로 멸실하여 그 회복이 사회관념상 불가능하게 된 경우에 별도로 공용폐지 없이 공물의 성질을 상실하는지 여부에 대하여는 ① 인공공물이 사회관념상 회복이 불가능할 정도로 형체적 요소를 상실하면 공물로서의 성질을 상실한다는 견해와 ② 형체적 요소의 소멸은 다만 공용폐지의 사유가 될 뿐이라는 견해의 대립이 있음 ③ 판례는 공물의 성질이 상실되었다고 보려면 형체적 요소가 상실되는 것 뿐 아니라 적어도 묵시적 공용폐지가 있었다고 인정될 수 있어야 한다는 입장임(대판 1999.1.15, 98다49548)

○ 공용폐지의 의사표시와 관련, 법령상 특별한 규정이 없는 경우에는 원칙적으로 명시적인 의사표시가 있어야 하지만, 예외적으로 주변의 사정을 보아 객관적으로도 공용폐지에 대한 의사가 존재함을 추측할 수 있는 경우에는 묵시적 의사표시가 있는 것으로 볼 수 있을 것임

(3) 공적 보존물의 소멸

○ 공적 보존물은 행정주체의 지정해제의 의사표시에 의하여 공물의 성질을 상실함

○ 행정주체는 공적 보존물이 그 가치를 상실한 경우 또는 공익상의 특별한 사유가 있을 경우에는 그 지정을 해제할 수 있음

○ 공적 보존물의 형체적 요소가 멸실되는 경우에 공물로서 성질을 상실하는지 여부에 관하여는 ① 형체적 요소의 소멸로 공물로서의 성질을 상실한다는 견해와 ② 형체적 요소의 소멸은 다만 공용폐지의 사유가 될 뿐이라는 견해가 대립되는데, ③ 공적 보전물의 경우 복원가능성이 존재하고, 또한 문화재보호법 제31조가 문화재의 지정을 해제할 필요가 있을 때 문화재위원회의 심의를 거쳐 지정을 해제하도록 규정하고 있는 취지를 고려하면, ②설이 보다 타당해 보임

□ 공물의 시효취득의 제한[197]

o 사유공물은 시효취득의 대상이 될 수 있음. 그러나 공법상의 제한은 여전히 존속함

o 한편 민법상의 시효취득에 관한 규정이 공물(국유공물·공유공물)에도 적용되는지에 대하여는 ① 공물의 존재목적 및 이를 위한 관리와 민법이 정하는 기간 동안 소유의 의사로 평온·공연하게 점유한다는 것이 양립될 수 없으므로 공물은 시효취득의 대상이 될 수 없다고 보는 입장(부정설)이 일반적임. 다만 ② 공물이 융통성이 인정되고 있는 범위에서 시효취득의 대상이 될 수 있으나 그 후에도 공적 목적에 제공되어야 하는 공법상의 제한은 존속한다는 입장(제한적 시효취득설), ③ 공물의 평온·공연한 점유가 계속되고 관리자도 그대로 방치한 경우에는 공물에 대한 묵시적 공용폐지가 있는 것으로 보아, 공물에 대한 완전한 시효취득이 이루진다는 입장(완전시효취득설) 등도 있음. ④ 판례는 부정설을 취하고 있음(대판 1983.6.14, 83다카181)

o (구)국유재산법 및 (구)지방재정법은 국유재산 및 공유재산의 종류를 가리지 않고 "민법 제245조의 규정에도 불구하고 시효취득의 대상이 되지 않는다."고 하였으나, 헌재는 국·공유 일반재산(과거 잡종재산)을 시효취득에서 배제시키는 당해 조항들을 위헌으로 판결하였음. 이에 따라 현행 국유재산법 제7조 제2항과 공유재산 및 물품관리법 제6조 제2항은 일반재산을 제외한 행정재산에 대해서만 시효취득의 대상이 되지 아니한다고 규정하고 있음

□ 공물관리권의 법적 성질

o ① 공물관리권이 소유권 그 자체의 작용에 불과하다고 보는 소유권설, ② 공물관리권을 공물주체의 공법적 권한에 속하는 물권적 지배권으로 보는 공법상 물권적 지배설이 있는데, ③ 통설과 판례는 공법상 물권적 지배설임

o 공물의 관리에 관한 법관계는 비권력관계(관리관계)로서 원칙적으로 공법관계임

□ 공물(공공용물)의 사용관계[198]

1. 일반사용

(1) 의의

o 공공용물은 누구든지 타인의 공동사용을 방해하지 않는 한도에서는 행정청의 허가 기타 특별한 행위가 필요하지 않고 당연히 이를 자유로이 사용할 수 있는데, 이를 '공공용물의 일반사용'이라 함. '보통사용' 또는 '자유사용'이라고도 함

---

197) 강론, 1283면 이하.
198) 강론, 1290면 이하.

(2) 법적 성질

o 공공용물의 일반사용의 법적 성질에 관하여는 반사적 이익설과 공권설로 나뉜다. ① 공물의 일반사용에 있어서 공물이 일반공중의 사용에 제공된 결과 그 반사적 이익으로서 사용의 자유를 누리는 것에 불과하다는 반사적 이익설(독일의 종래 통설)과 ② 공물의 일반사용상의 이익을 공법상의 권리 또는 법률상 보호되는 이익으로 보는 공권설이 있음. ③ 공공용물은 일반 공중의 일반사용권이 인정되어야 한다는 점에서 공권설이 타당함

o 공물의 일반사용권에 대한 행정청의 위법한 침해에 대해서는 공법상의 배제청구권이 인정되고, 또한 그로 인하여 발생된 손해에 대하여는 국가배상을 청구할 수 있을 것임

o 한편, 공물의 일반사용에 대한 권리는 행정주체와의 관계에서 인정되는 공법상의 권리이나, 그것은 일상생활을 하는데 필수적인 것이므로 민법상으로도 보호된다고 할 것임

o 판례는 예외적으로 공공용재산의 성질상 특정개인의 생활에 직접적이고 구체적인 이익을 부여하고 있는 특별한 사정이 있는 경우라면 도로의 용도폐지처분에 대하여 다툴 수 있는 법률상 이익이 있다는 입장임(대판 1992.9.22, 91누13212)

(3) 일반사용의 내용과 한계

o 일반사용의 내용과 한계는 공공용물의 종류에 따라 당해 공물의 공용목적과 관련법규 등에 의하여 정해짐

o 공공용물의 일반사용은 공물을 보호·유지하고, 사용관계상의 이해대립의 조정 또는 공공의 안녕과 질서상의 위해를 방지하기 위하여 공물관리권 또는 공물경찰권에 의하여 제한될 수 있음

(4) 인접주민의 고양된 일반사용[199]

o 일반인의 일반사용을 넘어서는 공공용물의 인접주민의 사용을 '인접주민의 고양된 일반사용'이라 함

o 이러한 인접주민의 고양된 일반사용은 지역관습과 공동체가 수용할 만한 범위 내에서 필요한 범위까지 보장되어야 하는데, 이를 테면 자신의 토지나 건물 등의 적절한 이용을 위하여 불가피한 사용에 해당하여야 하고, 당해지역의 관행과 합치되어야 하며, 일반공중의 사용과 조화되어야 함. 이를 넘어서는 사용은 특별사용에 해당되어 관할 행정청의 별도의 허가를 필요로 함

o 인접주민의 고양된 일반사용은 재산권보장을 규정하는 헌법 제23조 제1항으로부터 도출되며, 개인적 공권의 성격을 가짐. 특히 판례는 인접주민이 기존의 도로 이외에는 다른 통행수단이

---

199) 강론, 1292면 이하.

없는 등 특별한 사정이 있는 경우에는 도로의 존속을 구할 수 있는 법률상의 이익이 있다고
판시하였음

○ 인접주민은 행정권에 의하여 자신의 고양된 일반사용권이 침해된 경우에는 공법상의 방해배
제청구권을 행사할 수 있고, 그로 인하여 손해가 발생된 경우에는 국가배상청구권을 행사할
수 있음. 또한 인접주민의 고양된 일반사용권이 제3자에 의하여 침해된 경우에는 민법상의
방해배제청구권과 손해배상청구권을 행사할 수 있음

○ 한편, 인접주민은 도로 등의 폐지, 변경 또는 보수작업 등으로부터 야기되는 방해에 대하여
보상 없이 수인하여야 하나, 재산권을 침해하여 수인한도를 넘는 손실을 발생시키는 경우에
는 그에 대한 손실보상을 청구할 수 있을 것임

2. 허가사용

(1) 의의

○ 공공의 안녕과 질서에 대한 위해를 방지하거나 사용관계의 조정을 위하여 공공용물의 사용을
일단 금지시키고 그 후에 선별적으로 행정청의 허가를 받아 사용할 수 있도록 하는 것

(2) 성질

○ 공물의 자유사용에 대한 상대적 금지를 해제하는 행위로서, 공물사용권을 설정받아 사용하는
특허사용과 구별됨

○ 공공용물의 사용허가는 원칙적으로 기속행위임

○ 허가사용에 의하여 상대방이 누리는 이익은 반사적 이익임

3. 특허사용

(1) 의의

○ 공물관리권에 의하여 일반인에게 허용되지 않는 특별한 공물사용의 권리를 특정인에 대하여
설정하여 주는 것을 '공물사용권의 특허'라고 하며, 이에 따른 공물의 사용을 '공물의 특허사
용'이라 함. 특허사용은 실정법상 허가로 불리는 경우가 많음

○ 특허사용은 독점적 · 배타적인 것이 아니라 그 사용목적에 따라서는 일반사용과 병존이 가능
함(대판 1998.9.22, 96누7342)

(2) 성질

○ 공물사용권의 특허는 상대방의 신청에 기하여 관리청이 부여하는 것으로, 이러한 특허행위의
성질에 대하여는 종래 공법상 계약설과 상대방의 협력을 요하는 행정행위설(쌍방적 행정행위설)로
대립되어 왔음. 구체적으로 어느 행위의 유형에 속하는 것인지는 실정법의 규정방식에 따라

결정될 것이지만, 일반적으로 특허는 쌍방적 행정행위로 이해되고 있음
- 또한 특허행위는 특정인을 위하여 일반인에게 인정되지 않는 특별한 공물사용권을 설정하여 주는 설권적 행위로서, 특별한 법률상 제한이 없는 한, 재량행위의 성격을 갖고 있다는 것이 일반적인 견해와 판례의 입장임

(3) 내용

1) 공물사용권

① 공물사용권은 공권이므로 공익상 제한을 받게 되고, 침해되는 경우에 이를 행정쟁송으로 다툴 수 있음
② 공물사용권은 공물주체에 대하여 공물의 특별한 사용을 청구할 수 있는 채권의 성질을 갖는다고 보는 것이 통설과 판례의 입장임. 다만, 실정법 중에서는 공물사용권이 물권의 성격을 갖는다는 명문의 규정을 두고 있는 경우가 있음
③ 공물사용권은 경제적 가치와 수익성을 갖고 있는 권리로서 재산권적 성질을 갖고 있고, 그러한 범위에서 민법 기타 사법의 적용을 받음
④ 또한 제3자에 의한 공물사용권의 침해는 민법상의 불법행위를 구성하므로 민사상 손해배상 및 방해배제청구를 할 수 있음

2) 공물사용권자의 의무

① 공물관리자는 공물의 특허사용의 대가로 점용료 등의 사용료를 징수할 수 있음. 법률에 근거 규정이 없는 경우에도 사용료를 징수할 수 있다는 것이 다수의 견해임
② 일정한 경우 공물사용권자에게 장해의 예방 또는 제거에 필요한 시설을 설치할 의무, 공물의 유지·수선 및 원상회복의무 및 그 비용을 부담할 의무 등이 부과될 수 있음

3) 특허사용관계의 종료

- 공공용물의 특허사용관계는 ① 공물의 공용폐지 및 형체적 요소의 소멸, ② 공물사용권의 포기, ③ 기한의 도래 및 해제조건의 성취, ④ 특허의 철회 및 취소 등의 사유로 소멸됨

※ 도로점용허가의 법적 성질

(1) 공물의 특허사용

- 공물관리권에 의하여 일반인에게 허용되지 않는 특별한 공물사용의 권리를 특정인에 대하여 설정하여 주는 것을 '공물사용권의 특허'라고 하며, 이에 따른 공물의 사용을 '공물의 특허사용'이라 함. 특허사용은 실정법상 허가로 불리는 경우가 많음
- 특허사용은 독점적·배타적인 것이 아니라 그 사용목적에 따라서는 일반사용과 병존이 가능함 (대판 1998.9.22, 96누7342)

> **(2) 성질**
> ㅇ 또한 특허행위는 특정인을 위하여 일반인에게 인정되지 않는 특별한 공물사용권을 설정하여 주
> 는 설권적 행위로서, 특별한 법률상 제한이 없는 한, 재량행위의 성격을 갖고 있다는 것이 일반적
> 인 견해와 판례의 입장임
> **(3) 결론: 특허로서 재량행위임**

4. 행정재산의 목적 외 사용[200]

(1) 의의

ㅇ 행정재산도 그 용도 또는 목적에 장해가 되지 않는 범위에서 관리청은 예외적으로 사용을
허가할 수 있는데(국유재산법 30, 공유재산법 20), 이러한 허가에 따른 행정재산의 사용관계를 '행정
재산의 목적 외 사용'이라 함(예: 관공서건물의 일부에서의 다과점·구내서점 등의 영업허가)

(2) 성질

1) 학설

ㅇ ① 사법관계설은 행정재산의 목적 외 사용의 내용은 오로지 사용자의 사적 이익을 도모한다
는 이유로 사법상의 계약관계로 보지만, ② 대다수의 견해인 공법관계설은 행정재산의 목적
외 사용의 법률관계의 발생 또는 소멸은 행정행위에 의하여 이루어지므로 공법관계로 봄

2) 검토

ㅇ ① 과거 국유재산법은 행정재산의 사용허가에 관하여 일반재산의 대부(貸付)에 관한 규정을
준용하고 있었음에 따라, 당시의 다수설과 판례는 사법관계설의 입장을 취하였음. ② 그러나
현행법은 행정재산의 목적 외 사용을 관리청의 허가에 의하도록 하고 있고, 상대방의 귀책사
유가 있는 경우나 공공목적을 위하여 취소·철회할 수 있도록 하며, 사용료의 일방적 부과
및 그에 대한 강제징수를 규정하고 있으므로, 공법관계로 보는 견해가 타당함

3) 판례: 특허에 의한 공법관계로 봄(대판 2006.3.9, 2004다31074)

(3) 허가의 취소 또는 철회

ㅇ 관리청은 상대방의 귀책사유가 있는 경우나 국가 또는 지방자치단체가 직접 공용 또는 공공
용으로 사용하기 위하여 필요하게 된 경우에는 그 허가를 취소하거나 철회할 수 있음(국유재산
법 36 ①, ②)

---

200) 강론, 1299면 이하.

(4) 변상금의 징수

○ 국·공유재산을 무단으로 사용하거나 점유한 자에 대하여 그 재산에 대한 사용료나 대부료의 100분의 120에 상당하는 변상금을 징수함(국유재산법 72 ①, 공유재산법 81 ①)
○ 변상금부과조치는 행정처분의 성격을 가지므로 항고소송의 대상이 됨

[공용부담법]

□ 환매권[201]

1. 의의

○ 공익사업을 위해 취득된 토지가 당해 사업에 필요 없게 되었거나 현실적으로 이용되지 않는 경우에 원래의 토지소유자가 환매대금을 지급하고 환매의사를 표시함으로써 사업시행자로부터 토지소유권을 되찾을 수 있는 권리

2. 근거

(1) 이론적 근거(인정배경)

① 토지소유자의 감정의 존중에서 찾는 견해(전통적인 다수설)
② 공평의 원칙에서 찾는 견해(대판 1993.12.28, 93다34701)
③ 헌법의 재산권의 존속보장에서 찾는 견해(유력설, 헌재결 1998.12.24, 97헌마87)

(2) 법적 근거(실정법상 근거)

○ 판례는 법령상 명문의 규정 없이는 환매권을 인정하지 않는 입장임(대판 1998.4.10, 96다52359)
○ 실정법상 토지보상법 외에 택지개발촉진법 등에서 환매에 관한 규정을 두고 있음

3. 법적 성질

○ ① 공권설은 환매제도를 공법적 수단에 의해 상실된 권리를 회복하는 제도로, 공법상 주체인 사업시행자에 대하여 사인이 가지는 공법상 권리라고 함. ② 이에 대하여 사권설은 환매는 환매권자 자신의 이익을 위해서 환매의 의사를 표시함으로써 토지를 재취득하는 것이라는 점 등에서 사법상 권리로 봄. ③ 판례는 사권설의 입장임(대판 1992.4.24, 92다4673)

---

201) 강론, 1352면 이하.

4. 환매의 요건(토지보상법 91 ①)

(1) 환매권자 및 목적물

o 취득일 당시의 토지소유자 또는 그 포괄승계인(토지보상법 91 ①)

o 환매의 목적물은 토지소유권임(토지보상법 91 ①)

(2) 환매권의 발생요건 및 행사기간

o 환매권이 발생하려면 ① 토지의 취득일부터 10년 이내에 해당 사업의 폐지·변경 또는 그 밖의 사유로 인하여 취득한 토지의 전부 또는 일부가 필요 없게 된 경우(토지보상법 91 ①) 또는 ② 취득일부터 5년 이내에 토지의 전부를 해당 사업에 이용하지 않았을 경우(토지보상법 91 ②) 이어야 함

o 위의 ①의 경우에는 그 토지의 전부 또는 일부가 필요 없게 된 때부터 1년 또는 그 취득일부터 10년 이내에, ②의 경우에는 취득일부터 6년 이내에 행사하여야 함(토지보상법 91 ①, ②)

(3) 공익사업의 변환과 환매[202]

1) 의의

o 국가·지방자치단체·공공기관운영법 제4조에 따른 공공기관 중 대통령령으로 정하는 공공기관이 사업인정을 받아 공익사업에 필요한 토지를 협의취득하거나 수용한 후 해당 공익사업이 토지보상법 제4조 제1호부터 제5호까지에 규정된 다른 공익사업으로 변경된 경우 별도의 새로운 협의취득이나 수용절차 없이 그 토지를 변경된 공익사업에 이용하도록 하는 제도(토지보상법 91 ⑥)

o 공익사업이 다른 공익사업으로 전환되는 경우에도 환매권자에게 환매한 후 전환된 사업의 시행을 위하여 다시 새로운 협의취득이나 수용절차를 거치는 것이 원칙이나, 이러한 절차를 피함으로써 행정력의 낭비와 공익사업의 지연을 방지하기 위하여 인정됨

2) 요건

① 사업시행자가 국가·지방자치단체·공공기관의 운영에 관한 법률 제4조에 따른 공공기관 중 대통령령으로 정하는 공공기관이어야 함

② 처음 사업인정을 받은 사업에서 토지보상법 제4조 제1호부터 제5호까지에 규정된 다른 공익사업으로 변환하는 것이어야 함

3) 효과

o 토지보상법이 정한 바에 따르는 공익사업으로 변환된 경우 환매권 행사기간은 관보에 해당 공익사업의 변경을 고시한 날부터 기산함(토지보상법 91 ⑥)

---

202) 강론, 1358면 이하.

○ 이를 통하여 환매권의 발생요건 중 취득일의 기산일이 공익사업의 변경을 고시한 날로 연기 됨으로써 사업시행자는 환매·재협의 또는 재수용이라는 절차의 번거로움을 피할 수 있게 되지만, 환매권자의 환매권행사는 그만큼 제한되는 결과가 발생하게 됨

4) 공익사업변환제도의 위헌성

○ 토지보상법 제91조 제6항((구)토지수용법 71 ⑦)에 대하여는 헌법상 재산권보장과 관련하여 위헌성이 제기되었으나, 헌법재판소는 합헌으로 결정함(헌재결 1997.6.26, 96헌바94)

[건축행정법]

□ 조합설립인가

1. 조합설립인가의 법적 성질[203]

○ 조합설립인가에 관하여는 (ⅰ) 그 법적 성질이 강학상 인가인지 특허인지 논란이 있음 (ⅱ) 판례는 이와 같은 조합설립의 인가는 사인들의 조합설립행위에 대한 보충행위로서의 성질(인가)을 갖는 것이 아니라, 조합에 대하여 도시정비법상 정비사업을 시행할 수 있는 권한을 갖는 행정주체(공법인)로서의 지위를 부여하는 일종의 설권적 처분(특허)의 성격을 갖는다고 보고 있음(대판 2012.4.12, 2010다10986)

2. 조합설립결의를 다투는 방법(대판 2009.10.15, 2009다30427)

(1) 설립인가처분 전

○ 민사소송으로 조합을 상대로 조합설립결의의 무효를 다투어야 함

(2) 설립인가처분이 있고 난 후

○ 그러나 조합설립인가를 설권적 처분으로 보는 현재 판례의 입장에 따르면, 행정청을 상대로 조합설립 인가처분의 취소 또는 무효확인을 구하는 항고소송의 방법에 의하여야 함. 이 경우 조합을 상대로 조합설립결의의 효력을 다투는 확인의 소는 확인의 이익이 없어 허용되지 않음(대판 2009.10.15, 2009다30427)

3. 처분에 관한 조합총회결의의 효력을 다투는 방법

○ 조합을 상대로 관리처분계획과 같은 처분에 관한 조합총회결의의 효력을 다투는 것은 처분의

---

203) 강론, 1411면 이하.

위법 여부에 직접 영향을 미치는 공법상의 법률관계를 다투는 것이므로 행정소송법상 당사자소송을 제기하여야 함(대판 2010.2.25, 2007다73598)

○ 이 경우 관리처분계획 등에 관한 행정청의 인가가 있으면, 관리처분계획과 같은 처분에 관한 조합총회결의의 효력을 다투려면 총회결의의 하자를 이유로 하여 행정처분의 효력을 다투는 항고소송의 방법으로 관리처분계획 등의 취소 또는 무효확인을 구하여야 함. 이 경우 총회결의부분만을 대상으로 그 효력을 다투는 확인의 소를 제기하는 것은 허용되지 않음(대판 2012.3.29, 2010두7765)

□ 건축허가의 법적 성질[204]

1. 허가

○ 허가는 상대적 금지를 해제하여 공익목적에서 제한되었던 자유를 회복시켜 주는 행위

○ 이와 같이 허가의 대상이 되는 행위는 원래 헌법상의 자연적 자유이므로 헌법상 기본권으로서 보호를 받음

○ 따라서 허가는 법정요건을 구비하는 경우에 허가를 해야 하는 기속행위임

2. 건축허가의 법적 성질

○ 건축허가도 건축의 자유라는 관점에서 보면 원칙적으로는 기속행위임

○ 따라서 중대한 공익상의 필요가 없는 한 관계 법령에서 정하는 제한사유 이외의 사유를 들어 허가를 거부할 수 없음

○ 다만 '중대한 공익상의 이유가 있는 경우'에는 허가를 거부할 수 있는데, 이 경우에도 '중대한 공익상의 이유'는 불문의 허가'요건'에 해당하는 것으로 보아야 하므로, 이로써 허가가 재량행위인 것은 아님

○ 건축법 제11조 제4항의 건축허가를 재량행위로 보는 견해도 있으나, 이는 '허가를 하지 아니할 수 있다'는 법문의 표현에도 불구하고, 허가의 제도취지상 건축물의 건축이 주변환경보호나 위험방지 차원에서 현저히 부적합한 경우라면 건축허가를 하지 말아야 한다는 취지로 보아야 하므로, 역시 기속행위로 보아야 함

□ 개발행위허가가 의제되는 건축허가의 법적 성질

1. 학설

○ 개발행위허가에 대해서 학설은 재량행위로 보는 견해와 기속행위로 보는 견해로 나뉘어 있음

---

204) 강론, 1443면 이하.

2. 판례

○ 판례는 재량행위로 보고 있음
○ 나아가 재량행위인 개발행위허가를 수반하는 건축허가도 재량행위라고 보고 있음
○ 관련 판례

"국토의 계획 및 이용에 관한 법률(이하 '국토계획법'이라 한다)에 따른 토지의 형질변경허가는 그 금지요건이 불확정개념으로 규정되어 있어 그 금지요건에 해당하는지 여부를 판단함에 있어서 행정청에 재량권이 부여되어 있다고 할 것이므로, 국토계획법에 따른 토지의 형질변경행위를 수반하는 건축허가는 재량행위에 속한다(대판 2013.10.31, 2013두9625)."

3. 결어

○ 사실 이 판례에서 대법원이 이 경우의 건축허가가 재량행위라고 판단했다기보다는 요건판단에 재량(판단여지)이 인정된다고 보고 있는 것임
○ 개발행위 자체가 절대적으로 금지되는 것은 아니라는 점에서 요건을 갖추면 허가를 하여야 하는 기속행위로 보아야 할 것임. 따라서 개발행위허가가 의제되는 건축허가 또한 기속행위로 보아야 할 것임

□ 개발제한구역안에서의 건축허가의 성질[205)

1. 학설

○ 개발제한구역 안에서의 건축허가를 포함한 개발행위허가는 원칙적으로 금지된 개발행위에 대하여 예외적으로 허가해 주는 예외적 승인으로서 그 법적 성질은 재량행위로 보아야 할 것임

2. 판례: 학설과 같음(대판 2003.3.28, 2002두11905)

---

205) 강론, 1394면 이하.

[재무행정법]

□ 세무조사결정의 처분성[206)

○ 세무공무원은 세무조사를 하는 경우에는 조사를 받을 납세자에게 조사를 시작하기 15일 전에 조사대상 세목, 조사기간 및 조사 사유, 그 밖에 대통령령으로 정하는 사항을 통지하여야 함. 다만, 사전에 통지하면 증거인멸 등으로 조사 목적을 달성할 수 없다고 인정되는 경우에는 그러하지 아니함(국세기본법 81조의7 ①)

○ 세무조사와 관련하여 판례는 세무조사결정을 항고소송의 대상이 되는 처분이라고 보고 있음. 다수설은 이와 같은 판례의 입장을 지지하는 입장임

□ 국세환급결정 또는 환급거부결정의 처분성[207)

○ 세무서장은 납세의무자가 국세·가산금 또는 체납처분비로서 납부한 금액 중 잘못 납부하거나 초과하여 납부한 금액이 있거나 세법에 따라 환급하여야 할 환급세액(세법에 따라 환급세액에서 공제하여야 할 세액이 있을 때에는 공제한 후에 남은 금액)이 있을 때에는 즉시 그 잘못 납부한 금액, 초과하여 납부한 금액 또는 환급세액을 국세환급금으로 결정하여야 함(국세기본법 51 ①)

○ 이와 관련하여 판례는 국세환급결정이나 이 결정을 구하는 신청에 대한 환급거부결정 등은 처분이 아니라는 입장임(대판 2010.2.25, 2007두18284). 이와 같은 판례의 입장은 1989년 전원합의체판결 이후 지금까지 계속되고 있는 것인데, 당시 소수의견은 납세자의 권리보호를 위하여 그 결정을 항고소송으로 다툴 수 있어야 한다는 입장이었음

□ 과오납금반환청구소송[208)

1. 문제의 소재

○ 과오납금반환청구소송이 민사소송인지 당사자소송인지가 문제임

2. 학설

① 과오납금반환청구권은 공법상 법률관계에 의하여 발생된 것이기 때문에 이에 관한 소송은 공법상 당사자소송이 되어야 한다는 견해(공법상 당사자소송설, 다수설)

② 과오납금반환청구권의 성질이 사권이라는 데 그 근거를 두어, 민사소송으로 다루어야 한다

---

206) 강론, 1484면 이하.
207) 강론, 1491면 이하.
208) 강론, 1493면 이하.

는 견해(민사소송설)

3. 판례

○ 종래 판례는 민사소송설의 입장이었음

○ 그러나 2013년 전원합의체 판결에서 납세의무자에 대한 국가의 환급세액 지급의무는 공법상 의무이므로 납세의무자의 부가가치세 환급세액 지급청구는 민사소송이 아니라 당사자소송의 절차에 따라야 한다고 그 입장을 변경하였음

○ 이에 대해서는 환급세액 지급청구의 법적 성질을 민법상 부당이득반환청구로 구성하는 것도 가능하다는 반대의견도 있었음

4. 결어

○ 생각건대 과오납금반환청구권은 공법상의 부당이득반환청구권의 성격을 가지고 있으므로 공법상 당사자소송설 및 판례의 입장이 타당함

[경제행정법]

□ 보조금지급의 법적 성질[209]

○ 행정주체의 보조금지급의 법적 성질에 관하여 논란이 있음

○ 보조금지급의 법적 근거가 되는 보조금법의 규정이 행정청이 보조금의 교부 여부를 결정하고 (보조금법 17), 그리고 일정한 경우에는 행정청이 보조금교부의 결정을 취소할 수 있다고 규정하고 있는 점(보조금법 30) 등을 고려할 때, 동법상의 보조금 교부의 법적 성질은 협력을 요하는 행정행위로 보는 것이 타당함(대판 2012.4.26, 2010도5693)

○ 한편 보조금의 지급과 관련하여 이를 보조금지급결정(제1단계)과 보조금지급(제2단계)으로 구분하는 경우, 제1단계는 행정처분이고, 제2단계에서 지급계약을 체결하는 경우 이를 공법상 계약으로 볼 수는 있을 것임(2단계론)

---

209) 강론, 1499면.

□ 민간투자법상 실시협약의 법적 성질[210]

1. 실시협약의 의의

○ 사회기반시설에 대한 민간투자법은 공법상 계약의 하나인 실시협약을 규정하고 있는데(제2조 제7호), 실시협약이란 주무관청과 민간투자사업을 시행하고자 하는 자 간에 사업시행의 조건 등에 관하여 체결하는 계약을 말함

2. 실시협약의 법적 성질

○ 이에 대해서는 ① 주무관청과 협상대상자가 대등한 지위에서 실시협약의 각 조건들을 합의하여 협약이 체결되며 협약과정에 별도로 주무관청의 행정작용이 필요한 것은 아니라는 점 등을 들어 사법상 계약의 성질을 가진다고 보는 사법상 계약설과 ② 실시협약에 의한 사업시행에는 공법상의 제한이 따르고 있다는 점에서 이를 공법상 계약으로 보는 공법상 계약설(다수설)이 대립되고 있음

○ 민간투자사업은 기본적으로 공익사업이기 때문에 여기에는 일정한 공법적 규율이 가해진다는 점에서 공법상 계약설이 타당함

○ 한편 이와 관련하여 서울고등법원도 "민간투자법의 시행을 위하여 타인의 토지에 출입 등을 할 수 있고, 국·공유재산을 무상으로 사용할 수 있으며, 토지 등을 수용 또는 사용할 수 있으므로 사업시행자 지정의 효력을 가진 실시협약의 체결을 단순한 사법적, 일반적 계약관계라고 할 수 없다"라고 판시하여 실시협약을 공법적 효력을 가진 계약으로 보고 있음(서울고판 2004.6.24, 2003누6483)

---

210) 강론, 1499면 이하.

기본문제

제2장

기본문제

【행정법의 일반원칙】

[사례 1　신뢰보호원칙]

甲은 북한산자락에 있는 자신의 토지위에 아파트를 건립하여 분양할 목적으로 ○○시의 시장 A에게 5층 아파트의 평면도를 첨부하여 토지형질변경 허가신청을 하였다. 이에 대하여 A는 이 주택의 건축에 따른 교통량의 증대를 고려하여 당해 토지에의 진입로를 확장하는 것을 조건으로 이를 허가하였다. 그러나 이후 이 근방의 녹지훼손이 여론에서 문제가 되면서 이에 대하여 A가 종용하는 바 있어서, 이에 따라 甲은 토지형질변경공사는 하지 않고 진입로 확장공사만 하였다.

이 과정에서 A는 자연환경보존을 위한 국토교통부장관과 환경부장관의 지시에 따라 국토의 계획 및 이용에 관한 법률 제36조 등의 규정에 의거하여 당해 지역을 종전의 2종 전용주거지역에서 1종 전용주거지역으로 변경하였고, 그 결과 甲은 자신의 토지위에 아파트를 건축할 수 없게 되었다.

甲은 A의 용도지역변경이 위법하다고 보아 이를 다투려 한다. 이에 대한 취소소송이 가능한가? 그리고 용도지역변경은 위법한가?

[참조조문]
국토의 계획 및 이용에 관한 법률 제2조, 제36조, 제56조 제1항 제2호
동법 시행령 제30조, 제71조 제1항 제1호 및 별표2

Ⅰ. 논점
　① 도시관리계획결정의 처분성
　② 甲의 신뢰보호문제
　③ 계획재량과 사법적 통제
Ⅱ. 행정계획의 법적 성질
　1. 학설
　　(1) 입법행위설
　　(2) 행정행위설
　　(3) 복수성질설

　　(4) 독자성설
　　(5) 결어
　2. 용도지역변경결정의 처분성
　　(1) 처분의 개념
　　　1) 행정쟁송법상의 처분
　　　2) 처분개념에 관한 학설
　　　3) 처분의 개념적 요소
　　(2) 용도지역변경결정의 성질
　　(3) 도시·군관리계획의 처분성

Ⅰ. 논점

1. 취소소송이 가능한가와 관련하여, ① 취소소송의 제기요건(재판관할, 원고적격(협의의 소익 포함), 피고적격, 처분 등의 존재, 행정심판, 제소기간, 소장) 가운데 도시관리계획결정(국토계획법 36)의 처분성
2. 용도지역변경이 위법한가와 관련하여, ② 甲의 신뢰보호문제, ③ 신뢰보호의 한계 문제로서 계획재량과 사법적 통제

Ⅱ. 행정계획의 법적 성질[1]

1. 학설

(1) 입법행위설

○ 행정계획은 일종의 일반·추상적 성격을 갖는 규범의 정립작용이라는 견해

(2) 행정행위설

○ 행정계획 중에서도 직접적으로 국민의 권리의무관계에 변동을 가져오는 행정행위로서의 성질을 가지는 경우도 있다는 견해

(3) 복수성질설

○ 행정계획에는 법규명령의 성질을 가지는 것도 있고, 행정행위의 성질을 가지는 것도 있을 수

---

[1] 졸저, 행정법강론, 제10판, 박영사, 2024년(이하 '강론'), 353면 이하.

있다는 견해

(4) 독자성설

○ 행정계획은 법규범도 아니고 행정행위도 아닌 특수한 성질의 이물(異物, Aliud)로서 여기에 구속력이 인정되는 것이라는 견해

(5) 결어

○ 법령에서 행정계획의 법형식을 지정하고 있는 경우라면 이에 따르면 되고, 이러한 규정이 없으면 계획주체·계획의 내용·구속력의 유무와 정도 등에 따라 개별적으로 판단하여야 함

2. 용도지역변경결정의 처분성

(1) 처분의 개념[2]

1) 행정쟁송법상의 처분

○ 행정청이 행하는 구체적 사실에 대한 법집행으로서의 공권력의 행사 또는 그 거부와 그 밖에 이에 준하는 행정작용(행소법 2 ① 1호)

2) 처분개념에 관한 학설

① 일원설(실체법상의 처분개념설)

○ 실체법상의 처분개념(행정행위개념)과 쟁송법상의 처분개념은 동일한 개념이어야 한다는 견해

② 이원설(쟁송법상의 처분개념설)

○ 항고소송을 통한 권리구제의 확대에 중점을 두고 이러한 점에서 항고소송의 대상이 되는 처분개념은 행정행위개념과 관계없이 확대되어야 한다는 입장

③ 형식적 행정행위론

○ 공권력행사로서의 실체를 가지고 있지 않지만 국민생활을 일방적으로 규율하거나 개인의 법익에 대하여 계속적으로 사실상의 지배력을 미치는 행위에 대해서는 쟁송법상으로 항고소송의 대상이 되는 처분으로 인정하자는 견해

④ 결어

○ 이론적으로는 일원설이 타당하나, 실정법상 처분개념이 행정행위 개념보다 넓은 것이 사실임

○ 판례는 행정행위 이외에도 도시·군관리계획, 단수조치의 처분성을 인정하고 있음

3) 처분의 개념적 요소

○ 행정청의 처분은, ① 행정청이 행하는, ② 구체적 사실에 관한 법집행으로서, ③ 공권력을 행사하거나 거부하는, ④ 국민의 권리의무에 직접 영향을 미치는 공법행위(대판 2012.9.27, 2010

---

2) 강론, 869면 이하.

두3541 참조)이어야 함

(2) 용도지역변경결정의 성질

o 용도지역의 지정 또는 변경은 도시 · 군관리계획으로 결정(국토계획법 36)되므로, 용도지역변경결정은 도시 · 군관리계획

o 따라서 도시 · 군관리계획이 취소소송의 대상이 되는 처분인가 하는 것이 문제

(3) 도시·군관리계획의 처분성[3]

① 소극설: 행정입법의 성격을 가지는 것으로서 처분성 부인(고등법원)

② 적극설: 고시된 도시계획결정은 특정 개인의 권리 내지 법률상의 이익을 개별적이고 구체적으로 규제하는 효과를 가져오게 하는 행정청의 처분임(대법원)

③ 결어: 도시 · 군관리계획은 구체적인 구속력 있는 계획으로서 '구체적 법집행행위'라 할 수 있으므로 처분성을 인정하는 대법원의 입장이 타당

Ⅲ. 신뢰보호원칙[4]

1. 의의

o 행정청의 일정한 명시적이거나 묵시적인 언동의 정당성 또는 존속성에 대한 개인의 보호가치 있는 신뢰는 보호해 주어야 한다는 원칙

2. 근거

(1) 이론적 근거: 신의칙설, 사회국가원리설, 기본권설, 독자적 원칙설, 법적 안정성설(다수설 및 판례)

(2) 실정법적 근거: 국세기본법 제18조 제3항, 행정절차법 제4조 제2항

3. 적용요건

① 행정청의 선행조치가 있어야 함

② 보호가치 있는 신뢰: 선행조치가 정당하다고 신뢰한 데 대하여 개인에게 귀책사유가 없어야 함

③ 관계인의 조치: 행정청의 선행조치를 신뢰한 이해관계인이 일정한 조치를 하여야 함

④ 인과관계: 행정청의 선행조치와 이를 신뢰한 이해관계인의 조치 간에 인과관계가 있어야 함

⑤ 선행조치에 반하는 행정처분의 존재: 신뢰보호원칙이 적용되기 위해서는 행정청이 선행조치

---

3) 강론, 354면 이하.
4) 강론, 50면 이하.

에 반하는 처분을 함으로써 이를 신뢰한 개인의 이익이 침해되는 결과가 초래되어야 함
⑥ '공익 또는 제3자의 정당한 이익을 현저히 해할 우려가 없을 것': 대법원이 제시하고 있는 신뢰보호원칙의 소극적 적용요건. 그러나 이는 이익형량시 당연히 요구되는 것이므로 이를 신뢰보호원칙의 '적용요건'으로 볼 필요는 없고, 신뢰보호원칙의 한계 문제로 검토하면 됨

4. 신뢰보호의 한계

○ 행정의 법률적합성과 신뢰보호의 충돌 문제
○ ① 법률적합성우위설, ② 동위·동가치라는 동위설이 있는데, 신뢰보호원칙은 법적 안정성을 근거로 하므로 동위설이 타당(지배적 견해)
○ ③ 결국 동위설의 입장에서 '적법상태의 실현에 의하여 달성되는 공익'과 '행정작용에 대한 개인의 신뢰이익' 간의 이익형량을 통하여 문제를 해결하여야 함

5. 존속보호와 보상보호

○ 개인이 신뢰한 바를 존속시킴으로써 개인의 신뢰를 보호하는 것이 원칙(존속보호)
○ 개인의 신뢰를 보호하기 어려울 때에는 이로 인한 손해나 손실을 전보함으로써 개인의 침해된 권익이 보상되어야 함(보상보호)

Ⅳ. 계획재량과 사법적 통제[5]

1. 계획재량의 의의

○ 행정주체가 계획을 통하여 가지게 되는 광범위한 계획상의 형성의 자유

2. 계획재량에 대한 사법적 통제

① 계획상의 목표는 근거법에 합치되어야 하고,
② 비례원칙을 비롯한 행정법의 일반원칙을 준수하여야 하며,
③ 근거법이 정한 형식과 절차를 준수하여야 하고,
④ 관계되는 모든 이익을 정당하게 형량하여야 함(형량명령)

3. 형량명령

(1) 의의

○ 계획을 수립함에 있어 관계되는 모든 이익을 정당하게 형량하여야 한다는 행정법의 일반원칙

---

5) 강론, 368면 이하.

(2) 형량의 단계

① 관계되는 이익의 조사, ② 이익에 대한 평가, ③ (좁은 의미의) 이익형량

(3) 형량명령에 위반하는 하자

① 이익형량을 전혀 행하지 않은 경우(형량의 결여, Abwägungsausfall)

② 이익형량에서 고려하여야 할 이익을 빠뜨린 경우(형량의 결함, Abwägungsdefizit)

③ 이익의 중요성을 잘못 판단한 경우(형량의 과오, Abwägungsfehleinschätzung)

④ 특정 이익을 과도하게 평가하는 경우(형량의 불평등, Abwägungsdisproportionalität)

V. 구체적 적용 및 결론

(ⅰ) 용도지역변경은 처분에 해당하므로 이에 대하여 취소소송을 제기할 수 있음

(ⅱ) 선행조치(토지형질변경에 대한 시장의 허가), 보호가치있는 신뢰(신뢰한 데 대한 갑의 부정행위 없음), 관계
자의 조치(진입로 확장공사), 인과관계(허가와 진입로확장공사간의 인과관계), 선행조치에 반하는 처분의
존재(시장 A의 전용주거지역변경결정): 신뢰보호의 요건은 구비함

(ⅲ) 신뢰보호의 한계로서 이익형량의 문제는 계획재량의 일탈·남용 여부를 판단해 보아야 함

(ⅳ) 자연보호의 공익이 甲에 대한 신뢰보호의 이익보다 우선함(형량명령 준수)

(ⅴ) 용도지역변경결정은 위법하지 않으나, 甲에 대한 보상보호의 문제가 남음

[유제: 신뢰보호원칙]

[유제 1]

의료기구의 수입판매업자인 A는 위 기구 중 몇 개 품목은 과세대상인 것을 알고 이에 대한 세금계산서를 발행하고 신고 납부해왔다. 그런데 A의 관할세무서 직원이 A에게 세무지도를 하기를, A가 과세대상인 것으로 알고 있는 의료기구들은 수입통관시 면세통관되었기 때문에 부가가치세 면세품목이고, 따라서 앞으로는 세금계산서가 아닌 계산서를 발행하고 소득세과에 면세신고를 하여야 한다고 하였다. A는 이에 따라 더 이상 부가가치세를 납부하지 않고 있었는데, 상당한 시간이 지난 뒤 관할세무서장은 위 의료기구의 수입시에는 부가가치세가 면제되지만 수입판매업자가 수입한 후 다시 국내 의료기관에 판매·공급하는 경우에는 부가가치세가 면제되지 않는다고 하면서 면세로 처리한 과세기간에 대하여 부가가치세를 부과하는 과세처분을 하였다.

관할세무서장의 이 과세처분은 적법한가?

Ⅰ. **논점**: 신뢰보호원칙
Ⅱ. **신뢰보호원칙**
   1. 의의
   2. 근거: ① 이론적 근거(법적 안정성설 등), ② 실정법적 근거
   3. 요건: ① 선행조치, ② 보호가치있는 신뢰, ③ 관계자의 조치, ④ 인과관계,
            ⑤ 선행조치에 반하는 처분의 존재, (⑥ 공익 및 제3자의 정당한 이익의 불가침)
   4. 신뢰보호의 한계: ① 법률적합성우위설, ② 동위설, ③ 이익형량설
   5. 존속보호와 보상보호
Ⅲ. **구체적 적용**
   ○ 신뢰보호원칙의 요건은 충족
   ○ 신뢰보호의 한계가 문제임
   ○ 과세로 인한 공익보호보다 과세로 인한 신뢰보호이익의 침해가 더 큼
   ○ 이 사건 처분은 신뢰보호원칙 위반으로 위법함

[유제 2]

지방공업개발을 활성화하고 다른 한편으로는 공장시설의 수도권집중을 억제하고자 국토교통부장관은 경상남도에 위치한 C시에 대규모 국가산업단지를 지정하면서, 이 지구 안으로 공장시설 전부를 이전하여 계속 영업하는 경우에는 각종 조세감면의 혜택을 받게 된다고 하였다. 그런데 수도권에 공장을 가지고 있었던 甲은 C시의 국가산업단지에 대한 위 지정이 정식으로 있기 전에 이미 C시 당국의 조세감면 혜택에 대한 선전과 권고에 호응하여 동 단지 안으로 공장을 이전하여 사업을 개시하였다. 상당한 시간이 지난 뒤 관할세무서장은 甲의 경우는 산업단지지정 이전에 이미 공장이전을 마친 경우여서 조세감면의 혜택을 받을 수 없다고 하면서 甲에게 법인세를 부과하였다. 관할세무서장의 이 법인세부과처분은 적법한가?

☞ [유제 1]과 같음

【개인적 공권】

[사례 2 행정개입청구권]

○○시장 A는 00시 외곽에 배출시설이나 방지시설의 설치 완료를 조건으로 甲에게 화학제품공장의 설립을 승인하였다. 그 후 甲은 배출시설이나 방지시설의 설치를 완료하고 XX도 도지사 乙에게 가동개시신고를 한 다음 시설을 가동하였다.

그 후 甲은 배출시설의 일부를 변경하고 이를 乙에게 신고하였으나, 乙은 변경된 시설의 일부가 적합하지 않다는 이유로 甲의 신고를 반려하였다.

그러던 중 변경된 배출시설이 가동된 이후 대기환경보전법이 정한 배출허용기준을 초과하여 오염물질이 배출되면서 공장 주변의 대기오염이 매우 악화되었고, 이에 인근 주민들은 乙에게 동법 제33조에 따라 개선명령을 해줄 것을 요구하였으나, 乙은 甲의 변경신고를 반려하였고, 그럼에도 甲이 시설을 가동하면 대기환경보전법 제91조에 의하여 처벌될 것이라며 인근 주민들의 요구에 대해서는 상당한 기간이 지나도 아무런 조치를 취하지 않았다.

(1) 甲은 乙의 신고반려행위에 대하여 취소소송을 제기할 수 있는가?
(2) 인근 주민들은 乙이 아무런 조치를 취하지 않고 있는 것에 대해 행정소송으로 다툴 수 있는가?
(3) 만약 인근 주민들이 행정소송에서 승소한 경우 乙은 개선명령을 하여야 하는가?

[참조조문]
산업집적활성화 및 공장설립에 관한 법률 제13조 제1항
대기환경보전법 제30조, 제33조, 제91조
행정소송법 제30조, 제38조 제2항

Ⅰ. 논점
  1. 사인의 공법행위로서의 신고
  2. ① 단체소송의 허용성
     ② 의무이행소송의 허용성
     ③ 부작위위법확인소송의 가능성
     ④ 부작위 및 원고적격의 문제로서의
        행정개입청구권(신청권)의 인정 여부
  3. 부작위위법확인소송의 인용판결의
     기속력으로서 재처분의무

Ⅱ. 사인의 공법행위로서의 신고
  1. 신고의 개념
  2. 신고의 종류
     (1) 자기완결적 공법행위로서의
         신고(수리를 요하지 않는 신고)
     (2) 행위요건적 공법행위로서의
         신고(수리를 요하는 신고)
     (3) 통설에 대한 비판적 견해
  3. 사례의 경우

Ⅰ. 논점

1. 사인의 공법행위로서의 신고: 수리를 요하지 않는 신고인지, 수리를 요하는 신고인지에 따르는 거부행위의 처분성 여부
2. ① 수인이 단체로 행정소송을 제기할 수 있는지?(단체소송의 허용성)
   ② 의무이행소송의 허용성
   ③ 부작위위법확인소송의 가능성
   ④ 부작위 및 원고적격의 문제로서의 신청권의 인정 여부: 행정개입청구권의 인정 여부
3. 부작위위법확인소송의 인용판결의 기속력으로서 재처분의무

Ⅱ. 사인의 공법행위로서의 신고[6]

1. 신고의 개념

○ 사인이 행정청에 대하여 일정한 사실을 알림으로써 공법적 효과가 발생하는 행위

2. 신고의 종류

(1) 자기완결적 공법행위로서의 신고(수리를 요하지 않는 신고)

1) 의의

○ 행정청에 대한 사인의 일방적인 통고행위로서 신고가 행정청에 제출되어 접수된 때에 관계법

---

6) 강론, 117면 이하.

에서 정하는 법적 효과가 발생하고 행정청의 별도의 수리행위가 필요하지 않은 신고

2) 법적 성질과 처분성

- 행정청에 대하여 일정 사항을 통지함으로써 의무가 끝나는 신고로서 신고 그 자체로 법적 효과를 발생시킴
- 따라서 행정청의 수리처분이 개입할 여지가 없고, 이에 따라 수리가 존재할 이유가 없으므로 행정청이 사인의 신고를 받아주더라도 이 행위는 단지 사실행위에 불과함
- 행정청의 수리거부행위가 있다 하더라도 이 또한 마찬가지로 사실상의 행위에 불과함

3) 판례(특히 건축신고에 관한 판례의 변경)

① 대법원은 종래 건축신고를 수리를 요하지 않는 신고로 보았음(대판 1995.3.14, 94누9962)

② 최근 대법원은 건축신고의 반려행위는 항고소송의 대상이 된다고 하여 종전의 입장을 변경하였음(대판 2010.11.18, 2008두167 전원합의체)

　대법원은 건축착공신고의 반려행위도 항고소송의 대상이 되는 처분으로 보고 있음(대판 2011. 6.10, 2010두7321)

③ 나아가 대법원은 건축법 제14조 제2항에 의한 인·허가의제 효과를 수반하는 건축신고는 '수리를 요하는 신고'라고 하였음(대판 2011.1.20, 2010두14954 전원합의체)

(2) 행위요건적 공법행위로서의 신고(수리를 요하는 신고)

1) 의의

- 행정청이 수리함으로써 신고의 법적 효과가 발생하는 신고. 따라서 이 경우 수리 또는 수리거부는 법적인 행위가 됨

2) 법적 성질과 처분성

- 일반적으로 수리를 요하는 신고에서 수리는 준법률행위적 행정행위의 하나로서 행정쟁송법상의 처분에 해당한다고 설명됨

3) 판례

- 대법원은 법률의 규정취지가 행정청으로 하여금 수리를 하도록 요구하고 있는 경우를 '수리를 요하는 신고'로 구분하고 있음(예: 수산업법상 어업신고, 납골당설치 신고)
- 나아가 대법원은 신고에 관한 규정이 구체적인 권리의무에 직접적인 영향을 미치는 경우에는 신고에 대한 행정청의 별도의 수리행위가 있어야 한다고 판시하고 있음(예: 건축주명의변경신고, 영업자지위승계신고)

(3) 통설에 대한 비판적 견해

1) '수리를 요하지 않는 신고와 수리를 요하는 신고의 경우' ① 구별기준의 부재 또는 모호성, ② 수리 개념의 불인정, ③ 수리거부의 처분성 부인 문제를 비판하는 견해

2) '수리를 요하는 신고와 허가와의 구별'에 있어서도 ① 구별을 긍정하는 견해도 있지만, ② 구별을 부인하는 견해도 많음. ③ 이에 대한 판례는 없음

3. 사례의 경우

○ 배출시설 변경 신고(대기환경보전법 30 ①)

○ 대기환경 및 사람의 생명·신체와 같은 중대한 법익 침해성, 무신고에 대한 처벌(대기환경보전법 91) 등에 비추어 수리를 요하는 신고

○ 따라서 신고반려행위는 거부처분이므로 취소소송의 대상임

Ⅲ. 인근 주민의 행정소송 제기 가능성

1. 단체소송(Verbandsklage)[7]

○ 단체가 원고로서 다투는 소송으로, ① 단체가 구성원의 권리침해를 다투는 이기적 단체소송과 ② 단체가 일반적 공익(예: 환경보호)의 침해를 다투는 이타적 단체소송이 있음

○ 단체소송도 일종의 객관소송이므로 원칙적으로 허용되지 않지만, 법률이 정한 경우에는 허용될 수 있음(행소법 45, 개인정보보호법 제7장)

○ 위 사례와 관련하여서는 단체소송 인정 안 됨

2. 의무이행소송[8]

(1) 학설

1) 소극설(부정설)

○ 권력분립의 원칙상 행정에 대한 1차적인 판단권은 행정권에 있어야 한다는 견해

○ 변경의 의미는 소극적 변경, 즉 일부취소만을 의미

2) 적극설(긍정설)

○ 의무이행소송을 인정하는 것이 오히려 권력분립원칙에 부합한다는 견해

○ 변경의 의미를 적극적인 변경도 가능한 것으로 봄

○ 행소법 제4조 규정을 예시규정으로 보아 무명항고소송으로서 의무이행소송 인정

3) 제한적 허용설(절충설)

○ 기본적으로 소극설의 입장이나, 예외적으로 부작위위법확인소송만으로는 부작위에 대한 실효성 있는 권리구제를 기대하기 어려운 경우에 한하여 제한적으로 의무이행소송 허용

---

7) 강론, 826면.
8) 강론, 804면 이하.

(2) 판례: 소극설의 입장

(3) 위 설문의 경우: 판례의 입장에 따르면, 의무이행소송은 허용되지 않음

3. 부작위위법확인소송[9]

(1) 의의

○ 부작위위법확인소송이란 행정청의 부작위가 위법하다는 것을 확인하는 소송(행소법 4 3호)

(2) 부작위의 의의

○ 행정청이 당사자의 신청에 대하여 상당한 기간 내에 일정한 처분을 하여야 할 법률상 의무가 있음에도 불구하고 이를 하지 아니하는 것(행소법 2 ① 2호)

(3) 부작위의 성립요건

 1) 당사자의 신청이 있을 것

  ① 당사자의 신청행위가 있을 것

 ― 이 경우 당사자의 신청은 단지 당사자의 신청행위가 있는 것으로 족함

  ② 그 외에 당사자의 법규상·조리상의 신청권이 있어야 하는지의 문제

 (ⅰ) 판례는 당사자의 신청만으로 족한 것이 아니라, 여기에 더하여 법규상 또는 조리상의 권리로서 당사자의 신청권이 있어야 한다고 보고 있음. 판례는 당사자의 법규상·조리상의 신청권의 존재를 대상적격의 문제로 보면서 동시에 원고적격의 문제로 보고 있음

 (ⅱ) 이에 대하여 학설은 신청권의 존부를 ① 대상적격의 문제로 보는 견해, ② 본안판단의 문제로 보는 견해, ③ 원고적격의 문제로 보는 견해로 나뉨

 (ⅲ) 결어: 신청권의 존부 문제는 원고에게 소송을 제기할 자격이 있는가 하는 문제이므로 원고적격과 관련된 문제로 보아야 함

 2) 상당한 기간이 지났을 것

 ― 사회통념상 신청에 따르는 처리에 소요되는 기간

 3) 처분을 하여야 할 법률상 의무가 있을 것

 ― 행정청에게 '처분'을 하여야 할 법률상 의무가 있어야 함. 따라서 사실행위에 대한 부작위는 여기에서의 부작위에 해당하지 않음

 ― 법률상 의무는 기속행위에 대하여 뿐 아니라 재량행위에 대하여도 존재할 수 있음

 4) 아무런 처분도 하지 않았을 것

 ― 따라서 거부처분이나 간주거부는 부작위가 아님

---

9) 강론, 980면 이하.

(4) 원고적격

1) 부작위위법확인을 구할 법률상 이익

○ 부작위위법확인소송은 처분의 신청을 한 자로서 부작위의 위법의 확인을 구할 법률상 이익이 있는 자(행소법 36)

2) 법률상 이익: 신청권의 존재

○ 여기에서 '처분을 신청한 자의 법률상 이익'과 관련하여 원고의 신청권이 존재하여야 하는가에 대하여 견해가 대립됨

○ 이 문제는 '부작위의 존재'에서 살펴본 견해대립과 연결된 것으로서, 이에 관하여는 ① 당사자의 신청권의 존재를 대상적격(부작위의 존재)의 문제이자 원고적격의 문제로 보는 견해, ② 원고적격의 문제로 보는 견해, ③ 본안판단의 문제로 보아 단순한 신청만 있으면 족하다는 견해 등이 있음

○ '부작위위법확인을 구할 법률상 이익'은 원고적격에 관한 규정으로, 여기서의 법률상 이익은 법적 보호이익 또는 공권을 의미함

○ 판례에 따르면 여기에서 신청권이 존재하여야 원고적격이 인정되는데, 사례의 경우 신청권 문제는 행정개입청구권이 인정되는가 하는 문제임

4. 행정개입청구권[10]

(1) 의의

○ 사인이 행정청에게 자기의 이익을 위하여 법률상 부여된 일정한 행정권의 발동(예: 경찰의 개입, 제3자의 소음·오염행위 등에 대한 규제권 발동 등)을 요구하는 권리

(2) 성립요건

① 강행법규에 의한 행정권발동의무의 존재
② 당해 강행법규가 공익뿐만 아니라 사익도 아울러 보호하고 있을 것(사익보호성)

(3) 사례의 경우

○ 대기환경보전법 제33조는 개선명령 여부를 재량으로 규정

○ 재량권은 개인의 신체, 생명, 재산 등 중요한 법익의 침해의 경우 0으로 수축됨

○ 사례에서는 배출허용기준을 초과하여 대기오염이 심히 악화된 경우이므로 개선명령을 하여야 하고(의무의 존재), 이와 같은 규정은 환경공익뿐 아니라 인근 주민의 생명·신체와 같은 이익도 아울러 보호하고 있음(사익보호성)

○ 따라서 인근 주민들에게는 도지사에게 개선명령을 할 것을 요구하는 행정개입청구권이 인정

---

10) 강론, 104면 이하.

되고, 인근 주민들의 부작위위법확인소송의 원고적격이 인정됨

Ⅳ. 판결의 기속력으로서의 재처분의무[11]

1. 부작위위법확인소송의 인용판결의 기속력

○ 부작위위법확인판결에 대해서는 취소판결의 기속력에 관한 규정이 준용됨(행소법 30, 38 ②)

2. 재처분의무의 의미

(1) 단순한 응답의무로 보는 견해

○ 부작위위법확인판결의 기속력에 따라 행정청은 어떠한 처분을 하기만 하면 되는 것이므로, 기속행위의 경우에도 거부처분을 하여도 판결의 기속력으로서 재처분의무를 이행한 것이 됨 (다수설 및 판례)

(2) 적극적 처분을 하여야 한다는 견해

○ 재처분의무에 따라, 기속행위의 경우에는 상대방의 신청을 인용하는 처분을 하여야 하고, 재량행위의 경우에는 재처분의무는 하자 없는 재량행사의 의무이므로 재량권의 한계 내에서 인용처분을 하거나 거부처분을 할 수도 있음

(3) 결어

○ 다수설 및 판례에 따르면, 거부처분을 해도 재처분의무를 이행한 것이 됨
○ 그러나 재처분의무를 적극적 처분의무로 이해하는 견해에 따르면, 乙은 그 요건에 해당하는 한 개선명령을 하여야 함

---

11) 강론, 989면 이하.

[사례 3 무하자재량행사청구권]

A는 낙동강상류(지방하천임을 전제로 한다)에서 토석·모래·자갈채취를 하기 위하여 관할도지사인 B에게 하천점용허가를 신청하였다. B는 신청에 대한 구체적인 검토 없이 점용허가로 인하여 하천오염이나 자연환경의 훼손이 우려된다는 이유로 A의 신청을 거부하였다. A는 도지사 B의 거부가 위법하다고 주장하면서 이를 취소소송으로 다투려 한다. 취소소송이 가능한가? 그리고 가능하다면, A의 청구는 인용되겠는가?

[참조조문]
하천법 제33조

I. 논점
  1. 취소소송의 가능성
    ① 거부의 처분성
    ② 취소소송의 원고적격
    - 하천점용허가의 법적 성질(재량행위
      인지)
    - '법률상의 이익'이 있는지(무하자재
      량행사청구권)
  2. A의 청구의 인용가능성: 재량권행사의
         하자

II. 취소소송의 가능성
  1. 처분의 개념
    (1) 행정쟁송법상의 처분
    (2) 처분개념에 관한 학설
    (3) 처분의 개념적 요소
  2. 거부의 처분성
    (1) 거부처분의 의의
    (2) 거부처분의 성립요건
      1) 판례
      2) 학설
    (3) 사례의 경우
  3. 취소소송의 원고적격
    (1) 원고적격의 의의
    (2) 법률상 이익에 관한 학설
      1) 권리구제설(권리회복설)

      2) 법률상 보호이익설
      3) 보호가치 있는 이익설
      4) 적법성보장설
      5) 결어
    (3) 사례의 경우
  4. 하천점용허가의 법적 성질
    (1) 재량행위와 기속행위의 구별
      1) 구별기준에 관한 학설
      2) 구체적 구별기준
      3) 판례
    (2) 사례의 경우
  5. 무하자재량행사청구권
    (1) 의의
    (2) 인정여부에 관한 학설
    (3) 성립요건
    (4) 쟁송수단
    (5) 사례의 경우
III. 거부처분의 위법성(= 재량권행사의 하자)
  1. 재량행위의 하자
    (1) 일탈, 유월
    (2) 남용
    (3) 불행사
  2. 사례의 경우
IV. 관련문제: 재처분의무에 따른 재처분

Ⅰ. 논점

1. 취소소송의 가능성

① 거부의 처분성

② 취소소송의 원고적격

— 하천점용허가의 법적 성질(재량행위인지)

— '법률상의 이익'이 있는지: 무하자재량행사청구권

2. A의 청구의 인용가능성: 재량권행사의 하자

Ⅱ. 취소소송의 가능성

1. 처분의 개념[12]

(1) 행정쟁송법상의 처분

o 행정청이 행하는 구체적 사실에 대한 법집행으로서의 공권력의 행사 또는 그 거부와 그 밖에 이에 준하는 행정작용(행소법 2 ① 1호)

(2) 처분개념에 관한 학설

① 일원설(실체법상의 처분개념설)

o 실체법상의 처분개념(행정행위개념)과 쟁송법상의 처분개념은 동일한 개념이어야 한다는 견해

② 이원설(쟁송법상의 처분개념설)

o 항고소송을 통한 권리구제의 확대에 중점을 두고 이러한 점에서 항고소송의 대상이 되는 처분개념은 행정행위개념과 관계없이 확대되어야 한다는 입장

③ 형식적 행정행위론

o 공권력행사로서의 실체를 가지고 있지 않지만 국민생활을 일방적으로 규율하거나 개인의 법익에 대하여 계속적으로 사실상의 지배력을 미치는 행위에 대해서는 쟁송법상으로 항고소송의 대상이 되는 처분으로 인정하자는 견해

④ 결어

o 이론적으로는 일원설이 타당하나, 실정법상 처분개념이 행정행위 개념보다 넓은 것이 사실임

o 판례는 행정행위 이외에도 도시·군관리계획, 단수조치의 처분성을 인정하고 있음

---

12) 강론, 869면 이하.

(3) 처분의 개념적 요소

○ 행정청의 처분은, ① 행정청이 행하는, ② 구체적 사실에 관한 법집행으로서, ③ 공권력을 행사하거나 거부하는, ④ 국민의 권리의무에 직접 영향을 미치는 공법행위(대판 2012.9.27, 2010두3541 참조)이어야 함

2. 거부의 처분성[13]

(1) 거부처분의 의의

○ 처분을 구하는 당사자의 신청에 대하여 처분의 발급을 거부하는 행정청의 행정작용

(2) 거부처분의 성립요건

1) 판례

○ 거부처분의 성립요건과 관련하여 판례는 ① 신청한 행위가 처분이어야 하고, ② 그 거부행위가 신청인의 법률관계에 변동을 일으키는 것이어야 하며, ③ 당사자에게 처분의 발급을 요구할 법규상 또는 조리상의 신청권이 있어야 한다는 입장임

2) 학설

○ 이에 대하여 학설은 ① 신청권을 거부처분의 요건으로 보아야 한다는 견해(대상적격설), ② 신청권의 존재 여부는 본안에서 가려야 할 문제라고 보는 견해(본안문제설), ③ 신청권의 존재는 거부처분의 성립요건이 아니라 원고적격의 문제라고 보는 견해(원고적격설)가 대립되고 있음. ④ '신청권'의 존부는 '원고에게 그러한 추상적 신청권이 인정되는가' 하는 문제라는 점에서 원고적격설이 타당함

(3) 사례의 경우

○ 하천법 제33조의 규정: 자갈 등을 채취하려면 점용허가 신청을 하여야 함
○ 여기에서 점용허가는 처분이고, 당사자에게 처분을 신청할 법률상의 신청권이 인정됨
○ 따라서 B의 거부는 거부처분임. 취소소송의 대상이 존재함

3. 취소소송의 원고적격[14]

(1) 원고적격의 의의

○ 취소소송에서의 원고가 될 수 있는 자격(법률상 이익이 있는 자)

---

13) 강론, 875면 이하.
14) 강론, 830면 이하.

(2) 법률상 이익에 관한 학설

1) 권리구제설(권리회복설): 권리를 침해당한 자만이 취소소송을 제기할 수 있다는 견해
2) 법률상 보호이익설: 관련법을 목적론적으로 해석하여 '법에 의하여 보호되는 이익'이 침해되면 취소소송의 원고적격이 인정된다는 견해
3) 보호가치 있는 이익설: 법에 의하여 보호되는 이익이 아니라 하더라도, 그 이익이 소송을 통하여 보호할 가치가 있다고 판단되는 경우에는 이러한 이익이 침해된 경우에도 취소소송의 원고적격을 인정하자는 견해
4) 적법성보장설: 법률상 이익을 행정의 적법성에 대한 이해관계로 파악하는 견해. 즉 행정의 적법성 보장에 이해관계가 있는 자는 취소소송의 원고적격이 인정된다는 견해
5) 결어: '법률상 이익'은 법적으로 보호되는 이익이라는 점에서 '법률상 보호이익'과 같은 개념이고, 또한 공권도 그 성립요건으로 사익보호성(법에 의하여 개인의 이익이 보호되어야 함)을 요구한다는 점에서 같은 개념으로 이해하는 것이 일반적임(즉, '법률상 이익'='법률상 보호이익'='공권')
   오늘날 '법률상 이익'은, 권리구제설이나 법률상 보호이익설의 입장과 같이, 적어도 법에 의하여 보호되는 이익을 의미함

(3) 사례의 경우

○ 법률상 이익을 공권으로 이해한다면, 위 사례에서 A가 개인적 공권으로서 하천점용허가에 대한 신청권을 가지는지가 문제임
○ 이를 위해서는 점용허가의 법적 성질을 파악해 보아야 함

4. 하천점용허가의 법적 성질

(1) 재량행위와 기속행위의 구별[15]

1) 구별기준에 관한 학설

① 요건재량설: 재량은 어떠한 사실이 법이 정한 요건에 해당하는가에 대한 판단에 존재한다는 견해
② 효과재량설: 재량을 어떠한 법률효과를 발생시킬 것인가에 대한 선택으로 보는 견해
③ 판단여지설: 판단여지는 요건규정상의 불확정개념에 대한 판단에 있어 고도의 전문성·기술성·정책성 등의 이유로 행정청에게 인정되는 독자적인 판단권을 의미하는데, 혹자는 이를 기속·재량행위의 구별기준으로 제시하기도 함
④ 결어: 요건재량설은 재량을 요건판단에서의 문제로 이해하는 오류가 있고, 효과재량설도 행

---

15) 강론, 162면 이하.

위의 성질을 기준으로 하고 있다는 점에서 문제가 있어, 이 학설들이 재량행위와 기속행위에 대한 구별기준이 될 수 없음. 결국 당해 행위의 근거가 된 규정의 형식이나 체재 또는 문언 등에 따라 개별적으로 판단할 수밖에 없음

2) 구체적 구별기준: 구체적인 구분기준으로 근거법규범의 규정방식, 입법취지 · 목적, 행위의 특성 · 성질, 공익이나 기본권과의 관련성 등을 종합적으로 고려하여 구체적인 사안마다 개별적으로 판단하여야 함

3) 판례: 법규의 체재 · 형식과 그 문언, 당해 행위가 속하는 행정 분야의 주된 목적과 특성, 당해 행위 자체의 개별적 성질과 유형 등 고려

(2) 사례의 경우

o 하천법 33 ① 6호: 토석 · 모래 · 자갈의 채취를 하고자 하는 자는 관리청의 허가를 받아야 함
— 이 규정만으로는 재량여부를 판단하기 곤란함
— 따라서 행위의 성질, 기타 규정의 취지 등을 고려해서 판단하여야 함

o 본래 허가의 성질은 기속행위이나, 설문에서의 허가는 특정인에게 새로운 권리(공물사용권)를 설정하는 것이므로 형성적 행정행위로서의 특허(공물사용권의 특허, 공물의 특허사용)[16]

o 특허는 설권행위라는 점에서 원칙적으로 재량행위(판례도 같음)

o 따라서 하천점용허가는 공물사용권의 특허로서 재량행위

5. 무하자재량행사청구권[17]

(1) 의의

o 행정청에 대하여 하자 없는 재량행사를 청구할 수 있는 공법상의 권리(협의의 형식적인 무하자재량행사청구권)

o 중대한 상황이 발생하면 재량권이 0으로 수축되고, 이에 따라 재량행위는 기속행위로 전환되는데, 이 경우 형식적 무하자재량행사청구권은 재량권이 0으로 수축된 그 기속행위를 요구하는 '실체적 청구권으로 전환'됨(광의의 실체적인 무하자재량행사청구권)

(2) 인정여부에 관한 학설

① 부정설: 실체적 권리와 구별되는 형식적 권리를 따로 인정할 실익 없음

② 긍정설: 위 의의에서처럼 인정 실익 있음. 대다수의 견해

③ 독자성 부인설: 취소소송의 원고적격을 가져다 줄 수 있는 권리가 아닌, 독립성이 없는 형식

---

16) 강론, 185, 1295면 참조.
17) 강론, 100면 이하.

적 공권에 불과

④ 결어: ── 재량에도 공권을 인정하였다는 점에서 긍정설 타당

── 검사임용거부처분취소소송의 판례(대판 1991.2.12, 90누5825)도 이 법리에 근거한 것으로 볼 수 있음

── 취소소송에서 원고가 위법사유로 재량권 일탈·남용을 주장하였다면, 무하자재량행사청구권의 침해로도 원고적격이 인정될 수 있음

(3) 성립요건

① 행정청의 의무 존재: 여기에서의 행정청의 의무는 '재량권의 한계를 준수하여야 할 법적 의무'

② 사익보호성: 관계법규범의 목적·취지가 적어도 개인의 이익도 보호하고자 하는 경우에만 인정

(4) 쟁송수단: ① 취소심판·의무이행심판, ② 취소소송, ③ 부작위위법확인소송

(5) 사례의 경우

○ 하천법 제33조의 점용허가는 재량행위

○ 그러나 하천관리청은 하자 없는 재량행사의 의무 있음

○ 그리고 위 규정은 A의 직업의 자유에 대한 이익도 보호하고 있다고 판단됨

○ 따라서 A에게 B의 점용허가에 대한 무하자재량행사청구권이 인정되고, A는 원고적격이 있음

Ⅲ. 거부처분의 위법성(=재량권행사의 하자[18])

○ (거부)처분이 적법하려면, 주체·내용·형식·절차요건을 갖춰야 함

○ 도지사 B는 하천법 8 ②, 33 ①에 근거한 점용허가에 대한 정당한 권한주체이고, 절차·형식 요건에 관한 문제는 사례에서 언급 없음

○ 결국 내용요건 중 행정법의 일반원칙으로서 재량권행사의 한계 준수 문제임

1. 재량행위의 하자

(1) 일탈, 유월: 재량권의 한도를 넘은 것

(2) 남용: 재량권행사가 법규정상의 목적을 위배하거나, 평등원칙·비례원칙·신뢰보호원칙과 같은 행정법의 일반원칙에 위배되는 경우

(3) 불행사: 행정청이 법령상 재량권이 있음에도 과실로 또는 법령의 규정을 잘못 해석하여 부작위의무가 있다고 판단함에 따라 재량권을 행사하지 않는 경우

---

18) 강론, 168면 이하.

2. 사례의 경우

○ 하천법 33: 점용허가시 고려사항, 허가금지사항 등 규정

○ B는 이와 같은 사항을 구체적으로 검토하여야 할 의무가 있는데도 이를 제대로 하지 않음으로써 법이 재량을 부여한 목적에 위배됨. 따라서 B의 거부는 재량권을 남용한 위법한 처분임

Ⅳ. 관련문제: 재처분의무에 따른 재처분

○ 인용판결의 기속력(의의, 성질, 내용(반복금지효, 재처분의무, 결과제거의무))[19]

○ 사례의 경우: 거부처분의 취소판결에 따른 재처분의무(행소법 30 ②: 거부처분을 한 행정청은 판결의 취지에 따라 다시 이전의 신청에 대한 처분을 하여야 한다)

○ 당해 처분이 기속행위인 경우 신청대로의 처분을 하여야 하지만, 재량행위인 경우 하자 없는 재량행사만 하면 되므로, 다시 하천오염, 유수흐름, 자연환경 등을 고려하여 점용허가를 거부하거나 허가할 수 있음. 다만 재량권이 0으로 수축되면 신청대로의 처분을 하여야 함

---

19) 강론, 956면 이하.

【행정상 법률관계】

[사례 4 특별행정법관계, 비례·평등원칙]

국립 A대학교 총장 甲은 A대학교 학생 乙을 포함한 여러 학생들이 A대학 내외의 과격시위와 농성에 수차례 가담하면서 학교의 이미지나 면학분위기가 크게 훼손되고 있다고 판단하여 이들을 징계하기로 하고, 고등교육법 및 학칙에 정한 절차에 따라 그 동안 학내외의 시위 및 농성에 주도적으로 참여했던 학생들에 대해서는 무기정학의 징계를 하고, 乙에 대해서는, 학칙에 따라 설치된 학생징계위원회의 위원인 상당수 교수들이 평상시 수업참가율이 극히 저조하다고 지적함에 따라, 퇴학의 징계를 하였다.

이에 乙이 학내외 시위에 참석했다는 이유와 강의출석이 저조하다는 이유로 퇴학이라는 중징계를 하는 것은 있을 수 없는 일이라고 크게 반발하자, 甲은 고등교육법에 학교의 장은 교육상 필요하면 법령 및 학칙에 따라 징계를 할 수 있고, 또 A대학교 학칙에는 근신, 유기정학, 무기정학, 퇴학의 징계를 할 수 있다는 규정이 있으므로 퇴학이라는 징계가 가능하다고 하였다.

乙은 甲의 퇴학조치에 대하여 취소소송을 제기할 수 있는가? 乙에 대한 甲의 퇴학조치는 적법한가?

[참조조문]
고등교육법 제13조

[참조판례]
대판 1991.11.22, 91누2144

Ⅰ. 논점
　① 乙의 취소소송의 허용성
　　– 퇴학조치가 처분인지?
　② 퇴학처분의 위법성
　　– 징계권행사의 재량행위 여부
　　– 재량권의 한계 문제
Ⅱ. 취소소송의 가능성
　1. 처분의 개념
　　(1) 행정쟁송법상의 처분
　　(2) 처분개념에 관한 학설
　　(3) 처분의 개념적 요소

2. 특별권력관계의 인정 여부
　(1) 전통적 특별권력관계이론
　　– 의의·성립원인·종류·내용
　(2) 인정여부
　(3) 오늘날의 법치주의와의 관계
　　1) 법률유보
　　2) 기본권제한
　　3) 사법심사
3. 퇴학조치의 처분성
4. 결론
Ⅲ. 퇴학처분의 위법성

Ⅰ. 논점

1. 乙의 취소소송의 허용성

— 퇴학조치가 처분인지?(국립대학의 재학관계가 특별권력관계로 사법심사의 대상이 되는지)

2. 퇴학처분의 위법성

— 징계권행사의 재량행위 여부

— 재량권의 한계 문제(비례원칙, 평등원칙 위반 여부)

Ⅱ. 취소소송의 가능성

○ 취소소송의 제기요건 중 대상적격, 즉 '처분의 존재'가 문제임
○ 이 문제는 특별권력관계의 인정 여부와 관련된 문제임

1. 처분의 개념[21]

(1) 행정쟁송법상의 처분

○ 행정청이 행하는 구체적 사실에 대한 법집행으로서의 공권력의 행사 또는 그 거부와 그 밖에 이에 준하는 행정작용(행소법 2 ① 1호)

(2) 처분개념에 관한 학설

① 일원설(실체법상의 처분개념설)

○ 실체법상의 처분개념(행정행위개념)과 쟁송법상의 처분개념은 동일한 개념이어야 한다는 견해

---

20) 강론, 162면 이하.
21) 강론, 869면 이하.

② 이원설(쟁송법상의 처분개념설)

○ 항고소송을 통한 권리구제의 확대에 중점을 두고 이러한 점에서 항고소송의 대상이 되는 처
분개념은 행정행위개념과 관계없이 확대되어야 한다는 입장

③ 형식적 행정행위론

○ 공권력행사로서의 실체를 가지고 있지 않지만 국민생활을 일방적으로 규율하거나 개인의 법
익에 대하여 계속적으로 사실상의 지배력을 미치는 행위에 대해서는 쟁송법상으로 항고소송
의 대상이 되는 처분으로 인정하자는 견해

④ 결어

○ 이론적으로는 일원설이 타당하나, 실정법상 처분개념이 행정행위 개념보다 넓은 것이 사실임
○ 판례는 행정행위 이외에도 도시 · 군관리계획, 단수조치의 처분성을 인정하고 있음

(3) 처분의 개념적 요소

○ 행정청의 처분은, ① 행정청이 행하는, ② 구체적 사실에 관한 법집행으로서, ③ 공권력을 행사
하거나 거부하는, ④ 국민의 권리의무에 직접 영향을 미치는 공법행위(대판 2012.9.27, 2010두3541
참조)이어야 함

2. 특별권력관계의 인정 여부[22]

(1) 전통적 특별권력관계이론

1) 의의: 특수 행정분야(공무원 · 군인 · 재소자 등)에서 공법상의 특별한 원인에 의해 성립하는 국가와
국민간의 특수한 권력관계로서 특별권력을 유지하기 위하여 필요한 한도 내에서는 법치주의
가 배제되는 법으로부터 자유로운 관계

2) 성립원인: ① 법률의 규정(예: 병역법에 의한 강제입대) 또는 ② 상대방의 동의(예: 국공립학교에의 입학)
에 의하여 성립

3) 종류: ① 공법상 근무관계(공무원 근무관계, 군 복무관계 등), ② 공법상 영조물 이용관계(국공립대학
재학관계, 국공립도서관 이용관계, 교도소 재소관계 등), ③ 공법상 특별감독관계(공공조합 등에 대한 국가의 감독
관계 등), ④ 공법상 사단관계(공공조합과 조합원의 관계 등)

4) 내용

① 포괄적 지배권: 특별권력주체에게는 포괄적 지배권(포괄적인 명령권과 징계권)이 부여되어, 이에
복종하는 자에 대한 특별권력발동에 법적 근거를 요하지 않았음. 즉 법률유보의 원칙이 배
제되었음

---

22) 강론, 78면 이하.

② 기본권 제한: 특별권력관계를 유지하는 데 필요한 경우에는 그 구성원의 기본권을 법률의 근거 없이 제한할 수 있었음

③ 사법심사 배제: 특별권력관계에서의 특별권력주체의 행위에 대해서는 사법심사가 미치지 않았음

(2) 인정여부

1) 부정설: 특별권력관계에도 법치주의가 전면적으로 적용되어야 한다는 견해(전면적 부정설, 개별적 부정설 등)

2) 긍정설: 이 설은 실질적 법치주의가 일반화함에 따라서 극복되었으며 오늘날 단순히 연혁적 · 역사적 의의를 갖는 데 그침

3) 제한적 긍정설: 일반권력관계와 특별권력관계의 본질적인 차이를 부정하면서도 특별권력관계에 있어서 특정한 행정목적달성을 위해서는 법치주의가 완화될 수 있는 여지를 인정하는 입장

(3) 오늘날의 법치주의와의 관계

1) 법률유보: 종래의 특별권력관계에도 법치주의가 전면적으로 적용되어야 함

2) 기본권제한: 특별권력관계에 있어서도 기본권 제한은 원칙적으로 법률에 근거하여야 함

3) 사법심사: 전통적 특별권력관계는 그 이론적 근거를 상실하였으므로 전면적인 사법심사의 대상이 된다고 보는 견해가 타당하고, 따라서 특별권력관계 내에서의 행위인가의 여부와 관계없이 행정쟁송법상 처분성이 인정되면 사법심사의 대상이 된다고 보아야 함

3. 퇴학조치의 처분성

○ 국립대학교 재학관계: 특별행정법관계로서 공법상 영조물이용관계

○ 과거에는 특별권력관계 내부에서의 개별적 명령을 지시(Anweisung)라 하여 처분성이 부인되었으나(내부적 행위로 봄), 오늘날 특별권력에도 전면적인 사법심사가 가능하다고 보아야 할 것임

○ 학교의 입학 · 퇴학 · 정학 등: 제한적 긍정설에 따르더라도 기본관계(외부관계)로서 사법심사 가능

○ 퇴학조치는 乙에 관한 구체적 사실에 대하여 고등교육법 및 학칙을 적용함으로써 개인의 법적 주체로서의 지위에 일정한 영향을 미치고 있으므로 행정소송법상 처분에 해당됨

4. 결론

○ 乙은 甲의 퇴학처분을 대상으로 취소소송을 제기할 수 있음

Ⅲ. 퇴학처분의 위법성

1. 고등교육법상 징계의 재량행위 여부

(1) 재량행위와 기속행위의 구별[23]

 1) 구별기준에 관한 학설

  ① 요건재량설: 재량은 어떠한 사실이 법이 정한 요건에 해당하는가에 대한 판단에 존재한다는 견해

  ② 효과재량설: 재량을 어떠한 법률효과를 발생시킬 것인가에 대한 선택으로 보는 견해

  ③ 판단여지설: 판단여지는 요건규정상의 불확정개념에 대한 판단에 있어 고도의 전문성·기술성·정책성 등의 이유로 행정청에게 인정되는 독자적인 판단권을 의미하는데, 혹자는 이를 기속·재량행위의 구별기준으로 제시하기도 함

  ④ 결어: 요건재량설은 재량을 요건판단에서의 문제로 이해하는 오류가 있고, 효과재량설도 행위의 성질을 기준으로 하고 있다는 점에서 문제가 있어, 이 학설들이 재량행위와 기속행위에 대한 구별기준이 될 수 없음. 결국 당해 행위의 근거가 된 규정의 형식이나 체재 또는 문언 등에 따라 개별적으로 판단할 수밖에 없음

 2) 구체적 구별기준: 구체적인 구분기준으로 근거법규범의 규정방식, 입법취지·목적, 행위의 특성·성질, 공익이나 기본권과의 관련성 등을 종합적으로 고려하여 구체적인 사안마다 개별적으로 판단하여야 함

 3) 판례: 법규의 체재·형식과 그 문언, 당해 행위가 속하는 행정 분야의 주된 목적과 특성, 당해 행위 자체의 개별적 성질과 유형 등 고려

(2) 사례의 경우

 ○ 고등교육법 제13조: 필요하다고 인정되는 때에는 징계를 할 수 있음

 ○ 행정청에게 징계 여부·징계의 내용에 대한 결정 또는 선택의 여지를 인정하고 있는 재량행위

2. 재량행위에 대한 사법적 통제(=재량권행사의 하자[24])

(1) 재량행위의 하자

 1) 일탈·유월: 재량권의 한도를 넘은 것

 2) 남용: 재량권행사가 법규정상의 목적을 위배하거나, 평등원칙·비례원칙·신뢰보호원칙과 같

---

23) 강론, 162면 이하.
24) 강론, 168면 이하.

은 행정법의 일반원칙에 위배되는 경우

　3) 불행사: 행정청이 법령상 재량권이 있음에도 과실로 또는 법령의 규정을 잘못 해석하여 부작위의무가 있다고 판단함에 따라 재량권을 행사하지 않는 경우

(2) 재량권 남용의 기준으로서의 행정법의 일반원칙[25]

1) 비례원칙

① 의의: 특정 행정목적의 달성을 위하여 일정한 수단을 동원함에 있어서 목적과 수단 간에 합리적인 비례관계가 있어야 한다는 원칙

② 근거: 헌법 제37조 제2항, 경찰관직무집행법 제1조 제2항, 행정소송법 제27조

③ 내용: 적합성의 원칙, 필요성의 원칙, 상당성의 원칙

2) 평등원칙

① 의의: 행정청이 행정작용을 행하면서 달리 보아야 할 정당한 사유가 없는 한 모두를 동등하게 처우하여야 한다는 원칙

② 근거: 헌법 제11조

(3) 사례의 경우

ｏ 적합성: 학칙위반 등의 행위에 대한 징계는 적합한 수단

ｏ 필요성: 퇴학처분의 사유로 볼 때, 덜 한 징계(근신, 정학 등)로도 목적 달성 가능

ｏ 상당성: '학교 정상화'의 이익 보다 '퇴학으로 인한 乙의 불이익'이 더 큼

ｏ 평등원칙의 관점: '평상시 수업참가율이 극히 저조하였다'는 점은 乙을 무기정학처분을 받은 다른 학생들과 달리 취급하여야 할 정당한 사유가 아님(수업결석으로 인한 학점 미취득에 따른 학사경고나 제적 등의 조치는 정당하나, 수업결석이 시위가담으로 인한 징계의 사유가 될 수는 없음)

3. 결론

ｏ 乙에 대한 퇴학처분은 비례원칙과 평등원칙에 위반되는 재량권행사의 남용으로서 위법함

---

25) 강론, 42면 이하.

【행정행위】

[사례 5 영업허가의 법적 성질, 효과]

1. ○○시의 시장 A는 甲에게 유흥주점 영업허가를 하였다. 그러나 위 시설의 소유권을 주장하는 乙은 甲이 이 시설에 대하여 사용권을 갖고 있지 않은데도 A가 허가를 발급하는 것은 위법하다고 보아 취소소송을 제기하려고 한다. 취소소송이 가능한가? 乙의 주장이 이유가 있는가?
2. 시설에 대한 소유권을 주장하는 乙 역시 같은 시설에 유흥주점 영업허가신청을 하였다면, A는 乙에게 영업허가를 하여야 하는가?
3. A는 甲에 대하여 영업허가를 발급한 뒤, 丙에 대하여 甲의 바로 옆 건물에 甲과 동일한 업종의 유흥주점영업허가를 하였다. 이에 대하여 甲은 영업상의 막대한 손실이 발생하였다고 하면서 丙에 대한 영업허가는 위법하다고 주장하고 있다. 甲은 丙에 대한 영업허가취소를 구하는 소송을 제기할 수 있는가?

[참조조문]
식품위생법 제36조 제1항, 제37조

[문제 1]
Ⅰ. 논점
  ① 취소소송의 가능성: 乙의 원고적격 문제
  ② 허가의 의미와 법적 성질 등
Ⅱ. 취소소송의 가능성
  1. 원고적격의 의의
  2. 법률상 이익에 관한 학설
    (1) 권리구제설(권리회복설)
    (2) 법률상 보호이익설
    (3) 보호가치 있는 이익설
    (4) 적법성보장설
    (5) 결어
  3. 허가의 개념 및 성질
    (1) 허가의 개념
    (2) 허가의 성질
    (3) 설문의 경우

4. 결론
Ⅲ. 甲에 대한 허가의 위법성

[문제 2]
Ⅰ. 논점: 허가의 개념과 성질(허가와 私權과의 관계)
Ⅱ. 허가의 개념과 성질
Ⅲ. 사례의 경우

[문제 3]
Ⅰ. 논점
  ○ 甲의 원고적격문제
  ○ 허가의 효과
Ⅱ. 원고적격
Ⅲ. 허가의 효과
Ⅳ. 사례의 경우

[문제 1]

Ⅰ. 논점

1. 취소소송의 가능성: 乙의 원고적격 문제

   즉, 乙에게 甲에 대한 허가의 취소를 구할 법률상 이익이 있는지?

2. 이를 위해서는 허가의 의미와 법적 성질 등을 검토해 보아야 함

   즉, 허가를 통하여 乙의 소유권과 같은 사법상의 권리(私權)가 보호되고 있는지 여부

Ⅱ. 취소소송의 가능성

○ 사례의 영업허가는 명령적 행정행위로서의 허가에 해당함

○ 따라서 여기서는 취소소송의 제기요건 중 원고적격[26])이 문제됨

1. 원고적격의 의의

○ 취소소송에서의 원고가 될 수 있는 자격(법률상 이익이 있는 자)

2. 법률상 이익에 관한 학설

(1) **권리구제설(권리회복설)**: 권리를 침해당한 자만이 취소소송을 제기할 수 있다는 견해

(2) **법률상 보호이익설**: 관련법을 목적론적으로 해석하여 '법에 의하여 보호되는 이익'이 침해되면 취소소송의 원고적격이 인정된다는 견해

(3) **보호가치 있는 이익설**: 법에 의하여 보호되는 이익이 아니라 하더라도, 그 이익이 소송을 통하여 보호할 가치가 있다고 판단되는 경우에는 이러한 이익이 침해된 경우에도 취소소송의 원고적격을 인정하자는 견해

(4) **적법성보장설**: 법률상 이익을 행정의 적법성에 대한 이해관계로 파악하는 견해이다. 즉 행정의 적법성 보장에 이해관계가 있는 자는 취소소송의 원고적격이 인정된다는 견해

(5) **결어**: '법률상 이익'은 법적으로 보호되는 이익이라는 점에서 '법률상 보호이익'과 같은 개념이고, 또한 공권도 그 성립요건으로 사익보호성(법에 의하여 개인의 이익이 보호되어야 함)을 요구한다는 점에서 같은 개념으로 이해하는 것이 일반적임(즉, '법률상 이익'='법률상 보호이익'='공권')

   오늘날 '법률상 이익'은, 권리구제설이나 법률상 보호이익설의 입장과 같이, 적어도 법에 의하여 보호되는 이익을 의미함

   법률상 이익이 있는지를 판단하려면 허가의 개념과 성질을 검토해 보아야 함

---

26) 강론, 830면 이하.

3. 허가의 개념 및 성질[27]

(1) **허가의 개념**: 상대적 금지의 해제를 통한 자연적 자유의 회복

(2) **허가의 성질**

1) 명령적 행위인가 형성적 행위인가

① 명령적 행위로 이해하는 견해: 전통적으로 허가는 상대적 금지의 해제를 통하여 자연적 자유를 회복시켜주는 것이라는 점에서 명령적 행위로 이해

② 형성적 행위로서의 성질을 인정하는 견해: 일정한 법적 지위의 설정행위라는 점에서 형성적 행위로서의 성질을 가진다는 견해

③ 결론: 명령적 행위와 형성적 행위의 구분체계를 유지하고, 형성적 행위를 구체적인 권리나 능력을 설정하는 행위로 이해하는 한, 허가는 '금지의 해제'라는 점에서 명령적 행위임

2) 기속행위인가 재량행위인가

— 허가는 상대적 금지를 해제하여 공익목적에서 제한되었던 자유를 회복시켜 주는 행위

— 이와 같이 허가의 대상이 되는 행위는 원래 헌법상의 자연적 자유이므로 헌법상 기본권으로서 보호를 받음

— 따라서 허가는 법정요건을 구비하는 경우에 허가를 해야 하는 기속행위

— 따라서 법정요건 외에 기존업자의 이익이나 시설에 대한 사용권 등과 같은 사법상의 권리의 유무는 허가요건으로 고려할 필요 없음

(3) **설문의 경우**

— 유흥주점영업허가의 법적 근거: 식품위생법 36 ① 3호(시설기준), 37 ①(영업허가 등)

— 여기에서 '허가': 강학상 '명령적 행정행위로서의 허가'

— 허가시 법정요건 충족여부만 심사하면 되고, 별도로 사용권과 같은 사권 유무를 고려할 필요 없음

4. 결론

○ 식품위생법 37 ①에 규정된 영업허가는 기속행위로서 일정한 법정요건을 구비하는 경우 허가를 하여야 하는 것임

○ 따라서 이 규정은 사인의 소유권까지 보호하는 것은 아님

○ 결국 乙은 甲에 대한 영업허가의 취소를 구할 법률상 이익 없음

---

27) 강론, 176면 이하.

※ 참고사항
○ 위 사례에서 甲에게 사용권이 없는 경우, 乙은 민법 제214조(소유물방해제거)에 근거하여 방해의 제거를 청구할 수 있음
○ 위 사례의 경우 乙이 진정한 소유권자인 甲을 방해하기 위한 것일 수도 있으므로, 甲·乙 사이의 민사상의 소유권 분쟁이 있더라도 이에 관계없이 A는 신청된 영업허가가 법정요건을 구비하였는지를 판단하여 허가 여부를 결정하여야 함

Ⅲ. 甲에 대한 허가의 위법성

○ 설사 취소소송이 가능하다고 하더라도, A는 식품위생법 제37조에 따른 정당한 권한주체(주체요건)이고, 그 밖에 절차·형식요건에도 문제가 없으며, 사권의 유무는 허가시 고려할 사항이 아니라는 점에서 내용요건에도 문제가 없음
○ 결국 甲에 대한 허가는 적법

[문제 2]

Ⅰ. 논점: 허가의 개념과 성질(허가와 私權과의 관계)

Ⅱ. 허가의 개념과 성질: 위 [문제 1]과 동일

Ⅲ. 사례의 경우

○ 상술한 바와 같이 허가가 사법상의 권리까지 확인하거나 부여하는 것은 아님
○ 따라서 乙의 허가신청이 법정요건을 충족시키고 있는 한, 허가를 발급하여야 함
○ 이 경우 같은 시설에 2개의 허가가 존재하는 문제가 있는데, 이는 엄격히 말하면 사법상의 문제이므로, 결국 진정한 사용권을 갖는 자가 영업을 하게 될 것임

[문제 3]

Ⅰ. 논점

○ 甲의 원고적격문제
— 취소소송을 제기하려면, 법률상의 이익침해 있어야 함
— 그렇다면 영업허가로 인하여 얻는 영업상의 이익이 '법률상 이익'인가?

○ 이 문제는 허가의 효과 문제(허가를 통하여 권리가 설정되는지의 문제)

Ⅱ. 원고적격: [문제 1]에서 언급

Ⅲ. 허가의 효과[28]

○ 허가를 통하여 새로운 권리나 능력이 설정되는 것 아님
○ 허가를 통하여 얻게 되는 이익은 반사적 이익에 불과
○ 따라서 반사적 이익이 침해되어도 취소소송에서의 원고적격이 인정되지 않음
○ 다만 거리제한규정이 있는 경우 허가를 통하여 제한된 거리 내에서는 독점적으로 영업할 수 있는 지위가 부여되는 것이므로 이 경우 허가는 강학상 특허에 해당한다고 보아야 할 것(허가와 특허의 성질을 공유하는 합체행위로서의 성질을 가진다는 견해도 있음)

Ⅳ. 사례의 경우

○ 甲의 영업상의 이익은 단순한 반사적 이익에 불과
○ 따라서 甲은 丙의 영업허가에 대하여 취소소송을 제기할 법률상 이익이 없음

---

28) 강론, 182면 이하.

[사례 6 행정행위의 부관]

甲은 유흥주점영업을 하고자 관련법령상의 시설기준을 갖추어 관할구청에 영업허가신청을 하였다. 그러나 구청장 乙은 영업장이 설치될 인근의 환경정화사업비에 충당하기 위한 것이라고 하면서 월 5만원의 부담금을 납부할 것과 또한 甲이 신청한 유흥주점의 객실에는 잠금장치가 되어 있다고 지적하면서 이러한 잠금장치를 제거할 것을 조건으로 영업허가를 하였다.

(1) 乙은 식품위생법상의 영업허가를 하면서 여기에 조건을 붙일 수 있는가? 그리고 관련법령상 객실에 잠금장치가 되어 있어 허가요건을 구비하지 못하고 있는 경우에도 조건을 붙이는 것이 가능한가?
(2) 甲이 乙이 부과한 조건에 불복하고자 하는 경우, 조건만을 취소소송의 대상으로 하여 다툴 수 있는가?
(3) 甲이 조건이 붙어 있는 영업허가에 대하여 취소소송을 제기한 경우, 조건이 위법하다고 판단되면 조건만 취소될 수 있는가?
(4) 위 설문상의 조건은 위법한가?

[참조조문]
식품위생법 제36조, 제37조, 동법 시행규칙 제36조 [별표 14]

[문제 1]
Ⅰ. 논점: ① 부관의 허용성
　　　　　② 영업허가의 법적 성질
　　　　　③ 조건의 법적 성질
Ⅱ. 부관의 허용성
　1. 종래의 견해 및 판례
　2. 비판적 견해
　3. 결론
Ⅲ. 영업허가의 법적 성질
Ⅳ. 조건의 법적 성질
Ⅴ. 결론

[문제 2]
Ⅰ. 논점: 부관의 독립쟁송가능성
Ⅱ. 학설대립 및 소송유형
　1. 부담만 독립하여 쟁송의 대상으로 할수 있다는 견해

2. 모든 부관을 독립하여 쟁송의 대상으로할 수 있다는 견해
3. 분리가능성을 기준으로 하는 견해
4. 결론
Ⅲ. 조건의 법적 성질
Ⅳ. 결론

[문제 3]
Ⅰ. 논점: 부관의 독립취소가능성
Ⅱ. 견해
　1. 재량행위와 기속행위를 구분하는 견해
　2. 중요성을 기준으로 하는 견해
　3. 분리가능성을 기준으로 하는 견해
　4. 위법성을 기준으로 하는 견해
　5. 판례
　6. 결어
Ⅲ. 결론

[문제 4]

Ⅰ. 논점: 부관의 한계

Ⅱ. 부관의 한계

Ⅲ. 결론

[문제 1]

Ⅰ. 논점: 부관의 허용성, 영업허가의 법적 성질, 조건의 법적 성질

Ⅱ. 부관의 허용성[29]

1. 종래의 견해 및 판례

○ ① 법률행위적 행정행위, ② 재량행위에만 부관 가능
○ 준법률행위적 행정행위는 의사표시를 요소로 하지 않고 있고, 기속행위에 대한 부관은 기속행위에 대한 공권을 침해하는 것이기 때문에 부관을 붙일 수 없다는 것임
○ 판례도 같은 입장

2. 비판적 견해

○ ① 준법률행위적 행정행위나 ② 기속행위에도 부관이 가능할 수 있음
○ 준법률행위적 행정행위의 경우에도 확인·공증의 경우에는 기한이라는 부관이 가능하고, 또한 법적 근거가 있다면 법률행위적 행정행위와 준법률행위적 행정행위를 가리지 않고 부관을 붙일 수 있음
○ 포괄적 신분설정행위로서의 특허에 해당하는 귀화허가와 같은 법률행위적 행정행위의 경우는 법적 안정성의 견지에서 부관을 붙일 수 없음
○ 기속행위의 경우에도 법적 근거가 있으면 부관을 붙일 수 있음(침해유보의 관점)
○ 기속행위의 경우 별도의 법적 근거가 없더라도 법정요건을 충족할 것을 조건으로 하는 '법률요건충족적 부관'은 가능함(예: 독일연방행정절차법 36 ①)

3. 결론: 부관의 허용성

① 법적 근거가 있으면 행정행위의 종류에 관계없이 부관 가능
② 법적 근거가 없으면 원칙적으로 재량행위에만 가능
③ 법적 근거가 없더라도 기속행위에 법률요건충족적 부관은 가능(다수설)

---

29) 강론, 201면 이하.

Ⅲ. 영업허가의 법적 성질

- 유흥주점영업허가의 법적 근거: 식품위생법 36 ① 3호(시설기준), 37 ①(영업허가 등)
- 여기에서 '허가': 강학상 '명령적 행정행위로서의 허가'로서 기속행위

Ⅳ. 조건의 법적 성질

- 부담금: 그 자체로서 독립한 행정행위로 볼 수 있으므로 부담에 해당
- 잠금장치제거조건: 영업허가인 기속행위에 붙은 법률요건충족적 부관. 이 조건이 충족되지 못하는 경우 허가가 불가하다는 점에서 그 자체로서의 독립한 행정행위로 보기 어려움. 따라서 조건

Ⅴ. 결론

- 식품위생법에 부관에 관한 법적 근거 있으므로(37 ②), 부관이 가능함
- 법적 근거가 없어도 법률요건충족적 부관은 가능함

[문제 2]

Ⅰ. 논점: 부관의 독립쟁송가능성[30]

Ⅱ. 학설대립 및 소송유형

1. 부담만 독립하여 쟁송의 대상으로 할 수 있다는 견해

- 부담은 그 자체 독립한 행정행위이므로 부담은 독립하여 쟁송의 대상으로 할 수 있고, 부담 이외의 부관은 부관만 독립쟁송의 대상이 될 수 없으므로, 부관부 행정행위 전체를 쟁송의 대상으로 하여 부관의 효력을 다툴 수 있을 뿐이라는 견해(다수설 및 판례)
- 소송형태는, 부담의 경우 부담만 독립하여 소송의 대상으로 하면서 부담만 취소해 줄 것을 요구하는 경우 이는 '진정일부취소소송'이 되고, 부담 이외의 부관의 경우 형식적으로는 부관부 행정행위 전체를 쟁송의 대상으로 하면서 내용적으로는 일부취소의 형태로 부관만의 취소를 구하는 경우는 '부진정일부취소소송'이 될 것임
- 판례는 부담은 독립쟁송이 가능하고 다른 부관은 불가능한 이유는 부담은 처분이고 다른 부관은 주된 의사표시에 부과된 종된 의사표시로서 단지 행정행위의 일부일 뿐 그 자체로서 직

---

30) 강론, 207면 이하.

접 법적 효과를 발생하는 독립된 처분이 아니기 때문이라고 함. 따라서 부담 이외의 부관에 대해서는 진정일부취소청구든 부진정일부취소청구든 일부취소청구를 할 수 없고, 만약 일부취소청구를 하면 그 소는 부적법하여 각하됨

2. 모든 부관을 독립하여 쟁송의 대상으로 할 수 있다는 견해

○ 부관이 위법하면 그 종류를 불문하고 모두 독립쟁송가능성을 인정하거나, 소의 이익이 있는 한 모든 부관에 대하여 독립하여 쟁송의 대상이 될 수 있다는 견해
○ 이 견해는 부관에 관한 쟁송은 성질상 모두가 부진정일부취소청구의 형태를 취할 수밖에 없다고 함

3. 분리가능성을 기준으로 하는 견해

○ 논리적인 관점에서 모든 부관은 분리가능한 것으로 봄으로써, 모든 부관에 대한 독립쟁송가능성을 인정하자는 견해

4. 결론

○ 2번 견해는 '위법성' 판단은 본안판단의 문제라는 점, 그리고 소의 이익과 부관의 독립쟁송가능성은 관련이 없다는 점을 간과하고 있고, 3번 견해는 결론에 있어 부진정일부취소를 인정하는 견해와 다르지 않음
○ 부관의 의의와 기능을 고려하면 부담의 경우는 독립쟁송이 가능하고 그 외의 부관의 경우에는 독립쟁송이 가능하지 않다고 보는 다수설 및 판례의 입장이 타당함. 그러나 이는 부관의 부종성과 관련된 것이지, 부담 이외의 부관에는 처분성이 인정되지 않기 때문에 그런 것은 아님

Ⅲ. 조건의 법적 성질: [문제 1]에서 검토

○ 부담금: 부담, 법률요건충족조건: 조건

Ⅳ. 결론: 부담-진정일부취소청구소송
    조건-부관부 행정행위 취소소송 또는 부진정일부취소청구소송

[문제 3]

I. 논점: 부관의 독립취소가능성[31]

II. 견해

1. 재량행위와 기속행위를 구분하는 견해

○ 기속행위의 경우 부관을 붙일 수 없는 것이 원칙이라는 점에서 법률의 명시적 근거가 없는 기속행위에 대한 부관은 위법하므로 독립하여 취소될 수 있음(법률요건충족적 부관의 경우와 같은 예외적인 경우를 제외하고는 독립취소가 인정되지 않음)

○ 재량행위의 경우에는 행정청이 부관을 붙일 수 있다는 점에서 부관만의 취소를 인정하기 어려움

2. 중요성을 기준으로 하는 견해

○ 위법한 부관이 주된 행정행위의 중요한 요소가 아닌 경우에는 부관만을 취소할 수 있지만, 부관 없이는 주된 행정행위를 하지 않았을 것으로 인정되는 것과 같이 위법한 부관이 주된 행정행위의 중요한 요소인 경우에는 부관부 행정행위 전체를 취소하여야 한다는 견해

3. 분리가능성을 기준으로 하는 견해

○ 실질적 분리가능성이 인정되면 부관의 독립취소가 인정된다는 견해

4. 위법성을 기준으로 하는 견해

○ 부관이 위법하면 부관에 대한 독립취소가능성을 인정하는 견해

5. 판례

○ 부진정일부취소를 인정하지 않음. 따라서 부담을 제외하고는 부관부 행정행위 전체를 취소하여야 한다는 입장(대판 1985.7.9, 84누604)

6. 결어

○ 부관의 독립취소 문제는 부관의 주된 행정행위와의 '법상·사실상의 분리가능성'의 문제

○ 따라서 부관이 없었더라면 주된 행정행위가 법적으로나 사실상으로나 가능했을 것인지의 여

---

31) 강론, 211면 이하.

부를 기준으로 하여 주된 행정행위와 부관과의 분리가능성이 인정되면 독립취소를 인정하는
것이 합리적일 것임

ㅇ 이 점에서 중요성이나 분리가능성을 기준으로 하는 견해가 타당

Ⅲ. 결론

ㅇ 조건을 다투는 경우 조건 없이는 허가 안했을 것이므로 조건부 행정행위 모두 취소하여야 함
ㅇ 부담금만 다투는 경우 이는 부담이므로, 부담이 위법한 경우 부담만 독립취소 가능

[문제 4]

Ⅰ. 논점: 부관의 (내용상의) 한계[32]

Ⅱ. 부관의 한계

① 행정의 법률적합성의 원칙, 특히 법률우위의 원칙과 관련하여 부관은 법령에 위반되어서는
  안 됨
② 부관은 비례원칙·평등원칙·이익형량의 원칙 등 행정법의 일반원칙을 준수하여야 함. 특히
  주된 행정행위의 목적에 위배되지 말아야 함(부당결부금지의 원칙)
③ 그 밖에도 부관의 내용이 명확하고 실현가능한 것이어야 함

Ⅲ. 결론

ㅇ 부담금은 이에 대한 법적 근거가 없으므로 위법함
— 또한 유흥주점 영업허가와 환경정화사업비의 충당과는 사물적 관련성이 없다는 점에서 부당
  결부임
ㅇ 법률요건을 충족할 것을 내용으로 하는 조건은 하자 없음(적법)

---

32) 강론, 204면.

[유제: 행정행위의 부관]

　　甲은 도로점용허가를 받아 A대학 앞에서 가판대를 설치한 후 신문, 잡지 및 간단한 식품류 등을 판매하여 왔다. 4개월이 지난 후 관할도로의 관리청인 시장 乙은 도로의 환경정화사업을 명목으로 매월 3만원의 점용료를 甲에게 부과하였다. 甲은 점용료부과가 위법하다고 주장하면서 취소소송을 제기하기로 하였다. 취소소송은 무엇을 대상으로 하여야 하는가? 점용료부과는 위법한가? 점용료부과가 위법한 경우 점용료부과만 취소할 수 있는가?

[참조조문]
도로법 제61조, 제66조

Ⅰ. 논점
　　① 부관의 독립쟁송가능성
　　② 부관의 위법성
　　③ 부관의 독립취소가능성
Ⅱ. 점용료부과의 법적 성질
Ⅲ. 부관의 독립쟁송가능성

Ⅳ. 점용료부과처분의 위법성
　　1. 부관의 가능성(허용성)
　　2. 부관의 한계
　　3. 사후부관의 허용성
Ⅴ. 결론

Ⅰ. 논점

　1. 부관의 독립쟁송가능성

　— 점용료부과의 법적 성질(부관인지)

　— 부관에 대해서만 취소소송을 제기할 수 있는지

　2. 부관의 위법성: 부관의 가능성, 부관의 한계, 사후부관의 허용성

　— 도로점용허가가 있은 지 4개월 후 도로점용허가와 관련하여 부과: 사후부관

　3. 부관의 독립취소가능성

Ⅱ. 점용료부과의 법적 성질

　— 주된 행정행위인 도로점용허가에 부가된 종된 규율로서 행정행위의 부관

　— 부관 중에서도 수익적 행정행위에 일정한 의무를 결부시키는 부담

Ⅲ. 부관의 독립쟁송가능성

　1. 부담만 독립하여 쟁송의 대상으로 할 수 있다는 견해

2. 모든 부관을 독립하여 쟁송의 대상으로 할 수 있다는 견해

3. 분리가능성을 기준으로 하는 견해

4. 검토: 1 견해가 타당

5. 사례의 경우

— 점용료부과처분은 부담이므로, 어느 학설에 따르더라도, 독립하여 취소소송 제기 가능

— 따라서 점용료부과처분만을 대상으로 취소소송을 제기하면 됨

Ⅳ. 점용료부과처분의 위법성

1. 부관의 가능성(허용성)

(1) 종래의 견해 및 판례

(2) 비판적 견해

(3) 검토

① 법적 근거 있으면 부관 가능

② 법적 근거 없으면 원칙적으로 재량행위에만 가능

③ 법적 근거 없더라도 기속행위에 법률요건충족적 부관은 가능(다수설)

(4) 도로점용허가의 법적 성질

— 도로에 대한 특별한 사용권을 설정해 주는 행위: 공물사용권의 특허[33]

— 공물사용권의 특허: 공물관리청이 출원자의 적격성, 사용목적, 공익, 기타사정 등을 고려하여 특허여부를 결정하는 재량행위(학설, 판례)

(5) 사례의 경우

— 재량행위이므로 학설의 다툼에 관계없이 부관 가능

— 더욱이 점용료징수에 대해서는 도로법 제66조에 근거 있음

2. 부관의 한계

① 행정의 법률적합성의 원칙(법률우위, 법률유보)과 ② 행정법의 일반원칙 준수

③ 내용이 명확하고 실현가능할 것

④ 사례의 경우

— 점용료부과는 도로법 제66조에 근거 있음

— 점용료징수는 도로의 유지, 관리를 위한 것으로서 도로점용허가의 목적에 반하지 않음

— 乙이 가판대영업으로 인한 도로오염에 따라 점용료를 부과한 것을 부당결부라 할 수 없음

---

[33] 강론, 1295면 이하 참조.

— 乙의 점용료부과처분은 부관으로서의 한계 준수

3. 사후부관의 허용성[34)

(1) 학설

① 부관의 부종성으로 인하여 부관의 독자성을 인정할 수 없으므로 사후부관은 불가능하다고 하는 부정설
② 부담만은 독립한 행정행위이므로 사후부관이 가능하다는 견해
③ 법적 근거가 있거나, 상대방의 동의가 있거나, 사후부관의 가능성이 유보되어 있는 경우에는 사후부관이 가능하다는 제한적 긍정설(다수설)

(2) 판례

○ 제한적 긍정설과 같은 입장
○ 나아가 사정변경으로 인하여 당초에 부담을 부가한 목적을 달성할 수 없게 된 경우에도 그 목적달성에 필요한 범위 내에서 예외적으로 허용된다는 입장

(3) 사례의 경우

— 도로법 제66조에서 사후부관을 허용하고 있다고 하기 어려움(법적 근거 없음)
— 乙이 도로점용허가시 사후부관을 유보했다고 볼 수 없음
— 따라서 점용료부과처분은 위법한 사후부관임
— 만약 도로점용허가 후 예상치 못했던 '도로의 환경정화를 위한 점용료부과'라는 새로운, 불가피한 상황이 발생한 경우라면, 도로점용허가를 철회하고(이 경우도 공익상의 필요 등이 존재해야 함), 부담(점용료부과)이 붙은 새로운 점용허가를 발급하여야 할 것임

Ⅴ. 결론: 점용료부과처분은 위법한 사후부관으로 점용료부과처분만 취소될 것

---

34) 강론, 205면 이하.

[사례 7 하자승계와 행정대집행]

甲은 최근 새로 조성된 A아파트단지의 부속건물의 일부를 임차하였다. 이곳은 당초 허가된 사업계획상 아파트 부대시설로서 유치원 용도로 사용되어야 하는데, 甲은 이에 따라 유치원을 경영하고자 하였으나, A아파트 인근에 이미 여러 유치원들이 있어, 당초 계획상 유치원을 설치할 곳에 철제울타리를 두르고 조경시설을 설치하였다.

주택법 제42조 제2항은 공동주택(부대시설·복리시설 포함)의 입주자·사용자 또는 관리주체가 부대시설을 사업계획에 따른 용도 외의 용도에 사용하려면 시장·군수·구청장의 허가를 받도록 하고, 그 위반행위에 대하여 같은 법 제98조 제6호에서 1년 이하의 징역 또는 1천만원 이하의 벌금에 처하도록 규정하고 있는데, 이를 근거로 00시의 시장 乙은 甲에 대하여, 위 조경시설은 시장의 허가가 없는 위법한 용도변경행위이므로 이를 철거할 것을 명하였다. 그런데 수차례 행해진 철거명령에도 불구하고 甲이 이에 불응하자, 乙은 행정대집행법에 따른 대집행절차에 의하여 甲에게 대집행을 계고하였다.

甲은 철거명령의 위법을 주장하면서 계고의 취소를 구하는 취소소송을 제기하였다. 취소소송이 가능한가? 그 인용여부와 논거는?

[참조조문]
주택법 제42조 제2항, 제98조
행정대집행법 제2조

I. 논점
① 취소소송의 가능성 관련, 계고의 법적 성질
② 선행 철거명령의 위법성 관련, 부작위의무위반에 대한 대집행이 가능한지(대집행 요건)
③ 선행 철거명령의 하자가 후행 계고처분에 승계되는지(하자의 승계)
II. 취소소송의 가능성
1. 처분의 개념
(1) 행정쟁송법상의 처분
(2) 처분개념에 관한 학설
(3) 처분의 개념적 요소
2. 계고의 법적 성질
3. 결론
III. 계고처분의 위법성
1. 철거명령의 위법성(대집행의 가능성)
(1) 대집행의 의의와 법적 근거
(2) 대집행의 요건
① 대체적 작위의무의 불이행
② 다른 수단으로써 그 이행을 확보하기 곤란할 것
③ 그 불이행을 방치함이 심히 공익을 해할 것으로 인정될 것
(3) 사례의 경우
2. 계고처분의 위법성(하자의 승계 여부)
(1) 하자의 승계의 의의와 전제조건
(2) 학설

Ⅰ. 논점

1. 취소소송의 가능성 관련, 계고의 법적 성질
2. 선행 철거명령의 위법성 관련, 부작위의무위반에 대한 대집행이 가능한지(대집행 요건)
3. 선행 철거명령의 하자가 후행 계고처분에 승계되는지(하자의 승계)

Ⅱ. 취소소송의 가능성

1. 처분의 개념[35]

(1) 행정쟁송법상의 처분

○ 행정청이 행하는 구체적 사실에 대한 법집행으로서의 공권력의 행사 또는 그 거부와 그 밖에 이에 준하는 행정작용(행소법 2 ① 1호)

(2) 처분개념에 관한 학설

① 일원설(실체법상의 처분개념설)
○ 실체법상의 처분개념(행정행위개념)과 쟁송법상의 처분개념은 동일한 개념이어야 한다는 견해
② 이원설(쟁송법상의 처분개념설)
○ 항고소송을 통한 권리구제의 확대에 중점을 두고 이러한 점에서 항고소송의 대상이 되는 처분개념은 행정행위개념과 관계없이 확대되어야 한다는 입장
③ 형식적 행정행위론
○ 공권력행사로서의 실체를 가지고 있지 않지만 국민생활을 일방적으로 규율하거나 개인의 법익에 대하여 계속적으로 사실상의 지배력을 미치는 행위에 대해서는 쟁송법상으로 항고소송의 대상이 되는 처분으로 인정하자는 견해
④ 결어
○ 이론적으로는 일원설이 타당하나, 실정법상 처분개념이 행정행위 개념보다 넓은 것이 사실임
○ 판례는 행정행위 이외에도 도시·군관리계획, 단수조치의 처분성을 인정하고 있음

(3) 처분의 개념적 요소

○ 행정청의 처분은, ① 행정청이 행하는, ② 구체적 사실에 관한 법집행으로서, ③ 공권력을

---

35) 강론, 869면 이하.

행사하거나 거부하는, ④ 국민의 권리의무에 직접 영향을 미치는 공법행위(대판 2012.9.27, 2010
두3541 참조)이어야 함

2. 계고의 법적 성질[36]

ㅇ 대집행 계고의 법적 성질은 준법률행위적 행정행위로서의 통지에 해당함(통설·판례)
ㅇ 따라서 취소소송의 대상이 되는 처분임(대판 1962.10.18, 62누117)

3. 결론

ㅇ 甲은 계고처분을 대상으로 취소소송을 제기할 수 있음

Ⅲ. 계고처분의 위법성

ㅇ 사례에서 甲이 철거명령이 위법하다고 주장하면서 계고처분에 대하여 취소소송을 제기한 것
은 철거명령에 불가쟁력이 생겼다는 것을 의미
ㅇ 그렇다면, ① 대집행요건을 검토하면서 '철거명령이 위법한지'를 먼저 살피고, ② 위법하다면,
철거명령의 흠이 '후행 계고처분에 승계되는지'를 살펴보아야 함

1. 철거명령의 위법성(대집행[37]의 가능성)

ㅇ 위 사례에서 아파트단지의 부대시설에 해당하는 유치원공간에 철제울타리를 두르고 여기에
조경시설을 설치한 것은 명백한 위법행위임
ㅇ 한편 아파트부대시설에 대하여 시장의 허가를 받지 않고 사업계획에 따른 용도 이외의 다른
용도로 사용하는 행위를 금지하는 주택법의 의무위반(부작위의무의 위반)에 대하여 대집행을 통하
여 의무이행을 확보할 수 있는지가 문제임

(1) 대집행의 의의와 법적 근거

ㅇ 대집행이란 법령에 의하여 직접 명령되었거나 또는 법령에 의거한 행정청의 명령에 의한 행
위로서 타인이 대신하여 행할 수 있는 행위를 의무자가 이행하지 아니하는 경우에 행정청이
스스로 의무자가 하여야 할 행위를 하거나 또는 제3자로 하여금 이를 하게 하고 그 비용을
의무자로부터 징수하는 행위를 말함
ㅇ 대체적 작위의무의 불이행에 대한 행정상 강제수단
ㅇ 대집행을 위한 일반법: 행정대집행법

---

36) 강론, 507면 이하.
37) 강론, 500면 이하.

(2) 대집행의 요건

① 대체적 작위의무의 불이행이 있을 것

ㅇ 공법상 의무의 불이행이 있을 것

ㅇ 대체적(代替的) 작위의무의 불이행

— 대집행의 대상이 되는 의무는 대체적 작위의무임. 따라서 타인이 대신하여 행할 수 없는 비대체적인 의무나 부작위의무는 대집행의 대상이 될 수 없음

— 따라서 토지·건물의 인도의무는 비대체적 작위의무이므로 대집행의 대상이 아님

  (ⅰ) 존치된 물건의 반출은 대체적 작위의무로 보아 대집행의 대상이 될 수 있으나, (ⅱ) 토지·건물 등의 점유자로부터 점유를 배제하고 그 점유를 이전받는 것은 점유자의 퇴거라는 일신전속적 행위에 의하여야 한다는 점에서 대체적 작위의무에 해당한다고 볼 수 없음

— 참고: 토지보상법 제89조의 '토지 또는 물건의 이전의무 불이행에 대한 대집행 규정'과 관련하여, 특히 토지의 이전의무 불이행에 대하여 대집행이 가능한지 논란 있음

— 부작위의무는 대집행 대상이 될 수 없음(부작위의무를 부과한 근거법령에서 부작위의무 위반에 대하여 일정한 조치를 명하는 등의 작위의무를 부과하는 규정(전환규범)에 따라 작위의무가 부과되고, 그 후 이러한 작위의무의 불이행이 있어야 함)

② 다른 수단으로써 그 이행을 확보하기 곤란할 것

ㅇ 비례원칙상 대집행보다 의무자에 대한 권익침해의 정도가 적은 수단으로는 의무이행확보가 곤란한 경우를 말함

③ 그 불이행을 방치함이 심히 공익을 해할 것으로 인정될 것

ㅇ 대집행은 대체적 작위의무의 불이행만으로 가능한 것이 아니라, 이를 방치하는 것이 심히 공익을 해하는 것인 경우에 비로소 가능해 짐. 여기에서 '심히 공익을 침해하는 것'은 구체적인 정황들을 고려하여 개별적으로 판단하여야 할 것임

(3) 사례의 경우

ㅇ 주택법 42 ②: '사업계획에 따른 용도 외의 용도에 사용하는 행위'에 대한 허가 또는 신고를 규정함으로써 이러한 허가 등이 없는 한 해당 행위에 대한 금지의무(부작위의무)를 부과하고 있는 것

ㅇ 주택법 98 6호는 위 규정의 위반에 대하여 행정형벌을 규정하고 있을 뿐, 철거 등에 의한 원상복구와 같은 작위의무를 부과하는 규정(전환규범)이 없음(주택법은 -건축법 등과는 달리- 별도의 전환규범을 두고 있지 않은데, 이는 주택법의 입법취지가 위 사례의 위반행위에 대하여 벌칙을 부과하는 것만으로 주택법의 실효성을 담보하려는 것으로 판단됨)

ㅇ 부작위의무위반에 대하여 별도의 법적 근거 없이 작위의무를 명할 수는 없으므로, 위 사례의

철거명령은 법적 근거 없이 행하여진 무권한의 행위로 위법하고, 그 위법의 효과는 원칙적으로 무효임(대판 1996.6.28, 96누4374)

2. 계고처분의 위법성(하자의 승계[38] 여부)

(1) 하자의 승계의 의의와 논의의 전제조건

○ 두 개 이상의 행정행위가 연속적으로 행하여지는 경우 선행행정행위의 흠을 이유로 후행행정행위를 다툴 수 있는가 하는 문제

○ 선행행정행위에 단순위법의 하자가 있고 쟁송기간이 도과한 경우에만 하자의 승계가 문제됨

(2) 학설

1) 종래의 견해

① 선행행정행위와 후행행정행위가 상호 독립하여 별개의 효과를 발생하는 경우에는, 선행행위가 당연무효가 아닌 한 그 흠이 후행행위에 승계되지 않음

② 선행행정행위와 후행행정행위가 서로 결합하여 하나의 법적 효과를 완성하는 경우에는 선행행위의 흠이 후행행위에 승계됨

2) 규준력이론

○ 하자의 승계 문제를 불가쟁력이 발생한 선행행정행위의 후행행정행위에 대한 구속력의 문제로 이해하려는 견해

○ 규준력이 인정되려면, ① 양 행위가 동일한 사안과 목적을 추구하여야 하고(대물적 한계), ② 양 행위에서의 상대방, 이해관계인, 유관기관 등이 일치하여야 하며(대인적 한계), ③ 선행행정행위의 사실 및 법상태가 후행행정행위에 유지되고 있는 경우이어야 함(시간적 한계). ④ 다만 규준력을 인정하는 것이 상대방에게 가혹하거나 예측가능성이 없었던 경우에는 예외적으로 규준력이 부인됨(규준력의 추가적 요건)

(3) 사례의 경우

○ 종래의 견해에 따르면, 철거명령은 구체적 작위의무를 확정하는 것이고 계고처분은 이미 확정된 의무에 기한 강제집행절차이므로, 상호 별개의 법효과의 발생을 목적으로 하는 것이어서 흠이 승계되지 않음

○ 규준력이론에 따르면, 철거명령의 규준력이 인정될 수 있으나, 상대방에게 가혹한 경우에는 규준력이 부인됨

○ 그러나 위 사례에서 철거명령은 당연무효이므로 흠의 승계가 문제되지 않음. 선행행위가 무

---

38) 강론, 258면 이하.

효인 경우 그 하자가 당연히 후행행위에 승계되어 후행행위인 계고처분도 무효임

Ⅳ. 결론

○ 철거명령은 무권한의 행위로서 무효이고 이에 따른 계고처분도 무효임
○ 이 경우 甲의 청구는 무효선언의 형식(무효선언을 구하는 취소소송)으로 인용될 것임

【행정입법】

[사례 8　행정규칙형식의 법규명령: 생수판매제한고시]

구 식품위생법[법률 제6154호, 2000.1.12, 일부개정] 제21조, 제22조에 따라 식품제조 및 판매업을 하고 자 하는 자는 식품의약품안전청장 등의 허가를 받아야 하는데, 동법 제24조 제1항 제4호에서는 보건복지부장관이 지정하여 고시하는 영업 또는 품목의 경우는 영업허가를 할 수 없다고 규정하고 있다.

이 규정에 따라 보건복지부장관은 광천수(생수)의 생산·판매에 대하여 '그 전량을 수출하거나 주한외국인에게만 판매한다는 요건을 갖춘 경우에만 광천수제조업의 허가를 할 수 있다'는 고시를 하였다.

甲은 이 고시의 내용에 따라 식품의약품안전청장의 허가를 받아 광천수를 생산·판매하고 있었는데, 그 판매가 극히 부진하자 이를 내국인에게 판매하다 적발되었다. 이에 대하여 식품의약품안전청장은 甲에 대해 1월의 영업정지처분에 갈음하는 5,000만원의 과징금을 부과하였다.

甲은 과징금부과가 위법하다고 보아 취소소송을 제기하였다. 甲의 청구의 인용여부 및 그 법적 논거는?

[참조조문]
구 식품위생법[법률 제6154호, 2000.1.12, 일부개정] 제21조, 제22조, 제24조, 제65조

[참조판례]
대판 1994.3.8, 92누1728

I. 논점
① 과징금부과의 처분성
② 과징금부과처분의 위법성
 - 고시의 법적 성질(행정규칙형식의 법규명령)
 - 고시에 대한 사법적 통제(구체적 규범통제)
 - 고시상의 조건(법정부관)
 - 고시의 위법성(위임입법의 한계)
II. 과징금부과의 처분성
 1. 처분의 개념
  (1) 행정쟁송법상의 처분
  (2) 처분개념에 관한 학설
  (3) 처분의 개념적 요소
 2. 과징금부과의 처분성
III. 과징금부과처분의 위법성
 1. 고시의 법적 성질(행정규칙형식의 법규명령)
  (1) 행정규칙형식의 법규명령(법령보충규칙)의 의의
  (2) 학설
   1) 법규명령설
   2) 행정규칙설
   3) 규범구체화행정규칙설

Ⅰ. 논점

1. 과징금부과의 처분성(사례에서의 질문은 아님)

2. 과징금부과처분의 위법성

— 고시의 법적 성질(행정규칙형식의 법규명령 문제)

— 법규명령이라면, 고시에 대한 사법적 통제(구체적 규범통제)의 형식

— 고시상의 조건(법정부관)을 다툴 수 있는지

— 고시의 위법성(위임입법의 한계 문제)

Ⅱ. 과징금부과의 처분성

1. 처분의 개념[39]

(1) 행정쟁송법상의 처분

○ 행정청이 행하는 구체적 사실에 대한 법집행으로서의 공권력의 행사 또는 그 거부와 그 밖에 이에 준하는 행정작용(행소법 2 ① 1호)

(2) 처분개념에 관한 학설

① 일원설(실체법상의 처분개념설)

○ 실체법상의 처분개념(행정행위개념)과 쟁송법상의 처분개념은 동일한 개념이어야 한다는 견해

② 이원설(쟁송법상의 처분개념설)

○ 항고소송을 통한 권리구제의 확대에 중점을 두고 이러한 점에서 항고소송의 대상이 되는 처분개념은 행정행위개념과 관계없이 확대되어야 한다는 입장

③ 형식적 행정행위론

○ 공권력행사로서의 실체를 가지고 있지 않지만 국민생활을 일방적으로 규율하거나 개인의 법익에 대하여 계속적으로 사실상의 지배력을 미치는 행위에 대해서는 쟁송법상으로 항고소송의 대상이 되는 처분으로 인정하자는 견해

---

39) 강론, 869면 이하.

④ 결어

○ 이론적으로는 일원설이 타당하나, 실정법상 처분개념이 행정행위 개념보다 넓은 것이 사실임

○ 판례는 행정행위 이외에도 도시·군관리계획, 단수조치의 처분성을 인정하고 있음

(3) 처분의 개념적 요소

○ 행정청의 처분은, ① 행정청이 행하는, ② 구체적 사실에 관한 법집행으로서, ③ 공권력을 행사하거나 거부하는, ④ 국민의 권리의무에 직접 영향을 미치는 공법행위(대판 2012.9.27, 2010 두3541 참조)이어야 함

2. 과징금부과의 처분성

○ 식품의약품안전청장의 과징금부과: 명령적 행정행위로서 급부하명

Ⅲ. 과징금부과처분의 위법성

○ 식품의약품안전청장은 과징금부과의 정당한 주체이고(주체요건), 절차나 형식상으로도 문제없음

○ 내용요건과 관련하여 제65조에 과징금부과에 대한 법적 근거가 있고(법률유보), 과징금부과는 제24조 제1항 제4호에 의하여 발해진 보건복지부장관의 고시 위반을 이유로 발하여진 것이므로, 고시가 법규명령(부령)이라면, 상위법령에 부합함(법률우위)

○ 다만 고시의 법적 성질에 대하여 논란이 있고, 위 고시가 위법하다면, 이에 근거한 처분 역시 위법한 것이 될 수 있으므로, 여기서는 고시의 위법성 여부가 문제임

1. 고시의 법적 성질(행정규칙형식의 법규명령[40] 문제)

(1) 행정규칙형식의 법규명령(법령보충규칙)의 의의

○ 행정기관이 상위법령의 위임에 따라 고시·훈령 등의 행정규칙의 형식으로 상위법령의 내용을 보충하는 경우(형식의 부족) 이를 행정규칙형식의 법규명령(법령보충규칙)이라 함

(2) 학설

1) 법규명령설: 상위법령의 구체적 위임에 근거하여 발하여지는 것이므로 그 실질적 내용에 따라 법규명령으로 보는 견해

2) 행정규칙설: 헌법이 규정하는 법규명령의 형식은 대통령령·총리령·부령으로 한정되어 있으므로, 이러한 형식이 아닌 법령보충규칙은 행정규칙으로 보아야 한다는 견해

3) 규범구체화행정규칙설: 이러한 행정규칙이 법률을 구체화 또는 보충하는 기능을 지니는 경우

---

40) 강론, 332면 이하.

에는 이를 규범구체화행정규칙 또는 법률대체적 행정규칙으로 부르자는 견해

(3) 판례

○ 행정규칙의 형식으로 제정된 것이라도 ① 상위법령의 위임이 있고 ② 상위법령의 내용을 보충하는 기능을 가지는 경우에는 법규명령으로서의 효력을 인정

○ 대판 1994.4.26, 93누21668(주류도매면허제도개선업무처리지침), 대판 1994.3.8, 92누1728(식품제조업허가기준), 대판 1994.3.8, 92누1728(생수판매제한고시), 대판 1996.4.12, 95누7727(노인복지지침), 대판 1998.9.25, 98두7503(주유소등록요건에관한고시), 대판 2008.3.27, 2006두3742, 3759(택지개발업무처리지침), 대판 2011.9.8, 2009두23822(산업입지의 개발에 관한 통합지침) 등

(4) 사례의 경우

○ 사례의 생수판매제한고시는 법규명령임(대판 1994.3.8, 92누1728)

2. 고시에 대한 사법적 통제[41]의 형식

○ 규범통제방식에는 규범의 위헌·위법성 그 자체를 소송을 통하여 다툴 수 있는 추상적 규범통제와 선결문제 심리방법에 의한 간접적 통제만을 인정하는 구체적 규범통제가 있음

○ 헌법 제107조는 법령의 심사는 '재판의 전제가 되는 경우'에 할 수 있도록 규정하여 구체적 규범통제를 택하고 있음

○ 이에 따라 법규명령은 그 위헌·위법성이 재판의 전제가 된 경우에 한하여 부수적으로 통제될 뿐, 독립하여 법규명령의 효력을 소송을 통하여 다툴 수 없음

○ 다만 이른바 처분법규의 경우에는 예외적으로 항고소송의 대상이 될 수 있음

○ 사례의 고시는 법규명령이므로, 이에 근거한 처분에 대한 항고소송에서 간접적으로 그 효력을 다투어야 함

3. 고시상의 조건을 다툴 수 있는지 여부

○ 생수판매제한고시는 법규명령이므로, 고시상의 국내판매금지조건은 법정부관이지 그 자체 처분이 아님

○ 따라서 법규명령에 대한 구체적 규범통제의 결과, 국내판매금지조건을 직접 항고소송의 대상으로 할 수 없음

---

41) 강론, 347면.

4. 고시의 위법성 여부(위임명령의 한계[42])

(1) 위임명령의 한계

○ 법률유보의 원칙: 위임명령은 반드시 법률에 의한 입법권의 수권(授權), 즉 법적 근거가 필요함

○ 특별수권의 원칙(포괄적 위임 금지의 원칙): 위임명령을 위해서는 단순히 수권의 근거가 있다는 것만으로는 부족하고, 법률이 구체적으로 그 위임명령의 제정에 관하여 내용 · 목적 · 적용기준 · 범위 등을 명확히 정하여 수권하여야 함. 따라서 구체적인 내용을 정하지 않고 포괄적으로 입법권을 수권하는 것은 금지됨

○ 본질성이론(중요사항유보설): 개인의 기본권실현에 중요하고 본질적인 사항은 반드시 법률로 직접 규정하여야 하며, 나머지 기술적인 사항만이 위임입법의 대상이 되어야 함

○ 법률우위의 원칙: 위임명령은 상위법령에 반할 수 없음

○ 그 밖에도 행정법의 일반원칙을 준수하여야 하고, 기본권을 존중하여야 하며, 기타 국민주권원리 · 권력분립원리 등의 한계, 국제법상의 한계 등 입법권의 한계를 준수하여야 함

(2) 사례의 경우

○ 고시는 법 제24조 제1항 제4호에 근거한 것으로, 법률의 명시적 · 개별적 수권이 있음(법률유보)

○ 동 규정은 "공익상 허가를 제한할 필요가 현저하다고 인정되어 보건복지부장관이 고시하는 영업 및 품목의 경우에는 영업허가를 할 수 없다."고 하여 위임의 목적 · 내용 · 범위 등을 구체적으로 정하고 있다고 할 수 있으므로 특별수권의 원칙을 준수함(포괄적 위임 아님)

○ 또한 고시의 내용이 모법인 식품위생법에 반하지 않음(법률우위)

○ 다만 헌법의 위반 여부, 특히 기본권침해가 문제될 수 있음

— 헌법 37 ②: 필요한 경우 기본권제한 가능하나 비례원칙 지켜야 함

— 생수판매제한고시는 행복추구권(생수를 마실 권리), 직업선택의 자유를 과잉으로 제한하는 것으로 비례원칙(필요성의 원칙)에 반하는 위헌인 법규명령임

Ⅳ. 결론

○ 생수판매제한고시는 위헌으로 무효

○ 위헌인 법규명령은 당해 사건에서만 그 효력이 배제될 뿐, 공식절차에 의해 폐지되지 않는 한, 형식적으로는 유효한 것으로 남게 됨(구체적 규범통제의 한계)

— 그러나 통상은 다른 사건에도 무효인 법규명령을 적용하지 않는 것이 일반적임

---

42) 강론, 296면 이하.

— 이런 취지에서 행소법 제6조에서 명령, 규칙의 위헌판결의 공고를 규정하고 있는 것임

○ 위헌·위법인 법령에 근거한 행정처분의 효력[43]

— 행정처분 이후에 그 처분의 근거가 된 법령이 위헌 또는 위법으로 결정되는 경우 이 무효인 법령에 근거한 처분은 무효인지 취소할 수 있는 경우인지 문제임

— 대법원은 이 경우 그 하자는 중대한 것이지만, 위헌 또는 위법하다는 결정이 있기 전에는 객관적으로 명백하다고 보기 어려우므로 취소사유에 그치는 것으로 보고 있음

— 헌법재판소도 기본적으로는 처분의 근거가 된 법률이 처분 이후에 위헌으로 선고되었다 하더라도 이는 이미 집행된 처분의 취소사유일 뿐 당연무효는 아니라고 보고 있음. 다만 행정처분이 근거 법률의 위헌의 정도가 심각하여 그 하자가 중대하다고 인정되는 경우, 그리고 그 때문에 국민의 기본권 구제의 필요성이 큰 반면에 법적 안정성의 요구는 비교적 적은 경우에는 예외적으로 당연무효사유가 될 수 있다고 보고 있음

— 사례의 경우: 당연무효는 아니고, '취소할 수 있는 데 그친다'고 볼 수 있겠음

○ 결국 과징금부과처분은 위헌인 고시에 근거한 위법한 처분이므로, 甲의 청구는 인용될 것

---

43) 강론, 250면 이하.

【행정계획】

[사례 9 행정계획]

　00시의 시장 A는 관광사업의 진흥을 통한 00시의 발전을 도모하고자 00시로 연결되는 기존의 도로를 확장하는 것을 내용으로 하는 도시관리계획을 입안하였는데, 이 계획안대로라면 도로확장에 필요한 인근 토지들이 수용되어야 하는데, 이들 중 절반 정도가 자연환경보존지역에 해당되고, 여기에는 300년 이상 된 주목(朱木)들이 자생군락(自生群落)을 이루고 있다.

　한편 00시에 토지를 소유하고 있는 주민 甲은 A가 입안한 계획안에 따라 기존도로를 확장하는 것보다는 새로운 관광도로를 개설하는 것이 바람직하다고 판단하여 A에게 도로개설을 내용으로 하는 도시관리계획의 입안을 제안하였다. 그러나 A는 시의 도로개설계획과의 불부합, 도로개설에 따르는 새로운 비용부담 등을 이유로 甲의 제안을 거부하고 그 결과를 甲에게 알려주었다.

　A는 본인이 입안한 도시관리계획안을 결정해 줄 것을 도지사 B에게 신청하였고 B는 국토의 계획 및 이용에 관한 법률 제29조에 따라 도로확장계획을 결정하였다.

(1) 甲은 A의 거부사유가 이해할 수 없다고 판단하여 취소소송을 제기하려고 한다. 가능한가?
(2) 자연환경보존지역에 해당되는 도로확장구역에 토지를 가지고 있는 00시의 주민 乙은 도로확장으로 인하여 본인의 재산권 및 자연환경이 위법하게 침해된다고 주장하면서 B의 도로확장계획결정에 대하여 취소소송을 제기하려고 한다. 가능한가? 도로확장계획결정은 위법한가?
(3) 역시 도로확장구역에 토지를 가지고 있는 00시의 주민 丙은 B의 도로확장계획결정에 대하여 본인 소유의 토지가 포함되지 않도록 도로확장계획을 변경해 줄 것을 B에게 신청하였으나 B는 지역주민들의 개인적인 사정에 따라 일일이 계획의 변경을 허용할 수는 없다고 하면서 이를 불허하였다. 이에 대하여 丙은 취소소송을 제기할 수 있는가?

[참조조문]
국토의 계획 및 이용에 관한 법률 제2조, 제24조, 제26조, 제29조

[문제 1]
Ⅰ. **논점**: 입안제안거부의 처분성
Ⅱ. **처분의 개념**
  1. 행정쟁송법상의 처분
  2. 처분개념에 관한 학설
  3. 처분의 개념적 요소

Ⅲ. **거부의 처분성**
  1. 거부처분의 의의
  2. 거부처분의 성립요건
    (1) 판례
      ① 신청한 행위가 처분일 것
      ② 신청인의 법률관계에 변동을 일으키는 것일 것

[문제 1]

Ⅰ. 논점: 입안제안거부의 처분성

Ⅱ. 처분의 개념[44]

1. 행정쟁송법상의 처분

ㅇ 행정청이 행하는 구체적 사실에 대한 법집행으로서의 공권력의 행사 또는 그 거부와 그 밖에

---

44) 강론, 869면 이하.

이에 준하는 행정작용(행소법 2 ① 1호)

2. 처분개념에 관한 학설

① 일원설(실체법상의 처분개념설)
o 실체법상의 처분개념(행정행위개념)과 쟁송법상의 처분개념은 동일한 개념이어야 한다는 견해
② 이원설(쟁송법상의 처분개념설)
o 항고소송을 통한 권리구제의 확대에 중점을 두고 이러한 점에서 항고소송의 대상이 되는 처분개념은 행정행위개념과 관계없이 확대되어야 한다는 입장
③ 형식적 행정행위론
o 공권력행사로서의 실체를 가지고 있지 않지만 국민생활을 일방적으로 규율하거나 개인의 법익에 대하여 계속적으로 사실상의 지배력을 미치는 행위에 대해서는 쟁송법상으로 항고소송의 대상이 되는 처분으로 인정하자는 견해
④ 결어
o 이론적으로는 일원설이 타당하나, 실정법상 처분개념이 행정행위 개념보다 넓은 것이 사실임
o 판례는 행정행위 이외에도 도시 · 군관리계획, 단수조치의 처분성을 인정하고 있음

3. 처분의 개념적 요소

o 행정청의 처분은, ① 행정청이 행하는, ② 구체적 사실에 관한 법집행으로서, ③ 공권력을 행사하거나 거부하는, ④ 국민의 권리의무에 직접 영향을 미치는 공법행위(대판 2012.9.27, 2010두3541 참조)이어야 함

Ⅲ. 거부의 처분성[45]

1. 거부처분의 의의

o 처분을 구하는 당사자의 신청에 대하여 처분의 발급을 거부하는 행정청의 행정작용

2. 거부처분의 성립요건

(1) 판례
o 거부처분의 성립요건과 관련하여 판례는 ① 신청한 행위가 처분이어야 하고, ② 그 거부행위가 신청인의 법률관계에 변동을 일으키는 것이어야 하며, ③ 당사자에게 처분의 발급을 요구할 법규상 또는 조리상의 신청권이 있어야 한다는 입장임

---

45) 강론, 875면 이하.

(2) 학설

  ○ 이에 대하여 학설은 ① 신청권을 거부처분의 요건으로 보아야 한다는 견해(대상적격설), ② 신청
    권의 존재 여부는 본안에서 가려야 할 문제라고 보는 견해(본안문제설), ③ 신청권의 존재는 거
    부처분의 성립요건이 아니라 원고적격의 문제라고 보는 견해(원고적격설)가 대립되고 있음. ④
    '신청권'의 존부는 '원고에게 그러한 추상적 신청권이 인정되는가' 하는 문제라는 점에서 원고
    적격설이 타당함

Ⅳ. 입안제안의 경우

  ○ 입안제안의 경우 단순히 계획의 입안을 제안하는 데 불과한 것으로 입안'신청권'까지 인정된
    다고 볼 수 없다는 입장도 가능하다고 판단되나,
  ○ 판례는 주민의 도시계획입안을 요구할 수 있는 법규상 또는 조리상의 신청권(입안제안신청권)을
    인정하면서, 이러한 신청에 대한 거부행위는 항고소송의 대상이 되는 행정처분에 해당한다고
    하였음(대판 2004.4.28, 2003두1806)
  ○ 따라서 판례에 따르면 입안제안거부는 처분이므로 이를 대상으로 하는 취소소송은 가능함

[문제 2]

Ⅰ. 논점

  1. 도로확장계획(도시·군관리계획)의 처분성
  2. 계획재량과 이에 대한 사법적 통제

Ⅱ. 행정계획의 법적 성질[46]

1. 학설

(1) 입법행위설

  ○ 행정계획은 일종의 일반·추상적 성격을 갖는 규범의 정립작용이라는 견해

(2) 행정행위설

  ○ 행정계획 중에서도 직접적으로 국민의 권리의무관계에 변동을 가져오는 행정행위로서의 성
    질을 가지는 경우도 있다는 견해

---

46) 강론, 353면 이하.

(3) 복수성질설

○ 행정계획에는 법규명령의 성질을 가지는 것도 있고, 행정행위의 성질을 가지는 것도 있을 수 있다는 견해

(4) 독자성설

○ 행정계획은 법규범도 아니고 행정행위도 아닌 특수한 성질의 이물(異物, Aliud)로서 여기에 구속력이 인정되는 것이라는 견해

(5) 결어

○ 법령에서 행정계획의 법형식을 지정하고 있는 경우라면 이에 따르면 되고, 이러한 규정이 없으면 계획주체ㆍ계획의 내용ㆍ구속력의 유무와 정도 등에 따라 개별적으로 판단하여야 함

2. 도로확장계획의 처분성

(1) 처분의 개념: [문제 1]에서 검토함

(2) 도로확장계획의 성질

○ 도로는 국토계획법상 기반시설로서, 기반시설 중 도시ㆍ군관리계획으로 결정된 시설을 도시ㆍ군계획시설이라 함

○ 따라서 도로확장계획은 도시ㆍ군관리계획임

(3) 도시ㆍ군관리계획의 처분성[47]

① 소극설: 행정입법의 성격을 가지는 것으로서 처분성 부인(고등법원)

② 적극설: 고시된 도시계획결정은 특정 개인의 권리 내지 법률상의 이익을 개별적이고 구체적으로 규제하는 효과를 가져오게 하는 행정청의 처분임(대법원)

③ 결어: 도시ㆍ군관리계획은 구체적인 구속력 있는 계획으로서 '구체적 법집행행위'라 할 수 있으므로 처분성을 인정하는 대법원의 입장이 타당

3. 결론

○ 도로확장계획결정은 처분에 해당하므로 이에 대한 취소소송은 적법하게 제기될 수 있음

---

47) 강론, 354면 이하.

III. 계획재량과 사법적 통제[48]

1. 계획재량의 의의

○ 행정주체가 계획을 통하여 가지게 되는 광범위한 계획상의 형성의 자유

2. 계획재량에 대한 사법적 통제

① 계획상의 목표는 근거법에 합치되어야 하고,

② 비례원칙을 비롯한 행정법의 일반원칙을 준수하여야 하며,

③ 근거법이 정한 형식과 절차를 준수하여야 하고,

④ 관계되는 모든 이익을 정당하게 형량하여야 함(형량명령)

3. 형량명령

(1) 의의

○ 계획을 수립함에 있어 관계되는 모든 이익을 정당하게 형량하여야 한다는 행정법의 일반원칙

(2) 형량의 단계

① 관계되는 이익의 조사, ② 이익에 대한 평가, ③ (좁은 의미의) 이익형량

(3) 형량명령에 위반하는 하자

① 이익형량을 전혀 행하지 않은 경우(형량의 결여, Abwägungsausfall)

② 이익형량에서 고려하여야 할 이익을 빠뜨린 경우(형량의 결함, Abwägungsdefizit)

③ 이익의 중요성을 잘못 판단한 경우(형량의 과오, Abwägungsfehleinschätzung)

④ 특정 이익을 과도하게 평가하는 경우(형량의 불평등, Abwägungsdisproportionalität)

4. 구체적 적용 및 결론

○ ① '도로확장으로 인하여 관광사업이 진흥되고 이로 인해 ○○시가 발전된다는 공익'과 ② '乙의 토지상의 자연자원으로서의 주목의 자생군락의 보호라는 乙의 이익이자 동시에 공익적 성격을 아울러 가지는 이익' 사이의 정당한 형량의 문제

○ 시의 발전보다는 자연자원의 보호가 보다 궁극적으로 보호되어야 하므로, 위 도로확장계획결정은 형량의 과오 또는 불평등의 경우로서 형량원칙에 반하는 위법한 결정임

---

48) 강론, 368면 이하.

[문제 3]

Ⅰ. 논점: 1. 불허(거부)행위의 처분성, 2. 계획변경청구권

Ⅱ. 거부의 처분성: [문제 1]에서 검토함

Ⅲ. 계획보장청구권[49)]

1. 의의

○ 행정계획의 폐지 · 변경 등을 요구할 수 있는 권리로, 계획보장청구권의 문제는 계획변경 등의 요구와 신뢰보호의 문제가 충돌하는 문제를 해결하기 위하여 논의되는 문제임

2. 계획보장청구권의 내용

○ 일반적으로 계획보장청구권의 내용으로는 계획존속청구권, 계획준수청구권, 계획변경청구권, 경과조치청구권, 손해전보청구권을 들 수 있음

3. 계획변경청구권

○ 계획변경청구권은 계획의 변경을 요구하는 권리임. '일반적 계획변경청구권'은 인정되지 않음
○ 이와 관련하여 판례도 사인에게 계획변경청구권이 인정되지 않는다는 것이 기본 입장임(대판 1984.10.23, 84누227). 다만 판례는 '계획변경신청을 거부하는 것이 실질적으로 장래의 어떠한 처분을 거부하는 결과가 되는 예외적인 경우'에는 계획변경신청권을 인정한 바 있음(대판 2003. 9.23, 2001두10936)

4. 사례의 경우

○ 위 사례에서는 장래의 구체적인 처분을 신청하여야 하는 등의 예외적인 경우가 보이지 않으므로, 丙에게 계획변경을 요구할 법규상 또는 조리상의 신청권이 인정된다고 볼 수 없음
○ 따라서 B의 불허행위는 행정쟁송법상의 처분이 아니므로, 丙은 B의 거부에 대하여 취소소송을 제기할 수 없음

---

49) 강론, 373면 이하.

【행정지도】

[사례 10 행정지도]

   중소기업을 운영하는 A는 경제사정의 악화로 경영에 어려움이 있는데다, 최근 관련 대기업 B가 사업을 확장할 방침이라고 함에 따라 본인의 중소기업운영이 더욱 악화될 것을 우려하여 대·중소기업 상생협력 촉진에 관한 법률 제32조에 따라 중소기업청장에게 사업조정을 신청하였다. 이에 중소기업청장은 대기업 B에 대해서 동법 제33조에 따라 사업의 확장시기를 2년 연장할 것을 권고하였다. B는 이러한 중소기업청장의 조치는 자신을 부당하게 차별하는 조치라는 이유로 이를 거부하였다.
   B는 중소기업청장의 권고에 대해 취소소송을 제기할 수 있는가? 그리고 중소기업청장의 권고에 대한 손해배상이나 손실보상이 가능한가?

[참조조문]
대·중소기업 상생협력 촉진에 관한 법률 제32조, 제33조

Ⅰ. 논점
   ① 권고의 법적 성질과 행정지도의
      처분성
   ② 권고에 대한 행정구제
Ⅱ. 취소소송의 가능성
   1. 처분의 개념
      (1) 행정쟁송법상의 처분
      (2) 처분개념에 관한 학설

(3) 처분의 개념적 요소
2. 권고의 처분성 인정 여부
   (1) 권고의 법적 성질
   (2) 행정지도의 처분성 인정 여부
   (3) 사례의 경우
Ⅲ. 권고에 대한 손해전보
   1. 행정상 손해배상
   2. 행정상 손실보상

Ⅰ. 논점

 1. 권고의 법적 성질(행정지도)과 행정지도의 처분성
 2. 권고에 대한 행정구제

Ⅱ. 취소소송의 가능성

 ○ 취소소송의 제기요건과 관련하여 권고가 취소소송의 대상이 되는 처분인가가 문제임

1. 처분의 개념[50]

(1) 행정쟁송법상의 처분

○ 행정청이 행하는 구체적 사실에 대한 법집행으로서의 공권력의 행사 또는 그 거부와 그 밖에
이에 준하는 행정작용(행소법 2 ① 1호)

(2) 처분개념에 관한 학설

① 일원설(실체법상의 처분개념설)

○ 실체법상의 처분개념(행정행위개념)과 쟁송법상의 처분개념은 동일한 개념이어야 한다는 견해

② 이원설(쟁송법상의 처분개념설)

○ 항고소송을 통한 권리구제의 확대에 중점을 두고 이러한 점에서 항고소송의 대상이 되는 처
분개념은 행정행위개념과 관계없이 확대되어야 한다는 입장

③ 형식적 행정행위론

○ 공권력행사로서의 실체를 가지고 있지 않지만 국민생활을 일방적으로 규율하거나 개인의 법
익에 대하여 계속적으로 사실상의 지배력을 미치는 행위에 대해서는 쟁송법상으로 항고소송
의 대상이 되는 처분으로 인정하자는 견해

④ 결어

○ 이론적으로는 일원설이 타당하나, 실정법상 처분개념이 행정행위 개념보다 넓은 것이 사실임

○ 판례는 행정행위 이외에도 도시·군관리계획, 단수조치의 처분성을 인정하고 있음

(3) 처분의 개념적 요소

○ 행정청의 처분은, ① 행정청이 행하는, ② 구체적 사실에 관한 법집행으로서, ③ 공권력을
행사하거나 거부하는, ④ 국민의 권리의무에 직접 영향을 미치는 공법행위(대판 2012.9.27, 2010
두3541 참조)이어야 함

2. 권고의 처분성 인정 여부

(1) 권고의 법적 성질

○ 행정절차법 제2조 제3호에 해당되는 행정지도임

(2) 행정지도의 처분성 인정 여부[51]

○ 일부 견해는 사실상의 강제력을 가지는 행정지도는 행정쟁송법상의 처분개념과 관련하여 '그

---

50) 강론, 869면 이하.

51) 강론, 397면 이하.

밖에 이에 준하는 행정작용'으로 보아 행정지도의 처분성을 인정할 수 있다고 함

○ 그러나 통설과 판례(대판 1980.10.27, 80누395)는 행정지도는 비권력적 사실행위로서 행정쟁송법 상의 처분성이 인정되지 않는다는 입장임

○ 한편 헌법재판소는 교육부장관의 학칙시정요구를 행정지도로 보면서 이에 따르지 않을 경우 불이익조치를 예정하고 있어 규제적 성격을 가지는 공권력의 행사로 볼 수 있다고 한 바 있음 (헌재결 2003.6.26, 2002헌마337, 2003헌마7·8(병합))

(3) 사례의 경우

○ 사례에서의 권고는 단순한 행정지도로서 처분성이 부인된다고 보아야 할 것임

○ 한편 위 법 제33조 제3항은 '권고를 이행하지 않는 경우 그 이행을 명할 수 있다'고 규정하고 있어 사실상 권고에 따르도록 하는 강제력을 띠고 있다는 점을 강조하면 권력적 사실행위로 보아 처분성을 인정할 수도 있다는 반론이 있을 수 있음

○ 그러나 이 경우 이행명령이 있으면 이에 대하여 취소소송을 제기할 수 있을 것이라는 점을 고려하면, 권고단계에서 구체적인 법률관계의 변동을 가져온다고 보기 어려우므로 권고 자체 를 처분으로 보기는 어렵다고 판단됨

○ 따라서 B는 권고에 대하여 취소소송을 제기할 수 없음

Ⅲ. 권고에 대한 손해전보

1. 행정상 손해배상

○ 위법한 행정지도로 손해가 발생한 경우 국가 등을 상대로 손해배상을 청구할 수 있으나, 이 경우 행정지도와 발생한 손해 사이의 인과관계를 입증하기 어렵다는 점이 문제임

○ 그러나 상대방이 행정지도에 따를 수밖에 없었다고 판단되는 경우에는 인과관계를 인정하여 국가 등의 배상책임이 성립한다고 보아야 할 것임

○ 사례의 경우 권고를 이행하지 않으면 이행명령이 가능하다는 점에서, 사실상 권고에 따를 수 밖에 없는 경우로 판단되므로, 권고가 위법한 경우 국가를 상대로 손해배상을 청구할 수 있다 고 판단됨

2. 행정상 손실보상

○ 적법한 행정지도로 인하여 개인에게 재산상의 특별한 희생이 발생한 경우에 이에 대한 손실 보상청구가 가능한지 문제임

○ 행정상 손실보상은 법령에 보상규정이 없는 경우 인정되기가 어렵고, 손실보상제도는 적법한 공권력 행사로 입은 손실을 보상해 주는 것인데 행정지도는 비권력작용이므로 보상요건을 결

여하고 있는 등으로 인하여 손실보상청구권이 인정되기 어려움
○ 이에 대하여는 행정지도가 사실상의 강제력을 가지는 경우에는 예외적으로 수용적 침해이론
  을 활용하여 보상이 가능하다는 견해, 행정지도가 상대방의 신뢰에 위배하여 예측할 수 없는
  손해를 야기한 경우에는 신뢰보호원칙에 따른 손실보상을 요구할 수 있다는 견해도 있으나,
  행정지도에 대한 손실보상문제는 궁극적으로는 입법적으로 해결되는 것이 가장 바람직함
○ 위 사례의 경우 대기업의 사업확장시기 연기는 중소기업을 보호하기 위한 취지이므로 권고에
  의하여 사업확장이 늦어짐에 따라 손실이 발생하더라도 대기업의 입장에서 이를 수인하여야
  할 것으로 판단됨

【행정절차】

[사례 11 의견제출, 이유제시]

1. A광역시 B구청의 구청장 甲은 乙이 운영하는 일반음식점에서 청소년에게 주류를 제공하였다는 이유로 乙에게 식품위생법 관련 규정에 따라 영업정지 1개월 처분을 하였는데, 甲은 영업정지의 경우 식품위생법이 정하고 있는 청문의 대상이 아니어서 별도의 의견청취 없이 처분을 하였다. 이에 乙은 甲의 영업정지처분에 대하여 취소소송을 제기하였다. 영업정지처분은 위법한가? 乙의 청구는 인용되겠는가?

2. 甲으로부터 영업허가를 받아 유흥주점을 운영하고 있는 丙은 여러 차례에 걸쳐 식품위생법 위반 혐의로 경찰서에서 조사를 받은 바 있었다. 그러던 중 丙은 甲으로부터 영업허가 취소통지를 받았는데, 여기에는 丙이 식품위생법 제44조 제2항을 위반하였으므로 동법 제75조에 따라 유흥주점 영업허가를 취소한다는 내용이 적혀 있었다. 丙은 이 통지만으로는 본인의 어떠한 위반행위로 허가를 취소하였는지 알 수 없다며, 이에 대한 취소소송을 제기하였다. 甲의 영업허가취소는 위법한가?

   甲은 丙의 소송제기에 따라 당해 취소소송의 심리과정에서 丙이 청소년을 당해 주점의 유흥접객원으로 고용하여 유흥행위를 하게 하였다는 허가취소사유를 제시하려고 하는데, 가능한가?

3. 甲은 일반음식점을 운영하고 있는 丁이 식품위생법을 위반하였다는 이유로 영업소폐쇄명령을 하려고 청문통지서를 여러 차례 발송하였으나 통지서가 계속 반송됨에 따라 청문이 불가하다고 판단하고 별도의 청문 없이 영업소폐쇄명령을 하였다. 甲의 명령은 위법한가?

   甲의 명령이 위법하다고 주장하는 丁이 행정소송을 제기하려면 취소소송을 제기하여야 하는가 무효등확인소송을 제기하여야 하는가?

[참조조문]
식품위생법 제44조 제2항, 제75조, 제81조; 행정절차법 제21조, 제22조, 제23조

[문제 1]	1. 불이익처분의 개념
Ⅰ. 논점	2. 사전통지
① 행정절차: 불이익처분에 대한 의견청취절차	3. 의견제출 (1) 의의
② 특히 청문과 의견제출과의 관계	(2) 사전통지 또는 의견제출절차 위반의 효과
③ 절차적 하자의 독자적 위법성	4. 청문
Ⅱ. 불이익처분절차	

[문제 1]

Ⅰ. 논점

1. 행정절차: 불이익처분에 대한 의견청취절차
2. 특히 청문과 의견제출과의 관계
3. 절차적 하자의 독자적 위법성

Ⅱ. 불이익처분절차[52]

1. 불이익처분의 개념

○ 당사자에게 의무를 부과하거나 권익을 제한하는 처분(행정절차법 21)
○ 수익적 행정행위의 거부처분도 불이익처분에 해당하는지에 대해서는 일부 이를 긍정하는 견해도 있으나, 다수설 및 판례는 행정절차법상의 불이익처분에는 해당하지 않는다는 입장임

---

52) 강론, 431면 이하.

2. 사전통지

○ 불이익처분의 경우 사전통지를 하여야 함
○ 다만 행정절차법 제21조 제4항 및 동법 시행령 제13조가 정한 이유가 있는 경우에는 하지 않을 수 있음

3. 의견제출

(1) 의의

○ 행정청이 어떠한 행정작용을 하기 전에 당사자등이 의견을 제시하는 절차로서 청문이나 공청회에 해당하지 아니하는 절차(행정절차법 2 7호)
○ 따라서 불이익처분시 관련 법령상 청문이나 공청회에 관한 규정이 없더라도, 행정절차법상의 의견제출절차는 반드시 거쳐야 함

(2) 사전통지 또는 의견제출절차 위반의 효과

○ 행정청이 불이익처분을 하면서 사전통지를 하지 않거나 의견제출의 기회를 부여하지 않으면, 이는 절차상 하자 있는 위법한 처분이 됨

4. 청문

(1) 의의

○ 행정청이 어떠한 처분을 하기 전에 당사자등의 의견을 직접 듣고 증거를 조사하는 절차(행정절차법 2 5호)

(2) 청문의 실시요건

○ 청문은 ① 다른 법령 등에서 청문을 하도록 규정하고 있는 경우, ② 행정청이 필요하다고 인정하는 경우, 또는 ③ 인허가 등의 취소, 신분·자격의 박탈, 법인이나 조합 등의 설립허가의 취소에 대한 불이익 처분 시 제21조 제1항 제6호에 따른 의견제출기한 내에 당사자등의 신청이 있는 경우에 실시함(행정절차법 22 ①)
○ 따라서 청문은 불이익처분의 경우에 반드시 실시되는 필요적 행정절차는 아니며 위의 사유에 해당하지 않는 한 단순한 의견제출로 의견청취가 이루어짐

Ⅲ. 절차적 하자의 독자적 위법성[53]

1. 문제상황

o 절차상의 하자가 있다는 이유만으로 행정행위가 위법한 행정행위가 되어 무효 또는 취소가 되는가 하는 문제로, 특히 기속행위와 관련하여 논란이 있음

2. 학설

o 소극설

— ① 행정절차는 적정한 행정결정을 확보하기 위한 것이고, ② 행정청이 적법한 절차를 거쳐 다시 처분하더라도 결국 동일한 처분을 하게 되는 경우 절차상 하자만으로 당해 처분을 취소하는 것은 행정경제·소송경제에 반한다는 점 등에서 독자적 위법성을 부인

o 적극설

— ① 법정 절차를 준수하지 않아도 행정처분이 적법한 것으로 인정된다면 이는 법치행정의 원리에 정면으로 위배되고, ② 소극설에 따를 경우 기속행위의 경우에는 절차적 규제를 담보할 수단이 없어지게 된다는 점 등에서 독자적 위법성 긍정

3. 판례

o 사전통지 또는 의견제출절차의 결여(대판 2004.5.28, 2004두1254), 청문절차의 결여(대판 1992.2.11, 91누11575), 이유제시의 결여(대판 1985.5.28, 84누289), 심의절차의 누락(대판 2007.3.15, 2006두15806)을 절차위반의 위법사유로 인정하고 있어 적극설의 입장이라고 할 수 있음

Ⅳ. 사례의 경우

o 식품위생법상 영업정지처분은 행정절차법상 불이익처분임
o 따라서 식품위생법상 영업정지처분은 청문의 대상은 아니라 하더라도, 행정절차법상 乙에게 의견제출의 기회를 주어야 함
o 따라서 甲의 영업정지처분은 행정절차법을 위반하였음
o 절차위반이 독자적 위법사유가 되는가가 문제인데, 영업정지처분은 행정청의 재량행위이므로 학설대립과 상관없이 독자적 위법성을 인정할 수 있음
o 따라서 甲의 영업정지처분은 행정절차법을 위반한 위법한 처분이므로, 乙의 청구는 인용될 것임

---

53) 강론, 447면 이하.

[문제 2]

Ⅰ. 논점

1. 행정절차: 이유제시
― 특히, 이유제시에서 위반사실이 특정되어야 하는지
― 이유제시 하자의 치유
― 하자치유의 시간적 한계
2. 절차적 하자의 독자적 위법성([문제 1]에서 검토)

Ⅱ. 이유제시[54]

1. 의의

○ 행정청은 처분을 할 때에는 일정한 경우를 제외하고는 당사자에게 그 근거와 이유를 제시하여야 함(행정절차법 23 ①)

2. 이유제시의 하자와 그 효과

○ 이유제시의 하자는 독자적인 위법사유가 됨. 따라서 이유제시에 하자가 있는 처분은 위법함. 판례의 입장도 동일함(대판 1985.5.28, 84누289)

3. 이유제시의 방법과 정도

○ 처분을 받은 자가 어떠한 근거와 이유에서 당해 처분이 있었는지를 알 수 있을 정도로 그 근거와 이유를 구체적으로 제시하여야 함. 따라서 위반사실이 특정되지 않으면 그 처분은 위법함(대판 1990.9.11, 90누1786)

○ 그러나 처분의 상대방이 그 근거를 알 수 있을 정도로 상당한 이유를 제시한 경우에는 당해 처분의 근거 및 이유를 구체적 조항 및 내용까지 명시하지 않았더라도 그 처분이 위법한 것이 된다고 할 수 없음(대판 2002.5.17, 2000두8912)

4. 이유제시 하자의 치유

○ 이유제시의 하자에 대한 사후추완과 관련하여 ① 이유제시의 제도적 취지를 고려하여 이유제시 하자의 치유는 원칙적으로 허용될 수 없다는 견해(부정설)가 있으나, ② 다수설 및 판례는 예외적으로 행정행위의 무용한 반복을 피하고 당사자의 법적 안정성을 위해 이를 허용하는

---

54) 강론, 424면 이하.

때에도 국민의 권리나 이익을 침해하지 않는 범위에서 구체적 사정에 따라 합목적적으로 인
정하여야 한다(대판 2002.7.9, 2001두10684)는 견해임(제한적 긍정설)

5. 하자치유의 시간적 한계

○ 하자의 치유시기와 관련하여서는 행정쟁송 제기 이전까지만 가능하다는 견해와 쟁송제기 이
후에도 가능하다는 견해가 있는데, 전자의 입장이 다수설이자 판례의 입장임

Ⅲ. 사례의 경우

○ 식품위생법 제44조 제2항을 위반하여 동법 제75조에 따라 가해지는 제재적 처분은 영업정지,
영업허가취소 등 다양함. 따라서 어떠한 위반행위로 인한 것인지가 특정되어야 처분을 이해
할 수 있음. 따라서 위반사실을 특정하지 않고 식품위생법 제44조 제2항의 위반만을 기재한
甲의 처분은 이유제시의 하자가 있음. 그리고 이와 같은 하자는, 당해 행위가 재량행위이므로,
당해 처분의 독자적인 위법사유가 됨

○ 이와 같은 이유제시의 하자는 원칙적으로 사후추완이 불가능하고, 제한적 긍정설에 따르더라
도 예외적으로만 허용됨. 위 사례의 경우 丙의 위반사실이 명백한지의 여부 등을 고려하여
丙의 권익을 침해하지 않는 예외적인 경우에만 허용될 것임

○ 다만 통설·판례에 따르면 하자의 치유는 쟁송제기 전까지 하여야 하므로, 위 사례에서는 하
자가 치유되었다고 볼 수 없음

[문제 3]

Ⅰ. 논점

1. 행정절차: 청문
— 청문의 생략사유
— 청문절차 결여의 효과
2. 절차적 하자의 독자적 위법성([문제 1]에서 검토)

Ⅱ. 청문의 생략사유

○ 행정절차법 제21조 제4항 각 호(사전통지를 하지 않아도 되는 예외적 사항)의 어느 하나에 해당하는 경
우와 당사자가 의견진술의 기회를 포기한다는 뜻을 명백히 표시한 경우에는 의견청취를 하지
아니할 수 있음(행정절차법 22 ④)

○ 이 경우 '의견청취가 현저히 곤란하거나 명백히 불필요하다고 인정될 만한 상당한 이유가 있

는지 여부'는 당해 행정처분의 성질에 비추어 판단하여야 하는 것이지, 청문통지서의 반송 여부, 청문통지의 방법 등에 의하여 판단할 것은 아니라는 것이 판례의 입장임(대판 2001.4.13, 2000두3337)

Ⅲ. 청문절차 결여의 하자와 그 효과

○ 청문절차를 결여한 처분은 절차상 하자 있는 위법한 처분이 됨
○ 위법의 효과는 중대명백설에 따라 개별적으로 판단해 보아야 할 것인데, 판례는 청문절차의 결여를 취소사유로 보고 있음(대판 2007.11.16, 2005두15700)

Ⅳ. 사례의 경우

○ 청문통지서의 반송을 이유로 청문을 실시하지 않은 것은 청문의 생략사유에 해당하지 않고, 따라서 이 경우 청문을 결여한 절차상의 하자가 있음. 당해 처분은 재량행위이므로 이와 같은 절차상의 하자는 독자적 위법사유가 되므로 甲의 명령은 위법함
○ 판례에 따르면 청문결여는 취소사유이므로 취소소송을 제기하면 됨
○ 다만 무효등확인소송을 제기한 경우 丁이 그 처분의 취소를 구하지 아니한다고 밝히지 아니한 이상 그 처분이 만약 당연무효가 아니라면 그 취소를 구하는 취지도 포함되어 있는 것으로 보아야 함(대판 1994.12.23, 94누477). 이 경우 법원은 丁의 취지가 처분의 취소를 구하는 것이라면 취소소송의 제기요건을 구비하여 취소소송으로 청구취지를 변경하도록 하여야 할 것임. 무효확인소송과 취소소송은 그 종류를 달리하는 별개의 소송으로서, 취소소송에서 '무효선언을 구하는 의미의 취소소송'이 인정된다 하더라도 여기에는 무효확인을 구하는 취지까지 포함된 것이 아닌 것처럼, 무효확인소송도 취소를 구하는 취지의 소송으로 볼 수 없기 때문임[55]

[유제 1: 협력절차불이행의 경우는 취소사유에 해당][56]
[유제 2: 입지선정위원회의 의결절차가 위법한 경우, 위법의 효과는 무효][57]

---

55) 강론, 817면.
56) 강론, 450면 판례3.
57) 강론, 450면 판례4.

【행정상 손해배상】

[사례 12 공무원의 직무상 불법행위로 인한 손해배상]

「화재예방, 소방시설 설치·유지 및 안전관리에 관한 법률」은 제4조에서 소방청장, 소방본부장 또는 소방서장은 소방대상물에 화재, 재난·재해 등의 발생 위험이 있는지 등을 확인하기 위하여 관계 공무원으로 하여금 소방안전관리에 관한 특별조사를 하게 할 수 있다고 규정하고 있고, 제5조에서는 소방특별조사 결과 소방대상물의 위치·구조·설비 또는 관리의 상황이 화재나 재난·재해 예방을 위하여 보완될 필요가 있거나 화재가 발생하면 인명 또는 재산의 피해가 클 것으로 예상되는 때에는 총리령으로 정하는 바에 따라 관계인에게 그 소방대상물의 개수·이전·제거, 사용의 금지 또는 제한, 사용폐쇄, 공사의 정지 또는 중지, 그 밖의 필요한 조치를 명할 수 있다고 규정하고 있다.

A시의 소방본부의 소속공무원 甲은 관할구역내의 소방특별조사대상인 유흥주점에 대하여 소방특별조사를 실시한 바 있었다. 이후 그 유흥주점에 화재가 발생하면서 내부에 있던 사람들이 미처 피신하지 못하고 질식하여 사망하게 되었는데, 이 사고에 대한 조사결과 유흥주점에 대하여 소방특별조사에 따른 방염규정 위반에 대한 시정조치 및 화재발생시 대피에 장애가 되는 잠금장치의 제거 등의 시정조치를 한 바 없었다.

이 사건 피해자 및 유가족은 국가배상법에 따라 A시를 상대로 손해배상을 청구할 수 있는가? 이 경우 甲에게도 법적 책임이 있는가?

Ⅰ. 논점
① 공무원의 위법행위로 인한 국가배상 (국가배상법 제2조)
– 특히 배상책임의 요건 중 사익보호성의 인정 여부
② 공무원의 책임과 관련하여, 배상책임의 성질
Ⅱ. 행정상 손해배상의 의의 및 국가배상법의 법적 성격
Ⅲ. 국가배상법 제2조의 배상책임의 요건
Ⅳ. 부작위(권한의 불행사·권한해태·직무소홀)
1. 문제상황

2. 학설
3. 판례
4. 사례의 경우
Ⅴ. 배상책임의 성질
1. 문제상황
2. 학설
(1) 대위책임설
(2) 자기책임설
(3) 중간설
(4) 절충설
3. 판례
4. 사례의 경우

I. 논점

1. 국가배상법 제2조에 의한 공무원의 위법행위로 인한 국가배상
— 특히 배상책임의 요건 중 사익보호성의 인정 여부
2. 공무원의 책임과 관련하여, 배상책임의 성질

II. 행정상 손해배상의 의의 및 국가배상법의 법적 성격[58]

○ 의의: 국가 또는 공공단체의 위법한 행정작용으로 인하여 개인에게 가하여진 손해를 배상하여 주는 제도
○ 성격: 국가배상법의 성격에 관하여는 사법설과 공법설이 나뉘어 있는데, 다수설은 공법설이나 판례는 국가배상법이 민법의 특별법이라는 입장으로 국가배상청구소송은 민사소송의 형태로 제기되어야 한다는 입장임. 그러나 최근 입법예고된 행정소송법개정안 제3조 제2호는 행정상 손해배상청구소송을 당사자소송으로 규정하고 있음

III. 국가배상법 제2조의 배상책임의 요건[59]

○ 국가배상법 제2조에 따라 국가나 지방자치단체의 배상책임이 성립하기 위해서는 ① 공무원의 행위일 것, ② 직무행위일 것, ③ 직무를 집행하면서 행한 행위일 것, ④ 고의·과실이 있을 것, ⑤ 위법할 것, ⑥ 타인에게 손해가 발생할 것이라는 요건이 충족되어야 함
○ 위 사례에서는 특히 직무행위와 관련하여 부작위(권한의 불행사·권한해태·직무소홀)가 문제됨

IV. 부작위(권한의 불행사 · 권한해태 · 직무소홀)[60]

1. 문제상황

○ 부작위로 인하여 손해가 발생한 경우 국가 등의 배상책임이 인정되는가 하는 것이 문제인데, 이는 직무소홀과 관련하여 해당 직무를 규율하고 있는 법규정이 공익뿐 아니라 사익도 보호하고 있는가 하는 문제(사익보호성), 즉 직무와 관련된 규정에 의하여 보호되는 이익이 반사적 이익인지 법적 보호이익인지를 구별할 것인가 하는 문제임

---

58) 강론, 596면 이하.
59) 강론, 597면 이하.
60) 강론, 600면 이하.

2. 학설

① 공무원은 피해자에 대하여 피해발생을 방지할 직무상 의무를 부담하지 않으므로 직무의 사익보호성을 적용할 필요가 없다는 견해

② 부작위로 인한 손해배상의 경우 공무원에게 부과된 직무상 의무의 내용이 공공의 이익뿐 아니라 개인의 이익도 보호하기 위한 것인 경우에는 국가 등의 배상책임을 인정하여야 한다는 견해(다수설)

③ 국가배상청구권도 공권이므로 그 성립에는 사익보호성이 요구된다는 점, 국가배상에 있어 직무의 사익보호성을 적용함으로써 국가 등의 배상책임이 인정되는 범위가 확대될 수 있다는 점에서 ②의 견해가 타당함

3. 판례

○ 판례도 국가배상에 있어 법적 보호이익과 반사적 이익의 구별을 적용하고 있음. 따라서 공무원에게 부과된 직무의무가 공익뿐 아니라 사익도 보호하는 경우에는 그 의무를 위반하여 개인에게 손해가 발생하면 국가 등이 손해배상책임을 지지만, 공익일반만을 위한 경우에는 배상책임을 지지 않게 됨(대판 1993.2.12, 91다43466; 대판 2002.3.12, 2000다55225, 55232)

4. 사례의 경우

○ 소방공무원이 소방관련법상의 직무를 위법하게 집행하여 피해가 발생한 것이므로 국가배상법 제2조의 배상책임의 요건을 갖추고 있다고 판단됨

○ 특히 화재예방, 소방시설 설치·유지 및 안전관리에 관한 법률 제4조와 제5조가 행정청에 소방특별조사권한 및 조치명령권한을 부여한 것은 단순히 재난이나 화재를 예방하기 위한 목적만 있는 것이 아니라 소방대상물을 이용하는 사람들의 생명·신체·재산 등과 같은 중요한 이익을 보호하기 위한 목적도 있다 할 것이므로 사익보호성이 인정됨

○ 따라서 이와 같은 직무를 해태하여 발생한 피해에 대하여 A시는 국가배상책임이 있음

V. 배상책임의 성질[61]

1. 문제상황

○ 공무원 甲의 민사상 손배책임, 구상책임의 인정 여부

---

61) 강론, 635면 이하.

2. 학설

(1) 대위책임설

- 국가가 공무원을 대신하여 손해를 배상하는 것이므로, 피해자는 국가에 대해서만 국가배상을 청구할 수 있을 뿐, 공무원 개인에 대하여 민사상의 손해배상을 청구할 수 없음(선택적 청구권의 부인)
- 한편 국가는 공무원을 대신하여 배상을 하였으므로, 국가는 공무원에게 구상권을 행사할 수 있음(구상권 인정)

(2) 자기책임설

- 국가는 스스로 자신의 책임을 부담하는 것이므로, 공무원 개인의 민사책임은 이와는 무관하게 양립할 수 있음. 따라서 피해자는 국가를 상대로 국가배상을 청구하거나 공무원 개인을 상대로 민사상의 손해배상을 청구할 수 있음(선택적 청구권의 인정)
- 국가가 손해를 배상하더라도 이는 자기책임에 기한 배상이므로 공무원에 대한 구상권은 인정되지 않음(구상권의 부인)

(3) 중간설

- 중간설에 따르면 피해자의 선택적 청구권은 인정되지 않음
- 국가의 구상권과 관련하여, 경과실의 경우에는 자기책임이므로 구상권이 인정되지 않지만, 고의·중과실의 경우에는 대위책임이므로 구상권이 인정됨

(4) 절충설

- 공무원의 위법행위가 경과실에 의한 경우 공무원의 사기저하를 방지할 필요가 있다는 점에서 피해자의 선택적 청구권(대위책임설의 입장)과 국가의 구상권(자기책임설의 입장)을 모두 부인
- 공무원의 위법행위가 고의·중과실에 의한 경우 피해자를 두텁게 보호하기 위하여 공무원의 민사상의 책임(자기책임설의 입장)과 국가에 대한 구상책임(대위책임설의 입장)을 모두 인정

❚ 배상책임의 성질에 관한 학설 요약 ❚

	대위책임설	자기책임설	중간설	절충설
선택적 청구권 (공무원의 민사책임)	부인	인정	부인	경과실: 부인(자기책임) 고의·중과실: 인정 (자기책임)
국가의 구상권 (공무원의 구상책임)	인정	부인	경과실: 부인(자기책임) 고의·중과실: 인정 (대위책임)	경과실: 부인(자기책임) 고의·중과실: 인정 (자기책임)

3. 판례

○ 판례(제한적 긍정설)는 위 절충설과 같은 견해라고 이해하는 것이 대다수의 견해임

4. 사례의 경우

○ 甲의 법적 책임과 관련하여, 절충설 및 대법원판례에 따르면, 중과실이 있는 경우 甲은 피해자에 대한 민사책임과 국가에 대한 구상책임을 모두 지게 됨

○ 여기서 중과실의 인정 여부와 관련하여, 판례가 과실을 인정함에 있어 원칙적으로 주관적인 주의의무위반을 기준으로 하면서도 '평균적 공무원(대판 2007.5.10, 2005다31828)', '객관적 주의의무(대판 2012.5.24, 2012다11297)'라는 다소 객관화된 기준을 활용하고 있음에 비추어 보면, 사례에서 소방특별조사시 甲이 방염규정위반이나 화재발생시 대피에 장애가 되는 잠금장치가 있음을 알고도 시정조치를 하지 않았다거나 그와 같은 위반행위 등이 있음을 몰랐다면 중과실이 있다고 보아야 할 것임

○ 다만 실제로 甲에게 민사상의 책임을 묻는 것이 피해자구제의 관점에서 항상 의미 있는 것인지는 의문임

[유제: 제39회 사법시험(1997년)]

　지방해양수산청 소속의 선박검사담당공무원 甲은 선박에 관한 정기검사를 실시하면서, 선박안 전법상의 선박검사에 관한 규정을 준수하지 않고, 기관의 노후 등으로 화재의 위험이 있는 선박에 대하여 선박검사증서를 교부하였다. 그러나 이 선박은 몇 달 후 항행 도중에 기관의 과열로 인하 여 화재가 발생함으로써 승객 수십 명이 사망하기에 이르렀다. 이 경우 사망한 승객의 유가족이 甲의 직무수행과 관련하여 행사할 수 있는 권리구제수단은?

[참조조문]
선박안전법 제8조

Ⅰ. 논점
　① 선박검사증서에 대한 취소소송
　② 공무원의 위법행위로 인한 국가배상
Ⅱ. 선박검사증서에 대한 취소소송
Ⅲ. 국가배상청구소송
　1. 행정상 손해배상의 의의 및 국가배상법

의 법적 성격
2. 국가배상법 제2조의 배상책임의 요건
3. 부작위(권한의 불행사·권한해태·
　직무소홀): 학설 및 판례
4. 배상책임의 성질: 학설 및 판례
5. 결론

Ⅰ. 논점

　1. 선박검사증서에 대한 취소소송
　2. 공무원의 위법행위로 인한 국가배상(특히 배상책임의 요건 중 사익보호성의 인정 여부)

Ⅱ. 선박검사증서에 대한 취소소송

　○ 취소소송요건: ① 재판관할, ② 원고적격(협의의 소익 포함), ③ 피고적격, ④ 행정소송의 대상, ⑤ 제소기간, ⑥ 행정심판과의 관계, ⑦ 소제기의 형식
　○ 선박검사증서는 준법률행위적 행정행위로서의 공증에 해당하는 처분
　○ 원고적격: 취소소송은 주관소송으로 사망한 승객의 유가족에게까지 원고적격이 인정된다고 보기 어려움
　○ 나아가 협의의 소익: 이미 화재로 소실된 선박에 대하여 검사증서를 취소하는 것은 의미 없으 므로 협의의 소익도 부인됨
　— 다만 실제로 검사증서의 취소소송에서 승소하면 여기서 입증된 '검사증서의 위법성'을 이후 국가배상청구소송에서 그대로 주장할 수 있다는 이익은 있을 수 있으나, 국가배상소송의 수

소법원(민사법원)도 선결문제로서, 그 처분의 효력을 부인하지 않는 한, 처분의 위법성을 스스로 판단할 수 있으므로(공정력(또는 구성요건적 효력)의 문제), 취소소송에 의한 권리보호의 필요성이 인정되기 어려움

Ⅲ. 국가배상청구소송

1. 행정상 손해배상의 의의 및 국가배상법의 법적 성격
2. 국가배상법 제2조의 배상책임의 요건
3. 부작위(권한의 불행사·권한해태·직무소홀): 학설 및 판례
4. 배상책임의 성질: 학설 및 판례
5. 결론

ㅇ 선박안전법 규정은 공공의 안전 외에 일반인의 인명과 재화의 안전보장도 그 목적으로 하는 것이라고 할 것이므로(사익보호성 인정)(대판 1993.2.12, 91다43466), 그 직무를 소홀히 하여 발생한 피해에 대하여 국가배상책임이 인정됨

ㅇ 甲은 선박에 관한 정기검사를 실시하면서 선박안전법상의 선박검사에 관한 규정을 준수하지 않은 중대한 과실이 있음

ㅇ 절충설 및 대법원판례에 따르면 甲은 유가족들에 대한 민사책임을 짐

【행정상 손실보상】

[사례 13 공용침해에 대한 손실보상]

A시의 외곽에 위치한 B지역의 토지의 거래가격은 평당 200만원 정도이다. 이 지역에 500평의 대지를 소유하고 있는 甲이 건설회사와 매매를 위한 협의를 하고 있던 중 국토교통부장관은 도시의 무질서한 확산을 방지하고 도시주변의 자연환경을 보전하기 위하여 B지역을 개발제한구역의 지정 및 관리에 관한 특별조치법이 정하는 바에 따라 개발제한구역으로 지정하였다. 개발제한구역의 지정으로 건축물의 건축 및 용도변경, 공작물의 설치, 토지의 형질변경 등이 제한되면서 B지역의 토지가격은 급격하게 하락하였고 매매도 거의 이루어지지 않고 있으며 건설회사 역시 甲 토지의 구입을 포기하였다. 甲이 알아본 결과 B지역의 평당 가격은 약 100만원 정도였다. 이 경우 甲은 국가에 손실보상을 청구할 수 있는가?

[참조조문]
국토의 계획 및 이용에 관한 법률(국토계획법) 제38조
개발제한구역의 지정 및 관리에 관한 특별조치법(개발제한구역법) 제3조, 제12조, 제13조, 제15조, 제16조, 제17조

Ⅰ. 논점
① 개발제한구역지정으로 인한 공용제한과 이로 인한 행정상 손실보상
  - 행정상 손실보상의 법적 근거, 공용침해의 요건 등
② 특별조치법 16(주민지원사업), 17(토지매수청구)의 의미
  - 개발제한구역의 지정에 따른 손실보상 문제
  - 토지매수청구
  - 생활보상으로서의 주민지원사업
Ⅱ. 행정상 손실보상의 의의와 이론적 근거
Ⅲ. 행정상 손실보상의 법적 근거
  1. 문제상황
  2. 학설
    (1) 방침규정설
    (2) 직접효력설
    (3) 위헌무효설

  (4) 유추적용설
  (5) 결론
  3. 판례
    (1) 대법원
    (2) 헌법재판소
Ⅳ. 공용침해의 요건(특히 특별한 희생의 존재 여부)
  ○ ① 공공의 필요, ② 재산권에 대한 적법하고 직접적인 의도적 침해, ③ 특별한 희생
  ○ 특별한 희생의 존재 여부에 관한 기준으로서 형식설과 실질설
Ⅴ. 생활보상
  1. 생활보상의 개념
  2. 법적 근거
    (1) 헌법적 근거
    (2) 법적 근거
  3. 생활보상의 내용

Ⅰ. 논점

1. 개발제한구역지정으로 인한 공용제한과 이로 인한 재산상의 손실에 대한 甲의 행정상 손실
   보상청구권 인정 여부
   — 행정상 손실보상의 법적 근거, 공용침해의 요건 등
2. 특별조치법 제16조(주민지원사업), 제17조(토지매수청구)의 의미
   — 개발제한구역의 지정에 따른 손실보상 문제(학설 및 판례)
   — 손실을 완화하는 제도로서의 토지매수청구
   — 생활보상으로서의 주민지원사업

Ⅱ. 행정상 손실보상[62]의 의의와 이론적 근거

○ 행정상 손실보상이란 공공필요에 의하여 적법한 공권력행사에 의하여 개인의 재산권에 특별
   한 희생이 발생하였을 때 재산권보장과 전체적인 공평부담의 견지에서 행하여지는 조절적 보
   상을 말함
○ 이론적 근거로는 기득권설, 은혜설, 특별희생설이 있으나, 손실보상을 개인에게 주어진 특별
   한 희생에 대한 보상으로 보는 특별희생설이 오늘날의 통설임

Ⅲ. 행정상 손실보상의 법적 근거[63]

1. 문제상황

○ 법률이 공용침해에 관하여 규정하면서 이에 따른 손실보상에 관한 규정을 두고 있지 않은
   경우에, 공용침해에 따른 손실보상을 규정하고 있는 헌법 제23조 제3항과 관련하여, 공용침해
   를 받은 개인이 이에 대한 손실보상을 청구할 수 있는지 문제임

---

62) 강론, 663면 이하.
63) 강론, 667면 이하.

2. 학설

(1) 방침규정설

○ 공용침해행위에 대하여 보상규정을 둘 것인가 하는 문제는 입법자의 재량이라고 보는 견해

(2) 직접효력설

○ 공용침해를 규정하는 법률이 이에 따른 손실보상규정을 결여하는 경우에는 헌법 제23조 제3항이 직접 국민에 대하여 효력을 가진다고 보아, 헌법 제23조 제3항을 근거로 손실보상을 청구할 수 있다고 보는 견해

(3) 위헌무효설

○ 공용침해를 규정하는 법률에 보상규정이 없다면 이는 헌법에 위반되는 위헌법률이고, 이 경우 공용침해행위는 위헌법률에 근거한 위법한 것이므로 이로 인하여 피해가 발생한 경우에는 국가 등을 상대로 손해배상을 청구할 수 있다는 견해

(4) 유추적용설

○ 공용침해를 규정하는 법률이 손실보상에 관한 규정을 두지 않고 있는 경우에는 헌법 제23조 제1항의 재산권보장, 헌법 제11조의 평등권, 헌법 제23조 제3항 및 관계 법률의 손실보상규정 등을 유추적용하여 손실보상을 청구할 수 있다고 보는 견해

○ 수용유사침해의 법리와 유사하게 손실보상청구권이 인정되는 것이 바람직하다고 보는 견해도 여기에 포함

(5) 결론

○ 헌법 제23조 제3항을 불가분조항으로 보기에는 공용침해의 범위가 매우 넓고, 또한 대법원은 수용유사침해이론을 채택하고 있지 않고 있으므로, 결국 보상규정이 없는 공용침해행위에 대해서는 직접효력설에 따라 헌법 제23조 제3항의 '정당한 보상'을 근거로 손실보상청구권을 인정하는 것이 타당

3. 판례

(1) 대법원

○ 대법원은 대체로 경계이론에 입각하고 있다고 할 수 있음(대판 1996.6.28, 94다54511). 헌법 제23조 제3항이 직접효력을 가지는가에 관하여 아직 대법원의 판례가 없지만, 대법원은 공용침해로 인한 재산권침해의 경우에 '관련보상규정을 유추'하여 손실보상을 인정하려는 경향이 있는 것으로 판단됨(대판 1999.11.23, 98다11529). 그러나 이와 같은 관련보상규정이 없는 경우에도 손

실보상을 인정한 경우도 있다(대판 1972.11.28, 72다1597). 한편 문화방송주식 강제증여사건에서 수용유사침해법리가 언급된 바도 있으나, 이 이론의 채택 여부에 대한 판단은 유보하였음(대판 1993.10.26, 93다6409)

(2) 헌법재판소

○ 헌법재판소는 독일 연방헌법재판소와 마찬가지로 분리이론과 불가분조항이론에 입각하고 있는 것으로 판단됨. 헌법재판소는 우리 헌법은 재산의 수용·사용 또는 제한에 대한 보상금을 지급하도록 규정하면서 이를 법률이 정하도록 위임함으로써 국가에게 명시적으로 수용 등의 경우 그 보상에 관한 입법의무를 부과하고 있다는 입장임. 따라서 이러한 입법의무를 불이행한 것에 대하여 위헌결정을 하거나(헌재결 1994.12.29, 89헌마2) 또는 헌법불합치결정을 통하여 보상입법을 촉구하고 있음(헌재결 1998.12.24, 89헌마214, 90헌바16, 97헌바78(병합))

Ⅳ. 공용침해의 요건(특히 특별한 희생의 존재 여부)[64]

○ 행정상 손실보상청구권이 인정되기 위해서는 ① 공공의 필요에 의한 ② 재산권에 대한 적법하고 직접적인 의도적 침해행위(수용·사용·제한)가 있어야 하고, 이로 인하여 ③ 개인에게 수인한도를 벗어나는 특별한 희생이 있어야 함

○ 내재적 제약을 넘어서는 특별한 희생의 존재 여부에 관한 기준으로는 형식설과 실질설이 있는데, ① 형식설은 평등원칙을 형식적으로 해석하여, '특정된 자'에게 재산권 침해가 가해졌는가 하는 것을 기준으로 하는 견해로 개별행위설, 특별희생설이 있고, ② 실질설은 재산권 침해의 중대성, 재산권의 보호가치성·효용성 등의 실질적인 기준으로 특별한 희생 여부를 판단하는 견해로 여기에는 중대성설을 비롯하여 보호가치성설·수인가능성설·목적위배설·사적효용설·상황구속성설·사회적 구속성설 등 다양한 견해들이 있음

○ 결론적으로 특별희생과 재산권의 내용과 한계, 내재적 제약의 구별은 구체적인 사안별로 형식설(특별희생설)·실질설(중대성설)·상황구속성설 등 형식적 기준과 실질적 기준을 보완적으로 적용하여 구별하여야 할 것임

Ⅴ. 생활보상[65]

1. 생활보상의 개념

○ 종래의 전형적인 재산권 침해에 대한 보상을 넘어서, 생활기반의 상실 등과 같은 생활에 대한 침해에 대하여 침해 이전의 생활상태와 동등하거나 유사한 생활상태를 실현해 주는 것

---

64) 강론, 682면 이하.
65) 강론, 698면 이하.

○ 생활보상을 ① 좁은 의미로, 재산권보상으로 메워지지 않는 생활이익의 상실에 대한 보상으로 이해하기도 하고, ② 넓은 의미로, 수용 전의 생활상태의 회복을 구하는 보상으로 대물적 보상과 생활배려차원의 보상이 모두 포함되는 것으로 이해하기도 함

2. 법적 근거

(1) 헌법적 근거

○ ① 헌법 제34조·제23조 결합설(다수설), ② 헌법 제34조설이 대립됨. ③ 헌법재판소는 토지보상법상의 이주대책은 헌법 제23조 제3항에 의한 보상에 포함되는 것이 아니라고 보아 헌법 제34조설을 취하고 있는 것으로 보임(헌재결 2006.2.23, 2004헌마19). 대법원도 수용·사용에 따른 보상규정이 재산권 보호를 목적으로 하는 것이라면 이주대책은 종전 생활상태의 회복을 통한 인간다운 생활을 보장하는 제도라고 하여 헌법 제34조설을 취하고 있다고 판단됨(대판 2011. 6.23, 2007다63089, 63096 전원합의체)

(2) 법적 근거

○ 생활보상과 관련된 일반법적인 규정은 없음. 다만 토지보상법·산업입지 및 개발에 관한 법률·댐건설 및 주변지역지원 등에 관한 법률 등에 이주대책 등 생활보상에 관한 일부 규정들이 있음

3. 생활보상의 내용

○ 생활보상의 내용은 협의의 개념에 따라 -일실손실보상이나 실비변제적 보상과 같이 재산권보상의 범주에 속하는 내용들을 제외한- 이주정착금·이농비 등과 같은 생활비보상·소수잔존자보상·이주대책을 포함하는 생활재건조치, 주민지원사업 등임

VI. 개발제한구역의 지정과 손실보상[66]

1. 개발제한구역 지정의 의의

○ 국토교통부장관은 개발제한구역의 지정 또는 변경(또는 해제)을 도시·군관리계획으로 결정할 수 있음(국토계획법 38 ①, 개발제한구역법 3). 종래 개발제한구역은 (구)도시계획법에 규정되어 있었으나, 국토계획법이 "개발제한구역의 지정 또는 변경에 필요한 사항은 따로 법률로 정한다(국토계획법 38 ②)."고 규정함에 따라 현재에는 개발제한구역법에 규정되어 있음

---

66) 강론, 1335면 이하.

2. 법적 성질

o 개발제한구역이 지정되면 당해 구역에서는 일부 행위들을 제외하고 건축물의 건축 및 용도변경, 공작물의 설치, 토지의 형질변경, 죽목의 벌채, 토지의 분할, 물건을 쌓아놓는 행위 또는 국토계획법상의 도시·군계획사업의 시행을 할 수 없는 등의 제한이 따름(개발제한구역법 12 ①). 이와 같은 개발제한구역제도는 전형적인 공용제한(계획제한)에 해당함

3. 개발제한구역의 지정과 손실보상

(1) 과거의 논의

1) 문제상황

o 개발제한구역의 지정과 관련하여 (구)도시계획법에서는 아무런 보상규정을 두지 않고 있어, 이와 같은 도시계획법이 헌법 제23조 제3항에 위배되어 위헌인가 하는 것과 보상규정이 없더라도 손실보상이 가능한가 하는 것이 논란의 대상이 되었음

2) 학설

o 이에 대하여 학설은 ① 개발제한구역의 지정으로 인한 손실은 특별한 희생에 해당되어 보상을 하여야 한다는 견해와 ② 특별한 희생에 해당하지 않는다는 견해들로 나뉘어 논란이 있었음

3) 대법원의 입장

o 대법원은 그와 같은 제한으로 인한 토지소유자의 불이익은 공공의 복리를 위하여 감수하지 아니하면 안 될 정도의 것이라고 하여 손실보상규정이 없는 것이 위헌은 아니라는 입장임(대판 1996.6.28, 94다54511)

4) 헌법재판소의 입장

o 헌법재판소는 개발제한구역제도와 관련하여 제도 그 자체는 원칙적으로 합헌인데, 다만 일부 토지소유자에게 사회적 제약을 넘는 가혹한 부담이 발생하는 예외적인 경우에 대하여 보상규정을 두지 않은 것에 위헌성이 있으므로 이를 완화하는 보상규정을 두어야 한다는 입장임. 보상입법과 관련하여서는 지정의 해제 또는 토지매수청구권 제도와 같이 금전보상에 갈음하거나 기타 손실을 완화할 수 있는 제도를 보완하는 등 여러 가지 다른 방법을 사용할 수 있다는 입장임(헌재결 1998.12.24, 89헌마214, 90헌바16, 97헌바78(병합))

(2) 개발제한구역의 지정 및 관리에 관한 특별조치법의 제정

o 헌법재판소의 헌법불합치 결정에 따라 2000.7.1. 개발제한구역의 지정 및 관리에 관한 특별조치법이 제정되었고, 동법은 존속 중인 건축물 등에 대한 특례(13), 취락지구에 대한 특례(15), 주민지원사업 등(16), 생활비용보조(16조의2), 토지매수청구권(17)에 관한 규정을 두고 있음

Ⅶ. 사례의 경우

o 손실보상과 관련하여서는 ① 법률에 보상규정을 두어 손실을 보상하는 것이 가장 바람직한 해결방안이고, ② 보상규정을 마련할 수 없다면 수용유사침해법리를 통하여서라도 손실보상을 인정하여야 함. ③ 그러나 보상규정도 없고 수용유사침해법리도 인정되지 않는다면, 관련된 보상규정을 유추하거나 또는 보상규정이 없더라도 직접 헌법 제23조 제3항을 근거해서라도 보상을 해주는 것이 '공적 부담 앞에서의 평등원칙'이라는 손실보상의 이념에 부합하는 것임

o 우선, 보상규정과 관련하여 위 사례의 경우 국토계획법이나 개발제한구역법에 개발제한구역의 지정에 따른 손실보상 규정이 없음. 이 경우 직접효력설에 따라 손실보상청구권이 인정될 수 있다고 할 수 있으나, 대법원이나 헌재의 입장을 보더라도 현실적으로 보상규정이 없으면 보상이 용이하지 않을 것임

o 또한 개발제한구역의 지정에 따른 제한으로 지가가 하락한 것이 특별한 희생인가가 문제인데, 대법원은 제한으로 인한 토지소유자의 불이익은 공공복리를 위하여 감수하여야 한다는 입장이고, 헌재는 예외적으로 토지를 종래의 목적으로 사용할 수 없거나 또는 법률상으로 허용된 토지이용의 방법이 없기 때문에 실질적으로 토지의 이용·수익권이 폐지된 것과 같은 경우에는 특별한 희생을 인정함. 결론적으로 개발제한에 따른 불이익이 특별한 희생인지는 일률적으로 판단하기 어려움. 지가가 하락한 것도 구체적인 경우에 따라 특별한 희생인지 여부가 달라질 수도 있음

o 이와 같은 현실적인 어려움 때문에, 개발제한구역특별법은 보상규정을 두는 대신 주민지원이나 토지매수청구권과 같은 규정을 두고 있는 것임

— 여기에서 토지매수청구제도는 금전보상의 변형된 형태로서 손실을 보상하기 위한 것이라기보다는 손실을 완화하기 위한 제도로 이해됨

— 그리고 주민지원사업은 일종의 생활보상임

o 결국 지가하락에 대해서는 보상규정이 없으므로 손실보상을 청구하기 용이하지 않고, 그 대신 토지매수청구권을 행사하거나 또는 주민지원사업에 따른 지원을 통한 권리구제를 도모하여야 할 것임

[유제: 간접손실보상, 생활보상]

해양수산부장관은 국가관리무역항인 부산 신항만공사의 사업시행자이다. 최근 이 항만공사사업의 일환으로 관련 법령이 정하는 절차를 거쳐 컨테이너터미널 배후단지와 신항만 배후단지를 연결하는 연장 3Km의 직선도로를 설치하고 있는데, 이 직선도로에서 약 200m 떨어진 바닷가에는 약 200가구 정도 규모의 A마을이 위치하고 있고, A마을의 대부분의 주민들은 농·어업을 생계수단으로 하고 있다. A마을 주민들은 도로공사로 인한 발파 및 토석운반 등으로 인한 소음·진동·분진 등으로 물질적인 피해를 입고 있고, 또한 도로건설이 완공된 후에는 인근 경작지에 대한 피해가 있을 것이며, 직선도로에 편입된 인근 B마을이 사라지게 됨에 따라 농어촌지역의 생활환경이나 경제환경에도 지대한 영향을 미칠 것이라고 주장하며 손실보상을 요구하였다. 이에 대하여 해양수산부는 A마을은 공사구역 밖에 위치하고 있고 관련 법령상 이에 대한 보상규정이 없어 보상이 어렵다는 입장이다.

(1) 공사구역 밖에 위치한 A마을의 주민들에 대해서도 손실보상이 가능한가? A마을 주민들에게 보상이 필요한 정도의 피해가 존재하는가? 공사로 인한 마을환경의 변화에 대해서도 보상하여야 하는가?
(2) B마을에 자신의 가옥을 소유하고 살고 있는 甲은 본인의 가옥이 직선도로에 편입되는 것을 내용으로 하는 수용재결에 대하여 중앙토지수용위원회에 이의신청을 하여 이에 대한 재결을 받았으나 여전히 이에 불복하여 재결취소소송을 제기하려고 한다. 이 경우 甲은 어떠한 처분을 대상으로 누구를 피고로 하여 소송을 제기하여야 하는가?

[참조조문]
항만법 제77조, 제80조, 제82조

[문제 1]
Ⅰ. 논점
 ① (사업지 밖) 간접손실보상
 ② 특별한 희생의 존재
 ③ 생활보상
Ⅱ. 행정상 손실보상의 의의와 이론적 근거
Ⅲ. 간접손실보상
Ⅳ. 특별한 희생
Ⅴ. 생활보상
 1. 생활보상의 개념
 2. 법적 근거
  (1) 헌법적 근거
  (2) 법적 근거
 3. 생활보상의 내용
Ⅵ. 사례의 경우

[문제 2]
Ⅰ. 논점: 원처분주의(중토위의 이의재결에 대한 항고소송의 대상)
Ⅱ. 원처분주의
 ○ 원처분주의와 재결주의
 ○ 행정소송법 규정
Ⅲ. 재결취소소송의 사유
Ⅳ. 사례의 경우

[문제 1]

I. 논점

1. (사업지 밖) 간접손실보상
2. 특별한 희생의 존재
3. 생활보상

II. 행정상 손실보상의 의의와 이론적 근거

○ 행정상 손실보상이란 공공필요에 의하여 적법한 공권력행사에 의하여 개인의 재산권에 특별한 희생이 발생하였을 때 재산권보장과 전체적인 공평부담의 견지에서 행하여지는 조절적 보상을 말함

○ 이론적 근거로는 기득권설, 은혜설, 특별희생설이 있으나, 손실보상을 개인에게 주어진 특별한 희생에 대한 보상으로 보는 특별희생설이 오늘날의 통설임

III. 간접손실보상[67]

○ 의의
— 공익사업의 시행 또는 완성 후의 시설이 간접적으로 사업지 밖의 재산권 등에 미치는 손실을 말함

○ 토지보상법 규정
— 간접손실보상과 관련하여서는 토지보상법에서 잔여지에 대한 보상·잔여지에 대한 매수청구·기타 토지에 관한 비용보상 등을 규정하고 있음

○ 명문의 규정이 없는 경우
— 이 문제는 독일의 수용적 침해의 법리와도 관련된 문제인데, 우리 대법원은 수용적 침해의 법리를 채택하고 있지 않아, 간접손실에 대하여는 이에 대한 보상규정이 있는 경우에만 보상이 가능하지만, 예외적으로 대법원은 보상에 관한 명문의 규정이 없다 하더라도, ① 공공사업의 시행으로 인하여 그러한 손실이 발생하리라는 것을 쉽게 예견할 수 있고, ② 그 손실의 범위도 구체적으로 특정할 수 있는 경우에는, ③ 관련 규정 등을 유추적용하여 보상할 수 있다고 하고 있음(대판 2004.9.23, 2004다25581)

---

67) 강론, 707면 이하.

Ⅳ. 특별한 희생

o 내재적 제약을 넘어서는 특별한 희생의 존재 여부에 관한 기준으로는 형식설과 실질설이 있는데, ① 형식설은 평등원칙을 형식적으로 해석하여, '특정된 자'에게 재산권 침해가 가해졌는가 하는 것을 기준으로 하는 견해로 개별행위설, 특별희생설이 있고, ② 실질설은 재산권 침해의 중대성, 재산권의 보호가치성 · 효용성 등의 실질적인 기준으로 특별한 희생 여부를 판단하는 견해로 여기에는 중대성설을 비롯하여 보호가치성설 · 수인가능성설 ·목적위배설 · 사적 효용설 · 상황구속성설 · 사회적 구속성설 등 다양한 견해들이 있음

o 결론적으로 특별희생과 재산권의 내용과 한계, 내재적 제약의 구별은 구체적인 사안별로 형식설(특별희생설) · 실질설(중대성설) · 상황구속성설 등 형식적 기준과 실질적 기준을 보완적으로 적용하여 구별하여야 할 것임

Ⅴ. 생활보상

1. 생활보상의 개념

o 종래의 전형적인 재산권 침해에 대한 보상을 넘어서, 생활기반의 상실 등과 같은 생활에 대한 침해에 대하여 침해 이전의 생활상태와 동등하거나 유사한 생활상태를 실현해 주는 것

o 생활보상을 ① 좁은 의미로, 재산권보상으로 메워지지 않는 생활이익의 상실에 대한 보상으로 이해하기도 하고, ② 넓은 의미로, 수용 전의 생활상태의 회복을 구하는 보상으로 대물적 보상과 생활배려차원의 보상이 모두 포함되는 것으로 이해하기도 함

2. 법적 근거

(1) 헌법적 근거

o ① 헌법 제34조 · 제23조 결합설(다수설), ② 헌법 제34조설이 대립됨. ③ 헌법재판소는 토지보상법상의 이주대책은 헌법 제23조 제3항에 의한 보상에 포함되는 것이 아니라고 보아 헌법 제34조설을 취하고 있는 것으로 보임(헌재결 2006.2.23, 2004헌마19). 대법원도 수용 · 사용에 따른 보상규정이 재산권 보호를 목적으로 하는 것이라면 이주대책은 종전 생활상태의 회복을 통한 인간다운 생활을 보장하는 제도라고 하여 헌법 제34조설을 취하고 있다고 판단됨(대판 2011. 6.23, 2007다63089, 63096 전원합의체)

(2) 법적 근거

o 생활보상과 관련된 일반법적인 규정은 없음. 다만 토지보상법 · 산업입지 및 개발에 관한 법률 · 댐건설 및 주변지역지원 등에 관한 법률 등에 이주대책 등 생활보상에 관한 일부 규정들이

있음

3. 생활보상의 내용

○ 생활보상의 내용은 협의의 개념에 따라 -일실손실보상이나 실비변제적 보상과 같이 재산권보상의 범주에 속하는 내용들을 제외한- 이주정착금·이농비 등과 같은 생활비보상·소수잔존자보상·이주대책을 포함하는 생활재건조치, 주민지원사업 등임

Ⅵ. 사례의 경우

1. 특별한 희생이 존재한다고 보아야 함
2. 사업지 밖이라도 판례에 따른 요건이 충족되면 보상규정 없어도 보상 가능함
3. 경우에 따라서는 생활보상의 일환으로 정신적 보상이나 주민지원도 필요함

[문제 2][68)]

Ⅰ. 논점: 원처분주의(중토위의 이의재결에 대한 항고소송의 대상)

Ⅱ. 원처분주의

○ 행정청의 처분에 대하여 행정심판의 재결을 거쳐 취소소송을 제기하는 경우 원처분을 대상으로 하게 할 것인가 재결을 대상으로 하게 할 것인가 하는 것이 문제임. 이와 관련하여서는 원처분주의와 재결주의가 있음

○ 원처분주의는 원처분과 재결 모두 취소소송의 대상이 될 수 있으나, 원처분의 위법은 원처분 취소소송에서만 주장할 수 있고, 재결취소소송에서는 재결 자체의 고유한 위법만을 주장할 수 있는 제도이고, 재결주의는 재결에 대해서만 취소소송을 제기할 수 있도록 하되 재결취소소송에서는 재결의 위법뿐 아니라 원처분의 위법도 주장할 수 있는 제도임

○ 행정소송법은 "재결취소소송의 경우에는 재결 자체에 고유한 위법이 있음을 이유로 하는 경우에 한한다(행소법 19 단서)."고 규정하여 원처분주의를 채택하고 있음

Ⅲ. 재결취소소송의 사유

○ 재결취소소송은 재결 자체에 고유한 위법이 있음을 이유로 하는 경우에만 가능함. 따라서 원처분의 위법을 이유로 하는 재결취소소송은 불가능함. 여기에서 '재결 자체의 고유한 위법'이

---

68) 강론, 713면 이하.

란 재결 자체에 주체·형식·절차·내용요건상의 하자가 있는 경우를 의미함

Ⅳ. 사례의 경우

○ 소송대상: 이의재결에 고유한 위법이 있지 않는 한, 중토위의 원처분(수용재결)

○ 따라서 중토위의 이의재결을 거친 후의 재결취소소송의 피고: (수용재결을 한) 중토위

【부작위위법확인소송】

[사례 14 부작위위법확인소송]

甲은 담배소매업을 하고자 하여 담배사업법이 정하는 바에 따라 시장 乙에게 담배소매인지정신청을 하였다. 그러나 乙은 소매인지정은 재량행위로서 소매인지정을 할 것인가의 여부는 그의 재량사항에 속한다고 보아 이를 방치하였다. 이에 대하여 甲은 부작위위법확인소송을 제기하려고 한다.

부작위위법확인소송이 가능한가?

만약 가능하다면, 이 소송에서 법원은 乙의 부작위는 위법함을 확인하면서 甲의 신청에 대하여 乙은 소매인지정을 하여야 할 의무가 있다고 판단할 수 있는가?

이 소송에서 甲의 청구가 인용되면 乙은 반드시 甲을 소매인으로 지정하여야 하는가?

[참조조문]
담배사업법 제16조

Ⅰ. 논점
① 부작위의 성립요건
② 부작위위법확인소송에서의 법원의
  심리의 범위
③ 판결의 기속력으로서의 재처분의무
Ⅱ. 부작위
1. 부작위위법확인소송의 의의
2. 부작위의 의의
3. 부작위의 성립요건
  (1) 당사자의 신청이 있을 것
    ① 당사자의 신청행위가 있을 것
    ② 법규상·조리상의 신청권 문제
      (ⅰ) 판례
      (ⅱ) 학설
      (ⅲ) 결어
  (2) 상당한 기간이 지났을 것
  (3) 처분을 하여야 할 법률상 의무가

있을 것
  (4) 아무런 처분도 하지 않았을 것
4. 사례의 경우
Ⅲ. 부작위위법확인소송에서의 법원의 심리의 범위
1. 학설
  (1) 절차적 심리설
  (2) 실체적 심리설
2. 판례
3. 결어
Ⅳ. 판결의 기속력으로서의 재처분의무
1. 부작위위법확인소송의 인용판결의 기속력
2. 재처분의무의 의미
  (1) 단순한 응답의무로 보는 견해
  (2) 적극적 처분을 하여야 한다는 견해
  (3) 결어

Ⅰ. 논점

1. 부작위의 성립요건
2. 부작위위법확인소송에서의 법원의 심리의 범위
3. 판결의 기속력으로서의 재처분의무

Ⅱ. 부작위[69]

1. 부작위위법확인소송의 의의[70]

○ 부작위위법확인소송이란 행정청의 부작위가 위법하다는 것을 확인하는 소송(행소법 4 3호)

2. 부작위의 의의

○ 행정청이 당사자의 신청에 대하여 상당한 기간 내에 일정한 처분을 하여야 할 법률상 의무가 있음에도 불구하고 이를 하지 아니하는 것(행소법 2 ① 2호)

3. 부작위의 성립요건

(1) 당사자의 신청이 있을 것

① 당사자의 신청행위가 있을 것

― 이 경우 당사자의 신청은 단지 당사자의 신청행위가 있는 것으로 족함

② 그 외에 당사자의 법규상·조리상의 신청권이 있어야 하는지의 문제

(ⅰ) 판례는 당사자의 신청만으로 족한 것이 아니라, 여기에 더하여 법규상 또는 조리상의 권리로서 당사자의 신청권이 있어야 한다고 보고 있음. 판례는 당사자의 법규상·조리상의 신청권의 존재를 대상적격의 문제로 보면서 동시에 원고적격의 문제로 보고 있음

(ⅱ) 이에 대하여 학설은 신청권의 존부를 ① 대상적격의 문제로 보는 견해, ② 본안판단의 문제로 보는 견해, ③ 원고적격의 문제로 보는 견해로 나뉨

(ⅲ) 결어: 신청권의 존부 문제는 원고에게 소송을 제기할 자격이 있는가 하는 문제이므로 원고적격과 관련된 문제로 보아야 함

(2) 상당한 기간이 지났을 것

― 사회통념상 신청에 따르는 처리에 소요되는 기간

---

69) 강론, 982면 이하.
70) 강론, 980면.

(3) 처분을 하여야 할 법률상 의무가 있을 것

— 행정청에게 '처분'을 하여야 할 법률상 의무가 있어야 함. 따라서 사실행위에 대한 부작위는 여기에서의 부작위에 해당하지 않음

— 법률상 의무는 기속행위에 대하여 뿐 아니라 재량행위에 대하여도 존재할 수 있음

(4) 아무런 처분도 하지 않았을 것

— 따라서 거부처분이나 간주거부는 부작위가 아님

4. 사례의 경우

o 부작위의 다른 요건은 큰 문제가 없고, 다만 법규상·조리상의 신청권이 있는가 하는 것이 문제인데, 담배사업법은 담배소매인을 하려면 행정청으로 지정을 받도록 하고 있으므로, 甲의 신청권이 인정됨

o 따라서 부작위위법확인소송 제기 가능함

Ⅲ. 부작위위법확인소송에서의 법원의 심리의 범위[71]

1. 학설

(1) 절차적 심리설

o 부작위위법확인소송의 수소법원은 부작위의 위법 여부만을 심사하여야 하며, 실체적인 내용을 심사한다면 이는 의무이행소송을 인정하는 것이 되어 허용되지 않는다는 견해(다수설)

(2) 실체적 심리설

o 법원은 단순히 행정청의 부작위의 적부에 대한 심리에 그치지 않고, 신청의 실체적 내용이 이유 있는지도 심리하여 그에 대한 적정한 처리방향에 관한 법률적 판단을 하여야 한다는 견해

2. 판례

o 부작위위법확인소송을 '행정청의 부작위의 위법함을 확인함으로써 행정청의 응답을 신속하게 하여 부작위 내지 무응답이라고 하는 소극적인 위법상태를 제거하는 것을 목적으로 하는 소송'으로 보고 있어 절차적 심리설의 입장(대판 1992.7.28, 91누7361)

---

71) 강론, 988면 이하.

3. 결어

○ 부작위위법확인소송은 의무이행소송을 포기하고 채택한 제도로서 부작위위법확인소송에서 실체적 내용심리까지 요구하기는 어려움

○ 따라서 사례의 경우 법원은 乙의 부작위가 위법함을 확인하는 데 그쳐야 하고, 乙이 구체적으로 소매인지정을 하여야 하는지의 여부는 판단할 수 없음

Ⅳ. 판결의 기속력으로서의 재처분의무[72]

1. 부작위위법확인소송의 인용판결의 기속력

○ 부작위위법확인판결에 대해서는 취소판결의 기속력에 관한 규정이 준용되므로(행소법 30, 38 ②), 인용판결이 확정된 경우에는 그 판결의 취지에 따라 다시 이전의 신청에 대한 처분을 하여야 함

2. 재처분의무의 의미

(1) 단순한 응답의무로 보는 견해

○ 부작위위법확인판결의 기속력에 따라 행정청은 어떠한 처분을 하기만 하면 되는 것이므로, 기속행위의 경우에도 거부처분을 하여도 판결의 기속력으로서 재처분의무를 이행한 것이 됨 (다수설 및 판례)

(2) 적극적 처분을 하여야 한다는 견해

○ 재처분의무에 따라, 기속행위의 경우에는 상대방의 신청을 인용하는 처분을 하여야 하고, 재량행위의 경우에는 재처분의무는 하자 없는 재량행사의 의무이므로 재량권의 한계 내에서 인용처분을 하거나 거부처분을 할 수도 있음

(3) 결어

○ 다수설 및 판례에 따르면, 거부처분을 해도 재처분의무를 이행한 것이 됨

○ 그러나 원고의 권리구제에 보다 충실하다는 점에서 재처분의무를 적극적 처분의무로 이해하는 견해가 타당함. 그러나 소매인지정은 일종의 특허로서 재량행위이므로 이 설에 따르더라도 의무에 합당한 재량행사를 통하여 거부처분을 하더라도 재처분의무를 이행한 것이 될 것임

---

72) 강론, 989면 이하.

【지방자치법】

[사례 15 지방자치단체의 사무, 조례]

P광역시 K구의 구청장 甲은 담배사업법 제16조 제3항 및 동법 시행규칙 제7조의3 제3항에 따라 "P광역시 K구 담배소매인 지정 조례"를 제정하였다. 乙은 P광역시 K구에서 담배소매업을 하고자 甲에게 소매인 지정을 신청하였다. 이에 甲은 담배사업법령 및 동 조례에 따라 기존 담배소매인 영업소와의 거리를 측정하였는데, 乙이 지정받고자 하는 영업소의 위치와 기존 담배소매인의 영업소 사이에 위치한 도로에는 보도와 차도가 구분되지 아니하고 도로횡단시설이 없어서 최단거리로 측정한 결과 그 거리가 40미터이므로 乙의 신청을 거부하는 처분을 하였다.

(1) 담배사업법 제16조 제1항은 시장·군수·구청장이 소매인을 지정하도록 하고 있다. '담배소매인 지정' 사무는 자치사무인가 기관위임사무인가?
(2) 담배사업법 제15조 제3항은 소매인의 지정에 필요한 사항을 부령으로 정하도록 하고, 이에 따라 동법 시행규칙 제7조의3은 소매인의 지정기준을 정하고 있다. '소매인의 지정기준'을 정하는 사무는 자치사무인가 국가사무인가?
(3) 乙은 '소매인 영업소 간 거리 측정방법'을 K구의 조례로 정한 것은 위법하다고 주장하며 위법한 조례에 근거한 위 사건 거부처분도 위법하다고 주장하고 있다. 위 K구 조례는 위법한가?

[참조조문]
담배사업법 제11조, 제13조, 제16조; 담배사업법 시행규칙 제7조의3

P광역시 K구 담배소매인 지정 조례
제5조(소매인 영업소 간 거리 측정방법) 제4조제1항제1호의 소매인 영업소 간 거리 측정방법은 다음 각 호와 같다.
  1. 특정 영업소가 있는 건물의 외벽과 다른 영업소가 있는 건물의 외벽 사이를 「도로교통법」 제8조, 제10조제2항 본문 및 제3항의 규정을 고려하여 보행자의 통행로를 따라 최단거리로 측정하여야 한다. 다만, 보도와 차도가 구분되지 아니한 도로에서 특정 영업소와 다른 영업소 사이에 도로횡단시설이 없는 경우에는 최단거리로 측정할 수 있다.
  2. 영업소가 건축물 안의 지하 또는 지상 2층 이상에 위치한 경우에는 건물의 1층 출입구(출입구가 여러 개인 경우에는 다른 영업소와 최단거리로 연결되는 것을 말한다) 중앙을 기준으로 측정한다.

[문제 1]
Ⅰ. 논점: 자치사무와 기관위임사무의 구별
Ⅱ. 자치사무와 기관위임사무의 구별
1. 학설
2. 판례
3. 결어

[문제 1]

Ⅰ. 논점: 자치사무와 기관위임사무의 구별[73]

Ⅱ. 자치사무와 기관위임사무의 구별

1. 학설

① 개별법령에서 사무권한의 주체를 국가기관의 장으로 규정하고 있으면 국가사무이고 별도의 권한위임규정에 의하여 이 사무가 지방자치단체의 장에게 위임되었으면 기관위임사무이며, 개별법령에서 사무권한의 주체를 지방자치단체의 장으로 규정하고 있는 경우에는 자치사무로 보아야 한다는 견해

② 개별법령에서 사무수행의 주체를 지방자치단체의 장으로 규정하고 있는 경우에도 개별법령의 취지와 내용을 판단하여 국가주도적으로 처리되어야 할 사무인 경우에는 기관위임사무, 지방자치단체가 자율적으로 처리할 수 있는 사무인 경우에는 자치사무로 보는 견해

2. 판례

○ 법령에서 사무권한의 주체를 지방자치단체의 장으로 규정하고 있는 경우에도 "법령상 지방자치단체의 장이 처리하도록 하고 있는 사무가 자치사무인지 아니면 기관위임사무인지를 판단

---

73) 강론, 1155면 이하.

하기 위해서는 그에 관한 법령의 규정 형식과 취지를 우선 고려하여야 하지만, 그 밖에 그 사무의 성질이 전국적으로 통일적인 처리가 요구되는 사무인지, 그에 관한 경비부담과 최종적인 책임귀속의 주체가 누구인지 등도 함께 고려하여야 한다."는 입장(대판 2013.5.23, 2011추56)

3. 결어

○ 헌법의 지방자치권보장의 관점에서 지방자치단체가 수행하는 사무는 자치사무인 것이 원칙이고, 따라서 법령에서 그 사무의 권한 주체를 지방자치단체의 장으로 규정하고 있는 경우 그 사무는, 반드시 전국적인 통일적 처리가 요구되는 등의 예외적인 경우를 제외하고는, 자치사무로 보아야 함. 학설 ①이 타당

Ⅲ. 결론

○ 담배소매인지정권자는 지방자치단체의 장이고, 이 사무는 전국적인 통일적 집행이 요구되는 것이 아니므로 자치사무임

[문제 2]

Ⅰ. 논점: 자치사무와 국가사무의 구별[74]

Ⅱ. 자치사무의 판단기준으로서 지역성

○ 헌법은 지방자치단체에게 '주민복리에 관한 그 지역의 모든 사무'에 대한 처리권한을 보장하고 있는 것이므로, 어떠한 사무가 자치사무인가 국가사무인가 하는 것은 그 사무의 '지역성(Örtlichkeit)'이 중요한 판단기준이 됨

○ 따라서 법률에서 그 사무의 주체를 국가로 할 것인지 아니면 지방자치단체의 장으로 할 것인지를 정할 때에는 지역과의 밀접한 관련성이 있는지의 여부를 최우선적으로 고려하여야 함

○ 반면에 지방자치단체를 넘어서는 범국가적인 이해관계 또는 전국적 통일성 등이 요구되는 사무는 국가사무로 볼 수 있음

Ⅲ. 국가사무의 처리제한

○ 지방자치단체는, 법률에 다른 규정이 있는 경우를 제외하고는, ① 국가존립에 필요한 사무, ② 전국적으로 통일적 처리를 요하는 사무, ③ 전국적 규모의 사무, ④ 전국적으로 기준을

---

74) 강론, 1145면 이하 참조.

통일하고 조정하여야 할 필요가 있는 사무, ⑤ 지방자치단체의 기술과 재정능력으로 감당하기 어려운 사무를 처리할 수 없음(지자법 11)

Ⅳ. 사례의 경우

○ '소매인 지정'과 '지정기준 설정'은 동일한 조문에 있더라도 별개의 단위사무임
○ 담배라는 전매사업의 특성, 건강유해물질이라는 특성, 영업소를 가급적 제한하여야 하는 국가적 공익 등을 고려하면 지정기준을 정하는 것은 국가사무라고 보아야 함

[문제 3]

Ⅰ. 논점: 조례의 적법요건(특히 조례의 사항적 범위)[75]

Ⅱ. 조례의 적법요건

1. 주체, 형식, 절차요건

○ 주체요건: 조례는 지방의회의 의결사항임(지자법 39 ① 1). 따라서 조례의 제정주체는 지방의회임
○ 형식 및 절차요건: 조례는 성문의 법규범이므로 문서의 형식으로 하여야 함. 절차요건은 지방자치법 제26조, 제66조 등 참조

2. 내용요건

(1) 조례제정권의 보장(일반수권)

○ 헌법 제117조와 지방자치법 제22조는 지방자치단체의 조례제정권을 보장하고 있음. 이들은 일반수권(Generalermächtigung)의 형태로 지방자치단체에게 조례제정권한을 부여하고 있음. 따라서 이 규정에 의하여 지방자치단체는 그 지역사무에 대하여 별도의 구체적인 법령의 위임이 없더라도 조례를 제정할 수 있음

(2) 조례제정의 사항적 범위

○ 지방자치법 제22조는 "지방자치단체는 '그 사무에 관하여' 조례를 제정할 수 있다."고 규정하고 있는데, 여기에서 '그 사무'란 지방자치법 제9조 제1항의 해석상 '자치사무'와 '법령에 따라 지방자치단체에 속하는 사무(단체위임사무)'를 말함
○ 따라서 조례의 제정대상은 자치사무와 단체위임사무임

---

75) 강론, 1107면 이하.

○ 기관위임사무는 조례의 제정대상이 될 수 없음. 그러나 개별법령에서 기관위임사무를 조례로 정하도록 규정하고 있는 경우에는 예외적으로 기관위임사무가 조례의 제정대상이 될 수는 있지만, 이와 같은 현상은 지방자치단체의 자치권의 관점에서 결코 바람직하지 않음

(3) 조례제정권과 법치행정의 원리

1) 법률우위

○ 지방자치단체가 제정하는 조례의 경우에, 이에 대한 법적인 근거가 있는가 하는 문제와는 별도로, 상위 법령에 저촉되어서는 안 됨. 법률우위원칙에 반하는 조례는 무효임

2) 법률유보(특별수권)

① 침해유보와 특별수권

○ 조례가 주민의 자유와 재산을 침해하는 것을 내용으로 하는 경우에는 위와 같은 일반수권조항에 의한 위임만으로는 부족하고, 별도의 구체적인 법률의 위임이 있을 것이 요구됨

○ 이와 관련하여 지방자치법 제22조 단서는 "주민의 권리 제한 또는 의무 부과에 관한 사항이나 벌칙을 정할 때에는 법률의 위임이 있어야 한다."고 규정하고 있음

② 지방자치법 제22조 단서의 위헌 여부

(ⅰ) 위헌설은 동 규정은 최소한 고유사무에 대하여는 헌법 제117조에 반하는 것이라는 입장이고,

(ⅱ) 합헌설은 동 규정은 헌법 제37조 제2항을 확인하는데 불과한 것이므로 헌법에 반하는 것은 아니라는 입장임

(ⅲ) 대법원은 합헌이라는 입장임. 헌법재판소도 "지방자치법 제15조(현행 제22조) 단서 소정의 주민의 권리의무에 관한 사항을 규율하는 조례를 제정함에 있어서는 법률의 위임을 필요로 한다(헌재결 1995.4.20, 92헌마264, 279(병합))."고 하여 합헌설의 입장에 있다고 볼 수 있음

③ 포괄수권

○ 조례제정에 법령의 위임이 요구되는 경우에도 포괄적인 수권으로 족하고, 법규명령의 경우와 같이 그 위임의 내용, 목적, 범위 등을 구체적으로 정하여 위임해야 하는 것은 아님

(4) 명확·실현가능성: 조례의 내용은 명확하고 실현가능하여야 함

Ⅲ. 사례의 경우

○ 소매인의 지정기준은 권리제한이므로 별도의 법적 근거가 필요한데, 담배소매업법령에 근거가 있음

○ '소매인의 지정기준'은 국가사무로서 조례의 제정대상이 아님

○ 시행규칙은 위 사무가 국가사무임을 고려하여 이를 규칙으로 위임함

○ 따라서 위 조례는 규칙으로 정할 사항을 조례로 정하였으므로 위법함

기출문제

제3장

기출문제

【제1절 변호사시험】

제6회 변호사시험(2017) 공법(제1문, 제2문)

[제 1 문]

甲과 乙은 A시에서 甲 의료기, 乙 의료기라는 상호로 의료기기 판매업을 하는 자들이다. 甲은 전립선 자극기 'J2V'를 공급받아 판매하기 위하여 "전립선에 특수한 효능, 효과로 남자의 자신감이 달라집니다."라는 문구를 사용하여 인터넷 광고를 하였다. 甲의 위 광고에 대하여 A시장은 2016.7.1. 甲에게 「의료기기에 관한 법률」(이하 '의료기기법'이라 함) 제24조 위반을 이유로 3개월 업무정지처분을 하였다. 甲은 2016.7.11. 위 업무정지처분에 대하여 관할 행정심판위원회에 행정심판을 청구하였고, 동 위원회는 2016.8.25. 3개월 업무정지처분을 과징금 500만 원 부과처분으로 변경할 것을 명령하는 재결을 하였으며, 위 재결서 정본은 2016.8.29. 甲에게 송달되었다. 그러자 A시장은 2016.9.12. 甲에 대한 3개월 업무정지처분을 과징금 500만 원 부과처분으로 변경하였다. 또한, 甲은 2016.9.1. 의료기기법 제52조를 근거로 벌금 300만 원의 약식명령을 고지 받자, 정식재판을 청구하였다.

한편, 甲의 경쟁업체인 乙은 2016.11.10. 전립선 자극기 'U2V'의 인터넷 광고를 하려던 차에 甲이 위 형사처벌을 받은 사실을 알게 되었다. 이에 乙은 변호사 丙을 대리인으로 선임하여, 2016.12.15. 사전심의를 거치지 않은 의료기기 광고를 금지하고 이를 어기면 처벌하는 의료기기법 제24조 및 제52조가 자신의 표현의 자유를 침해한다고 주장하면서, 헌법재판소에 「헌법재판소법」 제68조 제1항에 의한 헌법소원심판을 청구하였다.

3. 甲은 2016.12.5. 관할 행정심판위원회를 피고로 하여 과징금 500만 원 부과처분에 대하여 관할 법원에 취소소송을 제기하였다. 이 소송은 적법한가? (20점)

[참조조문]
 ※ 유의사항
 1. 아래 법령은 가상의 것으로, 이와 다른 내용의 현행 법령이 있다면 제시된 법령이 현행 법령에

우선하는 것으로 할 것

2. 아래 법령 중 「의료기기에 관한 법률」은 '의료기기법'으로, 「의료기기 광고 사전심의규정」은 '심의규정'으로 약칭할 수 있음

「의료기기에 관한 법률」(법률 제10000호)

제36조(허가 등의 취소와 업무의 정지 등) ① 의료기기 취급자가 제24조를 위반하여 의료기기를 광고한 경우 의료기기의 제조업자·수입업자 및 수리업자에 대하여는 식품의약품안전처장이, 판매업자 및 임대업자에 대하여는 시장·군수 또는 구청장이 허가 또는 인증의 취소, 영업소의 폐쇄, 품목류 또는 품목의 제조·수입·판매의 금지 또는 1년의 범위에서 그 업무의 전부 또는 일부의 정지를 명할 수 있다.

② 식품의약품안전처장, 시장·군수 또는 구청장은 의료기기 취급자가 제1항의 규정에 해당하는 경우로서 업무정지처분이 의료기기를 이용하는 자에게 심한 불편을 주거나 그 밖에 특별한 사유가 인정되는 때에는 국민건강에 해를 끼치지 아니하는 범위 안에서 업무정지처분에 갈음하여 5천만 원 이하의 과징금을 부과할 수 있다.

부   칙

이 법은 2016년 1월 1일부터 시행한다.

[문 3]

Ⅰ. **논점**
① 원처분과 인용재결에 따른 변경처분 중 취소소송의 대상, ② 피고적격, ③ 제소기간

Ⅱ. **원처분주의**
ㅇ 원처분주의
ㅇ 재결주의
ㅇ 사례의 경우

Ⅲ. **원처분과 인용재결에 따른 변경처분 중 취소소송의 대상**
1. 문제의 제기
ㅇ 변경처분(과징금처분)과 변경된 원처분 (업무정지처분) 중 취소소송의 대상
2. 학설
① 모두 취소소송의 대상
② 변경처분만 소송의 대상

③ 원처분만 소송의 대상
3. 판례: 변경된 내용의 원처분
4. 결어 및 사례의 경우
ㅇ '과징금으로 변경된 2016.7.1. 자 당초처분

Ⅳ. **피고적격**
1. 처분청
2. 사례의 경우: A시장

Ⅴ. **제소기간**
1. 행정소송법 규정
2. 변경처분의 경우
3. 사례의 경우: 2016.8.29.부터 기산하여 90일 이내

Ⅵ. **결론**
ㅇ 피고적격과 제소기간을 갖추지 못하여 부적법

[문 3]

Ⅰ. **논점:** ① 원처분과 인용재결에 따른 변경처분 중 취소소송의 대상, ② 피고적격, ③ 제소기간

Ⅱ. 원처분주의[1]

- 원처분주의: 원처분과 재결 모두 취소소송의 대상이 될 수 있으나, 원처분의 위법은 원처분취소소송에서만 주장할 수 있고, 재결취소소송에서는 재결 자체의 고유한 위법만을 주장할 수 있는 제도
- 재결주의: 재결에 대해서만 취소소송을 제기할 수 있도록 하되 재결취소소송에서는 재결의 위법뿐 아니라 원처분의 위법도 주장할 수 있는 제도
- 행정소송법은 "재결취소소송의 경우에는 재결 자체에 고유한 위법이 있음을 이유로 하는 경우에 한한다(행소법 19 단서)."고 규정하여 원처분주의를 채택
- 사례의 경우: 재결 자체의 고유한 위법을 주장하는 것이 아닌 한, 甲은 원처분을 다투어야 함

Ⅲ. 원처분과 인용재결에 따른 변경처분 중 취소소송의 대상[2]

1. 문제의 제기

- 甲은 원처분을 대상으로 소송을 제기하여야 하는데, A시장이 변경명령재결에 따라 '3개월 업무정지처분'을 '과징금 500만 원 부과처분'으로 변경하였으므로, 이 경우 변경처분(과징금처분)과 변경된 원처분(업무정지처분) 중 어느 처분이 취소소송의 대상이 되는지 문제임

2. 학설

① 변경된 원처분과 변경처분은 독립된 처분으로 모두 취소소송의 대상이 된다는 견해
② 원처분은 변경처분에 흡수되므로 변경처분만이 소송의 대상이 된다는 견해
③ 변경처분은 원처분에 흡수되므로 원처분만이 소송의 대상이 된다는 견해

3. 판례

- 판례는 변경된 내용의 원처분이 취소소송의 대상이 된다는 입장임(대판 2007.4.27, 2004두9302). 판례는 일부취소처분의 경우에도 일부취소 후 남은 원처분이 취소소송의 대상이 된다고 봄

---

1) 강론, 888면 이하.
2) 강론, 894면 이하.

(대판 2012.9.27, 2011두27247)

4. 결어 및 사례의 경우

○ 생각건대 일부취소나 변경처분은 원처분을 변경하는 행위로, 이로써 원처분이 소멸하는 것은 아니라는 점에서 원처분이 소송의 대상이라는 견해가 타당함

○ 따라서 판례에 따르면 사례의 경우 '과징금 500만원으로 변경된 2016.7.1. 자 당초처분'이 취소소송의 대상임

Ⅳ. 피고적격[3]

1. 처분청

○ 취소소송은 다른 법률에 특별한 규정이 없는 한 그 처분 등을 행한 행정청을 피고로 함(행소법 13 ①)

2. 사례의 경우

○ 판례에 따르면 변경된 원처분이 소송의 대상이 되므로, 피고는 원처분을 행한 A시장이 됨

Ⅴ. 제소기간[4]

1. 행정소송법 규정

○ 처분 등이 있음을 안 날부터 90일 이내 또는 처분 등이 있은 날부터 1년 이내에 제기하여야 함(행소법 20)

○ 다른 법률에서 당해 처분에 대한 행정심판의 재결을 거치지 아니하면 취소소송을 제기할 수 없다고 규정한 경우(행소법 18 단서)와 그 밖에 행정심판청구를 할 수 있는 경우 또는 행정청이 행정심판청구를 할 수 있다고 잘못 알린 경우에 행정심판청구가 있은 때의 제소기간 또한 90일이며, 그 기간은 재결서의 정본을 송달받은 날부터 기산함(행소법 20 ① 단서)

2. 변경처분의 경우

○ 판례는 원처분과 변경처분 중 변경된 내용의 원처분이 취소소송의 대상이 된다는 입장으로, 이 경우 제소기간의 준수 여부도 변경처분이 아닌 변경된 내용의 당초 처분을 기준으로 판단하여야 한다는 입장임

---

3) 강론, 864면 이하.
4) 강론, 896면 이하.

○ 관련 판례

"변경처분에 의하여 유리하게 변경된 내용의 행정제재가 위법하다 하여 그 취소를 구하는 경우 그 취소소송의 대상은 변경된 내용의 당초 처분이지 변경처분은 아니고, 제소기간의 준수 여부도 변경처분이 아닌 변경된 내용의 당초 처분을 기준으로 판단하여야 한다(대판 2007.4.27, 2004두9302)."

"감액처분으로도 아직 취소되지 않고 남아 있는 부분이 위법하다 하여 다투고자 하는 경우, 감액처분을 항고소송의 대상으로 할 수는 없고, 당초 징수결정 중 감액처분에 의하여 취소되지 않고 남은 부분을 항고소송의 대상으로 할 수 있을 뿐이며, 그 결과 제소기간의 준수 여부도 감액처분이 아닌 당초 처분을 기준으로 판단해야 한다(대판 2012.9.27, 2011두27247)."

3. 사례의 경우

○ 甲은 과징금 500만원으로 변경된 2016.7.1. 당초처분을 대상으로 취소소송을 제기하여야 하고, 행정심판을 거친 경우이므로 제소기간은 재결서의 정본을 송달받은 날인 2016.8.29.부터 기산하여 90일 이내에 취소소송을 제기하여야 함

Ⅵ. 결론

○ 사례에서 취소소송의 대상은 '변경된 원처분'임
○ 따라서 피고는 A시장이고,
○ 이 경우 2016.7.1. 당초처분을 대상으로, 재결서 정본을 송달받은 날인 2016.8.29.부터 90일 이내에 취소소송을 제기하여야 하는데, 2016.12.5. 제기하였으므로 제소기간을 도과하였음
○ 따라서 피고적격과 제소기간을 갖추지 못하여 부적법함

[제 2 문]

「석유 및 석유대체연료 사업법」상 석유정제업에 대한 등록 및 등록취소 등의 권한은 산업통상 자원부장관의 권한이나, 산업통상자원부장관은 같은 법 제43조 및 같은 법 시행령 제45조에 의해 위 권한을 시·도지사에게 위임하였다. 석유정제업 등록 및 등록취소 등의 권한을 위임받은 A도 지사는 위임받은 권한 중 석유정제업의 사업정지에 관한 권한을 A도 조례에 의하여 군수에게 위 임하였다.

사업정지권한을 위임받은 B군수는, A도 내 B군에서 석유정제업에 종사하는 甲이 같은 법 제27 조를 위반하였다는 이유로 같은 법 제13조 제1항 제11호에 따라 6개월의 사업정지처분을 하였다.

甲은 위 사업정지처분에 대해 따로 불복하지 않은 채, 사업정지처분서를 송달받은 후 4개월이 넘도록 위 정지기간 중 석유정제업을 계속하였다. 이에 A도지사는 같은 법 제13조 제5항에 따라 甲의 석유정제업 등록을 취소하였다.

1. B군수에 대한 A도지사의 권한 재위임은 적법한가? (30점)
2. B군수가 甲에 대하여 한 사업정지처분의 효력에 대하여 검토하시오. (30점)
3. 사업정지처분에 대하여 다투지 않은 甲은, A도지사가 한 석유정제업 등록취소처분에 대하여 항 고소송을 통해 권리구제를 받을 수 있는가? (20점)

[참조조문]
「석유 및 석유대체연료 사업법」

제5조(석유정제업의 등록 등) ① 석유정제업을 하려는 자는 산업통상자원부령으로 정하는 바에 따라 산업통상자원부장관에게 등록하여야 한다.

제11조의2(석유사업 등록 등의 제한) 제5조, 제9조 및 제10조에 따라 다음 각 호의 석유사업의 등록 또는 신고를 하려는 자는 해당 호의 각 목의 사유가 있은 후 2년이 지나기 전에는 그 영업에 사용하 였던 시설의 전부 또는 대통령령으로 정하는 중요 시설을 이용하여 해당 호의 석유사업에 대한 등록 또는 신고를 할 수 없다.
  1. 석유정제업
    나. 제13조 제5항에 해당하여 석유정제업의 등록이 취소되거나 그 영업장이 폐쇄된 경우

제13조(등록의 취소 등) ① 산업통상자원부장관은 석유정제업자가 다음 각 호의 어느 하나에 해당하 면 그 석유정제업의 등록을 취소하거나 그 석유정제업자에게 영업장 폐쇄(신고한 사업자에 한한다. 이하 이 조에서 같다) 또는 6개월 이내의 기간을 정하여 그 사업의 전부 또는 일부의 정지를 명할 수 있다. 다만, 제1호 또는 제3호부터 제5호까지의 어느 하나에 해당하는 경우에는 그 등록을 취소 하거나 영업장 폐쇄를 명하여야 한다.
  11. 제27조에 따른 품질기준에 맞지 아니한 석유제품의 판매 금지 등을 위반한 경우
  ⑤ 산업통상자원부장관은 제1항부터 제3항까지의 규정에 따라 사업의 정지명령을 받은 자가 그 정

지기간 중 사업을 계속하는 경우에는 그 석유정제업·석유수출입업 또는 석유판매업의 등록을 취소하거나 영업장 폐쇄를 명하여야 한다.

제27조(품질기준에 맞지 아니한 석유제품의 판매 금지 등) 석유정제업자등은 제24조 제1항의 품질기준에 맞지 아니한 석유제품 또는 제25조 제1항·제2항에 따른 품질검사 결과 불합격 판정을 받은 석유제품(품질보정행위에 의하여 품질기준에 맞게 된 제품은 제외한다)을 판매 또는 인도하거나 판매 또는 인도할 목적으로 저장·운송 또는 보관하여서는 아니 된다.

　제43조(권한의 위임·위탁) ① 산업통상자원부장관은 이 법에 따른 권한의 일부를 대통령령으로 정하는 바에 따라 시·도지사 또는 시장·군수·구청장에게 위임할 수 있다.

「석유 및 석유대체연료 사업법 시행령」

제45조(권한의 위임·위탁) ① 산업통상자원부장관은 법 제43조 제1항에 따라 석유정제업자등에 관한 다음의 각 호의 권한을 시·도지사에게 위임한다.

1. 법 제13조 제1항 및 제5항의 규정에 의한 석유정제업 등록취소, 영업장 폐쇄 또는 사업정지

「행정권한의 위임 및 위탁에 관한 규정」

제4조(재위임) 특별시장·광역시장·특별자치시장·도지사 또는 특별자치도지사(특별시·광역시·특별자치시·도 또는 특별자치도의 교육감을 포함한다. 이하 같다)나 시장·군수 또는 구청장(자치구의 구청장을 말한다. 이하 같다)은 행정의 능률향상과 주민의 편의를 위하여 필요하다고 인정될 때에는 수임사무의 일부를 그 위임기관의 장의 승인을 받아 규칙으로 정하는 바에 따라 시장·군수·구청장(교육장을 포함한다) 또는 읍·면·동장, 그 밖의 소속기관의 장에게 다시 위임할 수 있다.

※ 이상의 법령 조항은 현행법과 불일치할 수 있으며 현재 시행 중임을 전제로 할 것

[문 1]
Ⅰ. 논점
　① 조례 및 규칙의 제정대상
　② 기관위임사무와 자치사무의 구별
　③ 권한의 위임과 재위임
Ⅱ. 조례 및 규칙의 제정대상
　ο 조례의 제정대상: 자치사무와
　　단체위임사무
　ο 규칙의 제정대상: 자치사무와 위임사무
　ο 기관위임사무: 규칙의 제정대상(원칙)
Ⅲ. 기관위임사무와 자치사무의 구별
　1. 학설
　　① 법령상 사무권한주체를 기준으로

하는 견해
　　② 사무의 성질도 고려하는 견해
　2. 판례: ②설
　3. 결어: ①설 타당
Ⅳ. 권한의 위임과 재위임
　1. 권한위임의 의의
　2. 권한위임의 법적 근거
　　(1) 법적 근거의 필요
　　(2) 일반법적·개별법적 근거
　　(3) 권한위임규정이 없는 경우
　　　① 소극설, ② 적극설,
　　　③ 판례(적극설)
　3. 권한의 재위임

（1) 의의와 법적 근거
（2) 재위임의 방식
   ○ 기관위임사무: 규칙으로 재위임
     （권한임탁규정 4)
Ⅴ. 사례의 경우: 위법

[문 2]
Ⅰ. 논점
   ① 조례의 적법요건
   ② 무효와 취소
   ③ 조례의 하자
   ④ 위법한 조례에 근거한 행정처분의
     효력
   ⑤ 공정력
Ⅱ. 조례의 적법요건(특히 내용요건 중
   조례의 사항적 범위)
   1. 조례제정권의 보장(일반수권)
   2. 조례제정의 사항적 범위
   3. 조례제정권과 법치행정의 원리
     （1) 법률우위
     （2) 법률유보(특별수권)
     （3) 명확·실현가능성
Ⅲ. 무효와 취소
   1. 의의
   2. 무효와 취소의 구별
     ○ 중대명백설(통설)
     ○ 하자의 중대성
     ○ 하자의 명백성
     ○ 그 밖에도 중대설, 조사의무설, 명백

성 보충설, 구체적 가치형량설 등
   ○ 판례: 중대명백설 원칙
Ⅳ. 조례의 하자와 그 효과: 무효
Ⅴ. 위법한 조례에 근거한 처분의 효력: 취소
Ⅵ. 공정력의 개념
Ⅶ. 사례의 경우
   ○ 사업정지처분은 취소사유가 있어
     취소되기까지는 공정력에 의해서 유효

[문 3]
Ⅰ. 논점: 하자의 승계
Ⅱ. 하자의 승계
   1. 하자의 승계의 의의와 논의의
      전제조건
      ○ 의의
      ○ 논의의 전제조건
   2. 학설
     （1) 종래의 견해
        ① 독립하여 별개의 효과를 발생
          하는 경우
        ② 결합하여 하나의 효과를 완성
          하는 경우
     （2) 규준력이론
        ○ 의의
        ○ 요건
   3. 판례
     （1) 기본입장
     （2) 예외적으로 하자의 승계를 인정
Ⅲ. 사례의 경우: 승계 부인

[문 1]

Ⅰ. 논점: ① 조례 및 규칙의 제정대상, ② 기관위임사무와 자치사무의 구별, ③ 권한의 위임
         과 재위임

Ⅱ. 조례 및 규칙의 제정대상[5]

○ 조례의 제정대상은 자치사무와 단체위임사무임. 기관위임사무는 별도의 법령의 규정이 없는 한 조례의 제정대상이 될 수 없음

○ 규칙은 '법령이나 조례가 위임한 범위에서 그 권한에 속하는 사무'에 관하여 제정할 수 있음. 여기에는 자치사무와 위임사무가 모두 포함될 수 있음. 그러나 기관위임사무의 경우에는, 조례로 정하도록 하는 별도의 규정이 없는 한, 조례의 제정대상이 아니라 규칙의 제정대상이 될 뿐임

Ⅲ. 기관위임사무와 자치사무의 구별[6]

1. 학설

① 개별법령에서 사무권한의 주체를 국가기관의 장으로 규정하고 있으면 국가사무이고 별도의 권한위임규정에 의하여 이 사무가 지방자치단체의 장에게 위임되었으면 기관위임사무이며, 개별법령에서 사무권한의 주체를 지방자치단체의 장으로 규정하고 있는 경우에는 자치사무로 보아야 한다는 견해

② 개별법령에서 사무수행의 주체를 지방자치단체의 장으로 규정하고 있는 경우에도 개별법령의 취지와 내용을 판단하여 국가주도적으로 처리되어야 할 사무인 경우에는 기관위임사무, 지방자치단체가 자율적으로 처리할 수 있는 사무인 경우에는 자치사무로 보는 견해

2. 판례

○ 법령에서 사무권한의 주체를 지방자치단체의 장으로 규정하고 있는 경우에도 "법령상 지방자치단체의 장이 처리하도록 하고 있는 사무가 자치사무인지 아니면 기관위임사무인지를 판단하기 위해서는 그에 관한 법령의 규정 형식과 취지를 우선 고려하여야 하지만, 그 밖에 그 사무의 성질이 전국적으로 통일적인 처리가 요구되는 사무인지, 그에 관한 경비부담과 최종적인 책임귀속의 주체가 누구인지 등도 함께 고려하여야 한다."는 입장(대판 2013.5.23, 2011추56)

3. 결어

○ 헌법의 지방자치권보장의 관점에서 지방자치단체가 수행하는 사무는 자치사무인 것이 원칙이므로, 법령에서 그 사무의 권한 주체를 지방자치단체의 장으로 규정하고 있는 사무는 원칙

---

5) 강론, 1105면, 1135면.
6) 강론, 1155면 이하.

적으로 자치사무로 보아야 함. 학설 ①이 타당

Ⅳ. 권한의 위임과 재위임[7]

1. 권한위임의 의의

ㅇ 권한의 위임이란 행정청이 그 권한의 일부를 다른 행정기관에 이전하여 그 수임기관의 권한으로 행사하게 하는 것을 말함

2. 권한위임의 법적 근거

(1) 법적 근거의 필요

ㅇ 권한의 위임은 행정청이 법률에 따라 특정한 권한의 법적 귀속을 변경하는 것이므로 법률의 위임을 허용하고 있는 경우에 한하여 인정됨(대판 1992.4.24, 91누5792). 따라서 권한의 위임이나 재위임에는 반드시 법적 근거가 필요함

(2) 일반법적 · 개별법적 근거

ㅇ 권한의 위임에 관한 일반법적인 근거로는 정부조직법 제6조(권한의 위임 또는 위탁)와 이에 근거한 권한임탁규정(대통령령), 지방자치법 제102조(국가사무의 위임), 제104조(사무의 위임)가 있고, 각 개별법에서도 개별적으로 권한의 위임에 관하여 규정하는 경우도 많음

(3) 권한위임규정이 없는 경우

ㅇ 개별법에 권한위임에 관한 규정이 없는 경우에, 정부조직법 제6조 · 권한임탁규정 · 지방자치법 제104조 등을 근거로 하여 권한을 위임할 수 있는가 하는 것이 문제임

ㅇ 이에 관하여는 ① 정부조직법 제6조 등을 권한위임의 근거규정으로 볼 수 없다는 소극설, ② 행정조직에 있어서는 어느 정도 포괄적인 위임도 가능하며, 개별법령에 의한 위임만으로는 중앙행정기관의 권한을 지방으로 이전하는 데 한계가 있다는 점에서 정부조직법 제6조 등을 권한위임의 근거규정으로 볼 수 있다는 적극설이 있음. ③ 판례는 적극설의 입장임(대판 1995.7.11, 94누4615). 다만 이들 규정은 국가사무나 기관위임사무 등에 대한 권한위임의 근거규정이므로, 지방(교육)자치단체의 사무의 권한위임의 근거규정은 될 수 없음(대판 1997.6.19, 95누8669). 이 경우는 조례에 의해서만 권한위임이 가능함

3. 권한의 재위임

(1) 의의와 법적 근거

ㅇ 권한위임을 받은 기관은 특히 필요한 경우에는 법령으로 정하는 바에 따라 위임 또는 위탁을

---

7) 강론, 1032면 이하, 1037면 이하.

받은 사무의 일부를 보조기관 또는 하급행정기관에 재위임할 수 있음(정부조직법 6 ① 2문). 판례
도 이 조항을 위임 및 재위임의 근거규정임이 명백하다고 보고 있음(대판 1990.2.27, 89누5287)

(2) 재위임의 방식

○ 지방자치법은 "시·도와 시·군 및 자치구에서 시행하는 국가사무는 법령에 다른 규정이 없
으면 시·도지사와 시장·군수 및 자치구의 구청장에게 위임하여 행한다(지자법 102)."고 규정하
여 기관위임은 별도의 규정이 없는 한 지방자치단체의 장에게 위임됨(기관위임사무)

○ 기관위임사무는 조례로 이를 구청장 등에게 재위임할 수 없고, 위임청의 승인을 얻은 후 지
방자치단체의 장이 제정한 규칙으로 재위임하여야 함(권한임탁규정 4)

○ 관련판례(기관위임사무를 지방자치단체의 조례에 의하여 재위임할 수 있는지 여부)

"(구) 건설업법 제50조 제2항 제3호 소정의 영업정지 등 처분에 관한 사무는 이른바 기관위임
사무에 해당하므로 시·도지사가 지방자치단체의 조례에 의하여 이를 구청장 등에게 재위임
할 수는 없고 행정권한의위임및위탁에관한규정 제4조에 의하여 위임기관의 장의 승인을 얻
은 후 지방자치단체의 장이 제정한 규칙이 정하는 바에 따라 재위임하는 것만이 가능하다(대
판 1995.7.11, 94누4615 전원합의체)."

V. 사례의 경우

○ 석유정제업에 대한 등록 및 등록취소 등의 사무는 권한위임규정에 따른 기관위임사무임

○ 기관위임사무는 조례의 제정대상이 될 수 없고, 특히 기관위임사무의 경우 권한의 재위임은
규칙으로 하여야 함

○ A도지사는 기관위임사무인 석유정제업의 사업정지에 관한 사무를 규칙이 아니라 조례에 의
하여 군수에게 재위임 하였으므로 A도지사의 권한 재위임은 위법함

[문 2]

Ⅰ. 논점: ① 조례의 적법요건, ② 무효와 취소, ③ 조례의 하자, ④ 위법한 조례에 근거한 행
정처분의 효력, ⑤ 공정력

Ⅱ. 조례의 적법요건(특히 내용요건 중 조례의 사항적 범위)[8]

1. 조례제정권의 보장(일반수권)

○ 헌법 제117조와 지방자치법 제22조는 지방자치단체의 조례제정권을 보장하고 있음. 이들은

---

8) 강론, 1107면 이하.

일반수권의 형태로 지방자치단체에게 조례제정권한을 부여하고 있음. 따라서 이 규정에 의하여 지방자치단체는 그 지역사무에 대하여 별도의 구체적인 법령의 위임이 없더라도 조례를 제정할 수 있음

2. 조례제정의 사항적 범위

o 지방자치법 제22조는 "지방자치단체는 '그 사무에 관하여' 조례를 제정할 수 있다."고 규정하고 있는데, 여기에서 '그 사무'란 지방자치법 제9조 제1항의 해석상 '자치사무'와 '법령에 따라 지방자치단체에 속하는 사무(단체위임사무)'를 말함

o 따라서 조례의 제정대상은 자치사무와 단체위임사무임

o 개별법령에서 기관위임사무를 조례로 정하도록 규정하고 있는 경우를 제외하고는, 기관위임사무는 원칙적으로 조례의 제정대상이 될 수 없음

3. 조례제정권과 법치행정의 원리

(1) 법률우위: 조례는 상위 법령에 저촉되어서는 안 됨

(2) 법률유보(특별수권): 조례가 주민의 자유와 재산을 침해하는 것을 내용으로 하는 경우에는 위와 같은 일반수권조항에 의한 위임만으로는 부족하고, 별도의 구체적인 법률의 위임이 있을 것이 요구됨(지자법 22 단서). 다만 포괄수권으로 족함

(3) 명확·실현가능성: 조례의 내용은 명확하고 실현가능하여야 함

Ⅲ. 무효와 취소[9]

1. 의의

o 무효인 행정행위는 행정행위로서의 외형을 갖추고 있으나 행정행위로서의 효력이 전혀 없는 행정행위이고, 취소할 수 있는 행정행위는 행정행위에 흠이 있음에도 불구하고 권한 있는 기관이 이를 취소함으로써 비로소 행정행위로서의 효력을 상실하게 되는 행위를 말함

2. 무효와 취소의 구별

o 통설인 중대명백설에 따르면, 행정행위의 하자가 중대한 법 위반이고 그것이 외관상 명백한 경우에는 무효이고, 이에 이르지 않는 경우에는 취소할 수 있는 데 그침(대판 2007.5.10, 2005다31828)

o 하자의 중대성이란 당해 행정행위가 지닌 흠의 중대성을 의미하는 것으로서, 결국 법침해의

---

9) 강론, 240면 이하.

심각성을 말함. 중대성을 판단함에 있어서는 법령의 목적·성질·종류·기능, 기타 그 위반의 정도도 함께 고려되어야 함

○ 하자의 명백성은 일반인의 정상적인 인식능력을 기준으로 하여 객관적으로 판단되어야 함

○ 그 밖에도 중대설, 조사의무설, 명백성보충설, 구체적 가치형량설 등이 있음

○ 대법원: 원칙적으로 중대명백설 원칙, 소수견해는 명백성보충설을 취한 바도 있음(대판 1995. 7.11, 94누4615 전원합의체)

Ⅳ. 조례의 하자와 그 효과[10]

○ 조례가 적법요건을 갖추지 못하면 그 조례는 하자(흠) 있는 위법한 조례가 됨

○ 위법한 조례는 무효임(대판 2013.9.27, 2011추94). 조례도 법규범이기 때문에 처분법규가 아닌 한 그 자체로 취소소송의 대상이 되지 않기 때문임

Ⅴ. 위법한 조례에 근거한 처분의 효력[11]

○ 위법한 조례는 무효이므로, 위법한 조례에 근거한 처분은 그 근거법이 없는 것이 되어 위법함

○ 이 경우 처분의 하자는 중대하나 명백하다고 보기는 어려우므로, 그 하자는 취소사유가 됨

○ 판례도 같은 입장임(대판 1995.7.11, 94누4615 전원합의체; 대판 2009.10.29, 2007두26285)

Ⅵ. 공정력[12]

○ 행정행위가 적법요건에 하자가 있더라도, 그 흠이 중대·명백하여 당연무효가 아닌 한, 권한 있는 기관에 의하여 취소될 때까지는 유효한 것으로 통용되는 효력

Ⅶ. 사례의 경우

○ 위 사례에서는 B군수의 사업정지처분의 효력이 문제인 것으로,

○ 만약 사업정지처분이 위법하다면, 당해 처분은 무효 또는 취소가 될 것임

○ 이 문제는 사업정지처분의 근거인 조례의 위법 여부에 관한 것으로, 이 조례는 기관위임사무인 석유정제업 등록 및 등록취소사무를 규칙이 아닌 조례로 재위임하고 있으므로, 조례제정권의 사항적 범위를 벗어난 위법한 조례임

○ 위법한 조례는 무효임

---

10) 강론, 1126면.

11) 강론, 1126면 이하.

12) 강론, 225면 이하.

○ 무효인 조례에 근거한 처분의 경우 하자는 중대하나 명백하다고 보기 어려우므로 그 하자는 취소사유임
○ 그러나 취소사유 있는 사업정지처분은 취소되기까지는 공정력에 의해서 유효하게 통용됨
○ 따라서 甲이 권리구제를 받기 위해서는 취소쟁송을 제기하여야 함

[문 3]

I. 논점: 하자의 승계

II. 하자의 승계[13]

1. 하자의 승계의 의의와 논의의 전제조건

○ 두 개 이상의 행정행위가 연속적으로 행하여지는 경우 선행행정행위의 흠을 이유로 후행행정행위를 다툴 수 있는가 하는 문제
○ 선행행정행위에 단순위법의 하자가 있고 쟁송기간이 도과한 경우에만 하자의 승계가 문제됨

2. 학설

(1) 종래의 견해

① 선행행정행위와 후행행정행위가 상호 독립하여 별개의 효과를 발생하는 경우에는, 선행행위가 당연무효가 아닌 한 그 흠이 후행행위에 승계되지 않음
② 선행행정행위와 후행행정행위가 서로 결합하여 하나의 법적 효과를 완성하는 경우에는 선행행위의 흠이 후행행위에 승계됨

(2) 규준력이론

○ 하자의 승계 문제를 불가쟁력이 발생한 선행행정행위의 후행행정행위에 대한 구속력의 문제로 이해하려는 견해
○ 규준력이 인정되려면, ① 양 행위가 동일한 사안과 목적을 추구하여야 하고(대물적 한계), ② 양 행위에서의 상대방, 이해관계인, 유관기관 등이 일치하여야 하며(대인적 한계), ③ 선행행정행위의 사실 및 법상태가 후행행정행위에 유지되고 있는 경우이어야 함(시간적 한계). ④ 다만 규준력을 인정하는 것이 상대방에게 가혹하거나 예측가능성이 없었던 경우에는 예외적으로 규준력이 부인됨(규준의 추가적 요건)

---

13) 강론, 258면 이하.

3. 판례

(1) 기본입장

○ 판례는 사업인정처분과 재결처분 사이의 하자의 승계를 인정하지 않음(대판 1992.3.13., 91누4324)

(2) 예외적으로 하자의 승계를 인정

○ 판례는 이와 같은 종래의 입장을 유지하면서도, 예컨대 "위법한 개별공시지가를 기초로 한 과세처분 등 후행 행정처분에서 개별공시지가결정의 위법을 주장할 수 없도록 하는 것은 수인한도를 넘는 불이익을 강요하는 경우"와 같은 경우에는 예외적으로 흠의 승계를 인정하기도 함(대판 1994.1.25, 93누8542; 대판 1997.9.26, 96누7649; 대판 2008.8.21, 2007두13845)

○ 결국 판례의 입장은 양 행위가 서로 독립한 처분인 경우에는 하자의 승계를 부인하는 것이 원칙이지만, 불가쟁력이 발생한 선행처분의 하자를 후행 처분에서 다툴 수 있도록 할 것인가 의 여부는 개인의 권리보호의 관점에서 수인가능성이 있는지의 여부를 개별적으로 검토하여 결정하고 있다고 할 수 있음

Ⅲ. 사례의 경우

○ 사례에서 甲이 사업정지처분에 대하여 다투지 않고 석유정제업 등록취소처분에 대하여 항고 소송을 제기한 것은, 선행 사업정지처분의 하자가 후행 등록취소처분에 승계될 수 있는가 하는 문제임

○ 사안의 경우 선행 사업정지처분에는 단순위법의 하자가 있고, 사업정지처분서를 송달받은 후 4개월이 넘어 이에 대한 제소기간도 도과하였으므로, 논의의 전제는 충족하고 있음

○ 선행처분은 일정기간 영업을 정지시키는 것인데 비하여, 후행처분은 석유정제업자로서의 지위를 박탈하는 것이므로, 양 처분은 서로 독립하여 별개의 법적 효과를 발생을 목적으로 하는 경우로서 원칙적으로는 하자가 승계되지 않음

○ 수인가능성과 관련하여서도, 위 사례에서 사업정지처분에 대해서 다툴 수 없는 별도의 사정이 보이지 않으므로 제소기간 도과의 불이익이 수인한도를 넘는 불이익을 강요하는 것이라 할 수 없어 하자의 승계는 부정됨

○ 결국 甲은 석유정제업 등록취소처분에 대한 항고소송을 통하여 권리구제를 받을 수 없음

제7회 변호사시험(2018) 공법(제1문, 제2문)

[제 1 문]

A도 교육청 교육감 甲은 교육의 경제적 효율성을 제고하고 인구절벽이라는 시대상황을 정책에 반영하기 위하여, ① 전체 재학생수가 10명 미만인 초등학교의 경우 인근 학교와의 적극적인 통·폐합을 추진하고, ② 전체 재학생수가 3명 미만인 경우에는 해당 학교를 폐지하기 위한 작업을 준비하였다. 또한 A도 의회는 2016.12.20. 'A도 학교설치 조례' 제2조의 [별표 1] 란 중 "다동초등학교"란을 삭제하는 내용의 'A도 학교설치조례 개정안'을 의결하였다. 이 조례는 2016.12.31. 공포되었고, 이 조례에 대해서는 어떠한 재의요구도 없었다.

한편 A도 도지사 乙은 도내 교육 행정의 최종적 권한은 지방자치단체인 A도가 보유하는 것이고, 위 조례가 현재로서는 시기상조임을 지적하며 문제를 제기하였다. 위 조례 공포 후 乙은 2017.1.8. A도 교육청에 대하여 '재학생 10명 미만 재적 초등학교의 폐지에 관한 업무 추진 실태'에 관한 감사실시계획을 통보하였다. 이에 교육감 甲은 A도의 감사계획 통보는 甲의 학교폐지에 관한 권한을 침해하였다고 주장하면서, 2017.2.28. 헌법재판소에 A도를 상대로 권한쟁의심판을 청구하였다.

다른 한편 A도의 도민인 다동초등학교의 학부모 丙과 丙의 자녀인 丁은 2017.1.10. 위 조례에 대하여 통학조건의 변화로 인한 기본권 침해를 주장하며 헌법소원심판을 청구하였다.

4. 교육부장관 戊는 위 학교폐지사무는 조례의 제정대상이 아니라고 주장한다.
   (1) 학교폐지사무의 법적 성격을 검토하시오. (10점)
   (2) 위 조례에 대한 戊의 지방자치법상 쟁송수단을 설명하시오. (10점)

[참조조문]
※ 아래의 법령은 가상의 것임을 전제로 한다.

「지방교육자치에 관한 법률」
제2조(교육·학예사무의 관장) 지방자치단체의 교육·과학·기술·체육 그 밖의 학예(이하 "교육·학예"라 한다)에 관한 사무는 특별시·광역시 및 도(이하 "시·도"라 한다)의 사무로 한다.
제3조(「지방자치법」과의 관계) 지방자치단체의 교육·학예에 관한 사무를 관장하는 기관의 설치와 그 조직 및 운영 등에 관하여 이 법에서 규정한 사항을 제외하고는 그 성질에 반하지 않는 한 「지방자치법」의 관련 규정을 준용한다. 이 경우 "지방자치단체의 장"또는 "시·도지사"는 "교육감"으로, "지방자치단체의 사무"는 "지방자치단체의 교육·학예에 관한 사무"로, "자치사무"는 "교육·학예에 관한 자치사무"로, "행정안전부장관"·"주무부장관" 및 "중앙행정기관의 장"은 "교육부장관"으로 본다.

제18조(교육감) ① 시·도의 교육·학예에 관한 사무의 집행기관으로 시·도에 교육감을 둔다.

② 교육감은 교육·학예에 관한 소관 사무로 인한 소송이나 재산의 등기 등에 대하여 당해 시·도를 대표한다.

제19조(국가행정사무의 위임) 국가행정사무 중 시·도에 위임하여 시행하는 사무로서 교육·학예에 관한 사무는 교육감에게 위임하여 행한다. 다만, 법령에 다른 규정이 있는 경우에는 그러하지 아니하다.

제20조(관장사무) 교육감은 교육·학예에 관한 다음 각 호의 사항에 관한 사무를 관장한다.

1. 조례안의 작성 및 제출에 관한 사항
2. 예산안의 편성 및 제출에 관한 사항
3. 결산서의 작성 및 제출에 관한 사항
4. 교육규칙의 제정에 관한 사항
5. 학교, 그 밖의 교육기관의 설치·이전 및 폐지에 관한 사항
6. 교육과정의 운영에 관한 사항

「초·중등교육법시행령」

제15조(취학아동명부의 작성 등) ① 읍·면·동의 장은 매년 10월 1일 현재 그 관내에 거주하는 자로서 그 해 1월 1일부터 12월 31일까지 연령이 만 6세에 달하는 자를 조사하여 그 해 10월 31일까지 취학아동명부를 작성하여야 한다. 이 경우 제3항에 따라 만 6세가 되는 날이 속하는 해에 입학연기를 신청하여 취학아동명부에서 제외된 자는 포함하여야 한다.

② 취학아동의 조사 및 명부작성에 관하여 필요한 사항은 교육감이 정한다.

개정된 「A도 학교설치 조례」

제2조 ① A도 내 도립초등학교는 [별표 1]과 같이 설치한다.

[별표 1]의 내용

   A도 내 도립초등학교

(개정 전)   (개정 후)

A도 B군	A도 B군
1. 가동 초등학교 2. 나동 초등학교 3. 다동 초등학교	1. 가동 초등학교 2. 나동 초등학교 3. (삭제)

※ 별도의 부칙은 없음

[문 4 (1)]

Ⅰ. 논점: 자치사무와 기관위임사무의 구별
Ⅱ. 자치사무와 기관위임사무의 구별
   1. 학설
     ① 법령상 사무권한주체를 기준으로
      하는 견해
     ② 사무의 성질도 고려하는 견해
   2. 판례: ②설
   3. 결어: ①설 타당
Ⅲ. 사례의 경우: 자치사무

[문 4 (2)]

Ⅰ. 논점: 재의요구명령과 제소(지자법 172)
Ⅱ. 자치사무에 대한 행정적 통제
Ⅲ. 재의요구명령과 제소(지자법 172)
Ⅳ. 감독청의 제소지시 및 직접 제소
   ○ 지자법 172 ④
   ○ 지자법 172 ⑦
Ⅴ. 사례의 경우

[문 4 (1)]

Ⅰ. 논점: 자치사무와 기관위임사무의 구별[14]

Ⅱ. 자치사무와 기관위임사무의 구별

1. 학설

① 개별법령에서 사무권한의 주체를 국가기관의 장으로 규정하고 있으면 국가사무이고 별도의 권한위임규정에 의하여 이 사무가 지방자치단체의 장에게 위임되었으면 기관위임사무이며, 개별법령에서 사무권한의 주체를 지방자치단체의 장으로 규정하고 있는 경우에는 자치사무로 보아야 한다는 견해

② 개별법령에서 사무수행의 주체를 지방자치단체의 장으로 규정하고 있는 경우에도 개별법령의 취지와 내용을 판단하여 국가주도적으로 처리되어야 할 사무인 경우에는 기관위임사무, 지방자치단체가 자율적으로 처리할 수 있는 사무인 경우에는 자치사무로 보는 견해

2. 판례

○ 법령에서 사무권한의 주체를 지방자치단체의 장으로 규정하고 있는 경우에도 "법령상 지방자치단체의 장이 처리하도록 하고 있는 사무가 자치사무인지 아니면 기관위임사무인지를 판단하기 위해서는 그에 관한 법령의 규정 형식과 취지를 우선 고려하여야 하지만, 그 밖에 그 사무의 성질이 전국적으로 통일적인 처리가 요구되는 사무인지, 그에 관한 경비부담과

---

14) 강론, 1155면 이하.

최종적인 책임귀속의 주체가 누구인지 등도 함께 고려하여야 한다."는 입장(대판 2013.5.23, 2011추56)

3. 결어

○ 헌법의 지방자치권보장의 관점에서 지방자치단체가 수행하는 사무는 자치사무인 것이 원칙이어야 하므로, 학설 ①이 타당

Ⅲ. 사례의 경우

○ 지방교육자치에 관한 법률 제2조에 따라 지방자치단체의 교육에 관한 사무는 시·도의 사무
○ 동법 제20조 제5호는 '학교, 그 밖의 교육기관의 설치·이전 및 폐지에 관한 사항'을 교육감의 관장사무로 규정
○ 여기에 별도의 '전국적 통일성' 등을 요구하는 특단의 사정도 없음
○ 따라서 '학교폐지사무'는 자치사무임

[문 4 (2)]

Ⅰ. 논점: 자치사무에 대한 행정적 통제로서 '재의요구명령과 제소(지자법 172)'

Ⅱ. 자치사무에 대한 행정적 통제[15]

○ 지방자치법상 자치사무에 대한 행정적 통제수단으로는 조언·권고, 보고·감사, 승인유보, 재의요구명령과 제소, 시정명령과 취소·정지가 있음
○ 사례에서는 '지방의회의 의결(조례)에 관한 것'으로서 '쟁송수단'이 문제되므로, 이 가운데 '재의요구명령과 제소'의 문제임

Ⅲ. 재의요구명령과 제소(지자법 172)[16]

○ 지방의회의 의결이 법령에 위반되거나 공익을 현저히 해친다고 판단되면 시·도에 대하여는 주무부장관이, 시·군 및 자치구에 대하여는 시·도지사가 재의를 요구하게 할 수 있음(지자법 172 ①)
○ 재의요구명령에 따른 재의결에 대하여는 지방자치단체의 장이 제소하는 방법(지자법 172 ③)과

---

15) 강론, 1168면 이하.
16) 강론, 1170면 이하.

감독청이 제소를 지시하거나 직접제소하는 방법(지자법 172 ④, ⑦)이 있는데, 사례의 경우는 감독청으로서 戊의 조례에 대한 쟁송수단이 문제되므로, 후자의 문제임

Ⅳ. 감독청의 제소지시 및 직접 제소

○ 주무부장관이나 시·도지사는 재의결된 사항이 법령에 위반된다고 판단됨에도 불구하고 해당 지방자치단체의 장이 소를 제기하지 아니하면 그 지방자치단체의 장에게 제소를 지시하거나 직접 제소 및 집행정지결정을 신청할 수 있음(지자법 172 ④)

○ 여기에서 감독청의 제소지시에 따라 지방자치단체의 장이 제기하는 소송은 일종의 기관소송으로 볼 수 있으나, 감독청이 직접 제소하는 경우 이 소송은 특수한 형태의 소송이라고 보아야 할 임

○ 지방의회의 의결이 법령에 위반된다고 판단되어 주무부장관이나 시·도지사로부터 재의요구 지시를 받은 지방자치단체의 장이 재의를 요구하지 아니하는 경우(법령에 위반되는 지방의회의 의결 사항이 조례안인 경우로서 재의요구지시를 받기 전에 그 조례안을 공포한 경우를 포함)에는 주무부장관이나 시·도지사는 대법원에 직접 제소 및 집행정지결정을 신청할 수 있음(지자법 172 ⑦). 이 경우 감독청의 직접 제소에 의한 소송은 특수한 형태의 소송이라고 보아야 할 것임

Ⅴ. 사례의 경우

○ 戊는 A도에 대하여 조례에 대한 재의를 요구하게 할 수 있고 이에 따라 A도 의회가 한 재의결이 법령에 위반됨에도 甲이 대법원에 제소를 하지 않으면, 甲에게 제소지시를 하거나 직접 제소 및 집행정지결정을 신청할 수 있음(제172조 제4항)

○ 戊는 조례에 대한 재의요구 지시를 받은 甲이 이를 하지 아니하는 경우에는 대법원에 직접 제소 및 집행정지결정을 신청할 수 있음(제172조 제7항)

[제 2 문]

법무법인 甲, 乙 및 丙은 2015.3.3. 정기세무조사의 대상이 되어 2014 사업연도의 법인세 신고 및 납부내역에 대한 세무조사를 받았다. 정기세무조사는 매년 무작위로 대상자를 추출하여 조사 하는 것으로 세무조사로 인한 부담을 덜어주기 위하여 동일한 과세기간에 대해서는 원칙적으로 재조사를 금지하고 있다. 그러나 관할 세무서장은 甲, 乙 및 丙의 같은 세목 및 같은 과세기간에 대하여 재조사 결정 및 이에 따른 통지 후 2016.5.20. 재조사를 실시하면서, 재조사 이유에 대해 과거 위 각 법인에서 근무하던 직원들의 제보를 받아 법인세 탈루혐의를 입증할 자료가 확보되었기 때문이라고 밝혔다. 관할 세무서장은 재조사 결과 甲, 乙 및 丙의 법인세 탈루사실이 인정된다고 보아 甲과 乙에 대해서는 2017.1.10., 丙에 대해서는 2017.11.3. 증액경정된 조세부과처분을 각각 발령하였다. 한편, 甲, 乙 및 丙은 세무조사로서의 재조사에 대하여 제소기간 내에 취소소송을 제기하였다.

1. 甲의 취소소송의 대상적격은 인정되는가? (15점)
2. 甲은 연이은 세무조사로 인하여 법무법인으로서의 이미지가 실추되었다고 생각하고 국가배상청구소송을 제기하고자 한다. 위 1.에 의한 취소소송에서 甲의 소송상 청구가 인용되어 그 판결이 확정된 것을 전제로 할 때 국가배상청구소송에서의 위법성 인정 여부를 설명하시오. (20점)
3. 위 乙의 취소소송 계속 중, 乙은 재조사의 법적 근거인 「국세기본법」 제81조의4 제2항 제1호가 '조세탈루의 혐의가 인정되거나 의심되는 자료가 있는 경우'라고만 규정하여, 위법하게 수집된 자료 또는 명백히 혐의를 인정하기 부족한 자료가 있는 경우에도 재조사를 허용하는 것은 위헌이라고 주장하며 위헌법률심판제청을 신청하였다. 이에 헌법재판소는 2017.12.29. 동 조항에 대하여 위헌결정을 내렸다. 甲은 위 헌법재판소의 위헌결정의 효력을 자신의 취소소송에서 주장할 수 있는가? (20점)
4. 위 재조사에 근거하여 발령된 甲에 대한 2017.1.10.자 조세부과처분은 적법한가? (단, 하자승계 논의는 제외함) (20점)
5. 丙은 위 조세부과처분에 따라 부과금액을 납부하였다. 丙이 재조사의 근거 조항에 대한 헌법재판소의 2017.12.29. 위헌결정 이후 이미 납부한 금액을 돌려받기 위하여 제기할 수 있는 소송에 관하여 논하시오. (단, 제소시점은 2018.1.4.로 하며, 국가배상청구소송과 헌법소송은 제외함) (25점)

[참조조문]
※ 아래의 법령은 가상의 것임을 전제로 하며, 헌법재판소에서 해당 조항의 위헌 여부에 대하여 판단한 바 없다.

「국세기본법」

제81조의4(세무조사권 남용 금지) ① 세무공무원은 적정하고 공평한 과세를 실현하기 위하여 필요한 최소한의 범위에서 세무조사를 하여야 하며, 다른 목적 등을 위하여 조사권을 남용해서는 아니 된다.

② 세무공무원은 다음 각 호의 어느 하나에 해당하는 경우가 아니면 같은 세목 및 같은 과세기간에 대하여 재조사를 할 수 없다.

1. 조세탈루의 혐의가 인정되거나 의심되는 자료가 있는 경우

2. ~ 6. ＜생략＞

7. 그 밖에 제1호부터 제6호까지와 유사한 경우로서 대통령령으로 정하는 경우

제81조의7(세무조사의 통지와 연기신청)

② 사전통지를 받은 납세자가 천재지변이나 그 밖에 대통령령으로 정하는 사유로 조사를 받기 곤란한 경우에는 대통령령으로 정하는 바에 따라 관할 세무관서의 장에게 조사를 연기해 줄 것을 신청할 수 있다.

제81조의17(납세자의 협력의무) 납세자는 세무공무원의 적법한 질문·조사, 제출명령에 대하여 성실하게 협력하여야 한다.

「조세범 처벌법」

제17조(명령사항위반 등에 대한 과태료 부과) 관할 세무서장은 다음 각 호의 어느 하나에 해당하는 자에게는 2,000만원 이하의 과태료를 부과한다.

1. ~ 4. ＜생략＞

5. 「소득세법」·「법인세법」 등 세법의 질문·조사권 규정에 따른 세무공무원의 질문에 대하여 거짓으로 진술을 하거나 그 직무집행을 거부 또는 기피한 자

[문 1]

Ⅰ. 논점: 세무재조사결정의 처분성

Ⅱ. 처분의 개념

1. 행정쟁송법상의 처분

2. 처분개념에 관한 학설과 판례

① 일원설(실체법상의 처분개념설)

② 이원설(쟁송법상의 처분개념설)

③ 형식적 행정행위론

④ 판례

3. 처분의 개념적 요소

Ⅲ. 세무조사결정의 법적 성질

1. 세무조사의 의의 및 성질(행정조사)

2. 세무조사결정의 처분성

3. 사례의 경우: 세무재조사결정의 처분성

[문 2]

Ⅰ. 논점: 취소소송의 기판력이 후소인 국가배상소송에 미치는지 여부

Ⅱ. 취소소송의 기판력과 국가배상청구소송

1. 국가배상법상 위법성과 취소소송에서의 위법성의 동일성 여부

2. 취소소송의 기판력이 후소인 국가배상소송에 미치는지 여부

(1) 기판력부정설

(2) 기판력긍정설

(3) 제한적 긍정설

(4) 취소소송의 소송물을 근거로 한 제한적 긍정설

(5) 판례

Ⅲ. 사례의 경우

[문 3]

Ⅰ. 논점: 헌법재판소의 위헌결정의 효력범위 및 소급효
Ⅱ. 위헌결정의 효력
  1. 헌법재판소법 제47조
  2. 위헌결정의 효력범위 및 소급효
    ① 위헌제청을 한 '당해사건'
    ② 위헌결정이 있기 전에 이와 동종의 위헌 여부에 관하여 헌법재판소에 위헌여부심판제청을 하였거나 법원에 위헌여부심판제청신청을 한 '동종사건'
    ③ 따로 위헌제청신청은 아니하였지만 당해 법률 또는 법률 조항이 재판의 전제가 되어 법원에 계속 중인 '병행사건'
    ④ 위헌결정 이후 같은 이유로 제소된 '일반사건'
Ⅲ. 사례의 경우: '병행사건'

[문 4]

Ⅰ. 논점
  ① 세무재조사의 위법성
  ② 위법한 행정조사에 따른 행정결정의 효과
Ⅱ. 세무재조사의 위법성
  1. 행정조사의 한계
  2. 세무조사의 한계
  3. 위헌법령에 근거한 행정처분의 하자
  4. 사례의 경우
    ∘ 위헌법률에 근거한 것으로서 위법함
Ⅲ. 위법한 행정조사에 따른 행정결정의 효과
  ① 적극설, ② 소극설, ③ 판례(적극설)
Ⅳ. 사례의 경우: 위법

[문 5]

Ⅰ. 논점
  ① 위헌법령에 근거한 행정처분의 효력
  ② 항고소송
  ③ 당사자소송(공법상 부당이득반환청구소송과 선결문제판단권)
Ⅱ. 위헌법령에 근거한 행정처분의 효력
  1. 문제의 소재
  2. 대법원의 견해
  3. 헌법재판소의 견해
  4. 사례의 경우: 취소사유
Ⅲ. 항고소송 제기
  1. 취소소송 제기
    (1) 취소소송의 일반적 제기요건
    (2) 사례의 경우
      ∘ 취소소송 제기 가능
  2. 무효확인소송의 제기
    (1) 일반적 제소요건
    (2) 협의의 소익(확인의 이익)
    (3) 취소소송과 무효등확인소송과의 관계
    (4) 사례의 경우
      ∘ 취소소송으로 소를 변경하여야 함
Ⅳ. 당사자소송의 제기
  1. 의의
  2. 공법상 부당이득반환청구소송
    ① 공권설, ② 사권설, ③ 판례(사권설)
  3. 선결문제판단권
    ① 부정설, ② 긍정설, ③ 판례(긍정설)
  4. 사례의 경우
    ∘ 부당이득반환청구소송은 기각
Ⅴ. 결론

[문 1]

I. 논점: 세무재조사결정의 처분성

II. 처분의 개념[17]

1. 행정쟁송법상의 처분

○ 행정청이 행하는 구체적 사실에 대한 법집행으로서의 공권력의 행사 또는 그 거부와 그 밖에 이에 준하는 행정작용(행소법 2 ① 1호)

2. 처분개념에 관한 학설과 판례

① 일원설(실체법상의 처분개념설)
② 이원설(쟁송법상의 처분개념설)
③ 형식적 행정행위론
④ 판례는 행정행위 이외에도 도시·군관리계획, 단수조치의 처분성을 인정하고 있음

3. 처분의 개념적 요소

○ 행정청의 처분은, ① 행정청이 행하는, ② 구체적 사실에 관한 법집행으로서, ③ 공권력을 행사하거나 거부하는, ④ 국민의 권리의무에 직접 영향을 미치는 공법행위(대판 2012. 9.27, 2010두 3541 참조)이어야 함

III. 세무조사결정의 법적 성질[18]

1. 세무조사의 의의 및 성질

○ 세무조사란 조세의 과세표준과 세액을 결정 또는 경정하기 위하여 질문을 하거나 해당 장부·서류 또는 그 밖의 물건을 검사·조사하거나 그 제출을 명하는 것을 말한다(국세기본법 81조의2 ② 1호).

○ 세무조사는 행정기관이 정책을 결정하거나 직무를 수행하는 데 필요한 정보나 자료를 수집하기 위하여 현장조사·문서열람·시료채취 등을 하거나 조사대상자에게 보고요구·자료제출요구 및 출석·진술요구를 행하는 활동(행정조사기본법 2 1호)이라는 점에서 행정조사의 한 종류임

---

17) 강론, 869면 이하.
18) 강론, 1484면 이하.

2. 세무조사결정의 처분성[19]

○ 세무공무원은 세무조사를 하는 경우에는 조사를 받을 납세자에게 조사를 시작하기 10일 전에 조사대상 세목, 조사기간 및 조사 사유, 그 밖에 대통령령으로 정하는 사항을 통지하여야 함. 다만, 사전에 통지하면 증거인멸 등으로 조사 목적을 달성할 수 없다고 인정되는 경우에는 그러하지 아니함(국세기본법 81의7 ①)

○ 세무조사와 관련하여 판례는 세무조사결정을 항고소송의 대상이 되는 처분이라고 보고 있음 (대판 2011.3.10, 2009두23617)

○ 다수설은 이와 같은 판례의 입장을 지지하고 있음

3. 사례의 경우: 세무재조사결정의 처분성

○ 세무재조사는 세무조사를 다시 행하는 것임

○ 따라서 세무재조사결정은 세무조사결정과 마찬가지로 처분임

[문 2]

I. 논점: 취소소송의 기판력이 후소인 국가배상소송에 미치는지 여부[20]

II. 취소소송의 기판력과 국가배상청구소송

1. 국가배상법상 위법성과 취소소송에서의 위법성의 동일성 여부

○ 위법의 개념과 관련하여 취소소송에서의 위법의 개념과 국가배상에서의 위법의 개념을 동일한 것으로 볼 것인지가 문제인데, 이와 관련하여서는 우선 양자를 동일한 것으로 보는 견해(위법성 동일설)와 국가배상에서의 위법의 개념이 취소소송에서의 위법보다 넓다고 보는 견해(위법성 상대화설)가 있음. 대체로 전자에 해당되는 경우가 행위위법설이고 후자에 해당되는 경우가 상대적 위법성설과 결과불법설임. 행위위법설은 위법의 개념은 동일하게 보지만 법령위반의 범위를 엄격하게 해석하느냐의 여부에 따라 다시 협의설과 광의설로 나뉨

2. 취소소송의 기판력이 후소인 국가배상소송에 미치는지 여부

○ 위법의 개념이 취소소송과 국가배상에서 동일한가의 문제는 처분에 대한 취소소송이 확정된

---

19) 강론, 557면, 1484면.

20) 강론, 620면 이하, 951면 이하.

후에 국가배상청구소송을 제기한 경우 취소소송의 판결의 기판력이 후소인 국가배상소송에 미치는가 하는 문제와 관련되어 있음

(1) 기판력부정설
○ 위법성 상대화설의 입장으로, 취소소송에서의 위법과 국가배상에서의 위법은 서로 다른 개념이므로, 취소소송에서의 판결의 기판력은 국가배상소송에 영향을 미치지 않는다는 견해임

(2) 기판력긍정설
○ 위법성 동일설의 입장 가운데 협의의 행위위법설의 입장에서는 취소소송에서의 위법과 국가배상에서의 위법은 동일하므로, 취소소송의 판결의 기판력은 국가배상소송에 영향을 미친다고 봄

(3) 제한적 긍정설
○ 위법성 동일설의 입장 가운데 광의의 행위위법설의 입장에서는 취소소송에서의 위법과 국가배상에서의 위법은 차이가 있을 수 있으므로, 취소소송에서 인용판결의 기판력은 국가배상소송에 영향을 미치지만, 기각판결의 기판력은 미치지 않는다고 봄

(4) 취소소송의 소송물을 근거로 한 제한적 긍정설
○ 취소소송의 소송물을 '당해 처분이 위법하여 본인의 권리를 침해하고 있다는 당사자의 법적 주장'으로 이해하면서, 취소소송과 국가배상에서의 위법개념이 동일한가의 여부와 관계없이, 취소소송의 인용판결은 국가배상소송에 영향을 미치지만 기각판결은 미치지 않는다고 보는 견해. 취소소송은 주관소송이라는 점에서 이 견해가 타당함

(5) 판례
○ 판례는 "어떠한 행정처분이 후에 항고소송에서 취소되었다고 할지라도 그 기판력에 의하여 당해 행정처분이 곧바로 공무원의 고의 또는 과실로 인한 것으로서 불법행위를 구성한다고 단정할 수는 없는 것(대판 2012.5.24, 2012다11297)."이라고 하고 있어 기판력부정설의 입장으로 보임

Ⅲ. 사례의 경우
○ 제한적 긍정설((3) 또는 (4)의 견해)의 입장에서는 취소판결의 기판력이 국가배상청구소송에도 미침에 따라 국가배상청구소송에서의 위법성이 인정됨
○ 다만 기판력부정설이나 판례의 입장에서는 인용판결이 있다고 해서 당해 처분이 '법령위반'에 해당한다고 단정할 수 없으므로, 국가배상법상의 위법성을 별도로 검토하여야 함

[문 3]

Ⅰ. 논점: 헌법재판소의 위헌결정의 효력범위 및 소급효[21)]

Ⅱ. 위헌결정의 효력

1. 헌법재판소법 제47조

○ 법률의 위헌결정은 법원과 그 밖의 국가기관 및 지방자치단체를 기속함(제1항)

○ 위헌으로 결정된 법률 또는 법률의 조항은 그 결정이 있는 날부터 효력을 상실함(제2항), 그러나 형벌에 관한 법률 또는 법률의 조항은 소급하여 그 효력을 상실함(제3항)

○ 헌재법은 위헌결정의 장래효를 원칙으로 하고, 형벌법률이나 조항에만 예외적으로 소급효를 인정하고 있음

2. 위헌결정의 효력범위 및 소급효

○ 헌법재판소(헌재 1993. 5. 13. 92헌가10)와 대법원은 비형벌법률 및 규정의 경우에도 예외적으로 소급효를 인정하고 있음

○ 즉, 헌법재판소의 위헌결정의 효력은 ① 위헌제청을 한 '당해사건', ② 위헌결정이 있기 전에 이와 동종의 위헌 여부에 관하여 헌법재판소에 위헌여부심판제청을 하였거나 법원에 위헌여부심판제청신청을 한 '동종사건'과 ③ 따로 위헌제청신청은 아니하였지만 당해 법률 또는 법률 조항이 재판의 전제가 되어 법원에 계속 중인 '병행사건'뿐만 아니라, ④ 위헌결정 이후 같은 이유로 제소된 '일반사건'에도 미침. 하지만 위헌결정의 효력이 미치는 범위가 무한정일 수는 없고, 다른 법리에 의하여 그 소급효를 제한하는 것까지 부정되는 것은 아니며, 법적 안정성의 유지나 당사자의 신뢰보호를 위하여 불가피한 경우에 위헌결정의 소급효를 제한하는 것은 오히려 법치주의의 원칙상 요청됨(대판 2017.3.9, 2015다233982[부당이득반환청구])

Ⅲ. 사례의 경우

○ 甲의 사건은 "③ 헌법재판소의 위헌결정이 있던 당시 법원에 계속 중인 '병행사건'"이므로, 위헌결정의 소급효가 인정됨

---

21) 강론, 252면.

[문 4]

Ⅰ. **논점:** ① 세무재조사의 위법성, ② 위법한 행정조사에 따른 행정결정의 효과

Ⅱ. 세무재조사의 위법성

1. 행정조사의 한계[22]

○ 행정조사도 행정작용이므로 적법요건, 즉 법치행정의 원리와 행정법의 일반원칙을 준수하여야 함

○ 이와 관련하여 행정조사기본법 제4조에 규정된 행정조사의 기본원칙을 준수하여야 함

2. 세무조사의 한계[23]

○ 세무조사도 행정작용이므로 적법요건, 즉 법치행정의 원리와 행정법의 일반원칙을 준수하여야 함

○ 이와 관련하여 국세기본법은 적정하고 공평한 과세를 실현하기 위하여 필요한 최소한의 범위에서 세무조사를 하여야 하고, 다른 목적 등을 위하여 조사권을 남용해서는 안 되며(국세기본법 81조의4 ①), 조세탈루의 혐의를 인정할 만한 명백한 자료가 있는 경우 등 일정한 경우를 제외하고는 같은 세목 및 같은 과세기간에 대하여 재조사를 할 수 없도록 규정하고 있음(국세기본법 81조의4 ②)

○ 또한 세무조사기간도 조사대상 세목·업종·규모, 조사 난이도 등을 고려하여 최소한이 되도록 하여야 하고(국세기본법 81조의8 ①), 구체적인 세금탈루 혐의가 여러 과세기간 또는 다른 세목까지 관련되는 것으로 확인되는 경우 등 대통령령으로 정하는 경우를 제외하고는 조사진행 중 세무조사의 범위를 확대할 수 없음(국세기본법 81조의9 ①)

3. 위헌법령에 근거한 행정처분의 하자

○ 행정처분 이후에 그 처분의 근거가 된 법령이 위헌 또는 위법으로 결정되는 경우 이 무효인 법령에 근거한 처분은 하자 있는 위법한 처분임

4. 사례의 경우

○ 사례에서 재조사의 법적 근거인 국세기본법 제81조의4 제2항 1호에 대하여 헌법재판소의 위

---

22) 강론, 553면 이하.
23) 강론, 1486면 이하.

헌결정이 있었고, 이 위헌결정의 소급효는 甲이 제기한 취소소송에도 미치므로, 甲에 대한 세무재조사는 위헌법률에 근거한 것으로서 위법함

Ⅲ. 위법한 행정조사에 따른 행정결정의 효과[24]

○ 행정조사에 실체법적 · 절차법적 위법사유가 있는 경우, 이 조사에 근거한 행정결정도 위법하게 되는가 하는 것이 문제임

○ 이에 관하여 학설은 ① 행정조사와 행정결정은 하나의 과정을 구성하는 것이므로 적정절차의 관점에서 행정조사에 중대한 위법사유가 있는 때에는 이를 기초로 한 행정결정도 위법하게 된다는 적극설과 ② 양자는 서로 별개의 제도로 볼 수 있는 것이고, 따라서 이 경우 조사의 위법이 행정행위를 위법하게 만들지 않는다는 소극설이 대립되고 있음

○ 판례는 적극설의 입장임(대판 2006.6.2, 2004두12070)
"과세처분이 이 사건 법률조항을 위반한 위법한 재조사에 기초하여 이루어졌다면 위법하다고 보아야 한다(대판 2017.12.13, 2015두3805)."

○ 결론: 법치행정의 관점에서 적극설 타당

Ⅳ. 사례의 경우

○ 위법한 재조사에 근거하여 발령된 甲에 대한 2017.1.10.자 조세부과처분은 위법함

[문 5]

Ⅰ. 논점

① 위헌법령에 근거한 행정처분의 효력
② 항고소송
③ 당사자소송(공법상 부당이득반환청구소송과 선결문제판단권)

Ⅱ. 위헌법령에 근거한 행정처분의 효력[25]

1. 문제의 소재

○ 행정처분 이후에 그 처분의 근거가 된 법령이 위헌 또는 위법으로 결정되는 경우 이 무효인 법령에 근거한 처분은 무효인지 취소할 수 있는 경우인지 문제임

---

24) 강론, 554면 이하.
25) 강론, 250면 이하.

2. 대법원의 견해

○ 대법원은 이 경우 그 하자는 중대한 것이지만, 위헌 또는 위법하다는 결정이 있기 전에는 객관적으로 명백하다고 보기 어려우므로 취소사유에 그치는 것으로 보고 있음(대판 2007.6.14, 2004두619)

3. 헌법재판소의 견해

○ 헌법재판소도 기본적으로는 처분의 근거가 된 법률이 처분 이후에 위헌으로 선고되었다 하더라도 이는 이미 집행된 처분의 취소사유일 뿐 당연무효는 아니라고 보고 있음(헌재결 2010. 12.28, 2009헌바429)

4. 사례의 경우

○ 2017.11.3. 조세부과처분 이후인 2017.12.29. 헌법재판소의 위헌결정이 있었으므로, 조세부과 처분은 무효인 법률에 근거한 처분으로서 위법하나 그 하자는 취소사유에 해당함

Ⅲ. 항고소송 제기

1. 취소소송 제기

(1) 취소소송의 일반적 제기요건

○ 취소소송은 ① 재판관할, ② 원고적격(협의의 소익 포함), ③ 피고적격, ④ 행정소송의 대상, ⑤ 제소기간, ⑥ 행정심판과의 관계, ⑦ 소제기의 형식 등의 제기요건을 갖추어야

(2) 사례의 경우

○ 위헌법률에 근거한 조세부과처분은 위법하나 그 하자는 취소사유에 해당하므로, 丙은 취소소 송을 제기할 수 있음

○ 이와 관련하여 丙은 2018.1.4. 이미 취소소송을 제기한 상태로 제소기간을 준수하였음

○ 그리고 국세부과처분의 경우 심사청구 또는 심판청구를 반드시 거쳐야 하는데, 이를 거쳤다 면 丙의 소제기는 적법함

○ 만약 丙의 청구가 인용된다면, 취소판결의 기속력으로서 결과제거의무에 따라 관할 세무서장 은 丙이 납부한 금액을 반환하여야 함

2. 무효확인소송의 제기[26)

(1) 일반적 제소요건

○ 무효등확인소송을 제기하려면, ① 재판관할, ② 원고적격(협의의 소익 포함), ③ 피고적격, ④ 처분 등, ⑤ 제소기간, ⑥ 행정심판과의 관계, ⑦ 소제기의 형식 등의 제기요건을 갖추어야 함

(2) 협의의 소익(확인의 이익)

○ 무효확인소송에서 '확인의 이익'과 관련하여, '별도의 형성소송이나 이행소송 등을 통하여 보다 효과적인 권리구제가 가능한가'하는 것이 요구되는지 문제임

○ 이에 대하여 학설은 ① 민사소송에서의 확인의 이익과 같이 무효등확인소송의 경우에도 '즉시확정의 이익'이 필요하다는 긍정설(즉시확정이익설)과 ② 민사소송에서의 '확인의 이익'과는 달리 무효등확인소송의 보충적 적용을 부인하는 부정설이 대립하고 있음

○ 종전의 판례는 별도의 다른 유효한 구제수단이 있는 경우에는 확인의 이익을 인정하지 않았으나(무효등확인소송의 보충적 적용), 최근 입장을 변경하여, 부정설과 같은 논거로 무효확인소송의 보충성이 요구되는 것은 아니라고 하였음(대판 2008.3.20, 2007두6342 전원합의체)

(3) 취소소송과 무효등확인소송과의 관계[27)

○ 일반적으로 행정처분의 무효확인을 구하는 소에는 원고가 그 처분의 취소를 구하지 아니한다고 밝히지 아니한 이상 그 처분이 만약 당연무효가 아니라면 그 취소를 구하는 취지도 포함되어 있는 것으로 보아야 한다는 것이 판례의 기본적인 입장임(대판 1994. 12.23, 94누477)

○ 이 경우 ① 취소소송의 요건을 갖추고 있으면 법원은 취소판결을 하여야 한다는 견해도 있을 수 있으나, ② 법원은 당사자의 취지가 처분의 취소를 구하는 것이라면 취소소송의 제기요건을 구비하여 취소소송으로 청구취지를 변경하도록 하여야 할 것임

(4) 사례의 경우

○ 무효확인소송의 제기에 별도의 보충성이 요구되지 않으므로, '별도의 형성소송이나 이행소송 등을 통하여 보다 효과적인 권리구제가 가능한가'와 관계없이 무효확인소송을 제기할 수 있음

○ 그런데 위헌법률에 근거한 조세부과처분은 위법하나 그 하자는 취소사유에 불과하므로, 丙의 무효확인소송에 취소를 구하는 취지가 포함된 것이라면, 취소소송으로 소를 변경하여야 함

---

26) 강론, 970면 이하.
27) 강론, 817면 이하.

Ⅳ. 당사자소송[28]의 제기(공법상 부당이득반환청구소송과 선결문제판단권)

1. 의의

○ 당사자소송이란 행정청의 처분 등을 원인으로 하는 법률관계에 관한 소송, 그 밖에 공법상의 법률관계에 관한 소송으로서 법률관계의 한쪽 당사자를 피고로 하는 소송을 말함(행소법 3 2호)

○ 이 가운데 처분 등을 원인으로 하는 법률관계에 대한 소송 또는 그 밖에 공법상의 법률관계에 관한 소송으로서 법률관계의 한쪽 당사자를 피고로 하는 소송을 실질적 당사자소송이라 함

2. 공법상 부당이득반환청구소송[29]

○ 부당이득반환청구소송은 처분 등을 원인으로 하는 법률관계에 대한 소송으로 실질적 당사자소송임

○ ① 공법상 부당이득반환청구권은 공법상의 원인에 의하여 발생한 결과를 조정하기 위한 것이기 때문에 공권이라는 공권설과 ② 부당이득제도는 순수하게 경제적 견지에서 인정되는 이해조절적 제도이므로 공법상의 원인에 의한 부당이득반환청구권은 사권이라는 사권설이 있음. ③ 판례는 사권설의 입장에서 이에 관한 소송도 민사소송에 의하는 것으로 보고 있음

3. 선결문제판단권[30]

○ 선결문제란 민사소송 등의 본안판단의 전제가 된 행정행위의 위법성이나 유효 여부를 민사법원이나 형사법원이 스스로 판단할 수 있는가 하는 문제를 말함

○ 이에 대해서는 ① 행정행위가 당연무효가 아닌 한 민사법원은 행정행위의 위법성을 판단할 수 없다고 보는 부정설과 ② 공정력, 즉 단순위법의 하자가 있지만 권한 있는 기관에 의하여 취소되기 전까지는 유효한 행정행위의 효력을 부인(취소)하지 않는 한, 그 위법성을 심리·판단할 수 있다고 보는 긍정설이 있음. ③ 판례는 긍정설의 입장과 같음

4. 사례의 경우

○ 조세부과처분에는 취소사유가 존재하므로, 민사법원은 조세부과처분의 효력을 부인할 수 없음

○ 丙이 제기한 부당이득반환청구소송은 기각될 것임

---

28) 강론, 991면 이하.

29) 강론, 132면.

30) 강론, 230면 이하.

V. 결론

o 丙이 위헌결정 이후 이미 납부한 금액을 돌려받기 위하여 제기할 수 있는 소송으로는 취소소
  송, 무효확인소송, 공법상 부당이득반환청구소송을 생각할 수 있음

o 그러나 위헌법률에 근거한 조세부과처분에는 취소사유인 하자가 존재하므로, 무효확인소송
  을 제기하더라도 취소소송으로 청구를 변경하지 않으면 반환받을 수 없음

o 부당이득반환청구소송은 민사소송의 형식으로 제기하여야 하는데, 민사법원은 공정력 또는
  구성요건적 효력 때문에 조세부과처분의 효력을 부인할 수 없으므로 부당이득반환청구소송
  은 기각될 것임

o 丙은 이미 제소기간 내에 취소소송을 제기하였는데, 다른 소송요건을 구비하였다면 취소소송
  은 가능함. 이 경우 취소소송과 부당이득반환청구소송을 관련청구소송으로 병합하여 제기할
  수도 있겠음

제8회 변호사시험(2019) 공법(제1문, 제2문)

[제 1 문의2]

丙은 현역병으로 입대하여 4주간의 군사훈련을 받은 후 의무경찰로 복무하던 중 허가 없이 휴대전화를 부대로 반입하여 이를 계속 소지·사용하였다는 사유로 경찰공무원 징계위원회에 회부되었고, 이러한 사유가 「의무경찰 관리규칙」 제94조 제1호(법령위반), 제5호(명령불복종), 제12호(기타 복무규율 위반)에 해당한다는 이유로 영창 15일의 징계처분을 받았다.

2. 丙은 영창 15일의 징계처분을 받은 후 소청심사를 청구하였다. 소청심사청구로 인해 「의무경찰대 설치 및 운영에 관한 법률」 제6조 제2항 단서의 규정에 따라 영창처분의 집행이 정지되었고, 이후 丙의 복무기간이 만료되었다. 그러나 경찰청장은 영창기간은 복무기간에 산입하지 아니한다는 같은 법률 제2조의5 제1항 제2호와 영창처분을 받은 경우 퇴직을 보류한다는 같은 법률 시행령 제34조의2 제4호에 따라 퇴직발령을 아니하였고, 소청심사청구가 기각되자 15일의 영창처분을 집행한 후에야 퇴직발령을 하였다. 이에 丙은 경찰청장이 법령을 잘못 해석하여 퇴직발령을 하지 아니한 결과 자신이 복무기간을 초과하여 복무하는 손해를 입었으므로, 국가는 「국가배상법」상 배상책임이 있다고 주장한다. 丙의 이러한 주장에 대해 국가는 "丙은 의무경찰대원이므로 「국가배상법」 제2조 제1항 단서에 의해 배상청구를 할 수 없다."라고 항변한다. 丙의 주장과 국가의 항변이 타당한지 각각 검토하시오. (30점)

[참고 조문]
「의무경찰대 설치 및 운영에 관한 법률」
제2조의5(휴직자 등의 전환복무기간 계산 등) ① 다음 각 호의 기간은 「병역법」 제25조제1항에 따라 전환복무된 의무경찰대 대원의 전환복무기간에 산입하지 아니한다.
  1. <생략>
  2. 정직 및 영창 기간
  3. <생략>
제5조(징계) ① 의무경찰에 대한 징계는 강등, 정직, 영창, 휴가 제한 및 근신으로 하고, 그 구체적인 내용은 다음 각 호와 같다.
  1. 강등 : 징계 당시 계급에서 1계급 낮추는 것
  2. 정직 : 1개월 이상 3개월 이하의 기간 동안 의무경찰의 신분은 유지하나 직무에 종사하지 못하게 하면서 일정한 장소에서 비행을 반성하게 하는 것
  3. 영창 : 15일 이내의 기간 동안 의무경찰대·함정 내 또는 그 밖의 구금장소에 구금하는 것
  4. 휴가 제한 : 5일 이내의 범위에서 휴가일수를 제한하는 것. 다만, 복무기간 중 총 제한일수는 15일을 초과하지 못한다.

5. 근신 : 15일 이내의 기간 동안 평상근무에 복무하는 대신 훈련이나 교육을 받으면서 비행을 반성하게 하는 것

② 영창은 휴가 제한이나 근신으로 그 징계처분을 하는 목적을 달성하기 어렵고, 복무규율을 유지하기 위하여 신체 구금이 필요한 경우에만 처분하여야 한다.

제6조(소청) ① 제5조의 징계처분을 받고 처분에 불복하는 사람의 소청은 각기 소속에 따라 해당 의무경찰대가 소속된 기관에 설치된 경찰공무원 징계위원회에서 심사한다.

② 제1항에 따른 심사를 청구한 경우에도 이에 대한 결정이 있을 때까지는 해당 징계처분에 따라야 한다. 다만, 영창처분에 대한 소청 심사가 청구된 경우에는 이에 대한 결정이 있을 때까지 그 집행을 정지한다.

제8조(보상 및 치료) ① 의무경찰대의 대원으로서 전투 또는 공무수행 중 부상을 입고 퇴직한 사람과 사망(부상으로 인하여 사망한 경우를 포함한다)한 사람의 유족은 대통령령으로 정하는 바에 따라 「국가유공자 등 예우 및 지원에 관한 법률」 또는 「보훈보상대상자 지원에 관한 법률」에 따른 보상 대상자로 한다.

② 의무경찰대의 대원이 전투 또는 공무수행 중 부상하거나 질병에 걸렸을 때에는 대통령령으로 정하는 바에 따라 국가 또는 지방자치단체의 의료시설에서 무상으로 치료를 받을 수 있다.

「의무경찰대 설치 및 운영에 관한 법률 시행령」

제34조의2(퇴직 보류) 임용권자는 의무경찰이 다음 각 호의 어느 하나에 해당하는 경우에는 퇴직 발령을 하지 아니할 수 있다.

1. ~ 3. <생략>
4. 정직 또는 영창 처분을 받은 경우
5. <생략>

제39조(위원회의 구성) ① 소속기관등의 장은 제38조의 소청서를 받은 경우에는 7일 이내에 경찰공무원 보통징계위원회(이하 "위원회"라 한다)를 구성하여 소청의 심사를 하게 하여야 한다. 이 경우 위원회는 5명 이상 7명 이하의 위원으로 구성한다.

② 제1항의 경우에는 소청의 요지를 피소청인에게 통보하여야 한다.

「의무경찰 관리규칙」

제94조(징계사유) 의경이 다음 각호의 1에 해당하는 때에는 징계의결의 요구를 하여야 하고 동 징계의결의 결과에 따라 징계처분을 행하여야 한다.

1. 의무경찰대 설치 및 운영에 관한 법률과 동법시행령 및 이 규칙(이하 "법령"이라 한다)을 위반한 때와 법령에 의한 명령에 위반하였을 때
2. ~ 4. <생략>
5. 상관의 명령에 복종하지 아니하였을 때
6. ~ 11. <생략>
12. 기타 제 복무규율을 위반한 때

제95조(징계의결의 요구) ① 경찰기관의 장은 소속 의경 중 제94조 각호에 해당하는 징계사유가 발생하였을 때에는 지체없이 관할 징계위원회를 구성하여 징계의결을 요구하여야 한다.

② 제1항의 징계는 소속 경찰기관에서 행한다.

제96조(징계위원회 구성과 징계의결) ① 의경을 징계하고자 할 때의 징계위원회 구성은 위원장을 포함한 3인 이상 7인 이하의 위원으로 의경 징계위원회(이하 "징계위원회"라 한다)를 구성한다.

② 제1항의 징계위원회 구성은 경사 이상의 소속 경찰공무원 중에서 당해 징계위원회가 설치된 경찰기관의 장이 임명한다.

[문 1문의2 (2)]

Ⅰ. 논점
- ○ 국가배상법 제2조의 국가배상책임
- ○ 丙 주장 관련: 배상책임요건 관련 특히
  - ① 경찰청장의 법령해석상 과실 여부,
  - ② 법령위반 여부
- ○ 국가 항변 관련: ③ 특례규정의 적용요건

Ⅱ. 국가배상법 제2조의 배상책임의 요건
1. 배상책임의 요건
2. 과실
3. 법령위반

Ⅲ. 군인·군무원 등에 대한 특례
1. 의의
2. 특례규정의 적용요건

1) 군인·군무원·경찰공무원·향토예비군대원일 것
2) 전투·훈련 등 직무 집행과 관련하여 전사·순직하거나 공상을 입은 경우일 것
3) 본인이나 그 유족이 다른 법령에 따라 재해보상금·유족연금·상이연금 등의 보상을 지급받을 수 있을 것
- ○ 따라서 이러한 별도의 국가보상을 받을 수 없는 경우에는 국가배상법에 따라 국가배상을 청구할 수 있음

Ⅳ. 사례의 경우
- ○ 丙의 주장의 타당성
- ○ 국가의 항변의 타당성

[문 1문의2 (2)]

Ⅰ. 논점

- ○ 국가배상법 제2조의 국가배상책임
- ○ 丙 주장 관련: 배상책임요건 관련 특히 ① 경찰청장의 법령해석상 과실 여부, ② 법령위반 여부
- ○ 국가 항변 관련: ③ 이른바 특례규정의 적용요건

Ⅱ. 국가배상법 제2조의 배상책임의 요건[31]

1. 배상책임의 요건

○ 국가배상법 제2조에 따라 국가나 지방자치단체의 배상책임이 성립하기 위해서는 ① 공무원의 행위일 것, ② 직무행위일 것, ③ 직무를 집행하면서 행한 행위일 것, ④ 고의·과실이 있을 것, ⑤ 위법할 것, ⑥ 타인에게 손해가 발생할 것이라는 요건이 충족되어야 함

○ 이하에서는 특히 ① 법령해석상 과실 여부와 ② 법령위반 여부를 살펴봄

2. 과실[32]

○ 과실이란 공무원으로서 일반적으로 요구되는 주의의무를 게을리 한 경우를 의미함

○ 국가배상법 제2조가 과실책임주의에 입각하여 배상책임의 요건으로 공무원의 과실을 요하나, 과실의 인정 여부를 공무원 개인의 주관적인 요소에만 의존하도록 하는 것은 피해자구제의 측면에서 바람직하지 못하므로, 과실을 객관화하려는 것이 일반적 경향임

○ 판례도 법령해석에 대한 공무원의 주관적인 주의의무위반을 기준으로 하면서도, '평균적 공무원이라면 알고 있어야 할 통상적인 수준의 법률지식을 갖추지 못한 경우'인지, 그리고 '객관적 주의의무를 결하였는지' 등을 판단기준으로 함으로써 과실을 객관화하려는 경향을 보이고 있음

3. 법령위반[33]

○ 종래 통설과 판례는 국가배상책임에 있어 법령위반의 의미를 엄격한 의미의 법령위반뿐 아니라 널리 신의성실·공서양속·권력남용금지 등의 위반도 포함되는 것으로 보고 있어 광의의 행위위법설의 입장으로 판단됨

○ 특히 판례는 공무원의 직무집행이 '현저히 합리성을 결여'하고 있거나 '객관적 주의의무를 결하여 그 행정처분이 객관적 정당성을 상실'하였는지를 판단기준으로 삼고 있음

---

31) 강론, 597면 이하.

32) 강론, 606면 이하.

33) 강론, 609면 이하.

Ⅲ. 군인·군무원 등에 대한 특례[34]

1. 의의

o 국가배상법 제2조 제1항 단서의 특례규정의 취지는 위험성이 높은 직무에 종사하는 공무원에 대하여는 사회보장차원에서 별도의 보상 또는 지원제도가 마련되어 있으므로, 이와 중복되는 국가배상을 이중으로 청구하지 못하도록 하는 데 있음

2. 특례규정의 적용요건

(1) 군인·군무원·경찰공무원·향토예비군대원일 것

o 이와 관련하여 판례는 공익근무요원(대판 1997.3.28, 97다4036), 현역병으로 입대하였으나 교도소 경비교도로 전임 임용된 자(대판 1998.2.10, 97다45914)는 국가배상법 제2조 제1항 단서의 군인 등에 해당하지 않는다고 하였으나, 전투경찰순경은 여기의 경찰공무원에 해당된다고 보았음 (헌재결 1996.6.13, 94헌마118)

(2) 전투·훈련 등 직무 집행과 관련하여 전사·순직하거나 공상을 입은 경우일 것

o 판례는 '전투·훈련 등 직무집행과 관련하여' 순직 등을 한 경우 국가배상법 및 민법에 의한 손해배상책임을 청구할 수 없다고 정한 국가배상법 제2조 제1항 단서의 면책조항은 전투·훈련 또는 이에 준하는 직무집행뿐만 아니라 '일반 직무집행'에 관하여도 국가나 지방자치단체의 배상책임을 제한하는 것이라고 판시하고 있음(대판 2011.3.10, 2010다85942)

(3) 본인이나 그 유족이 다른 법령에 따라 재해보상금·유족연금·상이연금 등의 보상을 지급받을 수 있을 것

o 따라서 이러한 별도의 국가보상을 받을 수 없는 경우에는 국가배상법에 따라 국가배상을 청구할 수 있음(대판 1996.2.14, 96다28066)

Ⅳ. 사례의 경우

o 丙의 주장의 타당성

— 퇴직보류처분을 한 경찰청장은 국가배상법 제2조의 공무원으로서, 여기에서의 퇴직보류처분은 의무경찰대 설치 및 운영에 관한 법률(이하 '법') 시행령 제34조의2 제4호에 따른 직무행위임

— 경찰청장은 丙이 영창처분을 받아 법 시행령 규정에 따라 퇴직보류처분을 한 것이므로, 법해석상 평균적 공무원으로서 객관적 주의의무를 결한 과실이 있다고 볼 수 없고,

— 이와 같은 법적용이 객관적 주의의무를 객관적 정당성을 상실하였다고 볼 수 없어 법령위반

---

34) 강론, 624면 이하.

도 인정되지 않음

— 결국 丙에 대한 국가배상책임은 인정되지 않을 것이므로, 丙의 주장은 타당하지 않음

○ 국가의 항변의 타당성

— 국가배상법 제2조 제1항 단서의 '경찰공무원'에는 전투경찰순경도 포함된다는 것이 판례의 입장이므로 丙은 의무경찰로서 이에 해당한다고 할 수 있음

— 그러나 丙이 주장하는 '초과복무손해'는 위 특례규정의 적용요건인 '전투·훈련 등 직무 집행과 관련하여 전사·순직하거나 공상을 입은 경우'에 해당하지 않음

— 그리고 특례가 적용되려면 법 제8조에 따라 '의무경찰이 전투 또는 공무수행 중 사망하거나 부상을 입은 경우에는 본인 또는 유족이 '의무경찰대법', '국가유공자 등 예우 및 지원에 관한 법률' 또는 '보훈보상대상자 지원에 관한 법률' 등에 의하여 보상 및 치료를 받을 수 있'는 경우에 해당되어야 하는데, 丙이 입은 손해는 보상의 대상이 되지 않는 '초과복무'라는 손해이므로, 특례규정이 적용되지 않음

— 따라서 ① 丙이 특례규정상 경찰공무원에 해당한다는 점에서는 국가의 항변이 타당하지만, ② 나머지 특례규정의 적용요건에는 해당하지 않아 국가배상을 청구할 수 있다는 점에서는 국가의 항변은 타당하지 않음

[제 2 문]

2017.12.20. 보건복지부령 제377호로 개정된 「국민건강보험 요양급여의 기준에 관한 규칙」(이하 '요양급여규칙'이라 함)은 비용 대비 효과가 우수한 것으로 인정된 약제에 대해서만 보험급여를 인정해서 보험재정의 안정을 꾀하고 의약품의 적정한 사용을 유도하고자 기존의 보험 적용 약제 중 청구실적이 없는 미청구약제에 대한 삭제제도를 도입하였다. 개정 전의 요양급여규칙은 품목허가를 받은 모든 약제에 대하여 보험급여를 인정하였으나, 개정된 요양급여규칙에 따르면 최근 2년간 보험급여 청구실적이 없는 약제에 대하여 요양급여대상 여부에 대한 조정을 할 수 있다.

보건복지부장관은 위와 같이 개정된 요양급여규칙의 위임에 따라 사단법인 대한제약회사협회 등 의약관련단체의 의견을 받아 보건복지부 고시인 '약제급여목록 및 급여상한금액표'를 개정하여 2018.9.23. 고시하면서, 기존에 요양급여대상으로 등재되어 있던 제약회사 甲(이하 '甲'이라 함)의 A약품(1998.2.1. 등재)이 2016.1.1.부터 2017.12.31.까지의 2년간 보험급여 청구실적이 없는 약제에 해당한다는 이유로 위 고시 별지4 '약제급여목록 및 급여상한금액표 중 삭제품목'란(이하 '이 사건 고시'라 함)에 아래와 같이 A약품을 등재하였다. 요양급여대상에서 삭제되면 국민건강보험의 요양급여를 받을 수 없어 해당 약제를 구입할 경우 전액 자기부담으로 구입하여야 하고 해당 약제에 대해 요양급여를 청구하여도 요양급여청구가 거부되므로 해당 약제의 판매 저하가 우려된다.

보건복지부 고시 제2018-○○호(2018. 9. 23.)
약제급여목록 및 급여상한금액표
제1조 (목적) 이 표는 국민건강보험법 …… 및 국민건강보험요양급여의 기준에 관한 규칙 ……의 규정에 의하여 약제의 요양급여대상기준 및 상한금액을 정함을 목적으로 한다.
제2조 (약제급여목록 및 상한금액 등) 약제급여목록 및 상한금액은 [별표1]과 같다.
[별표1]
　별지4 삭제품목
　연번 17. 제조사 甲, 품목 A약품, 상한액 120원/1정

제약회사들을 회원으로 하여 설립된 사단법인 대한제약회사협회와 甲은 이 사건 고시가 있은지 1개월 후에야 고시가 있었음을 알았다고 주장하며 이 사건 고시가 있은 날로부터 94일째인 2018.12.26. 이 사건 고시에 대한 취소소송을 제기하였다.

1. 보건복지부 고시인 '약제급여목록 및 급여상한금액표'의 법적 성질과 이 사건 고시의 취소소송의 대상 여부를 논하시오. (30점)
2. 사단법인 대한제약회사협회와 甲에게 원고적격이 있는지 여부를 논하시오. (20점)

3. 사단법인 대한제약회사협회와 甲이 제기한 이 사건 소가 제소기간을 준수하였는지를 검토하시오. (20점)

4. 甲은 "개정 전 요양급여규칙이 아니라 개정된 요양급여규칙에 따라 A약품을 요양급여대상에서 삭제한 것은 위법하다."라고 주장한다. 이러한 甲의 주장을 검토하시오. (30점)

[참고 조문] (아래 법령은 현행 법령과 다를 수 있음)
「국민건강보험법」
제41조(요양급여) ① 가입자와 피부양자의 질병, 부상, 출산 등에 대하여 다음 각 호의 요양급여를 실시한다.
 1. 진찰 · 검사
 2. 약제 · 치료재료의 지급
 3. <이하 생략>
 ② 제1항에 따른 요양급여의 방법 · 절차 · 범위 · 상한 등의 기준은 보건복지부령으로 정한다.

「국민건강보험 요양급여의 기준에 관한 규칙」(보건복지부령 제377호, 2017. 12. 20. 공포)
제8조(요양급여의 범위 등) ① 법 제41조 제2항에 따른 요양급여의 범위는 다음 각 호와 같다.
 1. 법 제41조 제1항의 각 호의 요양급여(약제를 제외한다) : 제9조에 따른 비급여대상을 제외한 것
 2. 법 제41조 제1항의 2호의 요양급여(약제에 한한다) : 제11조의2, 제12조 및 제13조에 따라 요양급여대상으로 결정 또는 조정되어 고시된 것
 ② 보건복지부장관은 제1항의 규정에 의한 요양급여대상을 급여목록표로 정하여 고시하되, 법 제41조 제1항의 각 호에 규정된 요양급여행위, 약제 및 치료재료(법 제41조 제1항의 2호의 규정에 의하여 지급되는 약제 및 치료재료를 말한다)로 구분하여 고시한다.
제13조(직권결정 및 조정) ④ 보건복지부장관은 다음 각 호에 해당하면 이미 고시된 약제의 요양급여대상여부 및 상한금액을 조정하여 고시할 수 있다.
 1. ~ 5. <생략>
 6. 최근 2년간 보험급여 청구실적이 없는 약제 또는 약사법령에 따른 생산실적 또는 수입실적이 2년간 보고되지 아니한 약제

부칙
이 규칙은 공포한 날로부터 시행한다.

[문 1]
I. 논점
 ① 행정규칙형식의 법규명령
 ② 처분적 법규명령
II. 고시의 법적 성질(행정규칙형식의

법규명령)
1. 행정규칙형식의 법규명령(법령보충규칙)의 의의
2. 학설
 (1) 법규명령설

(2) 행정규칙설

(3) 규범구체화행정규칙설

3. 판례

① 상위법령의 위임이 있고, ② 상위
법령의 내용을 보충 법규명령으로
서의 효력을 인정

4. 사례의 경우

○ 약제급여목록 및 급여상한금액표:
법규명령

Ⅲ. 고시의 취소소송의 대상 여부

1. 처분의 개념

(1) 행정쟁송법상의 처분

(2) 처분의 개념적 요소

2. 처분적 법규명령

3. 사례의 경우

○ 위 사례의 고시: 처분

[문 2]

Ⅰ. 논점: ① 단체소송, ② 취소소송의 원고
적격

Ⅱ. 단체소송: 인정 안 됨

Ⅲ. 원고적격

1. 원고적격의 의의

2. 법률상 이익에 관한 학설

(1) 권리구제설(권리회복설)

(2) 법률상 보호이익설

(3) 보호가치 있는 이익설

(4) 적법성보장설

(5) 결어(법률상 이익=법률상 보호이익=공권)

3. 법률상 이익의 내용('법에 의하여 보
호되는 개별적·직접적·구체적 이익')

Ⅳ. 사례의 경우

○ 대한제약회사협회의 원고적격: 인정 안
됨

○ 甲의 원고적격: 인정됨

[문 3]

Ⅰ. 논점

○ 취소소송의 제소기간(고시의 경우
제소기간의 기산일＝효력발생일)

Ⅱ. 취소소송의 제소기간

1. 의의

2. 처분이 있음을 안 날부터 90일

(1) 행정심판을 거치지 않은 경우

(2) 행정심판을 거친 경우

(3) 불변기간

3. 처분이 있은 날부터 1년

(1) 행정심판을 거치지 않은 경우

(2) 행정심판을 거친 경우

Ⅲ. 사례의 경우

○ '처분이 있음을 안 날부터 90일 이내에
제기'

○ 고시의 효력발생일이 제소기간의
기산점

○ 공고문서의 효력발생 시기를 구체적으
로 밝히고 있지 않으면 고시 또는 공고
등이 있은 날부터 5일이 경과한 때에
효력 발생(행정효율규정 6 ③)

○ 따라서 사례의 고시는 고시일인 2018.
9.23.일부터 5일이 경과한 2018.9.29.에
효력이 발생하였고 이 날이 제소기간의
기산점이므로, 제소기간 준수

[문 4]

Ⅰ. 논점

○ ① (부진정)소급입법, ② 신뢰보호원칙

Ⅱ. 소급입법금지의 원칙과 예외

1. 소급입법의 의의와 종류

2. 진정소급의 경우

3. 부진정소급의 경우

4. 사례의 경우

○ 부진정소급

○ 부진정소급은 원칙적으로 허용되나,
이 경우 신뢰보호의 이익 때문에 부
진정소급이 제한되는 경우인지 검토
해 보아야 함

Ⅲ. 개정된 요양급여규칙의 신뢰보호원칙
위반 여부
1. 신뢰보호원칙
(1) 의의
(2) 근거
(3) 적용요건
(4) 신뢰보호의 한계

(5) 존속보호와 보상보호
2. 사례의 경우
    ○ 신뢰보호원칙의 적용이 어려움
    ○ 부진정소급에 대한 공익보다 甲의
      신뢰보호이익이 우선한다고 볼 수
      없음
Ⅳ. 결론: 부진정소급적용은 위법하지 않음

[문 1]

Ⅰ. 논점: ① 행정규칙형식의 법규명령, ② 처분적 법규명령

Ⅱ. 고시의 법적 성질(행정규칙형식의 법규명령)[35]

1. 행정규칙형식의 법규명령(법령보충규칙)의 의의

○ 행정기관이 상위법령의 위임에 따라 고시·훈령 등의 행정규칙의 형식으로 상위법령의 내용을 보충하는 경우(형식의 부족) 이를 행정규칙형식의 법규명령(법령보충규칙)이라 함

2. 학설

(1) 법규명령설: 상위법령의 구체적 위임에 근거하여 발하여지는 것이므로 그 실질적 내용에 따라 법규명령으로 보는 견해
(2) 행정규칙설: 헌법이 규정하는 법규명령의 형식은 대통령령·총리령·부령으로 한정되어 있으므로, 이러한 형식이 아닌 법령보충규칙은 행정규칙으로 보아야 한다는 견해
(3) 규범구체화행정규칙설: 이러한 행정규칙이 법률을 구체화 또는 보충하는 기능을 지니는 경우에는 이를 규범구체화행정규칙 또는 법률대체적 행정규칙으로 부르자는 견해

3. 판례

○ 행정규칙의 형식으로 제정된 것이라도 ① 상위법령의 위임이 있고 ② 상위법령의 내용을 보충하는 기능을 가지는 경우에는 법규명령으로서의 효력을 인정
○ 대판 1994.4.26, 93누21668(주류도매면허제도개선업무처리지침), 대판 1994.3.8, 92누1728(식품제조업허가기준), 대판 1994.3.8, 92누1728(생수판매제한고시), 대판 1996.4.12, 95누7727(노인복지지침), 대판

---

35) 강론, 332면 이하.

1998.9.25, 98두7503(주유소등록요건에관한고시), 대판 2008.3.27, 2006두3742, 3759(택지개발업무처리지침), 대판 2011.9.8, 2009두23822(산업입지의 개발에 관한 통합지침) 등

4. 사례의 경우

o 판례에 따르면, 사례의 고시(약제급여목록 및 급여상한금액표)는 규칙 제8조의 위임에 따라 이를 구체화하고 있으므로 그 법적 성질은 법규명령임

Ⅲ. 고시의 취소소송의 대상 여부

1. 처분의 개념[36]

(1) 행정쟁송법상의 처분

o 행정청이 행하는 구체적 사실에 대한 법집행으로서의 공권력의 행사 또는 그 거부와 그 밖에 이에 준하는 행정작용(행소법 2 ① 1호)

(2) 처분의 개념적 요소

o 행정청의 처분은, ① 행정청이 행하는, ② 구체적 사실에 관한 법집행으로서, ③ 공권력을 행사하거나 거부하는, ④ 국민의 권리의무에 직접 영향을 미치는 공법행위(대판 2012.9.27, 2010두3541 참조)이어야 함

2. 처분적 법규명령

o 헌법 제107조는 구체적 규범통제를 택하고 있으므로, 법규명령의 위헌·위법성이 재판의 전제가 된 경우에 한하여 부수적으로 통제될 뿐이고, 독립하여 법규명령의 효력을 소송을 통하여 다툴 수 없음

o 다만 법규명령이 그 자체로서 직접 국민의 구체적인 권리의무나 법적 이익에 영향을 미치는 등의 법률상 효과를 발생하는 처분적 성격이 인정되는 경우에는(이른바 처분법규), 예외적으로 항고소송의 대상이 될 수 있음

o 대법원도 그 형식이 비록 고시이기는 하지만 법규명령적 성격을 가지고 처분성이 인정되는 경우에는 항고소송의 대상이 된다고 보고 있음

o 관련 판례
"어떠한 고시가 일반적·추상적 성격을 가질 때에는 법규명령 또는 행정규칙에 해당할 것이지만, 다른 집행행위의 매개 없이 그 자체로서 직접 국민의 구체적인 권리의무나 법률관계를 규율하는 성격을 가질 때에는 행정처분에 해당한다고 할 것이다(대법원 2003. 10.9.자 2003무23

---

36) 강론, 869면 이하.

결정 참조).

보건복지부 고시인 약제급여·비급여목록 및 급여상한금액표(보건복지부 고시 제2002-46호로 개정된 것)는 다른 집행행위의 매개 없이 그 자체로서 국민건강보험가입자, 국민건강보험공단, 요양기관 등의 법률관계를 직접 규율하는 성격을 가지므로 항고소송의 대상이 되는 행정처분에 해당한다(대판 2006.9.22, 2005두2506)."

3. 사례의 경우

○ 위 판례와 같이, 위 사례의 고시는 항고소송의 대상이 되는 처분에 해당함

[문 2]

Ⅰ. 논점: ① 단체소송, ② 취소소송의 원고적격

Ⅱ. 단체소송[37)]

○ 단체가 원고로서 다투는 소송으로, ① 단체가 구성원의 권리침해를 다투는 이기적 단체소송과 ② 단체가 일반적 공익(예: 환경보호)의 침해를 다투는 이타적 단체소송이 있음
○ 단체소송도 일종의 객관소송이므로 원칙적으로 허용되지 않지만, 법률이 정한 경우에는 허용될 수 있음(행소법 45, 개인정보보호법 제7장)
○ 위 사례와 관련하여서는 단체소송 인정 안 됨

Ⅲ. 원고적격[38)]

1. 원고적격의 의의

○ 취소소송에서의 원고가 될 수 있는 자격(법률상 이익이 있는 자)

2. 법률상 이익에 관한 학설

(1) 권리구제설(권리회복설): 권리를 침해당한 자만이 취소소송을 제기할 수 있다는 견해
(2) 법률상 보호이익설: 관련법을 목적론적으로 해석하여 '법에 의하여 보호되는 이익'이 침해되면 취소소송의 원고적격이 인정된다는 견해
(3) 보호가치 있는 이익설: 법에 의하여 보호되는 이익이 아니라 하더라도, 그 이익이 소송을

---

37) 강론, 826면 이하.
38) 강론, 830면 이하.

통하여 보호할 가치가 있다고 판단되는 경우에는 이러한 이익이 침해된 경우에도 취소소송
의 원고적격을 인정하자는 견해

(4) 적법성보장설: 법률상 이익을 행정의 적법성에 대한 이해관계로 파악하는 견해. 즉 행정의
적법성 보장에 이해관계가 있는 자는 취소소송의 원고적격이 인정된다는 견해

(5) 결어

○ '법률상 이익'은 법적으로 보호되는 이익이라는 점에서 '법률상 보호이익'과 같은 개념이고,
또한 공권도 그 성립요건으로 사익보호성(법에 의하여 개인의 이익이 보호되어야 함)을 요구한다는 점
에서 같은 개념으로 이해하는 것이 일반적임(즉, '법률상 이익'='법률상 보호이익'='공권')

○ 오늘날 '법률상 이익'은, 권리구제설이나 법률상 보호이익설의 입장과 같이, 적어도 법에 의
하여 보호되는 이익을 의미함

3. 법률상 이익의 내용

○ '법에 의하여 보호되는 개별적 · 직접적 · 구체적 이익'(대판 2008.3.27, 2007두23811)

○ 국민 일반이 공통적으로 가지는 일반적 · 간접적 · 추상적 이익이나, 제3자의 사실상의 간접적
인 경제적 이해관계의 경우에는 법률상 보호되는 이익이 있다고 할 수 없음(대판 2007.12.27,
2005두9651; 대판 2002.8.23, 2002추61)

Ⅳ. 사례의 경우

○ 대한제약회사협회의 원고적격

— 대한제약회사협회는 제약회사들을 회원으로 하는 단체로서 위 사례에서는 회원들의 이익을
위한 소송을 제기하고자 하는 것임

— 이는 단체소송으로서 일종의 객관소송이므로 원칙적으로 허용되지 않지만, 법률이 정한 경
우에는 허용될 수 있음

— 따라서 위 사례에서는 원고적격이 인정되지 않음

○ 甲의 원고적격

— 요양급여대상에서 삭제되면 국민건강보험의 요양급여를 받을 수 없어 해당 약제를 구입할
경우 전액 자기부담으로 구입하여야 하고 해당 약제에 대해 요양급여를 청구하여도 요양급
여청구가 거부되므로, 이와 같은 규정은 법에 의하여 용양급여대성으로 보호받는 甲의 개별
적 · 직접적 · 구체적 이익임

— 따라서 甲의 원고적격이 인정됨

[문 3]

Ⅰ. 논점: 취소소송의 제소기간(고시의 경우 제소기간의 기산일=효력발생일)

Ⅱ. 취소소송의 제소기간[39]

1. 의의

- 제소기간은 소송제기가 허용되는 기간을 말함
- 취소소송은 처분 등이 있음을 안 날부터 90일 이내 또는 처분 등이 있은 날부터 1년 이내에 제기하여야 함(행소법 20)

2. 처분이 있음을 안 날부터 90일

(1) 행정심판을 거치지 않은 경우

- 취소소송은 처분 등이 있음을 안 날부터 90일 이내에 제기하여야 함(행소법 20 ① 문)
- '처분이 있음을 안 날'이라 함은 당사자가 통지, 공고 기타의 방법에 의하여 당해 처분이 있었다는 사실을 현실적으로 안 날을 의미하고 구체적으로 그 행정처분의 위법 여부를 판단한 날을 가리키는 것은 아님
- 고시 또는 공고에 의하여 행정처분을 하는 경우, 그에 대한 취소소송의 제소기간의 기산일은 '고시 또는 공고의 효력발생일'임

  "통상 고시 또는 공고에 의하여 행정처분을 하는 경우에는 그 처분의 상대방이 불특정 다수인이고, 그 처분의 효력이 불특정 다수인에게 일률적으로 적용되는 것이므로, 그 행정처분에 이해관계를 갖는 자는 고시 또는 공고가 있었다는 사실을 현실적으로 알았는지 여부에 관계없이 고시가 효력을 발생하는 날에 행정처분이 있음을 알았다고 보아야 하고, 따라서 그에 대한 취소소송은 그 날로부터 90일 이내에 제기하여야 한다(대판 2007.6.14, 2004두619)."

(2) 행정심판을 거친 경우

- 다른 법률에서 당해 처분에 대한 행정심판의 재결을 거치지 아니하면 취소소송을 제기할 수 없다고 규정한 경우(행소법 18 단서)와 그 밖에 행정심판청구를 할 수 있는 경우 또는 행정청이 행정심판청구를 할 수 있다고 잘못 알린 경우에 행정심판청구가 있은 때의 제소기간 또한 90일이며, 그 기간은 재결서의 정본을 송달받은 날부터 기산함(행소법 20 ① 단서)

(3) 불변기간

- 이상의 90일의 제소기간은 법정기간으로 법원 등이 이를 변경할 수 없는 불변기간임(행소법

---

39) 강론, 896면 이하.

20 ③)

3. 처분이 있은 날부터 1년

(1) 행정심판을 거치지 않은 경우
○ 취소소송은 처분 등이 있은 날부터 1년을 경과하면 이를 제기하지 못함(행소법 20 ②)
○ '처분이 있은 날'이라 함은 상대방이 있는 행정처분의 경우는 특별한 규정이 없는 한 의사표시의 일반적 법리에 따라 그 행정처분이 상대방에게 고지되어 효력이 발생한 날을 의미함(대판 1990.7.13, 90누2284)
○ '처분이 있음을 안 날'과 '처분이 있은 날' 중 어느 하나의 기간이 만료되면 제소기간이 종료됨

(2) 행정심판을 거친 경우
○ 다른 법률에서 당해 처분에 대한 행정심판의 재결을 거치지 아니하면 취소소송을 제기할 수 없다고 규정한 경우와 그 밖에 행정심판청구를 할 수 있는 경우 또는 행정청이 행정심판청구를 할 수 있다고 잘못 알린 경우에 행정심판청구가 있은 때(행소법 20 단서)의 제소기간은 재결이 있은 날부터 1년임(행소법 20 ②)

Ⅲ. 사례의 경우
○ 사례의 경우 대한제약회사협회와 甲은 이 사건 고시가 있었음을 알았으므로 '처분이 있음을 안 날부터 90일 이내에 제기'하여야 함
○ 이 경우 처분은 고시이므로, 사례의 경우 고시의 효력발생일이 제소기간의 기산점이 됨
○ 그런데 사례에는 고시의 효력발생일에 대한 설명이 없음
○ 대통령령인 행정 효율과 협업 촉진에 관한 규정에 따르면 공고문서는 그 문서에서 효력발생 시기를 구체적으로 밝히고 있지 않으면 고시 또는 공고 등이 있은 날부터 5일이 경과한 때에 효력이 발생함(동 규정 6 ③)
○ 따라서 사례의 고시는 고시일인 2018.9.23.일부터 5일이 경과한 2018.9.29.에 효력이 발생하고 이 날이 제소기간의 기산점이 됨
○ 따라서 사례의 경우 제소기간은 준수함

[문 4]

Ⅰ. 논점: ① (부진정)소급입법, ② 신뢰보호원칙

Ⅱ. 소급입법금지의 원칙과 예외[40]

1. 소급입법의 의의와 종류

○ 새로운 법령이 과거에 종결된 법률관계나 사실관계에 적용되는 것을 소급입법이라 함

○ 법령의 소급에는 법령의 시행 이전에 이미 종결된 사실이나 법관계에 적용되는 진정소급과 법령의 시행 이전에 시작되었으나 현재에도 진행 중인 사실이나 법관계에 적용되는 부진정소급이 있음

○ 법령은 소급적용을 하지 않는 것이 원칙인데, 이를 불소급의 원칙 또는 소급입법금지의 원칙이라고 함. 그 근거로는 법적 안정성과 개인의 신뢰보호를 내용으로 하는 법치국가원리를 들 수 있음. 우리 헌법도 소급입법에 의하여 참정권의 제한을 받거나 재산권을 박탈당하지 아니한다고 규정하고 있음(헌법 13 ②)

2. 진정소급의 경우

○ 불소급의 원칙은 본래 진정소급의 금지를 의미하는 것임. 따라서 진정소급입법은 원칙적으로 금지됨. 다만 소급입법을 예상할 수 있는 경우, 소급입법에 의한 당사자의 손실이 매우 경미한 경우, 소급입법을 정당화하는 중대한 공익상의 사유가 존재하는 경우 등에는 예외적으로 진정소급입법이 허용될 수 있음(헌재결 1999.7.22, 97헌바76)

3. 부진정소급의 경우

○ 부진정소급은 현재에도 진행 중인 사건에 새 법령을 적용하는 것이므로 원칙적으로 허용됨. 이 경우 부진정소급에 대한 공익이 개인의 신뢰보호이익 보다 우선한다고 볼 수 있겠으나, 경우에 따라서는 신뢰보호의 이익 때문에 부진정소급이 제한되는 경우도 있을 것임. 이와 같은 문제로 인하여 부진정소급의 경우에는 신구관계의 조정을 위하여 새로운 법령에 경과규정을 두는 것이 일반적임(대판 2014.4.24, 2013두26552)

4. 사례의 경우

○ '개정 전 요양급여규칙이 아니라 개정된 요양급여규칙에 따라 A약품을 요양급여대상에서 삭제한 것'은 개정된 규칙을 소급적용한 것임

○ 그러나 이미 종결된 사안이 아니라 현재에도 진행 중인 경우에 적용하는 것이므로 부진정소급에 해당함

---

40) 강론, 60면 이하.

○ 부진정소급은 원칙적으로 허용되나, 이 경우 신뢰보호의 이익 때문에 부진정소급이 제한되는 경우인지 검토해 보아야 함

Ⅲ. 개정된 요양급여규칙의 신뢰보호원칙 위반 여부

1. 신뢰보호원칙[41]

(1) 의의

○ 행정청의 일정한 명시적이거나 묵시적인 언동의 정당성 또는 존속성에 대한 개인의 보호가치 있는 신뢰는 보호해 주어야 한다는 원칙

(2) 근거

① 이론적 근거: 신의칙설, 사회국가원리설, 기본권설, 독자적 원칙설, 법적 안정성설(다수설 및 판례)

② 실정법적 근거: 국세기본법 제18조 제3항, 행정절차법 제4조 제2항

(3) 적용요건

① 행정청의 선행조치가 있어야 함

② 보호가치 있는 신뢰: 선행조치가 정당하다고 신뢰한 데 대하여 개인에게 귀책사유가 없어야 함

③ 관계인의 조치: 행정청의 선행조치를 신뢰한 이해관계인이 일정한 조치를 하여야 함

④ 인과관계: 행정청의 선행조치와 이를 신뢰한 이해관계인의 조치 간에 인과관계가 있어야 함

⑤ 선행조치에 반하는 행정처분의 존재: 신뢰보호원칙이 적용되기 위해서는 행정청이 선행조치에 반하는 처분을 함으로써 이를 신뢰한 개인의 이익이 침해되는 결과가 초래되어야 함

⑥ '공익 또는 제3자의 정당한 이익을 현저히 해할 우려가 없을 것': 대법원이 제시하고 있는 신뢰보호원칙의 소극적 적용요건. 그러나 이는 이익형량시 당연히 요구되는 것이므로 이를 신뢰보호원칙의 '적용요건'으로 볼 필요는 없고, 신뢰보호원칙의 한계 문제로 검토하면 됨

(4) 신뢰보호의 한계

○ 행정의 법률적합성과 신뢰보호의 충돌 문제

○ ① 법률적합성우위설, ② 동위·동가치라는 동위설이 있는데, 신뢰보호원칙은 법적 안정성을 근거로 하므로 동위설이 타당(지배적 견해)

○ ③ 결국 동위설의 입장에서 '적법상태의 실현에 의하여 달성되는 공익'과 '행정작용에 대한 개인의 신뢰이익' 간의 이익형량을 통하여 문제를 해결하여야 함

---

41) 강론, 50면 이하.

(5) 존속보호와 보상보호

○ 개인이 신뢰한 바를 존속시킴으로써 개인의 신뢰를 보호하는 것이 원칙(존속보호)

○ 개인의 신뢰를 보호하기 어려울 때에는 이로 인한 손해나 손실을 전보함으로써 개인의 침해된 권익이 보상되어야 함(보상보호)

2. 사례의 경우

○ 신뢰보호원칙의 적용요건과 관련하여, 개정 전 요양급여규칙과 고시가 A약제를 영구히 요양급여대상으로 하겠다는 내용의 공적 견해표명을 한 것으로 볼 수 없으므로 신뢰보호원칙의 적용이 어려움

○ 나아가 신뢰보호의 한계와 관련하여, 개정 규칙과 고시는 '비용 대비 효과가 우수한 것으로 인정된 약제에 대해서만 보험급여를 인정해서 보험재정의 안정을 꾀하고 의약품의 적정한 사용을 유도'하고자 삭제제도를 도입한 것이라는 점을 고려하면, 개정된 규칙과 고시의 적용에 관한 공익상의 요구보다 甲의 개정 전 규칙과 고시의 존속에 대한 신뢰보호의 이익이 더 크다고 보기는 어려움

Ⅳ. 결론

○ '개정된 요양급여규칙에 따라 A약품을 요양급여대상에서 삭제한 것'은 개정된 규칙을 부진정소급적용한 것이지만,

○ 부진정소급에 대한 공익보다 甲의 신뢰보호이익이 우선한다고 볼 수 없으므로 부진정소급은 허용된다고 할 수 있고, 따라서 부진정소급적용은 위법하지 않음

제9회 변호사시험(2020) 공법(제1문, 제2문)

[제 1 문의2]

A국 국적의 외국인인 甲은 자국 정부로부터 정치적 박해를 받고 있었다. 甲은 2018.11.20. 인천국제공항에 도착하여 입국 심사 과정에서 난민신청의사를 밝히고 난민법상 출입국항에서의 난민인정신청을 하였다. 인천국제공항 출입국관리공무원은 2018.11.20. 甲에 대하여 입국목적이 사증에 부합함을 증명하지 못하였다는 이유로 입국불허결정을 하고, 甲이 타고 온 외국항공사에 대하여 甲을 국외로 송환하라는 송환지시서를 발부하였다. 이에 甲은 출입국 당국의 결정에 불만을 표시하며 자신을 난민으로 인정해 달라고 요청하였고, 당국은 甲에게 난민심사를 위하여 일단 인천공항 내 송환대기실에 대기할 것을 명하였다. 인천공항 송환대기실은 입국이 불허된 외국인들이 국외송환에 앞서 임시로 머무는 곳인데, 이곳은 외부와의 출입이 통제되는 곳으로 甲이 자신의 의사에 따라 대기실 밖으로 나갈 수 없는 구조로 되어 있었다. 출입국 당국은 2018.11.26. 甲에 대하여 난민 인정 거부처분을 하였고, 甲은 이에 불복하여 2018.11.28. 난민 인정 거부처분 취소의 소를 제기하는 한편, 2018.12.19. 자신에 대한 수용(收容)을 해제할 것을 요구하는 인신보호청구의 소를 제기하였다. 한편 난민 전문 변호사로 활동하고 있는 乙은 甲의 변호인으로 선임된 후, 2019.4.1. 송환대기실에서 생활 중이던 甲에 대한 접견을 당국에 신청하였으나, 당국은 송환대기실 내 수용된 입국불허자에게 접견권을 인정할 법적 근거가 없다는 이유로 이를 거부하였다. 실제로 송환대기실 수용자의 접견에 관한 관련법상 조항은 없다.

〈문제〉

3. 위 난민 인정 거부처분 후 甲의 국적국인 A국의 정치적 상황이 변화하였다. 이와 같이 변화된 A국의 정치적 상황을 이유로 하여, 법원이 난민 인정 거부처분의 적법 여부를 달리 판단할 수 있는지에 대하여 검토하시오. (15점)
4. 甲의 난민 인정 거부처분 취소소송 중 잠정적으로 甲의 권리를 보전할 수 있는 가구제 수단을 검토하시오. (15점)

[제 1 문의2 (3)]
Ⅰ. 논점: 위법성 판단의 기준시
Ⅱ. 위법성 판단의 기준시
  1. 문제의 소재
  2. 학설 및 판례
    (1) 처분시설(통설)

(2) 판결시설
(3) 절충설
(4) 판례: 처분시설
(5) 결론
Ⅲ. 사례의 경우: 달리 판단할 수 없음

[제 1 문의2 (4)]

Ⅰ. 논점: 거부처분에 대한 집행정지, 가처분

Ⅱ. 가구제

Ⅲ. 거부처분에 대한 집행정지
  1. 문제
  2. 학설
    (1) 긍정설
    (2) 부정설
    (3) 제한적 긍정설

3. 판례: 부정설

4. 결어: 제한적 긍정설이 타당

Ⅳ. 가처분의 항고소송에의 준용 여부
  ○ ① 적극설(긍정설), ② 소극설(부정설), ③ 제한적 긍정설, ④ 판례(소극설)

Ⅴ. 사례의 경우
  ○ 집행정지가 허용되지 않음
  ○ 민사집행법상 가처분이 준용되지 않음

[제 1 문의2 (3)]

Ⅰ. 논점: 위법성 판단의 기준시

Ⅱ. 위법성 판단의 기준시[42]

1. 문제의 소재

○ 처분 이후에 당해 처분의 근거가 된 법령이 개폐되거나 사실상태가 변경된 경우 법원은 어느 시점의 사실상태 및 법상태를 기준으로 처분의 위법성을 판단하여야 하는지가 문제임

2. 학설 및 판례

(1) 처분시설(處分時說)
  ○ 처분의 위법성판단은 처분시의 법령 및 사실상태를 기준으로 하여야 한다는 견해(통설)
  ○ 판결시를 기준으로 하면 행정의 일차적 판단권을 침해하는 것이 되어 권력분립의 원칙에 위배된다는 점을 논거로 함

(2) 판결시설(判決時說)
  ○ 취소소송의 본질을 위법상태의 배제로 보아 처분의 위법성판단은 판결시의 법령 및 사실상태를 기준으로 하여야 한다는 견해

(3) 절충설
  ○ 원칙적으로 처분시설을 취하면서, 예외적으로 계속적 효력을 가지는 처분(예: 건축물의 사용금지처분)이나 미집행처분(예: 집행되지 않고 있는 철거명령)의 경우 판결시를 기준으로 하자는 견해 또는

---

42) 강론, 935면 이하.

거부처분의 위법성판단은 판결시의 법상태 및 사실상태를 기준으로 하자는 견해

(4) 판례

ㅇ 판례는 처분시설의 입장임

(5) 결론

ㅇ 처분의 위법성은 처분시를 기준으로 하여 판단하는 것이 국민의 권리구제와 행정에 대한 통제를 목적으로 하는 취소소송의 본질에 부합한다는 점에서 처분시설이 타당함

Ⅲ. 사례의 경우

ㅇ 처분시설에 따르면, 난민 인정 거부처분의 취소를 구하는 취소소송에서 거부처분을 한 후 국적국의 정치적 상황이 변화하였다고 하여 처분의 적법 여부가 달라지는 것은 아님(대판 2008.7.24, 2007두3930)

ㅇ 따라서 법원은 정치적 상황의 변화를 이유로 난민 인정 거부처분의 적법 여부를 달리 판단할 수 없음

ㅇ 甲은 정치적 상황의 변화를 이유로 다시 난민 인정 신청을 하면 됨

[제 1 문의2 (4)]

Ⅰ. 논점: 거부처분에 대한 집행정지, 가처분

Ⅱ. 가구제[43]

ㅇ 가구제란 판결이 확정되기 전에 잠정적으로 원고의 권리를 보전하는 제도를 말함

ㅇ 행정소송에서의 가구제제도로는 ① 침익처분(예: 영업정지, 인·허가취소, 철거명령 등)에 대한 집행정지제도와 ② 수익처분(예: 인허가의 발급, 급부결정 등)의 신청을 거부하는 처분이나 부작위에 대한 가처분제도가 있음

ㅇ 행정소송법은 집행정지제도에 관한 규정은 두고 있으나 거부처분에 대한 집행정지가 허용되는지 문제이고, 가처분의 경우 별도의 규정이 없어 민사집행법상 가처분에 관한 규정이 준용이 될 수 있는지 문제임

---

43) 강론, 912면 이하.

Ⅲ. 거부처분에 대한 집행정지[44]

1. 문제

○ 집행정지는 소극적으로 처분이 없던 종전의 상태를 유지시키는 것이지 적극적으로 종전의 상태를 변경시키는 것이 아니라는 점에서 신청에 대한 거부처분의 경우 집행정지가 허용되는가 하는 것이 문제임

2. 학설

(1) 긍정설

○ 집행정지결정에 기속력이 있으므로 거부처분에 대한 집행정지결정에 따라 행정청의 재처분의무가 발생한다고 볼 수 있으므로 거부처분에 대한 집행정지의 이익이 있다는 견해

(2) 부정설

○ 거부처분의 집행을 정지하더라도 거부처분이 없었던 것과 같은 상태로 되돌아가는 데에 불과하고, 행정소송법은 집행정지결정과 관련 기속력에 관한 제30조 제1항만 준용할 뿐 재처분의무에 관한 제30조 제2항은 준용하지 않고 있기 때문에 행정청에게 재처분의무가 생기는 것이 아니므로 거부처분에 대한 집행정지의 이익이 없다는 견해

(3) 제한적 긍정설

○ 원칙적으로 부정설의 입장이 타당하지만, 거부처분의 집행정지로 거부처분이 없었던 것과 같은 상태로 되돌아감에 따라 신청인에게 어떠한 법적 이익이 있는 예외적인 경우에는 거부처분에 대한 집행정지신청이 허용된다는 견해

3. 판례

○ 대법원은 부정설의 입장

4. 결어

○ 제한적 긍정설의 입장이 타당함
○ 예컨대 ① 인·허가에 붙은 기간을 인·허가 자체의 존속기간이 아니라 조건의 존속기간으로 볼 수 있는 경우 기간연장신청거부처분의 집행정지결정으로 인·허가의 효력이 지속되는 이익, ② 외국인체류기간연장신청 거부처분의 집행정지결정으로 강제출국을 당하지 않을 이익 등 거부처분의 집행정지로 신청인에게 법적 이익이 있을 수 있는 경우에는 집행정지신청이

---

44) 강론, 914면 이하.

허용된다고 보는 것이 제도의 취지에 부합하는 해석임

Ⅳ. 가처분의 항고소송에의 준용 여부[45]

o 가처분제도란 금전 이외의 특정한 급부를 목적으로 하는 청구권의 집행을 보전하거나 다툼이 있는 권리관계에 관하여 임시의 지위를 보전하는 것을 목적으로 하는 가구제제도를 말함
o 행정소송법상 명문의 규정은 없지만, 민사집행법의 가처분을 행정소송에 준용할 수 있는지의 여부에 대하여 ① 적극설(긍정설), ② 소극설(부정설), ③ 제한적 긍정설의 대립이 있으나, ④ 판례는 소극설과 같은 입장임(대결 1992.7.6, 92마54)
o 한편 최근 입법예고된 행정소송법 개정안에는 가처분에 관한 규정이 포함되어 있음

Ⅴ. 사례의 경우

o 판례에 따르면, 거부처분에 대한 집행정지는 허용되지 않음
o 제한적 긍정설에 따르더라도 집행정지로 甲이 얻는 이익이 없으므로 집행정지가 허용되지 않을 것임
o 판례에 따르면 민사집행법상 가처분이 준용되지 않음
o 결국 잠정적으로 甲의 권리를 보전할 수 있는 가구제 수단은 없음

---

45) 강론, 923면 이하.

[제 2 문]

경기도지사 乙은 2018.5.3. 관할 A군에 소재한 분묘가 조선 초 유명 화가의 묘로 구전되어 오는 데다가 그 양식이 학술상 원형보존의 가치가 있다는 이유로 「문화재보호법」 제70조, 「경기도 문화재 보호 조례」 제11조에 따라 이를 도지정문화재로 지정·고시하였다. 또한 乙은 2018.6.8. 해당 분묘를 보호하기 위하여 분묘경계선 바깥쪽 10m까지의 총 5필지 5,122㎡를 문화재보호구역으로 지정·고시하였다. 이에 해당 화가의 후손들로 이루어진 종중 B는 해당 화가의 진묘가 따로 존재한다고 주장하면서 乙에게 문화재지정처분을 취소 또는 해제하여 줄 것을 요청하는 청원서를 제출하였다. 이에 대해 乙은 문화재지정처분은 정당하여 그 취소 또는 해제가 불가하다는 회신을 하였다(이하 '불가회신'이라고 한다). 한편, 위 문화재보호구역 내에 위치한 일부 토지를 소유하고 있는 甲은 2019.3.14. 재산권 행사의 제한 등을 이유로 乙에게 자신의 소유토지를 대상으로 한 문화재보호구역 지정을 해제해 달라는 신청을 하였다. 그러나 乙은 2019.6.5. 甲이 해제를 요구한 지역은 역사적·문화적으로 보존가치가 있을 뿐만 아니라 분묘의 보호를 위하여 문화재보호구역 지정해제가 불가함을 이유로 甲의 신청을 거부하는 회신을 하였다(이하 '거부회신'이라고 한다).

〈문제〉
1. 乙의 불가회신에 대하여 종중 B가 항고소송을 제기하고자 하며, 乙의 거부회신에 대하여 甲이 항고소송을 제기하고자 한다. 항고소송의 대상적격 여부를 각각 검토하시오. (15점)
2. 乙의 거부회신에 대하여 甲이 제기한 항고소송에서 甲이 승소하여 판결이 확정되었음에도 乙이 재차 문화재보호구역해제 신청을 거부할 수 있을지 검토하시오. (15점)
3. 甲은 자신의 토지가 문화재보호구역으로 지정됨으로써 수인할 수 없는 재산상의 손실이 발생하였다고 주장한다(관계법령에는 이에 관한 손실보상규정이 없다). 헌법상 재산권이 침해되었다는 甲의 주장의 당부를 판단하시오. (30점)
4. 한편, 위 문화재보호구역 인근에서 관광단지 개발을 위해 2018.5.30. 관광진흥법상 사업인정을 받은 사업시행자 C건설은 2019.8.5. 문화재보호구역 인근에 소재한 丙 소유 토지의 일부를 수용하기 위해 재결신청을 하였고, 이에 대해 관할 경기도 토지수용위원회는 2019.11.20. 위 丙 소유 토지에 대한 수용재결을 하였다.
   1) 丙이 수용재결에 대하여 불복하고자 하는 경우 불복방법을 논하시오. (12점)
   2) 丙이 수용재결에 대한 불복과정에서 사업인정의 하자를 주장할 수 있는지 검토하시오. (15점)
   3) 丙이 토지수용위원회가 결정한 보상금액이 너무 적다는 이유로 다투고자 하는 경우 그 구제수단을 논하시오. (13점)

[참조조문]

「문화재보호법」

제27조(보호물 또는 보호구역의 지정) ① 문화재청장은 제23조·제25조 또는 제26조에 따른 지정을 할 때 문화재 보호를 위하여 특히 필요하면 이를 위한 보호물 또는 보호구역을 지정할 수 있다.

② (삭제)

③ 문화재청장은 제1항 및 제2항에 따라 보호물 또는 보호구역을 지정하거나 조정한 때에는 지정 또는 조정 후 매 10년이 되는 날 이전에 다음 각 호의 사항을 고려하여 그 지정 및 조정의 적정성을 검토하여야 한다. 다만, 특별한 사정으로 인하여 적정성을 검토하여야 할 시기에 이를 할 수 없는 경우에는 대통령령으로 정하는 기간까지 그 검토시기를 연기할 수 있다.

1. 해당 문화재의 보존가치

2. 보호물 또는 보호구역의 지정이 재산권 행사에 미치는 영향

3. 보호물 또는 보호구역의 주변 환경

제35조(허가사항) ① 국가지정문화재(국가무형문화재는 제외한다. 이하 이 조에서 같다)에 대하여 다음 각 호의 어느 하나에 해당하는 행위를 하려는 자는 대통령령으로 정하는 바에 따라 문화재청장의 허가를 받아야 하며, 허가사항을 변경하려는 경우에도 문화재청장의 허가를 받아야 한다. 다만, 국가지정문화재 보호구역에 안내판 및 경고판을 설치하는 행위 등 대통령령으로 정하는 경미한 행위에 대해서는 특별자치시장, 특별자치도지사, 시장·군수 또는 구청장의 허가(변경허가를 포함한다)를 받아야 한다.

1. 국가지정문화재(보호물·보호구역과 천연기념물 중 죽은 것 및 제41조제1항에 따라 수입·반입 신고된 것을 포함한다)의 현상을 변경하는 행위로서 대통령령으로 정하는 행위

제70조(시·도지정문화재의 지정 및 시·도등록문화재의 등록 등) ① 시·도지사는 그 관할구역에 있는 문화재로서 국가지정문화재로 지정되지 아니한 문화재 중 보존가치가 있다고 인정되는 것을 시·도지정문화재로 지정할 수 있다.

②~⑤ <생략>

⑥ 시·도지정문화재와 문화재자료의 지정 및 해제절차, 시·도등록문화재의 등록 및 말소절차, 시·도지정문화재, 문화재자료 및 시·도등록문화재의 관리, 보호·육성, 공개 등에 필요한 사항은 해당 지방자치단체의 조례로 정한다.

제74조(준용규정) ① <생략>

② 시·도지정문화재와 문화재자료의 지정과 지정해제 및 관리 등에 관하여는 제27조, 제31조제1항·제4항, 제32조부터 제34조까지, 제35조제1항, 제36조, 제37조, 제40조, 제42조부터 제45조까지, 제48조, 제49조 및 제81조를 준용한다. 이 경우 "문화재청장"은 "시·도지사"로, "대통령령"은 "시·도 조례"로, "국가"는 "지방자치단체"로 본다.

「문화재보호법 시행령」

제21조의2(국가지정문화재 등의 현상변경 등의 행위) ① 법 제35조제1항제1호에서 "대통령령으로 정하는 행위"란 다음 각 호의 행위를 말한다.

1.~2. <생략>

3. 국가지정문화재, 보호물 또는 보호구역 안에서 하는 다음 각 목의 행위

　가. 건축물 또는 도로 · 관로 · 전선 · 공작물 · 지하구조물 등 각종 시설물을 신축, 증축, 개축, 이축(移築) 또는 용도변경(지목변경의 경우는 제외한다)하는 행위

　나. <생략>

　다. 토지 및 수면의 매립 · 간척 · 땅파기 · 구멍뚫기, 땅깎기, 흙쌓기 등 지형이나 지질의 변경을 가져오는 행위

「경기도 문화재 보호 조례」

제11조(도지정문화재) ① 도지사는 법 제70조제1항에 따라 도지정문화재(무형문화재를 제외한다. 이하 제3장에서 같다)를 지정하는 경우 유형문화재 · 기념물 · 민속문화재로 구분하여 문화재위원회의 심의를 거쳐 지정한다.

② ~ ③ <생략>

④ 도지정문화재의 지정에 필요한 기준 및 절차는 규칙으로 정한다.

제17조(지정의 해제) ① 도지사는 법 제74조 및 법 제31조제1항에 따라 도지정문화재 및 문화재자료가 지정문화재로서의 가치를 상실하거나 가치평가를 통하여 지정을 해제할 필요가 있는 때에는 문화재위원회의 심의를 거쳐 그 지정을 해제할 수 있다. 다만, 도지정문화재가 국가지정문화재로 지정된 때에는 그 지정된 날에 도지정문화재에서 해제된 것으로 본다.

② ~ ④ <생략>

⑤ 도지사는 제1항에 따라 문화재의 지정을 해제한 때에는 그 취지를 도보에 고시하고, 해당 문화재의 소유자에게 통지하여야 한다. 이 경우 그 해제의 효력은 도보에 고시한 날로부터 발생한다.

⑥ 도가 지정한 문화재의 소유자가 제1항에 따른 해제 통지를 받으면 그 통지를 받은 날부터 30일 이내에 지정서를 도지사에게 반납하여야 한다.

⑦ 도지사는 제13조제3항에 따른 검토 결과 보호물 또는 보호구역의 지정이 적정하지 아니하거나 그 밖에 특별한 사유가 있는 때에는 보호물 또는 보호구역의 지정을 해제하거나 그 지정 범위를 조정하여야 한다.

⑧ 도지사는 도지정문화재의 지정이 해제된 때에는 지체 없이 해당 문화재의 보호물 또는 보호구역의 지정을 해제하여야 한다.

「관광진흥법」

제61조(수용 및 사용) ① 사업시행자는 제55조에 따른 조성사업의 시행에 필요한 토지와 다음 각 호의 물건 또는 권리를 수용하거나 사용할 수 있다. 다만, 농업 용수권(用水權)이나 그 밖의 농지개량 시설을 수용 또는 사용하려는 경우에는 미리 농림축산식품부장관의 승인을 받아야 한다.

1. 토지에 관한 소유권 외의 권리

2. 토지에 정착한 입목이나 건물, 그 밖의 물건과 이에 관한 소유권 외의 권리

3. 물의 사용에 관한 권리

4. 토지에 속한 토석 또는 모래와 조약돌

② 제1항에 따른 수용 또는 사용에 관한 협의가 성립되지 아니하거나 협의를 할 수 없는 경우에는

사업시행자는 「공익사업을 위한 토지 등의 취득 및 보상에 관한 법률」 제28조제1항에도 불구하고 조성사업 시행 기간에 재결(裁決)을 신청할 수 있다.
③ 제1항에 따른 수용 또는 사용의 절차, 그 보상 및 재결 신청에 관하여는 이 법에 규정되어 있는 것 외에는 「공익사업을 위한 토지 등의 취득 및 보상에 관한 법률」을 적용한다.

[문 1]

I. 논점: 거부(불가회신, 거부회신)의 처분성

II. 거부의 처분성
1. 거부처분의 의의
2. 거부처분의 성립요건
   (1) 판례
      ① 신청한 행위가 처분일 것
      ② 법률관계에 변동을 일으킬 것
      ③ 법규상, 조리상 신청권이 있을 것
   (2) 학설
      ① 대상적격설, ② 본안문제설, ③ 원고적격설, ④ 원고적격설이 타당

III. 사례의 경우
1. 불가회신이 거부처분인지
   ○ 법규상·조리상 신청권이 인정되지 않아 거부처분 아님
2. 거부회신이 거부처분인지
   ○ 법규상 신청권이 인정되어 거부처분임

[문 2]

I. 논점: 인용판결(취소판결)의 기속력

II. 취소판결의 기속력
1. 의의
   (1) 반복금지효
   (2) 재처분의무
      1) 의의
      2) 거부처분의 취소판결에 따른 재처분의무
   (3) 결과제거의무
3. 효력범위
   (1) 주관적 범위
   (2) 객관적 범위(내용에 위법이 있는 경우)

   (3) 시간적 범위

III. 사례의 경우
   ○ 취소판결의 기속력에 따라 乙은 판결의 취지에 따른 재처분의무를 부담하므로, 동일한 사유로 지정해제신청을 재차 거부할 수 없음

[문 3]

I. 논점: 행정상 손실보상청구권의 인정 여부

II. 행정상 손실보상
1. 행정상 손실보상의 의의와 이론적 근거
2. 행정상 손실보상의 법적 근거
   (1) 문제상황
   (2) 학설
      1) 방침규정설
      2) 직접효력설
      3) 위헌무효설
      4) 유추적용설
      5) 결론: 직접효력설
   (3) 판례
      1) 대법원
      2) 헌법재판소
3. 공용침해의 요건(특히 특별한 희생의 존재 여부)
   ○ 공용침해의 요건
   ○ 특별한 희생
   ① 형식설: 개별행위설, 특별희생설
   ② 실질설: 중대성설, 보호가치성설·수인가능성설·목적위배설·사적 효용설·상황구속성설·사회적 구속성설 등

③ 결론: 구체적 사안별로 형식설(특별
희생설)·실질설(중대성설)·상황구속성
설 등 형식적 기준과 실질적 기준
을 보완적으로 적용하여 판단

Ⅲ. **사례의 경우**
　○ 특별한 희생에 해당한다고 볼 수 없어
　　甲의 주장은 타당하지 않음

[문 4(1)]

Ⅰ. **논점:** 토지보상법상 수용재결에 대한
불복절차(이의신청과 행정소송)
Ⅱ. **이의신청**
Ⅲ. **행정소송**
　1. 행정소송의 제기(토지보상법 85 ①)
　2. 소송의 대상(원처분주의와 재결주의)
Ⅳ. **사례의 경우**

[문 4(2)]

Ⅰ. **논점:** 하자의 승계
Ⅱ. **하자의 승계**
　1. 하자의 승계의 의의와 논의의

전제조건
　2. 학설
　　(1) 종래의 견해
　　(2) 규준력이론
　3. 판례
　　(1) 기본입장
　　(2) 예외적으로 하자의 승계를 인정
Ⅲ. **사례의 경우**
　○ 사업인정과 수용재결은 하자승계 부인
　　(대판 1992.3.13., 91누4324)

[문 4(3)]

Ⅰ. **논점:** 보상금증감소송
Ⅱ. **보상금증감소송**
　1. 의의
　2. 보상금증감소송의 성질
　　(1) 형식적 당사자소송
　　(2) 소송의 성질
　3. 보상금증감소송의 범위
　4. 보상금증감소송의 당사자적격 및
소송대상

[문 1]

Ⅰ. 논점: 거부(불가회신, 거부회신)의 처분성

Ⅱ. 거부의 처분성[46]

1. 거부처분의 의의
　○ 처분을 구하는 당사자의 신청에 대하여 처분의 발급을 거부하는 행정청의 행정작용

2. 거부처분의 성립요건

(1) 판례
　○ 거부처분의 성립요건과 관련하여 판례는 ① 신청한 행위가 처분이어야 하고, ② 그 거부행위

---

46) 강론, 875면 이하.

가 신청인의 법률관계에 변동을 일으키는 것이어야 하며, ③ 당사자에게 처분의 발급을 요구할 법규상 또는 조리상의 신청권이 있어야 한다는 입장임

(2) 학설

○ 이에 대하여 학설은 ① 신청권을 거부처분의 요건으로 보아야 한다는 견해(대상적격설), ② 신청권의 존재 여부는 본안에서 가려야 할 문제라고 보는 견해(본안문제설), ③ 신청권의 존재는 거부처분의 성립요건이 아니라 원고적격의 문제라고 보는 견해(원고적격설)가 대립되고 있음. ④ '신청권'의 존부는 '원고에게 그러한 추상적 신청권이 인정되는가' 하는 문제라는 점에서 원고적격설이 타당함

Ⅲ. 사례의 경우

1. 불가회신이 거부처분인지

○ 문화재보호법과 경기도 조례에는 개인이 문화재 지정, 취소 또는 해제를 신청할 수 있다는 근거 규정이 없고, 문화재 지정 등은 도지사가 문화재의 보존이라는 공익목적을 위한 것이므로, 개인에게 지정 등을 신청할 법규상·조리상 신청권이 인정되지 않음(대판 2001.9.28, 99두8565 참조)

○ 따라서 불가회신은 거부처분이 아니므로 항고소송의 대상적격이 인정되지 않음

2. 거부회신이 거부처분인지

○ 문화재보호법 제35조 제1항, 제74조 제2항, 동법 시행령 제21조의2 제1항에 따르면 보호구역이 지정되면 그 구역 안에서 건축물의 건축 등의 일정한 행위에 제한이 따름. 따라서 문화재보호구역 내에 있는 토지소유자 등으로서는 보호구역의 지정해제를 요구할 법규상 신청권이 인정됨

○ 따라서 거부회신은 거부처분에 해당하므로 항고소송의 대상적격이 인정됨

[문 2]

Ⅰ. 논점: 인용판결(취소판결)의 기속력

Ⅱ. 취소판결의 기속력[47)

1. 의의

○ 취소판결의 취지에 따르도록 당사자인 행정청과 그 밖의 관계행정청을 구속하는 효력

---

47) 강론, 956면 이하.

2. 내용

(1) 반복금지효
○ 취소판결이 확정되면 당사자인 행정청 및 관계행정청은 동일한 사안에서 동일한 당사자에 대하여 동일한 내용의 처분을 반복할 수 없음

(2) 재처분의무

1) 의의
○ 행정청이 취소판결의 취지에 따라 일정한 처분을 하여야 할 의무를 말함. 이에 따라 행정청은 '판결의 취지에 따라야 할 의무(판결의 취지에 반해서는 안 될 의무)'와 '재처분을 하여야 할 의무'를 부담하게 됨

2) 거부처분의 취소판결에 따른 재처분의무
○ 행정소송법 제30조 제2항은 거부처분의 취소판결에 따른 재처분의무를 규정하고 있음

(3) 결과제거의무
○ 취소판결이 있게 되면, 행정청은 위법한 처분으로 인하여 야기된 상태를 제거하여야 할 의무를 부담함

3. 효력범위

(1) 주관적 범위
○ 취소판결의 기속력은 당사자인 행정청과 그 밖의 관계행정청을 기속함

(2) 객관적 범위(내용에 위법이 있는 경우)
○ 판결의 기속력은 판결주문 및 이유에서 판단된 위법사유와 기본적 사실관계의 동일성이 인정되는 사유에 미친다고 하여야 할 것임
○ 따라서 행정청은 처분 이전에 존재하였던 사유로서 처분사유와 기본적 사실관계의 동일성이 없는 사유를 근거로 재처분하는 것은 기속력에 저촉되지 않으므로 가능함

(3) 시간적 범위
○ 처분의 위법성판단과 관련하여 처분시설을 따르면, 기속력은 처분시를 기준으로 그때까지 존재하였던 사유에 한하고, 그 이후에 생긴 사유에는 미치지 않음

Ⅲ. 사례의 경우
○ 乙의 거부회신에 대하여 甲이 제기한 항고소송은 취소소송일 것임
○ 취소판결의 기속력에 따라 乙은 판결의 취지에 따른 재처분의무를 부담하므로, 甲이 신청한 대로 지정을 해제하여야 함

○ 따라서 乙은 기속력의 범위와 관련하여 동일한 사유로 지정해제신청을 재차 거부할 수 없음

[문 3]

Ⅰ. 논점: 행정상 손실보상청구권의 인정 여부

Ⅱ. 행정상 손실보상[48]

1. 행정상 손실보상의 의의와 이론적 근거

○ 행정상 손실보상이란 공공필요에 의하여 적법한 공권력행사에 의하여 개인의 재산권에 특별한 희생이 발생하였을 때 재산권보장과 전체적인 공평부담의 견지에서 행하여지는 조절적 보상을 말함

○ 이론적 근거로는 기득권설, 은혜설, 특별희생설이 있으나, 손실보상을 개인에게 주어진 특별한 희생에 대한 보상으로 보는 특별희생설이 오늘날의 통설임

2. 행정상 손실보상의 법적 근거[49]

(1) 문제상황

○ 법률이 공용침해에 관하여 규정하면서 이에 따른 손실보상에 관한 규정을 두고 있지 않은 경우에, 공용침해에 따른 손실보상을 규정하고 있는 헌법 제23조 제3항과 관련하여, 공용침해를 받은 개인이 이에 대한 손실보상을 청구할 수 있는지 문제임

(2) 학설

1) 방침규정설

○ 공용침해행위에 대하여 보상규정을 둘 것인가 하는 문제는 입법자의 재량이라고 보는 견해

2) 직접효력설

○ 공용침해를 규정하는 법률이 이에 따른 손실보상규정을 결여하는 경우에는 헌법 제23조 제3항이 직접 국민에 대하여 효력을 가진다고 보아, 헌법 제23조 제3항을 근거로 손실보상을 청구할 수 있다고 보는 견해

3) 위헌무효설

○ 공용침해를 규정하는 법률에 보상규정이 없다면 이는 헌법에 위반되는 위헌법률이고, 이 경우 공용침해행위는 위헌법률에 근거한 위법한 것이므로 이로 인하여 피해가 발생한 경우에는 국가 등을 상대로 손해배상을 청구할 수 있다는 견해

---

48) 강론, 663면 이하.
49) 강론, 667면 이하.

4) 유추적용설

○ 공용침해를 규정하는 법률이 손실보상에 관한 규정을 두지 않고 있는 경우에는 헌법 제23조 제1항의 재산권보장, 헌법 제11조의 평등권, 헌법 제23조 제3항 및 관계 법률의 손실보상규정 등을 유추적용하여 손실보상을 청구할 수 있다고 보는 견해

○ 수용유사침해의 법리와 유사하게 손실보상청구권이 인정되는 것이 바람직하다고 보는 견해도 여기에 포함

5) 결론

○ 헌법 제23조 제3항을 불가분조항으로 보기에는 공용침해의 범위가 매우 넓고, 또한 대법원은 수용유사침해이론을 채택하고 있지 않고 있으므로, 결국 보상규정이 없는 공용침해행위에 대해서는 직접효력설에 따라 헌법 제23조 제3항의 '정당한 보상'을 근거로 손실보상청구권을 인정하는 것이 타당

(3) **판례**

1) 대법원

○ 대법원은 대체로 경계이론에 입각하고 있다고 할 수 있음(대판 1996.6.28, 94다54511). 헌법 제23조 제3항이 직접효력을 가지는가에 관하여 아직 대법원의 판례가 없지만, 대법원은 공용침해로 인한 재산권침해의 경우에 '관련보상규정을 유추'하여 손실보상을 인정하려는 경향이 있는 것으로 판단됨(대판 1999.11.23, 98다11529). 그러나 이와 같은 관련보상규정이 없는 경우에도 손실보상을 인정한 경우도 있음(대판 1972.11.28, 72다1597). 한편 문화방송주식 강제증여사건에서 수용유사침해법리가 언급된 바도 있으나, 이 이론의 채택 여부에 대한 판단은 유보하였음(대판 1993.10.26, 93다6409)

2) 헌법재판소

○ 헌법재판소는 독일 연방헌법재판소와 마찬가지로 분리이론과 불가분조항이론에 입각하고 있는 것으로 판단됨. 헌법재판소는 우리 헌법은 재산의 수용·사용 또는 제한에 대한 보상금을 지급하도록 규정하면서 이를 법률이 정하도록 위임함으로써 국가에게 명시적으로 수용 등의 경우 그 보상에 관한 입법의무를 부과하고 있다는 입장임. 따라서 이러한 입법의무를 불이행한 것에 대하여 위헌결정을 하거나(헌재결 1994.12.29, 89헌마2) 또는 헌법불합치결정을 통하여 보상입법을 촉구하고 있음(헌재결 1998.12.24, 89헌마214, 90헌바16, 97헌바78(병합))

3. 공용침해의 요건(특히 특별한 희생의 존재 여부)[50]

○ 행정상 손실보상청구권이 인정되기 위해서는 ① 공공의 필요에 의한 ② 재산권에 대한 적법

---

50) 강론, 682면 이하.

하고 직접적인 의도적 침해행위(수용·사용·제한)가 있어야 하고, 이로 인하여 ③ 개인에게 수인한도를 벗어나는 특별한 희생이 있어야 함

○ 내재적 제약을 넘어서는 특별한 희생의 존재 여부에 관한 기준으로는 형식설과 실질설이 있는데, ① 형식설은 평등원칙을 형식적으로 해석하여, '특정된 자'에게 재산권 침해가 가해졌는가 하는 것을 기준으로 하는 견해로 개별행위설, 특별희생설이 있고, ② 실질설은 재산권 침해의 중대성, 재산권의 보호가치성·효용성 등의 실질적인 기준으로 특별한 희생 여부를 판단하는 견해로 여기에는 중대성설을 비롯하여 보호가치성설·수인가능성설·목적위배설·사적 효용설·상황구속성설·사회적 구속성설 등 다양한 견해들이 있음

○ 결론적으로 특별희생과 재산권의 내용과 한계, 내재적 제약의 구별은 구체적인 사안별로 형식설(특별희생설)·실질설(중대성설)·상황구속성설 등 형식적 기준과 실질적 기준을 보완적으로 적용하여 판단하여야 할 것임

Ⅲ. 사례의 경우

○ 문화재보호구역의 지정으로 인하여 甲의 재산권 행사에 직접적인 제한이 발생하고 있으므로, 공용침해의 요건으로서 ① 공공의 필요에 의한 ② 재산권에 대한 적법하고 직접적인 의도적 침해행위(수용·사용·제한)가 존재함

○ 다만 '③ 개인에게 수인한도를 벗어나는 특별한 희생'인가 '재산권의 내재적 제약'인가 하는 것이 문제인데, 형식적·실질적 기준을 종합하여 판단하였을 때, 문화재보호구역의 지정으로 이난 공용침해행위는 허가가 유보된 재산권제한이고 또한 문화재보호라는 공익을 위한 것임을 고려하면 재산권의 내재적 제약에 속한다고 보는 것이 정당하고, 따라서 수인할 수 없는 재산권 침해하는 甲의 주장은 타당하지 않음

[문 4(1)]

Ⅰ. 논점: 토지보상법상 수용재결에 대한 불복절차(이의신청과 행정소송)[51]

Ⅱ. 이의신청

○ 중토위의 제34조에 따른 재결에 이의가 있는 자는 중토위에 이의를 신청할 수 있음. 지토위의 제34조에 따른 재결에 이의가 있는 자는 해당 지토위를 거쳐 중토위에 이의를 신청할 수 있음

---

51) 강론, 713면 이하.

Ⅲ. 행정소송

1. 행정소송의 제기(토지보상법 85 ①)

○ 사업시행자, 토지소유자 또는 관계인은 제34조에 따른 재결에 불복할 때에는 재결서를 받은 날부터 60일 이내에, 이의신청을 거쳤을 때에는 이의신청에 대한 재결서를 받은 날부터 30일 이내에 각각 행정소송을 제기할 수 있음

2. 소송의 대상(원처분주의와 재결주의)

○ 여기에서 '이의신청을 거쳐 제기하는 행정소송'의 경우에 소송의 대상이 원처분인가 재결인 가 하는 것이 문제가 될 수 있음

○ 이 경우에도 원처분주의의 예외를 인정하여 재결주의가 적용되어야 할 특수한 사정이 있다 고 보기 어려우므로 원처분을 대상으로 하여야 하고, 이의신청에 대한 재결은 재결 그 자체 에 고유의 위법사유가 있는 경우로 한정된다고 보아야 할 것임. 판례도 같은 입장임

Ⅳ. 사례의 경우

○ 경기도토지수용위원회(지토위)의 수용재결에 대하여 丙은 수용재결의 재결서 정본을 송달받 은 날부터 30일 이내에 중토위에 이의신청을 할 수 있고(토지보상법 83 ②, ③),

○ 이의신청을 거친 후에 원처분에 대하여 행정소송을 제기하거나, 이의신청을 거치지 않고 바로 행정소송을 제기할 수도 있음

[문 4(2)]

Ⅰ. 논점: 하자의 승계

Ⅱ. 하자의 승계[52]

1. 하자의 승계의 의의와 논의의 전제조건

○ 두 개 이상의 행정행위가 연속적으로 행하여지는 경우 선행행정행위의 흠을 이유로 후행행 정행위를 다툴 수 있는가 하는 문제

○ 선행행정행위에 단순위법의 하자가 있고 쟁송기간이 도과한 경우에만 하자의 승계가 문제됨

---

52) 강론, 258면 이하.

2. 학설

(1) 종래의 견해

① 선행행정행위와 후행행정행위가 상호 독립하여 별개의 효과를 발생하는 경우에는, 선행행위가 당연무효가 아닌 한 그 흠이 후행행위에 승계되지 않음

② 선행행정행위와 후행행정행위가 서로 결합하여 하나의 법적 효과를 완성하는 경우에는 선행행위의 흠이 후행행위에 승계됨

(2) 규준력이론

○ 하자의 승계 문제를 불가쟁력이 발생한 선행행정행위의 후행행정행위에 대한 구속력의 문제로 이해하려는 견해

○ 규준력이 인정되려면, ① 양 행위가 동일한 사안과 목적을 추구하여야 하고(대물적 한계), ② 양 행위에서의 상대방, 이해관계인, 유관기관 등이 일치하여야 하며(대인적 한계), ③ 선행행정행위의 사실 및 법상태가 후행행정행위에 유지되고 있는 경우이어야 함(시간적 한계). ④ 다만 규준력을 인정하는 것이 상대방에게 가혹하거나 예측가능성이 없었던 경우에는 예외적으로 규준력이 부인됨(규준력의 추가적 요건)

3. 판례

(1) 기본입장

○ 판례는 사업인정처분과 재결처분 사이의 하자의 승계를 인정하지 않음(대판 1992.3.13, 91누4324)

(2) 예외적으로 하자의 승계를 인정

○ 판례는 이와 같은 종래의 입장을 유지하면서도, 예컨대 "위법한 개별공시지가를 기초로 한 과세처분 등 후행 행정처분에서 개별공시지가결정의 위법을 주장할 수 없도록 하는 것은 수인한도를 넘는 불이익을 강요하는 경우"와 같은 경우에는 예외적으로 흠의 승계를 인정하기도 함(대판 1994.1.25, 93누8542; 대판 1997.9.26, 96누7649; 대판 2008.8.21, 2007두13845)

○ 결국 판례의 입장은 양 행위가 서로 독립한 처분인 경우에는 하자의 승계를 부인하는 것이 원칙이지만, 불가쟁력이 발생한 선행처분의 하자를 후행 처분에서 다툴 수 있도록 할 것인가의 여부는 개인의 권리보호의 관점에서 수인가능성이 있는지의 여부를 개별적으로 검토하여 결정하고 있다고 할 수 있음

Ⅲ. 사례의 경우

○ 수용재결취소소송에서 사업인정의 하자를 주장하는 것은 사업인정의 하자가 수용재결에 승계되는가 하는 문제임

ㅇ 선행처분인 사업인정은 이미 제소기간이 경과하였음

ㅇ 사업인정에 단순위법의 하자가 있는 경우라면 하자가 승계되는지 검토해 보아야 함

ㅇ 사업인정은 토지보상법상 공익사업에 해당함을 인정하고 사업시행자에게 토지수용권 등 일
정한 권리를 설정하여 주는 행위로서 수용재결과 별개의 행위임

ㅇ 따라서 하자의 승계가 안 됨(대판 1992.3.13, 91누4324)

ㅇ 다만 사업인정의 불가쟁력을 인정하는 것이 丙에게 수인한도는 넘는 가혹함을 가져오는 사
정이 있다면 예외적으로 하자의 승계를 인정할 수도 있을 것임

[문 4(3)]

I. 논점: 보상금증감소송

II. 보상금증감소송[53]

1. 의의

ㅇ 토지보상법 제85조 제1항에 따른 소송은 수용재결 자체를 다투는 것이 아니라, 수용재결 중
보상금에 관한 결정과 관련하여 보상액의 증액 또는 감액을 다투는 것으로서 이를 보상금증
감소송이라고 부르기도 함

2. 보상금증감소송의 성질

(1) 형식적 당사자소송

ㅇ 보상금증감소송은 형식적으로는 당사자소송이지만, 실질적으로는 처분청(토지수용위원회)의 처분
(수용재결)을 다툰다는 점에서 항고소송의 성질도 가짐. 이러한 소송을 형식적 당사자소송이라
고 함

(2) 소송의 성질

ㅇ 보상금증감소송의 성질과 관련하여서는, ① 구체적인 손실보상청구권이 형성되는 것으로 보
아야 한다는 점에서 형성소송으로 보는 견해(형성소송설)와 ② 보상금 지급의무의 이행 또는
확인을 구하는 소송이라고 보는 견해(확인 및 이행소송설)가 대립되고 있음. ③ 이 소송에서는 청
구권의 인정 여부가 아니라 단지 보상금의 증감만을 다투는 것이라는 점 등에서 확인 및 이
행소송설이 타당함

---

53) 강론, 716면 이하.

3. 보상금증감소송의 범위

○ 보상금증감소송의 대상: 예컨대 손실보상의 방법(금전보상·현물보상 등), 보상항목의 인정(잔여지에 대한 보상 여부), 이전이 곤란한 물건의 수용, 보상면적을 다투는 경우 등

○ 판례는 잔여지 수용청구를 받아들이지 않은 토지수용위원회의 재결에 불복하여 제기하는 소송도 보상금증감소송에 해당한다고 봄(대판 2010.8.19, 2008두822)

4. 보상금증감소송의 당사자적격 및 소송대상

○ 보상금증감소송의 당사자적격은 '토지소유자 또는 관계인' 또는 '사업시행자'임. 즉 소송을 제기하는 자가 '토지소유자 또는 관계인'일 때에는 '사업시행자'를, '사업시행자'일 때에는 '토지소유자 또는 관계인'을 각각 피고로 함. 보상금증감소송은 항고소송이 아니라 형식적 당사자소송이므로 재결청인 토지수용위원회는 피고가 될 수 없음. 그리고 사업시행자가 국가 또는 지방자치단체인 경우에는 '국가 또는 지방자치단체'가 피고가 되는 것이지 행정청이 피고가 되는 것은 아님

○ 보상금증감소송에서는 보상금에 관한 재결을 전제로 하면서 보상금의 증감만을 다투는 것으로 이 소송의 대상은 보상금에 관한 법률관계라고 보아야 할 것임

제10회 변호사시험(2021) 공법(제1문, 제2문)

[제 1 문의2]

甲은 2010.6. 실시된 지방선거에서부터 2018.6. 실시된 지방선거에서까지 세 차례 연속하여 A시의 시장으로 당선되어 2022.6.까지 12년간 연임하게 되었다. 그런데 甲은 시장 재임 중 지역개발사업 추진과 관련한 직권남용 혐의로 불구속 기소되었다. 甲은 자신의 결백을 주장하며 2022.6.에 실시될 지방선거에 A시장 후보로 출마하여 지역 유권자로부터 평가를 받으려고 한다. 하지만 지방자치단체장의 계속 재임을 3기로 제한하고 있는 「지방자치법」 제95조 후단(이하 '이 사건 연임제한규정'이라 한다)에 따르면 甲은 지방선거에 출마할 수가 없다. 이에 甲은 이 사건 연임제한규정이 자신의 기본권을 침해한다고 주장하며 2021.1.4. 이 사건 연임제한규정에 대해 「헌법재판소법」 제68조 제1항에 의한 헌법소원심판을 청구하였다.

한편, 甲의 후원회 회장은 자신이 운영하는 주유소 확장 공사를 위하여 보도의 상당 부분을 점하는 도로점용허가를 신청하였고, 甲은 이를 허가하였다. A시의 주민 丙은 甲이 도로 본래의 기능과 목적을 침해하는 과도한 범위의 도로점용을 허가하였다고 주장하며, 이 도로점용허가(이하 '이 사건 허가'라 한다)에 대하여 다투고자 한다.

〈문제〉
3. 丙은 이 사건 허가에 대하여 취소소송을 제기하고자 한다. 丙의 원고적격을 검토하시오. (15점)
4. 丙은 위 3.의 취소소송과는 별도로 주민소송을 제기하고자 한다. 이때 주민소송이 가능한 요건을 검토하고, 주민소송이 가능하다면 어떤 종류의 주민소송을 제기하여야 하는지 검토하시오. (15점)

[참조 조문]
「지방자치법」(2007. 5. 11. 법률 제8423호로 개정되고, 같은 날부터 시행된 것)
제95조 (지방자치단체의 장의 임기) 지방자치단체의 장의 임기는 4년으로 하며, 지방자치단체의 장의 계속 재임(在任)은 3기에 한한다.

「도로법」
제61조 (도로의 점용 허가) ① 공작물·물건, 그 밖의 시설을 신설·개축·변경 또는 제거하거나 그 밖의 사유로 도로(도로구역을 포함한다. 이하 이 장에서 같다)를 점용하려는 자는 도로관리청의 허가를 받아야 한다. 허가받은 기간을 연장하거나 허가받은 사항을 변경(허가받은 사항 외에 도로 구조나 교통안전에 위험이 되는 물건을 새로 설치하는 행위를 포함한다)하려는 때에도 같다.
② 제1항에 따라 허가를 받아 도로를 점용할 수 있는 공작물·물건, 그 밖의 시설의 종류와 허가의

기준 등에 관하여 필요한 사항은 대통령령으로 정한다.

③ 도로관리청은 같은 도로(토지를 점용하는 경우로 한정하며, 입체적 도로구역을 포함한다)에 제1항에 따른 허가를 신청한 자가 둘 이상인 경우에는 일반경쟁에 부치는 방식으로 도로의 점용 허가를 받을 자를 선정할 수 있다.

④ 제3항에 따라 일반경쟁에 부치는 방식으로 도로점용허가를 받을 자를 선정할 수 있는 경우의 기준, 도로의 점용 허가를 받을 자의 선정 절차 등에 관하여 필요한 사항은 대통령령으로 정한다.

[제1문의2 (3)]

Ⅰ. 논점
- 취소소송의 원고적격
- 공공용물의 일반사용
- 도로의 일반사용의 법적 성질

Ⅱ. 도로점용허가의 법적 성질
- 공물사용권의 특허, 재량행위
- 사안은 丙의 원고적격 문제

Ⅲ. 취소소송의 원고적격
1. 원고적격의 의의
2. 법률상 이익에 관한 학설
3. 법률상 이익의 내용

Ⅳ. 공공용물의 일반사용
1. 의의
2. 법적 성질
   - ① 반사적 이익설과 ② 공권설. ③ '일반 공중의 일반사용권'이라는 공권으로 이해하는 것이 타당
   - 판례는 예외적으로 인정
3. 일반사용의 내용과 한계

Ⅴ. 사례의 경우
- 공공용물의 일반사용에 해당
- 일반사용권은 '주민으로서의 일반사용에 대한 공법상 권리
- 丙 개인의 공권이 침해되었다고 보기 어려우므로 원고적격 부인

[제1문의2 (4)]

Ⅰ. 논점: 지방자치법상 주민소송(요건과 종류)

Ⅱ. 주민소송(지방자치법 17조)
1. 의의
2. 원고
3. 소송의 대상 및 제소사유
4. 피고
5. 주민소송의 종류
   (1) 제1호 소송: 중지청구소송
   (2) 제2호 소송: 취소 또는 무효확인 요구소송
   (3) 제3호 소송: 부작위위법확인요구 소송
   (4) 제4호 소송: 손해배상 또는 부당이득반환요구소송
6. 제소기간 및 관할 법원

Ⅲ. 사례의 경우
1. 주민소송의 요건에 해당
2. 주민소송의 종류
   - 제2호 소송: 도로점용허가 취소 요구
   - 제4호 소송: 손해배상청구 요구. 이 경우 손해 등이 특정되어야 함

[제 1 문의2 (3)]

Ⅰ. 논점

- ○ 취소소송의 제기요건 중 원고적격
- ○ 丙의 도로사용이 공물(도로)의 사용관계 중 '공공용물의 일반사용'에 해당되는지 여부
- ○ 이 경우 도로의 일반사용의 '법적 성질'의 문제

Ⅱ. 도로점용허가의 법적 성질

- ○ 도로점용은 공물의 특허사용에 해당됨. 따라서 도로의 점용허가는 공물사용권의 특허이고, 행정청의 재량행위임
- ○ 사안에서 甲의 후원회회장인 주유소 운영자는 甲으로부터 이미 점용허가를 받았고, 문제는 도로사용자인 일반주민 丙이 이 점용허가의 취소를 구하는 것이므로, -도로점용허가의 법적 성질이 문제되는 사안이 아니라- 丙의 도로사용권이 법률상 이익으로서 사용권침해를 이유로 丙에게 취소소송의 원고적격이 인정되는지 여부가 문제됨

Ⅲ. 취소소송의 원고적격[54]

1. 원고적격의 의의

- ○ 취소소송에서의 원고가 될 수 있는 자격(법률상 이익이 있는 자)

2. 법률상 이익에 관한 학설

- ○ 권리구제설(권리회복설), 법률상 보호이익설, 보호가치 있는 이익설, 적법성보장설이 있음
- ○ 결어: '법률상 이익'은 법적으로 보호되는 이익이라는 점에서 '법률상 보호이익'과 같은 개념이고, 또한 공권도 그 성립요건으로 사익보호성(법에 의하여 개인의 이익이 보호되어야 함)을 요구한다는 점에서 같은 개념으로 이해하는 것이 일반적임(즉, '법률상 이익'='법률상 보호이익'='공권')

3. 법률상 이익의 내용

- ○ '법에 의하여 보호되는 개별적 · 직접적 · 구체적 이익'(대판 2008.3.27, 2007두23811)
- ○ 국민 일반이 공통적으로 가지는 일반적 · 간접적 · 추상적 이익이나, 제3자의 사실상의 간접적인 경제적 이해관계의 경우에는 법률상 보호되는 이익이 있다고 할 수 없음(대판 2007.12.27, 2005두9651; 대판 2002.8.23, 2002추61)

---

54) 강론, 830면 이하.

Ⅳ. 공공용물의 일반사용[55]

1. 의의

o 공공용물은 누구든지 타인의 공동사용을 방해하지 않는 한도에서는 행정청의 허가 기타 특별한 행위가 필요하지 않고 당연히 이를 자유로이 사용할 수 있는데, 이를 '공공용물의 일반사용'이라 함. '보통사용' 또는 '자유사용'이라고도 함

2. 법적 성질

o 공공용물의 일반사용의 법적 성질에 관하여는 반사적 이익설과 공권설로 나뉜다. ① 공물의 일반사용에 있어서 공물이 일반공중의 사용에 제공된 결과 그 반사적 이익으로서 사용의 자유를 누리는 것에 불과하다는 반사적 이익설(독일의 종래 통설)과 ② 공물의 일반사용상의 이익을 공법상의 권리 또는 법률상 보호되는 이익으로 보는 공권설이 있음. ③ 공공용물은 일반공중의 일반사용권이 인정되어야 한다는 점에서 공권설이 타당함

o 따라서 공물의 일반사용권에 대한 행정청의 위법한 침해에 대해서는 공법상의 배제청구권이 인정되고, 또한 그로 인하여 발생된 손해에 대하여는 국가배상을 청구할 수 있을 것임

o 판례는 예외적으로 공공용재산의 성질상 특정개인의 생활에 직접적이고 구체적인 이익을 부여하고 있는 특별한 사정이 있는 경우라면 도로의 용도폐지처분에 대하여 다툴 수 있는 법률상 이익이 있다는 입장임(대판 1992.9.22, 91누13212)

3. 일반사용의 내용과 한계

o 일반사용의 내용과 한계는 공공용물의 종류에 따라 당해 공물의 공용목적과 관련법규 등에 의하여 정해짐

o 공공용물의 일반사용은 공물을 보호·유지하고, 사용관계상의 이해대립의 조정 또는 공공의 안녕과 질서상의 위해를 방지하기 위하여 공물관리권 또는 공물경찰권에 의하여 제한될 수 있음

Ⅴ. 사례의 경우

o 丙의 도로사용은 공물의 사용관계 중 공공용물의 일반사용에 해당함. 인접주민으로서 고양된 일반사용으로 볼 여지는 없어 보임

o 주민의 일반사용권은 '주민으로서의 일반사용에 대한 공법상 권리임. 丙 개인의 공권이려면,

---

55) 강론, 1290면 이하.

-판례에서와 같이- 특정개인의 생활에 직접적이고 구체적인 이익을 부여하고 있는 특별한 사정이 있어야 하는데, 설문에서 이와 같은 사정은 보이지 않음

○ 따라서 甲의 도로점용허가로 인하여 丙 개인의 공권이 침해되었다고 보기 어려우므로 원고적격이 인정되지 않음

[제1문의2 (4)]

I. 논점: 지방자치법상 주민소송(요건과 종류)

II. 주민소송(지방자치법 17조)[56)]

1. 의의

○ 지방자치법 제16조 제1항에 따라 공금의 지출에 관한 사항 등을 감사청구한 주민은 그 감사청구한 사항과 관련이 있는 위법한 행위나 업무를 게을리 한 사실에 대하여 해당 지방자치단체의 장을 상대방으로 하여 소송을 제기할 수 있는데, 이와 같은 주민의 권리를 주민소송권이라 함(지자법 17 ①)

2. 원고

○ '지방자치법 제16조 제1항에 따라 공금의 지출에 관한 사항, 재산의 취득·관리·처분에 관한 사항, 해당 지방자치단체를 당사자로 하는 매매·임차·도급 계약이나 그 밖의 계약의 체결·이행에 관한 사항 또는 지방세·사용료·수수료·과태료 등 공금의 부과·징수를 게을리 한 사항을 감사청구한 주민'이 주민소송의 원고가 됨(지자법 17 ①)

3. 소송의 대상 및 제소사유

○ 소송의 대상은 '공금의 지출에 관한 사항, 재산의 취득·관리·처분에 관한 사항, 해당 지방자치단체를 당사자로 하는 매매·임차·도급 계약이나 그 밖의 계약의 체결·이행에 관한 사항 또는 지방세·사용료·수수료·과태료 등 공금의 부과·징수를 게을리한 사항에 대하여 감사청구한 사항과 관련이 있는 위법한 행위나 업무를 게을리 한 사실'임

○ 주민소송은 주민소송의 대상이 되는 감사청구한 사항에 대하여 ① 주무부장관이나 시·도지사가 감사청구를 수리한 날부터 60일(제16조 제3항 단서에 따라 감사기간이 연장된 경우에는 연장기간이 끝난 날)이 지나도 감사를 끝내지 아니한 경우, ② 제16조 제3항 및 제4항에 따른 감사결과 또는

---

56) 강론, 1081면 이하.

제16조 제6항에 따른 조치요구에 불복하는 경우, ③ 제16조 제6항에 따른 주무부장관이나 시·도지사의 조치요구를 지방자치단체의 장이 이행하지 아니한 경우 또는 ④ 제16조 제6항에 따른 지방자치단체의 장의 이행 조치에 불복하는 경우에 제기할 수 있음(지자법 17 ①)

4. 피고

o 해당 지방자치단체의 장(해당 사항의 사무처리에 관한 권한을 소속 기관의 장에게 위임한 경우에는 그 소속 기관의 장)이 주민소송의 피고가 됨(지자법 17 ①)

5. 주민소송의 종류

(1) 제1호 소송: 중지청구소송

o 해당 행위를 계속하면 회복하기 곤란한 손해를 발생시킬 우려가 있는 경우 그 행위의 전부나 일부를 중지할 것을 요구하는 소송(지자법 17 ② 1호). 중지청구소송(지자법 17 ③)이라 함

(2) 제2호 소송: 취소 또는 무효확인요구소송

o 행정처분인 해당 행위의 취소 또는 변경을 요구하거나 그 행위의 효력 유무 또는 존재 여부의 확인을 요구하는 소송(지자법 17 ② 2호)

(3) 제3호 소송: 부작위위법확인요구소송

o 게을리한 사실의 위법 확인을 요구하는 소송(지자법 17 ② 3호). 이 소송에서의 부작위(게을리한 사실)에는 처분에 대한 부작위인가를 불문한다고 보아야 할 것임

(4) 제4호 소송: 손해배상 또는 부당이득반환요구소송

o 해당 지방자치단체의 장 및 직원, 지방의회의원, 해당 행위와 관련이 있는 상대방에게 손해배상청구 또는 부당이득반환청구를 할 것을 요구하는 소송. 다만 그 지방자치단체의 직원이 지방재정법 제94조나 회계관계직원 등의 책임에 관한 법률 제4조에 따른 변상책임을 져야 하는 경우에는 변상명령을 할 것을 요구하는 소송(지자법 17 ② 4호)

6. 제소기간 및 관할 법원

o 제소기간: ① 제1호 소송은 해당 60일이 끝난 날, ② 제2호 소송은 해당 감사결과나 조치요구 내용에 대한 통지를 받은 날, ③ 제3호 소송은 해당 조치를 요구할 때에 지정한 처리기간이 끝난 날, ④ 제4호 소송은 해당 이행 조치결과에 대한 통지를 받은 날부터 90일 이내(지자법 17 ④)

o 관할법원: 해당 지방자치단체의 사무소 소재지를 관할하는 행정법원(행정법원이 설치되지 아니한 지역에서는 행정법원의 권한에 속하는 사건을 관할하는 지방법원본원)(지자법 17 ⑨)

Ⅲ. 사례의 경우

1. 주민소송의 요건

○ 丙이 주민소송을 제기하려면

— 우선 '공금의 지출에 관한 사항 등을 감사청구'하여야 하고,

— 그리고 '공금의 지출에 관한 사항 등에 대하여 감사청구한 사항과 관련이 있는 위법한 행위나 업무를 게을리 한 사실'을 소송의 대상으로 하여야 하며,

— 기타 감사청구와 관련된 제1항의 요건을 갖추어, 甲을 피고로 하여 소송을 제기하여야 함

○ 도로 등 공물이나 공공용물을 특정 사인이 배타적으로 사용하도록 하는 점용허가가 도로 등의 본래 기능 및 목적과 무관하게 그 사용가치를 실현·활용하기 위한 것으로 평가되는 경우에는 주민소송의 대상이 되는 재산의 관리·처분에 해당함(대판 2016.5.27, 2014두8490)

2. 주민소송의 종류

○ '丙은 甲이 도로 본래의 기능과 목적을 침해하는 과도한 범위의 도로점용을 허가하였다고 주장'하고 있으므로, 제2호 소송(취소 또는 무효확인요구소송)을 통하여 甲에게 도로점용허가를 취소하라고 요구할 수 있겠음

○ 한편, 丙은 甲의 도로점용허가로 A시의 재정상 피해가 발생하였다고 주장하며 제4호 소송(손해배상 또는 부당이득반환요구소송)을 제기할 수도 있겠음. 하지만 제4호 주민소송 판결이 확정되면 피고 甲은 상대방에 대하여 그 판결에 따라 결정된 손해배상금이나 부당이득반환금의 지불 등을 청구할 의무가 있으므로, 丙이 제4호 소송을 제기하려면, 상대방, 재무회계행위의 내용, 감사청구와의 관련성, 상대방에게 요구할 손해배상금 내지 부당이득금 등을 특정하여야 함 (대판 2020.7.29, 2017두63467)

[제 2 문]

甲은 A시 보건소에서 의사 乙로부터 폐렴구균 예방접종을 받았는데, 예방접종을 받은 당일 저녁부터 발열증상과 함께 안면부의 마비증상을 느껴 병원에서 입원 치료를 받았다. 이에 甲은 「감염병의 예방 및 관리에 관한 법률」(이하 '감염병예방법') 제71조에 따라 진료비와 간병비에 대한 예방접종 피해보상을 청구하였는데, 질병관리청장 B는 2020.9.15. 이 사건 예방접종과 甲의 증상 사이에 인과관계가 불분명하다는 이유로 예방접종 피해보상 거부처분(이하 '제1처분')을 하였다. 그러나 甲은 이 사건 예방접종을 받기 이전에는 안면마비 증상이 없었는데 예방접종 당일 바로 발열과 함께 안면마비 증상이 나타났으며 위 증상은 乙의 과실에 따른 이 사건 예방접종에 의하여 발생한 것이라고 주장하면서 피해보상을 재신청하였고, B는 2020.11. 10. 재신청에 대하여서도 거부처분을 하였다(이하 '제2처분'). 그리고 위 각 처분은 처분 다음날 甲에게 적법하게 송달되었다.

한편 A시 보건소는 丙회사로부터 폐렴예방접종에 사용되는 의약품을 조달받아 왔다. 그런데 A시장은 丙회사가 위 의약품을 관리·조달하면서 조달계약을 부실하게 이행하였음을 이유로 丙회사에 의약품조달계약 해지를 통보하였다.

〈문제〉
1. 甲이 2020.12.30. B가 행한 처분의 취소를 구하는 취소소송을 제기하는 경우, 취소소송의 대상과 제소기간의 준수 여부를 검토하시오. (20점)
2. 甲은 자신의 예방접종 피해가 예방접종에 사용되는 의약품의 관리 소홀과 乙의 부주의에 기한 것이라고 주장하고, B는 예방접종과 甲이 주장하는 증상 사이에 인과관계가 명확하지 않다고 주장한다. 행정상 손해전보제도로서 감염병예방법 제71조 '예방접종 등에 따른 피해의 국가보상'의 의의와 법적 성질을 설명하고, 위 규정에 기초하여 甲과 B의 각 주장을 검토하시오. (20점)
3. 丙회사는 A시장이 의약품조달계약을 해지하면서 「행정절차법」상의 사전 통지 및 의견청취를 하지 않았음을 이유로 당해 통보가 위법하다고 주장한다. 丙회사 주장의 타당성을 검토하시오. (20점)
4. B는 A시에 제1급감염병이 급속하게 확산되자 이를 저지하기 위한 조치의 일환으로 감염병예방법 제46조 제2호에 근거하여 감염병 발생지역에 출입하는 사람으로서 감염병에 감염되었을 것으로 의심되는 사람이라는 이유로 丁에게 감염병 예방에 필요한 건강진단과 예방접종을 받도록 명하였다. 그러나 丁은 예방접종으로 인한 부작용을 우려하여 건강진단과 예방접종을 받기를 거부하고 있다. 이에 대하여 B는 일부 부작용이 있을 수도 있으나, 관계 법률이 정하는 절차에 따라 효과가 검증된 예방접종을 행하는 것은 감염병 확산을 막기 위하여 반드시 필요하며, 건강진단을 거부할 경우 감염병예방법에 의하여 형사처벌을 받을 수 있다고 하면서 그 불가피성을 주장한다.

丁은 B의 건강진단 및 예방접종명령에 대해서 취소소송을 제기하고 소송 중에 건강진단 및 예방접종명령의 근거가 되는 감염병예방법 제46조와 처벌규정인 제81조 각 해당 조항에 대하여 위헌법률심판제청을 신청하고자 한다.
(1) B가 丁에게 행한 건강진단 및 예방접종명령의 법적 성질을 검토하시오. (10점)
(2) 감염병예방법 제46조 제2호 및 제81조 제10호가 丁의 헌법상 기본권을 침해하는지 여부를 검토하시오. (30점)

※ 감염병예방법의 관련 규정은 배부된 법전을 참조할 것

[문 1]
Ⅰ. 논점
　　① 처분, ② 거부처분, ③ 반복된 거부처분
Ⅱ. 처분
　　○ 행정소송법 2 ① 1호
　　○ 처분의 개념적 요소
Ⅲ. 거부처분
　　1. 거부처분의 의의
　　2. 거부처분의 성립요건
　　　　(1) 판례
　　　　(2) 학설
　　　　　　○① 대상적격설, ② 신본안문제설, ③ 원고적격설. ④ 원고적격설 타당
Ⅳ. 반복된 거부처분
　　○ 새로운 거부처분
Ⅴ. 제소기간
　　1. 의의
　　2. 처분이 있음을 안 날부터 90일
　　　　(1) 행정심판을 거치지 않은 경우
　　　　(2) 행정심판을 거친 경우
　　3. 처분이 있은 날부터 1년
　　　　(1) 행정심판을 거치지 않은 경우
　　　　(2) 행정심판을 거친 경우
　　　　　　○ 다른 법률에서 당해 처분에 대한 행정심판의 재결을 거치지 아니하면 취소소송을 제기할 수 없다고 규정한 경우와 그 밖에 행정심판청구를 할 수 있는 경우 또는 행정청이 행정심판청구

를 할 수 있다고 잘못 알린 경우에 행정심판청구가 있은 때(행소법 20 단서)의 제소기간은 재결이 있은 날부터 1년임(행소법 20 ②)
Ⅵ. 사례의 경우
　　1. 거부는 처분임
　　2. 어느 거부를 대상으로 하여야 하는지
　　　　○ 제2처분
　　3. 제소기간 준수 여부
　　　　○ 제소기간 준수

[문 2]
Ⅰ. 논점: 희생보상, 특히 특별한 희생인지 여부
Ⅱ. 희생보상청구권
　　1. 의의
　　2. 법적 근거
　　　　○ 독일
　　　　○ 우리나라: ① 입법보상설, ② 간접적용설
　　　　○ 간접적용설 타당
　　　　현행법상 ① 예방접종 등에 따른 피해의 국가보상(감염병예방법 71),57) ② 명령에 따른 소방활동으로 인한 사망·부상에 대한 보상(소방기본법 49의2 ① 2호), ③ 산불방지작업 또는 인명구조작업으로 인한 사망·부상에 대한 보상(산림보호법 44) 등
　　3. 성립요건
　　　　① 공공의 필요에 의한 공권력행사

② 생명·신체 등의 비재산적 가치에
　 대한 침해
③ 침해행위가 적법하여야 함
④ 특별한 희생
○ (1) 형식설, (2) 실질설, (3) 결: 형식
　설(특별희생설)·실질설(중대성설)·
　상황구속성설 등 형식적 기준과 실
　질적 기준을 보완적으로 적용하여
　판단
○ 침해행위와 침해행위로 인한 영향이
　나 피해 등도 종합적으로 고려
○ 관련 판례
　국가의 보상책임은 무과실책임이지
　만, 접종으로 인한 것임을 인정할
　수 있어야 함(대판 2014.5.16, 2014
　두274)

Ⅲ. 사례의 경우
○ 사안의 경우 인과관계가 있다고 보아야
　할 것이므로, 甲의 주장이 타당

[문 3]

Ⅰ. 논점
○ 공법상 계약인지 여부
○ 조달계약해지통보가 행정행위인지 여부
○ 이에 따라 행정절차법이 적용되는지
　여부

Ⅱ. 공법상 계약
1. 의의
2. 행정행위와의 구별
3. 공법상 계약의 종류
　(1) 정부계약, 재산관리계약, 영조물의
　　 이용관계에 관한 계약의 경우

　(2) 현행법상 행정주체와 사인간의 공
　　 법상 계약

Ⅲ. 행정절차법
1. 행정절차법의 적용범위
2. 불이익처분절차
　(1) 불이익처분의 개념
　(2) 사전통지
　(3) 의견제출
　(4) 청문

Ⅳ. 사례의 경우
○ 의약품조달계약은 사법상 계약임
○ 공법상 계약으로 본다 하더라도,
　해지통보는 계약상의 행위임
○ 따라서 행정절차법이 적용되지 않음

[문 4(1)]

Ⅰ. 논점
① 행정상 직접강제, ② 행정상 즉시강제

Ⅱ. 행정상 직접강제
1. 의의
2. 직접강제의 법적 성질: 권력적 사실행
　위로서 행정쟁송법상 처분

Ⅲ. 행정상 즉시강제
1. 의의
2. 즉시강제의 법적 성질: 권력적 사실행
　위로서 행정쟁송법상 처분

Ⅳ. 사례의 경우
○ '건강진단 및 예방접종명령'은 처분
○ 이를 '감염병예방법 제46조의 조치'로
　보는 경우
－ 이는 행정상 즉시강제 또는 직접강제
－ 모두 권력적 사실행위로서 처분에 해당

---

57) "(구) 전염병예방법에 의한 피해보상제도가 수익적 행정처분의 형식을 취하고는 있지만, (구) 전염병예방법의 취지와
　입법 경위 등을 고려하면 실질은 피해자의 특별한 희생에 대한 보상에 가까우므로 … (대판 2014.5.16, 2014두274)."

[문 1]

Ⅰ. 논점: 취소소송의 대상으로서 ① 처분, ② 거부처분, ③ 반복된 거부처분

Ⅱ. 처분[58]

o '처분'이라 함은 행정청이 행하는 구체적 사실에 대한 법집행으로서의 공권력의 행사 또는 그 거부와 이에 준하는 행정작용(행정소송법 2 ① 1호)

o 처분의 개념적 요소: 행정청의 처분은, ① 행정청이 행하는, ② 구체적 사실에 관한 법집행으로서, ③ 공권력을 행사하거나 거부하는, ④ 국민의 권리의무에 직접 영향을 미치는 공법행위(대판 2012.9.27, 2010두3541 참조)이어야 함

Ⅲ. 거부처분[59]

1. 거부처분의 의의

o 처분을 구하는 당사자의 신청에 대하여 처분의 발급을 거부하는 행정청의 행정작용

2. 거부처분의 성립요건

(1) 판례

o 거부처분의 성립요건과 관련하여 판례는 ① 신청한 행위가 처분이어야 하고, ② 그 거부행위가 신청인의 법률관계에 변동을 일으키는 것이어야 하며, ③ 당사자에게 처분의 발급을 요구할 법규상 또는 조리상의 신청권이 있어야 한다는 입장임

(2) 학설

o 이에 대하여 학설은 ① 신청권을 거부처분의 요건으로 보아야 한다는 견해(대상적격설), ② 신청권의 존재 여부는 본안에서 가려야 할 문제라고 보는 견해(본안문제설), ③ 신청권의 존재는 거부처분의 성립요건이 아니라 원고적격의 문제라고 보는 견해(원고적격설)가 대립되고 있음. ④ '신청권'의 존부는 '원고에게 그러한 추상적 신청권이 인정되는가' 하는 문제라는 점에서 원고적격설이 타당함

---

58) 강론, 869면 이하.
59) 강론, 875면 이하.

Ⅳ. 반복된 거부처분[60]

○ 판례는 새로운 신청에 따른 반복된 거부처분은 새로운 거부처분이 있는 것으로 보아야 한다는 입장임(대판 1992.10.27, 92누1643)

Ⅴ. 제소기간[61]

1. 의의

○ 제소기간은 소송제기가 허용되는 기간을 말함

○ 취소소송은 처분 등이 있음을 안 날부터 90일 이내 또는 처분 등이 있은 날부터 1년 이내에 제기하여야 함(행소법 20)

2. 처분이 있음을 안 날부터 90일

(1) 행정심판을 거치지 않은 경우

○ 취소소송은 처분 등이 있음을 안 날부터 90일 이내에 제기하여야 함(행소법 20 ① 문)

○ '처분이 있음을 안 날'이라 함은 당사자가 통지, 공고 기타의 방법에 의하여 당해 처분이 있었다는 사실을 현실적으로 안 날을 의미하고 구체적으로 그 행정처분의 위법 여부를 판단한 날을 가리키는 것은 아님

(2) 행정심판을 거친 경우

○ 다른 법률에서 당해 처분에 대한 행정심판의 재결을 거치지 아니하면 취소소송을 제기할 수 없다고 규정한 경우(행소법 18 단서)와 그 밖에 행정심판청구를 할 수 있는 경우 또는 행정청이 행정심판청구를 할 수 있다고 잘못 알린 경우에 행정심판청구가 있은 때의 제소기간 또한 90일이며, 그 기간은 재결서의 정본을 송달받은 날부터 기산함(행소법 20 ① 단서)

3. 처분이 있은 날부터 1년

(1) 행정심판을 거치지 않은 경우

○ 취소소송은 처분 등이 있은 날부터 1년을 경과하면 이를 제기하지 못함(행소법 20 ②)

○ '처분이 있은 날'이라 함은 상대방이 있는 행정처분의 경우는 특별한 규정이 없는 한 의사표시의 일반적 법리에 따라 그 행정처분이 상대방에게 고지되어 효력이 발생한 날을 의미함(대판 1990.7.13, 90누2284)

---

60) 강론, 877면.

61) 강론, 896면 이하.

○ '처분이 있음을 안 날'과 '처분이 있은 날' 중 어느 하나의 기간이 만료되면 제소기간이 종료됨

(2) 행정심판을 거친 경우

○ 다른 법률에서 당해 처분에 대한 행정심판의 재결을 거치지 아니하면 취소소송을 제기할 수 없다고 규정한 경우와 그 밖에 행정심판청구를 할 수 있는 경우 또는 행정청이 행정심판청구를 할 수 있다고 잘못 알린 경우에 행정심판청구가 있은 때(행소법 20 단서)의 제소기간은 재결이 있은 날부터 1년임(행소법 20 ②)

VI. 사례의 경우

1. 거부가 처분인지

○ 거부처분이 제1처분과 제2처분이 처분이기 위해서는 甲에게 신청권이 필요함

○ 감염병예방법 제71조 제1항은 "국가는 제24조 및 제25조에 따라 예방접종을 받은 사람 또는 제40조제2항에 따라 생산된 예방·치료 의약품을 투여받은 사람이 그 예방접종 또는 예방·치료 의약품으로 인하여 질병에 걸리거나 장애인이 되거나 사망하였을 때에는 대통령령으로 정하는 기준과 절차에 따라 다음 각 호의 구분에 따른 보상을 하여야 한다."고 규정하고 있음

○ 폐렴구균은 감염병예방법 제24조 제1항 제13호에 규정된, 필수예방접종이 필요한 질병임

○ 따라서 이상의 규정에 따라 甲에게는 국가의 피해보상에 대한 법규상의 신청권이 인정된다 할 것이므로, 제1처분과 제2처분은 취소소송의 대상이 되는 거부처분임

2. 어느 거부를 대상으로 하여야 하는지

○ 판례에 따르면, 사안은 반복된 거부처분의 경우이므로, 제2처분이 취소소송의 대상이 됨

3. 제소기간 준수 여부

○ 사안에서 행정심판을 거친 사실은 없으므로, 제2처분이 있음을 안 날(2020.11.11.)로부터 90일 안에 취소소송을 제기하면 됨

○ 취소소송은 2020.12.30.에 제기되었으므로 제소기간을 준수함

[문 2]

Ⅰ. **논점:** 희생보상, 특히 특별한 희생인지 여부

Ⅱ. 희생보상청구권[62]

1. 의의

o 희생보상청구권이란 공익실현을 위하여 공권력을 행사하는 과정에서 발생한 개인의 비재산적 가치에 대한 특별한 희생을 보상하는 것을 말함(예: 예방접종으로 인한 감염·장애·사망에 대한 보상)

2. 법적 근거

o 희생보상청구권의 법리는 판례에 의하여 발전된 것으로, 오늘날 독일에서는 헌법적 관습법으로서의 효력을 지닌 프로이센일반국가법 총칙편 제74조, 제75조에 표현된 희생보상원리를 근거로 인정되고 있음

o 우리나라에서의 희생보상청구권의 인정 여부와 관련하여서는 ① 비재산적 가치의 침해에 대한 명문의 보상규정이 없는 한 보상청구가 허용될 수 없다는 견해(입법보상설)와 ② 헌법의 여러 규정들에 의하여 희생보상청구권을 인정하자는 견해(간접적용설)가 있음. 간접적용설은 그 근거와 관련하여 (1) 헌법 제23조 제3항을 유추적용하는 견해, (2) 헌법 제23조 제3항을 유추적용하면서 기본권보장과 평등조항을 직접 근거로 하는 견해, (3) 헌법 제23조 제3항의 특별희생보상 법리·법치국가원리·평등원칙을 근거로 하는 견해, (4) 헌법 제10조·제12조·제37조 등을 근거로 하는 견해 등이 있음

o 우리나라에는 독일과 같은 헌법적 관습법으로서의 희생보상원리가 없다 하더라도, 기본권규정·평등원칙·법치국가원리·손실보상 등에 관한 헌법규정들을 근거로 희생보상을 인정할 수 있음. 따라서 간접적용설이 타당함

o 현행법상 ① 예방접종 등에 따른 피해의 국가보상(감염병예방법 71),[63] ② 명령에 따른 소방활동으로 인한 사망·부상에 대한 보상(소방기본법 49의2 ① 2호), ③ 산불방지작업 또는 인명구조작업으로 인한 사망·부상에 대한 보상(산림보호법 44) 등은 희생보상청구권의 법리의 입법례라 할 수 있음

3. 성립요건

o 희생보상청구권이 성립하기 위해서는 다음의 요건을 갖추어야 함
① 행정주체의 공공의 필요에 의한 공권력행사가 있어야 함

---

62) 강론, 729면 이하.

63) "(구) 전염병예방법에 의한 피해보상제도가 수익적 행정처분의 형식을 취하고는 있지만, (구) 전염병예방법의 취지와 입법 경위 등을 고려하면 실질은 피해자의 특별한 희생에 대한 보상에 가까우므로 … (대판 2014.5.16, 2014두274)."

— 감염병의 예방·소방·산불방지와 같은 '공공의 필요'가 있어야 함.

— 손실보상이므로, 공권력의 행사가 있어야 하는데, 여기에서 공권력행사는 주로 사실행위임

② 생명·신체 등의 비재산적 가치에 대한 침해가 있어야 함

③ 침해행위가 적법하여야 함

④ 특별한 희생이 있어야 함

— 재산권보상과 관련하여, 내재적 제약을 넘어서는 특별한 희생의 존재 여부에 관한 기준으로
는 형식설과 실질설이 있는데, (1) 형식설은 평등원칙을 형식적으로 해석하여, '특정된 자'에
게 재산권 침해가 가해졌는가 하는 것을 기준으로 하는 견해로 개별행위설, 특별희생설이 있
고, (2) 실질설은 재산권 침해의 중대성, 재산권의 보호가치성·효용성 등의 실질적인 기준으
로 특별한 희생 여부를 판단하는 견해로 여기에는 중대성설을 비롯하여 보호가치성설·수인가
능성설·목적위배설·사적 효용설·상황구속성설·사회적 구속성설 등 다양한 견해들이 있음

— 이 논의는 희생보상에도 그대로 적용할 수 있는데, 결론적으로 희생보상에서의 특별희생과
생명·신체 등 비재산적 가치에 대한 기본권의 내용과 한계, 내재적 제약의 구별은 구체적인
사안별로 형식설(특별희생설)·실질설(중대성설)·상황구속성설 등 형식적 기준과 실질적 기준을
보완적으로 적용하여 판단하여야 할 것임

— 특히 희생보상에서의 특별한 희생의 판단에 있어서는 당해 침해행위와 더불어 침해행위로
인한 영향이나 피해 등도 종합적으로 고려되어야 할 것임

— 관련 판례

"(구) 전염병예방법(2009.12.29. 법률 제9847호 감염병의 예방 및 관리에 관한 법률로 전부 개정되기 전의 것,
이하 '(구) 전염병예방법'이라 한다) 제54조의2의 규정[64]에 의한 국가의 보상책임은 무과실책임이기
는 하지만, 책임이 있다고 하기 위해서는 질병, 장애 또는 사망(이하 '장애 등'이라 한다)이 당해
예방접종으로 인한 것임을 인정할 수 있어야 한다(대판 2014.5.16, 2014두274)."

Ⅲ. 사례의 경우

o 사안은 예방접종에 따른 신체 등 비재산적 가치에 대한 피해보상을 규정한 감염병예방법 제
71조에 관한 것으로 이는 '희생보상'의 문제임

o 사안에서는 희생보상의 요건 중, 특히 '특별한 희생'이 존재하는가 하는 것이 문제임

o 우선 -판례에 의하면- 감염병예방법 제71조에 의한 국가의 보상책임은 '무과실책임'임

o 하지만 판례는 무과실책임이라 하더라도 책임을 인정하기 위해서는 접종과 피해 사이에 인
과관계가 있어야 한다고 판시하고 있음

---

64) 현행 감염병예방법 제71조.

ㅇ 희생보상을 국가의 무과실책임으로 이해하더라도 이를 완전한 무과실책임으로 보기는 어려울 것임. 따라서 예방접종과 발생한 피해 사이에 인과관계는 필요해 보임

ㅇ 다만 인과관계는 과실책임에서 요구되는 정도가 아니라, 접종 이후에 발생한 신체상의 피해만으로도 요건을 충족한 것으로 보거나 인과관계가 없다는 명백한 증거를 제시하지 못하는 한 인과관계를 인정하는 등의 완화된 해석이 필요하다고 보는 것이 합리적일 것임

ㅇ 따라서 사안의 경우 접종 전에 안면마비 등의 증상이 없던 甲에게 접종 이후 이와 같은 현상이 발생하였으므로 인과관계가 있다고 보아야 할 것임

[문 3]

Ⅰ. 논점

ㅇ 의약품조달계약이 공법상 계약인지 사법상 계약인지 여부

ㅇ 이에 따라 조달계약해지통보가 행정행위인지 계약상의 행위인지 여부

ㅇ 이에 따라 조달계약해지통보에 행정절차법이 적용되는지 여부

Ⅱ. 공법상 계약[65]

1. 의의

ㅇ 공법적 효과의 발생을 목적으로 하는 복수당사자 간의 반대방향의 의사표시의 합치에 의하여 성립하는 공법행위

ㅇ 혹자는 행정계약이라는 개념을 사용하지만, 여기에는 행정주체가 계약의 일방당사자라는 점에서 행정주체가 맺는 공법상 계약과 사법상 계약이 모두 포함되어 있다는 문제가 있음

2. 행정행위와의 구별

ㅇ 공법적 효과를 발생시킨다는 점에서 공법상 계약은 행정행위와 공통됨

ㅇ 그러나 공법상 계약은 쌍방행위인데 반해서, 행정행위는 단독행위라는 점에서 차이가 있음

ㅇ 관련판례: **행정청이 자신과 상대방 사이의 법률관계를 일방적인 의사표시로 종료시킨 경우 그 의사표시가 처분인지 여부**

"행정청이 자신과 상대방 사이의 법률관계를 일방적인 의사표시로 종료시켰다고 하더라도 곧바로 그 의사표시가 행정청으로서 공권력을 행사하여 행하는 행정처분이라고 단정할 수는 없고, 관계 법령이 상대방의 법률관계에 관하여 구체적으로 어떻게 규정하고 있는지에 따라

---

65) 강론, 376면 이하.

그 의사표시가 항고소송의 대상이 되는 행정처분에 해당하는 것인지 아니면 공법상 계약관계의 일방 당사자로서 대등한 지위에서 행하는 의사표시인지 여부를 개별적으로 판단하여야 함(대법원 1996.5.31. 선고 95누10617 판결, 대법원 2014.4.24. 선고 2013두6244 판결 등)

○ 관련판례: **공법상 계약의 해지 및 환수에 대한 법령상 규정이 있는 경우와 없는 경우의 차이**
— '규정이 없는 경우' 협약의 해지 및 그에 따른 이 사건 환수통보는 공법상 계약에 따라 행정청이 대등한 당사자의 지위에서 하는 의사표시로 봄이 타당하고, 이를 행정청이 우월한 지위에서 행하는 공권력의 행사로서 행정처분에 해당한다고 볼 수 없음(대판 2015. 8.27, 2015두41449)
— '규정이 있는 경우' 협약의 해지 통보는 단순히 대등 당사자의 지위에서 형성된 공법상계약을 계약당사자의 지위에서 종료시키는 의사표시에 불과한 것이 아니라 행정청이 우월적 지위에서 연구개발비의 회수 및 관련자에 대한 국가연구개발사업 참여제한 등의 법률상 효과를 발생시키는 행정처분에 해당함(대판 2014.12.11, 2012두28704)

3. 공법상 계약의 종류(특히 행정주체와 사인간의 공법상 계약)

(1) 정부계약, 재산관리계약, 영조물의 이용관계에 관한 계약의 경우

○ 공법상의 계약은 공법적 효과의 발생을 목적으로 하는 계약을 의미하므로, 따라서 국가나 지방자치단체가 주체가 되는 물품조달계약이나 건설도급계약 등은 국가재정법, 지방재정법, 공유재산법, 국가당사자계약법 등에 의하여 공법적인 규제와 통제의 대상이 된다 하더라도 그 성질은 사법상 계약으로 보아야 함

○ 판례: 지방재정법에 의하여 준용되는 국가계약법에 따라 지방자치단체가 당사자가 되는 이른바 공공계약은 사경제의 주체로서 상대방과 대등한 위치에서 체결하는 사법상의 계약으로서 그 본질적인 내용은 사인 간의 계약과 다를 바가 없으므로, 그에 관한 법령에 특별한 정함이 있는 경우를 제외하고는 사적자치와 계약자유의 원칙 등 사법의 원리가 그대로 적용된다 할 것이다(대결 2006.6.19, 2006마117).

○ 또한 국공유재산의 임대차, 매매계약, 영조물의 이용관계도 대부분 사법상 계약임

○ 다만 영조물의 이용관계 중에서도 이용관계가 강제되고 이용의 대가를 사용료의 형태로서 부과하여 체납시에는 국세징수법의 예에 따라 강제징수하는 경우에는 공법상 계약으로 보아야 함

(2) 현행법상 행정주체와 사인간의 공법상 계약

○ 국세기본법 제2조 제12호에 의한 납세보증계약, 국유재산법·지방재정법에 의한 공법상의 증여계약으로서의 기부채납, 사회기반시설에 대한 민간투자법·지역균형개발 및 지방중소기업 육성에 관한 법률에 의한 사회간접자본시설의 건설과 운영을 대상으로 하는 실시협약, 지방자치단체와 사인간의 환경관리협약 등이 있음

Ⅲ. 행정절차법

1. 행정절차법의 적용범위

o 행정절차법 제3조 제1항은 이 법의 적용범위와 관련하여, "처분, 신고, 행정상 입법예고, 행정예고 및 행정지도의 절차(이하 "행정절차")에 관하여 다른 법률에 특별한 규정이 있는 경우를 제외하고는 이 법에서 정하는 바에 따른다."고 규정하고 있음

o 즉 적어도 이 법이 정하는 '행정절차'이어야 이 법이 적용됨

2. 불이익처분절차[66]

(1) 불이익처분의 개념

o 당사자에게 의무를 부과하거나 권익을 제한하는 처분(행정절차법 21)

(2) 사전통지

o 행정청이 불이익처분을 하는 경우에는 ① 처분의 제목, ② 당사자의 성명 또는 명칭과 주소, ③ 처분하려는 원인이 되는 사실과 처분의 내용 및 법적 근거, ④ 이에 대하여 의견을 제출할 수 있다는 뜻과 의견을 제출하지 아니하는 경우의 처리방법, ⑤ 의견제출기관의 명칭과 주소, ⑥ 의견제출기한, ⑦ 기타 필요한 사항을 미리 당사자 등에게 통지하여야 함(행정절차법 21 ①)

(3) 의견제출

o 행정청이 어떠한 행정작용을 하기 전에 당사자등이 의견을 제시하는 절차로서 청문이나 공청회에 해당하지 아니하는 절차(행정절차법 2 7호)

o 따라서 불이익처분시 관련 법령상 청문이나 공청회에 관한 규정이 없더라도, 행정절차법상의 의견제출절차는 반드시 거쳐야 함

(4) 청문

o 행정청이 어떠한 처분을 하기 전에 당사자등의 의견을 직접 듣고 증거를 조사하는 절차(행정절차법 2 5호)

o 청문은 ① 다른 법령 등에서 청문을 하도록 규정하고 있는 경우, ② 행정청이 필요하다고 인정하는 경우, 또는 ③ 인허가 등의 취소, 신분·자격의 박탈, 법인이나 조합 등의 설립허가의 취소에 대한 불이익 처분 시 제21조 제1항 제6호에 따른 의견제출기한 내에 당사자등의 신청이 있는 경우에 실시함(행정절차법 22 ①)

o 따라서 청문은 불이익처분의 경우에 반드시 실시되는 필요적 행정절차는 아니며 위의 사유

---

66) 강론, 431면 이하.

에 해당하지 않는 한 단순한 의견제출로 의견청취가 이루어짐

Ⅳ. 사례의 경우

- 의약품조달계약은 사법상 계약임
- 의약품조달계약을 '감염병예방을 위한 의약품공급'이라는 공법적 목적을 위한 것으로 보아 이를 공법상 계약으로 본다 하더라도, -위 사안에는 언급이 없으나- 조달계약의 해지는 법률 에 근거한 것이 아니라, 계약에 근거한 계약상의 행위로 보아야 할 것이므로, 이를 처분으로 볼 수 없음
- 따라서 행정절차법이 적용되지 않음. 따라서 丙회사의 주장은 타당하지 않음

[문 4(1)]

Ⅰ. 논점: ① 행정상 직접강제, ② 행정상 즉시강제

Ⅱ. 행정상 직접강제[67]

1. 의의

- 행정상 직접강제는 행정법상의 의무불이행에 대하여 행정청이 직접 의무자의 재산이나 신체 에 실력을 가하여 행정법상의 의무를 실현시키는 강제수단임(예: 폐쇄명령의 불이행에 대한 영업소폐 쇄조치·감염병방지를 위한 강제예방접종 등)
- 직접강제는 작위의무·부작위의무·수인의무 등 모든 의무를 대상으로 할 수 있음(예: 폐쇄명령 의 불이행에 대한 영업소폐쇄조치·전염병방지를 위한 강제예방접종 등)
- 직접강제는 선행의무의 위반이라는 요건이 존재하므로 목전의 긴급한 위해를 제거하기 위하 여 사용되는 행정상 즉시강제와 구별됨

2. 직접강제의 법적 성질: 권력적 사실행위로서 행정쟁송법상 처분

Ⅲ. 행정상 즉시강제[68]

1. 의의

- 행정법상의 의무의 존재를 전제함이 없이 목전의 급박한 위험을 제거하기 위하여 또는 그 성질상 의무를 명해서는 그 목적을 달성하기 어려운 경우에 직접 상대방의 신체나 재산에

---

67) 강론, 520면 이하.
68) 강론, 541면 이하.

실력을 가하여 행정상 필요한 상태를 실현하는 작용

○ 행정상 즉시강제는 행정상 필요한 상태를 강제한다는 점에서는 행정상 강제집행과 같으나, 행정상 강제집행은 사전에 구체적인 의무부과와 이의 불이행이 전제되어 있지만 행정상 즉시강제에는 의무부과와 의무불이행이 반드시 전제되어 있지 않다는 점에서 차이가 있음

— 문헌에서는 감염병예방법상 감염병환자에 대한 강제치료나 강제입원(감염병예방법 42), 감염병환자 등에 대한 강제 건강진단 또는 예방접종(감염병예방법 46), 감염병병원체에 감염되었다고 의심되는 사람에 대한 일정기간 입원 또는 격리(감염병예방법 47, 49), 출입국관리법상의 강제퇴거(출입국관리법 46), 보호조치(출입국관리법 51), 소방기본법상의 원조강제(소방기본법 24 ①) 등을 대인적 즉시강제의 예로 설명하고 있음

— 그러나 이들 가운데 대부분은 상대방이 이행하여야 할 구체적인 의무가 전제되어 있다고 보아야 한다는 점에서 행정상 즉시강제 보다는 직접강제의 수단이라고 보아야 할 것임

— 물론 긴급시에 사전에 구체적인 의무 부과할 시간적 여유 없이 즉시 강제력을 행사한 경우라면 행정상 즉시강제에 해당된다고 할 것임

2. 즉시강제의 법적 성질: 권력적 사실행위로서 행정쟁송법상 처분

Ⅳ. 사례의 경우

○ 감염병예방법 제46조는 "질병관리청장, 시·도지사 또는 시장·군수·구청장은 보건복지부령으로 정하는 바에 따라 다음 각 호의 어느 하나에 해당하는 사람에게 건강진단을 받거나 감염병 예방에 필요한 예방접종을 받게 하는 등의 조치를 할 수 있다."고 규정하고 있음

○ 사안에서 丁은 B의 '건강진단 및 예방접종명령'에 대해서 취소소송을 제기하였는데, 이와 관련하여 B가 위 감염병예방법 제46조의 조치의 일환으로 丁에게 '건강진단 및 예방접종을 받을 것'을 '명령'한 것은 행정청의 처분으로 볼 수 있고, 이 경우 丁의 취소소송 제기에는 문제없음

○ B의 '건강진단 및 예방접종명령'을 '감염병예방법 제46조의 조치' 그 자체로 보더라도, 이는 행정상 직접강제 또는 즉시강제로 볼 수 있음

— 이 경우 명령을 통하여 사전에 의무가 부과되었다고 볼 수 있으므로 직접강제로 보는 것이 타당함

— 다만 직접강제와 즉시강제 모두 그 법적 성질이 권력적 사실행위로서 처분에 해당한다는 것이 통설·판례이므로, 이에 대하여 취소소송을 제기하는 데에는 문제없음

제11회 변호사시험(2022) 공법(제1문, 제2문)

[제 1 문]

혼인하여 3자녀를 둔 5인 가구의 세대주인 甲은 현재 독점적으로 전기를 공급하고 있는 전기판매사업자 S와 전기공급계약을 체결하고 전기를 공급받는 전기사용자이다. S는 甲에게 2016.7.3.부터 같은 해 8.2.까지 甲 가구가 사용한 525kWh의 전기에 대해 131,682원의 전기요금을 부과하였다. 甲은 위 기간 동안 특별히 전기를 많이 사용하지 않았음에도 불구하고 전월에 비해 전기요금이 2배 이상으로 부과된 것이 새로 도입한 누진요금제 때문이라는 것을 알게 되었다. 이에 甲은 S의 전기공급약관 중 누진요금에 관한 부분이 「전기사업법」 제16조 제1항, 「전기사업법 시행령」 제7조 제1항을 위반하고 甲의 계약의 자유를 침해하여 무효라고 주장하면서, 2016.11.16. 전주지방법원 군산지원에 S를 상대로 甲이 납부한 131,682원과 누진요금제 시행 이전 기준으로 산정한 55,500원(S의 전기공급약관 개정 전 [별표 1] 기준)의 차액 상당을 구하는 부당이득반환 청구소송을 제기하였다. 甲은 위 소송 계속 중 2017.3.6. 위 법원에 「전기사업법」 제16조 제1항 중 '전기요금' 부분이 의회유보원칙 및 포괄위임금지원칙에 위배되고 혼인하여 대가족을 이룬 甲의 평등권을 침해한다고 주장하며 변호사 乙을 선임하여 위 법률조항 부분에 대한 위헌법률심판 제청신청을 하였다.

위 법원이 2017.7.20. 甲의 부당이득반환 청구를 기각하면서 위헌법률심판 제청신청도 기각하자, 甲은 2017.8.16. 「전기사업법」 제16조 제1항 중 '전기요금'에 관한 부분과 같은 법 시행령 제7조 제1항에 대하여 「헌법재판소법」 제68조 제2항에 의한 헌법소원심판을 청구하였다. 한편 위 부당이득반환 청구에 대한 기각판결은 甲이 항소하지 않아 2017.8.10. 확정되었다.

〈문제〉

4. 한편 S가 비용을 자의적으로 분류하여 전기요금을 부당하게 산정하였음이 판명되었다. 이에 허가권자는 전기위원회 소속 공무원 丙으로 하여금 그 확인을 위하여 필요한 조사를 지시하였고, 丙은 사실조사를 통해 부당한 전기요금 산정을 확인하였다. 이에 허가권자는 전기사업법령이 정하는 바에 따라 S의 매출액의 100분의 4에 해당하는 금액의 과징금부과처분을 하였다.

   (1) 허가권자가 조사 일시·이유·내용 등의 조사계획을 조사대상자에게 전혀 알리지 않은 채 기습적으로 위 사실조사가 행하여진 경우, 위 과징금부과처분의 적법 여부를 검토하시오. (10점)

   (2) 만약 과징금 액수가 과하게 책정되었음을 이유로 S가 과징금부과처분 취소심판을 제기하였다면, 행정심판위원회는 일부취소재결을 할 수 있는지 검토하시오. (20점)

[참조 조문] ※ 유의 사항: 아래 조문들의 일부는 가상의 것임

「전기사업법」(2013.3.23. 법률 제11690호로 개정된 것)

제21조(금지행위) ① 전기사업자등은 전력시장에서의 공정한 경쟁을 해치거나 전기사용자의 이익을 해칠 우려가 있는 다음 각 호의 어느 하나의 행위를 하거나 제3자로 하여금 이를 하게 하여서는 아니 된다.

　4. 비용이나 수익을 부당하게 분류하여 전기요금이나 송전용 또는 배전용 전기설비의 이용요금을 부당하게 산정하는 행위

제22조(사실조사 등) ① 허가권자는 공공의 이익을 보호하기 위하여 필요하다고 인정되거나 전기사업자등이 제21조제1항에 따른 금지행위를 한 것으로 인정되는 경우에는 전기위원회 소속 공무원으로 하여금 이를 확인하기 위하여 필요한 조사를 하게 할 수 있다.

　② 허가권자는 제1항에 따른 조사를 하는 경우에는 조사 7일 전까지 조사 일시, 조사 이유 및 조사 내용 등을 포함한 조사계획을 조사대상자에게 알려야 한다.

제24조(금지행위에 대한 과징금의 부과ㆍ징수) ① 허가권자는 전기사업자등이 제21조제1항에 따른 금지행위를 한 경우에는 전기위원회의 심의를 거쳐 대통령령으로 정하는 바에 따라 그 전기사업자등의 매출액의 100분의 5의 범위에서 과징금을 부과ㆍ징수할 수 있다.

　② 제1항에 따른 위반행위별 유형, 과징금의 부과기준, 그 밖에 필요한 사항은 대통령령으로 정한다.

「전기사업법 시행령」 (2013.3.23. 대통령령 제24442호로 개정된 것)

제13조(금지행위에 대한 과징금의 상한액 및 부과기준) ① 법 제24조제2항에 따라 과징금을 부과하는 위반행위의 종류와 그에 대한 과징금 상한액은 [별표 1의4] 와 같다.

[별표 1의4] 과징금 부과 위반행위의 종류 및 과징금 상한액(제13조제1항 관련)

위반행위	근거 법조문	과징금 상한액
4. 비용이나 수익을 부당하게 분류하여 전기요금이나 송전용 또는 배전용 전기설비의 이용요금을 부당하게 산정하는 행위	법 제21조 제1항 제4호	매출액의 100분의 4

[제1문의4 (1)]

Ⅰ. 논점

　ㅇ 위법한 행정조사에 따른 행정결정의 효과

Ⅱ. 위법한 행정조사에 따른 행정결정의 효과

　1. 행정조사의 의의와 한계

　　(1) 행정조사의 의의

　ㅇ 행정조사기본법 2 1호

　　(2) 행정조사의 한계

　2. 위법한 행정조사에 따른 행정결정의 효과

　ㅇ 문제의 소재

　ㅇ 적극설

　ㅇ 소극설

　ㅇ 판례: 적극설

　ㅇ 적극설과 판례의 입장 타당

Ⅲ. **사례의 경우**
- 과징금부과처분은 위법

[제1문의4 (2)]

Ⅰ. **논점**
- 법규명령형식(대통령령)의 행정규칙의 문제
- 취소심판에서의 재량행위에 대한 일부취소 가능성

Ⅱ. **법규명령형식의 행정규칙**
1. 문제의 소재
2. 학설 및 판례
   (1) 적극설(법규명령설)
   (2) 소극설(행정규칙설)
   (3) 수권여부기준설

(4) 판례: 대통령령의 경우 법규명령
3. 결론
- 사례의 경우는 법규명령

Ⅲ. **취소심판에서의 변경의 의미**
1. 취소심판의 의의
2. 변경의 의미

Ⅳ. **취소소송에서의 변경의 의미**
1. 취소소송의 의의
2. 변경의 의미
- ① 적극설, ② 소극설, ③ 판례: 소극설
3. 일부취소에 대한 판례의 입장

Ⅴ. **사례의 경우**
- 취소소송의 경우, 전부를 취소하여야 함
- 취소심판의 경우, 일부취소 할 수 있음

[제1문의4 (1)]

Ⅰ. **논점:** 위법한 행정조사에 따른 행정결정의 효과

Ⅱ. **위법한 행정조사에 따른 행정결정의 효과**[69]

1. 행정조사의 의의와 한계

(1) 행정조사의 의의
- 행정조사란 행정기관이 정책을 결정하거나 직무를 수행하는 데 필요한 정보나 자료를 수집하기 위하여 현장조사 · 문서열람 · 시료채취 등을 하거나 조사대상자에게 보고요구 · 자료제출요구 및 출석 · 진술요구를 행하는 활동을 말함(행정조사기본법 2 1호)

(2) 행정조사의 한계
- 행정조사도 행정작용이므로 적법요건인 주체 · 내용 · 형식 · 절차요건을 준수하여야 함

2. 위법한 행정조사에 따른 행정결정의 효과

- 행정조사는 어떠한 행정정책이나 결정을 위한 준비작용으로 행하여지는 것이 일반적임. 따라

---

69) 강론, 554면 이하.

서 행정조사는 행정결정에 선행하여 이루어지지만, 행정절차와는 달리, 법령의 특별한 규정이 없는 한, 행정조사와 행정결정은 상호 별개의 독자적 제도이지, 양자가 하나의 절차를 구성하고 있다고 할 수는 없음

○ 그런데 문제는 행정조사과정에의 실체법적·절차법적 위법사유가 있는 경우, 즉 행정조사가 적법요건을 결하여 위법한 경우에, 이 조사에 근거한 행정결정도 위법하게 되는가 하는 것임. 이에 관하여는 학설이 대립됨

○ 적극설은 행정조사와 행정결정은 하나의 과정을 구성하는 것이므로 적정절차의 관점에서 행정조사에 중대한 위법사유가 있는 때에는 이를 기초로 한 행정결정도 위법하게 된다는 견해임

○ 소극설은 행정조사가 법령에서 특히 행정행위의 전제요건으로 규정되어 있는 경우를 제외하고는 양자는 서로 별개의 제도로 볼 수 있는 것이고, 따라서 이 경우 조사의 위법이 행정행위를 위법하게 만들지 않는다는 견해임

○ 판례는 적극설과 같은 입장이다.

○ 행정조사의 위법성은 행정조사가 행정결정과 하나의 절차를 구성하고 있는가 아닌가와는 관계없이 이를 근거로 한 행정결정의 위법사유가 된다고 보는 것이 법치행정의 원리에 부합한다는 점에서 적극설과 판례의 입장이 타당함

Ⅲ. 사례의 경우

○ 丙의 사실조사는 행정조사에 해당됨

○ 전기사업법 제22조는 조사 전에 조사계획을 미리 알리도록 규정하고 있는데, 허가권자를 이를 하지 않았으므로, 丙의 행정조사는 위법함

○ 적극설과 판례에 따를 때, 위법한 행정조사에 따른 허가권자의 과징금부과처분은 위법함

[제1문의4 (2)]

I. 논점

○ 법규명령형식(대통령령)의 행정규칙의 문제

○ 취소심판에서의 재량행위에 대한 일부취소 가능성

— 취소심판에서의 변경의 의미

— 일부취소

II. 법규명령형식의 행정규칙[70]

1. 문제의 소재

○ 대통령령이나 부령에서 그 구체적인 '제재적 처분기준이나 과징금부과기준'을 정하고 있는 경우 이를 법규명령으로 볼 것인지, 행정규칙으로 볼 것인지가 문제임

2. 학설 및 판례

(1) 적극설(법규명령설)

○ 공권력을 근거로 제정된 법규명령은 법의 형식으로 제정된 것이고 또한 국무회의 심의ㆍ법제처 심사ㆍ공포와 같은 일정한 제정절차를 거친 것이므로 그 내용에 관계없이 일반국민을 구속하는 것이기 때문에 이를 법규명령으로 보아야 한다는 견해. 다수설

(2) 소극설(행정규칙설)

○ 법규명령 형식으로 제정된 행정규칙은, 그 내용이 행정규칙에 해당함이 명백하다면 그 형식에도 불구하고 행정규칙으로서의 성질이 변하는 것이 아니라는 견해

(3) 수권여부기준설

○ 법령에 수권근거가 있는 경우에는 법규명령이고, 수권근거가 없는 경우는 행정규칙이라는 견해

(4) 판례

○ 법규명령형식의 행정규칙과 관련된 대부분의 판례는 '제재적 행정처분의 기준을 정한 대통령령ㆍ부령'에 관한 것인데, 이 경우 판례는,

(i) 대법원은, 부령의 경우와는 달리, 제재적 행정처분의 기준을 정하고 있는 (구) 주택건설촉진법시행령의 법적 성질을 법규명령으로 보고 있음

(ii) 한편 대법원은 이와 같이 대통령령으로 정한 제재적 행정처분기준에 관하여는 그 법적 성질을 법규명령으로 보면서도, 일부 판례에서는 재량권행사의 여지를 인정하기 위하여 대통령령으로 정한 과징금처분기준을 처분의 최고한도액이라고 보고 있음(대판 2001.3.9, 99두5207)

3. 결론

○ 사례의 경우는 과징금부과처분기준을 정하고 있는 대통령령이므로, 판례에 따르면, 법규명령임
○ 판례에 따르면, 과징금처분기준은 최고한도액일 수 있는데,
○ 시행령 별표 1의4에서는 '과징금 상한액'임을 분명히 규정하고 있음

---

70) 강론, 326면 이하.

Ⅲ. 취소심판에서의 변경의 의미[71]

1. 취소심판의 의의

○ 취소심판이란 행정청의 위법 또는 부당한 처분을 취소하거나 변경하는 행정심판을 말함(행심법 5 1호)

2. 변경의 의미

○ '변경'의 의미는 행정소송상 취소소송에서의 '변경'이 일부취소를 의미하는 것과는 달리 '적극적 변경'이 가능하다고 보는 것이 일반적임
○ 이는 행정소송과는 달리 행정심판에 있어서는 '적극적 변경'이 권력분립원칙에 반하지 않기 때문임

Ⅳ. 취소소송에서의 변경의 의미

1. 취소소송의 의의

○ 취소소송이란 행정청의 위법한 처분 등을 취소 또는 변경하는 소송을 말함(행소법 4 1호)

2. 변경의 의미[72]

○ 취소소송에서 '변경'의 의미와 관련하여 ① 적극적 변경을 의미한다는 견해(적극설)도 있으나, ② 권력분립의 원칙상 소극적 변경, 즉 일부취소만을 의미한다는 견해(소극설)가 타당하다. ③ 판례도 소극설의 입장이다.

3. 일부취소에 대한 판례의 입장[73]

○ 판례는 일부취소는 외형상 하나의 처분이라고 하더라도 가분성이 있거나 그 처분대상의 일부가 특정될 수 있어야 가능하다는 입장임(대판 2000.2.11, 99두7210)
○ 영업정지처분 등이 재량권남용에 해당되어 위법하면 그 처분의 취소를 명할 수 있을 뿐 어느 정도가 적정한 영업정지기간인가를 정하는 것은 행정청의 권한이므로 적정 영업정지기간을 초과하는 부분을 가려서 일부취소 하지 않고 전부를 취소하여야 함(대판 1982.6.22, 81누375)
○ 과징금부과처분의 경우에도 법원이 적정하다고 인정되는 부분을 초과한 부분만 취소할 수는

---

71) 강론, 748면, 783면.
72) 강론, 814면.
73) 강론, 934면 이하.

없음(대판 2010.7.15, 2010두7031)

  o 행정청이 여러 개의 위반행위에 대하여 하나의 제재처분을 하였으나, 위반행위별로 제재처분
    의 내용을 구분하는 것이 가능하고 여러 개의 위반행위 중 일부의 위반행위에 대한 제재처분
    부분만이 위법하다면, 법원은 제재처분 중 위법성이 인정되는 부분만 취소하여야 하고 제재
    처분 전부를 취소하여서는 안 됨(대판 2020.5.14, 2019두63515)

V. 사례의 경우

  o 사례에서 과징금부과는 '외형상 하나의 처분이라고 하더라도 가분성이 있거나 그 처분대상의
    일부가 특정될 수 있'는 경우이므로 이론상 일부취소는 가능한 경우임
  o 더욱이 시행령 별표는 과징금부과처분의 '상한액'을 규정하고 있으므로, 과징금부과처분이
    과도한 경우에는 일부취소를 하는 것이 가능함
  o 다만, 취소소송에 의한 취소의 경우에는, 원처분이 재량행위이고 이에 따라 어느 정도가 적절
    한지는 행정청이 판단하여야 하므로, 법원은 전부를 취소하여야 함
  o 그러나 취소심판에 의한 취소의 경우에는, 원처분의 재량행위 여부와 관계없이, 일부취소나
    적극적 변경을 하더라도 권력분립 침해의 문제를 야기하지 않으므로, 일부취소 할 수 있음

[제 2 문]

甲은 A군 소재 농지에서 농업경영을 하던 중 양돈업을 시작하고자 한다. A군의 군수 乙은 2021.5.경 「가축분뇨의 관리 및 이용에 관한 법률」 제8조 제1항 및 「A군 가축사육 제한에 관한 조례」(이하 '이 사건 조례'라 한다) 제3조 제2항에 의거하여 「A군 가축사육 제한구역 지정 고시」(이하 '이 사건 고시'라 한다)를 발령하였다. 이 사건 고시 제4조 제3호에 의하면, "도로(고속국도, 일반국도, 지방도, 군도)나 철도, 농어촌도로 경계선으로부터 가축 사육 시설 건축물 외벽까지 직선거리 200m 이내 지역"을 가축사육 제한구역의 하나로 정하고 있다.

축사 예정지로 삼고 있는 甲의 토지는 주거 밀집지역인 농가에서 1km 이상 벗어나 있는데 甲이 짓고자 하는 축사의 외벽은 지방도 경계선으로부터 직선거리 200m 이내에 소재하고 있어 가축사육 제한구역에 편입되게 되었다.

甲은 2021.11.30. 돼지를 사육하려고 乙에게 축사 건축허가를 신청하였다. 그러나 乙은 2021. 12.15. 이 사건 조례 제3조 및 이 사건 고시 제4조 제3호에 의거하면 축사 예정지가 가축사육 제한구역에 해당하여 여기에 축사를 건축할 수 없다는 이유로 허가를 거부하는 처분(이하 '이 사건 처분'이라고 한다)을 하였다.

乙은 이 사건 처분을 함에 있어서 「행정절차법」에 따른 사전통지를 하지 않았고, 「행정심판법」상 처분의 상대방에게 알려야 하는 행정심판 청구가능성, 그 절차 및 청구기간도 알리지 않았다.

〈문제〉
1. 甲은 이 사건 고시 제4조 제3호가 법령의 위임한계를 벗어났다고 주장한다. 이와 관련하여 이 사건 고시의 법적 성격을 논하시오. (단, 고시의 처분성 논의는 제외함) (25점)
2. 乙이 「행정절차법」상 사전통지를 하지 않았음에 따른 이 사건 처분의 적법 여부를 검토하고, 나아가 「행정심판법」상 요구되는 행정심판 청구가능성, 그 절차 및 청구기간을 알리지 않았음에 따른 이 사건 처분의 적법 여부와 「행정심판법」상 효과를 설명하시오. (25점)
3. 甲을 비롯한 A군의 주민 과반수는 이 사건 조례가 가축사육 제한구역을 지나치게 광범위하게 규정하여 농업경영인의 경제활동을 너무 많이 제약한다는 이유에서 이를 보다 완화하는 내용으로 개정되어야 한다고 생각하고 있다. 甲을 비롯한 A군의 위 주민들이 행사할 수 있는 「지방자치법」상 권리를 모두 검토하시오. (단, 주민감사청구권과 주민소환권은 논의에서 제외함) (20점)

[참조 조문]
※ 유의 사항
아래 법령은 가상의 것으로, 이와 다른 내용의 현행 법령이 있다면 제시된 법령이 현행 법령에 우선하는 것으로 할 것

「가축분뇨의 관리 및 이용에 관한 법률」

제1조(목적) 이 법은 가축분뇨를 자원화하거나 적정하게 처리하여 환경오염을 방지함으로써 환경과 조화되는 지속가능한 축산업의 발전 및 국민건강의 향상에 이바지함을 목적으로 한다.

제8조(가축사육의 제한 등) ① 시장·군수·구청장은 지역주민의 생활환경보전 또는 상수원의 수질보전을 위하여 다음 각 호의 어느 하나에 해당하는 지역 중 가축사육의 제한이 필요하다고 인정되는 지역에 대하여는 해당 지방자치단체의 조례로 정하는 바에 따라 일정한 구역을 지정·고시하여 가축의 사육을 제한할 수 있다. 다만, 지방자치단체 간 경계지역에서 인접 지방자치단체의 요청이 있으면 환경부령으로 정하는 바에 따라 해당 지방자치단체와 협의를 거쳐 일정한 구역을 지정·고시하여 가축의 사육을 제한할 수 있다.

1. 주거 밀집지역으로 생활환경의 보호가 필요한 지역
2. 「수도법」 제7조에 따른 상수원보호구역, 「환경정책기본법」 제38조에 따른 특별대책지역, 그 밖에 이에 준하는 수질환경보전이 필요한 지역
3. 「한강수계 상수원수질개선 및 주민지원 등에 관한 법률」 제4조제1항, 「낙동강수계 물관리 및 주민지원 등에 관한 법률」 제4조제1항, 「금강수계 물관리 및 주민지원 등에 관한 법률」 제4조제1항, 「영산강·섬진강수계 물관리 및 주민지원 등에 관한 법률」 제4조제1항에 따라 지정·고시된 수변구역
4. 「환경정책기본법」 제12조에 따른 환경기준을 초과한 지역

「A군 가축사육 제한에 관한 조례」

제1조(목적) 이 조례는 「가축분뇨의 관리 및 이용에 관한 법률」 제8조에 따라 일정한 지역 안에서 가축 사육을 제한함으로써 주민의 생활환경보전과 상수원의 수질보전에 기여함을 목적으로 한다.

제2조(정의) 이 조례에서 사용하는 용어의 뜻은 다음과 같다.
1. "가축"이란 「가축 분뇨의 관리 및 이용에 관한 법률」(이하 "법"이라 한다) 제2조제1호에 따른 소·젖소·돼지·말·양(염소 등 산양을 포함한다)·사슴·개·닭·오리·메추리를 말한다.
2. "가축사육 제한구역"이란 가축사육의 일부 또는 전부를 제한하는 구역을 말한다.
3. "주거 밀집지역"이란 주택과 주택 사이 직선거리가 50미터 이내로 10가구 이상 모여 있는 지역을 말한다.

제3조(가축사육의 제한 등) ① 법 제8조에 따른 가축사육 제한구역은 다음 각 호와 같다.
1. 「국토의 계획 및 이용에 관한 법률」에 따른 도시지역의 주거지역, 상업지역, 공업지역, 녹지지역 안의 취락지구
2. 「수도법」에 따른 상수원 보호구역
3. 「환경정책기본법」에 따른 환경기준을 초과한 지역
4. 「수산자원관리법」에 따른 수산자원 보호구역
5. 「교육환경 보호에 관한 법률」에 따른 교육환경 보호구역
6. 주거 밀집지역 최근접 인가 부지경계에서 가축을 사육하는 부지경계까지 직선거리로 개는 1,000미터 이내, 닭·오리·메추리·돼지는 600미터 이내, 말·양(염소 등 산양을 포함한다)·사슴은 300미터 이내, 젖소·소는 200미터 이내의 지역

② 군수는 가축사육 제한구역을 지정할 경우에 이를 고시하여야 한다.

「A군 가축사육 제한구역 지정 고시」
제4조(가축사육 제한구역)
　3. 도로(고속국도, 일반국도, 지방도, 군도)나 철도, 농어촌도로 경계선으로부터 가축사육시설 건축
　　물 외벽까지 직선거리 200미터 이내 지역

[문 1]
Ⅰ. 논점
　　◦ 행정규칙형식의 법규명령(법령보충규칙)
　　◦ 위임입법의 한계(조례의 적법요건 관련)
Ⅱ. 행정규칙형식의 법규명령
　　1. 의의
　　2. 학설
　　　(1) 법규명령설
　　　(2) 행정규칙설
　　　(3) 규범구체화행정규칙설
　　3. 판례
　　◦① 상위법령의 위임이 있고
　　　② 상위법령의 내용을 보충하는 기능을
　　　가지는 경우 법규명령
　　4. 실정법규정
　　① 행정규제기본법 4조 ②
　　② 행정기본법 1조 1호 가목
　　5. 결론
Ⅲ. 위임입법의 한계(조례의 적법요건 포함)
　　1. 법률유보의 원칙
　　2. 특별수권의 원칙(포괄적 위임 금지의
　　　원칙)
　　◦ 다만 조례는 포괄적 수권만으로도 족함
　　3. 본질성이론(중요사항유보설)
　　4. 법령의 용어가 명확할 것(명확성의
　　　원칙)
　　5. 법률우위의 원칙
　　6. 기타
　　7. 행정기본법 38 ①
Ⅳ. 사례의 경우
　　◦ 법령보충규칙으로서 법규범(법규명령)

◦ 다만 위임입법으로서의 한계를
　벗어나는 경우에는 행정규칙(행정명령)
◦ 고시 4조 3호는 조례에서 위임한 범위
　('최근접 인가 부지경계'라는 기준)와는
　무관하게 '도로'를 기준점으로 삼고
　있으므로 위임입법의 한계를 벗어남
◦ 따라서 이 사건 고시는 행정규칙

[문 2]
Ⅰ. 논점
　　◦ 수익적 행정행위의 거부가 행정절차법상
　　　사전통지의 대상인지 여부
　　◦ 행정심판법상 불복고지의 하자
Ⅱ. 불이익처분절차
　　1. 불이익처분의 개념
　　　(1) 행정절차법 21
　　　(2) 수익적 행정행위의 거부처분도 불
　　　　이익처분에 해당하는지 여부
　　　　① 긍정설
　　　　② 부정설(다수설)
　　　　③ 판례: 부정설
　　　　④ 결어: 다수설 및 판례가 타당
　　2. 사전통지
　　　◦ 행정절차법 21 ①
　　　◦ 행정절차법 21 ④)
Ⅲ. 행정심판법상 불복고지
　　1. 의의
　　◦ 행심법 58
　　2. 불복고지의 성질
　　◦ 비권력적 사실행위
　　◦ 판례: 고지의무를 이행하지

아니하였다고 하더라도 위법하다고 할 수 없음
  ○ ① 훈시규정으로 보는 견해, ② 강행규정으로 보는 견해(다수설)
  3. 불고지·오고지의 효과
   (1) 심판청구서 제출기관의 불고지·오고지
    ○ 행심법 23 ②, ③
   (2) 심판청구 기간의 불고지·오고지
    ○ 행심법 27 ⑤, ⑥)
Ⅳ. 사례의 경우
  1. 행정절차법상 사전통지 생략 관련
  ○ 사전통지 미준수 사유로 위법하지는 않음
  2. 행정심판법상 불복고지 미고지 관련
  ○ 불복고지 미고지 사유로 위법하지는 않음
  ○ 다만, 행심법 23조 ②, 27조 ⑥ 적용

[문 3]
Ⅰ. 논점
  ○ 조례의 제정과 개폐청구권
  ○ 청원권
Ⅱ. 조례의 제정·개폐청구권
  1. 의의
  2. 청구의 주체·요건·상대방
  3. 청구의 대상
  4. 청구절차
Ⅲ. 청원권
  1. 의의
  ○ 헌법 26 ①
  ○ 청원법
  ○ 지방자치법 73
  2. 절차
Ⅳ. 사례의 경우

[문 1]

Ⅰ. 논점

  ○ 행정규칙형식의 법규명령(법령보충규칙)
  ○ 위임입법의 한계(조례의 적법요건 관련)

Ⅱ. 행정규칙형식의 법규명령[74]

1. 행정규칙형식의 법규명령의 의의

  ○ 행정기관이 상위법령의 위임에 따라 고시·훈령 등의 행정규칙의 형식으로 상위법령의 내용을 보충하는 경우(형식의 부족) 이를 행정규칙형식의 법규명령(법령보충규칙)이라 함

2. 학설

  (1) 법규명령설: 상위법령의 구체적 위임에 근거하여 발하여지는 것이므로 그 실질적 내용에

---

74) 강론, 332면 이하.

따라 법규명령으로 보는 견해

(2) 행정규칙설: 헌법이 규정하는 법규명령의 형식은 대통령령·총리령·부령으로 한정되어 있으므로, 이러한 형식이 아닌 법령보충규칙은 행정규칙으로 보아야 한다는 견해

(3) 규범구체화행정규칙설: 이러한 행정규칙이 법률을 구체화 또는 보충하는 기능을 지니는 경우에는 이를 규범구체화행정규칙 또는 법률대체적 행정규칙으로 부르자는 견해

3. 판례

○ 행정규칙의 형식으로 제정된 것이라도 ① 상위법령의 위임이 있고 ② 상위법령의 내용을 보충하는 기능을 가지는 경우에는 법규명령으로서의 효력을 인정

○ 대판 1994.4.26, 93누21668(주류도매면허제도개선업무처리지침), 대판 1994. 3.8, 92누1728(식품제조업허가기준), 대판 1994.3.8, 92누1728(생수판매제한고시), 대판 1996.4.12, 95누7727(노인복지지침), 대판 1998.9.25, 98두7503(주유소등록요건에관한고시), 대판 2008.3.27, 2006두3742, 3759(택지개발업무처리지침), 대판 2011.9.8, 2009두23822(산업입지의 개발에 관한 통합지침) 등

4. 실정법규정

① 행정규제기본법

○ 행정규제기본법 4조 ②

― 규제법정주의 원칙

― 예외: 고시 등에 위임 가능

② 행정기본법

○ 행정기본법 제1조 제1호 가목

― '법령'에 법률, 법규명령 이외에 '감사원규칙'과 '법령의 위임을 받아 중앙행정기관의 장이 정한 훈령·예규 및 고시 등 행정규칙'을 포함

5. 결론

○ 법규명령 사항을 행정규칙으로 정하는 것은 헌법 및 법률의 입법취지에 반하는 것이므로 바람직하지 않음

○ 그러나 상위법령의 위임에 따라 법령에서 정하기 곤란한 사항들을 정하고 있는 행정규칙에 대외적 구속력을 인정하여야 할 현실적인 필요성도 있음

○ 다만 법령보충규칙은 예외적으로만 인정되는 법규명령이라는 점에서 위임입법의 한계를 엄격히 준수하여야 함

Ⅲ. 위임입법의 한계(조례의 적법요건 포함)[75]

1. 법률유보의 원칙: 위임명령은 반드시 법률에 의한 입법권의 수권(授權), 즉 법적 근거가 필요함

2. 특별수권의 원칙(포괄적 위임 금지의 원칙)

○ 위임명령을 위해서는 단순히 수권의 근거가 있다는 것만으로는 부족하고, 법률이 구체적으로
   그 위임명령의 제정에 관하여 내용·목적·적용기준·범위 등을 명확히 정하여 수권하여야
   함. 따라서 구체적인 내용을 정하지 않고 포괄적으로 입법권을 수권하는 것은 금지됨
○ 다만 조례는 자주법이므로 포괄적 수권만으로도 족함

3. 본질성이론(중요사항유보설)

○ 특히 의회유보의 관점에서, 개인의 기본권실현에 중요하고 본질적인 사항은 반드시 법률로
   직접 규정하여야 하며, 나머지 기술적인 사항만이 위임입법의 대상이 되어야 함

4. 법령의 용어가 명확할 것(명확성의 원칙)

○ 법령은 국민의 신뢰를 보호하고 법적 안정성을 확보하기 위하여 되도록 명확한 용어로 규정
   되어야 한다는 것을 말함(헌재결 1992.4.28, 90헌바27)

5. 법률우위의 원칙

○ 위임명령은 상위법령과 저촉되는 내용을 규정하거나 위임의 범위를 벗어나는 등으로 상위법
   령에 반할 수 없음
○ 위임명령은 ① 수권 이외의 사항을 규정하거나, ② 수권에 위반되거나 벗어나는 사항을 규정
   하거나, ③ 추가적 제한을 규정하는 등의 입법권 행사를 할 수 없음

6. 기타

○ 그 밖에도 행정법의 일반원칙을 준수하여야 하고, 기본권을 존중하여야 하며, 기타 국민주권
   원리·권력분립원리 등의 한계, 국제법상의 한계 등 입법권의 한계를 준수하여야 함

7. 행정기본법 제38조

○ 제1항(법률우위의 원칙)에 따라 위임명령은 헌법과 상위법령을 위반할 수 없음

---

75) 강론, 296면 이하.

Ⅳ. 사례의 경우

- 이 사건 고시는 가축분뇨법 및 이 사건 조례의 위임에 따라 상위 법령의 내용을 구체화하고 있으므로, 일종의 법령보충규칙으로서 법규범(법규명령)으로서의 성질을 가짐
- 다만 이 경우 고시는 위임입법으로서의 한계를 준수하여야 하고, 그 한계를 벗어나는 경우에는 행정규칙(행정명령)의 성격을 지닐 뿐 국민에 대한 대외적 구속력은 없다고 보아야 함(대판 2013.9.12, 2011두10584; 대판 2016.8.17, 2015두51132 등 참조)
- 이 사건 조례는 가축분뇨법 제8조 제1항에 따라 제정된 것이고, 조례의 경우에는 포괄적 수권도 가능하므로, 조례는 조례의 적법요건(위임입법의 한계)을 준수함
- 그러나 이 사건 고시 제4조 제3호는 적법한 조례에서 위임한 범위('최근접 인가 부지경계'라는 기준)와는 무관하게 '도로'를 기준점으로 삼고 있다는 점에서 위임입법의 한계를 벗어남
- 따라서 이 사건 고시는 행정규칙임

[문 2]

Ⅰ. 논점

- 수익적 행정행위의 거부가 행정절차법상 사전통지의 대상인지 여부
- 행정심판법상 불복고지의 하자

Ⅱ. 불이익처분절차[76)]

1. 불이익처분의 개념

(1) 행정절차법

- 당사자에게 의무를 부과하거나 권익을 제한하는 처분(행정절차법 21)

(2) 수익적 행정행위의 거부처분도 불이익처분에 해당하는지 여부

① 거부처분도 당사자의 권익을 제한하는 처분이라는 점에서 행정절차법상의 불이익처분에 해당한다는 긍정설

② 수익적 행정행위의 거부의 경우 신청에 따라 아직 권익이 부여된 것이 아니므로 신청에 대한 거부처분을 직접 '당사자의 권익을 제한하는 처분'에 해당한다고 할 수 없다는 부정설(다수설)

③ 판례: 부정설(대판 2003.11.28, 2003두674)

④ 결어: 다수설 및 판례가 타당

---

76) 강론, 431면 이하.

2. 사전통지

o 행정청이 불이익처분을 하는 경우에는 ① 처분의 제목, ② 당사자의 성명 또는 명칭과 주소, ③ 처분하려는 원인이 되는 사실과 처분의 내용 및 법적 근거, ④ 이에 대하여 의견을 제출할 수 있다는 뜻과 의견을 제출하지 아니하는 경우의 처리방법, ⑤ 의견제출기관의 명칭과 주소, ⑥ 의견제출기한, ⑦ 기타 필요한 사항을 미리 당사자 등에게 통지하여야 함(행정절차법 21 ①)

o 한편 사전통지는 ① 공공의 안전 또는 복리를 위하여 긴급히 처분을 할 필요가 있는 경우, ② 법령등에서 요구된 자격이 없거나 없어지게 되면 반드시 일정한 처분을 하여야 하는 경우에 그 자격이 없거나 없어지게 된 사실이 법원의 재판 등에 의하여 객관적으로 증명된 경우, ③ 해당 처분의 성질상 의견청취가 현저히 곤란하거나 명백히 불필요하다고 인정될 만한 상당한 이유가 있는 경우에는 하지 않을 수 있음(행정절차법 21 ④)

Ⅲ. 행정심판법상 불복고지[77]

1. 의의

o 행정청이 처분을 할 때에는 처분의 상대방에게 해당 처분에 대하여 행정심판을 청구할 수 있는지, 심판청구 절차 및 심판청구 기간을 알려야 하는데, 이를 불복고지라 함(행심법 58)

2. 불복고지의 성질

o 불복고지는 행정심판에 관한 사항을 알리는 데 불과하므로 비권력적 사실행위로서 항고쟁송의 대상이 되지 않음

o 판례는 고지의무를 이행하지 아니하였다고 하더라도 그 처분이 위법하다고 할 수 없다는 입장임(대판 1987.11.24, 87누529)

o 학설은 ① 불복고지 규정을 훈시규정으로 보는 견해, ② 행정심판법이 불고지나 오고지에 대한 절차상에 제재효과를 규정하고 있는 점(행심법 27 ⑤, ⑥)에서 강행규정으로 보는 견해(다수설)가 있는데, 다수설이 타당함

3. 불고지(不告知) · 오고지(誤告知)의 효과

(1) 심판청구서 제출기관의 불고지 · 오고지

o 행정청이 제58조에 따른 고지를 하지 아니하거나 잘못 고지하여 청구인이 심판청구서를 다

른 행정기관에 제출한 경우에는 그 행정기관은 그 심판청구서를 지체 없이 정당한 권한이 있는 피청구인에게 보내야 하고, 심판청구서를 보낸 행정기관은 지체 없이 그 사실을 청구인에게 알려야 함(행심법 23 ②, ③)

(2) 심판청구 기간의 불고지 · 오고지

○ 행정청이 심판청구 기간을 제1항에 규정된 기간보다 긴 기간으로 잘못 알린 경우 그 잘못 알린 기간에 심판청구가 있으면 그 행정심판은 제1항에 규정된 기간에 청구된 것으로 봄(행심법 27 ⑤). 행정청이 심판청구 기간을 알리지 아니한 경우에는 제3항에 규정된 기간에 심판청구를 할 수 있음(행심법 27 ⑥).

Ⅳ. 사례의 경우

1. 행정절차법상 사전통지 생략 관련

○ 이 사건 처분은 '수익적 행정행위의 거부'로서, 다수설과 판례에 따를 때, 사전통지의 대상이 아님

○ 따라서 이 사건 처분은 사전통지 미준수 사유로 위법하지는 않음

2. 행정심판법상 불복고지 미고지 관련

○ 불복고지를 하지 않은 것은 처분의 위법사유가 되지 않음. 따라서 이 사건 처분은 불복고지 미고지 사유로 위법하지는 않음

○ 다만, 행정심판을 청구하는 경우, 행정심판법 제23조 제2항, 제27조 제6항에 의한 보호를 받음

[문 3]

Ⅰ. 논점[78]

○ 조례의 제정과 개폐청구권
○ 청원권

Ⅱ. 조례의 제정 · 개폐청구권[79]

1. 의의

○ 19세 이상의 일정한 자격을 가지는 주민들은 일정 수 이상의 주민들의 연서(連署)로 해당 지

---

78) 시험시행일 당시 시행 중인 구 지방자치법(법률 제18092호, 2021.4.20., 일부개정) 적용.
79) 강론, 1076면 이하.

방자치단체의 장에게 조례를 제정하거나 개정하거나 폐지할 것을 청구할 수 있는데, 이를 조례제정·개폐청구권이라 함(지자법 15 ①)

2. 청구의 주체 · 요건 · 상대방

○ 조례제정·개폐청구는 19세 이상의 주민(공직선거법 제18조에 따른 선거권이 없는 자 제외)으로서 ① 해당 지방자치단체의 관할 구역에 주민등록이 되어 있는 사람, ② 재외동포의 출입국과 법적 지위에 관한 법률 제6조 제1항에 따라 해당 지방자치단체의 국내거소신고인명부에 올라 있는 국민 또는 ③ 출입국관리법 제10조에 따른 영주의 체류자격 취득일 후 3년이 경과한 외국인으로서 같은 법 제34조에 따라 해당 지방자치단체의 외국인등록대장에 올라 있는 사람이 할 수 있음

○ 시·도와 제175조에 따른 인구 50만 이상 대도시에서는 19세 이상 주민 총수의 100분의 1 이상 70분의 1 이하, 시·군 및 자치구에서는 19세 이상 주민 총수의 50분의 1 이상 20분의 1 이하의 범위에서 지방자치단체의 조례로 정하는 19세 이상의 주민 수 이상의 연서로 조례를 제정하거나 개정하거나 폐지할 것을 청구할 수 있으며, 청구의 상대방은 해당 지방자치단체의 장임(지자법 15 ①)

3. 청구의 대상

○ 조례제정·개폐청구는 지방의회의 조례제정권이 미치는 모든 사항을 청구의 대상으로 하는 것이 원칙임

○ 다만 ① 법령을 위반하는 사항, ② 지방세·사용료·수수료·부담금의 부과·징수 또는 감면에 관한 사항, ③ 행정기구를 설치하거나 변경하는 것에 관한 사항이나 공공시설의 설치를 반대하는 사항은 청구대상에서 제외됨(지자법 15 ②)

4. 청구절차

○ 지방자치단체의 19세 이상의 주민이 조례제정·개폐청구를 하려면 청구인의 대표자를 선정하여 청구인명부에 적어야 하며, 청구인의 대표자는 조례의 제정안·개정안 및 폐지안(주민청구조례안)을 작성하여 제출하여야 함(지자법 15 ③)

Ⅲ. 청원권[80]

1. 의의

o 헌법은 국민의 기본권으로 청원권을 보장하고 있음(헌법 26 ①)

o 이에 따라 청원권행사의 절차와 청원의 처리에 관한 사항을 규정하기 위하여 청원법이 제정
되어 시행되고 있음

o 이와는 별도로 지방자치법은 주민들의 청원권에 관한 규정을 두고 있는데, 즉 지방자치단체
의 주민은 지방의회에 청원할 수 있음

2. 절차

o 지방의회에 청원하려는 자는 지방의회의원의 소개를 받아 지방의회에 청원서를 제출하여야
함(지자법 73 ①)

o 재판에 간섭하거나 법령에 위배되는 내용의 청원은 수리하지 않음(지자법 73 ②)

o 청원서가 접수된 경우에는 지방의회의 의장은 이를 소관 위원회 또는 본회의에 회부하여 심
사하게 함(지자법 75 ①). 이 때 청원인의 청원을 소개한 의원은 소관 위원회 또는 본회의의 요
구가 있을 때에는 청원의 취지를 설명하여야 함(지자법 75 ②). 또한 소관 위원회가 청원을 심사
하여 본회의에 부의할 필요가 없다고 결정한 때에는 그 처리결과를 의장에게 보고하고, 의장
은 청원한 자에게 알려야 함(지자법 75 ③)

o 지방의회가 채택한 청원으로서 그 지방자치단체의 장이 처리하는 것이 타당하다고 인정되는
청원은 의견서를 첨부하여 지방자치단체의 장에게 이송함(지자법 76 ①). 지방자치단체의 장은
제1항의 청원을 처리하고 그 처리결과를 지체 없이 지방의회에 보고하여야 함(지자법 76 ②)

Ⅳ. 사례의 경우

o 甲과 A군의 주민 과반수는 조례개정청구의 요건을 충족하는 수이고, 가축사육제한구역 지정
조건의 완화는 지방자치법 제15조 제2항의 청구제외사항에 해당되지 않으므로, 청구인 대표
자를 선정하여 乙을 상대로 조례개정청구를 할 수 있음

o 甲 또는 A군의 주민들은 A군의원의 소개를 받아 A군의회에 조래개정을 내용으로 하는 청원
서를 제출할 수 있음

---

80) 강론, 1092면.

제12회 변호사시험(2023) 공법(제1문, 제2문)

[제1문]

변호사 甲과 국회의원 乙은 전동킥보드 동호회 회원들이다. 甲과 乙은 전동킥보드 신제품을 구매하려 하였으나,「전기용품 및 생활용품 안전관리법」제15조 제3항에 근거한「안전확인대상생활용품의 안전기준」제4조 제1호(이하 '이 사건 고시조항'이라 한다)에서 전동킥보드의 최고속도를 시속 25킬로미터로 제한함에 따라 종전과 달리 이러한 제한을 준수한 전동킥보드만 제조·수입되고 있어서, 신제품 전동킥보드는 최고속도를 초과하여 주행할 수 없음을 알게 되었다. 甲과 乙은 이러한 속도 제한으로 말미암아 전동킥보드 구매·이용을 통해서 기대되는 즐거움이나 효용의 핵심인 속도감과 민첩한 이동을 누릴 수 없게 되었고, 이로써 자신들의 신체의 자유, 거주·이전의 자유가 침해되고 있다고 주장하면서 이 사건 고시조항에 대하여 헌법소원심판을 청구하였다.

이후 甲과 乙은 동호회 모임에 참석하였다가 만취한 상태로 각자 전동킥보드를 타고 가던 중, 횡단보도를 건너던 보행자를 순차적으로 치어 크게 다치게 한 후 도주하였다. 甲과 乙은 각각「도로교통법」에 따른 운전면허 취소처분을 받음과 아울러 특정범죄가중처벌등에관한법률위반(도주치상)죄로 공소제기되었다.

법무부장관은 甲에 대하여 위 공소제기를 이유로「변호사법」제102조 제1항 본문 및 제2항(이하 '이 사건 법률조항'이라 한다)에 의거하여 업무정지명령을 하였다. 甲은 업무정지명령에 대하여 취소소송을 제기하면서 그 근거조항인 이 사건 법률조항의 위헌성을 다투고 있다. 한편, 국회는 그간 乙이 여러 차례 본회의에서 다른 사람의 사생활에 대한 폭로성 발언을 하였을 뿐만 아니라 위와 같이 공소제기됨으로써 국회의원의 품위를 손상시켰음을 사유로 하여, 윤리특별위원회의 심사를 거쳐 乙을 제명하였다. 乙은 국회의 제명처분에 대하여 헌법재판소에 제소하고자 한다.

〈문제〉

5. 乙은 운전면허 취소처분에 대하여 그 취소를 구하는 행정심판을 적법하게 제기하였으나 기각재결을 받고 이어서 취소소송을 제기하였다. 한편 甲은 '「도로교통법」제142조에도 불구하고 자신에 대한 운전면허 취소처분은 乙의 사건과 동종사건이므로 행정심판을 거칠 필요가 없다'고 판단하고 곧바로 취소소송을 제기하였는데, 결국 그 소송 계속 중에 행정심판 청구기간이 도과하였다. 행정심판전치주의와 관련하여 甲의 취소소송이 적법한지 판단하시오. (15점)

6. 한편, 법무부장관이 甲에 대하여 업무정지명령을 할 당시 甲은 위 특정범죄가중처벌등에관한법률위반(도주치상)죄뿐만 아니라 무고죄로도 공소제기되어 있었는데, 위 업무정지명령 처분서에는 특정범죄가중처벌등에관한법률위반(도주치상)죄로 공소제기된 사실만 적시되어 있었다. 법

무부장관은 甲이 제기한 업무정지명령에 대한 취소소송이 진행되던 중에 위 처분사유만으로는 부족하다고 판단하고, '甲이 현재 무고죄로 공소제기되어 있다'는 처분사유를 추가하고자 한다. 이러한 처분사유의 추가가 허용되는지 판단하시오. (15점)

[참조 조문] ※ 유의 사항: 아래 조문들의 일부는 가상의 것임

「변호사법」

제102조(업무정지명령) ① 법무부장관은 변호사가 공소제기되거나 제97조에 따라 징계 절차가 개시되어 그 재판이나 징계 결정의 결과 등록취소, 영구제명 또는 제명에 이르게 될 가능성이 매우 크고, 그대로 두면 장차 의뢰인이나 공공의 이익을 해칠 구체적인 위험성이 있는 경우에는 법무부징계위원회에 그 변호사의 업무정지에 관한 결정을 청구할 수 있다. 다만, 약식명령이 청구된 경우와 과실범으로 공소제기된 경우에는 그러하지 아니하다.

② 법무부장관은 법무부징계위원회의 결정에 따라 해당 변호사에 대하여 업무정지를 명할 수 있다.

제103조(업무정지 결정기간 등) ① 생략

② 업무정지에 관하여는 제98조제3항 및 제98조의2제2항부터 제6항까지의 규정을 준용한다.

[제1문의5]

Ⅰ. 논점: 행정심판전치주의

Ⅱ. 행정심판의 전치

  1. 행정심판전치의 의의

  2. 현행법 규정(임의적 행정심판전치의 원칙)

  3. 예외적 행정심판전치주의

    (1) 예외적 행정심판전치주의의 내용

      ○ 행소법 18 ① 단서

      ○ 도로교통법 제142조 등

    (2) 행정심판전치주의의 예외

      ○ 권익침해 예방 취지

      ○ ① 행소법 18 ②, ② 행소법 18 ③

Ⅲ. 사례의 경우

  ○ 행소법 18 ③ 1호

  ○ 관련 판례

  ○ '동질성 인정 여부'에 대하여 논란이 있을 수 있음

    ─ 동질성이 없다고 판단되면, 甲의 소제기는 부적법

    ─ 행정심판에서 달리 취급될 만한 특별한 사정이 없다는 점에서 동질적인 사건으로 보는 경우, 甲의 소제기는 적법

[제1문의6]

Ⅰ. 논점: 처분사유의 추가·변경

Ⅱ. 처분사유의 추가·변경

  1. 의의

  2. 허용성

    (1) 긍정설

    (2) 부정설

    (3) 개별적 결정설

    (4) 제한적 긍정설

  3. 허용요건 및 한계

    (1) 기본적 사실관계의 동일성

    (2) 소송물의 동일성(처분의 동일성)

    (3) 시간적 한계

      1) 추가·변경사유의 기준시

      2) 추가·변경의 허용시점

Ⅲ. 사안의 경우 　ㅇ '도주치상'과 '무고'는 기본적	사실관계가 동일하다고 보기 어려움. 처분사유의 추가가 허용되지 않음

[제1문의5]

Ⅰ. 논점: 행정심판전치주의

Ⅱ. 행정심판의 전치[81]

1. 행정심판전치의 의의

ㅇ 행정소송을 제기함에 앞서 먼저 행정청에 의한 행정심판절차를 거치도록 하는 제도. 이를 행정심판전치주의라 함

2. 현행법 규정(임의적 행정심판전치의 원칙)

ㅇ 행정소송법 제18조는 행정심판을 원칙적으로 취소소송의 임의적 전심절차로 규정하면서, 행정심판전치주의가 요구되는 경우를 예외로 하고 있음

3. 예외적 행정심판전치주의

(1) 예외적 행정심판전치주의의 내용

ㅇ 다른 법률에 당해 처분에 대한 행정심판의 재결을 거치지 아니하면 취소소송을 제기할 수 없다는 규정이 있는 때에는 행정심판을 거치지 않으면 취소소송을 제기할 수 없음(행소법 18 ① 단서).

ㅇ 현행법상 예외적으로 행정심판전치주의를 규정하고 있는 예로는 국가공무원법 제16조, 지방공무원법 제20조의2, 국세기본법 제56조, 관세법 제120조, 도로교통법 제142조 등이 있음

(2) 행정심판전치주의의 예외

ㅇ 행정심판전치주의로 인한 권익침해를 예방하기 위하여 행정소송법은 행정심판전치주의에 대한 일정한 예외를 규정하고 있음

ㅇ ① 행정심판은 청구하되 재결을 거칠 필요가 없는 경우(행소법 18 ②)와 ② 행정심판조차 청구하지 않아도 되는 경우(행소법 18 ③)로 구분하여 규정하고 있음

---

81) 강론(제10판), 901면 이하.

Ⅲ. 사례의 경우

○ 甲과 乙은 운전면허 취소처분에 대하여 취소소송을 제기하려면 행정소송법 제18조 제1항 단서 및 도로교통법 제142조에 따라 행정심판의 재결을 거쳐야 함

○ 다만, 乙이 이미 행정심판을 청구하여 기각재결을 받았는데, 甲이 별도로 행정심판을 청구하지 않으려면, 이 경우가 '동종사건에 관하여 이미 행정심판의 기각재결이 있은 때'에 해당하여 '행정심판을 제기함이 없이 취소소송을 제기할 수 있는 경우'(행소법 18 ③ 1호)이어야 함

○ 관련 판례

"행정소송법(1994.7.27. 법률 제4770호로 개정되기 전의 것) 제18조 제3항 제1호에서 행정심판의 제기 없이도 행정소송을 제기할 수 있는 경우로 규정하고 있는 '동종사건에 관하여 이미 행정심판의 기각재결이 있은 때'에 있어서의 '동종사건'이라 함은 당해 사건은 물론 당해 사건과 기본적인 점에서 동질성이 인정되는 사건을 가리키는 것이다(대판 2000.6.9, 98두2621)."

○ 이 사건은 '甲과 乙이 같은 모임에 참석하여 만취상태로 전동킥보드를 타고 가다가 횡단보도에서 보행자를 친 사건'이라는 점에서 '기본적인 점에서 동질성이 인정되는 사건인지'가 쟁점임. 이 사건은 상당히 유사성이 많은 사건이라, '동질성 인정 여부'에 대하여 논란이 있을 수 있겠음

— 처분의 상대방과 각자의 직업, 음주의 정도, 사고에의 기여도 등에서의 동일성을 엄격히 요구한다면 동질성이 없다고 볼 수 있음. 이 경우 甲의 취소소송 제기는 부적법함

— 위 사건은 유사한 정황에서 거의 동시에 발생한 상황이어서 행정심판에서 특별히 달리 취급될 만한 사정이 없다고 판단됨. 따라서, -인용재결을 받을 가능성이 상당히 높다는 등의 정황이 없는 경우로서- 甲으로 하여금 기각재결이 거의 확실한 절차를 필수적으로 거치도록 하는 것은 오히려 甲의 권익을 침해하는 결과가 될 수 있음. 따라서 '기본적으로 동질적인 사건'으로 보는 것이 타당하겠음. 이 경우 甲의 취소소송 제기는 적법함

[제1문의6]

Ⅰ. 논점: 처분사유의 추가·변경[82]

Ⅱ. 처분사유의 추가·변경

1. 의의

ㅇ 처분 당시에 존재하였으나 행정청이 처분사유로 제시하지 않았던 사실상·법률상의 근거를 사후에 행정소송절차에서 처분의 적법성을 유지하기 위하여 새로이 추가하거나 그 내용을 변경하는 것

2. 허용성

(1) 긍정설

ㅇ 취소소송의 소송물을 처분의 위법성 일반으로 보아 처분사유의 추가·변경은 원칙적으로 제한되지 않는다는 견해

(2) 부정설

ㅇ 취소소송의 소송물을 그 처분사유에 특정된 처분의 위법성으로 보아 처분사유의 추가·변경은 허용되지 않는다는 견해

(3) 개별적 결정설

ㅇ 처분사유의 추가·변경은 행위 및 소송의 유형에 따라 그 허용범위를 달리 정하여야 한다는 견해

(4) 제한적 긍정설

ㅇ 분쟁의 일회적 해결·소송경제 및 원고의 보호를 고려할 때 기본적 사실관계의 동일성이 유지되는 범위 내에서 사실심 변론종결시까지 처분사유의 추가·변경이 가능하다는 견해로, 다수설 및 판례(대판 2011.11.24, 2009두19021)의 입장임

3. 허용요건 및 한계

(1) 기본적 사실관계의 동일성

ㅇ 판례는 처분사유의 추가·변경은 기본적 사실관계의 동일성이 인정되는 한도 내에서만 허용되고, 그 동일성 유무는 처분사유를 법률적으로 평가하기 이전의 구체적 사실에 착안하여 그 기초인 사회적 사실관계가 기본적인 점에서 동일한지에 따라 결정되어야 한다고 함(대판

---

82) 강론, 938면 이하.

2011.11.24, 2009두19021)

○ 처분청은 당초 처분의 근거로 삼은 사유와 기본적 사실관계에 있어서 동일성이 있다고 인정되지 않는 별개의 사실을 들어 처분사유로 주장함은 허용되지 아니함(대판 2005.4.15, 2004두10883)

(2) 소송물의 동일성(처분의 동일성)

○ 처분사유의 변경은 취소소송의 소송물의 동일성을 유지하는 범위 내에서만 가능함. 만약 처분사유의 변경으로 소송물이 변경되면, 이는 청구의 변경에 해당되어, 처분사유의 추가 · 변경이 아닌, 소의 변경이 문제되기 때문임

(3) 시간적 한계

1) 추가 · 변경사유의 기준시

○ 일반적 견해 및 판례의 입장인 처분시설에 따르면 처분 이후에 발생한 새로운 처분사유는 추가 · 변경의 대상이 되지 않음

2) 추가 · 변경의 허용시점

○ 처분사유의 추가 · 변경은 사실심 변론종결시까지만 허용됨(대판 1999.8.20, 98두17043)

Ⅲ. 사안의 경우

○ 甲에 대하여 업무정지명령과 관련하여, '도주치상죄로 공소제기되었다는 사유'에 '무고죄로 공소제기되었다는 사유'를 추가할 수 있는가 하는 것이 문제임

○ 양 사유는 모두 처분시에 존재한 사유이고 변론종결 전이라는 점에서 시간적 한계는 준수하였음

○ 다만, '도주치상'과 '무고'는 기본적 사실관계가 동일하다고 보기 어려움

— 따라서 처분사유의 추가가 허용되지 않음

[제 2 문]

甲은 30년간의 공직생활을 마치고 정년퇴직을 한 뒤, 노후자금 및 대출금을 모아 A시에서 「공중위생관리법」에 의한 목욕장업을 시작하였다. 甲은 영업을 시작한 지 며칠 되지 않아 야간에 음주로 의심되는 손님 丙을 입장시켰는데 丙은 목욕장 내 발한실에서 심장마비로 사망하였다. 丙은 입장 당시 약간의 술 냄새를 풍기기는 하였으나 입장료를 지불하고 목욕용품을 구입하였으며 입장 과정에서도 정상적으로 보행을 하고 거스름돈을 확인하는 등 우려할 만한 특별한 문제점을 보이지 않았다. 丙은 무연고자로 판명되었으며, 부검 결과 사망 당일 소주 1병 상당의 음주를 한 것으로 확인되었다.

丙이 甲의 목욕장에서 사망한 사고가 다수의 언론에 보도되자 A시장은 甲에게 「공중위생관리법」제4조 제1항, 제7항 및 같은 법 시행규칙 제7조 [별표 4] 제2호 라목의 (1) (다) 위반을 이유로, 같은 법 제11조 제1항 및 같은 법 시행규칙 제19조 [별표 7] Ⅱ. 제2호 라목의 라)에서 정하는 기준(이하 '이 사건 규정들'이라 한다)에 따라 2021.1.11. 영업정지 1월(2021.1.18.~2021.2.16.)의 제재처분(이하 '이 사건 처분'이라 한다)을 하였고, 같은 날 甲은 이를 통지받았다. 甲은 음주로 의심되는 丙을 입장시킨 점은 인정하나, 丙이 같은 법 시행규칙 제7조 [별표 4]의 '음주 등으로 목욕장의 정상적인 이용이 곤란하다고 인정되는 사람'으로 보이지는 않아 입장을 허용한 것이므로 이 사건 처분은 위법·부당하다고 생각한다. 이와 관련하여 아래 각 질문에 답하시오(단, 아래 각 문제는 독립적임).

〈문제〉

1. 甲은 이 사건 처분에 대한 취소소송을 제기하였다. 甲은 A시장이 이 사건 처분을 할 때 이 사건 규정들 중 시행규칙 제19조 [별표 7]에서 정하고 있는 감경사유를 전혀 고려하지 않고 처분을 한 것은 위법하다고 주장하고 있다. (1) 甲의 주장은 타당한가? (2) 만약 이 취소소송이 기각되어 판결이 확정되었다면, 이후 A시장은 자신의 처분이 부당하였음을 이유로 이 사건 처분을 직권취소할 수 있는가? (30점)

2. 甲은 이 사건 처분에 대한 취소소송을 제기하면서 그 효력정지신청을 하여 수소법원으로부터 이 사건의 제1심 본안판결 선고 시까지 이 사건 처분의 효력을 정지한다는 결정을 2021.1.15. 받았다. 이후 2022.1.18. 승소판결이 선고되어 A시장이 이에 불복, 항소하였으나 추가로 이 사건 처분의 집행이나 효력이 정지된 바 없다. 2022.2.24. 현재 기준 소송이 계속 중이다. 甲은 취소소송을 계속할 수 있는가? (15점)

3. 甲은 이 사건 처분으로 인해 영업손실이 심대하여 대출금 및 이자 상환, 종업원 및 가족의 생계에 큰 지장을 겪고 있어 국가배상청구소송을 제기하고자 한다. 甲이 제기한 취소소송에서 인용판결이 확정된 후 甲이 국가배상청구소송을 제기한 경우 수소법원은 국가배상법상 '법령에 위반

하여'에 대해 취소소송의 수소법원에서 판단한 위법성과 다른 판단을 내릴 수 있는가? 만약 甲이 취소소송과 국가배상청구소송을 동시에 제기하였는데 국가배상청구소송에서 인용판결이 먼저 나왔을 경우 취소소송의 수소법원은 이 사건 처분의 위법성에 대하여 국가배상청구소송의 수소법원과 다른 판단을 내릴 수 있는가? (25점)

[참조 조문]
※ 유의 사항
아래 법령은 가상의 것으로, 이와 다른 내용의 현행 법령이 있다면 제시된 법령이 현행 법령에 우선하는 것으로 할 것

「공중위생관리법」
제1조(목적) 이 법은 공중이 이용하는 영업의 위생관리 등에 관한 사항을 규정함으로써 위생수준을 향상시켜 국민의 건강증진에 기여함을 목적으로 한다.
제2조(정의) ① 이 법에서 사용하는 용어의 정의는 다음과 같다.
  1. "공중위생영업"이라 함은 다수인을 대상으로 위생관리서비스를 제공하는 영업으로서 숙박업·목욕장업·이용업·미용업·세탁업·건물위생관리업을 말한다.
  3. "목욕장업"이라 함은 다음 각목의 어느 하나에 해당하는 서비스를 손님에게 제공하는 영업을 말한다.
    가. 물로 목욕을 할 수 있는 시설 및 설비 등의 서비스
    나. 맥반석·황토·옥 등을 직접 또는 간접 가열하여 발생되는 열기 또는 원적외선 등을 이용하여 땀을 낼 수 있는 시설 및 설비 등의 서비스
제4조(공중위생영업자의 위생관리의무 등) ① 공중위생영업자는 그 이용자에게 건강상 위해요인이 발생하지 아니하도록 영업관련 시설 및 설비를 위생적이고 안전하게 관리하여야 한다.
  ⑦ 제1항 내지 제6항의 규정에 의하여 공중위생영업자가 준수하여야 할 위생관리기준 기타 위생관리서비스의 제공에 관하여 필요한 사항으로서 그 각항에 규정된 사항외의 사항 및 출입시켜서는 아니되는 자의 범위와 목욕장내에 둘 수 있는 종사자의 범위 등 건전한 영업질서유지를 위하여 영업자가 준수하여야 할 사항은 보건복지부령으로 정한다.
제11조(공중위생영업소의 폐쇄 등) ① 시장·군수·구청장은 공중위생영업자가 다음 각 호의 어느 하나에 해당하면 6월 이내의 기간을 정하여 영업의 정지 또는 일부 시설의 사용중지를 명하거나 영업소폐쇄등을 명할 수 있다.
  4. 제4조에 따른 공중위생영업자의 위생관리의무 등을 지키지 아니한 경우

「공중위생관리법 시행규칙」(보건복지부령)
제7조(공중위생영업자가 준수하여야 하는 위생관리기준 등) 법 제4조제7항의 규정에 의하여 공중위생영업자가 건전한 영업질서유지를 위하여 준수하여야 하는 위생관리기준 등은 [별표 4]와 같다.
제19조(행정처분기준) 법 제11조제1항의 규정에 따른 행정처분의 기준은 [별표 7]과 같다.

〔별표 4〕 공중위생영업자가 준수하여야 하는 위생관리기준 등(제7조관련)

2. 목욕장업자
   라. 그 밖의 준수사항
      (1) 다음에 해당되는 자를 출입시켜서는 아니된다.
         (다) 음주 등으로 목욕장의 정상적인 이용이 곤란하다고 인정되는 사람

[별표 7] 행정처분기준(제19조관련)

I. 일반기준
   3. 위반행위의 차수에 따른 행정처분기준은 최근 1년간 같은 위반행위로 행정처분을 받은 경우에 이를 적용한다. 이 경우 기간의 계산은 위반행위에 대하여 행정처분을 받은 날과 그 처분 후 다시 같은 위반행위를 하여 적발된 날을 기준으로 한다.
   5. 행정처분권자는 위반사항의 내용으로 보아 그 위반정도가 경미하거나 해당위반사항에 관하여 검사로부터 기소유예의 처분을 받거나 법원으로부터 선고유예의 판결을 받은 때에는 II. 개별기준에 불구하고 그 처분기준을 다음을 고려하여 경감할 수 있다.
      가) 위반행위가 고의나 중대한 과실이 아닌 사소한 부주의나 오류로 인한 것으로 인정되는 경우
      나) 위반 행위자가 처음 해당 위반행위를 한 경우로서, 관련법령상 기타 의무위반을 한 전력이 없는 경우

II. 개별기준
   2. 목욕장업

위반행위	근거 법조문	행정처분기준			
		1차 위반	2차 위반	3차 위반	4차 이상 위반
라. 법 제4조에 따른 공중위생영업자의 위생관리의무등을 지키지 않은 경우	법 제11조 제1항 제4호				
라) 음주 등으로 목욕장의 정상적인 이용이 곤란하다고 인정되는 사람을 출입시킨 경우		영업정지 1월	영업정지 2월	영업정지 3월	영업장 폐쇄명령

[문 1]
I. 논점
   ① 법규명령형식의 행정규칙
   ② 재량행위의 사법적 통제(재량권행사의 한계)
   ③ 취소판결의 기속력
   ④ 행정행위의 직권취소
II. 법규명령형식의 행정규칙
   1. 문제상황
   2. 학설 및 판례

(1) 적극설(법규명령설)
(2) 소극설(행정규칙설)
(3) 수권여부기준설
(4) 판례
　　① 부령으로 제재적 행정처분의
　　　기준을 정하고 있는 경우
　　② 대통령령으로 제재적 행정처분
　　　의 기준을 정하고 있는 경우
Ⅲ. 재량행위의 사법적 통제(재량권행사의
　　한계)
1. 재량권의 한계와 의무에 합당한 재량
2. 재량행위의 하자
　ㅇ 행정기본법 21
　ㅇ 구체적인 재량권 행사의 하자
　　① 일탈: 유월
　　② 남용
　　③ 불행사
3. 제재처분의 기준(행정기본법 22)
Ⅳ. 취소판결의 기속력
　ㅇ 의의와 취지
　ㅇ 행정소송법 제30조 제1항
　ㅇ 인용판결에만 인정되는 효력
Ⅴ. 행정행위의 직권취소
1. 직권취소의 의의
2. 법적 근거
　ㅇ 행정기본법 제18조 제1항
3. 취소의 사유
　ㅇ ① '단순위법'의 경우와 ② '부당'한
　　경우(행정기본법 18 ①)
4. 취소권의 제한
　(1) '취소의 자유'에서 '취소의 제한'으로
　(2) 침익적 행정행위의 경우
Ⅵ. 사안의 경우
1. 甲의 주장이 타당함
2. 직권취소가 가능함

[문 2]
Ⅰ. 논점: 협의의 소익(특히 가중적 제재

처분의 경우)
Ⅱ. 협의의 소익
1. 의의
　ㅇ 행정소송법 제12조 제2문
2. 협의의 소익으로서 법률상 이익의
　의미
3. 협의의 소익이 인정되지 않는 경우
　① 처분 등의 효과가 소멸된 경우(행
　　소법 12 2문)
　② 보다 간단한 방법으로 권리보호가
　　가능한 경우
　③ 소송으로 다툴 실제적 효용이나 이
　　익이 없는 경우
　④ 소권이 남용 또는 실효된 경우 등
4. 처분 등의 효과가 소멸된 경우
　(1) 협의의 소익이 없는 것이 원칙
　(2) 협의의 소익이 인정되는 경우
　　① 동일한 사유로 위법한 처분이
　　　반복될 구체적인 위험성이 있
　　　는 경우
　　② 처분의 취소로 당해 법률이나
　　　다른 법률에 의하여 보호되는
　　　직접적·구체적 이익이 있는
　　　경우
5. 가중적 제재처분의 경우 협의의 소익
　(1) 문제의 소재
　(2) 법률 또는 대통령령에 규정된 경우
　(3) 시행규칙에 규정된 경우
　　1) 종래의 판례
　　2) 판례변경
Ⅲ. 사안의 경우
　ㅇ [별표7]에 따르면 '위반행위의 차수는
　　제재처분을 받은 날부터 1년 안에 같
　　은 위반행위가 적발된 경우'에 적용
　ㅇ 승소판결 후에도 이미 1개월 이상이 경
　　과하였으므로, 취소소송은 협의의 소익
　　이 없어 부적법함

[문 3]
Ⅰ. 논점
　① 취소소송의 기판력과 국가배상청구소송
　② 국가배상청구소송의 기판력과 취소소송
Ⅱ. 취소소송의 기판력과 국가배상청구소송
　1. 국가배상법상의 법령위반과 취소소송
　　에서의 위법성의 동일성 여부
　　(1) 법령위반의 관념에 관한 학설 및
　　　판례
　　　1) 결과불법설
　　　2) 상대적 위법성설
　　　3) 행위위법설
　　　　① 협의의 행위위법설
　　　　② 광의의 행위위법설(종래의 통설)
　　　4) 직무의무위반설
　　　5) 판례: 광의의 행위위법설
　2. 취소소송의 기판력이 후소인 국가배상

소송에 미치는지 여부
　(1) 기판력부정설
　(2) 기판력긍정설
　(3) 제한적 긍정설
　(4) 취소소송의 소송물을 근거로 한
　　　제한적 긍정설
　(5) 판례
Ⅲ. 국가배상청구소송의 기판력과 취소소송
　ㅇ 국가배상청구소송과 취소소송의 소송상
　　청구의 차이
　ㅇ 기판력의 객관적 범위
Ⅳ. 사안의 경우
　1. 취소소송의 기판력은 국가배상청구
　　소송에 미치지 않음(판례)
　2. 국가배상청구소송의 기판력은 취소
　　소송에 미치지 않음

[문 1]

Ⅰ. 논점: ① 법규명령형식의 행정규칙, ② 재량행위의 사법적 통제(재량권행사의 한계),
　　　　　③ 취소판결의 기속력, ④ 행정행위의 직권취소

Ⅱ. 법규명령형식의 행정규칙[83]

1. 문제상황

ㅇ 형식은 대통령령·총리령·부령과 같은 법규명령의 형식이지만 내용은 행정내부적인 업무처리에 관한 사항을 규정하고 있는 경우(형식의 과잉), 이를 법규명령으로 볼 것인가 행정규칙으로 볼 것인가 문제

ㅇ 주로 대통령령이나 부령에서 그 구체적인 '제재적 처분기준이나 과징금부과기준'을 정하고 있는 경우에 발생

---

83) 강론, 326면 이하.

2. 학설 및 판례

(1) 적극설(법규명령설)

○ 공권력을 근거로 제정된 법규명령은 법의 형식으로 제정된 것이고 또한 국무회의 심의·법제처 심사·공포와 같은 일정한 제정절차를 거친 것이므로 그 내용에 관계없이 일반국민을 구속하는 것이기 때문에 이를 법규명령으로 보아야 한다는 견해. 다수설

(2) 소극설(행정규칙설)

○ 법규명령 형식으로 제정된 행정규칙은, 그 내용이 행정규칙에 해당함이 명백하다면 그 형식에도 불구하고 행정규칙으로서의 성질이 변하는 것이 아니라는 견해

(3) 수권여부기준설

○ 법령에 수권근거가 있는 경우에는 법규명령이고, 수권근거가 없는 경우는 행정규칙이라는 견해

(4) 판례

○ 법규명령형식의 행정규칙과 관련된 대부분의 판례는 '제재적 행정처분의 기준을 정한 대통령령·부령'에 관한 것인데, 이 경우 판례는 부령으로 처분기준을 정하고 있는 경우와 대통령령으로 처분기준을 정하고 있는 경우로 구분하고 있음

① 부령으로 제재적 행정처분의 기준을 정하고 있는 경우

○ 제재적 행정처분의 기준을 정하고 있는 부령의 법적 성질에 대하여 과거부터 판례는 그 성질에 따라 이를 행정청 내의 사무처리준칙을 규정한 것에 불과한 행정규칙으로 보는 입장임

○ 다만 이러한 '처분기준이 현저히 부당하다고 인정할 만한 합리적인 이유가 없는 한 섣불리 이러한 처분기준에 따른 처분이 재량권을 일탈·남용하였다고 판단해서는 안 된다'고 하여 당해 처분기준을 존중하여야 한다고 하고 있음(대판 2007.9.20, 2007두6946)

② 대통령령으로 제재적 행정처분의 기준을 정하고 있는 경우

(i) 대법원은, 부령의 경우와는 달리, 제재적 행정처분의 기준을 정하고 있는 (구) 주택건설촉진법시행령의 법적 성질을 법규명령으로 보고 있음

(ii) 한편 대법원은 이와 같이 대통령령으로 정한 제재적 행정처분기준에 관하여는 그 법적 성질을 법규명령으로 보면서도, 일부 판례에서는 재량권행사의 여지를 인정하기 위하여 대통령령으로 정한 과징금처분기준을 처분의 최고한도액이라고 보고 있음(대판 2001.3.9, 99두5207)

Ⅲ. 재량행위의 사법적 통제(재량권행사의 한계)[84]

1. 재량권의 한계와 의무에 합당한 재량

○ 재량권행사에는 법치행정의 원리에 내재하는 한계를 준수하여야 할 의무가 있는데, 이러한 의미에서 행정청의 모든 재량은 '법적으로 기속되는 재량(rechtlich gebundenes Ermessen)' 또는 '의무에 합당한 재량(pflichtgemäßes Ermessen)'을 의미함

2. 재량행위의 하자

○ 행정기본법은 재량행사의 기준으로 "행정청은 재량이 있는 처분을 할 때에는 관련 이익을 정당하게 형량하여야 하며, 그 재량권의 범위를 넘어서는 아니 된다(행정기본법 21)."고 규정하고 있어, 재량행위는 이 기준을 준수하지 않으면 하자 있는 재량권 행사가 됨

○ 구체적인 재량권 행사의 하자는 다음과 같음
　① 일탈: 유월: 재량권의 한도를 넘은 것
　② 남용: 재량권행사가 법규정상의 목적을 위배하거나, 평등원칙ㆍ비례원칙ㆍ신뢰보호원칙과 같은 행정법의 일반원칙에 위배되는 경우
　③ 불행사: 행정청이 법령상 재량권이 있음에도 과실로 또는 법령의 규정을 잘못 해석하여 부작위의무가 있다고 판단함에 따라 재량권을 행사하지 않는 경우

3. 제재처분[85]의 기준

○ 행정기본법은 제재처분의 근거가 되는 법률에는 제재처분의 주체, 사유, 유형 및 상한을 명확하게 규정하도록 하면서(행정기본법 22 ①), 행정청은 제재처분시 위반행위의 동기, 목적 및 방법, 위반행위의 결과, 위반행위의 횟수 등을 고려하도록 하고 있음(행정기본법 22 ②)

Ⅳ. 취소판결의 기속력[86]

○ 판결의 기속력이란 취소판결의 취지에 따르도록 당사자인 행정청과 그 밖의 관계행정청을 구속하는 효력을 말함

○ 기속력은 행정청에 대하여 판결의 취지에 따를 의무를 부과하는 것임. 즉, 기속력은 취소판결의 실효성을 확보하기 위한 것임

---

84) 강론, 171면 이하.
85) 강론, 538면 이하.
86) 강론, 956면.

ㅇ 행정소송법 제30조 제1항은 "처분 등을 취소하는 확정판결은 그 사건에 관하여 당사자인 행정청과 그 밖의 관계행정청을 기속한다."고 규정하고 있음

ㅇ 기속력은 인용판결의 실효성을 확보하기 위한 것이므로, 인용판결에만 인정되는 효력임. 따라서 기각판결의 경우에는 기속력이 없으므로 처분청은 당해 처분을 직권으로 취소해도 됨

V. 행정행위의 직권취소[87]

1. 직권취소의 의의

ㅇ 유효한 행정행위에 위법 또는 부당한 흠이 있음을 이유로 권한 있는 행정기관이 직권으로 효력을 소멸시키는 것

ㅇ 행정기본법 18 ①

"① 행정청은 위법 또는 부당한 처분의 전부나 일부를 소급하여 취소할 수 있다. 다만, 당사자의 신뢰를 보호할 가치가 있는 등 정당한 사유가 있는 경우에는 장래를 향하여 취소할 수 있다."

2. 법적 근거

ㅇ 처분청이 행정행위를 할 수 있는 권한 중에는 취소권도 포함된다고 보는 것이 통설과 판례

ㅇ 따라서 처분청의 직권취소에는 별도의 법적 근거가 필요 없음

ㅇ 행정기본법 제18조 제1항은 취소할 수 있음을 규정하고 있으므로, 논란의 여지 없음

3. 취소의 사유

ㅇ ① 흠이 중대·명백하지 않은 '단순위법'의 경우와 ② 공익위반·합목적성 결여 등의 '부당'한 경우(행정기본법 18 ①)

ㅇ 구체적으로는, ① 권한초과, ② 행위능력 결여, ③ 사기·강박·증수뢰 등에 의한 경우, ④ 착오의 결과 위법·부당하게 된 경우, ⑤ 공서양속 등에 위배되는 경우, ⑥ 단순한 법령 위반, 절차·형식 위반, 행정법의 일반원칙 위반 등

4. 취소권의 제한

(1) '취소의 자유'에서 '취소의 제한'으로

ㅇ 과거에는 행정의 법률적합성 때문에 행정행위에 흠이 있으면 '직권취소의 자유'가 원칙이었음

ㅇ 그러나 오늘날에는 수익적 행정행위의 직권취소는 신뢰보호원칙에 의하여 강력한 제한을 받

---

87) 강론, 270면 이하.

게 됨

o 행정기본법 제18조 제2항은 "행정청은 제1항에 따라 당사자에게 권리나 이익을 부여하는 처분을 취소하려는 경우에는 취소로 인하여 당사자가 입게 될 불이익을 취소로 달성되는 공익과 비교·형량(衡量)하여야 한다."고 규정하고 있음

o 따라서 과거의 '취소의 자유'는 오늘날 신뢰보호원칙에 의한 '취소의 제한'으로 변화함

(2) 침익적 행정행위의 경우

o 위법한 침익적 행정행위는 행정청이 자유로이 취소할 수 있음(재량취소의 원칙)

VI. 사안의 경우

1. 甲의 주장이 타당한지 여부

o 이 사건 처분은 제재처분으로서 이 사건 규정들의 취지상 그 성질은 재량행위임

o 이 사건 규정들 중 [별표4]는 위생관리기준을 정하고 있는 법규명령이지만, [별표7]은 제재처분 기준을 정하고 있는 것으로 판례에 따르면 그 성질은 행정규칙임

o A시장은 [별표7]에 따라 처분을 한 것이므로, 판례에 따르면 처분의 위법·부당 여부는 결국은 법률의 규정에 따라 재량권행사의 한계를 준수했는지 여부를 심사해 보아야 함

o 행정기본법 제21조와 제22조, 재량권행사의 한계이론에 따르면, 제재처분시 [별표7]이 정한 감경사유를 전혀 고려하지 않았다면 이는 재량권의 일탈·남용에 해당함

o 따라서 甲의 주장은 타당함

2. 직권취소가 가능한지 여부

o 판결의 기속력은 행정청을 기속하는 것이지만, 기각판결은 기속력이 없으므로 처분청은 당해 처분을 직권으로 취소할 수 있음

o 직권취소는 위법뿐 아니라 부당한 경우도 취소사유로 함

o 사안의 경우는 영업정지라는 침익적 처분의 직권취소가 문제되는 경우이므로 처분청은 신뢰보호와 같은 제한을 받지 않고 자유로이 취소할 수 있음

o A시장은 직권취소 할 수 있음

[문 2]

Ⅰ. 논점: 협의의 소익(특히 가중적 제재처분의 경우)

Ⅱ. 협의의 소익[88]

1. 의의

- 행정소송법 제12조 제2문은 "처분 등의 효과가 기간의 경과, 처분 등의 집행 그 밖의 사유로 인하여 소멸된 뒤에도 그 처분 등의 취소로 인하여 회복되는 법률상 이익이 있는 자의 경우에는 또한 같다."고 하여 이 경우에도 취소소송을 제기할 수 있음을 규정하고 있음
- 동조 제1문에서의 '법률상 이익'이 취소소송에서의 보호대상인 권리라면, 제2문에서의 '법률상 이익'은 취소소송을 통한 '권리보호의 필요성 또는 분쟁의 현실성'을 의미하는 것으로서 이를 '협의의 소익'이라 함

2. 협의의 소익으로서 법률상 이익의 의미

- 행정소송법 제12조 제2문의 '법률상 이익'의 의미와 관련하여 여러 견해가 있으나, 이는 권리보호의 필요성을 의미하는 것이므로, 이를 '원고적격'에서와 같이 '법적으로 보호되는 이익'에 한정할 이유는 없음. 따라서 '법적 보호이익' 이외에도, 적어도 각종 제도상의 불이익을 제거하여야 할 이익은 협의의 소익에 포함된다고 보아야 할 것임

3. 협의의 소익이 인정되지 않는 경우

- 협의의 소익이 없는 경우로 행정소송법은 ① 처분 등의 효과가 소멸된 경우(행소법 12 2문)를 규정하고 있지만, 그 외에도 ② 보다 간단한 방법으로 권리보호가 가능한 경우, ③ 소송으로 다툴 실제적 효용이나 이익이 없는 경우, ④ 소권이 남용 또는 실효된 경우 등을 들 수 있음

4. 처분 등의 효과가 소멸된 경우

(1) 협의의 소익이 없는 것이 원칙

- 처분에 효력기간이 정하여져 있는 경우 그 기간 경과 후에는 그 처분이 외형상 잔존함으로 인하여 어떠한 법률상 이익이 침해되었다고 볼 만한 별다른 사정이 없는 한 그 처분의 취소를 구할 법률상 이익이 없는 것이 원칙임(대판 2004.7.8, 2002두1946)

---

88) 강론, 846면 이하.

(2) 협의의 소익이 인정되는 경우

o 처분의 효력이 상실된 경우에도 처분의 취소로 인하여 회복되는 이익이 있는 경우에는 예외
적으로 권리보호의 필요성이 인정됨(행소법 12 2문)

o 이와 같은 경우로는 ① 동일한 사유로 위법한 처분이 반복될 구체적인 위험성이 있는 경우,
② 처분의 취소로 당해 법률이나 다른 법률에 의하여 보호되는 직접적·구체적 이익이 있는
경우를 들 수 있음

5. 가중적 제재처분의 경우 협의의 소익

(1) 문제의 소재

o 가중적 제재처분이란 법령위반횟수에 따라 행정적 제재의 정도가 점차 가중되는 처분을 말
함. 여기에서는 정지기간이 이미 도과하였다 하더라도 정지처분의 취소를 통하여 '제재의 가
중을 피할 이익'이 협의의 소익으로서 인정되겠는가 하는 것이 문제임

(2) 법률 또는 대통령령에 규정된 경우

o 판례는 가중적 제재처분에 관한 행정처분기준이 법률이나 대통령령에 규정된 경우에는 법률
상 이익(협의의 소익, 권리보호의 필요성)을 인정하고 있음

o 이 경우에도 실제로 가중적 제재처분을 받을 가능성이 없다면 당연히 법률상 이익이 인정되
지 않는다고 보아야 할 것임

(3) 시행규칙에 규정된 경우

 1) 종래의 판례

o 판례는 과거에 가중적 제재처분기준이 시행규칙에 규정되어 있는 경우 협의의 소익을 인정
하지 않는 것이 기본적인 입장이었음. 그러나 협의의 소익을 인정한 경우도 있었음

o 그러나 1995년 전원합의체 판결(대판 1995.10.17, 94누14148 전원합의체)을 통하여 시행규칙에 규정
된 가중적 제재처분의 경우 협의의 소익을 인정하지 않는 것이 대법원의 입장임을 재차 확인
하면서, 과거 협의의 소익을 인정하였던 판례를 폐기하였음. 이는 가중적 제재처분기준을 정
하고 있는 시행규칙이 행정청 내부적인 사무처리준칙에 불과하다고 보는 대법원의 입장과
관련된 것임(이른바 법규명령형식의 행정규칙의 문제)

 2) 판례변경

o 그러다 대법원은 2006년 전원합의체 판결(대판 2006.6.22, 2003두1684 전원합의체)을 통하여 이러한
경우에도 불이익을 제거할 법률상 이익(권리보호의 필요성)이 인정된다고 입장을 변경하면서 이
와 배치되는 기존의 판례들을 모두 변경하였음. 이에 따라 오늘날 시행규칙에 규정된 가중적
제재처분의 경우에도 협의의 소익이 인정되게 되었음

Ⅲ. 사안의 경우

○ 이 사건 규정들 중 [별표7]은 가중적 제재처분을 규정하고 있음

○ 판례에 따르면 시행규칙에 규정된 제재처분의 가중이라는 불이익을 제거하는 데에도 협의의 소익을 인정함

○ 사안의 경우, 이 사건 규정들 중 [별표7]에 따르면 '위반행위의 차수는 제재처분을 받은 날부터 1년 안에 같은 위반행위가 적발된 경우'에 적용됨

○ 甲은 2021.1.11. 1개월 영업정지처분을 받았고, 2022.1.18. 승소판결 후에도 2022.2.24. 현재까지 이미 1개월 이상이 경과하였으므로, A시장이 불복하여 제기한 항소심에서 더 이상 1년 전의 '1개월 영업정지처분의 취소 여부'를 다툴 실익도, 가중적 제재를 피할 실익도 없음

○ 취소소송은 협의의 소익이 없어 부적법하므로, 계속할 필요가 없음

[문 3]

Ⅰ. 논점: ① 취소소송의 기판력과 국가배상청구소송, ② 국가배상청구소송의 기판력과 취소소송

Ⅱ. 취소소송의 기판력과 국가배상청구소송[89]

1. 국가배상법상의 법령위반과 취소소송에서의 위법성의 동일성 여부

(1) 법령위반의 관념에 관한 학설 및 판례

1) 결과불법설

○ 국가배상법상의 법령위반을 가해행위의 결과인 손해의 불법성을 의미한다고 보는 견해

○ 결과불법설에 의하면 위법성의 개념이 상당한 정도로 확장될 가능성이 큼

2) 상대적 위법성설

○ 공무원의 직무집행행위가 법령에 위반한 것뿐 아니라, 피침해이익의 성격, 침해의 정도, 가해행위의 태양 등 손해발생과 관련한 여러 가지 정황적 요소를 종합적으로 고려하여 위법성을 판단하는 견해

○ 일본의 다수설 및 판례의 입장(위법성 개념의 상대화)

3) 행위위법설

○ 공무원의 직무행위의 행위규범에의 적합 여부를 기준으로 위법성 여부를 판단하여야 한다는 견해

---

89) 강론, 951면 이하.

○ 법령위반의 관념과 관련하여 행위위법설은 다시 협의와 광의의 행위위법설로 나뉘는데, ① 협의의 행위위법설은 국가배상에서의 위법의 개념은 취소소송에서의 위법의 개념과 동일하다고 보는 관점에서 엄격한 의미에서의 법령위반만을 위법으로 보는 견해이고, ② 광의의 행위위법설은 국가의 배상책임을 인정하고 있는 취지를 고려하여, 국가배상에서의 위법은 엄격한 의미에서의 법령위반뿐 아니라 널리 신의성실·공서양속·권력남용금지 등의 위반도 포함되는 것으로 보는 견해임. 광의의 행위위법설이 종래의 통설임

4) 직무의무위반설

○ 국가배상에서의 법령위반을 공무원의 직무의무의 위반으로 보는 견해

5) 판례

○ 판례는 국가배상책임에 있어 법령위반의 의미를 엄격한 의미의 법령위반뿐 아니라 널리 신의성실·공서양속·권력남용금지 등의 위반도 포함되는 것으로 보고 있어 광의의 행위위법설의 입장으로 판단됨

(2) 소결

○ 위법의 개념과 관련하여 취소소송에서의 위법의 개념과 국가배상에서의 위법의 개념을 동일한 것으로 볼 것인지가 문제인데, 이와 관련하여서는 우선 양자를 동일한 것으로 보는 견해(위법성 동일설)와 국가배상에서의 위법의 개념이 취소소송에서의 위법 보다 넓다고 보는 견해(위법성 상대화설)가 있음. 대체로 전자에 해당되는 경우가 행위위법설이고 후자에 해당되는 경우가 상대적 위법성설과 결과불법설임. 행위위법설은 위법의 개념은 동일하게 보지만 법령위반의 범위를 엄격하게 해석하느냐의 여부에 따라 다시 협의설과 광의설로 나뉨

○ 결론적으로 공법관계에서의 위법의 판단은 당해 행위가 근거법령에 위반하였는지의 여부가 기준이 되어야 한다는 점에서 행위위법설이 타당하나, 결과적으로는 각 학설 간의 별 차이는 없음

2. 취소소송의 기판력이 후소인 국가배상소송에 미치는지 여부

○ 위법의 개념이 취소소송과 국가배상에서 동일한가의 문제는 처분에 대한 취소소송이 확정된 후에 국가배상청구소송을 제기한 경우 취소소송의 판결의 기판력이 후소인 국가배상소송에 미치는가 하는 문제와 관련되어 있음

(1) 기판력부정설

○ 위법성 상대화설의 입장으로, 취소소송에서의 위법과 국가배상에서의 위법은 서로 다른 개념이므로, 취소소송에서의 판결의 기판력은 국가배상소송에 영향을 미치지 않는다는 견해임

(2) 기판력긍정설

○ 위법성 동일설의 입장 가운데 협의의 행위위법설의 입장에서는 취소소송에서의 위법과 국가

배상에서의 위법은 동일하므로, 취소소송의 판결의 기판력은 국가배상소송에 영향을 미친다고 봄

(3) 제한적 긍정설

○ 위법성 동일설의 입장 가운데 광의의 행위위법설의 입장에서는 취소소송에서의 위법과 국가배상에서의 위법은 차이가 있을 수 있으므로, 취소소송에서 인용판결의 기판력은 국가배상소송에 영향을 미치지만, 기각판결의 기판력은 미치지 않는다고 봄

(4) 취소소송의 소송물을 근거로 한 제한적 긍정설

○ 취소소송의 소송물을 '당해 처분이 위법하여 본인의 권리를 침해하고 있다는 당사자의 법적 주장'으로 이해하면서, 취소소송과 국가배상에서의 위법개념이 동일한가의 여부와 관계없이, 취소소송의 인용판결은 국가배상소송에 영향을 미치지만 기각판결은 미치지 않는다고 보는 견해. 취소소송은 주관소송이라는 점에서 이 견해가 타당함

(5) 판례

○ 판례는 "행정처분이 나중에 항고소송에서 위법하다고 판단되어 취소되더라도 그것만으로 행정처분이 공무원의 고의나 과실로 인한 불법행위를 구성한다고 단정할 수 없다(대판 2021.6.30, 2017다249219)."고 하여 기판력부정설의 입장으로 보임

Ⅲ. 국가배상청구소송의 기판력과 취소소송

○ 국가배상청구소송은 국가배상청구권의 존부가 소송상 청구이고, 취소소송은 처분의 위법을 이유로 한 처분의 취소가 소송상 청구임

○ 기판력은 판결의 주문에 나타난 소송물에 관한 판단에만 미치고, 판결이유에서 제시된 그 전제가 되는 구체적인 위법사유에 관한 판단에는 미치지 않음(대판 2000.2.25, 99다55472)

○ 국가배상청구소송은 실무상 민사법원의 관할인데, 공정력과 관련하여 민사법원은 처분의 위법성이 선결문제가 된 경우에 이를 스스로 판단할 수 있으나 처분의 효력을 부인할 수는 없음

○ 이 위법성의 판단은 '판결이유에서 제시된 그 전제가 되는 구체적 위법사유'이므로, 여기에 기판력이 미치지 않음

Ⅳ. 사안의 경우

1. 취소소송의 기판력이 국가배상청구소송에 미치는지 여부

○ 판례에 따르면, 미치지 않음

2. 국가배상청구소송의 기판력이 취소소송에 미치는지 여부

○ 미치지 않음

【제2절 사법시험】

제59회 사법시험(2017년)

[제 1 문]

A도 B군의 군수 乙은 대형마트를 유치하기 위하여 대규모점포를 개설등록하면 법률상 재량을 행사하여 일체의 영업시간 제한이나 의무휴업일 지정을 하지 않겠다고 甲에게 약속하였다. 이 말을 믿은 甲은 乙에게 대규모점포의 개설등록을 신청하였고, 개설등록이 되었다. 그런데 개설등록 이후 乙은 오전 0시부터 오전 8시까지 영업시간을 제한하고 매월 둘째 주와 넷째 주 일요일을 의무휴업일로 지정하는 내용의 처분(이하 '제1차 처분'이라 한다)을 하였다. 이에 甲은 이 처분에 대해 취소소송을 제기하였다. 그런데 취소소송의 계속 중에 乙이 영업제한시간을 오전 0시부터 오전 10시까지로 변경하되, 의무휴업일은 종전과 동일하게 유지하는 것을 내용으로 하는 처분(이하 '제2차 처분'이라 한다)을 하였다.

1. 「유통산업발전법」상 대규모점포 개설등록의 법적 성격을 검토하시오. (10점)
2. 乙이 사전약속을 위반하였으므로 제1차 처분이 위법하다는 甲 주장의 당부를 검토하시오. (15점)
3. 제2차 처분으로 제1차 처분은 소멸되었으므로 甲이 제기한 취소소송은 부적법하다는 乙 주장의 당부를 검토하시오. (10점)
4. 甲은 2017.5.3. 영업제한시간을 위반하고, 의무휴업일인 2017.5.14. 영업을 한 후, 이런 위반 사실을 숨긴 채 2017.5.30. 해당 대규모점포를 丙에게 양도하였다. 이런 사실을 모르는 丙이 의무휴업일인 2017.6.11. 영업을 한 이후, 乙이 丙에게 10일의 영업정지처분을 하였다. 자신은 한 차례만 위반하였음을 들어 영업정지처분이 위법하다는 丙 주장의 당부를 검토하시오. (15점)

[참조조문]
「유통산업발전법」(※ 가상의 법률임)
제8조(대규모점포의 개설등록 및 변경등록) ① 대규모점포를 개설하려는 자는 영업을 시작하기 전에 산업통상자원부령으로 정하는 바에 따라 상권영향평가서 및 지역협력계획서를 첨부하여 특별자치시장·시장·군수·구청장에게 등록하여야 한다.
제13조(대규모점포개설자의 지위승계) ① 다음 각 호의 어느 하나에 해당하는 자는 종전의 대규모점포개설자의 지위를 승계한다.
  1. 대규모점포개설자가 대규모점포를 양도한 경우 그 양수인
제13조의4(영업정지) 특별자치시장·시장·군수·구청장은 다음 각 호의 어느 하나에 해당하는 경우에는 1개월 이내의 기간을 정하여 영업의 정지를 명할 수 있다.

1. 영업시간제한명령을 1년 이내에 3회 이상 위반하여 영업제한시간에 영업을 한 자 또는 의무휴업 명령을 1년 이내에 3회 이상 위반하여 의무휴업일에 영업을 한 자. 이 경우 영업시간제한명령 위반과 의무휴업명령 위반의 횟수는 합산한다.

[문 1]
Ⅰ. **논점**: 사인의 공법행위로서의 신고
Ⅱ. **사인의 공법행위로서의 신고**
　　1. 신고의 의의
　　2. 신고의 종류 및 성질
　　　　(1) 수리를 요하지 않는 신고(자기 완결적 공법행위로서의 신고)
　　　　　　○ 의의
　　　　　　○ 법적 성질과 처분성
　　　　(2) 수리를 요하는 신고(행위요건적 공법행위로서의 신고)
　　　　　　○ 의의
　　　　　　○ 법적 성질과 처분성
　　　　　　○ 판례
Ⅲ. **대규모점포의 개설등록의 법적 성격**
　　　　○ 수리를 요하는 신고

[문 2]
Ⅰ. **논점**: 신뢰보호원칙
Ⅱ. **신뢰보호원칙**
　　1. 의의 및 근거
　　2. 적용요건
　　　　① 행정청의 선행조치
　　　　② 보호가치 있는 신뢰
　　　　③ 관계인의 조치

④ 인과관계
⑤ 선행조치에 반하는 행정처분의 존재
　　3. 신뢰보호의 한계
Ⅲ. **사례의 경우**

[문 3]
Ⅰ. **논점**
　　○ 종전처분을 변경하는 내용의 후속처분의 처분성 인정 여부
Ⅱ. **처분의 개념**
　　○ 행정쟁송법상의 처분
　　○ 처분의 개념적 요소
Ⅲ. **종전처분을 변경하는 내용의 후속처분의 경우**
　　1. 문제의 소재
　　2. 판례
Ⅳ. **사례의 경우**

[문 4]
Ⅰ. **논점**
　　○ 대물적 행정행위(제재사유의 승계 문제)
Ⅱ. **대인적·대물적·혼합적 행정행위**
Ⅲ. **행위의 특성**
Ⅳ. **관련 판례**
Ⅴ. **사례의 경우**

[문 1]

Ⅰ. 논점: 사인의 공법행위로서의 신고

Ⅱ. 사인의 공법행위로서의 신고[1]

1. 신고의 의의

○ 일반적으로 사인이 행정청에 대하여 일정한 사실을 알림으로써 공법적 효과가 발생하는 행위

2. 신고의 종류 및 성질

(1) 수리를 요하지 않는 신고(자기완결적 공법행위로서의 신고)

○ 행정청에 대하여 일정한 사항을 통지하고 도달함으로써 효과가 발생하는 신고로 행정청의 별도의 수리행위가 필요한 것은 아님

○ 행정청이 사인의 신고를 받아주더라도 이 행위는 단지 사실행위에 불과한 것으로서 행정소송법상의 처분성이 문제될 여지가 없음. 비록 행정청의 수리거부행위가 있다 하더라도 이 또한 마찬가지로 사실상의 행위에 불과함

(2) 수리를 요하는 신고(행위요건적 공법행위로서의 신고)

○ 행정청에 대하여 일정한 사항을 통지하고 행정청이 이를 수리함으로써 법적 효과가 발생하는 신고. 따라서 이 경우 수리 또는 수리거부는 법적인 행위가 됨

○ 수리를 요하는 신고에서 수리는 준법률행위적 행정행위의 하나로서 행정쟁송법상의 처분에 해당한다고 설명하고 있음

○ 대법원은 법률의 규정취지가 행정청으로 하여금 수리를 하도록 요구하고 있는 경우를 '수리를 요하는 신고'로 구분하고 있음. 나아가 신고에 관한 규정이 구체적인 권리의무에 직접적인 영향을 미치는 경우에는 신고에 대한 행정청의 별도의 수리행위가 있어야 한다고 함

Ⅲ. 대규모점포의 개설등록의 법적 성격

○ 법적 근거:「유통산업발전법」제8조

○ 대규모점포의 특성상 등록요건만 갖추면 등록의 효과가 발생한다고 보기 어렵고, 행정청이 등록을 수리하여야 그 효과가 발생한다고 보는 것이 타당함

○ 따라서 대규모점포의 개설등록은 '법률의 규정취지가 행정청으로 하여금 수리를 하도록 요구하고 있는 경우'에 해당하여 '수리를 요하는 신고'임(대판 2015.11.19, 2015두295 전원합의체)

---

1) 강론, 117면 이하.

[문 2]

Ⅰ. 논점: 신뢰보호원칙

Ⅱ. 신뢰보호원칙[2]

1. 의의 및 근거

- 행정청의 일정한 명시적이거나 묵시적인 언동의 정당성 또는 존속성에 대한 개인의 보호가 치 있는 신뢰는 보호해 주어야 한다는 원칙
- 신의칙설, 사회국가원리설, 기본권설, 독자적 원칙설 등이 있으나 법적 안정성설이 다수설 및 판례의 입장임

2. 적용요건

① 행정청의 선행조치가 있어야 함
② 보호가치 있는 신뢰: 선행조치가 정당하다고 신뢰한 데 대하여 개인에게 귀책사유가 없어 야 함
③ 관계인의 조치: 행정청의 선행조치를 신뢰한 이해관계인이 일정한 조치를 하여야 함
④ 인과관계: 행정청의 선행조치와 이를 신뢰한 이해관계인의 조치 간에 인과관계가 있어야 함
⑤ 선행조치에 반하는 행정처분의 존재: 신뢰보호원칙이 적용되기 위해서는 행정청이 선행조치 에 반하는 처분을 함으로써 이를 신뢰한 개인의 이익이 침해되는 결과가 초래되어야 함

3. 신뢰보호의 한계

- 행정의 법률적합성과 신뢰보호의 충돌 문제
- ① 법률적합성우위설, ② 동위·동가치라는 동위설이 있는데, 신뢰보호원칙은 법적 안정성을 근거로 하므로 동위설 타당(지배적 견해)
- 결국 동위설의 입장에서 '적법상태의 실현에 의하여 달성되는 공익'과 '행정작용에 대한 개인 의 신뢰이익' 간의 이익형량을 통하여 문제를 해결하여야 함

Ⅲ. 사례의 경우

- ① 乙은 甲에게 영업시간 제한이나 의무휴업일 지정을 하지 않겠다고 약속하였고, ② 이에 대한 甲의 귀책사유가 없으며, ③ 甲은 그 후 대규모점포 개설등록을 하였고, ④ 인과관계도

---

2) 강론, 50면 이하.

인정되며, ⑤ 그 후 乙은 영업시간 제한 등의 제1차 처분을 발령하였으므로 신뢰보호원칙의 요건은 구비됨

 o 다만 제1차 처분으로 인하여 甲'의 재산권이나 직업의 자유가 제한되지만, 대규모점포의 개설의 적정한 제한, 대규모점포의 영업일이나 영업시간에 대한 적정한 제한은 중소상인 보호를 통한 공정거래질서의 확립이라는 공익상 요청이 더욱 크다고 할 수 있겠음. 따라서 제1차 처분이 위법하다는 甲의 주장은 타당하지 않음

[문 3]

Ⅰ. 논점: 종전처분을 변경하는 내용의 후속처분의 처분성 인정 여부

Ⅱ. 처분의 개념[3]

 o 행정청이 행하는 구체적 사실에 대한 법집행으로서의 공권력의 행사 또는 그 거부와 이에 준하는 행정작용(행정소송법 2 ① 1호)

 o 행정청의 처분은, ① 행정청이 행하는, ② 구체적 사실에 관한 법집행으로서, ③ 공권력을 행사하거나 거부하는, ④ 국민의 권리의무에 직접 영향을 미치는 공법행위(대판 2012.9.27, 2010두3541 참조)이어야 함

Ⅲ. 종전처분을 변경하는 내용의 후속처분의 경우[4]

1. 문제의 소재

 o 행정청이 영업제한시간 및 의무휴업일 지정처분을 한 후 종전처분에서의 영업제한시간을 일부 연장하는 것을 내용으로 하는 후속처분을 하는 경우에 종전처분과 후속처분 중 어느 것이 항고소송의 대상이 되는가 하는 것이 문제임

2. 판례

 o 대법원은 후속처분이 종전처분을 완전히 대체하는 것이거나 주요 부분을 실질적으로 변경하는 내용인 경우가 아닌 한, 후속처분에도 불구하고 종전처분이 여전히 항고소송의 대상이 된다고 하고 있음

---

3) 강론, 869면 이하.
4) 강론, 887면.

○ 관련 판례

"기존의 행정처분을 변경하는 내용의 행정처분이 뒤따르는 경우, 후속처분이 종전처분을 완전히 대체하는 것이거나 그 주요 부분을 실질적으로 변경하는 내용인 경우에는 특별한 사정이 없는 한 종전처분은 그 효력을 상실하고 후속처분만이 항고소송의 대상이 되지만(대법원 2012.10.11. 선고 2010두12224 판결 등 참조), 후속처분의 내용이 종전처분의 유효를 전제로 그 내용 중 일부만을 추가·철회·변경하는 것이고 그 추가·철회·변경된 부분이 그 내용과 성질상 나머지 부분과 불가분적인 것이 아닌 경우에는, 후속처분에도 불구하고 종전처분이 여전히 항고소송의 대상이 된다고 보아야 한다.

… 2014.8.25.자 처분은 종전처분 전체를 대체하거나 그 주요 부분을 실질적으로 변경하는 내용이 아니라, 의무휴업일 지정 부분을 그대로 유지한 채 영업시간 제한 부분만을 일부 변경하는 것으로서, 2014.8.25.자 처분에 따라 추가된 영업시간 제한 부분은 그 성질상 종전처분과 가분적인 것으로 여겨진다. 따라서 2014.8.25.자 처분으로 종전처분이 소멸하였다고 볼 수는 없고, 종전처분과 그 유효를 전제로 한 2014.8.25.자 처분이 병존하면서 위 원고들에 대한 규제 내용을 형성한다고 할 것이다. 그러므로 이와 다른 전제에서 2014.8.25.자 처분에 따라 종전처분이 소멸하여 그 효력을 다툴 법률상 이익이 없게 되었다는 취지의 피고 동대문구청장의 이 부분 상고이유 주장은 이유 없다(대판 2015.11. 19, 2015두295 전원합의체)."

Ⅳ. 사례의 경우

○ 영업제한시간을 오전 0시부터 오전 10시까지로 변경하되 의무휴업일은 종전과 동일하게 유지하는 것을 내용으로 하는 제2차 처분은 제1차 처분을 대체하거나 실질적으로 변경하는 것이 아니라 영업시간제한 부분만 변경하는 것이므로 그 성질상 제1차 처분과 가분적이므로 제1차 처분은 소멸한다고 볼 수 없음

○ 따라서 제1차 처분에 대한 취소소송은 부적법하다는 乙의 주장은 타당하지 않음

[문 4]

Ⅰ. 논점: 대물적 행정행위(제재사유의 승계 문제)[5]

Ⅱ. 대인적 · 대물적 · 혼합적 행정행위

○ 대인적 행정행위: 사람의 주관적 사정을 대상으로 하는 행정행위(예: 자동차운전면허·의사면허 등)

---

5) 강론, 144면.

○ 대물적 행정행위: 물건의 사물적인 특성이나 상태를 대상으로 하는 행정행위(예: 건축허가)
○ 혼합적 행정행위: 인적 요소와 물적 요소를 동시에 대상으로 하는 혼합적 행정행위(예: 도시가스
　　사업허가 · 카지노업허가 등)

Ⅲ. 행위의 특성

○ 대인적 행정행위는 개인적인 능력이나 특성에 기인하는 것으로 이전이 불가능함
○ 그러나 대물적 행정행위는 물건의 특성이나 상황에 대한 것이므로 이전이 가능함(예: 식품위생
　법은 제39조. 이와 같은 영업승계에 따라 종전 영업자의 지위가 그대로 승계됨)

Ⅳ. 관련 판례

○ 종전의 석유판매업자가 유사석유제품을 판매하는 위법행위를 하였다는 이유로 받게 된 사업
　정지 등의 제재처분은 대물적 처분의 성격을 갖고 있으므로 지위승계에 제재처분의 승계가
　포함되어 그 지위를 승계한 자에 대하여 사업정지 등의 제재처분을 취할 수 있다고 보아야
　함(대판 2003.10.23, 2003두8005)

Ⅴ. 사례의 경우

○ 대규모점포 개설등록은 '사람'에 대한 것이 아니라 '영업'에 대한 것으로서 대물적 행정행위임
○ 유통산업발전법 13 ①에 지위승계에 관한 규정이 있음
○ (논란의 여지는 있을 수 있지만) 지위승계에는 제재처분에 대한 승계도 포함되어 있다고 보
　아야 할 것임
○ 따라서 丙의 주장은 타당하지 않음

[제 2 문]

[제2문의 1]

앱 개발회사 甲과 중소기업정보진흥원장 乙은 "乙은 甲에게 정보화 지원금을 지원하고, 甲이 '사업실패' 평가를 받으면 乙은 협약해지·지원금환수·사업참여제한을 할 수 있다."라는 내용의 협약(이하 '이 사건 협약'이라 한다)을 체결하였다. 甲이 지원금을 받아 사업진행 중 '사업실패' 평가를 받자, 乙은 이 사건 협약을 해지하면서 甲에게 '지원금환수 및 3년간 정보화 지원사업 참여자격 제한' 통보(이하 '이 사건 통보'라 한다)를 하였다. 한편, 「중소기업 기술혁신 촉진법」은 법 제18조의 사업에 관한 협약해지·지원금환수·사업참여제한 등은 규정하지 않았다.

1. 이 사건 협약의 법적 성격을 검토하고, 이 사건 협약과 같은 형식과 내용으로 '중소기업 정보화 지원사업'을 수행하는 것이 허용될 수 있는지 설명하시오. (20점)
2. 乙의 이 사건 통보가 취소소송의 대상적격이 있는지 검토하시오. (10점)

[참조조문]
「중소기업 기술혁신 촉진법」 (※ 가상의 법률임)
제18조(중소기업 정보화 지원사업) 중소기업청장은 중소기업 정보화 지원사업을 추진할 수 있고, 중소기업의 신청이 있는 경우 기술능력 등을 고려하여 지원금 지급여부를 결정할 수 있다.
제31조(지원사업 참여제한 및 출연금 환수 등) 중소기업청장은 제10조의 기술혁신사업, 제11조의 산학협력사업에 참여한 중소기업자가 사업실패로 평가된 경우 5년의 범위에서 기술혁신 촉진 지원사업 참여제한을 할 수 있고, 이미 출연한 사업비를 환수할 수 있다.
제45조(권한의 위탁) 이 법 제18조 및 제31조에 따른 중소기업청장의 권한은 중소기업정보진흥원장에게 위탁한다.

[문 1]
I. 논점: 공법상 계약과 그 허용성
II. 공법상 계약
  1. 의의
  2. 공법상 계약의 종류(특히 행정주체와 사인간의 공법상 계약)
    (1) 정부계약, 재산관리계약, 영조물의 이용관계에 관한 계약의 경우
    (2) 현행법상 행정주체와 사인간의 공

법상 계약
  3. 공법상 계약의 가능성과 자유성
    (1) 공법상 계약의 가능성
    (2) 공법상 계약의 자유성
  4. 한계
III. 사례의 경우
  ○ 공법상 계약
  ○ 관련 판례

[문 2]
Ⅰ. 논점
  ○ '지원금환수 및 사업참여자격 제한
     통보'의 처분성
Ⅱ. 처분의 개념
  ○ 행정쟁송법상의 처분
  ○ 처분의 개념적 요소
Ⅲ. 행정청이 자신과 상대방 사이의 법률관계

를 일방적인 의사표시로 종료시킨 경우
그 의사표시가 처분인지 여부
Ⅳ. 공법상 계약의 해지 및 환수에 대한 법령
   상 규정이 있는 경우와 없는 경우의 차이
Ⅴ. 사례의 경우
  ○ 취소소송의 대상이 될 수 없음
  ○ 관련 판례

[문 1]

Ⅰ. 논점: 공법상 계약과 그 허용성

Ⅱ. 공법상 계약[6]

1. 의의

○ 공법적 효과의 발생을 목적으로 하는 복수당사자 간의 반대방향의 의사표시의 합치에 의하여 성립하는 공법행위
○ 혹자는 행정계약이라는 개념을 사용하지만, 여기에는 행정주체가 계약의 일방당사자라는 점에서 행정주체가 맺는 공법상 계약과 사법상 계약이 모두 포함되어 있다는 문제가 있음

2. 공법상 계약의 종류(특히 행정주체와 사인간의 공법상 계약)

(1) 정부계약, 재산관리계약, 영조물의 이용관계에 관한 계약의 경우

○ 공법상의 계약은 공법적 효과의 발생을 목적으로 하는 계약을 의미하므로, 따라서 국가나 지방자치단체가 주체가 되는 물품조달계약이나 건설도급계약 등은 국가재정법, 지방재정법, 공유재산법, 국가당사자계약법 등에 의하여 공법적인 규제와 통제의 대상이 된다 하더라도 그 성질은 사법상 계약으로 보아야 함
○ 판례: 지방재정법에 의하여 준용되는 국가계약법에 따라 지방자치단체가 당사자가 되는 이른바 공공계약은 사경제의 주체로서 상대방과 대등한 위치에서 체결하는 사법상의 계약으로서 그 본질적인 내용은 사인 간의 계약과 다를 바가 없으므로, 그에 관한 법령에 특별한 정함이 있는 경우를 제외하고는 사적자치와 계약자유의 원칙 등 사법의 원리가 그대로 적용된다 할

---

6) 강론, 376면 이하.

것이다(대결 2006.6.19, 2006마117).

○ 또한 국공유재산의 임대차, 매매계약, 영조물의 이용관계도 대부분 사법상 계약임

○ 다만 영조물의 이용관계 중에서도 이용관계가 강제되고 이용의 대가를 사용료의 형태로서 부과하여 체납시에는 국세징수법의 예에 따라 강제징수하는 경우에는 공법상 계약으로 보아야 함

(2) 현행법상 행정주체와 사인간의 공법상 계약

○ 국세기본법 제2조 제12호에 의한 납세보증계약, 국유재산법 · 지방재정법에 의한 공법상의 증여계약으로서의 기부채납, 사회기반시설에 대한 민간투자법 · 지역균형개발 및 지방중소기업 육성에 관한 법률에 의한 사회간접자본시설의 건설과 운영을 대상으로 하는 실시협약,[7] 지방자치단체와 사인간의 환경관리협약 등

3. 공법상 계약의 가능성과 자유성

(1) 공법상 계약의 가능성

○ 전통적으로 권력관계가 행정법관계의 중심이었던 시대에는 행정주체의 우위성과 종속적 법률관계를 바탕으로 하는 행정법관계에서 계약의 성립가능성은 인정될 수 없다고 보았으나, 급부행정과 같은 비권력행정이 매우 중요한 의미를 가지게 된 오늘날에는 더 이상 이를 부인하는 견해는 찾아보기 어려움

(2) 공법상 계약의 자유성

○ 공법상 계약에 법률의 근거가 필요한가 하는 것이 공법상 계약의 자유성 문제임

○ 이에 관하여는 ① 전부유보설의 관점에서 공법상 계약은 법적 근거가 있는 경우에만 가능하다는 부정설, ② 공법상 계약은 당사자의 자유로운 의사표시의 합치에 의하여 성립하는 것이므로 사법상의 계약과 마찬가지로 명시적 법적 근거가 없다 하더라도 성립할 수 있다는 긍정설(다수설), ③ 계약의 종류별로 그 현실적 기능을 고려하여 구체적으로 결정되어야 한다는 절충설 등이 있는데, ④ 계약이라는 특성을 고려하면 법적 근거가 없더라도 성립할 수 있다는 긍정설의 입장이 타당함

○ 그러나 공법상의 계약이 법적 근거로부터 자유롭다고 하더라도 ① 행정행위에 갈음하는 공법상의 계약의 경우 행정행위의 발령에 대한 근거규범이 있어야 하고, ② 또한 공법상 계약

---

7) 사회기반시설에 대한 민간투자법은 공법상 계약의 하나인 실시협약을 규정하고 있는데(제2조 제6호), 실시협약이란 주무관청과 민간투자사업을 시행하고자 하는 자 간에 사업시행의 조건 등에 관하여 체결하는 계약을 말함.
실시협약의 법적 성질에 대해서는 ① 사법상 계약설과 ② 공법상 계약설이 대립되는데, 공법상 계약설이 다수설임. ③ 판례도 실시협약의 체결을 단순한 사법적, 일반적 계약관계라고 할 수 없다고 하여 공법상 계약설의 입장임(서고판 2004.6.24, 2003누6483).

은 침익적 행정작용의 경우에는 공법상 계약이 인정되기 어려움

4. 한계

(i) 공법상의 계약은 법령에 위반되어서는 안 됨(법률우위의 원칙).

(ii) 공법상 계약의 대상이 기속행위인 경우에는 계약당사자는 다만 법에서 규정하고 있는 바를 합의할 수밖에 없다는 제약이 있게 됨. 만약 계약의 대상이 재량행위인 경우에는 재량권행사의 한계를 준수하여야 함

(iii) 그 밖에도 행정법의 일반원칙을 준수하여야 하고, 특히 제3자의 권리를 침해하지 말아야 함

Ⅲ. 사례의 경우

o 甲과 乙 사이에 체결한 협약의 경우 ① 관련법상 중소기업 정보화 지원사업은 국가가 시행하는 공익연구사업으로 공익실현을 위한 것이라는 점, ② 국가의 일방적 시행 및 선정 등 우월한 지위에서 체결하는 계약이라는 점에서 공법상 계약으로 보아야 할 것임

o 관련 판례
중소기업 정보화지원사업에 따른 지원금 출연을 위하여 중소기업청장이 체결하는 협약은 공법상 대등한 당사자 사이의 의사표시의 합치로 성립하는 공법상 계약에 해당한다고 봄이 타당함(대판 2015.8.27, 2015두41449)

o 공법상 계약의 자유유성(허용성)과 관련하여 다수설인 긍정설의 입장에 따르면 '중소기업 정보화 지원사업'은 수익적인 내용의 공익사업이므로 공법상 계약의 형식과 내용으로 수행하는 것이 허용됨

[문 2]

Ⅰ. 논점: '지원금환수 및 사업참여자격 제한 통보'의 처분성

Ⅱ. 처분의 개념[8]

o 행정청이 행하는 구체적 사실에 대한 법집행으로서의 공권력의 행사 또는 그 거부와 이에 준하는 행정작용(행정소송법 2 ① 1호)

o 행정청의 처분은, ① 행정청이 행하는, ② 구체적 사실에 관한 법집행으로서, ③ 공권력을 행사하거나 거부하는, ④ 국민의 권리의무에 직접 영향을 미치는 공법행위(대판 2012.9.27, 2010

---

8) 강론, 869면 이하.

두3541 참조)이어야 함

Ⅲ. 행정청이 자신과 상대방 사이의 법률관계를 일방적인 의사표시로 종료시킨 경우 그 의사표시가 처분인지 여부

o 행정청이 자신과 상대방 사이의 법률관계를 일방적인 의사표시로 종료시켰다고 하더라도 곧바로 그 의사표시가 행정청으로서 공권력을 행사하여 행하는 행정처분이라고 단정할 수는 없고, 관계 법령이 상대방의 법률관계에 관하여 구체적으로 어떻게 규정하고 있는지에 따라 그 의사표시가 항고소송의 대상이 되는 행정처분에 해당하는 것인지 아니면 공법상 계약관계의 일방 당사자로서 대등한 지위에서 행하는 의사표시인지 여부를 개별적으로 판단하여야 함(대법원 1996.5.31. 선고 95누10617 판결, 대법원 2014.4.24. 선고 2013두6244 판결 등)

Ⅳ. 공법상 계약의 해지 및 환수에 대한 법령상 규정이 있는 경우와 없는 경우의 차이

o '규정이 없는 경우' 협약의 해지 및 그에 따른 이 사건 환수통보는 공법상 계약에 따라 행정청이 대등한 당사자의 지위에서 하는 의사표시로 봄이 타당하고, 이를 행정청이 우월한 지위에서 행하는 공권력의 행사로서 행정처분에 해당한다고 볼 수 없음(대판 2015. 8.27, 2015두41449)

o '규정이 있는 경우' 협약의 해지 통보는 단순히 대등 당사자의 지위에서 형성된 공법상계약을 계약당사자의 지위에서 종료시키는 의사표시에 불과한 것이 아니라 행정청이 우월적 지위에서 연구개발비의 회수 및 관련자에 대한 국가연구개발사업 참여제한 등의 법률상 효과를 발생시키는 행정처분에 해당함(대판 2014.12.11, 2012두28704)

Ⅴ. 사례의 경우

o 이 사건 통보의 관련규정

— 협약 관련규정: 법 제18조

— 협약해지 및 환수: 법에는 관련 규정이 없고, 협약에 근거한 행위임

— 법상 출연금 환수나 사업참여제한(제31조)은 제10조와 제11조에 따른 사업에 적용되는 규정으로 위 사례에는 적용할 수 없음

o 결론

— 법령상 중소기업기술정보진흥원은 중소기업청장의 권한을 위탁받은 자로서 이 사건 통보는 행정청의 행위임

— 그러나 계약상의 행위에 그칠 뿐, 구체적 법집행행위로 볼 수 없음

— 따라서 이 사건 통보는 취소소송의 대상이 될 수 없음

○ 관련 판례

"중소기업 정보화지원사업에 따른 지원금 출연을 위하여 중소기업청장이 체결하는 협약은 공법상 대등한 당사자 사이의 의사표시의 합치로 성립하는 공법상 계약에 해당하는 점, 구 중소기업 기술혁신 촉진법 제32조 제1항은 제10조가 정한 기술혁신사업과 제11조가 정한 산학협력 지원사업에 관하여 출연한 사업비의 환수에 적용될 수 있을 뿐 이와 근거 규정을 달리하는 중소기업 정보화지원사업에 관하여 출연한 지원금에 대하여는 적용될 수 없고 달리 지원금 환수에 관한 구체적인 법령상 근거가 없는 점 등을 종합하면, 협약의 해지 및 그에 따른 환수통보는 공법상 계약에 따라 행정청이 대등한 당사자의 지위에서 하는 의사표시로 보아야 하고, 이를 행정청이 우월한 지위에서 행하는 공권력의 행사로서 행정처분에 해당한다고 볼 수는 없다(대판 2015.8.27, 2015두41449)."

[제2문의 2]

A시는 도로사업 부지를 취득하기 위하여 「공익사업을 위한 토지 등의 취득 및 보상에 관한 법률」(이하 '토지보상법'이라 한다)에 따라 2013.11.15. 甲으로부터 토지를 협의취득하여 2013.11.22. A시 앞으로 소유권이전등기를 마쳤다. 그 후 A시의 시장은 甲의 토지를 포함한 이 사건 도로사업 부지를 택지개발사업에 이용하기 위해 2016.4.25. 도로사업을 토지보상법상 사업인정이 의제되는 택지개발사업으로 변경·고시하였다. 甲은 자신의 토지가 도로사업에 필요 없게 되었다고 판단하여 보상금에 상당하는 금액을 공탁한 후, 2017.3.24. A시에게 환매의사표시를 하고 소유권이전등기청구소송을 제기하였다. 이 청구는 인용될 수 있겠는가? (20점)

[문 1]
I. 논점
  ① 환매권의 행사요건을 구비하고 있는지
    여부
  ② 공익사업변환의 요건을 구비하여
    환매권행사가 제한되는지 여부
II. 환매권
  1. 의의
  2. 근거
    (1) 이론적 근거(인정배경)
    (2) 법적 근거(실정법상 근거)

3. 법적 성질
4. 환매의 요건(토지보상법 91 ①)
  (1) 환매권자 및 목적물
  (2) 환매권의 발생요건 및 행사기간
  (3) 공익사업의 변환과 환매
    1) 의의
    2) 요건
    3) 효과
    4) 공익사업변환제도의 위헌성
III. 사례의 경우

I. 논점: ① 환매권의 행사요건을 구비하고 있는지 여부
② 공익사업변환의 요건을 구비하여 환매권행사가 제한되는지 여부

II. 환매권[9]

1. 의의

○ 공익사업을 위해 취득된 토지가 당해 사업에 필요 없게 되었거나 현실적으로 이용되지 않는 경우에 원래의 토지소유자가 환매대금을 지급하고 환매의사를 표시함으로써 사업시행자로부터 토지소유권을 되찾을 수 있는 권리

---

9) 강론, 1352면 이하.

2. 근거

(1) 이론적 근거(인정배경)

① 토지소유자의 감정의 존중에서 찾는 견해(전통적인 다수설)

② 공평의 원칙에서 찾는 견해(대판 1993.12.28, 93다34701)

③ 헌법의 재산권의 존속보장에서 찾는 견해(유력설, 헌재결 1998.12.24, 97헌마87)

(2) 법적 근거(실정법상 근거)

ㅇ 판례는 법령상 명문의 규정 없이는 환매권을 인정하지 않는 입장임(대판 1998.4.10, 96다52359).

ㅇ 실정법상 토지보상법 외에 택지개발촉진법 등에서 환매에 관한 규정을 두고 있음

3. 법적 성질

ㅇ ① 공권설은 환매제도를 공법적 수단에 의해 상실된 권리를 회복하는 제도로, 공법상 주체인 사업시행자에 대하여 사인이 가지는 공법상 권리라고 함. ② 이에 대하여 사권설은 환매는 환매권자 자신의 이익을 위해서 환매의 의사를 표시함으로써 토지를 재취득하는 것이라는 점 등에서 사법상 권리로 봄. ③ 판례는 사권설의 입장임(대판 1992.4.24, 92다4673)

4. 환매의 요건(토지보상법 91 ①)

(1) 환매권자 및 목적물

ㅇ 취득일 당시의 토지소유자 또는 그 포괄승계인(토지보상법 91 ①)

ㅇ 환매의 목적물은 토지소유권임(토지보상법 91 ①)

(2) 환매권의 발생요건 및 행사기간

ㅇ 환매권이 발생하려면 ① 토지의 취득일부터 10년 이내에 해당 사업의 폐지·변경 또는 그 밖의 사유로 인하여 취득한 토지의 전부 또는 일부가 필요 없게 된 경우(토지보상법 91 ①) 또는 ② 취득일부터 5년 이내에 토지의 전부를 해당 사업에 이용하지 않았을 경우(토지보상법 91 ②)이어야 함

ㅇ 위의 ①의 경우에는 그 토지의 전부 또는 일부가 필요 없게 된 때부터 1년 또는 그 취득일부터 10년 이내에, ②의 경우에는 취득일부터 6년 이내에 행사하여야 함(토지보상법 91 ①, ②)

(3) 공익사업의 변환과 환매

1) 의의

ㅇ 국가·지방자치단체·공공기관운영법 제4조에 따른 공공기관 중 대통령령으로 정하는 공공기관이 사업인정을 받아 공익사업에 필요한 토지를 협의취득하거나 수용한 후 해당 공익사업이 토지보상법 제4조 제1호부터 제5호까지에 규정된 다른 공익사업으로 변경된 경우 별도의 새로운 협의취득이나 수용절차 없이 그 토지를 변경된 공익사업에 이용하도록 하는 제도(토지보상법 91 ⑥)

ㅇ 공익사업이 다른 공익사업으로 전환되는 경우에도 환매권자에게 환매한 후 전환된 사업의 시행을 위하여 다시 새로운 협의취득이나 수용절차를 거치는 것이 원칙이나, 이러한 절차를 피함으로써 행정력의 낭비와 공익사업의 지연을 방지하기 위하여 인정됨

2) 요건

① 사업시행자가 국가·지방자치단체·공공기관의 운영에 관한 법률 제4조에 따른 공공기관 중 대통령령으로 정하는 공공기관이어야 함

② 처음 사업인정을 받은 사업에서 토지보상법 제4조 제1호부터 제5호까지에 규정된 다른 공익사업으로 변환하는 것이어야 함

3) 효과

ㅇ 토지보상법이 정한 바에 따르는 공익사업으로 변환된 경우 환매권 행사기간은 관보에 해당 공익사업의 변경을 고시한 날부터 기산함(토지보상법 91 ⑥)

ㅇ 이를 통하여 환매권의 발생요건 중 취득일의 기산일이 공익사업의 변경을 고시한 날로 연기됨으로써 사업시행자는 환매·재협의 또는 재수용이라는 절차의 번거로움을 피할 수 있게 되지만, 환매권자의 환매권행사는 그만큼 제한되는 결과가 발생하게 됨

4) 공익사업변환제도의 위헌성

ㅇ 토지보상법 제91조 제6항((구) 토지수용법 71 ⑦)에 대하여는 헌법상 재산권보장과 관련하여 위헌성이 제기되었으나, 헌법재판소는 합헌으로 결정함(헌재결 1997.6.26, 96헌바94)

Ⅲ. 사례의 경우

ㅇ 甲은 협의취득일 당시 토지소유자이므로 환매권자임

ㅇ A시는 도로사업을 협의취득일로부터 10년 이내인 2016.4.25에 택지개발사업으로 변경·고시하였기 때문에 환매권을 행사할 수 있는 경우에 해당함

ㅇ 따라서 甲의 경우는 환매권행사의 요건을 갖추었으나, 공익사업변환요건에 해당하는지 더 검토해 보아야 함. 왜냐하면 여기에 해당하면 甲의 환매권행사가 제한되기 때문임

ㅇ 공익사업의 변환과 관련하여 사례의 경우 사업시행자가 A시이고, 또한 변환된 공익사업이 토지보상법 제4조 제5호에서 규정하는 택지개발사업이므로 공익사업 변환 요건을 모두 구비함

ㅇ 따라서 甲의 환매권행사기간의 기산일은 협의취득일인 2013.11.15가 아니라 공익사업변경을 고시한 날인 2016.4.25가 되므로, 이 기산일로부터 환매권의 요건을 갖출 때까지 환매권 행사가 제한되어 환매권을 행사할 수 없게 됨

ㅇ 판례도 공익사업의 변환이 인정되는 경우, 환매권 행사가 제한된다고 보고 있음(대판 2010.9.30, 2010다30782)

ㅇ 따라서 甲의 소유권이전등기청구소송은 인용될 수 없음

【제3절 행정고시】

2017년 5급(행정) 공채 제2차시험

[제 1 문]

　甲등은 노후·불량건축물에 해당하는 공동주택이 밀집한 지역에 거주하고 있는데, 그 지역이 도시 및 주거환경정비법 에 따라 정비구역으로 지정되어서 재개발사업을 추진하기 위해 재개발조합을 설립하기로 하였다. 그리하여 甲 등은 우선 그 정비구역에 위치한 건축물 및 그 부속토지의 소유자 과반수의 동의를 얻어 조합설립추진위원회를 구성하여 A시장의 승인을 받은 다음, 이 조합설립추진위원회가 상기 소유자 4분의 3 이상의 동의를 받아 A시장으로부터 조합설립인가를 받았다. 그 후 이 재개발조합은 A시장으로부터 재개발사업 시행인가를 받았는데, A시장은 인가조건으로 '지역발전협력기금 10억 원을 기부할 것'을 부가하였다. 다음 물음에 답하시오. (총 45점)

1) 조합설립추진위원회구성 승인의 법적 성질을 검토하시오. (10점)
2) 조합설립인가의 법적 성질을 검토하시오. (15점)
3) 재개발사업시행인가에 부가된 지역발전협력기금 기부조건은 어떤 부관에 해당하는가? 이 기부조건은 적법한가? (20점)

[참조조문] (현행 법령을 사례 해결에 적합하도록 수정하였음)
도시 및 주거환경정비법
제8조(주택재개발사업 등의 시행자) ① 주택재개발사업은 조합이 이를 시행하거나 조합이 조합원 과반수의 동의를 얻어 시장·군수, 주택공사등, 건설업자, 등록사업자 또는 대통령령이 정하는 요건을 갖춘 자와 공동으로 이를 시행할 수 있다.
제13조(조합의 설립 및 추진위원회의 구성) ① 시장·군수, 지정개발자 또는 주택공사등이 아닌 자가 정비사업을 시행하고자 하는 경우에는 토지등소유자로 구성된 조합을 설립하여야 한다.
　② 제1항에 따라 조합을 설립하고자 하는 경우에는 정비구역지정 고시 후 위원장을 포함한 5인 이상의 위원 및 운영규정에 대한 토지등소유자 과반수의 동의를 받아 조합설립을 위한 추진위원회를 구성하여 시장·군수의 승인을 받아야 한다.
제16조(조합의 설립인가 등) ① 주택재개발사업 및 도시환경정비사업의 추진위원회가 조합을 설립하려면 토지등소유자 4분의 3 이상의 동의를 얻어 다음 각 호의 사항을 첨부하여 시장·군수의 인가를 받아야 한다.
　1. 정관
　2. (이하 생략)
제28조(사업시행인가) ① 사업시행자는 정비사업을 시행하고자 하는 경우에는 사업 시행계획서에 정

관등과 그 밖에 국토교통부령이 정하는 서류를 첨부하여 시장·군수에게 제출하고 사업시행인가를 받아야 한다.

[문 1]

I. 논점
　○ 조합설립추진위원회 구성승인처분의
　　 법적 성질(인가)

II. 허가와 인가

III. 조합설립추진위원회 구성승인처분의 법적 성질

IV. 사례의 경우

[문 2]

I. 논점: 조합설립인가의 법적 성질

II. 특허와 인가

III. 인가받은 조합의 법적 지위

IV. 조합설립인가의 법적 성질
　1. 학설
　2. 판례

V. 사례의 경우

[문 3]

I. 논점
　① 부관의 종류(**부담인지 여부**)
　② 부관의 허용성(**가능성**)
　③ 부관의 자유성(**내용상의 한계**)

II. 부관의 의의 및 종류
　1. 부관의 의의
　2. 부관의 종류(특히 조건과 부담)
　3. 사례의 경우: 부담

III. 부관의 허용성(가능성)
　1. 종래의 견해 및 판례
　2. 비판적 견해
　3. 결론: 부관의 허용성
　4. 사례의 경우

IV. 부관의 자유성(내용상의 한계)
　1. 부관의 한계
　2. 사례의 경우

[문 1]

I. 논점: 조합설립추진위원회 구성승인처분의 법적 성질(인가)

II. 허가와 인가

　○ 허가: 법령에 의한 일반적·상대적 금지를 일정한 경우에 해제하여 적법하게 일정한 행위를 할 수 있게 하여주는 행정행위
　○ 인가: 타인의 법률행위를 보충하여 그 법률적 효력을 완성시켜 주는 행정행위

III. 조합설립추진위원회 구성승인처분의 법적 성질[1]

　○ 판례는 인가로 보고 있음

---

1) 강론, 1409면.

○ 관련판례

"조합설립추진위원회(이하 '추진위원회'라고 한다) 구성승인처분은 조합의 설립을 위한 주체인 추진위원회의 구성행위를 보충하여 그 효력을 부여하는 처분으로서 조합설립이라는 종국적 목적을 달성하기 위한 중간단계의 처분에 해당함(대판 2013.1.31, 2011두11112)."

Ⅳ. 사례의 경우: 인가

[문 2]

Ⅰ. 논점: 조합설립인가의 법적 성질

Ⅱ. 특허와 인가

○ 특허: 특정 상대방에게 권리, 능력 또는 포괄적인 법률관계를 설정하는 행정행위
○ 인가: 타인의 법률행위를 보충하여 그 법률적 효력을 완성시켜 주는 행정행위

Ⅲ. 인가받은 조합의 법적 지위: 공공조합(행정주체)

Ⅳ. 조합설립인가의 법적 성질[2]

1. 학설

① 조합설립행위에 대한 보충적 행위로서 인가로 보는 견해
② 조합에 대한 행정주체로서의 지위 부여라는 점에서 특허로 보는 견해

2. 판례

○ 판례는 조합설립인가처분은 단순히 사인들의 '조합설립행위에 대한 보충행위의 성질을 갖는 것이 아니라', 도시정비법상 정비사업을 시행할 수 있는 권한을 갖는 행정주체(공법인)의 지위를 부여하는 일종의 설권적 처분의 성격을 갖는다(대판 2012.4.12, 2010다10986)고 하여 특허설의 입장을 취하는 듯함

Ⅴ. 사례의 경우

○ 조합설립인가는 설권적 처분으로서 특허임

---

2) 강론, 1411면 이하.

[문 3]

I. 논점: ① 부관의 종류(부담인지 여부), ② 부관의 허용성(가능성), ③ 부관의 자유성(내용상의 한계)

II. 부관의 의의 및 종류[3]

1. 부관의 의의

○ 행정행위의 효과를 제한하거나 일정한 의무를 부과하기 위하여 주된 행정행위에 부가된 종된 규율(부대적 규율)

2. 부관의 종류(특히 조건과 부담)

○ 조건: 행정행위의 효과의 발생 또는 소멸을 장래의 불확실한 사실에 의존시키는 부관
○ 부담: 수익적 행정행위에 작위·부작위·급부·수인 등의 의무를 결부시키는 부관
○ 어떠한 부관이 조건인지 아니면 부담인지 불분명한 경우에는 행정법관계의 조속확정에도 부합하고 상대방에게도 덜 침익적인 부담으로 보는 것이 합리적임

3. 사례의 경우

○ 사업시행인가와는 별도로 금전급부의무를 부과하는 것이므로 부담

III. 부관의 허용성(가능성)[4]

1. 종래의 견해 및 판례

○ ① 법률행위적 행정행위, ② 재량행위에만 부관 가능
○ 준법률행위적 행정행위는 의사표시를 요소로 하지 않고 있고, 기속행위에 대한 부관은 기속행위에 대한 공권을 침해하는 것이기 때문에 부관을 붙일 수 없다는 것임
○ 판례도 같은 입장

2. 비판적 견해

○ ① 준법률행위적 행정행위나 ② 기속행위에도 부관 가능할 수 있음
○ 준법률행위적 행정행위에 부관이 가능한 경우가 있고, 법률행위적 행정행위에 부관을 붙일 수 없는 경우도 있음

---

3) 강론, 194면 이하.
4) 강론, 201면 이하.

○ 또한 법적 근거가 있다면 어느 행정행위든 부관을 붙일 수 있음
○ 기속행위의 경우 별도의 법적 근거가 없더라도 법정요건을 충족할 것으로 조건으로 하는 '법률요건충족적 부관'은 가능함(예: 독일연방행정절차법 36 ①)

3. 결론: 부관의 허용성

① 법적 근거 있으면 행정행위의 종류에 관계없이 부관 가능
② 법적 근거 없으면 원칙적으로 재량행위에만 가능
③ 법적 근거 없더라도 기속행위에 법률요건충족적 부관은 가능(다수설)

4. 사례의 경우

○ 사업시행인가의 법적 근거: 도시 및 주거환경정비법 28 ①
○ 사업시행인가의 법적 성질: 재개발사업이라는 공익사업을 대상으로 하므로 재량행위로 보는 것이 타당함
○ 따라서 '기부조건'에 대한 법적 근거가 없어도 부담을 붙일 수 있음

IV. 부관의 자유성(내용상의 한계)[5]

1. 부관의 한계

① 행정의 법률적합성의 원칙, 특히 법률우위의 원칙과 관련하여 부관은 법령에 위반되어서는 안 됨
② 부관은 비례원칙·평등원칙·이익형량의 원칙 등 행정법의 일반원칙을 준수하여야 함. 특히 주된 행정행위의 목적에 위배되지 말아야 함(부당결부금지의 원칙)
③ 그 밖에도 부관의 내용이 명확하고 실현가능한 것이어야 한다.

2. 사례의 경우

○ 지역발전협력기금의 부과는 재개발사업과 사물적 관련이 없으므로 부당결부에 해당되어 위법함

---

5) 강론, 204면.

[제 2 문]

교육부장관은 A학교법인의 이사 甲에게 고등교육법 위반사유가 있음을 이유로, A학교법인에 대하여 甲의 임원취임승인을 취소하면서 乙을 임시이사로 선임하는 처분을 하였다. 甲은 교육부장관을 상대로 본인에 대한 임원취임승인 취소처분과 乙에 대한 임시이사선임처분의 취소를 구하는 소송을 제기하였다. 소송 진행 중 임시이사 乙의 임기가 만료되어 임시이사는 丙으로 변경되었고, 甲의 원래 임기가 만료되었을 뿐만 아니라 甲에 대한 사립학교법 제22조제2호 소정의 임원결격사유기간도 경과하였다. 甲이 제기한 취소소송에 대하여 다음 물음에 답하시오. (총 25점)

1) 甲에게는 원고적격이 인정되는가? (10점)
2) 甲이 제기한 취소소송은 '협의의 소의 이익'이 있는가? (15점)

[참조조문]
사립학교법
제20조의2(임원취임의 승인취소) ① 임원이 다음 각호의 1에 해당하는 행위를 하였을 때에는 관할청은 그 취임승인을 취소할 수 있다.
　1. 이 법, 초·중등교육법 또는 고등교육법 의 규정을 위반하거나 이에 의한 명령을 이행하지 아니한 때
　2. (이하 생략)
② 제1항의 규정에 의한 취임승인의 취소는 관할청이 당해 학교법인에게 그 사유를 들어 시정을 요구한 날로부터 15일이 경과하여도 이에 응하지 아니한 경우에 한한다.
다만, 시정을 요구하여도 시정할 수 없는 것이 명백하거나 회계부정, 횡령, 뇌물수수 등 비리의 정도가 중대한 경우에는 시정요구 없이 임원취임의 승인을 취소할 수 있으며, 그 세부적 기준은 대통령령이 정한다.
제22조(임원의 결격사유) 다음 각호의 1에 해당하는 자는 학교법인의 임원이 될 수 없다.
　1. (생략)
　2. 제20조의2의 규정에 의하여 임원취임의 승인이 취소된 자로서 5년이 경과하지 아니한 자
　3. (이하 생략)
제25조(임시이사의 선임) ① 관할청은 다음 각 호의 어느 하나에 해당되는 경우에는 이해 관계인의 청구 또는 직권으로 조정위원회의 심의를 거쳐 임시이사를 선임하여야 한다.
　1. (생략)
　2. 제20조의2에 따라 학교법인의 임원취임 승인을 취소한 때. 다만, 제18조제1항에 따른 이사회 의 결정족수를 초과하는 이사에 대하여 임원취임 승인이 취소된 때에 한한다.
　3. (이하 생략)

[문 1]

Ⅰ. 논점: 취소소송의 원고적격

Ⅱ. 취소소송의 원고적격[6]

1. 원고적격의 의의

○ 취소소송에서의 원고가 될 수 있는 자격(법률상 이익이 있는 자)

2. 법률상 이익에 관한 학설

① 권리구제설(권리회복설), ② 법률상 보호이익설, ③ 보호가치 있는 이익설, ④ 적법성보장설이 있으나, '법률상 이익'은, 권리구제설이나 법률상 보호이익설의 입장과 같이, 적어도 법에 의하여 보호되는 이익을 의미함

3. 법률상 이익의 내용

○ '법에 의하여 보호되는 개별적 · 직접적 · 구체적 이익'(대판 2008.3.27, 2007두23811)
○ 국민 일반이 공통적으로 가지는 일반적 · 간접적 · 추상적 이익이나, 제3자의 사실상의 간접적인 경제적 이해관계의 경우에는 법률상 보호되는 이익이 있다고 할 수 없음(대판 2007.12.27, 2005두9651; 대판 2002.8.23, 2002추61)

---

6) 강론, 830면 이하.

Ⅲ. 사례의 경우

1. 임원취임승인의 법적 성질

○ 학교법인의 임원선임행위의 법률상 효력을 완성케 하는 보충적 법률행위로서 인가

2. 임원취임승인취소처분으로 법률상 이익이 침해되는지 여부

○ "관할청이 학교법인의 임원취임승인신청에 대하여 이를 반려하거나 거부하는 경우 학교법인에 의하여 임원으로 선임된 자는 학교법인의 임원으로 취임할 수 없게 되는 불이익을 입게 되는바, 이와 같은 불이익은 간접적이거나 사실상의 불이익이 아니라 직접적이고도 구체적인 법률상의 불이익이라 할 것이므로 학교법인에 의하여 임원으로 선임된 자에게는 관할청의 임원취임승인신청 반려처분을 다툴 수 있는 원고적격이 있다고 보아야 할 것이다(대판 2007.12.27, 2005두9651)."

3. 결론: 따라서 甲에게는 원고적격이 인정됨

[문 2]

Ⅰ. 논점: 협의의 소익

Ⅱ. 협의의 소익[7]

1. 의의

○ 행정소송법 제12조 제2문은 "처분 등의 효과가 기간의 경과, 처분 등의 집행 그 밖의 사유로 인하여 소멸된 뒤에도 그 처분 등의 취소로 인하여 회복되는 법률상 이익이 있는 자의 경우에는 또한 같다."고 하여 이 경우에도 취소소송을 제기할 수 있음을 규정하고 있음

○ 동조 제1문에서의 '법률상 이익'이 취소소송에서의 보호대상인 권리라면, 제2문에서의 '법률상 이익'은 취소소송을 통한 '권리보호의 필요성 또는 분쟁의 현실성'을 의미하는 것으로서 이를 '협의의 소익'이라 함

2. 협의의 소익으로서 법률상 이익의 의미

○ 행정소송법 제12조 제2문의 '법률상 이익'의 의미와 관련하여 여러 견해가 있으나, 이는 권리

---

7) 강론, 846면 이하.

보호의 필요성을 의미하는 것이므로, 이를 '원고적격'에서와 같이 '법적으로 보호되는 이익'에 한정할 이유는 없음. 따라서 '법적 보호이익' 이외에도, 적어도 각종 제도상의 불이익을 제거하여야 할 이익은 협의의 소익에 포함된다고 보아야 할 것임

3. 협의의 소익이 인정되지 않는 경우

○ 협의의 소익이 없는 경우로 행정소송법은 ① 처분 등의 효과가 소멸된 경우(행소법 12 2문)를 규정하고 있지만, 그 외에도 ② 보다 간단한 방법으로 권리보호가 가능한 경우, ③ 소송으로 다툴 실제적 효용이나 이익이 없는 경우, ④ 소권이 남용 또는 실효된 경우 등을 들 수 있음

4. 협의의 소익이 인정되는 경우

○ 처분의 효력이 상실된 경우에도 처분의 취소로 인하여 회복되는 이익이 있는 경우에는 예외적으로 권리보호의 필요성이 인정됨. 이와 같은 경우로는 ① 동일한 사유로 위법한 처분이 반복될 구체적인 위험성이 있는 경우, ② 처분의 취소로 당해 법률이나 다른 법률에 의하여 보호되는 직접적·구체적 이익이 있는 경우(예: 세법 등 다른 법률에 의한 혜택을 받을 수 있는 경우, 위반횟수에 따른 가중적 제재처분을 피할 수 있는 경우 등)가 있음

5. 판례

○ 종래 판례는 학교법인의 이사에 대한 취임승인이 취소되고 임시이사가 선임된 경우 그 임시이사의 재직기간이 지나 다시 임시이사가 선임되었다면 당초의 임시이사선임처분의 취소를 구하는 것은 법률상의 이익이 없어 부적법하다는 입장이었음(대판 2002.11.26, 2001두2874)

○ 그러다가 전원합의체 판결로 판례의 입장을 변경하여 협의의 소익을 인정하였음(대판 2007.7.19, 2006두19297 전원합의체). 즉 판례는 학교법인의 이사의 경우 임원취임승인이 취소된 경우 5년간 임원이 될 수 없는 결격사유가 있는 점, 기간의 경과로 이 결격사유가 해소되더라도, 임원에게는 민법의 유추적용에 따른 긴급처리권이 있는 점을 들어 임원취임승인취소처분에 대한 취소소송 중 이사의 임기가 만료되었더라도 이 소송에 의하여 취소처분이 취소되는 경우 이와 같은 회복되는 이익이 있다고 보았음. 아울러 이와 같은 이유가 아니더라도, 판례는 무익한 처분과 소송의 반복 가능성·구체적인 침해의 반복 위험의 방지, 국민의 권리구제의 관점에서 협의의 소익을 인정하고 있음

○ 관련판례
"임시이사 선임처분에 대하여 취소를 구하는 소송의 계속중 임기만료 등의 사유로 새로운 임시이사들로 교체된 경우, 선행 임시이사 선임처분의 효과가 소멸하였다는 이유로 그 취소를 구할 법률상 이익이 없다고 보게 되면, 원래의 정식이사들로서는 계속중인 소를 취하하고

후행 임시이사 선임처분을 별개의 소로 다툴 수밖에 없게 되며, 그 별소 진행 도중 다시 임시이사가 교체되면 또 새로운 별소를 제기하여야 하는 등 무익한 처분과 소송이 반복될 가능성이 있으므로, 이러한 경우 법원이 선행 임시이사 선임처분의 취소를 구할 법률상 이익을 긍정하여 그 위법성 내지 하자의 존재를 판결로 명확히 해명하고 확인하여 준다면 위와 같은 구체적인 침해의 반복 위험을 방지할 수 있을 뿐 아니라, 후행 임시이사 선임처분의 효력을 다투는 소송에서 기판력에 의하여 최초 내지 선행 임시이사 선임처분의 위법성을 다투지 못하게 함으로써 그 선임처분을 전제로 이루어진 후행 임시이사 선임처분의 효력을 쉽게 배제할 수 있어 국민의 권리구제에 도움이 된다. 그러므로 취임승인이 취소된 학교법인의 정식이사들로서는 그 취임승인취소처분 및 임시이사 선임처분에 대한 각 취소를 구할 법률상 이익이 있고, 나아가 선행 임시이사 선임처분의 취소를 구하는 소송 도중에 선행 임시이사가 후행 임시이사로 교체되었다고 하더라도 여전히 선행 임시이사 선임처분의 취소를 구할 법률상 이익이 있다(대판 2007.7.19, 2006두19297 전원합의체).”

Ⅲ. 사례의 경우

○ ① 임원취임승인이 취소된 경우 5년간 임원이 될 수 없는 결격사유가 있고, ② 기간의 경과로 이 결격사유가 해소되더라도, 임원에게는 민법의 유추적용에 따른 긴급처리권이 있으므로, 임원취임승인취소처분에 대한 취소소송 중 이사의 임기가 만료되었더라도 승인취소처분이 취소되는 경우 위와 같은 이익들이 회복됨

○ 이러한 이익은 법률에 의하여 보호되는 직접적·구체적 이익임

○ 따라서 甲이 제기한 취소소송은 ‘협의의 소의 이익’이 있음

[제 3 문]

　A시에서 B백화점을 경영하고 있는 甲은 A시의 乙시장에게 A시 소유 지하도에서 B백화점으로 연결하는 연결통로 및 에스컬레이터 설치를 위한 도로점용 허가를 신청하였고, 乙시장은 위 시설물을 건설하여 이를 A시에 기부채납할 것을 조건으로 20년간 도로점용을 허가하였다.

　甲은 위 시설물을 건설하여 A시에 기부채납하였고, 그 시설물은 일반 공중의 교통에도 일부 이용되었지만 주로 백화점 고객들이 이용하고 있다. 그 후 새로 A시 시장으로 취임한 丙은 A시 관할의 도로점용허가 실태에 대하여 조사를 실시한 결과 甲이 원래 허가 받은 것보다 3분의 1 정도 더 넓은 면적의 도로를 점용하고 있을 뿐만 아니라 연결통로의 절반에 해당하는 면적에 B백화점의 매장을 설치하여 이용하고 있음을 확인하고 甲에게 도로법 제72조에 근거하여 변상금을 부과하였다. 다음 물음에 답하시오. (총 30점)

1) 甲은 위 시설물이 백화점 고객 외 일반 공중의 교통에도 사용되고 있으므로 처음부터 도로점용 허가를 받을 필요가 없었다고 하면서 丙시장의 변상금부과처분이 위법하다고 주장한다. 甲의 주장은 타당한가? (15점)
2) 한편 주민 丁은 A시 乙시장의 甲에 대한 도로점용허가가 사실상 도로의 영구점용을 허용하는 것이므로 도로점용허가 자체가 위법하다고 주장하면서 A시를 관할하는 도지사에게 감사청구를 하였으나, 그 주장은 받아들여지지 아니하였다. 丁은 지방자치법 상의 주민소송을 제기할 수 있는가? (15점)

[문 1]
Ⅰ. 논점: 공물의 일반사용과 특허사용
Ⅱ. 공물의 사용관계
　1. 의의
　2. 종류
Ⅲ. 공물의 일반사용
　○ 의의
　○ 별도 허가 불요
Ⅳ. 공물의 특허사용
　○ 의의
　○ 별도 허가 필요
　○ 도로의 특별사용 여부를 판단하는 기준
　Ⅴ. 사례의 경우

[문 2]
Ⅰ. 논점: 주민소송
Ⅱ. 주민소송
　1. 주민소송의 의의
　2. 원고
　3. 소송의 대상
　4. 주민소송의 종류
Ⅲ. 주민소송의 가능성과 종류
　1. 도로점용허가가 '재산의 관리·처분에 관한 사항'에 해당하는지 여부
　　(1) 주민소송의 목적 및 '재산의 취득·관리·처분에 관한 사항'에 해당하는지 판단하는 기준
　　(2) '재산의 관리·처분에 관한 사항'의 의미

[문 1]

Ⅰ. 논점: 공물의 일반사용과 특허사용[8]

Ⅱ. 공물의 사용관계

1. 의의: 공물의 사용에 관하여 공물주체와 사용자와의 사이에 발생하는 법률관계

2. 종류

○ 일반사용: 일반 공중이 공물을 그 본래의 목적에 따라 자유로이 사용하는 것

○ 특별사용: 일반사용의 범위를 넘어서는 사용으로서, 이는 다시 허가사용, 특허사용, 관습상의 특별사용, 행정재산의 목적 외 사용으로 구분됨

○ 사례에서는 도로점용허가가 필요한지 여부와 관련하여 일반사용인지 특허사용인지가 문제됨

Ⅲ. 공물의 일반사용

○ 공공용물은 일반 공중의 사용에 제공함을 그 본래의 목적으로 하는 것이므로, 누구든지 타인의 공동사용을 방해하지 않는 한도에서는 행정청의 허가 기타 특별한 행위가 필요하지 않고 당연히 이를 자유로이 사용할 수 있는데, 이를 '공공용물의 일반사용'이라 함(예: 도로의 통행, 공원에서의 산책 등). 일반사용은 '보통사용' 또는 '자유사용'이라고 부르기도 함

○ 일반사용을 위하여는 공물관리권자의 별도의 허가를 요하지 않음

Ⅳ. 공물의 특허사용

○ 공물관리권에 의하여 일반인에게 허용되지 않는 특별한 공물사용의 권리를 특정인에 대하여 설정하여 주는 것을 '공물사용권의 특허'라고 하며, 이에 따른 공물의 사용을 '공물의 특허사용'이라 함. 특허사용은 실정법상 허가로 불리는 경우가 많음

○ 특허사용에는 공물관리권자의 허가를 요함

○ 한편 특허사용은 독점적·배타적인 것이 아니라 그 사용목적에 따라서는 일반사용과 병존이 가능함

---

8) 강론, 1295면 이하.

o 도로의 특별사용 여부를 판단하는 기준

"도로법 제40조에 규정된 도로의 점용이라 함은 일반공중의 교통에 공용되는 도로에 대하여 이러한 일반사용과는 별도로 도로의 지표뿐만 아니라 그 지하나 지상 공간의 특정 부분을 유형적, 고정적으로 특정한 목적을 위하여 사용하는 이른바 특별사용을 뜻하는 것이므로, 허가없이 도로를 점용하는 행위의 내용이 위와 같은 특별사용에 해당할 경우에 한하여 도로법 제80조의2의 규정에 따라 도로점용료 상당의 부당이득금을 징수할 수 있고, 도로의 특별사용은 반드시 독점적, 배타적인 것이 아니라 그 사용목적에 따라서는 도로의 일반사용과 병존이 가능한 경우도 있고, 이러한 경우에는 도로점용 부분이 동시에 일반공중의 교통에 공용되고 있다고 하여 도로점용이 아니라고 말할 수 없다(대판 1998.9.22, 96누7342)."

V. 사례의 경우

o 甲이 설치한 시설물이 "유형적, 고정적으로 특정한 목적을 위하여 사용하는 경우"인지 여부가 문제임

o 관련 판례(지하연결통로에 대하여 도로법 제40조에 규정된 "도로의 점용"으로 보기 위한 판단기준)

"지하연결통로의 주된 용도와 기능이 특정건물에 출입하는 사람들의 통행로로 사용하기 위한 것이고 다만 이에 곁들여 일반인이 통행함을 제한하지 않는 것뿐이어서, 일반시민으로서는 본래의 도로사용보다 불편함을 감수하면서 이를 사용하는 것에 불과하다면, 지하연결통로는 일반사용을 위한 것보다도 특정건물의 사용편익을 위한 특별사용에 제공된 것이어서 이를 설치 · 사용하는 행위는 도로의 점용이라고 보아야 할 것이나, 반대로 지하연결통로의 용도와 기능이 주로 일반시민의 교통편익을 위한 것이고 이에 곁들여 특정건물에 출입하는 사람들의 통행로로도 이용되고 있는 정도라면, 지하연결통로는 도로의 일반사용을 위한 것이고 건물 소유자의 특별사용을 위한 것이라고 보기 어려우므로 이를 설치 · 사용하는 행위를 도로의 점용이라고 볼 수 없다(대판 1992.12.22, 92누1223)."

o 위 판례의 취지를 고려하면, 사례의 시설물은 甲의 특별사용이라기 보다는 일반시민의 일반사용을 위한 것으로 볼 여지가 크므로 이를 도로의 점용이라고 볼 수 없음. 따라서 甲의 주장은 타당함

[문 2]

I. 논점: 주민소송

Ⅱ. 주민소송

1. 주민소송의 의의

○ 지방자치법 제16조 제1항에 따라 공금의 지출에 관한 사항 등을 감사청구한 주민이 그 감사 청구한 사항과 관련이 있는 위법한 행위나 업무를 게을리 한 사실에 대하여 해당 지방자치단 체의 장을 상대방으로 하여 제기하는 소송(지자법 17 ①)

2. 원고

○ '지방자치법 제16조 제1항에 따라 공금의 지출에 관한 사항 등을 감사청구한 주민'이 주민소 송의 원고가 됨(지자법 17 ①)

3. 소송의 대상

○ 소송의 대상은 '공금의 지출에 관한 사항, 재산의 취득·관리·처분에 관한 사항, 해당 지방 자치단체를 당사자로 하는 매매·임차·도급 계약이나 그 밖의 계약의 체결·이행에 관한 사 항 또는 지방세·사용료·수수료·과태료 등 공금의 부과·징수를 게을리한 사항에 대하여 감사청구한 사항과 관련이 있는 위법한 행위나 업무를 게을리 한 사실'임

4. 주민소송의 종류

(1) 제1호 소송: 중지청구소송(지자법 17 ② 1호)

(2) 제2호 소송: 처분의 취소 또는 무효확인소송(지자법 17 ② 2호)

(3) 제3호 소송: 게을리한 사실의 위법확인소송(지자법 17 ② 3호)

(4) 제4호 소송: 손해배상청구 등 요구소송(지자법 17 ② 4호)

Ⅲ. 주민소송의 가능성과 종류

1. 도로점용허가가 '재산의 관리·처분에 관한 사항'에 해당하는지 여부

(1) 주민소송의 목적 및 '재산의 취득·관리·처분에 관한 사항'에 해당하는지 판단하는 기준

○ 주민소송 제도는 지방자치단체 주민이 지방자치단체의 위법한 재무회계행위의 방지 또는 시 정을 구하거나 그로 인한 손해의 회복 청구를 요구할 수 있도록 함으로써 지방자치단체의 재 무행정의 적법성과 지방재정의 건전하고 적정한 운영을 확보하려는 데 목적이 있음

○ 그러므로 주민소송은 원칙적으로 지방자치단체의 재무회계에 관한 사항의 처리를 직접 목적 으로 하는 행위에 대하여 제기할 수 있고, 지방자치법 제17조 제1항에서 주민소송의 대상으 로 규정한 '재산의 취득·관리·처분에 관한 사항'에 해당하는지도 그 기준에 의하여 판단하

여야 함(대판 2016.5.27, 2014두8490)

(2) '재산의 관리 · 처분에 관한 사항'의 의미

  ◦ 지방자치단체의 소유에 속하는 재산의 가치를 유지 · 보전 또는 실현함을 직접 목적으로 하는 행위를 말하고, 그 밖에 재무회계와 관련이 없는 행위는 그것이 지방자치단체의 재정에 어떤 영향을 미친다고 하더라도, 주민소송의 대상이 되는 '재산의 관리 · 처분에 관한 사항'에 해당하지 않음(대판 2015.9.10, 2013두16746)

(3) 도로점용허가의 주민소송 대상성

  ◦ 도로 등 공물이나 공공용물을 특정 사인이 배타적으로 사용하도록 하는 점용허가가 도로 등의 본래 기능 및 목적과 무관하게 그 사용가치를 실현 · 활용하기 위한 것으로 평가되는 경우에는 주민소송의 대상이 되는 재산의 관리 · 처분에 해당함

    도로점용허가로 인해 형성된 사용관계의 실질은 전체적으로 보아 도로부지의 지하 부분에 대한 사용가치를 실현시켜 그 부분에 대하여 특정한 사인에게 점용료와 대가관계에 있는 사용수익권을 설정하여 주는 것이라고 봄이 상당함. 그러므로 도로점용허가는 실질적으로 도로의 사용가치를 제3자로 하여금 활용하도록 하는 임대 유사한 행위로서, 지방자치단체의 재산인 도로부지의 재산적 가치에 영향을 미치는 지방자치법 제17조 제1항의 '재산의 관리 · 처분에 관한 사항'에 해당함(대판 2016.5.27, 2014두8490)

(4) 사례의 경우: 乙시장의 도로점용허가는 '재산의 관리 · 처분에 관한 사항'에 해당함

2. 원고적격

  ◦ 丁은 '재산의 관리 · 처분에 관한 사항'을 감사청구한 바 있어 주민소송의 원고적격도 갖춤

3. 주민소송의 종류

  ◦ 이상의 요건을 갖추었으므로 丁은 주민소송을 제기할 수 있음

  ◦ 이 경우 丁은 乙시장의 도로점용허가의 취소나 무효등확인을 구하는 것으로 주민소송의 목적을 달성할 수 있다고 판단되므로, 제2호 소송을 제기하여야 할 것임

  ◦ 다만 제2호 주민소송으로서의 무효확인소송을 제기하는 경우 행정소송법과는 달리 제소기간의 제한이 있음(지자법 17 ④ 2호)

2018년 5급(행정) 공채 제2차시험

[제 1 문]

가구제조업을 운영하는 甲은 사업상 필요에 의해 자신이 소유하는 산림 50,000m² 일대에서 입목을 벌채하고자 산림자원의 조성 및 관리에 관한 법률 제36조 및 같은 법 시행규칙 제44조의 규정에 따라 관할 행정청 乙시장에게 입목벌채 허가를 신청하였다. 이에 대해서 인근 A사찰의 신도들은 해당 산림의 입목벌채로 인하여 사찰의 고적하고 엄숙한 분위기가 저해될 것을 우려하여 乙시장에게 당해 허가를 내주지 말라는 민원을 강력히 제기하였다. 그러나 乙시장은 甲의 입목벌채허가신청이 관계 법령이 정하는 허가요건을 모두 갖추었음을 이유로 입목벌채허가를 하였다. 다음 물음에 답하시오. (각 문항들은 상호 독립적임) (총 50점)

(1) 乙시장은 A사찰 신도들의 민원이 계속되자 甲에게 벌채허가구역 중 A사찰의 반대쪽 사면(斜面)에서만 벌채를 하도록 서면으로 권고하였다. 乙시장의 이러한 권고에 상당한 압박감을 느낀 甲은 乙시장의 서면권고행위의 취소를 구하는 소를 제기하였다. 이 소는 적법한가? (15점)

(2) A사찰 신도들의 민원이 계속되자 乙시장은 민원을 이유로 甲에 대한 입목벌채 허가를 취소하였고, 이에 대해 甲은 입목벌채허가취소처분 취소소송을 제기하였다. 乙시장은 취소소송 계속 중에 A사찰이 유서가 깊은 사찰로 보존가치가 높고 사찰 인근의 산림이 수려하여 보호의 필요가 있다는 처분사유를 추가하였다. 이러한 처분사유의 추가가 허용되는가? (15점)

(3) 만약, 위 사례에서 乙시장이 A사찰 신도들의 민원을 이유로 甲에 대한 입목벌채허가를 거부하였다면, 乙시장의 불허가처분은 적법한가? (20점)

[참조조문] (현행 법령을 사례해결에 적합하도록 단순화하였음)

산림자원의 조성 및 관리에 관한 법률

제36조(입목벌채등의 허가 및 신고 등) ① 산림 안에서 입목의 벌채, 임산물의 굴취·채취를 하려는 자는 농림축산식품부령으로 정하는 바에 따라 특별자치시장·특별자치도지사·시장·군수·구청장이나 지방산림청장의 허가를 받아야 한다.

② 특별자치시장·특별자치도지사·시장·군수·구청장이나 지방산림청장은 국토와 자연의 보전, 문화재와 국가 중요 시설의 보호, 그 밖의 공익을 위하여 산림의 보호가 필요한 지역으로서 대통령령으로 정하는 지역에서는 제1항에 따른 입목벌채등의 허가를 하여서는 아니 된다. 다만, 병해충의 예방·구제 등 대통령령으로 정하는 사유로 입목벌채등을 하려는 경우에는 이를 허가할 수 있다.

③ 특별자치시장·특별자치도지사·시장·군수·구청장이나 지방산림청장은 제1항에 따른 입목벌채등의 허가신청을 받은 경우 벌채 목적과 벌채 대상의 적정성 등 농림축산식품부령으로 정하는 사항을 고려하여 그 타당성이 인정되면 입목벌채등을 허가하여야 한다.

산림자원의 조성 및 관리에 관한 법률 시행규칙

제44조(입목벌채의 허가) ② 특별자치시장·특별자치도지사·시장·군수·구청장 또는 지방산림청국유림관리소장은 제1항에 따른 신청을 받은 경우에는 다음 각 호의 사항을 조사·확인하여 허가를 하는 것이 타당하다고 인정되는 때에는 별지 제35호서식에 따른 허가증을 발급하여야 한다.

1. 벌채구역의 경계표시의 적정성 여부
2. 대상목의 선정 및 표시의 적정성 여부
3. 잔존시킬 입목의 선정 및 표시의 적정성 여부(모수작업만 해당한다)
4. 별표 3에 따른 기준벌기령, 벌채·굴취기준 및 임도 등의 설치기준에 적합한지 여부

[문 1]

Ⅰ. 논점
- 서면권고의 법적 성질(행정지도)
- 행정지도의 처분성

Ⅱ. 취소소송의 가능성
1. 처분의 개념
   (1) 행정쟁송법상의 처분
   (2) 처분개념에 관한 학설
      ① 일원설(실체법상의 처분개념설)
      ② 이원설(쟁송법상의 처분개념설)
      ③ 형식적 행정행위론
      ④ 결어
   (3) 처분의 개념적 요소
      - 국민의 권리의무에 직접 영향을 미치는 공법행위
2. 서면권고의 처분성 인정 여부
   (1) 서면권고의 법적 성질: 행정지도
   (2) 행정지도의 처분성 인정 여부
      - 일부 견해
      - 통설과 판례: 처분성 부인
   (3) 사례의 경우: 부적법

[문 2]

Ⅰ. 논점
- 처분사유 추가·변경 허용 여부

Ⅱ. 처분사유의 추가·변경의 의의

Ⅲ. 허용성
- ① 긍정설, ② 부정설, ③ 개별적

결정설, ④ 제한적 긍정설(다수설 및 판례)

Ⅳ. 허용요건 및 한계
1. 기본적 사실관계의 동일성
2. 소송물의 동일성(처분의 동일성)
3. 시간적 한계
   (1) 추가·변경사유의 기준시
   (2) 추가·변경의 허용시점

Ⅴ. 사례의 경우
- 시간적 한계는 충족
- 기본적 사실관계의 동일성 부인
- 새로운 사유의 추가 불허

[문 3]

Ⅰ. 논점
- 입목벌채허가의 법적 성질(재량행위)
- 재량권행사의 한계
- 관련문제: 불확정개념과 판단여지

Ⅱ. 기속행위와 재량행위
1. 개념
   - 기속행위
   - 재량행위
2. 재량행위와 기속행위의 구별
   (1) 구별기준에 관한 학설
      ① 요건재량설
      ② 효과재량설
      ③ 판단여지설
      ④ 결어

[문 1]

Ⅰ. 논점

ㅇ 서면권고의 법적 성질(행정지도)과 행정지도의 처분성

Ⅱ. 취소소송의 가능성

ㅇ 취소소송의 제기요건과 관련하여 서면권고가 취소소송의 대상이 되는 처분인가가 문제임

1. 처분의 개념[9]

(1) 행정쟁송법상의 처분

ㅇ 행정청이 행하는 구체적 사실에 대한 법집행으로서의 공권력의 행사 또는 그 거부와 그 밖에 이에 준하는 행정작용(행소법 2 ① 1호)

(2) 처분개념에 관한 학설

① 일원설(실체법상의 처분개념설)

ㅇ 실체법상의 처분개념(행정행위개념)과 쟁송법상의 처분개념은 동일한 개념이어야 한다는 견해

② 이원설(쟁송법상의 처분개념설)

ㅇ 항고소송을 통한 권리구제의 확대에 중점을 두고 이러한 점에서 항고소송의 대상이 되는 처분개념은 행정행위개념과 관계없이 확대되어야 한다는 입장

③ 형식적 행정행위론

ㅇ 공권력행사로서의 실체를 가지고 있지 않지만 국민생활을 일방적으로 규율하거나 개인의 법익에 대하여 계속적으로 사실상의 지배력을 미치는 행위에 대해서는 쟁송법상으로 항고소송의 대상이 되는 처분으로 인정하자는 견해

---

9) 강론, 869면 이하.

④ 결어
 ○ 이론적으로는 일원설이 타당하나, 실정법상 처분개념이 행정행위 개념보다 넓은 것이 사실임
 ○ 판례는 행정행위 이외에도 도시 · 군관리계획, 단수조치의 처분성을 인정하고 있음

(3) 처분의 개념적 요소
 ○ 행정청의 처분은, ① 행정청이 행하는, ② 구체적 사실에 관한 법집행으로서, ③ 공권력을 행사하거나 거부하는, ④ 국민의 권리의무에 직접 영향을 미치는 공법행위(대판 2012. 9.27, 2010두3541 참조)이어야 함

2. 서면권고의 처분성 인정 여부

(1) 서면권고의 법적 성질
 ○ 행정절차법 제2조 제3호에 해당되는 행정지도임

(2) 행정지도의 처분성 인정 여부[10]
 ○ 일부 견해는 사실상의 강제력을 가지는 행정지도는 행정쟁송법상의 처분개념과 관련하여 '그 밖에 이에 준하는 행정작용'으로 보아 행정지도의 처분성을 인정할 수 있다고 함
 ○ 그러나 통설과 판례(대판 1980.10.27, 80누395)는 행정지도는 비권력적 사실행위로서 행정쟁송법상의 처분성이 인정되지 않는다는 입장임
 ○ 한편 헌법재판소는 교육부장관의 학칙시정요구를 행정지도로 보면서 이에 따르지 않을 경우 불이익조치를 예정하고 있어 규제적 성격을 가지는 공권력의 행사로 볼 수 있다고 한 바 있음(헌재결 2003.6.26, 2002헌마337, 2003헌마7·8(병합))

(3) 사례의 경우
 ○ 통설 및 판례에 따르면 사례에서의 서면권고는 단순한 행정지도로서 처분성이 부인됨
 ○ 한편 甲이 권고에 대한 압박감을 느끼는 것과 관련하여 권고의 사실상의 강제력을 들어 권력적 사실행위로 보아 처분성을 인정할 수도 있다는 반론이 있을 수 있음
 ○ 그러나 사실상의 강제력이 있다고 하더라도 행정지도 그 자체는 법적 행위가 아니고 또한 이를 공권력의 행사 또는 이에 준하는 행위로 이해하기는 어렵다고 판단되므로 통설 및 판례가 타당함
 ○ 따라서 甲이 제기한 서면권고 취소소송은 대상적격을 결여하여 부적법함

---

10) 강론, 401면 이하.

[문 2]

Ⅰ. 논점

○ 입목벌채허가취소에 대한 취소소송에서 처분사유 추가·변경 허용 여부[11]

― 乙시장이 "사찰 및 인근 산림의 보호 필요"라는 사유를 위 취소소송에서 새로운 처분사유로 추가하여 주장할 수 있는지 여부

Ⅱ. 처분사유의 추가·변경의 의의

○ 처분 당시에 존재하였으나 행정청이 처분사유로 제시하지 않았던 사실상·법률상의 근거를 사후에 행정소송절차에서 처분의 적법성을 유지하기 위하여 새로이 추가하거나 그 내용을 변경하는 것

Ⅲ. 허용성

○ ① 처분사유의 추가·변경은 원칙적으로 제한되지 않는다는 긍정설, ② 처분사유의 추가·변경은 허용되지 않는다는 부정설, ③ 행위 및 소송의 유형에 따라 그 허용범위를 달리 정하여야 한다는 개별적 결정설이 있으나, ④ 기본적 사실관계의 동일성이 유지되는 범위 내에서 사실심 변론종결시까지 처분사유의 추가·변경이 가능하다는 제한적 긍정설이 다수설 및 판례(대판 2011.11.24, 2009두19021)의 입장임

Ⅳ. 허용요건 및 한계

1. 기본적 사실관계의 동일성

○ 판례는 처분사유의 추가·변경은 기본적 사실관계의 동일성이 인정되는 한도 내에서만 허용되고, 그 동일성 유무는 처분사유를 법률적으로 평가하기 이전의 구체적 사실에 착안하여 그 기초인 사회적 사실관계가 기본적인 점에서 동일한지에 따라 결정되어야 한다고 함(대판 2011.11.24, 2009두19021)

2. 소송물의 동일성(처분의 동일성)

○ 처분사유의 변경은 취소소송의 소송물의 동일성을 유지하는 범위 내에서만 가능함

---

11) 강론, 938면 이하.

3. 시간적 한계

(1) 추가·변경사유의 기준시

○ 일반적 견해 및 판례의 입장인 처분시설에 따르면 처분 이후에 발생한 새로운 처분사유는 추가·변경의 대상이 되지 않음

(2) 추가·변경의 허용시점

○ 처분사유의 추가·변경은 사실심 변론종결시까지만 허용됨(대판 1999.8.20, 98두17043)

V. 사례의 경우

○ 乙시장이 추가변경한 사유는 처분시에 존재했던 사유이므로 시간적 한계는 충족함

○ 다만 사회적 사실관계의 동일성을 기준으로 하는 판례에 따를 때 乙시장이 주장한 "사찰 및 인근산림 보호필요"라는 사유는 "A사찰 신도들의 민원"이라는 당초의 처분사유와 기본적 사실관계의 동일성이 인정된다고 할 수 없음

○ 따라서 乙시장은 위 취소소송에서 새로운 사유를 추가할 수 없음

[문 3]

I. 논점

○ 입목벌채허가의 법적 성질(재량행위)과 재량권행사의 한계

○ 관련문제: 요건규정의 불확정개념과 판단여지의 인정 문제

II. 기속행위와 재량행위[12]

1. 개념

○ 기속행위: 법률이 효과규정에서 행정청에게 어떠한 행위를 할 것인가에 대하여 일의적으로 규정하고 있어서 행정청은 이를 단지 기계적으로 적용하는 데 그치는 행위

○ 재량행위: 법률이 효과규정에서 행정청에게 행위여부나 행위내용에 관하여 선택의 여지를 인정하고 있는 행위

2. 재량행위와 기속행위의 구별

(1) 구별기준에 관한 학설

① 요건재량설: 재량은 어떠한 사실이 법이 정한 요건에 해당하는가에 대한 판단에 존재한다는

---

12) 강론, 160면 이하.

견해

② 효과재량설: 재량을 어떠한 법률효과를 발생시킬 것인가에 대한 선택으로 보는 견해

③ 판단여지설: 판단여지는 요건규정상의 불확정개념에 대한 판단에 있어 고도의 전문성·기술성·정책성 등의 이유로 행정청에게 인정되는 독자적인 판단권을 의미하는데, 혹자는 이를 기속·재량행위의 구별기준으로 제시하기도 함

④ 결어: 요건재량설은 재량을 요건판단에서의 문제로 이해하는 오류가 있고, 효과재량설도 행위의 성질을 기준으로 하고 있다는 점에서 문제가 있어, 이 학설들이 재량행위와 기속행위에 대한 구별기준이 될 수 없음. 결국 당해 행위의 근거가 된 규정의 형식이나 체재 또는 문언 등에 따라 개별적으로 판단할 수밖에 없음

(2) 구체적 구별기준: 구체적인 구분기준으로 근거법규범의 규정방식, 입법취지·목적, 행위의 특성·성질, 공익이나 기본권과의 관련성 등을 종합적으로 고려하여 구체적인 사안마다 개별적으로 판단하여야 함

(3) 판례: 법규의 체재·형식과 그 문언, 당해 행위가 속하는 행정 분야의 주된 목적과 특성, 당해 행위 자체의 개별적 성질과 유형 등 고려

(4) 관련문제: 요건규정에서의 판단여지와 효과규정에서의 재량의 구별[13]

① 판단여지와 재량

○ 행정작용의 근거가 되는 법령의 요건규정에 불확정개념이 사용되었다 하더라도, 요건판단은 법적 판단의 문제로 이에 대해서는 전면적 사법심사가 가능함

○ 다만 예외적으로 요건판단에서의 행정의 고도의 전문성 등의 이유로 예외적으로 판단여지가 인정될 수 있으나 이 경우에도 행정청이 그와 같은 판단에 이르는 과정에서 일정한 한계를 준수하였는지의 여부는 법원의 심사의 대상이 됨(판단여지의 한계)

○ 한편 재량은 법령의 요건규정이 아니라 효과규정에서 행정청이 법효과를 부여하는 데 대한 결정 또는 선택의 여지를 말하는 것으로, 판단여지와는 개념적으로 완전히 구별됨

② 판례의 태도

○ 관련 판례

"국토의 계획 및 이용에 관한 법률(이하 '국토계획법'이라 한다)에 따른 토지의 형질변경허가는 그 금지요건이 불확정개념으로 규정되어 있어 그 금지요건에 해당하는지 여부를 판단함에 있어서 행정청에 재량권이 부여되어 있다고 할 것이므로, 국토계획법에 따른 토지의 형질변경행위를 수반하는 건축허가는 재량행위에 속한다(대판 2013.10.31, 2013두9625)."

○ 입목벌채허가의 법적 성질에 관한 판례는 없지만, 위 판례에서와 같이 요건규정에 불확정개

---

13) 강론, 155면 이하.

념이 있고 이러한 요건의 판단에 재량(판단여지)이 인정된다고 볼 여지도 있음

(5) 결어

o 입목벌채허가의 법적 성질의 문제는 요건판단이 아닌 효과부여의 문제임

o 따라서 결국 구체적 구별기준들을 고려하여 법적 성질을 판단하여야 함

o 산림자원법이 '산림자원의 지속가능한 보존과 이용'을 목적으로 하고 있는 점 등을 고려하면 동법은 공익적 차원에서 산림자원을 규율하고자 하는 취지이므로 입목벌채허가는 재량행위 로 보아야 할 것임

Ⅲ. 재량권의 한계와 재량권행사의 하자[14]

1. 재량권의 한계와 의무에 합당한 재량

o 재량권행사에는 법치행정의 원리에 내재하는 한계를 준수하여야 할 의무가 있는데, 이러한 의 미에서 행정청의 모든 재량은 '법적으로 기속되는 재량' 또는 '의무에 합당한 재량'을 의미함

2. 재량행위의 하자

① 일탈, 유월: 재량권의 한도를 넘은 것

② 남용: 재량권행사가 법규정상의 목적을 위배하거나, 평등원칙·비례원칙·신뢰보호원칙과 같은 행정법의 일반원칙에 위배되는 경우

③ 불행사: 행정청이 법령상 재량권이 있음에도 과실로 또는 법령의 규정을 잘못 해석하여 부 작위의무가 있다고 판단함에 따라 재량권을 행사하지 않는 경우

Ⅳ. 사례의 경우

o 입목벌채허가는 재량행위로서 법령에 규정된 허가요건 이외의 사유를 들어 허가를 거부할 수 있음

o 그러나 이 경우에도 재량권행사의 한계를 준수하여야 함

o 사례에서 신도들의 민원도 중요한 고려사항이지만, 문제는 乙시장이, 예컨대 '벌채목적과 벌 채대상의 적정성'을 포함한 법령상 요건 등에 관한 충분한 고려나 판단 없이 신도들의 민원 만을 이유로 거부처분을 한 것으로 보인다는 것임

o 이 경우에는 법의 목적 위배, 일반원칙 위반, 재량권의 불행사 등의 일탈·남용에 해당되므로 乙시장의 불허가처분은 위법함

---

14) 강론, 168면 이하.

[제 2 문]

A시에서 농사를 짓고 있는 甲 등 주민들은 최근 들어 하천에서 악취가 나고 그 하천수를 농업용수로 사용하는 경작지 작물들이 생육이 늦어지거나 고사하는 문제를 발견하였다. 이에 甲 등 주민들이 인근 대학교에 의뢰하여 해당 하천의 수질을 검사한 결과 물환경보전법 상 배출허용기준을 초과하는 오염물질이 다량 검출되었다. 현재 甲 등 주민 다수에게는 심각한 소화기계통의 질환과 회복할 수 없는 후유증이 발생하였다. 오염물질이 검출된 곳으로부터 2km 상류 지점에는 큰 규모의 제련소가 위치하고 있다. 甲은 물환경보전법령에 따라 개선명령 권한을 위임받은 A시장 乙에게 위 제련소에 대한 개선명령을 요청하였다. 乙이 위 제련소에 대한 정밀조사를 실시한 결과, 위 제련소가 오염물질의 배출원으로 밝혀졌다. 그러나 乙은 그 제련소가 지역경제에서 차지하는 비중을 고려하여 상당한 기간 동안 별다른 조치를 하지 않고 있다. 甲이 취할 수 있는 행정심판법상의 구제수단을 검토하시오. (30점)

[참조조문]
물환경보전법
제1조(목적) 이 법은 수질오염으로 인한 국민건강 및 환경상의 위해(危害)를 예방하고 하천 · 호소(湖沼) 등 공공수역의 물환경을 적정하게 관리 · 보전함으로써 국민이 그 혜택을 널리 향유할 수 있도록 함과 동시에 미래의 세대에게 물려줄 수 있도록 함을 목적으로 한다.
제3조(책무) ① 국가와 지방자치단체는 물환경의 오염이나 훼손을 사전에 억제하고 오염되거나 훼손된 물환경을 적정하게 보전할 수 있는 시책을 마련하여 하천 · 호소 등 공공수역의 물환경을 적정하게 관리 · 보전함으로써 모든 국민이 건강하고 쾌적한 환경에서 생활할 수 있도록 하여야 한다.
② 모든 국민은 일상생활이나 사업활동에서 수질오염물질의 발생을 줄이고, 국가 또는 지방자치단체가 추진하는 물환경 보전을 위한 시책에 적극 참여하고 협력하여야 한다.
제39조(배출허용기준을 초과한 사업자에 대한 개선명령) 환경부장관은 제37조제1항에 따른 신고를 한 후 조업 중인 배출시설(폐수무방류배출시설은 제외한다)에서 배출되는 수질오염물질의 정도가 제32조에 따른 배출허용기준을 초과한다고 인정할 때에는 대통령령으로 정하는 바에 따라 기간을 정하여 사업자(제35조제5항에 따른 공동방지시설 운영기구의 대표자를 포함한다)에게 그 수질오염물질의 정도가 배출허용기준 이하로 내려가도록 필요한 조치를 할 것(이하 "개선명령"이라 한다)을 명할 수 있다.

Ⅰ. 논점
　○ 부작위에 대한 행정심판
　　(의무이행심판)
　○ 부작위

　○ 행정개입청구권
　○ 임시처분
　○ 직접처분과 간접강제
Ⅱ. 부작위에 대한 행정심판(의무이행심판)

Ⅲ. 부작위의 존재 여부
  1. 부작위의 의의
  2. 부작위의 성립요건
    (1) 당사자의 신청이 있을 것
      ① 당사자의 신청행위가 있을 것
      ② 당사자의 법규상·조리상의
        신청권제
        ○ 판례: 법규상·조리상 신청권
          필요
        ○ 학설: ① 대상적격설, ② 본안
          판단설, ③ 청구인(원고)적격설
        ○ 결어: 청구인적격설 타당
    (2) 상당한 기간이 지났을 것
    (3) 처분을 하여야 할 법률상 의무가
      있을 것
    (4) 아무런 처분도 하지 않았을 것
  4. 사례의 경우
    ○ 甲의 행정개입청구권 인정 문제
Ⅳ. 행정개입청구권의 인정 여부
  1. 의의
  2. 성립요건

      ① 행정권발동의무의 존재
      ② 사익보호성
  3. 사례의 경우
    ○ 개선명령: 재량행위
    ○ 재량권의 0으로의 수축
    ○ 개선명령 규정의 사익보호성 인정
    ○ 甲은 행정개입청구권이 있음
    ○ 따라서 부작위가 존재하고, 의무
      이행심판의 청구인적격도 인정
Ⅴ. 가구제로서의 임시처분
  1. 임시처분의 의의와 요건
  2. 사례의 경우: 임시처분 신청 가능
Ⅵ. 재결의 기속력
    ○ 재결의 기속력
    ○ 기속력의 내용으로서 재처분의무
Ⅶ. 직접처분과 간접강제
  1. 직접처분
    ○ 행심법 50
  2. 간접강제
    ○ 행심법 50의2

Ⅰ. 논점

  ○ 부작위에 대한 행정심판(의무이행심판)

  ○ 부작위의 존재 여부

  ○ 부작위의 성립요건 및 청구인적격으로서 행정개입청구권(신청권)의 인정 여부

  ○ 가구제로서의 임시처분

  ○ 재결의 기속력

  ○ 직접처분과 간접강제

Ⅱ. 부작위에 대한 행정심판(의무이행심판[15])

  ○ 당사자의 신청에 대한 행정청의 위법 또는 부당한 거부처분이나 부작위에 대하여 일정한 처

---

15) 강론, 750면 이하.

분을 하도록 하는 행정심판(행심법 5 3호)

○ 의무이행심판은 처분을 신청한 자로서 행정청의 거부처분 또는 부작위에 대하여 일정한 처분을 구할 법률상 이익이 있는 자가 청구할 수 있음(행심법 13 ③)

○ 乙의 행위가 부작위인지, 나아가 의무이행심판의 청구인적격(법률상 이익)이 있는지 검토해 보아야 함

Ⅲ. 부작위의 존재 여부

1. 부작위의 의의[16]

○ 행정청이 당사자의 신청에 대하여 상당한 기간 내에 일정한 처분을 하여야 할 법률상 의무가 있음에도 불구하고 이를 하지 아니하는 것(행심법 2 2호)

○ 행정심판법상 부작위 개념은 행정소송법과 동일함(행소법 2 ① 2호)

2. 부작위의 성립요건[17]

(1) 당사자의 신청이 있을 것

① 당사자의 신청행위가 있을 것

○ 이 경우 당사자의 신청은 단지 당사자의 신청행위가 있는 것으로 족함

② 그 외에 당사자의 법규상·조리상의 신청권이 있어야 하는지의 문제

○ 부작위위법확인소송과 관련하여 판례는 당사자의 신청만으로 족한 것이 아니라, 여기에 더하여 법규상 또는 조리상의 권리로서 당사자의 신청권이 있어야 한다고 보고 있음. 판례는 당사자의 법규상·조리상의 신청권의 존재를 대상적격의 문제로 보면서 동시에 원고적격의 문제로 보고 있음

○ 이에 대하여 학설은 신청권의 존부를 ① 대상적격의 문제로 보는 견해, ② 본안판단의 문제로 보는 견해, ③ 청구인(소송에서는 원고)적격의 문제로 보는 견해로 나뉨

○ 결어: 신청권의 존부 문제는 청구인에게 행정심판을 청구할 자격이 있는가 하는 문제이므로 청구인적격과 관련된 문제로 보아야 함

(2) 상당한 기간이 지났을 것

○ 사회통념상 신청에 따르는 처리에 소요되는 기간

(3) 처분을 하여야 할 법률상 의무가 있을 것

○ 행정청에게 '처분'을 하여야 할 법률상 의무가 있어야 함. 따라서 사실행위에 대한 부작위는

---

16) 강론, 982면 이하.

17) 강론, 982면 이하.

여기에서의 부작위에 해당하지 않음

○ 법률상 의무는 기속행위에 대하여 뿐 아니라 재량행위에 대하여도 존재할 수 있음

(4) 아무런 처분도 하지 않았을 것

○ 따라서 거부처분이나 간주거부는 부작위가 아님

4. 사례의 경우

○ 물환경보전법상 개선명령은 처분이고, 乙은 상당한 기간이 지나도록 아무런 조치를 하지 않아 부작위의 다른 요건은 큰 문제가 없는데, 다만 甲에게 법규상·조리상의 신청권이 있는가 하는 것이 문제임

○ 甲이 乙에게 개선명령을 발령할 것을 신청할 수 있는가 하는 문제는 甲에게 행정개입청구권이 인정되는가 하는 문제임

Ⅳ. 행정개입청구권[18]의 인정 여부

1. 의의

○ 사인이 행정청에게 자기의 이익을 위하여 법률상 부여된 일정한 행정권의 발동(예: 경찰의 개입, 제3자의 소음·오염행위 등에 대한 규제권 발동 등)을 요구하는 권리

2. 성립요건

① 강행법규에 의한 행정권발동의무의 존재
② 당해 강행법규가 공익뿐만 아니라 사익도 아울러 보호하고 있을 것(사익보호성)

3. 사례의 경우

○ 물환경보전법 제39조는 개선명령 여부를 재량으로 규정

○ 재량권은 개인의 신체, 생명, 재산 등 중요한 법익의 침해의 경우 0으로 수축됨

○ 사례에서는 배출허용기준을 초과하여 환경오염이 문제되고 있는 경우이므로 개선명령을 하여야 하고(의무의 존재), 이와 같은 규정은 환경공익뿐 아니라 甲인을 비롯한 인근주민의 생명·신체와 같은 이익도 아울러 보호하고 있음(사익보호성)

○ 따라서 甲에게는 乙에게 개선명령을 할 것을 요구하는 행정개입청구권이 인정되고, 따라서 부작위가 존재함

○ 한편 甲의 행정개입청구권이 인정되므로 甲의 의무이행심판에서의 청구인적격도 인정됨

---

18) 강론, 104면 이하.

Ⅴ. 가구제로서의 임시처분[19]

○ 행정심판의 재결 이전에 잠정적으로 청구인의 권리를 보전할 수 있는 일정한 조치를 가구제라 함

○ 가구제제도로는 ① 침익적 처분(예: 영업정지·취소)에 대한 집행정지제도와 ② 수익적 처분의 신청을 거부하는 처분이나 부작위에 대한 임시처분제도가 있음

○ 임시처분제도는 종전의 집행정지제도만으로는 청구인의 권익을 구제하기가 어렵다는 문제가 있어 당사자의 임시적 권익보호를 위하여 2010년 법개정을 통하여 도입한 것임

1. 임시처분의 의의와 요건

○ 처분 또는 부작위가 위법·부당하다고 상당히 의심되는 경우로서 처분 또는 부작위 때문에 당사자가 받을 우려가 있는 중대한 불이익이나 당사자에게 생길 급박한 위험을 막기 위하여 임시지위를 정해주는 가구제 수단(행심법 31 ①)

○ 임시처분에 관하여는 집행정지에 관한 제30조 제3항부터 제7항까지의 규정이 준용되므로(행심법 31 ②), 임시처분이 공공복리에 중대한 영향을 미칠 우려가 있을 때에는 허용되지 아니함

2. 사례의 경우

○ 甲은 위원회에 임시처분을 신청할 수 있음

○ 甲이 받을 급박한 위험이 존재하고, 임시처분이 공공복리에 중대한 영향을 미칠 우려가 없으므로 임시처분(임시의 개선명령 등의 조치)이 가능할 것임

Ⅵ. 재결의 기속력

○ 재결의 기속력: 심판청구를 인용하는 재결이 피청구인과 그 밖의 관계 행정청을 기속하는 효력(행심법 49 ①)

○ 기속력의 내용으로서 재처분의무: 당사자의 신청을 거부하거나 부작위로 방치한 처분의 이행을 명하는 재결이 있으면 행정청은 지체 없이 이전의 신청에 대하여 재결의 취지에 따라 처분을 하여야 하는데(행심법 49 ③), 이를 재처분의무라 함

---

19) 강론, 777면 이하.

VII. 직접처분[20]과 간접강제[21]

1. 직접처분

○ 행정심판법은 재결의 실효성을 담보하기 위하여 직접처분제도를 규정하고 있음

○ 이에 따르면 위원회는 피청구인이 제49조 제3항에도 불구하고 처분을 하지 아니하는 경우에는 당사자가 신청하면 기간을 정하여 서면으로 시정을 명하고 그 기간에 이행하지 아니하면 직접 처분을 할 수 있음(행심법 50 ①)

○ 행정심판법 제50조 제1항은 위원회의 직접처분권을 규정하면서도, 단서에서 "다만, 그 처분의 성질이나 그 밖의 불가피한 사유로 위원회가 직접 처분을 할 수 없는 경우에는 그러하지 아니하다."라고 규정하고 있음

○ 여기에서 '처분의 성질상 직접처분이 불가능한 경우'로는 '재량권 행사', '자치사무', '정보공개', '예산이 수반되는 경우' 등을 들 수 있고, '그 밖의 불가피한 사유로 직접 처분이 불가능한 경우'로는 '처분당시의 특수한 상황인 민원의 발생', '사업기간의 재설정 필요', '의무이행재결 이후에 사정변경 -법적 또는 사실적 상황의 변경- 이 생긴 경우' 등을 들 수 있음

○ 사례의 경우 甲은 행정심판위원회에 직접처분을 신청할 수 있음

○ 사례의 경우는 오염방지를 위한 개선명령의 발동이 문제되는 경우이므로 행정심판위원회의 직접처분도 가능하다고 판단됨

2. 간접강제

○ 행정청이 거부처분에 대한 취소재결이나 무효등확인재결 또는 거부처분이나 부작위에 대한 의무이행재결에 따른 처분을 하지 아니하는 경우에 위원회가 행정청에게 일정한 배상을 명하는 제도(행심법 50의2)

○ 2017년 행정심판법 개정으로 도입되었음

○ 간접강제를 하기 위해서는 ① 재결에 의하여 취소되거나 무효 또는 부존재로 확인되는 처분이 당사자의 신청을 거부하는 것을 내용으로 하는 경우이거나(행심법 49 ②) (이 경우 신청에 따른 처분이 절차의 위법 또는 부당을 이유로 취소되는 경우를 포함함(행심법 49 ④)) 또는 당사자의 신청을 거부하거나 부작위로 방치한 처분의 이행을 명하는 재결이 있어야 함(행심법 49 ③). ② 그리고 그럼에도 행정청이 재처분을 하지 않아야 함

○ 행정청이 재처분의무를 이행하지 아니한 때에는 ① 위원회는 청구인의 신청에 의하여 결정

---

20) 강론, 790면 이하.

21) 강론, 792면 이하.

으로 상당한 기간을 정하고 피청구인이 그 기간 내에 이행하지 아니하는 경우에는 그 지연기
간에 따라 일정한 배상을 하도록 명하거나 즉시 배상을 할 것을 명할 수 있음(행심법 50의2 ①)

o 사례의 경우 甲은 위원회에 간접강제를 신청할 수 있음

[제 3 문]

甲은 2009.9.1. 징역 10월에 집행유예 2년을 선고받아 그 형이 확정되었다. 행정청 乙은 甲이 임용결격자임을 밝혀내지 못한 채 2013.5.1. 7급 국가공무원시보로 임용하였고, 그로부터 6개월 후인 2013.11.1. 정규 공무원으로 임용하였다. 다음 물음에 답하시오. (총 20점)

(1) 위 시보임용처분의 법적 효력에 대해 설명하시오. (10점)
(2) 그 후 乙은 시보임용처분 당시 甲에게 공무원임용 결격사유가 있었음을 확인하고는 甲에 대하여 시보임용처분을 취소하고, 그에 따라 정규임용처분도 취소하였다. 甲은 시보임용시에는 임용결격자였지만, 정규임용시에는 임용결격사유가 해소되었다. 乙이 정규임용처분의 취소처분 시 甲에게 사전통지를 하지 않거나 의견제출의 기회를 주지 아니하였다면, 위 정규임용처분의 취소처분은 적법한지에 대해 설명하시오. (10점)

[문 1]
Ⅰ. **논점: 공무원 임용요건 결여의 효과**
Ⅱ. **무효와 취소**
  ○ 무효인 행정행위
  ○ 취소할 수 있는 행정행위
  ○ 무효·취소의 구별기준: 중대명백설
Ⅲ. **공무원의 임용**
  1. 의의
  2. 요건
    (1) 결격사유
    (2) 성적요건
    (3) 요건결여의 효과
      ① 결격사유의 경우
        ○ 당연무효(다수설)
        ○ 판례도 동일
        ○ 취소사유로 보는 견해
      ② 성적요건의 경우
        ○ 취소사유
      ③ 사실상 공무원
Ⅳ. **사례의 경우: 무효**

[문 2]
Ⅰ. **논점**
  ○ 정규임용처분의 직권취소 가능성

○ 정규임용처분취소에 행정절차법 적용 여부
○ 절차상 하자(불이익처분절차, 절차상 하자의 독자적 위법성)
Ⅱ. **정규임용처분의 직권취소**
  1. 의의
  2. 취소권자와 법적 근거
  3. 취소사유
  4. 취소권의 제한
Ⅲ. **정규임용처분취소에 행정절차법 적용 여부**
  ○ 행정절차법 3 ②, 시행령 2
  ○ 판례
Ⅳ. **절차적 하자**
  1. 불이익처분절차(행정절차법 21)
    ○ 불이익처분의 경우 사전통지를 하여야 함
  2. 절차적 하자의 독자적 위법성
    ○ ① 소극설, ② 적극설, ③ 판례
Ⅴ. **사례의 경우**
  ○ 정규임용처분은 직권취소 가능
  ○ 정규임용처분 취소처분은 행정절차법의 적용이 제외되는 경우가 아님
  ○ 이 사건 처분은 절차상 하자로 위법

[문 1]

Ⅰ. 논점: 공무원 임용요건 결여의 효과

Ⅱ. 무효와 취소[22]

- 무효인 행정행위는 행정행위로서의 외형을 갖추고 있으나 행정행위로서의 효력이 전혀 없는 행정행위이고, 취소할 수 있는 행정행위는 행정행위에 흠이 있음에도 불구하고 권한 있는 기관이 이를 취소함으로써 비로소 행정행위로서의 효력을 상실하게 되는 행위를 말함
- 무효·취소의 구별기준과 관련하여 중대명백설이 통설 및 판례(대판 2007.5.10, 2005다31828)의 입장인데, 이에 따르면 행정행위의 하자가 중대한 법 위반이고 그것이 외관상 명백한 경우에는 무효이고, 이에 이르지 않는 경우에는 취소할 수 있는 데 그침

Ⅲ. 공무원의 임용

1. 의의

- 특정인에게 공무원의 신분을 설정할 목적으로 이루어지는 임명권자의 형성적 행위

2. 요건[23]

(1) 결격사유

- 공무원의 결격사유를 규정하고 있는 국가공무원법 제33조(지방공무원법 31)의 각호의 어느 하나에 해당하는 자는 공무원으로 임용될 수 없음. 이러한 결격사유는 공무원의 당연퇴직사유이기도 함(국가공무원법 69, 지방공무원법 61)

(2) 성적요건

- 공무원의 임용은 시험성적·근무성적, 그 밖의 능력의 실증에 따라 행함(국가공무원법 26, 지방공무원법 25). 공무원은 신규채용의 경우 공개경쟁채용시험으로 채용하고(국가공무원법 28 ①, 지방공무원법 27 ①), 특수한 경우에는 경력경쟁채용시험에 의하여 채용할 수 있음

(3) 요건결여의 효과

① 결격사유의 경우

- 국가공무원법 등이 정한 결격사유는 공무원으로 임용되기 위한 절대적인 소극적 요건이라고 보아야 하므로, 결격사유에 해당하는 경우 그 임명행위는 당연무효임(다수설)
- 판례도 같은 입장임(대판 1987.4.14, 86누459)

---

22) 강론, 240면 이하.
23) 강론, 1192면 이하.

○ 그러나 취소사유로 보는 견해도 있음

② 성적요건의 경우

○ 성적요건이 결여된 경우 임명행위는 취소할 수 있는 행위가 된다고 보면 될 것임

③ 사실상 공무원

○ 임용요건이 결여된 공무원이 행한 직무행위는 상대방에 대한 신뢰보호나 행정법관계의 안정성을 위하여 사실상의 공무원(de facto Beamten)이론에 의하여 유효한 것으로 보아야 할 경우도 있을 것임

Ⅳ. 사례의 경우

○ 甲은 2009.9.1. 징역 10월에 집행유예 2년을 선고받아 그 형이 확정된 채 2013.5.1. 7급 국가 공무원시보로 임용되었음

○ 이는 국가공무원법상의 임용결격사유인 "금고 이상의 형을 선고받고 그 집행유예 기간이 끝난 날부터 2년이 지나지 아니한 자(국가공무원법 33 4호)"에 해당함

○ 따라서 다수설과 판례에 따르면 시보임용처분은 무효임

[문 2]

Ⅰ. 논점

○ 정규임용처분의 직권취소 가능성

○ 정규임용처분취소에 행정절차법 적용 여부

○ 절차상 하자(불이익처분절차, 절차상 하자의 독자적 위법성)

Ⅱ. 정규임용처분의 직권취소[24]

1. 의의

○ 유효한 행정행위에 위법 또는 부당한 흠이 있음을 이유로 권한 있는 행정기관이 직권으로 효력을 소멸시키는 행위

2. 취소권자와 법적 근거

○ 처분청이 행정행위를 할 수 있는 권한 중에는 취소권도 포함된다고 보는 것이 통설과 판례의 입장임. 따라서 처분청의 직권취소에는 별도의 법적 근거가 필요 없음

---

24) 강론, 270면 이하.

3. 취소사유

○ 법령이 명문으로 직권취소사유를 규정하고 있으면 이에 따르면 되므로 별 문제가 없음. 명문
의 규정이 없는 경우에는 일반적으로 ① 흠이 중대·명백하지 않은 '단순위법'의 행정행위뿐
아니라 ② 공익위반·합목적성 결여 등의 '부당'한 행정행위도 직권취소의 대상이 된다는 것
이 통설·판례의 입장임

4. 취소권의 제한

○ 수익적 행정행위의 직권취소는 신뢰보호원칙에 의하여 강력한 제한을 받게 되었음. 따라서
이 경우 취소를 통하여 얻는 공익과 관계인의 신뢰보호의 이익이나 법적 안정성의 이익 등을
비교·형량하여 관계인의 이익이 더 강하면 행정청의 직권취소권은 제한됨

Ⅲ. 정규임용처분취소에 행정절차법 적용 여부[25]

○ 행정절차법은 동법의 적용이 제외되는 사항으로 9개의 사항을 규정하고 있는데, 이 가운데 '공
무원 인사 관계 법령에 따른 징계와 그 밖의 처분 등 해당 행정작용의 성질상 행정절차를 거치
기 곤란하거나 거칠 필요가 없다고 인정되는 사항과 행정절차에 준하는 절차를 거친 사항으로
서 대통령령으로 정하는 사항'을 규정하고 있음(행정절차법 3 ②)
○ 행정절차법 시행령 제2조는 '공무원 인사관계법령에 의한 징계 기타 처분에 관한 사항' 등
총 11개 항목의 적용제외사항을 규정하고 있음
○ 판례
"공무원 인사관계 법령에 의한 처분에 관한 사항 전부에 대하여 행정절차법의 적용이 배제되
는 것이 아니라 성질상 행정절차를 거치기 곤란하거나 불필요하다고 인정되는 처분이나 행
정절차에 준하는 절차를 거치도록 하고 있는 처분의 경우에만 행정절차법의 적용이 배제되
는 것으로 보아야 할 것이다(대판 2007.9.21, 2006두20631)."
"정규임용처분을 취소하는 처분은 성질상 행정절차를 거치는 것이 불필요하여 행정절차법의
적용이 배제되는 경우에 해당하지 않으므로, 그 처분을 하면서 사전통지를 하거나 의견제출
의 기회를 부여하지 않은 것은 위법하다(대판 2009.1.30, 2008두16155[정규임용취소처분취소])."

---

25) 강론, 416면 이하.

Ⅳ. 절차적 하자

1. 불이익처분절차[26]

○ 당사자에게 의무를 부과하거나 권익을 제한하는 처분(행정절차법 21)
○ 불이익처분의 경우 사전통지를 하여야 함

2. 절차적 하자의 독자적 위법성[27]

○ 절차상의 하자가 있다는 이유만으로 행정행위가 위법한 행정행위가 되어 무효 또는 취소가 되는가 하는 문제로, 특히 기속행위와 관련하여 논란이 있음
○ 학설상 ① 소극설과 ② 적극설의 대립이 있으나, ③ 판례는 절차위반을 독자적 위법사유로 인정하고 있어 적극설의 입장임

Ⅴ. 사례의 경우(대판 2009.1.30, 2008두16155[정규임용취소처분취소] 참조)

○ 정규임용처분은 국가공무원법 제33조 제4호 소정의 공무원임용 결격사유가 있어 당연무효인 시보임용처분과는 달리, 시보임용처분의 무효로 인하여 시보공무원으로서의 경력(성적요건)을 갖추지 못하였다는 이유 한 별도의 처분으로서 당연무효의 처분이 아님. 따라서 직권취소가 가능함
○ 정규임용처분 취소처분은 甲의 이익을 침해하는 불이익처분이고, 국가공무원법령에 정규임용처분 취소처분절차를 거치도록 하는 규정이 없을 뿐만 아니라 위 처분이 성질상 행정절차를 거치기 곤란하거나 불필요하다고 인정되는 처분이라고 보기 어렵다는 점에서 이 사건 처분이 행정절차법의 적용이 제외되는 경우에 해당한다고 할 수 없음
○ 따라서 乙의 이 사건 처분은 사전통지나 의견제출기회를 부여하지 않은, 절차상 하자가 있는 위법한 처분임

---

26) 강론, 431면 이하.
27) 강론, 447면 이하.

2019년 5급(행정) 공채 제2차시험

[제 1 문]

甲은 국립 K대학교의 교수로 재직 중이다. K대학교는「교육공무원법」제24조 등 관계 법령 및 「K대학교 학칙」에 근거한「K대학교 총장임용후보자 선정에 관한 규정」에 따라 총장임용후보자 선정관리위원회 구성, 총장임용후보자 공모, 정책토론회 등의 절차를 거쳐 총장임용추천위원회 투표 결과 가장 많은 득표를 한 甲을 1순위 총장임용후보자로, 그 다음으로 많은 득표를 한 乙을 2순위로 선정하였다. 이에 따라 K대학교는 교육부장관에게 총장임용후보자로 甲을 1순위, 乙을 2순위로 추천하였는데, 장관은 대통령에게 乙만을 총장임용후보자로 제청하였다. 甲은 1순위 임용후보자인 자신이 아닌 2순위 후보자인 乙을 총장으로 임용하는 것은 위법하다고 주장한다. (총 50점)

1) 임용제청을 받은 대통령은 乙을 총장으로 임용하려 한다. 대통령의 임용행위를 저지하기 위해 甲이 취할 수 있는 행정소송상의 수단을 검토하시오. (15점)
2) 대통령은 교육부장관의 임용 제청에 따라 乙을 K대학교 총장으로 임용하였다. 대통령의 임용행위의 위법 여부를 검토하시오. (단, 절차적 하자는 제외함) (20점)
3) 대통령이 乙을 총장으로 임용한 것에 대하여 총장임용추천위원회 위원으로 학생위원을 추천한 총학생회가 취소소송을 제기한 경우, 총학생회의 원고적격 인정 여부를 검토하시오. (15점)

[참조조문] 현행 관계 법령 등을 사례해결에 적합하도록 수정하였음
「교육공무원법」
제24조(대학의 장의 임용) ① 대학(「고등교육법」 제2조 각 호의 학교를 말하되, 공립대학은 제외한다)의 장은 해당 대학의 추천을 받아 교육부장관의 제청으로 대통령이 임용한다.
  ② 제1항 본문에 따른 대학의 장의 임용추천을 위하여 대학에 대학의 장 임용추천위원회(이하 "추천위원회"라 한다)를 둔다.
  ③ 추천위원회는 해당 대학에서 정하는 바에 따라 다음 각 호의 어느 하나의 방법에 따라 대학의 장 후보자를 선정하여 한다.
  1. 추천위원회에서의 선정
  ④ 대학의 장 후보자는 대학의 장으로서 요구되는 학식과 덕망을 갖추고 통솔력과 행정능력을 고루 갖춘 사람으로 다음 각 호의 자격을 모두 충족하여야 한다.
  1. 법 제10조의4 각 호의 교육공무원 결격 사유가 없는 사람
  ⑤ 추천위원회의 구성·운영 등에 필요한 사항은 대통령령으로 정한다.

「교육공무원임용령」
제12조의2(대학의 장의 추천) 대학은 법 제24조제1항 또는 제55조제1항의 규정에 의하여 대학의 장의

임용추천을 할 때에는 2인 이상의 후보자를 대학의 장의 임기만료일 30일전까지 교육부장관에게 추천하여야 한다.

제12조의3(대학의 장 임용추천위원회의 구성 및 운영) ① 법 제24조제2항에 따른 대학의 장 임용추천위원회(이하 "추천위원회"라 한다)는 다음 각 호의 사람 중에서 해당 대학의 학칙으로 정하는 바에 따라 10명 이상 50명 이하의 위원으로 구성한다.

  3. 해당 대학의 재학생

  ② 추천위원회의 위원에는 제1항 각 호에 해당하는 위원이 각 1명 이상 포함되어야 한다.

  ③ 추천위원회의 운영 등에 필요한 세부사항은 해당 대학의 학칙으로 정한다.

「고등교육법」

제6조(학교규칙) ① 학교의 장은 법령의 범위에서 학교규칙(이하 "학칙"이라 한다)을 제정하거나 개정할 수 있다.

  ② 학칙의 기재사항, 제정 및 개정 절차 등 필요한 사항은 대통령령으로 정한다.

제12조(학생자치활동) 학생의 자치활동은 권장·보호되며, 그 조직과 운영에 관한 기본적인 사항은 학칙으로 정한다.

「고등교육법 시행령」

제4조(학칙) ① 법 제6조에 따른 학교규칙(이하 "학칙"이라 한다)에는 다음 각 호의 사항을 기재하여야 한다.

  10. 학생회 등 학생자치활동

「K대학교 학칙」

제12조(총장) ③ 총장후보자는 공모에 의한 방법으로 선정하되, 총장임용추천위원회를 두어 추천하며 세부사항은 따로 정한다.

제92조(학생활동) ① 학생은 학생회구성 등 자치활동을 할 수 있다.

「K대학교 총장임용후보자 선정에 관한 규정」

제4조(추천위원회의 구성) ③ 추천위원회는 다음 각 호에 해당하는 총 30인의 위원으로 구성한다.

  3. 학생위원 2인

제5조(추천위원회 위원의 선정) ③ 제4조제3항제3호의 학생위원 2인은 총학생회가 추천한다.

[문 1]

Ⅰ. 논점: ① 임용제청의 집행정지, ② 임용에 대한 예방적 부작위(금지)청구소송

Ⅱ. 집행정지

1. 집행부정지원칙
2. 집행정지의 의의
3. 집행정지의 요건

Ⅲ. 임용제청행위의 처분성

1. 처분의 개념

[문 1]

Ⅰ. 논점: ① 임용제청의 집행정지, ② 임용에 대한 예방적 부작위(금지)청구소송

Ⅱ. 집행정지[28)]

1. 집행부정지원칙

○ "취소소송의 제기는 처분 등의 효력이나 그 집행 또는 절차의 속행에 영향을 주지 아니한다
(행소법 23 ①)."고 하여 집행부정지를 원칙으로 규정하고 있음

---

28) 강론, 913면 이하.

2. 집행정지의 의의

○ 행정소송법은 "취소소송이 제기된 경우에 처분 등이나 그 집행 또는 절차의 속행으로 인하여 생길 회복하기 어려운 손해를 예방하기 위하여 긴급한 필요가 있다고 인정할 때에는 본안이 계속되고 있는 법원은 당사자의 신청 또는 직권에 의하여 처분 등의 효력이나 그 집행 또는 절차의 속행의 전부 또는 일부의 정지를 결정할 수 있다(행소법 23 ②)."고 규정하여 예외적으로 집행정지를 인정하고 있음

3. 집행정지의 요건

○ 집행정지가 결정되기 위해서는 '적극적 요건'으로서 ① 본안소송이 계속되고, ② 처분 등이 존재하며, ③ 회복하기 어려운 손해를 예방하기 위한 것이어야 하고, ④ 긴급한 필요가 있어야 하며, '소극적 요건'으로서 ⑤ 공공복리에 중대한 영향을 미칠 우려가 없어야 함

Ⅲ. 임용제청행위의 처분성

○ 임용제청의 집행정지를 하려면, 본안소송이 계속되어야 함
○ 항고소송을 제기하려면 임용제청행위가 처분이어야 함

1. 처분의 개념[29]

○ '처분'이라 함은 행정청이 행하는 구체적 사실에 대한 법집행으로서의 공권력의 행사 또는 그 거부와 그 밖에 이에 준하는 행정작용(행소법 2 ① 1호)
○ 처분의 개념적 요소: 행정청의 처분은, ① 행정청이 행하는, ② 구체적 사실에 관한 법집행으로서, ③ 공권력을 행사하거나 거부하는, ④ 국민의 권리의무에 직접 영향을 미치는 공법행위(대판 2012.9.27, 2010두3541 참조)이어야 함

2. 거부처분의 성립요건

○ 판례는 거부처분이 성립하려면 ① 신청한 행위가 처분이어야 하고, ② 그 거부행위가 신청인의 법률관계에 변동을 일으키는 것이어야 하며, ③ 당사자에게 처분의 발급을 요구할 법규상 또는 조리상의 신청권이 있어야 한다는 입장

---

29) 강론, 869면 이하.

3. 사례의 임용제청의 경우: 총장임용제청 제외처분[30]

o "교육부장관이 자의적으로 대학에서 추천한 복수의 총장 후보자들 전부 또는 일부를 임용제
청하지 않는다면 대통령으로부터 임용을 받을 기회를 박탈하는 효과가 있다. 이를 항고소송
의 대상이 되는 처분으로 보지 않는다면, 침해된 권리 또는 법률상 이익을 구제받을 방법이
없다(대판 2018.6.15, 2016두57564[임용제청거부처분취소등])."

Ⅳ. 행정상 부작위청구소송[31]

1. 의의

o 행정상 부작위청구소송(부작위소송, 중지소송)이란 어떠한 행정행위나 그 밖의 행정작용을 하지
말아줄 것을 요구하는 행정소송을 말함

o 여기에는 ① 정보제공 · 경고 · 공공시설물로부터의 소음 · 진동 · 오염물질배출 등의 공해행위
등과 같은 행정청의 사실행위 등을 중지하여 줄 것을 요구하는 중지소송과 ② 회복하기 어려
운 권익침해를 사전에 예방할 목적으로 특정한 행정행위나 법규범의 제정을 하지 말아 줄
것을 요구하는 예방적 부작위청구소송이 있음

o 우리나라에서는 중지소송에 대한 논의는 제외하고 주로 예방적 부작위청구소송에 국한하여
논의하는 것이 일반적임

2. 학설 및 판례

① 먼저 소극설(부정설)은 행정소송법은 부작위위법확인소송만 규정하고 있고, 행정소송법 제4조
는 열거규정으로 보아야 하며, 행정의 1차적 판단권을 행정권에 귀속시켜야 한다는 점에서
예방적 부작위청구소송은 허용되지 않는다는 입장으로 오늘날은 지지자가 없음

② 적극설(긍정설)은 '공백 없는 권리구제의 요구'에 따라 행정소송법 제4조를 예시규정으로 보아
예방적 부작위청구소송을 인정하는 것이 권력분립의 원칙에도 부합한다는 견해로 오늘날의
다수설임

③ 제한적 허용설은 예외적으로 법정항고소송만으로는 효과적인 권리구제를 기대하기 어려운
경우에 한하여 제한적으로 예방적 부작위청구소송을 인정하자는 입장임

④ 판례는 예방적 부작위청구소송을 부인하는 입장임

---

30) 강론, 883면.

31) 강론, 807면 이하.

3. 결어

○ 부작위청구소송은 회복하기 어려운 장래에 대한 권익침해를 사전에 차단할 수 있는 기회를 제공한다는 점에서 매우 유용한 사전적 권리구제수단임

○ 우리나라의 경우에도 행정소송법 제4조의 규정을 예시규정으로 볼 수 있는 근거가 충분하므로, 이를 바탕으로 일반이행소송의 한 유형으로 부작위청구소송을 인정할 수 있다고 봄

○ 판례에 따르면, 현행 행정소송법상 허용되기 어려움

4. 최근 입법동향

○ 법무부의 2007년 행정소송법개정안에는 예방적 부작위소송에 관한 규정이 있었으나, 법무부의 2013년 행정소송법 전부개정법률안에는 부작위청구소송에 관한 규정이 포함되어 있지 않음

V. 사례의 경우

○ 교육부장관의 임용제청(甲의 임용신청의 거부)은 甲을 임용에서 제외하는 처분이므로, 甲은 이에 대한 취소소송을 제기하면서 임용제외처분의 집행정지를 신청할 수 있겠음

○ 甲은 대통령의 임용행위에 대하여 예방적 부작위(금지)청구소송을 제기할 수 있겠으나, 판례는 이를 인정하지 않고 있어 부적법 각하될 것임

[문 2]

I. 논점: ① 임용행위의 법적 성질(재량행위, 판단여지), ② 재량행위와 판단여지의 한계

II. 임용행위의 법적 성질

1. 기속행위와 재량행위의 구별[32]

(1) 구별기준에 관한 학설: 요건재량설, 효과재량설, 판단여지설 등이 있음

(2) 구체적 구별기준: 구체적인 구분기준으로 근거법규범의 규정방식, 입법취지·목적, 행위의 특성·성질, 공익이나 기본권과의 관련성 등을 종합적으로 고려하여 구체적인 사안마다 개별적으로 판단하여야 함

(3) 판례: 법규의 체재·형식과 그 문언, 당해 행위가 속하는 행정 분야의 주된 목적과 특성, 당해 행위 자체의 개별적 성질과 유형 등 고려

---

32) 강론, 162면 이하.

2. 판단여지[33]

- o 요건판단에 고도의 전문적 지식이 요구되는 경우에는 예외적으로 행정청에게 요건판단에 있어서의 판단여지 또는 평가특권이 인정되고, 이 경우 법원의 사법심사가 제한됨
- o 제한적인 범위 내에서 행정청의 판단여지를 인정하는 것이 대다수의 입장이나, 판단여지와 재량을 구별할 실익이 없다는 견해도 있음
- o 판례는 요건판단의 문제와 효과의 부여 문제를 구별하지 아니하고 이를 모두 재량의 개념으로 파악하고 있음

Ⅲ. 재량권과 판단여지의 한계

1. 재량권행사의 하자[34]

(1) 일탈 · 유월: 재량권의 한도를 넘은 것
(2) 남용: 재량권행사가 법규정상의 목적을 위배하거나, 평등원칙 · 비례원칙 · 신뢰보호원칙과 같은 행정법의 일반원칙에 위배되는 경우
(3) 불행사: 행정청이 법령상 재량권이 있음에도 과실로 또는 법령의 규정을 잘못 해석하여 부작위의무가 있다고 판단함에 따라 재량권을 행사하지 않는 경우

2. 판단여지의 한계와 통제[35]

- o 판단여지가 인정되더라도 행정청의 판단 내용에 대해서만 사법심사가 미치지 아니한다는 것이므로, 행정청이 그와 같은 판단에 이르는 과정에서, ① 판단기관이 적법하게 구성되었는지, ② 절차를 준수하였는지, ③ 정당한 사실관계에 기초하고 있는지, ④ 일반적으로 승인된 평가척도들(행정법의 일반원칙 포함)이 준수되었는지, ⑤ 사안과 무관한 사항을 고려하여 판단한 것은 아닌지 등의 여부는 판단여지의 한계로서 사법심사의 대상이 됨

Ⅳ. 사례의 경우

- o 교육공무원법령은 대학이 학식과 덕망, 통솔력, 행정능력 등을 고루 갖춘 사람을 총장후보자로 선정한 후, 2인 이상의 후보자를 장관에게 추천하면, 장관이 제청하여 대통령이 임용하는 것으로 규정하고 있음
- o 먼저 대통령의 임용행위와 관련하여, '대통령이 임용한다'고 규정하고 있지만, 대학이 가지는

---

33) 강론, 152면 이하.
34) 강론, 168면 이하.
35) 강론, 155면.

공익적 측면, 임용과 관련된 별도의 요건규정이 없는 점, 대학총장을 임용하는 것이라는 점 등을 고려하면 상대적으로 광범한 재량권이 인정되는 행위로 보아야 할 것임

○ 나아가 '학식과 덕망 등'을 갖추었는지에 대한 판단은 요건판단의 문제인데, 총장으로서 이와 같은 자격을 갖추었는지에 대해서는 대통령의 고도의 '정책적' 판단이 요구된다고 볼 수 있을 것임

○ 그러나 이 경우 재량권행사에 하자가 없어야 하고, 판단여지의 한계를 준수하여야 함. 사례의 별 다른 사정이 보이지는 않으나, 대학의 장에 관한 자격을 정한 관련 법령 규정에 어긋나지 않고 사회통념에 비추어 불합리하다고 볼 수 없다면 쉽사리 위법하다고 판단해서는 안 될 것임

○ 관련판례

"교육공무원법령은 대학이 대학의 장 후보자를 복수로 추천하도록 정하고 있을 뿐이고, 교육부장관이나 대통령이 대학이 정한 순위에 구속된다고 볼 만한 규정을 두고 있지 않다. 대학이 복수의 후보자에 대하여 순위를 정하여 추천한 경우 교육부장관이 후순위 후보자를 임용제청하더라도 단순히 그것만으로 헌법과 법률이 보장하는 대학의 자율성이 제한된다고 볼 수는 없다. 대학 총장 임용에 관해서는 임용권자에게 일반 국민에 대한 행정처분이나 공무원에 대한 징계처분에 비하여 광범위한 재량이 주어져 있다고 볼 수 있다. 따라서 대학에서 추천한 후보자를 총장 임용제청이나 총장 임용에서 제외하는 결정이 대학의 장에 관한 자격을 정한 관련 법령 규정에 어긋나지 않고 사회통념에 비추어 불합리하다고 볼 수 없다면 쉽사리 위법하다고 판단해서는 안 된다(대판 2018.6.15, 2016두57564[임용제청거부처분취소등])."

[문 3]

I. 논점: 취소소송의 당사자능력과 원고적격

II. 당사자능력[36]

○ 당사자능력이란 소송의 당사자(원고·피고·참가인)가 될 수 있는 능력을 의미함. 민법 기타 법률에 의하여 권리능력이 있는 자(자연인·법인)는 행정소송에서의 당사자능력을 가짐(행소법 8 ②, 민소법 51). 지방자치단체도 공법상의 법인이므로 이에 포함됨. 법인이 아닌 사단이나 재단도 대표자 또는 관리인이 있는 경우에는 그 사단이나 재단의 이름으로 당사자가 될 수 있음(행소법 8 ②, 민소법 52)

---

36) 강론, 824면.

Ⅲ. 원고적격[37]

1. 원고적격의 의의

○ 취소소송에서의 원고가 될 수 있는 자격(법률상 이익이 있는 자). 행정소송법은 "취소소송은 처분 등의 취소를 구할 법률상 이익이 있는 자가 제기할 수 있다(행소법 12 1문)."고 규정

2. 법률상 이익에 관한 학설

(1) 권리구제설(권리회복설): 권리를 침해당한 자만이 취소소송을 제기할 수 있다는 견해

(2) 법률상 보호이익설: 관련법을 목적론적으로 해석하여 '법에 의하여 보호되는 이익'이 침해 되면 취소소송의 원고적격이 인정된다는 견해

(3) 보호가치 있는 이익설: 법에 의하여 보호되는 이익이 아니라 하더라도, 그 이익이 소송을 통하여 보호할 가치가 있다고 판단되는 경우에는 이러한 이익이 침해된 경우에도 취소소송 의 원고적격을 인정하자는 견해

(4) 적법성보장설: 법률상 이익을 행정의 적법성에 대한 이해관계로 파악하는 견해. 즉 행정의 적법성 보장에 이해관계가 있는 자는 취소소송의 원고적격이 인정된다는 견해

(5) 결어: '법률상 이익'은 법적으로 보호되는 이익이라는 점에서 '법률상 보호이익'과 같은 개념 이고, 또한 공권도 그 성립요건으로 사익보호성(법에 의하여 개인의 이익이 보호되어야 함)을 요구한 다는 점에서 같은 개념으로 이해하는 것이 일반적임(즉, '법률상 이익'='법률상 보호이익'='공권') 오늘날 '법률상 이익'은, 권리구제설이나 법률상 보호이익설의 입장과 같이, 적어도 법에 의하여 보호되는 이익을 의미함

3. 법률상 이익의 내용

○ '법에 의하여 보호되는 개별적 · 직접적 · 구체적 이익'(대판 2008.3.27, 2007두23811)

○ 국민 일반이 공통적으로 가지는 일반적 · 간접적 · 추상적 이익이나, 제3자의 사실상의 간접 적인 경제적 이해관계의 경우에는 법률상 보호되는 이익이 있다고 할 수 없음(대판 2007.12.27, 2005두9651; 대판 2002.8.23, 2002추61)

4. 법률상 이익의 판단

○ ① 당해 법규범의 규정 및 취지만 고려하여야 한다는 견해, ② 관련 법규범의 규정 및 취지도 고려하여야 한다는 견해, ③ 더 나아가 기본권 규정도 고려하여야 한다는 견해 등. ③견해가

---

37) 강론, 830면 이하.

타당. ④ 판례는 법률상 이익의 존부를 판단함에 있어 당해 처분의 근거법규범뿐 아니라 관련 법규범도 검토하여야 한다는 입장

Ⅳ. 사례의 경우

○ 법인 아닌 사단도 당사자가 될 수 있으므로, 총학생회의 당사자능력이 인정됨

○ 총학생회의 원고적격이 인정되는가 하는 것이 문제임. 이 문제는 '법률상 이익'이 있는가의 문제임

○ 학생은 대학의 주체 중 하나로 총학생회를 통하여 대학운영에 참여할 권리가 있음. 사례의 경우 교육공무원법은 임용추천위원회에 재학생의 참여기회를 직접 보장하고 있음

○ 아울러 헌법과 고등교육법령 등 관련 법령은 대학의 자치를 보호하고 있음

○ K대학교 학칙 및 규정은 총학생회가 추천위원회에 학생위원 2명을 추천하도록 하고 있음

○ 따라서 대학의 자치 및 학문의 자유의 주체성이 인정되는 총학생회에 대하여 이 사건 처분의 취소를 구할 법률상 이익을 인정할 수 있음

[제2문]

A광역시는 2010.5.10. 시도인 X도로를 개설하였고, 도로의 관리권한을 B구청장에게 위임하였다. X도로는 빈번한 차량 통행으로 인해 환경법령상 기준을 현저히 초과하는 소음이 상시적으로 발생되고 있다. 甲은 2005.1.1.부터 X도로와 인접한 지역에서 거주하고 있고, 乙은 2014.5.1.부터 X도로와 인접한 지역으로 이주하여 거주하고 있다. 甲과 乙은 X도로의 도로소음으로 인하여 정상적인 생활이 곤란할 정도로 생활상 및 정신적 피해가 크다는 이유로 「국가배상법」에 따른 손해배상청구소송을 제기하였다. (총 30점)

1) 위 사안에서 「국가배상법」에 따른 손해배상책임의 주체에 대하여 논하시오. (15점)
2) 피고는 甲에 대한 배상책임은 인정하면서도 乙에 대해서는 X도로의 개통 이후 이주하였음을 이유로 배상책임을 부인하고 있다. 피고 주장의 당부를 판단하시오. (15점)

[문 1]
Ⅰ. 논점: 배상책임자
Ⅱ. 배상책임자
    1. 국가와 지방자치단체
    2. 비용부담자로서의 배상책임자
        (1) 국가배상법의 규정
        (2) 공무원의 선임·감독자 등의 의미
        (3) 공무원의 봉급·급여 등의
            비용부담자 등
            ① 학설: 형식적 비용부담자설,
                실질적 비용부담자설, 병합설
                (다수설)
            ② 판례
            ③ 결어: 병합설 타당
        (4) 최종적 배상책임자
            ① 사무귀속자설(관리자설, 관리자
                책임설)
            ② 비용부담자설
            ③ 기여도설
            ④ 판례
            ⑤ 결어
                ○ 사무귀속자가 원칙
                ○ 지위가 중복되는 경우는
                    기여도설

Ⅲ. 사례의 경우

[문 2]
Ⅰ. 논점: 영조물의 설치·관리상 하자로
    인한 배상책임의 요건, 특히 이용상 하자
Ⅱ. 국가배상법 제5조
Ⅲ. 배상책임의 요건
    1. 도로·하천 그 밖의 공공의 영조물
    2. 설치 또는 관리의 하자
        (1) 의의
        (2) 학설
            1) 객관설
            2) 주관설(의무위반설)
            3) 절충설
            4) 위법·무과실책임설
        (3) 판례
        (4) 결어
            ○ 객관설이 타당
            ○ 여기에는 '기능상·작동상의
                안전성 결여'도 포함
        (5) 영조물의 설치·관리상 하자로서
            이용상 하자
            1) 의의
            2) 판단기준

3) 위험지역으로 이주한 경우　　**Ⅳ. 사례의 경우**
　가해자의 면책 등

[문 1]

Ⅰ. 논점: 배상책임자[38]

Ⅱ. 배상책임자

1. 국가와 지방자치단체

○ 국가배상법 제5조에 의한 배상책임의 주체는 공공의 영조물의 관리주체인 국가와 지방자치
단체임

2. 비용부담자로서의 배상책임자

(1) 국가배상법의 규정

○ 국가배상법 제6조는 "제2조 · 제3조 및 제5조에 따라 국가나 지방자치단체가 손해를 배상할
책임이 있는 경우에 공무원의 선임 · 감독 또는 영조물의 설치 · 관리를 맡은 자와 공무원의 봉
급 · 급여, 그 밖의 비용 또는 영조물의 설치 · 관리 비용을 부담하는 자가 동일하지 아니하면
그 비용을 부담하는 자도 손해를 배상하여야 한다(국배법 6 ①)."고 규정

(2) 공무원의 선임 · 감독자 등의 의미

○ 학설과 판례는 '영조물의 설치 · 관리를 맡은 자'를 '영조물의 관리주체'로 이해하고, '영조물
의 설치 · 관리 비용을 부담하는 자'를 '영조물의 비용부담자'로 이해

○ 이는 '국영공비(國營公費)사업'이나 '기관위임사무'의 경우임

(3) 공무원의 봉급 · 급여 등의 비용부담자 등

① 학설

○ 국가배상법 제6조 제1항의 비용부담자의 의미를, ① 대외적으로 비용을 부담하는 자를 의미
한다는 형식적 비용부담자설, ② 실질적 · 궁극적 비용부담자를 의미한다는 실질적 비용부담
자설, ③ 형식적 비용부담자와 실질적 비용부담자를 모두 포함한다고 보는 병합설이 있는데,
병합설이 다수설임

---

38) 강론, 656면 이하.

② 판례
  ○ 판례는 형식적 비용부담자의 배상책임을 인정하기도 하고, 실질적 비용부담자의 배상책임을 인정하기도 하여, 병합설을 취하고 있는 것으로 보임
③ 결어
  ○ 피해자구제에 충실하기 위한 제도적 취지를 고려하면 병합설이 타당함
(4) **최종적 배상책임자**
  ○ 국가배상법 제6조 제2항은 "제1항의 경우에 손해를 배상한 자는 내부관계에서 그 손해를 배상할 책임이 있는 자에게 구상할 수 있다."고 규정하고 있는데, 이는 내부적인 구상권에 관한 규정임
  ○ 누가 최종적인 배상책임자인지에 대해서는 학설이 나뉨
① 사무귀속자설(관리자설, 관리자책임설)
  ○ 사무를 관리하는 자가 속하는 행정주체가 발생한 손해의 최종적인 배상책임자가 된다는 견해. 즉 손해배상에 대한 최종적인 책임은 사무의 귀속주체가 부담하여야 한다는 것임. 우리나라의 다수설
② 비용부담자설
  ○ 비용부담자가 부담하는 비용에는 손해배상금도 포함되어 있다는 것을 논거로 당해 사무의 실질적인 비용부담자가 최종적인 배상책임자가 된다는 견해. 일본의 다수설
③ 기여도설
  ○ 손해발생의 기여정도에 따라 최종적인 배상책임자가 정하여져야 한다는 견해. 따라서 최종적인 배상책임은 손해발생에 대한 각자의 기여정도에 따라 분담하게 된다는 입장임
④ 판례
  ○ ① 사무귀속자설을 취한 것이라 판단되는 판례도 있지만, ② 사무귀속자와 비용부담자의 지위가 중복되는 '예외적인 경우'에는 모두가 최종적 책임자가 된다고 보고 이 경우 최종적인 책임은 손해발생의 기여도에 따라 결정한다고 하여 기여도설을 취한 것으로 보이는 판례도 있음
⑤ 결어
  ○ 결론적으로 사무의 귀속주체와 비용의 부담주체는 결부되어야 한다는 원칙(견연성(牽連性)의 원칙)에서 사무귀속자가 최종적인 배상책임자가 되는 것이 타당함. 다만 사무귀속자와 비용부담자의 지위가 중복되는 경우는 기여도설이 타당함

Ⅲ. 사례의 경우

  ○ 사례의 도로는 시(市)도로서 사무귀속주체는 A광역시임
  ○ 이 도로의 관리권한이 B구청장에게 위임되었으므로 이는 '기관위임사무'임

◦ B구는 도로를 관리를 하여야 하므로 '비용부담자'임

◦ 甲과 乙의 국가배상청구소송에서 배상책임자는 A광역시와 B구임

◦ 甲과 乙은 A광역시와 B구 중 선택하거나 양자 모두를 상대로 배상을 청구할 수 있음

◦ 도로관리에 있어 사무귀속자와 비용부담자의 지위가 중복되는 경우에는 최종적 배상책임자는 기여도설에 판단하면 될 것임

[문 2]

I. 논점: 영조물의 설치·관리상 하자로 인한 배상책임의 요건, 특히 이용상 하자

II. 국가배상법 제5조

◦ 국가배상법 제5조는 "도로·하천, 그 밖의 공공의 영조물의 설치나 관리에 하자가 있기 때문에 타인에게 손해를 발생하게 하였을 때에는 국가나 지방자치단체는 그 손해를 배상하여야 한다."고 규정

◦ 제5조는 국가의 무과실책임을 규정(통설)

III. 배상책임의 요건[39]

1. 도로·하천 그 밖의 공공의 영조물

◦ 국가배상법 제5조의 영조물은 도로나 하천과 같은 공공의 목적에 제공된 유체물을 의미하는 것으로서, 강학상 공물(公物)에 해당함

2. 설치 또는 관리의 하자

(1) 의의

◦ '영조물의 설치 또는 관리상의 하자'란 영조물을 설치하거나 관리하는 데 있어서 영조물이 일반적으로 갖추어야 할 안전성을 결여한 것을 의미함

◦ 안전성의 결여를 판단하는 데 주관적인 귀책사유도 고려하여야 하는가에 관하여는 견해가 대립됨

(2) 학설

1) 객관설

◦ 객관설은 영조물의 하자를 객관적으로 판단하는 견해임. 영조물의 하자 발생에 있어 관리자

---

39) 강론, 643면 이하.

의 주의의무 위반이라는 과실의 유무는 문제되지 않음. 종래 통설임

2) 주관설(의무위반설)

○ 주관설은 영조물의 설치 또는 관리상의 하자를 관리자의 주의의무(안전확보의무 내지 사고방지의무) 위반에 기인한 물적 위험상태로 봄. 이에 따르면 영조물에 하자가 있어 손해가 발생하더라도 관리자의 주의의무위반이나 귀책사유가 없으면 국가의 배상책임은 성립하지 않음

3) 절충설

○ 절충설은 국가배상법 제5조의 하자를 영조물 자체의 물적 결함상태뿐 아니라, 관리자의 안전 관리의무위반도 포함시켜 이해하는 입장임

4) 위법·무과실책임설

○ 이 설은 영조물의 물적 상태에 초점을 두는 객관설과는 달리 국가배상법 제5조의 책임을 행 위책임으로 보고 이를 위법·무과실의 책임으로 이해하는 견해임

(3) 판례

○ 판례는 국가배상법 제5조의 배상책임을 무과실책임으로 보아, 기본적으로는 객관설의 입장임

○ 일부 판례는 '설치·관리자가 사회통념상 일반적으로 요구되는 정도의 방호조치의무를 다하 였는지 여부'와 '영조물의 기능상 결함으로 인한 손해발생의 예견가능성과 회피가능성이 있 었는지의 여부'를 하자 판단의 기준으로 삼고 있음

(4) 결어

○ 영조물의 설치·관리상의 하자는 관리자의 주의의무와 관계없이 그 발생 여부를 객관적으로 판단하여 무과실배상책임을 인정하는 객관설이 더 타당

○ 다만 객관설을 취하더라도 여기에는 '안전하게 작동되고 있는가'와 같은 '기능상·작동상의 안전성 결여'도 포함된다고 보아야 할 것임

(5) 영조물의 설치·관리상 하자로서 이용상 하자[40]

1) 의의

○ 소음을 야기시키는 공공시설물의 경우에도 넓은 의미에서 '관리상의 하자'로 볼 수 있는데, 판례는 이를 '영조물이 공공의 목적에 이용되는 경우'로 표현하고 있음

○ 이 영조물의 '이용상 하자'는 영조물이 공공의 목적에 이용됨에 있어 그 이용상태 및 정도가 일정한 한도를 초과하여 제3자에게 사회통념상 참을 수 없는 피해를 입히는 것을 말함

2) 판단기준

○ 판례는 사회통념상 참을 수 있는 피해인지의 여부는 그 영조물의 공공성, 피해의 내용과 정 도, 이를 방지하기 위하여 노력한 정도 등을 종합적으로 고려하여 판단하여야 한다고 함

---

40) 강론, 651면 이하.

○ 매향리 사격장 사례(대판 2004.3.12, 2002다14242), 김포공항 사례(대판 2005.1.27, 2003다49566) 등이 있음

3) 위험지역으로 이주한 경우 가해자의 면책 등

○ 피해자가 위험의 존재를 인식하고 그로 인한 피해를 용인하면서 위험지역으로 접근한 경우 (소음 등을 야기한) 가해자의 면책을 인정할 수 있음

○ 그렇지 않은 경우에는 가해자의 면책을 인정할 수 없고 손해배상액의 산정에 있어 형평의 원칙상 이와 같은 사정을 과실상계에 준하여 감액사유로 고려할 수 있을 뿐임

○ 공군비행장 주변의 소음과 관련하여 공군 등이 피해자인 경우에도 가해자의 면책이나 손해 배상액의 감액에 있어 달리 볼 수 없음

○ 대판 2015.10.15, 2013다23914

Ⅳ. 사례의 경우

○ 일단 X도로는 환경법령상 기준을 현저히 초과하는 소음이 상시적으로 발생하고 있다는 점에 서 도로가 갖추어야 할 안전상·기능상의 하자가 있다고 볼 수 있음

○ 특히 이는 소음을 야기시키는 공공시설물의 경우에 해당된다는 점에서 이를 '이용상 하자'라 할 수 있겠음

○ 이와 같은 하자의 인정에 따라 피고의 배상책임이 문제되는데, ① 甲의 경우는 X도로 개설 이전에 거주하고 있었으므로 배상책임이 인정되고, ② 乙의 경우는 '위험의 존재를 인식하고 그로 인한 피해를 용인하면서 위험지역으로 접근한 경우'이면 피고의 배상책임은 면책되고, 그렇지 않은 경우 피고의 배상책임은 면책되지 않고 다만 배상액의 감액사유로 고려될 수는 있음

○ 따라서 乙에 대한 피고의 주장은 부당함

[제 3 문]

A광역시 시장은 A광역시의 B구와 C구의 일대를 포함하는 P지역을 국제교류복합지구로 지정하였고, 「토지이용규제 기본법」 제8조제2항에 따라 B구의 구청장과 C구의 구청장에게 지구단위계획 결정, 지형도면 고시에 관한 사항 및 고시예정일 등을 통보하였다. B구의 구청장은 통보받은 사항을 같은 조 제3항에 따라 국토이용정보체계에 등재하여 일반 국민이 볼 수 있도록 조치하였다. 그러나 C구의 구청장은 국토이용정보체계 등재를 보류·지연하고 있다. 이 경우 A광역시 시장이 C구 구청장의 등재 보류·지연에 대하여 「지방자치법」상 취할 수 있는 행정적 통제수단을 검토하시오. (20점)

[참조조문] 현행 법령을 사례해결에 적합하도록 수정하였음
「토지이용규제 기본법」
제8조(지역·지구등의 지정 등) ① 특별시장, 광역시장, 도지사가 지역·지구등을 지정하는 경우에는 지형도면을 작성하여 그 지방자치단체의 공보에 고시하여야 한다.
  ② 특별시장, 광역시장, 도지사는 제1항에 따라 지형도면등의 고시를 하려면 관계 시장·군수 또는 구청장에게 관련 서류와 고시예정일 등 대통령령으로 정하는 사항을 미리 통보하여야 한다.
  ③ 제2항에 따라 통보를 받은 시장·군수 또는 구청장은 그 내용을 국토이용정보체계에 등재하여 지역·지구등의 지정 효력이 발생한 날부터 일반 국민이 볼 수 있도록 하여야 한다.
제12조(국토이용정보체계의 구축·운영 및 활용) ① 국토교통부장관, 특별시장, 광역시장, 도지사는 국토의 이용 및 관리 업무를 효율적으로 추진하기 위하여 국토이용정보체계를 구축하여 운영할 수 있다.
  ② 국토교통부장관, 특별시장, 광역시장, 도지사는 국토이용정보체계를 통하여 지역·지구등의 지정에 관한 사항을 일반 국민에게 제공할 수 있다.
제23조(권한의 위임) 국토교통부장관, 특별시장, 광역시장, 도지사는 제12조제1항의 국토이용정보체계의 구축·운영 및 활용에 관한 권한의 일부를 시장·군수·구청장에게 위임할 수 있다.

Ⅰ. 논점: ① 기관위임사무와 자치사무의 구별, ② 지방자치단체에 대한 행정적 통제
Ⅱ. 구청장의 등재사무의 성질
  1. 자치사무와 기관위임사무의 구별
    (1) 구별기준의 문제
    (2) 학설
    (3) 판례
    (4) 결어
  2. 사례의 경우: 기관위임사무
Ⅲ. 의무이행방안 및 권리구제수단
  1. 시정명령(지자법 169)
  2. 이행명령(지자법 170)[41]
    (1) 이행명령
    (2) 대집행 등
    (3) 지방자치단체의 장의 제소
  3. 사례의 경우
    ○ 이행명령과 대집행 등의 필요한 조치

---

41) 강론, 1178면 이하.

Ⅰ. **논점:** ① 기관위임사무와 자치사무의 구별, ② 지방자치단체에 대한 행정적 통제

Ⅱ. **구청장의 등재사무의 성질**

1. **자치사무와 기관위임사무의 구별**[42]

(1) 구별기준의 문제

○ 지방자치법 제9조 제2항은 지방자치단체의 사무를 예시하고 있을 뿐, 개별적인 사무가 자치 사무인지 기관위임사무인지를 판단할 수 있는 구체적인 기준을 정하고 있는 규정은 없음. 이에 따라 어떠한 기준에 의하여 자치사무와 기관위임사무를 구별할 것인지가 문제임

(2) 학설

① 개별법령에서 사무권한의 주체를 국가기관의 장으로 규정하고 있으면 국가사무이고 별도의 권한위임규정에 의하여 이 사무가 지방자치단체의 장에게 위임되었으면 기관위임사무이며, 개별법령에서 사무권한의 주체를 지방자치단체의 장으로 규정하고 있는 경우에는 자치사무 로 보아야 한다는 견해

② 개별법령에서 사무수행의 주체를 지방자치단체의 장으로 규정하고 있는 경우에도 개별법령 의 취지와 내용을 판단하여 국가주도적으로 처리되어야 할 사무인 경우에는 기관위임사무, 지방자치단체가 자율적으로 처리할 수 있는 사무인 경우에는 자치사무로 보는 견해

(3) 판례

○ 대법원은 법령에서 사무권한의 주체를 지방자치단체의 장으로 규정하고 있는 경우에도 "법 령상 지방자치단체의 장이 처리하도록 하고 있는 사무가 자치사무인지 아니면 기관위임사무 인지를 판단하기 위해서는 그에 관한 법령의 규정 형식과 취지를 우선 고려하여야 하지만, 그 밖에 그 사무의 성질이 전국적으로 통일적인 처리가 요구되는 사무인지, 그에 관한 경비 부담과 최종적인 책임귀속의 주체가 누구인지 등도 함께 고려하여야 한다(대판 2013.5.23, 2011 추56)."는 입장임

(4) 결어

○ 헌법의 지방자치권보장의 관점에서 지방자치단체가 수행하는 사무는 자치사무인 것이 원칙 이고, 따라서 법령에서 그 사무의 권한 주체를 지방자치단체의 장으로 규정하고 있는 경우 그 사무는, 반드시 전국적인 통일적 처리가 요구되는 등의 예외적인 경우를 제외하고는, 자 치사무로 보아야 함. 학설 ①이 타당

---

[42] 강론, 1155면 이하.

2. 사례의 경우

○ 국토이용정보체계의 구축 및 운영은 광역시장의 권한으로, 이를 구청장에게 위임할 수 있음
○ 한편 지형도면의 작성·고시·통보는 광역시장의 사무이고(권한이 아닌 의무), 통보에 따라 국토이용정보체계에 등재하는 것은 구청장의 사무임(권한이 아닌 의무)
○ 사례에서 광역시장은 정보체계의 구축·운영권자로 이를 구청장에게 위임할 수 있고, 광역시장의 지구지정 및 지구단위계획 결정에 따라 해당 구청장에게 그 토지이용정보를 등재하여야 할 의무가 발생하게 된다는 점에서 등재사무는 기관위임사무로서의 성질을 가진다고 볼 수 있을 것임

Ⅲ. 의무이행방안 및 권리구제수단

1. 시정명령(지자법 169)[43]

○ 지방자치단체의 사무에 관한 그 장의 명령이나 처분이 법령에 위반되거나 현저히 부당하여 공익을 해친다고 인정되면 시·도에 대하여는 주무부장관이, 시·군 및 자치구에 대하여는 시·도지사가 기간을 정하여 서면으로 시정할 것을 명할 수 있음(지자법 169 ① 1문).
○ 시정명령은 '지방자치단체의 사무'에 대한 것으로 자치사무와 단체위임사무를 대상으로 함. 그러나 기관위임사무는 지방자치단체의 사무가 아니므로 시정명령의 대상이 아님

2. 이행명령(지자법 170)[44]

(1) 이행명령

○ 지방자치단체의 장이 법령의 규정에 따라 그 의무에 속하는 국가위임사무나 시·도위임사무의 관리와 집행을 명백히 게을리하고 있다고 인정되면 시·도에 대하여는 주무부장관이, 시·군 및 자치구에 대하여는 시·도지사가 기간을 정하여 서면으로 이행할 사항을 명령할 수 있음(지자법 170 ①)
○ 이행명령은 기관위임사무를 대상으로 하는 것으로, 자치사무나 단체위임사무에는 적용되지 않음

(2) 대집행 등

○ 주무부장관이나 시·도지사는 해당 지방자치단체의 장이 제1항의 기간에 이행명령을 이행하지 아니하면 그 지방자치단체의 비용부담으로 대집행하거나 행정상·재정상 필요한 조치를

---

43) 강론, 1171면 이하.
44) 강론, 1178면 이하.

할 수 있음(지자법 170 ②)

(3) 지방자치단체의 장의 제소

○ 지방자치단체의 장은 이행명령에 이의가 있으면 이행명령서를 접수한 날부터 15일 이내에 대법원에 소를 제기할 수 있음. 이 경우 지방자치단체의 장은 이행명령의 집행을 정지하게 하는 집행정지결정을 신청할 수 있음(지자법 170 ③)

○ 이 소송에 대하여 ① 기관소송으로 보는 견해, ② 감독청의 명령에 대한 불복소송이라는 점에서 항고소송으로 보는 견해, ③ 특수한 형태의 소송으로 보는 견해 등이 있음

○ 감독청의 이행명령은 행정내부기관간의 문제이므로 이를 처분이라 보기 어렵지만, 독립한 법주체인 지방자치단체에 대한 명령이라는 점에서 별도로 이에 대한 소송을 규정하고 있는 것이므로 이해되므로, 특수한 형태의 소송으로 보는 것이 타당함

3. 사례의 경우

○ 등재사무는 기관위임사무이므로, 광역시장은 구청장에 대하여 이행명령을 하고, 이를 이행하지 않으면 대집행 등의 필요한 조치를 할 수 있음

○ 이행명령에 이의가 있는 구청장은 제170조 제3항에 따라 대법원에 제소할 수 있음

2020년 5급(행정) 공채 제2차시험

[제1문]

甲과 乙은 각각 「여객자동차 운수사업법」상 운송사업등록을 하여 전세버스 운송사업에 종사하는 자이다. 관할 도지사 A는 甲과 乙에게 2020.3.2. 같은 법 제23조 제1항 제5호에 따라 자동차에 대한 개선명령을 발령하여 그 처분서가 다음 날 송달되었으나, 甲과 乙은 이를 이행하지 아니하였다. 도지사 A는 이를 이유로 같은 법 제85조 제1항 및 제88조 제1항에 따라 2020.7.10. 甲과 乙에게 사업정지에 갈음하는 과징금부과처분을 각각 행하였다. 한편, 乙은 아직 과징금을 납부하지 않은 상태에서 丙에게 자신의 전세버스운송사업을 양도하였고, 관련 지위승계신고가 수리되었다. (총 50점)

1) 甲은 과징금부과처분에 대해 취소소송을 제기하고자 한다. 도지사 A의 甲에 대한 개선명령에 「행정절차법」상 요구되는 의견제출절차를 거치지 않은 위법이 있는 경우 甲이 과징금부과처분 취소소송에서 승소할 수 있는지를 검토하시오. (20점)
2) 甲이 과징금부과처분취소소송을 제기하지 않고 과징금부과처분의 법령위반을 들어 국가배상청구소송을 제기할 경우 수소법원은 과징금부과처분의 위법 여부를 판단할 수 있는지를 설명하시오. 또한, 만약 이 사안에서 국가배상책임이 성립할 경우 도지사 A 개인도 손해배상책임을 지는지를 검토하시오. (20점)
3) 丙이 乙에게 부과된 과징금을 납부하여야 할 의무가 있는지를 검토하시오. (10점)

[참조조문] 현행 법령을 사례해결에 적합하도록 수정하였음
「여객자동차 운수사업법」
제4조(면허 등) ① 여객자동차운송사업을 경영하려는 자는 사업계획을 작성하여 국토교통부령 으로 정하는 바에 따라 국토교통부장관의 면허를 받아야 한다. 다만, 대통령령으로 정하는 여객자동차운송사업을 경영하려는 자는 사업계획을 작성하여 국토교통부령으로 정하는 바에 따라 특별시장·광역시장·특별자치시장·도지사·특별자치도지사(이하 "시·도지사"라 한다)의 면허를 받거나 시·도지사에게 등록하여야 한다.
제23조(여객자동차운송사업의 개선명령 등) ① 국토교통부장관 또는 시·도지사는 여객을 원활히 운송하고 서비스를 개선하기 위하여 필요하다고 인정하면 운송사업자에게 다음 각 호의 사항을 명할 수 있다.
 5. 자동차 또는 운송시설의 개선
제85조(면허취소 등) ① 국토교통부장관 또는 시·도지사는 여객자동차 운수사업자가 다음 각 호의 어느 하나에 해당하면 면허·허가·인가 또는 등록을 취소하거나 6개월 이내의 기간을 정하여 사업의 전부 또는 일부를 정지하도록 명하거나 노선폐지 또는 감차 등이 따르는 사업계획 변경을 명할 수 있다.
 22. 제23조에 따른 개선명령을 이행하지 아니한 경우

제88조(과징금 처분) ① 국토교통부장관 또는 시·도지사는 여객자동차 운수사업자가 제85조제1항 각
호의 어느 하나에 해당하여 사업정지 처분을 하여야 하는 경우에 그 사업정지 처분이 그 여객자동차
운수사업을 이용하는 사람들에게 심한 불편을 주거나 공익을 해칠 우려가 있는 때에는 그 사업정지
처분을 갈음하여 5천만원 이하의 과징금을 부과·징수할 수 있다.

「여객자동차 운수사업법 시행령」

제4조(시·도지사의 면허 또는 등록 대상인 여객자동차운송사업) ② 법 제4조제1항 단서에 따라 시·
도지사에게 등록하여야 하는 등록대상 여객자동차운송사업은 마을버스운송사업·전세버스운송사업
및 특수여객자동차운송사업으로 한다.

[문 1]

Ⅰ. 논점: ① 절차상 하자, ② 하자의 승계

Ⅱ. 절차상 하자

Ⅲ. 하자의 승계

　1. 하자승계의 의의와 전제조건

　2. 학설

　　(1) 종래의 견해

　　(2) 규준력이론

　　(3) 판례(대판 1998.9.8, 97누20502)

Ⅳ. 사례의 경우

　○ 개선명령에 절차상 하자: 취소사유

　○ 하자승계의 전제조건을 갖춤

　○ 하자의 승계 인정 안 됨

[문 2]

Ⅰ. 논점

　　① 선결문제판단권, ② 선택적 청구권

Ⅱ. 국가배상청구소송에서의 민사법원의
　　선결문제판단권

　1. 공정력과 구성요건적 효력

　2. 국가배상법의 법적 성질

　3. 민사법원의 선결문제판단권

　　(1) 문제의 소재

　　(2) 민사사건과 선결문제

　　　　① 부정설, ② 긍정설, ③ 판례(긍
　　　　정설)

Ⅲ. 甲의 선택적 청구권(국가배상책임의
　　성질)

　1. 문제의 소재

　2. 배상책임의 성질

　　(1) 대위책임설

　　(2) 자기책임설

　　(3) 중간설

　　(4) 절충설

　　(5) 판례

Ⅳ. 사례의 경우

　○ 선결문제판단권 있음

　○ 고의·중과실의 경우 A도 민사상
　　손해배상책임을 부담할 수 있음

[문 3]

Ⅰ. 논점

　○ 대물적 행정행위(제재처분의 승계
　　문제)

Ⅱ. 대인적·대물적·혼합적 행정행위

Ⅲ. 행위의 특성

　○ 대인적 행정행위의 경우

　○ 대물적 행정행위의 경우

Ⅳ. 관련 판례

　○ 대판 2003.10.23, 2003두8005

Ⅴ. 사례의 경우

　○ 과징금부과처분은 대물적 처분

　○ 지위승계에는 제재처분의 승계도 포함

　○ 丙은 과징금을 납부하여야 할 의무가
　　있음

[문 1]

Ⅰ. 논점: ① 절차상 하자, ② 하자의 승계

Ⅱ. 절차상 하자[45)]

- 법령에서 행정처분을 위한 절차를 규정하는 경우에 이러한 규정을 준수하지 않으면 절차상 하자 있는 위법한 처분이 됨[46)]
- 절차상 하자가 독자적 위법사유가 되는지에 대해서는 소극설과 적극설이 대립되고 있음
- 판례는 사전통지 또는 의견제출절차의 결여(대판 2004.5.28, 2004두1254), 청문절차의 결여(대판 1992.2.11, 91누11575), 이유제시의 결여(대판 1985.5.28, 84누289), 심의절차의 누락(대판 2007.3.15, 2006두15806)을 절차위반의 위법사유로 인정하고 있어 적극설의 입장이라고 할 수 있음
- 명문의 규정이 없는 경우 절차상 하자는 취소사유라는 것이 일반적인 견해임

Ⅲ. 하자의 승계[47)]

1. 하자승계의 의의와 전제조건

- 두 개 이상의 행정행위가 연속적으로 행하여지는 경우 선행행정행위의 흠을 이유로 후행행정행위를 다툴 수 있는가 하는 문제
- 선행행정행위에 단순위법의 하자가 있고 쟁송기간이 도과한 경우에만 하자의 승계가 문제됨

2. 학설

(1) 종래의 견해

① 선행행정행위와 후행행정행위가 상호 독립하여 별개의 효과를 발생하는 경우에는, 선행행위가 당연무효가 아닌 한 그 흠이 후행행위에 승계되지 않음

② 선행행정행위와 후행행정행위가 서로 결합하여 하나의 법적 효과를 완성하는 경우에는 선행행위의 흠이 후행행위에 승계됨

(2) 규준력이론

- 하자의 승계 문제를 불가쟁력이 발생한 선행행정행위의 후행행정행위에 대한 구속력의 문제로 이해하려는 견해

---

45) 강론, 447면 이하.
46) 강론, 256면 이하.
47) 강론, 258면 이하.

ㅇ 규준력이 인정되려면, ① 양 행위가 동일한 사안과 목적을 추구하여야 하고(대물적 한계), ② 양 행위에서의 상대방, 이해관계인, 유관기관 등이 일치하여야 하며(대인적 한계), ③ 선행행정 행위의 사실 및 법상태가 후행행정행위에 유지되고 있는 경우이어야 함(시간적 한계). ④ 다만 규준력을 인정하는 것이 상대방에게 가혹하거나 예측가능성이 없었던 경우에는 예외적으로 규준력이 부인됨(규준력의 추가적 요건)

(3) **판례**(대판 1998.9.8, 97누20502)

1) 기본입장

ㅇ 판례는 사업인정처분과 재결처분 사이의 하자의 승계를 인정하지 않음(대판 1992.3.13, 91누4324)

2) 예외적으로 하자의 승계를 인정

ㅇ 판례는 이와 같은 종래의 입장을 유지하면서도, 예컨대 "위법한 개별공시지가를 기초로 한 과세처분 등 후행 행정처분에서 개별공시지가결정의 위법을 주장할 수 없도록 하는 것은 수 인한도를 넘는 불이익을 강요하는 경우"와 같은 경우에는 예외적으로 흠의 승계를 인정하기 도 함(대판 1994.1.25, 93누8542; 대판 1997.9.26, 96누7649; 대판 2008.8.21, 2007두13845)

ㅇ 결국 판례의 입장은 양 행위가 서로 독립한 처분인 경우에는 하자의 승계를 부인하는 것이 원칙이지만, 불가쟁력이 발생한 선행처분의 하자를 후행 처분에서 다툴 수 있도록 할 것인가 의 여부는 개인의 권리보호의 관점에서 수인가능성이 있는지의 여부를 개별적으로 검토하여 결정하고 있다고 할 수 있음

Ⅳ. 사례의 경우

ㅇ A의 개선명령은 의견제출절차를 결여하여 절차상 하자가 있는 위법한 처분이고, 이는 취소 사유임

ㅇ 그리고 개선명령은 처분으로서 불가쟁력이 발생하여 하자승계의 전제조건을 갖추었음

ㅇ 다만 종래견해와 판례에 따르면, 개선명령과 과징금부과처분은 서로 독립한 처분으로서 하자 의 승계가 인정된다고 보기 어려움

ㅇ 따라서 甲이 선행처분의 하자를 이유로 승소하기는 어려움

[문 2]

Ⅰ. **논점:** ① 민사법원의 선결문제판단권, ② 국가배상에서의 선택적 청구권(A의 민사상 손해배상책임)

Ⅱ. 국가배상청구소송에서의 민사법원의 선결문제판단권

1. 공정력과 구성요건적 효력[48]

○ 전통적으로 공정력을 「행정행위가 적법요건에 하자가 있더라도, 그 흠이 중대·명백하여 당연무효가 아닌 한, 권한 있는 기관에 의하여 취소될 때까지는 유효한 것으로 통용되어 누구든지 행정행위의 효력을 부인하지 못하는 힘」으로 이해하고 있음

○ 그런데, 행정행위의 효력을 이들 이외의 다른 국가기관이 존중하여야 하는 문제를 공정력과는 무관한 '행정행위의 구성요건적 효력'으로 이해하기도 함

○ 이에 따라 다른 기관의 선결문제판단권의 문제를 공정력의 뭊제로 보기도 하고 구성요건적 효력의 문제로 보기도 함

2. 국가배상법의 법적 성질[49]

○ 국가배상법의 성격에 관하여는 사법설과 공법설이 나뉘어 있는데, 판례는 사법설에 따라 국가배상청구소송을 민사법원의 관할로 하고 있음

3. 민사법원의 선결문제판단권[50]

(1) 문제의 소재

○ 선결문제란 민사소송 등의 본안판단의 전제가 된 행정행위의 위법성이나 유효 여부를 민사법원이나 형사법원이 스스로 판단할 수 있는가 하는 문제를 말함

(2) 민사사건과 선결문제

○ 이에 대해서는 ① 행정행위가 당연무효가 아닌 한 민사법원은 행정행위의 위법성을 판단할 수 없다고 보는 부정설과 ② 공정력, 즉 단순위법의 하자가 있지만 권한 있는 기관에 의하여 취소되기 전까지는 유효한 행정행위의 효력을 부인(취소)하지 않는 한, 그 위법성을 심리·판단할 수 있다고 보는 긍정설이 있음. ③ 판례는 긍정설의 입장과 같음

Ⅲ. 甲의 선택적 청구권(국가배상책임의 성질)

1. 문제의 소재

○ 사례에서는 A가 민사상 손해배상책임을 지는가를 묻는 것으로, 이는 甲에게 지방자치단체

---

48) 강론, 225면 이하.
49) 강론, 596면.
50) 강론, 230면 이하.

(도)의 국가배상과 A의 손해배상 중 선택적 청구가 인정되는가 하는 문제임. 이는 국가배상책임의 성질과 관련된 문제임

2. 배상책임의 성질[51]

(1) 대위책임설

○ 국가가 공무원을 대신하여 손해를 배상하는 것이므로, 피해자는 국가에 대해서만 국가배상을 청구할 수 있을 뿐, 공무원 개인에 대하여 민사상의 손해배상을 청구할 수 없음(선택적 청구권의 부인)

(2) 자기책임설

○ 국가는 스스로 자신의 책임을 부담하는 것이므로, 공무원 개인의 민사책임은 이와는 무관하게 양립할 수 있음. 따라서 피해자는 국가를 상대로 국가배상을 청구하거나 공무원 개인을 상대로 민사상의 손해배상을 청구할 수 있음(선택적 청구권의 인정)

(3) 중간설

○ 중간설에 따르면 피해자의 선택적 청구권은 인정되지 않음

(4) 절충설

○ 공무원의 위법행위가 경과실에 의한 경우는 피해자의 선택적 청구권(대위책임설의 입장)은 인정되지 않고, 고의·중과실에 의한 경우는 인정함

(5) 판례

○ 판례(제한적 긍정설)는 위 절충설과 같은 견해라고 이해하는 것이 대다수의 견해임

Ⅳ. 사례의 경우

○ 민사법원은 과징금부과처분이 당연무효가 아닌 한, 공정력에 의하여 행정행위의 적법성까지 추정되는 것은 아니므로, 처분의 효력을 부인하는 것이 아니면, 과징금부과처분의 위법 여부는 스스로 판단할 수 있음

○ 절충설 및 판례에 따르면, A에게 고의 또는 중과실이 있는 경우, 甲은 선택적 청구권을 행사할 수 있고, 이에 따라 A도 민사상 손해배상책임을 부담할 수 있음

[문 3]

Ⅰ. 논점: 대물적 행정행위(제재처분의 승계 문제)[52]

---

51) 강론, 635면 이하.

Ⅱ. 대인적·대물적·혼합적 행정행위

○ 대인적 행정행위: 사람의 주관적 사정을 대상으로 하는 행정행위(예: 자동차운전면허·의사면허 등)

○ 대물적 행정행위: 물건의 사물적인 특성이나 상태를 대상으로 하는 행정행위(예: 건축허가)

○ 혼합적 행정행위: 인적 요소와 물적 요소를 동시에 대상으로 하는 혼합적 행정행위(예: 도시가스 사업허가·카지노업허가 등)

Ⅲ. 행위의 특성

○ 대인적 행정행위는 개인적인 능력이나 특성에 기인하는 것으로 이전이 불가능함

○ 그러나 대물적 행정행위는 물건의 특성이나 상황에 대한 것이므로 이전이 가능함(예: 식품위생 법은 제39조. 이와 같은 영업승계에 따라 종전 영업자의 지위가 그대로 승계됨)

Ⅳ. 관련 판례

"석유판매업 등록은 원칙적으로 대물적 허가의 성격을 갖고, 또 석유판매업자가 같은 법 제26조의 유사석유제품 판매금지를 위반함으로써 같은 법 제13조 제3항 제6호, 제1항 제11호에 따라 받게 되는 사업정지 등의 제재처분은 사업자 개인의 자격에 대한 제재가 아니라 사업의 전부나 일부에 대한 것으로서 대물적 처분의 성격을 갖고 있으므로, 위와 같은 지위승계에는 종전 석유판매업자가 유사석유제품을 판매함으로써 받게 되는 사업정지 등 제재처분의 승계가 포함되어 그 지위를 승계한 자에 대하여 사업정지 등의 제재처분을 취할 수 있다고 보아야 한다(대판 2003.10.23, 2003두8005)."

Ⅴ. 사례의 경우

○ 과징금부과처분은 '사람'에 대한 것이 아니라 '사업'에 대한 것으로서 대물적 행정행위임

○ 위 판례에 따르면 乙과 丙 사이의 지위의 승계에는 -논란의 여지는 있을 수 있지만- 제재처분에 대한 승계도 포함되어 있다고 보아야 할 것임

○ 따라서 丙은 과징금을 납부하여야 할 의무가 있음

---

52) 강론, 144면.

[제2문]

  중앙행정기관의 5급 공무원 甲은 무단결근으로 경고처분을 받았다. 乙장관은 위 경고처분에도 불구하고 甲의 근무태도가 개선되지 아니하자, 「국가공무원법」제73조의3제1항제2호에 따라 甲에 대하여 2020.3.5. 제1차 직위해제처분을 하였다. 이후 甲은 감독 대상 업체들로부터 상품권 등을 수수하고 감독업무를 부실하게 한 혐의로 관할 수사기관에서 수사를 받았다. 乙은 수사기관으로부터 甲에 대한 수사상황을 통보받고, 중앙징계위원회에 뇌물수수 및 직무유기 등의 사유로 甲에 대한 징계 의결을 요구하면서, 그 사실을 甲에게 문서로 통지하였다. 이후 乙은 2020.5.19. 「국가공무원법」제73조의3제1항제3호의 사유로 甲에게 제2차 직위해제처분을 하였다. 제2차 직위해제기간 중 중앙징계위원회는 같은 사유로 甲에 대한 해임을 의결하였고, 乙은 2020.6.24. 甲을 해임하였다. 이에 甲은 해임에 불복하는 소청을 제기하였고, 소청심사위원회는 2020.8.11. 甲에 대한 해임을 정직 3월로 변경하였다. 甲은 소청심사위원회의 변경재결서를 2020.8.12. 송달받았다. (총 25점)

1) 甲이 소청심사위원회의 결정에 불복하여 취소소송을 제기하고자 할 경우, 그 소송의 대상과 제소기간을 검토하시오. (15점)
2) 甲이 제1차 직위해제 및 제2차 직위해제 처분의 취소를 구하는 소송을 제기할 경우 각각 소의 이익이 있는지를 검토하시오. (10점)

[참조조문] 현행 관계 법령 등을 사례해결에 적합하도록 수정하였음
「국가공무원법」
제73조의3(직위해제) ① 임용권자는 다음 각 호의 어느 하나에 해당하는 자에게는 직위를 부여하지 아니할 수 있다.
  2. 직무수행 능력이 부족하거나 근무성적이 극히 나쁜 자
  3. 파면·해임·강등 또는 정직에 해당하는 징계 의결이 요구 중인 자

「공무원보수규정」
제14조(승급의 제한) ① 다음 각 호의 어느 하나에 해당하는 사람은 해당 기간 동안 승급시킬 수 없다.
  1. 징계처분, 직위해제 또는 휴직(공무상 질병 또는 부상으로 인한 휴직은 제외한다) 중인 사람
제29조(직위해제기간 중의 봉급 감액) 직위해제된 사람에게는 다음 각 호의 구분에 따라 봉급(외무공무원의 경우에는 직위해제 직전의 봉급을 말한다. 이하 이 조에서 같다)의 일부를 지급한다.
  1. 「국가공무원법」제73조의3제1항제2호에 따라 직위해제된 사람: 봉급의 80퍼센트
  3. 「국가공무원법」제73조의3제1항제3호·제4호 또는 제6호에 따라 직위해제된 사람: 봉급의 50퍼센트. 다만, 직위해제일부터 3개월이 지나도 직위를 부여받지 못한 경우에는 그 3개월이 지난 후의 기간 중에는 봉급의 30퍼센트를 지급한다.

[문 1]

Ⅰ. 논점

○ 원처분과 변경재결 중 취소소송의 대상과 제소기간의 기산점

Ⅱ. 원처분주의[53]

○ 원처분주의: 원처분과 재결 모두 취소소송의 대상이 될 수 있으나, 원처분의 위법은 원처분취소소송에서만 주장할 수 있고, 재결취소소송에서는 재결 자체의 고유한 위법만을 주장할 수 있는 제도

○ 재결주의: 재결에 대해서만 취소소송을 제기할 수 있도록 하되 재결취소소송에서는 재결의 위법뿐 아니라 원처분의 위법도 주장할 수 있는 제도

○ 행정소송법은 "재결취소소송의 경우에는 재결 자체에 고유한 위법이 있음을 이유로 하는 경우에 한한다(행소법 19 단서)."고 규정하여 원처분주의를 채택

---

53) 강론, 888면.

Ⅲ. 원처분과 변경재결 중 취소소송의 대상[54]

1. 학설

① 일부취소재결이나 변경재결을 구별하지 않고, 재결 자체에 고유한 위법사유가 없는 한 재결은 소의 대상이 되지 않고, 재결로 인하여 '일부취소되고 남은 원처분' 또는 '변경된 원처분'이 소송의 대상이 된다는 견해,

② 일부취소재결이나 변경재결을 구별하여, 일부취소재결의 경우에는 남은 원처분이 소송의 대상이 되나, 변경재결의 경우에는 변경재결로 원처분은 취소되므로 변경재결을 소송의 대상으로 하여야 한다는 견해가 대립됨

2. 판례

ㅇ 판례는 변경재결과 관련하여 원처분주의 원칙상 재결 자체에 고유한 위법이 없는 한 원처분이 취소소송의 대상이 된다는 입장임(대판 1993.8.24, 93누5673)

3. 검토

ㅇ 원처분주의는 변경재결의 경우에도 그대로 타당하여야 하고, 변경재결로 원처분이 취소되는 것은 아니므로 논리적으로는 ①의 견해가 타당함

Ⅳ. 제소기간[55]

ㅇ 행정소송법 제20조 제1항
"취소소송은 처분등이 있음을 안 날부터 90일 이내에 제기하여야 한다. 다만, 제18조제1항 단서에 규정한 경우와 그 밖에 행정심판청구를 할 수 있는 경우 또는 행정청이 행정심판청구를 할 수 있다고 잘못 알린 경우에 행정심판청구가 있은 때의 기간은 재결서의 정본을 송달받은 날부터 기산한다."

ㅇ 판례는 감액경정처분의 경우 제소기간의 준수 여부도 당초처분을 기준으로 판단하여야 하고, 이 법리는 행정심판의 이행재결에 따른 감액경정처분의 경우에도 마찬가지라고 함(대판 2007. 4.27, 2004두9302; 대판 2012.9.27, 2011두27247)

---

54) 강론, 894면.
55) 강론, 896면.

V. 사례의 경우

○ 사례의 경우는 변경재결의 경우로, '변경된 원처분', 즉 '2020.6.24. 정직 3월로 변경된 해임처분'이 소송의 대상이 됨

○ 이 경우 제소기간은 재결서 송달일인 2020.8.12.이 기산점이 됨

[문 2]

I. 논점: 직위해제처분과 협의의 소익

II. 협의의 소익[56)

1. 의의

○ 행정소송법 제12조 제2문은 "처분 등의 효과가 기간의 경과, 처분 등의 집행 그 밖의 사유로 인하여 소멸된 뒤에도 그 처분 등의 취소로 인하여 회복되는 법률상 이익이 있는 자의 경우에는 또한 같다."고 하여 이 경우에도 취소소송을 제기할 수 있음을 규정하고 있음

○ 동조 제1문에서의 '법률상 이익'이 취소소송에서의 보호대상인 권리라면, 제2문에서의 '법률상 이익'은 취소소송을 통한 '권리보호의 필요성 또는 분쟁의 현실성'을 의미하는 것으로서 이를 '협의의 소익'이라 함

2. 협의의 소익으로서 법률상 이익의 의미

○ 행정소송법 제12조 제2문의 '법률상 이익'의 의미와 관련하여 여러 견해가 있으나, 이는 권리보호의 필요성을 의미하는 것이므로, 이를 '원고적격'에서와 같이 '법적으로 보호되는 이익'에 한정할 이유는 없음. 따라서 '법적 보호이익' 이외에도, 적어도 각종 제도상의 불이익을 제거하여야 할 이익은 협의의 소익에 포함된다고 보아야 할 것임

3. 협의의 소익이 인정되지 않는 경우

○ 협의의 소익이 없는 경우로 행정소송법은 ① 처분 등의 효과가 소멸된 경우(행소법 12 2문)를 규정하고 있지만, 그 외에도 ② 보다 간단한 방법으로 권리보호가 가능한 경우, ③ 소송으로 다툴 실제적 효용이나 이익이 없는 경우, ④ 소권이 남용 또는 실효된 경우 등을 들 수 있음

---

56) 강론, 846면 이하.

Ⅲ. 직위해제처분과 협의의 소익[57]

○ 직위해제처분은 지위를 그대로 존속시키면서 다만 그 직위만을 부여하지 아니하는 처분이므로 직위해제한 후 그 직위해제 사유와 동일한 사유를 이유로 징계처분을 하였다면 뒤에 이루어진 징계처분에 의하여 그 전에 있었던 직위해제처분은 그 효력을 상실함

○ 그러나 직위해제처분에 기하여 발생한 효과는 당해 직위해제처분이 실효되더라도 소급하여 소멸하는 것이 아니므로, 직위해제처분에 따른 효과로 승진·승급에 제한을 가하는 등의 법률상 불이익이 있는 경우에는 이러한 법률상 불이익을 제거하기 위하여 그 실효된 직위해제처분에 대한 구제를 신청할 협의의 소익이 인정됨(대판 2010.7.29, 2007두18406)

○ 새로운 직위해제사유에 기한 직위해제처분을 한 경우, 그 이전에 한 직위해제처분은 이를 묵시적으로 철회하였다고 보아야 하므로, 그 이전 직위해제처분의 취소를 구하는 부분은 존재하지 않는 처분을 대상으로 한 것으로서 소의 이익(협의의 소익)이 없음(대판 2003.10.10, 2003두5945)

Ⅳ. 사례의 경우

○ 1차 직위해제처분의 경우
— 새로운 직위해제사유에 기한 직위해제처분을 한 경우로서, 이로써 1차 처분은 존재하지 않으므로, 이에 대한 취소를 구할 협의의 소이 없음

○ 2차 직위해제처분의 경우
— 동일한 사유의 해임처분으로 2차 처분의 효력이 상실한다고 보아야 할 것이나, 이 경우는 공무원보수규정상의 신분상의 불이익이 있으므로, 직위해제처분의 취소로 회복되는 이익이 있어 그 취소를 구할 협의의 소익이 인정됨

---

57) 강론, 1199면 이하.

[제 3 문]

甲은 A시가 주민들의 복리를 위하여 설치한 시립체육문화회관 내 2층에서 종합스포츠용품판매점을 운영하고자 「공유재산 및 물품 관리법」 제20조제1항에 따라 사용허가를 신청하였다. 이에 A시의 乙시장은 甲에게 사용허가를 하면서, 스포츠용품 구매고객의 증가로 인해 회관 내 주차공간이 부족해질 것을 우려하여 회관 인근에 소재한 甲의 소유 토지 중 일부에 주차대수 규모가 5대인 주차장의 설치를 내용으로 하는 조건을 붙였다. (총 25점)

1) 乙시장이 甲에게 발급한 시립체육문화회관 사용허가의 법적 성질을 검토하시오. (10점)
2) 위 조건의 적법 여부를 검토하시오. (15점)

[문 1]	[문 2]
Ⅰ. 논점: 행정재산의 목적 외 사용	Ⅰ. 논점
Ⅱ. 시립체육문화회관의 법적 성질	① 부관의 가능성(허용성)
○ 공물로서, 공공용물	② 부관의 자유성(내용상 한계)
Ⅲ. 행정재산의 목적 외 사용	Ⅱ. 부관의 의의와 종류
1. 의의	○ 의의
2. 행정재산의 목적 외 사용의 성질	○ 부담
(1) 학설	Ⅲ. 부관의 가능성(허용성)
① 사법관계설	1. 종래의 견해 및 판례
② 공법관계설	2. 비판적 견해
(2) 검토	Ⅳ. 부관의 자유성(내용상의 한계)
① 과거 국유재산법	① 행정의 법률적합성의 원칙
② 현행법	② 행정법의 일반원칙
(3) 판례: 특허에 의한 공법관계	③ 명확·실현가능
Ⅳ. 사례의 경우	Ⅴ. 사례의 경우
○ 공법관계임	○ 재량행위이므로 부관 가능
○ 공물사용의 특허로서 재량행위	○ 다만 부당결부 등을 근거로 위법함

[문 1]

Ⅰ. 논점: 행정재산의 목적 외 사용

Ⅱ. 시립체육문화회관의 법적 성질

— 공물(행정재산)로서, 일반 공중의 공동사용에 제공되는 공공용물(공유재산법 5 ②)

Ⅲ. 행정재산의 목적 외 사용[58]

1. 의의

— 행정재산도 그 용도 또는 목적에 장해가 되지 않는 범위에서 관리청은 예외적으로 사용을 허가할 수 있는데(국유재산법 30, 공유재산법 20), 이러한 허가에 따른 행정재산의 사용관계를 '행정재산의 목적 외 사용'이라 함

2. 행정재산의 목적 외 사용의 성질

(1) 학설
① 사법관계설은 행정재산의 목적 외 사용의 내용은 오로지 사용자의 사적 이익을 도모한다는 이유로 사법상의 계약관계로 봄
② 대다수의 견해인 공법관계설은 행정재산의 목적 외 사용의 법률관계의 발생 또는 소멸은 행정행위에 의하여 이루어지므로 공법관계로 봄
(2) 검토
① 과거 국유재산법은 행정재산의 사용허가에 관하여 일반재산의 대부(貸付)에 관한 규정을 준용하고 있었음에 따라, 당시의 다수설과 판례는 사법관계설의 입장을 취하였음
② 그러나 현행법은 행정재산의 목적 외 사용을 관리청의 허가에 의하도록 하고 있고, 상대방의 귀책사유가 있는 경우나 공공목적을 위하여 취소·철회할 수 있도록 하며, 사용료의 일방적 부과 및 그에 대한 강제징수를 규정하고 있으므로, 공법관계로 보는 견해가 타당함
(3) 판례: 특허에 의한 공법관계로 봄(대판 2006.3.9, 2004다31074)

Ⅳ. 사례의 경우

○ 공유재산법 제20조에서 사용허가를 규정하고 있으므로 공법관계임
○ 사용허가는 공물사용의 특허로서 재량행위임

---

58) 강론, 1299면 이하.

[문 2]

Ⅰ. 논점: ① 부관의 가능성(허용성), ② 부관의 자유성(내용상 한계)

Ⅱ. 부관의 의의와 종류

○ 행정행위의 효과를 제한하거나 일정한 의무를 부과하기 위하여 주된 행정행위에 부가된 종된 규율(부대적 규율)

○ 사례의 경우 수익적 행정행위(사용허가)에 별도로 일정한 의무(주차장 설치의무)를 부과하는 것으로서 부담임

Ⅲ. 부관의 가능성(허용성)[59]

1. 종래의 견해 및 판례

○ ① 법률행위적 행정행위, ② 재량행위에만 부관 가능

2. 비판적 견해

○ ① 준법률행위적 행정행위나 ② 기속행위에도 부관 가능할 수 있음

Ⅳ. 부관의 자유성(내용상의 한계)[60]

① 행정의 법률적합성의 원칙, 특히 법률우위의 원칙과 관련하여 부관은 법령에 위반되어서는 안 됨

② 부관은 비례원칙·평등원칙·이익형량의 원칙 등 행정법의 일반원칙을 준수하여야 함. 특히 주된 행정행위의 목적에 위배되지 말아야 함(부당결부금지의 원칙)

③ 그 밖에도 부관의 내용이 명확하고 실현가능한 것이어야 한다.

Ⅴ. 사례의 경우

○ 사용허가는 재량행위이므로 법적 근거가 없더라도 부관 가능

○ 위 부관은 행정재산의 목적 외 사용의 목적과 취지에 비추어 볼 때, 공공용물인 체육문화시설에는 이 시설을 위한 주차장이 이미 마련되어 있고, 용품판매점은 이 시설의 일부이므로, 그 외에 甲 소유 토지에 판매점을 위한 주차장을 별도로 설치하도록 하는 것은 부당결부일 수 있음

---

59) 강론, 201면 이하.
60) 강론, 204면.

○ 그 외에도 사유토지임을 감안하면, 주차장규모(5대 면적)도 과다한 요구일 수 있음
○ 따라서 위 부관은 내용상 한계를 벗어나 위법함

2021년 5급(행정) 공채 제2차시험

[제 1 문]

A군의 군수(이하 'A군수')는 甲 주식회사에게 「중소기업창업 지원법」 제33조 및 제35조에 따라 관할행정청과의 협의를 거쳐 산지전용허가 등이 의제되는 사업계획을 승인하였다. 산지전용허가가 의제되는 부지 인근에 거주하고 있는 주민 乙은 해당 사업이 실시될 경우 산에서 내려오는 물의 흐름이 막혀 지반이 약한 부분에서 토사유출 및 산사태 위험이 있다며 해당 산지전용허가에 반대하고 있다. 관할행정청은 이후 「산지관리법」 제37조에 따라 재해위험지역 일제점검을 하던 중 甲의 시설공사장에서 토사유출로 인한 산사태 위험을 확인하고, 甲에게 시설물철거 등 재해의 방지에 필요한 조치를 할 것을 명하였다. 다만, 甲에게 통지된 관할행정청의 처분서에는 甲이 충분히 알 수 있도록 처분의 사유와 근거가 구체적으로 명시되지는 않았다. (총 50점)

1) 甲의 신청이 산지전용허가요건을 완비하지 못한 경우에도, A 군수가 사업계획승인을 할 수 있는지를 검토하시오. (15점)
2) 이해관계인 乙이 산지전용허가를 대상으로 취소소송을 제기할 수 있는지를 검토하시오. (원고적격은 논하지 않는다) (10점)
3) 甲은 관할행정청의 조치명령을 이행하지 아니하여 「산지관리법」 위반으로 형사법원에 기소되었으나 해당 조치명령이 위법하므로 자신이 무죄라고 주장한다. 甲의 주장이 타당한지를 검토하시오. (25점)

[참조조문] 현행 법령을 사례해결에 적합하도록 수정하였음
「중소기업창업 지원법」
제33조(사업계획의 승인) ① 제조업을 영위하고자 하는 창업자는 대통령령으로 정하는 바에 따라 사업계획을 작성하고, 이에 대한 시장·군수 또는 구청장(자치구의 구청장만을 말한다. 이하 같다)의 승인을 받아 사업을 할 수 있다. 사업자 또는 공장용지의 면적 등 대통령령으로 정하는 중요 사항을 변경하려는 경우에도 또한 같다.
제35조(다른 법률과의 관계) ① 제33조제1항에 따라 사업계획을 승인할 때 다음 각 호의 허가, 인가, 면허, 승인, 지정, 결정, 신고, 해제 또는 용도폐지(이하 이 조에서 "허가등"이라 한다)에 관하여 시장·군수 또는 구청장이 제4항에 따라 다른 행정기관의 장과 협의를 한 사항에 대하여는 그 허가등을 받은 것으로 본다.
  6. 「산지관리법」 제14조 및 제15조에 따른 산지전용허가, 산지전용신고, 같은 법 제15조의2에 따른 산지일시사용허가·신고 및 같은 법 제21조에 따라 산지전용된 토지의 용도변경 승인과 「산림자원의 조성 및 관리에 관한 법률」 제36조제1항 및 제4항에 따른 입목벌채 등의 허가와 신고
  ④ 시장·군수 또는 구청장이 제33조에 따른 사업계획의 승인 또는 「건축법」 제11조제1항 및 같은

법 제22조제1항에 따른 건축허가와 사용승인을 할 때 그 내용 중 제1항부터 제3항까지에 해당하는 사항이 다른 행정기관의 권한에 속하는 경우에는 그 행정기관의 장과 협의하여야 하며, 협의를 요청받은 행정기관의 장은 대통령령으로 정하는 기간에 의견을 제출하여야 한다. 이 경우 다른 행정기관의 장이 그 기간에 의견을 제출하지 아니하면 의견이 없는 것으로 본다.

「산지관리법」

제14조(산지전용허가) ① 산지전용을 하려는 자는 그 용도를 정하여 대통령령으로 정하는 산지의 종류 및 면적 등의 구분에 따라 산림청장등의 허가를 받아야 하며, 허가받은 사항을 변경하려는 경우에도 같다. 다만, 농림축산식품부령으로 정하는 사항으로서 경미한 사항을 변경하려는 경우에는 산림청장등에게 신고로 갈음할 수 있다.

④ 관계 행정기관의 장이 다른 법률에 따라 산지전용허가가 의제되는 행정처분을 하기 위하여 산림청장등에게 협의를 요청하는 경우에는 대통령령으로 정하는 바에 따라 제18조에 따른 산지전용허가 기준에 맞는지를 검토하는 데에 필요한 서류를 산림청장등에게 제출하여야 한다.

제37조(재해의 방지 등) ① 산림청장등은 다음 각 호의 어느 하나에 해당하는 허가 등에 따라 산지전용, 산지일시사용, 토석채취 또는 복구를 하고 있는 산지에 대하여 대통령령으로 정하는 바에 따라 토사유출, 산사태 또는 인근지역의 피해 등 재해 방지나 산지경관 유지 등에 필요한 조사·점검·검사 등을 할 수 있다.

1. 제14조에 따른 산지전용허가

8. 다른 법률에 따라 제1호부터 제5호까지의 허가 또는 신고가 의제되거나 배제되는 행정처분

⑥ 산림청장등은 제1항 및 제2항에 따른 조사·점검·검사 등을 한 결과에 따라 필요하다고 인정하면 대통령령으로 정하는 바에 따라 제1항 각 호의 어느 하나에 해당하는 허가 등의 처분을 받거나 신고 등을 한 자에게 다음 각 호 중 필요한 조치를 하도록 명령할 수 있다.

1. 산지전용, 산지일시사용, 토석채취 또는 복구의 일시중단

2. 산지전용지, 산지일시사용지, 토석채취지, 복구지에 대한 녹화피복(綠化被覆) 등 토사유출 방지조치

3. 시설물 설치, 조림(造林), 사방(砂防) 등 재해의 방지에 필요한 조치

4. 그 밖에 산지경관 유지에 필요한 조치

제55조(벌칙) 보전산지에 대하여 다음 각 호의 어느 하나에 해당하는 자는 2년 이하의 징역 또는 2천만원 이하의 벌금에 처하고, 보전산지 외의 산지에 대하여 다음 각 호의 어느 하나에 해당하는 자는 1년 이하의 징역 또는 1천만원 이하의 벌금에 처한다.

7. 제37조제6항 각 호에 따른 조치명령을 위반한 자

[문 1]

I. 논점: 인허가의제

II. 인허가의제

1. 의의

2. 인허가의제의 정도

○ 학설: ① 관할집중설, ② 절차집중설, ③ 실체집중설 등

○ 판례: 절차집중

○ 결론: 절차집중설 타당

III. 사례의 경우

○ 사업계획을 승인할 수 없음

[문 2]

Ⅰ. 논점: 의제된 산지전용허가가 취소소송의 대상이 될 수 있는지 여부(인허가 의제의 경우, 주된 인허가와 의제된 인허가가 각각 존재하는지 여부)

Ⅱ. 인허가 의제의 경우, 주된 인허가와 의제된 인허가가 각각 존재하는지 여부

Ⅲ. 관련판례

Ⅳ. 사례의 경우
  ◦ 乙이 산지전용허가를 다투고자 하는 경우 산지전용허가를 대상으로 취소소송을 제기하면 됨

[문 3]

Ⅰ. 논점
  ① 조치명령이 절차(또는 형식)상 하자로 위법한지 여부, 특히 이유제시의 하자
  ② 형사법원의 선결문제판단권

Ⅱ. 절차상 하자
  1. 절차상 하자
  2. 절차상 하자의 독자적 위법성
    (1) 문제의 소재
    (2) 학설

    1) 소극설
    2) 적극설
    (3) 판례
  3. 절차적 하자의 위법성 정도
  ◦ 중대명백설에 따라 판단
  ◦ 대법원의 경우
  4. 이유제시
    (1) 의의
    (2) 이유제시의 하자와 그 효과
    (3) 이유제시의 방법과 정도
  5. 사례의 경우
  ◦ 행정절차법상 이유제시에 하자
  ◦ 위법성의 정도는 취소사유

Ⅲ. 형사법원의 선결문제판단권
  1. 공정력과 구성요건적 효력
  2. 형사법원의 선결문제판단권
    (1) 문제의 소재
    (2) 형사사건과 선결문제
      ◦ ① 부정설, ② 긍정설(다수설),
        ③ 판례: 긍정설
  3. 사례의 경우
  ◦ 甲의 주장은 타당함

[문 1]

Ⅰ. 논점: 인허가의제

Ⅱ. 인허가의제[61]

1. 의의

  ◦ 인허가의제란 근거법상의 인허가 등을 받으면 그 근거법에서 정하고 있는 다른 법률에 의한 인허가 등도 받은 것으로 의제하는 것을 말함

---

61) 강론, 358면 이하.

2. 인허가의제의 정도

○ 주된 인허가기관은 의제되는 인허가의 요건에 어느 정도까지 구속되는가 하는 것과 관련하여, ① 주된 인허가기관으로 관할만 집중될 뿐 의제되는 인허가에 요구되는 절차적·실체적 요건을 모두 준수하여야 한다는 관할집중설, ② 주된 인허가기관은 의제되는 인허가기관이 준수하여야 하는 절차를 준수하지 않아도 되지만 의제되는 인허가의 실체적 요건에는 기속된다는 절차집중설, ③ 주된 인허가기관은 의제되는 인허가에 대한 절차적·실체적 요건을 고려하지 않고 독자적으로 의제 여부를 판단할 수 있다는 실체집중설 등이 있음

○ 판례는 ① 인허가의제시 의제되는 인허가의 절차를 생략할 수 있다고 하여 절차집중을 인정하고 있는 것으로 보임. ② 그러면서 의제되는 인허가의 요건불비를 이유로 주된 인허가신청을 거부할 수 있다고 하거나, ③ 인허가의제가 목적사업이 관계 법령상 인허가의 실체적 요건을 충족하였는지에 관한 심사를 배제하려는 취지는 아니라고 하여 실체집중을 부인하는 것으로 보임

○ 관련판례

"건축물의 건축이 국토계획법상 개발행위에 해당할 경우 그에 대한 건축허가를 하는 허가권자는 건축허가에 배치·저촉되는 관계 법령상 제한 사유의 하나로 국토계획법령의 개발행위허가기준을 확인하여야 하므로, 국토계획법상 건축물의 건축에 관한 개발행위허가가 의제되는 건축허가신청이 국토계획법령이 정한 개발행위허가기준에 부합하지 아니하면 허가권자로서는 이를 거부할 수 있고, 이는 건축법 제16조 제3항에 의하여 개발행위허가의 변경이 의제되는 건축허가사항의 변경허가에서도 마찬가지이다(대판 2016.8.24, 2016두35762)."

○ 인허가의제는 행정절차의 간소화를 통하여 국민의 권익을 증진시키기 위한 목적으로 도입된 제도이므로 절차의 간소화를 통하여 절차만이 집중되는 것으로 보는 것이 타당함

Ⅲ. 사례의 경우

○ 중소기업창원지원법 제35조 제1항은 사업계획 승인이 있으면 사전협의절차를 거쳐 산지관리법상 산지전용허가가 의제됨을 규정하고 있음

○ 이 인허가의제는 절차집중으로 이해하여야 하기 때문에, 사업계획승인을 받기 위해서는 의제되는 인허가인 산지전용허가의 요건을 갖추어야 함

○ 따라서 甲의 신청이 산지전용허가의 요건을 완비하지 못했다면 사업계획을 승인할 수 없다고 보아야 함

[문 2]

Ⅰ. **논점:** 의제된 산지전용허가가 취소소송의 대상이 될 수 있는지 여부(인허가 의제의 경우, 주된 인허가와 의제된 인허가가 각각 존재하는지 여부)

Ⅱ. 인허가 의제의 경우, 주된 인허가와 의제된 인허가가 각각 존재하는지 여부

○ 주된 인허가(사업계획승인)로 의제된 인허가(산지전용허가)가 있는 경우, 이 경우 주된 인허가만이 처분인지(처분이 1개인지), 아니면 주된 인허가처분과 의제된 인허가처분이 모두 존재하는지(처분이 2개인지)가 문제임

○ 인허가의제는 여러 개의 인허가(각각 처분임을 전제로 한다)를 하나의 절차로 집중한 것에 불과하기 때문에, 인허가의제가 있었다면, 의제된 인허가별로 처분이 존재한다고 보아야 함

○ 따라서 사업계획승인으로 산지전용허가가 의제된 경우, 이미 2개의 처분이 있었으므로, 만약 산지전용허가를 취소하고자 하는 경우에는 산지전용허가 취소소송을 제기하면 됨

Ⅲ. 관련판례

○ "의제된 인허가는 통상적인 인허가와 동일한 효력을 가지므로, 적어도 '부분 인허가 의제'가 허용되는 경우에는 그 효력을 제거하기 위한 법적 수단으로 의제된 인허가의 취소나 철회가 허용될 수 있고(대판 2018.7.12, 2017두48734), 이러한 직권 취소·철회가 가능한 이상 그 의제된 인허가에 대한 쟁송취소 역시 허용된다(대판 2018.11.29, 2016두38792)."

Ⅳ. 사례의 경우

○ 취소소송의 대상이 되려면, 행정소송법상 처분(행소법 2 ① 1호)이 있어야 함

○ 사례에서는 乙의 입장에서 산지전용처분이 존재하는가가 문제임

○ 사례에서 사업계획승인으로 산지전용허가가 의제되었으므로, 양자는 각각 독립된 처분으로 존재함

○ 따라서 乙이 산지전용허가를 다투고자 하는 경우에는 산지전용허가를 대상으로 취소소송을 제기하면 됨

[문 3]

Ⅰ. **논점:** ① 조치명령이 절차(또는 형식)상 하자로 위법한지 여부, 특히 이유제시의 하자
　　　　　 ② 형사법원의 선결문제판단권

Ⅱ. 절차상 하자[62]

1. 절차상 하자

○ 행정행위는 주체·내용·형식·절차에 관한 적법요건을 갖추지 못하면 '하자 있는 위법한 행위'가 됨

○ 법령에서 행정처분을 위한 절차를 규정하는 경우에 이러한 규정을 준수하지 않으면 절차상 하자 있는 위법한 처분이 됨

2. 절차상 하자의 독자적 위법성

(1) 문제의 소재

○ 절차상의 하자가 있다는 이유만으로 행정행위가 위법한 행정행위가 되어 무효 또는 취소가 되는가 하는 문제로, 특히 기속행위와 관련하여 논란이 있음

(2) 학설

1) 소극설

○ ① 행정절차는 적정한 행정결정을 확보하기 위한 것이고, ② 행정청이 적법한 절차를 거쳐 다시 처분하더라도 결국 동일한 처분을 하게 되는 경우 절차상 하자만으로 당해 처분을 취소하는 것은 행정경제·소송경제에 반한다는 점 등에서 독자적 위법성을 부인

2) 적극설

○ ① 법정 절차를 준수하지 않아도 행정처분이 적법한 것으로 인정된다면 이는 법치행정의 원리에 정면으로 위배되고, ② 소극설에 따를 경우 기속행위의 경우에는 절차적 규제를 담보할 수단이 없어지게 된다는 점 등에서 독자적 위법성 긍정

(3) 판례

○ 사전통지 또는 의견제출절차의 결여(대판 2004.5.28, 2004두1254), 청문절차의 결여(대판 1992.2.11, 91누11575), 이유제시의 결여(대판 1985.5.28, 84누289), 심의절차의 누락(대판 2007.3.15, 2006두15806)을 절차위반의 위법사유로 인정하고 있어 적극설의 입장이라고 할 수 있음

3. 절차적 하자의 위법성 정도

○ 명문의 규정이 없는 경우에 절차상 하자가 무효사유인지 취소사유인지 문제임. 이 문제는 결국 중대명백설에 따라 판단하여야 할 것임

○ 대법원의 경우 대부분 절차적 하자가 있는 행정처분에 대하여 취소사유로 인정하나, 절차위반으로 인하여 그 절차가 지향하는 목적을 형해화할 정도의 하자가 있는 경우 중대하고 명백

---

62) 강론, 447면 이하.

한 하자로서 무효로 보고 있음

4. 이유제시[63]

(1) 의의

o 행정청은 처분을 할 때에는 ① 신청 내용을 그대로 인정하는 처분인 경우, ② 단순·반복적인 처분 또는 경미한 처분으로서 당사자가 그 이유를 명백하게 알 수 있는 경우, ③ 긴급히 처분을 할 필요가 있는 경우를 제외하고는 당사자에게 그 근거와 이유를 제시하여야 함(행정절차법 23 ①). 그러나 ②와 ③의 경우에도 당사자의 요청이 있는 경우에는 그 근거와 이유를 제시하여야 함(행정절차법 23 ②)

(2) 이유제시의 하자와 그 효과

o 이유제시의 하자는 독자적인 위법사유가 됨. 따라서 이유제시에 하자가 있는 처분은 위법함. 판례의 입장도 동일함(대판 1985.5.28, 84누289)

(3) 이유제시의 방법과 정도

o 처분을 받은 자가 어떠한 근거와 이유에서 당해 처분이 있었는지를 알 수 있을 정도로 그 근거와 이유를 구체적으로 제시하여야 함. 따라서 위반사실이 특정되지 않으면 그 처분은 위법함(대판 1990.9.11, 90누1786)

o 그러나 처분의 상대방이 그 근거를 알 수 있을 정도로 상당한 이유를 제시한 경우에는 당해 처분의 근거 및 이유를 구체적 조항 및 내용까지 명시하지 않았더라도 그 처분이 위법한 것이 된다고 할 수 없음(대판 2002.5.17, 2000두8912)

5. 사례의 경우

o 甲이 충분히 알 수 있도록 처분의 사유와 근거가 제시되지 않은 것은 행정절차법상 이유제시에 하자가 있는 것임

o 이 절차상(또는 형식상) 하자는 독자적 위법사유가 됨

o 위법성의 정도는 -이유제시가 전혀 이루어지지 않은 것은 아니므로- 취소사유임

Ⅲ. 형사법원의 선결문제판단권

1. 공정력과 구성요건적 효력[64]

o 전통적으로 공정력을 「행정행위가 적법요건에 하자가 있더라도, 그 흠이 중대·명백하여 당

---

63) 강론, 424면 이하.
64) 강론, 225면 이하.

연무효가 아닌 한, 권한 있는 기관에 의하여 취소될 때까지는 유효한 것으로 통용되어 누구
든지 행정행위의 효력을 부인하지 못하는 힘」으로 이해하고 있음
- ○ 행정기본법 15(처분의 효력)
- ○ 그런데, 행정행위의 효력을 이들 이외의 다른 국가기관이 존중하여야 하는 문제를 공정력과
  는 무관한 '행정행위의 구성요건적 효력'으로 이해하기도 함
- ○ 이에 따라 다른 기관의 선결문제판단권의 문제를 공정력의 문제로 보기도 하고 구성요건적
  효력의 문제로 보기도 함

2. 형사법원의 선결문제판단권[65]

(1) 문제의 소재
- ○ 선결문제란 민사소송이나 형사소송 등의 본안판단의 전제가 된 행정행위의 위법성이나 유효
  여부를 민사법원이나 형사법원이 스스로 판단할 수 있는가 하는 문제를 말함
(2) 형사사건과 선결문제
- ○ 이에 대해서는 ① 행정행위가 당연무효가 아닌 한 형사법원은 행정행위의 위법성을 판단할
  수 없다고 보는 부정설과 ② 공정력, 즉 단순위법의 하자가 있지만 권한 있는 기관에 의하여
  취소되기 전까지는 유효한 행정행위의 효력을 부인(취소)하지 않는 한, 그 위법성을 심리·판
  단할 수 있다고 보는 긍정설(다수설)이 있음. ③ 판례는 긍정설의 입장과 같음

3. 사례의 경우
- ○ 위에서 검토한 바와 같이 조치명령은 행정절차법 위반으로 위법하고 그 하자는 취소사유임
- ○ 형사법원은 행정행위의 공정력 또는 구성요건적 효력 때문에 조치명령이 취소되지 않는 한
  그 효력을 부인할 수 없음. 다만 그 위법 여부는 스스로 판단할 수 있음
- ○ 형사법원이 산지관리법 제55조에 근거하여 형벌을 과하려면 조치명령이 적법한 것이라야 하
  는데, 형사법원은 조치명령이 위법함을 스스로 판단할 수 있고, 그렇게 판단한 이상 유죄판
  결을 할 수 없음
- ○ 甲의 주장은 타당함

---

65) 강론, 232면 이하.

[제 2 문]

甲은 만취한 상태로 운전하다가 경찰 검문소 앞에서 음주운전 일제단속에 적발되었다. 당시 근무 경찰관 A는 甲의 차량을 도로변에 정차시킨 다음 운전면허증과 차량 열쇠를 甲으로부터 임의제출 받아 검문소 사무실 서랍에 보관한 후 음주측정을 한 바 혈중알콜농도 0.15 %가 측정되었다. 甲이 경찰관 A에게 다른 차들의 교통에 방해가 되지 않도록 도로 밖으로 차량을 이동시키겠다고 말하면서 열쇠의 반환을 요구하자, 경찰관 A는 그 상태에서 운전을 해서는 안 되니 일단 귀가하였다가 술이 깬 후 다음날 오거나 대리운전자를 데리고 와 차를 가져가라고 말한 후 열쇠를 甲에게 주었다. 甲은 단속 경찰관들의 동태를 살피다가 몰래 차량을 운전하여 집으로 가던 중 보행자 乙을 충격하는 사고를 일으켜 乙이 사망하였다. 사고 당시 甲은 제한속도를 시속 30킬로미터나 초과하여 운행하였다. 이 사고로 인해 사망한 乙의 유족은 경찰관 A의 직무상 의무 위반을 이유로 「국가배상법」상 손해배상을 청구할 수 있는지를 검토하시오. (25점)

Ⅰ. 논점
  ○ 국가배상법 제2조의 배상책임의 요건
  ○ 특히 '직무상 의무위반으로 인한 법령위반'
Ⅱ. 행정상 손해배상의 의의
Ⅲ. 국배법 제2조의 배상책임의 요건
  1. 배상책임의 요건
  2. 공무원
  3. 직무
  ○ '직무'의 범위: 광의설
  ○ 권한소홀(부작위)로 인한 배상책임
  4. 고의·과실
  5. 법령위반
    1) 법령위반의 관념에 관한 학설 및 판례
      ① 결과불법설, ② 상대적 위법성설,
      ③ 행위위법설(협의, 광의), ④ 직무 의무위반설 등
  ○ 판례: 광의의 행위위법설
    2) 법령위반의 의미
  ○ 법령
  ○ 위반
    3) 특히 부작위에 의한 위반
      ① 문제의 소재
      ② 학설
      ③ 판례
    4) 직무상 의무위반으로 위법하게 되는 경우
  6. 타인에게 손해가 발생할 것
Ⅳ. 사례의 경우
  ○ 乙의 유가족은 국가배상을 청구할 수 있음

Ⅰ. **논점:** 국가배상법 제2조의 배상책임의 요건 중 '직무상 의무위반으로 인한 법령위반'

Ⅱ. 행정상 손해배상의 의의

o 행정상 손해배상제도는 국가 또는 공공단체의 위법한 행정작용으로 인하여 개인에게 가하여진 손해를 배상하여 주는 제도임

o 국가배상법은 배상책임의 유형으로 ① 동법 제2조의 공무원의 위법행위로 인한 손해배상책임과 ② 제5조의 공공시설의 설치·관리상의 하자로 인한 손해배상책임을 규정하고 있음

Ⅲ. 국배법 제2조의 배상책임의 요건[66]

1. 배상책임의 요건

o 국가배상법 제2조에 따라 국가나 지방자치단체의 배상책임이 성립하기 위해서는 ① 공무원의 행위일 것, ② 직무행위일 것, ③ 직무를 집행하면서 행한 행위일 것, ④ 고의·과실이 있을 것, ⑤ 위법할 것, ⑥ 타인에게 손해가 발생할 것이라는 요건이 충족되어야 함

2. 공무원

o 넓은 의미로 국가공무원법·지방공무원법상의 공무원뿐 아니라 널리 공무를 위탁받아 이에 종사하는 자를 포함함(통설·판례)

3. 직무

o '직무'의 범위는 권력작용과 국가배상법 제5조에 규정된 것을 제외한 비권력작용임(광의설)

o 부작위로 인하여 손해가 발생한 경우 국가 등의 배상책임이 인정되는가 하는 문제와 관련하여, ① 공무원에게 부과된 직무상 의무의 내용이 공공의 이익뿐 아니라 개인의 이익도 보호하기 위한 것인 경우에는 국가 등의 배상책임을 인정하여야 한다는 것이 다수의 견해임. ② 판례도 마찬가지임(대판 1993.2.12, 91다43466)

4. 고의·과실

o 고의란 일정한 결과가 발생할 것을 알고 있는 경우를 말함

o 과실이란 공무원으로서 일반적으로 요구되는 주의의무를 게을리 한 경우를 의미함

o 판례도 공무원의 직무집행상의 과실을 그 직무를 수행함에 있어 평균적 공무원에게 기대할 수 있을 정도의 주의의무를 게을리 하는 것으로 보고 있음. 판례는 다음과 같은 기준들을 활용하고 있음

---

66) 강론, 597면 이하.

5. 법령위반[67]

(1) 법령위반의 관념에 관한 학설 및 판례

- ○ ① 가해행위의 결과인 손해의 불법성을 의미한다고 보는 결과불법설

  ② 취소소송에서의 위법 개념과는 달리 위법성을 인정하는 상대적 위법성설

  ③ 공무원의 직무행위의 행위규범에의 적합 여부를 기준으로 위법성 여부를 판단하여야 한다는 행위위법설

  (i) 협의의 행위위법설은 국가배상에서의 위법의 개념은 취소소송에서의 위법의 개념과 동일하다고 보는 관점에서 엄격한 의미에서의 법령위반만을 위법으로 보는 견해

  (ii) 광의의 행위위법설은 국가의 배상책임을 인정하고 있는 취지를 고려하여, 국가배상에서의 위법은 엄격한 의미에서의 법령위반뿐 아니라 널리 신의성실·공서양속·권력남용금지 등의 위반도 포함되는 것으로 보는 견해. 종래 통설

  ④ 법령위반을 공무원의 직무의무의 위반으로 보는 직무의무위반설 등이 있음

- ○ 판례는 국가배상책임에 있어 법령위반의 의미를 엄격한 의미의 법령위반뿐 아니라 널리 신의성실·공서양속·권력남용금지 등의 위반도 포함되는 것으로 보고 있어 광의의 행위위법설의 입장으로 판단됨

(2) 법령위반의 의미

- ○ 법령: 공무원의 직무상 불법행위는 법령에 위반한 것이어야 함. 여기에서의 법령이란 현행 법령 이외에도 행정법의 일반원칙도 포함됨
- ○ 위반: 위반이란 현행 법령이나 행정법의 일반원칙에 위배됨을 말함

(3) 특히 부작위에 의한 위반[68]

① 문제의 소재

- ○ 공무원의 작위의무에 관한 명문의 규정 없이도 작위의무의 존재를 인정할 수 있는지 여부

② 학설

- ○ 명문의 규정이 필요하다는 견해
- ○ 국민의 생명·신체·재산 등은 기본권에 포함되는 것으로서 국가 등의 행정주체는 이를 당연히 보호할 의무가 있는 것이므로, 공무원의 보호의무는 명문의 규정에 의해서만이 아니라 헌법 및 행정법의 일반원칙으로부터도 당연히 도출될 수 있다는 견해

③ 판례

- ○ "국민의 생명, 신체, 재산 등에 대하여 절박하고 중대한 위험상태가 발생하였거나 발생할 우

---

67) 강론, 609면 이하.
68) 강론, 617면 이하.

려가 있어서 국민의 생명, 신체, 재산 등을 보호하는 것을 본래적 사명으로 하는 국가가 초법
규적, 일차적으로 그 위험 배제에 나서지 아니하면 국민의 생명, 신체, 재산 등을 보호할 수
없는 경우에는 형식적 의미의 법령에 근거가 없더라도 국가나 관련 공무원에 대하여 그러한
위험을 배제할 작위의무를 인정할 수 있을 것(대판 2012.7.26., 2010다95666)"

(4) 직무상 의무위반으로 위법하게 되는 경우

o 한편 공무원이 작위의무를 이행하지 않는 경우, 이러한 공무원의 '권한의 불행사(부작위)'가 '현
  저하게 불합리하다고 인정되는 경우'이거나 '현저하게 합리성을 잃어 사회적 타당성이 없는
  경우'에는 직무상 의무를 위반한 것으로서 위법하게 됨(대판 2017.11.9, 2017다228083; 대판 2016.
  8.25, 2014다225083)

6. 타인에게 손해가 발생할 것

o 타인이란 가해행위를 한 공무원과 이에 가담한 자 이외의 모든 자를 말한다.

o 손해란 법익침해의 결과로 발생한 불이익을 말하는데, 국가배상청구권이 성립하려면 가해행
  위와 손해의 발생 사이에 상당인과관계가 있어야 함

Ⅳ. 사례의 경우

o 사례에서 국가배상법 제2조의 배상책임의 요건 중 경찰공무원 A에게 만취상태인 甲의 운전
  을 적극적으로 막아야 할 직무상 의무를 위반하였는지가 특히 문제임

o 우선 사례는 공무원의 직무집행 중 발생한 사건임

o 과실과 관련하여, 평균적 공무원의 관점에서 A가 만취상태인 甲의 열쇠반환요구에 응한 것
  은 중대한 과실로 판단됨

o 법령위반과 관련하여, 음주단속 경찰관의 주의의무를 적극적으로 규정하고 있는 명문의 규정
  은 없지만, 음주자의 운전을 막음으로써 국민의 생명·신체의 안전을 보호하여야 할 의무는
  법령의 근거가 없더라도 존재하는 것이라는 점에서 직무상 이와 같은 의무가 있음을 인정할
  수 있음

o 그리고 만취상태로 음주운전단속에 적발된 甲에게 열쇠를 건네줌으로써 甲이 운전을 하게
  한 것은 '음주운전을 방지할 의무를 제대로 이행하지 않은 것이 현저히 불합리하다고 인정되
  는 경우'임

o A의 부주의로 甲이 음주운전으로 적발된 상태에서 과속으로 운전함으로써 乙이 사망하였으
  므로, 타인에게 손해가 발생하였고, 甲의 행위와 발생된 손해 사이의 인과관계도 인정됨

o 따라서 乙의 유가족은 국가배상을 청구할 수 있음

[제 3 문]

건설업을 운영하는 甲 주식회사는 「국가를 당사자로 하는 계약에 관한 법률」에 근거하여 국방부장관이 주관하는 전투지휘훈련센터 시설공사의 기본설계 기술제안 도급계약을 체결한 후 기본설계를 진행하였다. 그 과정에서 甲의 직원인 乙은 입찰 관련 서류를 입찰에 유리하도록 변조하여 제출하였고, 이후 乙은 이와 같은 사실로 인하여 법원에서 사문서변조죄의 유죄판결을 선고받아 이 판결은 그대로 확정되었다. 국방부장관은 즉시 그 계약을 해지하는 한편 甲에게 입찰 관련 서류를 변조하였다는 사유로 「국가를 당사자로 하는 계약에 관한 법률」, 같은 법 시행령·시행규칙에 근거하여 1년간 입찰참가자격을 제한하는 부정당업자 제재통보를 하였다. (총 25점)

1) 국가와 甲 사이에 체결된 도급계약의 법적 성격을 검토하시오. (10점)
2) 국방부장관은 甲의 직원 乙의 사문서변조죄에 대하여 유죄의 확정판결이 있었다는 이유로 사전통지와 의견제출의 기회를 부여하지 않고 입찰참가자격 제한을 하였다. 그 적법 여부를 검토하시오. (15점)

[참조조문] 현행 법령을 사례해결에 적합하도록 수정하였음
「국가를 당사자로 하는 계약에 관한 법률」
제27조(부정당업자의 입찰 참가자격 제한 등) ① 각 중앙관서의 장은 다음 각 호의 어느 하나에 해당하는 자(이하 "부정당업자"라 한다)에게는 2년 이내의 범위에서 대통령령으로 정하는 바에 따라 입찰 참가자격을 제한하여야 하며, 그 제한사실을 즉시 다른 중앙관서의 장에게 통보하여야 한다. 이 경우 통보를 받은 다른 중앙관서의 장은 대통령령으로 정하는 바에 따라 해당 부정당업자의 입찰 참가자격을 제한하여야 한다.
  9. 그 밖에 다음 각 목의 어느 하나에 해당하는 자로서 대통령령으로 정하는 자
    가. 입찰·계약 관련 서류를 위조 또는 변조하거나 입찰·계약을 방해하는 등 경쟁의 공정한 집행을 저해할 염려가 있는 자

「국가를 당사자로 하는 계약에 관한 법률 시행령」
제76조(부정당업자의 입찰참가자격 제한) ④ 입찰참가자격 제한의 기간에 관한 사항은 법 제27조제1항 각 호에 해당하는 행위별로 부실벌점, 하자비율, 부정행위 유형, 고의·과실 여부, 뇌물 액수 및 국가에 손해를 끼친 정도 등을 고려하여 기획재정부령으로 정한다.

「국가를 당사자로 하는 계약에 관한 법률 시행규칙」
제76조(부정당업자의 입찰참가자격 제한기준 등) 영 제76조제4항에 따른 부정당업자의 입찰참가자격 제한의 세부기준은 별표 2와 같다.

[별표 2] 부정당업자의 입찰참가자격 제한기준(제76조 관련)

1. 일반기준

　다. 각 중앙관서의 장은 부정당업자에 대한 입찰참가자격을 제한하는 경우 자격제한 기간을 그 위반 행위의 동기·내용 및 횟수 등을 고려해 제2호에서 정한 기간의 2분의 1의 범위에서 줄일 수 있으며, 이 경우 감경 후의 제한기간은 1개월 이상이어야 한다.

2. 개별기준

입찰참가자격 제한사유	제재기간
입찰 관련 서류를 위조·변조하거나 부정하게 행사하여 낙찰을 받은 자 또는 허위서류를 제출하여 낙찰을 받은 자	1년

「행정절차법 시행령」

제13조(처분의 사전 통지 생략사유) 법 제21조제4항 및 제5항에 따라 사전 통지를 하지 아니할 수 있는 경우는 다음 각 호의 어느 하나에 해당하는 경우로 한다.

　2. 법원의 재판 또는 준사법적 절차를 거치는 행정기관의 결정 등에 따라 처분의 전제가 되는 사실이 객관적으로 증명되어 처분에 따른 의견청취가 불필요하다고 인정되는 경우

[제 3 문의 1]

Ⅰ. 논점
　○ 공법상 계약인지 사법상 계약인지 여부

Ⅱ. 공법상 계약
　1. 의의
　○ 개념
　○ 행정기본법
　2. 공법상 계약의 종류(특히 행정주체와 사인간의 공법상 계약)
　　(1) 정부계약, 재산관리계약, 영조물의 이용관계에 관한 계약의 경우
　　(2) 현행법상 행정주체와 사인간의 공법상 계약

Ⅲ. 사례의 경우
　○ 전투지휘훈련센터 시설공사의 기본설계 기술제안 도급계약은, 사법상 계약으로 볼 여지도 있으나, '국방 공익을 실현하기 위한 것'이라는 점에서 공법상 계약으로 볼 여지가 더 큼

[제 3 문의 2]

Ⅰ. 논점
　① 입찰참가자격제한이 행정절차법상 불이익처분인지 여부
　② 행정절차법 시행령의 사전통지 생략사유에 해당하는지 여부

Ⅱ. 입찰참가자격제한이 행정절차법상 불이익처분인지 여부
　1. 계약상의 행위와 행정행위와의 구별
　2. 관련 판례

Ⅲ. 불이익처분 절차
　1. 불이익처분의 개념
　2. 사전통지
　3. 의견제출
　　(1) 의의
　　(2) 사전통지 또는 의견제출절차 위반의 효과

Ⅳ. 사례의 경우
　○ 행정절차법상 사전통지와 의견제출의 생략사유에 해당되므로, 입찰참가자격 제한처분은 적법함

[제 3 문의 1]

Ⅰ. 논점: 공법상 계약인지 사법상 계약인지 여부

Ⅱ. 공법상 계약[69]

1. 의의

○ 공법적 효과의 발생을 목적으로 하는 복수당사자 간의 반대방향의 의사표시의 합치에 의하여 성립하는 공법행위

○ 혹자는 행정계약이라는 개념을 사용하지만, 여기에는 행정주체가 계약의 일방당사자라는 점에서 행정주체가 맺는 공법상 계약과 사법상 계약이 모두 포함되어 있다는 문제가 있음

○ 행정기본법은 공법상 계약이라는 명칭으로, 이를 '행정목적을 달성하기 위하여 체결하는 공법상 법률관계에 관한 계약'으로 정의하고 있음

2. 공법상 계약의 종류(특히 행정주체와 사인간의 공법상 계약)

(1) 정부계약, 재산관리계약, 영조물의 이용관계에 관한 계약의 경우

○ 공법상의 계약은 공법적 효과의 발생을 목적으로 하는 계약을 의미하므로, 따라서 국가나 지방자치단체가 주체가 되는 물품조달계약이나 건설도급계약 등은 국가재정법, 지방재정법, 공유재산법, 국가당사자계약법 등에 의하여 공법적인 규제와 통제의 대상이 된다 하더라도 그 성질은 사법상 계약으로 보아야 함

○ 판례: 지방재정법에 의하여 준용되는 국가계약법에 따라 지방자치단체가 당사자가 되는 이른바 공공계약은 사경제의 주체로서 상대방과 대등한 위치에서 체결하는 사법상의 계약으로서 그 본질적인 내용은 사인 간의 계약과 다를 바가 없으므로, 그에 관한 법령에 특별한 정함이 있는 경우를 제외하고는 사적자치와 계약자유의 원칙 등 사법의 원리가 그대로 적용된다 할 것임(대결 2006.6.19, 2006마117)

○ 또한 국공유재산의 임대차, 매매계약, 영조물의 이용관계도 대부분 사법상 계약임

○ 다만 영조물의 이용관계 중에서도 이용관계가 강제되고 이용의 대가를 사용료의 형태로서 부과하여 체납시에는 국세징수법의 예에 따라 강제징수하는 경우에는 공법상 계약으로 보아야 함

(2) 현행법상 행정주체와 사인간의 공법상 계약

○ 국세기본법 제2조 제12호에 의한 납세보증계약, 국유재산법 · 지방재정법에 의한 공법상의

---

69) 강론, 376면 이하.

증여계약으로서의 기부채납, 사회기반시설에 대한 민간투자법·지역균형개발 및 지방중소기업 육성에 관한 법률에 의한 사회간접자본시설의 건설과 운영을 대상으로 하는 실시협약, 지방자치단체와 사인간의 환경관리협약 등

Ⅲ. 사례의 경우

○ 국가와 甲이 체결한 계약은 「국가를 당사자로 하는 계약에 관한 법률」에 근거하여 국방부장관이 주관하는 전투지휘훈련센터 시설공사의 기본설계 기술제안 도급계약임

○ 위 계약은 시설공사와 관련된 도급계약이라는 점에서 대등 당사자 간의 계약으로 볼 여지가 있어 사법상 계약이라고 할 수 있겠음

○ 다만 이 계약은 건설도급계약이 아니고, 국방시설공사를 위한 기본설계 기술제안에 관한 것으로서 '국방이라는 공익을 실현하기 위한 것'이라고 볼 수도 있어 공법상 계약으로 볼 여지가 더 크다고 판단됨

[제 3 문의 2]

Ⅰ. 논점

① 입찰참가자격제한이 행정절차법상 불이익처분인지 여부
② 행정절차법 시행령의 사전통지 생략사유에 해당하는지 여부

Ⅱ. 입찰참가자격제한이 행정절차법상 불이익처분인지 여부

1. 계약상의 행위와 행정행위와의 구별[70]

○ 공법상 계약은 의사의 대등성을 전제로 복수당사자간의 의사표시의 합치로 성립하는 쌍방행위인데 반해서, 행정행위는 행정주체의 우월한 일방적 의사결정에 의하여 행하여지는 단독행위라는 점에서 차이가 있음

2. 관련 판례

○ 행정청이 자신과 상대방 사이의 법률관계를 일방적인 의사표시로 종료시킨 경우 그 의사표시가 처분인지 여부
 "행정청이 자신과 상대방 사이의 법률관계를 일방적인 의사표시로 종료시켰다고 하더라도 곧바로 그 의사표시가 행정청으로서 공권력을 행사하여 행하는 행정처분이라고 단정할 수는

---

70) 강론, 378면 이하.

없고, 관계 법령이 상대방의 법률관계에 관하여 구체적으로 어떻게 규정하고 있는지에 따라 그 의사표시가 항고소송의 대상이 되는 행정처분에 해당하는 것인지 아니면 공법상 계약관계의 일방 당사자로서 대등한 지위에서 행하는 의사표시인지 여부를 개별적으로 판단하여야 함(대판 1996.5.31, 95누10617, 대판 2014.4.24, 2013두6244 등)

ㅇ 공법상 계약의 해지 및 환수에 대한 법령상 규정이 있는 경우와 없는 경우의 차이

― '규정이 없는 경우' 협약의 해지 및 그에 따른 이 사건 환수통보는 공법상 계약에 따라 행정청이 대등한 당사자의 지위에서 하는 의사표시로 봄이 타당하고, 이를 행정청이 우월한 지위에서 행하는 공권력의 행사로서 행정처분에 해당한다고 볼 수 없음(대판 2015.8.27, 2015두41449)

― '규정이 있는 경우' 협약의 해지 통보는 단순히 대등 당사자의 지위에서 형성된 공법상계약을 계약당사자의 지위에서 종료시키는 의사표시에 불과한 것이 아니라 행정청이 우월적 지위에서 연구개발비의 회수 및 관련자에 대한 국가연구개발사업 참여제한 등의 법률상 효과를 발생시키는 행정처분에 해당함(대판 2014.12.11, 2012두28704)

Ⅲ. 불이익처분 절차[71]

1. 불이익처분의 개념

ㅇ 당사자에게 의무를 부과하거나 권익을 제한하는 처분(행정절차법 21)

2. 사전통지

ㅇ 행정청이 불이익처분을 하는 경우에는 ① 처분의 제목, ② 당사자의 성명 또는 명칭과 주소, ③ 처분하려는 원인이 되는 사실과 처분의 내용 및 법적 근거, ④ 이에 대하여 의견을 제출할 수 있다는 뜻과 의견을 제출하지 아니하는 경우의 처리방법, ⑤ 의견제출기관의 명칭과 주소, ⑥ 의견제출기한, ⑦ 기타 필요한 사항을 미리 당사자 등에게 통지하여야 함(행정절차법 21 ①)

ㅇ 한편 사전통지는 ① 공공의 안전 또는 복리를 위하여 긴급히 처분을 할 필요가 있는 경우, ② 법령등에서 요구된 자격이 없거나 없어지게 되면 반드시 일정한 처분을 하여야 하는 경우에 그 자격이 없거나 없어지게 된 사실이 법원의 재판 등에 의하여 객관적으로 증명된 경우, ③ 해당 처분의 성질상 의견청취가 현저히 곤란하거나 명백히 불필요하다고 인정될 만한 상당한 이유가 있는 경우에는 하지 않을 수 있음(행정절차법 21 ④)

ㅇ 처분의 전제가 되는 사실이 법원의 재판 등에 의하여 객관적으로 증명된 경우 등 제4항에

---

71) 강론, 431면 이하.

따른 사전 통지를 하지 아니할 수 있는 구체적인 사항은 대통령령으로 정하도록 하고 있고(행정절차법 21 ⑤), 이에 따라 동법 시행령 제13조 제2호에서 이를 구체적으로 규정하고 있음

3. 의견제출

(1) 의의

ο 행정청이 어떠한 행정작용을 하기 전에 당사자등이 의견을 제시하는 절차로서 청문이나 공청회에 해당하지 아니하는 절차(행정절차법 2 7호)

ο 따라서 불이익처분시 관련 법령상 청문이나 공청회에 관한 규정이 없더라도, 행정절차법상의 의견제출절차는 반드시 거쳐야 함(행정절차법 22 ③)

ο 다만 제21조 제4항 각 호의 어느 하나에 해당하는 경우와 당사자가 의견진술의 기회를 포기한다는 뜻을 명백히 표시한 경우에는 의견청취를 하지 아니할 수 있음(행정절차법 22 ④)

(2) 사전통지 또는 의견제출절차 위반의 효과

ο 행정청이 불이익처분을 하면서 사전통지를 하지 않거나 의견제출의 기회를 부여하지 않으면, 이는 절차상 하자 있는 위법한 처분이 됨

Ⅳ. 사례의 경우

ο 사례의 입찰참가자격제한은 「국가를 당사자로 하는 계약에 관한 법률」과 동법 시행령 및 시행규칙에 근거하여 행정청이 고권적으로 법령을 집행한 것으로서 처분에 해당함

ο 입찰참가자격제한처분은 행정절차법상 불이익처분에 해당함. 따라서 행정절차법이 적용됨

ο 다만 처분의 전제가 되는 사실(입찰 관련 서류의 변조)로 형사법원의 재판절차를 거쳐 유죄가 확정되었으므로, 처분의 전제사실이 객관적으로 증명되었다고 판단됨

ο 따라서 행정절차법상 사전통지와 의견제출의 생략사유에 해당되므로, 입찰참가자격제한처분은 적법함

2022년 5급(행정) 공채 제2차시험

[제 1 문]

甲은 X 시의 시장 乙에게 X 시에 소재한 자신의 토지에 공동주택의 건설사업을 위한 개발행위허가 신청을 하였다. 乙은 "甲의 신청지는 X 시 도시기본계획상 도시의 자연환경 및 경관을 보호하기 위하여 도시자연공원구역으로 지정이 예정되어 있어 전체적인 개발계획이 수립되지 않은 상태에서 개별적인 공동주택 입지를 위한 개발행위허가는 불합리하다."라는 이유로, 2020.10.9. 甲의 신청을 거부하였다(이하 '제1차 거부처분'). 이에 甲은 乙을 상대로 제1차 거부처분의 취소를 구하는 소를 제기하였고, 법원은 제1차 거부처분이 구체적이고 합리적인 근거 없이 甲의 신청을 불허한 것으로 재량권의 일탈·남용이라고 보아 甲의 청구를 인용하는 판결을 하였다. 이 취소판결은 확정되었고, 사실심 변론종결일은 2021.11.16.이다. 甲은 위 판결 확정 이후인 2021.12.17. 乙에게 위 확정판결에 따른 후속조치의 이행을 촉구하는 내용의 민원을 제기하였는데, 당시 X 시의 담당과장은 민원을 접수하면서 甲에게 "법적으로 가능하다면 개발행위를 허가해 주겠다."라고 구두로 답변하였다. 그러나 乙은 2021.12.28. 甲에게 "甲이 신청한 토지는 국토교통부에서 확정 발표한 도시자연공원 확대사업이 반영된 대상지로서 우리 시에서는 체계적인 도시개발 및 난개발 방지를 위해 「국토의 계획 및 이용에 관한 법률」에 따라 2021.10.26. 개발행위허가 제한지역으로 고시하여 현재 신규 개발행위허가는 불가능하다."라는 사유로 甲의 개발행위를 불허하는 통지를 하였다(이하 '제2차 거부처분'). 다음 물음에 답하시오. (총 50점)

1) 甲은 제2차 거부처분이 확정된 취소판결의 취지에 따르지 아니한 것으로 보아 「행정소송법」상 간접강제를 신청하였다. 그 신청의 인용 가능성을 검토하시오. (30점)
2) 甲은 X 시의 담당과장이 "법적으로 가능하다면 개발행위를 허가해 주겠다."라고 답변한 것을 들어, 제2차 거부처분이 위법하다고 주장한다. 甲의 주장이 타당한지 검토하시오. (10점)
3) 乙은 제2차 거부처분을 하면서 행정심판 및 행정소송의 제기 여부 등 불복절차에 대하여 아무런 고지를 하지 않았다. 甲은 이를 이유로 제2차 거부처분은 절차적 하자가 있는 위법한 처분이라고 주장한다. 甲의 주장이 타당한지 검토하시오. (10점)

[참조조문] 현행 법령을 사례해결에 적합하도록 수정하였음
「국토의 계획 및 이용에 관한 법률」
제56조(개발행위의 허가) ① 다음 각 호의 어느 하나에 해당하는 행위로서 대통령령으로 정하는 행위(이하 "개발행위"라 한다)를 하려는 자는 특별시장·광역시장·특별자치시장·특별자치도지사·시장 또는 군수의 허가(이하 "개발행위허가"라 한다)를 받아야 한다.
  1. 건축물의 건축 또는 공작물의 설치

제58조(개발행위허가의 기준) ① 특별시장·광역시장·특별자치시장·특별자치도지사·시장 또는 군수는 개발행위허가의 신청 내용이 다음 각 호의 기준에 맞는 경우에만 개발행위허가 또는 변경허가를 하여야 한다.

1. 용도지역별 특성을 고려하여 대통령령으로 정하는 개발행위의 규모에 적합할 것
2. 도시·군관리계획 및 성장관리계획의 내용에 어긋나지 아니할 것
3. 도시·군계획사업의 시행에 지장이 없을 것
4. 주변지역의 토지이용실태 또는 토지이용계획, 건축물의 높이, 토지의 경사도, 수목의 상태, 물의 배수, 하천·호소·습지의 배수 등 주변환경이나 경관과 조화를 이룰 것
5. 해당 개발행위에 따른 기반시설의 설치나 그에 필요한 용지의 확보계획이 적절할 것

제63조(개발행위허가의 제한) ① 국토교통부장관, 시·도지사, 시장 또는 군수는 다음 각 호의 어느 하나에 해당되는 지역으로서 도시·군관리계획상 특히 필요하다고 인정되는 지역에 대해서는 대통령령으로 정하는 바에 따라 중앙도시계획위원회나 지방도시계획위원회의 심의를 거쳐 한 차례만 3년 이내의 기간 동안 개발행위허가를 제한할 수 있다.

3. 도시·군기본계획이나 도시·군관리계획을 수립하고 있는 지역으로서 그 도시·군기본계획이나 도시·군관리계획이 결정될 경우 용도지역·용도지구 또는 용도구역의 변경이 예상되고 그에 따라 개발행위허가의 기준이 크게 달라질 것으로 예상되는 지역

② 국토교통부장관, 시·도지사, 시장 또는 군수는 제1항에 따라 개발행위허가를 제한하려면 대통령령으로 정하는 바에 따라 제한지역·제한사유·제한대상행위 및 제한기간을 미리 고시하여야 한다.

[문 1]
Ⅰ. 논점: 취소판결의 기속력, 간접강제
Ⅱ. 취소판결의 기속력
　1. 기속력의 의의와 성질
　2. 내용
　　(1) 반복금지효
　　(2) 재처분의무
　　　1) 의의
　　　2) 거부처분의 취소판결에 따른 재처분의무
　　　3) 절차의 하자를 이유로 한 취소판결에 따른 재처분의무
　　(3) 결과제거의무
　3. 효력범위
　　(1) 주관적 범위
　　(2) 객관적 범위
　　　1) 절차 또는 형식에 위법이 있는 경우

　　　2) 내용에 위법이 있는 경우
　　(3) 시간적 범위
Ⅲ. 간접강제
　1. 의의
　2. 요건
　3. 절차
　4. 적용범위
　5. 배상금의 법적 성격
Ⅳ. 사례의 경우
　○ 제2차 거부처분은 '재처분'에 해당되어, 甲의 간접강제 신청은 인용될 수 없음

[문 2]
Ⅰ. 논점: 신뢰보호원칙
Ⅱ. 신뢰보호원칙
　1. 의의
　2. 근거
　　(1) 이론적 근거

(2) 실정법적 근거

3. 적용요건

① 행정청의 선행조치가 있어야 함

② 보호가치 있는 신뢰

③ 관계인의 조치

④ 인과관계

⑤ 선행조치에 반하는 행정처분의 존재

4. 신뢰보호의 한계

Ⅲ. **관련판례**

o 대판 2011.10.27, 2011두14401

Ⅳ. **사례의 경우**

o X시 담당과장의 답변을 공적인
견해표명으로 보기 어려움

[문 3]

Ⅰ. **논점:** 불복고지의 결여가 절차상
하자인지

Ⅱ. **절차상 하자**

Ⅲ. **불복고지**

1. 의의

2. 불복고지의 성질

3. 불복고지의 종류

4. 불고지(不告知)·오고지(誤告知)의 효과

Ⅳ. **사례의 경우**

o 불복고지를 결여한 것이 절차상
하자라고 보기 어려움

[문 1]

Ⅰ. 논점: 취소판결의 기속력, 간접강제

Ⅱ. 취소판결의 기속력[72]

1. 기속력의 의의와 성질

o 취소판결의 취지에 따르도록 당사자인 행정청과 그 밖의 관계행정청을 구속하는 효력

o 기속력은 행정청에 대하여 판결의 취지에 따를 의무를 부과하는 것임. 따라서 기속력은 취소
판결의 실효성을 확보하기 위한 것임

o 기속력의 성질에 대하여는 기판력설과 특수효력설이 대립되고 있는데, 후자가 통설이고 타당
함. 판례의 입장은 분명치 않음

2. 내용

(1) 반복금지효

o 취소판결이 확정되면 당사자인 행정청 및 관계행정청은 동일한 사안에서 동일한 당사자에
대하여 동일한 내용의 처분을 반복할 수 없음

---

72) 강론, 956면 이하.

○ 반복금지효에 위반하여 다시 확정판결과 저촉되는 처분을 하는 것은 허용되지 않으므로 이러한 처분은 위법한 것으로서 당연무효임(대판 1990.12.11, 90누3560)

(2) 재처분의무

1) 의의

○ 행정청이 취소판결의 취지에 따라 일정한 처분을 하여야 할 의무

○ 이에 따라 행정청은 '판결의 취지에 따라야 할 의무(판결의 취지에 반해서는 안 될 의무)'와 '재처분을 하여야 할 의무'를 부담하게 됨

2) 거부처분의 취소판결에 따른 재처분의무

○ 행정소송법 제30조 제2항은 거부처분의 취소판결에 따른 재처분의무를 규정하고 있음

3) 절차의 하자를 이유로 한 취소판결에 따른 재처분의무

○ 신청에 따른 처분(인용처분)이 절차의 위법을 이유로 취소되는 경우에도 행정청은 재처분의무를 부담함(행소법 30 ③)

(3) 결과제거의무

○ 취소판결이 있게 되면, 행정청은 위법한 처분으로 인하여 야기된 상태를 제거하여야 할 의무를 부담함. 이러한 의무에 대응하여 상대방은 공법상 결과제거청구권을 가짐

3. 효력범위

(1) 주관적 범위

○ 취소판결의 기속력은 당사자인 행정청과 그 밖의 관계행정청을 기속함

(2) 객관적 범위

○ 판결의 실효성 확보를 위하여 인정되는 효력으로서 판결의 주문뿐만 아니라 그 전제가 되는 처분 등의 구체적 위법사유에 관한 이유 중의 판단에 대하여도 인정됨

○ 따라서 취소소송에서 소송의 대상이 된 거부처분을 실체법상의 위법사유에 기하여 취소하는 판결이 확정된 경우에는 당해 거부처분을 한 행정청은 원칙적으로 신청을 인용하는 처분을 하여야 하고, 사실심 변론종결 이전의 사유를 내세워 다시 거부처분을 하는 것은 확정판결의 기속력에 저촉되어 허용되지 아니함(대판 2001.3.23, 99두5238)

1) 절차 또는 형식에 위법이 있는 경우

○ 절차 내지 형식의 위법을 이유로 처분을 취소하는 판결이 확정된 경우에 그 확정판결의 기속력은 확정판결에 적시된 절차 내지 형식의 위법사유에 한하여 미침

○ 따라서 처분권자가 그 확정판결에 적시된 위법사유를 보완하여 행한 새로운 처분은 확정판결에 의하여 취소된 종전의 처분과는 별개의 처분으로서 확정판결의 기속력에 저촉되는 것은 아님(대판 1992.5.26, 91누5242)

2) 내용에 위법이 있는 경우

○ 처분시를 기준으로 그 이전에 존재하였던 다른 사유를 근거로 다시 처분할 수 있는가 하는 것이 문제임

○ 판결의 기속력은 판결주문 및 이유에서 판단된 위법사유와 기본적 사실관계의 동일성이 인정되는 사유에 미친다고 하여야 할 것임

○ 따라서 행정청은 처분 이전에 존재하였던 사유로서 처분사유와 기본적 사실관계의 동일성이 없는 사유를 근거로 재처분하는 것은 기속력에 저촉되지 않으므로 가능함(대판 1991.8.9, 90누 7326)

(3) 시간적 범위

○ 처분의 위법성판단과 관련하여 처분시설을 따르면, 기속력은 처분시를 기준으로 그때까지 존재하였던 사유에 한하고, 그 이후에 생긴 사유에는 미치지 않음

Ⅲ. 간접강제[73]

1. 의의

○ 행정청이 거부처분취소판결이나 부작위위법확인판결이 확정되었음에도 행정소송법 제30조 제2항의 규정에 의한 처분을 하지 아니하는 경우에 법원이 행정청에게 일정한 배상을 할 것을 명하는 제도(행소법 34 ①, 38 ②)

○ 간접강제는 민사집행법의 간접강제(민사집행법 261)와 유사한 제도로서, 이는 비대체적 작위의무의 이행을 간접적으로 강제하기 위한 것임. 거부처분취소판결이나 부작위위법확인판결의 경우에도 행정청이 부담하는 재처분의무는 비대체적 작위의무이므로, 이를 강제하기 위해서 행정소송법에도 간접강제제도를 도입하게 된 것임

2. 요건

○ 간접강제를 하기 위해서는 ① 거부처분취소판결이나 부작위위법확인판결이 확정되어야 함. 이 경우 신청에 따른 처분이 절차의 위법을 이유로 취소된 경우를 포함함. ② 그리고 거부처분취소판결 등이 확정되었음에도 행정청이 재처분을 하지 않아야 함. 이와 관련하여 판례는 행정청의 재처분이 무효인 경우에도 재처분이 없는 것과 마찬가지로 보아 '재처분을 하지 않은 경우'에 해당한다고 봄

---

73) 강론, 962면 이하.

3. 절차

○ 행정청이 재처분의무를 이행하지 아니한 때에는 ① 당사자는 제1심수소법원에 간접강제를 신청하여야 함. ② 제1심수소법원은 당사자의 신청이 이유가 있을 때에는 상당한 기간을 정하고 행정청이 그 기간내에 이행하지 아니하는 때에는 그 지연기간에 따라 일정한 배상을 명하거나 즉시 손해배상을 명하는 결정을 함. 행정소송법 제33조가 준용됨에 따라 간접강제 결정은 피고 또는 참가인이었던 행정청이 소속하는 국가 또는 공공단체에 그 효력을 미침(행소법 33, 34 ②). ③ 간접강제결정이 있음에도 행정청이 재처분을 하지 않으면, 신청인은 그 간접강제결정을 집행권원으로 하여 집행문을 부여받아 배상금을 추심할 수 있음. ④ 간접강제 신청에 따른 인용결정 및 기각결정에 대해서는 즉시항고를 할 수 있음(민사집행법 261 ②)

4. 적용범위

○ 간접강제규정은 부작위위법확인소송에도 준용됨(행소법 38 ②). 그러나 무효등확인판결의 경우 판결의 기속력 및 재처분의무에 관한 규정(행소법 30)은 준용되면서도 간접강제를 준용하는 규정이 없어(행소법 38 ①), 무효등확인판결에도 간접강제가 허용되는지에 대하여 논란이 있음
○ 이에 대하여는 ① 무효등확인판결에 따른 재처분의무는 인정되나 간접강제는 준용규정이 없어 허용되지 않는다는 부정설과 ② 무효등확인판결도 재처분의무가 인정되고 그 의무불이행을 강제할 필요성은 취소판결의 경우와 다르지 않다는 점에서 간접강제를 허용하여야 한다는 긍정설이 대립됨. ③ 판례는 부정설의 입장임. ④ 생각건대 거부처분에 무효의 하자가 있는 경우는 단순위법의 하자의 경우보다 행정청의 재처분을 통하여 당사자를 보호하여야 할 필요가 더욱 크다고 판단되므로 긍정설이 타당함

5. 배상금의 법적 성격

○ 간접강제결정에 근거한 배상금은 확정판결의 취지에 따른 재처분의 지연에 대한 제재나 손해배상이 아니라 재처분의 이행에 관한 심리적 강제수단임
○ 따라서 행정청이 간접강제결정에서 정한 기간이 경과한 후에라도 재처분을 하면 이로써 간접강제의 목적은 달성되는 것이므로 처분상대방이 더 이상 배상금을 추심하는 것은 허용되지 않음

Ⅳ. 사례의 경우

○ 제1차 거부처분에 대한 취소판결의 기속력에 따라 乙은 甲의 신청에 따른 재처분을 하여야 할 의무가 있음

ㅇ 이 경우, "사실심 변론종결 이전의 사유를 내세워 다시 거부처분을 하는 것은 확정판결의 기속력에 저촉되어 허용되지 아니함(대판 2001.3.23, 99두5238)"의 의미는 "사실심 변론종결 이전에 유효하게 주장할 수 있었던 사유를 내세워 다시 이전의 신청에 대한 거부처분을 할 수 없다는 것일 뿐, 이 사건과 같이 종전 처분 후 발생한 새로운 사유를 내세워 다시 거부처분을 할 수 없다는 취지는 아님(대판 2011.10.27, 2011두14401)

ㅇ 따라서, 이 사건 제2차 거부처분은 제1차 거부처분 취소판결의 기속력에 반하지 않고, 이로써 간접강제의 요건이 충족되지 않으므로, 甲의 간접강제 신청은 인용될 수 없음(행정소송법 제34조 제1항의 '행정청이 제30조 제2항의 규정에 의한 처분(이전 신청에 대한 처분)을 하지 아니하는 때'에 해당하지 않음)

[문 2]

Ⅰ. 논점: 신뢰보호원칙

Ⅱ. 신뢰보호원칙[74]

1. 의의

ㅇ 행정청의 일정한 명시적이거나 묵시적인 언동의 정당성 또는 존속성에 대한 개인의 보호가치 있는 신뢰는 보호해 주어야 한다는 원칙

2. 근거

(1) 이론적 근거: 신의칙설, 사회국가원리설, 기본권설, 독자적 원칙설, 법적 안정성설(다수설 및 판례)

(2) 실정법적 근거: 행정기본법 제12조[75]

　　　　　　　　국세기본법 제18조 제3항, 행정절차법 제4조 제2항 및 제40조의2[76]

---

74) 강론, 50면 이하.

75) 제12조(신뢰보호의 원칙) ① 행정청은 공익 또는 제3자의 이익을 현저히 해칠 우려가 있는 경우를 제외하고는 행정에 대한 국민의 정당하고 합리적인 신뢰를 보호하여야 한다.
　② 행정청은 권한 행사의 기회가 있음에도 불구하고 장기간 권한을 행사하지 아니하여 국민이 그 권한이 행사되지 아니할 것으로 믿을 만한 정당한 사유가 있는 경우에는 그 권한을 행사해서는 아니 된다. 다만, 공익 또는 제3자의 이익을 현저히 해칠 우려가 있는 경우는 예외로 한다.

76) 제40조의2(확약) ① 법령등에서 당사자가 신청할 수 있는 처분을 규정하고 있는 경우 행정청은 당사자의 신청에 따라 장래에 어떤 처분을 하거나 하지 아니할 것을 내용으로 하는 의사표시(이하 "확약"이라 한다)를 할 수 있다.
　② 확약은 문서로 하여야 한다.
　③ 행정청은 다른 행정청과의 협의 등의 절차를 거쳐야 하는 처분에 대하여 확약을 하려는 경우에는 확약을 하기

3. 적용요건

① 행정청의 선행조치가 있어야 함

② 보호가치 있는 신뢰: 선행조치가 정당하다고 신뢰한 데 대하여 개인에게 귀책사유가 없어야 함

③ 관계인의 조치: 행정청의 선행조치를 신뢰한 이해관계인이 일정한 조치를 하여야 함

④ 인과관계: 행정청의 선행조치와 이를 신뢰한 이해관계인의 조치 간에 인과관계가 있어야 함

⑤ 선행조치에 반하는 행정처분의 존재: 신뢰보호원칙이 적용되기 위해서는 행정청이 선행조치에 반하는 처분을 함으로써 이를 신뢰한 개인의 이익이 침해되는 결과가 초래되어야 함

⑥ '공익 또는 제3자의 정당한 이익을 현저히 해칠 우려가 없을 것': 대법원이 제시해 온 신뢰보호원칙의 소극적 적용요건인데, 행정기본법 제12조에 이를 명문으로 규정함. 그러나 이는 이익형량시 당연히 요구되는 것이므로 이를 신뢰보호원칙의 '적용요건'으로 볼 필요는 없고, 신뢰보호원칙의 한계 문제로 검토하면 됨

4. 신뢰보호의 한계

○ 요건이 충족되더라도, 최종적으로는 '적법상태의 실현에 의하여 달성되는 공익'과 '행정작용에 대한 개인의 신뢰이익' 간의 이익형량을 통하여 문제를 해결하여야 함

Ⅲ. 관련판례

○ "피고의 이 사건 처분의 목적과 동기에 불법이 없고, 피고가 "법적으로 가능하다면 주택건설사업계획을 승인해 주겠다."는 의사를 표시한 것은 관계 법령에 따라 검토 후 문제가 없으면 허가해 주겠다는 원론적인 답변에 불과할 뿐 이를 주택건설사업계획 승인에 관한 공적인 견해표명을 한 것이 아니고, 달리 피고가 원고로 하여금 승인이 곧 이루어질 것이라는 신뢰를 가지도록 하였다고 인정하기 어렵다 … (대판 2011.10.27, 2011두14401)."

Ⅳ. 사례의 경우

○ X시 담당과장이 "법적으로 가능하다면 개발행위를 허가해 주겠다."고 답변한 것은 관계 법

전에 그 절차를 거쳐야 한다.

④ 행정청은 다음 각 호의 어느 하나에 해당하는 경우에는 확약에 기속되지 아니한다.
   1. 확약을 한 후에 확약의 내용을 이행할 수 없을 정도로 법령등이나 사정이 변경된 경우
   2. 확약이 위법한 경우

⑤ 행정청은 확약이 제4항 각 호의 어느 하나에 해당하여 확약을 이행할 수 없는 경우에는 지체 없이 당사자에게 그 사실을 통지하여야 한다.

령상 문제가 없으면 허가해 주겠다는 원론적인 답변에 불과할 뿐 이를 개발행위 허가에 관한 공적인 견해표명이라고 보기 어려움. 또한, X시 담당과장은 "법적으로 가능하다면"이라고 발언하였는데, 이후에 제2차 거부처분은 '법적으로 불가능한 상황'에서 이루어진 처분이므로 X시 담당과장의 발언에 저촉된다고 보기도 어려움

○ 따라서 제2차 거부처분이 신뢰보호원칙을 위반하여 위법하다고 보기 어려우므로, 甲의 주장은 타당하지 않음

[문 3]

Ⅰ. 논점: 불복고지의 결여가 절차상 하자인지 여부

Ⅱ. 절차상 하자[77]

○ 행정행위는 주체·내용·형식·절차에 관한 적법요건을 갖추지 못하면 '하자 있는 위법한 행위'가 됨

○ 법령에서 행정처분을 위한 절차를 규정하는 경우에 이러한 규정을 준수하지 않으면 절차상 하자 있는 위법한 처분이 됨

Ⅲ. 불복고지[78]

1. 의의

○ 행정심판법 제58조는 행정청이 처분을 할 때에는 처분의 상대방에게 해당 처분에 대하여 행정심판을 청구할 수 있는지, 행정심판을 청구하는 경우의 심판청구 절차 및 심판청구 기간을 알리도록 하고, 또한 이해관계인이 요구하면 해당 처분이 행정심판의 대상이 되는 처분인지, 행정심판의 대상이 되는 경우 소관 위원회 및 심판청구 기간을 지체 없이 알려 주도록 하고 있는데, 이를 불복고지라함

2. 불복고지의 성질

○ 불복고지는 행정심판에 관한 사항을 알리는 데 불과하므로 비권력적 사실행위임

○ 불복고지를 결여한 처분에 대하여 판례는 고지의무를 이행하지 아니하였다고 하더라도 그 처분이 위법하다고 할 수 없다는 입장임(대판 1987.11.24, 87누529)

---

77) 강론, 447면 이하.
78) 강론, 752면 이하.

3. 불복고지의 종류

○ 불복고지에는 ① 직권에 의한 고지와 ② 이해관계인의 요구에 의한 고지가 있음

4. 불고지(不告知)·오고지(誤告知)의 효과

○ 행정청이 고지를 하지 않거나 잘못 고지한 경우, 이와 같은 불고지 또는 오고지가 당해 처분의 효력에는 영향을 미치지 않으나(대판 1987.11.24, 87누529), 행정심판법 제23조와 제27조는 이에 대하여 당사자가 기간상의 불이익을 입지 않도록 규정하고 있음

Ⅳ. 사례의 경우

○ 행정심판법상 불복고지는 국민의 권리구제를 위한 정보제공으로서의 성질을 가지는 것이고, 불복고지를 결여하거나 잘못 고지한 경우 행정심판법에서는 처분의 상대방이 절차상 불이익을 받지 않도록 규정하고 있음
○ 이와 같은 점을 고려하면, 불복고지를 결여한 것이 처분의 절차상 하자에 이른다고 보기는 어려움
○ 따라서 甲의 주장이 타당하다고 할 수 없음

[제2문]

A 도(道) B 시(市) 인사과장 乙은 신임 시장의 취임 직후 B 시에 소속된 모든 4급 이상 공무원에게 사직서 제출을 요청하였다. 다음 물음에 답하시오. (총 30점)

1) B 시 4급 공무원 甲은 사직서를 제출하면서 자신은 사직 의사가 전혀 없다는 점을 乙에게 분명히 전달하였으나 사직서가 수리되어 의원면직(依願免職)되었다. 甲에 대한 의원면직처분이 적법한지 검토하시오. (10점)

2) 乙의 일괄 사직서 제출 요청행위는 「지방공무원법」상 징계의결요구를 하여야 할 징계사유에 해당함에도 불구하고, B 시 시장은 오히려 乙을 4급에서 3급으로 승진임용하였다. 행정안전부장관이 B 시 시장의 乙에 대한 승진임용처분을 취소할 수 있는지 검토하시오. (20점)

[참조조문] 현행 법령을 사례해결에 적합하도록 수정하였음

「지방공무원법」

제38조(승진) ① 계급 간의 승진임용은 근무성적평정, 경력평정, 그 밖의 능력의 실증에 따라 한다. 다만, 1급부터 3급까지의 공무원으로의 승진임용은 능력과 경력 등을 고려하여 임용한다.

「지방공무원 임용령」

제34조(승진임용의 제한) ① 공무원이 다음 각 호의 어느 하나에 해당하는 경우에는 승진임용될 수 없다.

1. 징계의결요구 또는 관계 행정기관의 장의 징계처분요구가 있거나, 징계처분, 직위해제, 휴직 또는 시보임용기간 중에 있는 경우

「민법」

제107조(진의 아닌 의사표시) ① 의사표시는 표의자가 진의아님을 알고 한 것이라도 그 효력이 있다. 그러나 상대방이 표의자의 진의아님을 알았거나 이를 알 수 있었을 경우에는 무효로 한다.

[문 1]	[문 2]
Ⅰ. **논점**: 의원면직처분의 적법성	Ⅰ. **논점**
Ⅱ. **공무원법관계의 소멸**	○ 자치사무에 대한 시정명령과 취소·정지
Ⅲ. **의원면직**	Ⅱ. **행정행위의 적법요건**
1. 면직의 의의	Ⅲ. **자치사무와 기관위임사무의 구별**
2. 의원면직	1. 학설
○ 의의	2. 판례
○ 관련판례: 대판 1997.12.12, 97누13962	3. 결어
Ⅳ. **사례의 경우**	Ⅳ. **자치사무에 대한 행정적 통제**
○ 적법하다고 볼 수 없음	1. 자치사무에 대한 통제 개관

```
    2. 시정명령과 취소·정지(지자법 188)        법령위반으로 위법함
        (1) 시정명령                      ○ B시 시장의 승진임용은 자치사무임
        (2) 취소·정지                     ○ 지자법 188 ②~④에 따라 행안부장관은
  Ⅴ. 사례의 경우                             취소할 수 있음
        ○ B시 시장의 승진임용처분은
```

[문 1]

Ⅰ. 논점: 의원면직처분의 적법성

Ⅱ. 공무원법관계의 소멸[79]

- 공무원법관계의 소멸이란 공무원의 신분이 해소되어 더 이상 공무원으로서의 법률관계가 존재하지 않게 되는 것을 말함
- 공무원법관계의 소멸은 당연퇴직으로 인한 경우와 면직에 의한 경우가 있음
- 사례의 경우는 면직의 경우임

Ⅲ. 의원면직[80]

1. 면직의 의의

- 면직이란 임용권자의 처분으로 공무원법관계를 소멸시키는 것을 말함
- 임용권자의 처분이라는 별도의 행위가 요구된다는 점에서 당연퇴직과 차이가 있음
- 면직에는 공무원의 자발적 의사에 의하여 이루어지는 의원면직과 임용권자의 의사에 의하여 이루어지는 강제면직이 있는데, 사례의 경우는 의원면직의 경우임

2. 의원면직

- 의원면직이란 공무원의 사직의 의사표시에 따라 임용권자가 행하는 공무원법관계를 종료시키는 처분을 말함. 따라서 의원면직의 법적 성질은 상대방의 신청을 요하는 쌍방적 행정행위(협력을 요하는 행정행위)임
- 사직의 의사표시는 정상적인 의사작용에 의한 것이어야 함
- 관련판례

---

79) 강론, 1201면 이하.
80) 강론, 1202면 이하.

— 사직서의 제출이 강압에 의하여 의사결정의 자유를 박탈당한 상태에서 이루어진 것이라면 그 의사표시가 무효로 될 것이나, 그렇지 않고 의사결정의 자유를 제한하는 정도에 그친 경우라면 그 성질에 반하지 아니하는 한 의사표시에 관한 민법 제110조(사기, 강박에 의한 의사표시)의 규정[81]을 준용하여 그 효력을 따져보아야 할 것이다(대판 1997.12.12, 97누13962).

— 이와 같은 무효의 경우가 아니라면, 비록 사직원 제출자의 내심의 의사가 사직할 의사가 아니었다고 하더라도, 비진의 의사표시에 관한 민법 제107조는 그 성질상 사인의 공법행위에는 준용되지 아니하므로, 사직의 의사표시가 외부적으로 표시되면 그 의사는 표시된 대로 효력을 발한다(대판 1997.12.12, 97누13962).

— 공무원이 한 사직의 의사표시는 의원면직처분이 있기 전까지 철회 또는 취소할 수 있다(대판 2001.8.24, 99두9971).

Ⅳ. 사례의 경우

○ 甲의 사직서 제출과 관련하여 甲은 사직할 의사가 아니었다고 하더라도, 비진의 의사표시에 관한 민법 제107조는 그 성질상 사인의 공법행위에는 준용되지 아니하므로, 사직의 의사표시가 외부적으로 표시되면 그 의사는 표시된 대로 효력을 발함

○ 그러나, 乙의 사직서 일괄 제출 요청은 의사결정의 자유가 박탈당한 상태 또는 의사결정의 자유가 제한되는 상태에서 이루어진 것으로 보아야 하므로, 의원면직처분은 적법하다고 볼 수 없음

— 전자에 해당하면 무효이고, 후자에 해당하면 취소되어야 할 것임

[문 2]

Ⅰ. 논점: 자치사무에 대한 시정명령과 취소 · 정지(행정안전부장관이 '자치사무'에 대한 '기초지방자치단체의 장'의 '위법'한 처분에 대하여 직접 취소할 수 있는지 여부)

Ⅱ. 행정행위의 적법요건[82]

○ 행정행위가 적법하려면 적법요건을 갖추어야 하는데, 적법요건은 구체적으로 주체 · 내용 · 형식 · 절차요건으로 구분할 수 있음

---

81) 민법 제110조(사기, 강박에 의한 의사표시) ①사기나 강박에 의한 의사표시는 취소할 수 있다.
　②상대방있는 의사표시에 관하여 제삼자가 사기나 강박을 행한 경우에는 상대방이 그 사실을 알았거나 알 수 있었을 경우에 한하여 그 의사표시를 취소할 수 있다.
　③전2항의 의사표시의 취소는 선의의 제삼자에게 대항하지 못한다.

82) 강론, 216면 이하.

○ 주체요건: 정당한 권한을 가진 행정기관의 행위이어야 함
○ 내용요건: 법치행정의 원리, 즉 법률우위의 원칙과 법률유보의 원칙을 준수하여야 하고, 행정법의 일반원칙을 준수하여야 하며, 내용이 명확하고 실현가능하여야 함
○ 절차·형식요건: 행정기본법·행정절차법 및 개별법령상 절차와 형식을 준수하여야 함

Ⅲ. 자치사무와 기관위임사무의 구별[83]

1. 학설

① 개별법령에서 사무권한의 주체를 국가기관의 장으로 규정하고 있으면 국가사무이고 별도의 권한위임규정에 의하여 이 사무가 지방자치단체의 장에게 위임되었으면 기관위임사무이며, 개별법령에서 사무권한의 주체를 지방자치단체의 장으로 규정하고 있는 경우에는 자치사무로 보아야 한다는 견해
② 개별법령에서 사무수행의 주체를 지방자치단체의 장으로 규정하고 있는 경우에도 개별법령의 취지와 내용을 판단하여 국가주도적으로 처리되어야 할 사무인 경우에는 기관위임사무, 지방자치단체가 자율적으로 처리할 수 있는 사무인 경우에는 자치사무로 보는 견해

2. 판례

○ 법령에서 사무권한의 주체를 지방자치단체의 장으로 규정하고 있는 경우에도 "법령상 지방자치단체의 장이 처리하도록 하고 있는 사무가 자치사무인지 아니면 기관위임사무인지를 판단하기 위해서는 그에 관한 법령의 규정 형식과 취지를 우선 고려하여야 하지만, 그 밖에 그 사무의 성질이 전국적으로 통일적인 처리가 요구되는 사무인지, 그에 관한 경비부담과 최종적인 책임귀속의 주체가 누구인지 등도 함께 고려하여야 한다."는 입장(대판 2013.5.23, 2011추56)

3. 결어

○ 헌법의 지방자치권보장의 관점에서 지방자치단체가 수행하는 사무는 자치사무인 것이 원칙이고, 따라서 법령에서 그 사무의 권한 주체를 지방자치단체의 장으로 규정하고 있는 경우 그 사무는, 반드시 전국적인 통일적 처리가 요구되는 등의 예외적인 경우를 제외하고는, 자치사무로 보아야 함. 학설 ①이 타당

---

83) 강론, 1155면 이하.

Ⅳ. 자치사무에 대한 행정적 통제[84]

1. 자치사무에 대한 통제 개관

(1) 조언 · 권고

(2) 보고 · 감사

(3) 승인유보

(4) 재의요구명령과 제소

(5) 시정명령과 취소 · 정지

2. 시정명령과 취소 · 정지(지자법 188)[85]

(1) 시정명령

○ 지방자치단체의 사무에 관한 그 장의 명령이나 처분이 법령에 위반되거나 현저히 부당하여 공익을 해친다고 인정되면 시 · 도에 대하여는 주무부장관이, 시 · 군 및 자치구에 대하여는 시 · 도지사가 기간을 정하여 서면으로 시정할 것을 명할 수 있음(지자법 188 ① 전단)

○ 주무부장관은 지방자치단체의 사무에 관한 시장 · 군수 및 자치구의 구청장의 명령이나 처분이 법령에 위반되거나 현저히 부당하여 공익을 해침에도 불구하고 시 · 도지사가 제1항에 따른 시정명령을 하지 아니하면 시 · 도지사에게 기간을 정하여 시정명령을 하도록 명할 수 있고(지자법 188 ②), 시 · 도지사가 제2항에 따른 기간에 시정명령을 하지 아니하면 제2항에 따른 기간이 지난 날부터 7일 이내에 직접 시장 · 군수 및 자치구의 구청장에게 기간을 정하여 서면으로 시정할 것을 명할 수 있음(지자법 188 ③)

○ 시정명령은 '지방자치단체의 사무'에 대한 것으로 자치사무와 단체위임사무를 대상으로 함. 기관위임사무는 지방자치단체의 사무가 아니므로 시정명령의 대상이 아님

○ 시정명령은 자치사무에 대한 경우에는 합법성 감독의 관점에서 '위법한 명령이나 처분'만을 대상으로 함(지자법 188 ⑤). 단체위임사무에 대한 경우에는 위법뿐만 아니라 부당통제도 가능함

○ 자치사무에 대한 시정명령은 독립한 공법인인 지방자치단체에 대한 것으로서 행정쟁송법상의 처분에 해당함. 다만 단체위임사무에 대한 시정명령은 행정내부적 행위이므로 처분성이 없다고 보아야 할 것임

(2) 취소 · 정지

○ 감독청은 지방자치단체의 장이 시정명령을 정해진 기간에 이행하지 아니하면 시정명령의 대

---

84) 강론, 1168면 이하.

85) 강론, 1171면 이하.

상이었던 명령이나 처분을 취소하거나 정지할 수 있음(지자법 188 ① 후단)

○ 주무부장관은 시·도지사가 시장·군수 및 자치구의 구청장에게 제1항에 따라 시정명령을 하였으나 이를 이행하지 아니한 데 따른 취소·정지를 하지 아니하는 경우에는 시·도지사에게 기간을 정하여 시장·군수 및 자치구의 구청장의 명령이나 처분을 취소하거나 정지할 것을 명하고, 그 기간에 이행하지 아니하면 주무부장관이 이를 직접 취소하거나 정지할 수 있음(지자법 188 ④)

○ 자치사무에 관한 명령이나 처분의 시정명령, 취소 또는 정지는 법령을 위반하는 것에 한함(지자법 188 ⑤). 따라서 단체위임사무의 경우에는 법령에 위반하는 경우뿐 아니라 부당한 경우도 취소·정지의 사유가 됨

○ 지방자치법 제188조에 따른 자치사무에 관한 명령이나 처분에 대한 취소 또는 정지는 자치행정이 법령의 범위 내에서 행하여지도록 감독하기 위한 규정이므로 그 대상이 처분으로 제한되지 않음

V. 사례의 경우

○ 지방공무원 법령에 따르면, 乙의 사직서 일괄제출 요청이 징계사유에 해당되는 경우, 승진임용을 할 수 없음

— 따라서, B시 시장의 승진임용처분은 법령위반으로 위법함

○ 지방공무원법상 B시 시장은 그 소속 공무원에 대한 임용권자임(지방공무원법 6 ①). 이는 지방자치단체의 자치권(인사고권)에 속하는 것으로서 B시 시장의 승진임용은 자치사무임

○ '기초지방자치단체인 B시'의 시장의 자치사무에 대한 처분이 위법한 경우, A도의 도지사가 시정명령을 하고 이를 이행하지 않을 경우 취소·정지할 수 있으나, 도지사가 이를 하지 않는 경우에는 행정안전부장관이 시정명령을 하고 이를 이행하지 않을 경우 직접 취소·정지할 수 있음(지자법 188 ②~④)

○ 따라서 A도의 도지사가 시정명령을 하지 않거나, 시정명령은 하였으나 그 불이행에 따른 취소·정지를 하지 않을 경우, 행정안전부장관은 B시 시장의 승진임용처분을 취소할 수 있음

[제 3 문]

A 주택재건축정비사업조합(이하 'A 조합')은 B 시(市) 소재 아파트의 재건축사업을 시행할 목적으로 관계 법령에 따라 조합설립의 인가 및 등기를 마쳤다. A 조합은 조합총회에서 관리처분계획안을 의결하고, B 시 시장에게 관리처분계획의 인가를 신청하였다. 다음 물음에 답하시오. (총 20점)

1) B 시 시장은 위 관리처분계획에 대한 인가를 하였다. 이에 조합원 甲은 위 관리처분계획이 위법 하다는 이유로 위 인가처분의 취소를 구하는 소송을 제기하였다. 협의의 소의 이익에 대하여 검 토하시오. (10점)
2) B 시 시장의 관리처분계획에 대한 인가 전에 조합원 乙이 위 관리처분계획안에 대한 조합 총회 결의의 효력을 다투고자 한다면 어떠한 소송에 의하여야 하는지 검토하시오. (10점)

[참조조문] 현행 법령을 사례해결에 적합하도록 수정하였음
「도시 및 주거환경정비법」
제74조(관리처분계획의 인가 등) ① 사업시행자는 제72조에 따른 분양신청기간이 종료된 때에는 분양 신청의 현황을 기초로 다음 각 호의 사항이 포함된 관리처분계획을 수립하여 시장·군수등의 인가를 받아야 하며, 관리처분계획을 변경·중지 또는 폐지하려는 경우에도 또한 같다.
1. 분양설계
2. 분양대상자의 주소 및 성명
3. 분양대상자별 분양예정인 대지 또는 건축물의 추산액
4. 분양대상자별 종전의 토지 또는 건축물 명세 및 사업시행계획인가 고시가 있은 날을 기준으로 한 가격
5. 정비사업비의 추산액 및 그에 따른 조합원 분담규모 및 분담시기
6. 그 밖에 정비사업과 관련한 권리 등에 관하여 대통령령으로 정하는 사항

[문 1]
I. 논점: 인가 후 관리처분계획을 다투는 방법
II. 인가
  ㅇ 의의
  ㅇ 기본행위와 인가에 대한 쟁송방법
III. 협의의 소익
  ㅇ 의의: 행소법 12 2문
  ㅇ 협의의 소익이 없는 경우
IV. 관리처분계획

1. 관리처분계획의 의의
2. 관리처분계획의 인가
  (1) 관리처분계획의 인가
  (2) 인가를 통하여 확정된 관리처분 계획의 성질
  (3) 인가 후 관리처분계획을 다투는 방법
V. 사례의 경우
  ㅇ 처분인 관리처분계획의 위법을 다투려면 이에 대한 항고소송을

제기하여야 함
o 관리처분계획의 위법을 이유로 하자가
   없는 인가를 다투는 것은 협의의
   소익이 없음

Ⅱ. **당사자소송**
Ⅲ. **관리처분계획안에 대한 조합총회의 의결**
Ⅳ. **사례의 경우**
   o 관리처분계획안에 대한 조합총회의
      의결은 처분이 아님
   o 관리처분계획안에 대한 조합총회결의는
      공법상 법률관계이므로 당사자소송을
      제기하여야 함

[문 2]
Ⅰ. **논점:** 관리처분계획안에 대한
   조합총회결의의 효력을 다투는 방법

[문 1]

Ⅰ. 논점: 인가 후 관리처분계획을 다투는 방법

Ⅱ. 인가[86)]

o 타인의 법률행위를 보충하여 그 법률적 효력을 완성시켜 주는 행정행위

o 기본행위에 하자가 있고 인가는 적법한 경우에는 기본행위의 효력을 다툴 수 있는데, 이 경우 기본행위를 다투어야 하는 것이지, 기본행위에 하자가 있음을 이유로 인가를 다툴 수는 없음. 기본행위에 하자가 있음을 이유로 인가를 다투게 되면, (소송의 실익이 없으므로) 인가의 취소 또는 무효확인을 구할 협의의 소익이 부인됨(대판 2014.2.27, 2011두25173)

Ⅲ. 협의의 소익[87)]

o 행정소송법 제12조 제2문은 "처분 등의 효과가 기간의 경과, 처분 등의 집행 그 밖의 사유로 인하여 소멸된 뒤에도 그 처분 등의 취소로 인하여 회복되는 법률상 이익이 있는 자의 경우에는 또한 같다."고 하여 이 경우에도 취소소송을 제기할 수 있음을 규정하고 있음

o 협의의 소익이 없는 경우로 행정소송법은 ① 처분 등의 효과가 소멸된 경우(행소법 12 2문)를 규정하고 있지만, 그 외에도 ② 보다 간단한 방법으로 권리보호가 가능한 경우, ③ 소송으로 다툴 실제적 효용이나 이익이 없는 경우, ④ 소권이 남용 또는 실효된 경우 등을 들 수 있음

---

86) 강론, 186면 이하.
87) 강론, 846면 이하.

Ⅳ. 관리처분계획[88]

1. 관리처분계획의 의의

○ 정비사업 시행자가 분양신청기간이 종료된 때 수립하는 대지 및 건축시설에 관한 관리 및 처분에 관한 계획

2. 관리처분계획의 인가

(1) 관리처분계획의 인가

○ 사업시행자는 제72조에 따른 분양신청기간이 종료된 때에는 분양신청의 현황을 기초로 관리처분계획을 수립하여 시장 · 군수등의 인가를 받아야 하며(도시정비법 74 ①), 시장 · 군수등이 제2항에 따라 관리처분계획을 인가하는 때에는 그 내용을 해당 지방자치단체의 공보에 고시하여야 함(도시정비법 78 ④)

(2) 인가를 통하여 확정된 관리처분계획의 성질

○ 관리처분계획의 법적 성질은 정비사업 완료 후에 행할 이전고시의 내용을 미리 정하는 것으로 총회의 결의 후 인가를 통하여 확정되는 구속적 행정계획으로 보아야 하고, 관리처분계획이 인가 · 고시를 통해 확정되면 이해관계인에 대한 구속적 행정계획으로서 항고소송의 대상이 되는 처분에 해당함(대판 2009.9.17, 2007다2428 전원합의체)

(3) 인가 후 관리처분계획을 다투는 방법

○ 시장 · 군수의 인가는 사업시행자의 관리처분계획의 효력을 완성시키는 보충행위로서 강학상 인가에 해당함(대판 2001.12.11, 2001두7541)

○ 관리처분계획에 관한 행정청의 인가가 있으면 관리처분계획은 처분이 되므로, 인가 이후에 관리처분계획안에 관한 조합총회결의의 효력을 다투려면 총회결의의 하자를 이유로 하여 관리처분계획 등의 취소 또는 무효확인을 구하는 항고소송을 제기하여야 함

○ 이 경우 인가처분은 인가 자체에 하자가 있는 경우에 이를 항고소송으로 다툴 수 있을 뿐, 인가 자체에 하자가 없다면, 기본행위의 하자를 이유로 인가처분의 취소 또는 무효확인을 구할 협의의 소익이 인정되지 않음(대판 2001.12.11, 2001두7541)

Ⅴ. 사례의 경우

○ 사례의 경우는 관리처분계획에 대한 인가가 있고 난 후 관리처분계획의 위법을 다투고자 하는 경우임

---

88) 강론, 1366면 이하; 1414면 이하.

○ 관리처분계획안에 대한 의결에 대하여 시장의 인가가 있고 나면, 관리처분계획은 처분이 됨. 따라서 관리처분계획의 위법을 다투려면 관리처분계획을 대상으로 항고소송을 제기하여야 함
○ 이 경우, 인가 자체에 하자가 없음에도 관리처분계획의 위법을 이유로 인가의 취소를 구하는 소송은 협의의 소익이 없는 경우에 해당됨

[문 2]

Ⅰ. 논점: 관리처분계획안에 대한 조합총회결의의 효력을 다투는 방법

Ⅱ. 당사자소송

○ 당사자소송이란 행정청의 처분 등을 원인으로 하는 법률관계에 관한 소송, 그 밖에 공법상의 법률관계에 관한 소송으로서 법률관계의 한쪽 당사자를 피고로 하는 소송을 말함(행소법 3 2호)

Ⅲ. 관리처분계획안에 대한 조합총회의 의결[89]

○ 시행자가 조합인 경우 관리처분계획은 조합총회의 의결을 거쳐야 함(도시정비법 45 ① 10호)
○ 조합총회의 의결은 처분이 아니므로, 항고소송의 대상이 되지 않음
○ 관리처분계획안에 대한 조합총회 결의는 공법행위(공법상 합동행위)이고, 조합총회결의의 효력을 다투는 것은 처분의 위법 여부에 직접 영향을 미치는 공법상의 법률관계를 다투는 것이므로 조합원은 조합총회의 의결에 대하여 조합을 상대로 민사소송이 아니라 공법상 당사자소송으로 다투어야 함(대판 2009.9.17, 2007다2428 전원합의체; 대판 2010.2.25, 2007다73598)

Ⅳ. 사례의 경우

○ 관리처분계획안에 대한 조합총회의 의결은 처분이 아님
— 이 의결이 시장의 인가를 받으면 비로소 관리처분계획이 처분이 되는 것임
— 따라서 인가를 받기 전에는 -처분이 아니라- 법률관계를 다투어야 함
○ 이 경우 관리처분계획안에 대한 조합총회결의는 공법상 법률관계이므로, 이를 다투려면 -민사소송이 아니라- 공법상 당사자소송을 제기하여야 함

---

89) 강론, 1367면 이하; 1412면 이하.

2023년 5급(행정) 공채 제2차시험

[제 1 문]

A 시는 A 시에 소재한 甲 소유 임야 10,620 m²(이하 '이 사건 토지'라 한다)가 포함된 일대의 토지에 대해 「공익사업을 위한 토지 등의 취득 및 보상에 관한 법률」(이하 '토지보상법'이라 한다)상 공익사업인 공원조성사업을 시행하기로 하였다. 공원조성사업의 시행자인 A 시의 시장은 甲과의 협의가 성립되지 아니하자 관할 X 지방토지수용위원회에 수용재결을 신청하였고, X 지방토지수용위원회는 이 사건 토지를 토지보상법에 따라 금 7억원의 보상금으로 수용하는 재결(이하 '수용재결'이라 한다)을 하였다. 그러나 甲은 "이 사건 토지는 공원용지로서 부적합하며, 인접 토지와의 사이에 경계, 위치, 면적, 형상 등을 확정할 수 없어 정당한 보상액의 산정은 물론 수용대상 토지 자체의 특정이 어려워 토지수용 자체가 불가능하므로 수용재결이 위법하다"는 이유로 토지보상법 제83조에 따라 X 지방토지수용위원회를 거쳐 중앙토지수용위원회에 이의를 신청하였다. 이에 중앙토지수용위원회는 이 사건 토지에 대한 수용 자체는 적법하다고 인정하면서 이 사건 토지에 대한 보상금을 금 8억원으로 하는 재결(이하 '이의재결'이라 한다)을 하였다. (각 문항은 상호독립적임)

(총 50점)

1) 甲은 자신의 토지는 수용대상 토지를 특정할 수 없어 수용 자체가 불가능하므로 수용재결과 이의재결은 위법하다고 주장하며 이의재결취소소송을 제기하였다. 이의재결이 취소소송의 대상이 될 수 있는지 검토하시오. (25점)
2) 토지보상금이 적음을 이유로 甲이 보상금의 증액을 청구하는 행정소송을 제기하는 경우, 본안판결 이전에 고려할 수 있는 「행정소송법」상 잠정적인 권리구제수단에 대하여 검토하시오. (10점)
3) 甲은 보상금 산정의 전제가 된 표준지공시지가결정의 비교표준지 선정에 오류가 있고, 평가액 산정의 평가요인별 참작 내용의 정도 등이 불명확하여 적정성과 객관성이 담보되지 않았다는 이유로 표준지공시지가결정이 위법하다고 주장한다. 甲이 보상금증액청구소송에서 이를 주장할 수 있는지 검토하시오. (단, 표준지공시지가결정에 대해서는 제소기간이 도과하였음) (15점)

〈참조조문〉
「공익사업을 위한 토지 등의 취득 및 보상에 관한 법률」
제4조(공익사업) 이 법에 따라 토지등을 취득하거나 사용할 수 있는 사업은 다음 각 호의 어느 하나에 해당하는 사업이어야 한다.
  1. 국방·군사에 관한 사업
  2. 관계 법률에 따라 허가·인가·승인·지정 등을 받아 공익을 목적으로 시행하는 철도·도로·공항·항만·주차장·공영차고지·화물터미널·궤도(軌道)·하천 ··· (중략) ··· 전기통신·방송·가스 및

　　기상 관측에 관한 사업

3. 국가나 지방자치단체가 설치하는 청사·공장·연구소·시험소·보건시설·문화시설·공원·수목원·광장·운동장·시장·묘지·화장장·도축장 또는 그 밖의 공공용 시설에 관한 사업

[이하 생략]

제34조(재결) ① 토지수용위원회의 재결은 서면으로 한다.

제83조(이의의 신청) ① 중앙토지수용위원회의 제34조에 따른 재결에 이의가 있는 자는 중앙토지수용위원회에 이의를 신청할 수 있다.

② 지방토지수용위원회의 제34조에 따른 재결에 이의가 있는 자는 해당 지방토지수용위원회를 거쳐 중앙토지수용위원회에 이의를 신청할 수 있다.

제84조(이의신청에 대한 재결) ① 중앙토지수용위원회는 제83조에 따른 이의신청을 받은 경우 제34조에 따른 재결이 위법하거나 부당하다고 인정할 때에는 그 재결의 전부 또는 일부를 취소하거나 보상액을 변경할 수 있다.

제85조(행정소송의 제기) ① 사업시행자, 토지소유자 또는 관계인은 제34조에 따른 재결에 불복할 때에는 재결서를 받은 날부터 90일 이내에, 이의신청을 거쳤을 때에는 이의신청에 대한 재결서를 받은 날부터 60일 이내에 각각 행정소송을 제기할 수 있다. 이 경우 사업시행자는 행정소송을 제기하기 전에 제84조에 따라 늘어난 보상금을 공탁하여야 하며, 보상금을 받을 자는 공탁된 보상금을 소송이 종결될 때까지 수령할 수 없다.

② 제1항에 따라 제기하려는 행정소송이 보상금의 증감(增減)에 관한 소송인 경우 그 소송을 제기하는 자가 토지소유자 또는 관계인일 때에는 사업시행자를, 사업시행자일 때에는 토지소유자 또는 관계인을 각각 피고로 한다.

[문 1]

Ⅰ. 논점
- 원처분주의와 재결주의
- 보상액결정에 대한 불복절차(특히 취소소송의 대상)

Ⅱ. 원처분주의와 재결주의
1. 의의
   - 원처분주의
   - 재결주의
2. 행정소송법(원처분주의)
   - 행정소송법(행소법 19 단서): 원처분주의
   - 재결 자체에 고유한 위법사유가 있는 경우 재결취소소송 인정

Ⅲ. 보상액결정에 대한 불복절차

1. 이의신청(재결에 대한 불복절차)
   (1) 이의의 신청
      - 토지보상법 83 ①, 토지보상법 83 ②
      - 임의절차
      - 행정심판의 일종(특별행정심판)으로 복심적(覆審的) 쟁송
   (2) 이의신청에 대한 재결
      - 토지보상법 84 ①
2. 행정소송
   (1) 행정소송의 제기
      - 토지보상법 85 ①
   (2) 소송의 대상(원처분주의와 재결주의)
      (i) (구) 토지수용법 제75조의2 제1항

(ii) 토지보상법 제85조 제1항

(iii) 원처분주의

(iv) 판례: 대판 2010.1.28, 2008두
1504

(3) 집행부정지

Ⅳ. 사례의 경우

○ 이의재결을 통하여 보상금액이 1억원
증액되었으나, 甲이 다투고 있는 것은
수용재결의 위법성임

○ 따라서 이의신청을 거친 경우라 하더라
도 지방토지수용위원회를 피고로 하여
수용재결의 취소를 구하여야 함

○ 이의재결취소소송은 이의재결 자체의
고유한 위법이 있는 경우에만 가능함

○ 따라서, 수용재결의 위법을 다투는 것
이면 수용재결은 취소소송의 대상이
될 수 있으나, 이의재결의 경우는 의재
결 자체의 고유한 위법을 다투는 경우
에만 취소소송의 대상이 될 수 있음

[문 2]

Ⅰ. 논점

○ 보상금증감소송(＝형식적 당사자소송)

○ 행정소송법상 가구제

○ 당사자소송을 본안으로 하는 가처분에
대하여 민사집행법상 가처분에 관한 규
정이 준용되는지 여부

Ⅱ. 보상금증감소송

1. 보상금증감소송의 의의

2. 보상금증감소송의 성질

(1) 형식적 당사자소송

(2) 소송의 성질

Ⅲ. 행정소송법상 가구제

Ⅳ. 당사자소송을 본안으로 하는 가처분에 대

하여 민사집행법상 가처분에 관한 규정이
준용되는지 여부

1. 당사자소송의 적용규정

2. 가처분 규정의 준용 여부

○ 대결 2015.8.21, 2015무26

Ⅴ. 사례의 경우

○ 甲이 보상금의 증액을 청구하는 소송은
보상금증감소송으로 형식적 당사자소송
임

○ 당사자소송에는 집행정지규정이 준용되
지 않으므로 민사소송법에 따라 가처분
에 관한 규정이 준용됨

[문 3]

Ⅰ. 논점: 하자의 승계

Ⅱ. 하자의 승계

1. 하자의 승계의 의의와 논의의 전제조건

2. 학설

(1) 종래의 견해

(2) 규준력이론

3. 판례

(1) 기본입장

(2) 예외적으로 하자의 승계를 인정

Ⅲ. 관련판례: 대판 2008.8.21, 2007두13845

Ⅳ. 사례의 경우

○ 표준지공시지가결정(선행처분)과 수용
재결(후행처분)은 서로 별개의 처분으
로 하자가 승계되지 않는 것이 원칙임

○ 그러나, 토지소유자가 수용될 것에 대
비하여 표준지공시지가를 늘 주시하고
있을 것을 기대하기 어렵다는 점 등에
서, 표준지공시지가결정의 위법을 주장
할 수 있음

[문 1]

Ⅰ. 논점

○ 원처분주의와 재결주의

○ 보상액결정에 대한 불복절차(특히 취소소송의 대상)

Ⅱ. 원처분주의와 재결주의[90)]

1. 의의

○ 행정청의 처분에 대하여 행정심판의 재결을 거쳐 취소소송을 제기하는 경우 원처분을 대상
으로 하게 할 것인가 재결을 대상으로 하게 할 것인가 하는 것이 문제인데, 이와 관련하여서
는 원처분주의와 재결주의가 있음

○ 원처분주의: 원처분과 재결 모두 취소소송의 대상이 될 수 있으나, 원처분의 위법은 원처분취
소소송에서만 주장할 수 있고, 재결취소소송에서는 재결 자체의 고유한 위법만을 주장할 수
있는 제도

○ 재결주의: 재결에 대해서만 취소소송을 제기할 수 있도록 하되 재결취소소송에서는 재결의
위법뿐 아니라 원처분의 위법도 주장할 수 있는 제도

2. 행정소송법(원처분주의)

○ 행정소송법은 "재결취소소송의 경우에는 재결 자체에 고유한 위법이 있음을 이유로 하는 경
우에 한한다(행소법 19 단서)."고 규정하여 원처분주의를 채택하고 있음

○ 원처분주의에 따라 원처분을 취소소송의 대상으로 하면서도, 재결 자체에 고유한 위법사유가
있는 경우 재결취소소송을 인정하고 있는 이유는, 예컨대 제3자가 건축허가의 취소를 청구한
행정심판에서의 인용재결(건축허가취소)로 인하여 처분의 상대방이 불이익을 입게 되는 경우와
같이, 재결로 인하여 비로소 불이익을 입게 되는 경우를 보호하기 위한 것임

Ⅲ. 보상액결정에 대한 불복절차[91)]

1. 이의신청(재결에 대한 불복절차)

(1) 이의의 신청

○ 중앙토지수용위원회의 제34조에 따른 재결에 이의가 있는 자는 중앙토지수용위원회에 이의

---

90) 강론, 888면 이하.

91) 강론, 713면 이하.

를 신청할 수 있음(토지보상법 83 ①). 지방토지수용위원회의 제34조에 따른 재결에 이의가 있는 자는 해당 지방토지수용위원회를 거쳐 중앙토지수용위원회에 이의를 신청할 수 있음(토지보상법 83 ②)

o 과거에는 이의신청을 행정소송을 제기하기 위한 필요적 전심절차로 규정하고 있었으나(이의신청전치주의), 토지보상법은 이를 임의절차화하였음

o 이의신청은 행정심판의 일종(특별행정심판)으로 이미 행하여진 행정결정을 다툰다는 의미에서 복심적(覆審的) 쟁송의 성질을 가짐

(2) 이의신청에 대한 재결

o 중앙토지수용위원회는 제83조에 따른 이의신청을 받은 경우 제34조에 따른 재결이 위법하거나 부당하다고 인정할 때에는 그 재결의 전부 또는 일부를 취소하거나 보상액을 변경할 수 있음(토지보상법 84 ①)

2. 행정소송[92]

(1) 행정소송의 제기

o 사업시행자, 토지소유자 또는 관계인은 제34조에 따른 재결에 불복할 때에는 재결서를 받은 날부터 90일 이내에, 이의신청을 거쳤을 때에는 이의신청에 대한 재결서를 받은 날부터 60일 이내에 각각 행정소송을 제기할 수 있음(토지보상법 85 ①)

o 판례는 행정소송을 제기하기 위해서는 최초의 수용재결절차는 반드시 거쳐야 한다는 입장인데, 이는 소송으로 다툴 법률관계가 존재하여야 하기 때문임

(2) 소송의 대상(원처분주의와 재결주의)

(i) (구) 토지수용법 제75조의2 제1항은 "이의신청의 재결에 대하여 불복이 있을 때에는 재결서가 송달된 날로부터 1월 이내에 행정소송을 제기할 수 있다."고 규정하고 있었는데, 판례는 이 규정에 의한 소송이 원처분(수용재결)이 아니라 재결(이의신청에 대한 재결)을 대상으로 한다고 보아(대판 1990.6.12, 89누8187), 원처분주의와 재결주의에 대한 논란이 있었음

(ii) 그러나 토지보상법 제85조 제1항은 '제34조에 따른 재결에 불복할 때'와 '이의신청을 거쳤을 때' 각각 행정소송을 제기할 수 있다고 규정하여 원처분(수용재결)에 대하여 행정소송을 제기할 수 있음은 분명해졌음

(iii) 여기에서 '이의신청을 거쳐 제기하는 행정소송'의 경우에 소송의 대상이 원처분인가 재결인가 하는 것이 문제가 될 수 있는데, 이 경우에도 원처분주의의 예외를 인정하여 재결주의가 적용되어야 할 특수한 사정이 있다고 보기 어려우므로 원처분을 대상으로 하여야 하고,

---

92) 강론, 714면 이하.

이의신청에 대한 재결은 재결 그 자체에 고유의 위법사유가 있는 경우로 한정된다고 보아야 할 것임

(iv) 판례도 같은 입장임

— 관련판례[수용재결에 불복하여 이의신청을 거친 후 취소소송을 제기하는 경우 피고적격(=수용재결을 한 토지수용위원회) 및 소송대상(=수용재결)][93]

"… 수용재결에 불복하여 취소소송을 제기하는 때에는 이의신청을 거친 경우에도 수용재결을 한 중앙토지수용위원회 또는 지방토지수용위원회를 피고로 하여 수용재결의 취소를 구하여야 하고, 다만 이의신청에 대한 재결 자체에 고유한 위법이 있음을 이유로 하는 경우에는 그 이의재결을 한 중앙토지수용위원회를 피고로 하여 이의재결의 취소를 구할 수 있다고 보아야 한다(대판 2010.1.28, 2008두1504)."

(3) 집행부정지

○ 제85조에 따른 행정소송의 제기는 사업의 진행 및 토지의 수용 또는 사용을 정지시키지 아니함

Ⅳ. 사례의 경우

○ 사례의 공원조성사업은 토지보상법 제4조 제3호의 공익사업임
○ 甲은 수용재결이 위법하다는 이유로 중앙토지수용위원회에 이의신청을 하였음
○ 甲은 이의재결취소소송을 제기하면서 수용재결과 이의재결이 위법하다고 주장하고 있음
○ 비록 이의재결을 통하여 보상금액이 1억원 증액되었으나, 甲이 다투고 있는 것은 수용재결의 위법성임
○ 따라서 사례의 경우는 이의신청을 거친 경우라 하더라도 지방토지수용위원회를 피고로 하여 수용재결의 취소를 구하여야 함
○ 이의재결취소소송은 이의재결 자체의 고유한 위법이 있는 경우에만 가능함
○ 따라서, 수용재결의 위법을 다투는 것이면 수용재결은 취소소송의 대상이 될 수 있으나, 이의재결의 경우는 이의재결 자체의 고유한 위법을 다투는 경우에만 취소소송의 대상이 될 수 있음

[문 2]

Ⅰ. 논점

○ 보상금증감소송(=형식적 당사자소송)

---

93) 강론, 716면 이하.

○ 행정소송법상 가구제
○ 당사자소송을 본안으로 하는 가처분에 대하여 민사집행법상 가처분에 관한 규정이 준용되는
지 여부

Ⅱ. 보상금증감소송[94]

1. 보상금증감소송의 의의

○ 토지보상법 제85조 제1항에 따른 소송은 수용재결 자체를 다투는 것이 아니라, 수용재결 중
보상금에 관한 결정과 관련하여 보상액의 증액 또는 감액을 다투는 것으로서 이를 보상금증
감소송이라고 부르기도 함

2. 보상금증감소송의 성질

(1) 형식적 당사자소송

(ⅰ) (구) 토지수용법 제75조의2 제2항에 따른 소송은 재결청이 항상 공동피고가 되는 필요적
공동소송이었음. 그러나 토지보상법은 보상금증감소송은 1인의 원고와 1인의 피고를 당사
자로 하는 단일소송으로 규정하고 있음

(ⅱ) 보상금증감소송은 형식적으로는 당사자소송이지만, 실질적으로는 처분청(토지수용위원회)의
처분(수용재결)을 다툰다는 점에서 항고소송의 성질도 가짐. 이러한 소송을 형식적 당사자소
송이라고 함

(2) 소송의 성질

○ 보상금증감소송의 성질과 관련하여서는, ① 구체적인 손실보상청구권이 형성되는 것으로 보
아야 한다는 점에서 형성소송으로 보는 견해(형성소송설)와 ② 보상금 지급의무의 이행 또는
확인을 구하는 소송이라고 보는 견해(확인 및 이행소송설)가 대립되고 있음. ③ 이 소송에서는 청
구권의 인정 여부가 아니라 단지 보상금의 증감만을 다투는 것이라는 점 등에서 확인 및 이
행소송설이 타당함

Ⅲ. 행정소송법상 가구제[95]

○ 판결이 확정되기 전에 잠정적으로 원고의 권리를 보전하여 승소판결이 원고의 실질적인 권
리구제가 될 수 있도록 하는 것
○ 행정소송에서의 가구제제도로는 ① 침익적 처분(예: 영업정지, 인·허가취소, 철거명령 등)에 대한 집행

---

94) 강론, 716면 이하.
95) 강론, 912면 이하.

정지제도와 ② 수익적 처분(예: 인허가의 발급, 급부결정 등)의 신청을 거부하는 처분이나 부작위에 대한 가처분제도를 생각해 볼 수 있음

Ⅳ. 당사자소송을 본안으로 하는 가처분에 대하여 민사집행법상 가처분에 관한 규정이 준용되는지 여부[96]

1. 당사자소송의 적용규정

○ 당사자소송에도 취소소송에 관한 규정이 광범위하게 준용됨(행소법 44조).

○ 반면에 피고적격, 소송대상, 행정심판전치주의, 제소기간, 집행정지, 사정판결, 제3자의 재심청구 등에 관한 규정은 당사자소송의 성격상 준용되지 않음

2. 가처분 규정의 준용 여부

○ 당사자소송에 대하여는 행정소송법 제23조 제2항의 집행정지에 관한 규정이 준용되지 아니하므로(행정소송법 제44조 제1항 참조), 이를 본안으로 하는 가처분에 대하여는 행정소송법 제8조 제2항에 따라 민사집행법상의 가처분에 관한 규정이 준용되어야 함(대결 2015.8.21, 2015무26)

Ⅴ. 사례의 경우

○ 甲이 보상금의 증액을 청구하는 소송은 보상금증감소송으로 형식적 당사자소송임. 즉 당사자소송의 형식으로 소송이 제기됨

○ 판례에 따르면, 당사자소송에는 집행정지규정이 준용되지 않으므로 민사소송법에 따라 가처분에 관한 규정이 준용됨

[문 3]

Ⅰ. 논점: 하자의 승계

Ⅱ. 하자의 승계[97]

1. 하자의 승계의 의의와 논의의 전제조건

○ 두 개 이상의 행정행위가 연속적으로 행하여지는 경우 선행행정행위의 흠을 이유로 후행행정행위를 다툴 수 있는가 하는 문제

---

96) 강론, 1002면 이하.
97) 강론, 258면 이하.

○ 선행행정행위에 단순위법의 하자가 있고 쟁송기간이 도과한 경우에만 하자의 승계가 문제됨

2. 학설

(1) 종래의 견해

① 선행행정행위와 후행행정행위가 상호 독립하여 별개의 효과를 발생하는 경우에는, 선행행위가 당연무효가 아닌 한 그 흠이 후행행위에 승계되지 않음

② 선행행정행위와 후행행정행위가 서로 결합하여 하나의 법적 효과를 완성하는 경우에는 선행행위의 흠이 후행행위에 승계됨

(2) 규준력이론

○ 하자의 승계 문제를 불가쟁력이 발생한 선행행정행위의 후행행정행위에 대한 구속력의 문제로 이해하려는 견해

○ 규준력이 인정되려면, ① 양 행위가 동일한 사안과 목적을 추구하여야 하고(대물적 한계), ② 양 행위에서의 상대방, 이해관계인, 유관기관 등이 일치하여야 하며(대인적 한계), ③ 선행행정행위의 사실 및 법상태가 후행행정행위에 유지되고 있는 경우이어야 함(시간적 한계). ④ 다만 규준력을 인정하는 것이 상대방에게 가혹하거나 예측가능성이 없었던 경우에는 예외적으로 규준력이 부인됨(규준력의 추가적 요건)

3. 판례

(1) 기본입장

○ 판례는 원칙적으로 양 행위가 서로 독립한 처분인 경우에는 하자의 승계를 인정하지 않음(대판 1992.3.13, 91누4324 등)

(2) 예외적으로 하자의 승계를 인정

○ 판례는 이와 같은 종래의 입장을 유지하면서도, 예컨대 "위법한 개별공시지가를 기초로 한 과세처분 등 후행 행정처분에서 개별공시지가결정의 위법을 주장할 수 없도록 하는 것은 수인한도를 넘는 불이익을 강요하는 경우"와 같은 경우에는 예외적으로 흠의 승계를 인정하기도 함(대판 1994.1.25, 93누8542; 대판 1997.9.26, 96누7649; 대판 2008.8.21, 2007두13845)

○ 결국 판례의 입장은 양 행위가 서로 독립한 처분인 경우에는 하자의 승계를 부인하는 것이 원칙이지만, 불가쟁력이 발생한 선행처분의 하자를 후행 처분에서 다툴 수 있도록 할 것인가의 여부는 개인의 권리보호의 관점에서 수인가능성이 있는지의 여부를 개별적으로 검토하여 결정하고 있다고 할 수 있음

Ⅲ. 관련판례: 수용보상금의 증액을 구하는 소송에서 선행처분으로서 그 수용대상 토지 가격 산정의 기초가 된 비교표준지공시지가결정의 위법을 독립한 사유로 주장할 수 있는지 여부[98]

- ○ "표준지공시지가결정은 이를 기초로 한 수용재결 등과는 별개의 독립된 처분으로서 서로 독립하여 별개의 법률효과를 목적으로 하지만, … 인근 토지소유자 등으로 하여금 결정된 표준지공시지가를 기초로 하여 장차 토지보상 등이 이루어질 것에 대비하여 항상 토지의 가격을 주시하고 표준지공시지가결정이 잘못된 경우 정해진 시정절차를 통하여 이를 시정하도록 요구하는 것은 부당하게 높은 주의의무를 지우는 것이고, 위법한 표준지공시지가결정에 대하여 그 정해진 시정절차를 통하여 시정하도록 요구하지 않았다는 이유로 위법한 표준지공시지가를 기초로 한 수용재결 등 후행 행정처분에서 표준지공시지가결정의 위법을 주장할 수 없도록 하는 것은 수인한도를 넘는 불이익을 강요하는 것으로서 국민의 재산권과 재판받을 권리를 보장한 헌법의 이념에도 부합하는 것이 아니다. 따라서 표준지공시지가결정이 위법한 경우에는 그 자체를 행정소송의 대상이 되는 행정처분으로 보아 그 위법 여부를 다툴 수 있음은 물론, 수용보상금의 증액을 구하는 소송에서도 선행처분으로서 그 수용대상 토지 가격 산정의 기초가 된 비교표준지공시지가결정의 위법을 독립한 사유로 주장할 수 있다(대판 2008.8.21, 2007두13845)."

Ⅳ. 사례의 경우

- ○ 표준지공시지가결정(판례는 이를 처분으로 봄)이 선행처분이고, 수용재결이 후행처분임
- ○ 선행처분에 무효인 하자가 있어 보이지 않고, 또한 제소기간이 경과하여 불가쟁력이 발생하였으므로, 하자승계 논의의 전제조건은 충족됨
- ○ 선행처분과 후행처분은 서로 별개의 처분으로 하자가 승계되지 않는 것이 원칙임
- ○ 그러나, 판례에 따르면, 토지소유자가 (언제 있을지 모를 공익사업으로 인하여) 수용될 것에 대비하여 표준지공시지가를 늘 주시하고 있을 것을 기대하기 어렵다는 점 등에서, 수용보상금의 증액을 구하는 소송에서 선행처분으로서 그 수용대상 토지 가격 산정의 기초가 된 표준지공시지가결정의 위법을 독립한 사유로 주장할 수 있음

---

98) 강론, 263면 이하.

[제2문]

甲은 X 토지에 액화석유가스 충전시설을 설치하기 위하여 2023.1.5. A군 군수에게 「국토의 계획 및 이용에 관한 법률」에 따른 개발행위허가를 신청하였다. A군 군수는 2023.2.9. 甲에게 "X 토지 대부분이 마을로부터 100m 이내에 위치하여 「A군 개발행위허가 운영지침」(이하 '이 사건 지침'이라 한다) 제6조 제1항 제1호에 저촉된다"는 이유로 거부처분을 하였다. 이 사건 지침 제6조 제1항 제1호는 액화석유가스 충전시설의 세부허가기준으로 "마을로부터 100m 이내에 입지하지 아니할 것"을 규정하고 있다. 甲은 2023.4.12. A군 군수의 거부처분이 위법하다고 주장하며 그 취소를 구하는 소송을 제기하였다.

(총 25점)

1) A군 군수가 甲에게 거부처분을 하기 전에 사전통지를 하지 않았다면 위법한지 검토하시오. (10점)
2) A군 군수는 위 소송에서 "이 사건 지침 조항에 따라 거부처분을 한 것이므로 적법하다"고 주장한다. 그 주장의 당부에 관하여 검토하시오. (15점)
   (단, 제시된 참조조문 외 다른 법령을 고려하지 말 것)

〈참조조문〉 현행법령을 사례해결에 적합하도록 수정하였음
「국토의 계획 및 이용에 관한 법률」
제58조(개발행위허가의 기준) ① 특별시장·광역시장·특별자치시장·특별자치도지사·시장 또는 군수는 개발행위허가의 신청 내용이 다음 각 호의 기준에 맞는 경우에만 개발행위허가 또는 변경허가를 하여야 한다.
   1. 용도지역별 특성을 고려하여 대통령령으로 정하는 개발행위의 규모에 적합할 것. 다만, 개발행위가 「농어촌정비법」 제2조제4호에 따른 농어촌정비사업으로 이루어지는 경우 등 대통령령으로 정하는 경우에는 개발행위 규모의 제한을 받지 아니한다.
   2. 도시·군관리계획 및 성장관리계획의 내용에 어긋나지 아니할 것
   3. 도시·군계획사업의 시행에 지장이 없을 것
   4. 주변지역의 토지이용실태 또는 토지이용계획, 건축물의 높이, 토지의 경사도, 수목의 상태, 물의 배수, 하천·호소·습지의 배수 등 주변환경이나 경관과 조화를 이룰 것
   5. 해당 개발행위에 따른 기반시설의 설치나 그에 필요한 용지의 확보계획이 적절할 것
   ③ 제1항에 따라 허가할 수 있는 경우 그 허가의 기준은 지역의 특성, 지역의 개발상황, 기반시설의 현황 등을 고려하여 다음 각 호의 구분에 따라 대통령령으로 정한다.

「국토의 계획 및 이용에 관한 법률 시행령」
제56조(개발행위허가의 기준) ① 법 제58조 제3항에 따른 개발행위허가의 기준은 별표 1의2와 같다.

④ 국토교통부장관은 제1항의 개발행위허가기준에 대한 세부적인 검토기준을 정할 수 있다.

「개발행위허가 운영지침」(국토교통부훈령 제1017호)
제1장 총칙
 제1절 개발행위허가지침의 목적
  1−1−1. 이 지침은 「국토의 계획 및 이용에 관한 법률 시행령」 제56조 제4항에 따라 개발행위허가의 대상·절차·기준 등에 대한 사항을 제시하여 개발행위허가제의 원활한 운영을 도모함을 목적으로 한다.
 제2절 개발행위허가의 의의 및 운영원칙
  1−2−2. 특별시장·광역시장·특별자치시장·특별자치도지사·시장 또는 군수(이하 '허가권자'라 한다)는 「국토의 계획 및 이용에 관한 법률」, 「국토의 계획 및 이용에 관한 법률 시행령」에서 위임하거나 정한 범위 안에서 도시·군계획조례를 마련하거나 법령 및 이 지침에서 정한 범위안에서 별도의 지침을 마련하여 개발행위허가제를 운영할 수 있다.
제3장 개발행위허가기준
 제2절 분야별 검토사항
  3−2−6. 그 밖의 사항
  (3) 허가권자는 제3장 및 제4장의 개발행위허가기준을 적용함에 있어 지역특성을 감안하여 지방도시계획위원회의 자문을 거쳐 높이·거리·배치·범위 등에 관한 구체적인 기준을 정할 수 있다.

[문 1]
Ⅰ. 논점
 ○ 수익적 행정행위의 거부처분도 불이익처분에 해당하는지 여부
Ⅱ. 불이익처분절차
 1. 불이익처분의 개념: 행정절차법 21
 2. 수익적 행정행위의 거부처분도 불이익처분에 해당하는지 여부
  ① 긍정설
  ② 부정설(다수설)
  ③ 판례: 부정설
  ④ 결어: 다수설 및 판례가 타당
Ⅲ. 사례의 경우
 ○ 위법하지 않음

[문 2]
Ⅰ. 논점

 ○ 이 사건 지침의 법적 성질(＝행정규칙)
Ⅱ. 행정규칙
 1. 행정규칙의 의의
 2. 행정규칙의 성질
  (1) 법적 근거
  (2) 규율의 대상과 범위
  (3) 재판규범성
  (4) 행정규칙 위반의 효과
 3. 행정규칙형식의 법규명령
 4. '개발행위허가운영지침'의 법적 성격(＝행정규칙) (대판 2023.2.2, 2020두43722)
  ○ '개발행위허가기준'은 법규명령에 해당함
  ○ '개발행위허가운영지침'은 국토계획법령에 규정된 개발행위허가기준의 해석·적용에 관한 세부 기준을 정하여 둔 행정규칙에 불과하여 대외적

구속력이 없음
○ 따라서 해당 처분이 적법한지는 국토계획법령에서 정한 개발행위허가 기준과 비례·평등원칙과 같은 법의

일반원칙에 적합한지 여부에 따라 판단해야 함
Ⅲ. 사례의 경우
○ A군 군수의 주장은 타당하지 않음

[문 1]

Ⅰ. 논점: 수익적 행정행위의 거부처분도 불이익처분에 해당하는지 여부

Ⅱ. 불이익처분절차[99]

1. 불이익처분의 개념

○ 당사자에게 의무를 부과하거나 권익을 제한하는 처분(행정절차법 21)

2. 수익적 행정행위의 거부처분도 불이익처분에 해당하는지 여부

① 거부처분도 당사자의 권익을 제한하는 처분이라는 점에서 행정절차법상의 불이익처분에 해당한다는 긍정설
② 수익적 행정행위의 거부의 경우 신청에 따라 아직 권익이 부여된 것이 아니므로 신청에 대한 거부처분을 직접 '당사자의 권익을 제한하는 처분'에 해당한다고 할 수 없다는 부정설(다수설)
③ 판례: 부정설(대판 2003.11.28, 2003두674)
④ 결어: 다수설 및 판례가 타당

Ⅲ. 사례의 경우

○ 거부처분을 하기 전에 사전통지를 하지 않았다고 해서 위법하지 않음

[문 2]

Ⅰ. 논점: 이 사건 지침의 법적 성질(=행정규칙)

---

99) 강론, 431면 이하.

Ⅱ. 행정규칙[100]

1. 행정규칙의 의의

○ 행정규칙 또는 행정명령이란 상급행정기관 또는 상급자가 하급행정기관 또는 그 구성원에 대하여 행정조직내부에서 행정조직의 운영, 행정사무의 처리 등을 규율하기 위하여 발하는 일반·추상적 규정을 말함
○ 실정법상 행정규칙은 운영지침·규정·예규·통첩·훈령·고시 등 다양한 용어로 불림
○ 행정규칙은 일반적으로 행정내부법으로서 외부적(대외적) 구속력이 없는 것이 원칙이지만, 예외적으로 대외적 구속력이 인정되는 경우도 있음

2. 행정규칙의 성질

(1) 법적 근거

○ 일반적으로 행정규칙은 법집행이라는 행정권의 고유권한 또는 상급기관이 하급기관에 대하여 가지는 지휘·감독권에 근거하여 제정하는 것이므로 법률의 수권을 요하지 않음

(2) 규율의 대상과 범위

○ 행정규칙은 행정조직 내부에서 그의 기관 또는 구성원을 수범자로 함

(3) 재판규범성

○ 행정규칙은 대외적 구속력이 인정되지 않는 것이 원칙이므로 대 국민관계에서 재판규범이 되지 않음
○ 판례의 기본적인 입장은 행정규칙의 대외적 구속력을 인정하지 않음. 대법원은 훈령, 법령의 위임 없이 정한 규칙, 재량준칙 등의 행정규칙의 대외적 구속력을 부인하였고 법률에 의하여 보장된 행정청의 재량권을 기속한다고 할 수 없다고 하고 있음
○ 그러나 예외적으로 행정규칙 가운데에도 대외적 구속력이 인정되는 경우가 있음(예: 행정규칙 형식의 법규명령)

(4) 행정규칙 위반의 효과

○ 행정규칙은 대외적 구속력이 있는 법규범이 아니므로 행정규칙을 위반하여도 위법의 문제가 발생하지 않음
○ 행정규칙은 상급행정기관의 하급행정기관에 대한 일반·추상적 형태의 명령이므로, 공무원이 행정규칙을 위반하는 경우에는 징계의 원인이 될 수 있음
○ 다만 행정규칙이 예외적으로 대외적 구속력을 가지는 경우에는, 이에 위반되면 위법한 행정

---

100) 강론, 321면 이하.

이 됨. 또한 행정규칙의 적용과 관련하여 평등원칙(행정의 자기구속의 원칙)이나 신뢰보호원칙 위반 등의 결과를 초래함으로써 이와 같은 행정법의 일반원칙 위반으로 위법이 될 수도 있음

3. 행정규칙형식의 법규명령

○ 행정기관이 상위법령의 위임에 따라 고시·훈령 등의 행정규칙의 형식으로 상위법령의 내용을 보충하는 경우(형식의 부족), 이러한 행정규칙을 법령보충규칙이라고 부르기도 함

○ 이에 대하여 판례는 행정규칙의 형식으로 제정된 것이라도 ① 상위법령의 위임이 있고 ② 상위법령의 내용을 보충하는 기능을 가지는 경우에는 법규명령으로서의 효력을 인정하고 있음

4. 국토의 계획 및 이용에 관한 법률 시행령 제56조 제4항에 따라 국토교통부장관이 국토교통부 훈령으로 정한 '개발행위허가운영지침'의 법적 성격(=행정규칙) (대판 2023. 2.2, 2020두43722[건축허가신청불허가처분취소])

○ 국토계획법 시행령 제56조 제1항 [별표 1의2] '개발행위허가기준'은 국토계획법 제58조 제3항의 위임에 따라 제정된 대외적으로 구속력 있는 법규명령에 해당함

○ 그러나 국토계획법 시행령 제56조 제4항은 국토교통부장관이 제1항의 개발행위허가기준에 대한 '세부적인 검토기준'을 정할 수 있다고 규정하였을 뿐이므로, 그에 따라 국토교통부장관이 국토교통부 훈령으로 정한 '개발행위허가운영지침'은 국토계획법 시행령 제56조 제4항에 따라 정한 개발행위허가기준에 대한 세부적인 검토기준으로, 상급행정기관인 국토교통부장관이 소속 공무원이나 하급행정기관에 대하여 개발행위허가업무와 관련하여 국토계획법령에 규정된 개발행위허가기준의 해석·적용에 관한 세부 기준을 정하여 둔 행정규칙에 불과하여 대외적 구속력이 없음

○ 따라서 행정처분이 위 지침에 따라 이루어졌더라도, 해당 처분이 적법한지는 국토계획법령에서 정한 개발행위허가기준과 비례·평등원칙과 같은 법의 일반원칙에 적합한지 여부에 따라 판단해야 함(대판 2019.7.11, 2017두38874, 대판 2020.8.27, 2019두60776 등 참조)

Ⅲ. 사례의 경우

○ 이 사건 지침은 행정규칙으로서 대외적 구속력이 없음

○ 따라서 A군 군수는 국토계획법령에서 정한 개발행위허가기준과 비례·평등원칙과 같은 법의 일반원칙에 따라 허가 여부를 판단하였어야 함

○ 따라서 'A군 군수의 이 사건 지침 조항에 따라 거부처분을 한 것이므로 적법하다는 주장'은 타당하지 않음

[제 3 문]

기초지방자치단체 A 시 의회는 '합의제행정기관'인 A 시 시정연구위원회를 설치하기 위하여 'A 시 시정연구위원회 설치 및 운영에 관한 조례안'(이하 '이 사건 조례안'이라 한다)을 독자적으로 발의하고, 의결한 후 A 시 시장에게 이송하였다. 이 사건 조례안의 주된 내용은 다음과 같다.

(총 25점)

---

(1) 시정연구위원회는 A 시 의회 소속 하에 두되 그 직무에 있어서는 독립된 지위를 가진다.
(2) A 시의 위상 강화 방안, 의결기관과 집행기관의 통합형과 대립형 구조에 관한 검토, 주민 참여제도의 활성화 방안 수립 등을 그 업무범위로 한다.

---

1) 이 사건 조례안은 적법한지 검토하시오. (15점)
2) 만약 이 사건 조례안이 법령에 위반됨에도 불구하고 A 시 시장이 재의요구를 하지 않고 있다면, 행정안전부장관은 「지방자치법」상 어떤 조치를 강구할 수 있는지 검토하시오. (10점)

[문 1]
Ⅰ. 논점
  ○ 조례의 적법요건(특히 합의제 행정기관의 설치가 지방자치단체의 장의 고유한 권한을 침해하는 것인지 여부)
Ⅱ. 조례의 적법요건
  1. 주체요건: 지방의회임
  2. 형식 및 절차요건: 지방자치법 32, 76 등
  3. 내용요건
    (1) 조례제정권의 보장(일반수권)
    (2) 조례제정권의 사항적 범위
    (3) 조례제정권과 법치행정의 원리
      1) 법률우위
        ○ 지방자치단체의 집행기관과 지방의회의 고유권한을 침해하는 경우도 법률우위원칙 위반
      2) 법률유보
        (개) 일반수권
        (내) 침해유보와 특별수권

  (4) 행정법의 일반원칙 등
  (5) 명확성·실현가능성
Ⅲ. 관련판례[지방의회가 합의제 행정기관의 설치에 관한 조례안을 발의하여 이를 의결, 재의결하는 것이 허용되는지 여부(소극)]
Ⅳ. 사례의 경우
  ○ 합의제 행정기관의 설치는 지방자치단체의 장의 고유한 권한에 속함
  ○ 이 사건 조례안은 집행기관의 권한에 대하여 사전적·직접적 개입을 내용을 하는 것이어서 법률우위의 원칙에 반하여 위법함

[문 2]
Ⅰ. 논점: 감독청의 조례안에 대한 통제
Ⅱ. 감독청에 의한 통제
  1. 감독청의 재의요구
    ○ 지자법 192 ①
    ○ 지자법 192 ②
  2. 재의결에 대하여 감독청이 직접 제기

하는 소송(지자법 192 ⑤, ⑦)

3. 재의요구 불응에 대하여 감독청이 직접 제기하는 소송(지자법 192 ⑧)

Ⅲ. 사례의 경우

ㅇ A시의 시장(이하 '시장'이라 함)이 재의요구를 하지 않을 경우, A시가 속한 광역지방자치단체의 장(이하 '도지사'라 함)이 재의를 요구하게 하지 않을 경우에는 행안부장관(이하 '장관'이라 함)이 주무부장관으로서 직접 시장에게 재의를 요구하게 할 수 있음

ㅇ 장관의 재의요구에 따라 지방의회가 재의결한 사항이 법령에 위반된다고 판단됨에도 불구하고 시장이 소를 제기하지 않으면 장관은 직접 제소할 수 있음

ㅇ 지방의회의 의결이 법령에 위반된다고 판단되어 장관으로부터 재의요구지시를 받은 시장이 재의를 요구하지 아니하는 경우에는 장관은 제2항에 따른 기간이 지난 날부터 7일 이내에 대법원에 직접 제소할 수 있음

[문 1]

Ⅰ. 논점

ㅇ 조례의 적법요건(특히 합의제 행정기관의 설치가 지방자치단체의 장의 고유한 권한을 침해하는 것인지 여부)

Ⅱ. 조례의 적법요건[101]

1. 주체요건: 조례의 제정주체는 지방의회임

2. 형식 및 절차요건: 지방자치법 32, 76 등

3. 내용요건

(1) 조례제정권의 보장(일반수권)

ㅇ 헌법 제117조와 지방자치법 제28조 제1항은 일반수권의 형태로 지방자치단체에게 조례제정 권한을 부여하고 있음. 따라서 지방자치단체는 그 지역사무에 대하여 별도의 구체적인 법령의 위임이 없더라도 조례를 제정할 수 있음

(2) 조례제정권의 사항적 범위

ㅇ 지방자치법 제28조 제1항의 해석상 조례의 제정대상은 자치사무와 단체위임사무임

(3) 조례제정권과 법치행정의 원리

1) 법률우위

ㅇ 조례는 상위 법령에 저촉되어서는 안 됨. 법률우위원칙에 반하는 조례는 무효임

---

101) 강론, 1107면 이하.

○ 법령에서 조례로 정하도록 위임한 사항은 그 법령의 하위 법령에서 그 위임의 내용과 범위를 제한하거나 직접 규정할 수 없음(지자법 28 ②)

○ 특별한 규정이 없는 한, 법령이 정하고 있는 지방자치단체의 집행기관과 지방의회의 고유권한을 침해하는 조례도 법률우위원칙에 반하는 위법한 조례로서 무효가 됨

2) 법률유보

(가) 일반수권

○ 헌법 제117조, 지방자치법 제28조 제1항은 지방자치단체의 조례제정권에 대한 일반수권임(위에서 언급함)

(나) 침해유보와 특별수권

○ 조례가 주민의 자유와 재산을 침해하는 것을 내용으로 하는 경우에는 위와 같은 일반수권조항에 의한 위임만으로는 부족하고, 별도의 구체적인 법률의 위임이 있을 것이 요구됨

○ 이와 관련하여 지방자치법 제28조 단서는 "주민의 권리 제한 또는 의무 부과에 관한 사항이나 벌칙을 정할 때에는 법률의 위임이 있어야 한다."고 규정하고 있음

(4) 행정법의 일반원칙 등

○ 조례도 행정입법으로서 행정법의 일반원칙을 준수하여야 하고, 기본권을 존중하여야 하는 등 입법권의 일반적 한계를 준수하여야 함

(5) 명확성 · 실현가능성

○ 조례의 내용은 명확하고 실현가능하여야 함

Ⅲ. 관련판례[지방의회가 합의제 행정기관의 설치에 관한 조례안을 발의하여 이를 의결, 재의결하는 것이 허용되는지 여부(소극)][102]

○ "지방자치법상 지방자치단체의 집행기관과 지방의회는 서로 분립되어 각기 그 고유권한을 행사하되 상호 견제의 범위 내에서 상대방의 권한 행사에 대한 관여가 허용되나, 지방의회는 집행기관의 고유권한에 속하는 사항의 행사에 관하여는 견제의 범위 내에서 소극적·사후적으로 개입할 수 있을 뿐 사전에 적극적으로 개입하는 것은 허용되지 않는다. 이에 더하여, 지방자치법 제116조에 그 설치의 근거가 마련된 합의제 행정기관은 지방자치단체의 장이 통할하여 관리·집행하는 지방자치단체의 사무를 일부 분담하여 수행하는 기관으로서 그 사무를 독립하여 수행한다 할지라도 이는 어디까지나 집행기관에 속하는 것이지 지방의회에 속한다거나 집행기관이나 지방의회 어디에도 속하지 않는 독립된 제3의 기관에 해당하지 않는 점, 지방자치단체의 행정기구와 정원기준 등에 관한 규정 제3조 제1항의 규정에 비추어 지방

---

102) 강론, 1117면.

자치단체의 장은 집행기관에 속하는 행정기관 전반에 대하여 조직편성권을 가진다고 해석되는 점을 종합해 보면, 지방자치단체의 장은 합의제 행정기관을 설치할 고유의 권한을 가지며 이러한 고유권한에는 그 설치를 위한 조례안의 제안권이 포함된다고 봄이 상당하므로, <u>지방의회가 합의제 행정기관의 설치에 관한 조례안을 발의하여 이를 그대로 의결, 재의결하는 것은 지방자치단체장의 고유권한에 속하는 사항의 행사에 관하여 지방의회가 사전에 적극적으로 개입하는 것으로서 관련 법령에 위반되어 허용되지 않는다</u>(대판 2009.9.24, 2009추53)."

Ⅳ. 사례의 경우

○ 합의제 행정기관의 설치는 지방자치단체의 장의 고유한 권한에 속함
○ 이 사건 조례안은 집행기관의 권한에 대하여 사전적·직접적 개입을 내용을 하는 것이어서 법률우위의 원칙에 반하여 위법함

[문 2]

Ⅰ. 논점: 감독청의 조례안에 대한 통제

Ⅱ. 감독청에 의한 통제[103]

1. 감독청의 재의요구

○ 지방의회의 의결이 법령에 위반되거나 공익을 현저히 해친다고 판단되면 시·도에 대하여는 주무부장관이, 시·군 및 자치구에 대하여는 시·도지사가 재의를 요구하게 할 수 있고, 재의요구를 받은 지방자치단체의 장은 의결사항을 이송받은 날부터 20일 이내에 지방의회에 이유를 붙여 재의를 요구하여야 함(지자법 192 ①)
○ 시·군 및 자치구의회의 의결이 법령에 위반된다고 판단됨에도 불구하고 시·도지사가 제1항에 따라 재의를 요구하게 하지 아니한 경우 주무부장관이 직접 시장·군수 및 자치구의 구청장에게 재의를 요구하게 할 수 있고, 재의 요구 지시를 받은 시장·군수 및 자치구의 구청장은 의결사항을 이송받은 날부터 20일 이내에 지방의회에 이유를 붙여 재의를 요구하여야 함(지자법 192 ②)

2. 재의결에 대하여 감독청이 직접 제기하는 소송(지자법 192 ⑤, ⑦)

○ 감독청의 재의요구에 따라 지방의회가 재의결한 사항이 법령에 위반된다고 판단됨에도 불구

---

103) 강론, 1129면 이하.

하고 해당 지방자치단체의 장이 소를 제기하지 않으면 시·도에 대해서는 주무부장관이, 시
·군 및 자치구에 대해서는 시·도지사(제2항에 따라 주무부장관이 직접 재의 요구 지시를 한 경우에는 주무
부장관)는 직접 제소할 수 있음. 이 경우 감독청은 제6항의 기간(재의결된 날부터 20일에 제소지시기간
7일을 더한 기간)이 지난 날부터 7일 이내에 제소할 수 있음(지자법 192 ⑤, ⑦)

○ 이 소송은 동일 법주체 내부기관간의 소송이 아니므로, 지방자치법상의 특수한 형태의 소송
이라고 보아야 할 것임

3. 재의요구 불응에 대하여 감독청이 직접 제기하는 소송(지자법 192 ⑧)

○ 제192조 제1항 또는 제2항에 따라 지방의회의 의결이 법령에 위반된다고 판단되어 주무부장
관이나 시·도지사로부터 재의요구지시를 받은 지방자치단체의 장이 재의를 요구하지 아니
하는 경우(법령에 위반되는 지방의회의 의결사항이 조례안인 경우로서 재의요구지시를 받기 전에 그 조례안을 공포한
경우를 포함한다)에는 주무부장관이나 시·도지사는 제1항 또는 제2항에 따른 기간이 지난 날부
터 7일 이내에 대법원에 직접 제소할 수 있음(지자법 192 ⑧)

○ 이 소송은 감독청이 지방의회를 상대로 제기하는 소송으로서, 동일 법주체 내부기관간의 소
송이 아니므로, 지방자치법상의 특수한 형태의 소송이라고 보아야 할 것임. 그리고 공포된
조례안을 다투는 경우에는 피고가 지방자치단체의 장이라는 점에서 조례안에 대한 감독청의
소송은 특수한 형태의 규범통제소송이라고 이해됨

Ⅲ. 사례의 경우

○ A시의 시장(이하 '시장'이라 함)이 재의요구를 하지 않을 경우, A시가 속한 광역지방자치단체의
장(이하 '도지사'라 함)이 재의를 요구하게 하지 않을 경우에는 행안부장관(이하 '장관'이라 함)이 주무
부장관으로서 직접 시장에게 재의를 요구하게 할 수 있음

○ 장관의 재의요구에 따라 지방의회가 재의결한 사항이 법령에 위반된다고 판단됨에도 불구하
고 시장이 소를 제기하지 않으면 장관은 직접 제소할 수 있음

○ 지방의회의 의결이 법령에 위반된다고 판단되어 장관으로부터 재의요구지시를 받은 시장이
재의를 요구하지 아니하는 경우에는 장관은 제2항에 따른 기간이 지난 날부터 7일 이내에
대법원에 직접 제소할 수 있음

【제4절 법전원협의회 변호사시험 모의고사】

2017년 제1차 변호사시험 모의시험 제1문

대통령 甲은 현행 지방자치제도에 문제가 있다고 생각하여 「지방자치법」의 개정을 추진하고자 하였다. 그 개정의 골자는 지방자치단체장의 선임방법을 현행법상의 직선제에서 대통령임명제로 변경하는 것이었다. 甲은 이러한 내용의 법률개정안을 국회에 제출하고자 하였으나, 국무회의 심의 과정에서 국무총리 乙은 이러한 개정안이 헌법 제118조 제2항에 위반된다는 이유로 반대하였다. 결국 이 법률개정안은 국무총리의 부서 없이 2017. 3. 10. 제○○대 국회에 제출되었다. 그러나 국회에서의 심의과정에서 여당은 정부제출안에 대하여 찬성한 반면, 야당은 지방자치단체장을 지방의회가 선출하는 것을 내용으로 하는 수정안을 본회의에 제출하였다. 그리고 이 법률개정안들에 대한 표결이 진행되기 전에 여당의원인 丁 등은 수정안에 대한 반대토론을 적법하게 신청하였다. 2017. 5. 17. 국회의장으로부터 의사진행을 위임받은 국회부의장 丙은 반대토론 신청 유무의 확인이나 반대토론의 허가 없이 의결 제안 후 곧바로 표결을 실시하였고, 그 결과 원안은 부결, 수정안은 가결되었음을 선포하였다. 이후 국회는 의결된 이 법률개정안을 2017. 5. 19. 정부로 이송하였다. 한편 제○○대 국회의 입법기는 2017. 5. 29.까지였다.

4. 위 「지방자치법」 개정으로 자치권 침해를 우려하는 시민단체 A는 이 개정안 심의와 관련된 국무회의 회의록에 대하여 행정자치부장관에게 정보공개를 청구하였으나, 비공개결정을 받았다. 이 사안과 관련하여 다음 사항에 대해 검토하시오. (20점)
   (1) 시민단체 A가 행정심판을 제기하려는 경우 적절한 행정심판의 유형 (8점)
   (2) 시민단체 A의 청구가 행정심판에서 인용되었으나 행정자치부장관이 계속 공개를 하지 않는 경우에 「행정심판법」상 A가 취할 수 있는 권리구제수단 (12점)

[문 4 (1)]
Ⅰ. 논점
  ○ 거부처분에 대하여 청구가능한
    행정심판 유형(취소심판, 의무이행
    심판) (특히 거부처분에 대하여
    취소심판 청구가 가능한지 여부)
Ⅱ. 취소심판
  1. 의의
  2. 거부처분에 대한 취소심판 가능성

3. 행정심판법 49 ② 신설
4. 사례의 경우
Ⅲ. 의무이행심판
  1. 의의
  2. 사례의 경우

[문 4 (2)]
Ⅰ. 논점
  ○ 재결의 기속력과 재결의 실효성 확보

[문 4 (1)]

Ⅰ. 논점

○ 거부처분에 대하여 청구가능한 행정심판 유형(취소심판, 의무이행심판) (특히 거부처분에 대하여 취소심판 청구가 가능한지 여부)

Ⅱ. 취소심판

1. 의의: 행정청의 위법 또는 부당한 처분을 취소하거나 변경하는 행정심판(행심법 5 1호)

2. 거부처분에 대한 취소심판 가능성[1]

○ 거부처분에 대해서는 의무이행심판만이 허용되는 것으로 보는 견해도 있음

○ 그러나 행정심판법상의 처분개념(행심법 2 제1호)에는 거부처분도 포함된다고 볼 것이므로, 거부처분의 경우 당사자는 본인의 선택에 따라 취소심판이나 의무이행심판 중 어느 하나, 또는 양자를 동시에 청구할 수 있다는 견해가 다수설임

3. 행정심판법 49 ② 신설

○ 2017.4.18. 행심법 개정으로 거부처분에 대한 취소재결이나 무효등확인재결로 처분이 취소되는 경우에도 행정청은 재처분의무를 부담한다는 규정 신설

○ 이에 따라 거부처분에 대한 취소심판이 가능하다는 점이 입법적으로 해결됨

4. 사례의 경우: 취소심판청구 가능

---

1) 강론, 750면.

Ⅲ. 의무이행심판

1. 의의: 당사자의 신청에 대한 행정청의 위법 또는 부당한 거부처분이나 부작위에 대하여 일정한 처분을 하도록 하는 행정심판(행심법 5 3호)

2. 사례의 경우
- 거부처분에 대한 의무이행심판을 청구할 수 있음

[문 4 (2)]

Ⅰ. 논점
- 재결의 기속력과 재결의 실효성 확보수단으로서 직접처분

Ⅱ. 재결의 기속력[2]
- 심판청구를 인용하는 재결이 피청구인과 그 밖의 관계 행정청을 기속하는 효력(행심법 49 ①)
- 기속력의 내용으로서의 재처분의무: 재결에 의하여 취소되거나 무효 또는 부존재로 확인되는 처분이 당사자의 신청을 거부하는 것을 내용으로 하는 경우이거나 당사자의 신청을 거부하거나 부작위로 방치한 처분의 이행을 명하는 재결이 있으면 행정청은 지체 없이 이전의 신청에 대하여 재결의 취지에 따라 처분을 하여야 하는데(행심법 49 ②, ③), 이를 재처분의무라 함

Ⅲ. 직접처분[3]
- 행정심판법은 재결의 실효성을 담보하기 위하여 직접처분제도를 규정하고 있음
- 이에 따르면 위원회는 피청구인이 제49조 제3항에도 불구하고 처분을 하지 아니하는 경우에는 당사자가 신청하면 기간을 정하여 서면으로 시정을 명하고 그 기간에 이행하지 아니하면 직접 처분을 할 수 있음(행심법 50 ①)
- 직접처분의 한계
— 행정심판법 제50조 제1항은 위원회의 직접처분권을 규정하면서도, 단서에서 "다만, 그 처분의 성질이나 그 밖의 불가피한 사유로 위원회가 직접 처분을 할 수 없는 경우에는 그러하지 아니하다."라고 규정하고 있음

---

2) 강론, 786면 이하.
3) 강론, 790면 이하.

— 처분의 성질상 직접처분이 불가능한 경우'로는 '재량권 행사', '자치사무', '정보공개', '예산이 수반되는 경우' 등을 들 수 있고, '그 밖의 불가피한 사유로 직접 처분이 불가능한 경우'로는 '처분당시의 특수한 상황인 민원의 발생', '사업기간의 재설정 필요', '의무이행재결 이후에 사정변경 -법적 또는 사실적 상황의 변경- 이 생긴 경우' 등을 들 수 있음

Ⅳ. 간접강제

○ 의의
— 간접강제란 피청구인이 거부처분의 취소재결이나 무효등확인재결 또는 의무이행재결에 따른 재처분의무를 이행하지 아니하는 경우에 위원회가 피청구인에게 일정한 배상을 하도록 명하는 제도를 말함(행심법 50의2)
— 간접강제는 2017.4.18. 행정심판법의 개정을 통하여 도입되었음
○ 절차
— 위원회는 피청구인이 제49조 제2항(제49조 제4항에서 준용하는 경우를 포함한다) 또는 제3항에 따른 처분을 하지 아니하면 청구인의 신청에 의하여 결정으로 상당한 기간을 정하고 피청구인이 그 기간 내에 이행하지 아니하는 경우에는 그 지연기간에 따라 일정한 배상을 하도록 명하거나 즉시 배상을 할 것을 명할 수 있음(행심법 50의2 ①)

Ⅴ. 사례의 경우

○ 행자부장관은 정보공개거부처분에 대한 취소재결 또는 의무이행재결에 따라 재처분의무를 부담함
○ 행자부장관이 재처분의무를 이행하지 않는 경우, A는 위원회에 직접처분을 신청할 수 있으나, 위원회가 행자부 정보를 보유한 주체가 아니므로 처분의 성질상 위원회의 직접처분을 기대하기 어려움
○ 간접강제제도의 도입에 따라 A는 위원회에 배상명령을 신청할 수 있겠음

2017년 제1차 변호사시험 모의시험 제2문

甲, 乙, 丙 등은 A시 B동 지역에 토지를 소유하고 있다. B동 지역 주민들은 도시 및 주거환경정비법령에 따라 조합을 설립하여 주택재건축사업을 추진하기로 하였다. 이후 같은 법령에 따라 적법하게 조합설립추진위원회가 구성되었고, 이 조합설립추진위원회는 「도시 및 주거환경정비법」제16조에 따라 토지 또는 건축물의 소유자의 동의를 얻어 조합설립을 의결하고 관할 A시장에게 조합설립인가를 신청하였는바, 甲은 재건축에 동의하였으나, 乙은 동의하지 않았다.

위 주택재건축사업이 추진되는 B동 지역 일대는 주택단지가 아닌 지역이 포함되어 있어 주택재건축사업을 추진하려면 「도시 및 주거환경정비법」제16조 제3항에 따라 주택단지가 아닌 지역 안의 '토지 또는 건축물 소유자의 4분의 3이상'의 동의를 얻어야 하는 바, 위 조합설립추진위원회가 신청한 조합설립인가는 같은 조항에서 요구하는 동의자 수에 미달한 것으로 조합설립결의에 하자가 있는 것이었다. 그럼에도 불구하고, 관할 A시장은 위 동의요건을 '토지 소유자의 4분의 3 이상' 또는 '건축물 소유자의 4분의 3 이상' 중 어느 하나의 요건만 충족하면 되는 것으로 잘못 해석하여, 동의요건을 충족하지 못한 위 조합설립추진위원회의 조합설립인가신청에 대하여 B동재건축정비사업조합(이하 'B조합') 설립인가처분을 하였고, 이에 기하여 B조합은 같은 법 제18조에 따른 조합설립등기를 마쳤다.

1. 재건축사업에 동의하지 않는 乙은 위 조합설립인가는 동의요건을 갖추지 못한 것으로 조합설립결의에 하자가 있어 위법하다고 주장한다. 乙이 제기할 수 있는 소송의 유형을 검토하시오. (25점)
2. 만약 위 조합설립인가 신청을 받은 관할 A시장이 동의요건에 하자가 있음을 발견하고 1개월 내에 동의요건을 충족하여 다시 동의서를 제출할 것을 부관으로 하여 조합설립인가처분을 하였다면, 그러한 부관의 가능성과 B조합이 부관에 대해서만 다툴 수 있는지 검토하시오. (30점)
3. B조합은 조합설립 4개월 후, 같은 법 제24조 및 제48조가 정한 바에 따라 조합총회의 의결을 거쳐 관리처분계획을 수립하여 관할 A시장에 인가를 신청하였고, 그 관리처분계획은 A시장에 의하여 인가 고시되었다. 위 관리처분계획은 주택재건축사업으로 건립되는 공동주택에 대하여 분양신청을 한 조합원 丙에 대하여, 丙은 그 소유토지 면적이 30㎡에 불과함을 이유로 같은 법 제48조 제2항 제3호에 근거하여 분양대상자에서 제외하고 현금청산자로 분류하는 것을 내용으로 하고 있다.
   (1) B조합의 관리처분계획에 불복하는 丙이 관리처분계획에 대해 제기한 취소소송에서 조합설립인가처분의 위법을 이유로 관리처분계획의 위법을 주장할 수 있는가? (25점)
   (2) 丙은 "너무 좁은 토지"를 취득한 자에 대하여는 분양대상자에서 제외하고 "현금으로 청산"할 수 있도록 하고 있는 같은 법 제48조 제2항 제3호가 위헌이라고 주장하고 있다. 丙이 주장할 수 있는 헌법적 쟁점을 제시하시오. (20점)

[참조조문]

도시 및 주거환경정비법 (현행 법령을 사례에 맞게 단순화하였음)

제16조(조합의 설립인가 등) ③ 제2항의 규정에 불구하고 주택단지가 아닌 지역이 정비구역에 포함된 때에는 주택단지가 아닌 지역안의 토지 또는 건축물 소유자의 4분의 3 이상 및 토지면적의 3분의 2 이상의 토지소유자의 동의를 얻어야 한다.

제18조(조합의 법인격 등) ① 조합은 법인으로 한다.

② 조합은 조합 설립의 인가를 받은 날부터 30일 이내에 주된 사무소의 소재지에서 대통령령이 정하는 사항을 등기함으로써 성립한다.

제19조(조합원의 자격 등) ① 정비사업의 조합원은 토지등소유자(주택재건축사업의 경우에는 주택재건축사업에 동의한 자만 해당한다)로 하되, 다음 각 호의 어느 하나에 해당하는 때에는 그 수인을 대표하는 1인을 조합원으로 본다.

[각 호 생략]

제24조(총회개최 및 의결사항) ③ 다음 각호의 사항은 총회의 의결을 거쳐야 한다.

...

10. 제48조의 규정에 의한 관리처분계획의 수립 및 변경

제48조(관리처분계획의 인가 등) ① 사업시행자는 제46조에 따른 분양신청기간이 종료된 때에는 제46조에 따른 분양신청의 현황을 기초로 다음 각호의 사항이 포함된 관리처분계획을 수립하여 시장·군수의 인가를 받아야 한다.

[각 호 생략]

② 제1항의 규정에 의한 관리처분계획의 내용은 다음 각 호의 기준에 의한다.

1.~2. 생략

3. 너무 좁은 토지 또는 건축물이나 정비구역 지정후 분할된 토지를 취득한 자에 대하여는 현금으로 청산할 수 있다.

[문 1]

Ⅰ. 논점
　○ 조합설립인가의 법적 성질과 조합설립
　　결의를 다투는 방법(민사소송인지 항고
　　소송인지 여부)
　○ 취소소송을 제기하여야 하는지 무효등
　　확인소송을 제기하여야 하는지 여부
　　(무효와 취소의 구별)

**Ⅱ. 조합설립인가의 법적 성질과 조합설립
　　결의를 다투는 방법**
　1. 특허와 인가
　2. 조합설립인가의 법적 성질

　○ 학설
　○ 판례
　3. 조합설립결의를 다투는 방법
　　(1) 설립인가처분 전
　　(2) 설립인가처분이 있고 난 후
　4. 사례의 경우

Ⅲ. 乙이 제기할 수 있는 소송유형
　1. 행정행위의 무효와 취소의 구별
　2. 사례의 경우

[문 2]

Ⅰ. 논점: ① 부관의 가능성(허용성),

② 부관의 독립쟁송가능성
Ⅱ. **부관의 허용성**(가능성)
1. 종래의 견해 및 판례
2. 비판적 견해
3. 결론: 부관의 허용성
4. 사례의 경우
Ⅲ. **부관의 독립쟁송가능성**
1. 학설 및 판례
(1) 부담만 독립하여 쟁송의 대상으로 할 수 있다는 견해
(2) 모든 부관을 독립하여 쟁송의 대상으로 할 수 있다는 견해
(3) 분리가능성을 기준으로 하는 견해

2. 사례의 경우

[문 3 (1)]
Ⅰ. **논점**: 하자의 승계
Ⅱ. **하자의 승계**
1. 하자의 승계의 의의와 논의의 전제조건
2. 학설
(1) 종래의 견해
(2) 규준력이론
3. 판례
(1) 기본입장
(2) 예외적으로 하자의 승계를 인정
Ⅲ. **사례의 경우**

[문 1]

Ⅰ. 논점

- 조합설립인가의 법적 성질과 조합설립결의를 다투는 방법(민사소송인지 항고소송인지 여부)
- 취소소송을 제기하여야 하는지 무효등확인소송을 제기하여야 하는지 여부(무효와 취소의 구별)

Ⅱ. 조합설립인가의 법적 성질과 조합설립결의를 다투는 방법

1. 특허와 인가

- 특허: 특정 상대방에게 권리 등을 설정하는 형성적 행정행위
- 인가: 타인의 법률행위를 보충하여 그 법률적 효력을 완성시켜 주는 행정행위

2. 조합설립인가의 법적 성질[4]

- 이에 관해서는 학설상 ① 조합설립행위에 대한 보충적 행위로서 인가인지 ② 조합에 대한 행정주체로서의 지위 부여라는 점에서 특허인지 논란이 있음
- 판례는 조합설립인가처분은 단순히 사인들의 '조합설립행위에 대한 보충행위의 성질을 갖는 것이 아니라', 도시정비법상 정비사업을 시행할 수 있는 권한을 갖는 행정주체(공법인)의 지위를 부여하는 일종의 설권적 처분의 성격을 갖는다(대판 2012.4.12, 2010다10986)고 하여 특허설의

---

4) 강론, 1411면.

입장을 취하는 듯함

3. 조합설립결의를 다투는 방법(대판 2009.10.15, 2009다30427)

(1) 설립인가처분 전
○ 민사소송으로 조합을 상대로 조합설립결의의 무효를 다투어야 함

(2) 설립인가처분이 있고 난 후
○ 행정청을 상대로 조합설립 인가처분의 취소 또는 무효확인을 구하는 항고소송의 방법에 의하여야 함. 이 경우 조합을 상대로 조합설립결의의 효력을 다투는 확인의 소는 확인의 이익이 없어 허용되지 않음

4. 사례의 경우
○ 乙은 조합설립 인가처분의 취소 또는 무효확인을 구하는 항고소송을 제기하여야 함

Ⅲ. 乙이 제기할 수 있는 소송유형

1. 행정행위의 무효와 취소의 구별[5]
○ 통설인 중대명백설에 따르면, 행정행위의 하자가 중대한 법 위반이고 그것이 외관상 명백한 경우에는 무효이고, 이에 이르지 않는 경우에는 취소할 수 있는 데 그침(대판 2007.5.10, 2005다31828)
○ 그 밖에도 중대설, 조사의무설, 명백성보충설, 구체적 가치형량설 등이 있음
○ 대법원: 원칙적으로 중대명백설 원칙, 소수견해는 명백설보충설을 취한 바도 있음(대판 1995.7.11, 94누4615 전원합의체)

2. 사례의 경우
○ 관할 행정청이 법 제16조 제3항에서 정한 동의요건 중 '토지 또는 건축물 소유자의 4분의 3 이상'을 '토지 소유자의 4분의 3 이상' 또는 '건축물 소유자의 4분의 3 이상' 중 어느 하나의 요건만 충족하면 된다고 잘못 해석한 것이 중대하고 명백한 하자인가 여부가 문제임
○ 판례: 하자는 중대하지만 명백하지는 않다는 입장임(대판 2012.10.25, 2010두25107)
"위 처분은 개정 전 도시정비법 제16조 제3항에서 정한 동의요건을 충족하지 못하여 위법할 뿐만 아니라 하자가 중대하다고 볼 수 있으나, '토지 또는 건축물 소유자의 5분의 4 이상'의 문언적 의미가 명확한 것은 아니고 다의적으로 해석될 여지가 충분히 있는 점 등을 종합하면, 조합설립인가처분 당시 주택단지가 전혀 포함되어 있지 않은 정비구역에 대한 재건축사

---

5) 강론, 242면 이하.

업조합의 설립인가처분을 하기 위해서는 '토지 및 건축물 소유자, 토지 소유자, 건축물 소유자' 모두의 5분의 4 이상의 동의를 얻어야 한다는 점이 객관적으로 명백하였다고 할 수 없어 위 조합설립인가처분이 당연무효라고 볼 수는 없다."

○ 판례에 따를 때, 乙은 취소소송을 제기하여야 함

○ 이 경우 乙이 무효등확인소송을 제기하면 법원은 당사자의 취지가 처분의 취소를 구하는 것이라면 취소소송의 제기요건을 구비하여 취소소송으로 청구취지를 변경하도록 하여야 할 것임[6]

[문 2]

Ⅰ. 논점: ① 부관의 가능성(허용성), ② 부관의 독립쟁송가능성

Ⅱ. 부관의 허용성(가능성)[7]

1. 종래의 견해 및 판례

○ ① 법률행위적 행정행위, ② 재량행위에만 부관 가능

○ 준법률행위적 행정행위는 의사표시를 요소로 하지 않고 있고, 기속행위에 대한 부관은 기속행위에 대한 공권을 침해하는 것이기 때문에 부관을 붙일 수 없다는 것임

○ 판례도 같은 입장

2. 비판적 견해

○ ① 준법률행위적 행정행위나 ② 기속행위에도 부관 가능할 수 있음

○ 준법률행위적 행정행위의 경우에도 확인·공증의 경우에는 기한이라는 부관이 가능하고, 또한 법적 근거가 있다면 법률행위적 행정행위와 준법률행위적 행정행위를 가리지 않고 부관을 붙일 수 있음

○ 포괄적 신분설정행위로서의 특허에 해당하는 귀화허가와 같은 법률행위적 행정행위의 경우는 법적 안정성의 견지에서 부관을 붙일 수 없음

○ 기속행위의 경우에도 법적 근거가 있으면 부관을 붙일 수 있음(침해유보의 관점)

○ 기속행위의 경우 별도의 법적 근거가 없더라도 법정요건을 충족할 것으로 조건으로 하는 '법률요건충족적 부관'은 가능함(예: 독일연방행정절차법 36 ①)

---

6) 강론, 817면.

7) 강론, 201면 이하.

3. 결론: 부관의 허용성

① 법적 근거 있으면 행정행위의 종류에 관계없이 부관 가능

② 법적 근거 없으면 원칙적으로 재량행위에만 가능

③ 법적 근거 없더라도 기속행위에 법률요건충족적 부관은 가능(다수설)

4. 사례의 경우

○ 조합설립인가의 법적 성질: 특허(설권적 처분)로서 재량행위

○ 따라서 법적 근거가 없더라도 부관 가능

Ⅲ. 부관의 독립쟁송가능성[8]

1. 학설 및 판례

(1) 부담만 독립하여 쟁송의 대상으로 할 수 있다는 견해

○ 부담은 그 자체 독립한 행정행위이므로 부담은 독립하여 쟁송의 대상으로 할 수 있고, 부담 이외의 부관은 부관만 독립쟁송의 대상이 될 수 없으므로, 부관부 행정행위 전체를 쟁송의 대상으로 하여 부관의 효력을 다툴 수 있을 뿐이라는 견해(다수설 및 판례)

(2) 모든 부관을 독립하여 쟁송의 대상으로 할 수 있다는 견해

○ 부관이 위법하면 그 종류를 불문하고 모두 독립쟁송가능성을 인정하거나, 소의 이익이 있는 한 모든 부관에 대하여 독립하여 쟁송의 대상이 될 수 있다는 견해

(3) 분리가능성을 기준으로 하는 견해

○ 논리적인 관점에서 모든 부관은 분리가능한 것으로 봄으로써, 모든 부관에 대한 독립쟁송가능성을 인정하자는 견해

2. 사례의 경우

○ 1개월 내에 동의요건을 충족하여 다시 동의서를 제출할 것: 1개월 내에 동의서를 제출하지 않으면 조합설립인가의 효력이 상실된다고 보아야 하므로 부관 중 해제조건에 해당함

○ 따라서 다수설 및 판례에 따르면, 이 부관만을 독립하여 쟁송의 대상으로 할 수 없음

---

8) 강론, 207면 이하.

[문 3 (1)]

Ⅰ. 논점: 하자의 승계

Ⅱ. 하자의 승계[9]

1. 하자의 승계의 의의와 논의의 전제조건

○ 두 개 이상의 행정행위가 연속적으로 행하여지는 경우 선행행정행위의 흠을 이유로 후행행
정행위를 다툴 수 있는가 하는 문제

○ 선행행정행위에 단순위법의 하자가 있고 쟁송기간이 도과한 경우에만 하자의 승계가 문제됨

2. 학설

(1) 종래의 견해

① 선행행정행위와 후행행정행위가 상호 독립하여 별개의 효과를 발생하는 경우에는, 선행행
위가 당연무효가 아닌 한 그 흠이 후행행위에 승계되지 않음

② 선행행정행위와 후행행정행위가 서로 결합하여 하나의 법적 효과를 완성하는 경우에는 선
행행위의 흠이 후행행위에 승계됨

(2) 규준력이론

○ 하자의 승계 문제를 불가쟁력이 발생한 선행행정행위의 후행행정행위에 대한 구속력의 문제
로 이해하려는 견해

○ 규준력이 인정되려면, ① 양 행위가 동일한 사안과 목적을 추구하여야 하고(대물적 한계), ②
양 행위에서의 상대방, 이해관계인, 유관기관 등이 일치하여야 하며(대인적 한계), ③ 선행행정
행위의 사실 및 법상태가 후행행정행위에 유지되고 있는 경우이어야 함(시간적 한계). ④ 다만
규준력을 인정하는 것이 상대방에게 가혹하거나 예측가능성이 없었던 경우에는 예외적으로
규준력이 부인됨(규준력의 추가적 요건)

3. 판례

(1) 기본입장

○ 판례는 사업인정처분과 재결처분 사이의 하자의 승계를 인정하지 않음(대판 1992.3.13, 91누4324)

(2) 예외적으로 하자의 승계를 인정

○ 판례는 이와 같은 종래의 입장을 유지하면서도, 예컨대 "위법한 개별공시지가를 기초로 한

---

9) 강론, 258면 이하.

과세처분 등 후행 행정처분에서 개별공시지가결정의 위법을 주장할 수 없도록 하는 것은 수인한도를 넘는 불이익을 강요하는 경우"와 같은 경우에는 예외적으로 흠의 승계를 인정하기도 함(대판 1994.1.25, 93누8542; 대판 1997.9.26, 96누7649; 대판 2008.8.21, 2007두13845)

o 결국 판례의 입장은 양 행위가 서로 독립한 처분인 경우에는 하자의 승계를 부인하는 것이 원칙이지만, 불가쟁력이 발생한 선행처분의 하자를 후행 처분에서 다툴 수 있도록 할 것인가의 여부는 개인의 권리보호의 관점에서 수인가능성이 있는지의 여부를 개별적으로 검토하여 결정하고 있다고 할 수 있음

Ⅲ. 사례의 경우

o 위 사례에서 조합설립인가의 하자는 취소사유이므로(대판 2012.10.25, 2010두25107), 이 하자가 관리처분계획에 승계되는지가 문제임

o 관리처분계획이란 정비사업 시행자가 분양신청기간이 종료된 때 수립하는 대지 및 건축시설에 관한 관리 및 처분에 관한 계획을 말하므로, 다수설 및 판례에 따를 때, 조합설립인가와 관리처분계획은 상호 독립하여 별개의 효과를 발생하는 경우라고 보는 것이 타당함

o 나아가 사례의 경우 조합설립인가의 위법을 주장하지 못하는 것이 수인한도를 넘는 불이익을 강요하는 경우라고 볼 수 없음

o 관련판례(대판 2013.12.26, 2011두8291)
"사업시행계획 수립에 조합원 3분의 2 이상의 동의를 얻지 못한 하자는 취소사유에 불과하고, 이를 들어 관리처분계획의 적법여부를 다툴 수 없다는 이유로, 관리처분계획이 적법하다고 본 원심의 결론은 정당하다."(대법원 2012.8.23. 선고 2010두13463 판결)

o 따라서 丙은 조합설립인가의 위법을 이유로 관리처분계획의 위법을 주장할 수 없음

[문 3 (2)]

Ⅰ. **논점:** 재산권·평등권 침해, 명확성의 원칙 위반 등

Ⅱ. **재산권 침해**

Ⅲ. **평등권 침해**

Ⅳ. **명확성의 원칙 위반 가능성**

Ⅴ. **결론**

2017년 제2차 변호사시험 모의시험 제1문

경찰청장 甲은 관할 경찰서장에게 야당과 시민단체들이 주관한 대통령 퇴진을 위한 국민대회와 관련해 야당 당직자 20여명에 대한 소환장을 발부할 것을 지시하였다. 이에 야당인 시민당 소속 국회의원 30인은 경찰의 정치적 중립성 확보를 골자로 한 「경찰청법」 개정안을 발의하였다. 하지만 여당인 대한당은 이 법률개정안의 국회 통과를 적극 저지하기로 당론을 모았다. 원내에서 이 법률개정안의 입법배경과 해당조항들에 대한 찬반 논란이 격화되자, 국회의장 乙은 이 법률개정안이 통상적인 입법과정을 통해 처리될 수 없다고 판단하여 이 법률개정안을 직권으로 본회의에 부의하였다.

본회의에서 국회의장 乙은 이 법률개정안에 대하여 표결을 진행한 후 투표 종료를 선언하였다. 이 때 전자투표 게시판에는 재적 294인, 재석 145인, 찬성 142인, 반대 0인, 기권 3인이라고 표시되었다. 이에 국회의장 乙은 "재석의원이 부족해서 표결이 불성립되었으니 다시 투표해 주시기 바랍니다."라고 하면서 다시 투표를 진행하였다. 국회의장 乙의 재투표 종료 선언 후 전자투표 게시판에 재적 294인, 재석 153인, 찬성 150인, 반대 0인, 기권 3인으로 투표 결과가 집계되었고, 국회의장 乙은 "이 법안은 원안대로 가결되었습니다."라고 선포하였다. 하지만 대한당은 이러한 국회의장 乙의 법안가결선포행위가 국회의원들의 법안 표결권을 침해하여 무효라고 주장하였다.

4. 경찰청장 甲은 퇴직 후 다른 공직에 임명되어 재직하던 중 「경찰청법」 개정안이 공포되어 발효됨에 따라 동법 제11조 제3항의 결격사유에 해당되어 당연퇴직의 통보를 받았다. 甲은 이 당연퇴직 통보에 대해 항고소송으로 다툴 수 있는가? (20점)

[참조조문]
※ 아래 법안은 가상의 것임을 전제로 할 것
경찰청법 개정안 일부
제11조 (경찰청장) ①~② 생략
  ③ 경찰청장은 퇴직일부터 2년 이내에는 공무원으로 임용될 수 없다. <신설>
  ④ 경찰청장은 퇴직일부터 2년 이내에는 정당의 발기인이 되거나 당원이 될 수 없다. <신설>
부칙 제3조 (제11조 제3항에 대한 경과조치)
경찰청장으로 퇴직한 자가 공무원으로 임용되어 재직 중인 경우에는 이 법의 시행일에 당연퇴직한다.

[문 4]
I. 논점: 당연퇴직 통보의 처분성

II. 처분의 개념
  1. 행정쟁송법상의 처분

[문 4]

Ⅰ. 논점: 당연퇴직 통보의 처분성

Ⅱ. 처분의 개념[10]

1. 행정쟁송법상의 처분

○ 행정청이 행하는 구체적 사실에 대한 법집행으로서의 공권력의 행사 또는 그 거부와 이에 준하는 행정작용(행정소송법 2 ① 1호)

2. 처분개념에 관한 학설

① 일원설(실체법상의 처분개념설)

○ 실체법상의 처분개념(행정행위개념)과 쟁송법상의 처분개념은 동일한 개념이어야 한다는 견해

② 이원설(쟁송법상의 처분개념설)

○ 항고소송을 통한 권리구제의 확대에 중점을 두고 이러한 점에서 항고소송의 대상이 되는 처분개념은 행정행위개념과 관계없이 확대되어야 한다는 입장

③ 형식적 행정행위론

○ 공권력행사로서의 실체를 가지고 있지 않지만 국민생활을 일방적으로 규율하거나 개인의 법익에 대하여 계속적으로 사실상의 지배력을 미치는 행위에 대해서는 쟁송법상으로 항고소송의 대상이 되는 처분으로 인정하자는 견해

④ 결어

○ 이론적으로는 일원설이 타당하나, 실정법상 처분개념이 행정행위 개념보다 넓은 것이 사실임

○ 판례는 행정행위 이외에도 도시·군관리계획, 단수조치의 처분성을 인정하고 있음

3. 처분의 개념적 요소

○ 행정청의 처분은, ① 행정청이 행하는, ② 구체적 사실에 관한 법집행으로서, ③ 공권력을

---

10) 강론, 869면 이하.

행사하거나 거부하는, ④ 국민의 권리의무에 직접 영향을 미치는 공법행위(대판 2012.9.27, 2010 두3541 참조)이어야 함

Ⅲ. 당연퇴직[11]

1. 당연퇴직의 의의

○ 법이 정한 일정한 사유의 발생으로 별도의 처분 없이 당연히 공무원관계가 소멸되는 것

2. 당연퇴직 통보의 법적 성질

○ 판례는 당연퇴직의 인사발령을 하더라도 이는 퇴직사실을 알리는 관념의 통지에 불과하여 항고 소송의 대상이 되는 처분에 해당하지 않는다고 보고 있음(대판 1995.11.14, 95누2036)

3. 사례의 경우

○ 당연퇴직은 일정한 사유의 발생으로 별도의 처분 없이 퇴직의 효력이 발생하므로, 甲에 대한 당연퇴직의 통보는 관념의 통지일 뿐 처분이 아님
○ 따라서 甲은 당연퇴직 통보에 대하여 항고소송으로 다툴 수 없음

---

11) 강론, 1201면 이하.

2017년 제2차 변호사시험 모의시험 제2문

정부는 종합과학단지의 육성과 발전을 위하여 A대학교 주변 지역을 개발하여 세계적인 종합과학연구단지로 발전시키는 것을 내용으로 하는 종합과학 연구단지 조성 및 지원 사업을 추진하기로 결정하였다. 이에 국회는, 교육부장관에게 연구단지 분양신청자에 대한 분양결정권을 부여하고 교육부장관이 연구단지에 토지를 분양받는 자에게 연구단지 개발부담금(이하 '부담금')을 부과 징수할 수 있도록 하는 내용의 「종합과학 연구단지 조성 및 지원에 관한 특별법」을 제정하였고, 동법은 2016.1.1. 시행되었다. 교육부장관은 동 법률 및 동 법률의 위임을 받은 「종합과학 연구단지 조성 및 지원에 관한 지침」(교육부 고시)에 따라 분양신청자인 甲, 乙, 丙, 丁에 대하여 연구단지에 토지를 분양하고, 2016.8.1. 각각에 대하여 부담금 부과처분을 하였으며 그 처분서는 당일 각자에게 송달되었다. 처분 내역은 아래의 표와 같다.

위의 사실관계를 기초로 아래의 각 설문에 답하되, 각 설문별로 사실관계는 독립적으로 판단하시오.

〈부담금부과처분 내역〉

	분양토지 면적	분양토지 가격	부담금 부과액
甲	10,000㎡	1억원	1백만원
乙	20,000㎡	2억원	6백만원
丙	30,000㎡	3억원	9백만원
丁	40,000㎡	4억원	16백만원

1. 「종합과학 연구단지 조성 및 지원에 관한 지침」의 법적 성격을 설명하고, 종합과학 연구단지 조성 및 지원에 관한 특별법 제11조 제2항의 위임 형식이 헌법상 허용되는지 검토하시오. (20점)
2. 「종합과학 연구단지 조성 및 지원에 관한 지침」에 대한 법원의 통제방법과 위 지침이 헌법재판소법 제68조 제1항에 의한 헌법소원심판의 대상이 될 수 있는지 여부에 관하여 검토하시오. (20점)
3. 乙이 부담금 부과액이 과다하다는 이유로 자신에 대한 부담금 부과처분을 다투는 취소소송을 제기하였다면, 수소법원은 어떠한 판결을 내려야 하는가? (20점)
4. 丁은 교육부장관의 부담금부과처분에 대한 취소소송을 제기하였고, 수소법원은 처분의 근거가 된 종합과학 연구단지 조성 및 지원에 관한 특별법 제10조에 대하여 위헌법률심판제청을 하여 헌법재판소는 2016.12.5. 동 조항에 대하여 위헌결정을 하였다.
   (1) 乙은 부담금을 모두 납부한 후, 2016.9.1. 부담금부과처분에 대한 무효확인소송을 제기하여 계속 중이다. 다만, 법원에 위헌법률심판제청신청은 하지 않았다. 한편, 丙은 2016.8.10. 행정심판을 제기하면서 이미 부담금을 모두 납부하였고, 2016.9.10. 기각재결서를 송달받고 2016.12.7. 취소소송을 제기하였다. 乙과 丙의 청구는 인용될 수 있는가? (25점)

(2) 甲이 2016.12.5. 현재 아직 부담금을 납부하지 않은 상태라고 한다면, 교육부장관은 甲에 대하여 부담금채권의 집행을 위한 체납처분을 할 수 있는가? (15점)

[참조조문]

종합과학 연구단지 조성 및 지원에 관한 특별법

제10조(부담금의 부과 징수) 교육부장관은 연구단지에 토지를 분양받은 사람에 대하여 연구단지 개발 부담금을 부과 징수하여야 한다.

제11조(부담금 산정 기준) ① 연구단지 개발부담금은 분양토지의 가격에 부담률을 곱한 금액으로 한다.
　② 제1항의 규정에 의한 분양토지의 가격 및 부담률은 분양토지의 면적 등을 고려하여 교육부 장관이 매년 이를 고시한다.
　③ 교육부장관은 제10조에 따른 부담금 납부의무자가 부담금을 내지 아니할 때에는 국세 체납처분의 예에 따라 강제징수할 수 있다.

종합과학 연구단지 조성 및 지원에 관한 지침(교육부 고시)

제1조(목적) 이 규정은 종합과학 연구단지 조성 및 지원에 관한 특별법 에서 정하는 부담금에 관한 교육부장관의 소관사항의 시행에 필요한 사항을 정함을 목적으로 한다.

제7조(부담금 산정기준) ① 종합과학 연구단지 조성 및 지원에 관한 특별법 제11조에 따른 분양 토지의 가격은 부동산 가격공시 및 감정평가에 관한 법률 에 의하여 매년 고시하는 개별공시지가 중 분양결정시와 가장 가까운 시점에 공시한 지가를 기준으로 한다.
　② 종합과학 연구단지 조성 및 지원에 관한 특별법 제11조에 따른 부담률은 [별표 1]과 같다.

[별표 1] 부담률 산정기준

분양토지 면적	부담률
10,000㎡ 미만	0.005
10,000㎡ 이상 20,000㎡ 미만	0.01
20,000㎡ 이상 30,000㎡ 미만	0.02
30,000㎡ 이상 40,000㎡ 미만	0.03
40,000㎡ 이상 50,000㎡ 미만	0.04
이하 생략	이하 생략

[문 1]

I. 논점
　① 행정규칙형식의 법규명령(법령보충규칙)
　② 그 헌법상 허용성
II. 행정규칙형식의 법규명령(법령보충규칙)

1. 행정규칙형식의 법규명령(법령보충규칙)의 의의
2. 학설
　(1) 법규명령설
　(2) 행정규칙설

(3) 규범구체화행정규칙설
3. 판례
4. 사례의 경우: 법규명령
Ⅲ. **법령보충규칙의 허용성**
  ○ 헌법재판소: 법령보충규칙의 대외적
    구속력 인정
  ○ 헌재결 2009.2.26, 2005헌바94,
    2006헌바30(병합) 전원재판부
  ○ 사례의 경우: 헌법에 반하지 않음

[문 2]
Ⅰ. **논점**
  ① 법규명령의 사법적 통제
  ② 행정규칙의 사법적 통제
Ⅱ. **법규명령의 사법적 통제**
  ○ 규범통제방식
  ○ 헌법 제107조: 구체적 규범통제
  ○ 처분법규의 경우
Ⅲ. **행정규칙의 사법적 통제**
  ○ 원칙적으로 불가능함
  ○ 예외적으로 사법적 통제 가능
  ○ 행정규칙이 헌법소원의 대상이 될 수
    있는지 여부
Ⅳ. **사례의 경우**

[문 3]
Ⅰ. **논점**
  ① 부담금부과처분의 위법성(행정행위의
    적법요건)
  ② 일부취소 가능성
Ⅱ. **행정행위의 적법요건**
  ○ 주체·내용·형식·절차요건
  ○ 특히 내용요건
Ⅲ. **부담금부과처분의 법적 성질**
  1. 재량행위와 기속행위의 구별
    (1) 구별기준에 관한 학설
      ① 요건재량설
      ② 효과재량설

③ 판단여지설
④ 결어
(2) 구체적 구별기준
(3) 판례
2. 사례의 경우
Ⅳ. **일부취소 가능성**
  ○ 변경의 의미: 소극적 변경(일부취소)
  ○ 판례
  ○ 관련판례(대판 2004.7.22, 2002두868)
Ⅴ. **사례의 경우**

[문 4 (1)]
Ⅰ. **논점**
  ① 위헌결정의 소급효
  ② 위헌인 법률에 근거한 행정처분의 효력
Ⅱ. **위헌결정의 소급효**
  1. 헌법재판소법 47 ②
  2. 원칙: 장래효, 예외: 소급효
  3. 예외적 소급효 인정범위
  4. 불가쟁력이 발생한 행정처분에
    위헌결정의 소급효가 미치는지 여부
Ⅲ. **위헌인 법률에 근거한 행정처분의 효력**
  ○ 문제의 소재
  ○ 대법원
  ○ 헌법재판소
Ⅳ. **사례의 경우**
  1. 乙의 경우
    ○ 위헌결정의 소급효 인정
    ○ 무효확인소송 제기의 적법성(특히
      무효등확인소송의 보충성)
      - 문제의 소재임
      - 학설: ① 긍정설(즉시확정이익
        설)과 ② 부정설
      - 판례
      - 따라서 乙은 무효확인소송을
        제기할 수 있음
    ○ 한편 부담금부과처분은 취소할 수
      있는 데 그침

```
        - 따라서 乙의 청구는 인용되기          [문 4 (2)]
          어려움                            Ⅰ. 논점: 위헌법률에 근거한 처분의 집행력
      ○ 취소소송과 무효등확인소송과의 관계      Ⅱ. 위헌법률에 근거한 처분의 집행력
   2. 丙의 경우                                1. 문제의 소재
      ○ 위헌결정의 소급효가 미침                2. 학설
      ○ 丙은 적법하게 취소소송 제기              (1) 집행력부정설
      ○ 위헌법률에 근거한 부담금부과처분          (2) 집행력긍정설
        은 취소할 수 있으므로, 丙의 청구는        (3) 결어
        인용                               Ⅲ. 사례의 경우
```

[문 1]

Ⅰ. 논점: ① 행정규칙형식의 법규명령(법령보충규칙) 및 ② 그 헌법상 허용성

Ⅱ. 행정규칙형식의 법규명령(법령보충규칙)[12]

1. 행정규칙형식의 법규명령(법령보충규칙)의 의의

○ 행정기관이 상위법령의 위임에 따라 고시·훈령 등의 행정규칙의 형식으로 상위법령의 내용을 보충하는 경우(형식의 부족) 이를 행정규칙형식의 법규명령(법령보충규칙)이라 함

2. 학설

(1) 법규명령설: 상위법령의 구체적 위임에 근거하여 발하여지는 것이므로 그 실질적 내용에 따라 법규명령으로 보는 견해
(2) 행정규칙설: 헌법이 규정하는 법규명령의 형식은 대통령령·총리령·부령으로 한정되어 있으므로, 이러한 형식이 아닌 법령보충규칙은 행정규칙으로 보아야 한다는 견해
(3) 규범구체화행정규칙설: 이러한 행정규칙이 법률을 구체화 또는 보충하는 기능을 지니는 경우에는 이를 규범구체화행정규칙 또는 법률대체적 행정규칙으로 부르자는 견해

3. 판례

○ 행정규칙의 형식으로 제정된 것이라도 ① 상위법령의 위임이 있고 ② 상위법령의 내용을 보충하는 기능을 가지는 경우에는 법규명령으로서의 효력을 인정

---

12) 강론, 332면 이하.

○ 대판 1994.4.26, 93누21668(주류도매면허제도개선업무처리지침), 대판 1994.3.8, 92누1728(식품제조업허가기준), 대판 1994.3.8, 92누1728(생수판매제한고시), 대판 1996.4.12, 95누7727(노인복지지침), 대판 1998.9.25, 98두7503(주유소등록요건에관한고시), 대판 2008.3.27, 2006두3742, 3759(택지개발업무처리지침), 대판 2011.9.8, 2009두23822(산업입지의 개발에 관한 통합지침) 등

4. 사례의 경우

○ 판례에 따르면, 사례의 고시는 법률의 위임에 따라 이를 구체화하는 것으로서 법규명령임

Ⅲ. 법령보충규칙의 허용성

○ 헌법재판소는 헌법상 위임입법의 형식을 예시적인 것이라 하면서 대법원의 입장과 마찬가지로 법령보충규칙의 대외적 구속력을 인정하고 있음. 다만 헌법재판소는 행정규칙에 대한 위임입법은 제한적으로 인정될 수 있는 것이라 하였음

○ "헌법이 인정하고 있는 위임입법의 형식은 예시적인 것으로 보아야 할 것이고, 규율의 밀도와 규율영역의 특성에 따라 입법자의 상세한 규율이 불가능한 것으로 보이는 영역에서 행정규칙에 대한 위임입법이 제한적으로 인정될 수 있으며, (구) '음반·비디오물 및 게임물에 관한 법률' 제32조 제3호는 경품의 종류와 경품제공방식을 규율하려는 것으로 그 규율영역의 전문적·기술적 특성상 소관부처인 문화관광부의 고시로 위임함이 요구되는 사항이라고 볼 수 있으므로 법 제32조 제3호의 위임형식은 헌법에 반하지 않는다(헌재결 2009.2.26, 2005헌바94, 2006헌바30(병합) 전원재판부)."

○ 사례의 경우도 "분양토지의 가격 및 부담률"의 성질상 법령에 의한 상세한 규율이 용이하지 않을 것이므로 이를 고시로 위임하여 정하도록 한 것이 헌법에 반하지 않는다고 보아야 할 것임

[문 2]

Ⅰ. 논점: ① 법규명령의 사법적 통제, ② 행정규칙의 사법적 통제

Ⅱ. 법규명령의 사법적 통제[13]

○ 위 교육부고시는 그 법적 성질이 법규명령이므로, 이에 대한 법원의 통제는 '법규명령에 대한 사법적 통제'를 의미함

---

13) 강론, 316면.

○ 규범통제방식에는 규범의 위헌·위법성 그 자체를 소송을 통하여 다툴 수 있는 추상적 규범통제와 선결문제 심리방법에 의한 간접적 통제만을 인정하는 구체적 규범통제가 있음

○ 헌법 제107조는 법령의 심사는 '재판의 전제가 되는 경우'에 할 수 있도록 규정하여 구체적 규범통제를 택하고 있음

○ 이에 따라 법규명령은 그 위헌·위법성이 재판의 전제가 된 경우에 한하여 부수적으로 통제될 뿐, 독립하여 법규명령의 효력을 소송을 통하여 다툴 수 없음

○ 다만 이른바 처분법규의 경우에는 예외적으로 항고소송의 대상이 될 수 있음

Ⅲ. 행정규칙의 사법적 통제[14]

○ 위 교육부고시가 헌법소원의 대상이 될 수 있는가 하는 문제는 '행정규칙에 대하여 헌법재판이 가능한가' 하는 문제임

○ 전통적인 견해에 의하면, 행정규칙은 행정내부에서만 효력을 가지는 것일 뿐 대외적 구속력, 재판규범성, 처분성이 모두 부인되므로, 행정규칙에 대한 사법적 통제는 불가능함

○ 그러나 행정규칙에 예외적으로 대외적 구속력이 인정되는 경우에는 법원은 이를 재판기준으로 삼을 수 있고, 따라서, 법규명령의 경우와 마찬가지로, 이에 대한 사법적 통제가 가능함

○ 한편 행정규칙이 기본권을 침해하는 경우 헌법소원의 대상이 될 수 있는가 하는 것이 문제가 될 수 있는데, 이에 대하여 헌법재판소는 원칙적으로 행정규칙은 행정내부적인 지침에 불과한 것으로서 헌법소원의 대상이 되지 않으나, 법령보충규칙의 경우이거나 또는 평등원칙이나 신뢰보호원칙을 매개로 한 재량준칙의 경우는 대외적 구속력을 인정하면서 이러한 행정규칙은 헌법소원의 대상이 된다고 하였음(헌재결 2001.5.31, 99헌마413 전원재판부)

Ⅳ. 사례의 경우

○ 교육부고시는 법규명령이므로 이에 대한 사법적 통제는 구체적 규범통제의 방식에 따라야 함

○ 한편 교육부고시는 행정규칙형식의 법규명령으로서 대외적 구속력이 인정되므로, 이 고시가 기본권을 침해하는 경우에는 헌법소원의 대상이 될 수 있음

[문 3]

Ⅰ. **논점:** ① 부담금부과처분의 위법성(행정행위의 적법요건), ② 일부취소 가능성

---

14) 강론, 347면.

II. 행정행위의 적법요건[15]

○ 행정행위가 적법하려면 적법요건을 갖추어야 하는데, 적법요건은 구체적으로 주체·내용·형식·절차요건으로 구분할 수 있음. 사례의 경우는 이 가운데 내용요건이 문제됨

○ 행정행위는 법치행정의 원리, 즉 법률우위의 원칙과 법률유보의 원칙을 준수하여야 함. 따라서 행정행위는 상위 법령에 반하지 아니하여야 하고, 법률유보가 요구되는 경우에는 반드시 법적 근거가 있어야 함

○ 그 밖에도 행정법의 일반원칙을 준수하여야 함. 그리고 그 내용이 명확하고 실현가능하여야 함

III. 부담금부과처분의 법적 성질

1. 재량행위와 기속행위의 구별[16]

(1) 구별기준에 관한 학설

① 요건재량설: 재량은 어떠한 사실이 법이 정한 요건에 해당하는가에 대한 판단에 존재한다는 견해

② 효과재량설: 재량을 어떠한 법률효과를 발생시킬 것인가에 대한 선택으로 보는 견해

③ 판단여지설: 판단여지는 요건규정상의 불확정개념에 대한 판단에 있어 고도의 전문성·기술성·정책성 등의 이유로 행정청에게 인정되는 독자적인 판단권을 의미하는데, 혹자는 이를 기속·재량행위의 구별기준으로 제시하기도 함

④ 결어: 요건재량설은 재량을 요건판단에서의 문제로 이해하는 오류가 있고, 효과재량설도 행위의 성질을 기준으로 하고 있다는 점에서 문제가 있어, 이 학설들이 재량행위와 기속행위에 대한 구별기준이 될 수 없음. 결국 당해 행위의 근거가 된 규정의 형식이나 체재 또는 문언 등에 따라 개별적으로 판단할 수밖에 없음

(2) 구체적 구별기준: 구체적인 구분기준으로 근거법규범의 규정방식, 입법취지·목적, 행위의 특성·성질, 공익이나 기본권과의 관련성 등을 종합적으로 고려하여 구체적인 사안마다 개별적으로 판단하여야 함

(3) 판례: 법규의 체재·형식과 그 문언, 당해 행위가 속하는 행정 분야의 주된 목적과 특성, 당해 행위 자체의 개별적 성질과 유형 등 고려

---

15) 강론, 216면 이하.

16) 강론, 162면 이하.

2. 사례의 경우

○ 위 특별법의 입법취지가 세계적인 연구단지를 조성하되, 단지 내 토지를 분양받을 경우 부담금을 부과하고자 하는 것이고, 특별법 제10조의 경우가 이를 구체적으로 규정하고 있는 것으로 판단됨
○ 따라서 부담금부과처분은 기속행위임

Ⅳ. 일부취소 가능성[17]

○ 취소소송의 인용판결은 처분 등을 취소 또는 변경하는 판결인데, 이를 통하여 위법한 처분 등의 취소 또는 변경이라는 형성적 효과가 발생함
○ 여기에서 변경의 의미에 관하여는 적극적 변경이 가능하다는 견해도 있으나, 권력분립적 고려에 의하여 소극적 변경(일부취소)만을 의미한다고 이해됨
○ 판례는 일부취소는 외형상 하나의 처분이라고 하더라도 가분성이 있거나 그 처분대상의 일부가 특정될 수 있어야 가능하다는 입장임(대판 2000.2.11, 99두7210)
○ 관련판례
"개발부담금부과처분 취소소송에 있어 당사자가 제출한 자료에 의하여 적법하게 부과될 정당한 부과금액이 산출할 수 없을 경우에는 부과처분 전부를 취소할 수밖에 없으나, 그렇지 않은 경우에는 그 정당한 금액을 초과하는 부분만 취소하여야 한다(대판 2004.7.22, 2002두868)."

Ⅴ. 사례의 경우

○ 기속행위의 경우 법령의 규정에 기속되어야 함(법령우위의 원칙)
○ 乙의 경우는 20,000㎡의 토지를 2억원에 분양받았으므로, 여기에 부담률 0.02를 곱하면 4백만원의 부담금을 부담하여야 하는데, 교육부장관은 6백만원을 부과하였으므로, 부담금부과처분은 현행 법령 위반으로 위법함
○ 사례의 경우는 기속행위이고, 법령 및 관련 자료에 의하면 乙이 부담하여야 할 부담금이 특정될 수 있으므로 수소법원은 200만원에 대한 일부취소판결을 할 수 있음

[문 4 (1)]

Ⅰ. 논점: ① 위헌결정의 소급효, ② 위헌인 법률에 근거한 행정처분의 효력

---

17) 강론, 814, 934면.

Ⅱ. 위헌결정의 소급효

1. 헌법재판소법 47 ②: "위헌으로 결정된 법률 또는 법률의 조항은 그 결정이 있는 날부터 효력을 상실한다."
2. 원칙적으로 장래효만 인정되나, 예외적으로 구체적 규범통제의 실효성 보장을 위하여 소급효 인정

3. 예외적 소급효 인정범위

○ "헌법재판소의 위헌결정의 효력은 위헌제청을 한 당해 사건, 위헌결정이 있기 전에 이와 동종의 위헌 여부에 관하여 헌법재판소에 위헌여부심판제청을 하였거나 법원에 위헌여부심판제청신청을 한 경우의 당해 사건과 따로 위헌제청신청은 아니하였지만 당해 법률 또는 법률의 조항이 재판의 전제가 되어 법원에 계속중인 사건뿐만 아니라 위헌결정 이후에 위와 같은 이유로 제소된 일반사건에도 미친다(대판 1993.1.15, 91누5747)."

○ "구체적 규범통제의 실효성의 보장의 견지에서 법원이 제청 · 헌법소원 청구 등을 통하여 헌법재판소에 법률의 위헌결정을 위한 계기를 부여한 당해 사건, 위헌결정이 있기 전에 이와 동종의 위헌 여부에 관하여 헌법재판소에 위헌제청을 하였거나 법원에 위헌제청신청을 한 경우의 당해 사건, 그리고 따로 위헌제청신청을 아니하였지만 당해 법률 또는 법률의 조항이 재판의 전제가 되어 법원에 계속 중인 사건에 대하여는 소급효를 인정하여야 할 것이다(헌재결 1993.5.13, 92헌가10, 91헌바7, 92헌바24, 92헌바50)."

4. 불가쟁력이 발생한 행정처분에 위헌결정의 소급효가 미치는지 여부[18]

○ 대법원은 위헌인 법률에 근거한 행정처분에 불가쟁력이 발생한 경우에는 위헌결정의 소급효를 인정하지 않음. 예컨대 과세처분에 따라 납부하였고 과세처분에 대해서는 이미 쟁송기간이 도과하여 불가쟁력이 발생한 경우, 과세처분의 근거가 된 법률이 위헌으로 결정되었다 하더라도 이미 납부한 세금의 반환청구가 인정되지 않음(대판 1994.10.28, 92누9463).

Ⅲ. 위헌인 법률에 근거한 행정처분의 효력[19]

○ 행정처분 이후에 그 처분의 근거가 된 법령이 위헌 또는 위법으로 결정되는 경우 이 무효인 법령에 근거한 처분은 무효인지 취소할 수 있는 경우인지 문제임

---

18) 강론, 252면.
19) 강론, 250면 이하.

- ○ 대법원은 이 경우 그 하자는 중대한 것이지만, 위헌 또는 위법하다는 결정이 있기 전에는 객관적으로 명백하다고 보기 어려우므로 취소사유에 그치는 것으로 보고 있음
- ○ 헌법재판소도 기본적으로는 처분의 근거가 된 법률이 처분 이후에 위헌으로 선고되었다 하더라도 이는 이미 집행된 처분의 취소사유일 뿐 당연무효는 아니라고 보고 있음. 다만 행정처분이 근거 법률의 위헌의 정도가 심각하여 그 하자가 중대하다고 인정되는 경우, 그리고 그 때문에 국민의 기본권 구제의 필요성이 큰 반면에 법적 안정성의 요구는 비교적 적은 경우에는 예외적으로 당연무효사유가 될 수 있다고 보고 있음

Ⅳ. 사례의 경우

1. 乙의 경우

- ○ '따로 위헌제청신청은 아니하였지만 당해 법률 또는 법률의 조항이 재판의 전제가 되어 법원에 계속 중인 사건'에 해당되고, 제소기간이 도과하지 않아 부과금부과처분에 불가쟁력이 발생하지 않음
- ○ 따라서 위헌결정의 소급효가 인정됨
- ○ 무효확인소송 제기의 적법성(특히 무효등확인소송의 보충성[20])
- ─ 행정소송법 제35조의 '확인의 이익'과 관련하여, '별도의 소송 등을 통하여 보다 효과적인 권리구제가 가능한가' 하는 것이 요구되는지가 문제임
- ─ 이에 대하여 학설은 ① 무효등확인소송의 경우에도 '즉시확정의 이익'이 필요하다는 긍정설(즉시확정이익설)과 ② 무효등확인소송의 보충적 적용을 부인하는 부정설이 대립하고 있음
- ─ 종전의 판례는 별도의 다른 유효한 구제수단이 있는 경우에는 확인의 이익을 인정하지 않았으나(무효등확인소송의 보충적 적용), 대법원은 최근 부정설로 입장을 변경하였음
- ─ 이에 따라 무효등확인소송에서 '확인을 구할 법률상 이익'을 판단함에 있어 처분의 무효를 전제로 한 이행소송 등과 같은 직접적인 구제수단이 있는지 여부를 따질 필요가 없음(대판 2008.3.20, 2007두6342 전원합의체)
- ─ 따라서 乙은 무효확인소송을 제기할 수 있음
- ○ 한편 부담금부과처분은 위헌인 법률에 근거한 처분으로 위법하나 그 효과는 취소할 수 있는데 그침
- ─ 따라서 乙의 청구는 인용되기 어려움
- ○ 취소소송과 무효등확인소송과의 관계
- ─ 일반적으로 행정처분의 무효확인을 구하는 소에는 원고가 그 처분의 취소를 구하지 아니한

---

20) 강론, 973면 이하.

다고 밝히지 아니한 이상 그 처분이 만약 당연무효가 아니라면 그 취소를 구하는 취지도 포함되어 있는 것으로 보아야 한다는 것이 판례의 기본적인 입장임

— 이 경우 법원은 당사자의 취지가 처분의 취소를 구하는 것이라면 취소소송의 제기요건을 구비하여 취소소송으로 청구취지를 변경하도록 하여야 할 것임. 왜냐하면 무효확인소송과 취소소송은 그 종류를 달리하는 별개의 소송으로서, 취소소송에서 '무효선언을 구하는 의미의 취소소송'이 인정된다 하더라도 여기에는 무효확인을 구하는 취지까지 포함된 것이 아닌 것처럼, 무효확인소송도 취소를 구하는 취지의 소송으로 볼 수 없기 때문임

— 무효확인청구에 처분의 취소를 구하는 취지가 포함되어 있다고 보는 경우에도 당해 청구는 취소소송의 제기요건을 구비하여야 하고, 그렇지 못한 경우 이는 (취소소송으로서는) 부적법한 것이므로 법원으로서는 그 처분이 당연무효인가 여부만 심리판단하면 족함

2. 丙의 경우

○ '위헌결정 이후에 위와 같은 이유로 제소된 일반사건'에 해당되므로, 위헌결정의 소급효가 미침

○ 丙은 제소기간을 준수하였으므로 적법하게 취소소송을 제기하였음

○ 위헌법률에 근거한 부담금부과처분은 취소할 수 있으므로, 丙의 청구는 인용될 것임

[문 4 (2)]

Ⅰ. 논점: 위헌법률에 근거한 처분의 집행력

Ⅱ. 위헌법률에 근거한 처분의 집행력[21]

1. 문제의 소재

○ 과세처분 이후 과세의 근거가 되었던 법률규정에 대하여 위헌결정이 있은 경우 그 조세채권의 집행을 위한 체납처분이 허용되는지가 문제임

2. 학설

(1) 집행력부정설

○ 대법원의 다수의견은 국가기관 및 지방자치단체는 위헌으로 선언된 법률규정에 근거하여 새로운 행정처분을 할 수 없음은 물론이고, 위헌결정 전에 이미 형성된 법률관계에 기한 후속

---

21) 강론, 254면 이하.

처분이라도 그것이 새로운 위헌적 법률관계를 생성·확대하는 경우라면 이를 허용할 수 없다는 입장임(대판 2012.2.16, 2010두10907 전원합의체)

(2) 집행력긍정설

○ 위헌·위법결정의 효력은 불가쟁력이 발생한 처분에 대해서는 소급효가 인정되지 않고, 불가쟁력이 발생한 유효한 처분에 따라 존재하는 적법한 의무에 대한 강제집행이므로, 처분의 후속적 집행이 가능하다고 보아야 한다는 견해임

○ 대법원의 소수의견도 선행처분에 해당하는 과세처분에 당연무효 사유가 없고, 과세처분에 따른 체납처분의 근거규정이 유효하게 존속하며, 외국의 일부 입법례와 같이 위헌법률의 집행력을 배제하는 명문의 규정이 없는 이상, 과세처분의 근거규정에 대한 헌법재판소의 위헌결정이 있었다는 이유만으로 체납처분이 위법하다고 볼 수 없다는 입장으로 집행력을 긍정하는 입장임(대판 2012.2.16, 2010두10907 전원합의체 참조)

(3) 결어

○ 부담금을 납부한 자와 납부하지 않은 자 간의 형평성이 문제될 수 있으나,

○ 위헌결정된 법률에 근거한 처분의 후속처분을 집행하는 것은 위헌인 법률을 연장하여 집행하는 것이라 보는 것이 합리적이므로 부정설이 타당함

Ⅲ. 사례의 경우

○ 위 부정설에 따르면, 교육부장관은 甲에 대하여 체납처분을 할 수 없음

2017년 제3차 변호사시험 모의시험 제1문

甲은 상해죄로 법원에서 징역 1년 6월을 선고받고, 2017.6.15. 그 형이 확정되어 같은 날부터 A 교도소에서 복역 중이다. 그런데 甲은 결혼을 약속한 乙이 면회를 한 번도 오지 않자, 2017.6.20. 乙에게 변심하지 말 것을 당부하는 내용의 편지를 작성하여 이를 발송하기 위해 봉함한 상태로 교도소장 丙에게 제출하였다. 그러나 丙은 법무부장관에 대한 청원서 이외의 편지는 봉함하지 않은 상태로 제출하여야 한다는 이유로 위 편지의 발송을 거부하고 甲에게 반환하였다.

한편 甲은 위 상해사건의 피해자가 甲을 피고로 하여 제기한 불법행위로 인한 손해배상청구소송(이하 '위 민사소송'이라 함)의 1심에서 패소한 후, 변호사 丁을 위 민사소송의 대리인으로 선임하여 2017.5.30. 항소하였다. 이에 甲은 2017.7.6. 위 항소심에 대비하여 변호사 丁과의 접견을 丙에게 신청하였다. 그러나 丙은 甲이 미결수용자가 아니라는 이유로 甲과 丁이 '변호인 접견실'에서 접견하지 못하도록 하였고, 결국 甲과 丁은 접촉차단시설이 설치된 '일반 접견실'에서 접견할 수밖에 없었다.

이에 甲은 2017.10.10. 서신검열 및 서신내용물 확인을 위하여 봉함하지 않은 상태로만 서신을 교정시설에 제출하도록 한 「형의 집행 및 수용자의 처우에 관한 법률」(이하 '형집행법'이라 함) 시행령 제65조 제1항과 수형자에 대해 접촉차단시설이 설치된 일반 접견실에서 변호사를 접견하도록 한 형집행법 시행령 제58조 제4항에 대하여 헌법재판소에 헌법소원심판을 청구하였다.

4. 甲이 丙의 일반접견실 접견결정에 불만을 품고 난동을 부리자 丙은 甲에게 10일간의 금치처분을 하였다. 금치처분에 앞서 개최된 징벌위원회는 甲에 대한 문답절차를 거친 후 내부 의결과정으로 진행되었다. 이에 甲은 이 금치처분과 관련된 난동일 당시의 근무보고서와 위 징벌위원회 회의록을 공개하라는 정보공개청구를 하였으나 丙은 이를 거부하였다. 이러한 丙의 비공개결정은 적법한가? (20점)

[참조조문]

※ 법령 중 일부 조항은 가상의 것으로, 이에 근거하여 답안을 작성할 것. 이와 다른 내용의 현행 법령이 있다면 제시된 법령이 현행 법령에 우선하는 것으로 할 것.
형의 집행 및 수용자의 처우에 관한 법률 제2조(정의), 제41조(접견), 제43조(서신수수), 제92조(금지물품), 제107조(징벌), 제108조(징벌의 종류), 제117조(청원)
형의 집행 및 수용자의 처우에 관한 법률 시행령 제58조(접견), 제65조(서신내용물의 확인 및 서신내용 검열의 방법)

[문 4]

Ⅰ. 논점

① 비공개대상정보에의 해당 여부(정보공개법 9 ① 4호 및 5호, 9 ②)

② 부분공개의 가능성 여부(정보공개법 14)

Ⅱ. 행정정보공개[22]

1. 정보공개법

ㅇ 1996년 정보공개에 관한 일반법으로 공공기관의 정보공개에 관한 법률을 제정하여 1998년부터 시행하고 있음

2. 정보공개의 주체와 정보공개의 원칙

ㅇ 정보공개의 주체는 공공기관임

ㅇ 공공기관이 보유·관리하는 정보는 이 법이 정하는 바에 따라 적극적으로 공개함을 원칙으로 함(정보공개법 3)

3. 정보공개청구권자

ㅇ 모든 국민은 정보의 공개를 청구할 권리를 가진다(정보공개법 5 ①). 여기에서의 국민에는 자연인은 물론 법인, 권리능력 없는 사단·재단도 포함됨

---

22) 강론, 459면 이하.

Ⅲ. 비공개대상정보[23]

1. 개설

○ 정보공개법은 공공기관이 보유하고 있는 정보에 대하여 공개를 원칙으로 하면서도, 이에 대한 예외로서 8가지의 비공개대상정보를 규정하고 있음(정보공개법 9)

○ 사례의 경우 제4호 및 제5호에 해당되는지 여부가 문제임

2. 정보공개법 제9조 제1항 제4호

○ 공공기관의 정보공개에 관한 법률 제9조 제1항 제4호에서 비공개대상으로 규정한 '형의 집행, 교정에 관한 사항으로서 공개될 경우 그 직무수행을 현저히 곤란하게 하는 정보'란 당해 정보가 공개될 경우 재소자들의 관리 및 질서유지, 수용시설의 안전, 재소자들에 대한 적정한 처우 및 교정·교화에 관한 직무의 공정하고 효율적인 수행에 직접적이고 구체적으로 장애를 줄 고도의 개연성이 있고, 그 정도가 현저한 경우를 의미한다(대판 2009.12.10, 2009두12785).

3. 정보공개법 제9조 제1항 제5호

○ 공공기관의정보공개에관한법률 제7조 제1항 제5호에서 규정하고 있는 '공개될 경우 업무의 공정한 수행에 현저한 지장을 초래한다고 인정할 만한 상당한 이유가 있는 경우'라 함은 같은 법 제1조의 정보공개제도의 목적 및 같은 법 제7조 제1항 제5호의 규정에 의한 비공개대상정보의 입법 취지에 비추어 볼 때 공개될 경우 업무의 공정한 수행이 객관적으로 현저하게 지장을 받을 것이라는 고도의 개연성이 존재하는 경우를 의미한다고 할 것이고, 여기에 해당하는지 여부는 비공개에 의하여 보호되는 업무수행의 공정성 등의 이익과 공개에 의하여 보호되는 국민의 알권리의 보장과 국정에 대한 국민의 참여 및 국정운영의 투명성 확보 등의 이익을 비교·교량하여 구체적인 사안에 따라 신중하게 판단되어야 한다(대판 2003.8.22, 2002두12946).

4. 정보공개법 제9조 제2항

○ "공공기관은 제1항 각 호의 어느 하나에 해당하는 정보가 기간의 경과 등으로 인하여 비공개의 필요성이 없어진 경우에는 그 정보를 공개 대상으로 하여야 한다."

○ 법 제7조 제1항 제5호에서의 '감사·감독·검사·시험·규제·입찰계약·기술개발·인사관리·의사결정과정 또는 내부검토과정에 있는 사항'은 비공개대상정보를 예시적으로 열거한

---

23) 강론, 467면 이하.

것이라고 할 것이므로 의사결정과정에 제공된 회의관련자료나 의사결정과정이 기록된 회의록 등은 의사가 결정되거나 의사가 집행된 경우에는 더 이상 의사결정과정에 있는 사항 그 자체라고는 할 수 없으나, 의사결정과정에 있는 사항에 준하는 사항으로서 비공개대상정보에 포함될 수 있다고 할 것이다(대판 2003.8.22, 2002두12946).

IV. 부분공개의 가능성 여부

o 공개 청구한 정보가 이 법이 정하는 비공개 대상 정보에 해당하는 부분과 공개 가능한 부분이 혼합되어 있는 경우로서 공개 청구의 취지에 어긋나지 아니하는 범위에서 두 부분을 분리할 수 있는 경우에는 비공개 대상 정보에 해당하는 부분을 제외하고 공개하여야 함(정보공개법 14)
o 법원이 행정기관의 정보공개거부처분의 위법 여부를 심리한 결과 공개를 거부한 정보에 비공개사유에 해당하는 부분과 그렇지 않은 부분이 혼합되어 있고, 공개청구의 취지에 어긋나지 않는 범위 안에서 두 부분을 분리할 수 있음을 인정할 수 있을 때에는 공개가 가능한 정보에 국한하여 일부취소를 명할 수 있다. 이러한 정보의 부분 공개가 허용되는 경우란 그 정보의 공개방법 및 절차에 비추어 당해 정보에서 비공개대상정보에 관련된 기술 등을 제외 혹은 삭제하고 나머지 정보만을 공개하는 것이 가능하고 나머지 부분의 정보만으로도 공개의 가치가 있는 경우를 의미한다(대판 2009.12.10, 2009두12785).

V. 사례의 경우

o 교도소는 법이 정한 공공기관에 해당하고, 甲은 정보공개청구권이 있음. 따라서 丙은 甲의 공개청구에 응할 의무가 있음
o 이 경우 근무보고서는 제4호에 정한 비공개대상정보에 해당한다고 볼 수 없음
o 위 사례의 징벌위원회 회의록은 이미 금치처분이 존재하므로 더 이상 의사결정과정에 있는 사항 그 자체라고는 할 수 없으나, 의사결정과정에 있는 사항에 준하는 사항으로서 비공개대상정보에 포함될 수 있음
o 징벌위원회 회의록은 '공개될 경우 업무의 공정한 수행이 객관적으로 현저하게 지장을 받을 우려'가 크므로 제5호의 비공개사유에 해당함, 다만 재소자의 진술, 위원장 및 위원들과 재소자 사이의 문답 등 징벌절차 진행 부분은 비공개사유에 해당하지 않음
o 따라서 회의록 중 공개가 가능한 부분을 분리하여 공개하는 것은 허용될 수 있음(대판 2009.12.10, 2009두12785)
o 따라서 근무보고서와 회의록 전체의 공개를 거부한 丙의 거부결정은 적법하지 않음

2017년 제3차 변호사시험 모의시험 제2문

A광역시 B구청장은 2017.4.3. 관내 개발제한구역 내에 소재한 간선도로 변에 주유소 1개소를 추가로 설치할 수 있도록 'B구 개발제한구역 내 주요소 배치계획 변경고시'를 공고하였고, 같은 날 위 변경고시에 따라 아래 [참조]의 내용으로 '주유소 운영사업자 모집공고'를 하였다.

위 모집공고에 따라 甲은 2017.4.3. B구청장에게 주유소 운영사업자 선정신청을 하였고, 乙은 2017.5.2. 주유소 운영사업자 선정신청을 하였다.

그런데 甲이 위 선정신청을 하면서 그 신청서에 자신이 생업을 위하여 3년 내의 기간 동안 개발제한구역 밖에 거주한 사실을 기재하고도 이를 입증할 수 있는 서류를 제출하지 않았다.

위 모집기간이 만료되자 B구청장은 2017.5.22. 甲에게 모집공고상 신청자격 1)의 요건을 충족하지 못하였음을 이유로 주유소 운영사업자 불선정처분을 하는 한편, 같은 날 乙에게 주유소 운영사업자 선정처분을 하였다.

[참조] 주유소 운영사업자 모집공고(발췌)

○ 신청자격
1) 개발제한구역 지정 당시(1991.12.29.)부터 본 공고일 현재까지 계속하여 B구의 주민일 것. 다만, 생업을 위하여 3년 내의 기간 동안 개발제한구역 밖에 거주하였거나 세대주 또는 직계비속 등의 취학을 위하여 개발제한구역 밖에서 거주한 경우는 그 기간 동안 B구에서 계속 거주한 것으로 봄.
2) 개발제한구역에 주택 또는 토지를 소유하고 있을 것.
○ 선정기준
가. 접수 날짜를 우선순위로 함(동일 날짜 접수는 동일 순위로 하며 배치 계획시행일 최초 2일까지 접수한 건은 동일 순위로 봄).
※ 구비서류 미비로 인하여 접수된 서류의 보완을 요구받은 때에는 보완 서류를 완료하여 접수된 날을 최종 접수순위로 봄.
나.~마. 생략
○ 접수기간 : 2017.4.3.~2017.5.2.
○ 사업대상자 선정 : 2017.5. 중

[구비서류 작성요령]
1. 개발제한구역 지정 당시 거주사실 증명서류
 가. 신청인 당사자 : 주민등록초본(전·출입 내역이 전부 나온 것이어야 함)
 나. 세대주 또는 직계비속의 취학을 위하여 개발제한구역 밖에 거주한 경우: 세대주 또는 직계비속의 주민등록초본(전·출입 내역이 전부 나온 것이어야 함)
 다. 생업을 위하여 개발제한구역 밖에 거주한 경우: 이를 입증할 수 있는 서류
2.~4. 생략

1. 甲이 B구청장을 상대로 자신에 대한 불선정처분의 취소소송을 제기하자, B구청장은 본안전 항변으로 '甲에 대한 불선정처분이 취소되더라도 乙에 대한 선정처분이 취소되거나 효력이 소멸되는 것은 아니므로 소의 이익이 없다'고 주장한다. 이러한 주장은 타당한가? (25점)

2. 甲은 'B구청장이 불선정처분을 함에 있어 미리 사전통지를 하지 아니하였을 뿐만 아니라, 신청 시 구비하여야 하는 서류가 미비되었음에도 불구하고 그에 대한 보완 요구를 하지 않은 채 불선정처분을 한 것은 위법하다'고 주장한다. 이러한 주장은 타당한가? (20점)

3. 乙에 대한 주유소 운영사업자 선정처분에 뒤이어 B구청장이 乙에게 주유소 건축허가를 하려고 하자, 甲은 B구청장을 피고로 하여 다음과 같은 청구취지가 기재된 소장을 법원에 제출하였다. 이러한 소송이 현행 「행정소송법」상 허용될 수 있는가? (15점)

청구취지

1. 피고는 소외 乙에게 건축허가를 하여서는 아니 된다.
2. 소송비용은 피고가 부담한다.
라는 판결을 구합니다.

---

4. 乙이 B구청장에게 「개발제한구역의 지정 및 관리에 관한 특별조치법」 제12조 제1항에 따라 주유소 건축허가를 신청하자, B구청장은 인근 주민 丙의 민원을 이유로 그 허가를 거부하였다. 이에 대해 乙은 '위 건축허가는 기속행위이므로 허가권자는 건축허가신청이 「건축법」 등 관계 법규에서 정하는 어떠한 제한에 배치되지 않는 이상 당연히 건축허가를 하여야 하고, 요건을 갖춘 자에 대한 허가를 관계 법령에서 정하는 제한사유 이외의 사유를 들어 거부할 수는 없다'고 주장한다. 이러한 주장은 타당한가? (20점)

[참조조문]
「개발제한구역의 지정 및 관리에 관한 특별조치법」
제12조(개발제한구역에서의 행위제한) ① 개발제한구역에서는 건축물의 건축 및 용도 변경, 공작물의 설치, 토지의 형질변경, 죽목(竹木)의 벌채, 토지의 분할, 물건을 쌓아놓는 행위 또는「국토의 계획 및 이용에 관한 법률」제2조제11호에 따른 도시·군 계획사업(이하 "도시·군계획사업"이라 한다)의 시행을 할 수 없다. 다만, 다음 각 호의 어느 하나에 해당하는 행위를 하려는 자는 특별자치시장·특별자치도지사·시장·군수 또는 구청장(이하 "시장·군수·구청장"이라 한다)의 허가를 받아 그 행위를 할 수 있다.
   1. 다음 각 목의 어느 하나에 해당하는 건축물이나 공작물로서 대통령령으로 정하는 건축물의 건축 또는 공작물의 설치와 이에 따르는 토지의 형질변경
   가.~라. : 생략
   마. 개발제한구역 주민의 주거·생활편익·생업을 위한 시설

「개발제한구역의 지정 및 관리에 관한 특별조치법 시행령」
제13조(허가 대상 건축물 또는 공작물의 종류 등) ① 법 제12조 제1항 제1호에 따른 건축물 또는 공작물의 종류, 건축 또는 설치의 범위는 별표 1과 같다.

[별표 1] 건축물 또는 공작물의 종류, 건축 또는 설치의 범위(제13조제1항 관련)

시설의 종류	건축 또는 설치의 범위
1.~4. 생략 5. 개발제한구역 주민의 주거·생활편익 및 생업을 위한 시설 가.~라. 생략 마. 주민 공동 이용시설	
1)~9) 생략	
10) 휴게소(고속국도에 설치하는 휴게소는 제외한다), 주유소(「석유 및 석유대체연료 사업법 시행령」제2조제9호에 따른 석유대체연료 주유소를 포함한다. 이하 같다) 및 자동차용 액화석유가스 충전소	가) 시장·군수·구청장이 수립하는 배치계획에 따라 시장·군수·구청장 또는 지정 당시 거주자가 국도·지방도 등 간선도로변에 설치하는 경우만 해당한다. 다만, 도심의 자동차용 액화석유가스 충전소(자동차용 액화석유가스 충전소 외의 액화석유가스 충전소를 겸업하는 경우를 포함한다. 이하 같다)를 이전하여 설치하는 경우에는 해당 사업자만 설치할 수 있다.

「민원처리에 관한 법률」

제2조(정의) 이 법에서 사용하는 용어의 뜻은 다음과 같다.

1. "민원"이란 민원인이 행정기관에 대하여 처분 등 특정한 행위를 요구하는 것을 말하며, 그 종류는 다음 각 목과 같다.

　가. 일반민원

　　1) 법정민원: 법령·훈령·예규·고시·자치법규 등(이하 "관계법령등"이라 한다)에서 정한 일정 요건에 따라 인가·허가·승인·특허·면허 등을 신청하거나 장부·대장 등에 등록·등재를 신청 또는 신고하거나 특정한 사실 또는 법률관계에 관한 확인 또는 증명을 신청하는 민원

　　2)~4) 생략

　나. 고충민원: 「부패방지 및 국민권익위원회의 설치와 운영에 관한 법률」 제2조 제5호에 따른 고충민원

제22조(민원문서의 보완·취하 등) ① 행정기관의 장은 접수한 민원문서에 보완이 필요한 경우에는 상당한 기간을 정하여 지체 없이 민원인에게 보완을 요구하여야 한다.

　②~③ 생략

「부정청탁 및 금품등 수수의 금지에 관한 법률」

제8조(금품등의 수수 금지) ① 공직자등은 직무 관련 여부 및 기부·후원·증여 등 그 명목에 관계없이 동일인으로부터 1회에 100만원 또는 매 회계연도에 300만원을 초과하는 금품등을 받거나 요구 또는 약속해서는 아니 된다.

　②~③ 생략

　④ 공직자등의 배우자는 공직자등의 직무와 관련하여 제1항 또는 제2항에 따라 공직자등이 받는 것

이 금지되는 금품등(이하 "수수 금지 금품등"이라 한다)을 받거나 요구하거나 제공받기로 약속해서는 아니 된다.

제9조(수수 금지 금품등의 신고 및 처리) ① 공직자등은 다음 각 호의 어느 하나에 해당하는 경우에는 소속기관장에게 지체 없이 서면으로 신고하여야 한다.
1. 생략
2. 공직자등이 자신의 배우자가 수수 금지 금품등을 받거나 그 제공의 약속 또는 의사표시를 받은 사실을 안 경우
②~⑤ 생략
⑥ 공직자등은 제1항에 따른 신고나 인도를 감독기관·감사원·수사기관 또는 국민권익위원회에도 할 수 있다.

제22조(벌칙) ① 다음 각 호의 어느 하나에 해당하는 자는 3년 이하의 징역 또는 3천만 원 이하의 벌금에 처한다.
생략
2. 자신의 배우자가 제8조 제4항을 위반하여 같은 조 제1항에 따른 수수 금지 금품 등을 받거나 요구하거나 제공받기로 약속한 사실을 알고도 제9조 제1항 제2호 또는 같은 조 제6항에 따라 신고하지 아니한 공직자등. 다만, 공직자등 또는 배우자가 제9조 제2항에 따라 수수 금지 금품등을 반환 또는 인도하거나 거부의 의사를 표시한 경우는 제외한다.

[문 1]
Ⅰ. 논점: 취소소송에서의 협의의 소익
Ⅱ. 협의의 소익
1. 의의
2. 법률상 이익의 의미
3. 협의의 소익이 인정되지 않는 경우
4. 협의의 소익이 인정되는 경우
5. 수익적 처분의 경원관계에서 처분을 못 받은 자가 거부처분의 취소를 구하는 경우
Ⅲ. 사례의 경우

[문 2]
Ⅰ. 논점
① 거부처분이 사전통지의 대상인지 여부
② 구비서류 미비 등에 대한 보완요구

Ⅱ. 불이익처분절차
1. 행정절차법상 불이익처분의 개념
2. 불이익처분 전의 사전통지
3. 수익적 행정행위의 거부처분이 사전통지의 대상이 되는 불이익처분인지 여부
① 긍정설
② 부정설(다수설)
③ 판례: 부정설
④ 결어: 다수설 및 판례가 타당
Ⅲ. 구비서류 등의 보완요구
1. 법적 근거
2. 관련 판례
Ⅳ. 사례의 경우

[문 3]
Ⅰ. 논점
○ 무명항고소송의 한 유형으로서의

[문 1]

Ⅰ. 논점: 취소소송에서의 협의의 소익

Ⅱ. 협의의 소익[24]

1. 의의

○ 행정소송법 제12조 제2문은 "처분 등의 효과가 기간의 경과, 처분 등의 집행 그 밖의 사유로 인하여 소멸된 뒤에도 그 처분 등의 취소로 인하여 회복되는 법률상 이익이 있는 자의 경우에는 또한 같다."고 하여 이 경우에도 취소소송을 제기할 수 있음을 규정하고 있음

○ 동조 제1문에서의 '법률상 이익'이 취소소송에서의 보호대상인 권리라면, 제2문에서의 '법률상 이익'은 취소소송을 통한 '권리보호의 필요성 또는 분쟁의 현실성'을 의미하는 것으로서 이를 '협의의 소익'이라 함

2. 법률상 이익의 의미

○ 행정소송법 제12조 제2문의 '법률상 이익'의 의미와 관련하여 여러 견해가 있으나, 이는 권리

---

24) 강론, 846면 이하.

보호의 필요성을 의미하는 것이므로, 이를 '원고적격'에서와 같이 '법적으로 보호되는 이익'
에 한정할 이유는 없음. 따라서 '법적 보호이익' 이외에도, 적어도 각종 제도상의 불이익을
제거하여야 할 이익은 협의의 소익에 포함된다고 보아야 할 것임

3. 협의의 소익이 인정되지 않는 경우

○ 협의의 소익이 없는 경우로 행정소송법은 ① 처분 등의 효과가 소멸된 경우(행소법 12 2문)를
규정하고 있지만, 그 외에도 ② 보다 간단한 방법으로 권리보호가 가능한 경우, ③ 소송으로
다툴 실제적 효용이나 이익이 없는 경우, ④ 소권이 남용 또는 실효된 경우 등을 들 수 있음

4. 협의의 소익이 인정되는 경우

○ 처분의 효력이 상실된 경우에도 처분의 취소로 인하여 회복되는 이익이 있는 경우에는 예외
적으로 권리보호의 필요성이 인정됨. 이에 따라 행정소송법 제12조 제2문은 처분 등의 효과
가 기간의 경과, 처분 등의 집행, 그 밖의 사유로 인하여 소멸된 뒤에도 그 처분 등의 취소로
인하여 회복되는 법률상 이익이 있는 경우에도 취소소송을 제기할 수 있다고 규정하고 있는
것임

○ 이와 같은 경우로는 ① 동일한 사유로 위법한 처분이 반복될 구체적인 위험성이 있는 경우,
② 처분의 취소로 당해 법률이나 다른 법률에 의하여 보호되는 직접적·구체적 이익이 있는
경우를 들 수 있음

5. 수익적 처분의 경원관계에서 처분을 못 받은 자가 거부처분의 취소를 구하는 경우

○ 취소판결이 확정되는 경우 행정청의 판결의 기속력에 따른 재심사 결과 경원자에 대한 수익
적 처분이 직권취소되고 취소판결의 원고에게 수익적 처분이 이루어질 가능성을 완전히 배
제할 수는 없으므로, 특별한 사정이 없는 한 경원관계에서 허가 등 처분을 받지 못한 사람은
자신에 대한 거부처분의 취소를 구할 소의 이익이 있음(대판 2015.10.29, 2013두27517)

Ⅲ. 사례의 경우

○ 甲에 대한 불선정처분이 취소되면, 취소판결의 기속력에 따라 B구청장은 재처분의무를 부담
하게 되고, 이 경우 甲이 선정처분을 받게 될 가능성을 완전히 배제할 수 없음

○ 이에 따라 甲이 선정처분을 받게 되는 경우를 고려하면, 이는 '처분의 취소로 당해 법률이나
다른 법률에 의하여 보호되는 직접적·구체적 이익이 있는 경우'에 해당됨

○ 따라서 甲에게는 불선정처분의 취소를 구할 협의의 소익이 인정되므로, B구청장의 주장은
타당하지 않음

[문 2]

Ⅰ. 논점: ① 거부처분이 사전통지의 대상인지 여부

② 구비서류 미비 등에 대한 보완요구(행정절차법 17 ⑤ 등)

Ⅱ. 불이익처분절차[25]

1. 행정절차법상 불이익처분의 개념

○ 당사자에게 의무를 부과하거나 권익을 제한하는 처분(행정절차법 21)

2. 불이익처분 전의 사전통지(행정절차법 21 ①)

○ 불이익처분의 경우 사전통지를 하여야 함
○ 다만 행정절차법 제21조 제4항 및 동법 시행령 제13조가 정한 이유가 있는 경우에는 하지 않을 수 있음

3. 수익적 행정행위의 거부처분이 사전통지의 대상이 되는 불이익처분인지 여부

① 거부처분도 당사자의 권익을 제한하는 처분이라는 점에서 행정절차법상의 불이익처분에 해당한다는 긍정설
② 수익적 행정행위의 거부의 경우 신청에 따라 아직 권익이 부여된 것이 아니므로 신청에 대한 거부처분을 직접 '당사자의 권익을 제한하는 처분'에 해당한다고 할 수 없다는 부정설(다수설)
③ 판례: 부정설(대판 2003.11.28, 2003두674)
④ 결어: 다수설 및 판례가 타당

Ⅲ. 구비서류 등의 보완요구

1. 법적 근거

○ 행정절차법 17 ⑤
○ 민원처리에 관한 법률 22 ①

2. 관련 판례

○ 민원사무처리규정 제11조 제1항 소정의 보완 또는 보정의 대상이 되는 흠결은 보완 또는 보정할 수 있는 경우이어야 함은 물론이고, 그 내용 또한 형식적, 절차적인 요건에 한하고

---

25) 강론, 431면 이하.

실질적인 요건에 대하여까지 보완 또는 보정요구를 하여야 한다고 볼 수 없으며, 또한 흠결된 서류의 보완 또는 보정을 하면 이미 접수된 주요서류의 대부분을 새로 작성함이 불가피하게 되어 사실상 새로운 신청으로 보아야 할 경우에는 그 흠결서류의 접수를 거부하거나 그것을 반려할 정당한 사유가 있는 경우에 해당하여 이의 접수를 거부하거나 반려하여도 위법이 되지 않는다(대판 1991.6.11, 90누8862).

○ 민원사무처리에관한법률 제4조 제2항, 같은법시행령(2002.8.21. 대통령령 제17719호로 개정되기 전의 것) 제15조 제1항, 제2항, 제16조 제1항의 보완의 대상이 되는 흠은 보완이 가능한 경우이어야 함은 물론이고, 그 내용 또한 형식적·절차적인 요건이거나, 실질적인 요건에 관한 흠이 있는 경우라도 그것이 민원인의 단순한 착오나 일시적인 사정 등에 기한 경우 등이라야 한다(대판 2004.10.15, 2003두6573).

Ⅳ. 사례의 경우

○ 다수설 및 판례에 따르면, 불선정처분은 수익적 처분의 거부처분으로서 사전통지의 대상이 아님

○ 그러나 甲이 '3년 내 개발제한구역 밖에 거주한 사실'을 기재하였다는 점을 고려하면, 이에 대한 입증자료를 제출하지 않은 것은 신청의 형식적 요건불비라고 보는 것이 타당하므로 보완요구를 하여야 하는 경우에 해당한다고 할 수 있음

○ 따라서 甲의 사전통지 결여에 대한 주장은 타당하지 않으나, 보완요구 결여에 대한 주장은 타당함

[문 3]

Ⅰ. 논점: 무명항고소송의 한 유형으로서의 '행정상 부작위청구소송'의 허용 여부

Ⅱ. 행정상 부작위청구소송의 허용 여부[26)]

1. 행정상 부작위청구소송의 의의

○ 행정상 부작위청구소송(부작위소송, 중지소송)이란 어떠한 행정행위나 그 밖의 행정작용을 하지 말아줄 것을 요구하는 행정소송을 말함

○ 여기에는 ① 정보제공·경고·공공시설물로부터의 소음·진동·오염물질배출 등의 공해행위 등과 같은 행정청의 사실행위 등을 중지하여 줄 것을 요구하는 중지소송과 ② 회복하기 어려

---

26) 강론, 807면 이하.

운 권익침해를 사전에 예방할 목적으로 특정한 행정행위나 법규범의 제정을 하지 말아 줄
것을 요구하는 예방적 부작위청구소송이 있음

o 우리나라에서는 중지소송에 대한 논의는 제외하고 주로 예방적 부작위청구소송에 국한하여
논의하는 것이 일반적임

2. 학설 및 판례

① 먼저 소극설(부정설)은 행정소송법은 부작위위법확인소송만 규정하고 있고, 행정소송법 제4조
는 열거규정으로 보아야 하며, 행정의 1차적 판단권을 행정권에 귀속시켜야 한다는 점에서 예
방적 부작위청구소송은 허용되지 않는다는 입장으로 오늘날은 지지자가 없음

② 적극설(긍정설)은 '공백 없는 권리구제의 요구'에 따라 행정소송법 제4조를 예시규정으로 보아
예방적 부작위청구소송을 인정하는 것이 권력분립의 원칙에도 부합한다는 견해로 오늘날의 다
수설임

③ 제한적 허용설은 예외적으로 법정항고소송만으로는 효과적인 권리구제를 기대하기 어려운
경우에 한하여 제한적으로 예방적 부작위청구소송을 인정하자는 입장임

④ 판례는 예방적 부작위청구소송을 부인하는 입장임(대판 2006.5.25, 2003두11988)

3. 결어

o 부작위청구소송은 회복하기 어려운 장래에 대한 권익침해를 사전에 차단할 수 있는 기회를
제공한다는 점에서 매우 유용한 사전적 권리구제수단임

o 우리나라의 경우에도 행정소송법 제4조의 규정을 예시규정으로 볼 수 있는 근거가 충분하므
로, 이를 바탕으로 일반이행소송의 한 유형으로 부작위청구소송을 인정할 수 있다고 봄

Ⅲ. 최근 입법동향

o 법무부의 2007년 행정소송법개정안에는 예방적 부작위소송에 관한 규정이 있었으나, 법무부의
2013년 행정소송법 전부개정법률안에는 부작위청구소송에 관한 규정이 포함되어 있지 않음

Ⅳ. 결론: 판례에 따르면, 현행 행정소송법상 허용되기 어려움

[문 4]

Ⅰ. 논점: ① 기속행위와 재량행위의 구별
② 건축허가의 법적 성질

③ 개발제한구역 안에서의 건축허가의 법적 성질

Ⅱ. 기속행위와 재량행위의 구별

1. 구별기준에 관한 학설: 요건재량설, 효과재량설, 판단여지설 등이 있음
2. 구체적 구별기준: 구체적인 구분기준으로 근거법규범의 규정방식, 입법취지·목적, 행위의 특성·성질, 공익이나 기본권과의 관련성 등을 종합적으로 고려하여 구체적인 사안마다 개별적으로 판단하여야 함
3. 판례: 법규의 체재·형식과 그 문언, 당해 행위가 속하는 행정 분야의 주된 목적과 특성, 당해 행위 자체의 개별적 성질과 유형 등 고려

Ⅲ. 건축허가의 법적 성질

1. 허가

○ 허가는 상대적 금지를 해제하여 공익목적에서 제한되었던 자유를 회복시켜 주는 행위
○ 이와 같이 허가의 대상이 되는 행위는 원래 헌법상의 자연적 자유이므로 헌법상 기본권으로서 보호를 받음
○ 따라서 허가는 법정요건을 구비하는 경우에 허가를 해야 하는 기속행위임

2. 건축허가의 법적 성질

○ 건축허가도 건축의 자유라는 관점에서 보면 원칙적으로는 기속행위임
○ 따라서 중대한 공익상의 필요가 없는 한 관계 법령에서 정하는 제한사유 이외의 사유를 들어 허가를 거부할 수 없음
○ 다만 '중대한 공익상의 이유가 있는 경우'에는 허가를 거부할 수 있는데, 이 경우에도 '중대한 공익상의 이유'는 불문의 허가'요건'에 해당하는 것으로 보아야 하므로, 이로써 허가가 재량행위인 것은 아님

Ⅳ. 개발제한구역안에서의 건축허가의 성질

1. 학설

○ 개발제한구역 안에서의 건축허가를 포함한 개발행위허가는 원칙적으로 금지된 개발행위에 대하여 예외적으로 허가해 주는 예외적 승인으로서 그 법적 성질은 재량행위로 보아야 할 것임

2. **판례:** 학설과 같음(대판 2003.3.28, 2002두11905)

V. 사례의 경우

○ 개발제한구역 안에서의 건축허가는 예외적 승인으로서 재량행위이므로 乙의 주장은 타당하지 않음

○ 설령 이를 기속행위로 보더라도, '중대한 공익상의 필요'가 있으면 이를 들어 허가를 거부할 수 있으므로, 乙의 주장은 타당하지 않음

2018년 제1차 변호사시험 모의시험 제1문

甲은 제6회 전국동시지방선거(2014.6.4. 실시)에서 A시 시장 후보로 출마하였다. 甲은 선거운동과정에서 A시 선거관리위원회로부터 통지받은 방송일정 및 시설에 따라 2014.5.21.과 같은 달 28. 각 13:00부터 13:30 사이에 지역방송사 B를 통하여 방송연설을 하였다. 그런데 甲은 이 과정에서 방송시설을 이용한 연설을 하고자 하는 때에는 방송일 전 3일까지 방송시설이용계약서 사본을 첨부하여 방송시설명·이용일시·소요시간·이용방법 등을 당해 선거구 선거관리위원회에 서면으로 신고 하도록 규정하고 있는 공직선거법을 위반하여 그 신고를 누락하였다.

선거결과 甲은 낙선하였지만, 유효투표총수의 35%를 득표하여 선거비용 지출액 전액을 보전받을 것을 기대하였다. 그러나 A시 선거관리위원회는 신고의무 불이행을 이유로 甲에게 2014. 6.22. 과태료 300만 원을 부과하였고, 같은 해 7.28. 위 방송연설이 공직선거법을 위반한 위법선거운동이라고 하여 해당 방송연설에 지출된 비용 1,800만 원을 선거비용 보전지급액에서 공제하는 처분을 하였다. 이에 甲은 A지방법원에 위 공제 처분의 취소를 구하는 소를 제기하고, 소송 계속 중 처분의 근거가 된 공직선거법 규정에 대하여 위헌법률심판제청신청을 하였다. A지방법원은 甲의 신청을 받아들여 헌법재판소에 위헌법률심판을 제청하였다.

3. 위 취소소송의 계속 중 피고 선거관리위원회는 당해 근거규정이 위헌으로 결정될 것을 우려하여 "영수증 그 밖의 증빙서류가 첨부되지 아니한 비용"이므로 보전할 수 없다는 사유를 추가하였다. 이러한 처분사유의 추가는 허용되는가? (20점)

[참조조문]
※ 아래 법령 중 일부 조항은 가상의 것으로, 이에 근거하여 답안을 작성할 것. 이와 다른 내용의 현행 법령이 있다면 제시된 법령이 현행 법령에 우선하는 것으로 할 것.
공직선거법 제71조(후보자 등의 방송연설), 제122조의2(선거비용의 보전 등), 제135조의2(선거비용보전의 제한), 제261조(과태료의 부과 징수 등), 제265조의2(당선무효된 자 등의 비용반환)

[문 3]
I. 논점: 처분사유의 추가·변경 허용 여부
II. 처분사유의 추가·변경
  1. 의의
  2. 허용성
    ○ ① 긍정설, ② 부정설, ③ 개별적 결정설, ④ 제한적 긍정설(다수설 및 판례)

3. 허용요건 및 한계
  (1) 기본적 사실관계의 동일성
  (2) 소송물의 동일성(처분의 동일성)
  (3) 시간적 한계
    1) 추가·변경사유의 기준시
    2) 추가·변경의 허용시점
III. 사례의 경우: 추가가 허용되지 않음

[문 3]

Ⅰ. 논점: 처분사유의 추가·변경 허용 여부[27)]

Ⅱ. 처분사유의 추가·변경

1. 의의

○ 처분 당시에 존재하였으나 행정청이 처분사유로 제시하지 않았던 사실상·법률상의 근거를 사후에 행정소송절차에서 처분의 적법성을 유지하기 위하여 새로이 추가하거나 그 내용을 변경하는 것

2. 허용성

○ ① 처분사유의 추가·변경은 원칙적으로 제한되지 않는다는 긍정설, ② 처분사유의 추가·변경은 허용되지 않는다는 부정설, ③ 행위 및 소송의 유형에 따라 그 허용범위를 달리 정하여야 한다는 개별적 결정설이 있으나, ④ 기본적 사실관계의 동일성이 유지되는 범위 내에서 사실심 변론종결시까지 처분사유의 추가·변경이 가능하다는 제한적 긍정설이 다수설 및 판례(대판 2011.11.24, 2009두19021)의 입장임

3. 허용요건 및 한계

(1) 기본적 사실관계의 동일성

○ 판례는 처분사유의 추가·변경은 기본적 사실관계의 동일성이 인정되는 한도 내에서만 허용되고, 그 동일성 유무는 처분사유를 법률적으로 평가하기 이전의 구체적 사실에 착안하여 그 기초인 사회적 사실관계가 기본적인 점에서 동일한지에 따라 결정되어야 한다고 함(대판 2011.11.24, 2009두19021)

(2) 소송물의 동일성(처분의 동일성)

○ 처분사유의 변경은 취소소송의 소송물의 동일성을 유지하는 범위 내에서만 가능함

(3) 시간적 한계

1) 추가·변경사유의 기준시

○ 일반적 견해 및 판례의 입장인 처분시설에 따르면 처분 이후에 발생한 새로운 처분사유는 추가·변경의 대상이 되지 않음

---

27) 강론, 938면 이하.

2) 추가 · 변경의 허용시점

ㅇ 처분사유의 추가 · 변경은 사실심 변론종결시까지만 허용됨(대판 1999.8.20, 98두17043)

Ⅲ. 사례의 경우

ㅇ 피고 선관위가 추가한 사유는 처분시에 존재했던 사유이므로 시간적 한계는 충족함

ㅇ 다만 추가한 사유는 신고의무 불이행에 따른 위법선거운동이라는 당초의 처분사유와 기본적
   사실관계의 동일성이 인정된다고 할 수 없으므로, 추가가 허용되지 않음

2018년 제1차 변호사시험 모의시험 제2문

B시설관리공단(이하 'B공단')은 국유재산인 복지시설의 관리청으로서 동 시설 내 건물 일부에 대하여 乙에게 사용·수익허가를 하였다. 乙은 해당 장소에서 축산물위생관리법 제24조에 따른 축산물 판매업 신고를 하고 정육점을 운영하고 있었으나, 구제역 파동 등으로 영업실적이 부진하자 휴업신고를 한 채 영업을 중단하고 있고, B공단에 대한 사용료도 납부하지 않고 있다. 이에 B공단은 사용료 체납을 이유로 乙에 대한 사용 수익허가를 취소하였고, 동 건물에 대한 경쟁입찰에 참여한 甲에 대하여 다시 사용 수익허가를 하였다.

B공단으로부터 해당 장소를 인도받은 甲은 다시 정육점 영업을 하고자 축산물위생관리법 제21조, 같은 법 시행규칙 제29조 및 [별표 10]에 따른 시설기준을 갖추어 관할 A시장에게 축산물 판매업 신고를 하였다.

A시 담당공무원 丙은 법령상 명시적 규정은 없지만 그간에도 같은 장소에서 사업자를 달리하는 축산물판매업 중복신고는 수리하지 않는 것으로 관련 법령을 해석·적용하여 왔고, 이 건 甲의 영업신고에 대하여 관할 도 및 농림축산식품부 등 관련 행정관청에 문의한 결과 위의 해석과 동일한 취지의 답변을 받아 이를 시장에게 보고하였다.

이에 A시의 시장은 '같은 장소에서 영업신고를 한 乙이 휴업신고만 한 채 폐업신고를 하지 아니한 상태이기 때문에 같은 장소에 대한 甲의 영업신고를 수리할 수 없다'는 이유로 甲의 신고를 반려하였다.

그럼에도 불구하고 甲은 영업준비를 계속하여 정육점 영업을 개시하였고, A시의 시장은 丙으로 하여금 미신고영업임을 이유로 같은 법 제38조에 따라 영업소 폐쇄조치의 일환으로 甲의 업소간판을 제거하는 조치를 하게 하였다.

1. 甲은 자신이 한 영업신고가 반려된 것에 대하여 취소소송을 제기하여 다투려고 한다.
   (1) A시장의 영업신고 반려행위는 취소소송의 대상이 될 수 있는가? (20점)
   (2) 소의 제기가 적법하다면 甲의 청구가 이유 있는지 여부에 대하여 판단하시오. (10점)
2. 甲은 위 간판제거조치에 대하여 취소소송을 통하여 다투고자 한다. 이 경우 간판제거조치가 소의 대상이 되는지 여부와 협의의 소의 이익이 있는지 여부를 검토하시오. (20점)
3. 甲이 A시장이 자신의 영업신고를 반려하고 업소 간판을 제거한 조치에 대해서 국가배상청구소송을 제기한다면 A시는 甲의 손해를 배상할 책임이 있는가? (30점)

[참조조문]
「축산물위생관리법」
제1조(목적) 이 법은 축산물의 위생적인 관리와 그 품질의 향상을 도모하기 위하여 가축의 사육·도살·처리와 축산물의 가공·유통 및 검사에 필요한 사항을 정함으로써 축산업의 건전한 발전과 공중위

생의 향상에 이바지함을 목적으로 한다.

제21조(영업의 종류 및 시설기준) ① 다음 각 호의 어느 하나에 해당하는 영업을 하려는 자는 총리령으로 정하는 기준에 적합한 시설을 갖추어야 한다.

1. 도축업

…

7. 축산물판매업

제24조(영업의 신고) ① 제21조제1항제6호, 제7호, 제7호의2, 제8호에 따른 영업을 하려는 자는 총리령으로 정하는 바에 따라 제21조제1항에 따른 시설을 갖추고 특별자치도지사·시장·군수·구청장에게 신고하여야 한다.

② 제1항에 따라 신고를 한 자가 그 영업을 휴업, 재개업 또는 폐업하거나 신고한 내용을 변경하려는 경우에는 총리령으로 정하는 바에 따라 식품의약품안전처장 또는 특별자치도지사·시장·군수·구청장에게 신고하여야 한다.

③ 다음 각 호의 어느 하나에 해당하는 경우에는 제1항에 따른 영업신고를 할 수 없다.

…

3. 제27조제1항에 따라 영업정지처분을 받고 그 정지기간이 지나기 전에 같은 장소에서 같은 종류의 영업을 하려는 경우

4. 제27조제1항에 따라 영업정지처분을 받고 그 정지기간이 지나지 아니한 자(법인인 경우에 그 대표자를 포함한다)가 정지된 영업과 같은 종류의 영업을 하려는 경우

제38조(폐쇄조치) ① 식품의약품안전처장, 시·도지사 또는 시장·군수·구청장은 다음 각 호의 어느 하나에 해당하는 자에 대하여 관계 공무원에게 해당 영업소를 폐쇄하도록 할 수 있다.

1. 제22조제1항 및 제2항을 위반하여 허가를 받지 아니하거나 제24조제1항을 위반하여 신고를 하지 아니하고 영업을 하는 자

② 식품의약품안전처장, 시·도지사 또는 시장·군수·구청장은 제1항의 폐쇄조치를 위하여 관계 공무원에게 다음 각 호의 조치를 하게 할 수 있다.

1. 해당 영업소의 간판 등 영업 표지물의 제거나 삭제

「축산물위생관리법 시행규칙」

제29조(영업의 종류별 시설기준) 법 제21조제1항에 따른 영업의 종류별 시설기준은 별표 10과 같다.

■ [별표 10] 영업의 종류별 시설기준 (제29조 관련) 7. 축산물판매업

가. 공통시설기준 (1) 영업장

(가) 건물은 독립된 건물이거나 다른 용도로 사용되는 시설과 분리 또는 구획되어야 한다.

…

(2) 급수시설은 수돗물이나 「먹는물관리법」에 따른 먹는물 수질검사기준에 적합한 지하수 등을 공급할 수 있는 시설을 갖추어야 한다.

(3) 화장실을 설치하여야 하며, 이 경우 제4호카목을 준용한다.

…

나. 개별시설기준 (1) 식육판매업

(가) 영업장의 면적은 26.4㎡ 이상을 권장한다.

(나) 영업장에는 전기냉동시설·전기냉장시설·진열상자 및 저울을 설치하여야 한다.

…

(다) 전기냉동시설·전기냉장시설 및 진열상자는 축산물의 가공기준 및 성분규격 중 축산물의 보존 및 유통기준에 적합한 온도로 유지될 수 있는 것이어야 하고, 그 내부의 온도를 알 수 있는 온도계를 비치 또는 설치하여야 한다.

…

(바) 공동사용시설의 설치 생략

신고관청은 식육판매업의 영업자가 식육가공업 또는 식육포장처리업을 함께 영위하면서 시설을 공동으로 사용하는 경우에는 그 시설의 전부 또는 일부의 설치를 생략하게 할 수 있다.

(※ 현행법령의 규정을 위 사례문제의 풀이와 관련되는 내용으로 단순화하였음)

[문 1 (1)]

Ⅰ. 논점
- 축산물판매업신고의 법적 성질
- 신고반려의 처분성

Ⅱ. 처분의 개념

Ⅲ. 축산물판매업신고의 법적 성질
1. 사인의 공법행위로서의 신고의 의의
2. 신고의 종류 및 성질
   (1) 자기완결적 공법행위로서의 신고
       (수리를 요하지 않는 신고)
       1) 의의
       2) 법적 성질과 처분성
       3) 판례(특히 건축신고에 관한 판례의 변경)
          ① 종래의 입장
          ② 판례의 변경
   (2) 행위요건적 공법행위로서의 신고
       (수리를 요하는 신고)
       1) 의의
       2) 법적 성질과 처분성
       3) 판례

Ⅳ. 사례의 경우
- 사안의 신고: 수리를 요하지 않는 신고임
- 그러나 변경된 판례에 따르면, 신고반려는 처분

[문 1 (2)]

Ⅰ. 논점
- 신고수리의 법적 성질(기속행위 여부)

Ⅱ. 신고수리의 법적 성질
1. 기속행위
2. 예외

Ⅲ. 사례의 경우
- 신고반려는 위법하므로 청구 인용

[문 2]

Ⅰ. 논점
- 간판제거조치의 법적 성질(직접강제)
- 직접강제에 대한 취소소송을 통한 권리구제

Ⅱ. 간판제거조치의 법적 성질(직접강제)
1. 행정상 직접강제의 의의
2. 간판제거조치의 법적 성질: 직접강제

Ⅲ. 직접강제에 대한 취소소송을 통한 권리구제

[문 1 (1)]

Ⅰ. 논점: 축산물판매업신고의 법적 성질, 신고반려의 처분성

Ⅱ. 처분의 개념[28]

- ○ 행정청이 행하는 구체적 사실에 대한 법집행으로서의 공권력의 행사 또는 그 거부와 이에 준하는 행정작용(행정소송법 2 ① 1호)
- ○ 행정청의 처분은, ① 행정청이 행하는, ② 구체적 사실에 관한 법집행으로서, ③ 공권력을 행사하거나 거부하는, ④ 국민의 권리의무에 직접 영향을 미치는 공법행위(대판 2012.9.27, 2010두3541 참조)이어야 함

---

28) 강론, 869면 이하.

Ⅲ. 축산물판매업신고의 법적 성질

1. 사인의 공법행위로서의 신고[29]의 의의

○ 일반적으로 사인이 행정청에 대하여 일정한 사실을 알림으로써 공법적 효과가 발생하는 행위

2. 신고의 종류 및 성질

(1) 자기완결적 공법행위로서의 신고(수리를 요하지 않는 신고)

1) 의의

○ 행정청에 대한 사인의 일방적인 통고행위로서 신고가 행정청에 제출되어 접수된 때에 관계 법에서 정하는 법적 효과가 발생하고 행정청의 별도의 수리행위가 필요하지 않은 신고

2) 법적 성질과 처분성

○ 행정청에 대하여 일정 사항을 통지함으로서 의무가 끝나는 신고로서 신고 그자체로 법적 효과를 발생시킴

○ 따라서 행정청의 수리처분이 개입할 여지가 없고, 이에 따라 수리가 존재할 이유가 없으므로 행정청이 사인의 신고를 받아주더라도 이 행위는 단지 사실행위에 불과함

○ 행정청의 수리거부행위가 있다 하더라도 이 또한 마찬가지로 사실상의 행위에 불과함

3) 판례(특히 건축신고에 관한 판례의 변경)

① 대법원은 종래 건축신고를 수리를 요하지 않는 신고로 보았음(대판 1995.3.14, 94누9962)

② 최근 대법원은 건축신고의 반려행위는 항고소송의 대상이 된다고 하여 종전의 입장을 변경하였음(대판 2010.11.18, 2008두167 전원합의체)

(2) 행위요건적 공법행위로서의 신고(수리를 요하는 신고)

1) 의의

○ 행정청이 수리함으로써 신고의 법적 효과가 발생하는 신고. 따라서 이 경우 수리 또는 수리거부는 법적인 행위가 됨

2) 법적 성질과 처분성

○ 일반적으로 수리를 요하는 신고에서 수리는 준법률행위적 행정행위의 하나로서 행정쟁송법상의 처분에 해당한다고 설명됨

3) 판례

○ 대법원은 법률의 규정취지가 행정청으로 하여금 수리를 하도록 요구하고 있는 경우를 '수리를 요하는 신고'로 구분하고 있음(예: 수산업법상 어업신고, 납골당설치 신고)

---

29) 강론, 117면 이하.

o 나아가 대법원은 신고에 관한 규정이 구체적인 권리의무에 직접적인 영향을 미치는 경우에 는 신고에 대한 행정청의 별도의 수리행위가 있어야 한다고 판시하고 있음(예: 건축주명의변경신 ·고, 영업자지위승계신고)

Ⅳ. 사례의 경우

o 축산물위생관리법 제24조는 신고요건으로 시설기준을 갖출 것을 요구하고 있고, 동법 제21 조 및 동법시행규칙 제29조 및 [별표10]에 따른 시설기준은 형식적 시설을 요구하고 있는 점에서 사안의 신고는 수리를 요하지 않는 신고로 보는 것이 타당함(대판 2010.4.29, 2009다 97925). 따라서 신고반려는 처분이 아님

o 그러나 최근 변경된 판례에 따르면, 신고반려로 인한 법적 불이익(미신고에 대한 제재)이 우려되 므로, 신고반려는 처분성이 인정됨

[문 1 (2)]

Ⅰ. 논점: 신고수리의 법적 성질(기속행위 여부)[30]

Ⅱ. 신고수리의 법적 성질

1. 기속행위

o 수리를 요하는 신고는 그 성질상 허가와 다르지 않으므로, 그 법적 성질은 기속행위임
o 판례도 마찬가지임(대판 1997.8.29, 96누6646; 대판 1999.4.27, 97누6780)
o 이는 수리를 요하지 않는 신고의 경우에도 마찬가지임. 따라서 법정요건을 갖추면 별다른 사정이 없는 한 신고를 받아주어야 함

2. 예외

o 허가에서와 마찬가지로, 판례는 중대한 공익상의 필요가 있는 경우에는 수리를 거부할 수 있다고 하고 있음
o 관련 판례
"주유소등록신청을 받은 행정청은 주유소설치등록신청이 석유사업법, 같은법시행령, 혹은 위 시행령의 위임을 받은 시·지사의 고시 등 관계 법규에 정하는 제한에 배치되지 않고, 그 신 청이 법정등록 요건에 합치되는 경우에는 특별한 사정이 없는 한 이를 수리하여야 하고, 관

---

30) 강론, 117면 이하.

계 법령에서 정하는 제한사유 이외의 사유를 들어 등록을 거부할 수는 없는 것이나, 심사결과 관계 법령상의 제한 이외의 중대한 공익상 필요가 있는 경우에는 그 수리를 거부할 수 있다(대판 1998.9.25, 98두7503)."

Ⅲ. 사례의 경우

○ 甲은 법령상 시설요건을 갖추어 신고하였으므로, 신고의 유형과 무관하게, 관할 행정청은 이를 받아주어야 할 의무가 있음

○ 따라서 甲의 신고를 반려한 것은 위법한 것으로 甲의 청구는 인용될 것임

[문 2]

Ⅰ. 논점: 간판제거조치의 법적 성질(직접강제), 직접강제에 대한 취소소송을 통한 권리구제

Ⅱ. 간판제거조치의 법적 성질(직접강제)[31]

1. 행정상 직접강제의 의의

○ 행정상 직접강제는 행정법상의 의무불이행에 대하여 행정청이 직접 의무자의 재산이나 신체에 실력을 가하여 행정법상의 의무를 실현시키는 강제수단임(예: 폐쇄명령의 불이행에 대한 영업소폐쇄조치·전염병방지를 위한 강제예방접종 등)

2. 간판제거조치의 법적 성질: 직접강제

Ⅲ. 직접강제에 대한 취소소송을 통한 권리구제

1. 처분의 개념[32]

○ 행정청이 행하는 구체적 사실에 대한 법집행으로서의 공권력의 행사 또는 그 거부와 이에 준하는 행정작용(행정소송법 2 ① 1호)

2. 직접강제의 처분성

(1) 직접강제의 성질: 권력적 사실행위

---

31) 강론, 520면 이하.
32) 강론, 869면 이하.

(2) 권력적 사실행위의 처분성[33)

o 권력적 사실행위가 '구체적 사실에 관한 법집행'으로서 '공권력을 행사'하는 경우에는 위 처분개념에 포함된다고 보는 것이 학설의 입장임. 판례도 권력적 사실행위의 처분성을 인정한 바 있음(헌재결 1998.8.27, 96헌마398)

o 이에 대해서는 권력적 사실행위는 사실행위로서의 측면과 수인하명의 요소가 결합된 합성적 행위로서 수인하명의 요소에 의하여 처분성이 인정되는 것이라는 견해도 있음

(3) 사례의 경우: 어떠한 견해에 따르더라도 간판제거조치의 처분성이 인정됨

3. 협의의 소익 인정 여부

(1) 협의의 소익[34)

1) 의의

o 행정소송법 제12조 제2문은 "처분 등의 효과가 기간의 경과, 처분 등의 집행 그 밖의 사유로 인하여 소멸된 뒤에도 그 처분 등의 취소로 인하여 회복되는 법률상 이익이 있는 자의 경우에는 또한 같다."고 하여 이 경우에도 취소소송을 제기할 수 있음을 규정하고 있는데, 여기에서의 '법률상 이익'은 취소소송을 통한 '권리보호의 필요성 또는 분쟁의 현실성'을 의미하는 것으로서 이를 '협의의 소익'이라 함

2) 협의의 소익으로서 법률상 이익의 의미

o 행정소송법 제12조 제2문의 '법률상 이익'은 '법적 보호이익' 이외에도, 적어도 각종 제도상의 불이익을 제거하여야 할 이익도 포함한다고 보아야 할 것임

3) 협의의 소익이 인정되지 않는 경우

o 협의의 소익이 없는 경우로 행정소송법은 ① 처분 등의 효과가 소멸된 경우(행소법 12 2문)를 규정하고 있지만, 그 외에도 ② 보다 간단한 방법으로 권리보호가 가능한 경우, ③ 소송으로 다툴 실제적 효용이나 이익이 없는 경우, ④ 소권이 남용 또는 실효된 경우 등을 들 수 있음

(2) 권력적 사실행위에 대한 취소소송에서의 협의의 소익 인정 여부

o 사실행위는 단기에 실행되는 경우가 대부분이므로 취소소송이 제기되더라도 이른바 협의의 소익(권리보호의 필요성, 분쟁의 현실성)이 부인되어 각하되는 경우가 적지 않을 것임. 따라서 이 경우에는 집행정지를 신청하는 것이 효과적인 권리구제수단이 될 수 있음

(3) 사례의 경우

o 사례의 경우 원상회복이 가능하며 의미가 있는지 여부가 관건임

---

33) 강론, 393면 이하.
34) 강론, 846면 이하.

○ 사례의 경우 취소판결(인용판결)이 있으면 판결의 기속력의 내용으로서 행정청의 원상회복의무를 통하여 제거된 간판의 회수 및 재부착이 가능하다고 볼 수 있으므로 협의의 소익이 인정된다고 볼 수 있을 것임

[문 3]

Ⅰ. 논점: 국가배상법 제2조의 배상책임의 요건(특히 고의·과실, 법령위반)

Ⅱ. 국가배상법 제2조의 배상책임의 요건[35]

○ 국가배상법 제2조에 따라 배상책임이 성립하기 위해서는 ① 공무원의 행위일 것, ② 직무행위일 것, ③ 직무를 집행하면서 행한 행위일 것, ④ 고의·과실이 있을 것, ⑤ 위법할 것, ⑥ 타인에게 손해가 발생할 것이라는 요건이 충족되어야 함
○ 사례의 경우는 A시의 시장의 법해석·적용에 고의 또는 과실이 있어 결과적으로 법집행이 위법한가 하는 것이 문제되므로, 위 요건 중 고의·과실과 법령위반만을 검토함

Ⅲ. 고의·과실[36]

1. 고의

○ 고의란 일정한 결과가 발생할 것을 알고 있는 경우를 말함

2. 과실

○ 과실이란 공무원으로서 일반적으로 요구되는 주의의무를 게을리 한 경우를 의미함
○ 판례도 공무원의 직무집행상의 과실을 그 직무를 수행함에 있어 평균적 공무원에게 기대할 수 있을 정도의 주의의무를 게을리 하는 것으로 보고 있음. 판례는 다음과 같은 기준들을 활용하고 있음
— 성실한 평균적 공무원에게 기대하기 어려운 경우인지(대판 2007.5.10, 2005다31828)
— 보통 일반의 공무원을 표준으로 하여 볼 때 객관적 주의의무를 결하였는지(대판 2012.5.24, 2012다11297)
— 일반적으로 공무원이 관계법규를 알지 못하거나 필요한 지식을 갖추지 못하고 법규의 해석을 그르쳤는지(대판 1981.8.25, 80다1598) 등

---

35) 강론, 597면 이하.
36) 강론, 606면 이하.

3. 과실의 객관화

○ 과실의 인정 여부를 공무원 개인의 주관적인 요소에만 의존하도록 하는 것은 피해자구제의 측면에서 바람직하지 못하다는 점에서 최근에는 과실을 객관화하려는 다양한 시도들이 이루어지고 있음
○ 예컨대 ① 평균적 공무원의 주의력, ② 국가작용의 흠, ③ 위법성과 과실의 통합, ④ 조직과실 등

Ⅳ. 법령위반[37]

1. 법령위반의 관념에 관한 학설 및 판례

○ 학설로는 ① 가해행위의 결과인 손해의 불법성을 의미한다고 보는 결과불법설, ② 취소소송에서의 위법 개념과는 달리 위법성을 인정하는 상대적 위법성설, ③ 공무원의 직무행위의 행위규범에의 적합 여부를 기준으로 위법성 여부를 판단하여야 한다는 행위위법설(광의·협의로 다시 나뉨), ④ 법령위반을 공무원의 직무의무의 위반으로 보는 직무의무위반설 등이 있음
○ 판례는 국가배상책임에 있어 법령위반의 의미를 엄격한 의미의 법령위반뿐 아니라 널리 신의성실·공서양속·권력남용금지 등의 위반도 포함되는 것으로 보고 있어 광의의 행위위법설의 입장으로 판단됨

2. 법령위반의 의미

○ 법령: 공무원의 직무상 불법행위는 법령에 위반한 것이어야 함. 여기에서의 법령이란 현행 법령 이외에도 행정법의 일반원칙도 포함됨
○ 위반: 위반이란 현행 법령이나 행정법의 일반원칙에 위배됨을 말함

Ⅴ. 사례의 경우

1. 丙의 고의·과실 여부

○ 동일한 장소에 대한 중복적 영업신고에 대한 법령규정이 명확치 않음
○ 공무원 丙은 관례 및 관련 기관에 대한 적극적 문의 등을 했음
○ 성실한 평균적 공무원의 관점에서 丙의 과실이 있다고 보기 어려움
○ 판례도 동일한 입장임
"행정관청으로서는 위 법령에서 규정하는 시설기준을 갖추어 축산물판매업 신고를 하는 경

---

37) 강론, 609면 이하.

우 당연히 그 신고를 수리하여야 하고, 적법한 요건을 갖춘 신고의 경우에는 행정관청의 수리처분 등 별단의 조처를 기다릴 필요 없이 그 접수시에 신고로서의 효력이 발생하는 것이므로 그 수리가 거부되었다고 하여 미신고 영업이 되는 것은 아니라고 할 것이다. 따라서 피고 시 담당공무원이 위 법령상의 시설기준이 아닌 사유로 축산물판매업 신고 수리를 할 수 없다는 통보를 하고 미신고 영업으로 고발할 수 있다는 통지 를 한 것은 위법한 직무집행이라고 할 것이다.…

사정이 이러하다면 피고 시 담당공무원으로서는 동일한 장소에 대하여 사업자를 달리하는 중복신고는 허용되지 않는다고 판단할 여지가 충분하다고 보여지고, 비록 영업시설이 군사시설 안에 있는 국유재산이고 복지단이 소외인의 영업재개가 불가능하다는 설명을 하였다고 하더라도 소외인 스스로 복지단과의 문제를 해결하고 같은 장소에서 영업을 계속할 것이라고 강하게 주장하는 상황에서 위와 다른 직무집행을 성실한 평균적 공무원에게 기대하기는 어려웠다고 할 것이다. 그렇다면 피고 시 담당공무원의 위와 같은 위법한 직무집행이 있었다고 하여 곧바로 담당공무원의 과실을 인정할 수는 없다(대판 2010.4.29, 2009다97925)."

2. 영업신고 반려 및 간판제거 조치의 위법성

(1) 신고반려의 위법성

ㅇ 사례의 신고는 수리를 요하지 않는 신고이므로, 법령상 신고요건을 충족한 甲의 신고를 반려한 것은 위법한 행위임

ㅇ 판례의 입장

"주택건설촉진법 제38조 제2항 단서, 공동주택관리령 제6조 제1항 및 제2항, 공동주택관리규칙 제4조 및 제4조의2의 각 규정들에 의하면, 공동주택 및 부대시설·복리시설의 소유자·입주자·사용자 및 관리주체가 건설부령이 정 하는 경미한 사항으로서 신고대상인 건축물의 건축행위를 하고자 할 경우에 는 그 관계 법령에 정해진 적법한 요건을 갖춘 신고만을 하면 그와 같은 건축행위를 할 수 있고, 행정청의 수리처분 등 별단의 조처를 기다릴 필요가 없다고 할 것이며, 또한 이와 같은 신고를 받은 행정청으로서는 그 신고가 같은 법 및 그 시행령 등 관계 법령에 신고만으로 건축할 수 있는 경우에 해당하는 여부 및 그 구비서류 등이 갖추어져 있는지 여부 등을 심사하여 그것이 법규정에 부합하는 이상 이를 수리하여야 하고, 같은 법 규정에 정하지 아니한 사유를 심사하여 이를 이유로 신고수리를 거부할 수는 없다(대판 1999.4.27, 97누6780)."

(2) 간판제거조치의 위법성

ㅇ 간판제거조치는 미신고영업임을 이유로 한 것인데, 이와 관련하여 甲의 신고는 수리를 요하지 않는 신고로서 신고요건을 갖춘 적법한 신고가 있었기 때문에, 甲의 영업은 적법한 영업

　　이며 미신고영업이 아님
　◦ 따라서 미신고영업이 아님에도 간판을 제거한 조치는 위법함

3. 결론

　◦ 甲의 신고를 수리하여야 함에도 이를 수리하지 않았고, 또한 미신고영업임을 이유로 간판을
　　제거하는 조치를 한 것은 국가배상법상 법령을 위반한 위법한 행위임
　◦ 다만 이와 같은 행위에 대한 공무원의 과실을 인정하기는 어려울 것임
　◦ 따라서 A시의 손해배상책임은 인정되지 않을 것임

2018년 제2차 변호사시험 모의시험 제1문

인터넷컴퓨터게임시설제공업소(이하 'PC방'이라 한다)는 기존에 자유업으로 규정되어 신고만 하면 개업할 수 있었으나, 2007.1.19. 게임산업진흥법이 개정되면서 등록제로 전환되었다. 그리고 2009. 6.1. 국민건강보호법이 제정되면서 신규 개업을 하거나 기존에 영업을 하고 있던 PC방들은 점포의 2분의 1 이상을 금연구역으로 지정하여 설비를 갖추어야만 인터넷컴퓨터게임시설제공업으로 등록할 수 있게 되었다.

甲은 2010.4.부터 서울시 A구 공초동에서 '에이스'라는 상호로, PC방을 소유하여 운영해 왔다. 甲은 위 PC방을 개업하면서 국민건강보호법에 따라 그 영업장 면적을 절반으로 나누어 금연구역과 흡연구역으로 지정하고, 담배연기가 금연구역으로 넘어가지 않도록 흡연구역과 금연구역을 분리하는 칸막이를 설치하였다.

그런데 비흡연자의 권리 보호를 더욱 강화하기 위하여 2015.10.7. 개정된 국민건강보호법 제9조 제4항은 PC방 시설 전체를 금연구역으로 지정하여 운영하도록 규정하였다. 동 개정 조항은 부칙에서 2016.1.1.부터 시행하되, 그 시행일 이전에 설치된 PC방의 경우에는 위 개정 규정에도 불구하고 시행일부터 2년간 종전 법에 따른 시설로 영업을 할 수 있도록 규정되었다.

甲은 위 개정법이 시행된 이후에도 애연가인 단골고객들의 불편을 고려하여 종전의 상태대로 흡연구역을 유지해 왔다. 그런데 유예기간이 종료되는 2017.12.말이 가까워지자 흡연 고객 이탈에 따른 수입의 감소가 걱정되었다. 그래서 甲은 2017.12.20. 국민건강보호법 제9조 제4항 제23호 중 인터넷컴퓨터게임시설제공업소 부분(이하 '이 사건 법률조항'이라 한다)이 자신의 기본권을 침해한다고 주장하면서 헌법재판소법 제68조 제1항에 의한 헌법소원심판을 청구하였다.

4. A구청장은 甲이 PC방 고객들에게 경품을 제공하였다는 것을 이유로 게임산업진흥법 등 관련 법령에 따라 1월의 영업정지처분을 하였고, 甲은 이에 대하여 취소소송을 제기하였다. 취소소송의 계속 중 1월의 영업정지처분기간이 도과한 경우 위 소송은 협의의 소의 이익이 있는가? (20점)

[참조 조문]
※ 이하의 법률 조문은 가상의 것임
게임산업진흥법 제28조(게임물 관련사업자의 준수사항) 게임물 관련사업자는 다음 각 호의 사항을 지켜야 한다.
 1. ~ 2. (생략)
 3. 경품 등을 제공하여 사행성을 조장하지 아니할 것. <단서 생략>
게임산업진흥법 제35조(허가취소 등) ① (생략)
 ② 시장·군수·구청장은 제26조의 규정에 의하여 게임제공업·인터넷컴퓨터게임시설제공업 또는 복

합유통게임제공업의 허가를 받거나 등록 또는 신고를 한 자가 다음 각 호의 어느 하나에 해당하는 때에는 6월 이내의 기간을 정하여 영업정지를 명하거나 허가·등록취소 또는 영업폐쇄를 명할 수 있다. 다만, 제1호 또는 제2호에 해당하는 때에는 허가·등록취소 또는 영업폐쇄를 명하여야 한다.

1. ~ 4. (생략)

5. 제28조의 규정에 따른 준수사항을 위반한 때

④ 제1항 및 제2항의 규정에 의한 행정처분의 세부기준은 그 위반행위의 유형과 위반의 정도 등을 고려하여 문화체육관광부령으로 정한다.

게임산업진흥법 시행규칙 제26조(행정처분의 기준 등) ① 법 제35조제4항에 따른 행정처분의 기준은 별표 5와 같다.

[별표5] 행정처분의 기준(제26조제1항 관련)

위반사항	근거법령	행정처분기준			
		1차 위반	2차 위반	3차 위반	4차 위반
라. 법 제28조에 따른 준수사항을 위반한 때 3) 법 제28조 제3호 및 영 제16조의2를 위반하여 경품을 제공한 때	법 제35조 제1항 제4호 및 제2항 제5호	영업정지 1월	영업정지 3월	허가·등록 취소 또는 영업폐쇄	

[문 4]

Ⅰ. 논점
　○ 협의의 소익(특히 가중적 제재처분의 경우)

Ⅱ. 협의의 소익
　1. 의의
　2. 협의의 소익으로서 법률상 이익의 의미
　3. 협의의 소익이 인정되지 않는 경우

4. 가중적 제재처분의 경우 협의의 소익[38]
　(1) 문제의 소재
　(2) 법률 또는 대통령령에 규정된 경우
　(3) 시행규칙에 규정된 경우
　　1) 종래의 판례
　　2) 판례변경

Ⅲ. 사례의 경우
　○ 협의의 소익 있음

[문 4]

Ⅰ. 논점: 협의의 소익(특히 가중적 제재처분의 경우)[39]

---

38) 강론, 854면 이하.

39) 강론, 846면 이하.

Ⅱ. 협의의 소익

1. 의의

○ 행정소송법 제12조 제2문은 "처분 등의 효과가 기간의 경과, 처분 등의 집행 그 밖의 사유로 인하여 소멸된 뒤에도 그 처분 등의 취소로 인하여 회복되는 법률상 이익이 있는 자의 경우에는 또한 같다."고 하여 이 경우에도 취소소송을 제기할 수 있음을 규정하고 있음

○ 동조 제1문에서의 '법률상 이익'이 취소소송에서의 보호대상인 권리라면, 제2문에서의 '법률상 이익'은 취소소송을 통한 '권리보호의 필요성 또는 분쟁의 현실성'을 의미하는 것으로서 이를 '협의의 소익'이라 함

2. 협의의 소익으로서 법률상 이익의 의미

○ 행정소송법 제12조 제2문의 '법률상 이익'의 의미와 관련하여 여러 견해가 있으나, 이는 권리보호의 필요성을 의미하는 것이므로, 이를 '원고적격'에서와 같이 '법적으로 보호되는 이익'에 한정할 이유는 없음. 따라서 '법적 보호이익' 이외에도, 적어도 각종 제도상의 불이익을 제거하여야 할 이익은 협의의 소익에 포함된다고 보아야 할 것임

3. 협의의 소익이 인정되지 않는 경우

○ 협의의 소익이 없는 경우로 행정소송법은 ① 처분 등의 효과가 소멸된 경우(행소법 12 2문)를 규정하고 있지만, 그 외에도 ② 보다 간단한 방법으로 권리보호가 가능한 경우, ③ 소송으로 다툴 실제적 효용이나 이익이 없는 경우, ④ 소권이 남용 또는 실효된 경우 등을 들 수 있음

4. 가중적 제재처분의 경우 협의의 소익[40]

(1) 문제의 소재

○ 가중적 제재처분이란 법령위반횟수에 따라 행정적 제재의 정도가 점차 가중되는 처분을 말함. 여기에서는 정지기간이 이미 도과하였다 하더라도 정지처분의 취소를 통하여 '제재의 가중을 피할 이익'이 협의의 소익으로서 인정되겠는가 하는 것이 문제임

(2) 법률 또는 대통령령에 규정된 경우

○ 판례는 가중적 제재처분에 관한 행정처분기준이 법률이나 대통령령에 규정된 경우에는 법률상 이익(협의의 소익, 권리보호의 필요성)을 인정하고 있음

○ 이 경우에도 실제로 가중적 제재처분을 받을 가능성이 없다면 당연히 법률상 이익이 인정되

---

40) 강론, 854면 이하.

지 않는다고 보아야 할 것임

(3) 시행규칙에 규정된 경우

1) 종래의 판례

o 판례는 과거에 가중적 제재처분기준이 시행규칙에 규정되어 있는 경우 협의의 소익을 인정하지 않는 것이 기본적인 입장이었음. 그러나 협의의 소익을 인정한 경우도 있었음

o 그러나 1995년 전원합의체 판결(대판 1995.10.17, 94누14148 전원합의체)을 통하여 시행규칙에 규정된 가중적 제재처분의 경우 협의의 소익을 인정하지 않는 것이 대법원의 입장임을 재차 확인하면서, 과거 협의의 소익을 인정하였던 판례를 폐기하였음. 이는 가중적 제재처분기준을 정하고 있는 시행규칙이 행정청 내부적인 사무처리준칙에 불과하다고 보는 대법원의 입장과 관련된 것임(이른바 법규명령형식의 행정규칙의 문제)

2) 판례변경

o 그러다 대법원은 2006년 전원합의체 판결(대판 2006.6.22, 2003두1684 전원합의체)을 통하여 이러한 경우에도 불이익을 제거할 법률상 이익(권리보호의 필요성)이 인정된다고 입장을 변경하면서 이와 배치되는 기존의 판례들을 모두 변경하였음. 이에 따라 오늘날 시행규칙에 규정된 가중적 제재처분의 경우에도 협의의 소익이 인정되게 되었음

Ⅲ. 사례의 경우

o 판례에 따르면, 시행규칙에 규정된 영업정지의 처분기준이 법규명령인지 행정규칙인지에 관계없이 가중적 제재처분의 경우 협의의 소익을 인정하고 있음

o 따라서 위 사례에서는 영업정지처분의 취소를 구할 협의의 소익이 있음

2018년 제2차 변호사시험 모의시험 제2문

서울특별시장은 도시 및 주거환경정비법(이하 '도시정비법'이라 함)에 따라 서울 종로구 법전동 1번지 및 그 일원을 주택재건축정비구역으로 지정·고시하였다. 위 정비구역 내의 토지 및 건축물을 소유하고 있는 甲과 乙은 재건축을 반대하였지만, 법전마을주택재건축정비사업조합(이하 '이 사건 조합'이라 한다) 설립추진위원회가 구성되어 정비사업전문관리업자인 丙에게 조합설립인가 신청에 관한 업무의 대행을 위탁하였고, 丙은 위 정비구역을 사업구역으로 하여 종로구청장에게 조합설립인가 신청을 하였다. 이에 종로구청장은 위 사업구역이 도시정비법 제16조 제2항에서 정한 토지등소유자의 동의요건 등을 갖추었다고 보아 2017년 11월 조합설립인가처분(이하 '이 사건 인가처분'이라 함)을 하였다.

이에 甲은, 종로구청장이 이 사건 인가처분시 토지등소유자와 동의자 수를 산정함에 있어 잘못이 있어 그 동의율이 관련법령에서 요구하는 토지등소유자 4분의 3을 넘지 못하였음에도 이를 간과하였다는 이유로, 종로구청장을 피고로 하여 서울행정법원에 이 사건 인가처분에 대한 취소소송을 제기하였다. 그리고 乙은 조합설립결의의 하자를 이유로 이 사건 조합을 피고로 하여 "피고의 설립결의는 무효임을 확인한다."라는 청구취지로 소송을 제기하려고 한다.

한편, 국토교통부장관은 정비사업전문관리업자에 대한 명령·조사 및 검사 권한을 서울특별시장에게 위임하였고, 서울특별시장은 그 권한을 서울특별시 정비사업전문관리업자에 대한 명령·조사 및 검사 권한위임조례에 기하여 종로구청장에게 다시 위임하였으며, 종로구청장은 재위임받은 권한에 기하여 丙의 영업소에서 장부·서류 등을 조사하고자 하였으나 丙이 이를 거부하자 등록취소의 관할 행정청인 서울특별시장은 2018년 1월 도시정비법 제73조 제1항 제4호에 따라 丙의 정비사업전문관리업 등록을 취소하였다.

1. 甲이 제기한 소송에서 종로구청장은 "이 사건 인가처분은 재건축조합설립행위를 보충하여 그 법률상 효력을 완성하는 보충행위일 뿐이어서 그 기본이 되는 조합설립행위 자체에 하자가 있는 때에는 그에 대한 인가가 있다 하더라도 기본행위인 조합설립행위가 유효한 것으로 될 수 없다. 따라서 기본행위인 조합설립에 하자가 있는 경우 따로 민사쟁송으로써 그 기본행위의 무효확인 등을 구하는 것은 별론으로 하고, 기본행위의 하자를 이유로 바로 그에 대한 이 사건 인가처분의 무효확인을 소구할 법률상 이익이 없다."고 주장한다. 이 주장은 타당한가? (20점)
2. 현행 대법원 판례의 입장을 전제로 할 때 다음에 관하여 검토하시오.
   (1) 乙이 서울중앙지방법원에 조합설립결의 무효확인을 구하는 소송을 제기한 경우 수소법원은 어떤 재판을 하여야 하는가? (15점)
   (2) 乙이 서울행정법원에 조합설립결의 무효확인을 구하는 소송을 제기한 경우 수소법원은 어떠한 조치를 하여야 하는가? (15점)
3. 종로구청장의 조사를 거부하였다는 이유로 丙에게 한 등록취소처분은 유효한가? (30점)

【참고조항】(※ "– – –" : 생략된 부분이 있다는 표시임.)
○ 도시 및 주거환경정비법(법률 제14113호 ; 2017.3.30. 시행)
제2조(정의) 이 법에서 사용하는 용어의 뜻은 다음과 같다.
  11. "정관등"이라 함은 다음 각목의 것을 말한다.
      다. 특별자치시장, 특별자치도지사, 시장, 군수, 자치구의 구청장(이하 "시장·군수"라 한다), 주
          택공사등 또는 신탁업자가 제30조제8호의 규정에 의하여 작성한 시행규정
제16조(조합의 설립인가 등) ② 주택재건축사업의 추진위원회– – –가 조합을 설립하고자 하는 때에
    는 집합건물의 소유 및 관리에 관한 법률 제47조제1항 및 제2항에도 불구하고 주택단지 안의 공동주
    택의 각 동(복리시설의 경우에는 주택단지 안의 복리시설 전체를 하나의 동으로 본다)별 구분소유자
    의 3분의 2 이상 및 토지면적의 2분의 1 이상의 토지소유자의 동의(공동주택의 각 동별 구분소유자
    가 5 이하인 경우는 제외한다)와 주택단지 안의 전체 구분소유자의 4분의 3 이상 및 토지면적의 4분
    의 3 이상의 토지소유자의 동의를 얻어 제1항 각 호의 사항을 첨부하여 시장·군수의 인가를 받아야
    한다. 인가받은 사항을 변경하고자 하는 때에도 또한 같다. (단서 생략)
제73조(정비사업전문관리업의 등록취소 등) ① 시·도지사는 정비사업전문관리업자가 다음 각 호의
    어느 하나에 해당하는 때에는 그 등록을 취소하거나 1년 이내의 기간을 정하여 업무의 전부 또는 일
    부의 정지를 명할 수 있다. (단서 생략)
  4. 제74조의 규정에 의한 보고·자료제출을 하지 아니하거나 허위로 한 때 또는 조사·검사를 거부
     ·방해 또는 기피한 때
제74조(정비사업전문관리업자에 대한 조사 등) ① 국토교통부장관은 정비사업전문관리업자에 대하여
    그 업무의 감독상 필요한 때에는 그 업무에 관한 사항을 보고하게 하거나 자료의 제출 그 밖의 필요
    한 명령을 할 수 있으며, 소속 공무원으로 하여금 영업소 등에 출입하여 장부·서류 등을 조사 또는
    검사하게 할 수 있다.
※ 제74조는 실정법규정의 내용과는 일부 다름.
제83조(권한의 위임 등) ① 국토교통부장관은 이 법의 규정에 의한 권한의 일부를 대통령령이 정하는
    바에 의하여 시·도지사 또는 시장·군수에게 위임할 수 있다.

○ 도시 및 주거환경정비법 시행령
제72조(권한의 위임 등) ① 법 제83조 제1항에 따라 국토교통부장관은 다음 각 호의 권한을 시·도지
    사에게 위임한다.
  3. 법 제74조의 규정에 의한 정비사업전문관리업자에 대한 명령·조사 및 검사

○ 정부조직법
제6조(권한의 위임 또는 위탁) ① 행정기관은 법령으로 정하는 바에 따라 그 소관사무의 일부를 보조
    기관 또는 하급행정기관에 위임하거나 다른 행정기관·지방자치단체 또는 그 기관에 위탁 또는 위임
    할 수 있다. 이 경우 위임 또는 위탁을 받은 기관은 특히 필요한 경우에는 법령으로 정하는 바에 따
    라 위임 또는 위탁을 받은 사무의 일부를 보조기관 또는 하급행정기관에 재위임할 수 있다.

○ **행정권한의 위임 및 위탁에 관한 규정**

제4조(재위임) 특별시장·광역시장·특별자치시장·도지사 또는 특별자치도지사(특별시·광역시·특별자치시·도 또는 특별자치도의 교육감을 포함한다. 이하 같다)나 시장·군수 또는 구청장(자치구의 구청장을 말한다. 이하 같다)은 행정의 능률향상과 주민의 편의를 위하여 필요하다고 인정될 때에는 수임사무의 일부를 그 위임기관의 장의 승인을 받아 규칙으로 정하는 바에 따라 시장·군수·구청장(교육장을 포함한다) 또는 읍·면·동장, 그 밖의 소속기관의 장에게 다시 위임할 수 있다.

[문 1]

Ⅰ. **논점**
  ○ 기본행위와 인가에 대한 쟁송
  ○ 조합설립인가의 법적 성질

Ⅱ. **인가**
  1. 인가의 개념
  2. 인가의 대상
  3. 인가의 효과

Ⅲ. **기본행위와 인가에 대한 쟁송방법**

Ⅳ. **조합설립인가의 법적 성질**
  ○ 학설 ① 인가 ② 특허
  ○ 판례: 설권적 처분

Ⅴ. **조합설립인가 후 조합설립결의를 다투는 방법**
  1. 조합설립인가를 인가로 보는 경우
    ○ 민사소송으로 조합설립결의를 다투어야 함
    ○ 과거 판례의 입장
  2. 조합설립인가를 특허로 보는 경우
    ○ 인가처분의 취소 또는 무효확인을 구하는 항고소송의 방법에 의하여야 함(대판 2009.10.15, 2009다30427)
  3. 결론: 타당하지 않음

[문 2 (1)]

Ⅰ. **논점**
  ○ 재판관할, 소의 변경, 관할법원으로의 이송

Ⅱ. **乙이 제기한 소송의 적법성: 부적법**

Ⅲ. **乙이 제기한 확인소송의 종류와 재판관할**
  ○ 당사자소송
  ○ 서울행정법원

Ⅵ. **소의 변경 및 관할법원으로의 이송**
  1. 항고소송으로의 소변경 가부: 불가
  2. 관할법원으로의 이송 가부
    ○ 서울행정법원으로의 이송결정

[문 2 (2)]

Ⅰ. **논점**
  ○ 乙이 제기한 소송의 종류와 소의 변경

Ⅱ. **乙이 제기한 소송의 종류**
  ○ 당사자소송

Ⅲ. **당사자소송의 적법성: 부적법**

Ⅵ. **소의 변경**
  ○ 행정소송법 제21조 제1항, 제42조
  ○ 행정소송법 제21조 제2항

[문 3]

Ⅰ. **논점**
  1. 자치사무와 기관위임사무의 구별
  2. 권한위임의 법적 근거
  3. 무효와 취소
  4. 위법한 조례에 근거한 처분의 효력

Ⅱ. **자치사무와 기관위임사무의 구별**
  1. 구별기준의 문제
  2. 학설
  3. 판례
  4. 사례의 경우: 기관위임사무

Ⅲ. **권한위임의 법적 근거**
  1. 법적 근거의 필요

2. 일반법적 근거
3. 권한위임규정이 없는 경우
　(1) 학설
　(2) 판례
4. 권한의 재위임
　○ 지방자치법 104 ④; 권한임탁규정 4
　○ 관련판례: 대판 1990.2.27., 89누5287
5. 사례의 경우: 위법·무효
Ⅵ. 무효와 취소의 구별
　○ 통설인 중대명백설

○ 하자의 중대성
○ 하자의 명백성
○ 그 밖의 학설
○ 대법원: 중대명백설 원칙
Ⅴ. 위법·무효인 조례에 근거한 처분의 효력
1. 문제의 소재
2. 대법원의 견해
3. 헌법재판소의 견해
4. 사례의 경우: 취소사유이므로 유효

[문 1]

Ⅰ. **논점:** 기본행위와 인가에 대한 쟁송, 조합설립인가의 법적 성질

Ⅱ. **인가**[41]

1. 인가의 개념

○ 타인의 법률행위를 보충하여 그 법률적 효력을 완성시켜 주는 행정행위

2. 인가의 대상

○ 인가의 대상은 타인의 행위로서, 허가와는 달리 반드시 법률행위이어야 함

3. 인가의 효과

○ 인가는 타인의 법률행위의 효력을 완성시켜주는 행위임. 즉 인가는 타인의 법률행위의 효력 발생요건임

Ⅲ. **기본행위와 인가에 대한 쟁송방법**[42]

○ 인가에 하자가 있다면 이에 대한 행정쟁송이 가능함. 그러나 기본행위에 하자가 있고 인가는 적법한 경우, 기본행위의 하자를 이유로 인가를 다툴 수 있는지 문제임
○ 이에 관하여는 ① 기본행위에만 하자가 있는 경우에는 기본행위의 하자가 민사판결로 확정

---

41) 강론, 186면 이하.
42) 강론, 188면 이하.

되기 이전에는 기본행위의 하자를 이유로 인가행위의 취소 또는 무효확인을 구할 법률상 이익이 없다는 견해(다수설·판례)와 ② 하자 있는 기본행위에 대하여 인가를 한 경우 행정청이 인가시 요구되는 필요한 검토를 하였는지 여부를 확인해 볼 협의의 소익이 있다는 견해(소수설)가 있는데, ③ 행정사건 담당법원이 민사사항에까지 심리하는 것이 어렵고 이를 허용하는 경우 민사법원과 행정법원간의 판결의 저촉이나 모순이 발생할 가능성도 있으므로 다수설이 타당함

○ 따라서 기본행위에 하자가 있고 인가는 적법한 경우에는 기본행위의 효력을 다툴 수 있는데, 이 경우 기본행위를 다투어야 하는 것이지, 기본행위에 하자가 있음을 이유로 인가를 다툴 수는 없음. 기본행위에 하자가 있음을 이유로 인가를 다투게 되면, (소송의 실익이 없으므로) 인가의 취소 또는 무효확인을 구할 협의의 소익이 부인됨

Ⅳ. 조합설립인가의 법적 성질[43)]

○ 이에 관해서는 학설상 ① 조합설립행위에 대한 보충적 행위로서 인가인지 ② 조합에 대한 행정주체로서의 지위 부여라는 점에서 특허인지 논란이 있음

○ 판례는 조합설립인가처분은 단순히 사인들의 '조합설립행위에 대한 보충행위의 성질을 갖는 것이 아니라', 도시정비법상 정비사업을 시행할 수 있는 권한을 갖는 행정주체(공법인)의 지위를 부여하는 일종의 설권적 처분의 성격을 갖는다(대판 2012.4.12, 2010다10986)고 하여 특허설의 입장을 취하는 듯함

Ⅴ. 조합설립인가 후 조합설립결의를 다투는 방법

1. 조합설립인가를 인가로 보는 경우

○ 조합설립결의에 하자가 존재하면 민사소송으로 조합설립결의를 다투어야지 인가처분을 항고소송으로 다툴 협의의 소익이 부인됨

○ 과거 판례의 입장이었음(대판 2000.9.5, 99두1854)

2. 조합설립인가를 특허로 보는 경우

○ 그러나 조합설립인가를 설권적 처분으로 보는 현재 판례의 입장에 따르면, 행정청을 상대로 조합설립 인가처분의 취소 또는 무효확인을 구하는 항고소송의 방법에 의하여야 함(대판 2009.10.15, 2009다30427)

---

43) 강론, 1411면.

3. 따라서 종로구청장의 주장은 타당하지 않음

[문 2 (1)]

Ⅰ. 논점: 재판관할, 소의 변경, 관할법원으로의 이송

Ⅱ. 乙이 제기한 소송의 적법성 여부

- 위에서 검토한 바와 같이, 조합설립인가는 설권적 처분이므로, 인가 후 조합설립결의를 다투려면 행정청을 상대로 조합설립 인가처분의 취소 또는 무효확인을 구하는 항고소송의 방법에 의하여야 하고, 이 경우 조합을 상대로 조합설립결의의 효력을 다투는 확인의 소는 확인의 이익이 없어 허용되지 않음(대판 2009.10.15, 2009다30427)
- 따라서 乙이 제기한 소송은 부적법함

Ⅲ. 乙이 제기한 확인소송의 종류와 재판관할

- 乙이 제기한 소는 공법상 법률관계에 관한 소송이므로 민사소송이 아니라 당사자소송으로 제기된 것으로 봄이 상당함(대판 2010.4.8, 2009다27636)
- 당사자소송의 재판관할은 피고의 소재지를 관할하는 행정법원으로 서울행정법원임(행정소송법, 제9조, 제40조)

Ⅵ. 소의 변경 및 관할법원으로의 이송[44]

1. 항고소송으로의 소변경 가부

- 수소법원이 변경될 소송에 관한 관할권도 동시에 가지고 있다면 수소법원은 원고로 하여금 소변경을 하도록 하여 심리·판단하여야 하는 것이 원칙임
- 그러나 수소법원인 서울중앙지방법원은 행정소송에 관한 관할권을 가지고 있지 않아 소변경은 불가함

2. 관할법원으로의 이송 가부

- 수소법원은 행정소송법 제8조 제2항, 민사소송법 제34조 제1항에 따라 관할법원인 서울행정법원으로의 이송결정을 할 수 있겠음(대판 2010.4.8, 2009다27636)

---

44) 강론, 820, 905면.

[문 2 (2)]

I. 논점: 乙이 제기한 소송의 종류(당사자소송)와 소의 변경

II. 乙이 제기한 소송의 종류

ㅇ 乙이 서울행정법원에 제기한 조합설립결의 무효확인을 구하는 소송은, 위에서 검토한 바와 같이, 공법상 법률관계에 관한 소송으로서 당사자소송으로 제기된 것으로 봄이 상당함(대판 2010.4.8, 2009다27636)

III. 당사자소송의 적법성

ㅇ 위에서 검토한 바와 같이, 조합설립인가는 설권적 처분이므로, 인가 후 조합설립결의를 다투려면 행정청을 상대로 조합설립 인가처분의 취소 또는 무효확인을 구하는 항고소송의 방법에 의하여야 하고, 이 경우 조합을 상대로 조합설립결의의 효력을 다투는 확인의 소는 확인의 이익이 없어 허용되지 않음(대판 2009.10.15, 2009다30427)

ㅇ 따라서 이 경우도 乙이 제기한 소송은 부적법함

VI. 소의 변경

ㅇ 이 경우 수소법원은 당사자소송을 취소소송 또는 무효등확인소송으로 변경하도록 석명할 수 있고, 乙의 신청에 따라 수소법원은 소의 변경을 허가할 수 있겠음(행정소송법 제21조 제1항, 제42조)

ㅇ 이 경우 수소법원은 새로이 피고로 될 자의 의견을 들어야 함(행정소송법 제21조 제2항)

ㅇ 취소소송으로 소변경을 할 경우에는 제소기간을 준수하여야 함

[문 3]

I. 논점

1. 자치사무와 기관위임사무의 구별
2. 권한위임의 법적 근거
3. 무효와 취소
4. 위법한 조례에 근거한 처분의 효력

II. 자치사무와 기관위임사무의 구별[45]

1. 구별기준의 문제

o 사례에서 정비사업전문관리업자에 대한 조사사무의 법적 성질이 문제임

o 지방자치법 제9조 제2항은 지방자치단체의 사무를 예시하고 있을 뿐, 개별적인 사무가 자치사무인지 기관위임사무인지를 판단할 수 있는 구체적인 기준을 정하고 있는 규정은 없음. 이에 따라 어떠한 기준에 의하여 자치사무와 기관위임사무를 구별할 것인지가 문제임

2. 학설

① 개별법령에서 사무권한의 주체를 국가기관의 장으로 규정하고 있으면 국가사무이고 별도의 권한위임규정에 의하여 이 사무가 지방자치단체의 장에게 위임되었으면 기관위임사무이며, 개별법령에서 사무권한의 주체를 지방자치단체의 장으로 규정하고 있는 경우에는 자치사무로 보아야 한다는 견해

② 개별법령에서 사무수행의 주체를 지방자치단체의 장으로 규정하고 있는 경우에도 개별법령의 취지와 내용을 판단하여 국가주도적으로 처리되어야 할 사무인 경우에는 기관위임사무, 지방자치단체가 자율적으로 처리할 수 있는 사무인 경우에는 자치사무로 보는 견해

3. 판례

o 대법원은 법령에서 사무권한의 주체를 지방자치단체의 장으로 규정하고 있는 경우에도 "법령상 지방자치단체의 장이 처리하도록 하고 있는 사무가 자치사무인지 아니면 기관위임사무인지를 판단하기 위해서는 그에 관한 법령의 규정 형식과 취지를 우선 고려하여야 하지만, 그 밖에 그 사무의 성질이 전국적으로 통일적인 처리가 요구되는 사무인지, 그에 관한 경비부담과 최종적인 책임귀속의 주체가 누구인지 등도 함께 고려하여야 한다(대판 2013.5.23, 2011추56)."는 입장임

4. 사례의 경우

o 국토해양부장관 권한을 도시정비법 제83조에 의하여 서울특별시장에게 위임하고 있으므로, 기관위임사무임

---

45) 강론, 1155면 이하.

Ⅲ. 권한위임의 법적 근거[46]

1. 법적 근거의 필요

○ 권한의 위임은 권한의 법적인 귀속을 변경하는 것이므로 법률의 위임을 허용하고 있는 경우에 한하여 인정됨(대판 1992.4.24, 91누5792). 따라서 권한의 위임이나 재위임에는 반드시 법적 근거가 필요함

2. 일반법적 근거

○ 권한의 위임에 관한 일반법적인 근거로는 정부조직법 제6조(권한의 위임 또는 위탁)와 이에 근거한 권한임탁규정(대통령령), 지방자치법 제102조(국가사무의 위임), 제104조(사무의 위임)가 있음

3. 권한위임규정이 없는 경우

○ 개별법에 권한위임에 관한 규정이 없는 경우에 위 일반법규정을 근거로 하여 권한을 위임할 수 있는가 하는 것이 문제임

(1) 학설

○ 이에 관하여는 ① 정부조직법 제6조 등은 권한의 위임가능성에 대한 일반적인 원칙만을 선언한 데 그치는 것으로 권한위임의 근거규정으로 볼 수 없다는 소극설, ② 이와 같은 일반적인 권한위임조항에 따라 중앙행정기관의 권한이 보다 수월하게 지방으로 이전될 수 있다는 장점이 있으므로 정부조직법 제6조 등은 권한위임의 근거규정으로 볼 수 있다는 적극설이 있음

(2) 판례

○ 정부조직법 제6조·권한임탁규정 등을 권한위임 및 재위임의 근거조항으로 보는 입장으로 적극설의 입장임(대판 1995.7.11, 94누4615 전원합의체)

○ 다만 이들 규정은 국가행정기관의 사무나 지방자치단체의 기관위임사무 등에 대한 권한위임의 근거규정이므로, 지방(교육)자치단체의 사무의 권한위임의 근거규정은 될 수 없음(대판 1997. 6.19, 95누8669 전원합의체)

○ 이 경우에는 지방자치 관련법률의 규정에 따라 조례에 의해서만 권한위임이 가능하다고 할 것임

---

46) 강론, 1035면 이하.

4. 권한의 재위임[47]

○ 지방자치법은 "지방자치단체의 장이 위임받거나 위탁받은 사무의 일부를 제1항부터 제3항까지의 규정에 따라 다시 위임하거나 위탁하려면 미리 그 사무를 위임하거나 위탁한 기관의 장의 승인을 받아야 한다(지자법 104 ④)."고 규정하고 있는데, 따라서 기관위임사무의 경우 지방자치단체의 장은 "수임사무의 일부를 그 위임기관의 장의 승인을 받아 규칙으로 정하는 바에 따라 시장·군수·구청장(교육장을 포함한다) 또는 읍·면·동장, 그 밖의 소속기관의 장에게 다시 위임할 수 있음(권한임탁규정 4)."

○ 관련판례: 대판 1990.2.27, 89누5287

5. 사례의 경우

○ 정비사업전문관리업자에 대한 조사사무는 기관위임사무로서 이를 재위임하려면 위임기관의 장의 승인을 받아 규칙으로 정하여야 함

○ 따라서 위 사례의 서울특별시의 권한위임조례는 위법·무효임

Ⅵ. 무효와 취소의 구별[48]

○ 통설인 중대명백설에 따르면, 행정행위의 하자가 중대한 법 위반이고 그것이 외관상 명백한 경우에는 무효이고, 이에 이르지 않는 경우에는 취소할 수 있는 데 그침(대판 2007.5.10, 2005다31828)

○ 하자의 중대성이란 당해 행정행위가 지닌 흠의 중대성을 의미하는 것으로서, 결국 법침해의 심각성을 말함. 중대성을 판단함에 있어서는 법령의 목적·성질·종류·기능, 기타 그 위반의 정도도 함께 고려되어야 함

○ 하자의 명백성은 일반인의 정상적인 인식능력을 기준으로 하여 객관적으로 판단되어야 함

○ 그 밖에도 중대설, 조사의무설, 명백성보충설, 구체적 가치형량설 등이 있음

○ 대법원: 원칙적으로 중대명백설 원칙, 소수견해는 명백성보충설을 취한 바도 있음(대판 1995.7.11, 94누4615 전원합의체)

---

47) 강론, 1037면 이하.
48) 강론, 242면 이하.

V. 위법·무효인 조례에 근거한 처분의 효력[49]

1. 문제의 소재

○ 행정처분 이후에 그 처분의 근거가 된 법령이 위헌 또는 위법으로 결정되는 경우 이 무효인
법령에 근거한 처분은 무효인지 취소할 수 있는 경우인지 문제임

2. 대법원의 견해

○ 대법원은 이 경우 그 하자는 중대한 것이지만, 위헌 또는 위법하다는 결정이 있기 전에는
객관적으로 명백하다고 보기 어려우므로 취소사유에 그치는 것으로 보고 있음(대판 2007.6.14,
2004두619)

3. 헌법재판소의 견해

○ 헌법재판소도 기본적으로는 처분의 근거가 된 법률이 처분 이후에 위헌으로 선고되었다 하
더라도 이는 이미 집행된 처분의 취소사유일 뿐 당연무효는 아니라고 보고 있음(헌재결 2010.
12.28, 2009헌바429). 다만 행정처분이 근거 법률의 위헌의 정도가 심각하여 그 하자가 중대하
다고 인정되는 경우, 그리고 그 때문에 국민의 기본권 구제의 필요성이 큰 반면에 법적 안정
성의 요구는 비교적 적은 경우에는 예외적으로 당연무효사유가 될 수 있다고 보고 있음(헌재
결 1994.6.30, 92헌바23)

Ⅵ. 사례의 경우

○ 위 서울특별시의 권한위임조례는 위법·무효이므로, 종로구청장은 조사권한이 없음
○ 따라서 丙이 종로구청장의 조사를 거부한 행위는 등록취소처분의 요건인 "조사를 거부한
때"에 해당하지 않아, 서울특별시장의 등록취소처분은 위법함
○ 위법·무효인 조례에 근거한 처분의 하자를 취소사유로 보는 대법원판례에 비추어 보면, 등
록취소처분의 위법사유는 취소사유로 봄이 타당함
○ 관련판례: "조례 제정권의 범위를 벗어나 국가사무를 대상으로 한 무효인 권한위임조례의
규정에 근거한 처분은 결과적으로 적법한 위임 없이 권한 없는 자에 의하여 행하여진 것과
마찬가지가 되어 그 하자가 중대하나, 지방자치단체의 사무에 관한 조례와 규칙은 조례가
보다 상위규범이라고 할 수 있고, 또한 헌법 제107조 제2항의 규칙에는 지방자치단체의 조례
와 규칙이 모두 포함되는 등 이른바 규칙의 개념이 경우에 따라 상이하게 해석되는 점 등에

---

49) 강론, 250면 이하.

비추어 보면 위 처분의 위임 과정의 하자가 객관적으로 명백한 것이라고 할 수 없으므로 이로 인한 하자는 결국 당연무효사유는 아니라고 봄이 상당하다(대판 1995.7.11, 94누4615)."

○ 따라서 당해 처분은 권한 있는 기관에 의하여 취소되기 전까지는 유효함

2018년 제3차 변호사시험 모의시험 제1문

2013.9.7. 결혼식을 한 동성(同性) 커플인 甲과 乙은 같은 해 12.10. A시 B구청에 혼인신고서를 접수하였으나, 수리가 거부되었다. B구청장은 "우리나라에서 동성 간의 혼인은 민법상 보호되지 않기 때문에 이들의 혼인신고를 받아들이지 않기로 했다."라며 수리거부사유를 밝혔다. 甲과 乙은 "헌법과 민법 어디에도 동성끼리는 결혼할 수 없다는 조항이 없다. 국가가 남녀 간의 혼인이 아니라는 이유로 혼인신고를 거부하는 것은 위헌·위법이다."라고 주장하면서, 그 지역을 관할하는 A가정법원에 불복신청을 제기하였다.

A가정법원은 2016.5.25. "헌법과 민법 등 관련법에서 명문으로 혼인이 남녀 간의 결합이라고 규정하지는 않았지만 구체적으로 성(性) 구별적인 용어(남편과 아내, 父母등)를 사용해 혼인이 남녀 간의 결합이라는 점을 당연한 전제로 놓고 있으며, 대법원도 민법상 혼인의 개념을 남녀 간의 결합으로 해석하고 있다."라는 이유로 甲과 乙의 불복신청을 각하하였다. 甲과 乙은 이에 불복하여 항고하였다. 항고심 계속중 甲과 乙은 민법 제807조, 가족관계의 등록 등에 관한 법률(이하 '가족관계등록법'이라 한다) 제71조 중 "혼인"을 남녀 간의 결합으로 해석하는 한 위헌이라고 주장하면서 위헌제청신청을 하였으나, 항고심법원은 2017.4.3. 이를 기각하였다. 이에 甲과 乙은 2017.4.6. 기각결정을 송달받고, 헌법소원심판을 청구하기 위하여 2017.5.8. 헌법재판소에 국선대리인 선임신청을 하였다. 헌법재판소는 2017.5.16. 변호사 丙을 국선대리인으로 선정하는 결정을 하였고, 丙은 위 법률조항들에 대한 헌법소원심판청구서를 2017.5.30. 헌법재판소에 제출하였다.

4. 甲과 乙은 함께 거주할 목적으로 A시 B구 소재 공동 명의의 신혼집을 마련하여 2013.9.10. 구청장에게 주민등록 전입신고를 하였다. 그러나 담당 공무원은 유명 연예인 동성커플인 甲과 乙이 B구에 전입하는 경우 사회적 논란을 일으키는 등 지역사회에 부정적인 영향을 가져온다는 이유로 전입신고의 수리를 거부하였다. 이에 甲과 乙은 2013.9.17. 전입신고거부를 다투는 취소소송을 서울행정법원에 제기하였다.
   가. 위 주민등록전입신고의 법적 성질은? (10점)
   나. 위 취소소송에서 甲과 乙은 승소할 수 있는가? (10점)

[참조 조문]
■ 주민등록법
제1조(목적) 이 법은 시(특별시·광역시는 제외하고, 특별자치도는 포함한다. 이하 같다)·군 또는 구(자치구를 말한다. 이하 같다)의 주민을 등록하게 함으로써 주민의 거주관계 등 인구의 동태(動態)를 항상 명확하게 파악하여 주민생활의 편익을 증진시키고 행정사무를 적정하게 처리하도록 하는 것을 목적으로 한다.

제6조(대상자) ① 시장·군수 또는 구청장은 30일 이상 거주할 목적으로 그 관할 구역에 주소나 거소(이하 "거주지"라 한다)를 가진 다음 각 호의 사람(이하 "주민"이라 한다)을 이 법의 규정에 따라 등록하여야 한다. 다만, 외국인은 예외로 한다.

1. 거주자: 거주지가 분명한 사람(제3호의 재외국민은 제외한다)
2. 거주불명자: 제20조제6항에 따라 거주불명으로 등록된 사람
3. 재외국민:「재외동포의 출입국과 법적 지위에 관한 법률」제2조제1호에 따른 국민으로서「해외이주법」제12조에 따른 영주귀국의 신고를 하지 아니한 사람 중 다음 각 목의 어느 하나의 경우
   가. 주민등록이 말소되었던 사람이 귀국 후 재등록 신고를 하는 경우
   나. 주민등록이 없었던 사람이 귀국 후 최초로 주민등록 신고를 하는 경우

② (생략)

제8조(등록의 신고주의 원칙) 주민의 등록 또는 그 등록사항의 정정, 말소 또는 거주불명 등록은 주민의 신고에 따라 한다. 다만, 이 법에 특별한 규정이 있으면 예외로 한다.

제10조(신고사항) ① 주민(재외국민은 제외한다) 다음 각 호의 사항을 해당 거주자를 관할하는 시장·군수 또는 구청장에게 신고하여야 한다. (각 호 생략)

② 누구든지 제1항의 신고를 이중으로 할 수 없다.

제14조의2(다른 법령에 의한 신고와의 관계) 주민의 거주지이동에 따른 주민등록의 전입신고가 있는 때에는「병역법」·「민방위기본법」·「인감증명법」·「국민기초생활 보장법」·「국민건강보험법」 및「장애인복지법」에 의한 거주지이동의 전출신고와 전입신고를 한 것으로 본다.

제17조의2(사실조사와 직권조치) ① 시장·군수 또는 구청장은 신고의무자가 이 법에 규정된 기간내에 제10조에 규정된 사항을 신고하지 아니한 때와 부실하게 신고하거나 신고된 내용이 사실과 다르다고 인정할만한 상당한 이유가 있는 때에는 그 사실을 조사할 수 있다.

② 시장·군수 또는 구청장은 제1항의 규정에 의한 사실조사등을 통하여 신고의무자가 신고할 사항을 신고하지 아니하였거나 신고된 내용이 사실과 다른 것을 확인한 때에는 일정한 기간을 정하여 신고의무자에게 사실대로 신고할 것을 최고하여야 한다. 제13조의3제2항의 규정에 의한 통보를 받은 때에도 또한 같다.

③ 시장·군수 또는 구청장은 신고의무자에게 최고를 할 수 없는 때에는 대통령령이 정하는 바에 의하여 일정한 기간을 정하여 신고할 것을 공고하여야 한다.

④ 제2항 또는 제3항의 최고나 공고를 함에 있어서는 정하여진 기간내에 신고를 하지 아니한 경우 시장·군수 또는 구청장이 주민등록을 하거나 등록사항을 정정 또는 말소할 수 있다는 내용이 포함되어야 한다.

⑤ 신고의무자가 제2항 또는 제3항의 규정에 의하여 정하여진 기간내에 신고를 하지 아니한 때에는 시장·군수 또는 구청장은 제1항의 규정에 의한 사실조사, 공부상의 근거 또는 통·이장의 확인에 의하여 주민등록을 하거나 등록사항을 정정 또는 말소하여야 한다.

⑥ 시장·군수 또는 구청장이 제5항의 규정에 의하여 공부상의 근거 또는 통·이장의 확인의 방법으로 직권조치를 한 때에는 14일 이내에 그 사실을 신고의무자에게 통지하고, 통지할 수 없는 때에는 대통령령이 정하는 바에 의하여 공고하여야 한다.

⑦ 관계공무원은 제1항의 규정에 의한 조사를 함에 있어서 그 권한을 증명하는 증표를 관계인에게 내보여야 한다.

제17조의7(주민등록자의 지위등) ① 다른 법률에 특별한 규정이 없는 한 이 법에 의한 주민등록지를 공법관계에 있어서의 주소로 한다.

[문 4 (가)]

Ⅰ. **논점**
　○ 수리를 요하지 않는 신고와 수리를 요하는 신고

Ⅱ. **사인의 공법행위로서의 신고**
　1. 신고의 개념
　2. 신고의 종류
　　(1) 자기완결적 공법행위로서의 신고 (수리를 요하지 않는 신고)
　　　1) 의의
　　　2) 법적 성질
　　(2) 행위요건적 공법행위로서의 신고 (수리를 요하는 신고)
　　　1) 의의
　　　2) 법적 성질
　　　3) 판례
　　　　○ 법률의 규정취지
　　　　○ 구체적인 권리의무에 영향을 미치는지

Ⅲ. **사례의 경우**
　○ 수리를 요하는 신고임
　○ 판례(대판 2009.6.18, 2008두10997 전원합의체)

[문 4 (나)]

Ⅰ. **논점**
　① 수리거부의 처분성, ② 수리의 법적 성질(기속행위인지 여부)

Ⅱ. **수리거부의 처분성**
　1. 자기완결적 공법행위로서의 신고(수리를 요하지 않는 신고)의 경우: 원칙적으로 처분성 부인
　2. 행위요건적 공법행위로서의 신고(수리를 요하는 신고)의 경우: 처분성 인정
　3. 사례의 경우: 처분임

Ⅲ. **수리의 법적 성질**
　1. 기속행위
　2. 예외
　　○ 중대한 공익상의 필요

Ⅳ. **사례의 경우**
　○ 기속행위(대판 2009.6.18, 2008두10997 전원합의체)
　○ 甲과 乙은 승소할 수 있음

[문 4 (가)]

Ⅰ. **논점:** 수리를 요하지 않는 신고와 수리를 요하는 신고[50]

---

50) 강론, 121면 이하.

Ⅱ. 사인의 공법행위로서의 신고

1. 신고의 개념

○ 사인이 행정청에 대하여 일정한 사실을 알림으로써 공법적 효과가 발생하는 행위

2. 신고의 종류

(1) 자기완결적 공법행위로서의 신고(수리를 요하지 않는 신고)

1) 의의

○ 행정청에 대한 사인의 일방적인 통고행위로서 신고가 행정청에 제출되어 접수된 때에 관계 법에서 정하는 법적 효과가 발생하고 행정청의 별도의 수리행위가 필요하지 않은 신고

2) 법적 성질

○ 행정청에 대하여 일정 사항을 통지함으로써 의무가 끝나는 신고로서 신고 그 자체로 법적 효과를 발생시킴

(2) 행위요건적 공법행위로서의 신고(수리를 요하는 신고)

1) 의의

○ 행정청이 수리함으로써 신고의 법적 효과가 발생하는 신고. 따라서 이 경우 수리 또는 수리 거부는 법적인 행위가 됨

2) 법적 성질

○ 일반적으로 수리를 요하는 신고에서 수리는 준법률행위적 행정행위의 하나로서 행정쟁송법 상의 처분에 해당한다고 설명됨

3) 판례

○ 대법원은 법률의 규정취지가 행정청으로 하여금 수리를 하도록 요구하고 있는 경우를 '수리 를 요하는 신고'로 구분하고 있음(예: 수산업법상 어업신고, 납골당설치 신고)

○ 나아가 대법원은 신고에 관한 규정이 구체적인 권리의무에 직접적인 영향을 미치는 경우에 는 신고에 대한 행정청의 별도의 수리행위가 있어야 한다고 판시하고 있음(예: 건축주명의변경신 고, 영업자지위승계신고)

Ⅲ. 사례의 경우

○ 주민등록법 규정들을 살펴보면, 주민등록관계는 공법관계이고, 행정청에게 등록의무가 있으 며, 이 법에 의한 신고로 타법상 신고가 의제되고, 이중신고가 금지되며, 행정청은 이를 조사 할 수 있는데, 이오 같은 법률의 규정취지상 행정청에게 전입신고에 대한 수리 여부에 대한 권한이 부여되어 있다고 보아야 할 것임

○ 따라서 수리를 요하는 신고임
○ 판례51)

"주민등록법에 의하면, 주민등록지는 각종의 공법관계에서 주소로 되고(제17조의7 제1항), 주민
등록전입신고를 한 때에는 병역법, 민방위기본법, 인감증명법, 국민기초생활 보장법, 국민건
강보험법 및 장애인복지법에 의한 거주지 이동의 전출신고와 전입신고를 한 것으로 간주되
어(제14조의2) 주민등록지는 공법관계뿐만 아니라 주민의 일상생활에도 중요한 영향을 미치므
로, 이는 전입신고자의 실제 거주지와 일치되어야 할 필요성이 있다. 뿐만 아니라, 주민등록
은 이중등록이 금지되는 점(제10조 제2항)과 아울러 시장·군수 또는 구청장은 전입신고 후라도
허위 신고 여부를 조사하여 사실과 다른 것을 확인한 때에는 일정한 절차를 거쳐 주민등록을
정정 또는 말소하는 권한을 가지고 있는 점(제17조의2) 등을 종합하여 보면, 시장 등은 주민등
록전입신고의 수리 여부를 심사할 수 있는 권한이 있다고 봄이 상당하다(대판 2009.6.18, 2008두
10997 전원합의체)."

[문 4 (나)]

Ⅰ. 논점: ① 수리거부의 처분성, ② 수리의 법적 성질(기속행위인지 여부)

Ⅱ. 수리거부의 처분성52)

1. 자기완결적 공법행위로서의 신고(수리를 요하지 않는 신고)의 경우

○ 행정청의 수리처분이 개입할 여지가 없고, 이에 따라 수리가 존재할 이유가 없으므로 행정청
이 사인의 신고를 받아주더라도 이 행위는 단지 사실행위에 불과함
○ 행정청의 수리거부행위가 있다 하더라도 이 또한 마찬가지로 사실상의 행위에 불과함

2. 행위요건적 공법행위로서의 신고(수리를 요하는 신고)의 경우

○ 여기에서 신고의 수리는 준법률행위적 행정행위의 하나로서 행정쟁송법상의 처분에 해당한
다고 설명됨. 따라서 수리의 거부도 처분임

3. 사례의 경우

○ 주민등록전입신고는 수리를 요하는 신고이므로, 신고의 거부는 항고소송의 대상이 되는 처분임

---

51) 강론, 122면 판례1.
52) 강론, 117면 이하.

Ⅲ. 수리의 법적 성질[53)

1. 기속행위

○ 수리를 요하는 건축신고도 그 성질상 건축허가와 다르지 않으므로, 그 법적 성질은 기속행위임

○ 판례도 마찬가지임(대판 1997.8.29, 96누6646)

2. 예외

○ 건축허가에서와 마찬가지로, 판례는 중대한 공익상의 필요가 있는 경우에는 수리를 거부할 수 있다고 하고 있음

○ 관련 판례

"주유소등록신청을 받은 행정청은 주유소설치등록신청이 석유사업법, 같은법시행령, 혹은 위 시행령의 위임을 받은 시·지사의 고시 등 관계 법규에 정하는 제한에 배치되지 않고, 그 신청이 법정등록 요건에 합치되는 경우에는 특별한 사정이 없는 한 이를 수리하여야 하고, 관계 법령에서 정하는 제한사유 이외의 사유를 들어 등록을 거부할 수는 없는 것이나, 심사결과 관계 법령상의 제한 이외의 중대한 공익상 필요가 있는 경우에는 그 수리를 거부할 수 있다(대판 1998.9.25, 98두7503)."

Ⅳ. 사례의 경우

○ 주민등록전입신고의 수리는 기속행위임. 따라서 행정청은 중대한 공익상의 필요가 있는 경우를 제외하고는 주민등록법상 전입신고요건, 즉 전입신고자가 30일 이상 생활의 근거로서 거주할 목적으로 거주지를 옮기는지 여부만을 심사할 수 있을 뿐, 그 외의 다른 사유를 들어 수리를 거부할 수는 없음

○ 따라서 구청장의 수리거부처분은 위법하므로, 甲과 乙은 승소할 수 있음

○ 판례

"주민들의 거주지 이동에 따른 주민등록전입신고에 대하여 행정청이 이를 심사하여 그 수리를 거부할 수는 있다고 하더라도, 그러한 행위는 자칫 헌법상 보장된 국민의 거주·이전의 자유를 침해하는 결과를 가져올 수도 있으므로, 시장·군수 또는 구청장의 주민등록전입신고 수리 여부에 대한 심사는 주민등록법의 입법 목적의 범위 내에서 제한적으로 이루어져야 한다. 한편, 주민등록법의 입법 목적에 관한 제1조 및 주민등록 대상자에 관한 제6조의 규정을 고려해 보면, 전입신고를 받은 시장·군수 또는 구청장의 심사 대상은 전입신고자가 30일 이

---

53) 강론, 122면 이하.

상 생활의 근거로 거주할 목적으로 거주지를 옮기는지 여부만으로 제한된다고 보아야 한다. 따라서 전입신고자가 거주의 목적 이외에 다른 이해관계에 관한 의도를 가지고 있는지 여부, 무허가 건축물의 관리, 전입신고를 수리함으로써 당해 지방자치단체에 미치는 영향 등과 같은 사유는 주민등록법이 아닌 다른 법률에 의하여 규율되어야 하고, 주민등록전입신고의 수리 여부를 심사하는 단계에서는 고려 대상이 될 수 없다(대판 2009.6.18, 2008두10997 전원합의체)."

2018년 제3차 변호사시험 모의시험 제2문

외국인 甲은 단기방문을 목적으로 대한민국에 체류하던 중 乙회사에서 기술 분야에 종사하고자 출입국관리법 제24조 제1항 및 동법 시행령 제12조에 따라 관할 행정청 A에게 단기방문(C-3)에서 기업투자(D-8)로 체류자격 변경허가를 신청하였다. 이에 A는 "乙회사는 외국인이 투자하기 직전에 대한민국 법인 내지 대한민국 국민이 경영하는 기업이 아니어서 외국인투자 촉진법 에 따른 '외국인투자기업'에 해당하지 아니한다."는 것을 이유로 甲의 체류자격 변경신청에 대해 거부처분(이하 '제1차 거부처분'이라 함)을 하였다.

1. 체류자격 변경허가의 법적 성질은? (10점)
2. 甲이 A를 상대로 제1차 거부처분에 대한 취소심판을 제기하면서 동시에 체류자격에 관한 임시처분을 행정심판위원회에 신청한 경우, 행정심판위원회는 임시처분을 결정할 수 있는가? (20점)
3. 甲은 A를 상대로 제1차 거부처분에 대한 취소소송을 제기하면서, "거부처분에 앞서 A가 행정절차법 상의 의견청취절차 관련 사항 등을 미리 알려주지 않았으므로 제1차 거부처분은 위법하다."고 주장한다. 이에 대해 A는 "이 처분에 대하여는 ① 행정절차법 이 적용되지 않고, ② 설령 행정절차법 이 적용된다고 하더라도 사전통지가 필요 없다."고 주장한다. A의 주장은 타당한가? (30점)
4. 甲이 제기한 제1차 거부처분 취소소송에서 인용판결이 확정된 이후, A는 "乙회사는 관계법령상 외국인이 주식 또는 출자지분의 일부 또는 전부를 소유해야 함에도 불구하고 판결 확정 후 소유관계의 변동으로 인하여 현재는 그렇지 아니하다."는 사유를 들어 甲의 기존 신청에 대해 다시 거부처분(이하 '제2차 거부처분'이라 함)을 하였다. 제2차 거부처분은 적법한가? (단, A가 제시한 사실은 모두 인정되는 것으로 가정한다) (20점)

[참조조문]
▣ 출입국관리법

제1조(목적) 이 법은 대한민국에 입국하거나 대한민국에서 출국하는 모든 국민 및 외국인의 출입국관리를 통한 안전한 국경관리와 대한민국에 체류하는 외국인의 체류관리 및 난민(難民)의 인정절차 등에 관한 사항을 규정함을 목적으로 한다.

제10조(체류자격) ① 입국하려는 외국인은 대통령령으로 정하는 체류자격을 가져야 한다.

② 1회에 부여할 수 있는 체류자격별 체류기간의 상한은 법무부령으로 정한다.

제20조(체류자격 외 활동) 대한민국에 체류하는 외국인이 그 체류자격에 해당하는 활동과 함께 다른 체류자격에 해당하는 활동을 하려면 미리 법무부장관의 체류자격 외 활동허가를 받아야 한다.

제23조(체류자격 부여) 대한민국에서 출생하여 제10조에 따른 체류자격을 가지지 못하고 체류하게 되는 외국인은 그가 출생한 날부터 90일 이내에, 대한민국에서 체류 중 대한민국의 국적을 상실하거나 이탈하는 등 그 밖의 사유로 제10조에 따른 체류자격을 가지지 못하고 체류하게 되는 외국인은 그

사유가 발생한 날부터 30일 이내에 대통령령으로 정하는 바에 따라 체류자격을 받아야 한다.

제24조(체류자격 변경허가) ① 대한민국에 체류하는 외국인이 그 체류자격과 다른 체류자격에 해당하는 활동을 하려면 미리 법무부장관의 체류자격 변경허가를 받아야 한다.

제25조(체류기간 연장허가) 외국인이 체류기간을 초과하여 계속 체류하려면 대통령령으로 정하는 바에 따라 체류기간이 끝나기 전에 법무부장관의 체류기간 연장허가를 받아야 한다.

제46조(강제퇴거의 대상자) ① 지방출입국·외국인관서의 장은 이 장에 규정된 절차에 따라 다음 각 호의 어느 하나에 해당하는 외국인을 대한민국 밖으로 강제퇴거시킬 수 있다.

8. 제17조제1항·제2항, 제18조, 제20조, 제23조, 제24조 또는 제25조를 위반한 사람

제68조(출국명령) ① 지방출입국·외국인관서의 장은 다음 각 호의 어느 하나에 해당하는 외국인에게는 출국명령을 할 수 있다. <개정 2014. 3. 18.>

1. 제46조제1항 각 호의 어느 하나에 해당한다고 인정되나 자기비용으로 자진하여 출국하려는 사람

■ **출입국관리법 시행령**

제12조(체류자격의 구분) 법 제10조제1항에 따른 외국인의 체류자격은 별표 1과 같다.

[별표1]

외국인의 체류자격(제12조관련)

체류자격 (기호)	체류자격에 해당하는 사람 또는 활동범위
...	...
8. 단기방문(C-3)	시장조사, 업무 연락, 상담, 계약 등의 상용활동과 관광, 통과, 요양, 친지 방문, 친선경기, 각종 행사나 회의 참가 또는 참관, 문화예술, 일반연수, 강습, 종교의식 참석, 학술자료 수집, 그 밖에 이와 유사한 목적으로 90일을 넘지 않는 기간 동안 체류하려는 사람(영리를 목적으로 하는 사람은 제외한다)
...	...
17. 기업투자(D-8)	가. 외국인투자 촉진법에 따른 외국인투자기업의 경영·관리 또는 생산·기술 분야에 종사하려는 필수 전문인력(국내에서 채용하는 사람은 제외한다) (이하 생략)

■ **외국인투자 촉진법**

제1조(목적) 이 법은 외국인투자를 지원하고 외국인투자에 편의를 제공하여 외국인투자 유치를 촉진함으로써 국민경제의 건전한 발전에 이바지함을 목적으로 한다.

제2조(정의) ① 이 법에서 사용하는 용어의 뜻은 다음과 같다.

1. "외국인"이란 외국의 국적을 가지고 있는 개인, 외국의 법률에 따라 설립된 법인(이하 "외국법인"이라 한다) 및 대통령령으로 정하는 국제경제협력기구를 말한다.

2. "대한민국국민"이란 대한민국의 국적을 가지고 있는 개인을 말한다.

3. "대한민국법인"이란 대한민국의 법률에 따라 설립된 법인을 말한다.

4. "외국인투자"란 다음 각 목의 어느 하나에 해당하는 것을 말한다.

가. 외국인이 이 법에 따라 대한민국법인(설립 중인 법인을 포함한다. 이하 1)에서 같다) 또는 대한민국국민이 경영하는 기업의 경영활동에 참여하는 등 그 법인 또는 기업과 지속적인 경제관계를 수립할 목적으로 대통령령으로 정하는 바에 따라 그 법인이나 기업의 주식 또는 지분(이하 "주식등"이라 한다)을 다음 어느 하나의 방법에 따라 소유하는 것
    1) 대한민국법인 또는 대한민국국민이 경영하는 기업이 새로 발행하는 주식등을 취득하는 것
    2) 대한민국법인 또는 대한민국국민이 경영하는 기업이 이미 발행한 주식 또는 지분(이하 "기존 주식등"이라 한다)을 취득하는 것
5. "외국투자가"란 이 법에 따라 주식등을 소유하고 있거나 출연을 한 외국인을 말한다.
6. "외국인투자기업이나 출연을 한 비영리법인"이란 외국투자가가 출자한 기업이나 출연을 한 비영리법인을 말한다.

(이하 생략)

[문 1]

Ⅰ. 논점
  ○ 체류자격 변경허가가 재량행위인지 여부

Ⅱ. 기속행위와 재량행위의 구별기준
  ○ 요건재량설, 효과재량설, 판단여지설 등
  ○ 사안마다 개별적으로 판단
  ○ 판례

Ⅲ. 사례의 경우: 재량행위

[문 2]

Ⅰ. 논점
  ① 임시처분의 요건
  ② 거부처분에 대한 집행정지의 가부

Ⅱ. 임시처분
  1. 의의와 요건
    ○ 행심법 31 ①
    ○ 행심법 31 ②
  2. 임시처분의 보충성
    ○ 행심법 31 ③
  3. 사례의 경우
    ○ '거부처분에 대하여 집행정지가 가능한지 검토 필요

Ⅲ. 거부처분에 대한 집행정지 허용 여부
  1. 학설
    (1) 긍정설

    (2) 부정설
    (3) 제한적 긍정설
  2. 판례: 부정설
  3. 결어: 제한적 긍정설 타당
  4. 사례의 경우(소극)

Ⅳ. 사례의 경우: 임시처분 가능

[문 3]

Ⅰ. 논점
  ① 행정절차법의 적용대상 여부
  ② 거부처분에 대한 사전통지 여부

Ⅱ. 행정절차법의 적용범위
  ○ 행정절차에 관한 일반법
  ○ 행정절차법 3 ② 9호: 외국인의 출입국
  ○ 판례: 이에 해당되더라도 성질상 행정절차를 거치기 곤란하거나 불필요하다고 인정되는 처분이나 행정절차에 준하는 절차를 거치도록 하고 있는 처분의 경우에만 행정절차법의 적용이 배제

Ⅲ. 불이익처분절차
  1. 불이익처분의 개념(행정절차법 21)
  2. 수익적 행정행위의 거부처분도 불이익처분에 해당하는지 여부
    ① 긍정설
    ② 부정설(다수설)
    ③ 판례: 부정설

④ 결어: 다수설 및 판례가 타당

3. 처분의 사전통지

    ◦ 행정절차법 21 ①

Ⅳ. 사례의 경우

◦ 체류자격 변경허가: 행정절차법 3 ② 9호: 외국인의 출입국 '외국인의 출입국에 관한 사항'에는 해당

◦ 그러나, 다수설 및 판례에 따르면, 행정절차법상 거부처분은 사전통지에 대상이 되는 불이익처분에 해당하지 않아 행정절차법이 적용되지 않음

◦ A의 주장은 타당

[문 4]

Ⅰ. 논점: 취소판결의 기속력

Ⅱ. 기속력

1. 의의 및 성질
2. 내용
   (1) 반복금지효
   (2) 재처분의무
     1) 의의
     2) 거부처분의 취소판결에 따른 재처분의무
     3) 절차의 하자를 이유로 한 취소판결에 따른 재처분의무
   (3) 결과제거의무

3. 효력범위
   (1) 주관적 범위
   (2) 객관적 범위
     1) 절차 또는 형식에 위법이 있는 경우
     2) 내용에 위법이 있는 경우
   (3) 시간적 범위

Ⅲ. 사례의 경우

◦ 처분 이후에 생긴 사유이므로 시간적 범위준수. 따라서 적법

[문 1]

Ⅰ. 논점: 체류자격 변경허가가 재량행위인지 여부

Ⅱ. 기속행위와 재량행위의 구별기준[54]

◦ 구별기준에 관하여 요건재량설, 효과재량설, 판단여지설 등이 있음

◦ 구체적으로는 근거법규범의 규정방식, 입법취지·목적, 행위의 특성·성질, 공익이나 기본권과의 관련성 등을 종합적으로 고려하여 구체적인 사안마다 개별적으로 판단하여야 함

◦ 판례: 법규의 체재·형식과 그 문언, 당해 행위가 속하는 행정 분야의 주된 목적과 특성, 당해 행위 자체의 개별적 성질과 유형 등 고려

Ⅲ. 사례의 경우

◦ 출입국관리법의 규정들을 보면, 외국인의 체류자격 변경허가는 '체류할 수 있는 권리'를 설정

---

54) 강론, 162면 이하.

해 주는 처분이므로, 특허로서 재량행위임

o 판례: 출입국관리법상 체류자격 변경허가의 법적 성질(=재량행위)

"출입국관리법 제10조, 제24조 제1항, 구 출입국관리법 시행령 제12조 [별표 1] 제8호, 제26호 (가)목, (라)목, 출입국관리법 시행규칙 제18조의2 [별표 1]의 문언, 내용 및 형식, 체계 등에 비추어 보면, 체류자격 변경허가는 신청인에게 당초의 체류자격과 다른 체류자격에 해당하는 활동을 할 수 있는 권한을 부여하는 일종의 설권적 처분의 성격을 가지므로, 허가권자는 신청인이 관계 법령에서 정한 요건을 충족하였더라도, 신청인의 적격성, 체류 목적, 공익상의 영향 등을 참작하여 허가 여부를 결정할 수 있는 재량을 가진다. 다만 재량을 행사할 때 판단의 기초가 된 사실인정에 중대한 오류가 있는 경우 또는 비례·평등의 원칙을 위반하거나 사회통념상 현저하게 타당성을 잃는 등의 사유가 있다면 이는 재량권의 일탈·남용으로서 위법하다(대판 2016.7.14., 2015두48846[체류기간연장등불허가처분취소])."

"출입국관리법 제24조 제1항, 출입국관리법 시행령 제12조 [별표 1] 제17호 기업투자(D-8) (가)목의 규정형식, 체제 및 문언에 비추어 볼 때, 체류자격 변경허가는 신청인에게 당초의 체류자격과 다른 체류자격에 해당하는 활동을 할 수 있는 권한을 부여하는 설권적 처분으로서, 허가권자에게는 신청인의 적격성, 체류의 목적, 공익상의 영향 등을 참작하여 허가 여부를 결정할 재량이 있다. 다만 이러한 재량을 행사하는 경우 체류자격 변경허가 여부의 기초가 되는 사실을 오인하였거나, 비례·평등의 원칙에 위배되는 등의 사유가 있다면 이는 재량권의 일탈·남용으로서 위법하다(대구지법 2012.11.21. 선고 2012구합29 판결[체류자격변경불허처분취소])."

[문 2]

Ⅰ. 논점: ① 임시처분의 요건, ② 거부처분에 대한 집행정지의 가부

Ⅱ. 임시처분[55]

1. 의의와 요건

o 처분 또는 부작위가 위법·부당하다고 상당히 의심되는 경우로서 처분 또는 부작위 때문에 당사자가 받을 우려가 있는 중대한 불이익이나 당사자에게 생길 급박한 위험을 막기 위하여 임시지위를 정해주는 가구제 수단(행심법 31 ①)

o 임시처분에 관하여는 집행정지에 관한 제30조 제3항부터 제7항까지의 규정이 준용되므로(행심법 31 ②), 임시처분이 공공복리에 중대한 영향을 미칠 우려가 있을 때에는 허용되지 아니함

---

55) 강론, 777면 이하.

2. 임시처분의 보충성

○ 임시처분은 제30조 제2항에 따른 집행정지로 목적을 달성할 수 있는 경우에는 허용되지 아니함(행심법 31 ③)

3. 사례의 경우

○ 사례는 거부처분이 문제되는 경우로서 임시처분의 요건이 구비되었다 하더라도 '집행정지로 목적을 달성할 수 있는지'와 관련하여 '거부처분에 대하여 집행정지가 가능한지 여부를 검토해 보아야 함

Ⅲ. 거부처분에 대한 집행정지 허용 여부(행정소송과 관련된 논의)[56)

1. 학설

(1) 긍정설

○ 집행정지결정에 기속력이 있으므로 거부처분에 대한 집행정지결정에 따라 행정청의 재처분의무가 발생한다고 볼 수 있으므로 거부처분에 대한 집행정지의 이익이 있다는 견해

(2) 부정설

○ 거부처분의 집행을 정지하더라도 거부처분이 없었던 것과 같은 상태로 되돌아가는 데에 불과하고, 행정청에게 재처분의무가 생기는 것이 아니므로 거부처분에 대한 집행정지의 이익이 없다는 견해

(3) 제한적 긍정설

○ 부정설의 입장이 타당하지만, 거부처분의 집행정지로 거부처분이 없었던 것과 같은 상태로 되돌아감에 따라 신청인에게 어떠한 법적 이익이 있는 예외적 경우에는 집행정지신청이 허용된다는 견해

2. 판례: 부정설의 입장

3. 결어

○ 제한적 긍정설의 입장이 타당

○ ① 기간연장신청거부처분의 집행정지결정으로 인·허가의 효력이 지속되는 이익, ② 외국인 체류기간연장신청 거부처분의 집행정지결정으로 강제출국을 당하지 않을 이익 등이 인정되면 집행정지신청이 허용된다고 보는 것이 타당함

---

56) 강론, 914면 이하.

4. 사례의 경우

○ 출입국관리법상 체류자격 변경허가가 거부되더라도 즉시 강제출국되는 것은 아니라고 보이고, 현재 행정쟁송이 진행 중이므로 그 사이 강제출국 당할 위험은 없어 보이므로, 제한적 긍정설에 따르더라도 집행정지를 하여야 할 예외적 사유가 없어 집행정지를 신청하더라도 받아들여지기는 어려울 것임

Ⅳ. 사례의 경우

○ 체류자격 변경허가 거부처분에 대한 집행정지가 가능하지 않으므로, 임시처분의 보충성 요건도 갖추었음
○ 따라서 임시처분이 가능함

[문 3]

Ⅰ. 논점: ① 행정절차법의 적용대상 여부, ② 거부처분에 대한 사전통지 여부

Ⅱ. 행정절차법의 적용범위[57]

○ 행정절차법은 제3조 제1항에서 다른 법률에 특별한 규정이 있는 경우를 제외하고는 이 법에서 정한 바에 따른다고 하여 이 법이 행정절차에 관한 일반법임을 규정하고 있음
○ 행정절차법은 제3조 제2항 제9호에서는 "병역법에 따른 징집·소집, 외국인의 출입국·난민인정·귀화, 공무원 인사 관계 법령에 따른 징계와 그 밖의 처분, 이해 조정을 목적으로 하는 법령에 따른 알선·조정·중재(仲裁)·재정(裁定) 또는 그 밖의 처분 등 해당 행정작용의 성질상 행정절차를 거치기 곤란하거나 거칠 필요가 없다고 인정되는 사항과 행정절차에 준하는 절차를 거친 사항으로서 대통령령으로 정하는 사항"을 적용제외사항으로 규정하고 있음
○ 이와 관련하여 판례는 "공무원 인사관계 법령에 의한 처분에 관한 사항이라 하더라도 전부에 대하여 행정절차법의 적용이 배제되는 것이 아니라, 성질상 행정절차를 거치기 곤란하거나 불필요하다고 인정되는 처분이나 행정절차에 준하는 절차를 거치도록 하고 있는 처분의 경우에만 행정절차법의 적용이 배제되는 것으로 보아야 하고, 이러한 법리는 '공무원 인사관계 법령에 의한 처분'에 해당하는 별정직 공무원에 대한 직권면직 처분의 경우에도 마찬가지로 적용된다(대판 2013.1.16, 2011두30687)."고 하고 있음

---

57) 강론, 415면 이하.

○ 따라서 제1차 거부처분이 '성질상 행정절차를 거치기 곤란하거나 거칠 필요가 없다고 인정되는 경우인지'를 검토해 보아야 함

Ⅲ. 불이익처분절차[58]

1. 불이익처분의 개념

○ 당사자에게 의무를 부과하거나 권익을 제한하는 처분(행정절차법 21)

2. 수익적 행정행위의 거부처분도 불이익처분에 해당하는지 여부

① 거부처분도 당사자의 권익을 제한하는 처분이라는 점에서 행정절차법상의 불이익처분에 해당한다는 긍정설
② 수익적 행정행위의 거부의 경우 신청에 따라 아직 권익이 부여된 것이 아니므로 신청에 대한 거부처분을 직접 '당사자의 권익을 제한하는 처분'에 해당한다고 할 수 없다는 부정설(다수설)
③ 판례: 부정설(대판 2003.11.28, 2003두674)
④ 결어: 다수설 및 판례가 타당

3. 처분의 사전통지

○ 행정청이 불이익처분을 하는 경우에는 ① 처분의 제목, ② 당사자의 성명 또는 명칭과 주소, ③ 처분하려는 원인이 되는 사실과 처분의 내용 및 법적 근거, ④ 이에 대하여 의견을 제출할 수 있다는 뜻과 의견을 제출하지 아니하는 경우의 처리방법, ⑤ 의견제출기관의 명칭과 주소, ⑥ 의견제출기한, ⑦ 그 밖에 필요한 사항을 미리 당사자 등에게 통지하여야 함(행정절차법 21 ①)

Ⅳ. 사례의 경우

○ 출입국관리법상 체류자격 변경허가는 행정절차법 제3조 제2항 제9호에 규정된 '외국인의 출입국에 관한 사항'에는 해당된다고 볼 수 있으나,
○ 제1차 거부처분이 '성질상 행정절차를 거치기 곤란하거나 거칠 필요가 없다고 인정되는 경우인지'에 따라 행정절차법의 적용 여부를 판단하여야 함
○ 다수설 및 판례에 따르면, 행정절차법상 거부처분은 사전통지에 대상이 되는 불이익처분에 해당하지 않아 행정절차법이 적용되지 않음
○ 따라서 A의 주장은 타당함

---

[58] 강론, 431면 이하.

[문 4]

Ⅰ. 논점: 취소판결의 기속력[59)]

Ⅱ. 기속력

1. 의의 및 성질

- ○ 취소판결의 취지에 따르도록 당사자인 행정청과 그 밖의 관계행정청을 구속하는 효력
- ○ 기속력은 행정청에 대하여 판결의 취지에 따를 의무를 부과하는 것임. 따라서 기속력은 취소판결의 실효성을 확보하기 위한 것임
- ○ 기속력의 성질에 대하여는 기판력설과 특수효력설이 대립되고 있는데, 후자가 통설이고 타당함. 판례의 입장은 분명치 않음

2. 내용

(1) 반복금지효

- ○ 취소판결이 확정되면 당사자인 행정청 및 관계행정청은 동일한 사안에서 동일한 당사자에 대하여 동일한 내용의 처분을 반복할 수 없게 되는데, 이를 반복금지효라 함

(2) 재처분의무

1) 의의

- ○ 행정청이 취소판결의 취지에 따라 일정한 처분을 하여야 할 의무
- ○ 이에 따라 행정청은 '판결의 취지에 따라야 할 의무(판결의 취지에 반해서는 안 될 의무)'와 '재처분을 하여야 할 의무'를 부담하게 됨

2) 거부처분의 취소판결에 따른 재처분의무

- ○ 행정소송법 제30조 제2항은 거부처분의 취소판결에 따른 재처분의무를 규정하고 있음

3) 절차의 하자를 이유로 한 취소판결에 따른 재처분의무

- ○ 신청에 따른 처분(인용처분)이 절차의 위법을 이유로 취소되는 경우에도 행정청은 재처분의무를 부담함(행소법 30 ③)

(3) 결과제거의무

- ○ 취소판결이 있게 되면, 행정청은 위법한 처분으로 인하여 야기된 상태를 제거하여야 할 의무를 부담함. 이러한 의무에 대응하여 상대방은 공법상 결과제거청구권을 가짐

---

59) 강론, 956면 이하.

3. 효력범위

(1) 주관적 범위
○ 취소판결의 기속력은 당사자인 행정청과 그 밖의 관계행정청을 기속함

(2) 객관적 범위
○ 판결의 실효성 확보를 위하여 인정되는 효력으로서 판결의 주문뿐만 아니라 그 전제가 되는 처분 등의 구체적 위법사유에 관한 이유 중의 판단에 대하여도 인정됨
○ 따라서 취소소송에서 소송의 대상이 된 거부처분을 실체법상의 위법사유에 기하여 취소하는 판결이 확정된 경우에는 당해 거부처분을 한 행정청은 원칙적으로 신청을 인용하는 처분을 하여야 하고, 사실심 변론종결 이전의 사유를 내세워 다시 거부처분을 하는 것은 확정판결의 기속력에 저촉되어 허용되지 아니함(대판 2001.3.23, 99두5238)

1) 절차 또는 형식에 위법이 있는 경우
○ 절차 내지 형식의 위법을 이유로 처분을 취소하는 판결이 확정된 경우에 그 확정판결의 기속력은 확정판결에 적시된 절차 내지 형식의 위법사유에 한하여 미침
○ 따라서 처분권자가 그 확정판결에 적시된 위법사유를 보완하여 행한 새로운 처분은 확정판결에 의하여 취소된 종전의 처분과는 별개의 처분으로서 확정판결의 기속력에 저촉되는 것은 아님(대판 1992.5.26, 91누5242)

2) 내용에 위법이 있는 경우
○ 처분시를 기준으로 그 이전에 존재하였던 다른 사유를 근거로 다시 처분할 수 있는가 하는 것이 문제임
○ 판결의 기속력은 판결주문 및 이유에서 판단된 위법사유와 기본적 사실관계의 동일성이 인정되는 사유에 미친다고 하여야 할 것임
○ 따라서 행정청은 처분 이전에 존재하였던 사유로서 처분사유와 기본적 사실관계의 동일성이 없는 사유를 근거로 재처분하는 것은 기속력에 저촉되지 않으므로 가능함(대판 1991.8.9, 90누7326)

(3) 시간적 범위
○ 처분의 위법성판단과 관련하여 처분시설을 따르면, 기속력은 처분시를 기준으로 그때까지 존재하였던 사유에 한하고, 그 이후에 생긴 사유에는 미치지 않음

Ⅲ. 사례의 경우
○ 제1차 거부처분 취소소송의 인용에 따른 취소판결의 기속력으로 A는 재처분의무를 부담함
○ 이에 따라 A는 제2차 거부처분을 하였는데, 여기에서 제시된 사유는 처분 이전에 존재하였

던 사유가 아니므로 기속력의 객관적 범위와는 상관이 없음
- 제2차 거부처분에서 제시된 사유는 처분 이후에 생긴 사유로서 시간적 범위를 준수함
- 따라서 제2차 거부처분은 기속력에 반하지 않는 적법한 처분임

2019년 제1차 변호사시험 모의시험 제1문

능력 있는 정치신인들의 국회진출 및 공정한 경쟁기회를 제공하고자 국회의원의 4선 연임을 제한하는 공직선거법 개정안이 2018년 7월 17일에 발의되어 국회 행정안전위원회에 회부되었다. 이에 초선의원들로 구성된 '초선회'는 동 개정안에 대한 찬성성명을 내면서 행정안전위원회에서 조속히 의결하여 본회의에 회부할 것을 촉구하였으나, 다선의원들로 구성된 '다선회'는 동 개정안에 대한 반대성명을 내면서 법안처리가 교착상태에 빠졌다. 초선 국회의원 甲을 포함한 국회의원 151명은 같은 해 12월 12일 행정안전위원회에 계류 중인 동 개정안에 대하여 국회의장 乙에게 심사기간 지정 및 본회의 부의(附議) 요청을 하였다. 그러나 乙은 같은 달 19일 국회법 제85조 제1항의 심사기간 지정요건을 충족하지 못하였다는 이유로 동 개정안에 대한 심사기간을 지정할 수 없고, 심사기간 지정을 전제로 한 본회의 부의도 할 수 없다는 답변을 하였다.

甲은 상임위원회 단계에서 교착상태에 빠진 쟁점안건에 대하여, 적어도 국회 본회의에서 의결할 수 있는 재적의원 과반수가 당해 안건의 본회의 부의·상정을 요구하면 국회의장은 의무적으로 본회의에 부의·상정하도록 함으로써, 전체 국회의원이 당해 안건에 대하여 심의·표결하도록 하는 신속처리절차가 마련되어야 한다고 생각하였다. 그런데 국회법 제85조 제1항은 신속처리절차의 요건으로 천재지변, 전시사변 또는 그에 준하는 국가비상사태, 의장이 각 교섭단체 대표의원과 합의하는 경우만을 규정하고 있다. 이에 대해서 甲은 국회법 제85조 제1항의 사유제한이 헌법 제49조에 의한 다수결원리와 본회의 결정주의에 위반된다고 주장하였다. 그리고 甲은 국회의장 乙의 위와 같은 심사기간 지정 및 본회의 부의 거부행위가 자신의 법률안 심의·표결권을 침해한다고 주장하면서 乙에 대하여 2019년 1월 12일 권한쟁의심판을 청구하였다.

5. 국회의원 甲은 乙의 본회의 부의 거부에 항의하는 의미로 한 달간 국회의 모든 회의에 불출석하였다. 이에 국회사무총장 丙은 「국회의원수당 등에 관한 법률」에 따라 매월 의원들에게 지급되는 입법활동비를 甲에게 지급하지 아니하였고, 甲의 지급신청에도 불구하고 불출석을 이유로 지급을 거절하였다. 이 경우 甲은 누구를 상대로 어떤 소송을 제기하여야 하는가? (20점)

[참조조문]
국회의원수당 등에 관한 법률 제3조(수당의 지급일) 국회의원의 수당은 매월 20일에 지급한다. 다만, 지급하는 날이 공휴일인 때에는 그 전일로 한다.
제4조(수당의 계산) 국회의원의 임기가 개시된 날과 국회의원의 직을 상실하는 날이 속하는 월의 수당은 제2조에 따른 수당 중 그 월의 재직일수에 해당하는 금액을 지급한다.
제6조(입법활동비) ① 국회의원의 입법기초자료 수집 연구 등 입법활동을 위하여 별표 2의 입법활동비를 매월 지급한다.
② 입법활동비의 지급일 및 계산방법에 관하여는 제3조 및 제4조를 준용한다.

[별표 2]

입법활동비

내역	지급액
입법활동비	1,200,000원

[문 5]
Ⅰ. 논점
  ① 항고소송과 당사자소송의 구별
  ② 이 경우 피고적격
Ⅱ. 소송형태
  1. 항고소송
  2. 당사자소송

3. 관련 판례
4. 사례의 경우: 당사자소송
Ⅲ. 피고적격
  1. 항고소송의 피고적격
  2. 당사자소송의 피고적격
  3. 사례의 경우: 국가

[문 5]

Ⅰ. 논점: ① 항고소송과 당사자소송의 구별, ② 이 경우 피고적격

Ⅱ. 소송형태[60)]

1. 항고소송

○ 항고소송은 행정청의 처분 등이나 부작위에 대하여 제기하는 소송임(행소법 3 1호)
○ 항고소송은 '처분·처분에 대한 행정심판 재결·처분의무의 부작위'에 대해 불복하는 행정소송으로, 항고소송은 결국 '행정청의 처분'에 대항하는 행정소송이라는 점이 특징적임

2. 당사자소송

○ 당사자소송이란 행정청의 처분 등을 원인으로 하는 법률관계에 관한 소송, 그 밖에 공법상의 법률관계에 관한 소송으로서 법률관계의 한쪽 당사자를 피고로 하는 소송을 말함(행소법 3 2호)
○ 항고소송은 행정주체가 우월한 지위에서 일방적으로 행하는 처분을 다투는 소송으로서 행정소송의 특수성을 보여주는 가장 전형적인 경우이지만, 당사자소송은 피고가 반드시 행정청이 아닐 뿐만 아니라 원고와 피고가 대등한 관계에서 공법상의 법률관계를 다툰다는 점에서 항고소송과 차이가 있음

---

60) 강론, 810면.

○ 당사자소송에는 실질적 당사자소송과 형식적 당사자소송이 있는데, 대부분이 실질적 당사자소송임

○ 실질적 당사자소송으로는 ① 처분 등의 무효를 전제로 하는 공법상의 부당이득반환청구소송, ② 공무원의 직무상 불법행위로 인한 국가배상청구소송, ③ 공법상의 신분·지위 등의 확인소송, ④ 공법상 금전지급청구소송, ⑤ 공법상 계약에 관한 소송, ⑥ 공법상 결과제거청구소송 등이 있음

3. 관련 판례: 지방소방공무원이 소속 지방자치단체를 상대로 초과근무수당의 지급을 구하는 소송(대판 2013.3.28, 2012다102629)

○ "지방자치단체와 그 소속 경력직 공무원인 지방소방공무원 사이의 관계, 즉 지방소방공무원의 근무관계는 사법상의 근로계약관계가 아닌 공법상의 근무관계에 해당하고, 그 근무관계의 주요한 내용 중 하나인 지방소방공무원의 보수에 관한 법률관계는 공법상의 법률관계라고 보아야 한다. 나아가 지방공무원법 제44조 제4항, 제45조 제1항이 지방공무원의 보수에 관하여 이른바 근무조건 법정주의를 채택하고 있고, 지방공무원 수당 등에 관한 규정 제15조 내지 제17조가 초과근무수당의 지급 대상, 시간당 지급 액수, 근무시간의 한도, 근무시간의 산정 방식에 관하여 구체적이고 직접적인 규정을 두고 있는 등 관계 법령의 내용, 형식 및 체제 등을 종합하여 보면, 지방소방공무원의 초과근무수당 지급청구권은 법령의 규정에 의하여 직접 그 존부나 범위가 정하여지고 법령에 규정된 수당의 지급요건에 해당하는 경우에는 곧바로 발생한다고 할 것이므로, 지방소방공무원이 자신이 소속된 지방자치단체를 상대로 초과근무수당의 지급을 구하는 청구에 관한 소송은 행정소송법 제3조 제2호에 규정된 당사자소송의 절차에 따라야 한다."

4. 사례의 경우

○ 사안의 경우 입법활동비는 국회의원의 수당에 관한 법률에 의하여 당연히 발생하는 것으로 별도의 지급결정을 필요로 하지 않음

○ 그리고 이는 법률에 의한 월정액의 지급에 관한 것으로서 공법상 법률관계에 해당하므로, 甲은 당사자소송을 제기하여야 함

Ⅲ. 피고적격[61]

1. 항고소송의 피고적격

○ 취소소송은 다른 법률에 특별한 규정이 없는 한 그 처분 등을 행한 행정청을 피고로 함(행소법 13 ①)

○ 본래 피고는 권리의무의 귀속주체인 국가나 지방자치단체가 되는 것이 원칙이나, 행정소송법은 소송수행의 편의를 도모하기 위하여 행정청을 피고로 규정하고 있음

○ 취소소송의 피고적격 규정(행소법 13 ①)은 무효등확인소송과 부작위위법확인소송에도 준용됨(행소법 38)

2. 당사자소송의 피고적격

○ 당사자소송은 법률관계의 당사자를 직접 피고로 하는 소송이므로 원칙적으로 권리의무의 주체일 것이 요구됨. 따라서 당사자소송은 항고소송과는 달리 국가·공공단체 그 밖의 권리주체를 피고로 함(행소법 39)

○ 국가가 피고가 되는 경우에는 법무부장관이 피고가 되고(국가소송법 2), 지방자치단체가 피고가 되는 경우에는 지방자치단체의 장이 피고가 됨(지자법 101)

3. 사례의 경우

○ 당사자소송으로 보는 경우 피고는 국가이고, 항고소송으로 보는 경우 피고는 국회 사무총장이 될 것임

○ 위 사례는 당사자소송의 대상으로 보는 것이 타당하므로, 국가가 피고가 될 것임

---

61) 강론, 864면 이하; 1003면.

2019년 제1차 변호사시험 모의시험 제2문

甲은 서울특별시 A구에서 '달님 어린이집'을 설치 운영하고자 인가를 신청하였다. A구청장은 해당 어린이집이 「영유아보육법」상 기타 요건은 모두 충족하였으나, 건축물대장의 확인 결과, 해당 어린이집 건축물이 과거 불법증축되어 「건축법」상 시정명령을 받았음에도 여전히 미이행상태의 불법건축물이라는 이유로 인가거부처분을 하였다.

한편 甲은 인근 '햇님 어린이집' 운영자인 乙이 대학원생인 乙의 딸 丙을 보육교사로 근무한 것처럼 허위로 보고하여 보조금을 부정하게 교부받았다고 관할 A구청에 신고하였다. 이상의 신고에 기하여 A구청 소속 공무원 B는 그 권한을 표시하는 증표를 휴대하지 아니하고 해당 어린이집을 방문하여 운영상황을 검사하면서 丙의 근무 여부를 다른 보육교사들에게 질문하였으나 다른 보육교사들은 근무시간에 丙을 본 적이 거의 없다고 진술하였다. 이후 「행정절차법」상의 사전통지 및 청문절차를 거쳐 A구청장은 영유아보육법 제40조 제3호 및 제45조 제1항 제1호에 근거하여 乙에게 보조금 반환 및 6개월의 어린이집 운영정지를 명하는 처분을 하였다.

1. 위 인가의 법적 성질을 논하고, 甲에 대한 인가거부처분의 위법 여부를 논하시오. (35점)
2. 乙은 B가 햇님 어린이집 방문 조사시 증표를 휴대하여 제시하지 않는 등, 관련법령을 준수하지 않은 위법이 있으므로 이에 토대하여 이루어진 보조금 반환 명령 및 운영정지명령은 위법하다고 주장하고 있다. 乙의 주장의 당부를 논하시오. (25점)
3. 乙이 보조금을 교부받은 당시의 「영유아보육법」 및 같은법시행령에서는 해당 행위에 대하여 6개월 운영정지를 규정하고 있었는데, 조사 이후 개정된 같은법시행령에서는 3개월의 운영정지를 규정하고 있고, 별도의 경과규정이 마련되어 있지 않다. 乙은 A구청장이 조사 이후 개정된 법령이 아닌 보조금 지급 당시의 법령의 규정에 따라 6개월의 운영정지를 한 것은 위법하다고 주장하고 있다. 乙의 주장의 당부를 논하시오. (20점)

[참조 조문]

영유아보육법

제13조(국공립어린이집 외의 어린이집의 설치) ① 국공립어린이집 외의 어린이집을 설치·운영하려는 자는 특별자치도지사·시장·군수·구청장의 인가를 받아야 한다. 인가받은 사항 중 중요 사항을 변경하려는 경우에도 또한 같다.
② 생략
③ 제1항에 따른 인가에 필요한 사항은 보건복지부령으로 정한다.

제19조(보육교직원의 임면 등) ① 생략
② 어린이집의 원장은 보건복지부령으로 정하는 바에 따라 보육교직원의 임면에 관한 사항을 특별자치도지사 시장 군수 구청장에게 보고하여야 한다.

제40조(비용 및 보조금의 반환명령) 국가나 지방자치단체는 어린이집의 설치·운영자, 육아종합지원센터의 장, 보수교육 위탁실시자 등이 다음 각 호의 어느 하나에 해당하는 경우에는 이미 교부한 비용과 보조금의 전부 또는 일부의 반환을 명할 수 있다.

1. ~ 2. 생략

3. 거짓이나 그 밖의 부정한 방법으로 보조금을 교부받은 경우

4. ~ 5. 생략

제42조(보고와 검사) ① 보건복지부장관, 시·도지사 또는 시장·군수·구청장은 어린이집을 설치·운영하는 자로 하여금 그 어린이집에 관하여 필요한 보고를 하게 하거나 관계 공무원으로 하여금 그 어린이집의 운영 상황을 조사하게 하거나 장부와 그 밖의 서류를 검사하게 할 수 있다.

② 제1항에 따라 관계 공무원이 그 직무를 수행할 때에는 그 권한을 표시하는 증표를 지니고 이를 관계인에게 내보여야 한다.

제45조(어린이집의 폐쇄 등) ① 보건복지부장관, 시·도지사 및 시장·군수·구청장은 어린이집을 설치·운영하는 자(이하 이 조에서 "설치·운영자"라 한다)가 다음 각 호의 어느 하나에 해당하면 1년 이내의 어린이집 운영정지를 명하거나 어린이집의 폐쇄를 명할 수 있다. 이 경우 보육교직원 등 설치·운영자의 관리 감독 하에 있는 자가 제4호에 해당하는 행위를 한 경우에는 설치·운영자가 한 행위로 본다(설치 운영자가 그 행위를 방지하기 위하여 상당한 주의와 감독을 게을리하지 아니한 경우에는 그러하지 아니하다).

1. 거짓이나 그 밖의 부정한 방법으로 보조금을 교부받거나 보조금을 유용(流用)한 경우

영유아보육법 시행규칙[보건복지부령 제○○○○호]

제5조(어린이집의 설치인가 등) ① 법 제13조제1항 및 법 제14조제1항에 따라 어린이집의 설치인가를 받으려는 자는 별지 제4호서식의 어린이집 인가신청서(전자문서로 된 신청서를 포함한다)에 다음 각 호의 서류(전자문서를 포함한다)를 첨부하여 관할 특별자치도지사·시장·군수·구청장에게 제출하여야 한다.

1~3. 생략

4. 어린이집의 구조별 면적이 표시된 평면도와 어린이집 및 설비 목록

5. 어린이집의 원장의 자격을 증명하는 서류

6. 보육교직원 채용계획서

7. 어린이집 운영계획서(운영경비와 유지방법을 포함한다)

8. 경비의 지급 및 변제 능력에 관한 서류(설립자가 개인인 경우만 해당한다)

[이하 생략]

② 제1항에 따른 신청을 받은 특별자치도지사·시장·군수·구청장은 전자정부법 제36조제1항에 따른 행정정보의 공동이용을 통하여 다음 각 호의 사항을 확인하여야 한다.

[생략]

2. 건축물대장 및 건물 등기사항증명서

3. 생략

③ 제1항에 따른 신청을 받은 특별자치도지사·시장·군수·구청장은 어린이집이 제9조에 따른 설치

기준에 적합한지 여부를 현장에서 확인한 결과 및 해당 지역의 보육 수요를 고려하여 인가 여부를 결정하여야 한다. 이 경우 특별자치도지사·시장·군수·구청장은 2층 이상에 어린이집을 설치하려는 자가 제1항에 따른 신청을 한 때에 법 제15조의3에 따라 어린이집이 갖추어야 하는 비상재해대비시설(소방시설 및 피난시설에 한정한다. 이하 이 조에서 같다)에 대하여 「화재예방, 소방시설 설치유지 및 안전관리에 관한 법률」 제7조제6항 전단에 따라 그 어린이집의 소재지를 관할하는 소방본부장이나 소방서장에게 그 어린이집의 비상재해대비시설이 같은 법 또는 같은 법에 따른 명령을 따르고 있는지에 대한 확인을 요청하여야 한다.

[문 1]

I. 논점
① 허가와 특허
② 기속행위·재량행위의 구별과 사법심사 방식

II. 허가와 특허
1. 허가
   (1) 개념
   (2) 성질
2. 특허
   (1) 개념
   (2) 성질

III. 기속행위·재량행위 구별과 사법심사 방식
1. 기속행위와 재량행위의 개념
2. 구별
   (1) 학설
   (2) 판례
3. 사법심사 방식

IV. 사례의 경우
1. 인가의 법적 성질
   (1) 관련 법령규정
   (2) 관련 판례
      ○ 재량행위로 본 판례
      ○ 기속행위로 본 판례
   (3) 사례의 경우: 기속행위가 타당
2. 인가거부처분의 위법 여부(인가요건의 충족 여부)
   (1) 불법건축물이 인가거부사유가 될 수 있는지 여부
   (2) 사례의 경우
      ○ 불법건축물을 인가거부사유로 보는 경우: 위법하지 않음
      ○ 인가거부사유로 보지 않는 경우: 인가를 기속행위로 보는 입장은 위법, 재량행위로 보는 입장은 재량권 일탈·남용 여부 심사해 보아야 함
      ○ 불법건축물을 인가거부사유로 보는 입장이 보다 타당해 보임

[문 2]

I. 논점
○ 위법한 행정조사에 따른 행정결정의 효과

II. 행정조사의 의의와 한계
1. 행정조사의 의의
2. 행정조사의 한계

III. 위법한 행정조사에 따른 행정결정의 효과
○ 문제상황
○ 적극설
○ 소극설
○ 판례
○ 결론: 적극설과 판례 타당

IV. 사례의 경우
○ 어린이집 방문조사: 행정조사
○ 증표를 휴대하지 않은 위법한 조사
○ 적극설과 판례의 입장에 따르면, 위법
○ 하지만 조사절차상 하자가 경미하다는 등 다른 주장도 가능

[문 3]
Ⅰ. 논점
① 법령의 소급적용(소급입법금지의
원칙과 예외)
② 처분시 적용법령(행위시법 또는
처분시법)
Ⅱ. 법령의 소급적용(소급입법금지의 원칙과
예외)
○ 소급입법의 의의
○ 소급입법금지의 원칙
○ 진정소급의 경우
○ 부진정소급의 경우
Ⅲ. 처분시 적용법령(행위시법 또는 처분시법)
에 대한 판례의 태도

1. 행위시법 적용 판례(진정소급의 경우임)
○ 과세처분이나 제재적 행정처분
(면허취소, 과징금부과 등)
2. 처분시법 적용 판례(부진정소급의 경우임)
○ 수익적 처분의 신청에 대한 거부처분
의 경우
3. 면허취소와 과징금부과의 경우 처분시법
을 적용한 판례(부진정소급의 경우임)
Ⅳ. 사례의 경우
○ 판례에 따르면, '보조금 부정수급'이라
는 위반행위는 과거에 종결된 행위이므
로 행위시법에 따른 6개월 운영정지처
분은 위법하지 않음

[문 1]

Ⅰ. 논점: ① 허가와 특허, ② 기속행위와 재량행위의 구별과 사법심사 방식

Ⅱ. 허가와 특허

1. 허가[62]

(1) 개념

○ 허가는 법령에 의한 일반적·상대적 금지를 일정한 경우에 해제하여 적법하게 일정한 행위
를 할 수 있게 하여주는 행정행위

(2) 성질

○ 논란은 있으나. 전통적 허가는 상대적 금지의 해제를 통하여 자연적 자유를 회복시켜주는
것이라는 점에서 명령적 행위로 이해되고 있음

○ 허가의 대상이 되는 행위는 원래 헌법상의 자연적 자유이므로 헌법상 기본권으로서 보호를
받음. 따라서 법이 정한 허가요건을 충족한 경우에는 행정청은 반드시 허가를 함으로써 기본
권을 실현시켜주어야 할 기속을 받는다고 이해되어야 한다는 점에서 허가는 기속행위인 것
이 원칙임

---

62) 강론, 176면 이하.

2. 특허[63]

(1) 개념

○ 특허는 ① 특정 상대방에게 권리를 설정하는 행위, ② 능력을 설정하는 행위, ③ 포괄적인 법률관계를 설정하는 행위를 포함하며, 이 가운데 특정 상대방에게 권리를 설정하는 행위만을 가리켜 좁은 의미의 특허라 함

(2) 성질

○ 특허는 새로운 권리·능력 등을 설정한다는 점에서 특허 여부에 대해서는 행정청이 공익적 견지에서 재량적 판단을 하게 되는 재량행위임이 원칙임

Ⅲ. 기속행위와 재량행위의 구별과 사법심사 방식[64]

1. 기속행위와 재량행위의 개념

○ 법률이 효과규정에서 행정청에게 어떠한 행위를 할 것인가에 대하여 일의적으로 규정하고 있어서 행정청은 이를 단지 기계적으로 적용하는 데 그치는 경우에 이를 기속행위라 함

○ 법률이 효과규정에서 행정청에게 행위여부나 행위내용에 관하여 선택의 여지를 인정하고 있는 경우에 이를 재량행위라 함. 재량행위는 행정청에게 법이 정한 일정한 범위 내에서 구체적인 사정을 고려하여 보다 적정한 행정을 실현할 수 있도록 하기 위하여 인정되는 것임

2. 구별

(1) 학설

○ ① 재량은 어떠한 사실이 법이 정한 요건에 해당하는가에 대한 판단에 존재한다는 요건재량설, ② 재량을 어떠한 법률효과를 발생시킬 것인가에 대한 선택으로 보는 효과재량설, ③ 요건규정상의 불확정개념에 대한 판단에 있어 고도의 전문성·기술성·정책성 등의 이유로 행정청에게 독자적인 판단권이 인정된다는 판단여지설 등이 있음

○ 위 학설들은 모두 재량행위와 기속행위에 대한 납득할만한 구별기준을 제시하고 있지 못하고 있어, 결국 재량행위와 기속행위의 구분은 당해 행위의 근거가 된 규정의 형식이나 체재 또는 문언 등에 따라 개별적으로 판단할 수밖에 없음

(2) 판례

○ 판례는 기속행위와 재량행위의 구별은 당해 행위의 근거가 된 법규의 체재·형식과 그 문언,

---

63) 강론, 185면 이하.
64) 강론, 162면 이하.

당해 행위가 속하는 행정 분야의 주된 목적과 특성, 당해 행위 자체의 개별적 성질과 유형 등을 모두 고려하여 판단하여야 한다는 입장임

3. 사법심사 방식

○ "행정행위를 기속행위와 재량행위로 구분하는 경우 양자에 대한 사법심사는, 전자의 경우 그 법규에 대한 원칙적인 기속성으로 인하여 법원이 사실인정과 관련 법규의 해석·적용을 통하여 일정한 결론을 도출한 후 그 결론에 비추어 행정청이 한 판단의 적법 여부를 독자의 입장에서 판정하는 방식에 의하게 되나, 후자의 경우 행정청의 재량에 기한 공익판단의 여지를 감안하여 법원은 독자의 결론을 도출함이 없이 당해 행위에 재량권의 일탈·남용이 있는지 여부만을 심사하게 되고, 이러한 재량권의 일탈·남용 여부에 대한 심사는 사실오인, 비례·평등의 원칙 위배 등을 그 판단 대상으로 한다(대판 2005.7.14, 2004두6181)."

Ⅳ. 사례의 경우

1. 인가의 법적 성질

(1) 관련 법령규정

○ 영유아보육법 제13조 제1항은 '어린이집을 설치·운영하려는 자는 … 인가를 받아야 한다'고 규정하고, 제3항에서는 '인가에 필요한 사항은 보건복지부령으로 정한다'고 하고 있음

○ 영유아보육법 시행규칙 제5조 제3항은 '제1항에 따른 신청을 받은 특별자치도지사·시장·군수·구청장은 어린이집이 제9조에 따른 설치기준에 적합한지 여부를 현장에서 확인한 결과 및 해당 지역의 보육 수요를 고려하여 인가 여부를 결정하여야 한다'고 규정하고 있음

(2) 관련 판례

○ 대법원 판례는 없음

○ 하급심판례는 입장이 나뉨

○ 재량행위로 본 판례

"영유아보육법 제13조 제1항, 제3항, 같은 법 시행규칙 제5조 제3항의 내용과 취지 등을 종합하여 보면, 보육시설의 신규인가는 상대방에게 권리나 이익을 부여하는 효과를 수반하는 이른바 수익적 행정처분으로서 법령에 행정처분의 요건에 관하여 일의적으로 규정되어 있지 아니하고, 인가여부에 대하여 재량권을 부여하고 있으므로, 이 사건 처분은 재량행위에 해당한다(청주지방법원 2014.6.19. 선고 2014구합149 판결)."

○ 기속행위로 본 판례

"위 관계 법령의 규정 형식이나 문언 등을 보건대, 위 규정은 '인가할 수 있다'는 규정 형식을 취하고 있지 않아 그 자체로 이 사건에서 문제된 인가 처분을 재량행위로 볼 수 있는 문언적

근거를 제공하고 있지 않다. 오히려 위 규정은 법령상 어린이집 설치기준 및 해당지역의 보육수요라는 인가 요건을 정하고 있어, 어린이집 설치·운영에 대한 인가 신청이 있을 경우, 피고는 당해 신청이 위 요건을 충족하였는지 여부에 대해서 판단하여야 한다(서울고등법원 2015. 1.23. 선고 2014누52840 판결).”

(3) **사례의 경우**

○ ‘국공립을 제외한 어립이집’의 설치·운영은 ‘행정청의 공익적 판단에 따른 새로운 권리·능력 등의 설정(특허)’이라기보다는 ‘기본권으로서 보호되는 직업(영업)의 행사’에 보다 가깝다고 판단됨. 물론 어린이집이 가지는 ‘공익성’도 있지만, 이 문제는 설치기준이나 보육수요라는 인가요건의 판단시 고려할 요소라고 보는 것이 합리적이지, 이 때문에 인가 여부가 행정청의 재량적 판단의 대상이 될 수 있는 것은 아니라고 판단됨

○ ‘재량행위로 본 판례’는 보육시설의 인가가 ‘상대방에게 권리를 부여’한다고 보는 것은 허가나 특허의 법리를 오해한 것임. 어린이집 운영인가를 통해서 어린이집을 운영하게 되는 것이지, 별도의 권리나 능력 등이 설정되는 것은 아님. 또한 인가요건이 일의적으로 규정되지 않은 문제는 요건판단의 문제이지, 이로써 효과규정에서의 행정청의 재량적 판단이 가능해 지는 것은 아님

○ ‘기속행위로 본 판례’에서처럼, 영유아보육법령의 관련 규정들에서 인가를 재량행위로 단정하기는 어렵다고 판단되고, 인가요건을 충족하고 있는지에 따라 인가 여부를 결정하여야 한다고 보는 것이 합리적임. 따라는 인가는 허가로서 기속행위로 보는 것이 타당함

2. 인가거부처분의 위법 여부(인가요건의 충족 여부)

(1) **불법건축물이 인가거부사유가 될 수 있는지 여부**

○ 시행규칙 제5조 제2항은 인가신청을 받으면 ‘건축물대장 및 건물 등기사항증명서’를 확인하도록 하고 있음

○ 이 규정이 불법건축물인 경우 인가를 거부하는 사유로 해석될 수 있는지가 문제인데, 이에 대해서는 긍정하는 견해와 부정하는 견해가 모두 가능할 수 있겠음

○ 생각건대, 어린이집의 설치·운영과 관련하여 건축물대장 등을 사전에 확인하도록 하는 것은 건축물의 안전성 등의 위해요소가 없는지를 확인한다는 의미도 있을 것으로 이해하는 것이 보다 합리적이라 판단됨

○ 이와 유사한 사례에서 판례는 “식품위생법과 건축법은 그 입법 목적, 규정사항, 적용범위 등을 서로 달리하고 있어 식품접객업에 관하여 식품위생법이 건축법에 우선하여 배타적으로 적용되는 관계에 있다고는 해석되지 않는다. 그러므로 식품위생법에 따른 식품접객업(일반음식점영업)의 영업신고의 요건을 갖춘 자라고 하더라도, 그 영업신고를 한 당해 건축물이 건축법

소정의 허가를 받지 아니한 무허가 건물이라면 적법한 신고를 할 수 없다(대법원 2009.4.23. 선고 2008도6829 판결)."는 입장임

(2) 사례의 경우

○ 불법건축물을 인가거부사유로 보는 경우는 인가의 법적 성질이 기속행위인지 재량행위인지와 관계없이, 甲의 인가신청은 요건미비이므로, A구청장의 인가거부처분은 위법하지 않게 됨

○ 하지만 불법건축물은 인가거부사유로 보지 않는 경우에는, 인가를 기속행위로 보는 입장에서는 법정사유 이외의 사유를 들어 인가를 거부한 것이 되어 A구청장의 인가거부처분은 위법하게 되고, 인가를 재량행위로 보는 입장에서는 인가거부처분이 재량권을 일탈·남용하지 않았는지 여부를 심사하여 거부처분의 위법 여부를 판단하여야 한다고 보아야 할 것임

○ 사례의 경우는 불법건축물을 인가거부사유로 보는 입장이 보다 타당해 보임

[문 2]

Ⅰ. 논점: 위법한 행정조사에 따른 행정결정의 효과[65]

Ⅱ. 행정조사의 의의와 한계

1. 행정조사의 의의

○ 행정조사란 행정기관이 정책을 결정하거나 직무를 수행하는 데 필요한 정보나 자료를 수집하기 위하여 현장조사·문서열람·시료채취 등을 하거나 조사대상자에게 보고요구·자료제출요구 및 출석·진술요구를 행하는 활동을 말함(행정조사기본법 2 1호)

2. 행정조사의 한계

○ 행정조사도 행정작용이므로 적법요건인 주체·내용·형식·절차요건을 준수하여야 함

Ⅲ. 위법한 행정조사에 따른 행정결정의 효과

○ 행정조사는 어떠한 행정정책이나 결정을 위한 준비작용으로 행하여지는 것이 일반적임. 따라서 행정조사는 행정결정에 선행하여 이루어지지만, 행정절차와는 달리, 법령의 특별한 규정이 없는 한, 행정조사와 행정결정은 상호 별개의 독자적 제도이지, 양자가 하나의 절차를 구성하고 있다고 할 수는 없음

○ 그런데 문제는 행정조사과정에의 실체법적·절차법적 위법사유가 있는 경우, 즉 행정조사가

---

65) 강론, 554면 이하.

적법요건을 결하여 위법한 경우에, 이 조사에 근거한 행정결정도 위법하게 되는가 하는 것임. 이에 관하여는 학설이 대립됨

○ 적극설은 행정조사와 행정결정은 하나의 과정을 구성하는 것이므로 적정절차의 관점에서 행정조사에 중대한 위법사유가 있는 때에는 이를 기초로 한 행정결정도 위법하게 된다는 견해임

○ 소극설은 행정조사가 법령에서 특히 행정행위의 전제요건으로 규정되어 있는 경우를 제외하고는 양자는 서로 별개의 제도로 볼 수 있는 것이고, 따라서 이 경우 조사의 위법이 행정행위를 위법하게 만들지 않는다는 견해임

○ 판례는 적극설과 같은 입장이다.

○ 행정조사의 위법성은 행정조사가 행정결정과 하나의 절차를 구성하고 있는가 아닌가와는 관계없이 이를 근거로 한 행정결정의 위법사유가 된다고 보는 것이 법치행정의 원리에 부합한다는 점에서 적극설과 판례의 입장이 타당함

Ⅳ. 사례의 경우

○ 영유아보육법 제42조 제1항에 따른 공무원 B의 어린이집 방문조사는 직무수행에 필요한 정보 등을 수집하기 위한 것으로서 행정조사에 해당함

○ 공무원 B가 그 권한을 표시하는 증표를 휴대하지 아니하고 조사를 한 것은 영유아보육법 제42조 제2항을 위반한 것으로, 이 조사는 절차상 하자가 있는 위법한 조사임

○ 적극설과 판례의 입장에 따르면, 위법한 조사에 근거한 보조금 반환 명령 및 운영정지명령도 위법하다고 보아야 하므로, 乙의 주장은 타당함(다만 위 사례에서의 조사절차상 하자가 경미하다고 볼 여지도 있겠음)

[문 3]

Ⅰ. **논점:** ① 법령의 소급적용(소급적용금지의 원칙과 예외), ② 처분시 적용법령(행위시법 또는 처분시법)

Ⅱ. 법령의 소급적용(소급적용금지의 원칙과 예외)[66]

1. 소급적용의 의의

○ 새로운 법령이 과거에 종결된 법률관계나 사실관계에 적용되는 것을 소급적용이라 함. 법령의 소급에는 법령의 시행 이전에 이미 종결된 사실이나 법관계에 적용되는 진정소급과 법령의 시행 이전에 시작되었으나 현재에도 진행 중인 사실이나 법관계에 적용되는 부진정소급

---

66) 강론, 60면 이하.

이 있음

2. 소급적용금지의 원칙

○ 법령은 소급적용을 하지 않는 것이 원칙인데, 이를 불소급의 원칙 또는 소급적용금지의 원칙이라고 함. 그 근거로는 법적 안정성과 개인의 신뢰보호를 내용으로 하는 법치국가원리를 들 수 있음. 우리 헌법도 소급입법에 의하여 참정권의 제한을 받거나 재산권을 박탈당하지 아니한다고 규정하고 있음(헌법 13 ②)

3. 진정소급의 경우

○ 여기에서 불소급의 원칙은 본래 진정소급의 금지를 의미하는 것임. 따라서 진정소급적용은 원칙적으로 금지됨. 다만 소급적용을 예상할 수 있는 경우, 소급적용에 의한 당사자의 손실이 매우 경미한 경우, 소급적용을 정당화하는 중대한 공익상의 사유가 존재하는 경우 등에는 예외적으로 진정소급이 허용될 수 있음

4. 부진정소급의 경우

○ 부진정소급은 현재에도 진행 중인 사건에 새 법령을 적용하는 것이므로 원칙적으로 허용됨. 이 경우 부진정소급에 대한 공익이 개인의 신뢰보호이익 보다 우선한다고 볼 수 있겠으나, 경우에 따라서는 신뢰보호의 이익 때문에 부진정소급이 제한되는 경우도 있을 것임. 이와 같은 문제로 인하여 부진정소급의 경우에는 신구관계의 조정을 위하여 새로운 법령에 경과규정을 두는 것이 일반적임

Ⅲ. 처분시 적용법령(행위시법 또는 처분시법)[67]

1. 문제의 소재

○ 제재적 행정처분과 관련하여, 법령위반행위가 있은 후 경과규정 등 특별규정 없이 법령이 개정된 경우, 행정청은 행위시법 또는 처분시법 중 어느 법에 따라 제재처분을 하여야 하는가 하는 것이 문제임

2. 판례의 입장

① 과세처분이나 제재적 행정처분(면허취소, 과징금부과 등)의 경우 원칙적으로 행위시법이 적용된다

---

67) 이에 대하여는 졸고, 처분시 적용법령(행위시법·처분시법)의 문제, 공법학연구 제20권 제3호(2019.8), 한국비교공법학회, 383면 이하 참조.

고 함[68]

② 그러나 수익적 처분의 신청에 대한 거부처분을 포함한 일반적인 행정처분의 경우에는 처분 당시에 시행되는 법령이 적용된다고 함. 다만 이 경우 예외적으로 신청인의 신뢰보호를 이유로 처분시법 적용이 제한될 수 있다고 함.[69] 이 경우는 수익적 처분의 신청 등이 법령이 개정된 시점까지 계속되고 있는 경우로 보아야 하므로, 위의 경우와는 달리 부진정소급 여부가 문제되는 경우임

③ 한편 면허취소[70]나 과징금부과처분[71]과 같은 제재적 처분의 경우에도 부진정소급에 해당하는 경우에는 처분시법이 적용된다고 함. 이 경우는 위반사실이 현재까지 진행 중인 부진정소급의 경우임

3. 학설

① 대체로 행정처분의 경우에는 법령개정시 신법이 적용되는 것이 원칙이지만, 과세처분, 제재적 처분, 그 외에 장해등급결정처분 등은 예외적으로 행위시법이 적용되어야 한다는 입장임

② 관련문제로, 제재적 처분시 그 제재가 완화되는 내용의 개정법령을 적용할 수 있는가에 대해서는 '제재의 응보(應報)적 성격', '제재의 형평성' 등의 문제로 형법 제1조 제2항[72]과 같은 명문의 규정이 없는 한 불가능하다는 견해가 다수임

4. 검토

① 위 판례들은 '법령개정시 적용법령의 문제'를 '법령의 소급적용에 관한 일반적인 논리'에 따라, 일반적인 처분이든 제재적 처분이든, 해당 처분이 과거의 종결된 사안을 대상으로 하는 경우에는 행위시법을 적용하고, 현재까지 진행되는 사안을 대상으로 하는 경우에는 처분시법을 적용하여야 한다는 입장으로 이해됨

② '법령의 적용' 문제는 처분의 성질에 따라 그 적용이 달라지는 것이 아니고, 또한 행정상 제재는 형벌과 본질적으로 다르기 때문에 형벌의 응보적 특성이 제재적 처분에도 반드시 적용되어야 하는 것은 아님. 따라서 단순하게 법령의 소급적용의 법리에 따라 판단하는 것이 합리적이

---

68) 대판 1962.7.26, 62누35; 대판 1982.12.28, 82누1; 대판 1983.12.13, 83누383; 대판 2002.12.10, 2001두3228.

69) 대판 2000.3.10, 97누13818; 대판 2005.7.29, 2003두3550; 대판 2014.7.14, 2012두23501.

70) 대판 2001.10.12, 2001두274.

71) 대판 2010.3.11, 2008두15176.

72) 형법 제1조(범죄의 성립과 처벌) ① 범죄의 성립과 처벌은 행위 시의 법률에 의한다.

② 범죄후 법률의 변경에 의하여 그 행위가 범죄를 구성하지 아니하거나 형이 구법보다 경한 때에는 신법에 의한다.

고, 이러한 점에서 '제재적 처분의 경우 유리하게 개정된 법령의 소급적용 여부'도 '제재'라는
성질에 초점을 두기 것보다는 '부진정소급에서의 이익형량의 문제'로 판단하는 것이 법치행정의
이념에 보다 부합하는 것임

Ⅳ. 사례의 경우

○ 판례는 해당 처분이 과거의 종결된 사안을 대상으로 하는 경우에는 행위시법을 적용하고,
  현재까지 진행되는 사안을 대상으로 하는 경우에는 처분시법을 적용하는 것이 타당하다는
  입장임

○ 이상의 판례의 입장에 따르면, 사례의 경우 '보조금 부정수급'이라는 위반행위는 이미 과거에
  종결된 행위이므로 행위시법에 따른 6개월 운영정지처분은 위법하지 않음

○ 그러나 '제재적 행정처분'의 주된 목적이 '제재 또는 응보'에 있는 것인지, 그리고 이 경우는
  (진정)소급적용금지의 원칙을 적용하는 것이 반드시 타당한지에 대해서는 의문이 제기될 수
  있음. 제재적 행정처분도 결국은 적법한 행정질서유지를 위한 것으로 볼 수 있고, 또한 소급
  적용금지는, 예컨대 법개정으로 제재가 강화된 경우, 예외적인 상황이 아니면, 개정된 불이익
  을 소급하여 적용하지 말라는 취지이므로, 반대로 동일한 위반행위(위 사례의 보조금 부정수급)에
  대하여 법개정을 통하여 제재가 완화(6개월 정지에서 3개월 정지)되었음에도 반드시 6개월 정지를
  하여야만 법치행정의 이념이 실현되는 것인지 의문임

○ 결국 제재적 행정처분의 경우에도 법령의 소급적용이 당사자에게 유리하고, 그 법적용결과가
  행정목적의 달성에 부합하는 것인 이상, 소급입법의 논리와 연동하지 않고, 처분시법을 적용
  하는 것이 타당하다고 보아야 함

2019년 제2차 변호사시험 모의시험 제2문

사립학교법인이 운영하는 A 초등학교에 재학하던 甲이 학교폭력을 행사하였다는 이유로 A 초등학교의 학교폭력대책자치위원회가 「학교폭력예방 및 대책에 관한 법률」 제17조 제1항 소정의 '전학'(제8호)의 조치를 의결하여 A 초등학교장이 甲에게 전학처분을 하였다.

한편, 교육부장관은 「학교생활기록 작성 및 관리지침」을 개정하여 각급 학교의 학교생활기록부에 학교폭력 관련 조치사항을 기록하고 졸업 후 5년간 보존하도록 하였다. 그러나 B 교육감은 학교생활기록부 기재 사무가 국가사무가 아닌 자치사무로 판단하고, '이 같은 학교폭력 조치사항의 학교생활기록부 기재가 또 다른 인권침해가 될 수 있으므로 각급 학교에서는 학교생활기록부에 학교폭력 가해사실 기록을 보류하시기 바랍니다.'라는 내용의 공문을 관내 교육지원청과 A 초등학교를 포함하여 각급 학교에 보냈다(이하 '이 사건 보류지시'라 한다). 그러자 교육부장관은 B 교육감에게 이 사건 보류지시를 취소할 것을 내용으로 하는 시정명령을 하였고(이하 '이 사건 시정명령'이라 한다), 그럼에도 불구하고 B 교육감이 시정명령에 응하지 아니하자, 교육부장관은 B 교육감의 이 사건 보류지시를 직권으로 취소하였다.

이에 따라 A 초등학교장은 甲에 대한 전학조치사항을 甲의 학교생활기록부에 기재하였다.

1. A 초등학교장이 甲에 대하여 한 전학처분은 「행정소송법」상 '처분'에 해당하는지 검토하시오. (25점)
2. 甲이 전학처분을 받은 후 학교폭력대책자치위원회의 회의록에 대한 정보공개청구를 하자 A 초등학교장은 「공공기관의 정보공개에 관한 법률」 제9조 제1항 제5호에 해당한다는 이유로 비공개결정을 하였다. A 초등학교장의 비공개결정이 적법한지를 검토하시오. (20점)
3. 甲은 자신에 대한 전학처분에 대해 시·도학생징계조정위원회의 재심을 거쳐 취소소송을 제기하였고, 취소소송의 계속 중 甲은 자진하여 전학을 하였다. 이 경우 甲의 취소소송은 협의의 소익이 있는가? (20점)
4. (1) A 초등학교장의 학교생활기록부 기재 사무가 국가사무인지 자치사무인지를 검토하시오. (20점)
   (2) B 교육감이 이 사건 시정명령에 대해 대법원에 소를 제기할 수 있는지를 검토하시오. (15점)

[참조 조문]
학교폭력예방 및 대책에 관한 법률
제4조(국가 및 지방자치단체의 책무) ① 국가 및 지방자치단체는 학교폭력을 예방하고 근절하기 위하여 조사 연구 교육 계도 등 필요한 법적 제도적 장치를 마련하여야 한다.
② 국가 및 지방자치단체는 청소년 관련 단체 등 민간의 자율적인 학교폭력 예방활동과 피해학생의 보호 및 가해학생의 선도 교육활동을 장려하여야 한다.

제12조(학교폭력대책자치위원회의 설치 기능) ① 학교폭력의 예방 및 대책에 관련된 사항을 심의하기 위하여 학교에 학교폭력대책자치위원회(이하 "자치위원회"라 한다)를 둔다. 다만, 자치위원회 구성에 있어 대통령령으로 정하는 사유가 있는 경우에는 교육감의 보고를 거쳐 둘 이상의 학교가 공동으로 자치위원회를 구성할 수 있다.

② 자치위원회는 학교폭력의 예방 및 대책 등을 위하여 다음 각 호의 사항을 심의한다.

1. 학교폭력의 예방 및 대책수립을 위한 학교 체제 구축
2. 피해학생의 보호
3. 가해학생에 대한 선도 및 징계
4. 피해학생과 가해학생 간의 분쟁조정
5. 그 밖에 대통령령으로 정하는 사항

제17조(가해학생에 대한 조치) ① 자치위원회는 피해학생의 보호와 가해학생의 선도 교육을 위하여 가해학생에 대하여 다음 각 호의 어느 하나에 해당하는 조치(수 개의 조치를 병과하는 경우를 포함한다)를 할 것을 학교의 장에게 요청하여야 하며, 각 조치별 적용 기준은 대통령령으로 정한다. 다만, 퇴학처분은 의무교육과정에 있는 가해학생에 대하여는 적용하지 아니한다.

1. 피해학생에 대한 서면사과
2. 피해학생 및 신고 고발 학생에 대한 접촉, 협박 및 보복행위의 금지
3. 학교에서의 봉사
4. 사회봉사
5. 학내외 전문가에 의한 특별 교육이수 또는 심리치료
6. 출석정지
7. 학급교체
8. 전학
9. 퇴학처분

② 제1항에 따른 요청이 있는 때에는 학교의 장은 14일 이내에 해당 조치를 하여야 한다.

제17조의2(재심청구)

② 학교의 장이 제17조제1항제8호와 제9호에 따라 내린 조치에 대하여 이의가 있는 학생 또는 그 보호자는 그 조치를 받은 날부터 15일 이내 또는 그 조치가 있음을 알게 된 날부터 10일 이내에 초·중등교육법 제18조의3에 따른 시·도학생징계조정위원회에 재심을 청구할 수 있다.

⑥ 제2항에 따른 재심청구, 심사절차, 결정통보 등은 초·중등교육법 제18조의2제2항부터 제4항까지의 규정을 준용한다.

교육기본법

제8조(의무교육) ① 의무교육은 6년의 초등교육과 3년의 중등교육으로 한다.

② 모든 국민은 제1항에 따른 의무교육을 받을 권리를 가진다.

제9조(학교교육) ① 유아교육 초등교육 중등교육 및 고등교육을 하기 위하여 학교를 둔다.

② 학교는 공공성을 가지며, 학생의 교육 외에 학술 및 문화적 전통의 유지 발전과 주민의 평생교육을 위하여 노력하여야 한다.

③ 학교교육은 학생의 창의력 계발 및 인성(人性) 함양을 포함한 전인적(全人的) 교육을 중시하여

이루어져야 한다.

④ 학교의 종류와 학교의 설립 경영 등 학교교육에 관한 기본적인 사항은 따로 법률로 정한다.

초 · 중등교육법

제18조의2(재심청구)

② 제18조의3에 따른 시 · 도학생징계조정위원회는 제1항에 따른 재심청구를 받으면 30일 이내에 심사 결정하여 청구인에게 통보하여야 한다.

③ 제2항의 심사결정에 이의가 있는 청구인은 통보를 받은 날부터 60일 이내에 행정심판을 제기할 수 있다.

제25조(학교생활기록)

① 학교의 장은 학생의 학업성취도와 인성(人性) 등을 종합적으로 관찰 평가하여 학생지도 및 상급학교(「고등교육법」 제2조 각 호에 따른 학교를 포함한다)의 학생 선발에 활용할 수 있는 다음 각 호의 자료를 교육부령으로 정하는 기준에 따라 작성 관리하여야 한다.

1. 인적사항
2. 학적사항
3. 출결상황
4. 자격증 및 인증 취득상황
5. 교과학습 발달상황
6. 행동특성 및 종합의견
7. 그 밖에 교육목적에 필요한 범위에서 교육부령으로 정하는 사항

③ 학교의 장은 소속 학교의 학생이 전출하면 제1항에 따른 자료를 그 학생이 전입한 학교의 장에게 넘겨주어야 한다.

[문 1]

Ⅰ. 논점
- 사립학교인 A초등학교의 장의 전학처분의 처분성

Ⅱ. 처분의 개념
1. 행정쟁송법상의 처분
2. 처분개념에 관한 학설
   (1) 일원설(실체법상의 처분개념설)
   (2) 이원설(쟁송법상의 처분개념설)
   (3) 형식적 행정행위론
   (4) 결어
3. 처분의 개념적 요소

Ⅲ. 사례의 경우
1. 사립학교장의 전학처분이 행정쟁송법상 처분인지 여부
   - A초등학교가 행정청인지, 전학처분이 공법행위인지
2. 공법행위인지 여부
   (1) 사법행위로 보는 입장
   (2) 공법행위로 보는 입장
   (3) 관련 판례
      ① 일반적 입장
         - 사립학교 재학관계를 민사관계로 보아 처분성 부정
      ② 예외
         - 학교폭력예방법상 조치를 공법관계로 보아 처분성을 인정한 하급심 판례

3. 결론
  ○ 사립학교에 행정청의 지위를 인정 곤란
  ○ 사법행위로 보는 입장 타당, 전학조치는 처분 아님

[문 2]
Ⅰ. 논점
  ① 정보공개법상 비공개대상정보에의 해당 여부
  ② 특히 회의록 공개가 제5호 사유에 해당하는지 여부
Ⅱ. 행정정보공개제도
  1. 의의
  2. 정보공개의 법적 근거
  3. 정보공개의 주체와 정보공개의 원칙
  4. 정보공개청구권자
Ⅲ. 비공개대상정보
  1. 정보공개법 제9조
  2. 회의록이 비공개대상인지 여부: 제9조 제1항 제5호
  3. 관련 판례
Ⅳ. 사례의 경우
  ○ 위원회 회의록은 비공개대상정보
  ○ 비공개 결정은 적법

[문 3]
Ⅰ. 논점
  ① 협의의 소익
  ② 특히 학교생활기록부 기재 삭제(말소) 이익이 협의의 소익에 해당하는 지 여부
Ⅱ. 협의의 소익
  1. 의의
  2. 법률상 이익의 의미
  3. 협의의 소익이 인정되지 않는 경우
  4. 협의의 소익이 인정되는 경우
Ⅲ. 사례의 경우
  1. 자진하여 전학한 경우 전학처분취소송

의 협의의 소익이 있는지 여부
  2. 학교생활기록부의 기재의 말소 이익의 협의의 소의 이익에의 해당 여부: 해당

[문 4]
[문 4 (1)]
Ⅰ. 논점
  ① 자치사무와 국가사무의 구별
  ② 자치사무와 기관위임사무의 구별
Ⅱ. 자치사무와 국가사무의 구별
  1. 자치사무의 판단기준으로서 지역성
  2. 국가사무의 처리제한
Ⅲ. 자치사무와 기관위임사무의 구별
  1. 학설
  2. 판례
  3. 결어
Ⅳ. 사례의 경우
  ○ 판례에 따르면, 기관위임사무
  ○ 그러나 ①에 따르면, 교육감의 자치사무

[문 4 (2)]
Ⅰ. 논점
  ○ 지방자치단체 대한 행정적 통제(특히 시정명령과 이행명령)
Ⅱ. 지방자치단체 대한 행정적 통제
  1. 시정명령과 취소·정지(지자법 169)
    (1) 시정명령
    (2) 취소·정지
  2. 이행명령(지자법 170)
    (1) 이행명령
    (2) 대집행 등
    (3) 지방자치단체의 장의 제소
Ⅲ. 사례의 경우
  ○ 기관위임사무로 보는 경우 제170조에 따라 이행명령을 할 수 있는 것임
  ○ 자치사무로 보는 경우 시정명령에 대한 제소권 규정이 없으므로 제소할 수 없음

[문 1]

Ⅰ. 논점: 사립학교인 A초등학교의 장의 전학처분의 처분성

Ⅱ. 처분의 개념[73]

1. 행정쟁송법상의 처분

○ 행정청이 행하는 구체적 사실에 대한 법집행으로서의 공권력의 행사 또는 그 거부와 그 밖에 이에 준하는 행정작용(행소법 2 ① 1호)

2. 처분개념에 관한 학설

(1) 일원설(실체법상의 처분개념설)

○ 실체법상의 처분개념(행정행위개념)과 쟁송법상의 처분개념은 동일한 개념이어야 한다는 견해

(2) 이원설(쟁송법상의 처분개념설)

○ 항고소송을 통한 권리구제의 확대에 중점을 두고 이러한 점에서 항고소송의 대상이 되는 처분개념은 행정행위개념과 관계없이 확대되어야 한다는 입장

(3) 형식적 행정행위론

○ 공권력행사로서의 실체를 가지고 있지 않지만 국민생활을 일방적으로 규율하거나 개인의 법익에 대하여 계속적으로 사실상의 지배력을 미치는 행위에 대해서는 쟁송법상으로 항고소송의 대상이 되는 처분으로 인정하자는 견해

(4) 결어

○ 이론적으로는 일원설이 타당하나, 실정법상 처분개념이 행정행위 개념보다 넓은 것이 사실임

○ 판례는 행정행위 이외에도 도시·군관리계획, 단수조치의 처분성을 인정하고 있음

3. 처분의 개념적 요소

○ 행정청의 처분은, ① 행정청이 행하는, ② 구체적 사실에 관한 법집행으로서, ③ 공권력을 행사하거나 거부하는, ④ 국민의 권리의무에 직접 영향을 미치는 공법행위(대판 2012.9.27, 2010두3541 참조)이어야 함

---

73) 강론, 869면 이하.

Ⅲ. 사례의 경우

1. 사립학교장의 전학처분이 행정쟁송법상 처분인지 여부

○ 위 처분 개념과 관련하여 A 초등학교장의 전학처분이 처분에 해당하려면, 특히 A 초등학교가 행정청인지, 그리고 전학처분이 공법행위인지가 문제됨

○ 일반적으로 사립학교는 행정청이 아니고, 사립학교의 재학관계도 사법관계로 보고 있지만, 위 사례의 전학조치는 학교폭력예방법을 집행한 결과라는 점에서 공법관계인지 여부에 대하여 다음과 같은 논란이 있을 수 있겠음

2. 공법행위인지 여부

(1) 사법행위로 보는 입장

○ 사립학교 재학생과 학교의 관계는 기본적으로 사법관계임

○ 학교폭력예방법령에는 사립학교에 행정권한을 부여하는 규정 없음

(2) 공법행위로 보는 입장

○ 초등학교 의무교육, 학교폭력예방법에 따른 조치, 조치에 따라 부담하는 의무, 불복절차, 행정벌 등을 종합하면 학교폭력예방법상의 처분은 공법행위임

○ 학교폭력 가해학생에 대한 조치를 하는 학교장을 공무수탁사인으로 보아 행정청에 해당한다고 볼 수 있음

(3) 관련 판례

① 판례의 일반적 입장: 사립학교 재학관계를 민사관계로 보아 처분성 부정

② 예외: 학교폭력예방법상 조치를 공법관계로 보아 처분성을 인정한 하급심 판례

"갑 학교법인이 운영하는 을 초등학교에 재학하던 병이 학교 폭력을 행사하였다는 이유로 을 초등학교의 학교폭력대책자치위원회가 학교폭력예방법 제17조 제1항 소정의 '학내외 전문가에 의한 특별 교육이수 또는 심리치료' 6시간(제5호), '학급교체'(제7호)의 조치를 의결하여 을 초등학교장이 병에게 통지하였는데, 병이 위와 같은 징계가 행정처분이 아니라 사법상의 행위라고 주장하며 무효확인을 구하는 민사소송을 제기한 사안에서, 관계 법령에 의하여 인정되는 초등학교 의무교육의 위탁관계, 학교폭력예방법상의 조치를 받은 학생과 학부모가 부담하는 의무, 위 조치에 대한 학생과 학부모의 불복절차, 학부모가 위 조치를 불이행할 경우 받는 행정벌 등을 종합적으로 고려하면, 갑 법인은 지방자치단체로부터 의무교육인 초등교육(교육에는 징계가 포함된다) 사무를 위탁받아 갑 법인이 임명한 을 초등학교의 교장에게 교육사무를 위임하여 교육사무를 수행하였으며, 위 징계는 갑 법인의 위임을 받은 을 초등학교의 교장이 교육사무를 수행하는 과정에서 우월적 지위에서 병에 대하여 구체적 사실에 관한 법집

행으로 공권력을 행사한 것이어서 위 징계가 행정소송법 제2조 제2항 소정의 공무수탁사인인 갑 법인이 행한 같은 조 제1항 제1호 소정의 행정처분에 해당하므로, 징계의 무효확인을 구하는 소송은 행정소송이고, 따라서 제1심 전속관할법원으로 이송하여야 한다(대구고법 2017. 11.10, 2017나22439: 이송[사립학교처분무효확인]).”

3. 결론

o 학교폭력예방법을 비롯한 관련 법률들이 사립학교에 행정청의 지위를 인정하고 있다고 보기 어려움

o 학교폭력예방법은 조치에 대한 불복절차로 시 · 도학생징계조정위원회에 재심을 청구할 수 있고, 이에 따라 동 위원회가 내리는 결정은 행정쟁송법상 처분이므로 이에 대하여 행정쟁송을 제기하면 됨

o 따라서 사법행위로 보는 입장이 타당하고, 위 A 사립학교장의 전학조치는 처분이 아님

[문 2]

I. 논점: ① 정보공개법상 비공개대상정보에의 해당 여부[74]
② 특히 회의록 공개가 제5호 사유에 해당하는지 여부

II. 행정정보공개제도[75]

1. 의의

o 정보공개제도는 행정청을 비롯한 공공기관이 보유 · 관리하는 각종의 정보를 일정한 요건 하에 공개하는 것을 말하며, 이를 실현하기 위한 법제를 정보공개법이라 함

2. 정보공개의 법적 근거: 공공기관의 정보공개에 관한 법률

3. 정보공개의 주체와 정보공개의 원칙

o 정보공개의 주체는 공공기관임. 이와 관련하여 정보공개법은 '공공기관'을 국가기관, 지방자치단체, 공공기관운영법 제2조에 따른 공공기관 그 밖에 대통령령이 정하는 기관으로 규정하고 있음(정보공개법 2 3호)

---

74) 강론, 467면 이하.
75) 강론, 459면 이하.

○ 공공기관이 보유·관리하는 정보는 이 법이 정하는 바에 따라 적극적으로 공개함을 원칙으
로 함(정보공개법 3)

○ 정보공개법 제2조 제3호 라목 및 같은 법 시행령 제2호 제1호에 의해 사립학교인 A초등학교
도 정보공개법상 정보공개의 의무가 있는 공공기관에 해당함

4. 정보공개청구권자

○ 모든 국민은 정보의 공개를 청구할 권리를 가진다(정보공개법 5 ①). 여기에서의 국민에는 자연
인은 물론 법인, 권리능력 없는 사단·재단도 포함됨

Ⅲ. 비공개대상정보

1. 정보공개법 제9조

○ 정보공개법은 공공기관이 보유하고 있는 정보에 대하여 공개를 원칙으로 하면서도, 이에 대
한 예외로서 8가지의 비공개대상정보는 이를 공개하지 않을 수 있다고 규정하고 있음(정보공개
법 9)

2. 회의록이 비공개대상인지 여부: 제9조 제1항 제5호

○ 감사·감독·검사·시험·규제·입찰계약·기술개발·인사관리에 관한 사항이나 의사결정
과정 또는 내부검토 과정에 있는 사항 등으로서 공개될 경우 업무의 공정한 수행이나 연구
·개발에 현저한 지장을 초래한다고 인정할 만한 상당한 이유가 있는 정보

3. 관련 판례

○ "공개될 경우 업무의 공정한 수행에 현저한 지장을 초래한다고 인정할 만한 상당한 이유가
있는 경우라 함은 같은 법 제1조의 정보공개제도의 목적 및 같은 법 제7조 제1항 제5호의
규정에 의한 비공개대상정보의 입법 취지에 비추어 볼 때 공개될 경우 업무의 공정한 수행이
객관적으로 현저하게 지장을 받을 것이라는 고도의 개연성이 존재하는 경우를 의미한다."

○ "학교환경위생구역 내 금지행위(숙박시설) 해제결정에 관한 학교환경위생정화위원회의 회의록
에 기재된 발언내용에 대한 해당 발언자의 인적사항 부분에 관한 정보는 공공기관의정보공개
에관한법률 제7조 제1항 제5호 소정의 비공개대상에 해당한다(대판 2003.8.22, 2002두12946)."

○ "위원회의 심의 후 그 심의사항들에 대한 시장 등의 결정의 대외적 공표행위가 있기 전까지
는 위 위원회의 회의관련자료 및 회의록은 공공기관의정보공개에관한법률 제7조 제1항 제5
호에서 규정하는 비공개대상정보에 해당한다고 할 것이고, 다만 시장 등의 결정의 대외적
공표행위가 있은 후에는 이를 의사결정과정이나 내부검토과정에 있는 사항이라고 할 수 없

고 위 위원회의 회의관련자료 및 회의록을 공개하더라도 업무의 공정한 수행에 지장을 초래할 염려가 없으므로, 시장 등의 결정의 대외적 공표행위가 있은 후에는 위 위원회의 회의관련자료 및 회의록은 같은 법 제7조 제2항에 의하여 공개대상이 된다고 할 것이다(대판 2000. 5.30, 99추85)."

o "학교폭력대책자치위원회에서의 자유롭고 활발한 심의·의결이 보장되기 위해서는 위원회가 종료된 후라도 심의·의결 과정에서 개개 위원들이 한 발언 내용이 외부에 공개되지 않는다는 것이 철저히 보장되어야 한다는 점, 학교폭력예방 및 대책에 관한 법률 제21조 제3항이 학교폭력대책자치위원회의 회의를 공개하지 못하도록 명문으로 규정하고 있는 것은, 회의록 공개를 통한 알권리 보장과 학교폭력대책자치위원회 운영의 투명성 확보 요청을 다소 후퇴시켜서라도 초등학교·중학교·고등학교·특수학교 내외에서 학생들 사이에서 발생한 학교폭력의 예방 및 대책에 관련된 사항을 심의하는 학교폭력대책자치위원회 업무수행의 공정성을 최대한 확보하기 위한 것으로 보이는 점 등을 고려하면, 학교폭력대책자치위원회의 회의록은 공공기관의 정보공개에 관한 법률 제9조 제1항 제5호의 '공개될 경우 업무의 공정한 수행에 현저한 지장을 초래한다고 인정할 만한 상당한 이유가 있는 정보'에 해당한다(대판 2010. 6.10, 2010두2913[정보공개거부처분취소])."

o "독립유공자서훈 공적심사위원회의 심사에는 심사위원들의 전문적·주관적 판단이 상당 부분 개입될 수밖에 없는 심사의 본질에 비추어 공개를 염두에 두지 않은 상태에서의 심사가 그렇지 않은 경우보다 더 자유롭고 활발한 토의를 거쳐 객관적이고 공정한 심사 결과에 이를 개연성이 큰 점 등 위 회의록 공개에 의하여 보호되는 알권리의 보장과 비공개에 의하여 보호되는 업무수행의 공정성 등의 이익 등을 비교·교량해 볼 때, 위 회의록은 정보공개법 제9조 제1항 제5호에서 정한 '공개될 경우 업무의 공정한 수행에 현저한 지장을 초래한다고 인정할 만한 상당한 이유가 있는 정보'에 해당한다(대판 2014.7.24, 2013두20301)."

Ⅳ. 사례의 경우

o 학교폭력대책자치위원회의 회의록은 학교폭력이라는 예민한 내용을 다루고 있어 그 내용이 공개될 경우 위원회의 공정한 업무수행에 현저한 지장을 초래한다고 할 수 있어 비공개대상 정보임

o A 초등학교장이 제5호에 해당한다는 이유로 비공개 결정한 것은 적법함

[문 3]

Ⅰ. 논점: ① 협의의 소익, ② 특히 학교생활기록부 기재의 삭제(말소)이익이 협의의 소익에 해당하는지 여부

Ⅱ. 협의의 소익[76]

1. 의의

○ 행정소송법 제12조 제2문은 "처분 등의 효과가 기간의 경과, 처분 등의 집행 그 밖의 사유로 인하여 소멸된 뒤에도 그 처분 등의 취소로 인하여 회복되는 법률상 이익이 있는 자의 경우에는 또한 같다."고 하여 이 경우에도 취소소송을 제기할 수 있음을 규정하고 있음

○ 동조 제1문에서의 '법률상 이익'이 취소소송에서의 보호대상인 권리라면, 제2문에서의 '법률상 이익'은 취소소송을 통한 '권리보호의 필요성 또는 분쟁의 현실성'을 의미하는 것으로서 이를 '협의의 소익'이라 함

2. 법률상 이익의 의미

○ 행정소송법 제12조 제2문의 '법률상 이익'의 의미와 관련하여 여러 견해가 있으나, 이는 권리보호의 필요성을 의미하는 것이므로, 이를 '원고적격'에서와 같이 '법적으로 보호되는 이익'에 한정할 이유는 없음. 따라서 '법적 보호이익' 이외에도, 적어도 각종 제도상의 불이익을 제거하여야 할 이익은 협의의 소익에 포함된다고 보아야 할 것임

3. 협의의 소익이 인정되지 않는 경우

○ 협의의 소익이 없는 경우로 행정소송법은 ① 처분 등의 효과가 소멸된 경우(행소법 12 2문)를 규정하고 있지만, 그 외에도 ② 보다 간단한 방법으로 권리보호가 가능한 경우, ③ 소송으로 다툴 실제적 효용이나 이익이 없는 경우, ④ 소권이 남용 또는 실효된 경우 등을 들 수 있음

4. 협의의 소익이 인정되는 경우

○ 처분의 효력이 상실된 경우에도 처분의 취소로 인하여 회복되는 이익이 있는 경우에는 예외적으로 권리보호의 필요성이 인정됨(행소법 12 2문)

○ 이와 같은 경우로는 ① 동일한 사유로 위법한 처분이 반복될 구체적인 위험성이 있는 경우, ② 처분의 취소로 당해 법률이나 다른 법률에 의하여 보호되는 직접적·구체적 이익이 있는

---

76) 강론, 846면 이하.

경우를 들 수 있음

Ⅲ. 사례의 경우

1. 자진하여 전학한 경우 전학처분취소송의 협의의 소익이 있는지 여부

○ 전학처분에 대한 취소소송 계속 중 甲이 자진하여 전학을 한 경우, 처분 등의 효과가 소멸된 경우(행소법 12 2문) 또는 소송으로 다툴 실제적 효용이나 이익이 없는 경우에 해당하므로 협의의 소익이 부인됨

2. 학교생활기록부의 기재의 말소 이익의 협의의 소의 이익에의 해당 여부

○ 甲이 자진하여 전학을 하였더라도, 취소소송을 통하여 학교생활기록부에 기재된 기록을 삭제할 수 있는데, 바, 이와 같은 이익이 전학처분취소소송에서의 협의의 소익으로 인정될 수 있는지를 더 검토해 보아야 함

○ '학교생활기록부의 학교폭력으로의 기재'는 이 기록부의 대입 등에서의 실제 활용을 고려하면 적어도 '제도상의 불이익'에 해당된다고 보아야 하므로, 협의의 소익이 인정된다고 할 것임

[문 4]

[문 4 (1)]

Ⅰ. 논점: ① 자치사무와 국가사무의 구별, ② 자치사무와 기관위임사무의 구별[77]

Ⅱ. 자치사무와 국가사무의 구별[78]

1. 자치사무의 판단기준으로서 지역성

○ 헌법은 지방자치단체에게 '주민복리에 관한 그 지역의 모든 사무'에 대한 처리권한을 보장하고 있는 것이므로, 그 사무의 '지역성'이 중요한 판단기준이 됨

○ 따라서 법률에서 그 사무의 주체를 국가로 할 것인지 아니면 지방자치단체의 장으로 할 것인지를 정할 때에는 지역과의 밀접한 관련성이 있는지의 여부를 최우선적으로 고려하여야 함

○ 반면에 지방자치단체를 넘어서는 범국가적인 이해관계 또는 전국적 통일성 등이 요구되는

---

77) '문제4(1)'에서 '국가사무인지 자치사무인지'를 검토하도록 묻고 있어 '국가사무와 자치사무의 구별'도 검토하지만, 지문에서 이미 -국가가 아닌- '각급 학교에서 기록부에 기재하는 사무를 수행하고 있다'는 점에서 이 문제는 이 기재사무가 기관위임사무인지 자치사무인지를 묻는 문제로 판단됨. 따라서 답안에서 목차 'Ⅱ'는 생략해도 됨.

78) 강론, 1145면 이하 참조.

사무는 국가사무로 볼 수 있음

2. 국가사무의 처리제한

○ 지방자치단체는, 법률에 다른 규정이 있는 경우를 제외하고는, ① 국가존립에 필요한 사무, ② 전국적으로 통일적 처리를 요하는 사무, ③ 전국적 규모의 사무, ④ 전국적으로 기준을 통일하고 조정하여야 할 필요가 있는 사무, ⑤ 지방자치단체의 기술과 재정능력으로 감당하기 어려운 사무를 처리할 수 없음(지자법 11)

Ⅲ. 자치사무와 기관위임사무의 구별[79]

1. 학설

① 개별법령에서 사무권한의 주체를 국가기관의 장으로 규정하고 있으면 국가사무이고 별도의 권한위임규정에 의하여 이 사무가 지방자치단체의 장에게 위임되었으면 기관위임사무이며, 개별법령에서 사무권한의 주체를 지방자치단체의 장으로 규정하고 있는 경우에는 자치사무로 보아야 한다는 견해

② 개별법령에서 사무수행의 주체를 지방자치단체의 장으로 규정하고 있는 경우에도 개별법령의 취지와 내용을 판단하여 국가주도적으로 처리되어야 할 사무인 경우에는 기관위임사무, 지방자치단체가 자율적으로 처리할 수 있는 사무인 경우에는 자치사무로 보는 견해

2. 판례

○ "법령에서 사무권한의 주체를 지방자치단체의 장으로 규정하고 있는 경우에도 "법령상 지방자치단체의 장이 처리하도록 하고 있는 사무가 자치사무인지 아니면 기관위임사무인지를 판단하기 위해서는 그에 관한 법령의 규정 형식과 취지를 우선 고려하여야 하지만, 그 밖에 그 사무의 성질이 전국적으로 통일적인 처리가 요구되는 사무인지, 그에 관한 경비부담과 최종적인 책임귀속의 주체가 누구인지 등도 함께 고려하여야 한다(대판 2013.5.23, 2011추56)."

○ "학교생활기록에 관한 초·중등교육법, 고등교육법 및 각 시행령의 규정 내용에 의하면, 어느 학생이 시·도를 달리하여 또는 국립학교와 공립·사립학교를 달리하여 전출하는 경우에 학교생활기록의 체계적·통일적인 관리가 필요하고, 중학생이 다른 시·도 지역에 소재한 고등학교에 진학하는 경우에도 학교생활기록은 고등학교의 입학전형에 반영되며, 고등학생의 학교생활기록은 교육부장관의 지도·감독을 받는 대학교의 입학전형자료로 활용되므로, 학교의 장이 행하는 학교생활기록의 작성에 관한 사무는 국민 전체의 이익을 위하여 통일적으

---

79) 강론, 1155면 이하.

로 처리되어야 할 성격의 사무이다. 따라서 전국적으로 통일적 처리를 요하는 학교생활기록의 작성에 관한 사무에 대한 감독관청의 지도·감독 사무도 국민 전체의 이익을 위하여 통일적으로 처리되어야 할 성격의 사무라고 보아야 하므로, 공립·사립학교의 장이 행하는 학교생활기록부 작성에 관한 교육감의 지도·감독 사무는 국가사무로서 교육감에 위임된 사무이다(대판 2014.2.27, 2012추183 판결[시정명령및직권취소처분취소청구]).”

3. 결어

○ 헌법의 지방자치권보장의 관점에서 지방자치단체가 수행하는 사무는 자치사무인 것이 원칙이고, 따라서 법령에서 그 사무의 권한 주체를 지방자치단체의 장으로 규정하고 있는 경우 그 사무는, 반드시 전국적인 통일적 처리가 요구되는 등의 예외적인 경우를 제외하고는, 자치사무로 보아야 함. 학설 ①이 타당

Ⅳ. 사례의 경우

○ 판례는 ‘학교생활기록의 작성에 관한 사무는 국민 전체의 이익을 위하여 통일적으로 처리되어야 할 성격의 사무’로 판단하여, 이에 따르면 각급 학교장은 교육부장관의 권한을 기관위임을 받아 처리하는 것이 될 것임

○ 그러나 이 경우 사무의 성격 때문에 그 작성기준·내용·방법·절차 등 작성에 관하 상세한 내용을 이미 국가가 정하고 있어, ‘이에 따라 기록부를 단순히 작성하는 사무’는 교육감의 자치사무로 보는 것이 타당함(예: 식품위생법상 영업정지기준은 국가가 정하나, 영업정지처분은 시장·군수·구청장이 수행함)

[문 4 (2)]

Ⅰ. 논점: 지방자치단체 대한 행정적 통제(특히 시정명령과 이행명령)

Ⅱ. 지방자치단체 대한 행정적 통제

1. 시정명령과 취소·정지(지자법 169)[80]

(1) 시정명령

○ 지방자치단체의 사무에 관한 그 장의 명령이나 처분이 법령에 위반되거나 현저히 부당하여 공익을 해친다고 인정되면 시·도에 대하여는 주무부장관이, 시·군 및 자치구에 대하여는

---

80) 강론, 1171면 이하.

시·도지사가 기간을 정하여 서면으로 시정할 것을 명할 수 있음(지자법 169 ① 1문)

○ 시정명령은 '지방자치단체의 사무'에 대한 것으로 자치사무와 단체위임사무를 대상으로 함. 기관위임사무는 지방자치단체의 사무가 아니므로 시정명령의 대상이 아님

○ 시정명령은 자치사무에 대한 경우에는 합법성 감독의 관점에서 '위법한 명령이나 처분'만을 대상으로 함

○ 관련 판례

"교원능력개발평가 사무와 관련된 법령의 규정 내용과 취지, 그 사무의 내용 및 성격 등을 앞서 본 법리에 비추어 보면, 교원능력개발평가는 국가사무로서 각 시·도 교육감에게 위임된 기관위임사무라고 봄이 타당하다. 따라서 이 사건 시정명령은 기관위임사무에 관하여 행하여진 것이라 할 것이어서, 자치사무에 관한 명령이나 처분을 취소 또는 정지하는 것에 해당하지 아니한다. 결국 이 사건 시정명령은 지방자치법 제169조 제2항 소정의 소를 제기할 수 있는 대상에 해당하지 아니하므로, 이 사건 소 중 이 사건 시정명령에 대한 취소청구 부분은 지방자치법 제169조의 규정에 비추어 허용되지 아니한다 할 것이다. 이 부분 소는 부적법하다(대판 2013.5.23, 2011추56[취소처분 등의 취소])."

"지방교육자치에 관한 법률 제3조에 의하여 준용되는 지방자치법 제169조 제2항은 자치사무에 관한 명령이나 처분의 취소 또는 정지에 대하여서만 소를 제기할 수 있다고 규정하고, 주무부장관이 지방자치법 제169조 제1항에 따라 시·도에 대하여 행한 시정명령에 관하여도 대법원에 소를 제기할 수 있다는 규정을 두고 있지 않으므로, 이러한 시정명령의 취소를 구하는 소송은 허용되지 않는다(대판 2014.2.27, 2012추183[시정명령및직권취소처분취소청구])."

(2) 취소·정지

○ 감독청은 지방자치단체가 시정명령을 정해진 기간에 이행하지 아니하면 시정명령의 대상이었던 명령이나 처분을 취소하거나 정지할 수 있음(지자법 169 ① 2문). 다만 이 경우 자치사무에 관한 명령이나 처분에 대하여는 법령을 위반하는 것에 한함(지자법 169 ① 3문)

(3) 지방자치단체의 장의 제소

○ 지방자치단체의 장은 자치사무에 관한 명령이나 처분의 취소 또는 정지에 대하여 이의가 있으면 그 취소처분 또는 정지처분을 통보받은 날부터 15일 이내에 대법원에 소를 제기할 수 있음(지자법 169 ②)

○ 이 소송을 기관소송으로 이해하는 견해도 있으나, 이 경우 감독청의 취소·정지는 항고소송의 대상이 되는 처분이므로 항고소송으로 보아야 할 것임

2. 이행명령(지자법 170)[81]

(1) 이행명령

o 지방자치단체의 장이 법령의 규정에 따라 그 의무에 속하는 국가위임사무나 시·도위임사무의 관리와 집행을 명백히 게을리하고 있다고 인정되면 시·도에 대하여는 주무부장관이, 시·군 및 자치구에 대하여는 시·도지사가 기간을 정하여 서면으로 이행할 사항을 명령할 수 있음(지자법 170 ①)

o 이행명령은 기관위임사무를 대상으로 하는 것으로, 자치사무나 단체위임사무에는 적용되지 않음

(2) 대집행 등

o 주무부장관이나 시·도지사는 해당 지방자치단체의 장이 제1항의 기간에 이행명령을 이행하지 아니하면 그 지방자치단체의 비용부담으로 대집행하거나 행정상·재정상 필요한 조치를 할 수 있음(지자법 170 ②)

(3) 지방자치단체의 장의 제소

o 지방자치단체의 장은 제1항의 이행명령에 이의가 있으면 이행명령서를 접수한 날부터 15일 이내에 대법원에 소를 제기할 수 있음. 이 경우 지방자치단체의 장은 이행명령의 집행을 정지하게 하는 집행정지결정을 신청할 수 있음(지자법 170 ③)

o 이 소송에 대하여 ① 기관소송으로 보는 견해, ② 감독청의 명령에 대한 불복소송이라는 점에서 항고소송으로 보는 견해, ③ 특수한 형태의 소송으로 보는 견해 등이 있는데, 감독청의 이행명령은 행정내부기관간의 명령으로서 처분이 아니지만, 지방자치법이 예외적으로 인정하는 특수한 형태의 소송으로 보는 것이 타당함

Ⅲ. 사례의 경우

o 교육부장관은 'B 교육감의 각급 학교에 대한 기재보류지시'에 대하여 '시정명령(지자법 169 ① 1문)'을 하였고 B 교육감이 이에 응하지 않자 보류지시를 직권취소(지자법 169 ① 2문)하였는데, B 교육감은 '장관의 시정명령에 대하여 대법원에 소송(지자법에 규정 없음)'을 제기하려 하는 것임

o 판례는 '기록부에의 기재사무'를 국가사무로서 기관위임된 것으로 보고 있음. 따라서 장관은 -지방자치법 제169조가 아니라- 제170조에 따라 이행명령을 할 수 있는 것임

o '기록부 기재사무'를 자치사무로 보는 경우 B 교육감은 장관의 취소에 대하여 대법원에 소를 제기할 수 있을 뿐(지자법 169 ②), 시정명령에 대한 제소권은 규정이 없음. 따라서 제소할 수 없음

---

81) 강론, 1178면 이하.

2019년 제3차 변호사시험 모의시험 제1문

甲은 의료재단과 약사 등을 구성사업자로 하여 설립된 결합체로서 「독점규제 및 공정거래에 관한 법률」 제2조 제4호의 규정에 의한 사업자단체이다. 보건복지부가 의료기관의 조제실에서 조제업무에 종사하는 약사는 처방전이 교부된 환자에게 의약품을 조제해서는 안 된다는 내용으로 「약사법」 제21조 제8항(이하 '이 사건 약사법조항'이라고 한다)을 개정한다고 입법예고하자, 甲은 구성사업자들에게 휴업을 하고 대회에 참석하도록 독려하면서 2018.7.16. 서울 소재 장충체육관에서 제1차 약사대회를 개최하고, 이어서 2018.8.6. 서울 광화문광장에서 제2차 약사대회를 개최하였다.

공정거래위원회는 甲의 위 행위가 구성사업자의 사업내용 또는 활동을 부당하게 제한하는 행위로서 「독점규제 및 공정거래에 관한 법률」 제26조 제1항 제3호에 해당한다는 이유로 2018.8.24. 같은 법 제27조(이하 '이 사건 공정거래법조항'이라고 한다)에 근거하여 甲에게 동 행위를 금지함과 동시에 4대 중앙일간지에 동 법위반사실을 공표하도록 하는 시정조치를 명함과 아울러 甲을 검찰에 고발하였다.

한편, 입법예고된 이 사건 약사법조항이 2019.1.1. 공포되어 2019.7.1. 시행이 예정되자, 병원을 운영하는 의료재단 乙은 2019.3.5. 이 사건 약사법조항이 자신의 기본권을 침해한다고 주장하면서 헌법재판소에 헌법소원심판을 청구하였다.

4. 甲이 위 시정조치명령에도 불구하고 금지된 행위를 중단하지 아니하고 동 처분에 따른 법위반사실 공표를 이행하고 있지 않다면, 공정거래위원회는 「행정대집행법」을 적용하여 대집행을 할 수 있는지 여부를 검토하시오. (20점)

[참조조문]

※ 아래 법령 중 일부 조항은 가상의 것으로, 이에 근거하여 답안을 작성할 것. 이와 다른 내용의 현행 법령이 있다면 제시된 법령이 현행 법령에 우선하는 것으로 할 것.

독점규제 및 공정거래에 관한 법률 제1조(목적) 이 법은 사업자의 시장지배적지위의 남용과 과도한 경제력의 집중을 방지하고, 부당한 공동행위 및 불공정거래행위를 규제하여 공정하고 자유로운 경쟁을 촉진함으로써 창의적인 기업활동을 조장하고 소비자를 보호함과 아울러 국민경제의 균형 있는 발전을 도모함을 목적으로 한다.

독점규제 및 공정거래에 관한 법률 제2조(정의) 이 법에서 사용하는 용어의 정의는 다음과 같다.

  4. "사업자단체"라 함은 그 형태 여하를 불문하고 2이상의 사업자가 공동의 이익을 증진할 목적으로 조직한 결합체 또는 그 연합체를 말한다.

독점규제 및 공정거래에 관한 법률 제26조(사업자단체의 금지행위) ① 사업자단체는 다음 각호의 1에 해당하는 행위를 하여서는 아니된다.

  3. 구성사업자(사업자단체의 구성원인 사업자를 말한다. 이하 같다)의 사업내용 또는 활동을 부당하게 제한하는 행위

독점규제 및 공정거래에 관한 법률 제27조(시정조치) 공정거래위원회는 제26조(사업자단체의 금지행위)의 규정에 위반하는 행위가 있을 때에는 당해 사업자단체(필요한 경우 관련 구성사업자를 포함한다)에 대하여 당해행위의 중지, 정정광고, 법위반사실의 공표 기타 시정을 위한 필요한 조치를 명할 수 있다.

독점규제 및 공정거래에 관한 법률 제66조(벌칙) ① 다음 각 호의 어느 하나에 해당하는 자는 3년 이하의 징역 또는 2억원 이하의 벌금에 처한다.

　10. 제26조(사업자단체의 금지행위) 제1항 제1호의 규정에 위반하여 사업자단체의 금지행위를 한 자

독점규제 및 공정거래에 관한 법률 제71조(고발) ① 제66조(벌칙) 및 제67조(벌칙)의 죄는 공정거래위원회의 고발이 있어야 공소를 제기할 수 있다.

약사법 제18조의2(처방전의 작성 및 교부) ① 의사 또는 치과의사는 환자에게 의약품을 투여할 필요가 있다고 인정하는 때에는 약사법에 의하여 자신이 직접 의약품을 조제할 수 있는 경우를 제외하고는 보건복지부령이 정하는 바에 의하여 처방전을 작성하여 환자에게 교부하여야 한다.

약사법 제21조(의약품의 조제) ⑧ 의료기관의 조제실에서 조제업무에 종사하는 약사는 의료법 제18조의2의 규정에 의하여 처방전이 교부된 환자에게 의약품을 조제하여서는 아니된다.

[문 4]

Ⅰ. 논점

　○ 대집행의 요건으로서 '대체적 작위의무의 불이행'과 관련하여,
　　－ 부작위의무(금지의무)에 대한 대집행
　　－ 비대체적 작위의무(위반사실의 공표의무)에 대한 대집행

Ⅱ. 대집행

　1. 대집행의 의의
　2. 대집행의 요건
　　○ ① 대체적 작위의무의 불이행이 있을 것, ② 다른 수단으로써 그 이행을 확보하기 곤란할 것, ③ 그 불이행을 방치함이 심히 공익을 해할 것으로 인정될 것
　　○ 대체적(代替的) 작위의무의 불이행
　　　－ 대체적 작위의무임
　　　－ 비대체적인 의무의 경우
　　　－ 부작위의무의 경우

Ⅲ. 사례의 경우

　○ 시정조치에 의하여 부과된 '금지의무'는 '부작위의무'
　○ 시정조치에 의하여 부과된 '법위반사실의 공표 의무'는 '비대체적 작위의무'
　○ 행정대집행법상 대집행을 할 수 없음

[문 4]

Ⅰ. 논점

　○ 대집행의 요건으로서 '대체적 작위의무의 불이행'과 관련하여,
　－ 부작위의무(금지의무)에 대한 대집행이 가능한지 여부
　－ 비대체적 작위의무(위반사실의 공표의무)에 대한 대집행이 가능한지 여부

Ⅱ. 대집행[82]

1. 대집행의 의의

○ 대집행이란 법령에 의하여 직접 명령되었거나 또는 법령에 의거한 행정청의 명령에 의한 행위로서 타인이 대신하여 행할 수 있는 행위를 의무자가 이행하지 아니하는 경우에 행정청이 스스로 의무자가 하여야 할 행위를 하거나 또는 제3자로 하여금 이를 하게 하고 그 비용을 의무자로부터 징수하는 행위를 말함
○ 대체적 작위의무의 불이행에 대한 행정상 강제수단
○ 대집행을 위한 일반법: 행정대집행법

2. 대집행의 요건

○ ① 대체적 작위의무의 불이행이 있을 것, ② 다른 수단으로써 그 이행을 확보하기 곤란할 것, ③ 그 불이행을 방치함이 심히 공익을 해할 것으로 인정될 것
○ 대체적(代替的) 작위의무의 불이행
— 대집행의 대상이 되는 의무는 대체적 작위의무임
— 따라서 타인이 대신하여 행할 수 없는 비대체적인 의무나 부작위의무는 대집행의 대상이 될 수 없음
— 부작위의무는 대집행 대상이 될 수 없음
— 부작위의무를 부과한 근거법령에서 부작위의무 위반에 대하여 일정한 조치를 명하는 등의 작위의무를 부과하는 규정(전환규범)에 따라 작위의무가 부과되고, 그 후 이러한 작위의무의 불이행이 있어야 함

Ⅲ. 사례의 경우

○ 공정거래위원회는 공정거래법 제27에 근거하여 ① '공정거래법 제26조 제3호에서 금지하는 행위의 중단(금지)'과 ② '법위반사실을 일간지에 공표할 것'을 명령하였고, 甲이 명령을 통하여 부과된 의무를 이행하지 않을 경우 대집행을 할 수 있는지가 문제되고 있음
○ 공정거래법 제26조 제3호에 따라 부과된 '금지의무'는 '부작위의무'이고, 공정거래위원회는 이에 위반하는 행위를 하지 말 것(금지)을 명령하였으므로, 이를 통하여 부과된 의무 또한 '동법상 금지된 행위의 중단(금지) 의무'로서 '부작위의무'임
○ 공정거래법 제27조의 시정조치를 통하여 부과된 '법위반사실의 공표를 이행하여야 하는 의

---

82) 강론, 499면 이하.

무'는 사업자단체가 이행하여야 할 의무로서 타인이 이를 대신 이행할 수 없는 성질의 것이 므로 '비대체적 작위의무'임
○ 따라서 행정대집행법상 대집행을 할 수 없음

2019년 제3차 변호사시험 모의시험 제2문

甲은 폐기물처리업 등을 목적으로 하는 회사로서 「폐기물관리법」 제25조에 따라 환경부장관(이하 'A')에게 영업대상 폐기물을 '지정폐기물'로, 영업구역을 '전국'으로 하는 내용의 폐기물처리사업계획서(이하 '사업계획서')를 제출하였다. 그러나 사업계획서에 명시된 사업부지는 甲소유의 토지로서 ○○국가산업단지(이하 '이 사건 산업단지') 내에 위치하고 있고 이 사건 산업단지 개발계획상 '녹지용지'로 지정되어 있다. 甲은 A로부터 위 사업계획서에 대한 적합 통보를 받기 위하여 이 사건 산업단지 개발계획변경권한을 적법하게 위임받은 B광역시장(이하 'B')에게 위 사업부지의 용도를 '녹지용지'에서 '폐기물처리시설용지'로 변경하여 달라는 내용의 산업단지개발계획변경신청을 하였다. 그 무렵 A는 甲의 위 사업계획서의 적합 여부를 판단하기 위하여 B에게 甲의 위 사업계획서가 다른 법률에 저촉되는지 여부에 관한 의견을 조회하였다.

B는 2018.4.10. 甲에게 "이 사건 산업단지 개발계획상 토지이용계획에는 녹지용지로 되어 있어 폐기물매립장 입지가 불가하며, 녹지용지를 폐기물처리시설용지로 개발계획 변경하는 것도 불가합니다."라는 이유로 위 산업단지개발계획변경신청에 대한 반려회신을 하였다. B는 또한 A에게도 그와 동일한 내용의 검토의견을 회신하였고, A는 「폐기물관리법」 제25조 제2항 각호의 사항들을 구체적으로 고려함이 없이 B의 검토의견을 문구 그대로 하여 2018.4.23. 甲에게 위 사업계획서에 대한 부적합 통보를 하였다.

1. 위 폐기물처리사업계획서에 대한 A의 부적합 통보의 처분성 및 적법 여부를 검토하시오. (25점)
2. 위 산업단지개발계획의 법적 성질을 논하고, 甲은 B의 위 반려회신을 항고소송의 대상으로 삼아 다툴 수 있는지 검토하시오. (25점)
3. B가 제시한 "이 사건 산업단지 개발계획상 토지이용계획에는 녹지용지로 되어 있어 폐기물매립장 입지가 불가하며, 녹지용지를 폐기물처리시설용지로 개발계획 변경하는 것도 불가합니다."라는 반려사유가 「행정절차법」상의 이유제시로서 적법한지 여부를 검토하시오. (15점)
4. 만약 위 반려회신을 다투는 항고소송 계속 중에 B가 "이 사건 산업단지 안에 새로운 폐기물 시설부지를 마련할 시급한 필요가 없다."라는 점을 반려사유로 추가하고자 한다면 수소법원은 이를 허용할 수 있는가? (15점)

[참조 조문]
※ 이하는 위 사례의 해결을 위해 가상으로 적용되는 법령임을 전제함.

「폐기물관리법」
제25조(폐기물처리업) ① 폐기물의 수집·운반, 재활용 또는 처분을 업(이하 "폐기물처리업"이라 한

다)으로 하려는 자는 환경부령으로 정하는 바에 따라 지정폐기물을 대상으로 하는 경우에는 폐기물처리사업계획서를 환경부장관에게 제출하고, 그 밖의 폐기물을 대상으로 하는 경우에는 시·도지사에게 제출하여야 한다.

② 환경부장관이나 시·도지사는 제1항에 따라 제출된 폐기물처리사업계획서를 다음 각 호의 사항에 관하여 검토한 후 그 적합 여부를 폐기물처리사업계획서를 제출한 자에게 통보하여야 한다.

1. 폐기물처리업 허가를 받으려는 자(법인의 경우에는 임원을 포함한다)가 결격사유에 해당하는지 여부

2. 폐기물처리시설의 입지 등이 다른 법률에 저촉되는지 여부

3. 폐기물처리사업계획서상의 시설·장비와 기술능력이 제3항에 따른 허가기준에 맞는지 여부

4. 폐기물처리시설의 설치·운영으로 상수원보호구역의 수질이 악화되거나 환경기준의 유지가 곤란하게 되는 등 사람의 건강이나 주변 환경에 영향을 미치는지 여부

③ 제2항에 따라 적합통보를 받은 자는 그 통보를 받은 날부터 2년 이내에 환경부령으로 정하는 기준에 따른 시설·장비 및 기술능력을 갖추어 업종, 영업대상 폐기물 및 처리분야별로 지정폐기물을 대상으로 하는 경우에는 환경부장관의, 그 밖의 폐기물을 대상으로 하는 경우에는 시·도지사의 허가를 받아야 한다.

「폐기물관리법시행규칙」

제28조(폐기물처리업의 허가) ① 법 제25조제1항에 따라 폐기물처리업을 하려는 자는 별지 제17호 서식의 폐기물처리 사업계획서에 다음 각 호의 구분에 따른 서류를 첨부하여 폐기물 중간처분시설 및 최종처분시설 또는 재활용시설 설치예정지를 관할하는 시·도지사 또는 환경부장관에 게 제출하여야 한다.

1. 폐기물 수집·운반업: 수집·운반대상 폐기물의 수집·운반계획서(시설 설치, 장비 및 기술능력의 확보계획을 포함한다)

2.~3. (생략)

「산업입지 및 개발에 관한 법률」

제1조(목적) 이 법은 산업입지의 원활한 공급과 산업의 합리적 배치를 통하여 균형 있는 국토개발과 지속적인 산업발전을 촉진함으로써 국민경제의 건전한 발전에 이바지함을 목적으로 한다.

제2조(정의) 이 법에서 사용하는 용어의 뜻은 다음과 같다.

8. "산업단지"란 제7호의2에 따른 시설과 이와 관련된 교육·연구·업무·지원·정보처리·유통 시설 및 이들 시설의 기능 향상을 위하여 주거·문화·환경·공원녹지·의료·관광·체육·복지 시설 등을 집단적으로 설치하기 위하여 포괄적 계획에 따라 지정·개발되는 일단의 토지로서 다음 각 목의 것을 말한다.

가. 국가산업단지 : 국가기간산업, 첨단과학기술산업 등을 육성하거나 개발 촉진이 필요한 낙후지역이나 둘 이상의 특별시·광역시·특별자치시 또는 도에 걸쳐 있는 지역을 산업단지로 개발하기 위하여 제6조에 따라 지정된 산업단지 (이하 생략)

제6조(국가산업단지의 지정) ① 국가산업단지는 국토교통부장관이 지정한다.

② 중앙행정기관의 장은 국가산업단지의 지정이 필요하다고 인정하면 대상지역을 정하여 국토교통부장관에게 국가산업단지로의 지정을 요청할 수 있다.

③ 국토교통부장관은 제1항 또는 제2항에 따라 국가산업단지를 지정하려면 산업단지개발계획을 수립하여 관할 시·도지사의 의견을 듣고, 관계 중앙행정기관의 장과 협의하여야 한다. 산업단지개발계획을 변경하려는 경우에도 또한 같다.

④ 국토교통부장관은 제3항에 따라 협의 후 심의회의 심의를 거쳐 국가산업단지를 지정하여야 한다. 대통령령으로 정하는 중요 사항을 변경하려는 경우에도 또한 같다.

⑤ 제3항에 따른 산업단지개발계획에는 다음 각 호의 사항이 포함되어야 한다.

1.~5. (생략)

6. 토지이용계획 및 주요기반시설계획

제10조(주민 등의 의견청취) ① 산업단지지정권자는 제6조에 따라 산업단지를 지정하거나 대통령령으로 정하는 중요 사항을 변경하려는 경우에는 이를 공고하여 주민 및 관계 전문가 등의 의견을 들어야 하고, 그 의견이 타당하다고 인정할 때에는 이를 반영하여야 한다.

제11조(민간기업 등의 산업단지 지정 요청) ① 국가 또는 지방자치단체 외의 자로서 대통령령으로 정하는 요건에 해당하는 자는 산업단지개발계획을 작성하여 산업단지지정권자에게 산업단지의 지정을 요청할 수 있다.

제12조(행위 제한 등) ① 제10조제1항에 따라 산업단지의 지정 또는 변경에 관한 주민 등의 의견청취를 위한 공고가 있는 지역 및 산업단지 안에서 건축물의 건축, 공작물의 설치, 토지의 형질변경, 토석의 채취, 토지분할, 물건을 쌓아놓는 행위 등 대통령령으로 정하는 행위를 하려는 자는 특별시장·광역시장·특별자치시장·특별자치도지사·시장 또는 군수의 허가를 받아야 한다. 허가받은 사항을 변경하려는 경우에도 또한 같다.

「산업입지 및 개발에 관한 법률 시행령」

제7조(산업단지개발계획 등) ① 법 제6조제4항 후단에서 "대통령령으로 정하는 중요 사항"이란 각각 다음 각 호의 사항을 말한다.

1. 산업단지면적의 100분의 10이상의 면적변경

2. 주요 유치업종의 변경(도로를 제외한 기반시설의 용량이나 면적의 증가가 수반되는 경우로 한정한다)

3. 국토교통부장관이 정하는 토지이용계획 및 주요기반시설계획의 변경

[문 1]

Ⅰ. 논점
   ① 부적합통보의 처분성
   ② 적합통보의 법적 성질(=재량행위)과
      재량권행사의 한계

Ⅱ. 처분의 개념

1. 행정쟁송법상의 처분: 행소법 2 ①
   1호
2. 처분개념에 관한 학설
   ① 일원설(실체법상의 처분개념설)
   ② 이원설(쟁송법상의 처분개념설)
   ③ 형식적 행정행위론

④ 결어
3. 처분의 개념적 요소
4. 이른바 예비결정인지 여부
5. 관련 판례
6. 사례의 경우: 처분
Ⅲ. 적합통보의 법적 성질 및 부적합통보의
적법 여부
1. 기속행위와 재량행위의 구별
○학설: ① 요건재량설, ② 효과재량
설, ③ 판단여지설
○판례
○결론
2. 재량권행사의 한계
(1) 재량권의 한계와 의무에 합당한 재량
(2) 재량행위의 하자
1) 일탈, 유월
2) 남용
3) 불행사
3. 사례의 경우
○적합통보: 재량행위
○재량권의 일탈·남용으로 위법

[문 2]
Ⅰ. 논점
① 산업단지개발계획의 법적 성질(구속적
계획으로서 처분인지 여부)
② 반려회신의 처분성(거부의 처분성)
Ⅱ. 산업단지개발계획의 법적 성질
1. 행정계획의 법적 성질
(1) 입법행위설
(2) 행정행위설
(3) 복수성질설
(4) 독자성설
(5) 결어
2. 도시·군관리계획의 처분성
(1) 소극설

(2) 적극설
(3) 결어
3. 사례의 경우: 처분
Ⅲ. 반려회신의 처분성(거부의 처분성)
1. 거부처분의 의의
2. 거부처분의 성립요건
(1) 판례상 요건
(2) 학설
○대상적격설, 본안문제설, 원고
적격설
○원고적격설 타당
3. 관련 판례
4. 사례의 경우: 처분

[문 3]
Ⅰ. 논점: 행정절차법상 이유제시의 하자
Ⅱ. 이유제시
1. 의의
2. 행정절차법 규정: 제23조
3. 이유제시의 기능
4. 이유제시의 하자와 그 효과
5. 이유제시의 방법과 정도
Ⅲ. 사례의 경우: 이유제시 하자

[문 4]
Ⅰ. 논점: 처분사유의 추가·변경
Ⅱ. 처분사유의 추가·변경
1. 의의
2. 허용성
3. 허용요건 및 한계
(1) 기본적 사실관계의 동일성
(2) 소송물의 동일성(처분의 동일성)
(3) 시간적 한계
1) 추가·변경사유의 기준시
2) 추가·변경의 허용시점
Ⅲ. 사례의 경우: 허용 안 됨

[문 1]

Ⅰ. 논점

① 부적합통보의 처분성

② 적합통보의 법적 성질(=재량행위)과 재량권행사의 한계

Ⅱ. 처분의 개념[83]

1. 행정쟁송법상의 처분

○ 행정청이 행하는 구체적 사실에 대한 법집행으로서의 공권력의 행사 또는 그 거부와 이에 준하는 행정작용(행정소송법 2 ① 1호)

2. 처분개념에 관한 학설

① 일원설(실체법상의 처분개념설)

○ 실체법상의 처분개념(행정행위개념)과 쟁송법상의 처분개념은 동일한 개념이어야 한다는 견해

② 이원설(쟁송법상의 처분개념설)

○ 항고소송을 통한 권리구제의 확대에 중점을 두고 이러한 점에서 항고소송의 대상이 되는 처분개념은 행정행위개념과 관계없이 확대되어야 한다는 입장

③ 형식적 행정행위론

○ 공권력행사로서의 실체를 가지고 있지 않지만 국민생활을 일방적으로 규율하거나 개인의 법익에 대하여 계속적으로 사실상의 지배력을 미치는 행위에 대해서는 쟁송법상으로 항고소송의 대상이 되는 처분으로 인정하자는 견해

④ 결어

○ 이론적으로는 일원설이 타당하나, 실정법상 처분개념이 행정행위 개념보다 넓은 것이 사실임

○ 판례는 행정행위 이외에도 도시·군관리계획, 단수조치의 처분성을 인정하고 있음

3. 처분의 개념적 요소

○ 행정청의 처분은, ① 행정청이 행하는, ② 구체적 사실에 관한 법집행으로서, ③ 공권력을 행사하거나 거부하는, ④ 국민의 권리의무에 직접 영향을 미치는 공법행위(대판 2012.9.27, 2010두3541 참조)이어야 함

---

83) 강론, 869면 이하.

4. 이른바 예비결정인지 여부[84]

○ 예비결정(Vorbescheid) 또는 사전결정은 전체 사업안에 대한 종국적인 행정행위를 하기 이전에 전체 사업안에 대한 모든 허가요건 가운데 일부 요건에 대하여 종국적이고 구속적으로 확정하는 결정을 말함

○ 건축법 제10조는 건축허가권자는 당사자의 신청에 의하여 건축허가를 신청하기 전에 그 건축물을 해당 대지에 건축하는 것이 이 법이나 다른 법령에서 허용되는지에 대하여 사전결정을 할 수 있도록 규정하고 있음

○ 예비결정은 결정의 대상이 된 요건에 대한 확정적 결정이라는 점에서 행정행위로서의 성질을 가짐

5. 관련 판례

○ 폐기물관리법 관계 법령의 규정에 의하면 폐기물처리업의 허가를 받기 위하여는 먼저 사업계획서를 제출하여 허가권자로부터 사업계획에 대한 적정통보를 받아야 하고, 그 적정통보를 받은 자만이 일정기간 내에 시설, 장비, 기술능력, 자본금을 갖추어 허가신청을 할 수 있으므로, 결국 부적정통보는 허가신청 자체를 제한하는 등 개인의 권리 내지 법률상의 이익을 개별적이고 구체적으로 규제하고 있어 행정처분에 해당한다(대판 1998.4.28, 97누21086[폐기물처리사업부적정통보취소]).″

6. 사례의 경우

○ 사례에서 적합통보(또는 부적합통보)는 예비결정으로 보든, 판례의 입장에 따르든, 처분임

Ⅲ. 적합통보의 법적 성질 및 부적합통보의 적법 여부

1. 기속행위와 재량행위의 구별[85]

○ 구별기준에 관한 학설: ① 요건재량설, ② 효과재량설, ③ 판단여지설 등

○ 판례: 법규의 체재·형식과 그 문언, 당해 행위가 속하는 행정 분야의 주된 목적과 특성, 당해 행위 자체의 개별적 성질과 유형 등 고려

○ 결론: 구체적으로는 근거법규범의 규정방식, 입법취지·목적, 행위의 특성·성질, 공익이나 기본권과의 관련성 등을 종합적으로 고려하여 구체적인 사안마다 개별적으로 판단하여야 함

---

84) 강론, 147면 이하.
85) 강론, 162면 이하.

2. 재량권행사의 한계[86]

(1) 재량권의 한계와 의무에 합당한 재량

o 재량권행사에는 법치행정의 원리에 내재하는 한계를 준수하여야 할 의무가 있는데, 이러한 의미에서 행정청의 모든 재량은 '법적으로 기속되는 재량(rechtlich gebundenes Ermessen)' 또는 '의무에 합당한 재량(pflichtgemäßes Ermessen)'을 의미함

(2) 재량행위의 하자

1) 일탈, 유월: 재량권의 한도를 넘은 것

2) 남용: 재량권행사가 법규정상의 목적을 위배하거나, 평등원칙·비례원칙·신뢰보호원칙과 같은 행정법의 일반원칙에 위배되는 경우

3) 불행사: 행정청이 법령상 재량권이 있음에도 과실로 또는 법령의 규정을 잘못 해석하여 부작위의무가 있다고 판단함에 따라 재량권을 행사하지 않는 경우

3. 사례의 경우

o 폐기물관리법 제25조 제2항을 살펴보면 폐기물처리업허가를 받기 위한 최소한도의 요건을 규정해 두고는 있으나 사업계획 적정 여부에 대하여는 일률적으로 확정하여 규정하는 형식을 취하지 아니하여 그 사업의 적정 여부에 대하여 재량의 여지를 남겨 두고 있다 할 것이고, 이러한 경우 사업계획 적정 여부 통보를 위하여 필요한 기준을 정하는 것도 역시 행정청의 재량에 속하는 것이라 할 것임(대판 1998.4.28, 97누21086[폐기물처리사업부적정통보취소])

o 사례에서는 폐기물관리법 제25조 제2항 각호의 사항을 검토하여야 하는데 이를 하지 않았으므로 부적합통보는 위법(법령위반 또는 재량권의 일탈·남용)함

[문 2]

I. 논점

① 산업단지개발계획의 법적 성질(구속적 계획으로서 처분인지 여부)

② 반려회신의 처분성(거부의 처분성)

---

86) 강론, 168면 이하.

Ⅱ. 산업단지개발계획의 법적 성질

1. 행정계획의 법적 성질[87]

(1) 입법행위설

ㅇ 행정계획은 일종의 일반·추상적 성격을 갖는 규범의 정립작용이라는 견해

(2) 행정행위설

ㅇ 행정계획 중에서도 직접적으로 국민의 권리의무관계에 변동을 가져오는 행정행위로서의 성질을 가지는 경우도 있다는 견해

(3) 복수성질설

ㅇ 행정계획에는 법규명령의 성질을 가지는 것도 있고, 행정행위의 성질을 가지는 것도 있을 수 있다는 견해

(4) 독자성설

ㅇ 행정계획은 법규범도 아니고 행정행위도 아닌 특수한 성질의 이물(異物, Aliud)로서 여기에 구속력이 인정되는 것이라는 견해

(5) 결어

ㅇ 법령에서 행정계획의 법형식을 지정하고 있는 경우라면 이에 따르면 되고, 이러한 규정이 없으면 계획주체·계획의 내용·구속력의 유무와 정도 등에 따라 개별적으로 판단하여야 함

2. 도시·군관리계획의 처분성[88]

(1) 소극설: 행정입법의 성격을 가지는 것으로서 처분성 부인(고등법원)

(2) 적극설: 고시된 도시계획결정은 특정 개인의 권리 내지 법률상의 이익을 개별적이고 구체적으로 규제하는 효과를 가져오게 하는 행정청의 처분임(대법원)

(3) 결어: 도시·군관리계획은 구체적인 구속력 있는 계획으로서 '구체적 법집행행위'라 할 수 있으므로 처분성을 인정하는 대법원의 입장이 타당

3. 사례의 경우

ㅇ 산업입지법은 국가산업단지를 지정하려면 산업단지개발계획을 수립하여 의견청취, 협의, 심의회 등의 절차를 거친 후 지정하도록 하고 있고(제6조 제3항, 제4항), 국가산업단지로 지정이 되면 건축물의 건축 등을 비롯한 일정한 행위들이 제한됨(제12조 제1항)

---

87) 강론, 353면 이하.
88) 강론, 354면 이하.

○ 산업입지법 제11조는 사인이 산업단지개발계획을 작성하여 산업단지의 지정을 요청할 수 있다고 규정하고 있는데, 이는 '계획의 작성'과 '단지의 지정'은 사실상 하나로 결부된 행위임을 규정한 것임

○ 국가산업단지의 지정에 따라 토지이용규율 및 행위제한 등의 효과가 발생하기는 하지만, 단지의 지정행위는 계획의 수립행위와 결부되어 있다는 점에서 양 행위 모두 행위제한이나 토지이용을 직접 규율하는 것으로서 처분으로 보아야 할 것임

Ⅲ. 반려회신의 처분성(거부의 처분성[89])

1. 거부처분의 의의

○ 처분을 구하는 당사자의 신청에 대하여 처분의 발급을 거부하는 행정청의 행정작용

2. 거부처분의 성립요건

(1) 판례

○ 거부처분의 성립요건과 관련하여 판례는 ① 신청한 행위가 처분이어야 하고, ② 그 거부행위가 신청인의 법률관계에 변동을 일으키는 것이어야 하며, ③ 당사자에게 처분의 발급을 요구할 법규상 또는 조리상의 신청권이 있어야 한다는 입장임

(2) 학설

○ 이에 대하여 학설은 ① 신청권을 거부처분의 요건으로 보아야 한다는 견해(대상적격설), ② 신청권의 존재 여부는 본안에서 가려야 할 문제라고 보는 견해(본안문제설), ③ 신청권의 존재는 거부처분의 성립요건이 아니라 원고적격의 문제라고 보는 견해(원고적격설)가 대립되고 있음. ④ '신청권'의 존부는 '원고에게 그러한 추상적 신청권이 인정되는가' 하는 문제라는 점에서 원고적격설이 타당함

3. 관련 판례[90]

○ 산업입지에 관한 법령은 산업단지에 적합한 시설을 설치하여 입주하려는 자와 토지 소유자에게 산업단지 지정과 관련한 산업단지개발계획 입안과 관련한 권한을 인정하고, 산업단지 지정뿐만 아니라 변경과 관련해서도 이해관계인에 대한 절차적 권리를 보장하는 규정을 두고 있다. 또한 산업단지 안에는 다수의 기반시설 등 도시계획시설 등을 포함하고 있고, 국토의 계획 및 이용에 관한 법률의 해석상 도시계획시설부지 소유자에게는 그에 관한 도시·군

---

89) 강론, 875면 이하
90) 강론, 877면.

관리계획의 변경 등을 요구할 수 있는 법규상 또는 조리상 신청권이 인정된다고 해석되고 있다. 헌법상 재산권 보장의 취지에 비추어 보면 토지의 소유자에게 위와 같은 절차적 권리와 신청권을 인정한 것은 정당하다고 볼 수 있다. 이러한 법리는 이미 산업단지 지정이 이루어진 상황에서 산업단지 안의 토지 소유자로서 종전 산업단지개발계획을 일부 변경하여 산업단지개발계획에 적합한 시설을 설치하여 입주하려는 자가 종전 계획의 변경을 요청하는 경우에도 그대로 적용될 수 있다(대판 2017.8.29, 2016두44186[산업단지개발계획변경신청거부처분취소]).

4. 사례의 경우

○ 판례가 요구하는 거분처분의 성립요건을 검토해 볼 때, ① 변경신청한 산업단지개발계획이 처분이고, ② 계획변경신청의 거부로 산업입지법 시행령 제7조에 따른 법적인 변경을 기대할 수 없게 되고, ③ 산업입지법 제6조와 제11조의 규정상 당사자에게는 계획의 변경을 요청할 법규상 또는 조리상의 신청권이 있다고 보아야 할 것임

○ 따라서 사례의 반려회신은 거분처분으로서 甲은 이를 항고소송의 대상으로 삼아 다툴 수 있음

[문 3]

Ⅰ. 논점: 행정절차법상 이유제시의 하자

Ⅱ. 이유제시[91]

1. 의의

○ 처분의 이유제시 또는 이유부기(理由附記)는 행정의 신중성과 투명성을 제고하고 사후 권리구제절차에서 다툼의 구체적인 근거를 제시해 준다는 점에서 행정절차에서 매우 중요한 의미를 가짐

2. 행정절차법 규정: 제23조

3. 이유제시의 기능

○ 이유제시는 처분의 근거와 이유를 제시하도록 함으로써 ① 상대방에 대한 설득기능, ② 쟁점 정리를 통한 권리구제기능, ③ 행정의 신중성과 투명성을 제고함으로써 행정 스스로의 통제기능을 수행함

---

91) 강론, 424면 이하.

4. 이유제시의 하자와 그 효과

- 이유제시의 하자는 독자적인 위법사유임. 판례의 입장도 동일함
- 이유제시의 하자로 인한 위법의 효과는 중대명백설에 따라 개별적으로 판단하여야 할 것임

5. 이유제시의 방법과 정도

- 이유제시는 처분을 받은 자가 어떠한 근거와 이유에서 당해 처분이 있었는지를 알 수 있을 정도로 그 근거와 이유를 구체적으로 제시하여야 함(대판 1985.5.28, 84누289)
- 다만 처분서의 기재내용과 관계 법령 등을 통하여 처분 당시 당사자가 어떠한 근거와 이유로 처분이 이루어진 것인지를 충분히 알 수 있는 경우에는 처분서에 처분의 근거와 이유가 구체적으로 명시되어 있지 않았다 하여 그 처분이 위법한 것으로 된다고 할 수는 없음. 이때 '이유를 제시한 경우'는 처분서에 기재된 내용과 관계 법령 및 당해 처분에 이르기까지의 전체적인 과정 등을 종합적으로 고려하여, 처분 당시 당사자가 어떠한 근거와 이유로 처분이 이루어진 것인지를 충분히 알 수 있어서 그에 불복하여 행정구제절차로 나아가는 데 별다른 지장이 없었다고 인정되는 경우를 뜻함(대판 2017.8.29, 2016두44186[산업단지개발계획변경신청거부처분취소])

Ⅲ. 사례의 경우

- 기존 산업단지개발계획의 변경을 구하는 이 사건 신청에 대하여 B가 반려회신을 하면서 이유를 제시하였다고 하려면, 신청을 인용하는 것이 법령 위반이라거나 종전 계획을 변경할 사정변경이 인정되지 않는다는 등 거부의 실질적인 이유를 당사자가 알 수 있도록 했어야 함
- 그런데 이 사건 반려회신에는 아무런 실질적인 내용 없이 단순히 신청을 불허한다는 결과만을 통보한 것임. 따라서 이것만으로는 甲이 이 사건 신청이 거부된 정확한 이유를 알았거나 또는 알 수 있었다는 정황을 확인할 수 없음. 이 경우는 甲이 거부처분에 불복하여 행정구제절차로 나아가는 데에도 지장이 있었다고 볼 수 있음
- 따라서 이 사건 반려사유는 행정절차법상 이유제시로 볼 수 없고, 그렇다면 B의 반려회신은 근거와 이유를 제시하지 않은 것으로서 위법하다고 보아야 함(대판 2017.8.29, 2016두44186[산업단지개발계획변경신청거부처분취소] 참조)

[문 4]

Ⅰ. 논점: 처분사유의 추가·변경[92]

Ⅱ. 처분사유의 추가·변경

1. 의의

○ 처분 당시에 존재하였으나 행정청이 처분사유로 제시하지 않았던 사실상·법률상의 근거를 사후에 행정소송절차에서 처분의 적법성을 유지하기 위하여 새로이 추가하거나 그 내용을 변경하는 것

2. 허용성

○ ① 처분사유의 추가·변경은 원칙적으로 제한되지 않는다는 긍정설, ② 처분사유의 추가·변경은 허용되지 않는다는 부정설, ③ 행위 및 소송의 유형에 따라 그 허용범위를 달리 정하여야 한다는 개별적 결정설이 있으나, ④ 기본적 사실관계의 동일성이 유지되는 범위 내에서 사실심 변론종결시까지 처분사유의 추가·변경이 가능하다는 제한적 긍정설이 다수설 및 판례(대판 2011.11.24, 2009두19021)의 입장임

3. 허용요건 및 한계

(1) 기본적 사실관계의 동일성

○ 판례는 처분사유의 추가·변경은 기본적 사실관계의 동일성이 인정되는 한도 내에서만 허용되고, 그 동일성 유무는 처분사유를 법률적으로 평가하기 이전의 구체적 사실에 착안하여 그 기초인 사회적 사실관계가 기본적인 점에서 동일한지에 따라 결정되어야 한다고 함(대판 2011.11.24, 2009두19021)

○ 처분청은 당초 처분의 근거로 삼은 사유와 기본적 사실관계에 있어서 동일성이 있다고 인정되지 않는 별개의 사실을 들어 처분사유로 주장함은 허용되지 아니함(대판 2005.4.15, 2004두10883)

(2) 소송물의 동일성(처분의 동일성)

○ 처분사유의 변경은 취소소송의 소송물의 동일성을 유지하는 범위 내에서만 가능함. 만약 처분사유의 변경으로 소송물이 변경되면, 이는 청구의 변경에 해당되어, 처분사유의 추가·변경이 아닌, 소의 변경이 문제되기 때문임

---

92) 강론, 938면 이하.

(3) 시간적 한계

1) 추가·변경사유의 기준시
ㅇ 일반적 견해 및 판례의 입장인 처분시설에 따르면 처분 이후에 발생한 새로운 처분사유는 추가·변경의 대상이 되지 않음

2) 추가·변경의 허용시점
ㅇ 처분사유의 추가·변경은 사실심 변론종결시까지만 허용됨(대판 1999.8.20, 98두17043)

Ⅲ. 사례의 경우

ㅇ B는 이 사건 소송에서 '이 사건 산업단지 안에 새로운 폐기물시설부지를 마련할 시급한 필요가 없다.'는 점을 이 사건 거부처분의 사유로 추가하였는데, B가 당초 처분의 근거로 제시한 사유가 실질적인 내용이 없다고 보는 이상, 위 추가 사유는 그와 기본적 사실관계가 동일한지 여부를 판단할 대상조차 없는 것이므로, 결국 소송단계에서 처분사유를 추가하여 주장할 수 없음(대판 2017.8.29, 2016두44186[산업단지개발계획변경신청거부처분취소])

2020년 제1차 변호사시험 모의시험 제1문

전국대학생협의회 의장 甲은 2017.8.29. 16:00부터 18:00까지 반값등록금 관련 특별법 제정 촉구를 목적으로 하는 집회(이하 '이 사건 집회'라고 한다)를 개최하려고 하였다. 이에 甲은 「집회 및 시위에 관한 법률」 제6조 제1항(이하 '이 사건 법률조항'이라고 한다)에 따라 2017.8.27.경 집회명 '전국대학생 8.29. 도심순례', 집회목적 '반값등록금 관련 특별법 제정 촉구', 개최일시 '2017.8.29. 16:00부터 18:00까지', 개최장소 및 시위진로 '이대역→아현역→충정로역→서대문역→경향신문사', '보도, 인도 이용', 주관자 '전국대학생협의회', 참가예정인원 80명으로 하여 서울지방경찰청에 집회를 신고하였다. 甲을 포함한 집회참가자들은 신고한 대로 구호를 제창하며 인도로 진행하였고, 2017.8.29. 18:10경 애초 신고한 마지막 지점인 경향신문사 앞을 지나 광화문 방면으로 약 100 m 정도 행진을 계속하였다. 그러자 경찰은 이를 저지하였고, 관할 경찰서장인 종로경찰서장은 신고범위를 일탈한 불법행진임을 이유로 해산명령을 내렸으나, 甲을 포함한 집회참가자들은 이를 따르지 않았다.

한편, 종로경찰서 소속 채증요원들은 「채증활동규칙」 제3조(이하 '이 사건 규칙'이라고 한다)에 근거하여 이 사건 집회 참가자들이 신고장소를 벗어난 다음 경찰의 경고 등의 조치가 있을 무렵부터 채증카메라 등을 이용하여 집회참가자들의 행위, 경고장면 등을 甲을 포함한 이 사건 집회 참가자들이 자진해산할 때까지 촬영하였다.

4. 甲과 일부 참가자들은 야간까지 인근에 남아 22:00시경 항의의 표현으로 준비해놓은 1톤 정도의 책 더미를 트럭에서 광화문 앞 세종로 차도 한복판에 쏟아 붓고 떠나 버렸다. 다음 날 04:30경 주행하다가 이를 갑자기 발견한 乙은 보도 방향으로 피하다가 가로수를 들이받아 상해를 입었다. 종로경찰서 소속 경찰관 A는 이를 목격하였음에도 불구하고 위 책 더미에 대하여 「경찰관직무집행법」 제5조에 따른 위험발생방지조치를 취하지 아니하였다. 이에 대하여 乙이 「국가배상법」 제2조에 따른 손해배상청구권을 행사하고자 할 때 그 성립가능성 여부에 관하여 검토하시오. (국가배상법 제2조 제1항의 요건 외 책임과 소멸시효의 문제는 논점에서 제외하며, 그리고 「도로법」 및 「도로교통법」에 관한 검토는 제외함) (20점)

[참조조문]
※ 아래 법령 중 일부 조항은 가상의 것으로, 이에 근거하여 답안을 작성할 것. 이와 다른 내용의 현행법령이 있다면 제시된 법령이 현행 법령에 우선하는 것으로 할 것.
경찰법 제3조(국가경찰의 임무) 국가경찰의 임무는 다음 각 호와 같다.
 1. 국민의 생명·신체 및 재산의 보호
 2. 범죄의 예방·진압 및 수사
 3. 경비·요인경호 및 대간첩·대테러 작전 수행
 4. 치안정보의 수집·작성 및 배포

5. 교통의 단속과 위해의 방지

6. 외국 정부기관 및 국제기구와의 국제협력

7. 그 밖의 공공의 안녕과 질서유지

경찰관직무집행법 제2조(직무의 범위) 경찰관은 다음 각 호의 직무를 수행한다.

1. 국민의 생명·신체 및 재산의 보호

2. 범죄의 예방·진압 및 수사

3. 경비, 주요 인사(人士) 경호 및 대간첩·대테러 작전 수행

4. 치안정보의 수집·작성 및 배포

5. 교통 단속과 교통 위해(危害)의 방지

6. 외국 정부기관 및 국제기구와의 국제협력

7. 그 밖에 공공의 안녕과 질서 유지

제5조(위험 발생의 방지 등) ① 경찰관은 사람의 생명 또는 신체에 위해를 끼치거나 재산에 중대한 손해를 끼칠 우려가 있는 천재(天災), 사변(事變), 인공구조물의 파손이나 붕괴, 교통사고, 위험물의 폭발, 위험한 동물 등의 출현, 극도의 혼잡, 그 밖의 위험한 사태가 있을 때에는 다음 각 호의 조치를 할 수 있다.

1. 그 장소에 모인 사람, 사물(事物)의 관리자, 그 밖의 관계인에게 필요한 경고를 하는 것

2. 매우 긴급한 경우에는 위해를 입을 우려가 있는 사람을 필요한 한도에서 억류하거나 피난시키는 것

3. 그 장소에 있는 사람, 사물의 관리자, 그 밖의 관계인에게 위해를 방지하기 위하여 필요하다고 인정되는 조치를 하게 하거나 직접 그 조치를 하는 것

[문 4]

Ⅰ. 논점

- ○ 국가배상법 제2조의 배상책임의 요건 중, 특히 ① 부작위(직무소홀)로 인한 국가배상책임 인정 여부, ② 부작위에 의한 법령위반, 경찰의 부작위가 위법한지 여부

Ⅱ. 국가배상법 제2조의 배상책임의 요건

Ⅲ. 부작위(권한의 불행사·권한해태·직무소홀)

1. 학설

2. 판례

Ⅳ. 법령위반

1. 법령위반의 의미

2. 특히 부작위에 의한 위반

(1) 공무원의 작위의무에 관한 명문의 규정 없이도 작위의무의 존재를 인정할 수 있는지 여부

(2) 권한의 불행사가 위법한지 여부

Ⅴ. 사례의 경우

1. 부작위로 인한 국가배상책임 부담 여부

- ○ 사익보호성 인정

2. 부작위가 위법한지 여부

- ○ 방치행위는 현저하게 불합리한 경우로서 위법

3. 결론: 국가배상청구권의 성립요건 갖춤

[문 4]

Ⅰ. 논점

○ 국가배상법 제2조의 배상책임의 요건 중, 특히 ① 부작위(직무소홀)로 인한 국가배상책임 인정 여부와 ② 부작위에 의한 법령위반, 경찰의 부작위가 위법한지 여부가 문제임

Ⅱ. 국가배상법 제2조의 배상책임의 요건[93]

○ 국가배상법 제2조에 따라 국가나 지방자치단체의 배상책임이 성립하기 위해서는 ① 공무원의 행위일 것, ② 직무행위일 것, ③ 직무를 집행하면서 행한 행위일 것, ④ 고의·과실이 있을 것, ⑤ 위법할 것, ⑥ 타인에게 손해가 발생할 것이라는 요건이 충족되어야 함

○ 특히 부작위로 인한 손해발생에 대한 국가배상책임 인정 여부가 문제임

Ⅲ. 부작위(권한의 불행사·권한해태·직무소홀)[94]

○ 부작위로 인하여 손해가 발생한 경우 국가배상책임이 인정되는가 하는 문제와 관련하여서는 법적 보호이익과 반사적 이익의 구별을 적용할 것인가 하는 것이 문제임

1. 학설

○ ① 공무원은 피해자에 대하여 피해발생을 방지할 직무상 의무를 부담하지 않으므로 직무의 사익보호성을 적용할 필요가 없다는 견해도 있으나, ② 공무원에게 부과된 직무상 의무의 내용이 공공의 이익뿐 아니라 개인의 이익도 보호하기 위한 것인 경우에는 국가 등의 배상책임을 인정하여야 한다는 것이 다수의 견해임

2. 판례

○ 국가배상에 있어 법적 보호이익과 반사적 이익의 구별을 적용하고 있음. 따라서 공무원의 직무의무가 공익뿐 아니라 사익도 보호하는 경우에는 그 의무를 위반하여 개인에게 손해가 발생하면 국가 등이 손해배상책임을 지게 됨(대판 1993.2.12, 91다43466)

---

93) 강론, 597면 이하.
94) 강론, 600면 이하.

Ⅳ. 법령위반

1. 법령위반의 의미

ㅇ 현행 법령이나 행정법의 일반원칙에 위배됨을 말함

2. 특히 부작위에 의한 위반[95]

(1) 공무원의 작위의무에 관한 명문의 규정 없이도 작위의무의 존재를 인정할 수 있는지 여부

ㅇ 이에 대해서는 명문의 규정이 필요하다는 견해도 가능하겠지만, 국민의 생명 · 신체 · 재산 등은 기본권에 포함되는 것으로서 국가 등의 행정주체는 이를 당연히 보호할 의무가 있는 것이므로, 공무원의 보호의무는 명문의 규정에 의해서만이 아니라 헌법 및 행정법의 일반원칙으로부터도 당연히 도출될 수 있는 것임

ㅇ 판례도 같은 입장임

"국민의 생명 · 신체 · 재산 등에 대하여 절박하고 중대한 위험상태가 발생하였거나 발생할 상당한 우려가 있어서 국민의 생명 등을 보호하는 것을 본래적 사명으로 하는 국가가 초법규적 · 일차적으로 그 위험의 배제에 나서지 아니하면 국민의 생명 등을 보호할 수 없는 경우에는 형식적 의미의 법령에 근거가 없더라도 국가나 관련 공무원에 대하여 그러한 위험을 배제할 작위의무를 인정할 수 있을 것이다(대판 2012.7.26, 2010다95666)."

(2) 권한의 불행사가 위법한지 여부

ㅇ 판례(대판 2016.4.15, 2013다20427, 대판 1998.8.25, 98다16890)는 경찰권 불행사가 현저하게 불합리하다고 인정되는 경우 직무상 의무 위반으로 위법하다고 봄

"경찰은 범죄의 예방, 진압 및 수사와 함께 국민의 생명, 신체 및 재산의 보호 기타 공공의 안녕과 질서유지를 직무로 하고 있고, 직무의 원활한 수행을 위하여 경찰관 직무집행법, 형사소송법 등 관계 법령에 의하여 여러 가지 권한이 부여되어 있으므로, 구체적인 직무를 수행하는 경찰관으로서는 제반 상황에 대응하여 자신에게 부여된 여러 가지 권한을 적절하게 행사하여 필요한 조치를 할 수 있고, 그러한 권한은 일반적으로 경찰관의 전문적 판단에 기한 합리적인 재량에 위임되어 있으나, 경찰관에게 권한을 부여한 취지와 목적에 비추어 볼 때 구체적인 사정에 따라 경찰관이 권한을 행사하여 필요한 조치를 하지 아니하는 것이 현저하게 불합리하다고 인정되는 경우에는 권한의 불행사는 직무상 의무를 위반한 것이 되어 위법하게 된다."

---

95) 강론, 617면 이하.

V. 사례의 경우

1. 부작위로 인한 국가배상책임 부담 여부

○ 경찰관직무집행법 제2조는 국민의 생명·신체 및 재산의 보호와 교통 위해(危害)의 방지 등을 직무로 규정하고 있고, 동법 제5조는 위험발생의 방지를 위한 조치권한을 규정하고 있는데, 경찰의 이러한 직무상 권한은 사익도 보호하려는 취지임

○ 따라서 권한의 불행사로 인한 손해발생에 대하여 국가의 배상책임이 있음

2. 부작위가 위법한지 여부

○ 광화문 앞 세종로 차도 한복판에 책 더미가 쌓여 있는 것 자체가 교통사고를 초래할 위험이 크므로 경직법 제5조에 따른 위험방지조치의 재량권은 0으로 수축됨. 따라서 A의 방치행위는 현저하게 불합리한 경우로서 직무상 의무를 위반한 것이 되어 위법함

3. 결론

○ 乙의 국가배상청구권은 그 성립요건을 갖춤

2020년 제1차 변호사시험 모의시험 제2문

X도 항만관리사업소 소속 일반직 공무원 甲은 주류를 사업소 내로 반입하여 다른 부서 직원들에게 판매해왔음이 드러났다. 임용권자인 X도 도지사 A는「지방공무원법」상 성실의 의무, 복종의 의무, 영리 업무 및 겸직 금지 및「지방공무원 복무규정」중 근무기강의 확립에 관한 조항을 위반하였음을 이유로 甲에 대하여「지방공무원법」제65조의3 제1항 제1호에 따라 직위해제처분을 하였다. A는 위 직위해제처분을 하는 과정에서 기관내부 인사위원회 절차를 거쳤지만「행정절차법」의 사전통지 및 의견청취 규정에 따른 절차는 별도로 거치지 아니하였다.

그 후 A는「지방공무원법」제65조의3 제3항에 근거하여 甲에게 3개월의 대기 명령을 내렸고, 그 기간이 지나도 능력 또는 근무성적의 향상을 기대하기 어렵다고 인정하여「지방공무원법」제62조 제1항 제5호, 제2항에 따라 인사위원회의 동의를 받아 직권면직처분을 하였다.

※ 위 항만관리사업소는「지방자치법」제114조, 동법 시행령 제77조에 근거하여 만들어진 각 광역시·도의 조례(「X도 행정기구 설치 조례」제58조의2)에 따라 설치된 것임. 그리고 위 甲의 임용권자는 A임을 전제함.

1. 甲은 위 직위해제처분이 실체적·절차적 요건을 충족하지 못하여 위법하다고 주장한다. 甲의 주장에 대하여 검토하시오. (30점)
2. 만약 위 직위해제처분에 취소사유가 인정된다고 할 때, 이를 이유로 甲은 직권면직처분에 대한 취소소송에서 직위해제처분의 위법을 주장할 수 있는지를 검토하시오. (위 직위해제처분에는 불가쟁력이 발생한 상태임) (20점)
3. 만약 甲에 대한 직위해제처분이 있고 나서 같은 사유로 인사위원회의 의결을 거쳐「지방공무원법」제70조의 정직처분이 행해졌다고 할 때, 甲은 직위해제처분에 대한 취소소송을 제기할 협의의 소익이 있는지 검토하시오. (「X도 인사규정」에는 직위해제처분에 따른 효과로 승진과 승급이 제한되도록 규정되어 있음. 다른 소송요건은 충족되어 문제되지 않음) (15점)
4. 만약 인사위원회를 거쳐 甲의 표창, 수상경력 등이 고려되어「X도 소속공무원 징계양정규칙」에 따라 甲에 대하여 불문경고 조치가 이루어졌다면, 甲은 이 조치에 대하여 취소소송으로 다툴 수 있는가? (「X도 소속공무원 징계양정규칙」에 의하면 소속 공무원이 불문경고를 받는 경우 6개월 이내 승진이 제한되도록 규정되어 있음) (15점)
5. 검찰은 甲을 주류 판매업면허를 받지 아니하고 주류를 판매하였다는 범죄사실로 기소하였다. 기소의 근거가 된「주세법」제55조가 책임과 형벌간의 비례성원칙을 위반하여 헌법에 위반되는가? (20점)

[참조조문] ※ 가상의 법령임.

지방공무원법

제48조(성실의 의무) 모든 공무원은 법규를 준수하며 성실히 그 직무를 수행하여야 한다.

제49조(복종의 의무) 공무원은 직무를 수행할 때 소속 상사의 직무상 명령에 복종하여야 한다. 다만, 이에 대한 의견을 진술할 수 있다.

제56조(영리 업무 및 겸직 금지) ① 공무원은 공무 외에 영리를 목적으로 하는 업무에 종사하지 못하며, 소속 기관의 장의 허가 없이 다른 직무를 겸할 수 없다.

② 제1항에 따른 영리를 목적으로 하는 업무의 한계는 대통령령으로 정한다.

제62조(직권면직) ① 임용권자는 공무원이 다음 각 호의 어느 하나에 해당할 때에는 직권으로 면직시킬 수 있다.

1. 다음 각 목의 어느 하나에 해당하는 경우로서 직위가 없어지거나 과원이 된 때
   가. 지방자치단체를 폐지하거나 설치하거나 나누거나 합친 경우
   나. 직제와 정원이 개정되거나 폐지된 경우
   다. 예산이 감소된 경우
2. 휴직기간이 끝나거나 휴직사유가 소멸된 후에도 직무에 복귀하지 아니하거나 직무를 감당할 수 없을 때
3. 전직시험에서 3회 이상 불합격한 사람으로서 직무수행 능력이 부족하다고 인정될 때
4. 병역판정검사·입영 또는 소집 명령을 받고 정당한 이유 없이 이를 기피하거나 군복무를 위하여 휴직 중인 사람이 군복무 중 군무(軍務)를 이탈하였을 때
5. 제65조의3제3항에 따라 대기명령을 받은 사람이 그 기간 중 능력 또는 근무성적의 향상을 기대하기 어렵다고 인정될 때
6. 해당 직급·직위에서 직무를 수행하는 데 필요한 자격증의 효력이 없어지거나 면허가 취소되어 담당 직무를 수행할 수 없게 되었을 때

② 임용권자는 제1항에 따라 면직시킬 경우에는 미리 인사위원회의 의견을 들어야 한다. 다만, 제1항제5호에 따라 면직시킬 경우에는 해당 인사위원회의 동의를 받아야 하며, 시·군·구의 5급 이상 공무원은 시·도인사위원회의 동의를 받아야 한다.

③ 임용권자는 제1항제1호에 따라 소속 공무원을 면직시킬 때에는 임용형태, 업무실적, 직무수행능력, 징계처분 사실 등을 고려하여 면직 기준을 정하여야 한다.

④ 제3항의 면직 기준을 정하거나 제1항제1호에 따라 면직 대상자를 결정할 때에는 미리 해당 인사위원회의 의결을 거쳐야 한다.

⑤ 제1항제2호에 따른 직권면직일은 휴직기간이 끝난 날 또는 휴직사유가 소멸한 날로 한다.

제65조의3(직위해제) ① 임용권자는 다음 각 호의 어느 하나에 해당하는 사람에 대하여는 직위를 부여하지 아니할 수 있다.

1. 직무수행 능력이 부족하거나 근무성적이 극히 나쁜 사람
2. 파면·해임·강등·정직에 해당하는 징계의결이 요구되고 있는 사람
3. 형사사건으로 기소된 사람(약식명령이 청구된 사람은 제외한다)
4. 금품비위, 성범죄 등 대통령령으로 정하는 비위행위로 인하여 감사원 및 검찰·경찰 등 수사기관

에서 조사나 수사 중인 자로서 비위의 정도가 중대하고 이로 인하여 정상적인 업무수행을 기대하
기 현저히 어려운 자

② 임용권자는 제1항에 따라 직위를 주지 아니한 경우에 그 사유가 소멸되면 지체 없이 직위를 부여
하여야 한다.

③ 임용권자는 제1항제1호에 따라 직위를 주지 아니할 때에는 미리 해당 인사위원회의 의견을 들어
야 하며, 직위해제된 사람에게는 3개월의 범위에서 대기를 명한다.

④ 임용권자는 제3항에 따라 대기명령을 받은 사람에게 능력 회복이나 근무성적의 향상을 위한 교
육훈련 또는 특별한 연구과제의 부여 등 필요한 조치를 하여야 한다.

⑤ 공무원에 대하여 제1항제1호의 직위해제 사유와 같은 항 제2호부터 제4호까지의 직위해제 사유
가 경합(競合)할 때에는 같은 항 제2호부터 제4호까지의 직위해제 처분을 하여야 한다.

제70조(징계의 종류) 징계는 파면 · 해임 · 강등 · 정직 · 감봉 및 견책으로 구분한다.

제71조(징계의 효력) ① 강등은 1계급 아래로 직급을 내리고(연구관 및 지도관은 연구사 및 지도사로
한다) 공무원신분은 보유하나 3개월간 직무에 종사하지 못하며 그 기간 중 보수는 전액을 감한다.
다만, 제4조제2항에 따라 계급을 구분하지 아니하는 공무원, 임기제공무원 및 「고등교육법」 제14조
에 따른 교원과 조교에 대해서는 강등을 적용하지 아니한다.

② 제1항에도 불구하고 교육감 소속의 교육전문직원의 강등은 「교육공무원법」 제2조제10항에 따라
같은 종류의 직무에서 하위의 직위에 임명하고, 공무원의 신분은 보유하게 하나 3개월간 직무에 종
사하지 못하게 하며 그 기간 중 보수는 전액을 감한다.

③ 정직은 1개월 이상 3개월 이하의 기간으로 하고, 정직처분을 받은 사람은 그 기간 중 공무원의
신분은 보유하나 직무에 종사하지 못하며 보수는 전액을 삭감한다.

④ 감봉은 1개월 이상 3개월 이하의 기간 보수의 3분의 1을 삭감한다.

⑤ 견책은 전과(前過)에 대하여 훈계하고 뉘우치게 한다.

⑥ 징계처분을 받은 공무원은 그 처분을 받은 날 또는 그 집행이 끝난 날부터 대통령령으로 정하는
기간 동안 승진임용 또는 승급을 할 수 없다. 다만, 징계처분을 받은 후 직무수행의 공적으로 포상
등을 받은 공무원에 대하여는 대통령령으로 정하는 바에 따라 승진임용이나 승급의 제한기간을 단
축하거나 면제할 수 있다.

(이하 생략)

제72조(징계 등 절차) ① 징계처분등은 인사위원회의 의결을 거쳐 임용권자가 한다. 다만, 5급 이상
공무원 또는 이와 관련된 하위직공무원의 징계처분등과 소속 기관(시 · 도와 구 · 시 · 군, 구 · 시 · 군)
을 달리하는 동일사건에 관련된 사람의 징계처분등은 시 · 도의 인사위원회의 의결로 한다.

(이하 생략)

지방공무원 복무규정(대통령령)

제1조의2(근무기강의 확립) ① 지방공무원(이하 "공무원"이라 한다)은 법령과 직무상 명령을 준수하여
근무기강을 확립하고 질서를 존중하여야 한다.

② 공무원(제8조에 따른 공무원은 제외한다)은 집단 · 연명(聯名)으로 또는 단체의 명의를 사용하여
국가 또는 지방자치단체의 정책을 반대하거나 국가 또는 지방자치단체의 정책 수립 · 집행을 방해해
서는 아니 된다.

행정절차법 시행령

제2조(적용제외) 법 제3조제2항제9호에서 "대통령령으로 정하는 사항"이라 함은 다음 각 호의 어느 하나에 해당하는 사항을 말한다.

1. 「병역법」, 「예비군법」, 「민방위기본법」, 「비상대비자원 관리법」에 따른 징집·소집·동원·훈련에 관한 사항
2. 외국인의 출입국·난민인정·귀화·국적회복에 관한 사항
3. 공무원 인사관계법령에 의한 징계 기타 처분에 관한 사항
4. 이해조정을 목적으로 법령에 의한 알선·조정·중재·재정 기타 처분에 관한 사항
5. 조세관계법령에 의한 조세의 부과·징수에 관한 사항
6. 「독점규제 및 공정거래에 관한 법률」, 「하도급거래 공정화에 관한 법률」, 「약관의 규제에 관한 법률」에 따라 공정거래위원회의 의결·결정을 거쳐 행하는 사항
7. 「국가배상법」, 「공익사업을 위한 토지 등의 취득 및 보상에 관한 법률」에 따른 재결·결정에 관한 사항
8. 학교·연수원등에서 교육·훈련의 목적을 달성하기 위하여 학생·연수생 등을 대상으로 행하는 사항
9. 사람의 학식·기능에 관한 시험·검정의 결과에 따라 행하는 사항
10. 「배타적 경제수역에서의 외국인어업 등에 대한 주권적 권리의 행사에 관한 법률」에 따라 행하는 사항
11. 「특허법」, 「실용신안법」, 「디자인보호법」, 「상표법」에 따른 사정·결정·심결, 그 밖의 처분에 관한 사항

주세법

제6조(주류 제조면허) ① 주류를 제조하려는 자는 주류의 종류별로 주류 제조장마다 대통령령으로 정하는 시설기준과 그 밖의 요건을 갖추어 관할 세무서장의 면허를 받아야 한다.

제8조(주류 판매업면허) 주류 판매업을 하려는 자는 주류 판매업의 종류별로 판매장마다 대통령령으로 정하는 시설기준과 그 밖의 요건을 갖추어 관할 세무서장의 면허를 받아야 한다.

제44조(납세증명표지) ① 국세청장은 주세 보전을 위하여 필요하다고 인정되면 대통령령으로 정하는 바에 따라 출고하는 주류의 용기에 납세 또는 면세 사실을 증명하는 표지(이하 "납세증명표지"라 한다)를 하게 할 수 있다.

② 국세청장은 납세증명표지의 규격, 사용방법 및 절차 등에 관하여 제조자에게 필요한 명령을 할 수 있다.

제55조(벌칙) 제8조에 따른 면허를 받지 아니하고 주류를 판매한 자는 1년 이하의 징역이나 5백만원 이하의 벌금에 처한다.

제56조(과태료) 관할 세무서장은 다음 각 호의 어느 하나에 해당하는 자에게는 2천만원 이하의 과태료를 부과한다.

1. 다음 각 목의 어느 하나에 해당하는 주류를 판매의 목적으로 소지하거나 판매한 자
   가. 제6조에 따른 면허를 받지 아니하고 제조한 주류
   나. 제44조에 따른 납세증명표지가 붙어 있지 아니한 주류

[문 1]

Ⅰ. **논점**
- 지방공무원법 제65조의3 제1항 제1호 위반 여부
- 행정절차법 위반 여부

Ⅱ. **직위해제처분**
1. 의의
2. 징계와의 구별

Ⅲ. **실체적 요건 관련: 지방공무원법 제65조의3 제1항 제1호 위반 여부**

Ⅳ. **절차적 요건 관련: 행정절차법 위반 여부**
- 행정절차법 3 ①
- 행정절차법 3 ② 9호
- 행정절차법 시행령 2
- 직위해제처분의 경우 적용 배제

Ⅴ. **사례의 경우**
- 지방공무원법 제65조의3 제1항 제1호 위반에 해당하지 않음
- 행정절차법상 절차를 거치지 않은 것은 위법하지 않음

[문 2]

Ⅰ. **논점: 하자의 승계**
Ⅱ. **하자의 승계**
1. 하자승계의 의의와 전제조건
2. 학설
   (1) 종래의 견해
   (2) 규준력이론
   (3) 판례
      1) 기본입장
      2) 예외적으로 하자의 승계를 인정
Ⅲ. **사례의 경우**

1. 하자승계의 전제조건 충족
2. 하자의 승계 여부
   - 직위해제의 하자는 직권면직에 승계되지 않음(판례)

[문 3]

Ⅰ. **논점: 협의의 소익**
Ⅱ. **협의의 소익**
1. 의의
2. 법률상 이익의 의미
3. 협의의 소익이 인정되지 않는 경우
4. 처분 등의 효과가 소멸된 경우
   (1) 협의의 소익이 없는 것이 원칙
   (2) 협의의 소익이 인정되는 경우
   (3) ②와 관련하여 직위해제처분의 경우
Ⅲ. **사례의 경우**
- 직위해제처분의 취소를 통하여 이러한 법률상 불이익을 제거할 협의의 소익이 인정됨

[문 4]

Ⅰ. **논점: 불문경고의 처분성**
Ⅱ. **불문경고의 법적 성질**
1. 의의 및 법적 성질
2. 처분성
   (1) 처분의 개념
   (2) 불문경고의 처분성
Ⅲ. **사례의 경우**
- 불문경고가 징계양정규칙이라는 행정규칙에 근거하고 있지만 법적 불이익이 발생하므로 항고소송의 대상이 되는 처분임

[문 1]

I. 논점

- 실체적 요건 관련: 지방공무원법 제65조의3 제1항 제1호 위반 여부
- 절차적 요건 관련: 행정절차법 위반 여부

II. 직위해제처분[96]

1. 의의

- 직위해제란 공무원 자신에게 그 직위를 보유할 수 없는 일정한 귀책사유가 있어 직위를 부여하지 아니하는 것을 말함

2. 징계와의 구별

- 직위해제는 직위해제사유로 인하여 당해 공무원이 계속 직무를 담당하기 곤란하기 때문에 예방적으로 당해 공무원에게 잠정적으로 직무에 종사하지 못하도록 하는 것이라는 점에서 공무원의 비위행위에 대하여 징벌적 제재로서 가해지는 징계와는 그 성질이 다름
- 관련판례

  "… 직위해제는 … 당해 공무원이 장래에 있어서 계속 직무를 담당하게 될 경우 예상되는 업무상의 장애 등을 예방하기 위하여 일시적으로 당해 공무원에게 직위를 부여하지 아니함으로써 직무에 종사하지 못하도록 하는 <u>잠정적인 조치로서의 보직의 해제를 의미하므로 과거의 공무원의 비위행위에 대하여 기업질서 유지를 목적으로 행하여지는 징벌적 제재로서의 징계와는 그 성질이 다르다</u>(대판 2003.10.10, 2003두5945)."

III. 실체적 요건 관련: 지방공무원법 제65조의3 제1항 제1호 위반 여부

- 甲이 사업소 내에서 주류를 반입하여 판매한 것이 지방공무원법 제65조의3 제1항 제1호의 "직무수행 능력이 부족하거나 근무성적이 극히 나쁜 사람"에 해당한다고 판단한 것이 위법한가 하는 것임
- 관련판례

  "직위해제는 징벌적 제재인 징계와는 다르기 때문에, 공무원이 직원에게 주류를 판매하여 근무기강을 해이하게 함으로써 국가공무원법을 위반하였다는 사유는 그것이 국가공무원법 제78조 소정의 징계사유에 해당함은 별문제로 하고 국가공무원법 제73조의2 제1항 제2호 소정

---

96) 강론, 1197면 이하.

의 직위해제사유인 '직무수행능력이 부족하거나 근무성적이 극히 불량한 자'에 해당한다고는 볼 수 없다(대판 2003.10.10, 2003두5945)."

Ⅳ. 절차적 요건 관련: 행정절차법 위반 여부[97]

o 행정절차법 제3조 제1항은 이 법이 정하고 있는 절차에 관하여 다른 법률에 특별한 규정이 있는 경우를 제외하고는 이 법에서 정한 바에 따른다고 하여 행정절차법이 행정절차에 관한 일반법임을 명확히 하고 있음

o 행정절차법은 공무원 인사 관계 법령에 따른 징계와 그 밖의 처분 등 해당 행정작용의 성질상 행정절차를 거치기 곤란하거나 거칠 필요가 없다고 인정되는 사항과 행정절차에 준하는 절차를 거친 사항으로서 대통령령으로 정하는 사항을 동법의 적용이 제외되는 사항으로 규정하고 있음(행정절차법 3 ② 9호)

o 이에 따라 동법 시행령 제2조는 공무원 인사관계법령에 의한 징계 기타 처분에 관한 사항 등 총 11개 항목의 적용제외사항을 규정하고 있음

o 이와 관련하여, <u>공무원 인사관계 법령에 의한 처분에 관한 사항 전부에 대하여 행정절차법의 적용이 배제되는 것이 아니라 성질상 행정절차를 거치기 곤란하거나 불필요하다고 인정되는 처분이나 행정절차에 준하는 절차를 거치도록 하고 있는 처분의 경우에만 행정절차법의 적용이 배제되는 것으로 보아야 할 것임</u>(대판 2007.9.21, 2006두20631).

o 이상과 관련하여 볼 때, 직위해제는 … 일시적인 인사조치로서 당해 공무원에게 직위를 부여하지 아니함으로써 직무에 종사하지 못하도록 하는 잠정적이고 가처분적인 성격을 가진 조치이므로 그 성격상 징벌적 제재로서의 징계 등에서 요구되는 것과 같은 동일한 절차적 보장을 요구할 수는 없는바(대판 2003.10.10, 2003두5945 등), … <u>공무원법 등은 직위해제와 관련하여 … 해당 공무원에게 방어의 준비 및 불복의 기회를 보장하고 … 사후적으로 소청이나 행정소송을 통하여 충분한 의견진술 및 자료제출의 기회를 보장하고 있음</u>

o 따라서 국가공무원법상 직위해제처분은 행정절차법 제3조 제2항 제9호, 동법 시행령 제2조 제3호에 의하여 당해 행정작용의 성질상 행정절차를 거치기 곤란하거나 불필요하다고 인정되는 사항 또는 행정절차에 준하는 절차를 거친 사항에 해당하기 때문에 처분의 사전통지 및 의견청취 등에 관한 행정절차법의 규정이 적용되지 않음(대판 2014.5.16, 2012두26180)

---

97) 강론, 415면 이하.

V. 사례의 경우

○ 지방공무원법 제65조의3 제1항 제1호 위반에 해당하지 않는다는 甲의 주장은 타당하다고 할 수 있음

○ 그러나 행정절차법상 절차를 거치지 않아 절차적 요건을 충족하지 못하였다는 주장은 타당하지 않음

[문 2]

I. 논점: 하자의 승계[98]

II. 하자의 승계

1. 하자승계의 의의와 전제조건

○ 두 개 이상의 행정행위가 연속적으로 행하여지는 경우 선행행정행위의 흠을 이유로 후행행정행위를 다툴 수 있는가 하는 문제

○ 선행행정행위에 단순위법의 하자가 있고 쟁송기간이 도과한 경우에만 하자의 승계가 문제됨

2. 학설

(1) 종래의 견해

① 선행행정행위와 후행행정행위가 상호 독립하여 별개의 효과를 발생하는 경우에는, 선행행위가 당연무효가 아닌 한 그 흠이 후행행위에 승계되지 않음

② 선행행정행위와 후행행정행위가 서로 결합하여 하나의 법적 효과를 완성하는 경우에는 선행행위의 흠이 후행행위에 승계됨

(2) 규준력이론

○ 하자의 승계 문제를 불가쟁력이 발생한 선행행정행위의 후행행정행위에 대한 구속력의 문제로 이해하려는 견해

○ 규준력이 인정되려면, ① 양 행위가 동일한 사안과 목적을 추구하여야 하고(대물적 한계), ② 양 행위에서의 상대방, 이해관계인, 유관기관 등이 일치하여야 하며(대인적 한계), ③ 선행행정행위의 사실 및 법상태가 후행행정행위에 유지되고 있는 경우이어야 함(시간적 한계). ④ 다만 규준력을 인정하는 것이 상대방에게 가혹하거나 예측가능성이 없었던 경우에는 예외적으로

---

98) 강론, 258면 이하, 1199면.

　　규준력이 부인됨(규준력의 추가적 요건)

　(3) 판례

　1) 기본입장

　○ 판례는 과세처분과 체납처분(대판 1997.7.12, 76누51), 사업인정처분과 재결처분(대판 1992.3.13, 91
　　누4324) 등에서의 하자의 승계를 인정하지 않음

　2) 예외적으로 하자의 승계를 인정

　○ 판례는 이와 같은 종래의 입장을 유지하면서도, 예컨대 "위법한 개별공시지가를 기초로 한
　　과세처분 등 후행 행정처분에서 개별공시지가결정의 위법을 주장할 수 없도록 하는 것은 수
　　인한도를 넘는 불이익을 강요하는 경우"와 같은 경우에는 예외적으로 흠의 승계를 인정하기
　　도 함(대판 1994.1.25, 93누8542; 대판 1997.9.26, 96누7649; 대판 2008.8.21, 2007두13845)

　○ 결국 판례의 입장은 양 행위가 서로 독립한 처분인 경우에는 하자의 승계를 부인하는 것이
　　원칙이지만, 불가쟁력이 발생한 선행처분의 하자를 후행 처분에서 다툴 수 있도록 할 것인가
　　의 여부는 개인의 권리보호의 관점에서 수인가능성이 있는지의 여부를 개별적으로 검토하여
　　결정하고 있다고 할 수 있음

Ⅲ. 사례의 경우

1. 하자승계의 전제조건 관련

　○ 선행 직위해제처분에 취소사유가 있고, 불가쟁력이 발생하여 전제조건을 충족하였음

2. 하자의 승계 여부

　○ 직위해제처분과 직권면직처분은 기본적으로 별개의 처분임. 따라서 하자가 승계되지 않는
　　것이 원칙임

　○ 다만 불가쟁력을 통한 행정의 실효성 확보와 개인의 권리구제의 조화의 관점에서 검토해 볼
　　필요는 있겠음

　─ 사례에서는 명확한 언급은 없으나, 甲에게 직위해제처분에 대한 행정쟁송을 제기하지 못한
　　정당한 사유가 존재한다고 보기는 어려워 보임. 따라서 직위해제처분의 취소사유를 들어 직
　　권면직처분의 위법을 주장할 수 없다고 보는 것이 타당해 보임

　○ 직위해제의 하자는 직권면직에 승계되지 않는다는 것이 판례의 입장이기도 함(대판 1970.1.27,
　　68누10)

[문 3]

I. 논점: 협의의 소익

II. 협의의 소익[99]

1. 의의

o 행정소송법 제12조 제2문은 "처분 등의 효과가 기간의 경과, 처분 등의 집행 그 밖의 사유로 인하여 소멸된 뒤에도 그 처분 등의 취소로 인하여 회복되는 법률상 이익이 있는 자의 경우에는 또한 같다."고 하여 이 경우에도 취소소송을 제기할 수 있음을 규정하고 있음

o 동조 제1문에서의 '법률상 이익'이 취소소송에서의 보호대상인 권리라면, 제2문에서의 '법률상 이익'은 취소소송을 통한 '권리보호의 필요성 또는 분쟁의 현실성'을 의미하는 것으로서 이를 '협의의 소익'이라 함

2. 법률상 이익의 의미

o 행정소송법 제12조 제2문의 '법률상 이익'의 의미와 관련하여 여러 견해가 있으나, 이는 권리보호의 필요성을 의미하는 것이므로, 이를 '원고적격'에서와 같이 '법적으로 보호되는 이익'에 한정할 이유는 없음. 따라서 '법적 보호이익' 이외에도, 적어도 각종 제도상의 불이익을 제거하여야 할 이익은 협의의 소익에 포함된다고 보아야 할 것임

3. 협의의 소익이 인정되지 않는 경우

o 협의의 소익이 없는 경우로 행정소송법은 ① 처분 등의 효과가 소멸된 경우(행소법 12 2문)를 규정하고 있지만, 그 외에도 ② 보다 간단한 방법으로 권리보호가 가능한 경우, ③ 소송으로 다툴 실제적 효용이나 이익이 없는 경우, ④ 소권이 남용 또는 실효된 경우 등을 들 수 있음

4. 처분 등의 효과가 소멸된 경우

(1) 협의의 소익이 없는 것이 원칙

o 처분에 효력기간이 정하여져 있는 경우 그 기간 경과 후에는 그 처분이 외형상 잔존함으로 인하여 어떠한 법률상 이익이 침해되었다고 볼 만한 별다른 사정이 없는 한 그 처분의 취소를 구할 법률상 이익이 없는 것이 원칙임(대판 2004.7.8, 2002두1946)

---

99) 강론, 846면 이하, 1199면.

(2) 협의의 소익이 인정되는 경우
  o 처분의 효력이 상실된 경우에도 처분의 취소로 인하여 회복되는 이익이 있는 경우에는 예외적으로 권리보호의 필요성이 인정됨(행소법 12 2문)
  o 이와 같은 경우로는 ① 동일한 사유로 위법한 처분이 반복될 구체적인 위험성이 있는 경우, ② 처분의 취소로 당해 법률이나 다른 법률에 의하여 보호되는 직접적·구체적 이익이 있는 경우를 들 수 있음
(3) ②와 관련하여 직위해제처분의 경우
  o 직위해제처분은 그 공무원의 지위를 그대로 존속시키면서 다만 그 직위만을 부여하지 아니하는 처분이므로 직위해제한 후 그 직위해제 사유와 동일한 사유를 이유로 징계처분을 하였다면 뒤에 이루어진 징계처분에 의하여 그 전에 있었던 직위해제처분은 그 효력을 상실함
  o 직위해제처분에 기하여 발생한 효과는 당해 직위해제처분이 실효되더라도 소급하여 소멸하는 것이 아니므로, 직위해제처분에 따른 효과로 승진·승급에 제한을 가하는 등의 법률상 불이익이 있는 경우에는 이러한 법률상 불이익을 제거하기 위하여 그 실효된 직위해제처분에 대한 구제를 신청할 협의의 소익이 인정됨(대판 2010.7.29, 2007두18406)

Ⅲ. 사례의 경우

  o 甲에 대한 직위해제처분 이후에 정직처분이 있으면, 직위해제처분은 그 효력을 상실함
  o 그러나 「X도 인사규정」에 따른 직위해제처분시 승진과 승급이 제한되는 효과는 직위해제처분이 실효되더라도 소급하여 소멸하지 않음
  o 따라서 甲으로서는 직위해제처분의 취소를 통하여 이러한 법률상 불이익을 제거할 현실적인 필요성이 존재하므로, 협의의 소익이 인정된다고 보는 것이 타당함

[문 4]

Ⅰ. 논점: 불문경고의 처분성[100]

Ⅱ. 불문경고의 법적 성질

1. 의의 및 법적 성질
  o 공무원관계에서 공무원에게 가하여지는 징계처분으로서 가장 경미한 처분인 '견책' 대신에 '불문경고조치'가 행하여지는 경우가 있음

---

100) 강론, 882, 1227면 이하.

○ 이러한 불문경고의 법적 성질은 국가나 해당 지방자치단체의 '공무원징계양정에 관한 규칙' 및 관련 규정의 내용에 따라 다를 수 있음

2. 처분성

(1) 처분의 개념

○ '처분'이라 함은 행정청이 행하는 구체적 사실에 대한 법집행으로서의 공권력의 행사 또는 그 거부와 그 밖에 이에 준하는 행정작용(행소법 2 ① 1호)

○ 처분의 개념적 요소: 행정청의 처분은, ① 행정청이 행하는, ② 구체적 사실에 관한 법집행으로서, ③ 공권력을 행사하거나 거부하는, ④ 국민의 권리의무에 직접 영향을 미치는 공법행위(대판 2012.9.27, 2010두3541 참조)이어야 함

(2) 불문경고의 처분성

○ 대법원은 어떠한 처분의 근거가 행정규칙에 규정되어 있다고 하더라도 이로 인하여 상대방의 권리의무에 직접 영향이 있으면 항고소송의 대상이 되는 행정처분에 해당한다고 보고 있음

— 어떠한 처분의 근거가 행정규칙에 규정되어 있다고 하더라도, 그 처분이 상대방에게 권리 설정 또는 의무 부담을 명하거나 기타 법적인 효과를 발생하게 하는 등으로 상대방의 권리 의무에 직접 영향을 미치는 행위라면, 이 경우에도 항고소송의 대상이 되는 행정처분에 해당(대판 2012.9.27, 2010두3541)

○ 이에 따라 행정규칙에 의한 '불문경고조치'가 비록 법률상의 징계처분은 아니지만 이로 인하여 일정한 불이익이 발생하는 경우에는 항고소송의 대상이 되는 행정처분에 해당한다고 보고 있음

— 행정규칙에 의한 '불문경고조치'가 비록 법률상의 징계처분은 아니지만 위 처분을 받지 아니하였다면 차후 다른 징계처분이나 경고를 받게 될 경우 징계감경사유로 사용될 수 있었던 표창공적의 사용가능성을 소멸시키는 효과와 1년 동안 인사기록카드에 등재됨으로써 그 동안은 장관표창이나 도지사표창 대상자에서 제외시키는 효과 등이 있다는 이유로 항고소송의 대상이 되는 행정처분에 해당(대판 2002.7.26, 2001두3532)

Ⅲ. 사례의 경우

○ 불문경고가 징계양정규칙이라는 행정규칙에 근거하고 있지만 경고를 받으면 6개월간 승진이 제한되는 법적 불이익이 발생하므로, 이 경우 판례에 따르면 항고소송의 대상이 되는 처분에 해당됨

○ 따라서 취소소송을 제기할 수 있음

2020년 제2차 변호사시험 모의시험 제1문

부동산 가격의 폭등으로 결혼과 출산율이 대폭 감소하여 대한민국 소멸론까지 등장하였다. 이에 그동안 경제민주화를 위해서 적극적인 경제개혁이 필요하다고 주장하던 甲정당과 乙정당 그리고 丙창당준비위원회는 연합하여 대통령에게 새로운 경제정책을 실행하도록 주문하면서 여러 개혁법률안을 2020년 2월 1일 국회에 제출하였다. 甲정당과 乙정당은 중앙선거관리위원회에 등록된 정당이고, 乙정당은 북한 노동당을 추종하는 정당이라는 이유로 헌법재판소가 강제해산한 '한국노동당'의 후신 정당으로 정당 등록 이후 정강을 개정하여 '한국노동당' 정신을 계승한다고 명시하였다. 丙창당준비위원회는 2020년 1월 15일에 중앙선거관리위원회에 결성신고를 하였고 정당법상 정당의 형식적 요건은 모두 갖추었다. 이 법률안들은 주택거래허가제와 2주택 이상 보유 금지, 양도소득세와 주택보유세 400% 증액 등을 담고 있다.

그러자 대통령은 甲정당과 乙정당 그리고 丙창당준비위원회의 위 법률안들의 제출행위가 사유재산과 시장경제를 골간으로 한 경제질서를 무너뜨려서 민주적 기본질서에 위배된다고 주장하면서, 국무회의에 이들에 대한 정당해산심판청구서 제출안을 올렸다. 그런데 대통령은 외국순방 일정이 있어서 국무총리가 국무회의를 주재하였고, 과반수 국무위원의 반대로 정당해산심판청구서 제출안을 의결하는 데 실패하였다. 그러나 대통령은 위헌정당해산의 실질적 요건이 충족된다고 판단되면 정부는 반드시 제소하여야 한다고 주장하면서 2020년 5월 1일 헌법재판소에 甲정당과 乙정당 그리고 丙창당준비위원회에 대한 정당해산심판을 청구하였다.

4. 정부의 정당해산심판청구에 대하여 비판하는 방송을 내보낸 한국방송공사 사장 A에 대하여 적법한 해임권한이 있는 대통령은 A를 해임하였다. 이에 대하여 A는 해임사유를 제시하지 않은 하자가 있다고 주장하면서 해임처분의 취소를 구하는 행정소송을 제기하였다. 그 후 대통령이 부실경영 등의 해임사유를 구체적으로 기재한 문서를 A에게 보낸 경우 해임사유를 제시하지 않은 하자로 해임처분이 위법하게 되는가? (20점)

[문 4]

I. 논점
 ○ 이유제시의 하자의 치유
  - 이유제시의 하자와 그 효과
  - 이유제시 하자의 독자적 위법성과 위법성의 정도(무효인지 취소인지)
  - 하자의 치유, 이유제시 하자의 치유와 시간적 한계

II. 이유제시
 1. 이유제시의 의의
 2. 이유제시의 하자와 그 효과
 3. 절차상 하자 있는 행정행위의 효력
  (1) 절차적 하자의 독자적 위법성 여부의 문제
  1) 문제의 소재
  2) 학설

○ 소극설
○ 적극설
3) 판례
4. 절차적 하자의 위법성 정도
5. 이유제시 하자의 치유
(1) 하자의 치유
1) 의의
2) 허용성

(2) 이유제시 하자의 사후추완
5. 하자치유의 시간적 한계
Ⅲ. 사례의 경우
○ 이유제시 결여는 독자적인 위법사유
○ 취소사유로서 하자의 치유 대상
○ 단, 소송제기 이후이므로 허용되지 않음

[문 4]

Ⅰ. 논점

○ 이유제시의 하자의 치유
— 이유제시의 하자와 그 효과
— 이유제시 하자의 독자적 위법성과 위법성의 정도(무효인지 취소인지)
— 하자의 치유, 이유제시 하자의 치유와 시간적 한계

Ⅱ. 이유제시[101]

1. 이유제시의 의의

○ 행정청은 처분을 할 때에는 일정한 경우를 제외하고는 당사자에게 그 근거와 이유를 제시하여야 함(행정절차법 23 ①)

2. 이유제시의 하자와 그 효과

○ 이유제시의 하자는 독자적인 위법사유가 됨. 따라서 이유제시에 하자가 있는 처분은 위법함. 판례의 입장도 동일함(대판 1985.5.28, 84누289)

3. 절차상 하자 있는 행정행위의 효력

(1) 절차적 하자의 독자적 위법성 여부의 문제[102]
1) 문제의 소재
○ 절차상의 하자가 있다는 이유만으로 행정행위가 위법한 행정행위가 되어 무효 또는 취소가

---

101) 강론, 424면 이하.
102) 강론, 447면 이하.

되는가 하는 문제로, 특히 기속행위와 관련하여 논란이 있음

2) 학설

ㅇ 소극설

— ① 행정절차는 적정한 행정결정을 확보하기 위한 것이고, ② 행정청이 적법한 절차를 거쳐 다시 처분하더라도 결국 동일한 처분을 하게 되는 경우 절차상 하자만으로 당해 처분을 취소하는 것은 행정경제·소송경제에 반한다는 점 등에서 독자적 위법성을 부인

ㅇ 적극설

— ① 법정 절차를 준수하지 않아도 행정처분이 적법한 것으로 인정된다면 이는 법치행정의 원리에 정면으로 위배되고, ② 소극설에 따를 경우 기속행위의 경우에는 절차적 규제를 담보할 수단이 없어지게 된다는 점 등에서 독자적 위법성 긍정

3) 판례

ㅇ 이유제시의 결여(대판 1985.5.28, 84누289)를 절차위반의 위법사유로 인정하고 있어 적극설의 입장이라고 할 수 있음

4. 절차적 하자의 위법성 정도

ㅇ 명문의 규정이 없는 경우에 절차상 하자가 무효사유인지 취소사유인지 문제임. 이 문제는 결국 중대명백설에 따라 판단하여야 할 것임

ㅇ 대법원의 경우 대부분 절차적 하자가 있는 행정처분에 대하여 취소사유로 인정하나, 절차위반으로 인하여 그 절차가 지향하는 목적을 형해화할 정도의 하자가 있는 경우 중대하고 명백한 하자로서 무효로 보고 있음

5. 이유제시 하자의 치유

(1) 하자의 치유[103]

1) 의의

ㅇ 적법요건에 흠이 있는 행정행위라 하더라도 그 흠의 원인이 되었던 법적 요건을 사후에 보완하거나 그 흠이 취소원인이 될 만한 가치를 상실함으로써 행위의 효력을 유지하도록 하는 것

2) 허용성

ㅇ 종래 통설·판례는 하자의 치유는 취소할 수 있는 행정행위의 경우에만 인정되고, 무효인 행정행위는 처음부터 효력이 없기 때문에 치유를 통하여 없는 효력을 인정할 수는 없다는 점에서 하자의 치유를 인정하지 않음

---

103) 강론, 265면 이하.

(2) 이유제시 하자의 사후추완

o 이유제시의 하자에 대한 사후추완과 관련하여, ① 이유제시의 제도적 취지를 고려하여 이유 제시 하자의 치유는 원칙적으로 허용될 수 없다는 견해(부정설)가 있으나, ② 다수설 및 판례 는 예외적으로 행정행위의 무용한 반복을 피하고 당사자의 법적 안정성을 위해 이를 허용하 는 때에도 국민의 권리나 이익을 침해하지 않는 범위에서 구체적 사정에 따라 합목적적으로 인정하여야 한다(대판 2002.7.9, 2001두10684)는 견해임(제한적 긍정설)

5. 하자치유의 시간적 한계

o 하자의 치유시기와 관련하여서는 행정쟁송 제기 이전까지만 가능하다는 견해와 쟁송제기 이 후에도 가능하다는 견해가 있는데, 전자의 입장이 다수설이자 판례의 입장임

Ⅲ. 사례의 경우

o 해임처분은 재량행위로서, 이유제시를 결여하였고, 이는 독자적인 위법사유가 됨
o 이유제시 결여는 취소사유로서 하자의 치유의 대상이 됨
o 다만 취소소송 제기 이후에 해임사유가 제시되었으므로 위 사례의 경우는 하자의 치유가 허 용되지 않음
o 따라서 해임처분은 위법함

2020년 제2차 변호사시험 모의시험 제2문

甲은 2011년 9월 교내시설에 대한 적법한 사용허가권한을 가진 국립대학교 총장 乙로부터 행정재산인 대학 내 학생문화시설 일부 공간에 대하여 사용기간을 5년(2011년 9월-2016년 8월)으로 하는 사용허가를 받은 후 2016년 8월 그 사용기간을 다시 연장(2016년 9월-2020년 8월)하는 갱신허가(이하 사용허가와 갱신허가를 합쳐 '이 사건 사용허가'라 한다)를 받아 교직원 및 외부 방문객들이 주로 이용하는 이탈리안 레스토랑을 운영하여 왔다.

2017년 이후 육류 재료비가 급격하게 상승하자, 甲은 인체에 유해한 물질이 들어있는 조미료를 음식물 조리에 사용할 목적으로 사용하였다. 이를 알게 된 乙은 관할구청 식품위생과장인 丙에게 이를 알렸으며, 丙은 별도의 조사를 거쳐 위 사실을 확인한 후 2018년 7월 그 자신의 이름으로 甲에게 「식품위생법」 위반을 이유로 영업정지처분에 갈음하는 과징금 부과처분을 하였고, 甲은 별다른 이의제기 없이 즉시 과징금을 납부하였다.

이후, 乙은 학생 수가 증가하여 강의시설이 부족하게 되자 위 레스토랑을 강의시설로 사용하기로 결정하고, 2018년 8월 적법한 절차를 거쳐 레스토랑에 대한 사용허가 취소공문을 발송하여 소정의 기간 내에 위 레스토랑이 있는 학생문화시설 부지에서 퇴거하고 이에 부수하여 그 영업 시설을 반출하라는 내용의 통지를 하였다. 甲은 지난 7년여 간 레스토랑을 운영하여 왔으며, 이 사건 사용허가 기간이 아직 2년 정도 남아있는 상황에서의 위 통지는 지나치게 가혹한 처분이라고 주장하고 있다.

1. 乙의 이 사건 사용허가의 법적 성질을 검토하시오. (10점)
2. 乙의 이 사건 사용허가 취소처분의 적법성을 검토하시오. (20점)
3. 乙은 이탈리안 레스토랑으로 활용되는 학생문화시설 공간을 반환받기 위하여 대집행을 할 수 있는가? (20점)
4. 甲은 2018년 7월 과징금을 납부한 이후 丙이 식품위생법령상 처분권한이 없으며 내부위임에 근거하였다는 점을 알게 되었다. 甲이 이미 납부한 과징금을 반환받기 위하여 제기할 수 있는 소송유형을 검토하시오. (30점)
5. 교육부는 乙이 총장으로 있는 국립대학교에 총장선출방식을 대학구성원이 직접 선출하는 직선제에서 교육부가 구성에 관여하는 총장선출위원회에서 선출하는 간선제로 바꾸도록 요구하면서 이에 따르지 않으면 예산상 불이익을 주겠다고 한다. 이에 국립대학교는 자신의 기본권침해를 이유로 헌법재판소에 헌법소원심판 청구를 하려고 한다. 국립대학교가 기본권주체가 될 수 있는지 여부와 기본권주체가 된다면 국립대학교가 교육부에 주장할 수 있는 기본권은 무엇인지를 검토하시오. (20점)

[참고 조문] (아래 법령은 현행 법령과 다를 수 있음)

「국유재산법」

제6조(국유재산의 구분과 종류) ① 국유재산은 그 용도에 따라 행정재산과 일반재산으로 구분한다.

② 행정재산의 종류는 다음 각 호와 같다.

1. 공용재산: 국가가 직접 사무용·사업용 또는 공무원의 주거용(직무 수행을 위하여 필요한 경우로서 대통령령으로 정하는 경우로 한정한다)으로 사용하거나 대통령령으로 정하는 기한까지 사용하기로 결정한 재산

2. 공공용재산: 국가가 직접 공공용으로 사용하거나 대통령령으로 정하는 기한까지 사용하기로 결정한 재산

3. 기업용재산: 정부기업이 직접 사무용·사업용 또는 그 기업에 종사하는 직원의 주거용(직무 수행을 위하여 필요한 경우로서 대통령령으로 정하는 경우로 한정한다)으로 사용하거나 대통령령으로 정하는 기한까지 사용하기로 결정한 재산

4. 보존용재산: 법령이나 그 밖의 필요에 따라 국가가 보존하는 재산

③ "일반재산"이란 행정재산 외의 모든 국유재산을 말한다.

제30조(사용허가) ① 중앙관서의 장은 다음 각 호의 범위에서만 행정재산의 사용허가를 할 수 있다.

1. 공용·공공용·기업용 재산: 그 용도나 목적에 장애가 되지 아니하는 범위

2. 보존용재산: 보존목적의 수행에 필요한 범위

제35조(사용허가기간) ① 행정재산의 사용허가기간은 5년 이내로 한다. 다만, 제34조제1항제1호의 경우에는 사용료의 총액이 기부를 받은 재산의 가액에 이르는 기간 이내로 한다.

② 제1항의 허가기간이 끝난 재산에 대하여 대통령령으로 정하는 경우를 제외하고는 5년을 초과하지 아니하는 범위에서 종전의 사용허가를 갱신할 수 있다. 다만, 수의의 방법으로 사용허가를 할 수 있는 경우가 아니면 1회만 갱신할 수 있다.

제36조(사용허가의 취소와 철회) ① 중앙관서의 장은 행정재산의 사용허가를 받은 자가 다음 각 호의 어느 하나에 해당하면 그 허가를 취소하거나 철회할 수 있다.

3. 해당 재산의 보존을 게을리하였거나 그 사용목적을 위배한 경우

5. 중앙관서의 장의 승인 없이 사용허가를 받은 재산의 원래 상태를 변경한 경우

② 중앙관서의 장은 사용허가한 행정재산을 국가나 지방자치단체가 직접 공용이나 공공용으로 사용하기 위하여 필요하게 된 경우에는 그 허가를 철회할 수 있다.

③ 제2항의 경우에 그 철회로 인하여 해당 사용허가를 받은 자에게 손실이 발생하면 그 재산을 사용할 기관은 대통령령으로 정하는 바에 따라 보상한다.

제72조(변상금의 징수) ① 중앙관서의 장등은 무단점유자에 대하여 대통령령으로 정하는 바에 따라 그 재산에 대한 사용료나 대부료의 100분의 120에 상당하는 변상금을 징수한다. 다만, 다음 각 호의 어느 하나에 해당하는 경우에는 변상금을 징수하지 아니한다.

1. 등기사항증명서나 그 밖의 공부(公簿)상의 명의인을 정당한 소유자로 믿고 적절한 대가를 지급하고 권리를 취득한 자(취득자의 상속인이나 승계인을 포함한다)의 재산이 취득 후에 국유재산으로 판명되어 국가에 귀속된 경우

2. 국가나 지방자치단체가 재해대책 등 불가피한 사유로 일정 기간 국유재산을 점유하게 하거나 사용·수익하게 한 경우

제73조(연체료 등의 징수) ① 중앙관서의 장등은 국유재산의 사용료, 관리소홀에 따른 가산금, 대부료, 매각대금, 교환자금 및 변상금(징수를 미루거나 나누어 내는 경우 이자는 제외한다)이 납부기한까지 납부되지 아니한 경우 대통령령으로 정하는 바에 따라 연체료를 징수할 수 있다. 이 경우 연체료 부과대상이 되는 연체기간은 납기일부터 60개월을 초과할 수 없다.

제74조(불법시설물의 철거) 정당한 사유 없이 국유재산을 점유하거나 이에 시설물을 설치한 경우에는 중앙관서의 장등은 「행정대집행법」을 준용하여 철거하거나 그 밖에 필요한 조치를 할 수 있다.

「식품위생법」

제4조(위해식품등의 판매 등 금지) 누구든지 다음 각 호의 어느 하나에 해당하는 식품등을 판매하거나 판매할 목적으로 채취·제조·수입·가공·사용·조리·저장·소분·운반 또는 진열하여서는 아니 된다.

2. 유독·유해물질이 들어 있거나 묻어 있는 것 또는 그러할 염려가 있는 것. 다만, 식품의약품안전처장이 인체의 건강을 해칠 우려가 없다고 인정하는 것은 제외한다.

제75조(허가취소 등) ① 식품의약품안전처장 또는 특별자치시장·특별자치도지사·시장·군수·구청장은 영업자가 다음 각 호의 어느 하나에 해당하는 경우에는 대통령령으로 정하는 바에 따라 영업허가 또는 등록을 취소하거나 6개월 이내의 기간을 정하여 그 영업의 전부 또는 일부를 정지하거나 영업소 폐쇄(제37조제4항에 따라 신고한 영업만 해당한다. 이하 이 조에서 같다)를 명할 수 있다. (중략)

1. 제4조부터 제6조까지, 제7조제4항, 제8조, 제9조제4항 또는 제12조의2제2항을 위반한 경우

제82조(영업정지 등의 처분에 갈음하여 부과하는 과징금 처분) ① 식품의약품안전처장, 시·도지사 또는 시장·군수·구청장은 영업자가 제75조제1항 각 호 또는 제76조제1항 각 호의 어느 하나에 해당하는 경우에는 대통령령으로 정하는 바에 따라 영업정지, 품목 제조정지 또는 품목류 제조정지 처분을 갈음하여 10억원 이하의 과징금을 부과할 수 있다. 다만, 제6조를 위반하여 제75조제1항에 해당하는 경우와 제4조, 제5조, 제7조, 제12조의2, 제37조, 제43조 및 제44조를 위반하여 제75조제1항 또는 제76조제1항에 해당하는 중대한 사항으로서 총리령으로 정하는 경우는 제외한다.

② 제1항에 따른 과징금을 부과하는 위반 행위의 종류·정도 등에 따른 과징금의 금액과 그 밖에 필요한 사항은 대통령령으로 정한다.

[문 1]

Ⅰ. **논점**
　○ 행정재산의 목적 외 사용

Ⅱ. **행정재산의 목적 외 사용**
　1. 의의
　2. 성질
　　(1) 학설
　　　① 사법관계설
　　　② 공법관계설
　　　③ 결론
　　(2) 판례: 특허에 의한 공법관계

Ⅲ. **사례의 경우**
　○ 사례의 사용허가는 행정재산의 목적 외 사용에 대한 허가로서 그 법적 성질은 특허(공법관계)임

[문 2]

Ⅰ. **논점**
　○ 행정행위의 철회(철회권의 근거와 제한)

Ⅱ. **사용허가취소의 법적 성질: 철회**

Ⅲ. **행정행위의 철회**

1. 의의
2. 철회권자
3. 철회권의 근거
   ○ 근거불요설(철회자유설·소극설)
   ○ 근거필요설(철회제한설·적극설)
   ○ 판례: 근거불요설
   ○ 결론
4. 철회사유
5. 철회권의 제한(특히 수익적 행정행위의 철회)
   (1) 철회제한의 원칙
   (2) 수익적 행정행위의 철회

Ⅳ. 사례의 경우
   ○ 철회는 적법함
   ○ 국유재산법(36 ③)에 따라 보상 필요

[문 3]

Ⅰ. 논점
   ○ 대집행의 요건

Ⅱ. 대집행
1. 대집행의 의의
2. 대집행의 요건
   (1) 대체적 작위의무의 불이행이 있을 것
   (2) 다른 수단으로써 그 이행을 확보하기 곤란할 것
   (3) 그 불이행을 방치함이 심히 공익을 해할 것으로 인정될 것

Ⅲ. 사례의 경우
   ○ 국유재산법 제74조
   ○ 영업시설의 반출은 대집행 가능
   ○ 甲의 퇴거의무는 비대체적 작위의무
   ○ 대집행 대신 변상금 부과(국유재산법 제72조) 가능
   ○ 의무의 불이행을 방치함이 심히 공익을 해한다고 보기 어려움
   ○ 결론: 대집행을 할 수 없음

[문 4]

Ⅰ. 논점
   ○ 무권한의 행위
   ○ 부당이득반환청구권의 성질과 선결문제 판단권
   ○ 과징금부과처분무효확인소송의 가능성 (협의의 소익)

Ⅱ. 무권한의 행위의 위법성 정도
1. 무효와 취소의 구별
   ○ 통설인 중대명백설
   ○ 그 밖의 학설
   ○ 대법원: 원칙적으로 중대명백설
2. 권한의 내부위임
   ○ 의의
   ○ 내부위임의 효과: 위임관청의 이름으로만 권한 행사 가능
3. 무권한의 행위
   ○ 의의와 효과(원칙: 무효)
4. 사례의 경우
   ○ 과징금부과처분은 무권한의 행위로 무효

Ⅲ. 부당이득반환청구권의 성질과 선결문제판단권
1. 문제의 소재
2. 부당이득반환청구권의 성질
   ① 공권설
   ② 사권설
   ③ 판례: 사권설
3. 민사사건의 선결문제판단권
   ○ 선결문제의 의의
   ○ ① 부정설, ② 긍정설(다수설)
   ○ 판례: 다수설
4. 사례의 경우
   ○ 민사법원은 과징금부과처분이 무효임을 전제로 판단할 수 있고, 甲은 이를 통하여 과징금을 반환받을 수 있음

Ⅳ. 과징금부과처분무효확인소송의 가능성

1. 문제의 소재
   ○ 행정소송법 제35조의 '확인의 이익'
2. 학설
   ○ ① 긍정설(즉시확정이익설),
     ② 부정설
3. 판례

① 종전: 긍정설(무효등확인소송의 보충적 적용), ② 부정설로 입장변경
4. 사례의 경우
   ○ 확인의 이익(협의의 소익) 인정
Ⅴ. 관련청구의 병합
Ⅵ. 결론

[문 1]

Ⅰ. 논점

○ '행정재산의 목적 외 사용' 허가의 법적 성질(공법관계인지 여부)

Ⅱ. 행정재산의 목적 외 사용[104]

1. 의의

○ 행정재산도 그 용도 또는 목적에 장해가 되지 않는 범위에서 관리청은 예외적으로 사용을 허가할 수 있는데(국유재산법 30, 공유재산법 20), 이러한 허가에 따른 행정재산의 사용관계를 '행정재산의 목적 외 사용'이라 함

2. 성질

(1) 학설

① 사법관계설은 행정재산의 목적 외 사용의 내용은 오로지 사용자의 사적 이익을 도모한다는 이유로 사법상의 계약관계로 봄

② 대다수의 견해인 공법관계설은 행정재산의 목적 외 사용의 법률관계의 발생 또는 소멸은 행정행위에 의하여 이루어지므로 공법관계로 봄

③ 결론

(ⅰ) 과거 국유재산법은 행정재산의 사용허가에 관하여 일반재산의 대부(貸付)에 관한 규정을 준용하고 있었음에 따라, 당시의 다수설과 판례는 사법관계설의 입장을 취하였음

(ⅱ) 그러나 현행법은 행정재산의 목적 외 사용을 관리청의 허가에 의하도록 하고 있고, 상대방의 귀책사유가 있는 경우나 공공목적을 위하여 취소·철회할 수 있도록 하며, 사용료의 일방적 부과 및 그에 대한 강제징수를 규정하고 있으므로, 공법관계로 보는 견해가 타당함

---

104) 강론, 1299면 이하.

(2) 판례: 특허에 의한 공법관계로 봄(대판 2006.3.9, 2004다31074)

Ⅲ. 사례의 경우

o 사례의 사용허가는 행정재산의 목적 외 사용에 대한 허가로서 그 법적 성질은 특허(공법관계)임

[문 2]

Ⅰ. 논점

o 행정행위의 철회(철회권의 근거와 제한)

Ⅱ. 사용허가취소의 법적 성질

o 사용허가가 위법하여 취소하는 것이 아니라, 적법한 사용허가를 사후의 사정변경으로 효력을 소멸시키려 하는 것으로 이는 강학상 철회에 해당함

Ⅲ. 행정행위의 철회[105]

1. 의의

o 적법·유효하게 성립한 행정행위에 대하여 사후에 그 효력을 존속시킬 수 없는 새로운 사정이 발생하였음을 이유로 장래에 향하여 그 효력을 소멸시키는 행위

2. 철회권자

o 적법한 행정행위를 후발적 원인에 의하여 그 효력을 부인하는 것이므로 처분청만이 할 수 있음

3. 철회권의 근거

o 행정행위의 철회에 별도의 법적 근거가 필요한가 하는 것과 관련하여 학설이 대립됨
o 근거불요설(철회자유설·소극설): 행정행위의 철회는 공익상 처분의 효력을 지속시킬 수 없는 사유에 의하여 이루어지게 되므로 철회에는 어느 정도의 처분청의 재량과 정책적 판단이 필요하다는 점에서, 명문의 규정이 없더라도 처분청이 행정행위를 할 수 있는 권한에는 철회권도 포함된다는 견해
o 근거필요설(철회제한설·적극설): 일반적으로 철회는 수익적 행정행위의 효력을 부인하는 침익적

---

105) 강론, 281면 이하.

성격의 행정행위이므로 법률유보의 최소한인 침해유보설의 입장에서 본다 하더라도 원칙적
으로 법적 근거가 요구된다는 견해
- ○ 판례는 철회에 별도의 법적 근거를 요하지 않는다는 입장임(대판 1992.1.17, 91누3130)
- ○ 결론: 원칙적으로 상대방이나 이해관계인의 권익을 침해하는 행정행위의 철회에는 법적 근거
  가 필요하다고 보아야 할 것이나, 법령이 모든 현상을 예측하여 규정하기 어려운 점 등을
  고려하면, 상대방의 귀책사유에 기인하는 경우이거나, 철회권이 유보되어 있거나 또는 그 밖
  에 중대한 공익상의 필요가 있는 경우에는 예외적으로 법적 근거가 없더라도 철회가 가능하
  다고 보아야 할 것임. 그러나 이러한 예외는 엄격하고 제한적으로 인정하여야 할 것임

4. 철회사유

- ○ 일반적으로 철회의 사유로는 ① 법령에 철회사유가 규정되어 있는 경우, ② 의무위반 등의
  사정변경이 있는 경우, ③ 철회권의 유보 및 부담의 불이행의 경우, ④ 근거법령이 개정된
  경우, ⑤ 중대한 공익상의 필요가 발생한 경우 등을 들 수 있음

5. 철회권의 제한(특히 수익적 행정행위의 철회의 경우)

(1) 철회제한의 원칙

- ○ 행정행위를 철회함에 있어서는 상대방의 신뢰보호와 법적 안정을 위하여 철회권행사가 제한
  됨(철회제한의 원칙). 특히 철회가 적법한 행위의 효력을 소멸시키는 것이라는 점에서 신뢰보호
  의 원칙은 직권취소의 경우보다 더 존중되어야 함

(2) 수익적 행정행위의 철회

- ○ 수익적 행정행위의 철회는 상대방의 입장에서는 매우 과중한 제재수단임. 따라서 비례원칙을
  엄격하게 준수하여야 함. 즉 철회보다 경미한 침해를 가져오는 다른 방법(예: 개선명령 등)이 있
  으면 이를 우선하여야 하고(철회의 보충적 적용), 일부철회가 가능하면 전부철회보다는 일부철회
  를 하여야 함

Ⅳ. 사례의 경우

- ○ 사례의 사용허가의 취소는 철회임
- ○ 사례에서 철회사유는 '강의시설의 부족'인데, 이는 '중대한 공익상의 필요'라는 철회사유에
  해당할 수 있음
- — 다만 이 사유가 국유재산법 제36조 제1항 각호의 사유에 해당한다고 보기는 어려움
- — 그러나 근거불요설에 따를 경우 철회는 법적 근거가 없더라도 가능하므로 문제는 없음
- ○ 그런데 국립대학교는 국가 소속의 행정기관이므로, 사례의 경우 국유재산법 제36조 제2항에

해당된다고 할 수 있으므로 철회의 법적 근거는 존재함

○ 사례상 명확치는 않으나, 일반적으로 강의시설 확보라는 공익상의 요청이 甲의 불이익보다 더 크다고 할 수 있겠음. 따라서 철회는 적법함

○ 다만 이 경우 보상보호가 문제되므로, 乙은 국유재산법 제36조 제3항에 따라 甲에게 보상을 해주어야 할 것임

[문 3]

Ⅰ. 논점

○ 대집행의 요건

○ 특히 퇴거의무로서 비대체적 작위의무에 대한 대집행 가능 여부

Ⅱ. 대집행[106)]

1. 대집행의 의의

○ 대집행이란 법령에 의하여 직접 명령되었거나 또는 법령에 의거한 행정청의 명령에 의한 행위로서 타인이 대신하여 행할 수 있는 행위를 의무자가 이행하지 아니하는 경우에 행정청이 스스로 의무자가 하여야 할 행위를 하거나 또는 제3자로 하여금 이를 하게 하고 그 비용을 의무자로부터 징수하는 행위를 말함

2. 대집행의 요건

(1) 대체적 작위의무의 불이행이 있을 것

○ 공법상 의무의 불이행이 있을 것

○ 대체적(代替的) 작위의무의 불이행일 것. 따라서 타인이 대신하여 행할 수 없는 비대체적인 의무나 부작위의무는 대집행의 대상이 될 수 없음

○ 따라서 (i) 존치된 물건의 반출은 대체적 작위의무로 보아 대집행의 대상이 될 수 있으나, (ii) 토지·건물 등의 점유자로부터 점유를 배제하고 그 점유를 이전받는 것은 점유자의 퇴거라는 일신전속적 행위에 의하여야 한다는 점에서 대체적 작위의무에 해당한다고 볼 수 없음. 따라서 토지·건물 등의 인도의무의 불이행은 대집행의 대상이 될 수 없고, 이에 대해서는 직접강제, 경찰관직무집행법상의 위험발생방지조치, 형법상의 공무집행방해죄의 적용 등의 다른 수단을 통하여 의무이행을 확보할 수밖에 없음(대판 1998. 10.23, 97누157)

---

106) 강론, 499면 이하.

○ 그러나 건물의 점유자가 철거의무자일 때에는 건물철거의무에 퇴거의무도 포함되어 있으므로(대판 2017.4.28, 2016다213916 참조), 이 경우는 대집행이 가능함

○ 한편 토지·건물 등의 인도의무와 관련하여 토지보상법 제43조는 '토지 또는 물건의 이전의무'를 규정하고 있고, 제89조에서는 토지보상법 또는 동법에 따른 처분으로 인한 의무를 이행하지 아니할 때에는 대집행을 할 수 있다고 규정하고 있는데, 이 조항들의 목적론적 해석을 통하여 구체적인 경우에 개별적으로 대집행의 가능 여부를 판단하여야 할 것임

(2) 다른 수단으로써 그 이행을 확보하기 곤란할 것

○ 비례원칙상 대집행보다 의무자에 대한 권익침해의 정도가 적은 수단으로는 의무이행확보가 곤란한 경우를 말함

(3) 그 불이행을 방치함이 심히 공익을 해할 것으로 인정될 것

○ 대집행은 대체적 작위의무의 불이행만으로 가능한 것이 아니라, 이를 방치하는 것이 심히 공익을 해하는 것인 경우에 비로소 가능해 짐. 여기에서 '심히 공익을 침해하는 것'은 구체적인 정황들을 고려하여 개별적으로 판단하여야 할 것임

Ⅲ. 사례의 경우

○ 국유재산법 제74조에 따라 행정대집행법을 준용하여 대집행을 할 수 있음

○ 이와 관련하여, 乙은 甲에게 '부지에서 퇴거하고 영업시설을 반출하라'고 통지하였으므로,

— 우선 영업시설의 반출은 대체적 작위의무이므로 대집행의 대상이 됨

— 다만 甲의 퇴거의무는 비대체적 작위의무로서 대집행을 할 수 있는지 문제임

— 이와 관련하여, 甲의 퇴거의무는 '철거의무에 따른 퇴거의무'라고 볼 수 없고,

— 또한 이 사건의 경우 토지보상법 제89조와 같은 규정도 따로 없으므로,

— 갑의 퇴거의무는 비대체적 작위의무로서 대집행을 할 수 없음

○ 나아가 두 번째 요건과 관련하여, 국유재산에 대한 무단점유에 대해서는 변상금을 부과(국유재산법 제72조)하는 등의 방법으로 이행을 확보할 수도 있음

○ 세 번째 요건인 '의무의 불이행을 방치함이 심히 공익을 해할 것'이라는 요건도 '명백히' 충족되었다고 보기 어려움

○ 결론적으로 위 사례의 경우는 대집행을 할 수 없다고 보아야 할 것임

[문 4]

Ⅰ. 논점

- ○ 무권한의 행위의 위법성 정도(무효 또는 취소)
- ○ 부당이득반환청구권의 성질과 선결문제판단권
- ○ 과징금부과처분무효확인소송의 가능성(협의의 소익)

Ⅱ. 무권한의 행위의 위법성 정도

1. 무효와 취소의 구별[107]

- ○ 통설인 중대명백설에 따르면, 행정행위의 하자가 중대한 법 위반이고 그것이 외관상 명백한 경우에는 무효이고, 이에 이르지 않는 경우에는 취소할 수 있는 데 그침(대판 2007.5.10, 2005다 31828)
- ○ 그 밖에도 중대설, 조사의무설, 명백성보충설, 구체적 가치형량설 등이 있음
- ○ 대법원: 원칙적으로 중대명백설 원칙, 소수견해는 명백성보충설을 취한 바도 있음(대판 1995. 7.11, 94누4615 전원합의체)

2. 권한의 내부위임[108]

- ○ 권한의 내부위임은 행정관청의 내부적인 사무처리의 편의를 도모하기 위하여 그 보조기관 또는 하급행정관청으로 하여금 그 권한을 사실상 행하게 하는 것을 말함
- ○ 행정권한의 내부위임은 법률이 위임을 허용하고 있지 아니한 경우에도 행정관청의 내부적인 사무처리의 편의를 도모하기 위하여 권한을 행사하게 하는 것이므로, 내부위임의 경우 수임 관청은 위임관청의 이름으로만 그 권한을 행사할 수 있을 뿐 자기의 이름으로는 그 권한을 행사할 수 없다(대판 1992.4.24, 91누5792).

3. 무권한의 행위[109]

- ○ 행정청이 법령에 의하여 사항적 · 인적 · 지역적으로 제한된 권한을 갖고 있는 경우 이러한 한계를 넘어서는 행정행위는 무권한의 행위로서 원칙적으로 무효임. 판례도 권한유월의 행위를 무권한의 행위로서 역시 무효사유로 보고 있음(대판 1996.6.28, 96누4374)

---

107) 강론, 242면 이하.
108) 강론, 1033면 이하.
109) 강론, 249면 이하.

○ 다만 무권한의 행위라도 당사자의 신뢰보호나 법적 안정성 등의 이유에서 유효라고 보아야
  하는 경우도 있을 수 있음

4. 사례의 경우

○ 식품위생법령상 과징금부과처분은 구청장의 권한소관임
○ 丙은 내부위임자로서 처분권한이 없음
○ 따라서 중대명백설에 따를 경우 병의 과징금부과처분은 무권한의 행위로 무효임

Ⅲ. 부당이득반환청구권의 성질과 선결문제판단권

1. 문제의 소재

○ 甲이 부당이득반환청구소송을 제기하는 경우, ① 재판관할이 문제되므로, 먼저 부당이득반환
  청구권의 성질을 알아보아야 하고, ② 민사법원이 재판관할을 가지는 경우 과징금부과처분
  의 위법 여부 및 효력 유무에 대한 선결문제판단권이 문제됨

2. 부당이득반환청구권의 성질[110]

○ 학설은 ① 공법상 부당이득반환청구권은 공법상의 원인에 의하여 발생한 결과를 조정하기
  위한 것이기 때문에 공권이라는 공권설과 ② 부당이득제도는 순수하게 경제적 견지에서 인
  정되는 이해조절적 제도이므로 공법상의 원인에 의한 부당이득반환청구권은 사권이라는 사
  권설이 대립하고 있음
○ 판례는 사권설의 입장에서 이에 관한 소송도 민사소송에 의하는 것으로 보고 있음

3. 민사사건의 선결문제판단권[111]

○ 선결문제란, 공정력(또는 구성요건적 효력)과 관련된 문제로서, 민사소송 등의 본안판단의 전제가
  된 행정행위의 위법성이나 유효 여부를 민사법원 등이 스스로 판단할 수 있는가 하는 문제를
  말함
○ 이에 대해서는 ① 행정행위가 당연무효가 아닌 한 민사법원은 행정행위의 위법성을 판단할
  수 없다고 보는 부정설과 ② 공정력, 즉 단순위법의 하자가 있지만 권한 있는 기관에 의하여
  취소되기 전까지는 유효한 행정행위의 효력을 부인(취소)하지 않는 한, 그 위법성을 심리·판
  단할 수 있다고 보는 긍정설(다수설)이 있음

---

110) 강론, 132면.
111) 강론, 230면 이하.

ㅇ 판례는 부당이득반환청구소송에서 행정행위의 효력 유무에 대한 판단과 관련하여 행정행위가 당연무효가 아닌 한, 민사법원은 행정행위의 효력을 부인할 수 없다는 입장임(대판 1994. 11.11, 94다28000). 즉 행정행위의 하자가 중대·명백한 경우에는 공정력이 인정되지 않으므로 이 경우 민사법원은 당연무효임을 판단할 수 있지만(대판 2010.4.8, 2009다90092), 단순위법의 하자가 있는 경우에는 공정력에 의하여 유효하게 통용되고 있으므로 권한 있는 기관에 의하여 취소되지 않는 한 민사법원에서 이를 취소하거나 행정행위의 효력을 부인하는 판단을 할 수 없다는 것임

4. 사례의 경우

ㅇ 丙의 과징금부과처분은 무효이므로 수소법원인 민사법원은 과징금부과처분이 무효임을 전제로 판단할 수 있고, 甲은 이를 통하여 이미 납부한 과징금을 반환받을 수 있음

Ⅳ. 과징금부과처분무효확인소송의 가능성[112]

1. 문제의 소재

ㅇ 이상과 같이 甲은 부당이득반환청구소송을 통하여 납부한 과징금을 돌려받을 수 있는데, 이 경우에도 과징금부과처분에 대한 무효확인소송이 허용되겠는가 하는 것이 문제임

ㅇ 이는 행정소송법 제35조의 '확인을 구할 법률상 이익'에는 '원고적격' 이외에도 '확인의 이익'이라는 협의의 소익이 있을 것이 요구되는데, 사례의 경우에 확인의 이익이 있는가 하는 문제임

2. 학설

ㅇ 이에 대하여 학설은 ① 무효확인소송이 실질적으로 확인소송의 성질을 가지고 있으므로 민사소송에서의 확인의 이익과 같이 무효등확인소송의 경우에도 '즉시확정의 이익'이 필요하다는 긍정설(즉시확정이익설)과 ② 행정소송법 제35조의 '확인을 구할 법률상 이익'은 민사소송에서의 '확인의 이익'과 다르다는 입장으로 무효등확인소송의 보충적 적용을 부인하는 부정설이 대립하고 있음

3. 판례

① 종전의 판례는 무효확인소송에서 확인의 이익은 원고의 권리 또는 법률상의 지위의 불안·위험을 무효확인소송으로 제거하는 것이 필요하고도 적절한 경우에 인정된다고 하여 별도의

---

112) 강론, 973면 이하.

다른 유효한 구제수단이 있는 경우에는 확인의 이익을 인정하지 않았음(무효등확인소송의 보충적 적용)
② 그러나 대법원은 최근 입장을 변경하여, 부정설과 같은 논거로 무효확인소송의 보충성이 요구되는 것은 아니라고 하였음. 이에 따라 무효등확인소송에서 '확인을 구할 법률상 이익'을 판단함에 있어 행정처분의 무효를 전제로 한 이행소송 등과 같은 직접적인 구제수단이 있는지 여부를 따질 필요가 없다고 하고 있음(대판 2008.3.20, 2007두6342 전원합의체)

4. 사례의 경우

○ 다수설 및 판례에 따르면 부당이득반환청구소송을 통한 권리구제가 가능한 경우에도 과징금부과처분의 무효확인을 구할 협의의 소의 이익이 있음. 따라서 甲은 과징금부과처분무효확인소송을 제기할 수 있고, 이 소송에서 인용판결을 받은 후 부당이득반환청구소송을 제기하여 이미 납부한 과징금을 반환받을 수 있겠음

Ⅴ. 관련청구의 병합

○ 행정소송법 제10조의 '관련청구소송의 이송 및 병합' 규정은 무효등확인소송에도 준용됨. 따라서 과징금부과처분무효확인소송이 적법하고, 부당이득반환청구가 무효확인소송의 관련청구소송이며, 사실심변론종결전이면, 甲은 과징금부과처분무효확인소송에 부당이득반환청구소송을 병합하여 제기할 수 있겠음

Ⅵ. 결론

○ 丙이 권한 없이 부과한 과징금부과처분은 무효임
○ 이 경우 甲은, ① 부당이득반환청구소송을 제기하여 납부한 과징금을 돌려받거나, ② 과징금부과처분무효확인소송을 제기하여 무효확인을 받은 후 부당이득반환청구소송을 제기하여 과징금을 돌려받을 수 있겠음
○ 甲은 과징금부과처분무효확인소송과 부당이득반환청구소송을 병합하여 제기할 수도 있겠음

2020년 제3차 변호사시험 모의시험 제1문

甲은 사법시험에 합격하여 사법연수원 교육과정을 마치고, 육군 법무장교로 임용되어 군법무관으로 재직 중이다. 국방부장관은 국군기무사령부로부터 대법원에서 이적단체라고 판시한 전국대학생총연맹(이하 '전대련'이라고 약칭함)이 현역 국군 장병에게 교양도서 23종을 보내는 운동을 추진한다는 내용의 정보를 보고받고, 전대련이 보내는 도서들을 현역 장병들이 읽어보게 되면 국군의 정신전력을 해칠 위험이 있다고 판단하였다. 이를 차단하기 위하여 국방부장관은 「군인사법」 제47조의2와 「군인복무규율」 제16조의2에 근거하여 도서내용에 관한 심의를 거치지 아니한 채 2019.10.22. 각 군에 학술원과 문화체육관광부가 우수도서 또는 추천도서로 선정한 도서를 포함하여 시중의 서점에서 판매되는 23종의 도서를 불온도서로 규정하고 이들 도서에 대해서는 지위고하를 막론하고 부대 내에서 소지, 비치, 열람, 독서 등을 할 수 없도록 하는 내용의 '군내 불온서적 차단대책 강구 지시'(이하 '이 사건 지시'라고 함)를 하달하였다. 이를 받은 육군참모총장은 2019.10.24. 예하 부대에 '이 사건 지시'와 같은 내용의 지시를 하달하였다. 예하 부대의 장들은 이를 다시 하급 부대에 하달하였다.

甲은 「군인복무규율」 제16조의2와 국방부장관 및 육군참모총장의 '이 사건 지시'가 읽고 싶은 책들을 읽지 못하게 하여 자신의 기본권을 침해한다고 주장하면서 변호사 丁을 대리인으로 선임하여 2019.11.22. 헌법소원심판을 청구하였다.

한편, 육군 3사관학교장은 2019.10.28. '이 사건 지시'에 따라 사관생도 및 소속 군인에게 불온서적 리스트를 발표하였다. 그런데 육군 사관생도 乙과 육군 정훈장교인 丙이 이에 불응하고 영내에서 불온서적을 읽다가 적발되어 징계절차를 거쳐 乙에 대하여는 육군 3사관학교장이 퇴교조치를 하였고, 진급예정자 명단에 들어있던 丙에 대하여는 국방부장관이 진급선발을 취소하는 처분을 내렸다.

4. 乙에 대한 퇴교처분과 丙에 대한 진급선발 취소처분은 행정절차법의 규정이 적용되는지 여부와 乙이 선임한 변호사가 징계위원회에 출석하여 징계심의대상자인 乙을 위하여 필요한 의견을 진술할 기회를 박탈당한 경우 乙에 대한 퇴교처분에 절차적 하자가 있는지 여부를 검토하시오. (20점)

[참조조문] ※ 아래 법령의 규정은 가상의 것으로, 이에 근거하여 답안을 작성할 것.

■ 「군인사법」

제1조(목적) 이 법은 군인의 책임 및 직무의 중요성과 신분 및 근무조건의 특수성을 고려하여 그 임용·복무·교육훈련·사기·복지 및 신분보장 등에 관하여 「국가공무원법」에 대한 특례를 규정함을 목적으로 한다.

제2조(적용 범위) 이 법은 다음 각 호의 사람에게 적용한다.

1. 현역에 복무하는 장교, 준사관, 부사관 및 병
2. 사관생도, 사관후보생, 준사관후보생 및 부사관후보생
3. 소집되어 군에 복무하는 예비역 및 보충역

제44조(신분보장) ① 군인은 법률이 정하는 바에 의하여 신분이 보장되며, 그 계급에 상응하는 예우를 받는다.

② 군인은 이 법에 의하지 아니하고는 그 의사에 반하여 휴직을 당하거나 현역에서 전역 또는 제적되지 아니한다.

제47조(직무수행의 의무) 군인은 국가에 대하여 충성을 다하고 복무기간 중 성실히 그 직무를 수행하여야 하며 직무상에 위험 또는 책임을 회피하거나 상관의 허가를 받지 아니하고 직무를 이탈하여서는 아니 된다.

제47조의2(복무규율) 군인의 복무에 관하여는 이 법에 규정한 것을 제외하고는 따로 대통령령이 정하는 바에 의한다.

■ 「군인복무규율」(대통령령)

제16조의2(불온표현물 소지·전파 등의 금지) 군인은 불온유인물·도서·도화 기타 표현물을 제작·복사·소지·운반·전파 또는 취득하여서는 아니 되며, 이를 취득한 때에는 즉시 신고하여야 한다.

[문 4]

Ⅰ. 논점
  ○ 행정절차법의 적용범위
  ○ 절차상 하자
Ⅱ. 행정절차법의 적용범위
  1. 행정절차법 규정
    ○ 행정절차법 제3조 제2항 제9호
  2. 판례
    ○ 성질상 행정절차를 거치기 곤란하거나 불필요하다고 인정되는 처분이나 행정절차에 준하는 절차를 거치도록 하고 있는 처분의 경우에만 행정절

차법의 적용이 배제

Ⅲ. 절차상 하자
  1. 절차상 하자
  2. 절차적 하자의 독자적 위법성
  3. 관련판례
    ○ 대판 2018.3.13, 2016두33339
Ⅳ. 사례의 경우
  1. 퇴교처분과 진급선발취소처분은 행정절차법의 규정이 적용되는지 여부
    ○ 적용됨
  2. 퇴교처분에 절차적 하자가 있는지 여부
    ○ 절차상 하자가 있음

[문 4]

Ⅰ. 논점

○ 행정절차법의 적용범위

― '공무원 인사 관계 법령에 따른 징계와 그 밖의 처분(행정절차법 3 ② 9호)'에 해당되어 행정절차

법의 적용이 제외되는지 여부

ㅇ 절차상 하자

Ⅱ. 행정절차법의 적용범위[113]

1. 행정절차법 규정

ㅇ 행정절차법은 제3조 제1항에서 다른 법률에 특별한 규정이 있는 경우를 제외하고는 이 법에서 정한 바에 따른다고 하여 이 법이 행정절차에 관한 일반법임을 규정하고 있음

ㅇ 행정절차법은 제3조 제2항 제9호에서는 "병역법에 따른 징집·소집, 외국인의 출입국·난민인정·귀화, 공무원 인사 관계 법령에 따른 징계와 그 밖의 처분, 이해 조정을 목적으로 하는 법령에 따른 알선·조정·중재(仲裁)·재정(裁定) 또는 그 밖의 처분 등 해당 행정작용의 성질상 행정절차를 거치기 곤란하거나 거칠 필요가 없다고 인정되는 사항과 행정절차에 준하는 절차를 거친 사항으로서 대통령령으로 정하는 사항"을 적용제외사항으로 규정하고 있음

2. 판례

ㅇ 이와 관련하여 판례는 "공무원 인사관계 법령에 의한 처분에 관한 사항이라 하더라도 전부에 대하여 행정절차법의 적용이 배제되는 것이 아니라, 성질상 행정절차를 거치기 곤란하거나 불필요하다고 인정되는 처분이나 행정절차에 준하는 절차를 거치도록 하고 있는 처분의 경우에만 행정절차법의 적용이 배제되는 것으로 보아야 하고, 이러한 법리는 '공무원 인사관계 법령에 의한 처분'에 해당하는 별정직 공무원에 대한 직권면직 처분의 경우에도 마찬가지로 적용된다(대판 2007.9.21, 2006두20631)."고 하고 있음[114]

ㅇ 판례는 위와 같은 법리는 '공무원 인사관계 법령에 의한 처분'에 해당하는 육군3사관학교 생도에 대한 퇴학처분에도 마찬가지로 적용된다고 보고 있음(대판 2018.3.13, 2016두33339)[115]

ㅇ 또한 판례는 "군인사법 및 그 시행령에 이 사건 처분과 같이 진급예정자 명단에 포함된 자의 진급선발을 취소하는 처분을 함에 있어 행정절차에 준하는 절차를 거치도록 하는 규정이 없을 뿐만 아니라 위 처분이 성질상 행정절차를 거치기 곤란하거나 불필요하다고 인정되는 처분이라고 보기도 어렵다고 할 것이어서 이 사건 처분이 행정절차법의 적용이 제외되는 경우에 해당한다고 할 수 없다(대판 2007.9.21, 2006두20631)."고 하고 있음

---

113) 강론, 415면 이하.
114) 강론, 416면 이하 판례1
115) 강론, 417면 판례.

Ⅲ. 절차상 하자

1. 절차상 하자[116]

○ 절차상 하자는 행정행위의 적법요건(주체·내용·형식·절차) 중 절차요건에 흠이 있는 경우를 말함

2. 절차적 하자의 독자적 위법성

○ 절차상의 하자가 행정행위의 독자적인 위법사유가 되는가 하는 것이 문제인데, 이는 특히 기속행위와 관련하여 논란이 있음
○ 이에 관하여는 ① 행정경제·소송경제에 반한다는 점 등에서 독자적 위법성을 부인하는 소극설과 ② 법치행정의 원칙에 따라 기속행위라도 독자적 위법성을 긍정하여야 한다는 적극설이 대립되고 있음
○ 판례는 절차상 하자를 독자적 위법사유로 인정하고 있어 적극설의 입장임

3. 관련판례

○ "행정절차법 제12조 제1항 제3호, 제2항, 제11조 제4항 본문에 따르면, 당사자 등은 변호사를 대리인으로 선임할 수 있고, 대리인으로 선임된 변호사는 당사자 등을 위하여 행정절차에 관한 모든 행위를 할 수 있다고 규정되어 있다. 위와 같은 <u>행정절차법령의 규정과 취지, 헌법상 법치국가원리와 적법절차원칙에 비추어 징계와 같은 불이익처분절차에서 징계심의대상자에게 변호사를 통한 방어권의 행사를 보장하는 것이 필요하고, 징계심의대상자가 선임한 변호사가 징계위원회에 출석하여 징계심의대상자를 위하여 필요한 의견을 진술하는 것은 방어권 행사의 본질적 내용에 해당하므로, 행정청은 특별한 사정이 없는 한 이를 거부할 수 없다</u>(대판 2018.3.13, 2016두33339)."

Ⅳ. 사례의 경우

1. 퇴교처분과 진급선발취소처분은 행정절차법의 규정이 적용되는지 여부

○ 공무원 인사관계 법령에 의한 처분이 행정절차를 거치기 곤란하거나 불필요하다고 인정되는 처분이나 행정절차에 준하는 절차를 거치도록 하고 있는 처분의 경우에는 행정절차법의 적용이 배제됨
○ 육군3사관학교 생도에 대한 퇴학처분이나 진급취소처분은 '공무원 인사관계 법령에 의한 처분'에 해당하여 위의 기준이 여기에도 적용되는데, 군인사법 및 그 시행령은 이 처분들에 대

---

116) 강론, 447면 이하.

하여 행정절차에 준하는 절차를 거치도록 하는 규정이 없고, 또한 이 처분들이 성질상 행정 절차를 거치기 곤란하거나 불필요하다고 인정되는 처분이라고 보기도 어려움

ㅇ 따라서 행정절차법의 규정이 적용됨

2. 퇴교처분에 절차적 하자가 있는지 여부

ㅇ 행정절차법상 변호사를 대리인으로 선임할 수 있는데, 위 사례에서는 변호사가 乙을 위하여 의견진술의 기회를 박탈당할 만한 특별한 사정이 없다고 판단되므로, 퇴교처분에는 절차상 하자가 있음

2020년 제3차 변호사시험 모의시험 제2문

甲과 乙은 A군 관내에 닭을 사육하는 계사(鷄舍)를 신축하려고 한다. 甲과 乙이 설치하고자 하는 계사는 「국토의 계획 및 이용에 관한 법률」 제56조에 따른 개발행위허가 및 「가축분뇨의 관리 및 이용에 관한 법률」 제11조에 따른 가축분뇨배출시설 설치허가의 대상이었다. 이에 甲과 乙은 건축허가 절차에서 개발행위허가 및 가축분뇨배출시설 설치허가도 받기 위하여 2018.9.경 각각 관할 행정청인 A군수에게 개발행위허가 및 가축분뇨배출시설 설치허가가 의제되는 복합민원 건축허가 신청을 하였다.

A군수는 甲과 乙의 허가신청이 「건축법」상 건축허가 요건을 모두 갖춘 것으로 판단하였다. 다만, 甲의 허가신청에 대하여는 2018.12.10. "계사 예정지가 「A군 가축사육 제한구역 조례」(2017. 9.13. 조례 제900호)상 가축사육 제한구역에 해당하지 않으나 설치예정인 계사에서 발생하는 악취 및 소음이 주거밀집지역인 ○○마을에 영향을 줄 가능성이 높아 「국토의 계획 및 이용에 관한 법률」에 따른 개발행위허가의 기준을 충족하지 못한다"는 이유로 반려하였다. 한편, 乙의 허가신청에 대하여는 2019.1.15. "계사 예정지가 ○○마을로부터 약 700m의 거리에 있어 「A군 가축사육 제한구역 조례」(2018.12.20. 조례 제1000호)상 가축사육 제한구역에 해당한다"는 이유로 반려하였다.

그런데, 甲의 계사 예정지는 주거밀집지역인 ○○마을로부터 약 500m, 乙의 계사 예정지는 약 700m 떨어진 곳에 위치하고 있다. 甲과 乙의 건축허가 신청 당시 적용되던 「A군 가축사육 제한구역 조례」(2017.9.13. 조례 제900호)는 "주거밀집지역으로부터 400m" 이내에는 계사를 설치하지 못하도록 하는 거리제한 규정을 두고 있었다. 이러한 거리제한에 관한 조례 규정은 2018.12.20. 조례 제1000호로 "주거밀집지역으로부터 900m"로 개정되었는데, 개정 조례에서는 개정 조례 시행일 당시 허가를 받은 자에 대하여는 개정 조례가 적용하지 않는다는 경과규정을 두었으나 개정 조례 시행일 이전의 허가 신청인에 대하여는 별다른 경과규정을 두고 있지 않다.

1. 甲은 "건축허가는 개발행위허가가 의제된다 하더라도 기속행위이고, 건축법상 건축허가 요건을 충족하는 이상 개발행위허가의 기준을 충족하지 못하였다는 사유는 건축허가 거부사유가 될 수 없다"고 주장한다. 이러한 甲의 주장이 타당한지 검토하시오. (25점)
2. 乙은 위 사안에서 A군수가 가축분뇨배출시설 설치허가를 거부한 것으로 보고 있다. 그러나 A군수는 「건축법」 제12조에 따라 일괄협의회 개최가 의무사항이므로 부분인허가의제는 인정되지 않아 가축분뇨배출시설 설치허가 거부처분은 존재하지 않는다고 주장한다. 乙은 가축분뇨배출시설 설치허가 거부를 취소소송의 대상으로 삼아 다툴 수 있는가? (20점)
3. A군수는 당초 개정된 조례에 따른 거리제한을 이유로 乙의 건축허가신청을 반려하였다가, 乙의 건축허가반려처분에 대한 취소소송의 계속 중 "乙이 설치예정인 계사에서 발생하는 악취 및 소음이 ○○마을에 영향을 줄 가능성이 높아 「국토의 계획 및 이용에 관한 법률」에 따른 개발행위

허가의 기준을 충족하지 못한다"는 반려사유를 추가할 수 있는가? (15점)

4. 「A군 가축사육 제한구역 조례」(2018.12.20. 조례 제1000호)와 관련하여 아래 사항을 검토하시오.

(1) 위 조례에서 닭에 관한 가축사육 제한구역을 "주거밀집지역으로부터 900m" 이내로 규정한 것이 그 근거법령인 「가축분뇨의 관리 및 이용에 관한 법률」 제8조 제1항 제1호의 위임범위를 벗어난 것인지 여부 (20점)

(2) 위 조례의 부칙에서 제한거리를 400m에서 900m로 늘리는 개정 조례 시행에서 개정 조례 시행일 이전의 허가 신청인에 대하여 별다른 경과규정을 두지 않은 것이 개정 전 조례 (2017.9.13. 조례 제900호)에 규정된 제한거리에 대한 허가 신청인 乙의 신뢰를 침해함으로써 신뢰보호원칙을 위배하는지 여부 (20점)

[참조 조문] ※ 이하는 위 사례의 해결을 위해 가상으로 적용되는 법령임을 전제함.

「건축법」

제11조(건축허가) ① 건축물을 건축하거나 대수선하려는 자는 특별자치도지사 또는 시장·군수·구청장의 허가를 받아야 한다.

④ 허가권자는 제1항에 따른 건축허가를 하고자 하는 때에 「건축기본법」 제25조에 따른 한국건축규정의 준수 여부를 확인하여야 한다. 다만, 다음 각 호의 어느 하나에 해당하는 경우에는 이 법이나 다른 법률에도 불구하고 건축위원회의 심의를 거쳐 건축허가를 하지 아니할 수 있다.

1. 위락시설이나 숙박시설에 해당하는 건축물의 건축을 허가하는 경우 해당 대지에 건축하려는 건축물의 용도·규모 또는 형태가 주거환경이나 교육환경 등 주변 환경을 고려할 때 부적합하다고 인정되는 경우

2. 「국토의 계획 및 이용에 관한 법률」 제37조제1항제4호에 따른 방재지구(이하 "방재지구"라 한다) 및 「자연재해대책법」 제12조제1항에 따른 자연재해위험개선지구 등 상습적으로 침수되거나 침수가 우려되는 지역에 건축하려는 건축물에 대하여 지하층 등 일부 공간을 주거용으로 사용하거나 거실을 설치하는 것이 부적합하다고 인정되는 경우

⑤ 제1항에 따른 건축허가를 받으면 다음 각 호의 허가 등을 받거나 신고를 한 것으로 보며, 공장건축물의 경우에는 「산업집적활성화 및 공장설립에 관한 법률」 제13조의2와 제14조에 따라 관련 법률의 인·허가등이나 허가등을 받은 것으로 본다.

3. 「국토의 계획 및 이용에 관한 법률」 제56조에 따른 개발행위허가

18. 「가축분뇨의 관리 및 이용에 관한 법률」 제11조에 따른 배출시설설치허가나 신고

⑥ 허가권자는 제5항 각 호의 어느 하나에 해당하는 사항이 다른 행정기관의 권한에 속하면 그 행정기관의 장과 미리 협의하여야 하며, 협의 요청을 받은 관계 행정기관의 장은 요청을 받은 날부터 15일 이내에 의견을 제출하여야 한다. 이 경우 관계 행정기관의 장은 제8항에 따른 처리기준이 아닌 사유를 이유로 협의를 거부할 수 없다.

제12조(건축복합민원 일괄협의회) ① 허가권자는 제11조에 따라 허가를 하려면 해당 용도·규모 또는 형태의 건축물을 건축하려는 대지에 건축하는 것이 「국토의 계획 및 이용에 관한 법률」 제54조, 제56조부터 제62조까지 및 제76조부터 제82조까지의 규정과 그 밖에 대통령령으로 정하는 관계 법령

의 규정에 맞는지를 확인하고, 제10조제6항 각 호와 같은 조 제7항 또는 제11조제5항 각 호와 같은 조 제6항의 사항을 처리하기 위하여 대통령령으로 정하는 바에 따라 건축복합민원 일괄협의회를 개최하여야 한다.

② 제1항에 따라 확인이 요구되는 법령의 관계 행정기관의 장과 제10조제7항 및 제11조제6항에 따른 관계 행정기관의 장은 소속 공무원을 제1항에 따른 건축복합민원 일괄협의회에 참석하게 하여야 한다.

「국토의 계획 및 이용에 관한 법률」

제56조(개발행위의 허가) ① 다음 각 호의 어느 하나에 해당하는 행위로서 대통령령으로 정하는 행위(이하 "개발행위"라 한다)를 하려는 자는 특별시장·광역시장·특별자치시장·특별자치도지사·시장 또는 군수의 허가(이하 "개발행위허가"라 한다)를 받아야 한다.

1. 건축물의 건축 또는 공작물의 설치

제58조(개발행위허가의 기준 등) ① 특별시장·광역시장·특별자치시장·특별자치도지사·시장 또는 군수는 개발행위허가의 신청 내용이 다음 각 호의 기준에 맞는 경우에만 개발행위허가 또는 변경허가를 하여야 한다.

4. 주변지역의 토지이용실태 또는 토지이용계획, 건축물의 높이, 토지의 경사도, 수목의 상태, 물의 배수, 하천·호소·습지의 배수 등 주변환경이나 경관과 조화를 이룰 것

③ 개발행위허가의 기준 등에 관하여 필요한 세부 사항은 대통령령으로 정한다.

「국토의 계획 및 이용에 관한 법률 시행령」

제56조(개발행위허가의 기준) ① 법 제58조제3항에 따른 개발행위허가의 기준은 별표 1의2와 같다.

[별표 1의2] 개발행위허가기준(제56조관련)

1. 분야별 검토사항

검토분야	허가기준
라. 주변 지역과의 관계	(2) 개발행위로 인하여 당해 지역 및 그 주변지역에 대기오염·수질오염·토질오염·소음·진동·분진 등에 의한 환경오염·생태계파괴·위해발생 등이 발생할 우려가 없을 것.

「가축분뇨의 관리 및 이용에 관한 법률」

제1조(목적) 이 법은 가축분뇨를 자원화하거나 적정하게 처리하여 환경오염을 방지함으로써 환경과 조화되는 지속가능한 축산업의 발전 및 국민건강의 향상에 이바지함을 목적으로 한다.

제2조(정의) 이 법에서 사용하는 용어의 뜻은 다음과 같다.

1. "가축"이란 소·돼지·말·닭, 그 밖에 대통령령으로 정하는 사육동물을 말한다.

2. "가축분뇨"란 가축이 배설하는 분·요 및 가축사육 과정에서 사용된 물 등이 분·요에 섞인 것을 말한다.

3. "배출시설"이란 가축의 사육으로 인하여 가축분뇨가 발생하는 시설 및 장소 등으로서 축사·운동장, 그 밖에 환경부령으로 정하는 것을 말한다.

제8조(가축사육의 제한 등) ① 시장·군수·구청장은 지역주민의 생활환경보전 또는 상수원의 수질보전을 위하여 다음 각 호의 어느 하나에 해당하는 지역 중 가축사육의 제한이 필요하다고 인정되는 지역에 대하여는 해당 지방자치단체의 조례로 정하는 바에 따라 일정한 구역을 지정·고시하여 가축의 사육을 제한할 수 있다.

1. 주거밀집지역으로 생활환경의 보호가 필요한 지역

제11조(배출시설에 대한 설치허가 등) ① 대통령령이 정하는 규모 이상의 배출시설을 설치하고자 하는 자는 대통령령이 정하는 바에 따라 배출시설의 설치계획을 갖추어 시장·군수·구청장의 허가를 받아야 한다.

「A군 가축사육 제한구역 조례」(2017. 9. 13. 조례 제900호)

제1조(목적) 이 조례는 「가축분뇨의 관리 및 이용에 관한 법률」 제8조에 따라 가축사육을 제한함으로써 환경오염을 예방하고 군민의 생활환경보전과 보건 향상에 기여하고자 필요한 사항을 규정함을 목적으로 한다.

제3조(가축사육의 제한) ① 법 제8조제1항에 따른 가축사육 제한구역은 다음과 같다.

3. 주거밀집지역으로부터 가축사육 일부 제한구역은 별표 2와 같다.

[별표 2] 가축사육 일부 제한구역(주거밀집지역 설정에 따른 가축종류별 거리제한)(제3조제1항제3호 관련)

가축종류	제한거리
개, 닭, 오리, 메추리	400m

「A군 가축사육 제한구역 조례」(2018. 12. 20. 조례 제1000호)

부칙

제1조(시행일) 이 조례는 공포한 날부터 시행한다.

제2조(경과조치) 이 조례 시행일 당시 종전의 가축분뇨의 관리 및 이용에 관한 법률에 따라 허가 및 신고를 받아 가축을 사육하는 자는 제3조(가축사육의 제한)의 규정을 적용하지 아니한다.

[별표 2] 가축사육 일부 제한구역(주거밀집지역 설정에 따른 가축종류별 거리제한)(제3조제1항제3호 관련)

가축종류	제한거리
개, 닭, 오리, 메추리	900m

※ 우리군 가축종류별 거리제한은 지형적인 특성, 기상여건 등을 고려하여 축산농가의 발전과 악취 및 소음으로 인한 주민피해를 최소화 하고자 위와 같이 설정함.

[문 1]

Ⅰ. 논점
  ○ 건축허가 및 개발행위허가가 의제되는 건축허가의 법적 성질
  ○ 의제되는 인·허가의 요건 미충족이 건축허가의 거부사유가 될 수 있는지 여부

Ⅱ. 건축허가의 법적 성질
  1. 기속행위와 재량행위의 구별
    (1) 구별기준에 관한 학설
    (2) 구체적 구별기준
    (3) 판례
  2. 건축허가의 법적 성질
    (1) 허가의 의의와 법적 성질: 기속행위
    (2) 건축허가의 법적 성질
  ○ 11조 1항: 기속행위
  ○ 11조 4항: 역시 기속행위
  3. 개발행위허가가 의제되는 건축허가의 법적 성질
    ○ 재량행위설, 기속행위설
    ○ 판례: 재량행위설
    ○ 기속행위로 보아야 할 것임

Ⅲ. 인·허가의제
  1. 의의
  2. 인·허가의제의 정도
    ① 관할집중설
    ② 절차집중설
    ③ 실체집중설 등
      ○ 판례: 절차집중설

Ⅳ. 사례의 경우
  1. 개발행위가 의제되는 건축허가가 기속행위인지 여부
    ○ 건축허가, 개발행위허가, 개발행위허가를 수반하는 건축허가 모두 기속행위
    ○ 이에 따르면 甲의 주장은 타당
  2. 개발행위허가 기준의 미충족이 건축허가의 거부사유가 될 수 없는지 여부

  ○ 인·허가의제는 절차집중으로, 건축허가요건뿐 아니라 의제되는 인·허가의 요건도 모두 구비하여야 건축허가가 가능함
  ○ 따라서 甲의 주장은 타당하지 않음

[문 2]

Ⅰ. 논점
  ○ 건축법상 의제되는 인·허가에 관하여 일괄하여 사전협의를 거쳐야 하는지 여부
  ○ 건축허가반려처분에 대하여 '가축분뇨배출시설설치허가 거부처분 취소소송'을 제기할 수 있는지 여부

Ⅱ. 의제되는 인·허가에 관하여 일괄하여 사전협의를 거쳐야 하는지 여부
  ○ 부분적으로 인·허가가 의제될 수 있음
  ○ 판례
    – 대판 2018.7.12, 2017두48734
    – 대판 2012.2.9, 2009두16305

Ⅲ. '건축허가반려처분'과 '가축분뇨배출시설설치허가 거부처분'이 각각 존재하는 것으로 볼 수 있는지 여부
  ○ 부분 인·허가의제가 있은 경우, 개발행위허가를 취소하고자 하는 경우에는 개발행위허가 취소소송을 제기하면 됨
  ○ 주된 인·허가의 거부의 경우, 건축허가 거부처분 1개만 존재하고, 개발행위허가거부처분은 존재하지 않음
  ○ 따라서 A군수의 주장은 타당하지 않음

Ⅳ. 사례의 경우
  ○ A군수의 주장은 타당하지 않음
  ○ 乙은 가축분뇨배출시설 설치허가 거부를 취소소송의 대상으로 삼아 다툴 수 없음

[문 3]

Ⅰ. 논점

○ 처분사유의 추가 · 변경

II. 처분사유의 추가 · 변경

1. 의의
2. 허용성
3. 허용요건 및 한계
   (1) 기본적 사실관계의 동일성
   (2) 소송물의 동일성(처분의 동일성)
   (3) 시간적 한계
      1) 추가 · 변경사유의 기준시
      2) 추가 · 변경의 허용시점

III. 사례의 경우

○ 논란이 있을 수 있으나, 추가할 수 있다고 보아야 함

[문 4의 1]

I. 논점

○ 조례의 적법요건(조례가 법률의 '위임범위를 벗어난 것인지' 여부)

II. 조례의 적법요건

1. 주체 · 형식 및 절차요건
2. 내용요건
   (1) 조례제정권의 보장
   (2) 조례제정권의 사항적 범위
   (3) 조례제정권과 법치행정의 원리
      1) 법률우위
      2) 법률유보
         ① 침해유보와 특별수권

② 포괄수권
③ 조례의 위임한계 준수 여부 판단기준
(4) 명확성 · 실현가능성

III. 사례의 경우

○ 위임한 한계를 벗어났다고 볼 수 없음 (대판 2019.1.31, 2018두43996)

[문 4의 2]

I. 논점

○ 법령(사안의 경우 조례)의 소급적용
○ 신뢰보호원칙

II. 법령의 소급적용(소급적용금지의 원칙과 예외)

1. 소급적용의 의의
2. 소급적용금지의 원칙
3. 진정소급의 경우
4. 부진정소급의 경우

III. 신뢰보호원칙

1. 의의 및 근거
2. 적용요건
3. 신뢰보호의 한계

IV. 사례의 경우

○ 경과규정을 두지 않은 것이 신뢰보호원칙에 반한다고 할 수 없음
○ 다만 乙이 사전에 일정한 조치를 했다면 이에 대한 보상은 필요할 것임

[문 1]

I. 논점

○ 건축허가 및 개발행위허가가 의제되는 건축허가의 법적 성질
○ 의제되는 인 · 허가의 요건 미충족이 건축허가의 거부사유가 될 수 있는지 여부

Ⅱ. 건축허가의 법적 성질

1. 기속행위와 재량행위의 구별[117]

 (1) 구별기준에 관한 학설: 요건재량설, 효과재량설, 판단여지설 등이 있음
 (2) 구체적 구별기준: 구체적인 구분기준으로 근거법규범의 규정방식, 입법취지 · 목적, 행위의 특성 · 성질, 공익이나 기본권과의 관련성 등을 종합적으로 고려하여 구체적인 사안마다 개별적으로 판단하여야 함
 (3) 판례: 법규의 체재 · 형식과 그 문언, 당해 행위가 속하는 행정 분야의 주된 목적과 특성, 당해 행위 자체의 개별적 성질과 유형 등 고려

2. 건축허가의 법적 성질[118]

(1) 허가의 의의와 법적 성질
 ○ 허가는 상대적 금지를 해제하여 공익목적에서 제한되었던 자유를 회복시켜 주는 행위
 ○ 이와 같이 허가의 대상이 되는 행위는 원래 헌법상의 자연적 자유이므로 헌법상 기본권으로서 보호를 받음
 ○ 따라서 허가는 법정요건을 구비하는 경우에 허가를 해야 하는 기속행위임
(2) 건축허가의 법적 성질
 ○ 건축허가는 건축의 자유를 회복시켜주는 행위이므로, 기속행위임(대판 2009.9.24. 2009두8946)
 ○ 건축법 제11조 제4항의 건축허가를 재량행위로 보는 견해도 있으나, 이는 '허가를 하지 아니할 수 있다'는 법문의 표현에도 불구하고, 허가의 제도취지상 건축물의 건축이 주변환경보호나 위험방지 차원에서 현저히 부적합한 경우라면 건축허가를 하지 말아야 한다는 취지로 보아야 하므로, 역시 기속행위로 보아야 함

3. 개발행위허가가 의제되는 건축허가의 법적 성질[119]

 ○ 개발행위허가에 대해서 학설은 재량행위로 보는 견해와 기속행위로 보는 견해로 나뉘어 있음
 ○ 판례는 재량행위로 보고 있음
 ○ 나아가 재량행위인 개발행위허가를 수반하는 건축허가도 재량행위라고 보고 있음

---

117) 강론, 162면 이하.
118) 강론, 179면 이하, 1443면.
119) 강론, 180, 1394면 이하.

○ 관련 판례

　　"국토의 계획 및 이용에 관한 법률(이하 '국토계획법'이라 한다)에 따른 토지의 형질변경허가는 그 금지요건이 불확정개념으로 규정되어 있어 그 금지요건에 해당하는지 여부를 판단함에 있어서 행정청에 재량권이 부여되어 있다고 할 것이므로, 국토계획법에 따른 토지의 형질변경행위를 수반하는 건축허가는 재량행위에 속한다(대판 2013.10.31, 2013두9625)."

○ 사실 이 판례에서 대법원이 이 경우의 건축허가가 재량행위라고 판단했다기보다는 요건판단에 재량(판단여지)이 인정된다고 보고 있는 것임

○ 개발행위 자체가 절대적으로 금지되는 것은 아니라는 점에서 요건을 갖추면 허가를 하여야 하는 기속행위로 보아야 할 것임. 따라서 개발행위허가가 의제되는 건축허가 또한 기속행위로 보아야 할 것임

Ⅲ. 인·허가의제

1. 의의

○ 인·허가 의제제도란 근거법상의 인·허가 등을 받으면 그 근거법에서 정하고 있는 다른 법률에 의한 인·허가 등도 받은 것으로 의제하는 제도를 말함

2. 인·허가의제의 정도

○ 주된 인·허가기관은 의제되는 인·허가의 요건에 어느 정도까지 구속되는가 하는 것과 관련하여, ① 주된 인·허가기관으로 관할만 집중될 뿐 의제되는 인·허가에 요구되는 절차적·실체적 요건을 모두 준수하여야 한다는 관할집중설, ② 주된 인·허가기관은 의제되는 인·허가기관이 준수하여야 하는 절차를 준수하지 않아도 되지만 의제되는 인·허가의 실체적 요건에는 기속된다는 절차집중설, ③ 주된 인·허가기관은 의제되는 인·허가에 대한 절차적·실체적 요건을 고려하지 않고 독자적으로 의제 여부를 판단할 수 있다는 실체집중설 등이 있음

○ 판례는 절차집중설의 입장임

○ 관련판례

　　"건축물의 건축이 국토계획법상 개발행위에 해당할 경우 그에 대한 건축허가를 하는 허가권자는 건축허가에 배치·저촉되는 관계 법령상 제한 사유의 하나로 국토계획법령의 개발행위허가기준을 확인하여야 하므로, 국토계획법상 건축물의 건축에 관한 개발행위허가가 의제되는 건축허가신청이 국토계획법령이 정한 개발행위허가기준에 부합하지 아니하면 허가권자로서는 이를 거부할 수 있고, 이는 건축법 제16조 제3항에 의하여 개발행위허가의 변경이 의제되는 건축허가사항의 변경허가에서도 마찬가지이다(대판 2016. 8.24, 2016두35762)."

○ 인·허가 의제는 행정절차의 간소화를 통하여 국민의 권익을 증진시키기 위한 목적으로 도입

된 제도이므로 절차의 간소화를 통하여 절차만이 집중되는 것으로 보는 것이 타당함

Ⅳ. 사례의 경우

1. 개발행위가 의제되는 건축허가가 기속행위인지 여부

○ 건축허가, 개발행위허가, 개발행위허가를 수반하는 건축허가 모두 기본적으로는 자유권적 기본권을 회복을 목적으로 하는 행위로 보아야 하므로, 법이 정한 요건을 갖추면 허가를 하여야 하는 기속행위로 보아야 함

○ 이에 따르면 甲의 주장은 타당함. 다만 판례 또는 재량행위로 보는 견해의 입장에서는 타당하지 않겠음

2. 개발행위허가 기준의 미충족이 건축허가의 거부사유가 될 수 없는지 여부

○ 甲이 건축허가를 받으면 개발행위허가도 받은 것으로 의제됨

○ 인·허가의제는 절차가 집중되는 것이지, 실체가 집중되지 않음

○ 따라서 건축허가요건뿐 아니라 의제되는 인·허가의 요건도 모두 구비하여야 건축허가가 가능함

○ 따라서 甲의 주장은 타당하지 않음

[문 2]

Ⅰ. 논점

○ 건축법상 의제되는 인·허가에 관하여 일괄하여 사전협의를 거쳐야 하는지 여부

— 의제되는 인·허가 중 사전협의를 거친 경우만 의제효과가 발생할 수 있는지(부분 인·허가의제) 여부

○ 건축허가반려처분에 대하여 '가축분뇨배출시설설치허가 거부처분 취소소송'을 제기할 수 있는가가 쟁점

— 즉, '가축분뇨배출시설설치허가 미충족'을 이유로 하는 건축허가반려처분시 여기에 '건축허가반려처분'과 '가축분뇨배출시설설치허가 거부처분'이 각각 존재하는 것으로 볼 수 있는가 하는 문제임

Ⅱ. 의제되는 인·허가에 관하여 일괄하여 사전협의를 거쳐야 하는지 여부

○ 인·허가 의제제도는 어떤 행위를 위하여 필요한 부수적인 인·허가 사항은 사전협의를 조건으로 인·허가를 받은 것으로 의제하여 줌으로써 절차간소화와 처리기간의 단축이라는 효과

를 얻고자 하는 것이기 때문에, 인·허가 의제제도에 있어서 사전협의와 의제는 본질적인 요소임

ㅇ 하지만 행정실무상 법이 정하고 있는, 의제되는 인·허가를 모두 사전에 일괄하여 협의를 거치는 것이 현실적인 여건상 어려운 경우가 많음

— 이에 따라, 중소기업창업지원법 제35조 제1항과 같이, "제33조 제1항에 따라 사업계획을 승인할 때 다음 각 호의 허가, 인가, 면허, 승인, 지정, 결정, 신고, 해제 또는 용도폐지에 관하여 시장·군수 또는 구청장이 제4항에 따라 다른 행정기관의 장과 협의를 한 사항에 대하여는 그 허가 등을 받은 것으로 본다."는 입법례도 있음

— 따라서 인·허가의제에 관한 사전협의규정을 두고 있는 경우(건축법 11 ⑥)에는, 위와 같은 명문의 규정이 없더라도, '사전협의를 마친 경우만 부분적으로 인·허가가 의제된다'고 볼 수 있을 것임

ㅇ 판례[120)]

"중소기업창업법 제35조 제1항에 의하면 사업계획승인권자가 관계 행정기관의 장과 미리 협의한 사항에 한하여 승인 시에 그 인허가가 의제될 뿐이고, 해당 사업과 관련된 모든 인허가 의제 사항에 관하여 일괄하여 사전 협의를 거쳐야 하는 것은 아니다. 업무처리지침 제15조 제1항은 협의가 이루어지지 않은 인허가사항을 제외하고 일부만을 승인할 수 있다고 규정함으로써 이러한 취지를 명확히 하고 있다(대판 2018.7.12, 2017두48734)."

"구 주한미군 공여구역주변지역 등 지원특별법 제11조에 의한 사업시행승인을 하는 경우 같은 법 제29조 제1항에 규정된 사업 관련 모든 인허가의제 사항에 관하여 관계 행정기관의 장과 일괄하여 사전 협의를 거칠 것을 요건으로 하는 것은 아니고, 사업시행승인 후 인허가 의제 사항에 관하여 관계 행정기관의 장과 협의를 거치면 그때 해당 인허가가 의제된다고 보는 것이 타당하다(대판 2012.2.9, 2009두16305)."

Ⅲ. '건축허가반려처분'과 '가축분뇨배출시설설치허가 거부처분'이 각각 존재하는 것으로 볼 수 있는지 여부

ㅇ 부분 인·허가의제가 있은 경우

— 예컨대 건축허가로 개발행위허가가 의제된 경우, 이미 2개의 처분이 있었으므로, 만약 개발행위허가를 취소하고자 하는 경우에는 개발행위허가 취소소송을 제기하면 됨

— 관련판례

"의제된 인허가는 통상적인 인허가와 동일한 효력을 가지므로, 적어도 '부분 인허가 의제'가

---

120) 강론, 364면 판례7.

허용되는 경우에는 그 효력을 제거하기 위한 법적 수단으로 의제된 인허가의 취소나 철회가 허용될 수 있고(대판 2018.7.12, 2017두48734), 이러한 직권 취소·철회가 가능한 이상 그 의제된 인허가에 대한 쟁송취소 역시 허용된다(대판 2018.11.29, 2016두38792)."

ㅇ 주된 인·허가의 거부의 경우

— 예컨대 의제되는 개발행위허가의 요건을 갖추지 못하여 주된 허가인 건축허가가 거부된 경우, 이 경우는 건축허가 거부처분 1개만 존재하는 경우이므로, 개발행위허가의 요건을 구비하지 못하였다는 처분사유를 다투고자 하는 경우에는 '건축허가 거부처분 취소소송'을 제기하여야 함

— 관련판례

"건축불허가처분을 하면서 그 처분사유로 건축불허가 사유뿐만 아니라 형질변경불허가 사유나 농지전용불허가 사유를 들고 있다고 하여 그 건축불허가처분 외에 별개로 형질변경불허가처분이나 농지전용불허가처분이 존재하는 것이 아니므로, 그 건축불허가처분을 받은 사람은 그 건축불허가처분에 관한 쟁송에서 건축법상의 건축불허가 사유뿐만 아니라 같은 도시계획법상의 형질변경불허가 사유나 농지법상의 농지전용불허가 사유에 관하여도 다툴 수 있는 것이지, 그 건축불허가처분에 관한 쟁송과는 별개로 형질변경불허가처분이나 농지전용불허가처분에 관한 쟁송을 제기하여 이를 다투어야 하는 것은 아니며, 그러한 쟁송을 제기하지 아니하였어도 형질변경불허가 사유나 농지전용불허가 사유에 관하여 불가쟁력이 생기지 아니한다(대판 2001.1.16, 99두10988)."

"건축허가권자가 건축불허가처분을 하면서 그 처분사유로 건축불허가 사유뿐만 아니라 소방법에 따른 소방서장의 건축부동의 사유를 들고 있다고 하여 그 건축불허가처분 외에 별개로 건축부동의처분이 존재하는 것이 아니므로, 그 건축불허가처분을 받은 사람은 그 건축불허가처분에 관한 쟁송에서 건축법상의 건축불허가 사유뿐만 아니라 소방서장의 부동의 사유에 관하여도 다툴 수 있다(대판 2004.10.15, 2003두6573)."

ㅇ 따라서 A군수의 주장은 타당하지 않다고 보아야 할 것임

Ⅳ. 사례의 경우

ㅇ 사전협의를 일괄로 이행하여야 하는 것은 아니므로 A군수의 주장은 타당하지 않다고 보아야 할 것임

ㅇ 다만 '부분 인·허가의제'가 가능하다고 하더라도, 사례의 경우는 주된 인·허가인 건축허가를 거부한 경우이므로, 이 경우는 -그 사유가 의제되는 인·허가의 요건을 구비하지 못했다는 것이라 할지라도- 건축허가 거부처분만 존재하는 것이므로, 乙은 가축분뇨배출시설 설치허가 거부를 취소소송의 대상으로 삼아 다툴 수 없음

[문 3]

Ⅰ. 논점

○ 처분사유의 추가 · 변경

Ⅱ. 처분사유의 추가 · 변경[121]

1. 의의

○ 처분 당시에 존재하였으나 행정청이 처분사유로 제시하지 않았던 사실상 · 법률상의 근거를 사후에 행정소송절차에서 처분의 적법성을 유지하기 위하여 새로이 추가하거나 그 내용을 변경하는 것

2. 허용성

① 처분사유의 추가 · 변경은 원칙적으로 제한되지 않는다는 긍정설, ② 처분사유의 추가 · 변경은 허용되지 않는다는 부정설, ③ 행위 및 소송의 유형에 따라 그 허용범위를 달리 정하여야 한다는 개별적 결정설이 있으나, ④ 기본적 사실관계의 동일성이 유지되는 범위 내에서 사실심 변론종결시까지 처분사유의 추가 · 변경이 가능하다는 제한적 긍정설이 다수설 및 판례(대판 2011.11.24, 2009두19021)의 입장임

3. 허용요건 및 한계

(1) 기본적 사실관계의 동일성

○ 판례는 처분사유의 추가 · 변경은 기본적 사실관계의 동일성이 인정되는 한도 내에서만 허용되고, 그 동일성 유무는 처분사유를 법률적으로 평가하기 이전의 구체적 사실에 착안하여 그 기초인 사회적 사실관계가 기본적인 점에서 동일한지에 따라 결정되어야 한다고 함(대판 2011.11.24, 2009두19021)

○ 처분청은 당초 처분의 근거로 삼은 사유와 기본적 사실관계에 있어서 동일성이 있다고 인정되지 않는 별개의 사실을 들어 처분사유로 주장함은 허용되지 아니함(대판 2005.4.15, 2004두10883)

○ 관련 판례[122]

"처분의 근거법령이 법개정으로 폐지되어 처분의 사실관계가 변경된 경우, 새로운 법령에 의

---

121) 강론, 938면 이하.

122) 강론, 942면 판례5, 판례6.

한 처분사유는 당초 구법하에서의 처분사유와 기본적 사실관계의 동일성이 인정될 수 없다 (대판 2001.3.23, 99두6392)."

"처분청이 처분 당시 적시한 구체적 사실을 변경하지 아니하는 범위 내에서 단지 처분의 근거 법령만을 추가 · 변경하는 것은 새로운 처분사유의 추가라고 볼 수 없으므로 이와 같은 경우에는 처분청이 처분 당시 적시한 구체적 사실에 대하여 처분 후 추가 · 변경한 법령을 적용하여 처분의 적법 여부를 판단하여도 무방하다. 그러나 처분의 근거 법령을 변경하는 것이 종전 처분과 동일성을 인정할 수 없는 별개의 처분을 하는 것과 다름없는 경우에는 허용될 수 없다(대판 2011.5.26, 2010두28106)."

(2) 소송물의 동일성(처분의 동일성)

o 처분사유의 변경은 취소소송의 소송물의 동일성을 유지하는 범위 내에서만 가능함. 만약 처분사유의 변경으로 소송물이 변경되면, 이는 청구의 변경에 해당되어, 처분사유의 추가 · 변경이 아닌, 소의 변경이 문제되기 때문임

(3) 시간적 한계

1) 추가 · 변경사유의 기준시

o 일반적 견해 및 판례의 입장인 처분시설에 따르면 처분 이후에 발생한 새로운 처분사유는 추가 · 변경의 대상이 되지 않음

2) 추가 · 변경의 허용시점

o 처분사유의 추가 · 변경은 사실심 변론종결시까지만 허용됨(대판 1999.8.20, 98두17043)

Ⅲ. 사례의 경우

o 당초 처분사유의 근거법령은 가축분뇨의 관리 및 이용에 관한 법률(가축분뇨법) 및 조례인데, 다른 법령인 국토의 계획 및 이용에 관한 법률(국토계획법)상의 사유를 추가하는 것이 허용되는가 하는 문제임

o 이는, 가축분뇨법상 사유는 '거리제한'이고, 국토계획법상 사유는 '악취 및 소음'인데, 이 두 사유 사이에 '기본적 사실관계의 동일성'이 인정되는가 하는 것임

o 이에 대하여는, 전자는 가축분뇨법상 배출시설설치허가사유이고 후자는 국토계획법상 개발행위허가사유라는 점에서 서로 별개의 처분을 하는 것과 같아, 기본적 사실관계의 동일성을 인정할 수 없다고도 볼 수 있겠음

o 그렇지만 위 사례가 처분의 사실관계가 변경되어 다른 법령상의 사유를 추가하는 경우인지는 의문임. 오히려 위 설문에서 문제가 된 것은 의 · 허가의제를 수반하는 건축허가의 반려처분이고 건축허가의 반려사유를 추가하고 있는 것이라는 점에서, '처분청이 처분 당시 적시한 구체적 사실을 변경하지 아니하는 범위 내에서 단지 처분의 근거 법령만을 추가 · 변경하는

경우'로 보는 것이 보다 합리적이라 판단됨

— 가축분뇨법상 거리제한을 하는 취지는 '악취 및 소음으로 인한 주민피해를 최소화하고자 하는 것'임이 명백하고, 국토계획법 시행령상 개발행위허가기준에도 '소음 등이 발생할 우려가 없을 것'이 명문화되어 있음. 따라서 처분사유의 근거법령 및 근거가 되는 허가행위가 달라졌다는 이유만으로 기본적 사실관계의 동일성이 인정되지 않는다고 보기는 어렵다고 판단됨

○ 따라서 추가할 수 있다고 보아야 함

[문 4의 1]

Ⅰ. 논점

○ 조례의 적법요건(조례가 법률의 '위임범위를 벗어난 것인지' 여부)

Ⅱ. 조례의 적법요건[123]

1. 주체 · 형식 및 절차요건

○ 조례는 지방의회의 의결사항임(지자법 39 ① 1). 따라서 조례의 제정주체는 지방의회임

○ 조례는 문서의 형식으로 하여야 함. 절차요건은 지방자치법 제66조, 제26조 등 참조

2. 내용요건

(1) 조례제정권의 보장

○ 헌법 제117조와 지방자치법 제22조는 지방자치단체의 조례제정권을 보장하고 있음. 이들은 일반수권의 형태로 지방자치단체에게 조례제정권한을 부여하고 있음

(2) 조례제정권의 사항적 범위

○ 지방자치법 제22조는 "지방자치단체는 '그 사무에 관하여' 조례를 제정할 수 있다."고 규정하고 있는데, 여기에서 '그 사무'란 지방자치법 제9조 제1항의 해석상 '자치사무'와 '법령에 따라 지방자치단체에 속하는 사무(단체위임사무)'를 말함

○ 따라서 조례의 제정대상은 자치사무와 단체위임사무임

○ 기관위임사무는 조례의 제정대상이 될 수 없음. 그러나 개별법령에서 기관위임사무를 조례로 정하도록 규정하고 있는 경우에는 예외적으로 기관위임사무가 조례의 제정대상이 될 수는 있지만, 이와 같은 현상은 지방자치단체의 자치권의 관점에서 결코 바람직하지 않음

○ 당해 사무가 자치사무인지 기관위임사무인지를 판단함에 있어서는 해당 법령의 규정 형식과

---

123) 강론, 1107면 이하.

취지를 검토하고, 그 밖에도 그 사무의 성질이 전국적으로 통일적인 처리가 요구되는 사무인지 여부나 그에 관한 경비부담과 최종적인 책임귀속의 주체 등도 아울러 고려하여 판단하여야 함(대판 2013.4.11, 2011두12153)

(3) **조례제정권과 법치행정의 원리**

1) 법률우위

○ 지방자치단체가 제정하는 조례의 경우에, 이에 대한 법적인 근거가 있는가 하는 문제와는 별도로, 상위 법령에 저촉되어서는 안 됨. 법률우위원칙에 반하는 조례는 무효임

2) 법률유보

① 침해유보와 특별수권

○ 조례가 주민의 자유와 재산을 침해하는 것을 내용으로 하는 경우에는 위와 같은 일반수권조항에 의한 위임만으로는 부족하고, 별도의 구체적인 법률의 위임이 있을 것이 요구됨

○ 이와 관련하여 지방자치법 제22조 단서는 "주민의 권리 제한 또는 의무 부과에 관한 사항이나 벌칙을 정할 때에는 법률의 위임이 있어야 한다."고 규정하고 있음

○ 지방자치법 제22조 단서에 대해서는 위헌 논란이 있었으나, 대법원·헌재 모두 합헌설의 입장임

② 포괄수권

○ 조례제정에 법령의 위임이 요구되는 경우에도 포괄적인 수권으로 족하고, 법규명령의 경우와 같이 그 위임의 내용, 목적, 범위 등을 구체적으로 정하여 위임해야 하는 것은 아님

③ 조례의 위임한계 준수 여부 판단기준[124]

○ "특정 사안과 관련하여 법령에서 조례에 위임을 한 경우 조례가 위임의 한계를 준수하고 있는지 여부를 판단할 때는 당해 법령 규정의 입법목적과 규정 내용, 규정의 체계, 다른 규정과의 관계 등을 종합적으로 살펴야 하고, 수권 규정에서 사용하고 있는 용어의 의미를 넘어 그 범위를 확장하거나 축소하여 위임 내용을 구체화하는 단계를 벗어나 새로운 입법을 하였는지 여부 등도 아울러 고려하여야 한다(대판 2018.8.30, 2017두56193)."

(4) **명확성·실현가능성**: 조례의 내용은 명확하고 실현가능하여야 함

Ⅲ. 사례의 경우

○ 먼저 '구체적인 가축사육제한구역을 지정'하는 것은 그 지역이 결정할 사무로서 지방자치단체의 자치사무로 보아야 함

○ 다만 제한구역의 지정은 주민의 권리를 제한하는 것이므로 법률의 위임이 필요한데, 이에 대해서는 가축분뇨법에 위임규정이 있음

---

124) 강론, 1123면 첫 번째 판례.

ㅇ 이 위임규정에 대해서는 위임의 포괄적이라고 할 수 있는데, 자치사무에 관한 조례의 경우 포괄적 수권으로도 족함. 판례도 같음

ㅇ 그렇다면 위 사례의 조례가 위임의 범위를 벗어났는가 하는 것이 문제인데, "위 조례 조항은 위임조항의 '지역주민의 생활환경보전'을 위하여 '주거밀집지역으로 생활환경의 보호가 필요한 지역'을 그 의미 내에서 구체화한 것이고, 위임조항에서 정한 가축사육 제한구역 지정의 목적 및 대상에 부합하고 위임조항에서 위임한 한계를 벗어났다고 볼 수 없음(대판 2019.1.31, 2018두43996)"[125]

[문 4의 2]

Ⅰ. 논점

ㅇ 법령(사안의 경우 조례)의 소급적용

ㅇ 신뢰보호원칙

Ⅱ. 법령의 소급적용(소급적용금지의 원칙과 예외)[126]

1. 소급적용의 의의

ㅇ 새로운 법령이 과거에 종결된 법률관계나 사실관계에 적용되는 것을 소급적용이라 함. 법령의 소급에는 법령의 시행 이전에 이미 종결된 사실이나 법관계에 적용되는 진정소급과 법령의 시행 이전에 시작되었으나 현재에도 진행 중인 사실이나 법관계에 적용되는 부진정소급이 있음

2. 소급적용금지의 원칙

ㅇ 법령은 소급적용을 하지 않는 것이 원칙인데, 이를 불소급의 원칙 또는 소급적용금지의 원칙이라고 함. 그 근거로는 법적 안정성과 개인의 신뢰보호를 내용으로 하는 법치국가원리를 들 수 있음. 우리 헌법도 소급입법에 의하여 참정권의 제한을 받거나 재산권을 박탈당하지 아니한다고 규정하고 있음(헌법 13 ②)

3. 진정소급의 경우

ㅇ 여기에서 불소급의 원칙은 본래 진정소급의 금지를 의미하는 것임. 따라서 진정소급적용은

---

125) 강론, 1124면, '금산군 가축사육 제한구역 조례' 판례.

126) 강론, 60면 이하.

원칙적으로 금지됨. 다만 소급적용을 예상할 수 있는 경우, 소급적용에 의한 당사자의 손실이 매우 경미한 경우, 소급적용을 정당화하는 중대한 공익상의 사유가 존재하는 경우 등에는 예외적으로 진정소급이 허용될 수 있음

4. 부진정소급의 경우

○ 부진정소급은 현재에도 진행 중인 사건에 새 법령을 적용하는 것이므로 원칙적으로 허용됨. 이 경우 부진정소급에 대한 공익이 개인의 신뢰보호이익 보다 우선한다고 볼 수 있겠으나, 경우에 따라서는 신뢰보호의 이익 때문에 부진정소급이 제한되는 경우도 있을 것임. 이와 같은 문제로 인하여 부진정소급의 경우에는 신구관계의 조정을 위하여 새로운 법령에 경과 규정을 두는 것이 일반적임

Ⅲ. 신뢰보호원칙[127]

1. 의의 및 근거

○ 행정청의 일정한 명시적이거나 묵시적인 언동의 정당성 또는 존속성에 대한 개인의 보호가치 있는 신뢰는 보호해 주어야 한다는 원칙

○ 신의칙설, 사회국가원리설, 기본권설, 독자적 원칙설 등이 있으나 법적 안정성설이 다수설 및 판례의 입장임

2. 적용요건

① 행정청의 선행조치가 있어야 함

② 보호가치 있는 신뢰: 선행조치가 정당하다고 신뢰한 데 대하여 개인에게 귀책사유가 없어야 함

③ 관계인의 조치: 행정청의 선행조치를 신뢰한 이해관계인이 일정한 조치를 하여야 함

④ 인과관계: 행정청의 선행조치와 이를 신뢰한 이해관계인의 조치 간에 인과관계가 있어야 함

⑤ 선행조치에 반하는 행정처분의 존재: 신뢰보호원칙이 적용되기 위해서는 행정청이 선행조치에 반하는 처분을 함으로써 이를 신뢰한 개인의 이익이 침해되는 결과가 초래되어야 함

3. 신뢰보호의 한계

○ 행정의 법률적합성과 신뢰보호의 충돌 문제

○ ① 법률적합성우위설, ② 동위·동가치라는 동위설이 있는데, 신뢰보호원칙은 법적 안정성을 근거로 하므로 동위설 타당(지배적 견해)

---

127) 강론, 50면 이하.

○ 결국 동위설의 입장에서 '적법상태의 실현에 의하여 달성되는 공익'과 '행정작용에 대한 개인의 신뢰이익' 간의 이익형량을 통하여 문제를 해결하여야 함

Ⅳ. 사례의 경우

○ 乙은 2018.9.경 건축허가 신청을 하였고, 2018.12.20. 조례가 개정되었는데, 乙의 허가신청에 대하여 개정조례를 적용하는 것은 부진정소급적용이므로, 원칙적으로는 허용되나 乙의 신뢰보호의 이익 때문에 부진정소급적용이 제한되는 경우도 있을 수 있음

○ 이에 따라 개정조례를 적용한 건축허가반려처분이 신뢰보호원칙에 위배되는지를 검토해 보아야 하는데, 설문에서는 이를 '개정 조례가 시행일 이전의 허가 신청인에 대하여 경과규정을 두지 않은 것이 신뢰보호원칙에 위배되는지'로 묻고 있음

○ 이 문제는 '법령(조례)의 적용이 신뢰보호원칙에 반하는가'에 관한 것으로, 당사자의 신뢰가 보호가치가 있는지, 법령의 적용에 대한 공익과 개인의 신뢰보호이익 중 어느 이익의 보호가치가 더 큰지를 살펴보아야 함

○ 먼저 'A군수의 건축허가반려처분이 위법한가' 하는 관점에서 보면,

— 乙은 기존 조례에 따라 건축허가 신청을 한 것이므로 乙의 기존 조례에 대한 신뢰는 보호가치가 있고,

— 가축분뇨배출시설이 주거환경에 미치는 영향 때문에 조례로써 거리제한을 더 엄격하게 하는 것은 공익을 위한 매우 정당하고 합리적인 규제이나, 乙이 건축허가신청을 하고 3개월 후 조례가 개정된 점, 계사 예정지가 마을로부터 700m로 기존 400m거리제한에 비추어 꽤 떨어져 있고 개정조례의 900m거리제한에 비추어도 200m 차이에 불과한 점, 가축분뇨배출시설 허가를 받지 못하면 乙은 닭을 사육할 수 없는 점에서 반려처분을 하여야 할 공익보다는 침해되는 乙의 신뢰이익이 더 크다고 볼 수도 있을 것임

○ 그러나 '개정 조례가 시행일 이전의 허가 신청인에 대하여 경과규정을 두지 않은 것이 신뢰보호원칙에 위배되는지'의 관점에서 보면,

— 가축사육제한구역을 기존의 400m에서 900m로 확대하는 것은 주거밀집지역의 생활권 보호를 위하여 합리적으로 요구되는 규제로 판단되고,

— 그렇다면, 개정 조례의 시행일 이전에 한 허가신청에 대해서 기존 조례를 적용하도록 하는 경과규정을 둔다면, 乙에 대하여 건축허가가 발급됨으로써 -乙의 신뢰는 보호되겠지만- 주거밀집지역의 거주민의 생활권이 심각하게 침해될 수 있어, 조례를 개정한 취지가 담보될 수 없게 됨

— 따라서 경과규정을 두지 않은 것이 신뢰보호원칙에 반한다고 할 수 없음

— 다만 乙이 사전에 일정한 조치를 했다면 이에 대한 보상은 필요할 것임

☞ 참고로 금산군 '가축사육 제한구역 조례가 위임의 한계를 준수하고 있는지 여부'에 관한 판례 (대판 2019.1.31, 2018두43996[건축복합민원허가신청서불허가처분취소])에서, 금산군은 가축분뇨법의 위임을 받아 2015. 9. 7. 금산군 조례 제1996호 일부 개정으로 '닭'의 가축사육제한구역을 개정 전 '주거밀집지역으로부터 400m'에서 '주거밀집지역으로부터 1,200m'로 확대하였으나, 이러한 확대는 과도하게 가축사육을 제한하는 것이어서 무효라는 취지의 판결이 선고되고 확정되었음. 이후 금산군은 2016. 11. 23. 금산군 조례 제2065호 일부 개정으로 '닭'의 가축사육제한구역을 '주거밀집지역으로부터 900m'로 축소함. 이에 대해, 헌법상 보장되는 지방자치단체의 포괄적인 자치권, 공익목적을 위한 토지이용·개발 제한의 법리, 이 사건 조례 조항의 개정 경위 등을 이유로 이 사건 조례 조항은 가축분뇨법에서 정한 위임한 한계를 벗어났다고 볼 수 없다고 보아, 이 사건 조례 조항이 모법의 위임범위를 벗어나 과도하게 가축사육을 제한하여 무효라고 판단한 원심 판결을 파기하였음

2021년 제1차 변호사시험 모의시험 제1문

최근 고용노동부가 발표한 보고서에 따르면, 청년실업이 경제에 중대한 위험 요인으로 작용하여 재정경제상의 위기가 현실화된 것으로 나타났다. 2019년 12월 청년실업률은 25%, 취업준비생과 구직포기자 등을 포함한 청년 체감실업률은 50%로 지표 작성 이래 최고 수준이었다. 또한 20대 청년의 평균 부채 규모는 2019년 5,085만 원으로 10년 전에 비해 194%가 증가된 것으로 나타났다. 최악의 실업난에서 어렵게 구한 일자리도 저임금 비정규직이 대부분이며, 많은 청년들은 사회에 진출하기 전부터 학자금 대출을 포함한 각종 부채에 시달리는 등 극심한 절망감에 빠져 있다.

이와 같은 위기상황에도 불구하고 2020.9.1. 제21대 첫 정기 국회가 개원하였으나, 상임위원회 위원장 선출과 개별 상임위원회 위원 배정 문제를 두고 정당 간의 극단적인 대립이 반복되는 등 민생관련 입법이 전혀 이루어지고 있지 않다. 이에 대통령은 현재의 국회 상황에서 통상적인 입법 절차로는 극심한 청년실업 문제를 해결할 수 없다고 판단하여, 당면한 재정경제상의 위기를 극복하기 위한 긴급조치로서 2020.11.1. 「청년고용촉진을 위한 긴급재정경제명령」(이하 '긴급재정경제명령'이라 한다. 구체적 내용은 참조조문을 볼 것)을 발하였다.

4. 고용노동부장관은 주식회사 甲의 긴급재정경제명령 제5조에 따른 청년고용의무의 불이행을 확인하고, 동 명령 제15조 벌칙규정에 따른 형사고발과 함께 동 명령 제10조에 근거하여 甲의 법 위반사실 및 대표자 丁의 인적 사항을 공표하기로 결정하고 이를 고용노동부 홈페이지에 게시하였다.
   1) 행정의 실효성확보수단인 공표를 형사처벌과 병과하는 것이 허용되는지 여부, 2) 丁이 고용노동부장관의 공표에 대하여 취소소송을 제기하는 경우 그 공표가 취소소송의 대상이 되는지를 검토하시오. (20점)

〈아래의 조문은 가상의 것임〉
[참조조문]
「청년고용촉진에 관한 긴급재정경제명령」(2020.11.1. 대통령 긴급재정경제명령 제37호)
제2조(정의) 이 명령에서 사용하는 용어의 뜻은 다음과 같다.
   1. "청년"이란 취업을 원하는 사람으로서 15세 이상 34세 이하인 사람을 말한다.
제5조(공공기관 등의 청년 미취업자 고용 의무) ① 「공공기관의 운영에 관한 법률」에 따른 공공기관과 「지방공기업법」에 따른 지방공기업, 자산 2조원 이상이거나 사원수 5천 명 이상의 기업은 매년 전체 사원의 100분의 10 이상씩 청년 미취업자를 고용하여야 한다.
제10조(고용의무위반 사실의 공표) ① 고용노동부장관은 제5조의 고용의무를 이행하지 않은 법인의 대표자의 성명 등 인적 사항, 의무위반사실, 해당 법인의 명칭을 공표할 수 있다.
   ② 제1항에 따라 공표하는 의무위반행위 등의 공표 여부를 심의하기 위하여 고용노동부에 고용의무위반심의위원회(이하 "위원회"라 한다)를 둔다.

③ 고용노동부장관은 위원회의 심의를 거친 잠정 공표대상자에게 제1항에 따른 의무위반 등의 공표 대상자임을 통지하여 소명 기회를 주어야 하며, 통지일부터 6개월이 지난 후 위원회로 하여금 잠정 공표 대상자의 고용의무 이행 상황을 고려하여 공표 여부를 재심의하게 한 후 공표 대상자를 결정한다.

④ 제1항부터 제3항까지의 규정에 따른 공표 사항, 공표 방법, 공표 절차 및 위원회의 구성·운영에 필요한 사항은 고용노동부령으로 정한다.

제15조(벌칙) 제5조의 고용의무를 이행하지 않은 법인의 대표자는 2년 이하의 징역이나 1억원 이하의 벌금에 처한다.

부칙

제1조 이 명령은 2022.6.30.까지 효력을 가진다.

Ⅰ. **논점**
　1) 의무이행확보수단으로서 행정형벌과 공표의 동시 부과 가능성
　2) 공표의 처분성

Ⅱ. **의무이행확보수단으로서 행정형벌과 공표의 동시 부과 가능성**
　1. 행정의 실효성확보(의무이행확보) 수단
　2. 행정형벌과 공표
　　(1) 행정형벌
　　(2) 공표
　3. 행정형벌과 행정질서벌, 제재처분의 병과가능성 등
　　○ 행정형벌과 행정질서벌의 병과
　　　① 부정설과 긍정설
　　　② 부정설이 다수설
　　　③ 판례는 긍정설 입장
　　○ 행정질서벌(과태료)과 제재처분은 동시 부과 가능
　4. 사안의 경우

　　○ 동시 부과 가능

Ⅲ. **공표의 처분성**
　1. 처분의 개념
　　○ 행소법 2 ① 1호
　　○ 일원설, 이원설, 형식적 행정행위론
　　○ 개념적 요소
　2. 공표의 법적 성질
　　○ 비권력적 사실행위
　　○ 이견
　3. 공표의 처분성
　　○① 비권력적 사실행위로서 처분 아님
　　　② 처분성을 인정하는 견해
　　　③ 결론
　4. 사안의 경우
　　○ 사안의 행위는 비권력적 사실행위인 '공표'
　　○ 따라서 취소소송의 대상이 되지 않음
　　○ 유사사안의 판례(대판 2019.6.27, 2018두49130)와의 비교

[문 4]

Ⅰ. 논점

　1) 의무이행확보수단으로서 행정형벌과 공표의 동시 부과 가능성

2) 공표의 처분성

Ⅱ. 의무이행확보수단으로서 행정형벌과 공표의 동시 부과 가능성

1. 행정의 실효성확보(의무이행확보) 수단

○ 행정목적을 달성하기 위하여 행정주체가 의무이행을 강제하거나 의무위반행위에 대하여 제재할 수 있는 수단으로, 행정강제와 행정벌 등이 있음

2. 행정형벌과 공표

(1) 행정형벌[128]

○ 행정벌이란 행정법상의 의무위반행위에 대하여 일반통치권에 의거하여 과하는 제재로서의 벌을 말함

○ 행정벌은 '과거'의 의무위반에 대하여 제재를 가함으로써 심리적 압박을 통하여 행정법상의 의무를 이행하도록 강제하는 '간접적' 강제수단이라는 점에서, 행정법상의 의무불이행에 대하여 '직접적으로' '장래'의 의무이행을 강제하는 행정상 강제집행과 구별됨

○ 행정형벌은 행정법상의 의무위반에 대하여 형법에 형명이 있는 형벌(사형·징역·금고·자격상 실·자격정지·벌금·구료·과료·몰수)을 과하는 행정벌을 말함

○ 행정형벌은 형법상의 형벌이 부과된다는 점에서 형법총칙이 적용되지만, 행정범으로서의 특수성 때문에 형법총칙의 적용이 배제되는 경우도 있음

(2) 공표[129]

○ 공표란 행정법상의 의무불이행이나 의무위반에 대하여 행정청이 그 불이행 또는 위반사실을 널리 일반에게 공개하여 의무자에게 간접적·심리적 압박을 가함으로써 필요한 의무이행을 확보하는 수단을 말함

○ 공표는 비권력적 사실행위이지만 개인의 인격이나 사생활을 침해할 수도 있음. 하지만 이로써 구체적인 제재나 형벌이 부과되는 것은 아니기 때문에 공표를 행정벌, 특히 행정형벌로 보기는 어려움

3. 행정형벌과 행정질서벌, 제재처분의 병과가능성 등[130]

○ 행정형벌과 행정질서벌을 병과(倂科)할 수 있는가 하는 것이 문제인데, ① 이와 관련해서는

---

128) 강론, 562면 이하.
129) 강론, 532면 이하.
130) 강론, 562면 이하, 573면.

부정설과 긍정설이 대립되는데, ② 이중처벌금지의 원칙에 따라 양자를 병과할 수 없다는 부정설이 다수설이고, ③ 판례는 긍정하는 입장인데, ④ 형벌과 과태료라는 점에서 이론상 병과가 가능하지만, 실제로 이와 같은 입법례는 찾아보기 어려움

　○ 행정질서벌(과태료)을 부과하는 것과는 별도로 영업정지와 같은 제재처분을 부과할 수 있는가 하는 문제와 관련하여, 제재처분은 처벌은 아니므로 병과가 가능함

4. 사안의 경우

　○ 위 명령 제15조의 벌칙은 행정형벌임

　○ 위 명령 제10조의 공표는 위반사실을 알림으로써 의무를 이행하도록 하기 위한 규정이라는 점에서 -명예나 신용 등에 대한 침해적 성격 때문에 논란이 있을 수는 있겠지만- 이를 '처벌'이라 할 수는 없음

　○ 공표가 행정형벌이 아닌 이상, 행정형벌과 행정질서벌의 병과, 행정벌과 제재처분과의 병과가 가능하다는 점에서, 동일한 의무위반행위에 대하여 공표하고 형벌도 부과하는 것은 가능하다고 판단됨

　○ 공표는 그 자체로서 알림에 그칠 뿐 공표 이후에 의무이행을 강제하는 수단이 별도로 없다는 점에서도 벌칙의 부과는 가능하다고 볼 것임

Ⅲ. 공표의 처분성

1. 처분의 개념[131]

　○ 행정청이 행하는 구체적 사실에 관한 법집행으로서의 공권력의 행사 또는 그 거부와 그 밖에 이에 준하는 행정작용(행소법 2 ① 1호)

　○ 처분개념에 대해서는 실체법상의 처분개념설(일원설)과 쟁송법상의 처분개념설(이원설), 그밖에도 형식적 행정행위론이 있는데, 이론적으로는 일원설이 타당하나, 실정법상 처분개념이 행정행위 개념보다 넓은 것이 사실임

　○ 판례는 행정행위 이외에도 처분법규, 도시·군관리계획, 단수조치의 처분성을 인정하고 있음

　○ 행정청의 처분은, ① 행정청이 행하는, ② 구체적 사실에 관한 법집행으로서, ③ 공권력을 행사하거나 거부하는, ④ 국민의 권리의무에 직접 영향을 미치는 공법행위(대판 2012.9.27, 2010 두3541 참조)이어야 함

2. 공표의 법적 성질

　○ 공표 그 자체의 법적 성질은 비권력적 사실행위임

---

131) 강론, 869면 이하.

○ 이에 관하여 논란은 있으나, 위반사실 등의 '공표'는 그 자체로서 일방적인 강제행위라고 보기 어렵기 때문에 비권력적 사실행위로 이해하는 것이 타당함

3. 공표의 처분성

○ ① 공표는 비권력적 사실행위로서 행정쟁송법상의 처분에 해당하지 않음. ② 이에 대하여 (ⅰ) 공표를 '공권력 행사에 준하는 행정작용' 또는 '형식적 행정행위'로 보아 처분성을 인정하자는 견해와 (ⅱ) 공표를 권력적 사실행위로 보아 처분성이 인정된다는 견해 등이 있으나, ③ 의무위반이나 공표에 별도의 강제나 제재를 동반하는 규정이 없는 한 이를 권력적 행위 또는 이에 준하는 행위로 보기는 어려움. 처분의 개념적 요소를 구비한 공표결정이나 공표명령 등이 따로 있는 경우 이를 처분으로 볼 수는 있겠음

4. 사안의 경우

○ 위 사안에서 '고용노동부장관이 위 명령 제10조에 근거하여 甲의 법위반사실 및 대표자 丁의 인적 사항을 공표하기로 결정하고 이를 고용노동부 홈페이지에 게시하였다'는 것을 근거로 판단할 때, 위 명령에서 공표에 어떠한 강제를 별도로 규정하고 있지 않은 이상, 사안의 공표는 비권력적 사실행위인 '공표'로 보아야 함

○ 따라서 공표 그 자체는 처분성이 없으므로, 취소소송의 대상이 되지 않음

※ 유사 판례
병무청장이 병역법에 따라 병역의무 기피자의 인적사항 등을 인터넷에 게시하는 등의 방법으로 공개한 경우, 병무청장의 공개결정은 항고소송의 대상이 되는 처분임(대판 2019.6.27, 2018두49130)

○ 위 사례의 참조조문과 병역법상 공표에 관한 규정은 거의 동일함
○ 다만 위 사례의 경우는 '의무위반행위를 공표한 사안'이고 '의무불이행에 대한 강제규정이나 제재규정이 따로 없는 경우'인 반면, 위 판례의 경우는 '병역의무기피자에 대하여 공개를 결정한 후 이를 당사자에게 통보한 사안'이고, '병역법 제76조에 의무불이행에 대한 제재가 규정되어 있는 경우'임. 즉 병역법상 의무기피자에 대한 공표는 제재조치와 결부될 수 있는 구조라는 점이 위 사례의 경우와 다른 경우임
○ 위 판례에서는 -지방병무청장의 내부적 공개결정(원심은 처분으로 보았으나, 대법원은 중간결정으로서 처분이 아니라고 함)에 따른- 병무청장의 최종적 공개결정이 처분이라고 보았음

2021년 제1차 변호사시험 모의고사 제2문

A주식회사는 「국토의 계획 및 이용에 관한 법률(이하 "국토계획법"이라 한다)」에 따라 자신의 토지 및 甲 소유의 토지가 포함된 乙광역시 B구 소재 토지에 체육시설(대중골프장)을 조성하는 내용의 사업을 계획하여 乙광역시장에게 도시관리계획결정의 입안을 제안하였다. 乙광역시장은 관계 행정기관의 장과의 협의 및 도시계획위원회 심의를 거쳐 2017.10.5. 위 토지가 포함된 乙광역시 B구 일원 717,000㎡에 대중골프장을 설치하는 도시관리계획(이하 "도시계획시설결정"이라고도 한다) 및 그 지형도면을 고시하였다. 이어 乙광역시장은 위 도시계획시설결정에 따른 도시계획시설사업시행자로 A주식회사를 지정하였으며, 위 사업에 관한 실시계획인가를 하고 이를 고시하였다. 이에 대중골프장 설치에 반대하는 甲은 위 도시계획시설결정을 폐지해 달라고 신청하였으나 乙광역시장은 2017.12.5. 이를 거부하였다.

더 나아가 甲은 A주식회사가 도시계획시설사업시행자로 지정받으려면 국토계획법 시행령 제96조 제5항에 따라 다른 법령에 의한 면허·허가·인가 등의 사실을 증명하는 서류의 사본을 지정신청서에 첨부하여야 하는데, 그러한 서류사본들 가운데 일부를 누락하여 신청서를 제출한 A주식회사가 사업시행자로 지정된 것은 위법하다고 주장하고 있다.

그런데 이후 위 도시계획시설사업의 추진에 대한 찬반이 지역 사회에서 중요한 환경적 쟁점으로 부각되었고, 도시관리계획의 고시 때와 비교하여 여론이 위 도시계획시설사업의 추진에 반대하는 쪽으로 의미 있는 변화가 있게 되었다. 특히 乙광역시의회는 위 도시계획시설부지 인근에 소재하는 B산(山)의 자연자원과 자연생태계를 보호하기 위한 목적으로 「乙광역시 B산 보호조례」(안)의 제정을 준비하고 있으며, 국토교통부는 2019.11.1. 「도시계획시설의 결정·구조 및 설치기준에 관한 규칙(국토교통부령)」을 개정하여 국토계획법상 체육시설의 범위를 국가 또는 지방자치단체 등 공공부문에서 설치하는 체육시설 등으로 한정함으로써 민간 사업시행자가 설치하는 대중골프장은 도시계획시설결정의 대상으로부터 배제하였다. 이처럼 위 도시계획시설사업의 추진에 부정적인 여론이 강해지자 乙광역시장은 위 도시관리계획(체육시설)을 폐지할 것을 내부적으로 검토하고 있다.

1. 甲의 도시계획시설결정 폐지신청에 대한 乙광역시장의 2017.12.5.자 거부행위는 취소소송의 대상이 되는지 여부를 검토하시오. (15점)
2. 甲은 실시계획인가에 대하여 항고소송을 제기하면서 사업시행자 지정처분이 위법하므로 실시계획인가가 취소되어야 한다고 주장한다. 甲의 주장의 타당성을 검토하시오.(단, 사업시행자 지정처분의 제소기간은 도과하였다) (20점)
3. 乙광역시장은 A주식회사의 이해를 반영하고자 A주식회사 임직원과 4개월에 걸쳐 10여 차례 협의 및 면담을 실시하는 등 관련 절차를 거치고 나서 2020.4.30. 위 도시관리계획을 결국 폐

지하였다. 이에 대해 A주식회사는 도시관리계획이 폐지되는 과정에서 자신의 이익이 과소평가
되었고 결국 도시관리계획이 폐지됨으로 말미암아 그 간 대중골프장 설치사업이 안정적으로 추
진될 것으로 믿고 지출한 막대한 비용이 무위로 돌아가게 되었으며 그 결과 심각한 경영난에 봉
착하는 등, 도시관리계획폐지가 자신의 신뢰이익을 반영하지 않고 이루어져 위법하다고 주장하
고 있다. A주식회사의 주장의 타당성을 검토하시오. (25점)

4. 국토교통부장관은 「乙광역시 B산 보호조례」(안)이 법률의 위임 없이 B산 인근 토지소유자들의
특정 토지이용행위를 금지하고 있어 위법하다는 의견이다. 乙광역시의회가 해당 조례안을 의결
한 경우, 국토교통부장관이 활용할 수 있는 「지방자치법」상 감독수단들에 대하여 검토하시오.
(20점)

[참조조문]
「국토의 계획 및 이용에 관한 법률」
제26조(도시·군관리계획 입안의 제안) ① 주민(이해관계자를 포함한다. 이하 같다)은 다음 각 호의
사항에 대하여 제24조에 따라 도시·군관리계획을 입안할 수 있는 자에게 도시·군관리계획의 입안
을 제안할 수 있다. 이 경우 제안서에는 도시·군관리계획도서와 계획설명서를 첨부하여야 한다.
　1. 기반시설의 설치·정비 또는 개량에 관한 사항
　2. － 3. 생략
　② 제1항에 따라 도시·군관리계획의 입안을 제안받은 자는 그 처리 결과를 제안자에게 알려야 한다.
제30조(도시·군관리계획의 결정) ① 시·도지사는 도시·군관리계획을 결정하려면 관계 행정기관의
장과 미리 협의하여야 하며, 국토교통부장관이 도시·군관리계획을 결정하려면 관계 중앙행정기관의
장과 미리 협의하여야 한다. 이 경우 협의 요청을 받은 기관의 장은 특별한 사유가 없으면 그 요청
을 받은 날부터 30일 이내에 의견을 제시하여야 한다.
　② 생략
　③ 국토교통부장관은 도시·군관리계획을 결정하려면 중앙도시계획위원회의 심의를 거쳐야 하며, 시
·도지사가 도시·군관리계획을 결정하려면 시·도도시계획위원회의 심의를 거쳐야 한다.
　④ 생략
　⑤ 결정된 도시·군관리계획을 변경하려는 경우에는 제1항부터 제4항까지의 규정을 준용한다.
제86조(도시·군계획시설사업의 시행자) ① 특별시장·광역시장·특별자치시장·특별자치도지사·시
장 또는 군수는 이 법 또는 다른 법률에 특별한 규정이 있는 경우 외에는 관할 구역의 도시·군계획
시설사업을 시행한다.
　② － ④ 생략
　⑤ 제1항부터 제4항까지의 규정에 따라 시행자가 될 수 있는 자 외의 자는 대통령령으로 정하는 바
에 따라 국토교통부장관, 시·도지사, 시장 또는 군수로부터 시행자로 지정을 받아 도시·군계획시설
사업을 시행할 수 있다.
　⑥ 국토교통부장관, 시·도지사, 시장 또는 군수는 제2항·제3항 또는 제5항에 따라 도시·군계획시
설사업의 시행자를 지정한 경우에는 국토교통부령으로 정하는 바에 따라 그 지정 내용을 고시하여
야 한다.

제88조(실시계획의 작성 및 인가 등) ① 도시·군계획시설사업의 시행자는 대통령령으로 정하는 바에 따라 그 도시·군계획시설사업에 관한 실시계획(이하 "실시계획"이라 한다)을 작성하여야 한다.
② 도시·군계획시설사업의 시행자(국토교통부장관, 시·도지사와 대도시 시장은 제외한다. 이하 제3항에서 같다)는 제1항에 따라 실시계획을 작성하면 대통령령으로 정하는 바에 따라 국토교통부장관, 시·도지사 또는 대도시 시장의 인가를 받아야 한다.

「국토의 계획 및 이용에 관한 법률 시행령」

제96조(시행자의 지정) ① 법 제86조제5항의 규정에 의하여 도시·군계획시설사업의 시행자로 지정받고자 하는 자는 다음 각호의 사항을 기재한 신청서를 국토교통부장관, 시·도지사 또는 시장·군수에게 제출하여야 한다.
1. － 5. 생략
② － ④ 생략
⑤ 당해 도시·군계획시설사업이 다른 법령에 의하여 면허·허가·인가 등을 받아야 하는 사업인 경우에는 그 사업시행에 관한 면허·허가·인가 등의 사실을 증명하는 서류의 사본을 제1항의 신청서에 첨부하여야 한다.

【乙광역시 B산 보호조례】(2020.6.1. 시행)

제11조(행위제한) 누구든지 B산의 생태·경관보전지역안에서는 다음 각호의 어느 하나에 해당하는 행위를 하여서는 아니된다.
1. 건축물 그 밖의 공작물(이하 "건축물등"이라 한다)의 신축·증축(생태·경관보전지역 지정 당시의 건축연면적의 2배 이상 증축하는 경우에 한한다) 및 토지의 형질변경
2. 토석의 채취
3. 산책로 이용 금지

[문 1]
Ⅰ. 논점
　○ 거부의 처분성
　○ 계획보장청구권의 인정 여부
Ⅱ. 거부의 처분성
　1. 처분의 개념
　2. 거부처분의 의의
　3. 거부처분의 성립요건
　　(1) 판례
　　(2) 학설
　　○① 대상적격설, ② (본안문제설),
　　　③ 원고적격, ④ 원고적격설 타당

Ⅲ. 계획보장청구권
　1. 의의
　2. 내용
　○ 계획존속청구권, 계획준수청구권,
　　계획변경청구권, 경과조치청구권,
　　손해전보청구권 등
　○ '일반적 계획보장청구권'은 원칙적으로
　　부인
　○ 예외적으로 인정
　○ 판례
Ⅳ. 사안의 경우
　○ 취소소송의 대상이 됨

[문 2]

Ⅰ. 논점: 하자의 승계, 무효와 취소
Ⅱ. 하자의 승계
  1. 하자승계의 의의와 전제조건
  2. 학설
    (1) 종래의 견해
    (2) 규준력이론
    (3) 판례
      1) 기본입장
      2) 예외적으로 하자의 승계를 인정
Ⅲ. 무효와 취소의 구별
  ○ 통설인 중대명백설
  ○ 중대설, 조사의무설, 명백성보충설,
    구체적 가치형량설 등
  ○ 판례
Ⅳ. 사안의 경우
  ○ 선행처분의 요건불비를 무효사유로
    보는 경우, 甲의 주장은 타당
  ○ 선행처분의 하자를 취소사유로 볼 수도
    있음

[문 3]

Ⅰ. 논점: 행정계획의 통제(계획재량과 이에
  대한 통제), 신뢰보호원칙
Ⅱ. 행정계획의 통제
  1. 계획재량의 의의

  2. 계획재량에 대한 사법적 통제
  3. 형량명령
    (1) 의의
    (2) 형량의 단계
    (3) 형량명령에 위반하는 하자
Ⅲ. 신뢰보호의 원칙
  1. 의의
  2. 근거
  3. 적용요건
  4. 신뢰보호의 한계
  5. 존속보호와 보상보호
Ⅳ. 사안의 경우
  ○ 형량명령의 하자가 있다고 보기 어려움.
    따라서 A주식회사의 주장은 타당하지
    않음

[문 4]

Ⅰ. 논점: 조례에 대한 감독청의 통제
Ⅱ. 조례에 대한 감독청의 통제
  1. 감독청의 재의요구(지자법 172 ①)
  2. 감독청의 제소지시(지자법 172 ④)
  3. 재의결에 대한 감독청의 직접
    제소(지자법 172 ④, ⑥)
  4. 재의요구 불응에 대한 감독청의 직접
    제소(지자법 172 ⑦)
Ⅲ. 사안의 경우

[문 1]

Ⅰ. 논점

  ○ 거부의 처분성
  ○ 계획보장청구권의 인정 여부

Ⅱ. 거부의 처분성[132]

1. 처분의 개념

o 행정청이 행하는 구체적 사실에 관한 법집행으로서의 공권력의 행사 또는 그 거부와 그 밖에 이에 준하는 행정작용(행소법 2 ① 1호)

2. 거부처분의 의의

o 처분을 구하는 당사자의 신청에 대하여 처분의 발급을 거부하는 행정청의 행정작용

3. 거부처분의 성립요건

(1) 판례

o 거부처분의 성립요건과 관련하여 판례는 ① 신청한 행위가 처분이어야 하고, ② 그 거부행위가 신청인의 법률관계에 변동을 일으키는 것이어야 하며, ③ 당사자에게 처분의 발급을 요구할 법규상 또는 조리상의 신청권이 있어야 한다는 입장임

(2) 학설

o 이에 대하여 학설은 ① 신청권을 거부처분의 요건으로 보아야 한다는 견해(대상적격설), ② 신청권의 존재 여부는 본안에서 가려야 할 문제라고 보는 견해(본안문제설), ③ 신청권의 존재는 거부처분의 성립요건이 아니라 원고적격의 문제라고 보는 견해(원고적격설)가 대립되고 있음. ④ '신청권'의 존부는 '원고에게 그러한 추상적 신청권이 인정되는가' 하는 문제라는 점에서 원고적격설이 타당함

Ⅲ. 계획보장청구권[133]

1. 의의

o 행정계획의 폐지·변경 등의 요구와 신뢰보호의 문제가 충돌하는 문제를 해결하기 위하여 논의되는 문제로서, 행정계획의 존속, 준수, 폐지·변경 등을 요구하는 권리를 말함

2. 내용

o 일반적으로 계획보장청구권의 내용으로는 계획존속청구권, 계획준수청구권, 계획변경청구권, 경과조치청구권, 손해전보청구권을 들 수 있음

---

132) 강론, 875면 이하.
133) 강론, 373면 이하.

○ '일반적 계획보장청구권'은 인정될 수 없는데, 계획변경에 대한 공익을 무시하고 개인의 신뢰보호만을 일방적으로 우월시할 수는 없기 때문임

○ 다만 관련 법령에서 특정 개인의 계획보장에 대한 이익을 보호하기 위한 규정을 두고 있는 경우라면 이 개인에게 예외적으로 계획보장청구권이 인정될 수 있음

○ 판례는 '계획변경신청을 거부하는 것이 실질적으로 처분을 거부하는 결과가 되는 예외적인 경우(대판 2003.9.23, 2001두10936)', '토지소유자 등 도시계획시설결정에 이해관계가 있는 주민의 경우(대판 2015.3.26, 2014두42742)'에는 계획변경신청권을 인정한 바 있음

○ 판례는 (구)도시계획법 제20조의 주민들의 도시계획입안 제안(현 국토계획법 26)과 관련하여, 주민의 도시계획입안을 요구할 수 있는 법규상 또는 조리상의 신청권(입안제안신청권)을 인정한 바 있음(대판 2004.4.28, 2003두1806)

Ⅳ. 사안의 경우

○ 甲은 도시계획시설 부자 안에 토지를 소유한 자로서 도시계획시설에 이해관계 있는 자에 해당하므로, 도시계획시설결정의 폐지를 요구할 법규상 또는 조리상의 신청권이 인정됨

○ 따라서 乙광역시장의 거부는 거부처분으로서 취소소송의 대상이 됨

[문 2]

Ⅰ. 논점: 하자의 승계, 무효와 취소

Ⅱ. 하자의 승계[134]

1. 하자승계의 의의와 전제조건

○ 두 개 이상의 행정행위가 연속적으로 행하여지는 경우 선행행정행위의 흠을 이유로 후행행정행위를 다툴 수 있는가 하는 문제

○ 선행행정행위에 단순위법의 하자가 있고 쟁송기간이 도과한 경우에만 하자의 승계가 문제됨

2. 학설

(1) 종래의 견해

① 선행행정행위와 후행행정행위가 상호 독립하여 별개의 효과를 발생하는 경우에는, 선행행위가 당연무효가 아닌 한 그 흠이 후행행위에 승계되지 않음

② 선행행정행위와 후행행정행위가 서로 결합하여 하나의 법적 효과를 완성하는 경우에는 선행

---

134) 강론, 258면 이하.

행위의 흠이 후행행위에 승계됨

(2) 규준력이론

○ 하자의 승계 문제를 불가쟁력이 발생한 선행행정행위의 후행행정행위에 대한 구속력의 문제로 이해하려는 견해

○ 규준력이 인정되려면, ① 양 행위가 동일한 사안과 목적을 추구하여야 하고(대물적 한계), ② 양 행위에서의 상대방, 이해관계인, 유관기관 등이 일치하여야 하며(대인적 한계), ③ 선행행정행위의 사실 및 법상태가 후행행정행위에 유지되고 있는 경우이어야 함(시간적 한계). ④ 다만 규준력을 인정하는 것이 상대방에게 가혹하거나 예측가능성이 없었던 경우에는 예외적으로 규준력이 부인됨(규준력의 추가적 요건)

(3) 판례

1) 기본입장

○ 판례는 과세처분과 체납처분(대판 1997.7.12, 76누51), 사업인정처분과 재결처분(대판 1992.3.13, 91누4324) 등에서의 하자의 승계를 인정하지 않음

2) 예외적으로 하자의 승계를 인정

○ 판례는 이와 같은 종래의 입장을 유지하면서도, 예컨대 "위법한 개별공시지가를 기초로 한 과세처분 등 후행 행정처분에서 개별공시지가결정의 위법을 주장할 수 없도록 하는 것은 수인한도를 넘는 불이익을 강요하는 경우"와 같은 경우에는 예외적으로 흠의 승계를 인정하기도 함(대판 1994.1.25, 93누8542; 대판 1997.9.26, 96누7649; 대판 2008.8.21, 2007두13845)

○ 결국 판례의 입장은 양 행위가 서로 독립한 처분인 경우에는 하자의 승계를 부인하는 것이 원칙이지만, 불가쟁력이 발생한 선행처분의 하자를 후행 처분에서 다툴 수 있도록 할 것인가의 여부는 개인의 권리보호의 관점에서 수인가능성이 있는지의 여부를 개별적으로 검토하여 결정하고 있다고 할 수 있음

Ⅲ. 무효와 취소의 구별[135]

○ 통설인 중대명백설에 따르면, 행정행위의 하자가 중대한 법 위반이고 그것이 외관상 명백한 경우에는 무효이고, 이에 이르지 않는 경우에는 취소할 수 있는 데 그침(대판 2007. 5.10, 2005다31828)

○ 그 밖에도 중대설, 조사의무설, 명백성보충설, 구체적 가치형량설 등이 있음

○ 대법원: 원칙적으로 중대명백설 원칙, 소수견해는 명백성보충설을 취한 바도 있음(대판 1995.7.11, 94누4615 전원합의체)

---

135) 강론, 242면 이하.

Ⅳ. 사안의 경우

○ 사업시행자 지정처분(선행처분)의 하자가 실시계획인가(후행처분)에 승계되는지가 문제임

― 선행처분과 후행처분이 서로 별개의 처분인지 여부와

― 선행처분의 하자가 무효사유인지 취소사유인지 여부를 검토해 보아야 함

○ 먼저 '사업시행자 지정'과 '실시계획인가'는 그 내용을 서로 달리한다는 점에서 서로 결합된 처분으로 보기 어려움

○ 그 다음으로 선행처분의 하자의 정도를 살펴보면, 사업시행자 지정을 받으려면 시행령상의 요건을 구비하여야 하는데 제출서류 중 일부 서류가 누락된 하자가 중대명백한 하자인지 여부가 관건임

○ 무효사유로 보는 경우

― 사안의 시설을 대규모의 대중골프시설이고 이 사업의 시행자의 자격이 중대하지 않다고 볼 수는 없다는 점에서 '요건의 미비'는 적법요건의 중대하고 명백한 하자에 해당한다고 볼 수 있겠음

― 이 경우는 선행처분의 하자를 이유로 후행처분의 위법을 주장할 수 있음. 甲의 주장은 타당함

○ 취소사유로 보는 경우

― 하지만, 반대로, 이 사안의 경우 '다른 법령에 의한 면허 · 허가 · 인가 등을 받은 사실'이 있으나, 단지 그 '사본의 일부'를 제출하지 못한 것으로, 누락된 서류를 추후 얼마든지 제출할 수 있는 등의 사정이라면, 이는 단순한 형식상 하자에 해당하여 취소사유에 불과하다고 볼 수 있을 것임

― 이 경우는 하자가 승계되지 않으므로, 甲의 주장은 타당치 않을 것임

[문 3]

Ⅰ. 논점: 행정계획의 통제(계획재량과 이에 대한 통제), 신뢰보호원칙

Ⅱ. 행정계획의 통제[136)]

1. 계획재량의 의의

○ 행정주체가 계획을 통하여 가지게 되는 광범위한 계획상의 형성의 자유

---

136) 강론, 368면 이하.

2. 계획재량에 대한 사법적 통제

① 계획상의 목표는 근거법에 합치되어야 하고,

② 비례원칙을 비롯한 행정법의 일반원칙을 준수하여야 하며,

③ 근거법이 정한 형식과 절차를 준수하여야 하고,

④ 관계되는 모든 이익을 정당하게 형량하여야 함(형량명령)

3. 형량명령

(1) 의의

ㅇ 계획을 수립함에 있어 관계되는 모든 이익을 정당하게 형량하여야 한다는 행정법의 일반원칙

(2) 형량의 단계

① 관계되는 이익의 조사, ② 이익에 대한 평가, ③ (좁은 의미의) 이익형량

(3) 형량명령에 위반하는 하자

① 이익형량을 전혀 행하지 않은 경우(형량의 결여, Abwägungsausfall)

② 이익형량에서 고려하여야 할 이익을 빠뜨린 경우(형량의 결함, Abwägungsdefizit)

③ 이익의 중요성을 잘못 판단한 경우(형량의 과오, Abwägungsfehleinschätzung)

④ 특정 이익을 과도하게 평가하는 경우(형량의 불평등, Abwägungsdisproportionalität)

Ⅲ. 신뢰보호의 원칙[137]

1. 의의

ㅇ 행정청의 일정한 명시적이거나 묵시적인 언동의 정당성 또는 존속성에 대한 개인의 보호가 치 있는 신뢰는 보호해 주어야 한다는 원칙

2. 근거

(1) 이론적 근거: 신의칙설, 사회국가원리설, 기본권설, 독자적 원칙설, 법적 안정성설(다수설 및 판례)

(2) 실정법적 근거: 국세기본법 제18조 제3항, 행정절차법 제4조 제2항

3. 적용요건

① 행정청의 선행조치가 있어야 함

---

137) 강론, 50면 이하.

② 보호가치 있는 신뢰: 선행조치가 정당하다고 신뢰한 데 대하여 개인에게 귀책사유가 없어야 함

③ 관계인의 조치: 행정청의 선행조치를 신뢰한 이해관계인이 일정한 조치를 하여야 함

④ 인과관계: 행정청의 선행조치와 이를 신뢰한 이해관계인의 조치 간에 인과관계가 있어야 함

⑤ 선행조치에 반하는 행정처분의 존재: 신뢰보호원칙이 적용되기 위해서는 행정청이 선행조치에 반하는 처분을 함으로써 이를 신뢰한 개인의 이익이 침해되는 결과가 초래되어야 함

⑥ '공익 또는 제3자의 정당한 이익을 현저히 해할 우려가 없을 것': 대법원이 제시하고 있는 신뢰보호원칙의 소극적 적용요건. 그러나 이는 이익형량시 당연히 요구되는 것이므로 이를 신뢰보호원칙의 '적용요건'으로 볼 필요는 없고, 신뢰보호원칙의 한계 문제로 검토하면 됨

4. 신뢰보호의 한계

o 행정의 법률적합성과 신뢰보호의 충돌 문제

o ① 법률적합성우위설, ② 동위·동가치라는 동위설이 있는데, 신뢰보호원칙은 법적 안정성을 근거로 하므로 동위설이 타당(지배적 견해)

o ③ 결국 동위설의 입장에서 '적법상태의 실현에 의하여 달성되는 공익'과 '행정작용에 대한 개인의 신뢰이익' 간의 이익형량을 통하여 문제를 해결하여야 함

5. 존속보호와 보상보호

o 개인이 신뢰한 바를 존속시킴으로써 개인의 신뢰를 보호하는 것이 원칙(존속보호)

o 개인의 신뢰를 보호하기 어려울 때에는 이로 인한 손해나 손실을 전보함으로써 개인의 침해된 권익이 보상되어야 함(보상보호)

Ⅳ. 사안의 경우

o 먼저 계획재량의 위법, 특히 형량명령상의 하자가 존재하는지 여부와 관련하여, 乙광역시장은 A와 비교적 충분한 절차를 거쳤고, A의 신뢰보호의 이익 보다는 B산의 자연자원 및 자연환경보호에 대한 이익이 더 커 보이므로, 형량명령의 하자가 있다고 보기 어려움

o A의 신뢰보호와 관련해서도, 신뢰보호원칙의 요건을 모두 구비하였다 하더라도 이익형량이 필요한데, 이는 이미 '형량명령상의 정당한 이익형량'에서 검토한 바와 같음

o 따라서 A주식회사의 주장은 타당하지 않음

[문 4]

Ⅰ. 논점: 조례에 대한 감독청의 통제

Ⅱ. 조례에 대한 감독청의 통제[138]

1. 감독청의 재의요구(지자법 172 ①)

○ 지방의회의 의결이 법령에 위반되거나 공익을 현저히 해친다고 판단되면 시·도에 대하여는 주무부장관이, 시·군 및 자치구에 대하여는 시·도지사가 재의를 요구하게 할 수 있고, 재의 요구를 받은 지방자치단체의 장은 의결사항을 이송받은 날부터 20일 이내에 지방의회에 이유를 붙여 재의를 요구하여야 함

2. 감독청의 제소지시(지자법 172 ④)

○ 감독청의 재의요구에 따라 지방의회가 재의결한 사항이 법령에 위반된다고 판단됨에도 불구하고 해당 지방자치단체의 장이 소를 제기하지 않으면 감독청은 그 지방자치단체의 장에게 제소를 지시할 수 있음

3. 재의결에 대한 감독청의 직접 제소(지자법 172 ④, ⑥)

○ 감독청의 재의요구에 따라 지방의회가 재의결한 사항이 법령에 위반된다고 판단됨에도 불구하고 해당 지방자치단체의 장이 소를 제기하지 않으면 감독청은 직접 제소할 수 있음. 이 경우 감독청은 지방의회의 재의결이 있은 후 20일이 경과한 날부터 7일 이내에 제소할 수 있음

○ 이 소송은 동일 법주체 내부기관간의 소송이 아니므로, 지방자치법상의 특수한 형태의 소송이라고 보아야 할 것임

4. 재의요구 불응에 대한 감독청의 직접 제소(지자법 172 ⑦)

○ 제172조 제1항에 따라 지방의회의 의결이 법령에 위반된다고 판단되어 주무부장관이나 시·도지사로부터 재의요구지시를 받은 지방자치단체의 장이 재의를 요구하지 아니하는 경우 (법령에 위반되는 지방의회의 의결사항이 조례안인 경우로서 재의요구지시를 받기 전에 그 조례안을 공포한 경우를 포함한다)에는 주무부장관이나 시·도지사는 제1항에 따른 기간이 지난 날부터 7일 이내에 대법원에 직접 제소할 수 있음

---

138) 강론, 1168면 이하.

○ 이 소송은 감독청이 지방의회를 상대로 제기하는 소송으로서, 동일 법주체 내부기관간의 소송이 아니므로, 지방자치법상의 특수한 형태의 소송이라고 보아야 할 것임. 그리고 공포된 조례안을 다투는 경우에는 피고가 지방자치단체의 장이라는 점에서 조례안에 대한 감독청의 소송은 특수한 형태의 규범통제소송이라고 이해됨

Ⅲ. 사안의 경우

○ 국토교통부장관은 乙광역시장에게 乙광역시의회에 재의를 요구하게 할 수 있고(지자법 172 ①),

○ 乙광역시장이 재의요구를 하지 않으면 대법원에 乙광역시의회를 상대로 직접 제소할 수 있음(지자법 172 ⑦)

○ 乙광역시의회의 재의결이 위법함에도 乙광역시장이 제소를 하지 않으면 국토교통부장관은 乙광역시장에게 제소를 지시하거나 乙광역시의회를 상대로 직접 제소할 수 있음(지자법 172 ④)

2021년 제2차 변호사시험 모의시험 제1문

甲은 A시에서 「학원의 설립·운영 및 과외교습에 관한 법률」에 따른 학원등록을 마치고 2017.1.1.부터 초등학교 학생들을 대상으로 어학과목을 교습하는 학원을 운영하면서 수강생들을 위하여 15인승 승합자동차를 통학에 제공하고 있다. 甲은 경영악화를 이유로 2018.1.1.부터 학원 강사인 캐나다 국적의 乙을 더 이상 고용할 수 없다는 통보를 하면서, 乙과 함께 A시 고용지원센터를 찾아가 사업장 변경문제를 협의하였다. 그런데 2018.1.23. A시 고용지원센터는 「외국인근로자의 고용 등에 관한 법률」에 따라 사업장 변경은 불가하다고 통보하였다.

한편 통학차량을 이용하여 학원에 등원하는 어린이에 대한 안전사고가 급증하자, 2018.7.18. 국회는 「도로교통법」을 개정하여 제53조 제3항에 보호자 동승의무조항을 신설하였다. 다만, 이 조항의 적용은 학원의 경영 등에 영향을 최소화하기 위하여 법률 시행일로부터 2년의 유예기간을 두었다. 甲은 2021. 4. 28. 「도로교통법」 제53조 제3항에 대하여 「헌법재판소법」 제68조 제1항에 의한 헌법소원심판을 청구하였다.

4. 학원버스로 어린이집에 등원하는 어린이들의 교통사고가 최근 급증하자 A시에서 직접 운영하는 어린이집에 자녀 丁을 보내는 丙을 비롯한 학부모들은 「도로교통법」 제53조 제3항에 따른 보호자 동승의무를 이행해달라고 A시 어린이집 통학버스 운영자인 담당 공무원 戊에게 수차례 요청하였으나, 戊는 이에 대하여 아무런 조치를 취하지 않고 있다. 그러던 중 丁이 보호자가 동승하지 않은 상태에서 운행한 통학버스에서 내리다가 중상해를 입었다. 이때 丙이 「국가배상법」 제2조에 따른 손해배상청구를 하고자 할 경우 그 인용가능성을 논하시오. (단 「국가배상법」 제5조와 「자동차손해배상보장법」의 논점은 제외한다) (20점)

〈아래의 조문은 가상의 것임〉
[참조법령]
「도로교통법」(2018.7.18. 제16427호로 개정되고, 2019.1.29. 시행된 것)
제53조(어린이통학버스 운영자 등의 의무) ③ 어린이통학버스를 운영하는 자는 어린이통학버스에 어린이나 영유아를 태울 때에는 다음 각 호의 어느 하나에 해당하는 보호자를 함께 태우고 운행하여야 하며, 동승한 보호자는 어린이나 영유아가 승차 또는 하차하는 때에는 자동차에서 내려서 어린이나 영유아가 안전하게 승하차하는 것을 확인하고 운행 중에는 어린이나 영유아가 좌석에 앉아 좌석안전띠를 매고 있도록 하는 등 어린이 보호에 필요한 조치를 하여야 한다.
1. 「학원의 설립·운영 및 과외교습에 관한 법률」 제13조 제1항에 따른 강사
2. 「체육시설의 설치·이용에 관한 법률」에 따른 체육시설의 종사자
3. 그 밖에 어린이통학버스를 운영하는 자가 지명한 사람

[문 4]

I. 논점
- 국배법 제2조의 배상책임의 요건
- 특히 '부작위'로 인한 국가배상책임, 부작위에 의한 '법령위반'

II. 국배법 제2조의 배상책임의 요건
- ① 공무원의 행위일 것, ② 직무행위일 것, ③ 직무를 집행하면서 행한 행위일 것, ④ 고의·과실이 있을 것, ⑤ 위법할 것, ⑥ 타인에게 손해가 발생할 것
 1. 공무원: 넓은 의미의 공무원
 2. 직무
  (1) 범위: 광의설
  (2) 부작위(권한의 불행사·권한해태·직무소홀)
  - 문제의 소재
  - 학설
  - 판례
 3. 고의·과실

  (1) 고의
  (2) 과실
  - 주의의무를 게을리 한 경우
  - 판례: 평균적 공무원 등
 4. 법령위반
  (1) 학설 및 판례: 광의의 행위위법설
  (2) 특히 부작위에 의한 위반
  - 문제의 소재
  - 학설
  - 판례
  (3) 직무상 의무위반으로 위법하게 되는 경우
  - '권한의 불행사(부작위)'가 '현저하게 불합리하다고 인정되는 경우'이거나 '현저하게 합리성을 잃어 사회적 타당성이 없는 경우'
 5. 타인에게 손해가 발생할 것
III. 사례의 경우
- 丙의 국가배상청구는 인용될 것임

[문 4]

I. 논점

- 국배법 제2조의 배상책임의 요건
- 특히 '부작위'로 인한 국가배상책임, 부작위에 의한 '법령위반'

II. 국배법 제2조의 배상책임의 요건[139]

- 국가배상법 제2조에 따라 국가 등의 배상책임이 성립하기 위해서는 ① 공무원의 행위일 것, ② 직무행위일 것, ③ 직무를 집행하면서 행한 행위일 것, ④ 고의·과실이 있을 것, ⑤ 위법할 것, ⑥ 타인에게 손해가 발생할 것이라는 요건이 충족되어야 함

---

139) 강론, 597면 이하.

1. 공무원

○ 넓은 의미로 국가공무원법 · 지방공무원법상의 공무원뿐 아니라 널리 공무를 위탁받아 이에 종사하는 자를 포함함(통설 · 판례)

2. 직무

(1) 범위

○ '직무'의 범위는 권력작용과 국가배상법 제5조에 규정된 것을 제외한 비권력작용임(광의설)

(2) 부작위(권한의 불행사 · 권한해태 · 직무소홀)[140]

○ 부작위로 인하여 손해가 발생한 경우 국가 등의 배상책임이 인정되는가 하는 것이 문제인데, 이와 관련하여서는 법적 보호이익과 반사적 이익의 구별을 적용할 것인가 하는 것이 문제임

○ 학설 중, ① 공무원은 피해자에 대하여 피해발생을 방지할 직무상 의무를 부담하지 않으므로 직무의 사익보호성을 적용할 필요가 없다는 견해도 있으나, ② 공무원에게 부과된 직무상 의무의 내용이 공공의 이익뿐 아니라 개인의 이익도 보호하기 위한 것인 경우에는 국가 등의 배상책임을 인정하여야 한다는 것이 다수의 견해임

○ 판례는 국가배상에 있어 법적 보호이익과 반사적 이익의 구별을 적용하고 있음. 따라서 공무원의 직무의무가 공익뿐 아니라 사익도 보호하는 경우에는 그 의무를 위반하여 개인에게 손해가 발생하면 국가 등이 손해배상책임을 지게 됨(대판 1993.2.12, 91다43466)

3. 고의 · 과실[141]

(1) 고의

○ 고의란 일정한 결과가 발생할 것을 알고 있는 경우를 말함

(2) 과실

○ 과실이란 공무원으로서 일반적으로 요구되는 주의의무를 게을리 한 경우를 의미함

○ 판례도 공무원의 직무집행상의 과실을 그 직무를 수행함에 있어 평균적 공무원에게 기대할 수 있을 정도의 주의의무를 게을리 하는 것으로 보고 있음(대판 2007.5.10, 2005다31828; 대판 2012.5.24, 2012다11297; 대판 1981.8.25, 80다1598 등)

---

140) 강론, 600면 이하.
141) 강론, 606면 이하.

4. 법령위반[142]

(1) 학설 및 판례

ㅇ 국가배상책임에 있어 법령위반의 의미를 엄격한 의미의 법령위반뿐 아니라 널리 신의성실
·공서양속·권력남용금지 등의 위반도 포함되는 것으로 보는 광의의 행위위법설이 다수설
과 판례의 입장으로 판단됨

(2) 특히 부작위에 의한 위반[143]

ㅇ 공무원의 작위의무에 관한 명문의 규정 없이도 작위의무의 존재를 인정할 수 있는지 여부가
문제임

ㅇ 학설: ① 명문의 규정이 필요하다는 견해도 가능하겠으나, ② 공무원의 보호의무는 명문의
규정에 의해서만이 아니라 헌법 및 행정법의 일반원칙으로부터도 당연히 도출될 수 있다고
보아야 할 것임

ㅇ 판례: "국민의 생명, 신체, 재산 등에 대하여 절박하고 중대한 위험상태가 발생하였거나 발생
할 우려가 있어서 국민의 생명, 신체, 재산 등을 보호하는 것을 본래적 사명으로 하는 국가가
초법규적, 일차적으로 그 위험 배제에 나서지 아니하면 국민의 생명, 신체, 재산 등을 보호할
수 없는 경우에는 형식적 의미의 법령에 근거가 없더라도 국가나 관련 공무원에 대하여 그러
한 위험을 배제할 작위의무를 인정할 수 있을 것(대판 2012.7.26, 2010다95666)"

(3) 직무상 의무위반으로 위법하게 되는 경우

ㅇ 한편 공무원이 작위의무를 이행하지 않는 경우, 이러한 공무원의 '권한의 불행사(부작위)'가 '현
저하게 불합리하다고 인정되는 경우'이거나 '현저하게 합리성을 잃어 사회적 타당성이 없는
경우'에는 직무상 의무를 위반한 것으로서 위법하게 됨(대판 2017.11.9, 2017다228083; 대판 2016.
8.25, 2014다225083)

5. 타인에게 손해가 발생할 것

ㅇ 타인이란 가해행위를 한 공무원과 이에 가담한 자 이외의 모든 자를 말한다.

ㅇ 손해란 법익침해의 결과로 발생한 불이익을 말하는데, 국가배상청구권이 성립하려면 가해행
위와 손해의 발생 사이에 상당인과관계가 있어야 함

---

142) 강론, 609면 이하.
143) 강론, 617면 이하.

Ⅲ. 사례의 경우

o 지방자치단체인 A시의 국가배상책임을 검토해 보면, ① 戊는 공무원이고, ② A시 어린이집
통학버스운행은 비권력작용으로서 직무에 해당되며, ③ 따라서 戊에게 도로교통법이 부과한
의무는 직무상 의무이고, 이 규정은 공익뿐 아니라 개인의 생명·신체 등의 사익도 보호하는
경우로서 해당 지방자치단체에게 배상책임이 인정될 수 있는 경우이며, ④ 戊가 이와 같은
의무이행을 소홀히 한 것은 평균적 공무원에게 기대할 수 있을 정도의 주의의무를 게을리
한 경우에 해당하여 과실이 인정되고, ⑤ 이와 같은 보호자 동승의무는 명문의 규정이 없다
하더라도 국가 등의 기본권보호의무에서 도출될 수 있는 것인데 이에 대한 도로교통법상의
명문의 규정이 있어 법적인 작위의무가 존재하며, 이를 이행하지 않은 것이 현저하게 불합리
하다고 인정되므로 법령위반이 있고, ⑥ 丁에게 중상해가 발생하였고, 이는 보호자 동승의무
의 불이행과 상당인과관계가 있음

o 따라서 丙의 국가배상청구는 인용될 것임

2021년 제2차 변호사시험 모의고사 제2문

A는 1980.11.10. 대한민국에서 출생하여 거주하다가 2006.1.18. 미국 시민권을 취득한 후 대한민국 국적을 상실한 재외동포이고, B는 주LA총영사관 총영사로서 법무부장관으로부터 사증발급 권한을 위임받은 재외공관장이다.

병무청장은 2006.1.28. 법무부장관에게 "A는 공연을 위하여 병무청장의 국외여행허가를 받고 출국한 후 미국 시민권을 취득함으로써 사실상 병역의무를 면탈하였는데, A가 재외동포의 자격으로 입국하여 방송활동, 음반 출반, 공연 등 연예활동을 할 경우 국군 장병들의 사기가 저하되고 청소년들이 병역의무를 경시하게 되며 외국국적 취득을 병역 면탈의 수단으로 악용하는 사례가 빈번히 발생할 것으로 예상되므로 A가 재외동포 자격으로 재입국하고자 하는 경우 국내에서 취업, 가수활동 등 영리활동을 할 수 없도록 하고, 불가능할 경우 입국 자체를 금지해 달라."고 요청하였다.

법무부장관은 2006.2.1. 「출입국관리법」 제11조 제1항 제3호, 제4호, 제8호에 따라 A의 입국을 금지하는 결정을 하고, 같은 날 그 내용을 법무부 내부전산망인 '출입국관리정보시스템'에 입력하였으나, A에게 통보를 하지는 않았다.

A는 2019.8.27. B에게 재외동포(F-4) 체류자격의 사증발급을 신청하였다. B는 2019.9.2. A에게 전화로 'A는 2006.2.1.자 결정에 따라 입국규제대상자에 해당하여 사증발급이 거부되었다'라고 통보하였으며, 사증발급 거부처분서를 교부하지는 않았다.

1. 법무부장관의 2006.2.1.자 입국금지결정과 관련해서 행정처분의 외부적 성립요건을 갖추었는지 여부에 대해서 검토하시오. (10점)
2. A는 B의 2019.9.2.자 사증발급거부처분에 대해서 취소소송을 제기하려고 한다. 이 취소소송이 적법한지 여부에 대해서 검토하시오. (단, 제소기간은 준수한 것으로 본다.) (25점)
3. B의 2019.9.2.자 사증발급거부처분이 1) 「행정절차법」 제3조 제2항에 따른 적용배제대상인지 여부 및 2) 처분서를 교부하지 않은 것이 「행정절차법」 위반인지 여부에 대해서 검토하시오. (20점)
4. 만약 A가 2019.9.2.자 사증발급거부처분에 불복하여 행정소송을 제기하였고, 2006.2.1.자 입국금지결정만을 이유로 사증발급거부를 한 것은 재량권의 불행사에 해당한다는 이유로 A가 승소확정판결을 받았을 경우, B는 「재외동포의 출입국과 법적 지위에 관한 법률」(이하, '재외동포법'이라 함) 제5조 제2항 제2호의 사유가 존재한다는 이유로 재차 사증발급거부처분을 할 수 있는지 검토하시오. (25점)

[참조법령]

「출입국관리법」 제7조(외국인의 입국) ① 외국인이 입국할 때에는 유효한 여권과 법무부장관이 발급한 사증(査證)을 가지고 있어야 한다.

「출입국관리법」 제8조(사증) ① 제7조에 따른 사증은 1회만 입국할 수 있는 단수사증(單數査證)과 2회 이상 입국할 수 있는 복수사증(複數査證)으로 구분한다.

② 법무부장관은 사증발급에 관한 권한을 대통령령으로 정하는 바에 따라 재외공관의 장에게 위임할 수 있다.

③ 사증발급에 관한 기준과 절차는 법무부령으로 정한다.

「출입국관리법」 제11조(입국의 금지 등) ① 법무부장관은 다음 각 호의 어느 하나에 해당하는 외국인에 대하여는 입국을 금지할 수 있다.

1. ─ 2. (생략)

3. 대한민국의 이익이나 공공의 안전을 해치는 행동을 할 염려가 있다고 인정할 만한 상당한 이유가 있는 사람

4. 경제질서 또는 사회질서를 해치거나 선량한 풍속을 해치는 행동을 할 염려가 있다고 인정할 만한 상당한 이유가 있는 사람

5. ─ 7. (생략)

8. 제1호부터 제7호까지의 규정에 준하는 사람으로서 법무부장관이 그 입국이 적당하지 아니하다고 인정하는 사람

「출입국관리법 시행규칙」 제9조(사증발급권한의 위임) ① 영 제11조제2항에 따라 법무부장관이 재외공관의 장에게 위임하는 사증발급 권한(영 제7조의2제4항에 따른 전자사증 발급권한은 제외한다)은 다음 각 호와 같다.

1. ─ 4. (생략)

5. 영 별표 1의2 중 체류자격 26. 재외동포(F─4)의 자격에 해당하는 사람에 대한 체류기간 2년 이하의 사증 발급

「출입국관리법 시행규칙」 제9조의2(사증 등 발급의 기준) 제8조 및 제10조에 따라 법무부장관이 사증 등의 발급을 승인하거나 제9조의 위임에 따라 재외공관의 장이 사증을 발급하는 경우 사증발급을 신청한 외국인이 다음 각 호의 요건을 갖추었는지의 여부를 심사·확인하여야 한다.

1. 유효한 여권을 소지하고 있는지 여부

2. 법 제11조의 규정에 의한 입국의 금지 또는 거부의 대상이 아닌지 여부

3. 영 별표 1부터 별표 1의3까지에서 정하는 체류자격에 해당하는지 여부

「재외동포의 출입국과 법적 지위에 관한 법률」 제5조(재외동포체류자격의 부여)

① 법무부장관은 대한민국 안에서 활동하려는 외국국적동포에게 신청에 의하여 재외동포체류자격을 부여할 수 있다.

② 법무부장관은 외국국적동포에게 다음 각 호의 어느 하나에 해당하는 사유가 있으면 제1항에 따른 재외동포체류자격을 부여하지 아니한다. 다만, 법무부장관이 필요하다고 인정하는 경우에는 제1호에 해당하는 외국국적동포가 41세가 되는 해 1월 1일부터 부여할 수 있다.

1. 다음 각 목의 어느 하나에 해당하지 아니한 상태에서 대한민국 국적을 이탈하거나 상실하여 외국인이 된 남성의 경우

　가. 현역·상근예비역·보충역 또는 대체역으로 복무를 마치거나 마친 것으로 보게 되는 경우

　나. 전시근로역에 편입된 경우

　다. 병역면제처분을 받은 경우

2. 대한민국의 안전보장, 질서유지, 공공복리, 외교관계 등 대한민국의 이익을 해칠 우려가 있는 경우

[문 1]

Ⅰ. 논점: 행정행위의 성립요건

Ⅱ. 행정행위의 성립요건

① 행정에 관한 의사결정능력을 가진 행정기관의 행위이어야 하고, ② 행정권의 발동으로 볼 수 있는 행위가 있어야 하며, ③ 이러한 행정청의 내부적 의사결정은 외부에 표시되어야 함

Ⅲ. 판례

Ⅳ. 사례의 경우

○ 관련 판례: 대판 2019.7.11, 2017두38874

○ 성립요건(처분의 외부적 성립요건)을 갖추지 못함

[문 2]

Ⅰ. 논점

① A의 원고적격, ② 사증발급거부의 처분성

Ⅱ. 취소소송의 원고적격

1. 원고적격의 의의

2. 법률상 이익에 관한 학설

　(1) 권리구제설(권리회복설)

　(2) 법률상 보호이익설

　(3) 보호가치 있는 이익설

　(4) 적법성보장설

　(5) 결어

○ '법률상 이익' = '법률상 보호이익' =

'공권'

3. 법률상 이익의 내용

○ 법에 의하여 보호되는 개별적·직접적·구체적 이익

4. 외국인의 사증발급 거부처분의 취소를 구할 법률상 이익(대판 2018.5.15, 2014두42506)

5. 사안의 경우

○ 사증발급 거부처분의 취소를 구할 법률상 이익이 인정됨

Ⅲ. 사증발급거부의 처분성

1. 거부처분의 의의

2. 거부처분의 성립요건

　(1) 판례

　○ ① 신청한 행위가 처분이어야 하고, ② 그 거부행위가 신청인의 법률관계에 변동을 일으키는 것이어야 하며, ③ 당사자에게 처분의 발급을 요구할 법규상 또는 조리상의 신청권이 있어야 함

　(2) 학설

　○ ① 대상적격설, ② 본안문제설, ③ 원고적격설이 대립, ④ 원고적격설 타당

3. 사례의 경우

○ 거부의 처분성이 인정됨

Ⅳ. 결론: A가 제기하고자 하는 취소소송은 적법함

[문 3]

Ⅰ. 논점
  ○ 행정절차법의 적용범위(특히 적용제외사항)
  ○ 행정행위의 형식요건으로서 문서요건(행정절차법 제24조)
Ⅱ. 행정절차법의 적용범위
  1. 행정절차법 규정
  ○ 행정절차법 제3조 제1항
  ○ 행정절차법 제3조 제2항 제9호
  2. 판례
  3. 사례의 경우
  ○ 관련 판례: 대판 2019.7.11, 2017두38874
  ○ 행정절차법의 적용이 배제되지 않음
Ⅲ. 행정행위의 형식요건으로서 문서요건(행정절차법 제24조)
  1. 행정행위의 적법요건으로서 형식요건
  2. 행정절차법 규정
  ○ 행정절차법 24 ①
  ○ 행정절차법 24 ②
  3. 사례의 경우
  ○ 처분서를 교부하지 않은 것은 행정절차법 제24조 제1항 위반이라고 보아야 함

[문 4]

Ⅰ. 논점: 취소판결의 기속력
Ⅱ. 취소판결의 기속력
  1. 기속력의 의의와 성질
  2. 내용
  (1) 반복금지효
  (2) 재처분의무
    1) 의의
    2) 거부처분의 취소판결에 따른 재처분의무
    3) 절차의 하자를 이유로 한 취소판결에 따른 재처분의무
  (3) 결과제거의무
  3. 효력범위
  (1) 주관적 범위
  (2) 객관적 범위
    1) 절차 또는 형식에 위법이 있는 경우
    2) 내용에 위법이 있는 경우
  (3) 시간적 범위
Ⅲ. 사례의 경우
  ○ 1차 거부처분의 사유와 2차 거부처분의 사유는 기본적 사실관계가 동일하지 않으므로, 위 2차 사유로 재차 거부처분을 하더라도 취소판결의 기속력에 반하지 않음

[문 1]

Ⅰ. 논점: 행정행위의 성립요건

Ⅱ. 행정행위의 성립요건[144]

  ○ 대부분의 문헌은 행정행위의 성립요건과 효력요건으로만 구분하여 설명하고 있으나, 각 요건의 결여시의 법률효과나 실체법적 효과가 다르다는 점을 고려하면 이를 성립요건 · 적법요건

_____

144) 강론, 215면 이하.

· 효력발생요건으로 구분하여 검토하는 것이 보다 논리적임

ㅇ 행정행위의 성립요건은 행정행위의 부존재를 가리기 위한 기준으로, 행정행위가 성립하려면, ① 행정에 관한 의사결정능력을 가진 행정기관의 행위이어야 하고, ② 행정권의 발동으로 볼 수 있는 행위가 있어야 하며, ③ 이러한 행정청의 내부적 의사결정은 외부에 표시되어야 함

ㅇ 이 요건 중 어느 하나만 결여하여도 행정행위의 부존재가 됨

Ⅲ. 판례

ㅇ "일반적으로 행정처분이 주체·내용·절차와 형식이라는 내부적 성립요건과 외부에 대한 표시라는 외부적 성립요건을 모두 갖춘 경우에는 행정처분이 존재한다고 할 수 있다. 행정처분의 외부적 성립은 행정의사가 외부에 표시되어 행정청이 자유롭게 취소·철회할 수 없는 구속을 받게 되는 시점을 확정하는 의미를 가지므로, 어떠한 처분의 외부적 성립 여부는 행정청에 의해 행정의사가 공식적인 방법으로 외부에 표시되었는지를 기준으로 판단하여야 한다(대판 2017.7.11, 2016두35120[사업시행계획인가처분취소])."

ㅇ 위 판례 중 '내부적 성립요건'은 적법요건을, '외부적 성립요건'은 성립요건을 의미함

Ⅳ. 사례의 경우

ㅇ 관련 판례

"병무청장이 법무부장관에게 '가수 갑이 공연을 위하여 국외여행허가를 받고 출국한 후 미국 시민권을 취득함으로써 사실상 병역의무를 면탈하였으므로 재외동포 자격으로 재입국하고자 하는 경우 국내에서 취업, 가수활동 등 영리활동을 할 수 없도록 하고, 불가능할 경우 입국 자체를 금지해 달라'고 요청함에 따라 법무부장관이 갑의 입국을 금지하는 결정을 하고, 그 정보를 내부전산망인 '출입국관리정보시스템'에 입력하였으나, 갑에게는 통보하지 않은 사안에서, 행정청이 행정의사를 외부에 표시하여 행정청이 자유롭게 취소·철회할 수 없는 구속을 받기 전에는 '처분'이 성립하지 않으므로 법무부장관이 출입국관리법 제11조 제1항 제3호 또는 제4호, 출입국관리법 시행령 제14조 제1항, 제2항에 따라 위 입국금지결정을 했다고 해서 '처분'이 성립한다고 볼 수는 없고, 위 입국금지결정은 법무부장관의 의사가 공식적인 방법으로 외부에 표시된 것이 아니라 단지 그 정보를 내부전산망인 '출입국관리정보시스템'에 입력하여 관리한 것에 지나지 않으므로, 위 입국금지결정은 항고소송의 대상이 될 수 있는 '처분'에 해당하지 않는다(대판 2019.7.11, 2017두38874[사증발급거부처분취소])."

ㅇ 이 사건 입국금지결정은 행정행위의 성립요건(처분의 외부적 성립요건)을 갖추지 못함

[문 2]

Ⅰ. 논점: ① A의 원고적격, ② 사증발급거부의 처분성

Ⅱ. 취소소송의 원고적격[145]

1. 원고적격의 의의

○ 취소소송에서의 원고가 될 수 있는 자격(법률상 이익이 있는 자)

2. 법률상 이익에 관한 학설

(1) 권리구제설(권리회복설): 권리를 침해당한 자만이 취소소송을 제기할 수 있다는 견해

(2) 법률상 보호이익설: 관련법을 목적론적으로 해석하여 '법에 의하여 보호되는 이익'이 침해되면 취소소송의 원고적격이 인정된다는 견해

(3) 보호가치 있는 이익설: 법에 의하여 보호되는 이익이 아니라 하더라도, 그 이익이 소송을 통하여 보호할 가치가 있다고 판단되는 경우에는 이러한 이익이 침해된 경우에도 취소소송의 원고적격을 인정하자는 견해

(4) 적법성보장설: 법률상 이익을 행정의 적법성에 대한 이해관계로 파악하는 견해이다. 즉 행정의 적법성 보장에 이해관계가 있는 자는 취소소송의 원고적격이 인정된다는 견해

(5) 결어: '법률상 이익'은 법적으로 보호되는 이익이라는 점에서 '법률상 보호이익'과 같은 개념이고, 또한 공권도 그 성립요건으로 사익보호성(법에 의하여 개인의 이익이 보호되어야 함)을 요구한다는 점에서 같은 개념으로 이해하는 것이 일반적임(즉, '법률상 이익'='법률상 보호이익'='공권')

3. 법률상 이익의 내용

○ '법에 의하여 보호되는 개별적 · 직접적 · 구체적 이익'(대판 2008.3.27, 2007두23811)

○ 국민 일반이 공통적으로 가지는 일반적 · 간접적 · 추상적 이익이나, 제3자의 사실상의 간접적인 경제적 이해관계의 경우에는 법률상 보호되는 이익이 있다고 할 수 없음(대판 2007.12.27, 2005두9651; 대판 2002.8.23, 2002추61)

4. 외국인의 사증발급 거부처분의 취소를 구할 법률상 이익(대판 2018.5.15, 2014두42506[사증발급거부처분취소])

○ 외국인이 사증발급 거부처분 취소를 구할 법률상 이익이 인정되는지는 사증발급의 법적 성질,

---

145) 강론, 830면 이하.

출입국관리법의 입법 목적, 사증발급 신청인의 대한민국과의 실질적 관련성, 상호주의원칙 등을 고려하여 판단하여야 한다.

○ 사증발급 거부처분을 다투는 외국인이 아직 대한민국에 입국하지 않은 상태에서 대한민국에 입국하게 해달라고 주장하는 경우, 대한민국과의 실질적 관련성 내지 대한민국에서 법적으로 보호가치 있는 이해관계를 형성한 경우는 아니어서, 해당 처분의 취소를 구할 법률상 이익을 인정하여야 할 법정책적 필요성도 크지 않다.

○ 반면, 국적법상 귀화불허가처분이나 출입국관리법상 체류자격변경 불허가처분, 강제퇴거명령 등을 다투는 외국인은 대한민국에 적법하게 입국하여 상당한 기간을 체류한 사람이므로, 이미 대한민국과의 실질적 관련성 내지 대한민국에서 법적으로 보호가치 있는 이해관계를 형성한 경우이어서, 해당 처분의 취소를 구할 법률상 이익이 인정된다.

5. 사안의 경우

○ A는 대한민국에서 출생하여 오랜 기간 대한민국 국적을 보유하면서 거주한 사람이므로 이미 대한민국과 실질적 관련성이 있거나 대한민국에서 법적으로 보호가치 있는 이해관계를 형성하였다고 볼 수 있음

○ 또한 재외동포의 대한민국 출입국과 대한민국 안에서의 법적 지위를 보장함을 목적으로 「재외동포의 출입국과 법적 지위에 관한 법률」(재외동포법)이 특별히 제정되어 시행 중임

○ 따라서 A는 이 사건 사증발급 거부처분의 취소를 구할 법률상 이익이 인정됨(대판 2019.7.11, 2017두38874 참조)

Ⅲ. 사증발급거부의 처분성[146]

1. 거부처분의 의의

○ 처분을 구하는 당사자의 신청에 대하여 처분의 발급을 거부하는 행정청의 행정작용

2. 거부처분의 성립요건

(1) 판례

○ 거부처분의 성립요건과 관련하여 판례는 ① 신청한 행위가 처분이어야 하고, ② 그 거부행위가 신청인의 법률관계에 변동을 일으키는 것이어야 하며, ③ 당사자에게 처분의 발급을 요구할 법규상 또는 조리상의 신청권이 있어야 한다는 입장임

---

146) 강론, 875면 이하

(2) 학설

○ 이에 대하여 학설은 ① 신청권을 거부처분의 요건으로 보아야 한다는 견해(대상적격설), ② 신청권의 존재 여부는 본안에서 가려야 할 문제라고 보는 견해(본안문제설), ③ 신청권의 존재는 거부처분의 성립요건이 아니라 원고적격의 문제라고 보는 견해(원고적격설)가 대립되고 있음. ④ '신청권'의 존부는 '원고에게 그러한 추상적 신청권이 인정되는가' 하는 문제라는 점에서 원고적격설이 타당함

3. 사례의 경우

○ 위에서 검토한 바와 같이, A는 대한민국에서 출생하여 오랜 기간 대한민국 국적을 보유하면서 거주한 사람으로서 출입국관리법 및 재외동포법상 법적 보호이익이 인정됨. 따라서 A는 출입국관리법상 사증발급에 대한 법규상·조리상 신청권이 있다고 보아야 하므로 거부의 처분성이 인정됨

Ⅳ. 결론: A가 제기하고자 하는 취소소송은 적법함

[문 3]

Ⅰ. 논점

○ 행정절차법의 적용범위(특히 적용제외사항)
○ 행정행위의 형식요건으로서 문서 요건(행정절차법 제24조)

Ⅱ. 행정절차법의 적용범위[147]

1. 행정절차법 규정

○ 행정절차법은 제3조 제1항에서 이 법이 정하고 있는 처분, 신고, 행정상 입법예고, 행정예고 및 행정지도 절차에 관하여 다른 법률에 특별한 규정이 있는 경우를 제외하고는 이 법에서 정한 바에 따른다고 하여 이 법이 행정절차에 관한 일반법임을 명확히 하고 있음

○ 행정절차법은 '병역법에 따른 징집·소집, 외국인의 출입국·난민인정·귀화, 공무원 인사 관계 법령에 따른 징계와 그 밖의 처분, 이해 조정을 목적으로 하는 법령에 따른 알선·조정·중재(仲裁)·재정(裁定) 또는 그 밖의 처분 등'을 포함한 9개의 사항으로서 해당 행정작용의 성질상 행정절차를 거치기 곤란하거나 거칠 필요가 없다고 인정되는 사항과 행정절차에 준

---

147) 강론, 415면 이하.

하는 절차를 거친 사항으로서 대통령령으로 정하는 사항은 동법의 적용되지 않는다고 규정하고 있음(행정절차법 3 ② 9호)

2. 판례

○ 판례는 여기에서 규정한 9가지 사항 전부에 대하여 행정절차법의 적용이 일률적으로 배제되는 것이 아니라 성질상 행정절차를 거치기 곤란하거나 불필요하다고 인정되는 처분이나 행정절차에 준하는 절차를 거치도록 하고 있는 처분의 경우에만 행정절차법의 적용이 배제되는 것으로 보아야 할 것이라는 입장임(대판 2018.3.13, 2016두33339)

3. 사례의 경우

○ 관련 판례
"행정절차법 제3조 제2항 제9호, 행정절차법 시행령 제2조 제2호 등 관련 규정들의 내용을 행정의 공정성, 투명성, 신뢰성을 확보하고 처분상대방의 권익보호를 목적으로 하는 행정절차법의 입법 목적에 비추어 보면, 행정절차법의 적용이 제외되는 '외국인의 출입국에 관한 사항'이란 해당 행정작용의 성질상 행정절차를 거치기 곤란하거나 거칠 필요가 없다고 인정되는 사항이나 행정절차에 준하는 절차를 거친 사항으로서 행정절차법 시행령으로 정하는 사항만을 가리킨다. '외국인의 출입국에 관한 사항'이라고 하여 행정절차를 거칠 필요가 당연히 부정되는 것은 아니다.
외국인의 사증발급 신청에 대한 거부처분은 당사자에게 의무를 부과하거나 적극적으로 권익을 제한하는 처분이 아니므로, 행정절차법 제21조 제1항에서 정한 '처분의 사전통지'와 제22조 제3항에서 정한 '의견제출 기회 부여'의 대상은 아니다. 그러나 사증발급 신청에 대한 거부처분이 성질상 행정절차법 제24조에서 정한 '처분서 작성·교부'를 할 필요가 없거나 곤란하다고 일률적으로 단정하기 어렵다. 또한 출입국관리법령에 사증발급 거부처분서 작성에 관한 규정을 따로 두고 있지 않으므로, 외국인의 사증발급 신청에 대한 거부처분을 하면서 행정절차법 제24조에 정한 절차를 따르지 않고 '행정절차에 준하는 절차'로 대체할 수도 없다(대판 2019.7.11, 2017두38874)."

○ 본 사안의 사증발급 거부처분은 외국인의 출입국에 관한 사항이기는 하나, A가 대한민국에서 출생하여 오랜 기간 대한민국 국적을 보유하면서 거주한 사람이라는 점, 출입국관리법 등에서 A와 같은 재외동포에 대한 입국금지결정에 대한 절차상 권리가 충분히 보장되고 있지 않은 점 등을 고려할 때, 행정절차법의 적용이 배제되지 않는 것으로 보아야 할 것임

Ⅲ. 행정행위의 형식요건으로서 문서 요건(행정절차법 제24조)

1. 행정행위의 적법요건으로서 형식요건

○ 행정행위가 적법하려면 적법요건을 갖추어야 하는데, 적법요건은 구체적으로 주체·내용·형식·절차요건으로 구분할 수 있음.

○ 이 가운데 문서요건은 일반적으로 '형식요건'에 해당한다고 할 수 있는데, 행정행위는 행정절차법, 기타 개별법에서 정한 형식요건을 구비하여야 함

2. 행정절차법 규정

○ 행정절차법은 다른 법령 등에 특별한 규정이 있는 경우를 제외하고는 처분은 문서의 형식으로 하도록 하고 있음. 다만 신속히 처리할 필요가 있거나 사안이 경미한 경우에는 말 또는 그 밖의 방법으로 할 수 있지만, 이 경우에도 당사자의 요청이 있는 경우에는 문서를 주어야 함(행정절차법 24 ①, ②)

○ 행정절차법이 문서형식의 처분을 원칙으로 하는 것은 처분의 명확성과 책임성을 제고하기 위한 것임. 특히 후자를 위하여 처분을 하는 문서에는 그 처분 행정청 및 담당자의 소속·성명과 연락처를 적도록 하고 있음(행정절차법 24 ③)

3. 사례의 경우

○ 관련 판례

"행정절차에 관한 일반법인 행정절차법은 제24조 제1항 … 은 처분내용의 명확성을 확보하고 처분의 존부에 관한 다툼을 방지하여 처분상대방의 권익을 보호하기 위한 것이므로, 이를 위반한 처분은 하자가 중대·명백하여 무효이다(대판 2019.7.11, 2017두38874)."

○ 출입국관리법 등 다른 법률에 특별한 규정이 있다고 보기도 어렵고, 위 사안에서 처분청이 전화를 통하여 구두로만 A에게 사증발급거부사유를 알려준 상황이 행정절차법 제24조 제1항 단서에서 정한 '신속히 처리할 필요가 있거나 사안이 경미한 경우'에 해당한다고 보기도 어려움. 따라서 처분서를 교부하지 않은 것은 행정절차법 제24조 제1항 위반이라고 보아야 함

[문 4]

Ⅰ. 논점: 취소판결의 기속력

Ⅱ. 취소판결의 기속력[148]

1. 기속력의 의의와 성질

- 취소판결의 취지에 따르도록 당사자인 행정청과 그 밖의 관계행정청을 구속하는 효력
- 기속력은 행정청에 대하여 판결의 취지에 따를 의무를 부과하는 것임. 따라서 기속력은 취소판결의 실효성을 확보하기 위한 것임
- 기속력의 성질에 대하여는 기판력설과 특수효력설이 대립되고 있는데, 후자가 통설이고 타당함. 판례의 입장은 분명치 않음

2. 내용

(1) 반복금지효

- 취소판결이 확정되면 당사자인 행정청 및 관계행정청은 동일한 사안에서 동일한 당사자에 대하여 동일한 내용의 처분을 반복할 수 없음
- 반복금지효에 위반하여 다시 확정판결과 저촉되는 처분을 하는 것은 허용되지 않으므로 이러한 처분은 위법한 것으로서 당연무효임(대판 1990.12.11, 90누3560)

(2) 재처분의무

1) 의의

- 행정청이 취소판결의 취지에 따라 일정한 처분을 하여야 할 의무
- 이에 따라 행정청은 '판결의 취지에 따라야 할 의무(판결의 취지에 반해서는 안 될 의무)'와 '재처분을 하여야 할 의무'를 부담하게 됨

2) 거부처분의 취소판결에 따른 재처분의무

- 행정소송법 제30조 제2항은 거부처분의 취소판결에 따른 재처분의무를 규정하고 있음

3) 절차의 하자를 이유로 한 취소판결에 따른 재처분의무

- 신청에 따른 처분(인용처분)이 절차의 위법을 이유로 취소되는 경우에도 행정청은 재처분의무를 부담함(행소법 30 ③)

(3) 결과제거의무

- 취소판결이 있게 되면, 행정청은 위법한 처분으로 인하여 야기된 상태를 제거하여야 할 의무를 부담함. 이러한 의무에 대응하여 상대방은 공법상 결과제거청구권을 가짐

---

148) 강론, 956면 이하.

3. 효력범위

(1) 주관적 범위

○ 취소판결의 기속력은 당사자인 행정청과 그 밖의 관계행정청을 기속함

(2) 객관적 범위

○ 판결의 실효성 확보를 위하여 인정되는 효력으로서 판결의 주문뿐만 아니라 그 전제가 되는 처분 등의 구체적 위법사유에 관한 이유 중의 판단에 대하여도 인정됨

○ 따라서 취소소송에서 소송의 대상이 된 거부처분을 실체법상의 위법사유에 기하여 취소하는 판결이 확정된 경우에는 당해 거부처분을 한 행정청은 원칙적으로 신청을 인용하는 처분을 하여야 하고, 사실심 변론종결 이전의 사유를 내세워 다시 거부처분을 하는 것은 확정판결의 기속력에 저촉되어 허용되지 아니함(대판 2001.3.23, 99두5238)

1) 절차 또는 형식에 위법이 있는 경우

○ 절차 내지 형식의 위법을 이유로 처분을 취소하는 판결이 확정된 경우에 그 확정판결의 기속력은 확정판결에 적시된 절차 내지 형식의 위법사유에 한하여 미침

○ 따라서 처분권자가 그 확정판결에 적시된 위법사유를 보완하여 행한 새로운 처분은 확정판결에 의하여 취소된 종전의 처분과는 별개의 처분으로서 확정판결의 기속력에 저촉되는 것은 아님(대판 1992.5.26, 91누5242)

2) 내용에 위법이 있는 경우

○ 처분시를 기준으로 그 이전에 존재하였던 다른 사유를 근거로 다시 처분할 수 있는가 하는 것이 문제임

○ 판결의 기속력은 판결주문 및 이유에서 판단된 위법사유와 기본적 사실관계의 동일성이 인정되는 사유에 미친다고 하여야 할 것임

○ 따라서 행정청은 처분 이전에 존재하였던 사유로서 처분사유와 기본적 사실관계의 동일성이 없는 사유를 근거로 재처분하는 것은 기속력에 저촉되지 않으므로 가능함(대판 1991.8.9, 90누7326)

(3) 시간적 범위

○ 처분의 위법성판단과 관련하여 처분시설을 따르면, 기속력은 처분시를 기준으로 그때까지 존재하였던 사유에 한하고, 그 이후에 생긴 사유에는 미치지 않음

Ⅲ. 사례의 경우

○ 판례에 따르면, 1차 거부처분의 사유(2006년 입국금지결정이 있었다는 점)와 2차 거부처분의 사유(재외동포법 제5조 제2항 제2호의 사유가 존재한다는 점)는 기본적 사실관계가 동일하지 않으므로, 위 2차 사유로 재차 거부처분을 하더라도 취소판결의 기속력에 반하지 않음

2021년 제3차 변호사시험 모의시험 제1문

甲은 대통령 선거기간 중 공정한 경제질서를 확립하기 위하여 공정거래위원회를 대통령 직속으로 두겠다고 공약하였다. 2020.5.10. 대통령에 취임한 甲은 공약실행을 위하여 「정부조직법」 제2조 제2항 제2호의 '공정거래위원회'를 대통령 직속기구로 바꾸는 것을 골자로 하는 「정부조직법」 개정안을 국무회의에 부의하였다. 국무총리 乙은 「정부조직법」 개정안이 헌법 제86조 등에 위반된다며 강력히 반대하였으나, 개정안은 2021.5.25. 국무회의에서 의결되었다. 그러나 甲은 법률안 제출을 앞두고 2021.5.30. 신체검사를 받던 중 코마상태에 빠져 회복불가능 한 사망단계에 이르렀다는 의학적 판단을 받았다. 이를 대통령 궐위사유로 본 국무총리 乙은 甲의 임기가 4년이나 남았으므로 대통령선거를 실시하여 새로운 대통령을 선출하는 것이 바람직하다는 의견을 제시하였고, 국회에서는 이에 대한 찬반양론의 대립이 격화되면서 선거 실시 여부 및 일정이 논의되지 못하였다. 한편 乙은 대통령 권한대행으로서 「정부조직법」 개정안이 위헌이라고 판단하여 국회에 제출하지 않았다. 이에 공정거래위원회(위원장 丙)는 乙이 개정안을 제출하지 않은 행위가 공정거래위원회의 권한을 침해한다고 주장하며 권한쟁의심판을 청구하였다.

5. 丙은 권한쟁의심판을 청구하면서 소속 공무원 丁에게 관련 서류를 준비시켰는데, 丁은 이는 자신의 업무가 아니라고 생각하여 丙의 지시를 거부하였다.
   (1) 이에 징계권자인 丙이 丁에 대해 사전통지 없이 곧바로 직위해제 처분을 하자, 丁은 이러한 처분은 행정절차법상 사전통지의무를 위반한 것이라고 주장한다. 丁의 주장은 타당한가? (10점)
   (2) 이후 丙은 丁에 대한 징계절차를 개시하였고, 징계위원회에서 감봉 1월로 의결되었다. 이에 丁은 자신에 대한 징계처분의 취소를 구하는 행정소송을 곧바로 제기하였는데, 이는 적법한가? (10점)

[문 5의 (1)]
I. 논점
  ㅇ 행정절차법의 적용범위
II. 행정절차법의 적용범위
  1. 행정절차법 규정
  ㅇ 행정절차법 3 ①
  ㅇ 행정절차법 3 ② 9호
  2. 판례
  ㅇ 성질상 행정절차를 거치기 곤란하거나 불필요하다고 인정되는 처분이나

행정절차에 준하는 절차를 거치도록 하고 있는 처분의 경우에만 행정절차법 적용 배제
  3. 관련 판례
III. 사례의 경우
  ㅇ 丁의 주장은 타당하지 않음

[문 5의 (2)]
I. 논점: 소청
II. 행정심판전치주의

[문 5의 (1)]

Ⅰ. 논점: 국가공무원법상 직위해제 처분에 행정절차법이 적용되는지 여부

Ⅱ. 행정절차법의 적용범위[149)]

1. 행정절차법 규정

○ 행정절차법은 제3조 제1항에서 이 법이 정하고 있는 처분, 신고, 행정상 입법예고, 행정예고 및 행정지도 절차에 관하여 다른 법률에 특별한 규정이 있는 경우를 제외하고는 이 법에서 정한 바에 따른다고 하여 이 법이 행정절차에 관한 일반법임을 명확히 하고 있음

○ 행정절차법은 '병역법에 따른 징집·소집, 외국인의 출입국·난민인정·귀화, 공무원 인사 관계 법령에 따른 징계와 그 밖의 처분, 이해 조정을 목적으로 하는 법령에 따른 알선·조정·중재(仲裁)·재정(裁定) 또는 그 밖의 처분 등'을 포함한 9개의 사항으로서 해당 행정작용의 성질상 행정절차를 거치기 곤란하거나 거칠 필요가 없다고 인정되는 사항과 행정절차에 준하는 절차를 거친 사항으로서 대통령령으로 정하는 사항은 동법의 적용되지 않는다고 규정하고 있음(행정절차법 3 ② 9호)

2. 판례

○ 판례는 여기에서 규정한 9가지 사항 전부에 대하여 행정절차법의 적용이 일률적으로 배제되는 것이 아니라 성질상 행정절차를 거치기 곤란하거나 불필요하다고 인정되는 처분이나 행정절차에 준하는 절차를 거치도록 하고 있는 처분의 경우에만 행정절차법의 적용이 배제되는 것으로 보아야 할 것이라는 입장임(대판 2018.3.13, 2016두33339)

---

149) 강론, 415면 이하.

3. 관련 판례

○ 대법원은 국가공무원법상 직위해제처분은 행정절차법 제3조 제2항 제9호, 동법 시행령 제2
조 제3호에 의하여 당해 행정작용의 성질상 행정절차를 거치기 곤란하거나 불필요하다고 인
정되는 사항 또는 행정절차에 준하는 절차를 거친 사항에 해당하기 때문에 처분의 사전통지
및 의견청취 등에 관한 행정절차법의 규정이 적용되지 않는다는 입장임

○ "국가공무원법 제73조의3 제1항에 규정한 직위해제는 … 일시적인 인사조치로서 당해 공무
원에게 직위를 부여하지 아니함으로써 직무에 종사하지 못하도록 하는 잠정적이고 가처분적
인 성격을 가진 조치이다. 따라서 그 성격상 과거공무원의 비위행위에 대한 공직질서 유지를
목적으로 행하여지는 징벌적 제재로서의 징계 등에서 요구되는 것과 같은 동일한 절차적 보
장을 요구할 수는 없는바(대판 2003.10.10, 2003두5945, 대판 2013.5.9, 2012다64833, 헌재결 2006.5.25,
2004헌바12 전원재판부 등 참조), … 국가공무원법 등은 직위해제와 관련하여 … 해당 공무원에게
방어의 준비 및 불복의 기회를 보장하고 … 사후적으로 소청이나 행정소송을 통하여 충분한
의견진술 및 자료제출의 기회를 보장하고 있다. …

그렇다면 국가공무원법상 직위해제처분은 구 행정절차법 제3조 제2항 제9호, 동법 시행령
제2조 제3호에 의하여 당해 행정작용의 성질상 행정절차를 거치기 곤란하거나 불필요하다고
인정되는 사항 또는 행정절차에 준하는 절차를 거친 사항에 해당하므로, 처분의 사전통지
및 의견청취 등에 관한 행정절차법의 규정이 별도로 적용되지 아니한다고 봄이 상당하다(대판
2014.5.16, 2012두26180)."

Ⅲ. 사례의 경우

○ 丁에 대해 사전통지 없이 직위해제가 이루어졌다고 하여 행정절차법상 사전통지의무를 위반
한 것이라고 볼 수 없음. 따라서 丁의 주장은 타당하지 않음

[문 5의 (2)]

Ⅰ. 논점

○ 국가공무원에 대한 징계처분 취소소송에서의 행정심판 전치주의(소청)의 적용 여부

Ⅱ. 행정심판전치주의[150]

1. 행정심판전치주의의 의의

○ 행정심판의 전치란 행정소송을 제기함에 앞서 먼저 행정청에 의한 행정심판절차를 거치도록 하는 제도임. 행정심판의 전치를 필수적으로 요구하는 것을 행정심판전치주의라 함

2. 임의적 행정심판전치의 원칙

○ (구)행정소송법은 행정심판전치주의를 원칙으로 하였으나, 현행법은 "취소소송은 법령의 규정에 의하여 당해 처분에 대한 행정심판을 제기할 수 있는 경우에도 이를 거치지 아니하고 제기할 수 있다. 다만 다른 법률에 당해 처분에 대한 행정심판의 재결을 거치지 아니하면 취소소송을 제기할 수 없다는 규정이 있는 때에는 그러하지 아니하다(행소법 18 ①)."고 규정하여 행정심판을 원칙적으로 취소소송의 임의적 전심절차로 규정하면서, 행정심판전치주의가 요구되는 경우를 예외로 하고 있음

3. 예외적 행정심판전치주의

(1) 원칙

○ 현행법상 예외적으로 행정심판전치주의를 규정하고 있는 예로는 국가공무원법 제16조, 지방공무원법 제20조의2, 국세기본법 제56조, 관세법 제120조, 도로교통법 제142조 등이 있음

(2) 행정심판전치주의의 예외

○ 행정심판전치주의를 적용함으로써 발생할 수 있는 권익침해를 예방하기 위하여 행정소송법은 행정심판전치주의에 대한 일정한 예외를 규정하고 있음. 행정소송법은 그 예외에 해당하는 경우를 ① 행정심판은 청구하되 재결을 거칠 필요가 없는 경우와 ② 행정심판조차 청구하지 않아도 되는 경우로 구분하여 규정하고 있음(행소법 18 ②, ③)

Ⅲ. 공무원 징계에 대한 권리구제[151]

1. 소청

(1) 의의

○ 소청이란 공무원의 징계처분, 그 밖에 그 의사에 반하는 불리한 처분이나 부작위에 대한 불복신청을 말함(국가공무원법 9 ①)

---

150) 강론, 901면 이하.
151) 강론, 1233면 이하.

ㅇ 소청은 소청을 전담하는 소청심사위원회에서 심리·결정하는 항고쟁송으로서 특별행정심판임

(2) 소청심사위원회

ㅇ 소청심사는 합의제 행정기관인 소청심사위원회가 함(국가공무원법 9 ①, ②)

2. 행정소송

ㅇ 소청심사위원회의 결정에 대하여 불복하는 공무원은 행정소송을 제기할 수 있음. 행정소송의 대상은 원처분주의에 따라 원징계처분이며, 소청심사위원회의 결정은 그 결정에 고유한 위법사유가 있는 경우에 한하여 행정소송의 대상이 될 수 있음(행소법 19 단서)

ㅇ 징계처분 등에 관한 행정소송은 소청심사위원회의 심사·결정을 거치지 아니하면 제기할 수 없음(국가공무원법 16 ①). 즉 소청심사위원회의 소청절차는 행정소송의 필요적 전심절차임

Ⅳ. 사례의 경우

ㅇ 丁은 자신에 대한 징계처분이 있음을 안 날로부터 30일 내에 소청심사위원회에 심사를 청구할 수 있고(국가공무원법 제76조 제1항), 소청심사위원회는 원칙적으로 소청심사청구를 접수한 날부터 60일 이내에 이에 대한 결정을 하여야 함(동법 제76조 제5항). 청구가 받아들여지지 않은 경우, 丁은 소청심사 결정서 수령일로부터 90일 내에 소송을 제기하면 됨(행정소송법 제20조 제1항)

ㅇ 따라서 丁은, 행정소송법 제18조 제3항의 예외에 해당하지 않는 한, 징계처분에 대하여 소청절차를 거치지 않고 바로 취소소송을 제기할 수 없음. 그러므로 丁이 제기한 소송은 적법하지 않음

2021년 제3차 변호사시험 모의고사 제2문

　A광역시장은 A광역시의 심각한 주택난 해소를 목적으로, 「택지개발촉진법」에 따라 택지개발사업(이하 '이 사건 사업')을 시행하기 위해 2019.7.1. 같은 법 제3조 및 제8조에 따라 P지구를 택지개발지구로 지정·고시하면서(관계 법령상 필요한 절차는 모두 거쳤다), 같은 법 제7조에 따라 한국토지주택공사(이하 'LH공사')를 사업시행자로 지정하였다.

　LH공사는 2021.5.3. 이 사건 사업에 따른 이주대책을 수립·공고(이하 '이 사건 공고')하였는데, 그에 따른 이주자택지 공급 대상자 요건은 'P지구에 대한 택지개발지구 지정 고시일(2019.7.1.) 1년 이전부터 보상계약체결일 또는 수용재결일까지 계속하여 사업지구 내에 주택을 소유하고 계속 거주한 자(2000.1.1. 이후 건축된 무허가 건물의 소유자는 제외)'이다.

　甲은 P지구 내에 주택을 소유하고 있는 자로서, 이 사건 공고에 따라 LH공사에 이주대책(이주자택지 공급) 대상자 선정 신청을 하였으나, LH공사는 甲이 자신의 소유라고 주장하는 주택이 실제로는 乙의 소유라는 이유로 甲을 이주대책 대상에서 제외하는 결정(이하 '제1차 결정')을 통보하였다. 제1차 결정 통보서에는 "이 결정에 이의가 있으신 경우 본 통지문을 받으신 날부터 30일 이내에 우리 공사에 서면으로 이의신청을 하실 수 있으며, 또한 90일 이내에 행정심판 또는 행정소송을 제기하실 수 있음을 알려드립니다."라는 안내문구가 기재되어 있었다.

　이에 甲은 LH공사에 이의신청을 하면서, '자신이 2001.5. 주택을 건축하여 이후 계속 거주하면서 소유하여 왔는데, 단지 착오로 건축물대장에 소유자가 잘못 기재되어 있어 오해를 초래하고 있다'는 주장과 함께, 사실확인서 등 이와 관련된 제반 증빙자료를 새로 첨부하여 제출하였다. 그러나 LH공사는 甲에게 '건축물대장을 무시하고 사실판단에 기하여 소유관계를 인정할 수 없음'을 이유로 甲의 이의신청을 받아들이지 않고, 甲을 이주대책 대상에서 제외한다는 결정(이하 '제2차 결정')을 통보하였다. 제2차 결정 통보서에도 제1차 결정 통보서와 동일한 안내문구가 기재되어 있었다.

1. 甲이 A광역시장의 택지개발지구 지정에 대하여 항고소송으로 다투는 경우, A광역시장의 택지개발지구 지정의 법적 성격을 검토하고 이에 대한 법원의 심사방법을 설명하시오. (20점)
2. 甲은 제2차 결정을 자신에 대한 재거부처분으로 생각하여 이에 대해 제소기간 내에 취소소송을 제기하였다. 제2차 결정은 취소소송의 대상이 될 수 있는가? (30점)
3. 甲이 제2차 결정에 대해 제기한 취소소송에서 법원은 甲이 주택을 건축하여 소유하여 왔고 건축물대장의 기재는 오기에 불과하다는 점을 인정하여 甲의 청구를 인용하였고, 이 판결은 그대로 확정되었다. 이후 LH공사가 '甲이 2001.5.경 자신의 주택을 건축할 당시 허가를 받지 않았다'는 이유로 다시 甲을 이주대책 대상에서 제외한다는 결정을 하였다면, 이는 적법한가? (30점)

[참조 조문(현행 법령과 차이가 있으며, 참조 조문이 현행 법령에 우선함)]

「택지개발촉진법」

제2조(용어의 정의) 이 법에서 사용하는 용어의 뜻은 다음과 같다.

　3. "택지개발지구"란 택지개발사업을 시행하기 위하여 「국토의 계획 및 이용에 관한 법률」에 따른 도시지역과 그 주변지역 중 제3조에 따라 국토교통부장관 또는 특별시장·광역시장·도지사·특별자치도지사(이하 "지정권자"라 한다)가 도시·군관리계획으로 지정·고시하는 지구를 말한다.

　4. "택지개발사업"이란 일단(一團)의 토지를 활용하여 주택건설 및 주거생활이 가능한 택지를 조성하는 사업을 말한다.

제3조(택지개발지구의 지정 등) ① 특별시장·광역시장·도지사 또는 특별자치도지사(이하 "시·도지사"라 한다)는 「주거기본법」 제5조에 따른 주거종합계획 중 주택·택지의 수요·공급 및 관리에 관한 사항(이하 "택지수급계획"이라 한다)에서 정하는 바에 따라 택지를 집단적으로 개발하기 위하여 필요한 지역을 택지개발지구로 지정(지정한 택지개발지구를 변경하는 경우를 포함한다. 이하 같다)할 수 있다.

제7조(택지개발사업의 시행자 등) ① 택지개발사업은 다음 각 호의 자 중에서 지정권자가 지정하는 자(이하 "시행자"라 한다)가 시행한다.

　2. 「한국토지주택공사법」에 따른 한국토지주택공사(이하 "한국토지주택공사"라 한다)

제8조(택지개발계획의 수립 등) ① 지정권자는 택지개발지구를 지정하려면 다음 각 호의 사항이 포함된 택지개발계획(이하 "개발계획"이라 한다)을 수립하여야 한다.

　1. 개발계획의 개요

　2. 개발기간

　3. 토지이용에 관한 계획 및 주요 기반시설의 설치계획

　4. 수용할 토지 등의 소재지, 지번(地番) 및 지목(地目), 면적, 소유권 및 소유권 외의 권리의 명세와 그 소유자 및 권리자의 성명·주소

　5. 주거난 해소 등을 비롯하여 해당지역 및 도시의 건전한 발전을 도모할 수 있는지 여부

　6. 그 밖에 대통령령으로 정하는 사항

제12조(토지수용) ① 시행자는 택지개발지구에서 택지개발사업을 시행하기 위하여 필요할 때에는 「공익사업을 위한 토지 등의 취득 및 보상에 관한 법률」 제3조에서 정하는 토지·물건 또는 권리(이하 "토지등"이라 한다)를 수용하거나 사용(이하 "수용"이라 한다)할 수 있다.

　④ 제1항에 따른 토지등의 수용에 관하여는 이 법에 특별한 규정이 있는 경우를 제외하고는 「공익사업을 위한 토지 등의 취득 및 보상에 관한 법률」을 준용한다.

「공익사업을 위한 토지 등의 취득 및 보상에 관한 법률」

제78조(이주대책의 수립 등) ① 사업시행자는 공익사업의 시행으로 인하여 주거용 건축물을 제공함에 따라 생활의 근거를 상실하게 되는 자(이하 "이주대책대상자"라 한다)를 위하여 대통령령으로 정하는 바에 따라 이주대책을 수립·실시하거나 이주정착금을 지급하여야 한다.

「공익사업을 위한 토지 등의 취득 및 보상에 관한 법률 시행령」

제40조(이주대책의 수립·실시) ①～② 생략

③ 다음 각 호의 1에 해당하는 자는 이주대책대상자에서 제외한다.

1~2 생략

3. 타인이 소유하고 있는 건축물에 거주하는 세입자

[문 1]

Ⅰ. 논점
  ○ 도시·군관리계획의 처분성
  ○ 계획재량과 사법적 통제

Ⅱ. 택지개발지구 지정의 법적 성격
  1. 행정계획
  2. 택지개발지구의 의의와 형식
  ○ 택지개발촉진법 2
  ○ 도시·군관리계획
  3. 도시·군관리계획의 법적 성질
    (1) 행정계획의 법적 성질
      1) 입법행위설
      2) 행정행위설
      3) 복수성질설
      4) 독자성설
      5) 결어
    (2) 도시·군관리계획의 처분성
      1) 소극설, 2) 적극설, 3) 결어

Ⅲ. 행정계획에 대한 법원의 심사방법
  1. 계획재량의 의의
  2. 계획재량에 대한 사법적 통제
  3. 형량명령
    (1) 의의
    (2) 형량의 단계
    (3) 형량명령에 위반하는 하자
      ① 형량의 결여
      ② 형량의 결함
      ③ 형량의 과오
      ④ 형량의 불평등

Ⅳ. 사례의 경우
  ○ 택지개발지구 지정은 처분
  ○ 법원은 계획재량에 대한 사법적 통제기준을 준수하였는지, 특히 형량명령을 준수하였는지를 심사하여야 함

[문 2]

Ⅰ. 논점
  ○ 처분의 개념과 거부의 처분성
  ○ 이의신청 기각결정과 거부처분의 구별
  ○ 반복된 거부처분

Ⅱ. 취소소송의 대상적격
  1. 처분의 개념
    (1) 행정소송법상의 처분
    (2) 처분개념에 관한 학설
      ① 일원설(실체법상의 처분개념설)
      ② 이원설(쟁송법상의 처분개념설)
      ③ 형식적 행정행위론
      ④ 결어
    (3) 처분의 개념적 요소
      ○ ① 행정청이 행하는, ② 구체적 사실에 관한 법집행으로서, ③ 공권력을 행사하거나 거부하는, ④ 국민의 권리의무에 직접 영향을 미치는 공법행위(대판 2012.9.27, 2010두3541 참조)
  2. 거부의 처분성
    (1) 거부처분의 의의
    (2) 거부처분의 성립요건
      1) 판례
        ○ ① 신청한 행위가 처분이어야 하고, ② 그 거부행위가 신청인의 법률관계에 변동을 일으키는 것이어야 하며, ③ 당사자에게 처분의 발급을 요구할 법규상 또는 조리상의 신청권이 있어야 함
      2) 학설
        ① 대상적격설, ② 본안문제설, ③ 원고적격설, ④ 결어: 원고적격설 타당

3. 판례
- 처분을 행정행위의 개념과 거의 동일하게 보고 있음
- 처분의 판단기준
- 처분인지가 불분명한 경우

Ⅲ. **이의신청 기각결정과 거부처분의 구별**
1. 이의신청
- 의의
- 행정기본법 36 ①
2. 이의신청의 기각결정이 처분인지 여부
- 이의신청 기각결정은 처분이 아님
- 다만, 수익적 행정행위의 거부의 경우, 그 내용이 새로운 신청을 하는 취지라면 새로운 거부처분으로 볼 수 있음

Ⅳ. **반복된 거부처분**
- 새로운 신청에 따른 반복된 거부처분은 새로운 거부처분

Ⅴ. **사례의 경우**
- 2차 결정은 취소소송의 대상

[문 3]

Ⅰ. **논점**: 취소판결의 기속력
Ⅱ. **취소판결의 기속력**

1. 기속력의 의의와 성질
2. 내용
   (1) 반복금지효
   (2) 재처분의무
      1) 의의
      2) 거부처분의 취소판결에 따른 재처분의무
      3) 절차의 하자를 이유로 한 취소판결에 따른 재처분의무
   (3) 결과제거의무
3. 효력범위
   (1) 주관적 범위
   (2) 객관적 범위
      1) 절차 또는 형식에 위법이 있는 경우
      2) 내용에 위법이 있는 경우
   (3) 시간적 범위

Ⅲ. **사례의 경우**
- '건축물의 소유자가 아니라는 사유'와 '무허가건축물이라는 사유'는 기본적 사실관계의 동일성이 없으므로, 재거부처분은 적법

[문 1]

Ⅰ. 논점

- 택지개발지구 지정의 법적 성격(도시·군관리계획의 처분성)
- 행정계획에서 계획재량과 이에 대한 사법적 통제

Ⅱ. 택지개발지구 지정의 법적 성격

1. 행정계획[152]

- 장래 일정 시점에 있어서의 일정한 질서를 실현하기 위하여 목표를 설정하고 이를 위하여

---

152) 강론, 353면 이하.

서로 관련되는 행정수단을 종합·조정하는 작용(Planung), 또는 그 결과로 설정된 활동기준 (Plan)

2. 택지개발지구의 의의와 형식

○ 택지개발촉진법 제2조는 "택지개발지구란 택지개발사업을 시행하기 위하여 국토계획법에 따른 도시지역과 그 주변지역 중 제3조에 따라 지정권자가 '도시·군관리계획'으로 지정·고시하는 지구를 말한다."고 규정하고 있음

○ 따라서 택지개발지구의 지정의 형식은 도시·군관리계획임

3. 도시·군관리계획의 법적 성질

(1) 행정계획의 법적 성질

1) 입법행위설

○ 행정계획은 일종의 일반·추상적 성격을 갖는 규범의 정립작용이라는 견해

2) 행정행위설

○ 행정계획 중에서도 직접적으로 국민의 권리의무관계에 변동을 가져오는 행정행위로서의 성질을 가지는 경우도 있다는 견해

3) 복수성질설

○ 행정계획에는 법규명령의 성질을 가지는 것도 있고, 행정행위의 성질을 가지는 것도 있을 수 있다는 견해

4) 독자성설

○ 행정계획은 법규범도 아니고 행정행위도 아닌 특수한 성질의 이물(異物, Aliud)로서 여기에 구속력이 인정되는 것이라는 견해

5) 결어

○ 법령에서 행정계획의 법형식을 지정하고 있는 경우라면 이에 따르면 되고, 이러한 규정이 없으면 계획주체·계획의 내용·구속력의 유무와 정도 등에 따라 개별적으로 판단하여야 함

(2) 도시·군관리계획의 처분성

1) 소극설: 행정입법의 성격을 가지는 것으로서 처분성 부인(고등법원)

2) 적극설: 고시된 도시계획결정은 특정 개인의 권리 내지 법률상의 이익을 개별적이고 구체적으로 규제하는 효과를 가져오게 하는 행정청의 처분임(대법원)

3) 결어: 도시·군관리계획은 구체적인 구속력 있는 계획으로서 '구체적 법집행행위'라 할 수 있으므로 처분성을 인정하는 대법원의 입장이 타당

Ⅲ. 행정계획에 대한 법원의 심사방법

1. 계획재량의 의의

○ 행정주체가 계획을 통하여 가지게 되는 광범위한 계획상의 형성의 자유

2. 계획재량에 대한 사법적 통제

① 계획상의 목표는 근거법에 합치되어야 하고,

② 비례원칙을 비롯한 행정법의 일반원칙을 준수하여야 하며,

③ 근거법이 정한 형식과 절차를 준수하여야 하고,

④ 관계되는 모든 이익을 정당하게 형량하여야 함(형량명령)

3. 형량명령

(1) 의의

○ 계획을 수립함에 있어 관계되는 모든 이익을 정당하게 형량하여야 한다는 행정법의 일반원칙

(2) **형량의 단계**

① 관계되는 이익의 조사, ② 이익에 대한 평가, ③ (좁은 의미의) 이익형량

(3) **형량명령에 위반하는 하자**

① 이익형량을 전혀 행하지 않은 경우(형량의 결여, Abwägungsausfall)

② 이익형량에서 고려하여야 할 이익을 빠뜨린 경우(형량의 결함, Abwägungsdefizit)

③ 이익의 중요성을 잘못 판단한 경우(형량의 과오, Abwägungsfehleinschätzung)

④ 특정 이익을 과도하게 평가하는 경우(형량의 불평등, Abwägungsdisproportionalität)

Ⅳ. 사례의 경우

○ A광역시장의 택지개발지구 지정은 도시·군관리계획으로서 항고소송의 대상이 되는 처분임

○ 이에 대하여 법원은 계획재량에 대한 사법적 통제기준을 준수하였는지, 특히 형량명령을 준수하였는지를 심사하여야 함

[문 2]

Ⅰ. 논점

○ 처분의 개념과 거부의 처분성

○ 이의신청 기각결정과 거부처분의 구별

　　○ 반복된 거부처분

Ⅱ. 취소소송의 대상적격[153]

　　○ 이주대책 대상자 선정신청에 대하여 '제외하는 결정'이 처분인지, 신청을 거부하는 것이 거부
　　　처분으로서의 요건을 갖추고 있는지가 문제임

1. 처분의 개념

(1) 행정소송법상의 처분

　　○ 행정청이 행하는 구체적 사실에 대한 법집행으로서의 공권력의 행사 또는 그 거부와 그 밖에
　　　이에 준하는 행정작용(행소법 2 ① 1호)

(2) 처분개념에 관한 학설

① 일원설(실체법상의 처분개념설)

　　○ 실체법상의 처분개념(행정행위개념)과 쟁송법상의 처분개념은 동일한 개념이어야 한다는 견해

② 이원설(쟁송법상의 처분개념설)

　　○ 항고소송을 통한 권리구제의 확대에 중점을 두고 이러한 점에서 항고소송의 대상이 되는 처
　　　분개념은 행정행위개념과 관계없이 확대되어야 한다는 입장

③ 형식적 행정행위론

　　○ 공권력행사로서의 실체를 가지고 있지 않지만 국민생활을 일방적으로 규율하거나 개인의 법
　　　익에 대하여 계속적으로 사실상의 지배력을 미치는 행위에 대해서는 쟁송법상으로 항고소송
　　　의 대상이 되는 처분으로 인정하자는 견해

④ 결어

　　○ 이론적으로는 일원설이 타당하나, 실정법상 처분개념이 행정행위 개념보다 넓은 것이 사실임

　　○ 판례는 행정행위 이외에도 도시·군관리계획, 단수조치, 처분법규의 처분성을 인정하고 있음

(3) 처분의 개념적 요소

　　○ 행정청의 처분은, ① 행정청이 행하는, ② 구체적 사실에 관한 법집행으로서, ③ 공권력을
　　　행사하거나 거부하는, ④ 국민의 권리의무에 직접 영향을 미치는 공법행위(대판 2012.9.27, 2010
　　　두3541 참조)이어야 함

---

153) 강론, 869면 이하.

2. 거부의 처분성

(1) 거부처분의 의의

○ 처분을 구하는 당사자의 신청에 대하여 처분의 발급을 거부하는 행정청의 행정작용

(2) 거부처분의 성립요건

1) 판례

○ 거부처분의 성립요건과 관련하여 판례는 ① 신청한 행위가 처분이어야 하고, ② 그 거부행위가 신청인의 법률관계에 변동을 일으키는 것이어야 하며, ③ 당사자에게 처분의 발급을 요구할 법규상 또는 조리상의 신청권이 있어야 한다는 입장임

2) 학설

○ 이에 대하여 학설은 ① 신청권을 거부처분의 요건으로 보아야 한다는 견해(대상적격설), ② 신청권의 존재 여부는 본안에서 가려야 할 문제라고 보는 견해(본안문제설), ③ 신청권의 존재는 거부처분의 성립요건이 아니라 원고적격의 문제라고 보는 견해(원고적격설)가 대립되고 있음. ④ '신청권'의 존부는 '원고에게 그러한 추상적 신청권이 인정되는가' 하는 문제라는 점에서 원고적격설이 타당함

3. 판례

○ 판례(대판 2012.9.27, 2010두3541)는 기본적으로 "행정처분이란 원칙적으로 행정청의 공법상 행위로서 … 일반 국민의 권리의무에 직접 영향을 미치는 행위"라고 하여 처분을 행정행위의 개념과 거의 동일하게 보고 있음

○ 다만 처분의 판단기준과 관련하여 "구체적인 경우 행정처분은 행정청이 공권력 주체로서 행하는 구체적 사실에 관한 법집행으로서 국민의 권리의무에 직접적으로 영향을 미치는 행위라는 점을 염두에 두고, 관련 법령의 내용과 취지, 행위의 주체 · 내용 · 형식 · 절차, 그 행위와 상대방 등 이해관계인이 입는 불이익과의 실질적 견련성, 그리고 법치행정 원리와 당해 행위에 관련한 행정청 및 이해관계인의 태도 등을 참작하여 개별적으로 결정해야 한다."라고 하여 처분의 개념을 확대할 수 있는 여지를 인정하고 있음

○ 한편 판례는 처분인지가 불분명한 경우에는 그에 대한 불복방법 선택에 중대한 이해관계를 가지는 상대방의 인식가능성과 예측가능성을 중요하게 고려하여야 한다고 하고 있음

III. 이의신청 기각결정과 거부처분의 구별

1. 이의신청[154]

○ 이의신청은 처분청에 대하여 이의를 제기하는 간이불복절차임
○ 행정기본법 제36조 제1항은 "행정청의 처분에 이의가 있는 당사자는 처분을 받은 날부터 30일 이내에 해당 행정청에 이의신청을 할 수 있다."고 규정하고 있음

2. 이의신청의 기각결정이 처분인지 여부

○ 판례는 이의신청을 받아들이지 않는 결정은 항고소송의 대상이 되지 않는다고 하고 있음
  "국가유공자 비해당결정 등 원결정에 대한 이의신청이 받아들여지지 아니한 경우에도 이의신청인으로서는 원결정을 대상으로 항고소송을 제기하여야 하고, 국가유공자법 제74조의18 제4항이 이의신청을 하여 그 결과를 통보받은 날부터 90일 이내에 행정심판법에 따른 행정심판의 청구를 허용하고 있고, 행정소송법 제18조 제1항 본문이 "취소소송은 법령의 규정에 의하여 당해 처분에 대한 행정심판을 제기할 수 있는 경우에도 이를 거치지 아니하고 제기할 수 있다."라고 규정하고 있는 점 등을 종합하면, 이의신청을 받아들이지 아니하는 결과를 통보받은 자는 통보받은 날부터 90일 이내에 행정심판법에 따른 행정심판 또는 행정소송법에 따른 취소소송을 제기할 수 있다(대판 2016.7.27, 2015두45953[국가유공자(보훈보상대상자)비해당처분취소])."
○ 다만, 수익적 행정행위의 거부의 경우, 거부처분이 있은 후 당사자가 다시 신청을 한 경우에는 신청의 제목 여하에 불구하고 그 내용이 새로운 신청을 하는 취지라면 관할 행정청이 이를 다시 거절하는 것은 새로운 거부처분으로 볼 수 있음
  "수익적 행정행위 신청에 대한 거부처분은 당사자의 신청에 대하여 관할 행정청이 거절하는 의사를 대외적으로 명백히 표시함으로써 성립되고, 거부처분이 있은 후 당사자가 다시 신청을 한 경우에는 신청의 제목 여하에 불구하고 그 내용이 새로운 신청을 하는 취지라면 관할 행정청이 이를 다시 거절하는 것은 새로운 거부처분으로 봄이 원칙이다(대판 2019.4.3, 2017두52764[예방접종피해보상거부처분취소])."
○ 대법원은 이주대책 대상자 선정을 신청하였다가 제외 결정을 받은 자가 관련 서류를 보완하여 이의신청을 하였다가 재차 제외 결정을 받은 사안에서, 위 판례와 동일한 내용으로, 2번째 제외 결정은 재거부처분에 해당한다고 판시하였음(대판 2021.1.14, 2020두50324[이주대책대상자제외처분취소])

---

154) 강론, 743면 이하.

Ⅳ. 반복된 거부처분[155]

○ 판례는 새로운 신청에 따른 반복된 거부처분은 새로운 거부처분이 있는 것으로 보아야 한다는 입장임(대판 1992.10.27, 92누1643; 대판 2021.1.14, 2020두50324[이주대책대상자제외처분취소])

Ⅴ. 사례의 경우

○ 이주대책 대상자 선정은 사업시행자가 그 대상자에게 이주대책의 내용에 따른 권리를 부여하는 것으로서, 설권행위 내지 확인적 행정행위로서 행정소송법상 처분에 해당됨
○ 특히, 甲에게는 택지개발촉진법 제12조 제4항에 따라 준용되는 공익사업을 위한 토지 등의 취득 및 보상에 관한 법률(토지보상법) 제79조 제1항에 따라 법규상 신청권이 인정되므로 이주대책 대상자 선정 거부는 거부처분임
○ 2차 결정은 甲이 이의신청을 한 이후에 있은 결정으로 이를 이의신청에 대한 기각결정으로 볼 수도 있으나, 사안에서 甲의 이의신청은 -그 명칭이나 형식에도 불구하고- 소유권에 관한 기재의 오류라는 새로운 이유를 들어 다시 신청하고 있다는 판단되고, 특히 2차 결정에도 '이의가 있는 경우 행정쟁송을 제기할 수 있다'고 점에서, 새로운 신청에 대한 새로운 거부처분이라고 볼 수 있음
○ 판례는 새로운 신청에 따른 반복된 거부처분은 새로운 거부처분이 있는 것으로 보아야 한다는 입장이므로, 2차 결정은 취소소송의 대상이 될 수 있음

[문 3]

Ⅰ. 논점: 취소판결의 기속력

Ⅱ. 취소판결의 기속력[156]

1. 기속력의 의의와 성질

○ 취소판결의 취지에 따르도록 당사자인 행정청과 그 밖의 관계행정청을 구속하는 효력
○ 기속력은 행정청에 대하여 판결의 취지에 따를 의무를 부과하는 것임. 따라서 기속력은 취소판결의 실효성을 확보하기 위한 것임
○ 기속력의 성질에 대하여는 기판력설과 특수효력설이 대립되고 있는데, 후자가 통설이고 타당함. 판례의 입장은 분명치 않음

---

155) 강론, 877면.
156) 강론, 956면 이하.

2. 내용

(1) 반복금지효
- 취소판결이 확정되면 당사자인 행정청 및 관계행정청은 동일한 사안에서 동일한 당사자에 대하여 동일한 내용의 처분을 반복할 수 없음
- 반복금지효에 위반하여 다시 확정판결과 저촉되는 처분을 하는 것은 허용되지 않으므로 이 러한 처분은 위법한 것으로서 당연무효임(대판 1990.12.11, 90누3560)

(2) 재처분의무

1) 의의
- 행정청이 취소판결의 취지에 따라 일정한 처분을 하여야 할 의무
- 이에 따라 행정청은 '판결의 취지에 따라야 할 의무(판결의 취지에 반해서는 안 될 의무)'와 '재처분을 하여야 할 의무'를 부담하게 됨

2) 거부처분의 취소판결에 따른 재처분의무
- 행정소송법 제30조 제2항은 거부처분의 취소판결에 따른 재처분의무를 규정하고 있음

3) 절차의 하자를 이유로 한 취소판결에 따른 재처분의무
- 신청에 따른 처분(인용처분)이 절차의 위법을 이유로 취소되는 경우에도 행정청은 재처분의무를 부담함(행소법 30 ③)

(3) 결과제거의무
- 취소판결이 있게 되면, 행정청은 위법한 처분으로 인하여 야기된 상태를 제거하여야 할 의무를 부담함. 이러한 의무에 대응하여 상대방은 공법상 결과제거청구권을 가짐

3. 효력범위

(1) 주관적 범위
- 취소판결의 기속력은 당사자인 행정청과 그 밖의 관계행정청을 기속함

(2) 객관적 범위
- 판결의 실효성 확보를 위하여 인정되는 효력으로서 판결의 주문뿐만 아니라 그 전제가 되는 처분 등의 구체적 위법사유에 관한 이유 중의 판단에 대하여도 인정됨
- 따라서 취소소송에서 소송의 대상이 된 거부처분을 실체법상의 위법사유에 기하여 취소하는 판결이 확정된 경우에는 당해 거부처분을 한 행정청은 원칙적으로 신청을 인용하는 처분을 하여야 하고, 사실심 변론종결 이전의 사유를 내세워 다시 거부처분을 하는 것은 확정판결의 기속력에 저촉되어 허용되지 아니함(대판 2001.3.23, 99두5238)

1) 절차 또는 형식에 위법이 있는 경우
- 절차 내지 형식의 위법을 이유로 처분을 취소하는 판결이 확정된 경우에 그 확정판결의 기속력은 확정판결에 적시된 절차 내지 형식의 위법사유에 한하여 미침
- 따라서 처분권자가 그 확정판결에 적시된 위법사유를 보완하여 행한 새로운 처분은 확정판결에 의하여 취소된 종전의 처분과는 별개의 처분으로서 확정판결의 기속력에 저촉되는 것은 아님(대판 1992.5.26, 91누5242)

2) 내용에 위법이 있는 경우
- 처분시를 기준으로 그 이전에 존재하였던 다른 사유를 근거로 다시 처분할 수 있는가 하는 것이 문제임
- 판결의 기속력은 판결주문 및 이유에서 판단된 위법사유와 기본적 사실관계의 동일성이 인정되는 사유에 미친다고 하여야 할 것임
- 따라서 행정청은 처분 이전에 존재하였던 사유로서 처분사유와 기본적 사실관계의 동일성이 없는 사유를 근거로 재처분하는 것은 기속력에 저촉되지 않으므로 가능함(대판 1991.8.9, 90누7326)

(3) 시간적 범위
- 처분의 위법성판단과 관련하여 처분시설을 따르면, 기속력은 처분시를 기준으로 그때까지 존재하였던 사유에 한하고, 그 이후에 생긴 사유에는 미치지 않음

Ⅲ. 사례의 경우

- 취소판결의 기속력에 따라 LH공사는 재처분을 하여야 함
- 이 경우는 '내용에 위법이 있는 경우'인데, 처분시를 기준으로 그 이전에 존재하였던 사유(무허가건축물)를 들어 다시 거부처분을 하려면 이 사유는 처분사유와 '기본적 사실관계의 동일성이 없는 사유'이어야 함
- 사례에서 '건축물의 소유자가 아니라는 사유'와 '무허가건축물이라는 사유'는 기본적 사실관계의 동일성이 없다고 판단됨. 따라서 재거부처분은 적법함
- 다만 판결시설에 따르면 판결시까지 처분사유의 추가·변경이 허용되므로, LH공사의 재거부처분은 기속력에 반하여 허용되지 않는다고 보게 될 것임

2022년 제1차 변호사시험 모의시험 제1문

서울특별시 종로구 X아파트 주민 甲은 서울특별시 상수도사업본부가 팔당호와 팔당댐 하류의 한강 본류 하천구간으로부터 공급하는 수돗물을 사용하고 있다. 서울특별시 중부수도사업소장은 2017.3.2. X아파트 관리주체에게 물이용부담금 부과 고지서를 발송하였고, X아파트 관리사무소가 수도요금(상·하수도 요금 및 물이용부담금)을 산출하여 甲을 비롯한 각 세대에 관리비 납부고지를 하였다. 甲은 2017.6.9. 서울행정법원에 서울특별시 중부수도사업소장을 상대로 물이용부담금을 부과하는 처분의 취소를 구하는 소를 제기하고(서울행정법원 2017구합3800), 그 소송 계속 중「한강수계 상수원수질개선 및 주민지원 등에 관한 법률」(이하 '한강수계법'이라 한다)상의 물이용부담금이 헌법상 허용한계를 일탈하여 재산권을 침해한다고 주장하면서 한강수계법 제19조 제1항 및 한강수계법 시행령 제23조, 제24조, 그리고 「한강수계 물이용부담금 부과율 고시」 제2조에 대하여 위헌법률심판제청신청을 하였으나 2018.9.20. 기각되자(서울행정법원 2018아5815), 2018.10.12. 한강수계법 제19조 제1항 및 제5항, 한강수계법 시행령 제23조, 제24조, 「한강수계 물이용부담금 부과율 고시」 제2조에 대하여 「헌법재판소법」 제68조 제2항의 헌법소원심판을 청구하였다.

5. 甲의 위 헌법소원심판청구가 인용되어 위헌결정이 내려졌다고 가정한다. 이때 서울특별시 중부수도사업소장이 甲에게 내렸던 물이용부담금 부과처분의 법적 효력 및 하자의 정도에 대하여 검토하시오. (단, 甲이 제기한 물이용부담금 부과처분 취소소송은 아직 확정되지 않은 상황임) (20점)

[문 5]

Ⅰ. 논점
  ○ 위헌결정의 소급효
  ○ 위헌법률에 근거한 처분의 효력

Ⅱ. 위헌결정의 소급효
  1. 헌법재판소법 47 ②
  2. 원칙: 장래효, 예외: 소급효 인정
  3. 예외적 소급효 인정범위
    ○ 동종사건, 당해사건, 병행사건, 일반사건

Ⅲ. 위헌법령에 근거한 행정처분의 효력
  1. 문제의 소재
  2. 행정행위의 무효와 취소
    (1) 의의

(2) 구별기준
  ○ 통설인 중대명백설
  ○ 그 밖에도 중대설, 조사의무설, 명백성보충설, 구체적 가치형량설 등
  ○ 대법원: 원칙적으로 중대명백설 원칙

3. 대법원의 견해
  ○ 취소사유

4. 헌법재판소의 견해
  ○ 기본적으로 취소사유
  ○ 다만 기본권 구제의 필요성이 큰 반면 법적 안정성의 요구는 비교적 적은 경우는 당연무효사유가 될 수

있음 Ⅳ. 사례의 경우	○ '당해 사건'으로, 위법한 처분 ○ 취소사유

[문 5]

Ⅰ. 논점

○ 위헌결정의 소급효
○ 위헌법률에 근거한 처분의 효력

Ⅱ. 위헌결정의 소급효[157]

1. 헌법재판소법 47 ②: "위헌으로 결정된 법률 또는 법률의 조항은 그 결정이 있는 날부터 효력을 상실한다."

2. 원칙적으로 장래효만 인정되나, 예외적으로 구체적 규범통제의 실효성 보장을 위하여 소급효 인정

3. 예외적 소급효 인정범위

○ "헌법재판소의 위헌결정의 효력은 위헌제청을 한 당해 사건, 위헌결정이 있기 전에 이와 동종의 위헌 여부에 관하여 헌법재판소에 위헌여부심판제청을 하였거나 법원에 위헌여부심판제청신청을 한 경우의 당해 사건과 따로 위헌제청신청은 아니하였지만 당해 법률 또는 법률의 조항이 재판의 전제가 되어 법원에 계속중인 사건뿐만 아니라 위헌결정 이후에 위와 같은 이유로 제소된 일반사건에도 미친다(대판 1993.1.15, 91누5747)."

○ "구체적 규범통제의 실효성의 보장의 견지에서 법원이 제청·헌법소원 청구 등을 통하여 헌법재판소에 법률의 위헌결정을 위한 계기를 부여한 당해 사건, 위헌결정이 있기 전에 이와 동종의 위헌 여부에 관하여 헌법재판소에 위헌제청을 하였거나 법원에 위헌제청신청을 한 경우의 당해 사건, 그리고 따로 위헌제청신청을 아니하였지만 당해 법률 또는 법률의 조항이 재판의 전제가 되어 법원에 계속 중인 사건에 대하여는 소급효를 인정하여야 할 것이다(헌재 결 1993.5.13, 92헌가10, 91헌바7, 92헌바24, 92헌바50)."

---

157) 강론, 252면 이하.

Ⅲ. 위헌법령(위헌조례도 포함)에 근거한 행정처분의 효력[158)

1. 문제의 소재

○ 행정처분 이후에 그 처분의 근거가 된 법령이 위헌 또는 위법으로 결정되는 경우 이 무효인 법령에 근거한 처분은 무효인지 취소할 수 있는 경우인지 문제임

2. 행정행위의 무효와 취소[159)

(1) 의의

○ 무효인 행정행위는 행정행위로서의 외형을 갖추고 있으나 행정행위로서의 효력이 전혀 없는 행정행위를 말함(행정기본법 15 단서). 행정행위로서의 외형이 없는 부존재와 구별됨

○ 취소할 수 있는 행정행위는 행정행위에 흠이 있음에도 불구하고 권한 있는 기관이 이를 취소함으로써 비로소 행정행위로서의 효력을 상실하게 되는 행위를 말함

(2) 구별기준

○ 통설인 중대명백설에 따르면, 행정행위의 하자가 중대한 법 위반이고 그것이 외관상 명백한 경우에는 무효이고, 이에 이르지 않는 경우에는 취소할 수 있는 데 그침(대판 2007.5.10, 2005다 31828)

— 하자의 중대성이란 행정행위의 근거가 되는 법령의 중대성을 의미하는 것이 아니라, 해당 행정행위가 지닌 흠의 중대성을 의미하는 것으로서, 법침해의 심각성을 말함

— 하자의 명백성은 당사자의 주관적 판단 또는 법률전문가의 판단이 아니라, 일반인의 정상적인 인식능력을 기준으로 하여 객관적으로 판단되어야 함

○ 그 밖에도 중대설, 조사의무설, 명백성보충설, 구체적 가치형량설 등이 있음

○ 대법원: 원칙적으로 중대명백설 원칙, 소수견해는 명백설보충설을 취한 바도 있음(대판 1995. 7.11, 94누4615 전원합의체)

3. 대법원의 견해

○ 대법원은 이 경우 그 하자는 중대한 것이지만, 위헌 또는 위법하다는 결정이 있기 전에는 객관적으로 명백하다고 보기 어려우므로 취소사유에 그치는 것으로 보고 있음(대판 2007.6.14, 2004두619)

---

158) 강론, 250면 이하.
159) 강론, 240면 이하.

4. 헌법재판소의 견해

○ 헌법재판소도 기본적으로는 처분의 근거가 된 법률이 처분 이후에 위헌으로 선고되었다 하더라도 이는 이미 집행된 처분의 취소사유일 뿐 당연무효는 아니라고 보고 있음(헌재결 2010. 12.28, 2009헌바429). 다만 행정처분이 근거 법률의 위헌의 정도가 심각하여 그 하자가 중대하다고 인정되는 경우, 그리고 그 때문에 국민의 기본권 구제의 필요성이 큰 반면에 법적 안정성의 요구는 비교적 적은 경우에는 예외적으로 당연무효사유가 될 수 있다고 보고 있음(헌재결 1994.6.30, 92헌바23)

Ⅳ. 사례의 경우

○ 판례의 입장에 따르면, 사례의 경우는 '당해 사건'이므로, 위헌결정의 효력이 소급되어 위법한 처분이 됨
○ 판례의 입장에 따르면, 물이용 부담금 부과처분의 하자를 무효로 볼 만한 특별한 사정이 보이지 않으므로, 원칙적으로 취소사유에 해당됨

2022년 제1차 변호사시험 모의고사 제2문

B시장은 2021.1.4. 국립대학법인 A대학교에 B시가 관리하는 도로를 장기간 무단으로 점유하였다는 이유로 「도로법」 제72조 제1항에 따라 변상금을 부과하였으나, A대학교는 이를 납부하지 않았다.

한편, A대학교는 교내의 미술사도서관이 거의 이용되지 않고 있는 상황에서, 학내에 대형 공연장을 설치하여 일반 공중에 대여하는 등 수익사업을 통해 학교 운영상의 재정적 어려움을 해소하기 위한 목적으로, 2020.9.3. 관할 B시장에게 위 미술사도서관을 공연장으로 용도를 변경하기 위한 협의를 요청한바 있다(위 용도변경에는 토지의 형질변경이 수반되어 「국토의 계획 및 이용에 관한 법률」 제56조 제1항 제2호에 따른 개발행위허가가 필요하며, 「건축법」 제11조 및 제14조는 건축허가 및 건축신고에 개발행위허가를 의제하고 있다. 그리고 미술사도서관은 「건축법」 제19조 제4항 제6호의 '교육 및 복지시설군'에 해당하고, 공연장은 「건축법」 제19조 제4항 제4호의 '문화집회시설군'에 해당한다).

그런데, 국립대학교에 공연장이 남설되어 사회적 논란이 야기되자, 국회에서는 모든 국립대학교에 신규 공연장 설치를 제한하는 내용의 「건축법」 개정안이 발의되었다. B시장은 이러한 사실을 인지하여, 법령상 다른 명시적인 제한사유가 없음에도 불구하고 A대학교의 용도변경 협의 요청을 접수하고도 응답을 차일피일 미루었다. 그러던 중 2021.6.7. 위 「건축법」 개정안이 국회에서 가결되어 2021.9.6.자로 시행되었는데, 국회 논의 과정에서 '「건축법」상 용도변경 규정이 20여년 이상 적용되어 왔음을 감안하여 개정 전에 인허가 신청을 한 경우에는 구법을 적용하는 내용의 경과규정을 두어야 한다'는 주장과 '개정 「건축법」을 경과규정 없이 즉시 시행하여 국립대학교가 본래의 교육 목적 달성에 주력하도록 해야 한다'는 주장이 대립하였으나, 경과규정을 두지 않는 것으로 정리되었다. 이후, B시장은 "2021.6.7.자 개정 「건축법」에 따르면 국립대학교에서는 공연장을 신규로 설치할 수 없음"('처분사유 1')을 이유로 2021.9.15. 위 용도변경 협의 요청을 거부하였다. 그리고 변상금에 대한 번거로운 체납 절차를 피하고 변상금 납부를 유도하기 위하여 "A대학교가 B시장이 2021.1.4.자로 부과한 변상금을 아직 납부하지 않았음"('처분사유 2')도 처분사유로 제시하였다.

1. A대학교가 B시장의 용도변경 협의 거부에 대한 취소소송을 제기하려 할 때, 이러한 협의 거부는 취소소송의 대상이 될 수 있는지 검토하시오. (25점)

2. B시장의 각 거부사유(처분사유 1, 2)가 타당한지 검토하시오. (단, 처분사유 1의 경우, 「민원 처리에 관한 법률」 위반 여부는 검토하지 말 것) (30점)

3. A대학교는 B시장의 변상금 부과처분에 대하여 항고소송을 제기하였는데, 사실심 계속 중에 A대학교가 해당 도로는 도로구역으로 결정·고시된 바 없어 「도로법」상 도로로 볼 수 없으므로

변상금 부과는 무효라고 주장하자, B시장은 A대학교가 "무단점유한 도로가 사실상 도로라고 하더라도 이는 B시의 행정재산이고, A대학교 또한 이를 알고 있었으므로 「공유재산 및 물품관리법」에 따른 변상금 부과 대상이 된다."라는 처분사유를 추가하였다. 이러한 추가는 허용될 수 있는지 검토하시오. (25점)

4. A대학교는 B시장을 상대로 한 용도변경 협의 거부 취소소송의 계속 중에 개정 「건축법」이 개정 전에 인허가 신청을 한 경우에 대해서 구법을 적용하는 경과규정을 두지 않은 것이 신뢰보호원칙에 위배된다고 주장하면서 위헌법률심판제청을 신청하였다. 이 주장의 당부를 판단하시오. (20점)

〈참조 조문(현행 법령과 차이가 있으며, 참조 조문이 현행 법령에 우선함)〉

「건축법」

제11조(건축허가) ① 건축물을 건축하거나 대수선하려는 자는 특별자치시장·특별자치도지사 또는 시장·군수·구청장의 허가를 받아야 한다.

제14조(건축신고) ① 제11조에 해당하는 허가 대상 건축물이라 하더라도 다음 각 호의 어느 하나에 해당하는 경우에는 미리 특별자치시장·특별자치도지사 또는 시장·군수·구청장에게 국토교통부령으로 정하는 바에 따라 신고를 하면 건축허가를 받은 것으로 본다.

(제1호 내지 제5호: 생략)

제19조(용도변경) ② 제22조에 따라 사용승인을 받은 건축물의 용도를 변경하려는 자는 다음 각 호의 구분에 따라 국토교통부령으로 정하는 바에 따라 특별자치시장·특별자치도지사 또는 시장·군수·구청장의 허가를 받거나 신고를 하여야 한다.

1. 허가 대상: 제4항 각 호의 어느 하나에 해당하는 시설군(施設群)에 속하는 건축물의 용도를 상위군(제4항 각 호의 번호가 용도변경하려는 건축물이 속하는 시설군보다 작은 시설군을 말한다)에 해당하는 용도로 변경하는 경우

2. 신고 대상: 제4항 각 호의 어느 하나에 해당하는 시설군에 속하는 건축물의 용도를 하위군(제4항 각 호의 번호가 용도변경하려는 건축물이 속하는 시설군보다 큰 시설군을 말한다)에 해당하는 용도로 변경하는 경우

④ 시설군은 다음 각 호와 같고 각 시설군에 속하는 건축물의 세부 용도는 대통령령으로 정한다.

4. 문화 및 집회시설군

6. 교육 및 복지시설군

⑦ 제2항에 따른 건축물의 용도변경에 관하여는 건축법 제11조, 제14조를 준용한다.

제29조(공용건축물에 대한 특례) ① 국가(국립대학법인을 포함한다. 이하 같다)나 지방자치단체는 제11조, 제14조, 제19조, 제20조 및 제83조에 따른 건축물을 건축·대수선·용도변경하거나 가설건축물을 건축하거나 공작물을 축조하려는 경우에는 대통령령으로 정하는 바에 따라 미리 건축물의 소재지를 관할하는 허가권자와 협의하여야 한다.

② 국가나 지방자치단체가 제1항에 따라 건축물의 소재지를 관할하는 허가권자와 협의한 경우에는 제11조, 제14조, 제19조, 제20조 및 제83조에 따른 허가를 받았거나 신고한 것으로 본다.

「국토의 계획 및 이용에 관한 법률」

제58조(개발행위허가의 기준) ① 특별시장·광역시장·특별자치시장·특별자치도지사·시장 또는 군수는 개발행위허가의 신청 내용이 다음 각 호의 기준에 맞는 경우에만 개발행위허가 또는 변경허가를 하여야 한다.

1. 용도지역별 특성을 고려하여 대통령령으로 정하는 개발행위의 규모에 적합할 것. 다만, 개발행위가 「농어촌정비법」 제2조제4호에 따른 농어촌정비사업으로 이루어지는 경우 등 대통령령으로 정하는 경우에는 개발행위 규모의 제한을 받지 아니한다.
2. 도시·군관리계획 및 성장관리계획의 내용에 어긋나지 아니할 것
3. 도시·군계획사업의 시행에 지장이 없을 것
4. 주변지역의 토지이용실태 또는 토지이용계획, 건축물의 높이, 토지의 경사도, 수목의 상태, 물의 배수, 하천·호소·습지의 배수 등 주변환경이나 경관과 조화를 이룰 것
5. 해당 개발행위에 따른 기반시설의 설치나 그에 필요한 용지의 확보계획이 적절할 것

「도로법」

제69조(점용료등의 강제징수) ④ 도로관리청은 점용료 및 변상금을 내야 하는 자가 그 납부기한까지 이를 내지 아니하면 국세 또는 지방세 체납처분의 예에 따라 징수할 수 있다.

제72조(변상금의 징수) ① 도로관리청은 도로점용허가를 받지 아니하고 도로를 점용하였거나 도로점용허가의 내용을 초과하여 도로를 점용(이하 이 조에서 "초과점용등"이라 한다)한 자에 대하여는 초과점용등을 한 기간에 대하여 점용료의 100분의 120에 상당하는 금액을 변상금으로 징수할 수 있다.

「공유재산 및 물품 관리법」

제81조(변상금의 징수) ① 지방자치단체의 장은 사용·수익허가나 대부계약 없이 공유재산 또는 물품을 사용·수익하거나 점유(사용·수익허가나 대부계약 기간이 끝난 후 다시 사용·수익허가나 대부계약 없이 공유재산 또는 물품을 계속 사용·수익하거나 점유하는 경우를 포함하며, 이하 "무단점유"라 한다)를 한 자에 대하여 대통령령으로 정하는 바에 따라 공유재산 또는 물품에 대한 사용료 또는 대부료의 100분의 120에 해당하는 금액(이하 "변상금"이라 한다)을 징수한다.

[문 1]

Ⅰ. 논점
　○ 처분의 개념
　○ 거부의 처분성
　○ 건축협의의 법적 성질

Ⅱ. 처분의 개념
　1. 행정쟁송법상의 처분
　2. 처분개념에 관한 학설
　3. 처분의 개념적 요소
　4. 판례

Ⅲ. 거부의 처분성
　1. 거부처분의 의의
　2. 거부처분의 성립요건
　　(1) 판례
　　(2) 학설

Ⅳ. 건축협의의 법적 성질

Ⅴ. 사례의 경우
　○ 용도변경 협의 거부는 거부처분으로 취소소송의 대상

[문 2]

I. 논점
- 처분사유1: ① 기속행위와 재량행위, ② 처분시 적용법령
- 처분사유2: 행정행위의 적법요건(특히 부당결부금지의 원칙)

II. 기속행위와 재량행위의 구별
1. 구별기준에 관한 학설
   ① 요건재량설, ② 효과재량설, ③ 판단여지설, ④ 결어
2. 구체적 구별기준
3. 판례
4. 요건규정에서의 판단여지와 효과규정에서의 재량의 구별
   (1) 판단여지와 재량
   (2) 판례의 태도

III. 처분시 적용법령(행위시법 또는 처분시법)
1. 문제의 소재
2. 행정기본법의 규정
   (1) 신청에 따른 처분(수익적 처분)의 경우
   (2) 법령위반행위의 성립과 제재처분의 경우
3. 판례의 입장
   ○ 기본 입장
   ○ 관련 판례

IV. 행정행위의 적법요건
1. 행정행위의 적법요건
2. 부당결부금지의 원칙
   ○ 행정기본법 13

   ○ 의의

V. 사례의 경우
- 검토사유 1 관련,
- 판례에 의하면 구법이 적용되어야 하는 것으로, 적용법령의 오류
- 검토사유 2 관련,
- 부당결부금지원칙 위반

[문 3]

I. 논점: 처분사유의 추가·변경

II. 처분사유의 추가·변경
1. 의의
2. 허용성
   (1) 긍정설
   (2) 부정설
   (3) 개별적 결정설
   (4) 제한적 긍정설
3. 허용요건 및 한계
   (1) 기본적 사실관계의 동일성
   (2) 소송물의 동일성(처분의 동일성)
   (3) 시간적 한계
      1) 추가·변경사유의 기준시
      2) 추가·변경의 허용시점

III. 사례의 경우
- 도로법 제72조 제1항을 근거로 변상금을 부과하는 것과 공유재산법 제81조 제1항에 따라 변상금을 부과하는 것은 기본적 사실관계의 동일성이 인정되지 않음

[문 1]

I. 논점

- 처분의 개념
- 거부의 처분성

○ 건축협의의 법적 성질

Ⅱ. 처분의 개념[160]

1. 행정쟁송법상의 처분

○ 행정청이 행하는 구체적 사실에 관한 법집행으로서의 공권력의 행사 또는 그 거부와 그 밖에 이에 준하는 행정작용(행소법 2 ① 1호)

○ 행정기본법 제2조 제4호도 같음

2. 처분개념에 관한 학설

① 일원설(실체법상의 처분개념설)

○ 실체법상의 처분개념(행정행위개념)과 쟁송법상의 처분개념은 동일한 개념이어야 한다는 견해

② 이원설(쟁송법상의 처분개념설)

○ 항고소송을 통한 권리구제의 확대에 중점을 두고 이러한 점에서 항고소송의 대상이 되는 처분개념은 행정행위개념과 관계없이 확대되어야 한다는 입장 ·

③ 형식적 행정행위론

○ 공권력행사로서의 실체를 가지고 있지 않지만 국민생활을 일방적으로 규율하거나 개인의 법익에 대하여 계속적으로 사실상의 지배력을 미치는 행위에 대해서는 쟁송법상으로 항고소송의 대상이 되는 처분으로 인정하자는 견해

④ 결어

○ 이론적으로는 일원설이 타당하나, 실정법상 처분개념이 행정행위 개념보다 넓은 것이 사실임

○ 판례는 행정행위 이외에도 도시·군관리계획, 단수조치, 처분법규의 처분성을 인정하고 있음

3. 처분의 개념적 요소

○ 행정청의 처분은, ① 행정청이 행하는, ② 구체적 사실에 관한 법집행으로서, ③ 공권력을 행사하거나 거부하는, ④ 국민의 권리의무에 직접 영향을 미치는 공법행위(대판 2012.9.27, 2010두3541 참조)이어야 함

4. 판례

○ 판례(대판 2012.9.27, 2010두3541)는 기본적으로 "행정처분이란 원칙적으로 행정청의 공법상 행위로서 … 일반 국민의 권리의무에 직접 영향을 미치는 행위"라고 하여 처분을 행정행위의

---

160) 강론, 869면 이하.

개념과 거의 동일하게 보고 있음

○ 다만 처분의 판단기준과 관련하여 "구체적인 경우 행정처분은 행정청이 공권력 주체로서 행하는 구체적 사실에 관한 법집행으로서 국민의 권리의무에 직접적으로 영향을 미치는 행위라는 점을 염두에 두고, 관련 법령의 내용과 취지, 행위의 주체ㆍ내용ㆍ형식ㆍ절차, 그 행위와 상대방 등 이해관계인이 입는 불이익과의 실질적 견련성, 그리고 법치행정 원리와 당해 행위에 관련한 행정청 및 이해관계인의 태도 등을 참작하여 개별적으로 결정해야 한다."라고 하여 처분의 개념을 확대할 수 있는 여지를 인정하고 있음

○ 한편 판례는 처분인지가 불분명한 경우에는 그에 대한 불복방법 선택에 중대한 이해관계를 가지는 상대방의 인식가능성과 예측가능성을 중요하게 고려하여야 한다고 하고 있음

Ⅲ. 거부의 처분성[161]

1. 거부처분의 의의

○ 처분을 구하는 당사자의 신청에 대하여 처분의 발급을 거부하는 행정청의 행정작용

2. 거부처분의 성립요건

(1) 판례

○ 거부처분의 성립요건과 관련하여 판례는 ① 신청한 행위가 처분이어야 하고, ② 그 거부행위가 신청인의 법률관계에 변동을 일으키는 것이어야 하며, ③ 당사자에게 처분의 발급을 요구할 법규상 또는 조리상의 신청권이 있어야 한다는 입장임

(2) 학설

○ 이에 대하여 학설은 ① 신청권을 거부처분의 요건으로 보아야 한다는 견해(대상적격설), ② 신청권의 존재 여부는 본안에서 가려야 할 문제라고 보는 견해(본안문제설), ③ 신청권의 존재는 거부처분의 성립요건이 아니라 원고적격의 문제라고 보는 견해(원고적격설)가 대립되고 있음. ④ '신청권'의 존부는 '원고에게 그러한 추상적 신청권이 인정되는가' 하는 문제라는 점에서 원고적격설이 타당함

Ⅳ. 건축협의의 법적 성질

○ "건축법 제29조 제1항, 제2항, 제11조 제1항 등의 규정 내용에 의하면, <u>건축협의의 실질은 지방자치단체 등에 대한 건축허가와 다르지 아니하므로</u>, 지방자치단체 등이 건축물을 건축하려는 경우 등에는 미리 건축물의 소재지를 관할하는 허가권자인 지방자치단체의 장과 건

---

161) 강론, 875면 이하.

축협의를 하지 아니하면, 지방자치단체라 하더라도 건축물을 건축할 수 없다. … 따라서 이 사건 <u>건축협의 취소는</u> 비록 그 상대방이 다른 지방자치단체 등 행정주체라 하더라도 '행정청이 행하는 구체적 사실에 관한 법집행으로서의 공권력 행사'(행정소송법 제2조 제1항 제1호)로서 <u>처분에 해당한다</u>고 볼 수 있다(대판 2014.2.27, 2012두22980)."[162]

V. 사례의 경우

o A대학교가 미술사도서관을 공연장으로 그 용도를 변경하는 것은 건축법 제19조 제2항 제1호에 따른 용도변경 허가의 대상이고, 따라서 A대학교의 용도변경 협의 요청은 용도변경 허가 신청에 해당함

o 따라서 A대학교의 용도변경 협의(허가)는 처분이고, 따라서 그 거부도, 건축법 제29조 제1항, 제19조 제2항에 따라 용도변경 협의에 관한 법규상 신청권이 인정된다고 볼 수 있으므로 거부처분임

o 따라서 B시장의 용도변경 협의 거부는 취소소송의 대상이 될 수 있음

[문 2]

I. 논점

o 처분사유1: - 기속행위와 재량행위(용도변경 협의(건축협의)의 법적 성질)
　　　　　　 - 처분시 적용법령

o 처분사유2: 행정행위의 적법요건(특히 부당결부금지의 원칙)

II. 기속행위와 재량행위의 구별[163]

1. 구별기준에 관한 학설

① 요건재량설: 재량은 어떠한 사실이 법이 정한 요건에 해당하는가에 대한 판단에 존재한다는 견해

② 효과재량설: 재량을 어떠한 법률효과를 발생시킬 것인가에 대한 선택으로 보는 견해

③ 판단여지설: 판단여지는 요건규정상의 불확정개념에 대한 판단에 있어 고도의 전문성·기술성·정책성 등의 이유로 행정청에게 인정되는 독자적인 판단권을 의미하는데, 혹자는 이를 기속·재량행위의 구별기준으로 제시하기도 함

---

162) 강론, 881면 이하.

163) 강론, 162면 이하.

④ 결어: 요건재량설은 재량을 요건판단에서의 문제로 이해하는 오류가 있고, 효과재량설도 행위의 성질을 기준으로 하고 있다는 점에서 문제가 있어, 이 학설들이 재량행위와 기속행위에 대한 구별기준이 될 수 없음. 결국 당해 행위의 근거가 된 규정의 형식이나 체재 또는 문언 등에 따라 개별적으로 판단할 수밖에 없음

2. 구체적 구별기준

○ 구체적인 구분기준으로 근거법규범의 규정방식, 입법취지·목적, 행위의 특성·성질, 공익이나 기본권과의 관련성 등을 종합적으로 고려하여 구체적인 사안마다 개별적으로 판단하여야 함

3. 판례

○ 법규의 체재·형식과 그 문언, 당해 행위가 속하는 행정 분야의 주된 목적과 특성, 당해 행위 자체의 개별적 성질과 유형 등 고려

4. 요건규정에서의 판단여지와 효과규정에서의 재량의 구별

(1) 판단여지와 재량[164]

○ 행정작용의 근거가 되는 법령의 요건규정에 불확정개념이 사용되었다 하더라도, 요건판단은 법적 판단의 문제로 이에 대해서는 전면적 사법심사가 가능함

○ 다만 예외적으로 요건판단에서의 행정의 고도의 전문성 등의 이유로 예외적으로 판단여지가 인정될 수 있으나 이 경우에도 행정청이 그와 같은 판단에 이르는 과정에서 일정한 한계를 준수하였는지의 여부는 법원의 심사의 대상이 됨(판단여지의 한계)

○ 한편 재량은 법령의 요건규정이 아니라 효과규정에서 행정청이 법효과를 부여하는 데 대한 결정 또는 선택의 여지를 말하는 것으로, 판단여지와는 개념적으로 완전히 구별됨

(2) 판례의 태도

○ 판례는 요건판단의 문제와 효과의 부여 문제를 구별하지 아니하고 이를 모두 재량의 개념으로 파악하고 있음. 따라서 요건판단에 있어서 판단여지가 인정되는가 하는 문제도 재량의 문제로 이해하고 있음(대판 1996.9.20, 96누6882; 대판 1992.4.24, 91누6634; 대판 2013.12.26, 2012두19571 등 참조)

○ 관련 판례

"국토의 계획 및 이용에 관한 법률(이하 '국토계획법'이라 한다)에 따른 토지의 형질변경허가는 그 금지요건이 불확정개념으로 규정되어 있어 그 금지요건에 해당하는지 여부를 판단함에 있어

---

164) 강론, 152면 이하.

서 행정청에 재량권이 부여되어 있다고 할 것이므로, 국토계획법에 따른 토지의 형질변경행위를 수반하는 건축허가는 재량행위에 속한다(대판 2013.10.31, 2013두9625)."

Ⅲ. 처분시 적용법령(행위시법 또는 처분시법)[165]

1. 문제의 소재

○ 경과규정 등 특별규정 없이 법령이 개정된 경우, 행정청은 행위시법 또는 처분시법 중 어느 법을 적용하여야 하는가가 문제임

○ 2021년 행정기본법 제정 이전에는 이에 대한 논란이 있었으나, 행정기본법에 이에 대한 규정을 두어 현재 이 문제는 입법적으로 해결되었음

2. 행정기본법의 규정

(1) 신청에 따른 처분(수익적 처분)의 경우

○ 행정기본법은 "당사자의 신청에 따른 처분은 법령등에 특별한 규정이 있거나 처분 당시의 법령등을 적용하기 곤란한 특별한 사정이 있는 경우를 제외하고는 처분 당시의 법령등에 따른다(행정기본법 14 ②)."고 하여 수익적 행정행위의 경우에는 처분시법이 적용됨을 원칙으로 규정하고 있음

(2) 법령위반행위의 성립과 제재처분의 경우

○ 반면에 "법령등을 위반한 행위의 성립과 이에 대한 제재처분은 법령등에 특별한 규정이 있는 경우를 제외하고는 법령등을 위반한 행위 당시의 법령등에 따른다. 다만, 법령등을 위반한 행위 후 법령등의 변경에 의하여 그 행위가 법령등을 위반한 행위에 해당하지 아니하거나 제재처분 기준이 가벼워진 경우로서 해당 법령등에 특별한 규정이 없는 경우에는 변경된 법령등을 적용한다(행정기본법 14 ③)."고 하여, '법령위반행위의 성립'과 '제재처분'의 경우는 행위시법을 적용하는 것을 원칙으로 하되, 다만 처분시법에서 더 이상 위반행위가 되지 않거나 제재가 완화된 경우에는 처분시법을 따르도록 하고 있음

3. 판례의 입장

○ 기본 입장
① 과세처분이나 제재처분(면허취소, 과징금부과 등)의 경우 원칙적으로 행위시법이 적용된다고 함
② 그러나 수익적 처분의 신청에 대한 거부처분을 포함한 일반적인 행정처분의 경우에는 처분 당시에 시행되는 법령이 적용된다고 함. 다만 이 경우 예외적으로 신청인의 신뢰보호를 이

---

165) 강론, 65면 이하.

유로 처분시법 적용이 제한될 수 있다고 함

○ 관련 판례[166]

"행정행위는 처분 당시에 시행중인 법령과 허가기준에 의하여 하는 것이 원칙이고, 인·허가 신청 후 처분 전에 관계 법령이 개정 시행된 경우 신법령 부칙에 그 시행 전에 이미 허가신청이 있는 때에는 종전의 규정에 의한다는 취지의 경과규정을 두지 아니한 이상 당연히 허가 신청 당시의 법령에 의하여 허가 여부를 판단하여야 하는 것은 아니며, <u>소관 행정청이 허가 신청을 수리하고도 정당한 이유 없이 처리를 늦추어 그 사이에 법령 및 허가기준이 변경된 것이 아닌 한 변경된 법령 및 허가기준에 따라서 한 불허가처분은 위법하다고 할 수 없다</u>(대판 2005.7.29, 2003두3550)."

IV. 행정행위의 적법요건

1. 행정행위의 적법요건[167]

○ 행정행위가 적법하려면 적법요건을 갖추어야 하는데, 적법요건은 구체적으로 주체·내용·형식·절차요건으로 구분할 수 있음

○ 주체요건: 정당한 권한을 가진 행정기관의 행위이어야 함

○ 내용요건: 법치행정의 원리, 즉 법률우위의 원칙과 법률유보의 원칙을 준수하여야 하고, 행정법의 일반원칙을 준수하여야 하며, 내용이 명확하고 실현가능하여야 함

○ 절차·형식요건: 행정기본법·행정절차법 및 개별법령상 절차와 형식을 준수하여야 함

2. 부당결부금지의 원칙[168]

○ 행정기본법 13(행정청은 행정작용을 할 때 상대방에게 해당 행정작용과 실질적인 관련이 없는 의무를 부과해서는 아니된다)

○ 행정작용과 실체적으로 관련이 없는 반대급부를 결부시켜서는 안 된다는 원칙으로 비례원칙 중 적합성의 원칙과 같은 의미임

V. 사례의 경우

○ 검토사유 1 관련,

— 용도변경 협의의 실질은 건축허가인데, 건축허가의 법적 성질은 기속행위임. 다만, 판례는

---

166) 강론, 68면.

167) 강론, 216면 이하.

168) 강론, 58면.

형질변경행위가 수반되는 건축허가를 재량행위로 보고 있음
— 한편, B시장은 국회에 건축법 개정안이 발의된 것을 인지하고 A대학교의 용도변경 협의 요청을 접수하고도 의도적으로 협의를 미룬 것이므로, 신법이 아닌 신청 당시의 구법이 적용되어야 함
— 신청 당시의 구 건축법에는 '신규 공연장 설치에 대한 명시적인 제한사유가 없었음'. 따라서 구법을 적용하는 경우 기속행위 여부와 관계없이 협의(허가) 여부를 판단할 수 있음
— 그러나, 신법을 적용하여야 하는 경우에는, 협의를 기속행위로 보는 경우, 용도변경 제한사유에 해당하는 한, 협의를 거부하여야 함
— 사례의 경우, 구법이 적용되어야 하는 것으로 보면, 적용법령을 잘못 적용한 것으로서 부당함
○ 검토사유 2 관련,
— A대학교가 변상금을 납부하지 않은 것과 용도변경 협의와는 아무런 사물적 관련성이 없으므로 처분사유 2는 부당결부금지원칙에 반하여 부당함

[문 3]

I. 논점: 처분사유의 추가·변경

II. 처분사유의 추가·변경[169]

1. 의의

○ 처분 당시에 존재하였으나 행정청이 처분사유로 제시하지 않았던 사실상·법률상의 근거를 사후에 행정소송절차에서 처분의 적법성을 유지하기 위하여 새로이 추가하거나 그 내용을 변경하는 것

2. 허용성

(1) 긍정설
○ 취소소송의 소송물을 처분의 위법성 일반으로 보아 처분사유의 추가·변경은 원칙적으로 제한되지 않는다는 견해
(2) 부정설
○ 취소소송의 소송물을 그 처분사유에 특정된 처분의 위법성으로 보아 처분사유의 추가·변경은 허용되지 않는다는 견해

---

169) 강론, 938면 이하.

(3) 개별적 결정설

○ 처분사유의 추가·변경은 행위 및 소송의 유형에 따라 그 허용범위를 달리 정하여야 한다는 견해

(4) 제한적 긍정설

○ 분쟁의 일회적 해결·소송경제 및 원고의 보호를 고려할 때 기본적 사실관계의 동일성이 유지되는 범위 내에서 사실심 변론종결시까지 처분사유의 추가·변경이 가능하다는 견해로, 다수설 및 판례(대판 2011.11.24, 2009두19021)의 입장임

3. 허용요건 및 한계

(1) 기본적 사실관계의 동일성

○ 판례는 처분사유의 추가·변경은 기본적 사실관계의 동일성이 인정되는 한도 내에서만 허용되고, 그 동일성 유무는 처분사유를 법률적으로 평가하기 이전의 구체적 사실에 착안하여 그 기초인 사회적 사실관계가 기본적인 점에서 동일한지에 따라 결정되어야 한다고 함(대판 2011.11.24, 2009두19021)

○ 처분청은 당초 처분의 근거로 삼은 사유와 기본적 사실관계에 있어서 동일성이 있다고 인정되지 않는 별개의 사실을 들어 처분사유로 주장함은 허용되지 아니함(대판 2005.4.15, 2004두10883)

(2) 소송물의 동일성(처분의 동일성)

○ 처분사유의 변경은 취소소송의 소송물의 동일성을 유지하는 범위 내에서만 가능함. 만약 처분사유의 변경으로 소송물이 변경되면, 이는 청구의 변경에 해당되어, 처분사유의 추가·변경이 아닌, 소의 변경이 문제되기 때문임

(3) 시간적 한계

1) 추가·변경사유의 기준시

○ 일반적 견해 및 판례의 입장인 처분시설에 따르면 처분 이후에 발생한 새로운 처분사유는 추가·변경의 대상이 되지 않음

2) 추가·변경의 허용시점

○ 처분사유의 추가·변경은 사실심 변론종결시까지만 허용됨(대판 1999.8.20, 98두17043)

Ⅲ. 사례의 경우

○ 도로법 제72조 제1항을 근거로 변상금을 부과하는 것과 공유재산법 제81조 제1항에 따라 변상금을 부과하는 것은 기본적 사실관계의 동일성이 인정되지 않음(대판 2011.5.26, 2010두28106)

- A대학교가 추가되는 처분사유를 알았다고 하더라도 이는 처분사유의 추가·변경을 허용하는 사정이 될 수 없음(대판 2003.12.11, 2001두8827)
- 따라서, B시장은 A대학교의 행정재산 무단점유 사실 및 공유재산법 제81조 제1항을 처분사유로 추가할 수 없음

2022년 제2차 변호사시험 모의시험 제1문

A도의회는 청년층의 사회적 참여를 촉진하고 지역경제를 활성화하기 위하여 도내에 거주하는 만 19~24세 청년층에게 매분기마다 25만 원을 지급하는 내용의 「A도 청년기본소득 지급 조례」를 제정하였다. 한편 「사회보장기본법」 제26조 제2항은 "지방자치단체의 장은 사회보장제도를 신설하거나 변경할 경우 신설 또는 변경의 타당성, 기존 제도와의 관계, 사회보장 전달체계에 미치는 영향, 지역복지 활성화에 미치는 영향 및 운영방안 등에 대하여 대통령령으로 정하는 바에 따라 보건복지부장관과 협의하여야 한다."고 규정하고 있다.

「A도 청년기본소득 지급 조례」 제정을 전후하여 일부 지방자치단체의 무분별한 사회보장정책 추진을 통제하기 위한 위 「사회보장기본법」 상 협의조항이 사실상 유명무실하여 지방자치단체들이 선심성 사회보장정책을 남발하고 그로 인해 지방재정이 악화되고 있다는 여론이 확산되었다. 이에, 감사원은 「감사원법」 제24조 제1항 제2호에 근거하여 A도의 복지예산 집행실태 등 청년기본소득정책 실시의 적정성에 관한 감사를 실시하고, 정부는 "행정안전부장관은 지방자치단체가 「사회보장기본법」 제26조 제2항에 따른 협의를 거치지 아니하고 사회보장제도를 신설 또는 변경하여 경비를 지출하거나 협의 결과를 따르지 아니하고 경비를 지출하는 경우에는 그 지방자치단체에 교부할 교부세를 감액하거나 이미 교부한 교부세의 일부를 반환하도록 명할 수 있다."는 내용으로 「지방교부세법」 제11조 제5항을 신설하는 '지방교부세법일부개정법률안'을 국회에 제출하였다.

한편 '지방교부세법일부개정법률안'에 대하여 야당인 지방자치당은 동 개정법률안이 지방자치단체의 자치행정권과 자치재정권을 침해한다는 이유로 반대의견을 표명하였다. 그럼에도 불구하고 국회의장이 동 개정법률안을 본회의에 상정하려 하자, 지방자치당 소속 국회의원들은 국회 본회의장을 봉쇄하고 국회의장의 본회의장 진입을 방해하였다. 이에, 국회의장은 본회의장에 있는 국회부의장에게 의사진행을 위임하였고, 의사진행을 위임받은 국회부의장은 본회의 개의와 '지방교부세법일부개정법률안' 상정을 선언한 다음, 심사보고나 제안설명은 회의자료로 대체하고 질의와 토론은 실시하지 않겠다고 하였다. 그 직후 국회부의장은 다수당인 여당 국회의원들만 참석한 가운데 표결을 진행하여 동 개정법률안을 원안대로 가결·선포하였다.

2. A도는 위 감사원 감사가 자치사무에 대한 합목적성 감사로서 자치행정권을 침해하는 것이고, 신설된 「지방교부세법」 제11조 제5항은 자신의 자치행정권과 자치재정권을 침해하는 것이라고 주장하고 있다. A도 주장의 헌법적 타당성을 검토하시오. (30점)

4. 한편 A도의 만 40세 주민 丙은 「지방교부세법」 제11조 제5항의 신설은 반드시 필요하고 「A도 청년기본소득 지급 조례」는 지방자치단체로부터 균등하게 행정의 혜택을 받을 주민의 권리를

침해하여 위법하다고 주장하고 있다. 丙은 「A도 청년기본소득 지급 조례」에 대한 취소소송을 제기하려고 한다. 본 소송의 적법요건에 대하여 검토하시오. (원고적격, 대상적격, 피고적격에 한함) (30점)

〈참조 조문〉

「지방재정법」

제3조(지방재정 운용의 기본원칙) ① 지방자치단체는 주민의 복리 증진을 위하여 그 재정을 건전하고 효율적으로 운용하여야 하며, 국가의 정책에 반하거나 국가 또는 다른 지방자치단체의 재정에 부당한 영향을 미치게 하여서는 아니 된다.

[문 2]

I. 논점
  ○ 헌법상 지방자치권 보장
  ○ 지방자치권 제한의 한계
  ○ 지방자치단체에 대한 국가의 감독의 원칙

II. 헌법상 지방자치권 보장
  ○ 의의
  ○ 지방자치단체의 존립(存立)보장
  ○ 객관적 법제도보장

III. 지방자치권 제한의 한계
  ○ 헌법상 보장되는 자치권은 '법령의 범위 안에서'만 보장
  ○ 다만, 자치권 제한은 공익과 비례원칙 등 공법의 일반원칙에 부합하여야 하고, 어떠한 경우에도 자치권의 핵심영역(본질적 내용)을 침해해서는 안 됨

IV. 지방자치단체에 대한 국가의 감독의 원칙
  ○ 자치사무에 대한 합법성감독 원칙
  ○ 기관위임사무는 합목적성의 통제까지 가능

V. 감사원 감사가 자치행정권을 침해하는지 여부

VI. 지방교부세법 제11조 제5항이 자치행정권과 자치재정권을 침해하는지 여부

VII. 결론
  ○ 지방자치권에 대한 본질적 내용의 침해로 보기 어렵고, 공익의 원칙이나 비례원칙에 위반된다고 보기도 어려움

[문 4]

I. 논점
  ○ 「A도 청년기본소득 지급 조례」에 대한 취소소송의 원고적격, 대상적격, 피고적격

II. 원고적격
1. 원고적격의 의의
2. 법률상 이익에 관한 학설
  (1) 권리구제설(권리회복설)
  (2) 법률상 보호이익설
  (3) 보호가치 있는 이익설
  (4) 적법성보장설
  (5) 결어
  ○ '법률상 이익'='법률상 보호이익'='공권'
3. 법률상 이익의 내용
4. 법률상 이익의 판단
5. '균등한 행정혜택을 받을 권리'
  ○ 지자법 17 ②
  ○ 위 규정은 지방자치단체의 주민은 누구나 동일한 자격으로 균등한 행정서비스를 받을 수 있다는 선언적 의미를 가지고 있음(대판 2008.6.12, 2007추42)

III. 대상적격
1. 행정쟁송법상의 처분

2. 처분개념에 관한 학설
　① 일원설(실체법상의 처분개념설)
　② 이원설(쟁송법상의 처분개념설)
　③ 형식적 행정행위론
　④ 결어
　⑤ 조례가 처분법규이면 항고소송의 대
　　상이 됨(대판 1996.9.20, 95누8003)
3. 처분의 개념적 요소
4. 판례

Ⅳ. 피고적격
　○ 행소법 13 ①
　○ 처분적 조례의 경우 지방자치단체의

장(대판 1996.9.20, 95누8003)

Ⅴ. 사례의 경우
1. 원고적격의 경우
　○ '균등한 행정혜택을 받을 권리(지자
　　법 17 ②)'만으로는 원고적격이 인
　　정되기 어려움
2. 대상적격의 경우
　○ 대상 조례는 처분법규(처분적 조례)
　　에 해당함
3. 피고적격
　○ 조례의 공포권자인 A도의 도지사

[문 2]

Ⅰ. 논점

　○ 헌법상 지방자치권 보장
　○ 지방자치권 제한의 한계
　○ 지방자치단체에 대한 국가의 감독의 원칙

Ⅱ. 헌법상 지방자치권 보장[170]

　○ 헌법 제117조 제1항은 "지방자치단체는 주민의 복리에 관한 사무를 처리하고 재산을 관리하며, 법령의 범위안에서 자치에 관한 규정을 제정할 수 있다."고 규정하고 있는데, 일반적으로 이를 지방자치권에 대한 헌법상의 제도적 보장으로 이해하고 있음
　○ 제도적 보장의 이론적 핵심은, 헌법상 보장되고 있는 지방자치제도는 자의적인 입법권행사로 인하여 그 제도 자체가 완전히 폐지되거나 형해화(形骸化)되어서는 안 된다는 데에 있음
　○ 지방자치단체의 존립(存立)보장에 따라 국가조직 내에 '독립된 권리의무의 귀속주체(독립한 법인격 주체)'로서 '지방자치단체'라고 하는 행정유형이 반드시 존재하여야 함
　○ 객관적 법제도보장에 따라 지방자치단체에게 '① 자기지역내의 모든 사무를(전권한성), ② 자기 책임으로(자기책임성) 처리할 수 있는 권한'이 보장되어야 함

---

170) 강론, 1059면 이하.

Ⅲ. 지방자치권 제한의 한계[171]

○ 헌법상 보장되는 자치권은 무한하게 보장되는 것이 아니라 '법령의 범위 안에서'만 보장됨. 따라서 입법권자는 법률을 통하여 지방자치단체가 수행해야 할 사무의 범위를 정함으로써 지방자치단체의 전권한성을 제한하거나 또는 지방자치단체의 사무수행의 종류나 방법 등에 관한 규정을 둠으로써 지방자치단체의 자기책임성을 제한할 수 있음

○ 그러나, 지방자치권의 제한이 가능하다고 하더라도 여기에는 일정한 한계가 있는데, 이 한계로서 오늘날 대다수의 견해는 헌법상의 제도적 보장으로부터 나오는 핵심영역침해금지원칙, 그리고 공법의 일반원칙으로서 공익의 원칙과 비례원칙을 들고 있음. 즉 자치권을 제한하는 법률은 공익과 비례원칙 등 공법의 일반원칙에 부합하여야 하고, 어떠한 경우에도 자치권의 핵심영역(본질적 내용)을 침해해서는 안 됨

Ⅳ. 지방자치단체에 대한 국가의 감독의 원칙[172]

○ 자치사무는 감독권자인 국가 또는 광역지방자치단체의 지시에서 자유로운 사무이므로, 감독권자는 자치사무의 수행이 적법한지의 여부에 대해서만 감독권을 행사할 수 있는 것이 원칙임(합법성감독). 예컨대 지방자치법은 지방자치단체의 장의 위법·부당한 명령·처분에 대한 감독청의 시정조치권과 관련하여 '자치사무에 관한 명령이나 처분에 대하여는 법령을 위반하는 것에 한하도록' 하고 있고(지자법 188 ⑤), 행정안전부장관이나 시·도지사의 자치사무에 대한 감사의 경우에도 '법령위반사항에 대하여만 실시하도록' 하고 있음(지자법 190 ①)

○ 기관위임사무는 위임자의 사무이므로 위임자는 기관위임사무의 수행에 대하여 합법성의 통제는 물론 합목적성의 통제까지 할 수 있음

Ⅴ. 감사원 감사가 자치행정권을 침해하는지 여부

○ 감사원의 헌법적 지위와 기능

— 감사원은 회계검사와 공무원의 직무감찰을 위하여 대통령 소속하에 설치되는 헌법기관으로서, 그 직무의 성격상 고도의 독립성과 정치적 중립성이 보장되어 있음

— 이와 같은 지위와 기능을 고려하면, 감사원에 의한 지방자치단체의 자치사무에 대한 감사를 합법성 감사에 한정할 필요는 없음

○ 감사원법 제24조 제1항 제2호[173]: 직무감찰의 범위와 관련하여 감찰사항으로 "지방자치단체

---

171) 강론, 1061면 이하.
172) 강론, 1166면 이하.

의 사무와 그에 소속한 지방공무원의 직무"를 규정

— 여기에는 공무원의 비위사실을 밝히기 위한 비위감찰권뿐만 아니라 공무원의 근무평정·행정관리의 적부심사분석과 그 개선 등에 관한 행정감찰권까지 포함

○ 감사원법 규정들을 살펴보면, 위법성뿐 아니라 부당성도 감사의 기준이 되는 것은 명백하며 (제33조 제1항), 지방자치단체의 사무의 성격이나 종류에 따른 어떠한 제한이나 감사기준의 구별도 찾아볼 수 없음

— 따라서, 위임사무나 자치사무의 구별 없이 합법성 감사뿐만 아니라 합목적성 감사도 포함한 이 사건 감사는 감사원법에 근거한 것으로서, 법률상 권한 없이 이루어진 것으로 볼 수 없음

○ 결론

— 감사원법이 지방자치단체의 자치권을 존중할 수 있는 장치를 마련해두고 있는 점, 지방자치단체 자체감사의 한계 등을 감안하면, 이 사건 감사원 감사로 인해 A도 자치행정의 자기책임성이 형해화(形骸化)될 정도로 지방자치권의 본질적 내용(핵심영역)이 침해되었다고 보기는 어려움

Ⅵ. 「지방교부세법」 제11조 제5항이 자치행정권과 자치재정권을 침해하는지 여부

○ 지방교부세법 제11조 제5항은 지방자치단체가 주민의 복리증진을 위하여 사회보장제도를 신설하거나 변경할 경우 「사회보장기본법」 제26조 제2항 및 제3항에 따른 협의·조정을 거치지 아니하고 경비를 지출하거나 협의·조정 결과를 따르지 아니하고 경비를 지출한 경우 행정안전부장관이 교부세의 반환 또는 감액을 명할 수 있도록 규정하고 있음

○ 이는 사회보장제도를 신설 또는 변경하는 경우 지방재정의 규모를 고려하고 사회보장정책의 전국적 통일성을 최소한도로 유지할 수 있도록 사전에 중앙정부와의 협의·조정을 촉진하기 위한 것으로서, 지방자치단체에게 고유한 주민복리 사업을 시행할 수 없도록 하거나 주민복리사업 자체에 재정상 불이익을 부과하는 것을 내용으로 하는 것은 아님

○ 따라서 사안의 법률조항이 지방자치단체의 자치권을 유명무실하게 할 정도로 지나친 제한을 가함으로써 지방자치권의 본질적 내용(핵심영역)을 침해하는 것으로서 헌법적으로 허용되지 않는 것이라고 보기 어려움

Ⅶ. 결론

○ 감사원이 자치사무에 대한 합목적성 감사를 하는 것은 지방자치권에 대한 침해이기는 하나,

---

173) 감사원법 제24조(감찰 사항) ① 감사원은 다음 각 호의 사항을 감찰한다.
   2. 지방자치단체의 사무와 그에 소속한 지방공무원의 직무

감사원법의 규정들을 종합적으로 살펴보면, 지방자치권에 대한 본질적 내용의 침해로 보기 어렵고, 공익의 원칙이나 비례원칙에 위반된다고 보기도 어려움

○ 지방교부세법 제11조 제5항은 지방자치단체의 자치권을 침해하는 것이기는 하나, 그 입법취지와 내용을 살펴보면, 지방자치권에 대한 본질적 내용의 침해로 보기 어렵고, 공익의 원칙이나 비례원칙에 위반된다고 보기도 어려움

[문 4]

I. 논점

○ 「A도 청년기본소득 지급 조례」에 대한 취소소송의 원고적격, 대상적격, 피고적격

II. 원고적격[174]

1. 원고적격의 의의

○ 취소소송에서의 원고가 될 수 있는 자격(법률상 이익이 있는 자)

2. 법률상 이익에 관한 학설

(1) 권리구제설(권리회복설): 권리를 침해당한 자만이 취소소송을 제기할 수 있다는 견해

(2) 법률상 보호이익설: 관련법을 목적론적으로 해석하여 '법에 의하여 보호되는 이익'이 침해되면 취소소송의 원고적격이 인정된다는 견해

(3) 보호가치 있는 이익설: 법에 의하여 보호되는 이익이 아니라 하더라도, 그 이익이 소송을 통하여 보호할 가치가 있다고 판단되는 경우에는 이러한 이익이 침해된 경우에도 취소소송의 원고적격을 인정하자는 견해

(4) 적법성보장설: 법률상 이익을 행정의 적법성에 대한 이해관계로 파악하는 견해이다. 즉 행정의 적법성 보장에 이해관계가 있는 자는 취소소송의 원고적격이 인정된다는 견해

(5) 결어

○ '법률상 이익(즉, '법률상 이익'='법률상 보호이익'='공권')'은, 권리구제설이나 법률상 보호이익설의 입장과 같이, 적어도 법에 의하여 보호되는 이익을 의미함

3. 법률상 이익의 내용

○ '법에 의하여 보호되는 개별적 · 직접적 · 구체적 이익'(대판 2008.3.27, 2007두23811)

---

174) 강론, 830면 이하.

◦ 국민 일반이 공통적으로 가지는 일반적 · 간접적 · 추상적 이익이나, 제3자의 사실상의 간접적인 경제적 이해관계의 경우에는 법률상 보호되는 이익이 있다고 할 수 없음(대판 2007.12.27, 2005두9651; 대판 2002.8.23, 2002추61)

4. 법률상 이익의 판단

① 당해 법규범의 규정 및 취지만 고려하여야 한다는 견해, ② 관련 법규범의 규정 및 취지도 고려하여야 한다는 견해, ③ 더 나아가 기본권 규정도 고려하여야 한다는 견해 등. ③견해가 타당. ④ 판례는 법률상 이익의 존부를 판단함에 있어 당해 처분의 근거법규범뿐 아니라 관련 법규범도 검토하여야 한다는 입장

5. '균등한 행정혜택을 받을 권리(지자법 17 ②)'[175)]

◦ 지방자치단체의 주민은 재산과 공공시설의 이용권 이외에도 당해 지방자치단체로부터 균등하게 행정의 혜택을 받을 권리를 가짐(지자법 17 ②)

◦ 여기에서 균등한 행정혜택이란 지방자치단체가 제공하는 일체의 행정서비스로부터 정당한 사유 없이 불평등한 처우를 받지 아니한다는 것을 의미함

◦ 위 규정은 지방자치단체의 주민은 누구나 동일한 자격으로 균등한 행정서비스를 받을 수 있다는 선언적 의미를 가지고 있음

— "(구)지방자치법 제13조 제1항은 주민이 지방자치단체로부터 행정적 혜택을 균등하게 받을 수 있다는 권리를 추상적이고 선언적으로 규정한 것으로서, 위 규정에 의하여 주민이 지방자치단체에 대하여 구체적이고 특정한 권리가 발생하는 것이 아닐 뿐만 아니라, 지방자치단체가 주민에 대하여 균등한 행정적 혜택을 부여할 구체적인 법적 의무가 발생하는 것도 아니다(대판 2008.6.12, 2007추42)."

◦ 그러나 그렇다 하더라도 지방자치단체가 정당한 이유 없이 특정 주민에 대하여 일반적으로 제공되는 보편적인 행정서비스의 제공을 거절하거나 이를 제공함에 있어 부당한 차별을 해서는 안 될 의무는 있다 할 것이고, 적어도 이러한 범위 내에서는 균등한 행정혜택을 받을 권리는 개인적 공권에 해당한다고 할 것임

---

175) 강론, 1072면.

Ⅲ. 대상적격[176)]

1. 행정쟁송법상의 처분

- 행정청이 행하는 구체적 사실에 관한 법집행으로서의 공권력의 행사 또는 그 거부와 그 밖에 이에 준하는 행정작용(행소법 2 ① 1호)
- 행정기본법 제2조 제4호[177)]도 같음

2. 처분개념에 관한 학설

① 일원설(실체법상의 처분개념설)
- 실체법상의 처분개념(행정행위개념)과 쟁송법상의 처분개념은 동일한 개념이어야 한다는 견해
② 이원설(쟁송법상의 처분개념설)
- 항고소송을 통한 권리구제의 확대에 중점을 두고 이러한 점에서 항고소송의 대상이 되는 처분개념은 행정행위개념과 관계없이 확대되어야 한다는 입장
③ 형식적 행정행위론
- 공권력행사로서의 실체를 가지고 있지 않지만 국민생활을 일방적으로 규율하거나 개인의 법익에 대하여 계속적으로 사실상의 지배력을 미치는 행위에 대해서는 쟁송법상으로 항고소송의 대상이 되는 처분으로 인정하자는 견해
④ 결어
- 이론적으로는 일원설이 타당하나, 실정법상 처분개념이 행정행위 개념보다 넓은 것이 사실임
- 판례는 행정행위 이외에도 도시·군관리계획, 단수조치, 처분법규의 처분성을 인정하고 있음
— 조례가 처분법규인 경우에는 직접 항고소송의 대상이 됨(두밀분교폐지조례, 대판 1996.9.20, 95누8003)

3. 처분의 개념적 요소

- 행정청의 처분은, ① 행정청[178)]이 행하는, ② 구체적 사실에 관한 법집행으로서, ③ 공권력을

---

176) 강론, 868면 이하.
177) "처분"이란 행정청이 구체적 사실에 관하여 행하는 법 집행으로서 공권력의 행사 또는 그 거부와 그 밖에 이에 준하는 행정작용을 말한다(행정기본법 2 4호).
178) 행정기본법 제2조 제2호
   "행정청"이란 다음 각 목의 자를 말한다.
   가. 행정에 관한 의사를 결정하여 표시하는 국가 또는 지방자치단체의 기관
   나. 그 밖에 법령등에 따라 행정에 관한 의사를 결정하여 표시하는 권한을 가지고 있거나 그 권한을 위임 또는 위탁받은 공공단체 또는 그 기관이나 사인(私人)

행사하거나 거부하는, ④ 국민의 권리의무에 직접 영향을 미치는 공법행위(대판 2012.9.27, 2010 두3541 참조)이어야 함

4. 판례

○ 판례(대판 2012.9.27, 2010두3541)는 기본적으로 "행정처분이란 원칙적으로 행정청의 공법상 행위로서 ··· 일반 국민의 권리의무에 직접 영향을 미치는 행위"라고 하여 처분을 행정행위의 개념과 거의 동일하게 보고 있음

IV. 피고적격[179]

○ 취소소송은 다른 법률에 특별한 규정이 없는 한 그 처분 등을 행한 행정청을 피고로 함(행소법 13 ①)

○ 여기서 '처분 등을 행한 행정청'이란 소송의 대상인 처분을 외부적으로 본인의 명의로 행한 행정청을 말함(대판 1995.3.14, 94누9962)

○ 처분성이 인정되는 처분적 조례(예: 두밀분교폐지조례)에 대한 항고소송의 경우에는 조례를 공포한 지방자치단체의 장(교육·학예에 관한 조례의 경우 교육감)이 피고가 됨(대판 1996.9.20, 95누8003)

V. 사례의 경우

1. 원고적격의 경우

○ 주민 丙은 "「A도 청년기본소득 지급 조례」는 지방자치단체로부터 균등하게 행정의 혜택을 받을 주민의 권리를 침해하여 위법하다."고 주장하고 있음

○ 그러나, 주민 모두에게 일반적으로 제공하는 특정 행정서비스를 병에게 거절하는 등의 특별한 사정이 없는 한, 사례의 경우 '균등한 행정혜택을 받을 권리(지자법 17 ②)'로부터 구체적인 공권이 도출된다고 볼 수 없음

— 따라서 '균등한 행정혜택을 받을 권리(지자법 17 ②)'의 침해를 근거로 원고적격이 인정될 수 없음

○ 지방재정법 제3조 제1항의 경우도 '지방재정 운용의 기본원칙'에 관한 규정으로, 이 규정만으로 구체적 공권이 도출된다고 보기 어려워, 이 규정을 근거로 원고적격이 인정된다고 할 수 없음

○ 원고적격의 판단에 기본권까지도 고려할 수 있다는 점에서, 만약 丙이 평등권, 재산권 등의 기본권에 기반한 구체적인 침해가 있었다고 주장하는 것이라면 이를 근거로 원고적격 인정

---

179) 강론, 864면 이하.

여부를 판단할 수는 있겠음

2. 대상적격의 경우

o 대상 조례는 구체적인 법집행이 없더라도 조례의 시행만으로 해당 청년에게 매분기 25만원
이 지급되는 구체적 법집행 효과가 발생하므로, 처분법규(처분적 조례)에 해당함

— 따라서 취소소송의 대상적격이 인정됨

3. 피고적격

o 본 사례의 피고는 조례의 공포권자인 A도의 도지사임

2022년 제2차 변호사시험 모의고사 제2문

A도지사는 관내 B시의 일정지역을 친환경 산업단지로 개발하기 위하여 ○○일반산업단지(이하 '산업단지')로 지정하고 이에 관한 ○○일반산업단지관리계획(이하 '관리계획')을 수립·고시하였다. B시의 시장 乙은 A도지사로부터 산업단지의 관리업무를 위임받아 이를 관리하고 있다.

甲은 산업단지 내 부지에서 '코코아제품 제조업' 운영을 내용으로 하는 입주계약을 체결한 후 사업을 개시하였다. 이후 甲은 동일한 부지에 지식산업센터를 설립하여 업종을 '첨단제품 개발 및 공급업'으로 변경하겠다는 내용의 입주계약변경신청을 하면서 이에 관한 사업계획서를 B시에 제출하여 입주변경계약(이하 '이 사건 입주변경계약')을 체결하였다. 그에 따라 첨단제품 제조에 필요한 금속도금업을 주 유치업종으로 하는 지식산업센터의 설립이 승인되었다.

한편, B시 주민 丙 등은 이 사건 입주계약변경이 환경오염을 유발할 우려가 있다고 주장하며 乙에게 여러 차례 민원을 제기하였다. 이에 乙은 친환경 산업단지 조성이라는 관리계획의 방향에 위배된다는 이유로 甲과 체결한 이 사건 입주변경계약을 해지하였다.

1. 甲은 이 사건 입주변경계약 해지의 위법을 다투고자 한다.
   1) 이 사건 입주변경계약 해지의 법적 성질을 검토하시오. (10점)
   2) 이 사건 입주변경계약 해지를 다투기 위한 소송의 유형을 검토하시오. (10점)

2. B시 주민 丙은 산업단지로 인한 생활 및 환경상의 피해를 호소하며, 관리계획의 변경을 A도지사에게 요청하였으나, A도지사는 이에 대하여 어떤 조치도 취하고 있지 않다.
   1) 관리계획의 법적 성질을 검토하시오. (10점)
   2) B시 주민 丙이 A도지사를 상대로 취할 수 있는 행정쟁송상 권리구제수단을 검토하시오. (20점)

3. 이 사건 입주변경계약을 해지하였음에도 甲이 본인의 공장 등 시설의 양도 및 처분을 불이행하고 있고 乙이 철거명령 또는 이행강제금 부과 등 어떤 조치도 취하고 있지 않는 경우, A도지사가 乙에게 할 수 있는 「지방자치법」상 관여 수단을 검토하시오. (20점)

〈참조 조문〉 ※ 가상의 법률임
「산업집적활성화 및 공장설립에 관한 법률」
제3조(산업집적활성화 기본계획) ① 산업통상자원부장관은 5년 단위로 전 국토를 대상으로 산업집적의 활성화에 관한 기본계획(이하 "산업집적활성화 기본계획"이라 한다)을 수립하고 고시하여야 한다. 이를 변경할 때에도 또한 같다.
제13조(공장설립등의 승인) ① 공장의 신설·증설 또는 업종변경(이하 "공장설립등"이라 한다)을 하려는 자는 대통령령으로 정하는 바에 따라 시장·군수 또는 구청장의 승인을 받아야 하며, 승인을 받

은 사항을 변경하려는 경우에도 또한 같다. 다만, 승인을 받은 사항 중 산업통상자원부령으로 정하는 경미한 사항을 변경하려는 경우에는 시장·군수 또는 구청장에게 신고하여야 한다.

② 다음 각 호의 어느 하나에 해당하는 경우에는 제1항에 따른 공장설립등의 승인을 받은 것으로 본다.

1. 제38조제1항 본문 및 제2항에 따른 입주계약 및 변경계약을 체결한 경우

제30조(관리권자 등) ① 관리권자는 다음 각 호와 같다.

2. 일반산업단지 및 도시첨단산업단지는 시·도지사

② 관리기관은 다음 각 호와 같다.

1. 관리권자

2. 관리권자로부터 관리업무를 위임받은 지방자치단체의 장

제31조(관리업무의 전부 또는 일부의 위임) ① 관리권자는 산업단지를 효율적으로 관리하기 위하여 대통령령으로 정하는 바에 따라 제30조제2항에 따른 관리기관에 관리업무의 전부 또는 일부를 위임할 수 있다.

제33조(산업단지관리계획의 수립) ① 시·도지사는 「산업입지 및 개발에 관한 법률」 제6조, 제7조, 제7조의2부터 제7조의4까지 및 제8조에 따라 산업단지가 지정된 경우에는 산업단지로 관리할 필요가 있는 지역에 대하여 대통령령으로 정하는 바에 따라 산업단지관리계획(이하 "관리계획"이라 한다)을 수립하여야 한다.

⑦ 관리계획은 다음 각 호의 사항을 포함하여야 한다.

1. 관리할 산업단지의 면적에 관한 사항

2. 입주대상업종 및 입주기업체의 자격에 관한 사항

3. 산업단지의 용지(이하 "산업용지"라 한다)의 용도별 구역에 관한 사항

4. 업종별 공장의 배치에 관한 사항

제38조(입주계약 등) ① 산업단지에서 제조업을 하거나 하려는 자는 산업통상자원부령으로 정하는 바에 따라 관리기관과 그 입주에 관한 계약(이하 "입주계약"이라 한다)을 체결하여야 한다. 다만, 대통령령으로 정하는 경우에는 그러하지 아니하다.

② 입주기업체 및 지원기관이 입주계약사항 중 산업통상자원부령으로 정하는 사항을 변경하려는 경우에는 새로 변경계약을 체결하여야 한다.

③ 제1항과 제2항은 산업단지에서 제조업 외의 사업을 하거나 하려는 자에 대하여 준용한다.

제39조(산업용지 등의 처분제한 등) ① 산업시설구역등의 산업용지 또는 공장등을 소유하고 있는 입주기업체가 공장설립등의 완료신고 후 10년 이내에 분양받은 산업용지를 처분하려는 경우 또는 공장등을 처분하려는 경우에는 산업용지 또는 공장등을 관리기관에 양도하여야 한다.

제42조(입주계약의 해지 등) ① 관리기관은 입주기업체 또는 지원기관이 다음 각 호의 어느 하나에 해당하는 경우에는 대통령령으로 정하는 기간 내에 그 시정을 명하고 이를 이행하지 아니하는 경우 그 입주계약을 해지할 수 있다.

5. 제38조 및 제38조의2에 따른 입주계약을 위반한 경우

제43조(입주계약 해지 후의 재산처분 등) ① 제42조제1항 각 호의 사유로 입주계약이 해지된 자는 그가 소유하는 산업용지 및 공장등을 산업통상자원부령으로 정하는 기간에 제39조제1항에 따라 처분하여야 한다.

제43조의2(양도의무 불이행자에 대한 조치) ① 관리권자는 공장등을 취득한 자가 다음 각 호의 어느 하나에 해당하는 경우에는 대통령령으로 정하는 바에 따라 공장등의 철거를 명할 수 있다.

2. 제43조제1항 및 제2항에 따른 기간에 공장등을 양도하지 아니한 경우

③ 제1항에 따른 철거명령을 하려면 청문을 하여야 한다.

제43조의3(이행강제금) ① 관리권자는 제43조제1항에 따른 처분·양도 의무를 이행하지 아니한 자에 대하여는 산업통상자원부령으로 이행기한을 정하여야 하며, 그 기한까지 의무를 이행하지 아니한 경우에는 처분·양도할 재산가액의 100분의 20에 해당하는 금액의 이행강제금을 부과할 수 있다.

제52조(벌칙)

② 다음 각 호의 어느 하나에 해당하는 자는 3년 이하의 징역 또는 3천만원 이하의 벌금에 처한다.

6. 제42조제2항을 위반하여 계속 그 사업을 하는 자

[문 1]
[문 1의 1)]
Ⅰ. 논점
　○ 입주변경계약 해지의 처분성(① 처분의 개념, ② 공법상 계약과 행정행위의 구별)
Ⅱ. 처분의 개념
　1. 행정쟁송법상의 처분
　2. 처분개념에 관한 학설
　　① 일원설(실체법상의 처분개념설)
　　② 이원설(쟁송법상의 처분개념설)
　　③ 형식적 행정행위론
　　④ 결어
　3. 처분의 개념적 요소
　4. 판례
Ⅲ. 공법상 계약
　1. 의의
　2. 행정행위와의 구별
Ⅳ. 사례의 경우
　○ 입주변경계약의 해지는 처분에 해당함

[문 1의 2)]
Ⅰ. 논점
　○ 입주변경계약 해지에 대한 소송유형(취소소송, 무효확인소송, 당사자소송)
Ⅱ. 항고소송과 당사자소송
　1. 항고소송

(1) 취소소송
(2) 무효등확인소송
(3) 부작위위법확인소송
　2. 당사자소송
Ⅲ. 행정행위의 무효와 취소
　1. 의의
　2. 구별기준
Ⅳ. 사례의 경우
　○ 입주변경계약의 해지를 처분으로 보는 경우에는 항고소송
　　- 사례의 경우 취소소송
　○ 입주변경계약의 해지를 공법상 계약의 해지로 보는 경우에는 당사자소송

[문 2]
[문 2의 1)]
Ⅰ. 논점
　○ 관리계획의 법적 성질(행정계획의 처분성)
Ⅱ. 행정계획의 법적 성질
　1. 행정계획의 의의
　2. 행정계획의 법적 성질
　　(1) 학설
　　　1) 입법행위설
　　　2) 행정행위설
　　　3) 복수성질설
　　　4) 독자성설

       5) 결어: 개별적으로 판단
   3. 도시·군관리계획의 처분성
       ○ 처분성을 인정하는 것이 대법원 입장
Ⅲ. **사례의 경우**
   ○ 관리계획은 구속적 계획으로서 처분임

[문 2의 2)]
Ⅰ. **논점**
   ○ 부작위
   ○ 부작위에 대한 행정쟁송 수단
      – 의무이행심판, 이행소송, 부작위위법
        확인소송
   ○ 행정쟁송법상 가구제(임시처분, 가처분)
   ○ 청구인적격 또는 원고적격 관련 계획변
     경청구권의 인정 여부
Ⅱ. **부작위**
   1. 부작위의 의의
   2. 부작위의 성립요건
      (1) 당사자의 신청이 있을 것
          ① 당사자의 신청행위가 있을 것
          ② 그 외에 당사자의 법규상·조리
             상의 신청권이 있어야 하는지의
             문제
      (2) 상당한 기간이 지났을 것
      (3) 처분을 하여야 할 법률상 의무가
          있을 것
      (4) 아무런 처분도 하지 않았을 것
Ⅲ. **부작위에 대한 행정쟁송상 권리구제수단**
   1. 의무이행심판
   2. 행정상 이행소송의 인정 여부
      (1) 소극설(부정설)
      (2) 적극설(긍정설)
      (3) 제한적 허용설(절충설)
      (4) 판례: 부정설
   3. 부작위위법확인소송
Ⅳ. **행정쟁송법상 가구제**
   1. 임시처분
      (1) 의의와 요건

   (2) 임시처분의 보충성
   2. 가처분의 항고소송에의 준용 여부
      (1) 적극설(긍정설)
      (2) 소극설(부정설)
      (3) 제한적 긍정설
      (4) 판례: 소극설
Ⅴ. **계획변경청구권의 인정 여부**
   (1) 청구인적격과 원고적격
       ○ 행심법 13 ③; 행소법 36
   (2) 법률상 이익: 신청권의 존재
   (3) 계획변경청구권
       1) 계획보장청구권의 의의
       2) 계획수립·변경청구권
Ⅵ. **사례의 경우**
   ○ 관리계획변경청구권이 인정되지 않아,
     의무이행심판, 부작위위법확인소송, 가
     구제 등 권리구제 어려움

[문 3]
Ⅰ. **논점**
   ○ 자치사무와 기관위임사무의 구별
   ○ 기관위임사무에 대한 감독
Ⅱ. **자치사무와 기관위임사무의 구별**
   1. 학설
   2. 판례
   3. 결어
Ⅲ. **기관위임사무에 대한 감독**
   1. 감독청·법적 근거·감독권의 범위(지
      자법 185 ②)
   2. 이행명령과 제소
      (1) 이행명령
          ○ 지자법 189 ①
      (2) 대집행 등
          ○ 지자법 189 ②
      (3) 지방자치단체의 장의 제소
          ○ 지자법 189 ⑥
Ⅳ. **사례의 경우**
   ○ 일반적 감독권, 이행명령과 대집행

[문 1]

[문 1의 1)]

Ⅰ. 논점: 입주변경계약 해지의 처분성(① 처분의 개념, ② 공법상 계약과 행정행위의 구별)

Ⅱ. 처분의 개념[180]

1. 행정쟁송법상의 처분

○ 행정청이 행하는 구체적 사실에 관한 법집행으로서의 공권력의 행사 또는 그 거부와 그 밖에 이에 준하는 행정작용(행소법 2 ① 1호)
○ 행정기본법 제2조 제4호도 같음

2. 처분개념에 관한 학설

① 일원설(실체법상의 처분개념설)
○ 실체법상의 처분개념(행정행위개념)과 쟁송법상의 처분개념은 동일한 개념이어야 한다는 견해
② 이원설(쟁송법상의 처분개념설)
○ 항고소송을 통한 권리구제의 확대에 중점을 두고 이러한 점에서 항고소송의 대상이 되는 처분개념은 행정행위개념과 관계없이 확대되어야 한다는 입장
③ 형식적 행정행위론
○ 공권력행사로서의 실체를 가지고 있지 않지만 국민생활을 일방적으로 규율하거나 개인의 법익에 대하여 계속적으로 사실상의 지배력을 미치는 행위에 대해서는 쟁송법상으로 항고소송의 대상이 되는 처분으로 인정하자는 견해
④ 결어
○ 이론적으로는 일원설이 타당하나, 실정법상 처분개념이 행정행위 개념보다 넓은 것이 사실임
○ 판례는 행정행위 이외에도 도시 · 군관리계획, 단수조치, 처분법규의 처분성을 인정하고 있음

3. 처분의 개념적 요소

○ 행정청의 처분은, ① 행정청이 행하는, ② 구체적 사실에 관한 법집행으로서, ③ 공권력을 행사하거나 거부하는, ④ 국민의 권리의무에 직접 영향을 미치는 공법행위(대판 2012.9.27, 2010두3541 참조)이어야 함

---

180) 강론, 869면 이하.

4. 판례

○ "구체적인 경우 행정처분은 행정청이 공권력 주체로서 행하는 구체적 사실에 관한 법집행으로서 국민의 권리의무에 직접적으로 영향을 미치는 행위라는 점을 염두에 두고, 관련 법령의 내용과 취지, 행위의 주체·내용·형식·절차, 그 행위와 상대방 등 이해관계인이 입는 불이익과의 실질적 견련성, 그리고 법치행정 원리와 당해 행위에 관련한 행정청 및 이해관계인의 태도 등을 참작하여 개별적으로 결정해야 한다(대판 2012.9.27, 2010두3541)."

Ⅲ. 공법상 계약[181]

1. 의의

○ 공법적 효과의 발생을 목적으로 하는 복수당사자 간의 반대방향의 의사표시의 합치에 의하여 성립하는 공법행위
○ 행정기본법은 공법상 계약이라는 명칭으로, 이를 '행정목적을 달성하기 위하여 체결하는 공법상 법률관계에 관한 계약'으로 정의하고 있음[182]

2. 행정행위와의 구별

○ 공법상 계약은 쌍방행위인데 반해서, 행정행위는 단독행위라는 점에서 차이가 있음
○ 관련판례: 행정청이 자신과 상대방 사이의 법률관계를 일방적인 의사표시로 종료시킨 경우 그 의사표시가 처분인지 여부
　"행정청이 자신과 상대방 사이의 법률관계를 일방적인 의사표시로 종료시켰다고 하더라도 곧바로 그 의사표시가 행정청으로서 공권력을 행사하여 행하는 행정처분이라고 단정할 수는 없고, 관계 법령이 상대방의 법률관계에 관하여 구체적으로 어떻게 규정하고 있는지에 따라 그 의사표시가 항고소송의 대상이 되는 행정처분에 해당하는 것인지 아니면 공법상 계약관계의 일방 당사자로서 대등한 지위에서 행하는 의사표시인지 여부를 개별적으로 판단하여야 함(대판 1996.5.31, 95누10617, 대판 2014.4.24, 2013두6244 등)
○ 관련판례: 공법상 계약의 해지 및 환수에 대한 법령상 규정이 있는 경우와 없는 경우의 차이
― '규정이 없는 경우' 협약의 해지 및 그에 따른 이 사건 환수통보는 공법상 계약에 따라 행정

---

181) 강론, 376면 이하.
182) 제27조(공법상 계약의 체결) ① 행정청은 법령등을 위반하지 아니하는 범위에서 행정목적을 달성하기 위하여 필요한 경우에는 공법상 법률관계에 관한 계약(이하 "공법상 계약"이라 한다)을 체결할 수 있다. 이 경우 계약의 목적 및 내용을 명확하게 적은 계약서를 작성하여야 한다.
　② 행정청은 공법상 계약의 상대방을 선정하고 계약 내용을 정할 때 공법상 계약의 공공성과 제3자의 이해관계를 고려하여야 한다.

청이 대등한 당사자의 지위에서 하는 의사표시로 봄이 타당하고, 이를 행정청이 우월한 지위에서 행하는 공권력의 행사로서 행정처분에 해당한다고 볼 수 없음(대판 2015.8.27, 2015두 41449)

— '규정이 있는 경우' 협약의 해지 통보는 단순히 대등 당사자의 지위에서 형성된 공법상계약을 계약당사자의 지위에서 종료시키는 의사표시에 불과한 것이 아니라 행정청이 우월적 지위에서 연구개발비의 회수 및 관련자에 대한 국가연구개발사업 참여제한 등의 법률상 효과를 발생시키는 행정처분에 해당함(대판 2014.12.11, 2012두28704)

Ⅳ. 사례의 경우

○ 입주(변경)계약은 산업집적활성화라는 공익적 목적을 위한 것이라는 점에서 공법상 계약이지만, 계약체결시 공장설립승인이 의제됨(산업집적법 제13조)

○ 입주(변경)계약의 체결 및 해지에 대해서는 법률에 규정이 있고, 특히 해지와 관련하여 재산처분의무, 불이행시 제재 등이 규정되어 있음

○ 따라서 입주변경계약의 해지는 행정청인 乙이 우월적 지위에서 일정한 법률상 효과를 발생시키는 처분에 해당함

[문 1의 2)]

Ⅰ. 논점: 입주변경계약 해지에 대한 소송유형(취소소송, 무효확인소송, 당사자소송)

Ⅱ. 항고소송과 당사자소송[183)]

1. 항고소송

○ 항고소송은 행정청의 처분 등이나 부작위에 대하여 제기하는 소송임(행소법 3 1호)

○ 행정소송법은 항고소송의 종류를 취소소송·무효등확인소송·부작위위법확인소송의 세 가지 유형으로 규정하고 있음

(1) 취소소송: 행정청의 위법한 처분 등을 취소 또는 변경하는 소송(행소법 4 1호)

(2) 무효등확인소송: 행정청의 처분 등의 효력 유무 또는 존재여부를 확인하는 소송(행소법 4 2호)

(3) 부작위위법확인소송: 행정청의 부작위가 위법하다는 것을 확인하는 소송(행소법 4 3호)

---

183) 강론, 810면 이하.

2. 당사자소송

○ 당사자소송은 행정청의 처분 등을 원인으로 하는 법률관계에 관한 소송 그 밖에 공법상의 법률관계에 관한 소송으로서 그 법률관계의 한쪽 당사자를 피고로 하는 소송임(행소법 3 2호)

Ⅲ. 행정행위의 무효와 취소[184]

1. 의의

○ 무효인 행정행위는 행정행위로서의 외형을 갖추고 있으나 행정행위로서의 효력이 전혀 없는 행정행위를 말함(행정기본법 15 단서). 행정행위로서의 외형이 없는 부존재와 구별됨

○ 취소할 수 있는 행정행위는 행정행위에 흠이 있음에도 불구하고 권한 있는 기관이 이를 취소함으로써 비로소 행정행위로서의 효력을 상실하게 되는 행위를 말함

2. 구별기준

○ 통설인 중대명백설에 따르면, 행정행위의 하자가 중대한 법 위반이고 그것이 외관상 명백한 경우에는 무효이고, 이에 이르지 않는 경우에는 취소할 수 있는 데 그침(대판 2007.5.10, 2005다 31828)

○ 그 밖에도 중대설, 조사의무설, 명백성보충설, 구체적 가치형량설 등이 있음

○ 대법원: 원칙적으로 중대명백설 원칙, 소수견해는 명백설보충설을 취한 바도 있음(대판 1995. 7.11, 94누4615 전원합의체)

Ⅳ. 사례의 경우

○ 입주변경계약의 해지를 처분으로 보는 경우에는 항고소송을 제기하여야 함

— 사례만으로는 위법 여부를 판단하기 어려우나, '입주계약변경이 환경오염을 유발할 우려가 있다'는 이유만으로 계약을 해지한 것은 재량권 남용으로 위법하다고 할 수 있고, 그 위법의 정도는 취소사유에 그치는 정도로 판단됨

— 따라서 취소소송이 적절하다고 판단됨

○ 입주변경계약의 해지를 공법상 계약의 해지로 보는 경우에는 '공법상 법률관계'를 다투는 것이므로 당사자소송을 제기하여야 할 것임

---

184) 강론, 240면 이하.

[문 2]

[문 2의 1)]

Ⅰ. 논점: 관리계획의 법적 성질(행정계획의 처분성)

Ⅱ. 행정계획의 법적 성질[185]

1. 행정계획의 의의

○ 장래 일정 시점에 있어서의 일정한 질서를 실현하기 위하여 목표를 설정하고 이를 위하여 서로 관련되는 행정수단을 종합·조정하는 작용(Planung), 또는 그 결과로 설정된 활동기준 (Plan)

2. 행정계획의 법적 성질

(1) 학설

1) 입법행위설: 일종의 일반·추상적 성격을 갖는 규범의 정립작용이라는 견해
2) 행정행위설: 직접적으로 국민의 권리의무관계에 변동을 가져오는 행정행위로서의 성질을 가지는 경우도 있다는 견해
3) 복수성질설: 법규명령의 성질을 가지는 것도 있고, 행정행위의 성질을 가지는 것도 있을 수 있다는 견해
4) 독자성설: 특수한 성질의 이물(異物, Aliud)로서 여기에 구속력이 인정되는 것이라는 견해
5) 결어: 별도의 규정이 없으면 계획주체·계획의 내용·구속력의 유무와 정도 등에 따라 개별적으로 판단하여야 함

3. 도시·군관리계획의 처분성

○ 도시·군관리계획은 구체적인 구속력 있는 계획으로서 '구체적 법집행행위'라 할 수 있으므로 처분성을 인정하는 대법원의 입장이 타당

Ⅲ. 사례의 경우

○ 산업집적법상 기본계획은 예비적·지침적 계획임
○ 그러나 관리계획은 입주대상이나 자격, 공장 배치 등 입주기업체의 구체적인 권리·의무에

---

185) 강론, 353면 이하.

관한 사항을 내용으로 하므로, 구속적 계획으로서, 처분성이 인정됨

[문 2의 2)]

I. 논점

- ○ 부작위
- ○ 부작위에 대한 행정쟁송 수단
- ─ 의무이행심판, 이행소송, 부작위위법확인소송
- ○ 행정쟁송법상 가구제(임시처분, 가처분)
- ○ 청구인적격 또는 원고적격 관련 계획변경청구권의 인정 여부

II. 부작위[186]

1. 부작위의 의의

- ○ 행정청이 당사자의 신청에 대하여 상당한 기간 내에 일정한 처분을 하여야 할 법률상 의무가 있음에도 불구하고 이를 하지 아니하는 것(행심법 2 2호; 행소법 2 ① 2호)

2. 부작위의 성립요건

(1) 당사자의 신청이 있을 것

① 당사자의 신청행위가 있을 것

- ○ 이 경우 당사자의 신청은 단지 당사자의 신청행위가 있는 것으로 족함

② 그 외에 당사자의 법규상·조리상의 신청권이 있어야 하는지의 문제

(i) 판례는 당사자의 신청만으로 족한 것이 아니라, 여기에 더하여 법규상 또는 조리상의 권리로서 당사자의 신청권이 있어야 한다고 보고 있음. 판례는 당사자의 법규상·조리상의 신청권의 존재를 대상적격의 문제로 보면서 동시에 원고적격의 문제로 보고 있음

(ii) 이에 대하여 학설은 신청권의 존부를 ① 대상적격의 문제로 보는 견해, ② 본안판단의 문제로 보는 견해, ③ 원고적격의 문제로 보는 견해로 나뉨

(iii) 결어: 신청권의 존부 문제는 원고에게 소송을 제기할 자격이 있는가 하는 문제이므로 원고적격과 관련된 문제로 보아야 함

(2) 상당한 기간이 지났을 것

- ○ 사회통념상 신청에 따르는 처리에 소요되는 기간

---

186) 강론, 982면 이하.

(3) 처분을 하여야 할 법률상 의무가 있을 것

○ 행정청에게 '처분'을 하여야 할 법률상 의무가 있어야 함. 따라서 사실행위에 대한 부작위는 여기에서의 부작위에 해당하지 않음

○ 법률상 의무는 기속행위에 대하여 뿐 아니라 재량행위에 대하여도 존재할 수 있음

(4) 아무런 처분도 하지 않았을 것

○ 따라서 거부처분이나 간주거부는 부작위가 아님

Ⅲ. 부작위에 대한 행정쟁송상 권리구제수단[187]

1. 의무이행심판[188]

○ 당사자의 신청에 대한 행정청의 위법 또는 부당한 거부처분이나 부작위에 대하여 일정한 처분을 하도록 하는 행정심판(행심법 5 3호)

2. 행정상 이행소송의 인정 여부[189]

(1) 소극설(부정설)

○ 취소소송에서의 처분 등의 취소 · 변경에서 '변경'의 의미는 소극적 변경, 즉 일부취소만을 의미

○ 현행법 행정소송법은 행정심판법과는 달리 부작위위법확인소송만을 규정하고 있으므로, 그 외에 의무이행소송은 허용되지 않는다는 견해

(2) 적극설(긍정설)

○ 취소소송에서의 '변경'의 의미는 일부취소에 그치는 것이 아니라 적극적 변경을 의미

○ 행정소송에서 의무이행소송을 인정하는 것은 권력분립의 원칙에 반하는 것이 아니라 오히려 이에 부합하는 것이며, 법치국가원리 · 헌법상 기본권보장 · 행정소송의 목적 · 재판청구권 등에 비추어 행정소송법 제3조 및 제4조의 행정소송 및 항고소송의 종류에 관한 규정을 예시적인 것으로 볼 수 있으므로, 무명항고소송(법정외항고소송)으로서 의무이행소송이 허용된다는 견해

(3) 제한적 허용설(절충설)

○ 의무이행소송을 원칙적으로 부인하고 취소소송에서의 '변경'의 의미를 일부취소로 보면서도 예외적으로 부작위위법확인소송만으로는 부작위에 대한 실효성 있는 권리구제를 기대하기 어려운 경우에 한하여 제한적으로 의무이행소송을 허용하자는 입장

---

187) 행정쟁송법이 아닌, 행정쟁송상 권리구제수단을 묻고 있으므로, 행정심판법상 의무이행심판, 행정소송법상 부작위위법확인소송 이외에도 부작위에 대한 이행소송이 가능한지 여부도 언급이 필요함.

188) 강론, 750면 이하.

189) 강론, 804면 이하.

(4) 판례

- 판례는 소극설의 입장임. 이에 따라 적극적 형성판결, 의무이행소송, 작위의무확인소송을 모두 부인

3. 부작위위법확인소송

- 부작위위법확인소송이란 행정청의 부작위가 위법하다는 것을 확인하는 소송(행소법 4 3호).

Ⅳ. 행정쟁송법상 가구제

1. 임시처분[190]

(1) 의의와 요건

- 처분 또는 부작위가 위법·부당하다고 상당히 의심되는 경우로서 처분 또는 부작위 때문에 당사자가 받을 우려가 있는 중대한 불이익이나 당사자에게 생길 급박한 위험을 막기 위하여 임시지위를 정해주는 가구제 수단(행심법 31 ①)
- 임시처분에 관하여는 집행정지에 관한 제30조 제3항부터 제7항까지의 규정이 준용되므로(행심법 31 ②), 임시처분이 공공복리에 중대한 영향을 미칠 우려가 있을 때에는 허용되지 아니함

(2) 임시처분의 보충성

- 임시처분은 제30조 제2항에 따른 집행정지로 목적을 달성할 수 있는 경우에는 허용되지 아니함(행심법 31 ③)

2. 가처분의 항고소송에의 준용 여부[191]

(1) 적극설(긍정설)

- 행정소송법에는 특별히 민사집행법상의 가처분을 배제하는 규정이 없고, 행정소송법 제8조 제2항에 따라 민사집행법상의 가처분규정이 행정소송에 준용될 수 있다는 견해

(2) 소극설(부정설)

- 행정처분에 대한 가처분을 하는 것은 사법권의 범위를 벗어나는 것이고, 또한 행정소송법이 집행정지를 규정하고 있는 것은 행정소송에서 가구제에 관한 민사집행법상의 가처분을 배제하는 특례규정이라고 보아야 하며, 우리 행정소송법은 의무이행소송이나 예방적 부작위청구소송을 인정하고 있지 않으므로, 민사집행법상의 가처분에 관한 규정은 행정소송에 준용될 수 없다는 견해

---

190) 강론, 777면 이하.
191) 강론, 923면 이하.

(3) 제한적 긍정설

o 행정소송법이 규정하고 있는 집행정지제도를 통하여 가구제의 목적을 달성할 수 있는 한 민사집행법상의 가처분규정이 적용될 여지가 없지만, 집행정지만으로는 가구제의 목적을 달성할 수 없는 경우에는 가처분이 인정될 수 있다는 견해

(4) 판례

o 판례는 소극설과 같은 입장임(대결 1992.7.6, 92마54)

V. 청구인적격과 원고적격 관련 계획변경청구권의 인정 여부

(1) 의의

o 의무이행심판은 처분을 신청한 자로서 행정청의 거부처분 또는 부작위에 대하여 일정한 처분을 구할 법률상 이익이 있는 자가 청구할 수 있음(행심법 13 ③)

o 부작위위법확인소송은 처분의 신청을 한 자로서 부작위의 위법의 확인을 구할 법률상 이익이 있는 자만이 제기할 수 있음(행소법 36)

(2) 법률상 이익: 신청권의 존재

o 여기에서 '처분을 신청한 자의 법률상 이익'과 관련하여 원고의 신청권이 존재하여야 하는가에 대하여 견해가 대립됨

o 이 문제는 '부작위의 존재'에서 살펴본 견해대립과 연결된 것으로서, 이에 관하여는 ① 당사자의 신청권의 존재를 대상적격(부작위의 존재)의 문제이자 원고적격의 문제로 보는 견해, ② 원고적격의 문제로 보는 견해, ③ 본안판단의 문제로 보아 단순한 신청만 있으면 족하다는 견해 등이 있음

o '부작위위법확인을 구할 법률상 이익'은 청구인적격 또는 원고적격에 관한 규정으로, 여기서의 법률상 이익은 법적 보호이익 또는 공권을 의미함

(3) 계획변경청구권[192]

1) 계획보장청구권의 의의

o 행정계획의 폐지·변경 등의 요구와 신뢰보호의 문제가 충돌하는 문제를 해결하기 위하여 논의되는 문제로서, 행정계획의 존속, 준수, 폐지·변경 등을 요구하는 권리를 말함

2) 계획수립·변경청구권

o 계획의 수립·변경청구권은 계획의 수립 또는 변경을 요구하는 권리로, 이 경우에도 '일반적 계획수립·변경청구권'은 인정되지 않음

o 계획변경과 관련하여, 판례도 사인에게 계획변경청구권이 인정되지 않는다는 것이 기본 입장

---

192) 강론, 373면 이하.

임(대판 1984.10.23, 84누227). 다만 '계획변경신청을 거부하는 것이 실질적으로 처분을 거부하는 결과가 되는 예외적인 경우(대판 2003.9.23, 2001두10936)', '도시계획구역 내 토지 등을 소유하고 있는 사람과 같이 당해 도시계획시설결정에 이해관계가 있는 주민의 경우(대판 2015.3.26, 2014 두42742)'에는 계획변경신청권을 인정한 바 있음

Ⅵ. 사례의 경우

○ 행정청의 부작위에 대해서는 행정쟁송법과 판례상 의무이행심판을 청구하거나 부작위위법확인소송을 제기할 수 있음

○ 이 경우 가구제로서 행정심판법상 임시처분을 신청할 수 있으나, 행정소송에서는 민사집행법상 가처분 규정 준용되지 않는다는 것이 판례의 입장임

○ 다만, 판례에 따르면, 부작위의 성립과 청구인적격 또는 원고적격의 인정을 위해서는 丙에게 관리계획변경청구권이 인정되어야 하는데, 사례의 경우 관리계획과 직접적인 이해관계가 있다고 보기 어려워 청구권이 인정된다고 할 수 없음

○ 따라서 청구인적격과 원고적격, 대상적격이 인정되지 않아 행정쟁송법상 구제가 어려움

[문 3]

Ⅰ. 논점

○ 자치사무와 기관위임사무의 구별
○ 기관위임사무에 대한 감독

Ⅱ. 자치사무와 기관위임사무의 구별[193]

1. 학설

① 개별법령에서 사무권한의 주체를 국가기관의 장으로 규정하고 있으면 국가사무이고 별도의 권한위임규정에 의하여 이 사무가 지방자치단체의 장에게 위임되었으면 기관위임사무이며, 개별법령에서 사무권한의 주체를 지방자치단체의 장으로 규정하고 있는 경우에는 자치사무로 보아야 한다는 견해

② 개별법령에서 사무수행의 주체를 지방자치단체의 장으로 규정하고 있는 경우에도 개별법령의 취지와 내용을 판단하여 국가주도적으로 처리되어야 할 사무인 경우에는 기관위임사무, 지방자치단체가 자율적으로 처리할 수 있는 사무인 경우에는 자치사무로 보는 견해

---

193) 강론, 1155면 이하.

2. 판례

○ 법령에서 사무권한의 주체를 지방자치단체의 장으로 규정하고 있는 경우에도 "법령상 지방
자치단체의 장이 처리하도록 하고 있는 사무가 자치사무인지 아니면 기관위임사무인지를 판
단하기 위해서는 그에 관한 법령의 규정 형식과 취지를 우선 고려하여야 하지만, 그 밖에
그 사무의 성질이 전국적으로 통일적인 처리가 요구되는 사무인지, 그에 관한 경비부담과
최종적인 책임귀속의 주체가 누구인지 등도 함께 고려하여야 한다."는 입장(대판 2013.5.23,
2011추56)

3. 결어

○ 헌법의 지방자치권보장의 관점에서 지방자치단체가 수행하는 사무는 자치사무인 것이 원칙
이고, 따라서 법령에서 그 사무의 권한 주체를 지방자치단체의 장으로 규정하고 있는 경우
그 사무는, 반드시 전국적인 통일적 처리가 요구되는 등의 예외적인 경우를 제외하고는, 자
치사무로 보아야 함. 학설 ①이 타당

Ⅲ. 기관위임사무에 대한 감독[194]

1. 감독청 · 법적 근거 · 감독권의 범위

○ 시 · 군 및 자치구나 그 장이 위임받아 처리하는 시 · 도의 사무에 관하여는 시 · 도지사의 지
도 · 감독을 받음(지자법 185 ②)

2. 이행명령과 제소

(1) 이행명령

○ 지방자치단체의 장이 법령의 규정에 따라 그 의무에 속하는 위임사무의 관리와 집행을 명백
히 게을리하고 있다고 인정되면 시 · 군 및 자치구에 대하여는 시 · 도지사가 기간을 정하여
서면으로 이행할 사항을 명령할 수 있음(지자법 189 ①)

(2) 대집행 등

○ 시 · 도지사는 해당 지방자치단체의 장이 제1항의 기간에 이행명령을 이행하지 아니하면 그
지방자치단체의 비용부담으로 대집행하거나 행정상 · 재정상 필요한 조치(이하 "대집행등")를 할
수 있음. 이 경우 행정대집행에 관하여는 행정대집행법을 준용함(지자법 189 ②)

---

194) 강론, 1177면 이하.

(3) 지방자치단체의 장의 제소

○ 지방자치단체의 장은 제1항 또는 제4항의 이행명령에 이의가 있으면 이행명령서를 접수한 날부터 15일 이내에 대법원에 소를 제기할 수 있다. 이 경우 지방자치단체의 장은 이행명령의 집행을 정지하게 하는 집행정지결정을 신청할 수 있음(지자법 189 ⑥)

Ⅳ. 사례의 경우

○ 산업집적법상 일반산업단지에 관한 권한은 시·도지사에게 있음(즉 시·도의 자치사무)

○ 산업집적법 제31조는 관리권자는 관리기관(동법 제30조 제2항 제2호: 관리업무를 위임받은 지방자치단체의 장)에게 위임할 수 있다고 규정하고 있음

○ 사례에서 A도지사는 乙에게 일반산업단지의 관리업무를 위임하였으므로, 乙의 '철거명령 또는 이행강제금 부과 등의 조치'는 기관위임사무임

○ A도지사는 기관위임사무에 대하여 일반적 감독권을 가지며, 乙이 위임사무의 수행을 명백히 게을리 하고 있는 경우이므로 이행명령과 대집행을 할 수 있음

2022년 제3차 변호사시험 모의시험 제1문

외국인인 甲은 사기 및 부정수표단속법위반죄로 징역 5년을 선고받고 형이 확정되어 교도소에 수감 중인 자이다. 이 사건 외에 甲은 무고 등의 혐의로 기소되어 별건의 형사사건이 진행 중이다.

위 사기 및 부정수표단속법위반죄 사건의 피해자는 교도소에 수감 중인 甲을 피고로 하여 불법행위로 인한 손해배상청구소송(이하 '위 민사소송'이라 함)을 제기하였고, 甲은 1심에서 패소하였다. 甲은 변호사 乙을 위 민사소송의 대리인으로 선임하여 항소하고자 하였다.

따라서 변호사 乙은 교도소장에게 「형의 집행 및 수용자의 처우에 관한 법률 시행령」 제59조의2에 따라 甲에 대한 접견을 하고자 변호사 접견신청을 하였으나, 교도소장은 '소송계속 사실을 소명할 수 있는 자료'를 제출하도록 규정한 「형의 집행 및 수용자의 처우에 관한 법률 시행규칙」 제29조의2 제1항 제2호를 이유로 이를 거부하였다. 乙은 甲과 변호사접견을 하지 못하고 부득이 「형의 집행 및 수용자의 처우에 관한 법률 시행령」 제58조에 따른 일반접견을 하였다.

이에 乙은 「형의 집행 및 수용자의 처우에 관한 법률 시행규칙」 제29조의2 제1항 제2호가 변호사접견에 '소송계속 사실을 소명할 수 있는 자료'의 제출을 요구하면서 일정 기간 내에 소송계속이 예정되어 있는 경우를 예외로 두지 않은 것은 변호사로서의 직업의 자유와 일반적 행동자유권을 침해한다고 주장하면서, 「헌법재판소법」 제68조 제1항에 의한 헌법소원심판을 청구하였다.

한편 甲은 위 민사소송에서 사복을 착용하고 법정에 출석하고 싶었으나, 미결수용자가 아니라는 이유로 사복착용이 불허되었고, 재소자용 의류를 입고 법정에 출석하였다. 재판을 마치고 교도소로 돌아온 甲은 민사재판의 당사자로 출석하는 수형자에 대하여 「형의 집행 및 수용자의 처우에 관한 법률」 제88조가 같은 법 제82조를 준용하지 않음으로써 재소자용 의류를 입고 일반에게 공개된 재판에 출석하도록 하는 것은 재판을 받을 권리와 인격권을 침해한다고 주장하면서, 「형의 집행 및 수용자의 처우에 관한 법률」 제88조에 대하여 「헌법재판소법」 제68조 제1항에 의한 헌법소원심판을 청구하였다.

4. 甲은 복역 중에 있으면서 강제 노역을 회피할 목적으로 수백 회에 걸쳐 여러 국가기관을 상대로 다양한 내용의 정보공개청구를 반복하여 왔고, 정보공개거부처분에 대하여 전국의 각 법원에 취소소송을 제기하였다. 행정청은 대다수의 사건에서 甲의 정보공개청구에 대하여 공개결정을 하였으나, 甲은 해당 정보를 전혀 수령하지 아니하였다. 또한 甲은 대부분의 정보공개청구소송에서 특정 변호사를 소송대리인으로 선임하였는데, 그 소송에서 승소하여 소송비용으로 변호사보수를 지급받으면, 이를 변호사와 50대50으로 배분하여 왔다. 최근 甲은 또 다른 형사사건의 불기소처분에 대해서 지금까지와 유사한 방식으로 관할검찰청에 그 수사기록 중 관련피의자에 관한 피의자신문조서의 정보공개를 청구하려고 한다.

(1) 외국인 甲에게 정보공개청구권이 인정되는지 검토하시오. (10점)

(2) 甲의 정보공개청구가 허용될 것인지 검토하시오. (20점)

〈참조 조문〉 ※ 아래의 법령은 가상의 것임

「형의 집행 및 수용자의 처우에 관한 법률」

제117조의2(정보공개청구) ① 수용자는 「공공기관의 정보공개에 관한 법률」에 따라 법무부장관, 지방교정청장 또는 소장에게 정보의 공개를 청구할 수 있다.

「공공기관의 정보공개에 관한 법률 시행령」

제3조(외국인의 정보공개 청구) 법 제5조제2항에 따라 정보공개를 청구할 수 있는 외국인은 다음 각호의 어느 하나에 해당하는 자로 한다.

1. 국내에 일정한 주소를 두고 거주하거나 학술·연구를 위하여 일시적으로 체류하는 사람

2. 국내에 사무소를 두고 있는 법인 또는 단체

[문 4의 (1)]

Ⅰ. **논점**
  ○ 외국인의 정보공개청구권자 해당 여부

Ⅱ. **정보공개청구권자**
  ○ 모든 국민(정보공개법 5 ①)
  ○ 외국인의 경우(정보공개법 5 ②, 동법 시행령 3)
  ○ 형의 집행 및 수용자의 처우에 관한 법률 제117조의2

Ⅲ. **사례의 경우**
  ○ 甲은 '국내에 일정한 주소를 두고 거주하는 사람'으로 추정되므로 정보공개청구권 인정

[문 4의 (2)]

Ⅰ. **논점**
  ○ 비공개대상정보인지 여부
  ○ 정보공개청구가 권리남용인지 여부

Ⅱ. **정보공개의 원칙**(정보공개법 3)

Ⅲ. **비공개대상정보**
  ○ 정보공개법 9
  ○ 특히, 제4호와 제6호

Ⅳ. **정보공개청구가 권리남용에 해당하는 경우**
  ○ 대판 2014.12.24, 2014두9349

Ⅴ. **사례의 경우**
  ○ 甲의 정보공개청구는 권리남용으로 허용되기 어려움

[문4]

[문 4의 (1)]

Ⅰ. **논점**: 외국인의 정보공개청구권자 해당 여부

Ⅱ. 정보공개청구권자[195)]

○ 모든 국민은 정보의 공개를 청구할 권리를 가짐(정보공개법 5 ①). 여기에서의 국민에는 자연인은 물론 법인, 권리능력 없는 사단·재단도 포함됨

○ 정보공개법은 "외국인의 정보공개 청구에 관하여는 대통령령으로 정한다."고 규정하고 있고 (정보공개법 5 ②), 이에 따라 동법 시행령 제3조는 외국인의 경우 ① 국내에 일정한 주소를 두고 거주하거나 학술·연구를 위하여 일시적으로 체류하는 자이거나 ② 국내에 사무소를 두고 있는 법인 또는 단체인 경우에는 정보공개를 청구할 수 있다고 규정하고 있음

○ 형의 집행 및 수용자의 처우에 관한 법률 제117조의2는 '수용자는 정보공개법에 따라 법무부장관 등에게 정보공개청구를 할 수 있다고 규정하고 있음

Ⅲ. 사례의 경우

○ 甲은 징역 5년을 선고받아 교도소에 수감 중에 있으므로, 사례에서 명확한 설명은 없으나, 국내에 일정한 주소를 두고 거주하는 사람으로 추정됨

○ 따라서, 형의 집행 및 수용자의 처우에 관한 법률 제117조의2와 정보공개법에 따른 정보공개청구권이 인정된다고 보아야 함

[문 4의 (2)]

Ⅰ. 논점

○ 甲의 청구한 정보가 비공개대상정보인지 여부
○ 甲의 정보공개청구가 권리남용으로 허용되지 않는지 여부

Ⅱ. 정보공개의 원칙[196)]

○ 공공기관이 보유·관리하는 정보는 이 법이 정하는 바에 따라 적극적으로 공개함을 원칙으로 함(정보공개법 3)

---

195) 강론, 466면.
196) 강론, 463면.

Ⅲ. 비공개대상정보[197]

○ 정보공개법은 공공기관이 보유하고 있는 정보에 대하여 공개를 원칙으로 하면서도, 이에 대한 예외로서 8가지의 비공개대상정보는 이를 공개하지 않을 수 있다고 규정하고 있음(정보공개법 9)

○ 사례에서 문제가 되는 경우는 제9조의 제4호와 제6호의 경우임

Ⅳ. 정보공개청구가 권리남용에 해당하는 경우

○ 국민의 정보공개청구가 권리의 남용에 해당하는 것이 명백한 경우, 정보공개청구권의 행사가 허용되지 않을 수 있음

○ 관련 판례

"… 국민의 정보공개청구는 정보공개법 제9조에 정한 비공개 대상 정보에 해당하지 아니하는 한 원칙적으로 폭넓게 허용되어야 하지만, 실제로는 해당 정보를 취득 또는 활용할 의사가 전혀 없이 정보공개 제도를 이용하여 사회통념상 용인될 수 없는 부당한 이득을 얻으려 하거나, 오로지 공공기관의 담당공무원을 괴롭힐 목적으로 정보공개청구를 하는 경우처럼 권리의 남용에 해당하는 것이 명백한 경우에는 정보공개청구권의 행사를 허용하지 아니하는 것이 옳다(대판 2014.12.24, 2014두9349)."

Ⅴ. 사례의 경우

○ 사례에서 甲은 수백 회에 걸쳐 여러 국가기관에 다양한 내용의 정보공개청구를 반복하였으나 실제 해당 정보는 전혀 수령하지 않았으므로, 해당 정보를 알고자 하는 의사가 없이 정보공개제도를 이용하려는 경우로 추정됨

○ 더욱이 특정 변호사와 소송비용으로 지급받은 변호사보수를 50대50으로 배분하여 온 것은 변호사법 제34조가 금지하는 사실상의 동업행위를 한 것으로 보이므로(제34조 제5항), 정보공개제도를 이용하여 부당한 이득을 얻으려는 것으로 보임

○ 따라서 甲의 정보공개청구는 권리남용으로 허용되기 어렵다고 판단됨

○ 관련판례

"(교도소에 복역 중인 갑이 지방검찰청 검사장에게 자신에 대한 불기소사건 수사기록 중 타인의 개인정보를 제외한 부분의 공개를 청구하였으나 검사장이 공공기관의 정보공개에 관한 법률 제9조 제1항 등에 규정된 비공개 대상 정보에 해당한다는 이유로 비공개 결정을 한 사

---

197) 강론, 467면 이하.

안에서) 갑은 위 정보에 접근하는 것을 목적으로 정보공개를 청구한 것이 아니라, 청구가 거부되면 거부처분의 취소를 구하는 소송에서 승소한 뒤 소송비용 확정절차를 통해 자신이 그 소송에서 실제 지출한 소송비용보다 다액을 소송비용으로 지급받아 금전적 이득을 취하거나, 수감 중 변론기일에 출정하여 강제노역을 회피하는 것 등을 목적으로 정보공개를 청구하였다고 볼 여지가 큰 점 등에 비추어 갑의 정보공개청구는 권리를 남용하는 행위로서 허용되지 않는다(대판 2014.12.24, 2014두9349)."

2022년 제3차 변호사시험 모의고사 제2문

甲과 乙은 '면허의 기본자격을 갖춘 자 중에서 개인택시 면허기준 우선순위에 따라 면허를 발급'한다는 내용의 'A광역시 개인택시운송사업면허 모집공고'에 따라서 개인택시운송사업면허를 신청하였다. A광역시장은 「A광역시 개인택시운송사업면허 사무처리규정」(이하 '이 사건 규정')에 따라서 甲에게는 개인택시운송사업면허처분을 발급한 반면, 乙에 대해서는 우선순위가 뒤에 있음을 이유로 개인택시운송사업면허제외처분을 하였다.

甲은 개인택시운송사업면허를 발급받기 이전에 제1종 보통면허, 제1종 특수면허 및 제2종 원동기장치자전거면허를 취득하였다. 그런데 甲은 개인택시운송사업에 종사하던 중 휴무일에 혈중알코올농도 0.1%의 술에 취한 상태에서 그 소유의 개인택시를 운전하다가 교통사고를 일으켰고, 이를 이유로 취득한 운전면허 전부에 대한 취소처분을 받았다.

A광역시장은 甲에 대하여 자동차운전면허가 취소되었음을 이유로 개인택시운송사업면허를 취소하기로 하고 그에 대한 사전통지를 하였다. 그런데 甲이 개인택시운송사업면허의 취소가 있기 전에 A시청을 방문하였을 때, 담당공무원이 甲에게 개인택시운송사업면허의 취소에 대한 관련 법규 및 행정처분 절차에 대하여 설명을 한 후 청문절차를 진행하려고 하자, 이에 응하지 않고 자동차운전면허의 취소와 관련하여 경찰청장을 상대로 구제절차를 진행하고 있으니 개인택시운송사업면허의 취소를 연기해 달라는 내용이 포함된 '청문서'라는 제목의 서류를 A광역시장에게 제출하였다. 이후 A광역시장은 甲이 이미 '청문서'라는 서류를 제출한 사실이 있음을 들어 별도의 청문절차를 진행하지 않고 사전통지한 내용대로 개인택시운송사업면허취소처분을 하였다.

1. 乙은 이 사건 규정에 따른 자신의 무사고 운전경력의 산정에 오류가 있고 오히려 甲보다 자신의 면허발급순위가 우선한다고 주장하며 甲에 대한 개인택시운송사업면허처분의 취소를 구하고자 한다.
   (1) 개인택시운송사업면허의 법적 성격을 검토하시오. (10점)
   (2) 당해 취소소송에서 乙의 원고적격을 검토하시오. (15점)

2. 甲은 음주운전을 이유로 자신이 소지하고 있는 제1종 보통면허 이외에 제1종 특수면허와 제2종 원동기장치자전거면허까지 모두 취소한 것은 경찰청장이 「도로교통법」상 운전면허의 취소에 대한 재량권을 일탈·남용한 것으로서 위법하다고 주장한다. 이 주장의 당부를 검토하시오. (15점)
   [※ 도로교통법 및 동법 시행규칙 [별표 18]의 운전할 수 있는 차의 종류(제53조 관련)에 따르면,
   1. 운전면허의 종별에 따른 사업용자동차의 운전제한은 없음
   2. 제1종 특수면허 소지자는 제2종 보통면허로 운전할 수 있는 차량(승용자동차 포함)을 운전할 수 있음
   3. 제2종 보통면허로 '원동기장치 자전거'를 운전할 수 있음]

3. 甲은 A광역시장의 개인택시운송사업면허취소처분에 청문절차 흠결의 하자가 있음을 들어 취소
   소송을 제기하고자 한다. 다음 각 사항에 대하여 검토하시오. (30점)
   (1) 청문절차 흠결 하자의 인정 여부
   (2) A광역시장의 처분에 위 하자 외에 다른 하자가 없는 경우, 甲이 제기한 취소소송의 인용 가
       능성

4. 甲은 2009.3. 도로교통법위반(음주운전)죄로 1회 처벌받은 전력이 있는데 이번에 다시 혈중
   알코올 0.1%의 술에 취한 상태에서 개인택시를 운전함으로써 「도로교통법」 제44조 제1항을 2
   회 이상 위반하였다는 등의 공소사실로 2022.2. 기소되었다. 甲은 2회 이상 음주운전을 가중
   처벌하는 「도로교통법」 제148조의2 제1항에 대하여 명확성원칙과 책임과 형벌간의 비례원칙에
   위반한다고 주장한다. 甲의 주장의 헌법적 타당성을 검토하시오. (30점)

〈참조 조문〉
※ 아래의 법령은 가상의 것으로, 이와 다른 내용의 현행 법령이 있다면 아래의 법령을 현행 법령에
우선하는 것으로 할 것

「여객자동차 운수사업법」
제5조(면허 등의 기준) ① 여객자동차운송사업의 면허기준은 다음 각 호와 같다.
  1. 사업계획이 해당 노선이나 사업구역의 수송 수요와 수송력 공급에 적합할 것
  2. 최저 면허기준 대수(臺數), 보유 차고 면적, 부대시설, 그 밖에 국토교통부령으로 정하는 기준에
     적합할 것
  3. 대통령령으로 정하는 여객자동차운송사업인 경우에는 운전 경력, 교통사고 유무, 거주지 등 국토
     교통부령으로 정하는 기준에 적합할 것
  ④ 시·도지사는 「택시운송사업의 발전에 관한 법률」 제9조에 따라 사업구역별 택시 총량의 산정 또
  는 재산정이 있거나 수송 수요의 급격한 변화 등 국토교통부령으로 정하는 사유로 제3항의 수송력
  공급계획을 변경할 필요가 있는 경우에는 국토교통부장관의 승인을 받아 이를 변경할 수 있다. 다
  만, 사업구역별 택시 총량의 재산정으로 인하여 공급계획을 변경하는 경우에는 국토교통부장관의
  승인을 받지 아니하고 수송력 공급계획을 변경할 수 있다.
제85조(면허취소 등) ① 국토교통부장관, 시·도지사(터미널사업·자동차대여사업 및 대통령령으로 정
  하는 여객자동차운송사업에 한정한다) 또는 시장·군수·구청장(터미널사업에 한정한다)은 여객자동
  차 운수사업자가 다음 각 호의 어느 하나에 해당하면 면허·허가·인가 또는 등록을 취소하거나 6개
  월 이내의 기간을 정하여 사업의 전부 또는 일부를 정지하도록 명하거나 노선폐지 또는 감차 등이
  따르는 사업계획 변경을 명할 수 있다. 다만, 제5호·제8호·제39호 및 제41호의 경우에는 면허, 허
  가 또는 등록을 취소하여야 한다.
  37. 대통령령으로 정하는 여객자동차운송사업의 경우 운수종사자의 운전면허가 취소되거나 제87조
      제1항제2호 또는 제3호에 해당되어 운수종사자의 자격이 취소된 경우
제86조(청문) 국토교통부장관 또는 시·도지사는 제49조의15 또는 제85조제1항에 따라 제4조, 제28조,

제36조, 제49조의3, 제49조의10 또는 제49조의18에 따른 여객자동차운송사업, 자동차대여사업, 터미널사업, 플랫폼운송사업, 플랫폼가맹사업 또는 플랫폼중개사업의 면허, 허가 또는 등록을 취소하려면 청문을 하여야 한다.

「여객자동차 운수사업법 시행령」
제3조(여객자동차운송사업의 종류) 여객자동차운송사업은 다음 각 호와 같이 세분한다.
  1. 개인택시운송사업: 운행계통을 정하지 아니하고 국토교통부령으로 정하는 사업구역에서 1개의 운송계약에 따라 국토교통부령으로 정하는 자동차 1대를 사업자가 직접 운전(사업자의 질병 등 국토교통부령으로 정하는 사유가 있는 경우는 제외한다)하여 여객을 운송하는 사업. 이 경우 국토교통부령으로 정하는 바에 따라 경형·소형·중형·대형·모범형 및 고급형 등으로 구분한다.
  2. 이하 생략
제41조(면허취소 등) ① 법 제85조제1항 각 호 외의 부분 본문에서 "대통령령으로 정하는 여객자동차운송사업"이란 마을버스운송사업·전세버스운송사업·특수여객자동차운송사업 및 수요응답형 여객자동차운송사업을 말하며, 같은 항 제37호에서 "대통령령으로 정하는 여객자동차운송사업"이란 개인택시운송사업을 말한다.

「도로교통법」
제148조의2(벌칙) ① 제44조 제1항 또는 제2항을 2회 이상 위반한 사람(자동차등 또는 노면전차를 운전한 사람으로 한정한다)은 2년 이상 5년 이하의 징역이나 1천만 원 이상 2천만 원 이하의 벌금에 처한다.

[문 1]
[문 1의 (1)]
Ⅰ. 논점: ① 특허, ② 재량행위
Ⅱ. 특허
  1. 특허의 개념
  2. 특허의 효과
Ⅲ. 재량행위와 기속행위의 구별
  1. 구별기준에 관한 학설
  2. 구체적 구별기준
  3. 판례
Ⅳ. 사례의 경우
  ○ 강학상 특허로서 재량행위

[문 1의 (2)]
Ⅰ. 논점: 경원자소송에서의 원고적격
Ⅱ. 취소소송의 원고적격

  1. 원고적격의 의의
  2. 법률상 이익에 관한 학설
    (1) 권리구제설(권리회복설)
    (2) 법률상 보호이익설
    (3) 보호가치 있는 이익설
    (4) 적법성보장설
    (5) 결어
  3. 법률상 이익의 내용
Ⅲ. 경원자소송
  1. 의의
  2. 원고적격 인정 기준
Ⅳ. 사례의 경우
  ○ 乙의 원고적격이 인정됨

[문 2]
Ⅰ. 논점: 처분의 일부취소

Ⅱ. 여객자동차운송사업면허
　○ 특허로서 재량행위
Ⅲ. 일부취소
　1. 의의
　2. 판례
Ⅳ. 관련문제: 대인적 행정행위
Ⅴ. 사례의 경우
　○ 제1종 보통면허 및 특수면허 모두로 개
　　인택시를 운전한 것이 되고, 위 두 면
　　허로 원동기장치자전거의 운전도 가능
　　하므로, 운전면허 모두 취소 가능
　○ 甲의 주장은 타당하지 않음

[문 3]
Ⅰ. 논점
　○ 청문 및 청문 예외사유
　○ 절차상 하자의 독자적 위법성

Ⅱ. 청문
　1. 의의
　2. 청문의 실시요건
　3. 청문의 생략사유
　4. 청문절차 결여의 하자와 그 효과
Ⅲ. 절차상 하자의 독자적 위법성
　1. 문제의 소재
　2. 학설
　　(1) 소극설
　　(2) 적극설
　3. 판례
　4. 절차적 하자의 위법성 정도
Ⅳ. 사례의 경우
　○ 청문절차를 결여한 절차상 하자 존재
　○ 절차상 하자는 독자적 위법사유로서,
　　취소사유
　○ 따라서 취소소송 인용 가능

[문 1]

[문 1의 (1)]

Ⅰ. 논점: ① 특허, ② 재량행위

Ⅱ. 특허[198]

1. 특허의 개념

　○ 광의의 특허는 ① 특정 상대방에게 권리를 설정하는 행위, ② 능력을 설정하는 행위, ③ 포괄
　　적인 법률관계를 설정하는 행위를 포함하며, 이 가운데 특정 상대방에게 권리를 설정하는
　　행위만을 가리켜 협의의 특허라 함
　○ 특허의 대상이 되는 행위는 대체로 공익성이 강한 것으로 특허 여부는 행정청의 재량적 판단
　　에 의하여 이루어짐

---

198) 강론, 185면 이하.

2. 특허의 효과

○ 특허는 특정인에게 특정한 권리를 설정하는 행정행위임. 그 결과 특허의 상대방은 제3자에게 대항할 수 있는 새로운 법률상의 힘을 가지게 됨

Ⅲ. 재량행위와 기속행위의 구별[199)]

1. 구별기준에 관한 학설

① 요건재량설: 재량은 어떠한 사실이 법이 정한 요건에 해당하는가에 대한 판단에 존재한다는 견해

② 효과재량설: 재량을 어떠한 법률효과를 발생시킬 것인가에 대한 선택으로 보는 견해

③ 판단여지설: 판단여지는 요건규정상의 불확정개념에 대한 판단에 있어 고도의 전문성·기술성·정책성 등의 이유로 행정청에게 인정되는 독자적인 판단권을 의미하는데, 혹자는 이를 기속·재량행위의 구별기준으로 제시하기도 함

④ 결어: 요건재량설은 재량을 요건판단에서의 문제로 이해하는 오류가 있고, 효과재량설도 행위의 성질을 기준으로 하고 있다는 점에서 문제가 있어, 이 학설들이 재량행위와 기속행위에 대한 구별기준이 될 수 없음. 결국 당해 행위의 근거가 된 규정의 형식이나 체재 또는 문언 등에 따라 개별적으로 판단할 수밖에 없음

2. 구체적 구별기준

○ 구체적인 구분기준으로 근거법규범의 규정방식, 입법취지·목적, 행위의 특성·성질, 공익이나 기본권과의 관련성 등을 종합적으로 고려하여 구체적인 사안마다 개별적으로 판단하여야 함

3. 판례

○ 법규의 체재·형식과 그 문언, 당해 행위가 속하는 행정 분야의 주된 목적과 특성, 당해 행위 자체의 개별적 성질과 유형 등 고려

Ⅳ. 사례의 경우

○ 판례: 자동자운송사업면허는 특허로서 재량행위임(대판 1998.2.13, 97누13061)
○ 사례의 개인택시운송사업면허는 강학상 특허로서 재량행위임

---

199) 강론, 162면 이하.

[문 1의 (2)]

Ⅰ. 논점: 경원자소송에서의 원고적격

Ⅱ. 취소소송의 원고적격[200]

1. 원고적격의 의의

○ 취소소송에서의 원고가 될 수 있는 자격(법률상 이익이 있는 자)

2. 법률상 이익에 관한 학설

(1) 권리구제설(권리회복설): 권리를 침해당한 자만이 취소소송을 제기할 수 있다는 견해

(2) 법률상 보호이익설: 관련법을 목적론적으로 해석하여 '법에 의하여 보호되는 이익'이 침해되면 취소소송의 원고적격이 인정된다는 견해

(3) 보호가치 있는 이익설: 법에 의하여 보호되는 이익이 아니라 하더라도, 그 이익이 소송을 통하여 보호할 가치가 있다고 판단되는 경우에는 이러한 이익이 침해된 경우에도 취소소송의 원고적격을 인정하자는 견해

(4) 적법성보장설: 법률상 이익을 행정의 적법성에 대한 이해관계로 파악하는 견해. 즉 행정의 적법성 보장에 이해관계가 있는 자는 취소소송의 원고적격이 인정된다는 견해

(5) 결어: 오늘날 '법률상 이익'은, 권리구제설이나 법률상 보호이익설의 입장과 같이, 적어도 법에 의하여 보호되는 이익을 의미함

3. 법률상 이익의 내용

○ '법에 의하여 보호되는 개별적 · 직접적 · 구체적 이익'(대판 2008.3.27, 2007두23811)

○ 국민 일반이 공통적으로 가지는 일반적 · 간접적 · 추상적 이익이나, 제3자의 사실상의 간접적인 경제적 이해관계의 경우에는 법률상 보호되는 이익이 있다고 할 수 없음(대판 2007.12.27, 2005두9651; 대판 2002.8.23, 2002추61)

Ⅲ. 경원자소송[201]

1. 의의

○ 수익적 처분을 신청한 수인이 서로 경쟁관계에 있는 경우에 일방에 대한 수익적 처분의 발급

---

200) 강론, 830면 이하.

201) 강론, 841면 이하.

을 수익적 처분을 얻지 못한 타방이 행정소송으로 다투는 유형

2. 원고적격 인정 기준

○ 대법원은 경원관계가 존재하는 경우 일방에 대한 허가처분이 타방에 대한 불허가처분이 될 수밖에 없는 경우에 불허가처분을 받은 경원자에게 법률상의 이익이 있다고 보고 있음(대판 1992.5.8, 91누13274)

Ⅳ. 사례의 경우

○ 甲과 乙은 경원관계임
○ 甲에 대한 면허발급이 乙에 대한 면허제외가 될 수밖에 없는 경우이므로 乙의 원고적격이 인정됨

[문 2]

Ⅰ. 논점: 처분의 일부취소

Ⅱ. 여객자동차운송사업면허: 특허로서 재량행위

Ⅲ. 일부취소[202)]

1. 의의

○ 취소소송의 인용판결은 처분 등을 취소 또는 변경하는 판결인데, 이를 통하여 위법한 처분 등의 취소 또는 변경이라는 형성적 효과가 발생함
○ 여기에서 변경의 의미에 관하여는 적극적 변경이 가능하다는 견해도 있으나, 권력분립적 고려에 의하여 소극적 변경(일부취소)만을 의미한다고 이해됨

2. 판례

○ 판례는 일부취소는 외형상 하나의 처분이라고 하더라도 가분성이 있거나 그 처분대상의 일부가 특정될 수 있어야 가능하다는 입장임(대판 2000.2.11, 99두7210)
○ 한 사람이 여러 종류의 자동차운전면허를 취득하거나 이를 취소 또는 정지하는 경우 이를 서로 별개의 것으로 보아 일부취소가 가능하다고 보고 있음. 다만 취소사유가 특정의 면허에

---

202) 강론, 814면 이하, 927면.

관한 것이 아니고 다른 면허와 공통된 것이거나 운전면허를 받은 사람에 관한 것일 경우에는 여러 면허를 전부 취소할 수도 있음(대판 1995.11.16, 95누8850 전원합의체; 대판 1998.3.24, 98두1031; 대판 2012.5.24, 2012두1891 등)

○ 영업정지처분이나 과징금부과처분이 재량권남용에 해당되어 위법하면 그 처분의 취소를 명할 수 있을 뿐 어느 정도가 적정한가를 정하는 것은 행정청의 권한이므로 적정한 기간이나 금액을 초과하는 부분을 가려서 일부취소 하지 않고 전부를 취소하여야 함(대판 1982.6.22., 81누375; 대판 2010.7.15, 2010두7031)

Ⅳ. 관련문제: 대인적 행정행위[203]

○ 대인적 행정행위: 사람의 주관적 사정을 대상으로 하는 행정행위(예: 자동차운전면허·의사면허 등)
○ 대인적 행정행위는 개인적인 능력이나 특성에 기인하는 것으로 이전이 불가능함

Ⅴ. 사례의 경우

○ 도로교통법상 운전면허는 대인적 행정행위임. 이에 따라 도로교통법령은 개인의 운전능력에 따라 면허의 종류를 구분하고 있음
— 사례에서는 甲의 택시운전이 어떤 면허로 가능한지, 이 면허와 공통된 면허가 무엇인지를 살펴보아야 함
○ 개인택시는 승용자동차로서 2종보통면허로 운전할 수 있는 차량으로, 甲의 경우는 제1종 특수면허로도, 제1종 보통면허로도 택시를 운전할 수 있음
○ 甲의 경우는 제1종 보통면허 및 특수면허 모두로 개인택시를 운전한 것이 되므로, 택시의 음주운전을 이유로 두 운전면허를 모두 취소할 수 있음(대판 1996.6.28., 96누4992)
○ 나아가 제1종 보통면허나 제1종 특수면허로 원동기장치자전거의 운전이 가능하므로, 제2종 원동기장치자전거면허까지 취소할 수 있는 것으로 보아야 할 것임(대판 1994.11.25, 94누9672)
○ 따라서 재량권의 일탈·남용으로 위법하다고 할 수 없음. 甲의 주장은 타당하지 않음

[문 3]

Ⅰ. 논점

○ 청문 및 청문 예외사유
○ 절차상 하자의 독자적 위법성

---

203) 강론, 144면 이하.

Ⅱ. 청문[204]

1. 의의

○ 행정청이 어떠한 처분을 하기 전에 당사자등의 의견을 직접 듣고 증거를 조사하는 절차(행정절차법 2 5호)

2. 청문의 실시요건

○ 청문은 ① 다른 법령 등에서 청문을 하도록 규정하고 있는 경우, ② 행정청이 필요하다고 인정하는 경우, 또는 ③ 인허가 등의 취소, 신분·자격의 박탈, 법인이나 조합 등의 설립허가의 취소에 대한 불이익 처분 시 제21조 제1항 제6호에 따른 의견제출기한 내에 당사자등의 신청이 있는 경우에 실시함(행정절차법 22 ①)

○ 따라서 청문은 불이익처분의 경우에 반드시 실시되는 필요적 행정절차는 아니며 위의 사유에 해당하지 않는 한 단순한 의견제출로 의견청취가 이루어짐

3. 청문의 생략사유

○ 행정절차법 제21조 제4항 각 호(사전통지를 하지 않아도 되는 예외적 사항)의 어느 하나에 해당하는 경우와 당사자가 의견진술의 기회를 포기한다는 뜻을 명백히 표시한 경우에는 의견청취를 하지 아니할 수 있음(행정절차법 22 ④)

○ 이 경우 '의견청취가 현저히 곤란하거나 명백히 불필요하다고 인정될 만한 상당한 이유가 있는지 여부'는 당해 행정처분의 성질에 비추어 판단하여야 하는 것이지, 처분상대방이 이미 행정청에 위반사실을 시인하였다거나 처분의 사전통지 이전에 의견을 진술할 기회가 있었다는 사정을 고려하여 판단할 것은 아님(대판 2016.10.27, 2016두41811; 대판 2017.4.7, 2016두63224)

4. 청문절차 결여의 하자와 그 효과

○ 청문절차를 결여한 처분은 절차상 하자 있는 위법한 처분이 됨

○ 위법의 효과는 중대명백설에 따라 개별적으로 판단해 보아야 할 것인데, 판례는 청문절차의 결여를 취소사유로 보고 있음(대판 2007.11.16, 2005두15700)

---

204) 강론, 436면 이하.

Ⅲ. 절차상 하자의 독자적 위법성[205]

1. 문제의 소재

o 절차상의 하자가 있다는 이유만으로 행정행위가 위법한 행정행위가 되어 무효 또는 취소가 되는가 하는 문제로, 특히 기속행위와 관련하여 논란이 있음

2. 학설

(1) 소극설

o ① 행정절차는 적정한 행정결정을 확보하기 위한 것이고, ② 행정청이 적법한 절차를 거쳐 다시 처분하더라도 결국 동일한 처분을 하게 되는 경우 절차상 하자만으로 당해 처분을 취소하는 것은 행정경제·소송경제에 반한다는 점 등에서 독자적 위법성을 부인

(2) 적극설

o ① 법정 절차를 준수하지 않아도 행정처분이 적법한 것으로 인정된다면 이는 법치행정의 원리에 정면으로 위배되고, ② 소극설에 따를 경우 기속행위의 경우에는 절차적 규제를 담보할 수단이 없어지게 된다는 점 등에서 독자적 위법성 긍정

3. 판례

o 사전통지 또는 의견제출절차의 결여(대판 2004.5.28, 2004두1254), 청문절차의 결여(대판 1992.2.11, 91누11575), 이유제시의 결여(대판 1985.5.28, 84누289), 심의절차의 누락(대판 2007.3.15, 2006두15806)을 절차위반의 위법사유로 인정하고 있어 적극설의 입장이라고 할 수 있음

4. 절차적 하자의 위법성 정도

o 명문의 규정이 없는 경우에 절차상 하자가 무효사유인지 취소사유인지 문제임. 이 문제는 결국 중대명백설에 따라 판단하여야 할 것임

o 대법원의 경우 대부분 절차적 하자가 있는 행정처분에 대하여 취소사유로 인정하나, 절차위반으로 인하여 그 절차가 지향하는 목적을 형해화할 정도의 하자가 있는 경우 중대하고 명백한 하자로서 무효로 보고 있음

Ⅳ. 사례의 경우

o 판례는 처분 전에 행정청을 방문하여 소속 공무원에게 '처분을 좀 연기해 달라'는 내용의 서

---

205) 강론, 447면 이하.

류를 제출한 것을 들어, 여객자동차 운수사업법과 행정절차법이 필요적으로 실시하도록 규정하고 있는 청문을 실시한 것으로 볼 수는 없다는 입장이고,

○ 나아가, 처분 이전에 담당공무원이 관련 법규와 행정처분 절차에 대하여 설명을 하였다거나 그 자리에서 청문절차를 진행하고자 하였음에도 이에 응하지 않았다는 사정만으로 '처분의 성질상 의견청취가 현저히 곤란하거나 명백히 불필요하다고 인정될 만한 상당한 이유가 있는 경우' 혹은 '당사자가 의견진술의 기회를 포기한다는 뜻을 명백히 표시한 경우'에 해당한다고 보기 어렵다는 입장임(대판 2017.4.7, 2016두63224)

○ 따라서, 판례에 비추어 볼 때, 사례의 경우는 청문절차를 결여한 절차상 하자가 존재함

○ 절차상 하자는 독자적 위법사유가 될 수 있고, 원칙적으로는 취소사유임

○ 따라서 취소소송은 인용 가능함

2023년 제1차 변호사시험 모의시험 제1문

　유명 안과종합병원에서 수술을 받은 후 실명위기까지 겪게 된 프로그래머 甲은, 본인의 수술결과 등의 고통스러운 상황이 담당의사 乙의 부당한 진료로 인해 초래되었다고 생각하였다. 그래서 평소 오픈넷으로 운영하고 있는 자신의 블로그에 乙의 이름 및 잘못된 진료행위 등을 구체적으로 적시하여 게재하였다. 파워블로거인 甲의 영향력으로 인해 乙의 진료예약들이 줄이어 취소되었고, 병원 홈페이지에도 乙의 무능함과 진료행위의 부당함을 문제 삼거나 심지어 해고를 요구하는 글들이 적지 않게 올라왔다. 이에 乙은 이러한 모든 상황이 甲의 글로부터 시작되었다고 생각하여, 「형법」 제307조 제1항을 근거로 A경찰서에 甲을 고소하였고 이에 대한 수사가 진행 중이다.

　이 사건 수사 진행 중, 甲은 2022.12.23. 전기통신사업자인 B를 상대로 자신의 통신자료가 수사기관에 제공된 사실이 있는지 여부를 확인해 줄 것을 요청하였다. 이에 B는 甲의 '성명, 주민등록번호 등'에 관한 통신자료가 2022.1.24.부터 같은 해 2.24.까지 세 차례에 걸쳐 A경찰서에 제공된 사실이 있음을 2022.12.27. 甲에게 확인해주었다. 그러나 甲은 B의 해당 통신자료제공에 관하여 사전적으로나 사후적으로도 아무런 통지를 받지 못했다. 甲은 A경찰서가 B에게 이용자의 성명 등 통신자료의 제공을 요청하여 취득한 행위(이하 '통신자료 취득행위'라 한다) 및 수사기관 등이 전기통신사업자에게 이용자의 성명 등 통신자료의 열람이나 제출을 요청할 수 있도록 한 「전기통신사업법」 제83조 제3항 중 '수사관서의 장(군 수사기관의 장을 포함한다)의 수사를 위한 정보수집을 위한 통신자료 제공 요청'에 관한 부분(이하 '이 사건 법률조항'이라 한다)이 영장주의·적법절차원칙에 위배되어 자신의 기본권을 침해한다고 주장하면서, 2023.2.27.「헌법재판소법」제68조 제1항에 의한 헌법소원 심판을 청구하였다.

4. 甲은 자신의 통신자료가 세 차례나 경찰서에 제공되었음에도 아무런 통지가 없음에 대하여 A경찰서에 항의하였으나 답변을 받지 못했다. 이에 甲은 사실관계를 정확히 파악하기 위해 A경찰서에 B로부터 제공받았던 甲의 통신자료 전부에 관한 정보공개청구를 하였다. 그러나 A경찰서는 이 청구에 대하여 甲의 행위의 범죄성립 여부를 수사 중일 뿐만 아니라 해당 정보에 제3자의 개인정보가 포함되어 있다는 이유로 정보공개를 거부하였다. 이 정보공개거부처분의 위법성 여부에 대하여 검토하시오. (20점)

[문 4]
Ⅰ. 논점
　◦ 정보공개법상 비공개대상정보 여부(제9조 제1항의 제4호와 제6호 관련)

Ⅱ. 비공개대상정보
　◦ 정보공개법 9

Ⅲ. 제9조 제1항 제4호(재판이나 수사 등과 관련된 정보)

[문 4]

Ⅰ. 논점: 정보공개법상 비공개대상정보 여부(제9조 제1항의 제4호와 제6호 관련)

Ⅱ. 비공개대상정보[206]

ㅇ 정보공개법은 공공기관이 보유하고 있는 정보에 대하여 공개를 원칙으로 하면서도, 이에 대한 예외로서 8가지의 비공개대상정보는 이를 공개하지 않을 수 있다고 규정하고 있음(정보공개법 9)

ㅇ 공공기관은 위의 사유에 해당하는 정보가 기간의 경과 등으로 인하여 비공개의 필요성이 없어진 경우에는 당해 정보를 공개 대상으로 하여야 함(정보공개법 9 ②)

ㅇ 사례의 경우는 ① 정보공개법 제9조 제1항의 제4호(재판이나 수사 등과 관련된 정보)와 ② 제6호(개인정보)에 해당하는지 여부가 문제임

Ⅲ. 제9조 제1항 제4호(재판이나 수사 등과 관련된 정보)

ㅇ 비공개대상 정보: 진행 중인 재판에 관련된 정보와 범죄의 예방, 수사, 공소의 제기 및 유지, 형의 집행, 교정, 보안처분에 관한 사항으로서 공개될 경우 그 직무수행을 현저히 곤란하게 하거나 형사피고인의 공정한 재판을 받을 권리를 침해한다고 인정할 만한 상당한 이유가 있는 정보

ㅇ 관련판례

"'수사에 관한 사항으로서 공개될 경우 그 직무수행을 현저히 곤란하게 한다고 인정할 만한 상당한 이유가 있는 정보'를 비공개대상정보로 규정한 취지는 수사의 방법 및 절차 등이 공개되어 수사기관의 직무수행에 현저한 곤란을 초래할 위험을 막고자 하는 것으로서, … 수사의 방법 및 절차 등이 공개됨으로써 수사기관의 직무수행을 현저히 곤란하게 한다고 인정할

---

206) 강론, 467면 이하.

만한 상당한 이유가 있어야만 위 비공개대상정보에 해당한다. 여기에서 '공개될 경우 그 직무수행을 현저히 곤란하게 한다고 인정할 만한 상당한 이유가 있는 정보'란 당해 정보가 공개될 경우 수사 등에 관한 직무의 공정하고 효율적인 수행에 직접적이고 구체적으로 장애를 줄 고도의 개연성이 있고 그 정도가 현저한 경우를 의미하며 … (대판 2017.9.7, 2017두44558)"

Ⅳ. 제9조 제1항 제6호(개인정보)

○ 비공개대상정보: 해당 정보에 포함되어 있는 이름·주민등록번호 등 개인에 관한 사항으로서 공개될 경우 개인의 사생활의 비밀 또는 자유를 침해할 우려가 있다고 인정되는 정보(다만, (ⅰ) 법령이 정하는 바에 따라 열람할 수 있는 정보, (ⅱ) 공공기관이 공표를 목적으로 작성하거나 취득한 정보로서 개인의 사생활의 비밀과 자유를 부당하게 침해하지 않는 정보, (ⅲ) 공공기관이 작성하거나 취득한 정보로서 공개하는 것이 공익 또는 개인의 권리 구제를 위하여 필요하다고 인정되는 정보, (ⅳ) 직무를 수행한 공무원의 성명·직위, (ⅴ) 공개하는 것이 공익을 위하여 필요한 경우로써 법령에 따라 국가 또는 지방자치단체가 업무의 일부를 위탁 또는 위촉한 개인의 성명·직업에 관한 정보는 제외)

○ 관련판례

"정보공개법 제9조 제1항 제6호의 … 비공개대상정보에는 성명·주민등록번호 등 '개인식별정보'뿐만 아니라 그 외에 정보의 내용에 따라 '개인에 관한 사항의 공개로 인하여 개인의 내밀한 내용의 비밀 등이 알려지게 되고, 그 결과 인격적·정신적 내면생활에 지장을 초래하거나 자유로운 사생활을 영위할 수 없게 될 위험성이 있는 정보'도 포함된다(대판 2017.9.7, 2017두44558)."

"정보공개법 제9조 제1항 제6호 단서 (다)목은 '공공기관이 작성하거나 취득한 정보로서 공개하는 것이 공익 또는 개인의 권리 구제를 위하여 필요하다고 인정되는 정보'는 제외된다고 규정하고 있다. 그런데 여기에서 '공개하는 것이 공익 또는 개인의 권리 구제를 위하여 필요하다고 인정되는 정보'에 해당하는지 여부는 비공개에 의하여 보호되는 개인의 사생활의 비밀 등 이익과 공개에 의하여 보호되는 국정운영의 투명성 확보 등의 공익 또는 개인의 권리 구제 등 이익을 비교·교량하여 구체적 사안에 따라 신중히 판단하여야 한다(대판 2009.10.29, 2009두14224)."

Ⅴ. 사례의 경우

1. 제9조 제1항 제4호 관련

○ 사례의 경우 통신자료는 수사 중인 정보에 해당하나, 청구자인 甲 자신의 개인정보일 뿐만 아니라 수사과정에서의 방어권 보장을 위해서도 필요한 정보일 것임

○ 따라서, 공개될 경우 그 직무수행을 현저하게 곤란하게 하는 상당한 이유가 있는 정보가 아

니라고 판단됨

2. 제9조 제1항 제6호 관련

○ 사례의 경우, 특히 단서 (다)목이 관련됨

○ 청구된 정보는 甲의 통화내역일 뿐만 아니라 수사과정에서의 방어권 보장을 위해서도 필요한 정보라는 점에서, 공공기관이 취득한 정보로서 공개하는 것이 공익이나 개인의 권리 구제를 위하여 필요하다고 인정되는 정보에 해당한다고 볼 수 있음

3. 결론: 위법

○ 수사 중인 정보이지만 제9조 제1항 제4호에 해당하지 않고, 개인정보이지만 제9조 제1항 제6호 다목에 해당하므로, A의 정보공개거부처분은 위법함

2023년 제1차 변호사시험 모의고사 제2문

서울특별시장은 2023.4.28.자로 주택건설업을 영위하는 회사 A의 주택건설사업계획승인 신청을 거부하는 처분(이하 '이 사건 거부처분'이라 함)을 하면서 '이 처분에 이의가 있을 때에는 거부처분을 받은 날부터 60일 이내에 「민원처리에 관한 법률」에 따라 행정기관의 장에게 거부처분에 대한 이의신청을 할 수 있으며, 이의신청 여부와 관계없이 처분이 있음을 안 날부터 90일 이내에 「행정심판법」에 따라 처분청 또는 재결청에 행정심판을 청구하거나 「행정소송법」에 따라 피고를 관할하는 행정법원에 행정소송을 할 수 있음을 알려드립니다.'라는 내용을 고지하였고, 이 사건 거부처분은 2023.5.3. A에게 송달되었다. A는 이 사건 거부처분의 취소를 목적으로 2023.5.24. 이의신청을 하였으나, 서울특별시장은 2023.5.30. 이의신청을 기각하는 결정을 하였고, 동 결정은 2023.6.1. A에게 송달되었다.

1. A가 주택건설사업계획승인을 받기 위해 취소소송을 제기할 경우
   (1) 이 사건 거부처분 및 이의신청 기각결정 중 소송의 대상을 무엇으로 삼아야 하는지, 그리고 이의신청 기각결정이 행정심판의 재결의 성질을 갖는지 논하라. (15점)
   (2) 위 (1)에 따른 취소소송을 제기할 경우 제소기간의 기산점에 대하여 「행정기본법」을 참고하여 논하라. (10점)

2. 만약 서울특별시장이 사전통지 없이 이 사건 거부처분을 구두로 하였다면, 절차와 형식에 있어서 위법성이 존재하는지 논하라. (15점)

3. 이 사건 거부처분에 대한 A의 「행정심판법」상 구제방법에 대해서 논하라. (20점)

4. 위 사례와 달리 서울특별시장이 위 주택건설사업계획을 승인하였으나, 이 승인처분은 「주택법」에 따른 주택건설사업계획 승인요건이 충족되지 않은 위법한 처분이었다. 이 경우 주택건설사업계획 승인사무가 자치사무인지 아니면 기관위임사무인지를 설명하고, 국가가 「지방자치법」상 어떠한 조치를 취할 수 있는지를 논하라. (20점)

[참조조문] ※ 아래의 법령은 가상의 것임을 전제로 한다.

「주택법」
제15조(사업계획의 승인) ① 대통령령으로 정하는 호수 이상의 주택건설사업을 시행하려는 자 또는 대통령령으로 정하는 면적 이상의 대지조성사업을 시행하려는 자는 다음 각 호의 사업계획승인권자(이하 "사업계획승인권자"라 한다. 국가 및 한국토지주택공사가 시행하는 경우와 대통령령으로 정하는 경우에는 국토교통부장관을 말하며, 이하 이 조, 제16조부터 제19조까지 및 제21조에서 같다)에

게 사업계획승인을 받아야 한다. 다만, 주택 외의 시설과 주택을 동일 건축물로 건축하는 경우 등 대통령령으로 정하는 경우에는 그러하지 아니하다.

1. 주택건설사업 또는 대지조성사업으로서 해당 대지면적이 10만제곱미터 이상인 경우: 특별시장·광역시장·특별자치시장·도지사 또는 특별자치도지사(이하 "시·도지사"라 한다) 또는 「지방자치법」 제198조에 따라 서울특별시·광역시 및 특별자치시를 제외한 인구 50만 이상의 대도시(이하 "대도시"라 한다)의 시장

2. 주택건설사업 또는 대지조성사업으로서 해당 대지면적이 10만제곱미터 미만인 경우: 특별시장·광역시장·특별자치시장·특별자치도지사 또는 시장·군수

② 제1항에 따라 사업계획승인을 받으려는 자는 사업계획승인신청서에 주택과 그 부대시설 및 복리시설의 배치도, 대지조성공사 설계도서 등 대통령령으로 정하는 서류를 첨부하여 사업계획승인권자에게 제출하여야 한다.

③ 주택건설사업을 시행하려는 자는 대통령령으로 정하는 호수 이상의 주택단지를 공구별로 분할하여 주택을 건설·공급할 수 있다. 이 경우 제2항에 따른 서류와 함께 다음 각 호의 서류를 첨부하여 사업계획승인권자에게 제출하고 사업계획승인을 받아야 한다.

1. 공구별 공사계획서

2. 입주자모집계획서

3. 사용검사계획서

④ 제1항 또는 제3항에 따라 승인받은 사업계획을 변경하려면 사업계획승인권자로부터 변경승인을 받아야 한다. 다만, 국토교통부령으로 정하는 경미한 사항을 변경하는 경우에는 그러하지 아니하다.

⑤ 제1항 또는 제3항의 사업계획은 쾌적하고 문화적인 주거생활을 하는 데에 적합하도록 수립되어야 하며, 그 사업계획에는 부대시설 및 복리시설의 설치에 관한 계획 등이 포함되어야 한다.

「민원처리에 관한 법률」(약칭: 민원처리법)
제35조(거부처분에 대한 이의신청) ① 법정민원에 대한 행정기관의 장의 거부처분에 불복하는 민원인은 그 거부처분을 받은 날부터 60일 이내에 그 행정기관의 장에게 문서로 이의신청을 할 수 있다.

② 행정기관의 장은 이의신청을 받은 날부터 10일 이내에 그 이의신청에 대하여 인용 여부를 결정하고 그 결과를 민원인에게 지체 없이 문서로 통지하여야 한다. 다만, 부득이한 사유로 정하여진 기간 이내에 인용 여부를 결정할 수 없을 때에는 그 기간의 만료일 다음 날부터 기산(起算)하여 10일 이내의 범위에서 연장할 수 있으며, 연장 사유를 민원인에게 통지하여야 한다.

③ 민원인은 제1항에 따른 이의신청 여부와 관계없이 「행정심판법」에 따른 행정심판 또는 「행정소송법」에 따른 행정소송을 제기할 수 있다.

④ 제1항에 따른 이의신청의 절차 및 방법 등에 필요한 사항은 대통령령으로 정한다.

[문 1의 (1)]

Ⅰ. 논점

　o '이 사건 거부처분'과 '이의신청 기각결정'의 처분성

　o 이의신청 기각결정이 행정심판의 재결의 성질을 가지는지 여부

Ⅱ. '거부'의 처분성
1. 거부처분의 의의
2. 거부처분의 성립요건
  (1) 판례
    ○ ① 신청한 행위가 처분, ② 거부행위가 법률관계에 변동을 일으키는 것, ③ 처분발급을 요구할 법규상 또는 조리상의 신청권
  (2) 학설
    ○ ① 대상적격설, ② 본안문제설, ③ 원고적격설. ④ 원고적격설이 타당
Ⅲ. 이의신청 기각결정의 처분성
  ○ 이의신청의 의의
  ○ 행정기본법 36 ①
  ○ 이의신청 기각결정은 처분이 아님
Ⅳ. 이의신청 기각결정이 행정심판의 재결의 성질을 가지는지 여부
1. 이의신청과 행정심판과의 관계
2. 이의신청이 특별행정심판이 아닌 이상, 행정심판법상 행정심판과는 다름
Ⅴ. 사례의 경우
1. 이 사건 거부처분의 처분성
  ○ 주택건설사업계획 승인거부처분은 처분임
2. 이의신청 기각결정의 처분성
  ○ 기존의 처분을 그대로 유지하는 결정에 불과하므로 처분이 아님
3. 결론
  ○ 승인거부처분을 상대로 취소소송을 제기하여야 함
  ○ 사례의 이의신청은 행정심판이 아니므로, 기각결정이 재결의 성질을 가지지 않음

[문 1의 (2)]
Ⅰ. 논점
  ○ 이의신청을 거친 경우 취소소송의

제소기간의 기산점
Ⅱ. 취소소송의 제소기간
  ○ 의의
  ○ 행소법 20
  ○ 행소법 20 ① 단서
Ⅲ. 행정기본법상 이의신청
1. 이의신청에 관한 일반적 규정
  ○ 행정기본법 36
2. 행정쟁송과의 관계
  ○ 행정기본법 36 ④
Ⅳ. 사례의 경우
  ○ 행정기본법에 따라 이의신청 기각결정문이 송달된 2023.6.1.이 제소기간의 기산점

[문 2]
Ⅰ. 논점
  ○ 수익적 행정행위의 거부처분도 불이익처분에 해당하는지 여부
  ○ 행정행위의 형식요건으로서 문서 요건 (행정절차법 24)
Ⅱ. 불이익처분절차
1. 행정절차법상 불이익처분의 개념
  ○ 행정절차법 21
2. 수익적 행정행위의 거부처분도 불이익처분에 해당하는지 여부
  ① 긍정설, ② 부정설(다수설), ③ 판례: 부정설, ④ 결어: 다수설 및 판례 타당
Ⅲ. 행정행위의 형식요건으로서 문서 요건(행정절차법 24)
1. 행정행위의 적법요건으로서 형식요건
2. 행정절차법 규정
  ○ 행정절차법 24 ①, ②
  ○ 행정절차법 24 ③
Ⅳ. 관련 판례
  ○ 대판 2019.7.11, 2017두38874
Ⅴ. 사례의 경우

○ 사전통지를 하지 않은 것을 위법하다고
할 수 없음
○ 그러나 거부처분을 구두로 한 것은 위
법함

[문 3]

Ⅰ. 논점
　○ 수익적 처분의 거부에 대한 행정심판법
　　상 구제수단
　　－ 취소심판, 의무이행심판
　　－ 집행정지, 임시처분
　　－ 직접처분, 간접강제
Ⅱ. 행정심판
　1. 취소심판
　　(1) 의의
　　(2) 거부처분에 대한 대하여 취소심판
　　　　청구가 가능한지 여부
　　　　1) 학설
　　　　2) 거부처분에 대한 취소심판 가
　　　　　능성
　　　　3) 행정심판법 49 ② 신설
　2. 의무이행심판
Ⅲ. 가구제
　1. 행정심판법상 가구제
　2. 집행정지
　　(1) 집행부정지의 원칙
　　(2) 집행정지
　　　　1) 의의
　　　　2) 요건
　3. 임시처분
　　(1) 의의와 요건
　　(2) 임시처분의 보충성
Ⅳ. 재결의 실효성 확보수단으로서의 직접처
　분과 간접강제
　1. 직접처분
　2. 간접강제
Ⅴ. 사례의 경우
　○ 거부처분에 대해서는 취소심판이나 의

무이행심판을 청구할 수 있음
　○ 거부처분은 수익적 처분에 대한 것으로
　　집행정지의 대상이 아닌 임시처분의 대
　　상임. 따라서 임시처분을 신청할 수 있음
　○ 취소심판의 인용재결에 대해서는 재처
　　분의무가 발생하고 이를 이행하지 않는
　　경우 간접강제가 가능함
　○ 의무이행심판의 인용재결에 대해서는
　　재처분의무가 발생하고 이를 이행하지
　　않는 경우 (직접처분의 한계에 해당하
　　지 않을 경우) 직접처분을 하거나 간접
　　강제가 가능함

[문 4]

Ⅰ. 논점
　○ 자치사무와 기관위임사무의 구별
　○ 국가의 행정적 통제(시정명령 등)
Ⅱ. 자치사무와 기관위임사무의 구별
　1. 학설
　2. 판례
　3. 결어
Ⅲ. 시정명령(지자법 188)
　1. 시정명령
　2. 취소 · 정지
　3. 지방자치단체의 장의 제소
Ⅳ. 보고 · 감사
Ⅴ. 사례의 경우
　1. 주택건설사업계획 승인사무의 성질
　　○ 자치사무
　2. 국가가 지방자치법상 취할 수 있는
　　조치
　　○ 주무부장관인 국토교통부장관은 기
　　　간을 정하여 서면으로 시정할 것을
　　　명하고, 그 기간에 이행하지 아니하
　　　면 이를 취소하거나 정지할 수 있음
　　○ 그 밖에도 행정안전부장관이 감사를
　　　실시할 수 있음

[문 1의 (1)]

I. 논점

- ○ '이 사건 거부처분'과 '이의신청 기각결정'의 처분성
- ○ 이의신청 기각결정이 행정심판의 재결의 성질을 가지는지 여부

II. '거부'의 처분성[207]

1. 거부처분의 의의

- ○ 처분을 구하는 당사자의 신청에 대하여 처분의 발급을 거부하는 행정청의 행정작용

2. 거부처분의 성립요건

(1) 판례

- ○ 거부처분의 성립요건과 관련하여 판례는 ① 신청한 행위가 처분이어야 하고, ② 그 거부행위가 신청인의 법률관계에 변동을 일으키는 것이어야 하며, ③ 당사자에게 처분의 발급을 요구할 법규상 또는 조리상의 신청권이 있어야 한다는 입장임

(2) 학설

- ○ 이에 대하여 학설은 ① 신청권을 거부처분의 요건으로 보아야 한다는 견해(대상적격설), ② 신청권의 존재 여부는 본안에서 가려야 할 문제라고 보는 견해(본안문제설), ③ 신청권의 존재는 거부처분의 성립요건이 아니라 원고적격의 문제라고 보는 견해(원고적격설)가 대립되고 있음. ④ '신청권'의 존부는 '원고에게 그러한 추상적 신청권이 인정되는가' 하는 문제라는 점에서 원고적격설이 타당함

III. 이의신청 기각결정의 처분성[208]

- ○ 이의신청은 위법·부당한 행정작용으로 인하여 권리가 침해된 자가 처분청에 대하여 그러한 행위의 취소를 구하는 절차를 말함
- ○ 행정기본법은 "행정청의 처분(행정심판법 제3조에 따라 같은 법에 따른 행정심판의 대상이 되는 처분을 말한다. 이하 이 조에서 같다)에 이의가 있는 당사자는 처분을 받은 날부터 30일 이내에 해당 행정청에 이의신청을 할 수 있다(행정기본법 36 ①)."고 규정하여 이의신청에 관한 일반적인 규정을 마련하였음

---

207) 강론, 875면 이하.
208) 강론, 741면 이하.

○ 이의신청 기각결정은 처분이 아님

　[1] 국가유공자법 제74조의18 제1항이 정한 이의신청을 받아들이지 아니하는 결정은 이의신청인의 권리·의무에 새로운 변동을 가져오는 공권력의 행사나 이에 준하는 행정작용이라고 할 수 없으므로 원결정과 별개로 항고소송의 대상이 되지는 않는다(대판 2016.7.27, 2015두 45953).”

○ 다만, 어떠한 처분이 수익적 행정처분을 구하는 신청에 대한 거부처분이 아니라고 하더라도, 해당 처분에 대한 이의신청의 내용이 새로운 신청을 하는 취지로 볼 수 있는 경우에는, 그 이의신청에 대한 결정의 통보를 새로운 처분으로 볼 수 있음(대판 2022.3.17, 2021두53894).

Ⅳ. 이의신청 기각결정이 행정심판의 재결의 성질을 가지는지 여부[209)]

1. 이의신청과 행정심판과의 관계

○ 이의신청과 행정심판의 관계에 대하여는 정하여진 바가 없었음. 특히 이의신청 이후의 불복절차에 대해서 다양하게 규정하고 있어, 경우에 따라서는 이의신청 이후에 행정심판을 청구할 수 있는지가 논란이 되는 경우도 있었음. 실제로 개별법상의 이의신청이 행정심판에 갈음하는 특별행정심판인지, 아니면 행정심판과는 별도의 이의신청인지 명확하지 않음

○ 이의신청이 특별행정심판에 해당하는 경우라면, 이의신청 이후에 일반행정심판을 청구할 수 없다고 할 것임

○ 이의신청 이후에 행정심판이 허용되는가 하는 문제는, 명문으로 이를 허용하는 규정이 없는 한, 결국, 이의신청을 규정하고 있는 취지(행정의 전문성·특수성 등의 이유로 행정심판의 특례로서 이의신청이 필요한 경우인지 여부 등), 이의신청절차가 행정구제절차로서의 객관성·공정성·전문성 등을 갖추고 있는지 여부, 행정심판을 허용하는 것이 행정에 대한 적법성통제 및 개인의 권익구제의 측면에서 의미가 있는지의 여부(이의신청과의 중복 여부, 신속한 권리구제의 필요 여부 등) 등을 종합적으로 검토하여 개별적으로 판단할 수밖에 없음

2. 이의신청이 특별행정심판이 아닌 일반적인 이의신청인 이상, 이는 행정심판법에서 정한 행정심판과는 그 성질을 달리한다고 보는 것이 판례의 태도임(대판 2012.11.15, 2010두8676)

---

209) 강론, 742면.

V. 사례의 경우

1. 이 사건 거부처분의 처분성

○ 주택법 제15조 제3항에서는 사업계획승인을 받으려는 자는 사업계획승인신청서에 주택과 그 부대시설 및 복리시설의 배치도, 대지조성공사 설계도서 등 대통령령으로 정하는 서류를 첨부하도록 하고 있는데, 이는 주택법상 승인요건을 충족하는 자에게 주택건설사업계획 승인이 가능토록 함으로써 주택건설사업계획 승인신청자에게 법규상 신청권을 인정하는 취지로 보아야 할 것임
○ 따라서 주택건설사업계획 승인거부처분은 처분임

2. 이의신청 기각결정의 처분성

○ 민원처리에 관한 법률에 따른 이의신청에 대한 기각결정은 기존의 처분을 그대로 유지하는 결정에 불과하므로 처분이 아님

3. 결론

○ 이 사건 이의신청에 대한 기각결정은 별도의 처분으로 볼 수 없으므로 원처분인 2023.5.3.자 주택건설사업계획 승인거부처분을 상대로 취소소송을 제기하여야 함
○ 사례의 이의신청은 행정심판이 아니므로, 기각결정이 재결의 성질을 가지지 않음

[문 1의 (2)]

I. 논점: 이의신청을 거친 경우 취소소송의 제소기간의 기산점

II. 취소소송의 제소기간[210]

○ 제소기간은 소송제기가 허용되는 기간을 말함
○ 취소소송은 처분 등이 있음을 안 날부터 90일 이내 또는 처분 등이 있은 날부터 1년 이내에 제기하여야 함(행소법 20)
○ 행정심판청구가 있은 때의 제소기간 또한 90일이며, 그 기간은 재결서의 정본을 송달받은 날부터 기산함(행소법 20 ① 단서)
○ 여기서 말하는 '행정심판'은 행정심판법에 따른 일반행정심판과 이에 대한 특례로서 다른 법률에서 사안의 전문성과 특수성을 살리기 위하여 특히 필요하여 일반행정심판을 갈음하는 특

---

210) 강론, 896면 이하.

별한 행정불복절차를 정한 경우의 특별행정심판(행정심판법 제4조)을 뜻함(대판 2014.4.24, 2013두 10809).

Ⅲ. 행정기본법상 이의신청[211]

1. 이의신청에 관한 일반적 규정

○ 행정기본법은 이의신청에 관한 일반적인 규정을 마련하였음. 따라서 개별법령에 규정이 없더 라도 행정기본법에 따라 이의신청을 할 수 있음

2. 행정쟁송과의 관계

○ 이의신청에 대한 결과를 통지받은 후 행정심판 또는 행정소송을 제기하려는 자는 그 결과를 통지받은 날(제2항에 따른 통지기간 내에 결과를 통지받지 못한 경우에는 같은 항에 따른 통지기간이 만료되는 날의 다음 날을 말한다)부터 90일 이내에 행정심판 또는 행정소송을 제기할 수 있음(행정기본법 36 ④)

Ⅳ. 사례의 경우

○ 과거에는 이의신청이 행정심판재결로서의 성질을 가지고 있는지 여부를 검토하여 행정심판 재결로서의 성질이 인정되면 이의신청에 대한 기각결정문 송달일로부터 90일, 그렇지 않을 경우에는 원처분을 안 날로부터 90일이 적용되는 것으로 보고 있었음
○ 그러나 현재는 행정기본법에 따라 이의신청에 대한 결과를 통지받은 날로부터 90일 이내에 행정심판 또는 행정소송을 제기할 수 있음. 즉, 이의신청이 행정심판재결로서의 성질을 가지 는지 여부와 무관하게 이의신청 기각결정문을 송달받은 날로부터 제소기간이 기산됨
○ 사례의 경우 행정기본법에 따라 이의신청 기각결정문이 송달된 2023.6.1.이 제소기간의 기산 점이 됨

[문 2]

Ⅰ. 논점

○ 수익적 행정행위의 거부처분도 불이익처분에 해당하는지 여부
○ 행정행위의 형식요건으로서 문서 요건(행정절차법 24)

---

211) 강론, 743면 이하.

Ⅱ. 불이익처분절차[212)

1. 행정절차법상 불이익처분의 개념

○ 당사자에게 의무를 부과하거나 권익을 제한하는 처분(행정절차법 21)

2. 수익적 행정행위의 거부처분도 불이익처분에 해당하는지 여부

① 거부처분도 당사자의 권익을 제한하는 처분이라는 점에서 행정절차법상의 불이익처분에 해당한다는 긍정설

② 수익적 행정행위의 거부의 경우 신청에 따라 아직 권익이 부여된 것이 아니므로 신청에 대한 거부처분을 직접 '당사자의 권익을 제한하는 처분'에 해당한다고 할 수 없다는 부정설(다수설)

③ 판례: 부정설(대판 2003.11.28, 2003두674)

④ 결어: 다수설 및 판례가 타당

Ⅲ. 행정행위의 형식요건으로서 문서 요건(행정절차법 24)[213)

1. 행정행위의 적법요건으로서 형식요건

○ 행정행위가 적법하려면 적법요건을 갖추어야 하는데, 적법요건은 구체적으로 주체·내용·형식·절차요건으로 구분할 수 있음.

○ 이 가운데 문서요건은 일반적으로 '형식요건'에 해당한다고 할 수 있는데, 행정행위는 행정절차법, 기타 개별법에서 정한 형식요건을 구비하여야 함

2. 행정절차법 규정

○ 행정절차법은 다른 법령 등에 특별한 규정이 있는 경우를 제외하고는 처분은 문서의 형식으로 하도록 하고 있음. 다만 신속히 처리할 필요가 있거나 사안이 경미한 경우에는 말 또는 그 밖의 방법으로 할 수 있지만, 이 경우에도 당사자의 요청이 있는 경우에는 문서를 주어야 함(행정절차법 24 ①, ②)

○ 행정절차법이 문서형식의 처분을 원칙으로 하는 것은 처분의 명확성과 책임성을 제고하기 위한 것임. 특히 후자를 위하여 처분을 하는 문서에는 그 처분 행정청 및 담당자의 소속·성명과 연락처를 적도록 하고 있음(행정절차법 24 ③)

---

212) 강론, 431면 이하.
213) 강론, 428면 이하.

Ⅳ. 관련 판례

○ "행정절차에 관한 일반법인 행정절차법은 제24조 제1항 ⋯ 은 처분내용의 명확성을 확보하고 처분의 존부에 관한 다툼을 방지하여 처분상대방의 권익을 보호하기 위한 것이므로, 이를 위반한 처분은 하자가 중대·명백하여 무효이다. ⋯ 외국인의 사증발급 신청에 대한 거부처분은 당사자에게 의무를 부과하거나 적극적으로 권익을 제한하는 처분이 아니므로, 행정절차법 제21조 제1항에서 정한 '처분의 사전통지'와 제22조 제3항에서 정한 '의견제출 기회 부여'의 대상은 아니다. 그러나 사증발급 신청에 대한 거부처분이 성질상 행정절차법 제24조에서 정한 '처분서 작성·교부'를 할 필요가 없거나 곤란하다고 일률적으로 단정하기 어렵다. 또한 출입국관리법령에 사증발급 거부처분서 작성에 관한 규정을 따로 두고 있지 않으므로, 외국인의 사증발급 신청에 대한 거부처분을 하면서 행정절차법 제24조에 정한 절차를 따르지 않고 '행정절차에 준하는 절차'로 대체할 수도 없다(대판 2019.7.11, 2017두38874)."

Ⅴ. 사례의 경우

○ 이 사건 거부처분은 행정절차법상 불이익처분이 아니므로 사전통지의 대상은 아니므로, 사전통지를 하지 않은 것을 위법하다고 할 수 없음
○ 그러나 처분은 문서로 하여야 하는데, 사례의 경우는 행정절차법상 예외사유(긴급히 처분을 할 필요가 있거나 사안이 경미한 경우)에 해당한다고 보기 어려움. 따라서 이 사건 거부처분을 구두로 한 것은 위법함

[문 3]

Ⅰ. 논점

○ 수익적 처분의 거부에 대한 행정심판법상 구제수단
— 행정심판: 취소심판, 의무이행심판
— 가구제: 집행정지, 임시처분
— 재결의 실효성: 직접처분, 간접강제

Ⅱ. 행정심판

1. 취소심판

(1) 의의

○ 행정청의 위법 또는 부당한 처분을 취소하거나 변경하는 행정심판(행심법 5 1호)

(2) 거부처분에 대한 대하여 취소심판 청구가 가능한지 여부[214]

1) 학설

ㅇ 거부처분에 대해서는 의무이행심판만이 허용되는 것으로 보는 견해도 있음

ㅇ 그러나 대다수 학설은 취소심판도 가능하다는 견해임

2) 거부처분에 대한 취소심판 가능성

ㅇ 행정심판법상의 처분개념(행심법 2 제1호)에는 거부처분도 포함된다고 볼 것이므로, 거부처분의 경우 당사자는 본인의 선택에 따라 취소심판이나 의무이행심판 중 어느 하나, 또는 양자를 동시에 청구할 수 있다고 보아야 함

3) 행정심판법 49 ② 신설

ㅇ 2017.4.18. 행심법 개정으로 거부처분에 대한 취소재결이나 무효등확인재결로 처분이 취소되는 경우에도 행정청은 재처분의무를 부담한다는 규정 신설

ㅇ 이에 따라 거부처분에 대한 취소심판이 가능하다는 점이 입법적으로 해결됨

2. 의무이행심판

ㅇ 당사자의 신청에 대한 행정청의 위법 또는 부당한 거부처분이나 부작위에 대하여 일정한 처분을 하도록 하는 행정심판(행심법 5 3호)

Ⅲ. 가구제[215]

1. 행정심판법상 가구제

ㅇ ① 침익적 처분(예: 영업정지·취소)에 대한 집행정지제도와 ② 수익처분의 신청을 거부하는 처분이나 부작위에 대한 임시처분제도

2. 집행정지

(1) 집행부정지의 원칙

ㅇ 심판청구가 있더라도 처분의 효력이나 그 집행 또는 절차의 속행에 영향을 주지 아니함(집행부정지 원칙) (행심법 30 ①)

(2) 집행정지

1) 의의

ㅇ 심판청구와 관련하여 처분의 집행이 정지되지 않는 것을 원칙으로 하면서도, 처분의 집행으

---

214) 강론, 750면.

215) 강론, 774면 이하.

로 인한 중대한 손해의 발생을 예방하기 위하여 예외적으로 집행정지를 인정

2) 요건

○ 집행정지의 적극적 요건으로 ① 처분의 존재, ② 심판청구의 계속, ③ 중대한 손해의 예방, ④ 긴급한 필요성의 존재가 요구되고, 소극적 요건으로 ⑤ 집행정지가 공공복리에 중대한 영향을 미칠 우려가 없어야 함(행심법 30 ②, ③)

3. 임시처분

(1) 의의와 요건

○ 처분 또는 부작위가 위법·부당하다고 상당히 의심되는 경우로서 처분 또는 부작위 때문에 당사자가 받을 우려가 있는 중대한 불이익이나 당사자에게 생길 급박한 위험을 막기 위하여 임시지위를 정해주는 가구제 수단(행심법 31 ①)

○ 임시처분에 관하여는 집행정지에 관한 제30조 제3항부터 제7항까지의 규정이 준용되므로(행심법 31 ②), 임시처분이 공공복리에 중대한 영향을 미칠 우려가 있을 때에는 허용되지 아니함

(2) 임시처분의 보충성

○ 임시처분은 제30조 제2항에 따른 집행정지로 목적을 달성할 수 있는 경우에는 허용되지 아니함(행심법 31 ③)

Ⅳ. 재결의 실효성 확보수단으로서의 직접처분과 간접강제[216]

1. 직접처분

○ 행정심판법 제50조 제1항은 "위원회는 피청구인이 제49조 제3항에도 불구하고 처분을 하지 아니하는 경우에는 당사자가 신청하면 기간을 정하여 서면으로 시정을 명하고 그 기간에 이행하지 아니하면 직접 처분을 할 수 있다."고 규정하고 있음

2. 간접강제

○ 간접강제란 행정청이 거부처분에 대한 취소재결이나 무효등확인재결 또는 거부처분이나 부작위에 대한 의무이행재결에 따른 처분을 하지 아니하는 경우에 위원회가 행정청에게 일정한 배상을 명하는 제도를 말함(행심법 50의2).

○ 행정심판법은 본래 재결의 실효성을 확보하기 위한 제도로서 직접처분제도만을 규정하고 있었는데, 직접처분은 이행명령재결에 국한된 것이고 또한 직접처분에 일정한 한계가 존재하여, 2017.4.18. 행정심판법을 개정하여 간접강제제도를 도입하였음

---

216) 강론, 792면 이하.

V. 사례의 경우

○ 거부처분에 대해서는 취소심판이나 의무이행심판을 청구할 수 있음

○ 거부처분은 수익적 처분에 대한 것으로 집행정지의 대상이 아닌 임시처분의 대상임. 따라서 임시처분을 신청할 수 있음

○ 취소심판의 인용재결에 대해서는 재처분의무가 발생하고 이를 이행하지 않는 경우 간접강제가 가능함

○ 의무이행심판의 인용재결에 대해서는 재처분의무가 발생하고 이를 이행하지 않는 경우 (직접처분의 한계에 해당하지 않을 경우) 직접처분을 하거나 간접강제가 가능함

[문 4]

I. 논점

○ 자치사무와 기관위임사무의 구별

○ 시정명령

II. 자치사무와 기관위임사무의 구별[217]

1. 학설

① 개별법령에서 사무권한의 주체를 국가기관의 장으로 규정하고 있으면 국가사무이고 별도의 권한위임규정에 의하여 이 사무가 지방자치단체의 장에게 위임되었으면 기관위임사무이며, 개별법령에서 사무권한의 주체를 지방자치단체의 장으로 규정하고 있는 경우에는 자치사무로 보아야 한다는 견해

② 개별법령에서 사무수행의 주체를 지방자치단체의 장으로 규정하고 있는 경우에도 개별법령의 취지와 내용을 판단하여 국가주도적으로 처리되어야 할 사무인 경우에는 기관위임사무, 지방자치단체가 자율적으로 처리할 수 있는 사무인 경우에는 자치사무로 보는 견해

2. 판례

○ 법령에서 사무권한의 주체를 지방자치단체의 장으로 규정하고 있는 경우에도 "법령상 지방자치단체의 장이 처리하도록 하고 있는 사무가 자치사무인지 아니면 기관위임사무인지를 판단하기 위해서는 그에 관한 법령의 규정 형식과 취지를 우선 고려하여야 하지만, 그 밖에

---

217) 강론, 1155면 이하.

그 사무의 성질이 전국적으로 통일적인 처리가 요구되는 사무인지, 그에 관한 경비부담과 최종적인 책임귀속의 주체가 누구인지 등도 함께 고려하여야 한다."는 입장(대판 2013.5.23, 2011추56)

3. 결어

○ 헌법의 지방자치권보장의 관점에서 지방자치단체가 수행하는 사무는 자치사무인 것이 원칙이고, 따라서 법령에서 그 사무의 권한 주체를 지방자치단체의 장으로 규정하고 있는 경우 그 사무는, 반드시 전국적인 통일적 처리가 요구되는 등의 예외적인 경우를 제외하고는, 자치사무로 보아야 함. 학설 ①이 타당

Ⅲ. 시정명령(지자법 188)[218]

1. 시정명령

○ 지방자치단체의 사무에 관한 그 장의 명령이나 처분이 법령에 위반되거나 현저히 부당하여 공익을 해친다고 인정되면 시·도에 대하여는 주무부장관이, 시·군 및 자치구에 대하여는 시·도지사가 기간을 정하여 서면으로 시정할 것을 명할 수 있음(지자법 188 ① 전단)

○ 주무부장관은 지방자치단체의 사무에 관한 시장·군수 및 자치구의 구청장의 명령이나 처분이 법령에 위반되거나 현저히 부당하여 공익을 해침에도 불구하고 시·도지사가 제1항에 따른 시정명령을 하지 아니하면 시·도지사에게 기간을 정하여 시정명령을 하도록 명할 수 있고(지자법 188 ②), 시·도지사가 제2항에 따른 기간에 시정명령을 하지 아니하면 제2항에 따른 기간이 지난 날부터 7일 이내에 직접 시장·군수 및 자치구의 구청장에게 기간을 정하여 서면으로 시정할 것을 명할 수 있음(지자법 188 ③)

○ 시정명령은 '지방자치단체의 사무'에 대한 것으로 자치사무와 단체위임사무를 대상으로 함. 기관위임사무는 지방자치단체의 사무가 아니므로 시정명령의 대상이 아님

○ 시정명령은 자치사무에 대한 경우에는 합법성 감독의 관점에서 '위법한 명령이나 처분'만을 대상으로 함(지자법 188 ⑤). 단체위임사무에 대한 경우에는 위법뿐만 아니라 부당통제도 가능함

○ 자치사무에 대한 시정명령은 독립한 공법인인 지방자치단체에 대한 것으로서 행정쟁송법상의 처분에 해당함. 다만 단체위임사무에 대한 시정명령은 행정내부적 행위이므로 처분성이 없다고 보아야 할 것임

---

218) 강론, 1171면 이하.

2. 취소 · 정지

○ 감독청은 지방자치단체가 시정명령을 정해진 기간에 이행하지 아니하면 시정명령의 대상이 었던 명령이나 처분을 취소하거나 정지할 수 있음(지자법 188 ① 후단)

○ 주무부장관은 시 · 도지사가 시장 · 군수 및 자치구의 구청장에게 제1항에 따라 시정명령을 하였으나 이를 이행하지 아니한 데 따른 취소 · 정지를 하지 아니하는 경우에는 시 · 도지사에게 기간을 정하여 시장 · 군수 및 자치구의 구청장의 명령이나 처분을 취소하거나 정지할 것을 명하고, 그 기간에 이행하지 아니하면 주무부장관이 이를 직접 취소하거나 정지할 수 있음(지자법 188 ④)

○ 자치사무에 관한 명령이나 처분의 시정명령, 취소 또는 정지는 법령을 위반하는 것에 한함(지자법 188 ⑤). 따라서 단체위임사무의 경우에는 법령에 위반하는 경우뿐 아니라 부당한 경우도 취소 · 정지의 사유가 됨

○ 지방자치법 제188조에 따른 자치사무에 관한 명령이나 처분에 대한 취소 또는 정지는 자치 행정이 법령의 범위 내에서 행하여지도록 감독하기 위한 규정이므로 그 대상이 처분으로 제한되지 않음

3. 지방자치단체의 장의 제소

○ 지방자치단체의 장은 제1항, 제3항 또는 제4항에 따른 자치사무에 관한 명령이나 처분의 취소 또는 정지에 대하여 이의가 있으면 그 취소처분 또는 정지처분을 통보받은 날부터 15일 이내에 대법원에 소를 제기할 수 있음(지자법 188 ⑥)

○ 이 소송은 감독청의 감독권행사(취소 · 정지처분)에 대한 지방자치단체장의 불복소송으로 보아야 하므로 항고소송으로 보는 것이 타당함

Ⅳ. 보고 · 감사[219]

○ 행정안전부장관이나 시 · 도지사는 지방자치단체의 자치사무에 관하여 보고를 받거나 서류 · 장부 또는 회계를 감사할 수 있음(지자법 190 ①).

○ 감사는 법령위반사항에 대하여만 실시하고, 이 경우 행정안전부장관 또는 시 · 도지사는 감사를 실시하기 전에 해당 사무의 처리가 법령에 위반되는지 여부 등을 확인하여야 함(지자법 190 ①, ②).

---

219) 강론, 1169면.

V. 사례의 경우

1. 주택건설사업계획 승인사무의 성질

○ 주택법 제15조에서 일정한 경우 주택건설사업계획승인권자를 지방자치단체장으로 정하고 있고, 지방자치법 제13조 제2항 제4호에서 "지역개발과 자연환경보전 및 생활환경시설의 설치·관리"를 자치사무의 일종으로 열거하고 있음. 이 규정들을 종합적으로 고려하면 주택건설사업계획 승인사무는 자치사무임

2. 국가가 지방자치법상 취할 수 있는 조치

○ 위법한 자치사무에 대해서는 지방자치법 제188조 제1항, 제4항에 따라 주무부장관인 국토교통부장관은 기간을 정하여 서면으로 시정할 것을 명하고, 그 기간에 이행하지 아니하면 이를 취소하거나 정지할 수 있음

○ 그 밖에도 지방자치법 제190조에 따라 행정안전부장관이 감사를 실시할 수 있음

2023년 제2차 변호사시험 모의시험 제1문의3

2. 甲은 ○○지방법원 부장판사로 재직 중, 丙이 제소기간 내에 운전면허취소처분 취소소송을 제기하였음에도 불구하고 기간이 도과된 것으로 오인하여 각하판결을 내렸다. 그리고 이 판결은 경제적 사정이 어려웠던 丙이 항소를 포기함에 따라 확정되었다. 그러나 이후에 丙은 위 판결이 甲의 사실오인에 기한 것임을 알게 되었고, 甲의 위 판결로 인해 결과적으로 손해를 입었다며 국가를 상대로 손해배상청구소송을 제기하였다. 丙이 국가배상청구소송에서 승소할 가능성이 있는지 논하시오. (단, 국가배상청구의 소멸시효 기간은 논외로 함) (20점)

[문 3의2]

Ⅰ. **논점: 사법작용에 대한 국가배상**

Ⅱ. **국가배상법 제2조의 배상책임의 요건**

Ⅲ. **사법작용에 대한 국가배상**

　1. 의의

　2. 학설

　　① 기판력을 침해한다는 견해

　　② 기판력을 침해하는 것은 아니라는 견해

　　③ 제한적으로 인정하자는 견해 등

　　④ 결어: ③설이 타당

　3. 판례

　　○ 법관이 재판에 관한 권한을 명백하게 어긋나게 행사하였다고 할 만한 특별한 사정이 있는 경우로만 제한하여 인정

　　○ 재판에 대한 불복절차나 시정절차가 없는 경우에는 국가배상책임 인정, 그와 같은 절차가 마련되어 있는 경우에는, 부득이한 사정이 없는 한, 그러하지 아니함

Ⅳ. **사례의 경우**

　○ 법관이 제소기간을 잘못 계산하여 적법하게 제기된 소송을 각하한 경우 법관의 직무상 불법행위가 인정된다고 볼 수 있음

　○ 다만 경제적 사정이 어려워 항소를 포기한 것이 국가배상책임이 인정될 만한 부득이한 사정인지 검토 필요

[문 3의2]

Ⅰ. **논점:** 사법작용에 대한 국가배상

Ⅱ. **국가배상법 제2조의 배상책임의 요건**[220]

　○ 국가배상법 제2조에 따라 국가나 지방자치단체의 배상책임이 성립하기 위해서는 ① 공무원

---

[220] 강론(제10판), 597면 이하.

의 행위일 것, ② 직무행위일 것, ③ 직무를 집행하면서 행한 행위일 것, ④ 고의·과실이 있을 것, ⑤ 위법할 것, ⑥ 타인에게 손해가 발생할 것이라는 요건이 충족되어야 함

○ 고의과실: 고의란 일정한 결과가 발생할 것을 알고 있는 경우이고, 과실이란 공무원으로서 일반적으로 요구되는 주의의무를 게을리 한 경우를 의미함

○ 법령위반: 엄격한 의미에서의 법령위반뿐 아니라 널리 신의성실·공서양속·권력남용금지 등의 위반도 포함되는 것으로 보는 광의의 행위위법설이 통설·판례임

○ 인과관계: 가해행위와 손해의 발생 사이에 상당인과관계가 있어야 함

Ⅲ. 사법작용에 대한 국가배상[221]

1. 의의

○ 국가배상법 제2조에서 말하는 '직무'와 관련하여, 특히 부작위, 입법작용, 사법작용으로 인한 손해에 대한 국가의 배상책임이 문제되는데, 사례에서는 사법작용으로 인한 국가의 배상책임 여부가 문제되고 있음

○ 재판작용도 국가배상법 제2조의 직무에 해당함. 따라서 위법한 재판작용으로 인하여 개인에게 손해를 발생시킨 경우에는 국가에 대하여 손해배상을 청구할 수 있음. 그러나 판결이 상소나 재심에 의하여 번복되는 경우에 관계 법관의 재판작용에 대하여 국가배상을 청구할 수 있는가에 대해서는 논란이 있음

2. 학설

① 확정판결에 대한 국가배상책임을 인정하는 것은 판결의 기판력을 침해하는 것이 된다는 견해

② 재판작용에 국가배상책임을 인정하여도 확정판결의 기판력을 침해하는 것은 아니라는 견해

③ 법적 안정성의 요구와 권리구제의 요구를 적절히 조화시키는 의미에서 재판작용에 대한 국가배상책임을 제한적으로 인정하자는 견해 등

④ 결어

— 재판작용도 국가의 직무행위이므로 이에 대한 국가배상책임이 가능하여야 한다는 점에서 국가배상책임을 인정하는 것이 확정판결의 기판력을 침해한다고 볼 수 없음

— 다만 재판작용의 특수성, 법관의 독립성 등을 고려할 때, 재판작용에 대한 국가배상책임은 재판행위가 명백히 위법하다고 볼만한 특별한 사정이 있는 경우이거나 당사자의 권리구제를 위하여 불가피하게 요구되는 특수한 사정이 있는 경우 등으로 제한하여 인정하는 것이 적절해 보인다는 점에서 ③설이 타당

---

221) 강론, 604면 이하.

3. 판례

○ 판례는 재판작용과 다른 국가작용을 구분하지 않고 국가배상책임을 인정하고 있음

○ 다만, 재판작용에 대한 국가배상책임은 법관이 재판에 관한 권한을 명백하게 어긋나게 행사하였다고 할 만한 특별한 사정이 있는 경우로만 제한하여 인정하고 있음

○ 재판에 대한 불복절차나 시정절차가 없는 경우에는 부당한 재판에 대한 국가배상책임을 인정할 수 있지만(대판 2003.7.11, 99다24218), 그와 같은 절차가 마련되어 있는 경우라면, 부득이한 사정이 없는 한, 이와 같은 절차를 통하여 시정을 구하지 않는 경우에는 그러하지 아니함(대판 2022.3.17, 2019다226975)

※ 대판 2003.7.11, 99다24218

[1] 법관의 재판에 법령의 규정을 따르지 아니한 잘못이 있다 하더라도 이로써 바로 그 재판상 직무행위가 국가배상법 제2조 제1항에서 말하는 위법한 행위로 되어 국가의 손해배상책임이 발생하는 것은 아니고, 그 국가배상책임이 인정되려면 당해 법관이 위법 또는 부당한 목적을 가지고 재판을 하였다거나 법이 법관의 직무수행상 준수할 것을 요구하고 있는 기준을 현저하게 위반하는 등 법관이 그에게 부여된 권한의 취지에 명백히 어긋나게 이를 행사하였다고 인정할 만한 특별한 사정이 있어야 한다.

[2] 재판에 대하여 따로 불복절차 또는 시정절차가 마련되어 있는 경우에는 재판의 결과로 불이익 내지 손해를 입었다고 여기는 사람은 그 절차에 따라 자신의 권리 내지 이익을 회복하도록 함이 법이 예정하는 바이므로, 불복에 의한 시정을 구할 수 없었던 것 자체가 법관이나 다른 공무원의 귀책사유로 인한 것이라거나 그와 같은 시정을 구할 수 없었던 부득이한 사정이 있었다는 등의 특별한 사정이 없는 한, 스스로 그와 같은 시정을 구하지 아니한 결과 권리 내지 이익을 회복하지 못한 사람은 원칙적으로 국가배상에 의한 권리구제를 받을 수 없다고 봄이 상당하다고 하겠으나, 재판에 대하여 불복절차 내지 시정절차 자체가 없는 경우에는 부당한 재판으로 인하여 불이익 내지 손해를 입은 사람은 국가배상 이외의 방법으로는 자신의 권리 내지 이익을 회복할 방법이 없으므로, 이와 같은 경우에는 배상책임의 요건이 충족되는 한 국가배상책임을 인정하지 않을 수 없다.

※ 대판 2022.3.17, 2019다226975

재판에 대하여 불복절차 또는 시정절차가 마련되어 있는 경우, 법관이나 다른 공무원의 귀책사유로 불복에 의한 시정을 구할 수 없었다거나 그와 같은 시정을 구할 수 없었던 부득이한 사정이 없는 한, 그와 같은 시정을 구하지 않은 사람은 원칙적으로 국가배상에 의한 권리구제를 받을 수 없다.

Ⅳ. 사례의 경우

○ 학설과 판례에 따를 때, 재판작용에 대한 국가배상책임은 재판행위가 명백히 위법하다고 볼 만한 특별한 사정이 있는 경우이거나 당사자의 권리구제를 위하여 불가피하게 요구되는 특수한 사정이 있는 경우 등으로 제한하여 인정될 수 있음

○ 사례에서는 법관이 제소기간을 잘못 계산하여 적법하게 제기된 소송을 각하한 경우이므로 법관의 직무상 불법행위가 인정된다고 볼 수 있음

○ 다만 사례의 경우는 불복절차(항소)가 마련되어 있는 경우로서 국가배상책임이 인정될 수 없는 경우인데, 경제적 사정이 어려워 불복절차를 포기한 것이 국가배상책임이 인정될 만한 부득이한 사정이라고 할 수 있는지에 대한 검토는 더 필요해 보임

2023년 제2차 변호사시험 모의고사 제2문

서울특별시 ㅁㅁ구에 소재한 ○○아파트는 준공 후 40년이 지나 재건축이 필요한 시점에 안전진단이 통과되었고 정비구역이 지정되었다. 그 이후 ○○아파트에 거주하는 주민들은 「도시 및 주거환경정비법」에 따라 조합설립추진위원회를 구성하여 구청장(甲)의 승인을 받았고, 조합설립에 필요한 주민의 동의를 얻어 ○○아파트 주택재건축정비사업조합(이하 '재건축조합'이라고 함) 설립인가를 甲에게 받았다. 설립인가를 받은 재건축조합 A는 사업시행계획서 등을 작성해 사업시행인가를 甲에게 신청하였고, 甲은 사업시행인가를 하였다. A는 사업시행인가를 받기 전에 ○○아파트 부지가 「교육환경 보호에 관한 법률」에 따라 교육환경보호구역으로 설정·고시되어 있기에 교육환경영향평가에 대한 서울특별시 교육감(乙)의 승인을 별도로 받아 두었다(乙의 승인은 인허가의제 대상이 아님). 사업시행인가를 받은 A는 조합원들의 분양신청 현황을 기초로 관리처분계획안을 마련하여 그에 대한 조합 총회결의와 토지등소유자의 공람절차를 거친 후 甲에게 관리처분계획에 대한 인가를 신청하였고 아직 인가·고시 전이다.

1. A의 조합원들은 관리처분계획안에 대한 조합원 총회결의의 하자를 다투고자 한다. 제기할 수 있는 소송의 종류에 대해 논하라. (25점)

2. 교육환경보호구역 내에 거주하는 주민들(A조합의 조합원은 아님)은 乙이 교육환경평가서에 대해 서울특별시교육청 교육환경보호위원회의 심의를 거치지 않고 승인하였다는 사실을 알고 이를 항고소송으로 다투고자 한다.
   (1) 항고소송의 원고적격과 피고적격 및 대상적격에 대해 논하라. (15점)
   (2) 항고소송의 대상이 된 처분의 하자와 그 하자의 효과를 논하라. (20점)

3. 위 사례에서 절차를 거쳐 주택재건축사업이 완료되었고, A의 조합원 丙은 ○○아파트 상가 소유주로서 재건축된 상가에 다시 입주하여 사업을 운영하다가 상가공간이 부족하게 되자 자신의 상가건물(이하 '이 사건 건축물'이라 함)을 무단으로 증축하였다. 이에 甲은 丙에게 철거명령을 일정 기간을 두고 2회 발령하였고, 불이행하자 「건축법」 제80조에 따라 이행강제금 부과계고를 거쳐 2백만 원의 이행강제금을 부과하였다. 그럼에도 丙이 시정하지 않자 甲은 "(1) 丙은 대집행계고장 수령 후 2개월 내에 이 사건 건축물 중 불법으로 증축된 부분으로부터 퇴거하고 그 내부 시설 및 상품을 반출하라. (2) 丙은 대집행계고장 수령 후 3개월 내에 이 사건 건축물의 불법 증축된 부분을 철거하라. (3) 이상을 이행하지 아니할 때에는 대집행할 것임을 알림."이라는 내용의 대집행계고장을 발송하여 丙이 이를 수령하였다. 甲의 丙에 대한 대집행 계고에서 시정명령과 대집행계고를 함께 발령하는 것이 가능한지 여부와 위 계고장에 의한 퇴거의무에 대한 대집행이 가능한지 여부를 논하라. (20점)

4. A는 「도시 및 주거환경정비법」 제89조에 따라 조합원 丁에게 청산금을 부과하는 처분을 하였다. 이에 丁은 A를 상대로 서울특별시 행정심판위원회에 행정심판을 청구하였고, 동 위원회는 A의 丁에 대한 처분이 무효임을 확인하는 내용의 재결을 하였다. 이에 A는 서울특별시 행정심판위원회를 피고로 하여 위 재결의 취소를 구하는 행정소송을 제기하였으나, 서울행정법원은 위 처분에 있어 A는 행정청에 해당하고, 위 인용재결은 「행정심판법」 제49조 제1항에 따라 A를 기속한다는 이유로 A의 소를 각하하였다. 이에 A는 「행정심판법」 제49조 제1항에 관하여 「헌법재판소법」 제68조 제1항에 의한 헌법소원심판을 청구하였는데, 다음 A의 청구이유에 대해서 각각 판단하시오. (20점)

---

(1) 청산금부과에 있어 재건축조합이 공법인의 지위에 있다고 보더라도, 당해 조합이 공권력행사의 상대방이 되는 경우에는 항고소송으로 이를 다툴 수 있다고 보아야 하므로, 재판청구권의 주체가 될 수 있다. 그런데 「행정심판법」 제49조 제1항은 당해 조합의 경우까지 행정심판 인용재결에 불복할 수 없도록 하여 법원의 판단을 받을 기회를 박탈하고 있으므로 재판청구권을 침해한다.

(2) 「행정심판법」 제49조 제1항이 행정심판의 피청구인이 재건축조합인 경우에 사인 또는 사법인과 달리 행정심판 재결에 대하여 항고소송으로 다툴 수 없도록 제한하는 것은 평등원칙에 위배된다.

[참조조문] ※ 아래의 법령은 가상의 것임을 전제로 한다.

「도시 및 주거환경정비법」(약칭: 도시정비법)

제50조(사업시행계획인가) ① 사업시행자는 정비사업을 시행하려는 경우에는 제52조에 따른 사업시행계획서에 정관등과 그 밖에 국토교통부령으로 정하는 서류를 첨부하여 시장·군수등에게 제출하고 사업시행계획인가를 받아야 하고, 인가받은 사항을 변경하거나 정비사업을 중지 또는 폐지하려는 경우에도 또한 같다.

⑤ 사업시행자(시장·군수등 또는 토지주택공사등은 제외한다)는 사업시행계획인가를 신청하기 전에 미리 총회의 의결을 거쳐야 하며, 인가받은 사항을 변경하거나 정비사업을 중지 또는 폐지하려는 경우에도 또한 같다. 다만, 제1항 단서에 따른 경미한 사항의 변경은 총회의 의결을 필요로 하지 아니한다.

제74조(관리처분계획의 인가 등) ① 사업시행자는 제72조에 따른 분양신청기간이 종료된 때에는 분양신청의 현황을 기초로 다음 각 호의 사항이 포함된 관리처분계획을 수립하여 시장·군수등의 인가를 받아야 하며, 관리처분계획을 변경·중지 또는 폐지하려는 경우에도 또한 같다. 다만, 대통령령으로 정하는 경미한 사항을 변경하려는 경우에는 시장·군수등에게 신고하여야 한다.

제89조(청산금 등) ① 대지 또는 건축물을 분양받은 자가 종전에 소유하고 있던 토지 또는 건축물의 가격과 분양받은 대지 또는 건축물의 가격 사이에 차이가 있는 경우 사업시행자는 제86조제2항에 따른 이전고시가 있은 후에 그 차액에 상당하는 금액(이하 "청산금"이라 한다)을 분양받은 자로부터

징수하거나 분양받은 자에게 지급하여야 한다.

② 제1항에도 불구하고 사업시행자는 정관등에서 분할징수 및 분할지급을 정하고 있거나 총회의 의결을 거쳐 따로 정한 경우에는 관리처분계획인가 후부터 제86조제2항에 따른 이전고시가 있은 날까지 일정 기간별로 분할징수하거나 분할지급할 수 있다.

③ 사업시행자는 제1항 및 제2항을 적용하기 위하여 종전에 소유하고 있던 토지 또는 건축물의 가격과 분양받은 대지 또는 건축물의 가격을 평가하는 경우 그 토지 또는 건축물의 규모 · 위치 · 용도 · 이용 상황 · 정비사업비 등을 참작하여 평가하여야 한다.

④ 제3항에 따른 가격평가의 방법 및 절차 등에 필요한 사항은 대통령령으로 정한다.

「교육환경 보호에 관한 법률」(약칭: 교육환경법)

제1조(목적) 이 법은 학교의 교육환경 보호에 필요한 사항을 규정하여 학생이 건강하고 쾌적한 환경에서 교육받을 수 있게 하는 것을 목적으로 한다.

제5조(시 · 도교육환경보호위원회 등) ① 교육환경 보호를 위한 다음 각 호의 사항을 심의하기 위하여 교육감 소속으로 시 · 도교육환경보호위원회(이하 "시 · 도위원회"라 한다)를 둔다.

1. 교육감의 교육환경 보호에 관한 시책

2. 시행계획

3. 제6조제1항에 따른 교육환경평가서

4. 그 밖에 관할 구역의 교육환경 보호와 관련하여 위원장이 회의에 부치는 사항

제6조(교육환경평가서의 승인 등) ① 다음 각 호의 자는 교육환경에 미치는 영향에 관한 평가서(이하 "교육환경평가서"라 한다)를 대통령령으로 정하는 바에 따라 관할 교육감에게 제출하고 그 승인을 받아야 한다.

1.~ 3. (생략)

4. 학교(「고등교육법」 제2조 각 호에 따른 학교는 제외한다) 또는 제8조 제1항에 따라 설정 · 고시된 교육환경보호구역이 「도시 및 주거환경정비법」 제2조 제1호에 따른 정비구역으로 지정 · 고시되어 해당 구역에서 정비사업을 시행하려는 자

5. 제8조 제1항에 따라 설정 · 고시된 교육환경보호구역에서 「건축법」 제11조 제1항 단서에 따른 규모의 건축을 하려는 자

② 제1항에 따른 학교의 교육환경 평가 대상은 학교용지 예정지 또는 정비사업 예정지 등의 위치, 크기 · 외형, 지형 · 토양환경, 대기환경, 주변 유해환경, 공공시설을 포함한다.

③ 교육감은 교육환경평가서를 승인하기 위하여는 시 · 도위원회의 심의를 거쳐야 하며, 이를 위하여 제13조에 따른 교육환경 보호를 위한 전문기관 또는 대통령령으로 지정하는 기관의 검토의견을 함께 제공하여야 한다.

「건축법」

제79조(위반 건축물 등에 대한 조치 등) ① 허가권자는 대지나 건축물이 이 법 또는 이 법에 따른 명령이나 처분에 위반되면 이 법에 따른 허가 또는 승인을 취소하거나 그 건축물의 건축주 · 공사시공자 · 현장관리인 · 소유자 · 관리자 또는 점유자(이하 "건축주등"이라 한다)에게 공사의 중지를 명하거

나 상당한 기간을 정하여 그 건축물의 철거·개축·증축·수선·용도변경·사용금지·사용제한, 그 밖에 필요한 조치를 명할 수 있다.

제80조(이행강제금) ① 허가권자는 제79조제1항에 따라 시정명령을 받은 후 시정기간 내에 시정명령을 이행하지 아니한 건축주등에 대하여는 그 시정명령의 이행에 필요한 상당한 이행기한을 정하여 그 기한까지 시정명령을 이행하지 아니하면 다음 각 호의 이행강제금을 부과한다. 다만, 연면적(공동주택의 경우에는 세대 면적을 기준으로 한다)이 85제곱미터 이하인 주거용 건축물과 제2호 중 주거용 건축물로서 대통령령으로 정하는 경우에는 다음 각 호의 어느 하나에 해당하는 금액의 2분의 1의 범위에서 해당 지방자치단체의 조례로 정하는 금액을 부과한다.

[문 1]

I. 논점
   ○ 관리처분계획(관리처분계획안에 대한 조합총회의 의결의 하자를 다투는 소송)

II. 관리처분계획
   1. 관리처분계획의 의의
   2. 관리처분계획의 성립과 효력발생
   ○ 도시정비법 74 ①, 도시정비법 78 ④
   (1) 조합총회의 의결
   ○ 도시정비법 45 ① 10호
   ○ 조합총회의 의결은 처분이 아님
   ○ 공법상 당사자소송으로 다투어야 함
   ○ 관리처분계획에 대하여 관할 행정청의 인가·고시가 있으면, 항고소송의 방법으로 관리처분계획의 취소 또는 무효확인을 구하여야 함
   (2) 시장·군수의 인가
   ○ 강학상 인가
   (3) 관리처분계획의 성질과 효력
   ○ 구속적 행정계획으로서 항고소송의 대상이 되는 처분
   ○ 관리처분계획을 다투고자 하는 자는 조합을 피고로 하여야 함

III. 사례의 경우
   1. 인가·고시 이전에 관리처분계획안을 다투는 경우
   ○ 조합원은 관리처분계획안에 대한 조합총회결의에 대하여 재건축조합(A)를 피고로 하여 행정소송법상 당사자소송을 제기하여야 함
   2. 인가·고시 이후에 관리처분계획을 다투는 경우
   ○ 총회결의의 하자를 이유로 행정처분의 효력을 다투는 항고소송의 방법으로 관리처분계획의 취소 또는 무효확인을 구하여야 함

[문 2의 (1)]

I. 논점
   ○ 항고소송의 원고적격, 피고적격, 대상적격

II. 원고적격
   1. 원고적격의 의의
   2. 법률상 이익에 관한 학설
   3. 법률상 이익의 내용
   4. 법률상 이익의 판단

III. 피고적격

IV. 대상적격

V. 사례의 경우
   1. 원고적격 관련
   ○ 법규범의 사익보호성 필요
   ○ 정비구역 안에 거주하는 주민 중 교육환경법상 교육환경보호를 받는 학생에게 원고적격 인정
   2. 피고적격 관련
   ○ 승인처분의 처분청인 교육감 乙
   3. 대상적격 관련
   ○ 乙의 승인처분

[문 2의 (2)]

Ⅰ. **논점**: 절차상 하자와 그 효과
Ⅱ. **절차상 하자 있는 행정행위의 효력**
1. 절차상 하자
2. 절차상 하자의 독자적 위법성
(1) 문제의 소재
(2) 학설
1) 소극설
2) 적극설
(3) 판례
3. 절차적 하자의 위법성 정도
Ⅲ. **사례의 경우**
○ 심의절차 결여는 절차상 하자로서 취소사유

[문 3]

Ⅰ. **논점**
○ 대집행의 요건(특히, 비대체적 작위의무가 대집행의 대상이 되는지 여부)
○ 대집행의 절차(특히, 계고절차에서 시정명령과 계고를 동시에 할 수 있는지 여부)
Ⅱ. **대집행의 요건**
○ 행정대집행법 제2조
○ 행정기본법 30 ① 1호
○ 사례에서는 "대체적 작위의무의 불이행"과 관련하여, 특히 퇴거의무와 같은 비

대체적 작위의무가 대집행의 대상이 될 수 있는지가 문제임
Ⅲ. **대체적 작위의무의 불이행**
1. 공법상 의무의 불이행이 있을 것
2. 대체적(代替的) 작위의무의 불이행
3. 토지·건물의 인도의무가 대집행의 대상이 될 수 있는지 여부
(ⅰ) 존치된 물건의 반출의 경우
(ⅱ) 토지·건물의 인도의무의 경우
(ⅲ) 대체적 작위의무의 불이행이 이미 존재하여 행정대집행이 가능한 경우
Ⅳ. **계고절차**
Ⅴ. **사례의 경우**
1. 시정명령과 대집행계고의 동시 발령 허용 여부
○ 판례에 따르면, 동시 발령 가능
2. 퇴거의무에 대한 대집행 허용 여부
○ 퇴거의무는 비대체적 작위의무로서 대집행 불가
○ 그러나 무단 증축부분 철거의무의 불이행과 같은 대체적 작위의무의 불이행이 이미 존재하여 대집행 과정에서 부수적으로 그 토지·건물의 점유자들에 대한 퇴거 조치를 할 수 있음

[문 1]

Ⅰ. 논점

○ 관리처분계획(관리처분계획안에 대한 조합총회의 의결의 하자를 다투는 소송)

Ⅱ. 관리처분계획[222]

1. 관리처분계획의 의의

○ 정비사업 시행자가 분양신청기간이 종료된 때 수립하는 대지 및 건축시설에 관한 관리 및 처분에 관한 계획을 말함. 도시정비법상 관리처분계획은 공용환권계획에 해당함

2. 관리처분계획의 성립과 효력발생

○ 사업시행자는 제72조에 따른 분양신청기간이 종료된 때에는 분양신청의 현황을 기초로 각 호의 사항이 포함된 관리처분계획을 수립하여 시장·군수등의 인가를 받아야 하며(도시정비법 74 ①), 시장·군수등이 제2항에 따라 관리처분계획을 인가하는 때에는 그 내용을 해당 지방 자치단체의 공보에 고시하여야 함(도시정비법 78 ④)

(1) 조합총회의 의결

○ 시행자가 조합인 경우 관리처분계획은 조합총회의 의결을 거쳐야 함(도시정비법 45 ① 10호).

○ 조합총회의 의결은 처분이 아니므로, 항고소송의 대상이 되지 않음

○ 관리처분계획안에 대한 조합총회 결의는 공법행위(공법상 합동행위)임

○ 따라서, 조합원은 조합총회의 의결에 대하여 조합을 상대로 민사소송이 아니라 공법상 당사 자소송으로 다투어야 함

○ 관리처분계획에 대하여 관할 행정청의 인가·고시가 있게 되면 관리처분계획은 행정처분으로 서 효력이 발생하게 됨

— 따라서, 총회결의의 하자를 이유로 하여 행정처분의 효력을 다투는 항고소송의 방법으로 관 리처분계획의 취소 또는 무효확인을 구하여야 함

※ [판례] 도시정비법상의 주택재건축정비사업조합을 상대로 관리처분계획안에 대한 조합 총 회결의의 효력을 다투는 소송의 법적 성질(=당사자소송)

"도시 및 주거환경정비법(이하 '도시정비법')상 행정주체인 주택재건축정비사업조합을 상대로 관 리처분계획안에 대한 조합 총회결의의 효력 등을 다투는 소송은 행정처분에 이르는 절차적 요건의 존부나 효력 유무에 관한 소송으로서 그 소송결과에 따라 행정처분의 위법 여부에 직접 영향을 미치는 공법상 법률관계에 관한 것이므로, 이는 행정소송법상의 당사자소송에 해당한다.

도시정비법상 주택재건축정비사업조합이 같은 법 제48조에 따라 수립한 관리처분계획에 대 하여 관할 행정청의 인가·고시까지 있게 되면 관리처분계획은 행정처분으로서 효력이 발생

---

222) 강론, 1366면 이하.

하게 되므로, 총회결의의 하자를 이유로 하여 행정처분의 효력을 다투는 항고소송의 방법으로 관리처분계획의 취소 또는 무효확인을 구하여야 하고, 그와 별도로 행정처분에 이르는 절차적 요건 중 하나에 불과한 총회결의 부분만을 따로 떼어내어 효력 유무를 다투는 확인의 소를 제기하는 것은 특별한 사정이 없는 한 허용되지 않는다(대판 2009.9.17, 2007다2428 전원합의체)."

(2) 시장·군수의 인가

○ 시장·군수의 인가는 사업시행자의 관리처분계획의 효력을 완성시키는 보충행위로서 강학상 인가에 해당함(대판 2001.12.11, 2001두7541)

○ 따라서, 인가에 하자가 없다면, 기본행위의 하자를 이유로 인가처분의 취소 또는 무효확인을 구할 협의의 소익이 인정되지 않음(대판 2001.12.11, 2001두7541)

○ 인가의 대상은 정비조합의 관리처분계획임. 따라서 정비조합은 시장·군수의 인가의 거부에 대하여는 항고소송을 제기할 수 있음

(3) 관리처분계획의 성질과 효력

○ 관리처분계획의 법적 성질은 정비사업 완료 후에 행할 이전고시의 내용을 미리 정하는 것으로 총회의 결의 후 인가를 통하여 확정되는 구속적 행정계획으로 보아야 하고, 관리처분계획이 인가·고시를 통해 확정되면 이해관계인에 대한 구속적 행정계획으로서 항고소송의 대상이 되는 처분에 해당하게 됨

○ 판례는 관리처분계획을 조합이 행한 처분으로 보고 있음(대판 1996.2.15, 94다31235). 따라서 관리처분계획을 다투고자 하는 자는 조합을 피고로 하여야 함

※ [판례] 도시 및 주거환경정비법상 주택재건축정비사업조합의 법적 지위(=행정주체) / 주택재건축정비사업조합이 행정주체의 지위에서 수립하는 관리처분계획의 법적 성격(=행정처분) 및 이에 관하여 조합이 갖는 재량권의 행사 방법

"도시 및 주거환경정비법(이하 '도시정비법')에 따른 주택재건축정비사업조합(이하 '재건축조합')은 관할 행정청의 감독 아래 도시정비법상의 주택재건축사업을 시행하는 공법인(도시정비법 제38조)으로서, 그 목적 범위 내에서 법령이 정하는 바에 따라 일정한 행정작용을 행하는 행정주체의 지위를 갖는다. 재건축조합이 행정주체의 지위에서 도시정비법 제74조에 따라 수립하는 관리처분계획은 정비사업의 시행 결과 조성되는 대지 또는 건축물의 권리귀속에 관한 사항과 조합원의 비용 분담에 관한 사항 등을 정함으로써 조합원의 재산상 권리·의무 등에 구체적이고 직접적인 영향을 미치게 되므로, 이는 구속적 행정계획으로서 재건축조합이 행하는 독립된 행정처분에 해당한다. 재건축조합이 행정주체의 지위에서 수립하는 관리처분계획은 행정계획의 일종으로서 이에 관하여는 재건축조합에 상당한 재량이 인정되므로, 재건축조합은 종전의 토지 또는 건축물의 면적·이용상황·환경 그 밖의 사항을 종합적으로 고려하여 대지 또는 건축

물이 균형 있게 분양신청자에게 배분되고 합리적으로 이용되도록 그 재량을 행사해야 한다
(대판 2022.7.14, 2022다206391[손해배상(기)]).”

Ⅲ. 사례의 경우

1. 인가 · 고시 이전에 관리처분계획안을 다투는 경우

○ 시행자가 조합인 경우 관리처분계획은 조합총회의 의결을 거쳐야 하는데(도시정비법 45 ① 10호), 조합총회의 의결은 처분이 아니므로, 항고소송의 대상이 되지 않음

○ 관리처분계획안에 대한 조합총회 결의는 공법행위이므로, 따라서 조합원은 관리처분계획안에 대한 조합총회결의에 대하여 재건축조합(A)을 피고로 하여 행정소송법상 당사자소송을 제기하여야 함

2. 인가 · 고시 이후에 관리처분계획을 다투는 경우

○ 관리처분계획에 대하여 관할 행정청의 인가 · 고시까지 있게 되면 관리처분계획은 행정처분으로서 효력이 발생하게 되므로, 총회결의의 하자를 이유로 하여 행정처분의 효력을 다투는 항고소송의 방법으로 관리처분계획의 취소 또는 무효확인을 구하여야 함

[문 2의 (1)]

Ⅰ. 논점

○ 항고소송의 원고적격, 피고적격, 대상적격

Ⅱ. 원고적격[223]

1. 원고적격의 의의

○ 취소소송에서의 원고가 될 수 있는 자격(법률상 이익이 있는 자)

2. 법률상 이익에 관한 학설

○ ① 권리구제설(권리회복설), ② 법률상 보호이익설, ③ 보호가치 있는 이익설, ④ 적법성보장설

○ ‘법률상 이익’은 법적으로 보호되는 이익이라는 점에서 ‘법률상 보호이익’과 같은 개념이고, 또한 공권도 그 성립요건으로 사익보호성(법에 의하여 개인의 이익이 보호되어야 함)을 요구한다는 점에서 같은 개념으로 이해하는 것이 일반적임(즉, ‘법률상 이익’=‘법률상 보호이익’=‘공권’)

---

223) 강론, 830면 이하.

오늘날 '법률상 이익'은, 권리구제설이나 법률상 보호이익설의 입장과 같이, 적어도 법에 의하여 보호되는 이익을 의미함

3. 법률상 이익의 내용

○ '법에 의하여 보호되는 개별적·직접적·구체적 이익'(대판 2008.3.27, 2007두23811)

4. 법률상 이익의 판단

○ 당해 법규범 및 관련 법규범의 규정 및 취지, 더 나아가 기본권 규정도 고려하여야 판단

Ⅲ. 피고적격[224)]

○ 취소소송은 다른 법률에 특별한 규정이 없는 한 그 처분 등을 행한 행정청을 피고로 함(행소법 13 ①)

○ 여기서 '처분 등을 행한 행정청'이란 소송의 대상인 처분을 외부적으로 본인의 명의로 행한 행정청을 말함(대판 1995.3.14, 94누9962)

Ⅳ. 대상적격[225)]

○ '처분'이라 함은 행정청이 행하는 구체적 사실에 대한 법집행으로서의 공권력의 행사 또는 그 거부와 이에 준하는 행정작용(행정소송법 2 ① 1호)

○ 처분의 개념적 요소: 행정청의 처분은, ① 행정청이 행하는, ② 구체적 사실에 관한 법집행으로서, ③ 공권력을 행사하거나 거부하는, ④ 국민의 권리의무에 직접 영향을 미치는 공법행위(대판 2012.9.27, 2010두3541 참조)이어야 함

Ⅴ. 사례의 경우

1. 원고적격 관련

○ 법에 의하여 보호되는 이익(원고적격)인 인정되려면, 법규범의 사익보호성이 인정되어야 함
○ 교육환경법 제1조은 '학생'의 교육환경보호를 목적으로 하고 있음
○ 따라서, 정비구역 안에 거주하는 주민 중 교육환경법상 교육환경보호를 받는 학생에게 원고적격이 인정됨

---

224) 강론, 864면 이하.
225) 강론, 868면 이하.

2. 피고적격 관련

○ 승인처분의 처분청인 교육감 乙이 피고임

3. 대상적격 관련

○ 사례에서는 乙의 교육환경영향평가서 승인을 다투고 있고, 여기에서 승인은 구체적 사실에 관한 법집행으로서 처분에 해당함. 따라서 乙의 승인처분은 대상적격이 있음

[문 2의 (2)]

Ⅰ. 논점: 절차상 하자와 그 효과

Ⅱ. 절차상 하자 있는 행정행위의 효력[226]

1. 절차상 하자

○ 행정행위는 주체·내용·형식·절차에 관한 적법요건을 갖추지 못하면 '하자 있는 위법한 행위'가 됨
○ 법령에서 행정처분을 위한 절차를 규정하는 경우에 이러한 규정을 준수하지 않으면 절차상 하자 있는 위법한 처분이 됨

2. 절차상 하자의 독자적 위법성

(1) 문제의 소재
○ 절차상의 하자가 있다는 이유만으로 행정행위가 위법한 행정행위가 되어 무효 또는 취소가 되는가 하는 문제로, 특히 기속행위와 관련하여 논란이 있음
(2) 학설
1) 소극설
○ ① 행정절차는 적정한 행정결정을 확보하기 위한 것이고, ② 행정청이 적법한 절차를 거쳐 다시 처분하더라도 결국 동일한 처분을 하게 되는 경우 절차상 하자만으로 당해 처분을 취소하는 것은 행정경제·소송경제에 반한다는 점 등에서 독자적 위법성을 부인
2) 적극설
○ ① 법정 절차를 준수하지 않아도 행정처분이 적법한 것으로 인정된다면 이는 법치행정의 원

---

226) 강론, 447면 이하.

리에 정면으로 위배되고, ② 소극설에 따를 경우 기속행위의 경우에는 절차적 규제를 담보할 수단이 없어지게 된다는 점 등에서 독자적 위법성 긍정

(3) 판례

○ 사전통지 또는 의견제출절차의 결여(대판 2004.5.28, 2004두1254), 청문절차의 결여(대판 1992.2.11, 91누11575), 이유제시의 결여(대판 1985.5.28, 84누289), 심의절차의 누락(대판 2007.3.15, 2006두15806)을 절차위반의 위법사유로 인정하고 있어 적극설의 입장이라고 할 수 있음

3. 절차적 하자의 위법성 정도

○ 명문의 규정이 없는 경우에 절차상 하자가 무효사유인지 취소사유인지 문제임. 이 문제는 결국 중대명백설에 따라 판단하여야 할 것임
○ 대법원의 경우 대부분 절차적 하자가 있는 행정처분에 대하여 취소사유로 인정하나, 절차위반으로 인하여 그 절차가 지향하는 목적을 형해화할 정도의 하자가 있는 경우 중대하고 명백한 하자로서 무효로 보고 있음

Ⅲ. 사례의 경우

○ 교육환경법 제6조는 교육감이 교육환경평가서를 승인하기 위하여 교육환경보호위원회의 심의를 거치도록 규정하고 있음
○ 따라서, 심의절차는 법정절차이므로, 이 절차를 거치지 않은 것은 절차상 하자로서 승인처분은 위법함
○ 다만, 중대명백설에 따를 때, 의결절차가 아니라, 심의절차라는 점에서, 중대·명백한 하자로 보기는 어려움
○ 따라서, 위 절차상 하자는 취소사유임
○ 관련판례(심의절차 누락을 절차위반의 위법사유(취소사유)로 본 판례)
"행정청이 (구) 학교보건법(2005.12.7. 법률 제7700호로 개정되기 전의 것) 소정의 학교환경위생정화구역 내에서 금지행위 및 시설의 해제 여부에 관한 행정처분을 함에 있어 학교환경위생정화위원회의 심의를 거치도록 한 취지는 그에 관한 전문가 내지 이해관계인의 의견과 주민의 의사를 행정청의 의사결정에 반영함으로써 공익에 가장 부합하는 민주적 의사를 도출하고 행정처분의 공정성과 투명성을 확보하려는 데 있고, 나아가 그 심의의 요구가 법률에 근거하고 있을 뿐 아니라 심의에 따른 의결내용도 단순히 절차의 형식에 관련된 사항에 그치지 않고 금지행위 및 시설의 해제 여부에 관한 행정처분에 영향을 미칠 수 있는 사항에 관한 것임을 종합해 보면, 금지행위 및 시설의 해제 여부에 관한 행정처분을 하면서 절차상 위와 같은 심의를 누락한 흠이 있다면 그와 같은 흠을 가리켜 '위 행정처분의 효력에 아무런 영향을

주지 않는다거나 경미한 정도에 불과하다고 볼 수는 없으므로,' 특별한 사정이 없는 한 이는 행정처분을 위법하게 하는 취소사유가 된다(대판 2007.3.15, 2006두15806)."

[문 3]

I. 논점

○ 대집행의 요건(특히, 비대체적 작위의무가 대집행의 대상이 되는지 여부)

○ 대집행의 절차(특히, 계고절차에서 시정명령과 계고를 동시에 할 수 있는지 여부)

II. 대집행의 요건[227]

○ 행정대집행법 제2조에 따르면, 대집행을 하기 위해서는 ① 타인이 대신하여 행할 수 있는 행위를 의무자가 이행하지 아니할 것(대체적 작위의무의 불이행), ② 다른 수단으로써 그 이행을 확보하기 곤란할 것, ③ 그 불이행을 방치함이 심히 공익을 해할 것이 요구됨

○ 행정기본법도 "타인이 대신하여 행할 수 있는 의무를 이행하지 아니하는 경우 법률로 정하는 다른 수단으로는 그 이행을 확보하기 곤란하고 그 불이행을 방치하면 공익을 크게 해칠 것으로 인정될 때(행정기본법 30 ① 1호)"라고 하여 행정대집행법과 마찬가지임

○ 사례에서는 "대체적 작위의무의 불이행"과 관련하여, 특히 퇴거의무와 같은 비대체적 작위의무가 대집행의 대상이 될 수 있는지가 문제임

III. 대체적 작위의무의 불이행

1. 공법상 의무의 불이행이 있을 것

○ 대집행의 대상이 되는 의무는 법령에 의하여 직접 부과되었거나 또는 법령에 근거한 행정청의 처분에 의하여 부과된 의무로서, 공법상의 의무이어야 함

2. 대체적(代替的) 작위의무의 불이행

○ 대집행의 대상이 되는 의무는 대체적 작위의무임. 따라서 타인이 대신하여 행할 수 없는 비대체적인 의무나 부작위의무는 대집행의 대상이 될 수 없음

3. 토지·건물의 인도의무가 대집행의 대상이 될 수 있는지 여부

(i) 존치된 물건의 반출은 대체적 작위의무로 보아 대집행의 대상이 될 수 있으나,

---

227) 강론, 500면 이하.

(ⅱ) 토지·건물 등의 점유자로부터 점유를 배제하고 그 점유를 이전받는 것은 점유자의 퇴거라는 일신전속적 행위에 의하여야 한다는 점에서 대체적 작위의무에 해당한다고 볼 수 없음 (대판 1998.10.23, 97누157). 따라서, 토지·건물의 인도의무는 비대체적 작위의무로서 대집행의 대상이 아님

(ⅲ) 그러나 행정청이 건물철거의무의 불이행과 같은 대체적 작위의무의 불이행이 이미 존재하여 행정대집행이 가능한 경우에는 더 이상 토지·건물의 인도의무가 문제되지 않음. 따라서 대집행 과정에서 부수적으로 그 토지·건물의 점유자들에 대한 퇴거 조치를 할 수 있음 (대판 2017.4.28, 2016다213916)

Ⅳ. 계고절차[228)

○ 대집행을 하려면 상당한 이행기한을 정하여 그 기한까지 이행되지 아니할 때에는 대집행을 한다는 뜻을 미리 문서로써 계고하여야 함(행정대집행법 3 ①)

○ 대집행의 모든 요건은 계고를 할 때 이미 충족되어 있어야 하므로, 원칙적으로 의무를 명하는 처분과 계고는 별개로 독립하여 이루어져야 함. 다만 사정에 따라서는 예외적으로 양자가 동시에 행하여질 수도 있음

○ 관련판례(계고서라는 명칭의 1장의 문서로 행해진 철거명령과 계고처분의 적부)

"계고서라는 명칭의 1장의 문서로서 일정기간 내에 위법건축물의 자진철거를 명함과 동시에 그 소정기한 내에 자진철거를 하지 아니할 때에는 대집행할 뜻을 미리 계고한 경우라도 건축법에 의한 철거명령과 행정대집행법에 의한 계고처분은 독립하여 있는 것으로서 각 그 요건이 충족되었다고 볼 것이다.

위의 경우 철거명령에서 주어진 일정기간이 자진철거에 필요한 상당한 기간이라면 그 기간 속에는 계고시에 필요한 '상당한 이행기간'도 포함되어 있다고 보아야 할 것이다(대판 1992. 6.12, 91누13564)."

Ⅴ. 사례의 경우

1. 시정명령과 대집행계고의 동시 발령 허용 여부

○ 판례에 따르면, 동시 발령이 가능함

2. 퇴거의무에 대한 대집행 허용 여부

○ 퇴거의무는 비대체적 작위의무로서 대집행의 대상이 될 수 없음

---

228) 강론, 507면 이하.

○ 그러나 사례에서는 무단 증축부분 철거의무의 불이행과 같은 대체적 작위의무의 불이행이 이미 존재하여 행정대집행이 가능한 경우이므로, 대집행 과정에서 부수적으로 그 토지·건물의 점유자들에 대한 퇴거 조치를 할 수 있음

2023년 제3차 변호사시험 모의시험 제1문

甲은 2022.5.31. 충청남도 논산시에 있는 육군훈련소에 입소하여 2022.6.28.까지 기초군사훈련을 받은 뒤, 2022.8.2. B부대에 배치되었다.

기초군사훈련 1주차였던 2022.6.5. 일요일 오전 8시 30분경, 육군훈련소장은 훈련병들에게 '육군훈련소 내에서 개최되는 개신교, 불교, 천주교, 원불교 종교행사 중 하나를 선택하여 참석해 보라'고 말하였다. 이에 甲은 육군훈련소장을 찾아가, 종교가 없으니 어느 종교행사에도 참석하고 싶지 않다는 의사를 밝혔다. 그러나 육군훈련소장은 '입소주차에는 4개 종교에 대한 체험을 위해 종교행사에 반드시 참석을 해야 하고, 2주차부터는 본인 희망에 의한 참석 여부 결정이 가능하다'는 취지로 말하였다. 이에 甲은 종교행사에 참석할 수밖에 없었다.

甲은 '육군훈련소장이 2022.6.5. 자신에 대하여 육군훈련소 내 종교시설에서 개최되는 종교행사에 참석하도록 한 조치'(이하 '이 사건 조치'라고 한다)가 자신의 종교의 자유를 침해한다고 주장하면서, 2022.8.23. 「헌법재판소법」 제68조 제1항에 따른 헌법소원심판을 청구하였다.

한편, 甲은 A부대에 배치된 후 2022.9.1.부터 2022.12.15.까지 총 3회에 걸쳐 '군대넷'이라는 인터넷 사이트에 대통령에 대한 욕설을 하는 등 모욕적 표현을 담은 글을 올려 상관을 모욕하였다는 범죄사실로 2023.6.1. 보통군사법원에서 징역 6월, 집행유예 1년의 형을 선고받았다. 甲은 이에 불복하여 항소를 제기하였으며, 항소심 계속 중 상관모욕죄를 규정한 「군형법」 제64조 제2항의 위헌성을 다투고자 한다.

4. 甲의 누나 乙은 육군훈련소가 甲에게 종교행사를 강요한 것에 대해서 육군 홈페이지에 이를 비판하는 내용의 글을 수차례 반복적으로 작성 · 게시하였다. 이에 육군본부 소속으로 홈페이지 관리책임자인 군무원 X는 乙이 게시판에 작성한 글이 「육군 홈페이지 운영규정」을 위반함을 이유로 삭제하였다.
「육군 홈페이지 운영규정」은 홈페이지에 게시된 이용자의 게시물은 삭제하지 않는 것을 원칙으로 하나, 홈페이지 관리책임자는 홈페이지의 건전한 운영을 위하여 이용자가 게시한 자료가 '정치적 목적이나 성향이 있는 경우', '동일인 또는 동일인이라고 인정되는 자가 똑같은 내용을 주 2회 이상 게시하거나 유사한 내용을 1일 2회 이상 게시하는 경우', '기타 본 규정에 비추어 삭제가 필요하다고 판단되는 경우' 등에는 삭제할 수 있다고 규정하고 있다. (아래 각 설문은 서로 독립적임)
   (1) 乙이 육군본부의 홈페이지 게시글 삭제조치가 위법하다고 주장하며 국가배상청구소송을 제기할 경우 승소가능성에 대해서 검토하시오. (20점)
   (2) 만약 乙과의 관계에서 국가의 손해배상책임이 인정된다면, 乙은 국가배상청구소송을 제기하는 대신 군무원 X에 대해서 손해배상청구소송을 제기할 수 있는지를 검토하시오. (10점)

[문 4의 (1)]

Ⅰ. 논점
  ○ 국가배상법 제2조의 배상책임의 요건 중 '법령위반' 여부
Ⅱ. 국가배상법 제2조의 배상책임의 요건
Ⅲ. 법령위반
  1. 법령위반의 관념에 관한 학설 및 판례
    ○ ① 결과불법설, ② 상대적 위법성설, ③ 행위위법설(광의·협의로 다시 나눔), ④ 직무의무위반설 등
    ○ 판례: 광의의 행위위법설
    ○ 판례: 직무집행이 현저히 합리성을 결여하고 있는지 여부
  2. 법령위반의 의미
  3. 관련판례(대판 2020.6.4, 2015다233807)
Ⅳ. 사례의 경우

  ○ 인용가능성을 인정하기 어려움

[문 4의 (2)]

Ⅰ. 논점: 배상책임의 성질
Ⅱ. 배상책임의 성질
  1. 대위책임설
  2. 자기책임설
  3. 중간설
  4. 절충설
  5. 판례
Ⅲ. 사례의 경우
  ○ 게시글 삭제조치는 고의(또는 적어도 중과실)에 의한 법령위반행위
  ○ 판례에 따르면 X에 대한 선택적 청구 가능

[문 4의 (1)]

Ⅰ. 논점: 국가배상법 제2조의 배상책임의 요건 중 '법령위반' 여부

Ⅱ. 국가배상법 제2조의 배상책임의 요건[229]

○ 국가배상법 제2조에 따라 국가나 지방자치단체의 배상책임이 성립하기 위해서는 ① 공무원의 행위일 것, ② 직무행위일 것, ③ 직무를 집행하면서 행한 행위일 것, ④ 고의·과실이 있을 것, ⑤ 위법할 것, ⑥ 타인에게 손해가 발생할 것이라는 요건이 충족되어야 함

Ⅲ. 법령위반[230]

1. 법령위반의 관념에 관한 학설 및 판례

○ 학설로는 ① 가해행위의 결과인 손해의 불법성을 의미한다고 보는 결과불법설, ② 취소소송에서의 위법 개념과는 달리 위법성을 인정하는 상대적 위법성설, ③ 공무원의 직무행위의 행위규범에의 적합 여부를 기준으로 위법성 여부를 판단하여야 한다는 행위위법설(광의·협의

---

229) 강론(제10판), 597면 이하.
230) 강론, 609면 이하.

로 다시 나뉨), ④ 법령위반을 공무원의 직무의무의 위반으로 보는 직무의무위반설 등이 있음

○ 판례는 국가배상책임에 있어 법령위반의 의미를 엄격한 의미의 법령위반뿐 아니라 널리 신
의성실·공서양속·권력남용금지 등의 위반도 포함되는 것으로 보고 있어 광의의 행위위법
설의 입장으로 판단됨

○ 판례는 법령위반의 의미를 원칙적으로 현행 법령에 위반되는 것으로 이해하면서도, 여기에
공무원의 직무집행이 현저히 합리성을 결여하고 있다고 판단되는 특별한 사정이 있는지의
여부를 추가적인 위법판단의 기준으로 삼고 있음

2. 법령위반의 의미

○ 법령: 공무원의 직무상 불법행위는 법령에 위반한 것이어야 함. 여기에서의 법령이란 현행
법령 이외에도 행정법의 일반원칙도 포함됨

○ 위반: 위반이란 현행 법령이나 행정법의 일반원칙에 위배됨을 말함

3. 관련판례: 국가배상책임의 성립요건으로서의 '법령 위반'

○ "(해군본부가 해군 홈페이지 자유게시판에 집단적으로 게시된 '제주해군기지 건설사업에 반대하는 취
지의 항의글' 100여 건을 삭제하는 조치를 취하자, 항의글을 게시한 갑 등이 위 조치가 위법한 직무수
행에 해당하며 표현의 자유 등이 침해되었다고 주장하면서 국가를 상대로 손해배상을 구한 사안에서)
해군 홈페이지 자유게시판이 정치적 논쟁의 장이 되어서는 안 되는 점, 위와 같은 항의글을
게시한 행위는 정부정책에 대한 반대의사 표시이므로 '해군 인터넷 홈페이지 운영규정'에서
정한 게시글 삭제 사유인 '정치적 목적이나 성향이 있는 경우'에 해당하는 점, 해군본부가
집단적 항의글이 위 운영규정 등에서 정한 삭제 사유에 해당한다고 판단한 것이 사회통념상
합리성이 없다고 단정하기 어려운 점, 반대의견을 표출하는 항의 시위의 1차적 목적은 달성
되었고 현행법상 국가기관으로 하여금 인터넷 공간에서의 항의 시위의 결과물인 게시글을
영구히 또는 일정 기간 보존하여야 할 의무를 부과하는 규정은 없는 점 등에 비추어 위 삭제
조치가 객관적 정당성을 상실한 위법한 직무집행에 해당한다고 보기 어렵다(대판 2020.6.4,
2015다233807[손해배상(기)])."

Ⅳ. 사례의 경우

○ 육군본부가 乙이 홈페이지 게시판에 작성한 글을 삭제한 조치는 객관적 정당성을 상실한 위
법한 직무집행에 해당한다고 보기 어려우므로, 乙의 국가배상청구소송은 인용가능성을 인정
하기 어려움

[문 4의 (2)]

Ⅰ. 논점: 배상책임의 성질

Ⅱ. 배상책임의 성질[231]

1. 대위책임설

○ 국가가 공무원을 대신하여 손해를 배상하는 것이므로, 피해자는 국가에 대해서만 국가배상을 청구할 수 있을 뿐, 공무원 개인에 대하여 민사상의 손해배상을 청구할 수 없음(선택적 청구권의 부인)

2. 자기책임설

○ 국가는 스스로 자신의 책임을 부담하는 것이므로, 공무원 개인의 민사책임은 이와는 무관하게 양립할 수 있음. 따라서 피해자는 국가를 상대로 국가배상을 청구하거나 공무원 개인을 상대로 민사상의 손해배상을 청구할 수 있음(선택적 청구권의 인정)

3. 중간설

○ 중간설에 따르면 피해자의 선택적 청구권은 인정되지 않음

4. 절충설

○ 공무원의 위법행위가 경과실에 의한 경우는 피해자의 선택적 청구권(대위책임설의 입장)은 인정되지 않고, 고의·중과실에 의한 경우는 인정함

5. 판례

○ 판례(제한적 긍정설)는 위 절충설과 같은 견해라고 이해하는 것이 대다수의 견해임

Ⅲ. 사례의 경우

○ 乙에 대한 국가배상책임이 인정되는 경우를 가정할 때, 군무원 X의 홈페이지 게시글 삭제조치는 고의(또는 적어도 중과실)에 의하여 법령을 위반한 행위로 판단할 수 있겠음

○ 절충설 또는 판례의 입장에 따를 때, 乙은 국가배상청구소송을 제기하는 대신 고의(또는 중과실)로 위법한 행위를 행한 군무원 X에 대한 선택적 청구가 가능함

---

231) 강론, 635면 이하.

2023년 제3차 변호사시험 모의고사 제2문

甲은 A도 B군에 위치한 「국토의 계획 및 이용에 관한 법률」(이하 '국토계획법'이라 함)에 따라 농림지역으로 지정된 지목이 '답'인 자신의 토지 일부에 돼지 축사 10개 동을 건축하기 위하여 관할 B군의 군수(이하 'B군수'라 함)에게 「건축법」에 따라 건축허가를 신청하였다. 관련법령상 지목이 '답'인 토지에 축사를 건축하기 위해서는 「건축법」상 건축허가 외에도 국토계획법 제56조에 따른 개발행위(토지형질변경) 허가를 받아야 하며, 「건축법」상 건축허가에는 개발행위허가가 의제된다.

그럼에도 甲의 의뢰에 따라 축사를 설계한 건축사 乙은 '건축허가조사 및 검사조서'에 축사 건축을 위해 따로 토지형질변경이 필요 없다는 취지로 기재하여 건축허가를 신청하였다. 이에 B군수는 甲의 신청대로 토지형질변경허가 요건에 대한 심사 없이 「건축법」과 국토계획법에 따른 건축허가를 발급하였다. 이에 대하여 甲의 토지 인근에 거주하는 주민 丙 등은 축사 건축으로 인한 소음, 진동, 악취 등을 이유로 B군수의 건축허가에 반대하는 민원을 제기하고 있다.

한편, 인근 주민 丙은 B군에 위치한 개발제한구역 내 토지의 소유자이다. 丙은 군수의 허가를 받지 아니하고 개발제한구역 내에서 허가받지 않은 건축물을 건축하는 등 개발행위를 하여 B군의 군수는 시정명령을 하였으나 丙이 이를 이행하지 않자, B군수는 개발제한구역 내에서 허가받지 않은 건축물을 건축하는 등 개발행위를 한 토지소유자에게 이행강제금을 부과한다고 규정한 「개발제한구역의 지정 및 관리에 관한 특별조치법」(이하 '개발제한구역법'이라 함) 제30조의2 제1항(이하 '이행강제금 부과조항'이라 함)에 따라 丙에게 이행강제금을 부과하였다.

1. B군수는 건축허가를 하면서 부관을 붙일 수 있는가? (20점)

2. 주민 丙은 민원이 받아들여지지 않자 B군수에게 건축허가의 취소를 요구하였고, B군수가 이를 거부하자 취소소송을 제기하고자 한다. B군수의 거부는 취소소송의 대상이 되는가? (20점)

3. 甲은 건축허가를 받은 후 토지형질변경 절차의 이행에 대한 담당공무원의 안내에도 불구하고 상당 기간 토지형질변경 절차를 이행하지 않았다. 이에 B군수는 甲이 토지형질변경허가를 따로 받지 않음으로써 축사의 '부지 확보' 요건을 충족하지 못하였음을 이유로 甲에 대한 건축허가를 직권으로 취소하였다. 甲에 대한 B군수의 건축허가의 취소는 적법한가? (30점)

[참조조문]
「건축법」
제11조(건축허가) ① 건축물을 건축하거나 대수선하려는 자는 특별자치시장·특별자치도지사 또는 시

장·군수·구청장의 허가를 받아야 한다.

③ 제1항에 따라 허가를 받으려는 자는 허가신청서에 국토교통부령으로 정하는 설계도서와 제5항 각 호에 따른 허가 등을 받거나 신고를 하기 위하여 관계 법령에서 제출하도록 의무화하고 있는 신청서 및 구비서류를 첨부하여 허가권자에게 제출하여야 한다.

⑤ 제1항에 따른 건축허가를 받으면 다음 각 호의 허가 등을 받거나 신고를 한 것으로 본다.

1. 제20조제3항에 따른 공사용 가설건축물의 축조신고

2. 제83조에 따른 공작물의 축조신고

3. 「국토의 계획 및 이용에 관한 법률」 제56조에 따른 개발행위허가

(이하 생략)

제79조(위반 건축물 등에 대한 조치 등) ① 허가권자는 이 법 또는 이 법에 따른 명령이나 처분에 위반되는 대지나 건축물에 대하여 이 법에 따른 허가 또는 승인을 취소하거나 그 건축물의 건축주·공사시공자·현장관리인·소유자·관리자 또는 점유자(이하 "건축주등"이라 한다)에게 공사의 중지를 명하거나 상당한 기간을 정하여 그 건축물의 해체·개축·증축·수선·용도변경·사용금지·사용제한, 그 밖에 필요한 조치를 명할 수 있다.

(이하 생략)

「국토의 계획 및 이용에 관한 법률」

제56조(개발행위의 허가) ① 다음 각 호의 어느 하나에 해당하는 행위로서 대통령령으로 정하는 행위(이하 "개발행위"라 한다)를 하려는 자는 특별시장·광역시장·특별자치시장·특별자치도지사·시장 또는 군수의 허가(이하 "개발행위허가"라 한다)를 받아야 한다.

1. 건축물의 건축 또는 공작물의 설치

2. 토지의 형질 변경

(이하 생략)

제58조(개발행위허가의 기준) ① 특별시장·광역시장·특별자치시장·특별자치도지사·시장 또는 군수는 개발행위허가의 신청 내용이 다음 각 호의 기준에 맞는 경우에만 개발행위허가 또는 변경허가를 하여야 한다.

1. 용도지역별 특성을 고려하여 대통령령으로 정하는 개발행위의 규모에 적합할 것

2. 도시·군관리계획 및 성장관리계획의 내용에 어긋나지 아니할 것

3. 도시·군계획사업의 시행에 지장이 없을 것

4. 주변지역의 토지이용실태 또는 토지이용계획, 건축물의 높이, 토지의 경사도, 수목의 상태, 물의 배수, 하천·호소·습지의 배수 등 주변환경이나 경관과 조화를 이룰 것

(이하 생략)

「개발제한구역의 지정 및 관리에 관한 특별조치법」

제30조의2(이행강제금) ① 시장·군수·구청장은 제30조 제1항에 따른 시정명령을 받은 후 그 시정기

간 내에 그 시정명령의 이행을 하지 아니한 자에 대하여 다음 각 호의 어느 하나에 해당하는 금액의 범위에서 이행강제금을 부과한다.

1. 허가 또는 신고의무 위반행위가 건축물의 건축 또는 용도변경인 경우: 해당 건축물에 적용되는 「지방세법」에 따른 건축물 시가표준액의 100분의 50의 범위에서 대통령령으로 정하는 금액에 위반행위에 이용된 건축물의 연면적을 곱한 금액

2. 제1호 외의 위반행위인 경우: 해당 토지에 적용되는 「부동산 가격공시에 관한 법률」에 따른 개별 공시지가의 100분의 50의 범위에서 대통령령으로 정하는 금액에 위반행위에 이용된 토지의 면적을 곱한 금액

④ 시장·군수·구청장은 최초의 시정명령이 있은 날을 기준으로 하여 1년에 2회의 범위 안에서 그 시정명령이 이행될 때까지 반복하여 제1항에 따른 이행강제금을 부과·징수할 수 있다.

제32조(벌칙) 다음 각 호의 어느 하나에 해당하는 자는 1년 이하의 징역 또는 1천만원 이하의 벌금에 처한다.

2. 제30조제1항에 따른 시정명령을 이행하지 아니한 자

[문 1]

Ⅰ. 논점
○ 부관의 가능성(허용성)
○ 기속행위와 재량행위의 구별
○ 건축허가의 법적 성질(특히 인허가의제를 수반하는 건축허가의 경우)

Ⅱ. 부관의 가능성(허용성)
1. 종래의 견해 및 판례
2. 비판적 견해
3. 행정기본법
4. 결론
- 관련판례: 대판 2020.7.23, 2019두31839

Ⅲ. 기속행위와 재량행위의 구별
1. 구별기준에 관한 학설
2. 구체적 구별기준
3. 판례

Ⅳ. 건축허가의 법적 성질(특히 인허가의제를 수반하는 건축허가의 경우)
1. 건축허가의 법적 성질: 기속행위
2. 개발행위허가의 법적 성질
   (1) 학설: 재량행위설, 기속행위설
   (2) 판례: 재량행위

3. 개발행위허가가 의제되는 건축허가의 법적 성질
   ○ 판례: 재량행위
4. 관련판례: 대판 2013.10.31, 2013두9625 등
5. 결어
   ○ 판례는 요건판단에 재량(판단여지)이 인정된다고 보기 때문에 재량행위라는 것임
   ○ 개발행위허가가 의제되는 건축허가는 기속행위로 보는 것이 타당함

Ⅴ. 사례의 경우
○ 판례에 따르면, 건축허가(개발행위허가가 의제되는 건축허가 포함)에는 부관을 붙일 수 있음
○ 다른 한편으로, 사례의 건축허가를 '토지형질변경을 수반하는 건축허가'로 이해하고, 이러한 건축허가는 재량행위이므로 부관을 붙일 수 있다고 할 수도 있겠음

[문 2]

Ⅰ. 논점
  ○ 거부의 처분성(특히, 거부처분의 성립요
    건으로서 신청권의 존부 여부)

Ⅱ. 거부의 처분성
  1. 행정쟁송법상의 처분
  2. 거부처분의 의의
  3. 거부처분의 성립요건
    (1) 판례
      ○ ① 신청한 행위가 처분이어야 하
        고, ② 그 거부행위가 신청인의
        법률관계에 변동을 일으키는 것
        이어야 하며, ③ 당사자에게 처
        분의 발급을 요구할 법규상 또는
        조리상의 신청권이 있어야 함
    (2) 학설
      ○ ① 대상적격설, ② 본안문제설,
        ③ 원고적격설이 대립. ④ 원고
        적격설이 타당

Ⅲ. 사례의 경우
  ○ 丙은 이해관계인으로 신청권 없음
  ○ 따라서 B군수의 거부는 취소소송의 대
    상이 되지 않음
  ○ 관련판례: 대판 2006.6.30, 2004두701

[문 3]

Ⅰ. 논점
  ○ 건축허가의 위법 여부
  ○ 수익적 행정행위(건축허가)의 직권취소
    의 제한

Ⅱ. 건축허가의 위법 여부
  1. 인허가의제의 의의와 정도
    (1) 의의
    (2) 인허가의제의 정도
      ○ ① 관할집중설, ② 절차집중설,

        ③ 실체집중설 등
      ○ 판례는 절차집중설
      - 관련판례: 대판 2016.8.24, 2016
        두35762
      - 관련판례: 대판 2020.7.23, 2019
        두31839
      ○ 절차집중설 타당
  2. 건축허가의 위법 여부
    ○ 건축허가시 건축허가의 요건뿐 아니
      라 개발행위허가의 요건도 갖추고
      있는지 심사하여야 함
    ○ B군수가 토지형질변경허가 요건에
      대한 심사 없이 건축허가를 발급한
      것은 위법하고 취소사유임

Ⅲ. 직권취소
  1. 직권취소의 의의
  2. 취소의 사유
  3. 취소권의 제한
    (1) '취소의 자유'에서 '취소의 제한'으로
    (2) 침익적 행정행위의 경우
    (3) 수익적 행정행위의 경우
      1) 취소권제한의 원칙
      2) 취소권제한의 근거
      3) 취소가 제한되는 경우
      4) 취소가 제한되지 않는 경우
  4. 관련판례: 대판 2020.7.23, 2019두31839

Ⅳ. 사례의 경우
  ○ B군수의 건축허가는 위법하고 취소할
    수 있음
  ○ 甲이 공무원의 안내에도 불구하고 건축
    허가 이후 상당기간 토지형질변경허가
    절차를 이행하지 않은 것은 직권취소가
    제한되지 않는 사유에 해당함
  ○ 따라서 甲에 대한 B군수의 건축허가의
    취소는 적법함

[문 1]

Ⅰ. 논점

- 부관의 가능성(허용성)
- 기속행위와 재량행위의 구별
- 건축허가의 법적 성질(특히 인허가의제를 수반하는 건축허가의 경우)

Ⅱ. 부관의 가능성(허용성)[232]

1. 종래의 견해 및 판례

- ① 법률행위적 행정행위, ② 재량행위에만 부관 가능
- 준법률행위적 행정행위는 의사표시를 요소로 하지 않고 있고, 기속행위에 대한 부관은 기속행위에 대한 공권을 침해하는 것이기 때문에 부관을 붙일 수 없다는 것임
- 판례도 같은 입장

2. 비판적 견해

- ① 준법률행위적 행정행위나 ② 기속행위에도 부관 가능할 수 있음
- 준법률행위적 행정행위의 경우에도 확인·공증의 경우에는 기한이라는 부관이 가능하고, 또한 법적 근거가 있다면 법률행위적 행정행위와 준법률행위적 행정행위를 가리지 않고 부관을 붙일 수 있음
- 포괄적 신분설정행위로서의 특허에 해당하는 귀화허가와 같은 법률행위적 행정행위의 경우는 법적 안정성의 견지에서 부관을 붙일 수 없음
- 기속행위의 경우에도 법적 근거가 있으면 부관을 붙일 수 있음(침해유보의 관점)
- 기속행위의 경우 별도의 법적 근거가 없더라도 법정요건을 충족할 것으로 조건으로 하는 '법률요건충족적 부관'은 가능함(예: 독일연방행정절차법 36 ①)

3. 행정기본법

- 행정기본법

  "행정청은 처분에 재량이 있는 경우에는 부관(조건, 기한, 부담, 철회권의 유보 등을 말한다. 이하 이 조에서 같다)을 붙일 수 있다(행정기본법 17 ①)."

  "행정청은 처분에 재량이 없는 경우에는 법률에 근거가 있는 경우에 부관을 붙일 수 있다(행

---

232) 강론, 201면 이하.

정기본법 17 ②).”

4. 결론

① 법적 근거 있으면 행정행위의 종류에 관계없이 부관 가능(행정기본법 17 ②)

② 법적 근거 없으면 원칙적으로 재량행위에만 가능(행정기본법 17 ①)

③ 법적 근거 없더라도 기속행위에 법률요건충족적 부관은 가능(다수설)

— 이와 관련하여 판례는 건축허가를 하면서 의제되는 '개발행위허가의 요건을 갖출 것을 조건으로 하여' 건축허가를 발급하는 것이 위법하다고 볼 수 없다고 하여 (기속행위인) 건축허가에도 법률요건충족적 부관이 가능하다고 판단하고 있음

— 관련판례[233]

"건축주가 '부지 확보' 요건을 완비하지는 못한 상태이더라도 가까운 장래에 '부지 확보' 요건을 갖출 가능성이 높다면, 건축행정청이 추후 별도로 국토계획법상 개발행위(토지형질변경)허가를 받을 것을 명시적 조건으로 하거나 또는 당연히 요청되는 사항이므로 묵시적인 전제로 하여 건축주에 대하여 건축법상 건축허가를 발급하는 것이 위법하다고 볼 수는 없다. 그러나 건축주가 건축법상 건축허가를 발급받은 후에 국토계획법상 개발행위(토지형질변경) 허가절차를 이행하기를 거부하거나, 그 밖의 사정변경으로 해당 건축부지에 대하여 국토계획법상 개발행위(토지형질변경) 허가를 발급할 가능성이 사라졌다면, 건축행정청은 건축주의 건축계획이 마땅히 갖추어야 할 '부지 확보' 요건을 충족하지 못하였음을 이유로 이미 발급한 건축허가를 직권으로 취소·철회하는 방법으로 회수하는 것이 필요하다(대판 2020.7.23, 2019두31839)."

III. 기속행위와 재량행위의 구별[234]

1. 구별기준에 관한 학설

① 요건재량설: 재량은 어떠한 사실이 법이 정한 요건에 해당하는가에 대한 판단에 존재한다는 견해

② 효과재량설: 재량을 어떠한 법률효과를 발생시킬 것인가에 대한 선택으로 보는 견해

③ 판단여지설: 판단여지는 요건규정상의 불확정개념에 대한 판단에 있어 고도의 전문성·기술성·정책성 등의 이유로 행정청에게 인정되는 독자적인 판단권을 의미하는데, 혹자는 이를 기속·재량행위의 구별기준으로 제시하기도 함

---

233) 강론, 204면.

234) 강론, 162면 이하.

④ 결어: 요건재량설은 재량을 요건판단에서의 문제로 이해하는 오류가 있고, 효과재량설도 행위의 성질을 기준으로 하고 있다는 점에서 문제가 있어, 이 학설들이 재량행위와 기속행위에 대한 구별기준이 될 수 없음. 결국 당해 행위의 근거가 된 규정의 형식이나 체재 또는 문언 등에 따라 개별적으로 판단할 수밖에 없음

2. 구체적 구별기준

○ 구체적인 구분기준으로 근거법규범의 규정방식, 입법취지·목적, 행위의 특성·성질, 공익이나 기본권과의 관련성 등을 종합적으로 고려하여 구체적인 사안마다 개별적으로 판단하여야 함

3. 판례

○ 법규의 체재·형식과 그 문언, 당해 행위가 속하는 행정 분야의 주된 목적과 특성, 당해 행위 자체의 개별적 성질과 유형 등 고려

Ⅳ. 건축허가의 법적 성질(특히 인허가의제를 수반하는 건축허가의 경우)

1. 건축허가의 법적 성질[235]

○ 건축허가는 건축의 자유라는 관점에서 원칙적으로는 기속행위임
○ 따라서 중대한 공익상의 필요가 없는 한 관계 법령에서 정하는 제한사유 이외의 사유를 들어 허가를 거부할 수 없음
○ 다만 '중대한 공익상의 이유가 있는 경우'에는 허가를 거부할 수 있는데, 이 경우에도 '중대한 공익상의 이유'는 불문의 허가'요건'에 해당하는 것으로 보아야 하므로, 이로써 허가가 재량행위인 것은 아님

2. 개발행위허가의 법적 성질[236]

(1) 학설
○ 개발행위허가에 대해서 학설은 재량행위로 보는 견해와 기속행위로 보는 견해로 나뉘어 있음

(2) 판례
○ 판례는 요건판단의 문제와 효과의 부여 문제를 구별하지 아니하고 이를 모두 재량의 개념으로 파악하고 있음. 따라서 요건판단에 있어서 판단여지가 인정되는가 하는 문제도 재량의 문제로 이해하고 있음(대판 1996.9.20, 96누6882; 대판 1992.4.24, 91누6634; 대판 2013.12.26, 2012두

---

235) 강론, 179면 이하.
236) 강론, 1394면 이하.

19571 등 참조)

○ 위의 관점에서, 판례는 개발행위허가를 재량행위로 보고 있음

3. 개발행위허가가 의제되는 건축허가의 법적 성질[237]

○ 판례는 개발행위허가를 재량행위로 보면서, 재량행위인 개발행위허가를 수반하는 건축허가 도 재량행위라고 보고 있음

4. 관련 판례

○ "국토의 계획 및 이용에 관한 법률(이하 '국토계획법'이라 한다)에 따른 토지의 형질변경허가는 그 금지요건이 불확정개념으로 규정되어 있어 그 금지요건에 해당하는지 여부를 판단함에 있어 서 행정청에 재량권이 부여되어 있다고 할 것이므로, 국토계획법에 따른 토지의 형질변경행 위를 수반하는 건축허가는 재량행위에 속한다(대판 2013.10.31, 2013두9625)."

5. 결어

○ 판례는 개발행위허가가 의제되는 건축허가가 재량행위라고 판단했다기보다는 요건판단에 재 량(판단여지)이 인정된다고 보고 있는 것임

○ 개발행위 자체가 절대적으로 금지되는 것은 아니라는 점에서 요건을 갖추면 허가를 하여야 하는 기속행위로 보아야 할 것임. 따라서 개발행위허가가 의제되는 건축허가 또한 기속행위 로 보아야 할 것임

V. 사례의 경우

○ 건축허가(개발행위허가가 의제되는 건축허가 포함)는 기속행위이지만, 판례에 따르면 건축주가 '추후 국토계획법상 개발행위(토지형질변경) 허가를 받을 것을 조건으로 하여 건축법상 건축허가를 발 급하는 것이 위법하다고 볼 수는 없다'는 것이므로, 건축허가에 부관을 붙일 수 있다고 보아 야 할 것임

○ 다른 한편으로는, 사례의 건축허가를 '토지형질변경을 수반하는 건축허가'로 이해하는 견해 도 있을 수 있겠음

○ 이 경우 사례의 건축허가는 (판례에 따르면) 재량행위이므로, 재량행위에는 부관을 붙일 수 있다고 할 수도 있겠음

---

237) 강론, 179면.

세4절 법전원협의회 변호사시험 모의고사 931

○ 그러나, 위 사례는 토지형질변경이 수반되지 않은 상태에서 건축허가요건만을 검토하여 건축허가만 하는 경우로서, 이러한 건축허가를 재량행위로 볼 수 있는지 여부에 대해서는 논란이 있을 수 있겠음

[문 2]

Ⅰ. 논점: 거부의 처분성(특히, 거부처분의 성립요건으로서 신청권의 존부 여부)

Ⅱ. 거부의 처분성[238]

1. 행정쟁송법상의 처분

○ 행정청이 행하는 구체적 사실에 관한 법집행으로서의 공권력의 행사 또는 그 거부와 그 밖에 이에 준하는 행정작용(행소법 2 ① 1호)
○ 행정기본법 제2조 제4호도 같음

2. 거부처분의 의의

○ 처분을 구하는 당사자의 신청에 대하여 처분의 발급을 거부하는 행정청의 행정작용

3. 거부처분의 성립요건

(1) 판례

○ 거부처분의 성립요건과 관련하여 판례는 ① 신청한 행위가 처분이어야 하고, ② 그 거부행위가 신청인의 법률관계에 변동을 일으키는 것이어야 하며, ③ 당사자에게 처분의 발급을 요구할 법규상 또는 조리상의 신청권이 있어야 한다는 입장임

(2) 학설

○ 이에 대하여 학설은 ① 신청권을 거부처분의 요건으로 보아야 한다는 견해(대상적격설), ② 신청권의 존재 여부는 본안에서 가려야 할 문제라고 보는 견해(본안문제설), ③ 신청권의 존재는 거부처분의 성립요건이 아니라 원고적격의 문제라고 보는 견해(원고적격설)가 대립되고 있음. ④ '신청권'의 존부는 '원고에게 그러한 추상적 신청권이 인정되는가' 하는 문제라는 점에서 원고적격설이 타당함

---

238) 강론, 875면 이하.

Ⅲ. 사례의 경우

○ 丙은 이해관계인으로 丙에게 처분청에 대하여 그 취소를 요구할 신청권이 부여된 것으로 볼 수 없음

○ 따라서 B군수의 거부는 취소소송의 대상이 되지 않음

○ 관련판례

"산림법령에는 채석허가처분을 한 처분청이 산림을 복구한 자에 대하여 복구설계서승인 및 복구준공통보를 한 경우 그 취소신청과 관련하여 아무런 규정을 두고 있지 않고, 원래 행정 처분을 한 처분청은 그 처분에 하자가 있는 경우에는 원칙적으로 별도의 법적 근거가 없더라 도 스스로 이를 직권으로 취소할 수 있지만, 그와 같이 직권취소를 할 수 있다는 사정만으로 이해관계인에게 처분청에 대하여 그 취소를 요구할 신청권이 부여된 것으로 볼 수는 없으므 로, 처분청이 위와 같이 법규상 또는 조리상의 신청권이 없이 한 이해관계인의 복구준공통보 등의 취소신청을 거부하더라도, 그 거부행위는 항고소송의 대상이 되는 처분에 해당하지 않 는다(대판 2006.6.30, 2004두701)."

[문 3]

Ⅰ. 논점

○ 건축허가의 위법 여부

○ 수익적 행정행위(건축허가)의 직권취소의 제한

Ⅱ. 건축허가의 위법 여부

1. 인허가의제의 의의와 정도[239]

(1) 의의

○ 인허가의제란 근거법상의 인허가 등을 받으면 그 근거법에서 정하고 있는 다른 법률에 의한 인허가 등도 받은 것으로 의제하는 것을 말함

○ 행정기본법은 "하나의 인허가(주된 인허가)를 받으면 법률로 정하는 바에 따라 그와 관련된 여 러 인허가(관련 인허가)를 받은 것으로 보는 것을 말한다."고 정의하고 있음(행정기본법 24 ①)

(2) 인허가의제의 정도

○ 주된 인허가기관은 의제되는 인허가의 요건에 어느 정도까지 구속되는가 하는 것과 관련하

---

239) 강론, 358면 이하.

여, ① 주된 인허가기관으로 관할만 집중될 뿐 의제되는 인허가에 요구되는 절차적·실체적 요건을 모두 준수하여야 한다는 관할집중설, ② 주된 인허가기관은 의제되는 인허가기관이 준수하여야 하는 절차를 준수하지 않아도 되지만 의제되는 인허가의 실체적 요건에는 기속된다는 절차집중설, ③ 주된 인허가기관은 의제되는 인허가에 대한 절차적·실체적 요건을 고려하지 않고 독자적으로 의제 여부를 판단할 수 있다는 실체집중설 등이 있음

○ 판례는 절차집중설의 입장임

○ 관련판례1

"건축물의 건축이 국토계획법상 개발행위에 해당할 경우 그에 대한 건축허가를 하는 허가권자는 건축허가에 배치·저촉되는 관계 법령상 제한 사유의 하나로 국토계획법령의 개발행위허가기준을 확인하여야 하므로, <u>국토계획법상 건축물의 건축에 관한 개발행위허가가 의제되는 건축허가신청이 국토계획법령이 정한 개발행위허가기준에 부합하지 아니하면 허가권자로서는 이를 거부할 수 있고, 이는 건축법 제16조 제3항에 의하여 개발행위허가의 변경이 의제되는 건축허가사항의 변경허가에서도 마찬가지이다</u>(대판 2016.8.24, 2016두35762)."

○ 관련판례2: 건축주가 건축물을 건축하기 위해서는 건축법상 건축허가절차에서 관련 인허가 의제 제도를 통해 두 허가의 발급 여부가 동시에 심사·결정되도록 하여야 하는지(적극)

"<u>건축주가 건축물을 건축하기 위해서는 건축법상 건축허가와 국토계획법상 개발행위(건축물의 건축) 허가를 각각 별도로 신청하여야 하는 것이 아니라, 건축법상 건축허가절차에서 관련 인허가의제 제도를 통해 두 허가의 발급 여부가 동시에 심사·결정되도록 하여야 한다.</u> 즉, 건축주는 건축행정청에 건축법상 건축허가를 신청하면서 국토계획법상 개발행위(건축물의 건축) 허가 심사에도 필요한 자료를 첨부하여 제출하여야 하고, 건축행정청은 개발행위허가권자와 사전 협의절차를 거침으로써 건축법상 건축허가를 발급할 때 국토계획법상 개발행위(건축물의 건축) 허가가 의제되도록 하여야 한다. 이를 통해 건축법상 건축허가절차에서 건축주의 건축계획이 국토계획법상 개발행위 허가기준을 충족하였는지가 함께 심사되어야 한다. <u>건축주의 건축계획이 건축법상 건축허가기준을 충족하더라도 국토계획법상 개발행위 허가기준을 충족하지 못한 경우에는 해당 건축물의 건축은 법질서상 허용되지 않는 것이므로, 건축행정청은 건축법상 건축허가를 발급하면서 국토계획법상 개발행위(건축물의 건축) 허가가 의제되지 않은 것으로 처리하여서는 안 되고, 건축법상 건축허가의 발급을 거부하여야 한다</u>(대판 2020.7.23, 2019두31839[건축허가취소처분취소])."

○ 인허가의제는 행정절차의 간소화를 통하여 국민의 권익을 증진시키기 위한 목적으로 도입된 제도이므로 절차의 간소화를 통하여 절차만이 집중되는 것으로 보는 것이 타당함

2. 건축허가의 위법 여부

○ 건축법 제11조 제1항, 제5항 및 위 판례에 따르면, 건축허가시 국토계획법 제56조에 따른 개발행위허가(토지형질변경)가 의제되기 때문에, 건축허가시 건축허가의 요건뿐 아니라 개발행위허가의 요건도 갖추고 있는지 심사하여야 함

○ 그럼에도 B군수가 토지형질변경허가 요건에 대한 심사 없이 건축법과 국토계획법에 따른 건축허가를 발급한 것은 적법하다고 볼 수 없음. 여러 사정을 고려하면, 이러한 하자는 취소사유에 해당한다고 할 수 있겠음

Ⅲ. 직권취소[240)]

1. 직권취소의 의의

○ 유효한 행정행위에 위법 또는 부당한 흠이 있음을 이유로 권한 있는 행정기관이 직권으로 효력을 소멸시키는 것

○ 행정기본법 18 ①
"① 행정청은 위법 또는 부당한 처분의 전부나 일부를 소급하여 취소할 수 있다. 다만, 당사자의 신뢰를 보호할 가치가 있는 등 정당한 사유가 있는 경우에는 장래를 향하여 취소할 수 있다."

2. 취소의 사유

○ ① 흠이 중대·명백하지 않은 '단순위법'의 경우와 ② 공익위반·합목적성 결여 등의 '부당'한 경우(행정기본법 18 ①)

○ 구체적으로는, ① 권한초과, ② 행위능력 결여, ③ 사기·강박·증수뢰 등에 의한 경우, ④ 착오의 결과 위법·부당하게 된 경우, ⑤ 공서양속 등에 위배되는 경우, ⑥ 단순한 법령 위반, 절차·형식 위반, 행정법의 일반원칙 위반 등

3. 취소권의 제한

(1) '취소의 자유'에서 '취소의 제한'으로

○ 과거에는 행정의 법률적합성 때문에 행정행위에 흠이 있으면 '직권취소의 자유'가 원칙이었음

○ 그러나 오늘날에는 수익적 행정행위의 직권취소는 신뢰보호원칙에 의하여 강력한 제한을 받게 됨

---

240) 강론, 270면 이하.

○ 행정기본법 제18조 제2항은 "행정청은 제1항에 따라 당사자에게 권리나 이익을 부여하는 처분을 취소하려는 경우에는 취소로 인하여 당사자가 입게 될 불이익을 취소로 달성되는 공익과 비교·형량(衡量)하여야 한다."고 규정하고 있음

○ 따라서 과거의 '취소의 자유'는 오늘날 신뢰보호원칙에 의한 '취소의 제한'으로 변화함

(2) 침익적 행정행위의 경우

○ 위법한 침익적 행정행위는 행정청이 자유로이 취소할 수 있음(재량취소의 원칙)

(3) 수익적 행정행위의 경우

1) 취소권제한의 원칙

○ 위법한 수익적 행정행위의 취소는 행정법관계에서의 법적 안정성 보장이라는 법치국가적 요청에 의하여 취소권행사가 제한되게 되었음

2) 취소권제한의 근거

○ 취소권제한의 근거는 신뢰보호원칙임(행정기본법 18 ②)

○ 즉 취소권제한의 문제는 ① 행정의 법률적합성에 따른 이익과 ② 법적 안정성 및 신뢰보호의 이익을 비교·형량하여 결정되어야 함

3) 취소가 제한되는 경우

○ 신뢰보호원칙에 의하여 취소가 제한되려면 일반적으로 ① 관계자가 행정행위의 존속을 신뢰했을 것, ② 그의 신뢰가 보호가치가 있을 것, ③ 그의 신뢰를 보호하여야 할 이익이 행정의 법률적합성을 준수하여야 할 이익보다 크다고 판단될 것 등의 요건이 필요함

4) 취소가 제한되지 않는 경우

○ ① 관계자가 부정한 수단(사기·강박·증수뢰 등)으로 행정행위를 발급받았거나, ② 행정행위의 위법성을 알았거나 또는 알 수 있었음에도 불구하고 중대한 과실로 알지 못하였거나, ③ 행정행위의 위법성에 관계인에게 귀책사유가 있는 경우

— 이와 관련하여 행정기본법은 '① 거짓이나 그 밖의 부정한 방법으로 처분을 받거나 ② 당사자가 처분의 위법성을 알고 있었거나 중대한 과실로 알지 못한 경우'에는 취소가 제한되지 않는다고 규정하고 있음(행정기본법 18 ② 단서)

4. 관련판례

○ "<u>건축주가 건축법상 건축허가를 발급받은 후에 국토계획법상 개발행위(토지형질변경) 허가절차를 이행하기를 거부하거나, 그 밖의 사정변경으로 해당 건축부지에 대하여 국토계획법상 개발행위(토지형질변경) 허가를 발급할 가능성이 사라졌다면, 건축행정청은 건축주의 건축계획이 마땅히 갖추어야 할 '부지 확보' 요건을 충족하지 못하였음을 이유로 이미 발급한 건축허가를 직권으로 취소·철회하는 방법으로 회수하는 것이 필요하다</u>(대판 2020.7.23, 2019두31839)."

Ⅳ. 사례의 경우

○ B군수의 甲에 대한 건축허가는 건축법상 건축허가절차에서 국토계획법상 개발행위 허가기
준 충족 여부에 관한 심사가 누락된 채 건축법상 건축허가가 발급된 경우로서 그 건축법상
건축허가는 위법하고 취소할 수 있음

○ 甲이 공무원의 안내에도 불구하고 건축허가 이후 상당기간 토지형질변경허가 절차를 이행하
지 않은 것은 직권취소가 제한되지 않는 사유에 해당함

○ 따라서 甲에 대한 B군수의 건축허가의 취소는 적법함

사항색인

판례색인

저자 약력

연세대학교 법과대학 및 동 대학원 졸업(법학사, 법학석사)
독일 튀빙엔(Tübingen)대학교 법과대학 박사과정 졸업(법학박사)
독일 뮌스터(Münster)대학교, 튀빙엔(Tübingen)대학교 법과대학 방문교수

한국비교공법학회 회장, 한국지방자치법학회 회장 역임
현재 행정법과 법치주의학회 회장 · 한국공법학회 · 한국행정법학회 · 한국지방자치법학회 · 한국토지공법학회 · 한국비교
공법학회 · 한국국가법학회 등 이사

중앙행정심판위원회 위원 · 부산광역시 행정심판위원회 위원 · 울산광역시 행정심판위원회 위원 · 대통령소속 지방분권촉
진위원회 및 지방자치발전위원회 실무위원 · 부산광역시 지방토지수용위원회 위원 · 부산고등검찰청 검찰시민위원회 위
원 · 부산지방검찰청 검찰시민위원회 위원 · 한국연구재단 인문사회연구본부 사회과학단 전문위원 · 대한민국시도지사협
의회 자문위원 · 감사연구원 자문위원회 자문위원 · 법제처 행정법제 혁신 자문위원회 분과위원장 · 대통령소속 자치분권
위원회 특별위원회 위원 등 역임
현재 지방자치단체 중앙분쟁조정위원회 위원 · 행정안전부 자치분권 사전협의자문단 위원 · 행정안전부 지방자치단체 특
례심의위원회 위원 · 법제처 국가행정법제위원회 위원 · 법제처 법령해석심의위원회 위원 · 외교부 국제기구분담금 심의위
원회 위원 · 국회입법지원위원 등

대통령 표창, 홍조근정훈장

사법시험, 변호사시험, 공무원시험 등 각종 시험위원

현재 연세대학교 법학전문대학원 교수(행정법 · 지방자치법 · 건축행정법 담당)

주요 저서 · 논문

Gemeindliche Planungshoheit und überörtliche Planungen(Peter Lang, 1998)
북한의 법체계, 9인 공저(집문당, 2004)
지방자치법주해, 58인 공저(박영사, 2004)
Kommunalrecht und Kommunalpraxis in Deutschland und Korea, Volker Ronge(Hrsg.)(Trier 2005)
법학개론, 9인 공저(법원사, 2002)
법학입문, 11인 공저(박영사, 2011)
도시재생 실천하라, 28인 공저(미세움, 2014)
행정법 강론(제10판, 박영사, 2024)
행정법 강론 사례연습(제5판, 박영사, 2024)

지방자치단체의 계획고권과 국가의 공간계획
지방자치단체간의 갈등완화를 위한 계획법상의 원칙
국가의 직무감독소홀로 인한 국가배상책임
건축허가의 법적 성질에 관한 소고
기업도시에서의 사인을 위한 토지수용의 법적 문제
지방자치단체에 대한 감사의 법적 문제
갈등관리수단으로서의 공법상의 조정
Umweltschutz in der Risikogesellschaft
지방자치단체 국정참여의 공법적 과제
행정법상 신고의 법리
행정심판과 행정절차제도와의 조화방안
행정심판 재결의 실효성 강화방안
공기업의 재정건전성 보장을 위한 법적 방안
탈원전을 위한 공론화위원회의 공법적 과제
독일 연방주의와 연방주의개혁의 우리나라 지방분권개헌에의 시사점
에너지법제의 평가와 과제
헌법상 지방자치권의 제도적 보장을 위한 수단으로서 지방자치단체 헌법소원 외 다수

제 5 판
행정법 강론 사례연습

초판발행   2015년 9월 10일
제5판발행   2024년 2월 20일

지은이   김남철
펴낸이   안종만 · 안상준

편 집   한두희
기획/마케팅   조성호
표지디자인   이수빈
제 작   고철민 · 조영환

펴낸곳   (주) 박영사
               서울특별시 금천구 가산디지털2로 53, 210호(가산동, 한라시그마밸리)
               등록 1959. 3. 11. 제300-1959-1호(倫)

전 화   02)733-6771
f a x   02)736-4818
e-mail   pys@pybook.co.kr
homepage   www.pybook.co.kr
ISBN   979-11-303-4624-3   93360

정 가   49,000원